Peter Niemann

Kreuzworträtsel-Lexikon

Mit dem neuen Sekunden-Such-System

Bechtermünz Verlag

Bechtermünz Verlag im
Weltbild Verlag GmbH, Augsburg 1998

Umschlaggestaltung: Atelier Adolf Bachmann, Reischach
Gesamtherstellung: Bercker Graphischer Betrieb GmbH, Kevelaer
Printed in Germany
ISBN 3-86047-777-3

VORWORT

Wer die Lösung zu einer Kreuzworträtselfrage sucht, hat immerhin von vornherein die eine Gewißheit: die Buchstabenzahl der gesuchten Lösung. Darauf beruht die Gliederung dieses Handbuchs.

Benutzer schlagen die entsprechenden, an den Randmarken erkennbaren Seiten auf. Darin sind die Fragen alphabetisch angeordnet, und die Lösung steht daneben. Wie gesagt: nur Fragen, deren Lösungen die gleiche Buchstabenzahl haben, stehen zusammen.

Unentwegt tobt die Schlacht zwischen den Rätselmachern und den Verfassern von Nachschlagewerken zur Lösung von Kreuzworträtseln. Häufig entschließt sich der Rätselmacher zur wörtlichen Übernahme einer im Nachschlagewerk formulierten Frage. Oder er setzt seinen Ehrgeiz darein, eine Frage zu formulieren, wie es zuvor außer ihm nie jemand getan hat.

Doch steht der routinierte Rater diesem reizvollen Dilemma nicht hilflos gegenüber. Er macht sich seine eigenen Gedanken, auf welche Arten nach der gesuchten Lösung gefragt werden könnte, und schlägt entsprechend nach.

Als die Arbeit am Inhalt des Buches abgeschlossen war, blieb das Zählwerk des Computers bei der Zahl 77132 stehen. Diese Anzahl von Paaren Frage/Antwort füllt nun die 1019 Seiten des Buches.

Alfred P. Zeller danke ich für sein unbestechliches Urteil, wann immer ich ihn bei der Entstehung um Rat gefragt habe.

Peter Niemann

Abk. f. Agglomeration	A
Abk. f. Ampere	A
Abk. f. Austral	A
Abk. f. Baht	B
Abk. f. Bar	B
Abk. f. Butu	B
Abk. f. Celsius	C
Abk. f. Cent	C
Abk. f. Centavo	C
Abk. f. Centime	C
Abk. f. Copyright	C
Abk. f. Coulomb	C
Abk. f. Curie	C
Abk. f. Dalasi	D
Abk. f. Denar	D
Abk. f. Deuterium	D
Abk. f. Dioptrie	D
Abk. f. Dong	D
Abk. f. Durchmesser	D
Abk. f. East	E
Abk. f. Elektron	E
Abk. f. Erdbeschleunigung	G
Abk. f. Erg	E
Abk. f. Fahrenheit	F
Abk. f. Farad	F
Abk. f. feminin	F
Abk. f. folgende (Seite)	F
Abk. f. forte	F
Abk. f. Gauß	G
Abk. f. Geld (Kurszettel)	G
Abk. f. Giga	G
Abk. f. Gramm	G
Abk. f. Groschen	G
Abk. f. Guarani	G
Abk. f. Heller	H
Abk. f. Henry	H
Abk. f. hora (Stunde)	H
Abk. f. imaginär	I
Abk. f. Joule	J
Abk. f. Karat	K
Abk. f. Kelvin	K
Abk. f. königlich	K
Abk. f. Krone	K
Abk. f. Leu	L
Abk. f. Lilingeni	E
Abk. f. links	L
Abk. f. Lira	L
Abk. f. Liter	L
Abk. f. männlich	M
Abk. f. Magister	M
Abk. f. Mark	M
Abk. f. Mehrzahl	M
Abk. f. Meter	M
Abk. f. Monsieur	M
Abk. f. Neper	N
Abk. f. netto	N
Abk. f. Neutrum	N
Abk. f. Newton	N
Abk. f. Norden	N
Abk. f. Osten	O
Abk. f. Pagina	P
Abk. f. Paisa	P
Abk. f. Pascal	P
Abk. f. Pater	P
Abk. f. Penni	P
Abk. f. Penny	D
Abk. f. Pfund (libra)	L
Abk. f. piano	P
Abk. f. Pond	P
Abk. f. Quadrat	Q
Abk. f. Réaumur	R
Abk. f. Radius	R
Abk. f. Rand	R
Abk. f. rechts	R
Abk. f. recipe	R
Abk. f. Röntgen	R
Abk. f. Rubel	R
Abk. f. Schilling	S
Abk. f. Seite	S
Abk. f. Sekunde	S
Abk. f. Sen	S
Abk. f. siehe	S
Abk. f. Siemens	S
Abk. f. Singular	S
Abk. f. Süden	S
Abk. f. Tara	T
Abk. f. Tesla	T
Abk. f. Tonne	T
Abk. f. Torr	T
Abk. f. Tritium	T
Abk. f. unten	U
Abk. f. Unterseeboot	U
Abk. f. Volt	V
Abk. f. Volumen	V
Abk. f. von, vor	V
Abk. f. Währung in Paraguay	G
Abk. f. Währung in Swasiland	E
Abk. f. Währungseinheit v. Zaire	Z
Abk. f. Währung von Nigeria	K
Abk. f. Währung von Sambia	K
Abk. f. Watt	W

Abk. f. weiblich	W
Abk. f. wenden	W
Abk. f. Werst	W
Abk. f. Westen	W
Abk. f. Zentner	Z
8. Buchstabe des Abc	H
18. Buchstabe des Abc	R
Basis d. natürl. Logarithmen	E
bestimmter ital. Mehrzahlartikel	I
chem. Zeichen f. Bor	B
chem. Zeichen f. Fluor	F
chem. Zeichen f. Jod	J
chem. Zeichen f. Kalium	K
chem. Zeichen f. Kohlenstoff	C
chem. Zeichen f. Phosphor	P
chem. Zeichen f. Sauerstoff	O
chem. Zeichen f. Schwefel	S
chem. Zeichen f. Stickstoff	N
chem. Zeichen f. Uran	U
chem. Zeichen f. Vanadium	V
chem. Zeichen f. Wasserstoff	H
chem. Zeichen f. Wolfram	W
chem. Zeichen f. Xenon	X
chem. Zeichen f. Yttrium	Y
Dehnungsbuchstabe	H
23. Buchstabe des Abc	W
13. Buchstabe des Abc	M
3. Buchstabe des Abc	C
dritter Ton der Grundtonleiter	E
21. Buchstabe des Abc	U
11. Buchstabe des Abc	K
engl. unbest. Artikel	A
1. Buchstabe des Abc	A
franz.: pro, je	A
5. Buchstabe des Abc	E
fünfter Ton der Grundtonleiter	G
25. Buchstabe des Abc	Y
15. Buchstabe des ABC	O
Halbton in der Musik	B
Kfz-Zchn. Augsburg	A
Kfz-Zchn. Belgien	B
Kfz-Zchn. Berlin	B
Kfz-Zchn. Bundeswehr	Y
Kfz-Zchn. Bundeswehr/Nato-Hauptqu.	X
Kfz-Zchn. Burgenland	B
Kfz-Zchn. Deutschland	D
Kfz-Zchn. Düsseldorf	D
Kfz-Zchn. Essen	E
Kfz-Zchn. Frankfurt Main	F
Kfz-Zchn. Frankreich	F
Kfz-Zchn. Gera	G
Kfz-Zchn. Hannover	H
Kfz-Zchn. Italien	I
Kfz-Zchn. Japan	J
Kfz-Zchn. Jena	J
Kfz-Zchn. Kärnten	K
Kfz-Zchn. Kamputschea	K
Kfz-Zchn. Katar (Qatar)	Q
Kfz-Zchn. Köln	K
Kfz-Zchn. Kuba	C
Kfz-Zchn. Linz	L
Kfz-Zchn. Luxemburg	L
Kfz-Zchn. Malta	M
Kfz-Zchn. München	M
Kfz-Zchn. Niederösterreich	N
Kfz-Zchn. Norwegen	N
Kfz-Zchn. Nürnberg	N
Kfz-Zchn. Oberösterreich	O
Kfz-Zchn. Österreich	A
Kfz-Zchn. Portugal	P
Kfz-Zchn. Potsdam	P
Kfz-Zchn. Regensburg	R
Kfz-Zchn. Rumänien	R
Kfz-Zchn. Salzburg	S
Kfz-Zchn. Sambia	Z
Kfz-Zchn. Schweden	S
Kfz-Zchn. Spanien	E
Kfz-Zchn. Stuttgart	S
Kfz-Zchn. Thailand	T
Kfz-Zchn. Tirol	T
Kfz-Zchn. Transkei	X
Kfz-Zchn. Ungarn	H
Kfz-Zchn. Uruguay	U

Kfz-Zchn. Venda	V
Kfz-Zchn. Vorarlberg	V
Kfz-Zchn. Wien	W
Kfz-Zchn. Wuppertal	W
Kfz-Zollkennzeichen	Z
Musiknote	B
9. Buchstabe des Abc	I
19. Buchstabe des Abc	S
Plancksches Wirkungsquantum	H
römisch. Zahlzeichen für 1	I
römisch. Zahlzeichen für 10	X
römisch. Zahlzeichen für 100	C
römisch. Zahlzeichen für 1000	M
römisch. Zahlzeichen für 5	V
römisch. Zahlzeichen - für 50	L
römisch. Zahlzeichen für 500	D
6. Buchstabe des Abc	F
sechster Ton der Grundtonleiter	A
26. Buchstabe des Abc	Z
16. Buchstabe des Abc	P
7. Buchstabe des Abc	G
siebenter Ton der Grundtonleiter	H
17. Buchstabe des Abc	Q
Symbol für unbekannte Größe	X
Symbol für 2. unbekannte Größe	Y
Tonbezeichnung	B
Tonbezeichnung	C
Tonbezeichnung	D
Tonbezeichnung	F
Tonbezeichnung	G
Tonbezeichnung	H
4. Buchstabe des Abc	D
vierter Ton der Grundtonleiter	F
24. Buchstabe des Abc	X
14. Buchstabe des Abc	N
vor irisch-schott. Namen: Enkel	O
10. Buchstabe des Abc	J
20. Buchstabe des Abc	T
2. Buchstabe des Abc	B
22. Buchstabe des Abc	V
12. Buchstabe des Abc	L

2

Abk. f. »akademisches Viertel« CT

Abk.f. a. condition AC

Abk. f. a conto AC

Abk. f. ad acta AA

Abk. f. adato AD

Abk. f. ad libitum AL

Abk. f. ad rem AR

Abk. f. Afghani AF

Abk. f. Air France AF

Abk. f. Aktiengesellschaft AG

Abk. f. Aktienkapital AK

Abk. f. Alabama (USA) AL

Abk. f. Alaska (USA) AK

Abk. f. Algerischer Dinar DA

Abk. f. Alinea AL

Abk. f. als Gast (Theater) AG

Abk. f. Alter Herr AH

Abk. f. Alternative Liste AL

Abk. f. Altes Testament AT

Abk. f. Ammonium AM

Abk. f. Amnesty International AI

Abk. f. Amperesekunde AS

Abk. f. Amperestunde AH

Abk. f. Amplitudenmodulation AM

Abk. f. Amtsgericht AG

Abk. f. an dem AM

Abk. f. an der AD

Abk. f. angegebenen Ortes AO

Abk. f. Angström-Einheit AE

Abk. f. anni currentis AC

Abk. f. anni futuri AF

Abk. f. anni praeteriti AP

Abk. f. Anno Domini AD

Abk. f. Anonyme Alkoholiker AA

Abk. f. ante diem AD

Abk. f. ante meridiem AM

Abk. f. ante mortem AM

Abk. f. Arbeitsgemeinschaft AG

Abk. f. Arizona (USA) AZ

Abk. f. Arkansas (USA) AR

Abk. f. Armeekorps AK

Abk. f. Associated Press AP

Abk. f. Atlantic Council AC

Abk. f. Atmosphäre AT

Abk. f. auf Gegenseitigkeit AG

Abk. f. auf Sicht AS

Abk. f. auf Zeit AZ

Abk. f. Ausführungsbestimmung AB

Abk. f. außer Dienst AD

Abk. f. außerordentlich AO

Abk. f. Auswärtiges Amt AA

Abk. f. Automobile Association AA

Abk. f. a vista AV

Abk. f. Baccalaureus Artium BA

Abk. f. Bachelor of Law BL

Abk. f. Bahnhof BF

Abk. f. Bahrein-Dinar BD

Abk. f. Band BD

Abk. f. Baronet BT

Abk. f. basso continuo BC

Abk. f. Baumégrad BE

Abk. f. Bayerischer Rundfunk BR

Abk. f. Bayernpartei BP

Abk. f. Becquerel BQ

Abk. f. bezahlt Brief. (Börse) BB

Abk.f. bezahlt für Geld BG

Abk. f. bezahlt (Kurszettel) BZ

Abk. f. Bezirk BZ

Abk. f. Bibelkreis BK

Abk. f. Bindewort BW

Abk. f. Birr BR

Abk. f. bitte wenden BW

Abk. f. Blatt BL

Abk. f. Bogen BG

Abk. f. Bolivar BS

Abk. f. Boliviano BS

Abk. f. Boris Becker BB

Abk. f. Brief BF

Abk. f. Brieftelegramm LT

Abk. f. Brigitte Bardot BB

Abk. f. Brinellhärte HB

Abk. f. brit. Automobilklub AA

Abk. f. British Columbia BC

Abk. f. British Petroleum BP

Abk. f. Bruder BR

Abk. f. brutto BO

Abk. f. Büstenhalter BH

Abk. f. Bundesgrenzschutz BG

Abk. f. Bundespost BP

Abk. f. Bundesverfassung BV

Abk. f. Bushel BU

Abk. f. cable transfer CT

Abk. f. Candela CD

Abk. f. care of CO

Abk. f. Cartellverband CV

Abk. f. Cent CT

Abk. f. Cent, Centime CT

Abk. f. Centime CT

Abk. f. Cetanzahl CZ

Abk. f. chain (engl. Maß) CH

Abk. f. circa CA

Abk. f. citato loco CL

Abk. f. Cnaeus CN

Abk. f. colla sinistra CS

Abk. f. Colorado (USA) CO

Abk. f. Compact Disk CD

Abk. f. Compagnie, Kompanie CO

Abk. f. confer CF

Abk. f. Confoederatio Helvetica CH

Abk. f. Congregatio Missionis CM

Abk. f. Congregatio Passionis CP

Abk. f. Connecticut CT

Abk. f. Corps Consulaire CC

Abk. f. Corps Diplomatique CD

Abk. f. cost and freight CF

Abk. f. Coulomb CB

Abk. f. Council of Europe CE

Abk. f. cum tempore CT

Abk. f. Curie CI

Abk. f. currentis CR

Abk. f. d. Lazaristenorden CM

Abk. f. da capo, von vorne DC

Abk. f. dal segno DS

Abk. f. das heißt DH

Abk. f. das ist DI

Abk. f. de dato DD

Abk. f. Dei Gratia DG

Abk. f. Dekagramm DG

Abk. f. Dekaliter DL

Abk. f. Dekameter DM

Abk. f. Delaware (USA) DE

Abk. f. Demokr. Sozialisten DS

Abk. f. den US-Soldaten GI

Abk. f. Deovolente DV

Abk. f. der Jüngere DJ

Abk. f. der Obige DO

Abk. f. der Reserve DR

Abk. f. derzeit DZ

Abk. f. des Ruhestandes DR

Abk. f. deutsch DT

Abk. f. Deutsche Bundesbahn DB

Abk. f. Deutsche Bundesbank DB

Abk. f. Deutsche Burschenschaft DB

Abk. f. Deutsche Mark DM

Abk. f. Deutsche Post DP

Abk. f. Deutsche Reichsbahn DR

Abk. f. Deutsche Turnerschaft DT

Abk. f. Deutsche Welle DW

Abk. f. Deziar DA

Abk. f. Dezibel DB

Abk. f. Dezigramm DG

Abk. f. Deziliter DL

Abk. f. Dezimalklassifikation DK

Abk. f. Dezimeter DM

Abk. f. Dezitonne DT

Abk. f. dienstunfähig DU

Abk. f. dieser Monat DM

Abk. f. dieses Jahres DJ

Abk. f. dieses Monats DM

Abk. f. Dirham DH

Abk. f. Displaced Person DP

Abk. f. District of Columbia	DC
Abk. f. dito	DO
Abk. f. Dobra	DB
Abk. f. Doktor	DR
Abk. f. Doktorand	DD
Abk. f. Dokumente gegen Akzept	DA
Abk. f. Dominikanerorden	OP
Abk. f. Doppelzentner	DZ
Abk. f. Dornier	DO
Abk. f. Drachme	DR
Abk. f. Dschibuti-Franc	FD
Abk. f. edidit	ED
Abk. f. Edition	ED
Abk. f. ehrenhalber	EH
Abk. f. einen Bibelteil	AT
Abk. f. einen Bibelteil	NT
Abk. f. eingetragener Verein	EV
Abk. f. Einwohner	EW
Abk. f. Einzahl	EZ
Abk. f. Eisernes Kreuz	EK
Abk. f. eiusdem mensis	EM
Abk. f. elektrisch	EL
Abk. f. Elektronenvolt	EV
Abk. f. Emanation	EM
Abk. f. emeritiert	EM
Abk. f. en personne	EP
Abk. f. Escudo	ES
Abk. f. Eurocheque	EC
Abk. f. Europ. Gemeinschaften	EG
Abk. f. Europameisterschaft	EM
Abk. f. Europaparlament	EP
Abk. f. Europa-Union	EU
Abk. f. evangelisch	EV
Abk. f. Evangelium	EV
Abk. f. Exemplar	EX
Abk. f. exempli causa	EC
Abk. f. exempli gratia	EG
Abk. f. ex libris	EL
Abk. f. Fernschreiben	FS
Abk. f. Fernsehen	FS
Abk. f. Festmeter	FM
Abk. f. Firma	FA
Abk. f. Florida (USA)	FL
Abk. f. Fluß	FL
Abk. f. folgende (Seiten)	FF
Abk. f. Folio	FO
Abk. f. Foot	FT
Abk. f. Forint	FT
Abk. f. fortissimo	FF
Abk. f. forzato	FZ
Abk. f. Franc	FR
Abk. f. Franken	FR
Abk. f. Französischer Franc	FF
Abk. f. Frater	FR
Abk. f. Frau	FR
Abk. f. frei	FR
Abk. f. Freie Universität	FU
Abk. f. Fremdwort	FW
Abk. f. Frequenzmodulation	FM
Abk. f. Fürwort	FW
Abk. f. Fußball-Club	FC
Abk. f. Fußballklub	FK
Abk. f. Fußballverein	FV
Abk. f. General Motors	GM
Abk. f. Generalpause	GP
Abk. f. Generalstab	GS
Abk. f. Georgia	GA
Abk. f. Geschlechtswort	GW
Abk. f. Gesetzbuch	GB
Abk. f. Gewerbeordnung	GO
Abk. f. Gigabyte	GB
Abk. f. gleich	GL
Abk. f. Graf	GF
Abk. f. Gran Turismo	GT
Abk. f. Gray (physikal. Einheit)	GY
Abk. f. Great Britain	GB
Abk. f. Greenwich	GR
Abk. f. griechisch	GR
Abk. f. groß	GR
Abk. f. Grund	GD
Abk. f. Grundgesetz	GG
Abk. f. Guinea-Franc	FG
Abk. f. Guinea-Peso	PG
Abk. f. Gulden (Florin)	FL
Abk. f. Hämoglobin	HB

Abk. f. Haltepunkt	HP
Abk. f. Haltestelle	HS
Abk. f. Handelsorganisation	HO
Abk. f. Hauptquartier	HQ
Abk. f. Hauptuntersuchung	HU
Abk. f. Hauptverwaltung	HV
Abk. f. Hauptwort	HW
Abk. f. Hawaii (USA)	HI
Abk. f. Hefnerkerze	HK
Abk. f. heilig	HL
Abk. f. Hektar	HA
Abk. f. Hektogramm	HG
Abk. f. Hektoliter	HL
Abk. f. Hektometer	HM
Abk. f. Hektoster	HS
Abk. f. Helvet. Bekenntnis	HB
Abk. f. Herausgeber	HG
Abk. f. herausgegeben	HG
Abk. f. Her/His Majesty	HM
Abk. f. Herr	HR
Abk. f. Herren	HH
Abk. f. Hertz	HZ
Abk. f. Hessischer Rundfunk	HR
Abk. f. high-density	HD
Abk. f. Hitlerjugend	HJ
Abk. f. hoc anno	HA
Abk. f. hoc est	HE
Abk. f. Hochfrequenz	HF
Abk. f. hoc loco	HL
Abk. f. honoris causa	HC
Abk. f. horsepower	HP
Abk. f. huius anni	HA
Abk. f. huius mensis	HM
Abk. f. ibidem	IB
Abk. f. Idaho	ID
Abk. f. idem	ID
Abk. f. id est	IE
Abk. f. Ihre Majestät	IM
Abk. f. Illinois (USA)	IL
Abk. f. im Auftrag	IA
Abk. f. im besonderen	IB
Abk. f. im Hause	IH
Abk. f. im Jahre	IJ
Abk. f. Immunisierungseinheit	IE
Abk. f. Imperator Rex	IR
Abk. f. im Ruhestand	IR
Abk. f. Inch	IN
Abk. f. in der	ID
Abk. f. in der Trockenmasse	IT
Abk. f. Indiana (USA)	IN
Abk. f. indische Rupie	IR
Abk. f. Industriegewerkschaft	IG
Abk. f. Infanteriedivision	ID
Abk. f. Infanterieregiment	IR
Abk. f. Infanterieregiment	IR
Abk. f. Intelligenzquotient	IQ
Abk. f. Intercity	IC
Abk. f. Interessengemeinsch.	IG
Abk. f. intramuskulär	IM
Abk. f. intravenös	IV
Abk. f. in Vertretung	IV
Abk. f. in Vollmacht	IV
Abk. f. Iowa	IA
Abk. f. ipse fecit	IF
Abk. f. Irrtum vorbehalten	IV
Abk. f. italienisch	IT
Abk. f. item	IT
Abk. f. Jahrgang	JG
Abk. f. Jahrhundert	JH
Abk. f. jedes Jahr	JJ
Abk. f. Jemen-Dinar	YD
Abk. f. Jesuitenorden	SJ
Abk. f. Jordanischer Dinar	JD
Abk. f. Junior	JR
Abk. f. kaiserlich-königlich	KK
Abk. f. Kalifornien	CA
Abk. f. Kansas (USA)	KS
Abk. f. Kanton	KT
Abk. f. Kapitalgesellschaft	KG
Abk. f. Karat	KT
Abk. f. Karmeliterorden	OC
Abk. f. Kartellverband	KV
Abk. f. Katar-Rial	QR

Abk. f. Kentucky KY
Abk. f. Kiloampere KA
Abk. f. Kilobyte KB
Abk. f. Kilogramm KG
Abk. f. Kiloliter KL
Abk. f. Kilometer KM
Abk. f. Kilopond KP
Abk. f. Kilovolt KV
Abk. f. Kilowatt KW
Abk. f. Klasse KL
Abk. f. klein KL
Abk. f. Kleinkaliber KK
Abk. f. Knock out KO
Abk. f. Knoten KN
Abk. f. Köchelverzeichnis KV
Abk. f. König KG
Abk. f. königlich-ungarisch KU
Abk. f. Kommanditgesellschaft KG
Abk. f. Kommunistische Partei KP
Abk. f. Komoren-Franc FC
Abk. f. Konkursordnung KO
Abk. f. Konzentrationslager KZ

Abk. f. Kreis KR
Abk. f. Kreuzer KR
Abk. f. Krone KR
Abk. f. künftigen Jahres KJ
Abk. f. künftigen Monats KM
Abk. f. kurzerhand KH
Abk. f. Kuweit-Dinar KD
Abk. f. Kwanza KZ
Abk. f. Läuten und Pfeifen LP
Abk. f. Land LD
Abk. f. Landesversicherung LV
Abk. f. Landgericht LG
Abk. f. lang LG
Abk. f. Langspielplatte LP
Abk. f. Lastenausgleich LA
Abk. f. laufenden Jahres LJ
Abk. f. laufenden Monats LM
Abk. f. laut LT
Abk. f. Lehnwort LW
Abk. f. Leone LE
Abk. f. Leutnant LT
Abk. f. Lew LW

Abk. f. Liberal International LI
Abk. f. Libra LB
Abk. f. Libyscher Dinar LD
Abk. f. limited LD
Abk. f. linker Hand LH
Abk. f. loco citato LC
Abk. f. loco laudato LL
Abk. f. loco sigilli LS
Abk. f. Lösung LG
Abk. f. Logarithmus LG
Abk. f. Los Angeles LA
Abk. f. Louisiana LA
Abk. f. Luftschiff Zeppelin LZ
Abk. f. Lumen LM
Abk. f. Lux LX
Abk. f. Mac MC
Abk. f. Mache-Einheit ME
Abk. f. Machzahl MA
Abk. f. Mälzels Metronom MM
Abk. f. Magister Artium MA
Abk. f. Maine ME
Abk. f. Malawi-Kwacha MK

Abk. f. mano destra MD
Abk. f. manu propria MP
Abk. f. Manuskript MS
Abk. f. Markka MK
Abk. f. Maryland MD
Abk. f. Maschinengewehr MG
Abk. f. Maschinenpistole MP
Abk. f. Massachusetts (USA) MA
Abk. f. Master of Arts MA
Abk. f. Mauritius-Rupie MR
Abk. f. Megabyte MB
Abk. f. Megapond MP
Abk. f. Megawatt MW
Abk. f. Mehrzahl MZ
Abk. f. meiner Ansicht MA
Abk. f. meines Erachtens ME
Abk. f. meines Wissens MW
Abk. f. Member of Congress MC
Abk. f. Member of Parliament MP
Abk. f. mensis currentis MC
Abk. f. Messieurs MM

Abk. f. Meterkerze MK

Abk. f. Metersekunde MS

Abk. f. Metertonne MT

Abk. f. Metikal MT

Abk. f. mezza voce MV

Abk. f. mezzoforte MF

Abk. f. mezzopiano MP

Abk. f. Michigan (USA) MI

Abk. f. Mikrofarad MF

Abk. f. Mikron MY

Abk. f. Mikroprozessor MP

Abk. f. mile MI

Abk. f. Militärpolizei MP

Abk. f. Military Police MP

Abk. f. Milliampere MA

Abk. f. Milliarde MD

Abk. f. Millibar MB

Abk. f. Milligramm MG

Abk. f. Millihenry MH

Abk. f. Milliliter ML

Abk.f. Millimeter MM

Abk. f. Millisekunde MS

Abk. f. Millivolt MV

Abk. f. Minnesota (USA) MN

Abk. f. Mississippi (USA) MS

Abk. f. Missouri MO

Abk. f. Mister MR

Abk. f. Mittelalter MA

Abk. f. mitteldeutsch MD

Abk. f. Montana (USA) MT

Abk. f. Motorschiff MS

Abk. f. Mount MT

Abk. f. mundartlich MA

Abk. f. Musikdirektor MD

Abk. f. mutatis mutandis MM

Abk. f. nach Ermessen NE

Abk. f. Nachfolger NF

Abk. f. nachmittags NM

Abk. f. Nachschrift NS

Abk. f. nach Sicht (Wechsel) NS

Abk. f. nächsten Jahres NJ

Abk. f. nächsten Monats NM

Abk. f. Name unbekannt NN

Abk. f. Nanofarad NF

Abk. f. Nanometer NM

Abk. f. nationalsozialistisch NS

Abk. f. natürlicher Logarithmus LN

Abk. f. Nebenbemerkung NB

Abk. f. Nebraska (USA) NE

Abk. f. Nennwert NW

Abk. f. Nepalesische Rupie NR

Abk. f. Neper NP

Abk. f. neue Folge NF

Abk. f. Neue Kerze NK

Abk. f. neuenglisch NE

Abk. f. Neues Testament NT

Abk. f. Nevada (USA) NV

Abk. f. New Hampshire NH

Abk. f. New Jersey NJ

Abk. f. New Mexico NM

Abk. f. Newtonmeter NM

Abk. f. New York NY

Abk. f. nicht tauglich NT

Abk. f. niederdeutsch ND

Abk. f. Niederfrequenz NF

Abk. f. niederländisch NL

Abk. f. nomen nescio NN

Abk. f. Nonofarad NF

Abk. f. Nordost NO

Abk. f. Nordwest NW

Abk. f. Normalhöhenpunkt NH

Abk. f. Normalkerze NK

Abk. f. Normalnull NN

Abk. f. North Carolina NC

Abk. f. North Dakota ND

Abk. f. Notabene NB

Abk. f. Numero NO

Abk. f. Nummer NR

Abk. f. oben angeführt OA

Abk. f. Oberamt OA

Abk. f. Oberbürgermeister OB

Abk. f. oberdeutsch OD

Abk. f. Obligationenrecht OR

Abk. f. oder OD

Abk. f. Oersted OE

Abk. f. Ohio (USA) OH

Abk. f. ohne Befund OB

Abk. f. ohne Jahresangabe OJ

Abk. f. ohne Kosten OK

Abk. f. ohne Obligo OO

Abk. f. ohne Ort OO

Abk. f. ohne Wert OW

Abk. f. okay OK

Abk. f. Oklahoma (USA) OK

Abk. f. Oktanzahl OZ

Abk. f. Oleum OL

Abk. f. Operationssaal OP

Abk. f. opus OP

Abk. f. ordentlicher Professor OP

Abk. f. Ordinis Praedicatorum OP

Abk. f. Ordnungszahl OZ

Abk. f. Ordo Carmelitarum OC

Abk. f. Oregon OR

Abk. f. orientalisch OR

Abk. f. Ounce OZ

Abk. f. out of print OP

Abk. f. Pädagog. Hochschule PH

Abk. f. Pakistan-Rupie PR

Abk. f. Panzerdivision PD

Abk. f. Pappband PP

Abk. f. par exemple PE

Abk. f. Parsec PC

Abk. f. Parteigenosse PG

Abk. f. Passionistenorden CP

Abk. f. Patres PP

Abk. f. Pennsylvanien PA

Abk. f. per Adresse PA

Abk. f. perge, perge PP

Abk. f. per procura PP

Abk. f. Personal Computer PC

Abk. f. Pfennig PF

Abk. f. Pferdestärke PS

Abk. f. Pfund PF

Abk. f. Pfund (libra) LB

Abk. f. Phasenmodulation PM

Abk. f. Phon PH

Abk. f. Phot PH

Abk. f. pianissimo PP

Abk. f. Picofarad PF

Abk. f. Pint PT

Abk. f. pinxit PX

Abk. f. piu forte PF

Abk. f. pleno titulo PT

Abk. f. Plural PL

Abk. f. poco forte PF

Abk. f. Podex PO

Abk. f. Position PO

Abk. f. Post Exchange PX

Abk. f. post meridiem PM

Abk. f. post mortem PM

Abk. f. Postskriptum PS

Abk. f. pour condoléance PC

Abk. f. pour féliciter PF

Abk. f. pour remercier PR

Abk. f. praemisso titulo PT

Abk. f. Predigerorden OP

Abk. f. Preis PR

Abk. f. prima PA

Abk. f. Prisonnier de guerre PG

Abk. f. pro anno PA

Abk. f. pro centum PC

Abk. f. Professor ordinarius PO

Abk. f. pro memoria PM

Abk. f. pro mille PM

Abk. f. Propagandakompanie PK

Abk. f. propria manu PM

Abk. f. pro tempore PT

Abk. f. Prozent PC

Abk. f. Public Relations PR

Abk. f. Quadratmeter QM

Abk. f. quästioniert QU

Abk. f. quantum libet QL

Abk. f. quantum placet QP

Abk. f. quantum vis QV

Abk. f. Quart QT

Abk. f. Quecksilbersäule QS

Abk. f. quod videas QV

Abk. f. Réponse payée RP

Abk. f. République Francaise RF

Abk. f. Radio Bremen RB

Abk. f. Rappen RP

Abk. f. rarissime RR

Abk. f. Raummeter RM

Abk. f. recipe RP

Abk. f. Regierungsrat RR

Abk. f. Registertonne RT

Abk. f. Reichsmark RM

Abk. f. Rektaszension AR

Abk. f. reservatis reservandis RR

Abk. f. Reverendus Pater RP

Abk. f. Rezept RP

Abk. f. rheinisch RH

Abk. f. Rhesusfaktor RH

Abk. f. Rheumatisches Fieber RF

Abk. f. Rhode Island RI

Abk. f. Rial RL

Abk. f. Rial Omani RO

Abk. f. rinforzando RF

Abk. f. Rockwellhärte HR

Abk. f. römisch-katholisch RK

Abk. f. Rotary International RI

Abk. f. Rotes Kreuz RK

Abk. f. Royal Navy RN

Abk. f. rund RD

Abk. f. Saarländ. Rundfunk SR

Abk. f. Sachsen SA

Abk. f. Saint ST

Abk. f. salva venia SV

Abk. f. salvo errore SE

Abk. f. salvo titulo St

Abk. f. Sankt ST

Abk. f. Sante, Santi SS

Abk. f. Satang St

Abk. f. Schlußverkauf SV

Abk. f. Schmucktelegramm LX

Abk. f. Schutz-Staffel SS

Abk. f. scilicet SC

Abk. f. sculpsit SC

Abk. f. Seemeile SM

Abk. f. Segelschiff SS

Abk. f. Segerkegel SK

Abk. f. sehr fein FF

Abk. f. sehr selten RR

Abk. f. Seine Exzellenz SE

Abk. f. Seine Majestät SM

Abk. f. Seiner (Durchlaucht) SR

Abk. f. seinerzeit SZ

Abk. f. senior SR

Abk. f. Seniorenconvent SC

Abk. f. sequens SQ

Abk. f. sforzando SF

Abk. f. sforzato SF

Abk. f. Shilling SH

Abk. f. Sicherheitsdienst SD

Abk. f. Siedepunkt SP

Abk. f. siehe dieses SD

Abk. f. siehe oben SO

Abk. f. siehe unten SU

Abk. f. Siemenseinheit SE

Abk. f. sine anno SA

Abk. f. sine loco SL

Abk. f. sine nomine SN

Abk. f. sine obligo SO

Abk. f. sine tempore ST

Abk. f. Skot SK

Abk. f. slawisch SL

Abk. f. Société anonyme SA

Abk. f. Societatis Jesu SJ

Abk. f. South Carolina SC

Abk. f. South East SE

Abk. f. Sowjetunion SU

Abk. f. Sozialgericht SG

Abk. f. Sozialist. Internationale SI

Abk. f. Spalte SP

Abk. f. spanisch SP

Abk. f. Spielvereinigung SV

Abk. f. Sportclub SC

Abk. f. Sportklub SK

Abk. f. Sportverein SV

Abk. f. Square SQ

Abk. f. Stadt ST

Abk. f. Stilb SB

Abk. f. Stotinki ST

Abk. f. Stratus ST

Abk. f. Stück ST

Abk. f. Stunde ST

Abk. f. Sturm-Abteilung SA

Abk. f. sub voce SV

Abk. f. Süd-dakota SD

Abk. f. Süd-deutsche Zeitung SZ

Abk. f. südl. Breite SB

Abk. f. Südosten SO

Abk. f. Süd-westen SW

Abk. f. Summa SA

Abk. f. Surinam-Gulden SF

Abk. f. Tabes dorsalis TD

Abk. f. Taka TK

Abk. f. Tangens TG

Abk. f. Tarif-ordnung TO

Abk. f. Techn. Hoch-schule TH

Abk. f. Techni-sche Nothilfe TN

Abk. f. Techni-sche Uni-versität TU

Abk. f. Television TV

Abk. f. Tennessee (USA) TN

Abk. f. Texas (USA) TX

Abk. f. Tiberius TI

Abk. f. tons TS

Abk. f. Triangula-tions-punkt TP

Abk. f. Triller TR

Abk. f. Tsche-chen-krone KC

Abk. f. Tuberku-lose TB

Abk. f. Türki-sches Pfund TL

Abk. f. Tunesi-scher Dinar TD

Abk. f. Turbinen-schiff TS

Abk. f. Turner-schaft TS

Abk. f. Turn-verein TV

Abk. f. Ultra-violett UV

Abk. f. Um-stands-wort UW

Abk. f. und anderes UA

Abk. f. und folgendes UF

Abk. f. und so weiter (lat.) PP

Abk. f. Unitas-Verband UV

Abk. f. United Kingdom UK

Abk. f. United Nations UN

Abk. f. United Press UP

Abk. f. United States US

Abk. f. Universal League UL

Abk. f. unseres Erach-tens UE

Abk. f. unseres Wissens UW

Abk. f. unter anderem UA

Abk. f. unter Meeres-spiegel UM

Abk. f. unter Rück-erbittung UR

Abk. f. unter Umständen UU

Abk. f. Unter-zeichnete DU

Abk. f. urbis conditae UC

Abk. f. US-Bundes-distrikt DC

Abk. f. US-Nach-richten-agentur AP

Abk. f. Utah (USA) UT

Abk. f. ut infra UI

Abk. f. ut supra US

Abk. f. Vatu VT

Abk. f. verbi gratia VG

Abk. f. Vereinte Nationen VN

Abk. f. Vermont VT

Abk. f. Verord-nung VO

Abk. f. Versuchs-person VP

Abk. f. vice versa VV

Abk. f. Vickers-härte HV

Abk. f. Virginia VA

Abk. f. Volks-polizei VP

Abk. f. Volks-republik VR

Abk. f. Volks-wagen VW

Abk. f. Volt-ampere VA

Abk. f. Volt-sekunde VS

Abk. f. vom Hundert VH

Abk. f. vom Tausend VT

Abk. f. von oben VO

Abk. f. von unten VU

Abk. f. vor der VD

Abk. f. vorigen Jahres VJ

Abk. f. vorigen Monats VM

Abk. f. vormit-tags VM

Abk. f. Vorname VN

Abk. f. Wärmeeinheit	WE
Abk. f. Warenzeichen	WZ
Abk. f. Washington (USA)	WA
Abk. f. water-closet	WC
Abk. f. Wattsekunde	WS
Abk. f. Weber (physik. Einheit)	WB
Abk. f. Wechselgesetz	WG
Abk. f. Wechselordnung	WO
Abk. f. Weltmeisterschaft	WM
Abk. f. westdeutsch	WD
Abk. f. westl. Länge	WL
Abk. f. West Virginia	WV
Abk. f. Wiederholungskurs	WK
Abk. f. wie oben	WO
Abk. f. Wisconsin (USA)	WI
Abk. f. Wörterbuch	WB
Abk. f. Wörterverzeichnis	WV
Abk. f. Wohngemeinschaft	WG
Abk. f. Wyoming	WY
Abk. f. Yard	YD
Abk. f. Zeitung	ZT
Abk. f. Zeitwort	ZW
Abk. f. Zentigramm	CG
Abk. f. Zentiliter	CL
Abk. f. Zentimeter	CM
Abk. f. Zentralkomitee	ZK
Abk. f. Zinszahl	ZZ
Abk. f. Zloty	ZL
Abk. f. zu Händen	ZH
Abk. f. zum Beispiel	ZB
Abk. f. zum Exempel	ZE
Abk. f. zum Teil	ZT
Abk. f. zur Disposition	ZD
Abk. f. zur See	ZS
Abk. f. zur Zeit	ZZ
Abk. f. zwischen	ZW
ägypt. Sonnengott	RA
ägypt. Sonnengott	RE
aktuell	IN
alte Abk. f. Euer	EW
altgriech. Erdgöttin	GE
altröm. Gewicht	AS
altröm. Kupfermünze	AS
amerikan. Nachrichtendienst	AP
amerikan. Zustimmung	OK
angebl. Körperausstrahlung	OD
Anrede	DU
Antwort auf kontra	RE
an welchem Ort?	WO
anwesend	DA
arab. Artikel	AL
arab. Artikel	EL
arab. Artikel	IL
assyr. Gottheit	EA
Auerochse	UR
Augenblick	NU
Ausruf	HI
Ausruf der Überraschung	OH
Ausruf des Abscheus	UH
Ausruf des Erstaunens	AH
Ausruf des Erstaunens	EI
Ausruf des Erstaunens	HA
Ausruf des Erstaunens	HO
Ausruf des Erstaunens	NU
Ausruf des Zweifels	NA
austroasiat. Sprache	WA
babylon. Wassergott	EA
Bergbach	AA
Bestandteil von schott. Namen	MC
bester Vertreter seines Fachs	AS
bestimmter ital. Artikel	IL
bestimmter ital. Artikel	LO
bestimmter span. Artikel	EL
bestimmter span. Artikel	LA
biblisch. Monatsname	AB
Box-Ausdruck	KO
brasilian. Indianerstamm	GE
brit. Mineralölkonzern	BP
buddhist. Gebetsruf	OM
chem. Zeichen f. Actinium	AC
chem. Zeichen f. Aluminium	AL
chem. Zeichen f. Americium	AM
chem. Zeichen f. Antimon	SB
chem. Zeichen f. Argon	AR
chem. Zeichen f. Arsen	AS
chem. Zeichen f. Astat	AT

chem. Zeichen f. Barium BA

chem. Zeichen f. Berkelium BK

chem. Zeichen f. Beryllium BE

chem. Zeichen f. Blei PB

chem. Zeichen f. Brom BR

chem. Zeichen f. Cadmium CD

chem. Zeichen f. Cäsium CS

chem. Zeichen f. Californium CF

chem. Zeichen f. Cassiopeium CP

chem. Zeichen f. Cer CE

chem. Zeichen f. Chlor CL

chem. Zeichen f. Chrom CR

chem. Zeichen f. Curium CM

chem. Zeichen f. Dysprosium DY

chem. Zeichen f. Einsteinium ES

chem. Zeichen f. Eisen FE

chem. Zeichen f. Erbium ER

chem. Zeichen f. Europium EU

chem. Zeichen f. Fermium FM

chem. Zeichen f. Francium FR

chem. Zeichen f. Gadolinium GD

chem. Zeichen f. Gallium GA

chem. Zeichen f. Germanium GE

chem. Zeichen f. Gold AU

chem. Zeichen f. Hafnium HF

chem. Zeichen f. Helium HE

chem. Zeichen f. Holmium HO

chem. Zeichen f. Indium IN

chem. Zeichen f. Ionium IO

chem. Zeichen f. Iridium IR

chem. Zeichen f. Kalzium CA

chem. Zeichen f. Kobalt CO

chem. Zeichen f. Krypton KR

chem. Zeichen f. Kupfer CU

chem. Zeichen f. Kurtschatowium KU

chem. Zeichen f. Lanthan LA

chem. Zeichen f. Lawrencium LR

chem. Zeichen f. Lithium LI

chem. Zeichen f. Lutetium LU

chem. Zeichen f. Magnesium MG

chem. Zeichen f. Mangan MN

chem. Zeichen f. Mendelevium MD

chem. Zeichen f. Molybdän MO

chem. Zeichen f. Natrium NA

chem. Zeichen f. Neodym ND

chem. Zeichen f. Neon NE

chem. Zeichen f. Neptunium NP

chem. Zeichen f. Nickel NI

chem. Zeichen f. Niobium NB

chem. Zeichen f. Niton NT

chem. Zeichen f. Nobelium NO

chem. Zeichen f. Osmium OS

chem. Zeichen f. Palladium PD

chem. Zeichen f. Platin PT

chem. Zeichen f. Plutonium PU

chem. Zeichen f. Polonium PO

chem. Zeichen f. Praseodym PR

chem. Zeichen f. Promethium PM

chem. Zeichen f. Protactinium PA

chem. Zeichen f. Quecksilber HG

chem. Zeichen f. Radium RA

chem. Zeichen f. Radon RN

chem. Zeichen f. Rhenium RE

chem. Zeichen f. Rhodium RH

chem. Zeichen f. Rubidium RB

chem. Zeichen f. Ruthenium RU

chem. Zeichen f. Samarium SM

chem. Zeichen f. Scandium SC

chem. Zeichen f. Selen SE

chem. Zeichen f. Silber AG

chem. Zeichen f. Silizium SI

chem. Zeichen f. Strontium SR

chem. Zeichen f. Tantal TA

chem. Zeichen f. Technetium TC

chem. Zeichen f. Tellur TE

chem. Zeichen f. Terbium TB

chem. Zeichen f. Thallium	TL
chem. Zeichen f. Thorium	TH
chem. Zeichen f. Thoron	TN
chem. Zeichen f. Thulium	TM
chem. Zeichen f. Titan	TI
chem. Zeichen f. Wismut	BI
chem. Zeichen f. Xenon	XE
chem. Zeichen f. Ytterbium	YB
chem. Zeichen f. Zink	ZN
chem. Zeichen f. Zinn	SN
chem. Zeichen f. Zirkonium	ZR
chines. Längenmaß	PU
chines. Wegmaß	LI
Christusmonogramm	XP
Dehnungslaut	AA
Dehnungslaut	AH
Dehnungslaut	EH
Dehnungslaut	UH
derart, auf diese Weise	SO
deutscher Automobilklub	KS
deutsche Vorsilbe	AN
deutsche Vorsilbe	BE
deutsche Vorsilbe	ER
deutsche Vorsilbe	GE
deutsche Vorsilbe	UM
deutsche Vorsilbe	UN
deutsche Vorsilbe	ZU
dichterisch: Wiese	AU
dort	DA
Dreizehenfaultier	AI
englisch: auf	ON
englisch: er	HE
englisch: es	IT
englisch: gehen	GO
englisch: ist	IS
englisch: machen	DO
englisch: nein	NO
englisch: oder	OR
englisch: wir	WE
Erbeinheit	ID
Faxen, Fopperei	UZ
Feldmaß, Flächenmaß	AR
Felseninsel v. Marseille	IF
feuchte Niederung	AU
Figur aus Land des Lächelns	MI
Fluß durch Münster	AA
Flußniederung	AU
Fortpflanzungszelle	EI
Fragewort	WO
franz. Adelsprädikat	DE
franz. männl. Artikel	LE
franz. Stadt an der Bresle	EU
franz. u. latein.: und	ET
franz. weibl. Artikel	LA
franz. Weinbaustadt	GY
franz.: du	TU
franz.: eins	UN
franz.: er	IL
franz.: es gilt!	VA
franz.: Gold	OR
franz.: ich	JE
franz.: in	EN
franz.: Jahr	AN
franz.: man	ON
franz.: oder	OU
franz.: pfui!	FI
franz.: von	DE
franz.: wo	OU
Frauenname	LU
Fuhrmannsruf	JO
Gegenspiel im Skat	RE
Gegenteil von offen	ZU
Geliebte des Zeus	IO
geschlossen	ZU
griech. Buchstabe	MY
griech. Buchstabe	NY
griech. Buchstabe	PI
griech. Buchstabe	XI
griech. verneinende Vorsilbe	AN
griech. Vorsilbe: aus-	EK
griech. Vorsilbe: gut, wohl-	EU
griech. Vorsilbe: hinauf	EP
griech. Vorsilbe: in-	EN
griech. Vorsilbe: zwei-, doppelt	DI
griech. Vorsilbe: zweifach	BI
Halbton unter a	AS
Halbton unter e	ES
Heimat des Abraham	UR
hier	DA
hohe Spielkarte	AS
Hühnerprodukt	EI
internat. Abk. f. Brieftelegramm	LT
ital. Musiknote	DO
ital. Musiknote	FA

2

ital. Musiknote (a)	LA
ital. Musiknote (d)	RE
ital. Musiknote (e)	MI
ital. Musiknote (h)	SI
ital. Strom	PO
ital. weibl. Artikel	LA
ital.: ich	IO
ital.: ja	SI
ital.: König	RE
ital.: nein	NO
italien. Tonsilbe	LA
japan. Brettspiel	GO
japan. Gewichtseinheit	MO
japan. Hohlmaß	TO
japan. Raummaß	GO
japan. Silbermünze	BU
japan. Stadtbezirk	FU
japan. Theaterstil	NO
japan. Wegemaß	RI
Jauchzruf	JU
Jupitermond	IO
Kama-Zufluß	IK
kampfunfähig	KO
Keim, Keimzelle	EI
Kfz-Zchn. ČSFR	CS
Kfz-Zchn. Aachen	AC
Kfz-Zchn. Ägypten	ET
Kfz-Zchn. Ahaus	AH
Kfz-Zchn. Ahrweiler	AW
Kfz-Zchn. Albanien	AL
Kfz-Zchn. Alb-Donau-Kreis in Ulm	UL
Kfz-Zchn. Algerien	DZ
Kfz-Zchn. Altena/Westfalen	AL
Kfz-Zchn. Altenkirchen/Westerwald	AK
Kfz-Zchn. Alzey-Worms in Alzey	AZ
Kfz-Zchn. Amberg Oberpf.	AM
Kfz-Zchn. Amberg-Sulzbach	AS
Kfz-Zchn. Ansbach	AN
Kfz-Zchn. Appenzell Außerrhoden	AR
Kfz-Zchn. Appenzell Innerrhoden	AI
Kfz-Zchn. Argentinien	RA
Kfz-Zchn. Arnsberg, Westfalen, Land	AR
Kfz-Zchn. Aschaffenburg	AB
Kfz-Zchn. Aue	AU
Kfz-Zchn. Auerbach	AE
Kfz-Zchn. Backnang	BK
Kfz-Zchn. Bad Kissingen	KG
Kfz-Zchn. Bad Kreuznach	KH
Kfz-Zchn. Bad Segeberg	SE
Kfz-Zchn. Bahamas	BS
Kfz-Zchn. Bamberg	BA
Kfz-Zchn. Bangladesch	BD
Kfz-Zchn. Bautzen	BZ
Kfz-Zchn. Bayreuth	BT
Kfz-Zchn. Beckum Westfalen	BE
Kfz-Zchn. Belize	BH
Kfz-Zchn. Bergstr. Heppenheim	HP
Kfz-Zchn. Biberach Riß	BC
Kfz-Zchn. Bielefeld	BI
Kfz-Zchn. Bochum	BO
Kfz-Zchn. Böblingen	BB
Kfz-Zchn. Bonn	BN
Kfz-Zchn. Bophutatswana	JB
Kfz-Zchn. Botswana	RB
Kfz-Zchn. Brasilien	BR
Kfz-Zchn. Braunschweig	BS
Kfz-Zchn. Bremen	HB
Kfz-Zchn. Bruchsal	BR
Kfz-Zchn. Bühl Baden	BH
Kfz-Zchn. Bulgarien	BG
Kfz-Zchn. Bundesgrenzschutz	BG
Kfz-Zchn. Bundespost	BP
Kfz-Zchn. Bundesrat, -reg.,-tag	BD
Kfz-Zchn. Burgdorf Hannover	BU
Kfz-Zchn. Burkina Faso	BF
Kfz-Zchn. Burundi	BU
Kfz-Zchn. Burundi	RU
Kfz-Zchn. Calau	CA
Kfz-Zchn. Calw	CW
Kfz-Zchn. Celle	CE
Kfz-Zchn. Ciskei	GC
Kfz-Zchn. Coburg	CO
Kfz-Zchn. Corps consulaire	CC
Kfz-Zchn. Costa Rica	CR
Kfz-Zchn. Cottbus	CB
Kfz-Zchn. Crailsheim	CR
Kfz-Zchn. Dänemark	DK
Kfz-Zchn. Darmstadt	DA
Kfz-Zchn. Delitzsch	DZ
Kfz-Zchn. Demmin	DM

Kfz-Zchn. DE
Dessau

Kfz-Zchn. DB
Deutsche Bundesbahn

Kfz-Zchn. DI
Dieburg

Kfz-Zchn. DW
Dippoldiswalde

Kfz-Zchn. DL
Döbeln

Kfz-Zchn. WD
Dominica

Kfz-Zchn. DS
Donaueschingen

Kfz-Zchn. DO
Dortmund

Kfz-Zchn. DD
Dresden

Kfz-Zchn. DN
Düren

Kfz-Zchn. DU
Duisburg

Kfz-Zchn. EW
Eberswalde

Kfz-Zchn. EG
Eggenfelden

Kfz-Zchn. EI
Eichstätt

Kfz-Zchn. EB
Eilenburg

Kfz-Zchn. ES
Eisenach

Kfz-Zchn. EH
Eisenhüttenstadt

Kfz-Zchn. EC
Ekuador

Kfz-Zchn. CI
Elfenbeinküste

Kfz-Zchn. ES
El Salvador

Kfz-Zchn. EM
Emmendingen

Kfz-Zchn. EL
Emsland

Kfz-Zchn. EN
Ennepe Ruhrkreis

Kfz-Zchn. PF
Enzkreis in Pforzheim

Kfz-Zchn. ED
Erding

Kfz-Zchn. BM
Erftkreis in Bergheim

Kfz-Zchn. EF
Erfurt

Kfz-Zchn. ER
Erlangen

Kfz-Zchn. ES
Esslingen Neckar

Kfz-Zchn. EU
Euskirchen

Kfz-Zchn. FR
Färöer

Kfz-Zchn. FI
Finsterwalde

Kfz-Zchn. FL
Flensburg

Kfz-Zchn. FO
Forchheim

Kfz-Zchn. FT
Frankenthal Pfalz

Kfz-Zchn. FH
Frankfurt Main-Höchst

Kfz-Zchn. FF
Frankfurt/Oder

Kfz-Zchn. FG
Freiberg

Kfz-Zchn. FR
Freiburg Breisgau

Kfz-Zchn. FS
Freising

Kfz-Zchn. FB
Friedberg Hessen

Kfz-Zchn. FN
Friedrichshafen

Kfz-Zchn. FZ
Fritzlar-Homberg

Kfz-Zchn. FL
Fürstent. Liechtenstein

Kfz-Zchn. FW
Fürstenwalde

Kfz-Zchn. FD
Fulda

Kfz-Zchn. GA
Gardelegen

Kfz-Zchn. GK
Geilenkirchen-Heinsberg

Kfz-Zchn. GN
Gelnhausen

Kfz-Zchn. GE
Gelsenkirchen

Kfz-Zchn. GH
Ghana

Kfz-Zchn. GF
Gifhorn

Kfz-Zchn. GC
Glauchau

Kfz-Zchn. GP
Göppingen

Kfz-Zchn. GR
Görlitz

Kfz-Zchn. GS
Goslar

Kfz-Zchn. SY
Grafsch. Hoya in Syke

Kfz-Zchn. RI
Grafsch. Schaumburg

Kfz-Zchn. DH
Grafschaft Diepholz

Kfz-Zchn. GW
Greifswald

Kfz-Zchn. WG
Grenada

Kfz-Zchn. GV
Grevenbroich

Kfz-Zchn. GR
Griechenland

Kfz-Zchn. GB
Großbritannien

Kfz-Zchn. GG
Groß-Gerau

Kfz-Zchn. GZ
Günzburg

Kfz-Zchn. GT
Gütersloh

Kfz-Zchn. HA
Hagen Westfalen

Kfz-Zchn. HC
Hainichen

Kfz-Zchn. RH
Haiti

Kfz-Zchn. HW
Halle Westfalen

Kfz-Zchn. HM
Hameln-Pyrmont

Kfz-Zchn. HH
Hansestadt Hamburg

Kfz-Zchn. HL
Hansestadt Lübeck

Kfz-Zchn. WL
Harburg in Winsen Luhe

Kfz-Zchn. HV
Havelberg

Kfz-Zchn. HD
Heidelberg

Kfz-Zchn. HN
Heilbronn

Kfz-Zchn. HS
Heinsberg

Kfz-Zchn. HE
Helmstedt

Kfz-Zchn. HF
Herford

Kfz-Zchn. HZ
Herzberg

Kfz-Zchn. RZ
Herzogt. Lauenburg

2

Kfz-Zchn. HI Hildesheim

Kfz-Zchn. HG Hochtaunuskreis Homburg

Kfz-Zchn. HX Höxter

Kfz-Zchn. HO Hof/Saale

Kfz-Zchn. HR Homberg

Kfz-Zchn. HK Hongkong

Kfz-Zchn. HY Hoyerswerda

Kfz-Zchn. IL Ilmenau

Kfz-Zchn. RI Indonesien

Kfz-Zchn. IN Ingolstadt

Kfz-Zchn. IR Iran

Kfz-Zchn. IS Island

Kfz-Zchn. IL Israel

Kfz-Zchn. JA Jamaika

Kfz-Zchn. JE Jessen

Kfz-Zchn. JB Jüterbog

Kfz-Zchn. YU Jugoslawien

Kfz-Zchn. KL Kaiserslautern

Kfz-Zchn. KM Kamenz

Kfz-Zchn. RC Kamerun

Kfz-Zchn. GR Kanton Graubünden

Kfz-Zchn. NE Kanton Neuchatel

Kfz-Zchn. NW Kanton Nidwalden

Kfz-Zchn. OW Kanton Obwalden

Kfz-Zchn. SH Kanton Schaffhausen

Kfz-Zchn. SZ Kanton Schwyz

Kfz-Zchn. SO Kanton Solothurn

Kfz-Zchn. SG Kanton St. Gallen

Kfz-Zchn. TG Kanton Thurgau

Kfz-Zchn. TI Kanton Ticino/Tessin

Kfz-Zchn. UR Kanton Uri

Kfz-Zchn. VS Kanton Valais/Wallis

Kfz-Zchn. VD Kanton Vaud/Waadt

Kfz-Zchn. KA Karlsruhe

Kfz-Zchn. KS Kassel

Kfz-Zchn. KF Kaufbeuren

Kfz-Zchn. KK Kempen-Krefeld

Kfz-Zchn. KE Kempten Allgäu

Kfz-Zchn. KI Kiel

Kfz-Zchn. KT Kitzingen

Kfz-Zchn. KW Königswusterhausen

Kfz-Zchn. CO Kolumbien

Kfz-Zchn. KN Konstanz

Kfz-Zchn. KB Korbach

Kfz-Zchn. KR Krefeld

Kfz-Zchn. DT Kreis Lippe in Detmold

Kfz-Zchn. KC Kronach

Kfz-Zchn. BS Kt. Basel Stadt

Kfz-Zchn. KU Kulmbach

Kfz-Zchn. KY Kyritz

Kfz-Zchn. LR Lahr

Kfz-Zchn. LD Landau Pfalz

Kfz-Zchn. LA Landshut

Kfz-Zchn. LF Laufen Salzach

Kfz-Zchn. LE Lemgo

Kfz-Zchn. LS Lesotho

Kfz-Zchn. LB Liberia

Kfz-Zchn. RL Liberia

Kfz-Zchn. LM Limburg/Weilburg

Kfz-Zchn. LI Lindau Bodensee

Kfz-Zchn. LP Lippstadt

Kfz-Zchn. LC Luckau

Kfz-Zchn. LB Ludwigsburg

Kfz-Zchn. LU Ludwigshafen/Rhein

Kfz-Zchn. LK Lübbek-ke/Westfalen

Kfz-Zchn. LN Lübben

Kfz-Zchn. LH Lüdinghausen

Kfz-Zchn. LG Lüneburg

Kfz-Zchn. RM Madagaskar

Kfz-Zchn. MK Märkischer Kreis

Kfz-Zchn. MD Magdeburg

Kfz-Zchn. HU Main-Kinzig-Kreis in Hanau

Kfz-Zchn. MZ Mainz-Bingen

Kfz-Zchn. MW Malawi

Kfz-Zchn. MC Malchin

Kfz-Zchn. MA Mannheim

Kfz-Zchn. MR Marburg-Biedenkopf

Kfz-Zchn. MS Mauritius

Kfz-Zchn. MY Mayen

Kfz-Zchn. MM Memmingen

Kfz-Zchn. MB Miesbach

Kfz-Zchn. MI Minden-Lüb-bekke

Kfz-Zchn. MO Moers

Kfz-Zchn. MC Monaco

Kfz-Zchn. MS Münster/Westfalen

Kfz-Zchn. NB
Neubrandenburg

Kfz-Zchn. ND
Neuburg Donau

Kfz-Zchn. NH
Neuhaus

Kfz-Zchn. NM
Neumarkt Oberpfalz

Kfz-Zchn. NK
Neunkirchen/Saar

Kfz-Zchn. NP
Neuruppin

Kfz-Zchn. NZ
Neuseeland

Kfz-Zchn. NE
Neuß

Kfz-Zchn. NW
Neustadt Weinstraße

Kfz-Zchn. NZ
Neustrelitz

Kfz-Zchn. NU
Neu-Ulm

Kfz-Zchn. NR
Neuwied/Rhein

Kfz-Zchn. NA
Niederl. Antillen

Kfz-Zchn. NL
Niederlande

Kfz-Zchn. NI
Nienburg Weser

Kfz-Zchn. NY
Niesky

Kfz-Zchn. RN
Niger

Kfz-Zchn. NF
Nordfriesland

Kfz-Zchn. NT
Nürtingen

Kfz-Zchn. OA
Oberallgäu

Kfz-Zchn. SF
Oberallgäu in Sonthofen

Kfz-Zchn. GM
Oberberg. Kr. Gummersbach

Kfz-Zchn. OB
Oberhausen Rheinland

Kfz-Zchn. OF
Offenbach/Main

Kfz-Zchn. OG
Offenburg

Kfz-Zchn. OL
Oldenburg (Oldenb.)

Kfz-Zchn. OE
Olpe Biggesee

Kfz-Zchn. OP
Opladen

Kfz-Zchn. OR
Oranienburg

Kfz-Zchn. OZ
Oschatz

Kfz-Zchn. OC
Oschersleben

Kfz-Zchn. OS
Osnabrück

Kfz-Zchn. AA
Ostalbkreis in Aalen

Kfz-Zchn. OH
Ostholstein

Kfz-Zchn. PB
Paderborn

Kfz-Zchn. PK
Pakistan

Kfz-Zchn. PA
Panama

Kfz-Zchn. PY
Paraguay

Kfz-Zchn. PW
Pasewalk

Kfz-Zchn. PA
Passau

Kfz-Zchn. PE
Peine

Kfz-Zchn. PE
Peru

Kfz-Zchn. RP
Philippinen

Kfz-Zchn. PI
Pinneberg

Kfz-Zchn. PS
Pirmasens

Kfz-Zchn. PL
Plauen

Kfz-Zchn. PN
Pößneck

Kfz-Zchn. PL
Polen

Kfz-Zchn. PZ
Prenzlau

Kfz-Zchn. PK
Pritzwalk

Kfz-Zchn. RA
Rastatt

Kfz-Zchn. RN
Rathenow

Kfz-Zchn. RZ
Ratzeburg

Kfz-Zchn. RV
Ravensburg

Kfz-Zchn. RE
Recklinghausen

Kfz-Zchn. RC
Reichenbach

Kfz-Zchn. RS
Remscheid

Kfz-Zchn. WN
Rems-Murr-Kreis

Kfz-Zchn. RD
Rendsb.-Eckernförde

Kfz-Zchn. RC
Republik China

Kfz-Zchn. RT
Reutlingen

Kfz-Zchn. GL
Rhein.-Bergisch. Kreis

Kfz-Zchn. HD
Rhein-Neckar-Kreis

Kfz-Zchn. SU
Rhein-Sieg-Kreis

Kfz-Zchn. OP
Rhein-Wupper-Kreis

Kfz-Zchn. RY
Rheydt

Kfz-Zchn. RI
Rinteln

Kfz-Zchn. RL
Rochlitz

Kfz-Zchn. RM
Röbel/Müritz

Kfz-Zchn. RO
Rosenheim

Kfz-Zchn. RH
Roth

Kfz-Zchn. RW
Rottweil

Kfz-Zchn. RU
Rudolstadt

Kfz-Zchn. RO
Rumänien

Kfz-Zchn. SB
Saarbrücken

Kfz-Zchn. SZ
Salzgitter

Kfz-Zchn. WS
Samoa

Kfz-Zchn. SL
Schleswig-Flensburg

Kfz-Zchn. SM
Schmalkalden

Kfz-Zchn. SC
Schwabach

Kfz-Zchn. GD
Schwäbisch Gmünd

Kfz-Zchn. HR
Schwalm-Eder-Kreis

Kfz-Zchn. SW
Schweinfurt

Kfz-Zchn. CH
Schweiz

2

Kfz-Zchn. schweiz. Kanton Aargau AG

Kfz-Zchn. schweiz. Kanton Bern BE

Kfz-Zchn. schweiz. Kanton Fribourg FR

Kfz-Zchn. schweiz. Kanton Genf GE

Kfz-Zchn. schweiz. Kanton Glarus GL

Kfz-Zchn. schweiz. Kanton Luzern LU

Kfz-Zchn. schweiz. Kanton Zürich ZH

Kfz-Zchn. schweiz. Kt. Basel Land BL

Kfz-Zchn. schweizer. Kanton Zug ZG

Kfz-Zchn. Senegal SN

Kfz-Zchn. Seychellen SY

Kfz-Zchn. Siegen-Wittgenstein SI

Kfz-Zchn. Simbabwe ZW

Kfz-Zchn. Soest SO

Kfz-Zchn. Solingen SG

Kfz-Zchn. Somalia SP

Kfz-Zchn. Speyer SP

Kfz-Zchn. Sri Lanka, Ceylon CL

Kfz-Zchn. Steiermark ST

Kfz-Zchn. Steinburg in Itzehoe IZ

Kfz-Zchn. Steinfurt ST

Kfz-Zchn. Steinfurt in Burgsteinfurt BF

Kfz-Zchn. Stormarn in Oldesloe OD

Kfz-Zchn. Straubing-Bogen SR

Kfz-Zchn. Südafrika ZA

Kfz-Zchn. Swasiland SD

Kfz-Zchn. Tecklenburg TE

Kfz-Zchn. Teterow TW

Kfz-Zchn. Thailand TH

Kfz-Zchn. Togo TG

Kfz-Zchn. Torgau TG

Kfz-Zchn. Traunstein TS

Kfz-Zchn. Trier-Saarburg in Trier TR

Kfz-Zchn. Trinidad und Tobago TT

Kfz-Zchn. Türkei TR

Kfz-Zchn. Tunesien TN

Kfz-Zchn. Uelzen UE

Kfz-Zchn. Unna UN

Kfz-Zchn. Unterallgäu: Mindelheim MN

Kfz-Zchn. v. Weilheim-Schongau WM

Kfz-Zchn. Venezuela YV

Kfz-Zchn. Vietnam VN

Kfz-Zchn. Villingen-Schwenningen VS

Kfz-Zchn. Völklingen VK

Kfz-Zchn. Vogelsbergkreis VB

Kfz-Zchn. Volksrepublik China TJ

Kfz-Zchn. von Altentreptow AT

Kfz-Zchn. von Marokko MA

Kfz-Zchn. von Mettmann ME

Kfz-Zchn. Waiblingen WN

Kfz-Zchn. Waldeck-Frankenberg KB

Kfz-Zchn. Waldeck in Korbach WA

Kfz-Zchn. Waldshut WT

Kfz-Zchn. Wangen WG

Kfz-Zchn. Wasserburg WS

Kfz-Zchn. Weimar WE

Kfz-Zchn. Wernigerode WR

Kfz-Zchn. Westerwaldkreis WW

Kfz-Zchn. Westerwald/Montabaur MT

Kfz-Zchn. Westsamoa WS

Kfz-Zchn. Wetzlar WZ

Kfz-Zchn. Wiedenbrück WD

Kfz-Zchn. Wiesbaden WI

Kfz-Zchn. Wittenberg WB

Kfz-Zchn. Wittstock WK

Kfz-Zchn. Wolfenbüttel WF

Kfz-Zchn. Worms WO

Kfz-Zchn. Zaire ZR

Kfz-Zchn. Zeitz ZZ

Kfz-Zchn. Zerbst ZE

Kfz-Zchn. Zeulenroda ZR

Kfz-Zchn. Zittau ZI

Kfz-Zchn. Zollernalbkr. i. Balingen BL

Kfz-Zchn. Zossen ZS

Kfz-Zchn. Zschopau ZP

Kfz-Zchn. Zweibrücken ZW

Kfz-Zchn. Zwickau ZU

Kfz-Zchn. Zypern CY

Kfz-Zchn Landsberg/Lech LL

Kleincomputer PC

Klosett WC

2

Kriegsgott d. Südseebewohner	TU
kurz f. in dem	IM
Kurzform f. Zustimmung	OK
Kurzform von Diana	DI
Kurzform von Eduard	ED
latein. und	ET
latein. Vorsilbe: doppelt	BI
latein. Vorsilbe: gegen-	OB
latein. Vorsilbe: hinzu-, zu-	AD
latein. Vorsilbe: mit, zusammen	KO
latein. Vorsilbe: wieder, rück-	RE
latein.: aus, Ende!	EX
lettisch. Fluß	AA
Leuchtstärke-Maßeinheit	PH
Ludolfsche Zahl	PI
Moment	NU
Nebenfluß d. IJssel	AA
niederl.: Insel	OE
Niederschlag beim Boxen	KO
Odins, Wotans Bruder	WE
persönl. Fürwort	DU
persönl. Fürwort	ER
persönl. Fürwort	ES
phönik. Gott der Weisheit	EL
pro	JE
Räusperton	HM
römische Maß- und Münzeinheit	AS
römisches Zahlzeichen für 105	CV
Rufwort	HE
russisch: ja	DA
Schallplatte	LP
Schalterstellung	AN
Schalterstellung (engl.)	ON
Schmerzensschrei	AU
Schrekkensruf	HU
span. Artikel	LO
Spitzenkönner	AS
Spitzensportler	AS
Stadt in Birma	YE
Stadt in Ghana	HO
Stadt in Ghana	WA
Stadt in Sierra Leone	BO
südamerik. Dreizehenfaultier	AI
süddeutsch: sowieso	EH
Tobol-Zufluß	UI
Tonbezeichnung	AS
Tonbezeichnung	ES
Träger d. Erbguts	ID
Trällersilbe	LA
umgangsspr. für prima	IA
Umlaut	UE
unbest. franz. Artikel	UN
Unfug, Ulk	UZ
veraltet für: wegen, oberhalb	OB
Verhältniswort	AB
Verhältniswort	AN
Verhältniswort	IN
vietnames. Münze	XU
Vogelprodukt	EI
Vorname der Schausp. Derek	BO
Vorsilbe	AB
Vorsilbe	BE
Vorsilbe: ehemalig	EX
weg	AB
Wehlaut	AU
westfranz. Insel	RE
westsibir. Ob-Zufluß	OM
westsibir. Strom	OB
Wiesengrund	AU
zustimmende Antwort	JA
Zweifelsruf	JE

Aare-Zufluß SUR
abessin. Fürstentitel RAS
abfärbendes Mineral WAD
Abfluß des Chiemsees ALZ
Abfluß des Plattensees SIO
abgeschmackt FAD
abgetan AUS
Abgottschlange BOA
Abk. Dt. Gewerkschaftsbund DGB
Abk. Dt. Leichtathletikverband DLV
Abk. f. Abbildung ABB
Abk. f. Abfahrt ABF
Abk. f. Abgassonderunters. ASU
Abk. f. Abgeordneter ABG
Abk. f. Abhandlung ABH
Abk. f. Abkürzung ABK
Abk. f. Ablativ ABL
Abk. f. Absatz ABS
Abk. f. Absender ABS
Abk. f. absolute Atmosphäre ATA
Abk. f. Abteilung ABT
Abk. f. ab urbe condita AUC
Abk. f. Accusativ ACC
Abk. f. accusativus cum infinitivo ACI
Abk. f. Actum ut supra AUS
Abk. f. Adjektiv ADJ
Abk. f. ad libitum ADL
Abk. f. Adresse ADR
Abk. f. Adverb ADV
Abk. f. African National Congress ANC
Abk. f. afrikanisch AFR
Abk. f. Agence France Press AFP
Abk. f. Air Transport Command ATC
Abk. f. Akkusativ AKK
Abk. f. Aktualitätenkino AKI
Abk. f. Allgem. Dtsch. Biographie ADB
Abk. f. Allgem. Landrecht ALR
Abk. f. Allgem. Ortskrankenkasse AOK
Abk. f. Allied Command Europe ACE
Abk. f. Allied Control Council ACC
Abk. f. al segno ALS
Abk. f. alten Stils AST
Abk. f. althochdeutsch AHD
Abk. f. am angegebenen Ort AAO
Abk. f. American Air Lines AAL
Abk. f. American Forces Network AFN
Abk. f. American Overseas Airlines AOA
Abk. f. American Red Cross ARC
Abk. f. amerikan. Automobilklub AAA
Abk. f. amerikan. Bundespolizei FBI
Abk. f. Ampere AMP
Abk. f. Anhalt ANH
Abk. f. Anhang ANH
Abk. f. Ankunft ANK
Abk. f. Anlage ANL
Abk. f. Anmerkung ANM
Abk. f. anno ante Christum AAC
Abk. f. Antiblockiersytem ABS
Abk. f. Anweisung ANW
Abk. f. Apostilb ASB
Abk. f. Arabian Monetary Fund AMF
Abk. f. Arabische Liga AJA
Abk. f. Arbeitsgem. d. Rundf.-anst. Dtl. ARD
Abk. f. arcus ARC
Abk. f. Armee-Oberkommando AOK
Abk. f. Artikel ART
Abk. f. Artillerie ARI
Abk. f. Assessor ASS
Abk. f. Atmosphäre ATM
Abk. f. Atomic Energy Commission AEC
Abk. f. auf dem Dienstweg ADD
Abk. f. August AUG
Abk. f. Augustinerorden OSA
Abk. f. außerordentl. Mitglied AOM
Abk. f. Außerparl. Opposition APO
Abk. f. außerplanmäßig APL
Abk. f. Automobilclub v. Dtschl. AVD
Abk. f. Avoirdupois AVD

Abk. f. Baccalaureus BAC

Abk. f. Baccalaureus Legum BLL

Abk. f. Bahnhof BHF

Abk. f. Bank Dt. Länder BDL

Abk. f. Bataillon BAT

Abk. f. Beata Virgo Maria BVM

Abk. f. Belgischer Franc BFR

Abk. f. Bemerkung BEM

Abk. f. Benediktinerorden OSB

Abk. f. Berliner Verkehrsbetriebe BVG

Abk. f. besonders BES

Abk. f. Betriebskrankenkasse BKK

Abk. f. Bevölkerung BEV

Abk. f. bezahlt BEZ

Abk. f. Bezeichnung BEZ

Abk. f. beziehungsweise BZW

Abk. f. Bezirk BEZ

Abk. f. bezüglich BEZ

Abk. f. Bildschirmtext BTX

Abk. f. Botanik BOT

Abk. f. brevi manu BRM

Abk. f. Brit. Broadcast. Corp. BBC

Abk. f. Brit. Med. Association BMA

Abk. f. British American Tobacco BAT

Abk. f. British European Airways BEA

Abk. f. British Forces Network BFN

Abk. f. brutto für netto BFN

Abk. f. Bruttoregistertonne BRT

Abk. f. Bruttosozialprodukt BSP

Abk. f. Buch BCH

Abk. f. Bürgerliches Gesetzbuch BGB

Abk. f. Bund Dt. Architekten BDA

Abk. f. Bund Dtsch. Mädel BDM

Abk. f. Bundesangestellten-Tarif BAT

Abk. f. Bundesanstalt für Arbeit BFA

Abk. f. Bundesarbeitsgericht BAG

Abk. f. Bundesautobahn BAB

Abk. f. Bundesbank BBK

Abk. f. Bundesfinanzhof BFH

Abk. f. Bundesgerichtshof BGH

Abk. f. Bundesgrenzschutz BGS

Abk. f. Bundeskriminalamt BKA

Abk. f. Bundesnachrichtendienst BND

Abk. f. Bundesrep. Deutschld. BRD

Abk. f. Bundessozialgericht BSG

Abk. f. Bundeswirtsch.-minister BWM

Abk. f. Burundi-Franc FBU

Abk. f. calando CAL

Abk. f. cand. rev. min. CRM

Abk. f. Caspar, Melchior, Balthasar CMB

Abk. f. Central Intellig. Agency CIA

Abk. f. Cents, Centimes CTS

Abk. f. Centweight CWT

Abk. f. Christl. Arbeiterjugend CAJ

Abk. f. Christl.-Demokr. Union CDU

Abk. f. Christl. Soziale Union CSU

Abk. f. Christus CHR

Abk. f. Civil Aeronautic Board CAB

Abk. f. Codex COD

Abk. f. Codex Juris Canonici CJC

Abk. f. Columbia Broadc. System CBS

Abk. f. columna COL

Abk. f. Come quick, danger CQD

Abk. f. Commander in Chief CIC

Abk. f. Compagnie CIE

Abk. f. Comptant CPT

Abk. f. confer! CFR

Abk. f. courant CRT

Abk. f. Dänische Krone DKR

Abk. f. das Aids-Virus HIV

Abk. f. Dativ DAT

Abk. f. datum DAT

3

Abk. f. Dekagramm	DKG
Abk. f. Dekaliter	DKL
Abk. f. deleatur	DEL
Abk. f. delineavit	DEL
Abk. f. Denier	DEN
Abk. f. Departement	DEP
Abk. f. Department	DPT
Abk. f. der Ältere	DAE
Abk. f. dergleichen	DGL
Abk. f. der Große	DGR
Abk. f. designatus	DES
Abk. f. Desoxyribonukleinsäure	DNS
Abk. f. Deutsch. Bundespatent	DBP
Abk. f. Deutsch. Fußballbund	DFB
Abk. f. Deutsch. Rotes Kreuz	DRK
Abk. f. Deutsche Bundespost	DBP
Abk.f. Deutsche Demokr. Republik	DDR
Abk. f. Deutsche Jugendherberge	DJH
Abk. f. Deutsche Kommun. Partei	DKP
Abk. f. Deutsche Presse-Agentur	DPA
Abk. f. Deutsche Reichspost	DRP
Abk. f. Deutsche Volkspartei	DVP
Abk. f. Deutsche Volksunion	DVU
Abk. f. Deutschlandfunk	DLF
Abk. f. Dezember	DEZ
Abk. f. Die Republikaner	REP
Abk. f. dieses Jahres	DSJ
Abk. f. dieses Monats	DSM
Abk. f. diluendo	DIL
Abk. f. diminuendo	DIM
Abk. f. Dinar	DIN
Abk. f. dito	DTO
Abk. f. Divergenz	DIV
Abk. f. diverses	DIV
Abk. f. divide	DIV
Abk. f. Division	DIV
Abk. f. Dominikanerorden	OPR
Abk. f. Dominikanerorden	OSD
Abk. f. Dt. Industrie-Norm	DIN
Abk. f. Dt. Touring Automobil Club	DTC
Abk. f. Dtsch. Aktienindex	DAX
Abk. f. Dtsch. Arzneibuch	DAB
Abk. f. Dtsch. Beamtenbund	DBB
Abk. f. Dtsch. Beamtengesetz	DBG
Abk. f. Dtsch. Normen-Ausschuß	DNA
Abk. f. Dtsch. Reichspatent	DRP
Abk. f. Dtsch. Sportbund	DSB
Abk. f. Dtsch. Sprachatlas	DSA
Abk. f. Dtsch. Turnerbund	DTB
Abk. f. Dtsch. Wörterbuch	DWB
Abk. f. ebenda	EBD
Abk. f. ediderunt	EDD
Abk. f. eigentlich	EIG
Abk. f. einen Automobilclub	AVD
Abk. f. Elektroenzephalogramm	EEG
Abk. f. Elektrokardiogramm	EKG
Abk. f. elektromotor. Kraft	EMK
Abk. f. Elektron. Datenverarbeitung	EDV
Abk. f. Energiedosis	RAD
Abk. f. englische Kriminalpolizei	CID
Abk. f. ergänze	ERG
Abk. f. Escudo	ESC
Abk. f. Esquire	ESQ
Abk. f. et cetera	ETC
Abk. f. Eucharistinerorden	SSS
Abk. f. Eure Majestät	EWM
Abk. f. Europ. Arbeiterpartei	EAP
Abk. f. Europ. Atomgemeinsch.	EAG
Abk. f. Europ. Economic Fund	EEF
Abk. f. Europ. Investitionsbank	EIB
Abk. f. Europ. Komm. f. Normung	CEN
Abk. f. Europ. Patentamt	EPA
Abk. f. Europ. Sozialfonds	ESF
Abk. f. Europ. Währungsfonds	EWF

Abk. f. EWS
Europ.
Währungs-
system

Abk. f. EZU
Europ.
Zahlungs-
union

Abk. f. EEC
European
Econ.
Community

Abk. f. EPU
European
Payments
Union

Abk. f. ERP
European
Recovery
Program

Abk. f. ESA
European
Space
Agency

Abk. f. EKD
Evangel.
Kirche in
Dtschld.

Abk. f. EPD
Evangel.
Presse-
dienst

Abk. f. EXC
excudit

Abk. f. EXZ
Exzellenz

Abk. f. FAK
Fakultät

Abk. f. FAM
Familie

Abk. f. FEB
Februar

Abk. f. FEC
fecit

Abk. f. FZM
Feldzeug-
meister

Abk. f. FEM
feminin

Abk. f. FSP
Fern-
sprecher

Abk. f. FIG
Figur,
figural

Abk. f. FMK
Finnmark

Abk. f. FOL
Folioblatt

Abk. f. FFF
forte
fortissimo

Abk. f. FRL
Fräulein

Abk. f. FAZ
Frankf.
Allgem.
Zeitung

Abk. f. FFM
Frankfurt/
Main

Abk. f. OSF
Franzis-
kaner-
orden

Abk. f. CGT
französ.
Gewerk-
schaft

Abk. f. FRZ
franzö-
sisch

Abk. f. FAS
Free
along
side

Abk. f. FOB
free on
board

Abk. f. FOW
free on
wagon

Abk. f. FDP
Freie
Demokrat.
Partei

Abk. f. FDJ
Freie
Deutsche
Jugend

Abk. f. FVP
Freiheitl.
Volks-
partei

Abk. f. FKK
Frei-
körper-
kultur

Abk. f. FSU
Frei-
soziale
Union

Abk. f. FUD
fudit

Abk. f. FUR
Furlong

Abk. f. GAL
Gallone

Abk. f. PPP
ganz
leise

Abk. f. GEB
Gebiet

Abk. f. GEB
Gebirge

Abk. f. GEB
geboren

Abk. f. GEB
gebunden

Abk. f. GEF
gefälligst

Abk. f. GEF
gefallen

Abk. f. GGF
gegebe-
nenfalls

Abk. f. GGS
Gegen-
satz

Abk. f. GEH
geheftet

Abk. f. GEH
geheim

Abk. f. GEH
gehoben

Abk. f. GEM
Gemeinde

Abk. f. GEN
genannt

Abk. f. GEN
General

Abk. f. GMD
General-
musik-
direktor

Abk. f. GOP
General
Post
Office

Abk. f. GEN
Genitiv

Abk. f. GEN
Genossen-
schaft

Abk. f. GES
gesammelt

Abk. f. GDP
Gesamt-
deutsche
Partei

Abk. f. GES
gesehen

Abk. f. GES
Gesell-
schaft

Abk. f. GET
getauft

Abk. f. GEZ
gezeich-
net

Abk. f. GCC
Golf-
koopera-
tionsrat

Abk. f. GDE
Gourde

Abk. f. MOL
Gramm-
molekül

Abk. f. GRD
grand

Abk. f. HST
Halte-
stelle

Abk. f. CJC
Handbuch
d. Kirchen-
rechts

Abk. f. HGB
Handels-
gesetz-
buch

Abk. f. HBF
Haupt-
bahnhof

Abk. f. HMG
Her
Majesty's
Gouvernm.

Abk. f. HMS
Her
Majesty's
Ship

Abk. f. HRN
Herrn

Abk. f. HZG
Herzog

Abk. f. HSE
hic
sepultus
est

Abk. f. HMG
His Maje-
sty's Gou-
vernment

Abk. f. HFL
holländ.
Gulden

Abk. f. HCT
hora cum
tempore

Abk. f. HST
hora sine
tempore

3

Abk. f. Hundredweight — CWT

Abk. f. ibidem — IBD

Abk. f. illustriert — ILL

Abk. f. Imperativ — IMP

Abk. f. Imperator — IMP

Abk. f. Import — IMP

Abk. f. Imprimatur — IMP

Abk. f. in Christi nomine — ICN

Abk. f. incidit — INC

Abk. f. incorporated — INC

Abk. f. Ind.- u. Handelskammer — IHK

Abk. f. Indikativ — IND

Abk. f. indogerm. — IDG

Abk. f. Infanterie — INF

Abk. f. Infinitiv — INF

Abk. f. Ingenieur — ING

Abk. f. Inhaber — INH

Abk. f. in hoc salus — IHS

Abk. f. in hoc signo — IHS

Abk. f. Injektion — INJ

Abk. f. Inland — INL

Abk. f. in nomine Christi — INC

Abk. f. in nomine Domini — IND

Abk. f. in partibus infidelium — IPI

Abk. f. Int. Gartenbauausst. — IGA

Abk. f. Intercity Experimental — ICE

Abk. f. Intern. Arbeitsorganis. — IAO

Abk. f. Intern. Investitionsbank — IIB

Abk. f. Interna. Red Cross — INC

Abk. f. Internat. Anwaltsunion — UIA

Abk. f. Internat. Büro-Maschinen — IBM

Abk. f. Internat. Energieagentur — IEA

Abk. f. Internat. Fernmeldeunion — ITU

Abk. f. Internat. Gerichtshof (UNO) — ICJ

Abk. f. Internat. Handelskammer — CCI

Abk. f. Internat. Handels-Organ. — ITO

Abk. f. Internat. Militärstab — IMS

Abk. f. Internat. Monetary Fund — IMF

Abk. f. Internat. Olymp. Komitee — IOK

Abk. f. Internat. Olympic Comittee — IOC

Abk. f. Internat. Refugee Organiz. — IRO

Abk. f. Internat. Rotes Kreuz — IRK

Abk. f. Internat. Schriftst.-verband — PEN

Abk. f. international — INT

Abk. f. Interparlamentar. Union — IPU

Abk. f. invenit — INV

Abk. f. Irish Republican Army — IRA

Abk. f. Isländ. Krone — IKR

Abk. f. isländisch — ISL

Abk. f. islamisch — ISL

Abk. f. israelisch — ISR

Abk. f. Italien. Lira — LIT

Abk. f. italien. Rundfunk — RAI

Abk. f. Jahrgänge — JGG

Abk. f. Jahrtausend — JTD

Abk. f. Januar — JAN

Abk. f. janz weit draußen — JWD

Abk. f. japanisch — JAP

Abk. f. javanisch — JAV

Abk. f. jemand — JMD

Abk. f. Jemen-Rial — YRL

Abk. f. Journal-Nummer — JNR

Abk. f. jugoslawisch — JUG

Abk. f. junior — JUN

Abk. f. juristisch — JUR

Abk. f. Kabel Media Programm — KMP

Abk. f. kaiserlich u. königlich — KUK

Abk. f. Kaiser-Wilhelm-Gesellsch. — KWG

Abk. f. Kalorie — CAL

Abk. f. Kalorie — KAL

Abk. f. kanadisch — KAN

Abk. f. Kapitän — KPT

Abk. f. Kapitel — KAP

Abk. f. Kapuzinerorden — OMC

Abk. f. Katalysator — KAT

Abk. f. Kategorie — KAT

Abk. f. Kavallerie — KAV

Abk. f. Kenia-Shilling — KSH

Abk. f. Kernkraftwerk — KKW

Abk. f. Kilogrammmeter	KGM
Abk. f. Kilohertz	KHZ
Abk. f. Kilopondmeter	KPM
Abk. f. Kilovoltampere	KVA
Abk. f. Kilowattstunde	KWH
Abk. f. Klassenaufsatz	KLA
Abk. f. Königin	KGN
Abk. f. königlich	KGL
Abk. f. Königreich	KGR
Abk. f. Kommandant	KDT
Abk. f. Kommandeur	KDR
Abk. f. Kommando	KDO
Abk. f. Kommun. Partei Dtschl.	KPD
Abk. f. Konto	KTO
Abk. f. Kopeke	KOP
Abk. f. koreanisch	KOR
Abk. f. Kosinus	COS
Abk. f. Kotangens	COT
Abk. f. Kotangens	CTG
Abk. f. Kraftfahrzeug	KFZ
Abk. f. Kreis	KRS
Abk. f. kubanisch	KUB
Abk. f. Kubikdezimeter	CDM
Abk. f. Kubikmeter	CBM
Abk. f. Kubikmillimeter	CMM
Abk. f. Kubikzentimeter	CCM
Abk. f. Ku Klux Klan	KKK
Abk. f. Landesvers.-anstalt	LVA
Abk. f. Landeszentralbank	LZB
Abk. f. Lastkraftwagen	LKW
Abk. f. lateinisch	LAT
Abk. f. laufend	LFD
Abk. f. laus Deo semper	LDS
Abk. f. ledig	LED
Abk. f. legato	LEG
Abk. f. legum baccalaureus	LLB
Abk. f. legum doctor	LLD
Abk. f. legum magister	LLM
Abk. f. leichtes Masch.-Gewehr	LMG
Abk. f. liberal	LIB
Abk. f. Liberaldemokrat. Partei	LDP
Abk. f. Liberalium artium magister	LAM
Abk. f. Licentiatus	LIC
Abk. f. Liga Arab. Staaten	LAS
Abk. f. Ligatur	LIG
Abk. f. Limes	LIM
Abk. f. limited	LTD
Abk. f. Limousine	LIM
Abk. f. liquid crystal display	LCD
Abk. f. Liquor	LIQ
Abk. f. litauisch	LIT
Abk. f. Litera	LIT
Abk. f. Literatur	LIT
Abk. f. Litwa	LIT
Abk. f. Logarithmus	LOG
Abk. f. loquitur	LOQ
Abk. f. Luxemb. Franc	LFR
Abk. f. Madagaskar-Franc	FMG
Abk. f. Madame	MME
Abk. f. Männergesangverein	MGV
Abk. f. Magister	MAG
Abk. f. Magnetbildaufzeichn.	MAZ
Abk. f. manu propria	MPR
Abk. f. Manuskripte	MSS
Abk. f. Marshallplan	ERP
Abk. f. Maschinenpistole	MPI
Abk. f. Material	MAT
Abk. f. Max-Planck-Ges.	MPG
Abk. f. Medizin, medizinisch	MED
Abk. f. medizin.-techn. Assistentin	MTA
Abk. f. medizin.-techn. Assistentin	MTS
Abk. f. Megaelektronenvolt	MEV
Abk. f. Megahertz	MHZ
Abk. f. Meilen pro Stunde	MPH
Abk. f. meine Herren	MHH
Abk. f. meiner Ansicht nach	MAN
Abk. f. mein Herr	MHR
Abk. f. Meterkilogramm	MKG
Abk. f. mexikanisch	MEX
Abk. f. Militär. Abschirmdienst	MAD
Abk. f. Milliarde	MRD

3

Abk. f. Million MIO

Abk. f. Minister MIN

Abk. f. Minoritenorden OFM

Abk. f. Minute MIN

Abk. f. Mistreß MRS

Abk. f. mit anderen Worten MAW

Abk. f. mit beschränkt. Haftung MBH

Abk. f. Mitgl. d. Bundestags MDB

Abk. f. Mitgl. d. Landtags MDL

Abk. f. Mitteleurop. Reisebüro MER

Abk. f. Mitteleurop. Zeit MEZ

Abk. f. mittelgriechisch MGR

Abk. f. mittelhochdeutsch MHD

Abk. f. mittelniederdeutsch MND

Abk. f. moderato MOD

Abk. f. Molekulargewicht MOL

Abk. f. Monsignore MGR

Abk. f. motorisiert MOT

Abk. f. mountains MTS

Abk. f. Museum MUS

Abk. f. national NAT

Abk. f. National. Olymp. Komitee NOK

Abk. f. National Broadc. Company NBC

Abk. f. negativ NEG

Abk. f. netto NTO

Abk. f. Nettoregistertonne NRT

Abk. f. neuen Stils NST

Abk. f. Neuer Ökonom. Plan NEP

Abk. f. Neuer Schekel NIS

Abk. f. neugriechisch NGR

Abk. f. neuhochdeutsch NHD

Abk. f. niederländ. Währung HFL

Abk. f. nördliche Breite NBR

Abk. f. Nominativ NOM

Abk. f. non est inventus NEI

Abk. f. Norddeutscher Rundfunk NDR

Abk. f. Nordnordost NNO

Abk. f. Nordnordwest NNW

Abk. f. Nordrhein-Westfalen NRW

Abk. f. North Atlant. Council NAC

Abk. f. Norweg. Krone NKR

Abk. f. November NOV

Abk. f. Nuclear Strategic Tactics NST

Abk. f. Nuklearenergie-Agentur NEA

Abk. f. Nukleare Planungsgruppe NPG

Abk. f. Nummern NRN

Abk. f. Oberbayern OBB

Abk. f. Oberfinanzkasse OFK

Abk. f. Oberlandesgericht OLG

Abk. f. Oberpostdirektion OPD

Abk. f. Objekt OBJ

Abk. f. obligat, obligatorisch OBL

Abk. f. Observatorium OBS

Abk. f. oder ähnlich OAE

Abk. f. Österreichischer Rundfunk ORF

Abk. f. östl. Länge OEL

Abk. f. Offene Handelsgesellsch. OHG

Abk. f. Oktober OKT

Abk. f. opera OPP

Abk. f. Ordinis Fratrum Minorum OFM

Abk. f. Ordinis Praedicatorum OPR

Abk. f. Ordinis Sancti Augustini OSA

Abk. f. Ordinis Sancti Benedicti OSB

Abk. f. Organ. amerik. Staaten OAS

Abk. f. Organisation ORG

Abk. f. Osteuropäische Zeit OEZ

Abk. f. Ostnordost ONO

Abk. f. Ostsüdost OSO

Abk. f. ounces OZC

Abk. f. pagina PAG

Abk. f. Pan American Airways PAA

Abk. f. Panzerabwehrkanone PAK

Abk. f. pennyweight PWT

Abk. f. per procura PPA

Abk. f. Personenkraftwagen PKW

Abk. f. Peseta PTA

Abk. f. Pflanze PFL

Abk. f. Pfund PFD

Abk. f. Pfund Sterling LST

Abk. f. philosophiae doctor PHD

Abk. f. piano pianissimo PPP

Abk. f. pinxit PXT

Abk. f. poets, essayists, novelists PEN

Abk. f. Polyacrylnitril PAN

Abk. f. Polyvinylchlorid PVC

Abk. f. popular POP

Abk. f. Position POS

Abk. f. positiv POS

Abk. f. Post, Telephon, Telegraph PTT

Abk. f. Postleitzahl PLZ

Abk. f. post urbe conditam PUC

Abk. f. pour faire visite PFV

Abk. f. pour prendre congé PPC

Abk. f. pour rendre visite PRV

Abk. f. Priester vom Herzen Jesu SCI

Abk. f. Prisoner of War POW

Abk. f. pro rata temporis PRT

Abk. f. Punkt PKT

Abk. f. Quadratdezimeter QDM

Abk. f. Quadratkilometer QKM

Abk. f. Quadratmillimeter QMM

Abk. f. Quadratzentimeter QCM

Abk. f. quod erat faciendum QEF

Abk. f. quod erat inveniendum QEI

Abk. f. Rabatt RAB

Abk. f. Radio Free Europe RFE

Abk. f. Radio Luxemburg RTL

Abk. f. recipe REC

Abk. f. recommandé REC

Abk. f. Redaktion RED

Abk. f. Referat REF

Abk. f. Referendar REF

Abk. f. reformiert REF

Abk. f. Regierung REG

Abk. f. Regiment REG

Abk. f. Regiment RGT

Abk. f. Reichspfennig RPF

Abk. f. Religion REL

Abk. f. repariert REP

Abk. f. Republik REP

Abk. f. requiescat in pace RIP

Abk. f. Reserve RES

Abk. f. reserviert RES

Abk. f. Reverend REV

Abk. f. Rezept REC

Abk. f. Ribonukleinsäure RNS

Abk. f. rinforzando RFZ

Abk. f. ritardando RIT

Abk. f. ritenuto RIT

Abk. f. Rote Armee Fraktion RAF

Abk. f. Royal Air Force RAF

Abk. f. Ruanda-Franc FRW

Abk. f. Rubel RBL

Abk. f. rumänisch RUM

Abk. f. Sainte STE

Abk. f. Salvatorianerorden SDS

Abk. f. salvo errore calculi SEC

Abk. f. Sanctissimus Dominus SSD

Abk. f. santa STA

Abk. f. santo STO

Abk. f. Satang STG

Abk. f. Saudi-Rial SRL

Abk. f. Save our souls SOS

Abk. f. Schädel-Hirn-Trauma SHT

Abk. f. schwed. Krone SKR

Abk. f. Schweiz. Alpenclub SAC

Abk. f. Schweiz. Bundesbahnen SBB

Abk. f. Schweiz. Post PTT

Abk. f. Schweiz. Rundspr.-Gesellsch. SRG

Abk. f. Schweizer Franken SFR

Abk. f. Schweizer Rotes Kreuz SRK

Abk. f. schweres Masch.-gewehr SMG

Abk. f. Secans SEC

3

Abk. f. Secunde SEC

Abk. f. seiner Zeit SZT

Abk. f. Sekunde SEK

Abk. f. selig SEL

Abk. f. Sender Freies Berlin SFB

Abk. f. senior SEN

Abk. f. Senora, Signora SSA

Abk. f. sequens SEQ

Abk. f. sequentes SQQ

Abk. f. Serviten-orden OSM

Abk. f. sforzato SFZ

Abk. f. Signatur SIG

Abk. f. simplex SPL

Abk. f. Sinus SIN

Abk. f. sit venia verbo SVV

Abk. f. Societas Sancti Cruris SSC

Abk. f. Societas Verbi Divini SVD

Abk. f. sogenannt SOG

Abk. f. soviel als SVA

Abk. f. soviel wie SVW

Abk. f. sozial SOZ

Abk. f. Soziald. Partei Dtschlds SPD

Abk. f. Sozialist. Dt. Studen-tenbund SDS

Abk. f. Sozialist. Sowjet-republik SSR

Abk. f. sozia-listisch SOZ

Abk. f. Sport-verein SPV

Abk. f. Sport-vereine MTV

Abk. f. Staats-sicherh.-Dienst SSD

Abk. f. Straße STR

Abk. f. Strateg. Defence Initiative SDI

Abk. f. Strategic Air Force SAF

Abk. f. Stunde STD

Abk. f. Stunden-kilometer KMH

Abk. f. sub hac voce SHV

Abk. f. sub peti-tio remis-sionis SPR

Abk. f. Süd-deutscher Rundfunk SDR

Abk. f. südl. Breite SBR

Abk. f. Südpazi-fisches Forum SPF

Abk. f. Südsüd-ost SSO

Abk. f. Südsüd-west SSW

Abk. f. Südtiroler Volks-partei SVP

Abk. f. Süd-westfunk SWF

Abk. f. Superlativ SUP

Abk. f. Supreme Allied Commander SAC

Abk. f. syrisch SYR

Abk. f. Tabelle TAB

Abk. f. täglich TGL

Abk. f. Tagebuch TGB

Abk. f. Tangens TAN

Abk. f. Tasmania-Shilling TSH

Abk. f. Tausend TSD

Abk. f. Telefon TEL

Abk. f. tenuto TEN

Abk. f. tinctura TCT

Abk. f. Titel TIT

Abk. f. Titel TTL

Abk. f. Trans-Europ-Express TEE

Abk. f. Trans World Airlines TWA

Abk. f. Trappi-stenorden OCR

Abk. f. Trinitro-toluol TNT

Abk. f. Tschech. Krone KCS

Abk. f. Tuber-kulose TBC

Abk. f. Tugrik TUG

Abk. f. Turn- u. Sport-verein TSV

Abk. f. Turn- und Sport-verein TUS

Abk. f. über Meeres-höhe UEM

Abk. f. Uganda-Shilling USH

Abk. f. ultimo ULT

Abk. f. Ultra-hoch-frequenz UHF

Abk. f. Ultra-kurzwelle UKW

Abk. f. umgangs-sprach-lich UGS

Abk. f. unbekannt. Flug-objekt UFO

Abk. f. und ähnliches UAE

Abk. f. und an-deres mehr UAM

Abk. f. und folgende UFF

Abk. f. und öfters UOE

Abk. f. und so fort USF

Abk. f. und so weiter USW

Abk. f. und viel anderes UVA

Abk. f. und zwar UZW

Abk. f. ungarisch UNG

Abk. f. unguentum	UNG
Abk. f. United Arab Republic	UAR
Abk. f. United Nations Organiz.	UNO
Abk. f. United Press Internat.	UPI
Abk. f. United States of America	USA
Abk. f. Universal Postal Union	UPU
Abk. f. Unsere Liebe Frau	ULF
Abk. f. unter d. Meeresspiegel	UDM
Abk. f. Unteroffizier vom Dienst	UVD
Abk. f. Ursulinenorden	OSU
Abk. f. US-Abwehrdienst	CIA
Abk. f. US-Abwehrdienst	CIC
Abk. f. vacat	VAC
Abk. f. Valuta	VAL
Abk. f. Variation	VAR
Abk. f. Varietät	VAR
Abk. f. venerabilis	VEN
Abk. f. Verband d. Kriegsbeschäd.	VDK
Abk. f. Verband Dt. Elektrotechn.	VDE
Abk. f. verbi Divini minister	VDM
Abk. f. Verein Dtsch. Ingenieure	VDI
Abk. f. Vereinigte Arab. Republik	VAR
Abk. f. Vereinigte Sozialist. Partei	VSP
Abk. f. Verfügung	VFG
Abk. f. vergleiche	VGL
Abk. f. Verlag	VLG
Abk. f. verte, si placet	VSP
Abk. f. very high frequency	VHF
Abk. f. very important person	VIP
Abk. f. Veterinär	VET
Abk. f. Vicomte	VTE
Abk. f. vidit	VDT
Abk. f. Vitamin	VIT
Abk. f. vivat, crescat, floreat	VCF
Abk. f. Voice of America	VOA
Abk. f. Volumen	VOL
Abk. f. von Rechts wegen	VRW
Abk. f. Wassermann-Reaktion	WAR
Abk. f. Wellenpferdestärke	WPS
Abk. f. Weltärztebund	WMA
Abk. f. Weltarbeitsorganis.	ILO
Abk. f. Weltgesundh.-organis.	WHO
Abk. f. Weltkirchenrat	WCC
Abk. f. Weltpostverein	UPU
Abk. f. Weltskiverband	FIS
Abk. f. Westdeutscher Rundfunk	WDR
Abk. f. Westeurop. Zeit	WEZ
Abk. f. Westeuropäische Union	WEU
Abk. f. Westnordwest	WNW
Abk. f. Westsüdwest	WSW
Abk. f. wiederhole	WDH
Abk. f. Witwe	WWE
Abk. f. Womens Army Corps	WAC
Abk. f. World Health Organiz.	WHO
Abk. f. World Meteorol. Organiz.	WMO
Abk. f. Yards	YDS
Abk. f. Young Christian Workers	YVW
Abk. f. Zentimeter pro Sekunde	CMS
Abk. f. Zentner	ZTR
Abk. f. Zentralnervensystem	ZNS
Abk. f. zivil	ZIV
Abk. f. Zivilgesetzbuch	ZGB
Abk. f. Zivilprozeßordnung	ZPO
Abk. f. zu den Akten	ZDA
Abk. f. zum Teil	ZTL
Abk. f. zur besond. Verwend.	ZBV
Abk. f. zur Wiederverwendg.	ZWV
Abk. f. zur Wiedervorlage	ZWV
Abk. f. zur Zeit	ZZT
Abk. f. zusammen	ZUS
Abk. f. Zweites Dt. Fernsehen	ZDF
Abk. f. Zweites Programm	ZDF
Ableben, Ende des Lebens	TOD

Abschiedsgruß	ADE
absolutes Maßsystem	CGS
Abstufung	TON
Abt von Cluny	ODO
Achsenendpunkt	POL
Adams Frau	EVA
Adenauer-Partei	CDU
Adler (dichterisch)	AAR
ägypt. Dämon	BES
ägypt. Fruchtbarkeitsgott	MIN
ägypt. Gewicht	OKA
ägypt. Gott der Erde	GEB
ägypt. Himmelsgöttin	NUT
ägypt. Keksverpackung	TET
ägypt. Stadt	KUS
Äquivalentdosis	REM
äthiop. Fluß	OMO
äthiop. Häuptling	RAS
afghan. Münze	PUL
afrikan. Fächerpalme	ITA
afrikan. Horntier	GNU
afrikan. polit. Bündnis	OAU
afrikan. Sprache	KUA
afrikan. Stamm	FUL
afrikan. Strom	NIL
Aktion, Handlung	TAT
alban. Währungseinheit	LEK
alger. Geröllwüste	REG
alger. Staatspartei	FLN
alger. Wüste	ERG
Aller-Zufluß	AUE
Aller-Zufluß	ISE
All in der chines. Philosophie	TAO
Allotria	FEZ
Allotria	JUX
Alpenweide	ALM
Alpenweide	ALP
Alphabet	ABC
altägypt. Göttin, Frau v. Amun	MUT
altägypt. Gott der Freude	BES
altägypt. Sonnengott	TUM
altdtsch. Gewicht	LOT
alte französ. Goldmünze	ECU
alte Jazzform	RAG
alte Maßeinheit	ORT
alte persische Gewichtseinheit	MAN
alter Seenotruf	CQD
altes Flüssigkeitsmaß	OHM
altes Getreidemaß	IMI
altes Getreidemaß	KUL
altes Hohlmaß	LOT
altes russ. Gewicht	PUD
alte Strahlungseinheit	REM
altes Weinmaß	AHM
altfranz. Lied	LAI
altfranz. Spielmannslied	LEI
altfranz. Verserzählung	LAI
altgerm. Göttin	SIF
altgerm. Gott	TIU
altgerm. Gottheit	ASE
altgerm. Schicksalsgöttin	URD
altgerm. Wassergeist	NIX
altgriech. Göttin der Gewalt	BIA
altgriech. Hirtengott	PAN
altnord. Göttin d. Gerechtigkeit	SYN
altröm. Friedensgöttin	PAX
altröm. Göttin d. Nacht	NOX
altröm. Schutzgeist	LAR
altröm. Sonnengott	SOL
altruss. Dorfgemeinschaft	MIR
Amazonas-Zufluß	ICA
amerikan. Büromaschinenkonzern	IBM
amerikan. Filmschauspielerin	DAY
amerikan. Filmschauspielerin	LOY
amerikan. Fluggesellschaft	TWA
amerikan. Frauenname	MAB
amerikan. Gewerkschaftsbund	CIO
amerikan. Jazz-Posaunist	ORY
amerikan. Kurzform f. Doctor	DOC
amerikan. Münze (15 Cents)	BIT
amerikan. Novellist	POE
amerikan. Rundfunkgesellsch.	NBC
amerikan. Rundfunkstation	RCA
amerikan. Schriftstellerin	LEE
amerikan. Südstaatengeneral	LEE

amerikan. surrealist. Maler RAY
amerikan. Volkstanz JIG
amtliche Bez. f. Prostitution HWG
Andeutung, Fingerzeig TIP
Anerkennung LOB
anglo-amerikan. Frauenkurzname LIZ
anglo-amerikan. Frauenname ANN
anglo-amerikan. Männername JIM
anglo-amerikan. Männername JOE
anglo-amerikan. Männername SAM
anglo-amerikan. Männername TED
anglo-amerikan. Männername TIM
anglo-amerikan. Männername TOM
angolan. Provinz BIE
Angriffsziel beim Fußball TOR
Angsttraum ALP
Anlegestelle KAI
Anrede für Fremde SIE
Ansehen, Leumund RUF

Ansiedlung ORT
Anstellung JOB
Ansturm RUN
Anteilpapier KUX
Anteilpapier LOS
arab. Dorf AUL
arab. Fürstentitel AGA
arab. Kopfbedeckung FES
arab. Markt SUK
arab. Sackmantel ABA
arab. Segelschiff DAU
arab. Vorname ALI
arab.: behagliche Ruhe KEF
arab.: Berggipfel RAS
arab.: Brunnen, Quelle BIR
arab.: Knecht ABD
arab.: Meerenge BAB
arab.: Sohn IBN
arab.: Sohn, Enkel BEN
arab.: Tor BAB
arab.: Vater ABU
arab.: Vorgebirge RAS
arktischer Meeresvogel ALK
arktisches Nutztier REN

armenisch. Ruinenstadt ANI
Arno-Zufluß ERA
aromatisches Aufgußgetränk TEE
Art, Bauart TYP
asiat. Hochgebirgsrind JAK
assyr. Gottheit BEL
auf dem Weg über VIA
auf welche Weise? WIE
Aufzug im Schauspiel AKT
Augendeckel LID
ausführen, verrichten TUN
ausgestorben. Riesenvogel MOA
Ausguck LUG
Ausruf ACH
Ausruf HEI
Ausruf des Ekels PUH
Ausruf des Zweifels TJA
Aussageerhärtung EID
Ausschank BAR
Aussehen, Haltung AIR
außerirdisches Phantasiewesen ALF

austral. Fluggesellschaft TAA
austral. Laufvogel EMU
austro-asiat. Sprache MAN
austro-asiat. Sprache MOI
austro-asiat. Sprache MON
austro-asiat. Sprache YAO
Autor von »Der Erstgeborene« FRY
Autor von »Venus im Licht« FRY
Autor von »Winnetou« MAY
babylon. Gottheit BEL
babylon. Mondgott SIN
Bach, kleines Fließgewässer ACH
badischer Rhein-Zufluß ELZ
badischer Rhein-Zufluß OOS
bäuerl. Anwesen GUT
bäuerl. Anwesen HOF
Bahama-Insel LEE
Ballwiederholung LET
Bankansturm, Börsenansturm RUN
bantuide Sprache TEM
Bantustamm EWE

baskische Separatistenorganisat.	ETA
Bauernhof	GUT
Baumteil	AST
Baumwollgewebe	BOI
bayer. Donau-Zufluß	ILM
bayer. Donau-Zufluß	ILZ
bayer. Kirchenmusiker	ETT
Beamtentitel	RAT
Bedrängnis	NOT
bedürftig	ARM
beendet	AUS
begeisterter Anhänger	FAN
Behälter	KAD
Beherztheit	MUT
Behörde	AMT
Beiboot	GIG
bejahrt	ALT
Beklemmung	ALP
belg. Kernforschungszentrum	MOL
belg. Kurort am Hohen Venn	SPA
belg. Schelde-Zufluß	LYS
belg. Stadt an der Senne	HAL
belg. Stadt an Maas u. Hoyoux	HUY
belg. Stadt im Hennegau	ATH
beratende Versammlung	RAT
Beresina-Zufluß	OLA
Berg auf Mindanao	APO
Berg im Taurus	ALA
Berg in Nepal	API
Bergspitze	PIK
Bergspitze	PIZ
Bergwerks-Anteil	KUX
Bergwiese	ALP
Berliner Witzfigur	EDE
Beschäftigung	JOB
Beschleunigungsmaß	GAL
besitzanzeigendes Fürwort	IHR
bestimmter engl. Artikel	THE
Bestimmung	LOS
Bestseller	HIT
Betätigung, Tätigkeit	TUN
betagt	ALT
Betrug	LUG
bevor	EHE
Bezirk	GAU
bibl. Dulder	JOB
bibl. Frauenname	LEA
bibl. König	ASA
bibl. König	ELA
bibl. Maß	BAT
bibl. Maß	KAB
bibl. Maß	LOG
bibl. Riese	GOG
bibl. Stadt	LOD
bibl. Stammmutter	EVA
bibl. Stammvater	HAM
Biersorte	ALT
Billigkeit	FUG
Bindewort	ALS
Bindewort	BIS
Bindewort	UND
Binnengewässer, Meer	SEE
Bischofskirche	DOM
Blindflugsystem	ILS
bloß	NUR
bloß, unbedeckt	BAR
Bodenschatz	ERZ
Börsenschluß	LOT
böse	ARG
Bosheit	ARG
Bote	BOY
brasilian. Indianerstamm	GES
Bratensaft	JUS
Braunschweiger Höhenzug	ELM
Brei	MUS
Breispeise	MUS
breite Bucht	BAI
Brettfuge	NUT
Briefumschlag	PLI
Brillenschlange	ARA
britischer Soldatensender	BFN
brutal, derb	ROH
Buchsbaum	BUX
buddhist. Versenkungsmethode	ZEN
Bug-Zufluß	LUG
bulgar. Donauhafen	LOM
bulgar. Donau-Zufluß	LOM
bulgar. Währungseinheit	LEW
Buschwald	LOH
byzantinische Kaiserin	ZOE
Charakter, Eigenart	TYP
chem. Element	BOR
chem. Element, Erdmetall	ZER
chem. Element, Halogen	JOD
chem. Element, seltene Erde	CER
chin.-am. Physiker (Nobelpreis)	LEE
chines. Dynastie	HAN
chines. Dynastie	HIA
chines. Dynastie	SUI

chines. Flächenmaß	MEU
chines. Flächenmaß	MOW
chines. Gewicht, Maß	FEN
chines. Laute	KIN
chines. Münze	FEN
chines. Staatsmann	MAO
chines. Volk	HAN
chines. Volk	HUI
chines.: ewiger Weltsinn	TAO
christl. Partei Bayerns	CSU
Christusmonogramm	IHS
Comicfigur	TOM
Computeraufgabe	JOB
Computersprache	APL
Computersprache	RPG
Computerwesen	EDV
Courage	MUT
dän. Biologe (Nobelpreis)	DAM
dän. Filmkomiker	PAT
dän. Ostseeinsel	FYN
dänische Ostseeinsel	ALS
dalmatin. Adria-Insel	KRK
dalmatin. Adria-Insel	PAG
dalmatin. Adria-Insel	RAB
dalmatin. Adria-Insel	VIS
dalmatin. Insel	PAG
dalmatin. Insel	RAB
dalmatin. Insel	VIS
daneben	BEI
derbes Reitpferd	KOB
derzeit	NUN
dichterisch: gegen	GEN
dichterisch: Hecke	HAG
dichterisch: Löwe	LEU
dichterisch: Welt	ALL
dichterisch: Wiese	AUE
dichter Nebel	FOG
dichtgedrängt	ENG
dickes Seil, Trosse	TAU
Dienststelle	AMT
Dnjepr-Zufluß	ROS
Donau-Zufluß	ACH
Donau-Zufluß	VID
Donau-Zufluß	VIT
Donau-Zufluß aus den Alpen	INN
Drau-Zufluß	MUR
Drehpunkt	POL
Dreieckssegel	AAP
Dreimaster-Art	KAT
Drina-Zufluß	LIM
dtsch. Adelsprädikat	VON
dtsch. Arzt, Mediziner	ERB
dtsch. Automarke	BMW
Dtsch. Automobilklub	AVD
dtsch. Bankier	ABS
dtsch. expressionist. Maler	NAY
dtsch. Farbfernsehsystem	PAL
dtsch. Filmgesellschaft	UFA
dtsch. Gebirgsname	ALB
dtsch. Jugendschriftsteller	MAY
dtsch. Komponist	ABT
dtsch. Komponist	EGK
dtsch. Liedermacher	MEY
dtsch. Maler, Grafiker	DIX
dtsch. Mittelgebirge	ALB
dtsch. Physiker (Elektrizität)	OHM
dtsch. Pianistin	NEY
dtsch. politische Partei	CDU
dtsch. politische Partei	CSU
dtsch. Schauspieler, Regisseur	ODE
dtsch. Schauspielerin	DOR
dtsch. Schriftsteller	TAU
dtsch. Sendergruppe	ARD
dtsch. Soubrette	MAY
dtsch. Tenor	ERB
dtsch. Vorsilbe	AUS
dtsch. Vorsilbe	DAR
dtsch. Vorsilbe	ENT
dtsch. Vorsilbe	HER
dtsch. Vorsilbe	HIN
dtsch. Vorsilbe	VER
dtsch. Vorsilbe	VOR
dtsch. Vorsilbe	ZER
dtsch. Weinbaugebiet	AHR
dürftig, mies	MAU
Düsenflugzeug	JET
Düsseldorf. Promenadenstraße	KOE
Dummkopf, Einfaltspinsel	TOR
durch, für	PER
Durchsichtbild	DIA

3

3

durch-trainiert	FIT
Dwina-Zufluß	JUG
EDV-Befehl	REM
EDV-Befehl	RUN
EDV-Betriebssystem	DOS
EDV-Informationselement	BIT
EDV-Speicherbaustein	ROM
ehem. alger. Reitersoldat	GUM
ehem. DDR-Einheitspartei	SED
ehem. portugies. Besitzung in Indien	GOA
ehem. sowjet. Geheimpolizei	GPU
ehem. türk. Titel	BEY
ehem. ungarisch. Titel	BAN
eher als, früher als	VOR
Ehrenpreis	CUP
Eichhörnchenpelz	FEH
eilig	FIX
einfache Kamera	BOX
einfarbig	UNI
eingedeichtes Marschland	KOG
eingedickter Fleischsaft	JUS
eingefräste Rille	NUT
eingezäunter Platz	HOF
Einheit der Fadenstärke	DEN
Einheit i. d. Erdvermessung	GON
Eintauchen in Flüssigkeit	BAD
Eiter (mediz.)	PUS
Elbe-Zufluß	AUE
Elch	EIK
elektr. Dämpfungsmaß	BEL
elektr. geladenes Atom	ION
elektr. Maßeinheit	OHM
elektroakust. Maßeinheit	BEL
Elend	NOT
elsäss. Künstler	ARP
Empfehlung, Hinweis	RAT
Ems-Zufluß	AHE
Endpunkt der Erdachse	POL
engl. Abk. f. Raketenabwehr	ABM
engl. Adelstitel	SIR
engl. Autor	MEE
engl. Bez. f. Homosexuellen	GAY
engl. Dichter	GAY
engl. Dramatiker	FRY
engl. Fluß	CAM
engl. Fluß	EXE
engl. Frauen-Vorname	KAY
engl. Gewicht	TON
engl. Grafschaft	ELY
engl. Insel	MAN
engl. Kneipe	PUB
engl. Kurzform v. Robert	BOB
engl. Kurzname	JOE
engl. Längenmaß	ROD
engl. Männer-Vorname	BEN
engl. Männer-Vorname	GUY
engl. Maler, Zeichner	COX
engl. Maßeinheit	BAG
engl. Politiker, Staatsmann	FOX
engl. Polizist (umgspr.)	COP
engl. Popgruppe	WHO
engl. Rundfunkgesellschaft	BBC
engl. Stadt an der Ouse	ELY
engl. Teegewicht	TUB
engl. Vorname	NED
engl.: aber	BUT
engl.: alt	OLD
engl.: Alter	AGE
engl.: anheften	PIN
engl.: außerhalb	OUT
engl.: Auto, Wagen	CAR
engl.: Bausch, Briefblock	PAD
engl.: Bein	LEG
engl.: bekommen	GET
engl.: Bett	BED
engl.: Beutel, Sack	BAG
engl.: Biene	BEE
engl.: Bindung	TIE
engl.: Bucht	BAY
engl.: Droschke	CAB
engl.: du	YOU
engl.: Ei	EGG
engl.: eins	ONE
engl.: Eis	ICE
engl.: Erbse	PEA
engl.: Feige	FIG
engl.: fett	FAT
engl.: fragen	ASK
engl.: fröhlich	GAY
engl.: Gesetz	LAW

engl.: Gesetz, Verordnung ACT
engl.: Gewehr Kanone GUN
engl.: Gott GOD
engl.: graben DIG
engl.: groß BIG
engl.: Hätscheltier PET
engl.: Haustier PET
engl.: Hautbräune TAN
engl.: heiß HOT
engl.: Herr SIR
engl.: Himmel SKY
engl.: Hut HAT
engl.: ja YES
engl.: jetzt NOW
engl.: Katze CAT
engl.: Knabe BOY
engl.: Knabe BOY
engl.: Kunst ART
engl.: Kutsche CAB
engl.: lassen LET
engl.: legen LAY
engl.: Lücke, Spalt GAP
engl.: Luft AIR
engl.: Männer MEN
engl.: Mann MAN
engl.: Marmelade JAM
engl.: Meer SEA
engl.: Nebel FOG
engl.: neu NEW
engl.: niedrig LOW
engl.: Öl OIL
engl.: Ohr EAR
engl.: Pastete PIE
engl.: Pelz FUR
engl.: rot RED
engl.: Schlupfwinkel DEN
engl.: Schranke BAR
engl.: Schwung PEP
engl.: sechs SIX
engl.: sein, seine HIS
engl.: sie SHE
engl.: Sohn SON
engl.: Sonne SUN
engl.: Spion SPY
engl.: Spitze TOP
engl.: Steuer TAX
engl.: Strahl RAY
engl.: Tag DAY
engl.: Tee TEA
engl.: Tinte INK
engl.: trocken DRY
engl.: Tunke DIP
engl.: verrückt MAD
engl.: Wattebausch PAD
engl.: Weg WAY
engl.: wer? WHO
engl.: zehn TEN
engl.: zwei TWO
Erbfaktor GEN
Erfinder d. Saxophons SAX
Erfolgsschlager HIT
Erholungsstätte BAD
Erkennungszeichen MAL
Erotik, Geschlecht SEX
erster König d. Dänen DAN
erster Mensch der nord. Sage ASK
Erzgebirgsstadt AUE
Erzieherin der Haimonskinder AJA
Esche des Odin ASK
Eselslaut IAH
europ. Hauptstadt ROM
europ. Verrechnungseinheit ECU
europ. Währung LEK
europ. Währung LEU
europ. Währung LEW
europ. Währungseinheit ECU
Ewige Stadt ROM
Exkrement KOT
Fächerpalme DUM
Fäkalie KOT
Färberpflanze, -röte WAU
Farbe beim Roulette ROT
Farbe der Liebe ROT
Farberde BOL
Farbschattierung TON
Federumhang BOA
feierliches Gedicht ODE
feierliche Versicherung EID
feines Leder KID
Feingehalt, -gewicht LOT
Feldspat, Silikatgestein TON
Fell junger Ziegen KID
Felsnische KAR
Ferment im Kälbermagen LAB
Fernseh-Kriminalkommissar ODE
Fernsprechvermittlung AMT
fertig gekocht GAR

3

feststehend	FIX
feuchte Bachwiese	AUE
Feuerlandindianer	ONA
Fidschi-Insel	ONO
Figur aus »Der Bettelstudent«	JAN
Figur aus »Der Freischütz«	MAX
Figur aus »Der zerbrochene Krug«	EVE
Figur aus »Die Fledermaus«	IDA
Figur aus »Nibelungenlied«	UTE
Figur aus »Porgy and Bess«	JIM
Figur aus »Turandot«	LIU
Figur aus »Wallenstein«	MAX
Figur aus »West Side Story«	DOC
Film-Aufzeichn. b. Fernsehen	FAZ
Filmwitz	GAG
fläm. Maler	FYT
fläm. Maler (16./17. Jh.)	VOS
Flanellart	BOI
Fleischpastete	PIE
Fleischsaftgallert	JUS
fliegende Untertasse	UFO
flüssiges Brennmaterial	OEL
flüssiges Fett	OEL
Flüssigkristallanzeige	LCD
Flughafen bei Tel Aviv	LOD
Fluß aus d. Schwarzwald	OOS
Fluß aus dem Hohen Venn	RUR
Fluß durch Baden-Baden	OOS
Fluß durch Bad Neuenahr	AHR
Fluß durch Coburg	ITZ
Fluß durch Colmar	ILL
Fluß durch Düren	RUR
Fluß durch Gerona	TER
Fluß durch Graz	MUR
Fluß durch Meppen	EMS
Fluß durch Orel	OKA
Fluß durch Passau	ILZ
Fluß durch Passau	INN
Fluß durch Perpignan	TET
Fluß durch Pforzheim	ENZ
Fluß durch Rosenheim	INN
Fluß durch Straßburg	ILL
Fluß durch Weimar	ILM
Fluß im Bayer. Wald	ILZ
Fluß im Rheinland	AHR
Fluß im Schwarzwald	ELZ
Fluß in Siebenbürgen	OLT
Fluß zum Asowschen Meer	DON
Fluß zum Balchaschsee	ILI
Fluß zum Dollart	EMS
Fluß zum Weißen Meer	KEM
Fluthöhe	HUB
fort, abhanden	WEG
Fort am Großen Sklavensee	RAE
Frachtklausel	CIF
Frachtklausel	FAS
Frachtklausel	FOB
Frachtklausel	FOW
fränkischer Hausflur	ERN
Fragewort	WAS
Fragewort	WEM
Fragewort	WEN
Fragewort	WER
Fragewort	WIE
Frankenfürst, -könig	ODO
franz. Atlantikinsel	YEU
franz. Departement	AIN
franz. Flächenmaß	ARE
franz. Frauenname	EVE
franz. Kleinmünze	SOU
franz. Männername	GUY
franz. Mehrzahlartikel	LES
franz. Romancier	SUE
franz. Stadt an d. Mosel	ARS
franz. Vorsilbe: nicht-	DES
franz.: auf	SUR
franz.: Ball, Tanzfest	BAL
franz.: Bogen	ARC
franz.: eine	UNE
franz.: Eisen	FER
franz.: Ende, Schluß	FIN
franz.: Faden	FIL
franz.: Falte	PLI
franz.: Feuer	FEU
franz.: Fichte	PIN

franz.: Flug	VOL
franz.: Freund	AMI
franz.: Gebirgspaß	COL
franz.: Gewächs (Wein)	CRU
franz.: Gipfel, Spitze	PIC
franz.: gut	BON
franz.: Heiratsgut	DOT
franz.: Herzog	DUC
franz.: in der Art von	ALA
franz.: Insel	ILE
franz.: ja	OUI
franz.: König	ROI
franz.: Kunst	ART
franz.: Leben	VIE
franz.: Luft	AIR
franz.: Name	NOM
franz.: Narr	FOU
franz.: nein	NON
franz.: Osten	EST
franz.: Paß, Sattel	COL
franz.: Rücken	DOS
franz.: Schild	ECU
franz.: Schritt	PAS
franz.: sechs	SIX
franz.: See	LAC
franz.: Spiel	JEU
franz.: Steiß, Gesäß	CUL
franz.: Straße	RUE
franz.: Tal	VAL
franz.: Tee	THE
franz.: Topf	POT
franz.: Wasser	EAU
franz.: Wein	VIN
franz.: wenig	PEU
franz.: wer	QUI
franz.: Wort	MOT
franz.: zehn	DIX
Frauenname	ADA
Frauenname	IDA
Frauenname	ISA
Frauenname	ODA
Frauenname	PIA
Frauen- u. Knaben-Singstimme	ALT
Frau v. Ägir	RAN
Frequenzbereich	UHF
Frequenzbereich	VHF
freundlicher Hinweis	RAT
freundlicher Hinweis	TIP
Frosterscheinung	EIS
Fruchtmus	JAM
früher	EHE
frühere Automarke	DKW
frühere Energieeinheit	ERG
frühere Kraftfahrzeugmarke	NSU
frühere Luftdruckeinheit	BAR
frühere Name der Nera	NAR
Frühlingsmonat	MAI
für, dafür	PRO
für, je	PRO
fürstliche Haushaltung	HOF
Fütterung	ATZ
Fulda-Zufluß	UFE
Furche, Fuge	NUT
Furor, Raserei	WUT
Fußballmannschaft	ELF
Fußglied	ZEH
Fußpfad, breiter Pfad	WEG
Futtergras	RAY
Gagat	JET
Ganges-Zufluß	SON
Garnitur, Gedeck	SET
Garnknäuel	ILE
Garnmaß, Gebinde	LEA
Garonne-Zufluß	LOT
Gattung	ART
Gaunergehilfe	EDE
Gebäude	BAU
Gebäude, Gebäudekomplex	BAU
Gebirge auf Kreta	IDA
Gebirgseinschnitt	TAL
Gebirgsschlucht	KAR
Geborgenheit	HUT
Gedichtform	ODE
Gefrorenes	EIS
gefrorenes Wasser	EIS
gefühllos, gefühlskalt	ROH
Gegenstück zu NATO	WVO
Gegenteil von alt	NEU
Gegenteil von fern	NAH
Gegenteil von her	HIN
Gegenteil von hin	HER
Gegenteil von jung	ALT
Gegenteil von kontra	PRO
Gegenteil von Leben	TOD
Gegenteil von Lee	LUV
Gegenteil von Luv	LEE
Gegenteil von Nacht	TAG
Gegenteil von reich	ARM
Gegenteil von schlecht	GUT
Gegenteil von selten	OFT

Gegenteil von Tadel	LOB
Gegenteil von zu	AUF
gegenwärtig	NUN
Gegner Luthers	ECK
Gehöft	GUT
Gehöft	HOF
gehörntes Haustier	KUH
Gehörorgan	OHR
Gehrock	CUT
Geländefahrrad	BMX
Geltung, Renommee	RUF
gemauerte Pferdeschwemme	WED
gemauerte Uferstraße	KAI
Genesungsurlaub	KUR
Genre	ART
Gerberrinde	LOH
german. Dolchmesser	SAX
german. Fruchtbarkeitsgott	FRO
german. Götter-, Sagengestalt	ULL
german. Götterbotin	GNA
german. Gott d. Friedens	FRO
german. Kriegsgott	TYR
german. Meeresgöttin	RAN
german. Naturgeist	ELF
german. Schwertaxt	SAX
german. Sonnwendfeier	JUL
german. Totengöttin	HEL
german. Totenreich	HEL
german. Wurfspieß	GER
german.: Schlachtfeld	WAL
Geschäft, Verdienst	JOB
Gesellschaftstanz	FOX
Gesichtstreffer beim Boxen	JAB
Gesindel	MOB
Gesottenes, Kochbrühe	SUD
Gespann	ZUG
gespenstisches Wesen	ALP
Gesteinmehl	GUR
Getreideart	TEF
getrocknetes Gras	HEU
Gewässer	SEE
gewandt, schnell	FIX
Gewinnanteilschein	LOS
gewölbeartige Decke	DOM
Gibbon	LAR
Gipfel der Rätischen Alpen	ERR
Gipfel des Monte Rosa	DOM
gleich (lat.)	PAR
Gliedmaße	ARM
Golf	BAI
Golf-Abschlag	TEE
Golf-Ausdruck	PAR
Grabinschrift	RIP
Grad beim Judo	DAN
Greenwich Mean Time	GMT
Grenzstein	MAL
griech. Buchstabe	CHI
griech. Buchstabe	ETA
griech. Buchstabe	PHI
griech. Buchstabe	PSI
griech. Buchstabe	RHO
griech. Buchstabe	TAU
griech. Göttin d. Morgenröte	EOS
griech. Göttin der Nacht	NYX
griech. Göttin der Verblendung	ATE
griech. Göttin des Meeres	INO
griech. Sporadeninsel	KOS
griech. Vorsilbe: außerhalb	EXO
griech. Vorsilbe: Berg	ORO
griech. Vorsilbe: doppelt	DIS
griech. Vorsilbe: durch-	DIA
griech. Vorsilbe: Erde	GEO
griech. Vorsilbe: ganz, all-	PAN
griech. Vorsilbe: Gift-	TOX
griech. Vorsilbe: gleich	ISO
griech. Vorsilbe: Leben	BIO
griech. Vorsilbe: mit-	SYM
griech. Vorsilbe: mit-	SYN
griech. Vorsilbe: neben, bei-	PAR
griech. Vorsilbe: neu	NEO
griech. Vorsilbe: Sauerstoff-	OXY
griech. Vorsilbe: scharf	OXY
griech. Vorsilbe: übel, schlecht	DYS
griech. Vorsilbe: unter	HYP
griech. Vorsilbe: Wasser	HYD

griech. Vorsilbe: wieder, zurück ANA
griech. Zykladeninsel IOS
griech.: Geist, Verstand NUS
griech.: Mais ZEA
grober Wollstoff ABA
größte der dalmatin. Inseln KRK
große Einfahrt TOR
große Eule UHU
großer Durchgang TOR
großer Zweig AST
großes Beil AXT
Großmutter OMA
Großvater OPA
Grottenmolch OLM
Gründer der Quäker FOX
Grundfarbe ROT
Grunzochse JAK
Grunzochse YAK
gut in Form FIT
Gutschein, Gutschrift BON
Habe GUT
häufig OFT
Hafen in Somalia EIL
Hafenmauer KAI
Hafenstadt in Ghana ADA

Hain LOH
Halbton über c CIS
Halbton über d DIS
Halbton über e EIS
Halbton über f FIS
Halbton über g GIS
Halbton über h HIS
Halbton unter a AIS
Halbton unter c CES
Halbton unter d DES
Halbton unter f FES
Halbton unter g GES
halbwarm LAU
Halluzinogen LSD
Hamburg. Weihnachtsmarkt DOM
Hamitenstamm, -volk PUL
hamitonilot. Volk SUK
Handelsbrauch USO
Handlung AKT
Handlungsweise TUN
Handschuhleder KID
harte Tonart DUR
Haun UHU
Hauptgott von Uruk ANU
Hauptstadt von Annam HUE
Hauptstadt von Baschkirien UFA

Haustier der Lappen REN
Hautfleck MAL
Hautritz, Unsauberkeit MUK
hebr.: Sohn, Enkel BEN
Hebriden-Insel RUM
Heilbehandlung KUR
Heilerde BOL
Heiliger d. Kirche LEO
heimlicher Groll PIK
Helfershelfer EDE
helles engl. Bier ALE
herb bei alkohol. Getränken DRY
Herrenschoßrock CUT
Herzog in Frankreich DUC
Herzstromkurve EKG
Heuchelei LUG
Hieb HAU
Hiebwaffe AXT
hilfreicher Vorschlag RAT
Himmelsrichtung OST
Hinrichtungsgerät RAD
Hinweis, Ratschlag TIP
Hirschart DAM
Hochgebirgsnische KAR
Hochweide ALM

Hochweide ALP
höchster Berg d. Philippinen APO
höfliche Anrede SIE
Höhenzug bei Hannover ITH
Höhenzug im Weserbergland ITH
hörbare Luftschwingung TON
holländ. Maler BOL
Holzeinschlag HAU
Honigbier MET
Honigwein MET
Hornüberzug am Tierfuß HUF
Hundelaut WAU
Hundename REX
Indianerstamm, -sprache KRI
indischer Berg ABU
indischer Bundesstaat GOA
indischer Glanzstar BEO
indischer Hülsenfruchtbaum SAM
indischer Langarmaffe LAR
indisches Gewicht SER
indische Stadt GOA
indisches Territorium DIU

indo- chines. Volk	SOP
indo- chines. Volk	SRE
indochi- nes. Volk	THO
indones. Insel	MOA
indones. Münze	SEN
inner- asiatisch. Fluß	ILI
Inn- Zufluß	ALZ
Insektizid	DDT
Insel- europäer	IRE
Insel in der Irischen See	MAN
Internat. Auto- mobil- Verband	FIA
Internat. Entwick- lungs- organisat.	IDA
internat. Maß- system (alt)	MKS
internat. Seenotruf	SOS
irakische Halbinsel	FAO
irakischer Ölhafen	FAO
iranische heilige Stadt	QOM
iranischer Fluß	QUN
iranische Stadt	BAM
iranische Stadt	KUM
iranische Stadt in Laristan	LAR
irischer See	REE
Isère- Zufluß	ARC
Isar- Zufluß	ROT
israeli- tischer Stamm	DAN
israeli- tischer Stamm	GAD
israeli- tischer Stamm- vater	SEM
ital. Haupt- stadt	ROM
ital. Ordens- bruder	FRA
ital. Schrift- steller	ECO
ital. Tonsilbe (g)	SOL
ital. u. span.: heilig	SAN
ital.: drei	TRE
ital.: eine	UNA
ital.: eins	UNO
ital.: Gold	ORO
ital.: Gott	DIO
ital.: Herr (Priester, Adel)	DON
ital.: mehr	PIU
ital.: mit	CON
ital.: sechs	SEI
ital.: Stunde	ORA
ital.: Weg	VIA
ital.: zwei	DUE
jäher Windstoß	BOE
Jakobs Frau	LEA
japan. Flug- gesell- schaft	JAL
japan. Gewicht, Maß	MON
japan. Gewicht, Maß	RIN
japan. Hafen- stadt auf Hondo	TSU
japan. Klapp- fächer	OGI
japan. Münze	SEN
japan. Politiker, Staats- mann	ITO
japan. Stadt auf Hondo	UBE
japan. Verwal- tungs- bezirk	KEN
japan. Währungs- einheit	YEN
japan. Wall- fahrtsort	ISE
Jazz- Klavier- stil	RAG
Jazz- technik	RAP
Jesus im Islam	ISA
jetzt	NUN
jüdische Bez. f. Nicht- jude	GOJ
jüdischer Hoher- priester	ELI
jüdischer König	ELA
jüdischer Richter	ELI
jugoslaw. Donau- Zufluß	SAU
jugoslaw. Flug- gesell- schaft	JAT
jugoslaw. Stadt	ADA
junger Verbin- dungs- student	FUX
Jux, Unfug	ULK
Kadaver	AAS
Kälte- produkt	EIS
Kaiser- titel in Rußland	ZAR
Kalifen- name	ALI
kambo- dschan. Volk	MOI
Kanin- chenart, -rasse	LOH
kapver- dische Insel	SAL
Karawan- serei im Orient	HAN
Karolinen- insel	JAP
Kartei- reiter	TAB
Karten- spiel	JEU
Kassen- ansturm	RUN
Kassen- zettel	BON
kasten- förmiges Objekt	BOX
Kategorie	ART
Kath. Nach- richten- agentur	KNA
Kathedrale	DOM
kathol. Kurien- kardinal	BEA
kathol. Sakrament	EHE
kaukas. Wildziege	TUR
keltische Feen- königin	MAB
keltischer Gott	LUG

keltisch: Berg BEN
kenian. Staatspräsident MOI
Kennzeichen MAL
Kfz-Zchn. Äthiopien ETH
Kfz-Zchn. Afghanistan AFG
Kfz-Zchn. Alderney GBA
Kfz-Zchn. Altenburg ABG
Kfz-Zchn. Alzenau Unterfr. ALZ
Kfz-Zchn. Ammerland/Westerstede WST
Kfz-Zchn. Andorra AND
Kfz-Zchn. Angermünde ANG
Kfz-Zchn. Anklam ANK
Kfz-Zchn. Annaberg ANA
Kfz-Zchn. Apolda APD
Kfz-Zchn. Artern ARN
Kfz-Zchn. Aurich AUR
Kfz-Zchn. Australien AUS
Kfz-Zchn. bad.-württ. Landesregierung BWL
Kfz-Zchn. Bad Brückenau BRK
Kfz-Zchn. Bad Doberan DBR
Kfz-Zchn. Bad Ems EMS
Kfz-Zchn. Baden-Baden BAD
Kfz-Zchn. Bad Freienwalde FRW
Kfz-Zchn. Bad Gandersheim GAN
Kfz-Zchn. Bad Langensalza LSZ
Kfz-Zchn. Bad Liebenwerda LIB
Kfz-Zchn. Bad Mergentheim MGH
Kfz-Zchn. Bad Reichenhall REI
Kfz-Zchn. Bad Salzungen SLZ
Kfz-Zchn. Bad Schwalbach SWA
Kfz-Zchn. Bahrein BRN
Kfz-Zchn. Barbados BDS
Kfz-Zchn. bayer. Landesregierung BYL
Kfz-Zchn. Beeskow BSK
Kfz-Zchn. Beilngries BEI
Kfz-Zchn. Belzig BEL
Kfz-Zchn. Benin RPB
Kfz-Zchn. Berchtesgaden BGD
Kfz-Zchn. Berchtesgadener Land BGL
Kfz-Zchn. Bergzabern BZA
Kfz-Zchn. Bernau BER
Kfz-Zchn. Bernburg BBG
Kfz-Zchn. Bernkastel in B.-Kues BKS
Kfz-Zchn. Bernkastel-Wittlich WIL
Kfz-Zchn. Bersenbrück BSB
Kfz-Zchn. Biedenkopf BID
Kfz-Zchn. Bingen Rhein BIN
Kfz-Zchn. Birkenfeld/Nahe BIR
Kfz-Zchn. Birma BUR
Kfz-Zchn. Bischofswerda BIW
Kfz-Zchn. Bitburg-Prüm in Bitburg BIT
Kfz-Zchn. Bitterfeld BTF
Kfz-Zchn. Blankenburg in Braunlage BRL
Kfz-Zchn. Bocholt BOH
Kfz-Zchn. Bogen BOG
Kfz-Zchn. Bolivien BOL
Kfz-Zchn. Borken Westfalen BOR
Kfz-Zchn. Borna BNA
Kfz-Zchn. Bottrop BOT
Kfz-Zchn. Brandenburg BRB
Kfz-Zchn. Brand-Erbisdorf BED
Kfz-Zchn. Bremervörde BRV
Kfz-Zchn. Brilon BRI
Kfz-Zchn. Brunei BRU
Kfz-Zchn. Buchen Odenwald BCH
Kfz-Zchn. Burg BRG
Kfz-Zchn. Burglengenfeld BUL
Kfz-Zchn. Castrop-Rauxel CAS
Kfz-Zchn. Cham Oberpfalz CHA
Kfz-Zchn. Chile RCH
Kfz-Zchn. Clausthal-Zellerfeld CLZ
Kfz-Zchn. Cochem-Zell in Cochem COC
Kfz-Zchn. Coesfeld Westfalen COE
Kfz-Zchn. Cuxhaven CUX
Kfz-Zchn. Dachau DAH
Kfz-Zchn. Daun DAU
Kfz-Zchn. Deggendorf DEG
Kfz-Zchn. Delmenhorst DEL
Kfz-Zchn. Dillingen Donau DLG
Kfz-Zchn. Dillkreis in Dillenburg DIL
Kfz-Zchn. Dingolfing-Landau DGF

3

3

Kfz-Zchn. DKB Dinkelsbühl

Kfz-Zchn. DIN Dinslaken Niederrhein

Kfz-Zchn. HEI Dithmarschen in Heide

Kfz-Zchn. DOM Dominikan. Republik

Kfz-Zchn. DON Donauwörth

Kfz-Zchn. DUD Duderstadt

Kfz-Zchn. EBS Ebermannstadt

Kfz-Zchn. EBN Ebern

Kfz-Zchn. EBE Ebersberg bei München

Kfz-Zchn. ECK Eckernförde

Kfz-Zchn. EHI Ehingen Donau

Kfz-Zchn. EIH Eichstätt Bayern

Kfz-Zchn. EIN Einbeck

Kfz-Zchn. EIS Eisenberg

Kfz-Zchn. EIL Eisleben

Kfz-Zchn. EMD Emden

Kfz-Zchn. ERB Erbach Odenwald

Kfz-Zchn. ERK Erkelenz

Kfz-Zchn. ERH Erlangen-Höchstadt

Kfz-Zchn. ESB Eschenbach Oberpfalz

Kfz-Zchn. ESW Eschwege

Kfz-Zchn. EUT Eutin

Kfz-Zchn. FAL Fallingbostel

Kfz-Zchn. FEU Feuchtwangen

Kfz-Zchn. FJI Fidschi

Kfz-Zchn. FOR Forst

Kfz-Zchn. FKB Frankenberg

Kfz-Zchn. FTL Freital

Kfz-Zchn. FDS Freudenstadt

Kfz-Zchn. FRG Freyung-Grafenau

Kfz-Zchn. FDB Friedberg Bayern

Kfz-Zchn. FRI Friesland

Kfz-Zchn. JEV Friesland in Jever

Kfz-Zchn. FFB Fürstenfeldbruck

Kfz-Zchn. FUE Fürth Bayern

Kfz-Zchn. GDB Gadebusch

Kfz-Zchn. WAG Gambia

Kfz-Zchn. GAP Garmisch-Partenkirchen

Kfz-Zchn. GHA Geithain

Kfz-Zchn. GEL Geldern

Kfz-Zchn. GEM Gemünden Main

Kfz-Zchn. GNT Genthin

Kfz-Zchn. GER Germersheim

Kfz-Zchn. GEO Gerolzhofen

Kfz-Zchn. NOH Gfsch. Bentheim Nordhorn

Kfz-Zchn. GBZ Gibraltar

Kfz-Zchn. GLA Gladbeck Westfalen

Kfz-Zchn. GOE Göttingen

Kfz-Zchn. GTH Gotha

Kfz-Zchn. GHC Gräfenhainichen

Kfz-Zchn. GRA Grafenau

Kfz-Zchn. GRN Gransee

Kfz-Zchn. GRZ Greiz

Kfz-Zchn. GVM Grevesmühlen

Kfz-Zchn. GRI Griesbach Rottal

Kfz-Zchn. GRM Grimma

Kfz-Zchn. GMN Grimmen

Kfz-Zchn. GRH Großenhain

Kfz-Zchn. GCA Guatemala

Kfz-Zchn. GUB Guben

Kfz-Zchn. GBG Guernsey

Kfz-Zchn. GUA Güstrow

Kfz-Zchn. GUN Gunzenhausen

Kfz-Zchn. GUY Guyana

Kfz-Zchn. HGN Hagenow

Kfz-Zchn. HBS Halberstadt

Kfz-Zchn. HDL Haldensleben

Kfz-Zchn. HAL Halle

Kfz-Zchn. HAM Hamm Westfalen

Kfz-Zchn. HRO Hansestadt Rostock

Kfz-Zchn. HST Hansestadt Stralsund

Kfz-Zchn. HWI Hansestadt Wismar

Kfz-Zchn. HAS Haßberge in Haßfurt

Kfz-Zchn. HCH Hechingen

Kfz-Zchn. HDH Heidenheim Brenz

Kfz-Zchn. HIG Heiligenstadt

Kfz-Zchn. HER Herne

Kfz-Zchn. HEB Hersbruck

Kfz-Zchn. HEF Hersfeld-Rotenburg

Kfz-Zchn. HET Hettstadt

Kfz-Zchn. HBN Hildburghausen

Kfz-Zchn. HIP Hilpoltstein

Kfz-Zchn. HSK Hochsauerland-Kreis

Kfz-Zchn. Hochschwarzwald NEU

Kfz-Zchn. Hofgeismar HOG

Kfz-Zchn. Hofheim HOH

Kfz-Zchn. Hohenmölsen HHM

Kfz-Zchn. Hohenstein-Ernstthal HOT

Kfz-Zchn. Holzminden HOL

Kfz-Zchn. Horb Neckar HOR

Kfz-Zchn. Husum HUS

Kfz-Zchn. Illertissen ILL

Kfz-Zchn. Indien IND

Kfz-Zchn. Insel Man GBM

Kfz-Zchn. Irak IRQ

Kfz-Zchn. Irland IRL

Kfz-Zchn. Jersey GBJ

Kfz-Zchn. Jordanien JOR

Kfz-Zchn. Kamerun CAM

Kfz-Zchn. Kanada CDN

Kfz-Zchn. Karlstadt KAR

Kfz-Zchn. Kehl KEL

Kfz-Zchn. Kelheim KEH

Kfz-Zchn. Kemnath KEM

Kfz-Zchn. Kenia EAK

Kfz-Zchn. Kirchheimbolanden KIB

Kfz-Zchn. Kleve KLE

Kfz-Zchn. Klingenthal KLT

Kfz-Zchn. Klötze KLZ

Kfz-Zchn. Kongo RCB

Kfz-Zchn. Krumbach KRU

Kfz-Zchn. Kusel KUS

Kfz-Zchn. Kuweit KWT

Kfz-Zchn. Landau/Isar LAN

Kfz-Zchn. Landesreg. Brandenburg BBL

Kfz-Zchn. Landesreg. Thüringen THL

Kfz-Zchn. Landesregierung Sachsen LSN

Kfz-Zchn. Land Hadeln in Otternd. OTT

Kfz-Zchn. Laos LAO

Kfz-Zchn. Leer Ostfriesland LER

Kfz-Zchn. Leonberg LEO

Kfz-Zchn. Leverkusen LEV

Kfz-Zchn. Libyen LAR

Kfz-Zchn. Lichtenfels LIF

Kfz-Zchn. Lingen Ems LIN

Kfz-Zchn. Lobenstein LBS

Kfz-Zchn. Lörrach LOE

Kfz-Zchn. Lohr/Main LOH

Kfz-Zchn. Loreleykreis St. Goarsh. GOH

Kfz-Zchn. Luckenwalde LUK

Kfz-Zchn. Ludwigslust LWL

Kfz-Zchn. Lübz LBZ

Kfz-Zchn. Lüchow-Dannenberg DAN

Kfz-Zchn. Madagaskar RDM

Kfz-Zchn. Mainburg MAI

Kfz-Zchn. Main-Spessart MSP

Kfz-Zchn. Main-Spessart-Kreis KAR

Kfz-Zchn. Main-Tauber-Kreis TBB

Kfz-Zchn. Main-Taunus-Kreis MTK

Kfz-Zchn. Malaysia MAL

Kfz-Zchn. Mali RMM

Kfz-Zchn. Mallersdorf MAL

Kfz-Zchn. Marienberg MAB

Kfz-Zchn. Marktoberdorf MOD

Kfz-Zchn. Marktredwitz MAK

Kfz-Zchn. Mauretanien RIM

Kfz-Zchn. Mayen-Koblenz MYK

Kfz-Zchn. Meiningen MNG

Kfz-Zchn. Meißen MEI

Kfz-Zchn. Meldorf Holstein MED

Kfz-Zchn. Melle MEL

Kfz-Zchn. Mellrichstadt MET

Kfz-Zchn. Melsungen MEG

Kfz-Zchn. Meppen MEP

Kfz-Zchn. Merseburg MER

Kfz-Zchn. Merzig-Wadern MZG

Kfz-Zchn. Meschede MES

Kfz-Zchn. Mexiko MEX

Kfz-Zchn. Miltenberg MIL

Kfz-Zchn. Monschau MON

Kfz-Zchn. Mosambik MOC

Kfz-Zchn. Mühldorf/Inn MUE

Kfz-Zchn. Mühlhausen MHL

Kfz-Zchn. Naila NAI

Kfz-Zchn. Nauen NAU

Kfz-Zchn. Naumburg NMB

Kfz-Zchn. Nebra NEB

Kfz-Zchn. Nepal NEP

Kfz-Zchn. Neumünster NMS

3

Kfz-Zchn. NEN Neunburg vorm Wald

Kfz-Zchn. NEA Neustadt/Aisch

Kfz-Zchn. NEC Neustadt bei Coburg

Kfz-Zchn. NEW Neustadt Waldnaab

Kfz-Zchn. NIC Nicaragua

Kfz-Zchn. NIG Niger

Kfz-Zchn. WAN Nigeria

Kfz-Zchn. NOR Norden

Kfz-Zchn. NDH Nordhausen

Kfz-Zchn. NOM Northeim

Kfz-Zchn. LAU Nürnberg Land in Lauf

Kfz-Zchn. WEL Oberlahnkreis in Weilburg

Kfz-Zchn. OBB Obernburg Main

Kfz-Zchn. OVI Oberviechtach

Kfz-Zchn. OVL Obervogtland

Kfz-Zchn. WEB Oberwesterwaldkreis

Kfz-Zchn. OCH Ochsenfurt

Kfz-Zchn. MOS Odenwaldkreis Mosbach

Kfz-Zchn. OLD Oldenburg/Holstein

Kfz-Zchn. OAL Ostallgäu

Kfz-Zchn. OBG Osterburg

Kfz-Zchn. OST Osterburg

Kfz-Zchn. OHZ Osterholz

Kfz-Zchn. OHA Osterode/Harz

Kfz-Zchn. OTT Otterndorf Niederelbe

Kfz-Zchn. OTW Ottweiler

Kfz-Zchn. PNG Papua-Neuguinea

Kfz-Zchn. PCH Parchim

Kfz-Zchn. PAR Parsberg

Kfz-Zchn. PEG Pegnitz

Kfz-Zchn. PER Perleberg

Kfz-Zchn. PAF Pfaffenhofen

Kfz-Zchn. PAN Pfarrkirchen/Naab

Kfz-Zchn. PIR Pirna

Kfz-Zchn. EDL Quedlinburg

Kfz-Zchn. FUR Querfurt

Kfz-Zchn. REG Regen

Kfz-Zchn. REH Rehau

Kfz-Zchn. ROC Rep. China

Kfz-Zchn. SWA Rheingau-Taunus-Kreis

Kfz-Zchn. NES Rhön-Grabfeld/Neustadt

Kfz-Zchn. RDG Ribnitz-Damgarten

Kfz-Zchn. RID Riedenburg

Kfz-Zchn. RIE Riesa

Kfz-Zchn. ROK Rockenhausen

Kfz-Zchn. ROD Roding

Kfz-Zchn. RSL Roßlau

Kfz-Zchn. ROF Rotenburg Fulda

Kfz-Zchn. ROH Rotenburg Hannover

Kfz-Zchn. ROW Rotenburg Wümme

Kfz-Zchn. ROT Rothenburg ob d. Tauber

Kfz-Zchn. PAN Rottal-Inn in Pfarrkirchen

Kfz-Zchn. ROL Rottenburg Laaber

Kfz-Zchn. RWA Ruanda

Kfz-Zchn. SLF Saalfeld

Kfz-Zchn. SAB Saarburg

Kfz-Zchn. SLS Saarlouis

Kfz-Zchn. HOM Saar-Pfalzkreis Homburg

Kfz-Zchn. STL Saint Lucia

Kfz-Zchn. SHS Sangershausen

Kfz-Zchn. GOA Sankt Goar

Kfz-Zchn. WND Sankt Wendel

Kfz-Zchn. RSM San Marino

Kfz-Zchn. KSA Saudi-Arabien

Kfz-Zchn. SLG Saulgau

Kfz-Zchn. SHG Schaumburg

Kfz-Zchn. STH Schaumburg-Lippe

Kfz-Zchn. SEF Scheinfeld

Kfz-Zchn. SCZ Schleiz

Kfz-Zchn. SLN Schmölln

Kfz-Zchn. SBK Schönebeck

Kfz-Zchn. SOG Schongau

Kfz-Zchn. SOB Schrobenhausen

Kfz-Zchn. SHA Schwäbisch Hall

Kfz-Zchn. SAD Schwandorf

Kfz-Zchn. SZB Schwarzenberg

Kfz-Zchn. SDT Schwedt

Kfz-Zchn. SEB Sebnitz

Kfz-Zchn. SEE Seelow

3

Kfz-Zchn. SEL
Selb

Kfz-Zchn. SFB
Senftenberg

Kfz-Zchn. WAL
Sierra Leone

Kfz-Zchn. SIG
Sigmaringen

Kfz-Zchn. SIM
Simmern

Kfz-Zchn. SNH
Sindheim Elsenz

Kfz-Zchn. SGP
Singapur

Kfz-Zchn. SOL
Soltau

Kfz-Zchn. SFA
Soltau-Fallingbostel

Kfz-Zchn. SDH
Sondershausen

Kfz-Zchn. SON
Sonneberg

Kfz-Zchn. SPB
Spremberg

Kfz-Zchn. SPR
Springe

Kfz-Zchn. IGB
St. Ingbert

Kfz-Zchn. STH
Stadthagen

Kfz-Zchn. SRO
Stadtroda

Kfz-Zchn. STE
Staffelstein

Kfz-Zchn. STA
Starnberg

Kfz-Zchn. SFT
Stassfurt

Kfz-Zchn. SDL
Stendal

Kfz-Zchn. STB
Sternberg

Kfz-Zchn. STO
Stockach

Kfz-Zchn. STL
Stollberg

Kfz-Zchn. SBG
Strasburg

Kfz-Zchn. SRB
Strausberg

Kfz-Zchn. RSA
Südafrika

Kfz-Zchn. MED
Süderdithmarschen

Kfz-Zchn. ROK
Südkorea

Kfz-Zchn. NIB
Südtondern in Niebüll

Kfz-Zchn. SHL
Suhl

Kfz-Zchn. SUL
Sulzbach-Rosenberg

Kfz-Zchn. SME
Surinam

Kfz-Zchn. SYR
Syrien

Kfz-Zchn. EAT
Tansania

Kfz-Zchn. TBB
Tauberbischofsheim

Kfz-Zchn. TIR
Tirschenreuth

Kfz-Zchn. NEU
Titisee-Neustadt

Kfz-Zchn. TCH
Tschad

Kfz-Zchn. TUE
Tübingen

Kfz-Zchn. TUT
Tuttlingen

Kfz-Zchn. UEB
Überlingen

Kfz-Zchn. UEM
Ückermünde

Kfz-Zchn. UFF
Uffenheim

Kfz-Zchn. EAU
Uganda

Kfz-Zchn. DIZ
Unterlahnkreis in Diez

Kfz-Zchn. ROU
Uruguay

Kfz-Zchn. USI
Usingen

Kfz-Zchn. VAI
Vaihingen

Kfz-Zchn. SCV
Vatikanstaat

Kfz-Zchn. VEC
Vechta

Kfz-Zchn. VER
Verden/Aller

Kfz-Zchn. VIT
Viechtach

Kfz-Zchn. VIE
Viersen

Kfz-Zchn. VIB
Vilsbiburg

Kfz-Zchn. ALS
Vogelsb.-kreis in Alsfeld

Kfz-Zchn. LAT
Vogelsberg/Lauterbach

Kfz-Zchn. VOH
Vohenstrauß

Kfz-Zchn. WAN
Wanne-Eickel

Kfz-Zchn. WZL
Wanzleben

Kfz-Zchn. WAR
Warburg

Kfz-Zchn. WRN
Waren

Kfz-Zchn. WAF
Warendorf

Kfz-Zchn. WAT
Wattenscheid

Kfz-Zchn. WEG
Wegscheid

Kfz-Zchn. WEN
Weiden Oberpfalz

Kfz-Zchn. WUG
Weißenb.-Günzenhausen

Kfz-Zchn. WSF
Weißenfels

Kfz-Zchn. WSW
Weißwasser

Kfz-Zchn. WDA
Werdau

Kfz-Zchn. WER
Wertingen

Kfz-Zchn. WES
Wesel

Kfz-Zchn. BRA
Wesermarsch in Brake

Kfz-Zchn. WEM
Wesermünde

Kfz-Zchn. WEB
Westerburg

Kfz-Zchn. WHV
Wilhelmshaven

Kfz-Zchn. WIT
Witten

Kfz-Zchn. BLB
Wittgenstein/Bad Berleburg

Kfz-Zchn. WTL
Wittlage

Kfz-Zchn. WTM
Wittmund

Kfz-Zchn. WIZ
Witzenhausen

Kfz-Zchn. WOL
Wolfach

Kfz-Zchn. WOR
Wolfratshausen

Kfz-Zchn. WOB
Wolfsburg

Kfz-Zchn. WOH
Wolfshagen

Kfz-Zchn. WOS
Wolfstein

3

Kfz-Zchn. Wolgast WLG
Kfz-Zchn. Wolmirstedt WMS
Kfz-Zchn. Worbis WBS
Kfz-Zchn. Würzburg WUE
Kfz-Zchn. Wunsiedel WUN
Kfz-Zchn. Wurzen WUR
Kfz-Zchn. Zaire ZRE
Kfz-Zchn. Zell/Mosel ZEL
Kfz-Zchn. Zentralafrik. Republik RCA
Kfz-Zchn. Ziegenhain ZIG
Kimonogürtel OBI
Kirgisendorf AUL
Klang, Laut TON
klassischer Jazzstil HOT
Kleiderstoff WAT
Klostervorstand ABT
Knorpelfisch HAI
König von Juda ASA
Körperreinigung BAD
Kolbenweglänge HUB
Kolloid GEL
Kolloidniederschlag GEL
kolumbian. Fluß UVA
Komp. d. Balletts »Abraxas« EGK
Komp. d. Oper »Die Zaubergeige« EGK
konstant FIX
Kontaktgift DDT
Kopfbedeckung HUT
korean. Komponist YUN
korean. Währungseinheit WON
Kosename der Demeter DEO
Kosename der Großmutter OMA
Kosename der Großmutter OMI
Kosename des Großvaters OPA
Kosename für Goethes Mutter AJA
Kosmos ALL
Kraftmaß VIS
Kricketkeule BAT
Kriemhilds Mutter UTE
kroat. Würdenträger BAN
Krötenart AGA
Kühnheit MUT
künstler. Nacktdarstellung AKT
kürzlich entstanden NEU
Kuhantilope GNU
Kuhlaut MUH
Kulturpflanze d. Tropen KAT
Kunststoff PVC
Kurort BAD
Kurort an der Lahn EMS
Kurort im Kanton Waadt BEX
Kurort im Spessart ORB
Kurort in Frankreich AIX
kurz für Abitur ABI
kurz für Abonnement ABO
kurz für Adelheid ADA
kurz für Adolf ADO
kurz für Aktion, Tat AKT
kurz für Alfred ALF
kurz für Aluminium ALU
kurz für Amerikaner AMI
kurz für an das ANS
kurz für Beate BEA
kurz für Bobsleigh BOB
kurz für Deodorant DEO
kurz für Diapositiv DIA
kurz für eine Waffengattung ARI
kurz für Eisenbahn ZUG
kurz für Foxterrier FOX
kurz für Foxtrott FOX
kurz für herum RUM
kurz für in das INS
kurz für Isabella ISA
kurz für Klosett KLO
kurz für Leopold LEO
kurz für Lokomotive LOK
kurz für Maria MIA
kurz für Maria RIA
kurz für Maximilian MAX
kurz für Oheim OHM
kurz für Omnibus BUS
kurz für Rio de Janeiro RIO
kurz für Ronald RON
kurz für Samuel SAM
kurz für Telefax FAX
kurz für Thomas TOM
kurz für Tiergarten ZOO
kurz für Timotheus TIM
kurz für Ulrich UDO
kurz für Ulrich ULI
kurz für Ulrich UTZ
kurz für um das UMS
kurz für Universität UNI
kurz für von dem VOM

kurz für Wilhelm	WIM
kurz für zu dem	ZUM
kurz für zu der	ZUR
Labans Tochter	LEA
längliche Vertiefung	NUT
längster Strom der Erde	NIL
lässig	LAX
Lahn-Zufluß	AAR
Lahn-Zufluß	OHM
Landesteil	GAU
Landschaftsform	TAL
Landspitze	KAP
Langschwanzpapagei	ARA
laotische Währungseinheit	KIP
Larventaucher	ALK
lasch	LAX
latein. Grußwort	AVE
latein. Vorsilbe: unter	SUB
latein. Vorsilbe: zer-	DIS
latein.: aber	SED
latein.: bete!	ORA
latein.: die Fromme	PIA
latein.: dies	HOC
latein.: Ding	ENS
latein.: Ding, Sache	RES
latein.: durch, mit, mittels	PER
latein.: Erz	AES
latein.: Friede	PAX
latein.: Frühling	VER
latein.: Fuß	PES
latein.: Gesetz	LEX
latein.: Göttin	DEA
latein.: Herz	COR
latein.: Herzog	DUX
latein.: ich	EGO
latein.: ich liebe	AMO
latein.: in der Eigenschaft	QUA
latein.: ist	EST
latein.: König	REX
latein.: Kraft, Gewalt	VIS
latein.: Kunst	ARS
latein.: Licht	LUX
latein.: Löwe	LEO
latein.: Luft	AER
latein.: Mann	VIR
latein.: mit	CUM
latein.: Mitgift	DOS
latein.: Nacht	NOX
latein.: nein	NON
latein.: Niere	REN
latein.: Recht	JUS
latein.: Recht, Befugnis	FAS
latein.: so	ITA
latein.: so	SIC
latein.: Sonne	SOL
latein.: Stimme	VOX
latein.: Straße, Weg	VIA
latein.: Topf	AUL
latein.: unter	SUB
latein.: wehe!	VAE
latein.: wo	UBI
latein.: Zorn	IRA
latein.: zweimal	BIS
Laufjunge	BOY
lautes Wort	RUF
Lebensbund	EHE
Lebensende, Sterben	TOD
Lebewohl	ADE
lebhaft, rege	VIF
leblos, gestorben	TOT
lediglich	NUR
Lehmart, Töpfermaterial	TON
leichte Luftbewegung	ZUG
leichter Einspänner	CAB
leichter Einspänner	GIG
Leid, Schmerz	WEH
Leinwandstück	WEB
lettische Münze	LAT
Leuchtstärke-Maßeinheit	LUX
libanes. Hafenstadt	SUR
liberian. Volk	VIA
Lichtring um Gestirne	HOF
litauische Münze	LIT
Lötmetall	LOT
Lokal	BAR
Lotterieanteilschein	LOS
luftförmiger Brennstoff	GAS
luftförmiger Stoff	GAS
Lumme	ALK
Lumpenpack	MOB
lustiger Unfug	ULK
luxemburgisch. Fluß	OUR
Maas-Zufluß	BAR
Maas-Zufluß	RUR
machen, vollbringen	TUN
Madenfresser	ANI
Männerhaus auf den Palauinseln	BAI
Männer-Kurzname	JAN

3

Männer-Kurzname LEO

Männername IVO

Männername ULF

männl. Artikel DER

Märchenfrau FEE

mäßig warm LAU

Magnetende POL

Mahnung zum Leisesein PST

Main-Zufluß ITZ

Manganschaum WAD

marokkan. Gebirge RIF

marokkan. Stadt FES

Maßeinheit der Informatik BIT

Maßeinheit des elekt. Widerstands OHM

maßloser Zorn, Rage WUT

Meerbusen, Meeresbucht BAI

Meeres-Raubfisch HAI

Meeressäugetier WAL

mehlartiges Mineral GUR

Mehrzahlartikel DIE

Meistersingerlied BAR

melodiös. Instrumentalstück AIR

metall. Element ZER

metallhaltiges Gestein ERZ

mikrones. Insel YAP

mikronesischer Teilstaat YAP

militärische Einheit ZUG

Ministerpräs. v. NRW RAU

Misere NOT

Mißfallensruf BUH

Moder OLM

moderne Kunstrichtung POP

moderne Musikrichtung POP

Modus ART

Mönchsoberer ABT

Molukkeninselgruppe OBI

mongol. Paßheiligtum OBO

Moskauer Großkaufhaus GUM

Mündungsarm d. Rheins LEK

Münster DOM

Münzgewicht LOT

Mulde im Hochgebirge KAR

mundartl. f. Imbiß IMS

mundartl. f. Uhu AUF

mundartl. f. Wasserstrahl JUL

musikal. Thema einer Fuge DUX

Musikstück für zwei DUO

Muskel-, Gesichtszucken TIC

Muster, Vorbild TYP

Mutterschwein SAU

Nachfolger Mohammeds ALI

nachlässig LAX

Nachtlokal BAR

Nachtmahr ALP

Nachtmahr, Elf ALB

nächtl. Niederschlag TAU

Name von dreizehn Päpsten LEO

Name zweier Rhein-Zuflüsse ILL

Narr FEX

Narr TOR

nautisches Gerät LOT

ndtsch.: betrunken DUN

ndtsch.: Eule ULE

ndtsch.: gleich LIK

ndtsch.: Handbesen UHL

ndtsch.: Insel OIE

ndtsch.: Johannes JAN

ndtsch.: Pranger KAK

ndtsch.: Ried RET

ndtsch.: schön, lieblich MOJ

ndtsch.: Wallach RUN

Neckar-Zufluß ENZ

Neffe Abrahams LOT

Negerstamm in Nigeria IBO

Nestorpapagei KEA

neuseeländ. Honigfresser POE

neuseeländ. Papagei KEA

nicht lebendig, unbelebt TOT

nicht mehr als NUR

niedere indische Kaste DOM

niederl. Luftfahrtgesellschaft KLM

niederl. Maler (16. Jh.) MOR

niederländ. Fluß EEM

niederländ. Maler DOU

niederländ. Mediziner BOE

niederländ. Namensteil VAN

niederländ.: eins EEN

niederösterr. Stadt an d. Thaya LAA

niedersächs. Höhenzug ELM

nigerian. Stadt	ABA
nigerian. Stadt	IFE
nigerian. Stadt	IWO
nigerian. Stadt	OYO
nigerian. Volk	TIV
nilotisches Volk	LUO
Noahs Sohn	SEM
Nomadenzeltdorf	AUL
nord. Vorname	KAI
nord. Vorname	KAY
nordböhm. Stadt	DUX
nordchilen. Fluß zum Atlantik	LOA
nordische Gottheit	ASE
nordischer Gott	NAL
nordischer Kriegsgott	ZIU
nordische Unterwelt	HEL
norditalien. Wind	ORA
Nordlandtier	REN
nordsibirischer Fluß	TAS
Nordwesteuropäer	IRE
nordwestspan. Miño-Zufluß	SIL
Norne der Vergangenheit	URD
norweg. Autor	LIE
norweg. Fluß	NEA
norweg. Generalsekretär der UNO	LIE
norweg. Mathematiker	LIE
norweg. Stadt	NES
norweg. Talsenke	EID
oberfränk. Stadt an d. Saale	HOF
Obstbrei	MUS
Ob-Zufluß	KET
Ob-Zufluß	TOM
Oder-Zufluß	AAL
öff. Verkehrsmittel	BUS
öff. Verkehrsmittel	ZUG
österr. Fluggesellschaft	AUA
östl. Gegenstück der EWG	RGW
Operette von Lehár	EVA
Opernhaus in New York	MET
Organisation der UN	ILO
Organisation der UN	WHO
oriental. Genußmittel	KAT
oriental. Herberge	HAN
oriental. Männername	ALI
Orientteppich	MIR
Orkney-Insel	HOY
ostafrikan. Pygmäenvolk	TWA
ostasiat. Gewicht	TAN
ostserb. Stadt	BOR
Ouse-Zufluß	DON
pakistan. Fluggesellschaft	PIA
pakistan. Fluß	NAL
Palästinenser-Bewegung	PLO
Palmenart	AGU
panamerikan. Organisation	OAS
panikartiger Ansturm	RUN
Papua-Sprache	ONO
patagonische Sprache	ONA
Pelzkragen	BOA
persisch. Saiteninstrument	TAR
persische Rohrflöte	NEI
persönl. Fürwort	ICH
persönl. Fürwort	IHR
persönl. Fürwort	SIE
persönl. Fürwort	WIR
peruan. Fluß	ENE
peruan. Provinz	ICA
peruan. Stadt	ICA
Pferdeknecht	ENK
Pferdestand	BOX
philippinischer Vulkan	APO
phönizischer Gott	BEL
phrygischer Vegetationsgott	MEN
physikal. Krafteinheit	DYN
Pilgerziel in Italien	ROM
Platz, Stelle	ORT
Platzdeckchen	SET
Pöbel	MOB
Pokal	CUP
politische dtsch. Partei	SPD
poln. Aphoristiker	LEC
poln. Dichter, Schriftsteller	LEM
poln. Fluß	BUG
poln.: Herr	PAN
pommersche Insel	OIE
portug. Duoro-Zufluß	COA
portugies.: heilig	SAO
portugies.: Herr	DOM
Prominenter	VIP
Quadrillefigur	ETE
Räucherfisch	AAL

räumlich begrenzt ENG
Räusperlaut HUM
Raummaß bei Schiffen BRT
Raumpunkt ORT
Rechtswissenschaft JUS
rein, unverfälscht PUR
reizlos FAD
Rennschlitten BOB
Rhein-Zufluß aus der Eifel AHR
Rhein-Zufluß in Baden ALB
Rhone-Zufluß AIN
Riesenschlange BOA
Rispengras POA
römischer Sonnengott SOL
Rollkörper RAD
Roman v. Kipling KIM
Rotwild REH
Ruf an Pferde: halt! BRR
Ruf der Befriedigung AHA
Ruf der Nichtachtung BAH
Ruf der Nichtachtung PAH
Ruf der Unbekümmertheit OCH
Ruf des Erstaunens OHO
Ruf des Unwillens OHA
rumän. Donau-Zufluß ALT
rumän. Donau-Zufluß OLT
rumän. Münze BAN
rumän. Währungseinheit LEU
russisch. Djelaja-Zufluß UFA
russisch. Eichhörnchen FEH
russisch. Fluß DON
russisch. Sofna-Zufluß TIM
russisch.: Iltis ILK
russische Stadt bei Kursk TIM
russisch: Welt MIR
Saale-Zufluß ILM
sächl. Artikel DAS
Salzwüste in Ostiran LUT
Samoa-Insel TAU
Satz beim Tennis SET
Saugströmung SOG
Schachtel BOX
Schalterstellung AUS
Schalterstellung EIN
Schalterstellung (engl.) OFF
Schaltkreisplatine PCB
Schanktisch BAR
Schellfischart SEI
Scherz JUX
scheu, feige ZAG
scheues Waldtier REH
Schicksal LOS
Schieferfelsen LEI
Schiffsdecköffnung LUK
Schiffsgeschwindigkeitsmesser LOG
Schiffstyp im Mittelalter KAT
Schiffsvorderteil BUG
schlaff, locker LAX
Schlagkeule BAT
Schlammbank MUD
Schlammstrom in Wildbach MUR
schlangenförmiger Fisch AAL
Schliff, Gewandtheit PLI
schlimm ARG
schmal ENG
schmaler Pelzschal BOA
Schmerzensruf ACH
Schmutz KOT
Schneeschuh SKI
schott. Familiennamenteil MAC
schott. Finanzmann LAW
schott. Fluß DEE
schott. Fluß TAY
schott.-ir.: Sohn MAC
Schreib-Lese-Speicher (EDV) RAM
Schriftsteller Vereinigung PEN
Schrotkugel LOT
Schulterstück bei Rind u. Pferd BUG
Schutz, Pflege HUT
Schutzpatron d. Armen IVO
Schutzpatron d. Musiker LEO
Schutzpatron d. Sänger LEO
Schutzpatron d. Waisen IVO
Schutzpatronin d. Gärtner EVA
schwäbischer Höhenzug ALB
Schwanzlurch OLM
schwed. Autorin, Pädagogin KEY
schwed. Fluß ELF
schwed. Name von Turku ABO
schwed. Webtechnik RYA
schwed.: Tal DAL
schweiz. Flächenmaß ARE

schweiz. Kanton	URI
schweiz. Kanton	ZUG
schweiz. Kantonshauptstadt	ZUG
schweiz. Mediziner	HIS
schweiz.-österr.-dtsch. Fluß	INN
schweiz. Stadt in St. Gallen	WIL
schweiz.: Mitgliederversammlung	BOT
schweiz.: Öhmd	EMD
schwerster Kernkraftunfall	GAU
Schwesterpartei der CDU	CSU
Schwiegersohn Mohammeds	ALI
Schwung, Feuer	PEP
Schwur	EID
SED-Nachfolgepartei	PDS
Seehandelsklausel	CIF
Seehandelsklausel	FOB
Segelschnürtau	GEI
Segelstange	RAA
Segeltau	GEI
Seitenfläche des Schachts	ULM
selten	RAR
seltene Erde	ZER
semit. Buchstabe	JOT
semit. Gott des Glücks	GAD
Senkblei	LOT
serbischer Schriftsteller	DOR
Seufzerruf	OJE
sibirischer Wolga-Zufluß	OKA
sibirische Stadt	OLA
Siedlung	ORT
Signum d. Heiligen Drei Könige	CMB
Singstimme	ALT
Sinnesorgan	OHR
Sittichpapagei	ARA
skandinav. Fluggesellschaft	SAS
skandinavischer Frauenname	SIW
skandinavischer Männername	DAG
skandinavischer Männername	OLE
skandinavisches Mittwinterfest	JUL
slawischer Herrschertitel	ZAR
slawisch f. Ziege	KOS
Sohn v. Jakob	DAN
Sohn v. Jakob	GAD
Sohn v. Noah	HAM
Sonnenland d. griech. Sage	AEA
Sorte	ART
sowjet. Kampfflugzeug	MIG
sowjet. Raumstation	MIR
sowjet. Schachweltmeister	TAL
Spaltwerkzeug	AXT
span. Anfeuerungsruf	OLE
span. Ex-Königin	ENA
span. Fluß	EGA
span. Kinderfrau	AJA
span. Küstenfluß	TER
span. Mehrzahlartikel	LAS
span. Mehrzahlartikel	LOS
span. Nationalheld	CID
span. Stadt am Miño	TUY
span.: Fluß	RIO
span.: Herr (Anrede)	DON
span.: Meeresbuchtenkette	RIA
Spaß, Streich	JUX
Spaß, Unfug	ULK
SPD-Politiker in NRW	RAU
Spezies	ART
Spielfeldgrenze	AUS
Spielkartenfarbe	PIK
Spielkartenfarbe	ROT
Spitzenschlager	HIT
Spitzname Eisenhowers	IKE
Spitzname für den Irländer	PAT
Sportruderboot	GIG
Sporttrophäe	CUP
Sprache im Kongo	TIO
Sprache in Kamerun	ABO
Sprengstoff	TNT
Spruchsammlung	ANA
Stadt am Niger	ABO
Stadt am Tiber	ROM
Stadt an der Etsch	ALA
Stadt auf Föhr	WYK
Stadt bei Arnheim	EDE
Stadt der Elfenbeinküste	MAN
Stadteingang	TOR
Stadt im Bayer. Wald	LAM
Stadt im Vogtland	AUE
Stadt in Hessen	ELM

Stadt in Mali	GAO
Stadt in Mosambik	IBO
Stadt in Neuguinea	LAE
Stadt in Nigeria	IMO
Stadt in Oklahoma/USA	ADA
Stamm auf Tonga	EUA
Stammvater	AHN
Stammvater der nord. Sage	ASK
Starverehrer	FAN
Staubbesen	MOP
Staudenharz	ASA
Sterbeort Casanovas	DUX
Sternbild	ARA
Stifterfigur im Naumburger Dom	UTA
Stoßseufzer	UFF
Strahltriebwerk	JET
Strecke, Laufbahn	WEG
Streckenende im Bergbau	ORT
Studentendiener	FAX
Stundenweiser	UHR
sudanesischer Fluß	JUR
Sudanegerstamm	IBO
Sudanegerstamm	KRU
Sudanvolk	EWE
südafrikan. Volksstamm	YAO
südamerikan. Kuckuck	ANI
südamerikan. Papagei	ARA
südamerikan. Schlange	BOA
südchines. Ureinwohner	YAO
süddtsch. veraltet: unterhalb	NID
süddtsch.: Junge, Knabe	BUB
südfranz. Departement	LOT
südfranz. Fluß zum Löwengolf	TET
südfranz. Kurort	DAX
südfranz. Stadt	NAY
südkorean. Staatspräsident	ROH
Südostasiat	LAO
südostasiat. Landenge	KRA
südostasiat. Sprache	LAO
südostasiat. Thaivolk	LAO
südostasiat. Volk	MEO
südostfranz. Stadt	GAP
südostpoln. Weichsel-Zufluß	SAN
südserbische Stadt	NIS
Südstaaten-Liedgesang	POP
südwestfranz. Fluß	VAR
südwestfranz. Stadt, Kurort	PAU
Südwind am Gardasee	ORA
Sumpfgrund	MUD
Sumpfwiese	LOH
Symbol f. Übersinnliches	PSI
Tanzschritt	PAS
Tapferkeit	MUT
tatsächlicher Bestand	IST
Teil der Woche	TAG
Teil des Dramas	AKT
Tennisschlag	LOB
Terroristenvereinigung	RAF
thailänd. Fluß	NAN
thailänd. Stadt	TAK
Themse-Zufluß	LEA
Thors Gemahlin	SIF
Tiber-Zufluß bei Rom	AJA
Tiefenmesser	LOT
tiefere Frauenstimme	ALT
Tierfutter	ATZ
Tierhöhle	BAU
Tierkreiszeichen (Löwe)	LEO
Tierleiche	AAS
Tierpark	ZOO
Tiroler Passionsspielort	ERL
Tochter v. Kadmos	INO
Tochter von Styx	BIA
Tokios alter Name	EDO
Tonbezeichnung	CES
Tonbezeichnung	CIS
Tonbezeichnung	DES
Tonbezeichnung	DIS
Tonbezeichnung	EIS
Tonbezeichnung	FES
Tonbezeichnung	FIS
Tonbezeichnung	GES
Tonbezeichnung	GIS
Tonbezeichnung	HIS
Tonerde	BOL
Tonga-Insel	EUA
Tongeschlecht	DUR
Träger der Erbanlagen	GEN

Treffer im Fußball	TOR
Trinkstube	BAR
tropische Knollenpflanze	YAM
Trug	ARG
Trug, Lüge	LUG
tschech. Reformator	HUS
türkischer Titel	AGA
türkischer Titel	BEG
türkischer Titel	BEI
türkische Stadt in Ostanatolien	WAN
türkisch: Herr, Aufseher	AHA
Turnübung	RAD
über, auf der Route	VIA
überholt (engl.)	OUT
Überraschungsruf	HUI
Uferstraße	KAI
ukrain. Fluß zum Schwarzen Meer	BUG
ukrain. Stadt	BAR
Ulk	FEZ
umfriedeter Bezirk	HAG
umfriedeter freier Platz	HOF
umgangsspr.: abgelegen	JWD
umgangsspr.: keineswegs	IWO
umgangsspr.: nein	NEE
umgangsspr.: nichts	NIX
umgangsspr.: Zorn	KIB
unabänderlich	FIX
unbearbeitet	ROH
unbemittelt	ARM
unbestimmt	VAG
unbestimmter Artikel	EIN
unbestimmtes Fürwort	MAN
Unerschrokkenheit	MUT
ungar. Markgraf	BAN
ungar. Name v. Eisenburg	VAS
ungar. Schriftsteller	ADY
ungebraucht	NEU
ungekocht, brutal	ROH
Universitätsstadt in Frankr.	AIX
Universum	ALL
Unterstellraum	BOX
unverdünnt, unverfälscht	PUR
unweit	NAH
Urbild, Modell	TYP
Urkanton der Schweiz	URI
US-Bundesfahndungsdienst	FBI
US-Geheimdienst	CIA
US-Gewerkschaft	AFL
US-Gewerkschaftsverband	CIO
US-Militärsender	AFN
veraltet (engl.)	OUT
veraltetes Notrufsignal	CQD
veraltet f. Aufgebot	BOT
veraltet f. flammend	LOH
veraltet f. hier	HIE
veraltet f. Onkel	OHM
veraltet f. wessen	WES
Verdauungsferment	LAB
Vereinte Nationen	UNO
vergnüglicher Unsinn	FEZ
vergnüglicher Unsinn	JUX
vergnüglicher Unsinn	ULK
Verhältniswort	MIT
Verhältniswort	VOR
Verkaufserfolg	HIT
verrückt	IRR
Verschlag	BOX
verstärkende Vorsilbe	ERZ
verwirrt	IRR
Video-System	VHS
Viehfutter	HEU
vietnames. Volk	DAO
Volk in Südbirma	MON
Volk in Togo	TEM
Volk in Vietnam	TAY
Volksstamm im Kongo	FAN
volkstümlich f. Gefängnis	BAU
vollbrachte Handlung	TAT
Vorfahr	AHN
Vorgebirge	KAP
Vorherbestimmung	LOS
Vorhersage, Wink	TIP
Vorname Amins	IDI
Vorname (Bär)	URS
Vorname der Seidel	INA
Vorname der Taylor	LIZ
Vorname des Sängers Jürgens	UDO
Vorname Guevaras	CHE
Vorname von Maupassant	GUY
Vorname von Seeler	UWE
Vorname von Tolstoi	LEO

3

3

Vorort von Lüttich	ANS
Vorschiff	BUG
vorsichtig	ZAG
Vorsilbe	MIT
Vulkan auf Hawaii	KEA
Vulkan auf Hawaii	LOA
Wacholderschnaps	GIN
Wäldchen	HAG
Wagenteil	RAD
wahnsinnig	IRR
Walart	NAR
walis. Severn-Zufluß	WYE
wallendes Wasser	SOD
Wapiti	ELK
Wappentier	LEU
Wappenvogel	AAR
Waräger	RUS
Warenposten	LOT
Warthe-Zufluß	NER
Waschraum	BAD
Wechselannahmevermerk	ACC
weibl. Artikel	DIE
weibl. Geist	FEE
weibl. Rind	KUH
Weichsel-Zufluß	BUG
Weichspeise	MUS
Weihwasserkessel	AMA
Weinboot	AAK
Welternährungsorganis. der UNO	FAO
Weltgeist (griech.)	NUS
Welthilfssprache	IDO
Weltorganisation	UNO
Weltraum	ALL
Welturgrund bei Laotse	TAO
Wendekommando beim Segeln	REE
Weser-Zufluß	ARN
Weser-Zufluß	AUE
westafrikan. Negerstamm	EWE
westafrikan. Sprache	EDO
westafrikan. Sprache	EWE
westafrikan. Sprache	FAN
westafrikan. Sprache	FON
westafrikan. Sprache	FUL
westafrikan. Sprache	IBO
westafrikan. Sprache	KRU
westafrikan. Sprache	KWA
westafrikan. Volk	FON
westafrikan. Volk	GBE
westind. Krähenvogel	ANI
westliche Weltmacht	USA
Wikingerstamm in Rußland	RUS
Windrichtung	OST
Windschattenseite	LEE
Windseite	LUV
Windstoß	BOE
Wink, Hinweis	TIP
Wink, Tip	RAT
Winkel zw. Dach u. Hausmauer	OKE
Wintersportgerät	SKI
wirklich so!	SIC
witziger Einfall	GAG
Wohnsitz der Circe	AIA
Wonnemonat	MAI
württ. Münsterstadt	ULM
württ. Stadt an der Donau	ULM
wund	WEH
Zahlungsweise	BAR
Zeichen, Fleck	MAL
Zeitmesser, Zeitanzeiger	UHR
Zeit von 24 Stunden	TAG
zentralafrikan. Volk	DOR
Zeugnisnote	GUT
Zischlaut	SCH
Zitatensammlung	ANA
Zuckerrohrschnaps	RUM
zu Ende	AUS
zu keiner Zeit	NIE
Zuruf an Pferde: links!	HAR
zwei Aufführende	DUO
zweistell. Zahl	ELF
zweistimmige Musikdarbietung	DUO

Aare-Zufluß	EMME
Aare-Zufluß	SUHR
Abdichtungsmittel	KITT
Abels Bruder	KAIN
Abels Vater	ADAM
Abendgesellschaft	ROUT
Abendkleid, Ballkleid	ROBE
Abfluß, Abwässerkanal	SIEL
Abfluß d. Comer Sees	ADDA
Abfluß d. Ladogasees	NEWA
Abfluß d. Müritzsees	ELDE
Abfluß d. Neuenburger Sees	ZIHL
Abfluß d. Sempacher Sees	SUHR
Abflußloch am Schiff	GATT
Abgabe, Pachtgeld	ZINS
Abgabe, Tribut	ZOLL
abgegrenztes Gebiet	BANN
abgelaichter Hering	IHLE
Abgemähtes	MAHD
abgerundete Bergkuppe	KULM
abgeschlossene Abteilung	FACH
abgeschrägte Kante	FASE
abgespannt	MATT
abgesteckte Linie, Strecke	BAHN
abgesteckte Linie, Strecke	KURS
abgeteilte Gartenfläche	BEET
abgezogene Tierhaut	BALG
Abgott	IDOL
Abgrenzung, Einfriedung	ZAUN
Abk. f. abends	ABDS
Abk. f. Abrüstungsvertrag	SALT
Abk. f. ad majorem Dei gloriam	AMDG
Abk. f. ad usum	ADUS
Abk. f. Allg. Dt. Automobil-Club	ADAC
Abk. f. Allgem. Bürgerl. Gesetzb.	ABGB
Abk. f. allgemein	ALLG
Abk. f. anno ab urbe condita	AAUC
Abk. f. ante Christum	ACHR
Abk. f. Aufgabe	AUFG
Abk. f. Augustinereremiten	OESA
Abk. f. Ausgabe	AUSG
Abk. f. Ausland	AUSL
Abk. f. Badische Anilin- u. Sodafabr.	BASF
Abk. f. Barnabiten-Orden	CRSP
Abk. f. Batterie	BATT
Abk. f. bedingungsweise	BEDW
Abk. f. begraben	BEGR
Abk. f. beifolgend	BEIF
Abk. f. beiliegend	BEIL
Abk. f. Betreff, betrifft	BETR
Abk. f. Bibliographie	BIBI
Abk. f. Bibliographie	BIBL
Abk. f. biologisch	BIOL
Abk. f. brit. Soldatensender	BFBS
Abk. f. britisch	BRIT
Abk. f. brutto	BTTO
Abk. f. Bundesgesetzblatt	BGBL
Abk. f. candidatus	CAND
Abk. f. chemisch	CHEM
Abk. f. chinesisch	CHIN
Abk. f. Christl. Verein Jg. Männer	CVJM
Abk. f. collegi	COLL
Abk. f. composit	COMP
Abk. f. confer	CONF
Abk. f. Corrigenda	CORR
Abk. f. Cotangens	COTG
Abk. f. Digitales Service-Netz	DISN
Abk. f. Dioptrie	DPTR
Abk. f. Diplom	DIPL
Abk. f. Dissertation	DISS
Abk. f. Doktor ehrenhalber	DREH
Abk. f. Dt. Industrie- u. Handelstag	DIHT
Abk. f. Dt. Lebensrettungs-Ges.	DLRG
Abk. f. Dt. Raumfahrtagentur	DARA
Abk. f. Dtsch. Beamtenbund	DBBD
Abk. f. dtsch. Gewerkschaft	OETV
Abk. f. Dutzend	DTZD
Abk. f. e. Kraftfahrzeug	MOFA
Abk. f. Ehrendoktor	DRHC

4

Abk. f. Einwohner	EINW
Abk. f. elektrische Lokomotive	ELOK
Abk. f. englisch	ENGL
Abk. f. Europ. Freihandelszone	EFTA
Abk. f. Europ. Fußball-Verband	UEFA
Abk. f. Europ. Wirtschaftsrat	OECD
Abk. f. Europ. Wirtschaftsrat	OEEC
Abk. f. eventuell	EVTL
Abk. f. Exemplar	EXPL
Abk. f. exklusive	EXKL
Abk. f. expreß	EXPR
Abk. f. factum	FACT
Abk. f. Februar	FEBR
Abk. f. finnisch	FINN
Abk. f. Flugabwehrkanone	FLAK
Abk. f. Fluorkohlenwasserstoff	FCKW
Abk. f. Franc luxembourgeois	FLUX
Abk. f. Freiherr	FRHR
Abk. f. freundlich	FRDL
Abk. f. Fußball-Weltverband	FIFA
Abk. f. Gebrauchsmusterschutz	DBGM
Abk. f. Gebrüder	GEBR
Abk. f. gefälligst	GEFL
Abk. f. gegründet	GEGR
Abk. f. germanisch	GERM
Abk. f. Ges. m. beschr. Haftung	GMBH
Abk. f. gestorben	GEST
Abk. f. Gewerbeordnung	GEWO
Abk. f. Gewichtseinheit	KILO
Abk. f. griech.-orientalisch	GROR
Abk. f. Hauptmann	HPTM
Abk. f. Hauptwort	HPTW
Abk. f. hebräisch	HEBR
Abk. f. Herausgeber	HRSG
Abk. f. herausgegeben	HRSG
Abk. f. Herzogtum	HZGT
Abk. f. hic requiescat in pace	HRIP
Abk. f. High-Fidelity	HIFI
Abk. f. Holzmessungsanweisung	HOMA
Abk. f. imprimatur	IMPR
Abk. f. inclusive	INCL
Abk. f. inklusive	INKL
Abk. f. Inspektor	INSP
Abk. f. Institut	INST
Abk. f. Int. Kom. v. Roten Kreuz	IKRK
Abk. f. Interkontinentalrakete	ICBM
Abk. f. Internat. Luftverk. Verband	IATA
Abk. f. Internat. Schwimmverband	FINA
Abk. f. Kapuzinerorden	OCAP
Abk. f. Kapuzinerorden	OSFC
Abk. f. Kap-Verde-Escudo	KESC
Abk. f. kartoniert	KART
Abk. f. katholisch	KATH
Abk. f. Kilokalorie	KCAL
Abk. f. Kommanditges. a. Aktien	KGAA
Abk. f. Kommission	KOMM
Abk. f. Kompanie	KOMP
Abk. f. Konjunktiv	KONJ
Abk. f. konservativ	KONS
Abk. f. Kubikkilometer	CBKM
Abk. f. lettisch	LETT
Abk. f. lutherisch	LUTH
Abk. f. Mademoiselle	MLLE
Abk. f. magister pharmaciae	MGPH
Abk. f. Manuskript	MSKR
Abk. f. Mathematik	MATH
Abk. f. Mehrwertsteuer	MWST
Abk. f. Mesdames	MMES
Abk. f. Metersekunde	MSEC
Abk. f. Million	MILL
Abk. f. mittellateinisch	MLAT
Abk. f. Mittelstreckenrakete	IRBM
Abk. f. monaural	MONO
Abk. f. Monseigneur	MSGR
Abk. f. Monsignore	MSGR
Abk. f. mythologisch	MYTH
Abk. f. nach Christus	NCHR
Abk. f. Nachfolger	NCHF
Abk. f. Nebenfluß	NBFL
Abk. f. neulateinisch	NLAT
Abk. f. Nordatlantik-Pakt	NATO

Abk. f. Oberleutnant	OBLT
Abk. f. Österr. Rotes Kreuz	OERK
Abk. f. Österr. Volkspartei	OEVP
Abk. f. offiziell	OFFZ
Abk. f. ohne Ort und Jahr	OOUJ
Abk. f. On Her Majesty's Service	OHMS
Abk. f. pädagogisch	PAED
Abk. f. Pappband	PPBD
Abk. f. Parterre	PART
Abk. f. Partie	PART
Abk. f. passim	PASS
Abk. f. persönlich	PERS
Abk. f. philosophiae	PHIL
Abk. f. physikalisch	PHYS
Abk. f. pinxit	PINX
Abk. f. pizzicato	PIZZ
Abk. f. Plural	PLUR
Abk. f. post Christum	PCHR
Abk. f. Post- u. Fernmeldeunion	APTU
Abk. f. primarius	PRIM
Abk. f. Professor	PROF
Abk. f. pro procura	PRPA
Abk. f. protestantisch	PROT
Abk. f. Provinz	PROV
Abk. f. Provision	PROV
Abk. f. Prozent	PROZ
Abk. f. Redemptoristenorden	CSSR
Abk. f. Regiment	REGT
Abk. f. Rehabilitation	REHA
Abk. f. respective	RESP
Abk. f. Rheinland	RHLD
Abk. f. rinforzando	RINF
Abk. f. Rundfunk im amer. Sektor	RIAS
Abk. f. russisch	RUSS
Abk. f. salvo errore et omissione	SEEO
Abk. f. Schwester	SCHW
Abk. f. scilicet	SCIL
Abk. f. September	SEPT
Abk. f. sequentes	SEQQ
Abk. f. Sicherheitspolizei	SIPO
Abk. f. Signatur	SIGN
Abk. f. signiert	SIGN
Abk. f. sine loco et anno	SLEA
Abk. f. Sinfonie	SINF
Abk. f. Singular	SING
Abk. f. slawisch	SLAW
Abk. f. Somali-Shilling	SOSH
Abk. f. sostenuto	SOST
Abk. f. Sozialist. Partei Österr.	SPOE
Abk. f. spanisch	SPAN
Abk. f. Spielvereinigung	SPVG
Abk. f. Strafgesetzbuch	STGB
Abk. f. Strafprozeßordnung	STPO
Abk. f. Straßenverkehrsgesetz	STVG
Abk. f. Straßenverkehrsordnung	STVO
Abk. f. Student	STUD
Abk. f. stündlich	STDL
Abk. f. Stunde	STDE
Abk. f. Stunden	STDN
Abk. f. Stundenkilometer	KMST
Abk. f. Tangens	TANG
Abk. f. Telefax	TFAX
Abk. f. Teletext	TTEX
Abk. f. Totalisator	TOTO
Abk. f. tremolando	TREM
Abk. f. Tremolo	TREM
Abk. f. Tschechoslowakei	CSFR
Abk. f. Turnerwahlspruch	FFFF
Abk. f. über dem Meeresspiegel	UEDM
Abk. f. um Abschied zu nehmen	UAZN
Abk. f. um Antwort wird gebeten	UAWG
Abk. f. und dergleichen	UDGL
Abk. f. und viel anderes mehr	UVAM
Abk. f. United States Air Force	USAF
Abk. f. UNO-General versamml.	UNGA
Abk. f. UNO-Hauptquartier	UNHO
Abk. f. Unserer Lieben Frauen	ULFR
Abk. f. Unteroffizier	UFFZ
Abk. f. unter üblichem Vorbehalt	UUEV
Abk. f. Verband f. Arbeitsstudien	REFA
Abk. f. Verein Dt. Studenten	VDST
Abk. f. verheiratet	VERH

4

4

Abk. f. verte	VERT
Abk. f. Verwaltung	VERW
Abk. f. Verweis	VERW
Abk. f. verwitwet	VERW
Abk. f. Victory Day	VDAY
Abk. f. Volkspolizist	VOPO
Abk. f. vor Christus	VCHR
Abk. f. vormals	VORM
Abk. f. vormittags	VORM
Abk. f. Vorsitzender	VORS
Abk. f. Warenumsatzsteuer	WUST
Abk. f. Washington	WASH
Abk. f. weiland	WEIL
Abk. f. Weltbank	IBRD
Abk. f. Weltsicherheitsrat	UNSC
Abk. f. Wiederholung	WHLG
Abk. f. Zentralafrikan. Markt	CACM
Abk. f. Ziffer	ZIFF
Abk. f. zoologisch	ZOOL
Abk. f. zuzüglich	ZZGL
Abkömmling	KIND
Abkommen	PAKT
Ablagebrett	BORD
Ablaufrohr	DOLE
Ablehnung	NEIN
Abrahams Frau	SARA
Abrechnungszettel	SLIP
Absage	NEIN
Abscheu	EKEL
Abschluß	CODA
Abschnitt im Sport	LAUF
Abschnitt im Sport	SATZ
abschüssig	JAEH
Absicht, Vorhaben	PLAN
Absicht, Zweck	ZIEL
absolutes Verbot	TABU
absterbend	WELK
Abstimmung, Kür	WAHL
Abstufung	GRAD
Abtei in Niederösterreich	MELK
Abtei in Oberfranken	BANZ
Abteilung	PULK
abwert. f. Gedicht	POEM
abzüglich	OHNE
Achsendrehung des Elektrons	SPIN
achter jüdischer Monat	IJAR
Achtung	EHRE
Ackergerät	EGGE
Ackerpferd	GAUL
Ackerrand	RAIN
Ackerunkraut	MOHN
Adelskaste im alten Peru	INKA
Adenocorticotropes Hormon	ACTH
Aderschlag, Herzschlag	PULS
adlig	EDEL
adrett	NETT
Ächtung	ACHT
Ächtung	BANN
ägypt. Baumwolle	MAKO
ägypt. Göttergestalt	TOTH
ägypt. Göttin d. Freude	BAST
ägypt. Göttin der Wahrheit	MAAT
ägypt. Hafenstadt	SUES
ägypt. Hauptgott	PTAH
ägypt. heiliger Stier	APIS
ägypt. heiliger Vogel	IBIS
ägypt. Herrscher	TEJE
ägypt. Himmelsgöttin	ISIS
ägypt. Mondgott	THOT
ägypt. Oase	SIWA
ägypt. Sonnengott	ATON
ägypt. Sonnengott	SCHU
ägypt. Stadt am Nil	IDFU
ägypt. Stadt am Nil	KENE
ägypt. Unabhängigkeitspartei	WAFD
älteste deutsche Steuer	BEDE
ängstlich	BANG
Ärger, Grimm	ZORN
ärmelloser Umhang	CAPE
ärmlich	KARG
Ärztl. Gebührenordnung	ADGO
äthiop. Landschaft, Provinz	BALE
äthiop. Stadt	ADUA
äthiop. Stadt	GOBA
äthiop. Strauchpflanze	KOSO
äthiop. Währungseinheit	BIRR
äthiopides Sudanvolk	NUBA
äußere Einwirkung auf Sinne	REIZ
äußere Gestalt	FORM
afrikan. Baumfrucht	KOLA
afrikan. Bischof (Nobelpreis)	TUTU
afrikan. Graupapagei	JAKO

afrikan. Hauptstadt	LOME
afrikan. Hottentottenstamm	NAMA
afrikan. Lilie	ALOE
afrikan. Nashornvogel	TOKO
afrikan. Pygmäenvolk	KIVU
afrikan. Runddorf	KRAL
afrikan. Sprache	TEDA
afrikan. Stamm, Volk	TIBU
afrikan. Storchenvogel	IBIS
afrikan. Vulkan	FAKO
afroamerikan. Gesangsstil	SCAT
After	ANUS
Agentenfigur	BOND
Aggregatzustand	FEST
akadem. Examensnote	RITE
Akquisition	KAUF
aktiv, betriebsam	REGE
Alant	ORFE
alban. Fluß	DRIN
alban. Staatspräsident	ALIA
albern, närrisch	GECK
alberner Mensch	NARR
Algenart	TANG
Alkaloid	COLA
alkohol. Getränk	BIER
alkohol. Heißgetränk	GROG
alkohol. Mischgetränk	FLIP
Alkvogel	LUND
All, Erde	WELT
alle Filmmitarbeiter	CAST
Allein-, Einzelvortrag	SOLO
allein, ohne Begleitung	SOLO
allerdings	ZWAR
Aller-Zufluß	OKER
alle Stiche im Kartenspiel	VOLE
Allgem. Zoll- u. Handelsabkommen	GATT
Allianz	BUND
Allianz	LIGA
Almhirt, Alpenhirt	SENN
Almosen	GABE
alpenländ.: Bein, Fuß	HAXE
Alpenweide	ALPE
altägypt. Gott der Dürre	SETH
altägypt. Stadt im Nildelta	SAIS
Altarraum	CHOR
altathen. Philosophenschule	STOA
altchines. Gewicht	TAEL
altdän. König	GORM
altdtsch. Längenmaß	ELLE
altdtsch. Längenmaß	FUSS
alte Einheit des Luftdrucks	TORR
alte Erzählung	MAER
alte Erzählung	SAGE
alte Form v. jetzt	ITZO
alte Hauptstadt Japans	NARA
alte Kirchenstrafe	BANN
alte pers. Münze	KRAN
alter Name für Jerusalem	ZION
alter Name Thailands	SIAM
Alternative	WAHL
altes Ackermaß, Feldmaß	HUFE
altes Apothekergewicht	GRAN
alte Scheidemünze	GROT
alte Schriftsprache auf Jawa	KAWI
altes Edelsteingewicht	GRAN
altes Feldmaß	JOCH
altes Feldmaß	JUTE
altes Flüssigkeitsmaß	POTT
altes Getreidemaß	IMMI
altes indian. Kulturvolk	MAYA
altes Längen-, Feldmaß	RUTE
altes Längenmaß	PALM
altes Längenmaß	ZOLL
altes Luftdruckmaß	TORR
alte Spießwaffe	PIKE
altes Stückmaß für Fische	WALL
altfinn. Gewittergott	UKKO
altfranz. Liebeslied	ALBA
altgerman. Blasinstrument	LURE
altgerman. Erbbesitz	ODAL
altgerman. Göttin	ASIN
altgerman. Göttin	LAGA
altgerman. Göttin d. Nacht	NOTT
altgerman. Gott, Donar	THOR
altgerman. Gottheit	WANE
altgerman. Wanderdichter	SKOP
altgerman. Wassergeist	NECK
altgerman. Wassergeist	NIXE
altgriech. Gewicht	MINE
altgriech. Göttervater	ZEUS

altgriech. Göttin LETO
altgriech. Held AJAX
altgriech. Mädchenfigur KORE
altgriech. Wettkampf AGON
altiberische Münze REAL
altind. Göttin MAJA
altind. Sagenheld RAMA
altirischer Gott DONN
altisländ. Dichtung SAGA
altmexikan. Volk MAJA
altniederländ. Kupfermünze DEUT
altniederländ. Münze DUIT
altnordische Dichtung EDDA
altnordische Dichtung SAGA
altnordischer Gott des Donners THOR
altnordischer Riese SURT
altnordischer Wassergeist MIMI
altnordische Seejungfrau NIXE
altnordische Wahrsagerin WALA
altröm. Denker, Dichter OVID
altröm. Göttin d. Hoffnung SPES
altröm. Kalendertage IDEN
altröm. Kriegsgott MARS
altröm. Mondgöttin LUNA
altröm. Naturgöttin MAJA
altröm. Schriftsteller CATO
altröm. Staatsmann CATO
Altschnee FIRN
altschott. Adelstitel THAN
altsemitische Gottheit BAAL
altweiberhaft ANIL
Aluminium-Eisen-Verbindung ALIT
am After ANAL
Amateur LAIE
Amazonas-Zufluß PARU
amerikan. Ackerbaubetrieb FARM
amerikan. Admiral, Polarforscher PERY
amerikan. Anthropologin MEAD
amerikan. Astronaut BEAN
amerikan. Astronaut DUKE
amerikan. Astronom HALE
amerikan. Astronom (Marsmonde) HALL
amerikan. Autofabrikant FORD
amerikan. Autorin (Nobelpreis) BUCK
amerikan. Ballerina, Choreographin PAGE
amerikan. Biologe (Nobelpreis) WALD
amerikan. Chemiker (Nobelpreis) CRAM
amerikan. Chemiker (Nobelpreis) UREY
amerikan. Choreograph REED
amerikan. Country-Sänger CASH
amerikan. Filmkomiker HOPE
amerikan. Filmkomiker KAYE
amerikan. Filmregisseur FORD
amerikan. Filmregisseur KING
amerikan. Filmregisseur WOOD
amerikan. Filmschauspieler DEAN
amerikan. Filmschauspieler LADD
amerikan. Filmschauspieler PECK
amerikan. Filmschauspielerin PAGE
amerikan. Frauenname BESS
amerikan. Geländewagen JEEP
amerikan. General und Politiker CLAY
amerikan. hasenartiges Tier MARA
amerikan. Hilfsorganisation CARE
amerikan. Inselstaat KUBA
amerikan. Jazzgitarrist HALL
amerikan. Jazzklarinettist SHAW
amerikan. Jazzkomponist, -musiker TATE
amerikan. Jazzkomponist, -pianist COLE
amerikan. Jazzmusiker PAGE
amerikan. Jazzmusiker (Saxophon) MANN
amerikan. Jazzpianist MONK
amerikan. Jazzsänger ODAY
amerikan. Jazzsängerin KITT
amerikan. Jazz-Saxophonist GETZ
amerikan. Jazzsaxophonist SIMS
amerikan. Jazzschlagzeuger RICH

amerikan. Jazzschlagzeuger	WEBB
amerikan. Komponist	CAGE
amerikan. Komponist	IVES
amerikan. Männername	BILL
amerikan. Männername	HUGH
amerikan. Mediziner (Nobelpreis)	CORI
amerikan. Mediziner (Nobelpreis)	ROUS
amerikan. Modetanz	SLOP
amerikan. Münze	CENT
amerikan. Musicalkomponist	KERN
amerikan. Musikgattung	JAZZ
amerikan. Musikgattung	ROCK
amerikan. Negergeistlich. (Nobelpr.)	KING
amerikan. Oratoriensängerin	WEST
amerikan. Physiker (Nobelpreis)	LAMB
amerikan. Physiker (Nobelpreis)	RABI
amerikan. Polarforscher	BYRD
amerikan. Polarforscher	COOK
amerikan. Politiker (Nobelpreis)	HULL
amerikan. Politiker (Nobelpreis)	ROOT
amerikan. Popmusik-Solistin	BAEZ
amerikan. Popsängerin	RUSH
amerikan. Präsident	FORD
amerikan. Präsident	POLK
amerikan. Präsident	TAFT
amerikan. Reggaemusiker	TOSH
amerikan. Regisseur	SIRK
amerikan. Revolver	COLT
amerikan. Sängerin, Schauspielerin	CHER
amerikan. Schauspielerin	WOOD
amerikan. Scheidungsparadies	RENO
amerikan. Silberlöwe	PUMA
amerikan. Sopranistin	DAVY
amerikan. Theologe (Nobelpreis)	MOTT
amerikan. Zustimmung	OKAY
amerikan.: in Ordnung	OKAY
amerikan. 10-Cent-Münze	DIME
Amtstracht, Talar	ROBE
Amur-Zufluß	SEJA
andalusische Provinz	JAEN
Andenkamel	LAMA
Andenpflanze	KOKA
Anden-Stadt in Ecuador	LOJA
an der Spitze	OBEN
an der Spitze, obenan	VORN
Anderthalbmaster	YAWL
andeutungsweise	VAGE
an diesem Ort	HIER
Anerkennung	DANK
anfeuernder Zuruf	HOPP
Anführer	BOSS
Angaben	DATA
Angeh. d. engl. Hochadels	PEER
Angeh. d. franz. Hochadels	PAIR
Angeh. e. balt. Volksstammes	LIVE
Angeh. e. ind. Glaubensgemeinsch.	SIKH
Angeh. e. ostiran. Volksstammes	LURE
Angeh. eines slaw. Volkes	POLE
angekeimtes Getreide	MALZ
Angelgerte	RUTE
angetriebenes Schiff	FECK
angloamerikan. Frauenname	JANE
angloamerikan. Frauenname	JEAN
angloamerikan. Frauenname	JOAN
angloamerikan. Frauenname	KATE
angloamerikan. Frauenname	LUCY
angloamerikan. Frauenname	MARY
angloamerikan. Frauenname	MAUD
angloamerikan. Längenmaß	FOOT
angloamerikan. Längenmaß	INCH
angloamerikan. Männername	JACK
angloamerikan. Männername	JOHN
angolanisches Volk	AMBO
Anhänger einer Weltreligion	JUDE
anhänglich	TREU

Anhäufung, Ansammlung	PULK
Anhöhe	BERG
an jener Stelle	DORT
Anker-Greifspitze	FLUH
Ankerplatz	MOLE
Ankertonne	BOJE
Anklagezustand	REAT
Ankündigung	AVIS
Anlage f. Schiffsreparaturen	DOCK
Anleihe	BORG
Anmut, Verlokkung	REIZ
anmutig	HOLD
Anruf	HEDA
Ansprache, Vortrag	REDE
Anstecknadel	CLIP
Anstreichmaterial	LACK
Anteil	PART
Anteilpapier	BOND
antiker Wettkampf	AGON
antikes Reich am Tigris	ELAM
antikes Reich in Arabien	SABA
antikes Saiteninstrument	LYRA
antike Stadt in Kleinasien	KYME
Antilleninsel	KUBA
Apfelkerngehäuse	BUTZ
Apfelwein	MOST
Aphrodite-Priesterin	HERO
Apothekergewicht	UNZE
Appetit	LUST
arab. Fruchtsaftarznei	ROOB
arab. Fürstentitel	EMIR
arab. Hafenstadt	ADEN
arab. Hauptstadt	RIAD
arab. Hauptstadt	SANA
arab. Krummschwert	SEIF
arab. Landschaft	ASIR
arab. Ortsrichter	KAID
arab. Scheichtum	OMAN
arab. Segelschiff	DHAU
arab. Staat	IRAK
arab. Stamm	ASRA
arab. Statthalter	WALI
arab. Tänzerin	ALME
arab. Zeltdorf	DUAR
arab.: Herr	SIDI
arab.: Meer, Fluß	BAHR
arab.: Schenk	SAKI
aramäisch: Gott, Vater	ABBA
Arbeitgeber	BOSS
arbeitsscheu	FAUL
Arbeitssklave	KULI
archit.: Hohlkehle	KYMA
argentin. Feldmaß	AREA
argentin. Pampashase	MARA
arglos	NAIV
Argonautenschiff	ARGO
Aristokratie	ADEL
arktische Schneehütte	IGLU
Armbrustgeschoß	BOLZ
armenischer Fluß	ARAS
armenischer Fluß	KURA
armenische Stadt	KARS
armselige Ortschaft	KAFF
armseliger Raum	BUDE
armseliges Haus	KATE
Arno-Zufluß	ELSA
Arno-Zufluß	PESA
Aronstab	ARUM
Arrest	HAFT
artig	LIEB
artig	NETT
artig, tüchtig	BRAV
Arzneipflanze, Gewürzstrauch	YSOP
As beim dtsch. Kartenspiel	DAUS
asiat. Fürstentitel	CHAN
asiat. Herrschertitel	KHAN
asiat. Hirschart	SIKA
asiat. Lastträger	KULI
asiat. Tagelöhner	KULI
asiat. Wildrind	GAUR
asketische Meditation	JOGA
assyr. Gottheit	NABU
assyr. Gottheit	NEBU
Aster-Art	BUBO
Astrologe Wallensteins	SENI
Atmosphären-Überdruck	ATUE
auf den After bezüglich	ANAL
Aufgeld	AGIO
Aufgeld	BETE
aufgespulter Garnkörper	KOPS
aufgeweckt, munter	WACH
aufgeweichter Lehmboden	MOTT
Aufmerksamkeit	ACHT

Aufriß, Konzept	PLAN
Aufschüttung	DAMM
Aufseher, Hüter	WART
Aufseher, Vermittler	BAAS
Aufseher, Verwalter	VOGT
aufsichtführender Häftling	KAPO
aufwärts	HOCH
Aufwartung	COUR
Aufzug	LIFT
augenblickl. Zustand	LAGE
Augenkrankheit	STAR
Augsburger Baumeister	HOLL
ausbrechender Ärger	ZORN
ausdauernd, beharrlich	ZAEH
Ausdehnung, Gebiet	RAUM
Ausdrucksform	STIL
Auseinandersetzung	ZANK
Ausflug	TRIP
Ausflug, Wanderung	TOUR
Ausflug zu Pferd	RITT
ausgedehnt	LANG
ausgedehnt, breit	WEIT
ausgeglichen	WETT
ausgehöhlt	HOHL
ausgelassen, unbändig	TOLL
ausgerechnet	JUST
ausgestopfter Puppenleib	BALG
ausgestorbene Taubenart	DODO
Ausklang	CODA
Ausrüstung	ZEUG
Ausruf	OWEH
Ausruf der Erheiterung	HAHA
Ausruf des Erstaunens	NANU
Ausruf des Erstaunens	POTZ
Ausruf des Protestes	HOHO
Ausschank	ZAPF
Ausscheidung der Nadelhölzer	HARZ
Außenbegrenzung	RAND
Außenbegrenzung	ZAUN
Ausspruch	WORT
Ausstattungsstück	SHOW
Ausstellungsstand	KOJE
Ausstrahlung	AURA
austral. Beutelfuchs	KUSU
austral. Fluß	LORA
austro-asiat. Sprache	SORA
Auswaschung	KOLK
Ausweispapier	PASS
authentisch	ECHT
Autoluftreifen	PNEU
Autor des »Felix Krull«	MANN
Autorin von: »Die gute Erde«	BUCK
Autor von »Ariane«	ANET
Autor von »Arzt am Scheideweg«	SHAW
Autor von »Candida«	SHAW
Autor von »Das Konzert«	BAHR
Autor von »Der lachende Diplomat«	VARE
Autor von »Der Untertan«	MANN
Autor von »Der Zauberberg«	MANN
Autor von »Die Budden brooks«	MANN
Autor von »Ein Kampf um Rom«	DAHN
Autor von »Germinal«	ZOLA
Autor von »Helden«	SHAW
Autor von »Nana«	ZOLA
Autor von »Professor Unrat«	MANN
Autor von »Pygmalion«	SHAW
Axt	BEIL
Azoreninsel	PICO
Babykost	BREI
babylon. Gott, Sohn Marduks	NABU
babylon. Gottheit	BAAL
babylon. Wettergott	ADAD
Babyserviette	LATZ
Backgewürz	ANIS
Backmasse, Knetmasse	TEIG
Backtreibmittel	HEFE
Backwerk	BROT
badischer Rhein-Zufluß	MURG
badische Stadt am Schwarzwald	LAHR
badische Stadt an der Schutter	LAHR
Bärenwurz	DILL
Ballen	PACK
Ballspiel zu Pferde	POLO
Balte	ESTE
baltische Hauptstadt	RIGA
Bamberger Scholastiker	EZZO
Bananenpflanze	MUSA
bandartiger Wandvorsprung	SIMS
Bankrott, Pleite	RUIN
Bankschließfach	SAFE
Bann	ACHT

Bantu-Sprache	FANG
Bantustamm	AMBO
Bantuvolk	LOZI
Bantuvolk	SENA
Bantuvolk in Ostafrika	HUTU
Bantuvolk in Zaire	LUBA
Bargeld	CASH
bargeldloser Zahlungsverkehr	GIRO
Barrenstange	HOLM
barsch, derb	RAUH
Bastfaser	JUTE
Bauart, Manier	STIL
Bauchfellumstülpung	NETZ
bauchiges Gefäß	KRUG
Baumaschine	KRAN
Baumfrucht	NUSS
baumreiches Gebiet	WALD
Baumschmuck	LAUB
Baumwollgewebe	MAKO
Bauwerk	HAUS
bayer. Barockkünstler	ASAM
bayer. Donau-Zufluß	ISAR
bayer. Donau-Zufluß	LECH
bayer. Donau-Zufluß	NAAB
bayer. Donau-Zufluß	PAAR
bayer. Donau-Zufluß	RISS
bayer. Donau-Zufluß	VILS
bayer. Inn-Zufluß	ISEN
bayer. Inn-Zufluß	ROTT
bayer. Kabarettist	POLT
bayer. Kurort am Lech	RAIN
bayer.-österr.: Gletscher	KEES
bayer.-österr.: Hefe	GERM
bayer. Porzellanstadt	SELB
bayer. Stadt am Fichtelgebirge	SELB
bayer. Stadt am Regen	CHAM
bayer. Stadt an der Pegnitz	LAUF
bayer. Wallfahrtskirche	WIES
bayer.: Felskopf	NOCK
bayer.: Rettich	RADI
bedeckter Abzugsgraben	DOLE
Bedeutung, Gehalt	WERT
Bedeutung, geistiger Wert	SINN
Befestigung, Bollwerk	WEHR
Befestigungsdamm	WALL
Befestigungsmittel	BAND
Beförderungsmittel	BAHN
befruchtete Eizelle	KEIM
Begeisterung	ELAN
Begierde	LUST
Beginn e. härteren Gesteinsschicht	GEMS
Begleiter von Dionysos	FAUN
Begräbnisstätte	GRAB
begrenztes franz. Weinbaugebiet	CLOS
Begrenzung	RAND
Begrenzung, Kante	SAUM
Begrüßungsform	KUSS
behaarte Tierhaut	FELL
Behälter für Paste	TUBE
behende	AGIL
behutsam, liebevoll	ZART
bei Bewußtsein	WACH
Beigeschmack	GOUT
beinahe	FAST
Beiname der ind. Göttin Durga	KALI
Bein des Wildes	LAUF
Beingelenk	KNIE
Beinkleid	HOSE
beinloser Schlüpfer	SLIP
Beinteil	FUSS
Beinteil	WADE
Bein v. Hund u. Haarwild	LAUF
Beirat, Führungseinheit	STAB
beißend, scharf gewürzt	RASS
beißender Spott	HOHN
Beißverletzung	BISS
Beißwerkzeug	ZAHN
Beistand, Adjutant	AIDE
Bekleidungsstück	ROCK
beleibt	DICK
belg. Chansonsänger	BREL
belg. Hafenstadt an der Schelde	GENT
belg. Maler, Grafiker	ROPS
belg. Pater (Nobelpreis)	PIRE
belg. Stadt an der Nethe	LIER
belg. Stadt im Hennegau	MONS
Benachrichtigung	AVIS
Benennung	NAME
Berber-Baumwollüberwurf	HAIK
bereit	KLAR
bereitwillig	GERN

Berg bei Innsbruck	ISEL
Berg bei Luzern	RIGI
Bergerbse	ERVE
Bergerbse	ORBE
Berg im Ostjordanland	NEBO
Berg in Kasachstan	MUJA
Bergkamm	GRAT
Bergkiefern-Art	ARVE
Bergkloster in Bulgarien	RILA
Bergkristallart	PRAS
Bergkuppe	KOLM
bergmänn. Waschraum	KAUE
Bergsattel	JOCH
Bergungsschlitten	AKIA
Bergvolk in Assam	NAGA
Bergvolk in Westchina	LOLO
Bergvolk in Westchina	MIAO
Bergweg	PFAD
Bergwerksanlage	GANG
Bergwerksanlage	MINE
Bergwiese	ALPE
Berliner Wappentier	BAER
berühmter Diamant	HOPE
berühmte Sängerin	DIVA
berühmte Schauspielerin	DIVA
Berühmtheit	STAR
Berührungsverbot	TABU
Beruf im Gesundheitswesen	ARZT
Besan-Talje	DIRK
beschlagen	FIRM
Beschriftung	TEXT
Beschützerin der Künste	MUSE
Beschwerde, Last	ONUS
besiegt (im Spiel)	BETE
Besitz	HABE
besitzanzeigendes Fürwort	DEIN
besitzanzeigendes Fürwort	EUER
besitzanzeigendes Fürwort	MEIN
besitzanzeigendes Fürwort	SEIN
Besitztum	HABE
besonders, erheblich	SEHR
Bestandteil d. Erdatmosphäre	LUFT
Bestandteil d. Erdatmosphäre	NEON
Bestandteil d. Erdatmosphäre	OZON
bestimmtes Aussehen (Mode)	LOOK
Besucher	GAST
Betonungszeichen	AKUT
beträchtlich	SEHR
beträchtlich	VIEL
Bettverschlag	KOJE
Beute	FANG
Beute, Diebesgut	SORE
Beute, Diebstahl	RAUB
Beutezug, Streifzug	RAID
Bevölkerung	VOLK
Bewährungsversuch	TEST
beweglich	AGIL
Bewegungsart	GANG
Bewegungsart	LAUF
bewegungsgehemmt	LAHM
Bewertung	NOTE
Bewohner ferner Länder	EXOT
Bezahlung	LOHN
bibl. Brudermörder	KAIN
biblische Gestalt	ONAN
biblische Landschaft	MOAB
biblische Moabiterin	RUTH
biblischer Dulder	HIOB
biblischer Götze	BAAL
biblischer König	AHAB
biblischer König	AMON
biblischer Leseabschnitt	VERS
biblischer Monatsname	ELUL
biblischer Monatsname	IJAR
biblischer Ort	SILO
biblischer Prophet	AMOS
biblischer Prophet	ESRA
biblischer Prophet	JOEL
biblischer Prophet	JONA
biblischer Riese	ENAK
biblischer Stammvater	ADAM
biblischer Stammvater	ENAK
biblischer Stammvater	NOAH
biblisches Gewicht	MINE
biblisches Hohlmaß	EPHA
biblisches Land	EDOM
biblische Stadt	DORA
biblische Stadt	NAIN
biblische Stadt in Galiläa	KANA
Biene	IMME

4

Bienenbank mit Schutzdach	LAGD
Bienenwachszelle	WABE
Biergefäß	MASS
Bierrettich	RADI
Biersorte	PILS
Bierzutat	MALZ
Bindegewebe	TELA
Bindewort	AUCH
Binnendüne	DONN
Birkenlaubschmuck	MAIE
birman. Stadt	PEGU
birman. Währungseinheit	KYAT
birman. Zwergvolk	CHIN
bitter	HERB
Blätterwerk	LAUB
blanko	LEER
Blasinstrument	HORN
Blasinstrument	ZINK
blaß, graugelb	FAHL
blaßgelb	FALB
blaßrot	ROSA
blaßroter Wein	ROSE
Blattgemüse	KOHL
blaue Farbe	AZUR
blauer Fleck	MOSE
Blechbehälter	DOSE
Blechblasinstrument	HORN
Blechblasinstrument	TUBA
Bleibe	ASYL
Bleistifteinlage	MINE
Blendwerk, Schein	TRUG
Bleßhuhn	ZAPP
Blicke (Fisch)	ZUPE
blütenlose Pflanze	MOOS
Blütenpracht	FLOR
Blütezeit	FLOR
Blumen-, Ziergefäß	VASE
Blumenfülle	FLOR
Blutader	VENE
Blutgefäß	ADER
blutsaugendes Tier	EGEL
blutsaugendes Tier	FLOH
Bluttat	MORD
bocksfüßiger Waldgeist	FAUN
Boden, Bodenart	LEHM
Bodenerhebung	BERG
Bodennahrung	MIST
Bodenschatz	GOLD
böhm. Elbe-Zufluß	EGER
böhm. Stadt	ASCH
böhm. Stadt	TAUS
böhm. Stadt an der Eger	LAUN
böhm. Stadt an der Eger	SAAZ
Börsenpreis	KURS
Böschung	HANG
böse, grollend	GRAM
böses Weib	HEXE
Bohrung, Vertiefung	LOCH
Bohrwinde	DRAU
Bootsanlegestelle	STEG
Bootsteil, -zubehör	MAST
Borg, Geldaufnahme	PUMP
Borstenhaar	SETA
Borstenwurm	PIER
Boß	CHEF
botan.: Fruchtknoten	OVAR
botanische Anlage	PARK
Bottich	FASS
Bottich	KUFE
Boutique, Laden	SHOP
Brachse	BLEI
Brachse	ZOPE
brasilian. Fluß	ACRE
brasilian. Fußballer	PELE
brasilian. Indianersprache	TUPI
brasilian. Indianerstamm	PANO
brasilian. Kautschuksorte	PARA
brasilian. romant. Dichter	DIAS
Brasse	BLEI
Bratensaft	FOND
Braubottich	KUFE
Brauch, Brauchtum	MODE
Braugerste	MALZ
Brechstange	LUDE
Brei, Kleister	PAPP
Brennkegel d. japan. Heilkunst	MOXA
Brennstoff, -material	KOKS
Brennstoffbehälter	TANK
Bretterbelag d. Bootsbodens	LANE
Bretterhütte	BUDE
Brettspiel	DAME
Brettspiel	PUFF
Brettspiel	RAVA
Brillenfutteral	ETUI
Brillenschlange	NAJA
Brise, Luftströmung	WIND
britisch. Sagenkönig	LEAR
Brötchen	WECK
Brokat, Tuchgewebe	DRAP
Bronzeposaune	LURE
Brotform	KIPF
Brotform	LAIB
Brotgetreide	KORN
Bruch, schadhafte Stelle	RISS

Bruchzucker	PILO
Bruder v. Abel u. Kain	SETH
Bruder v. Seth	ABEL
Bruder v. Wieland	EGIL
Brückenbogen	JOCH
brüsk	JAEH
Brunft des Raubwilds	RANZ
Brustriemen am Pferdegeschirr	SILL
Buch d. Alten Testaments	AMOS
Buch d. Alten Testaments	ESRA
Buch d. Alten Testaments	HIOB
Buch d. Alten Testaments	JOEL
Buch d. Alten Testaments	JONA
Buch d. Alten Testaments	RUTH
Buchmacherkurse	ODDS
Buckelrind	ZEBU
buddhist. Grabmal	TOPE
buddhist. heilige Sprache	PALI
buddhist. Schrein	MIYA
Bücherbrett	BORD
Büchse	DOSE
Bühnenberühmtheit	STAR
Bühnenrolle	PART
Bühnenstück v. Sophokles	AJAX
Bühnenstück v. Wedekind	LULU
Bündel	PACK
Bündnis	LIGA
Bündnis	PAKT
Bürde	LAST
Bug-Zufluß	RATA
bulgar. Stadt	RUSE
Bund	LIGA
Bundesbehörde	POST
buntes Unterhaltungsprogramm	SHOW
Buntsandstein	ROET
Burg am Rhein	KATZ
Burg am Rhein	MAUS
Burg an d. Mosel	ELTZ
Burg an der Lahn	DIEZ
Burgunderwein	RULY
burgundische Stadt am Doubs	DOLE
Bursche	KERL
burschikos	KESS
Bußbereitschaft, Gewissensbiß	REUE
Butter	ANKE
Butterfaß	KARN
Butterfaß	KIRN
Buttertunke	ROUX
Calvins Nachfolger	BEZA
Campingunterkunft	ZELT
Chalzedon-Abart	ONYX
Chanson	LIED
Chanson, Liedform	SONG
Chef	BOSS
chem. Element, Edelgas	NEON
chem. Element, Edelmetall	GOLD
chem. Element, Halogen	BROM
chem. Element, Metall	URAN
chem. Element, Metall	ZINK
chem. Element, Metall	ZINN
chem. Kampfstoff	LOST
chem. Verbindung	AMID
chem. Verbindung	ZYAN
chilen. Fluß	LEBU
chilen. Hafenstadt	LEBU
chilen. Hafenstadt	TOME
chilen. Währungseinheit	PESO
chin.-am. Physiker (Nobelpreis)	YANG
chines. Dichter (8. Jh.)	TUFU
chines. Dynastie	CHOU
chines. Dynastie	MING
chines. Dynastie	SUNG
chines. Dynastie	TANG
chines. Gewicht, alte Münze	CASH
chines. Grenzfluß	AMUR
chines. Hafenstadt	AMOY
chines. Hafenstadt	WUSI
chines. Laute	PIPA
chines. Münze	JIAO
chines. Politiker, Staatsmann	DENG
chines. Schlaginstrument	KING
chines. Stadt am Jangtsekiang	WUHU
chines. Volk	LIMU
chines. Währungseinheit	YUAN
chlorophyllfreie Pflanze	PILZ
Chorhemd	ALBA
Chorhemd	ALBE
Chorschrankenpult	AMBO
Cocktail	FIZZ
Cocktail	FLIP
Cocktail	SOUR
Coda in d. Musik	ENDE
Comic-Figur (Donald)	DUCK
Computer-Bauteil	CHIP
Computer-Erfinder	ZUSE

4

4

Computer mittl. Leistung	MINI
Computersprache	LISP
Computersprache	WORD
crepeähnl. Seidengewebe	FLOR
CSU-Politiker (Landwirtsch.)	ERTL
da	DORT
da	HIER
da, während	WEIL
Dachfenster	LUKE
Dachsparren	OKEL
dän. Atomphysiker	BOHR
dän. Dramatiker	MUNK
dän. Herrschername	ERIK
dän. Herrschername	KNUT
dän. Herrschername	SVEN
dän. Insel im Limfjord	MORS
dän. Komponist	GADE
dän. Münze	OERE
dän. Ostsee-Insel	MOEN
dän. Physiker (Nobelpreis)	BOHR
dän. Politiker (Ministerpräsid.)	KRAG
dän. Stadt in Jütland	RIBE
dän.: Haff	NOOR
dagegen	ANTI
dalmatin. Adria-Insel	OLIB
dalmatin. Fallwind	BORA
dalmatin. Hafenstadt	OMIS
dalmatin. Hafenstadt	SENJ
dalmatin. Insel	BRAC
dalmatin. Insel	BRAC
dalmatin. Insel	CRES
dalmatin. Insel	HVAR
dalmatin. Insel	HVAR
dalmatin. Insel	OLIB
Damenfrisur	PONY
Damm, Bollwerk	WALL
Dammsicherung	WUHR
Dandy	BEAU
Dandy	GECK
Dandy, Geck	SNOB
Dargebrachtes	GABE
Darsteller	MIME
Darstellung	BILD
Darstellungsweise	STIL
dasselbe	DITO
Dauergebäck	KEKS
Davids Feldherr	URIA
Davidshirsch	MILU
Davids Vater	ISAI
Deckelbehälter, -gefäß	TOPF
deftig	DERB
Dekor, Ausschmükkung	ZIER
demnächst	BALD
Denkspiel, Fragespiel	QUIZ
Denkspruch, Albumspruch	POSY
den Mund betreffend	ORAL
Departement in Kolumbien	META
derb	GROB
Derma	HAUT
Derwischhütte	DALK
desgleichen	DITO
desgleichen	ITEM
deshalb	DRUM
Destillationsprodukt	TEER
Detail, Bruchstück	TEIL
Deutschordensmeister	BALK
Diamantenschleifpulver	BORT
Dichter	POET
dichterisch: Atem	ODEM
dichterisch: bekannt	KUND
dichterisch: Brunnen, Quelle	BORN
dichterisch: edel	HEHR
dichterisch: Frühling	LENZ
dichterisch: Gedicht	POEM
dichterisch: Geruch	RUCH
dichterisch: Gesang	SANG
dichterisch: Hafen, Ruheort	PORT
dichterisch: hübsch	HOLD
dichterisch: Mädchen	MAID
dichterisch: Monat	MOND
dichterisch: Pferd	ROSS
dichterisch: Schutz	HORT
dichterisch: Waffe	WEHR
dichterisch: Wald	HAIN
dichterisch: Wald	TANN
dichterisch: Wasser	NASS
Dichtungsmaterial, -mittel	PECH
dicker Saft	SEIM
dickflüssig	ZAEH
dickköpfig, halsstarrig	STUR
die da	JENE
Diele	FLUR
Dienerin	MAGD

Dienerin, Kammermädchen	ZOFE
Dienstgrad	RANG
Dienstleistungsbetrieb	BAHN
Digitales Fernmeldenetz	ISDN
Dilettant	LAIE
dinglich, sachlich	REAL
diplomatisches Schriftstück	NOTE
direkt gesendet	LIVE
Diwan, breite Liege	SOFA
Dnjepr-Zufluß	DRUT
Dnjepr-Zufluß	OREL
Dnjepr-Zufluß	SULA
dörfliche Gegend	LAND
Dolch	DIRK
Doldenblüter (Gewürz)	ANIS
Doldengewächs	MERK
Domizil	HEIM
Donau-Quellfluß	BREG
Donau-Zufluß	AACH
Donau-Zufluß	AIST
Donau-Zufluß	DRAU
Donau-Zufluß	EGAU
Donau-Zufluß aus Vorarlberg	LECH
Doppelnummer	AMBE
Doppelstück	PAAR
Doppeltreffer beim Lotto	AMBE
Dordogne-Zufluß	ISLE
Dorfmark	FLUR
Dorfschenke	KRUG
Dosis	GABE
Dossier	AKTE
drahtlose Telegrafie	FUNK
Drall des Elementarteilchens	SPIN
Drama v. Ibsen	NORA
Drama v. Sudermann	EHRE
Drau-Zufluß	ACHE
Drau-Zufluß	GAIL
Drau-Zufluß	GLAN
Drau-Zufluß	GURK
drawid. Sprache	GOND
drawid. Sprache	TODA
drawid. Sprache	TULU
dreieckige Dachfläche	WALM
Dreiergruppe (musik.)	TRIO
Dreimaster d. Mittelmeers	PINK
dreimastiges Segelschiff	BARK
dreist, schneidig	KESS
Dreitonstufe	TERZ
dreiwertiger Sauerstoff	OZON
Drina-Quellfluß	TARA
Drina-Zufluß	PIVA
dringlich	AKUT
dritte Stufe der Tonleiter	TERZ
Drogenbenutzer	USER
Dronte (Vogel)	DODO
Druckerzeugnis	BUCH
Druckform	SATZ
Drude	HEXE
dtsch. abstrakter Maler	WOLS
dtsch. Admiral im 1. Weltkrieg	SPEE
dtsch. Afrikaforscher	LENZ
dtsch. Anrede	HERR
dtsch. Architekt	TAUT
dtsch. Arzt, Chirurg	BIER
dtsch. Arzt u. Schriftsteller	BENN
dtsch. Astronom	WOLF
dtsch. Atomforscher	BORN
dtsch. Atomforscher	HAHN
dtsch. Automarke	AUDI
dtsch. Autor, Hörspiele	EICH
dtsch. Autor, Theaterkritiker	KERR
dtsch. Autoren-Brüderpaar	MANN
dtsch. Autor (Nobelpreis)	MANN
dtsch. Bakteriologe (Nobelpr.)	KOCH
dtsch. Bandleader	KUHN
dtsch. Bandleader	LAST
dtsch. Barockdichter	DACH
dtsch. Barock-Komponist	BACH
dtsch. Baßbariton	ADAM
dtsch. Blödelbarde	OTTO
dtsch. Botaniker	BAUR
dtsch. Bundeskanzler	KOHL
dtsch. Chemiekonzern	BASF
dtsch. Chemiker	CARO
dtsch. Chemiker (Nobelpreis)	HAHN
dtsch. Chemiker (Nobelpreis)	KUHN
dtsch. Computererfinder	ZUSE
dtsch. Dichter, Freund Goethes	LENZ

dtsch. Dichter, Schriftsteller	BAMM
dtsch. Dichter, Schriftsteller	DAHN
dtsch. Dichter, Schriftsteller	VOSS
dtsch. Dichterin	KOLB
dtsch. Dirigent, Jazzpianist	LEHN
dtsch. Erfinder, Techniker	OPEL
dtsch. Erfinder des Telefons	REIS
dtsch. Filmgesellschaft	DEFA
dtsch. Filmkomikerin	HERR
dtsch. Filmregisseur	LANG
dtsch. Fluß	ELBE
dtsch. frühexpress. Dichter	HEYM
dtsch. Fürstenhaus	SALM
dtsch. Fußballspieler	MILL
dtsch. Fußballspieler	RAHN
dtsch. Gasmotor-Erfinder	OTTO
dtsch. General, Heerführer	LIST
dtsch. Generalstabschef	BECK
dtsch. Historiker	DAHN
dtsch. Homerübersetzer	VOSS
dtsch. impressionist. Maler	UHDE
dtsch. Ingenieur	BENZ
dtsch. Jazz-Musiker	BEST
dtsch. Jazzpianist	KUHN
dtsch. Jesuit	DELP
dtsch. Kabarettistin	VITA
dtsch. Kaisername, Königsname	KARL
dtsch. Kaisername, Königsname	OTTO
dtsch. Kapellmeister	ETTE
dtsch. Koloratursopran	SACK
dtsch. Komponist	HAAS
dtsch. Komponist	HASS
dtsch. Komponist	JARY
dtsch. Komponist	KOLO
dtsch. Komponist	MARX
dtsch. Komponist	ORFF
dtsch. Komponist (Lieder)	KNAB
dtsch. Kunst- u. Kampfflieger	UDET
dtsch. Landeshauptstadt	KIEL
dtsch. Luftschiffbauer	LANZ
dtsch. Lyriker	HEYM
dtsch. Lyriker, Schriftsteller	BART
dtsch. lyrisch. Tenor	PREY
dtsch. Maler	FUHR
dtsch. Maler	MOLL
dtsch. Maler, Grafiker	KLEE
dtsch. Maler, Grafiker (15. Jh.)	WITZ
dtsch. Maler (Blauer Reiter)	MARC
dtsch. Mediziner	WEIL
dtsch. Mediziner, Anatom	ROUX
dtsch. Mittelgebirge	HARZ
dtsch. Name von Györ	RAAB
dtsch. Nationalökonom	LIST
dtsch. naturalistisch. Dichter	HOLZ
dtsch.-österr. Adelstitel	GRAF
dtsch. Ostseehafen	KIEL
dtsch. Philologe, Autor	JENS
dtsch. Philosoph	LITT
dtsch. Philosoph (Kritizismus)	KANT
dtsch. Physiker	ABBE
dtsch. Physiker (Bildtelegrafie)	KORN
dtsch. Physiker (Funktechnik)	ARCO
dtsch. Physiker (Nobelpreis)	BORN
dtsch. Physiker (Nobelpreis)	LAUE
dtsch. Physiker (Nobelpreis)	WIEN
dtsch. Politiker (CDU)	HECK
dtsch. Politiker (Hitlerputsch)	KAHR
dtsch.-poln. Grenzfluß	ODER
dtsch. realist. Schriftstellerin	KURZ
dtsch. Reichskanzler	CUNO
dtsch. Reichskanzler	MARX
dtsch. Rokokomaler	ZICK
dtsch. romant. Philosoph	OKEN
dtsch. Schauspieler	EYCK
dtsch. Schauspieler	GANZ
dtsch. Schauspieler	GRAF

dtsch. Schauspieler	HELD
dtsch. Schauspieler	HINZ
dtsch. Schauspieler	JOHN
dtsch. Schauspieler	KEMP
dtsch. Schauspieler	KRUG
dtsch. Schauspieler	LENZ
dtsch. Schauspieler	LOOS
dtsch. Schauspieler	PIEL
dtsch. Schauspieler	RECK
dtsch. Schauspieler	WERY
dtsch. Schauspielerin	BAAL
dtsch. Schauspielerin	GLAS
dtsch. Schauspielerin	GOLD
dtsch. Schauspielerin	HELM
dtsch. Schauspielerin	HORN
dtsch. Schauspielerin	KINZ
dtsch. Schauspielerin	KOCH
dtsch. Schauspielerin	MIRA
dtsch. Schauspielerin	POHL
dtsch. Schauspielerin	RAHL
dtsch. Schauspielerin	ROSE
dtsch. Schauspielerin	ROTH
dtsch. Schauspielerin	SAIS
dtsch. Schauspielerin	VITA
dtsch. Schauspielerin	WEIS
dtsch. Schauspielerin	WIED
dtsch. Schauspielerin, Sängerin	KNEF
dtsch. Schauspieler u. Autor	KOWA
dtsch. Schlagersängerin	NENA
dtsch. Schreibung v. Creme	KREM
dtsch. Schriftsteller	ENDE
dtsch. Schriftsteller	FLEX
dtsch. Schriftsteller	GRAF
dtsch. Schriftsteller	HEYM
dtsch. Schriftsteller	KANT
dtsch. Schriftsteller	LENZ
dtsch. Schriftsteller	NOLL
dtsch. Schriftstellerin	WOLF
dtsch. Schriftstellerin (Ricarda)	HUCH
dtsch. Spielkarte	OBER
dtsch. Spielkartenfarbe	LAUB
dtsch. Sportwissenschaftler	DIEM
dtsch. Stadt an der Niers	GOCH
dtsch. Stadt an Kinzig u. Rhein	KEHL
dtsch. Tennisspielerin	GRAF
dtsch. Theoret. d. Sozialismus	MARX
dtsch. Tierbildhauer	GAUL
dtsch. Währungseinheit	MARK
dtsch. Weinbaugebiet	NAHE
dtsch. Weinbaugebiet	SAAR
dünn, zart	FEIN
dünnes Baumwollgewebe	MULL
dünnes Gewebe	GAZE
dünnes Häutchen	FILM
dünnes Tau, Leine	SEIL
dürftig	KARG
Duero-Zufluß	ARGA
Duero-Zufluß	ESLA
dürr, trocken	ARID
duftende Blume, Pflanze	ROSE
Duftstoff im Irisöl	IRON
dummer Streich	FAXE
Dummkopf	DEPP
Dummkopf	NARR
Dung	MIST
dunkelhäutiger Mensch	MOHR
Dunst, Staubluft	DUST
Dunst aus Rauch u. Nebel	SMOG
Dunstglocke, Industrienebel	SMOG
durch den Mund	ORAL
durchdringend, helltönend	GELL
Durcheinander, Schutt	WUST
Durchschnitt	NORM
durchsichtig	KLAR
durchsichtiger Werkstoff	GLAS
durchsichtiges Mineral	OPAL
Dwina-Zufluß	WAGA
eben, flach	PLAN
ebenfalls	AUCH
ebenfalls	DITO
ebenfalls	ITEM
ebenso	AUCH
ebenso	DITO
ecuadorian. Indianerstamm	CARA
Edelblume	ROSE

Edelknabe	PAGE
Edelmetall	GOLD
Edelpelz	NERZ
EDV-Betriebssystem	UNIX
EDV-Einzelarbeit	TASK
EDV-Geräteeinheit	UNIT
EDV-Informationseinheit	BYTE
ehem. brasilian. Münze	REIS
ehem. Diktator v. Uganda	AMIN
ehem. dtsch. Kolonie	TOGO
ehem. indisch. Gewichtseinheit	ANNA
ehem. indisch. Münze	ANNA
ehem. Münchner Flughafen	RIEM
Ehre, hohes Ansehen	RUHM
ehrenhaft	FAIR
Ei, Eizelle	OVUM
Eidechsenart	DABB
Eierlieferantin	HUHN
Eierstab	KYMA
Eierstock	OVAR
Eigenbezeichn. d. Tscherkessen	MARI
Eigenbezeichn. der Vietnamesen	KINH

eigensinnig, hartnäckig	STUR
Eigentum	HABE
eigenwillig	URIG
Eignungsprüfung	TEST
Eileiter (mediz.)	TUBA
Einbildung, Täuschung	WAHN
eine der Gezeiten	EBBE
eine der Gezeiten	FLUT
eine der Horen	DIKE
eine Menge	VIEL
einer der Argonauten	IDAS
einer der Sieben griech. Weisen	BIAS
einerlei	EGAL
einfältig	NAIV
einfältig, langweilig	DOOF
Einfall	IDEE
Einfaltspinsel	NARR
Einfassung, Rand	SAUM
Einfriedung	FENZ
Eingang, Hauseingang	TUER
Eingang zum Darmkanal	MUND
eingebildeter Mensch	SNOB
Eingebung	IDEE

eingedeichtes Marschland	KOOG
eingefriedetes Feld	KAMP
Eingeladener	GAST
eingelegter Hering	SILD
Einheit d. Radiumemanation	STAT
einkufiger Schlitten	AKIA
einleuchtend	KLAR
Einmalprämie	MISE
Einmaster	KAAG
Einmaster	SLUP
Einrede, Einspruch	VETO
einsam	OEDE
Einsamkeit	OEDE
Einsatz im Kartenspiel	BETE
einschließlich	SAMT
Einstellmarke für Fernrohre	MIRE
Einstieg	LUKE
Eintagsfliegenschwarm	AUST
Einwand	ABER
Einweichmittel	SODA
einwert. Kohlenwasserstoffrest	AMYL
Einzäunung, Umfriedung	ZAUN
Einzeldarbietung	SOLO

Einzelrennen	HEAT
Einzelvorträge	SOLI
Eisenbahnvorsignal	BAKE
Eisenfraß, Eisenoxid	ROST
Eisenluppe	DEUL
Eishockeyscheibe	PUCK
Eiskunstlaufsprung	AXEL
Eiskunstlaufsprung	FLIP
Eiskunstlaufsprung	LUTZ
eitel, nichtig	INAN
Eiter	PYON
eiweißreiche Pflanze	SOJA
ekelhaft	FIES
Elbe-Zufluß	ELDE
Elbe-Zufluß	ESTE
Elbe-Zufluß	IHLE
Elbe-Zufluß	OSTE
Elch	ELEN
elegant	CHIC
Eleganz	CHIC
elektr. Stromspeicher	AKKU
elektron. Bauteil	CHIP
elektron. Übertragungsrate	BAUD
Elementarteilchen	ATOM
Elementarteilchen	MYON
Elementarteilchen	PION

Elen	ELCH
elend	MIES
Elend, Jammer	QUAL
Elle (mediz.)	ULNA
elsäss. Rhein-Zufluß	SELZ
Empfindungsorgan	SINN
Empfindungsursache	REIZ
emsig, lebhaft	REGE
Ems-Zufluß	HASE
Ems-Zufluß	LEDA
Ende eines Musikstücks	FINE
Endglied des Fußes	ZEHE
Endstellung beim Schach	MATT
Energiesammler	AKKU
enge Anpflanzung	TUFF
enge Jacke, Joppe	WAMS
enges schott. Längstal	GLEN
engl. abgekürzt: Firma	COMP
engl. Adelstitel, -prädikat	LORD
engl.-amerikan. f. Weihnachten	XMAS
engl.-amerikan. Maßeinheit	MILE
engl. Architekt	WREN
engl. Autorennfahrer	MOSS
engl. Chemiker	DAVY
engl. Chemiker (Nobelpreis)	TODD
engl. Dichter (18. Jh.)	POPE
engl. Flächenmaß	ACRE
engl. Flächenmaß	ROOD
engl. Flüssigkeitsmaß	PIPE
engl. Fluß	AVON
engl. Fluß zur Wash-Bucht	OUSE
engl. Frauen-Vorname	ANNE
engl. Garnmaß	RAND
engl. Gaunersprache	CANT
engl. Geistlicher	DEAN
engl. Graf	EARL
engl. Hafenstadt, Seebad	BATH
engl. Handelsgewicht	DRAM
engl. Herrscherdynastie	YORK
engl. Hohlmaß	PINT
engl. Ingenieur, Erfinder	WATT
engl. Insel im Ärmelkanal	SARK
engl. Königin	ANNA
engl. Königin	MARY
engl. Komponist	BYRD
engl. Konservativer	TORY
engl. Kurzform f. Katharina	KATE
engl. Kurzform von Richard	DICK
engl. liberal. Staatsmann	GREY
engl. Liberaler	WHIG
engl. Männer-Vorname	ALEC
engl. Männer-Vorname	MARC
engl. Mediziner (Nobelpreis)	DALE
engl. Mediziner (Nobelpreis)	ROSS
engl. Münze	CENT
engl. mystizist. Philosoph	MORE
engl. Philosoph der Aufklärung	HUME
engl. Philosoph (Positivismus)	MILL
engl. Physiker	KERR
engl. Physiker (Nobelpreis)	RYLE
engl. Physiologe (Nobelpreis)	HILL
engl. Politiker, Staatsmann	EDEN
engl. Politiker, Staatsmann	PITT
engl. Prinzessin	ANNE
engl. romant. Schriftsteller	LAMB
engl. Schauspieler	KEAN
engl. Schauspieler	TODD
engl. Schulstadt	ETON
engl. Seefahrer	COOK
engl. Sozialpolitiker	OWEN
engl. Staatsmann	PEEL
engl. Stadt an der Ouse	YORK
engl. surrealist. Maler, Zeichner	NASH
engl. weibl. Adelstitel	LADY
engl. Wollgewicht	PACK
engl.: Abstimmung	POLL
engl.: Ansturm, Vorpreschen	RUSH
engl.: Arbeit	WORK
engl.: Atommeiler	PILE
engl.: Aufgabe	TASK

4

4

engl.: aufwecken WAKE

engl.: Ausflug TRIP

engl.: Aussehen LOOK

engl.: Bad BATH

engl.: Bande GANG

engl.: Bargeld CASH

engl.: Baum TREE

engl.: Bedürfnis NEED

engl.: behalten KEEP

engl.: Berg-gipfel PEAK

engl.: Bier BEER

engl.: Birne PEAR

engl.: blau BLUE

engl.: Blumen-strauß POSY

engl.: Boot BOAT

engl.: Buch BOOK

engl.: Dame LADY

engl.: Datum, Verabre-dung DATE

engl.: Droge DRUG

engl.: Eisen IRON

engl.: Ente DUCK

engl.: Erzählung TALE

engl.: Falle TRAP

engl.: Feuer FIRE

engl.: Fleck SPOT

engl.: Fleisch MEAT

engl.: Floß RAFT

engl.: Flotte NAVY

engl.: Fräulein MISS

engl.: Frau WIFE

engl.: frei FREE

engl.: fünf FIVE

engl.: Fuß FOOT

engl.: Gast-geber HOST

engl.: Gedicht POEM

engl.: gemacht, herge-stellt MADE

engl.: Gesetz-entwurf BILL

engl.: Gesicht FACE

engl.: gesund SANE

engl.: gleich LIKE

engl.: Glöck-chen BELL

engl.: Glück LUCK

engl.: gut GOOD

engl.: Haar HAIR

engl.: Hafer-flocken OATS

engl.: Hahn COCK

engl.: halb HALF

engl.: hart HARD

engl.: Haufen PILE

engl.: Haupt, Kopf HEAD

engl.: Haut SKIN

engl.: Heim, Zuhause HOME

engl.: hell, blaß PALE

engl.: Herzog DUKE

engl.: Heuchelei CANT

engl.: Hitze HEAT

engl.: hoch HIGH

engl.: hochge-wachsen TALL

engl.: hören HEAR

engl.: Holz WOOD

engl.: Insel ISLE

engl.: Johann JOHN

engl.: Johanna JANE

engl.: Johannes JACK

engl.: Kalbs-leder CALF

engl.: kalt COLD

engl.: Kern-reaktor PILE

engl.: Klemme CLIP

engl.: Knie KNEE

engl.: Knochen, Gebein BONE

engl.: König KING

engl.: kommen COME

engl.: Kosten COST

engl.: Kuchen CAKE

engl.: kühl COOL

engl.: Kuppel DOME

engl.: Lager CAMP

engl.: Lamm LAMB

engl.: Land-straße ROAD

engl.: lang LONG

engl.: langsam SLOW

engl.: lebendig LIVE

engl.: Leib, Körper BODY

engl.: leicht EASY

engl.: lesen READ

engl.: lieb, teuer DEAR

engl.: Liebe LOVE

engl.: Lied SONG

engl.: Linie LINE

engl.: Loch HOLE

engl.: Löwe LION

engl.: machen MAKE

engl.: Mädchen GIRL

engl.: männlich MALE

engl.: Maria MARY

engl.: Mathilde MAUD

engl.: Meile MILE

engl.: Meinung MIND

engl.: Meinung VIEW

engl.: Mönch MONK

engl.: Mond MOON

engl.: müssen MUST

engl.: Nase	NOSE
engl.: nehmen	TAKE
engl.: Neuigkeit	NEWS
engl.: neun	NINE
engl.: nieder	DOWN
engl.: offen	OPEN
engl.: Osten	EAST
engl.: Paar	PAIR
engl.: Peitsche	WHIP
engl.: Perücke	WHIG
engl.: Pfeife	PIPE
engl.: plaudern	TALK
engl.: Post	MAIL
engl.: Rasen	LAWN
engl.: Rasen	TURF
engl.: Rauch	FUME
engl.: Rausch-mittel, Droge	DOPE
engl.: Rind-fleisch	BEEF
engl.: Röhre	TUBE
engl. : Rücken	BACK
engl.: Ruf	CALL
engl.: Saft	JUCE
engl.: schälen	PEEL
engl.: Scheibe	DISK
engl.: schlank	SLIM
engl.: Schmutz	DIRT
engl.: Schnee	SNOW
engl.: Schritt	PACE
engl.: Schuß, Aufnahme	SHOT
engl.: Schwan	SWAN
engl.: Seele	SOUL
engl.: sehen	LOOK
engl.: Seide	SILK
engl.: Seite	SIDE
engl.: selbst	SELF
engl.: sicher	SAFE
engl.: singen	SING
engl.: Sitz	SEAT
engl.: Sorge	CARE
engl.: spät	LATE
engl.: Spiel	PLAY
engl.: Spiel, Partie	GAME
engl.: spielen	PLAY
engl.: Splitter	CHIP
engl.: Spritzer	DASH
engl.: Stadt	TOWN
engl.: Stange	POLE
engl.: Staub	DUST
engl.: Stiefel	BOOT
engl.: Stier	BULL
engl.: stoßen	PUSH
engl.: Strahl	BEAM
engl.: Tatsache	FACT
engl.: tief	DEEP
engl.: töten	KILL
engl.: Tonband	TAPE
engl.: tot	DEAD
engl.: Träne	TEAR
engl.: treffen	MEET
engl.: Trommel	DRUM
engl.: Tropfen	DROP
engl.: über, vorbei	OVER
engl.: Verkauf	SALE
engl.: verkaufen	SELL
engl.: verletzen	HURT
engl.: verloren	LOST
engl.: vier	FOUR
engl.: voll	FULL
engl.: Wagnis	RISK
engl.: waschen	WASH
engl.: weich	SOFT
engl.: Wende	TURN
engl.: wirklich	REAL
engl.: wissen	KNOW
engl.: Woche	WEEK
engl.: Zeichen	SIGN
engl.: zeigen	SHOW
engl.: Zeit	TIME
engl.: Zelt	TENT
engl.: zuletzt	LAST
Englisch-horn	OBOE
Engpaß des Salz-ach-Tals	LUEG
Entd. des Seewegs um Süd-afrika	DIAZ
Entdecker Chinas	POLO
Entdecker d. Cholera-bazillus	KOCH
Entdecker der Uran-spaltung	HAHN
Entdecker des Insulins	BEST
Ent-deckung	FUND
Entenlaut	QUAK
entfernt, nicht nah	WEIT
entgaste Stein-kohle	KOKS
Entgelt	LOHN
Entgelt für geliehenes Geld	ZINS
Entwurf, Grundriß	PLAN
Epilepsie-Vorbote	AURA
Eppich	EFEU
Erbhof, Freigut	ODAL
Erdauf-schüt-tung	WALL
Erdgeist, Erd-männchen	GNOM
Erdgürtel, Gebiets-streifen	ZONE
Erdkern	NIFE
Erdöl-Förder-länder-Organis.	OPEC

4

Erdscholle, Torfdecke	BULT
Erdtrabant	MOND
Erdwall	DAMM
erfahren	FIRM
Erfinder d. Atommodells	BOHR
Erfinder d. Dampfmaschine	WATT
Erfinder d. Echolots	BEHM
Erfinder d. Gasglühlichts	AUER
Erfinder d. Gasmotors	OTTO
Erfinder d. Kraftfahrzeugs	BENZ
Erfinder d. Revolvers	COLT
Erfinder d. Telefons	BELL
Erfinder d. Tonfilms	VOGT
Erfinder e. antiken Kurzschrift	TIRO
Erfinder e. Fernschreibapparats	HELL
Erfrischung	LABE
ergeben, anhänglich	TREU
erhaben	HEHR
erhöhter Kirchenraum	CHOR
erhöhter Teil des Vorschiffs	BACK
Ernte der Winzer	LESE
erotisch attraktiv	SEXY
Erprobung	TEST
Erquickung	LABE
Erringen der Überlegenheit	SIEG
erschöpft	MATT
erster Ton der Tonleiter	PRIM
erste Tonstufe	PRIM
Eruptivgestein	LAVA
Erwerb gegen Bezahlung	KAUF
erzählende Dichtkunst	EPIK
erzählende Dichtung	EPOS
Eskimohütte	IGLU
Espartogras	ALFA
Espartogras	DISS
eßbare Früchte	OBST
Essen	MAHL
Essenzubereiter	KOCH
Eßgeschirr	NAPF
Essigbaum	RHUS
Eßtisch auf Schiffen	BACK
estnische Hafenstadt	TAPS
estnische Insel	MOON
ethischer Begriff	EHRE
Etsch-Zufluß	NOCE
etwa, ungefähr	RUND
Eule ohne Federohren	KAUZ
eurasischer Fluß	URAL
eurasisches Gebirge	URAL
europ. Inselbewohnerin	IRIN
Europ. Kernforschungszentrum	CERN
Europ. Sicherheitskonferenz	KSZE
europäische Hauptstadt	BERN
europäische Hauptstadt	BONN
europäische Hauptstadt	OSLO
europäische Hauptstadt	PRAG
europäische Hauptstadt	WIEN
europäischer Strom	ELBE
Euterkrankheit	GALT
Evastochter	FRAU
Ewigkeit	AEON
exotische Frucht	KIWI
exotisches Tier	AFFE
Explosivgeschoß	MINE
Fabel	MAER
Fabelname des Bären	PETZ
Fabrik, Betrieb	WERK
Fabrikschornstein	ESSE
Fach	LADE
Faden	GARN
Fährschiff, Nachen	NAUE
Färberpflanze	WAID
Fahnenstange	MAST
Fahrstraße, Fahrstrecke	KURS
Fahrstuhl	LIFT
Fahrtrichtung	KURS
Fahrwende im röm. Zirkus	META
falscher Glanz, Schein	TAND
falscher Glanz, Schein	TRUG
falsche Richtung	IRRE
falsches Ideal	IDOL
falsche Zeitungsmeldung	ENTE
faltbare Unterkunft	ZELT
Fangschlinge	MAXE
Farbe d. Neides	GELB
Farbe d. Treue	BLAU
farbenfroh	BUNT
Faserpflanze	HANF
Faserpflanze	LEIN
Faserpreßstoff	FILZ
Fassungsvermögen	RAUM

fast gar nicht	KAUM
Fastnachtsgeck	NARR
Fechthieb	PRIM
Fechthieb	SIXT
Fechthieb	TERZ
Federkiel	POSE
Fee	ELFE
Feier	FEST
Feier, Fest	FETE
feierlicher Empfang	COUR
Feindschaft	HASS
feines Drahtgeflecht	GAZE
feinfühlend, feinfühlig	ZART
Feingefühl	TAKT
Feingehalt, -gewicht	ALOI
Feingehalt, -gewicht	KORN
feingekörntes Gestein	SAND
Feingewicht	GRAN
feinster Kohlenstaub	RUSS
feist	FETT
Feldblume	MOHN
Feldfrucht	KORN
Feldherr Davids	JOAB
Feldherr Karls V.	ALBA
Feldherr Maria Theresias	DAUN
Feldlager	CAMP
Feldmark	FLUR
Feldrand, -grenze	RAIN
Feldstück	KAMP
Feldulme	IPER
Fell kleiner Tiere	BALG
Felsschlucht	KLUS
Felsüberhang als Frühzeitwohnung	ABRI
Felswand	FLUH
Ferkelgrind	RUSS
ferner, außerdem	NOCH
ferner, fernerhin	AUCH
fest	HART
fest, beständig	STET
feste Beziehung	BUND
fester Moorgrund	DARG
festes Einkommen	LOHN
festes Seezeichen	BAKE
Festessen	MAHL
festgesetzter Preis	TAXE
Festkleidung	GALA
Festsaal in Schulen	AULA
Festungsanlage	BURG
Festungsanlage	FORT
festverzinsl. Wertpapier	BOND
Festvorstellung	GALA
fetter Marschboden	KLEI
Fettmachen von Schlachtvieh	MAST
Fetzchen	FITZ
feuchter Boden, feuchtes Land	MOOR
Feuergitter, Grill	ROST
Feuer kröte, Lurch	UNKE
Fidschi-Insel	NGAU
Figur aus »Cavalleria rusticana«	LOLA
Figur aus »Der Freischütz«	KUNO
Figur aus »Der Opernball«	PAUL
Figur aus »Der Revisor«	ANNA
Figur aus »Der Rosenkavalier«	OCHS
Figur aus »Der Troubadour«	INES
Figur aus »Der Troubadour«	LUNA
Figur aus »Der Troubadour«	RUIZ
Figur aus »Der Vogelhändler«	ADAM
Figur aus »Der Vogelhändler«	WEPS
Figur aus »Der Zarewitsch«	IWAN
Figur aus »Der zerbrochene Krug«	ADAM
Figur aus »Die Csárdásfürstin«	BONI
Figur aus »Die Csardasfürstin«	FERI
Figur aus »Die verkaufte Braut«	MUFF
Figur aus »Dreigroschenoper«	LUCY
Figur aus »Egmont«	ALBA
Figur aus »Fliegender Holländer«	ERIK
Figur aus »Fliegender Holländer«	MARY
Figur aus »Götz von Berlichingen«	LINK
Figur aus »Graf von Luxemburg«	RENE
Figur aus »Kabale und Liebe«	KALB
Figur aus »Kabale und Liebe«	WURM
Figur aus »Kaufmann von Venedig«	DOGE
Figur aus »Kiss Me Kate«	BILL
Figur aus »Kiss Me Kate«	FRED
Figur aus »Kiss Me Kate«	PAUL
Figur aus »La Boheme«	MIMI
Figur aus »Land d. Lächelns«	FULI

4

Figur aus »Land d. Lächelns«	LISA
Figur aus »Land d. Lächelns«	LORE
Figur aus »Lohengrin«	ELSA
Figur aus »Lustige Weib. v. Windsor«	ANNA
Figur aus »Madame Butterfly«	GORO
Figur aus »Minna v. Barnhelm«	JUST
Figur aus »Nathan der Weise«	DAJA
Figur aus »Othello«	JAGO
Figur aus »Peer Gynt«	MADS
Figur aus »Ring des Nibelungen«	ERDA
Figur aus »Ring des Nibelungen«	FROH
Figur aus »Ring des Nibelungen«	LOGE
Figur aus »Sommernachtstraum«	PUCK
Figur aus »The King and I«	ANNA
Figur aus »Tiefland«	NURI
Figur aus »Tiefland«	PEPA
Figur aus »Turandot«	PANG
Figur aus »Turandot«	PING
Figur aus »Turandot«	PONG
Figur aus »Undine«	VEIT
Figur aus »Wallenstein«	ILLO
Figur aus »Wallenstein«	SENI
Figur aus »West Side Story«	RIFF
Figur aus »West Side Story«	TONY
Figur aus »Wilhelm Tell«	KUNZ
Filmaufnahme	SHOT
Filmaufnahme (engl.)	TAKE
Filmbesetzung	CAST
Filmtheater	KINO
Fingerentzündung	WURM
Fingerreif	RING
Fingerschmuck	RING
Fingerspitzengefühl	TAKT
Fingerzeig, stummer Hinweis	WINK
finnisch. Ostseehafen	OULU
finnisch. realist. Dichter	KIVI
finnisch. Verwaltungsbezirk	LAEN
finnische Hafenstadt	PORI
finnische Hafenstadt am Kemijoki	KEMI
Finte	DREH
firm	FEST
Firmeninhaber	CHEF
Firmenzeichen	LOGO
Firmenzusammenschluß	RING
Firnis	LACK
Fisch	URBE
Fisch-Eingeweidewurm	FIEK
Fischzugergebnis	FANG
fix	FEST
fixe Idee, Schrulle	TICK
flach	EBEN
flacher Küstensegler	KUFF
flacher Strandsee	HAFF
Flachkahn	PUNT
Flachs-, Hanfabfall	WERG
Flachsabfall	HEDE
Flachsart	LEIN
Flachsee vor der Nordseeküste	WATT
fläm. Maler	HALS
fläm. Maler, Rubens-Schüler	DYCK
fläm. Name v. Lüttich	LUIK
Flaschenverschluß	KORK
Flaschenzug	GIEN
Flechtmaterial	BAST
Fleischmaschine	WOLF
fleißiges Insekt	IMME
fliederfarben	LILA
flink	AGIL
flott	CHIC
Flüchtigkeitsfehler	BOCK
flüssiges Fischfett	TRAN
Flüssigkeitsbehälter	KRUG
Flüssigkeitsbehälter	TANK
Flüssigkeitsleitung	ROHR
Flüssigkeitsrückstand	SATZ
Flughafen von Bonn/Köln	WAHN
Flughafen von Lyon	BRON
Flugzeugbesatzung	CREW
Flunder	BUTT
Fluß auf der Halbinsel Istrien	RASA
Fluß auf der Krim	ALMA
Fluß aus dem Fichtelgebirge	NAAB
Fluß aus dem Harz	BODE
Fluß aus dem Harz	ILSE
Fluß aus dem Harz	OKER
Fluß aus dem Hunsrück	NAHE

Fluß aus dem Riesengebirge	ELBE
Fluß aus dem Rothaargebirge	LAHN
Fluß aus dem Schwarzwald	MURG
Fluß durch Albi	TARN
Fluß durch Amberg	VILS
Fluß durch Aschaffenburg	MAIN
Fluß durch Augsburg	LECH
Fluß durch Belgrad	SAVE
Fluß durch Bern	AARE
Fluß durch Bingen	NAHE
Fluß durch Braunschweig	OKER
Fluß durch Bremervörde	OSTE
Fluß durch Breslau	ODER
Fluß durch Buxtehude	ESTE
Fluß durch Caen	ORNE
Fluß durch Dresden	ELBE
Fluß durch Einbek	ILME
Fluß durch Erfurt	GERA
Fluß durch Essen	RUHR
Fluß durch Florenz	ARNO
Fluß durch Fritzlar	EDER
Fluß durch Gießen	LAHN
Fluß durch Hamburg	ELBE
Fluß durch Hanau	MAIN
Fluß durch Karlsbad	EGER
Fluß durch Karlsbad	TEPL
Fluß durch Kreuznach	NAHE
Fluß durch Leer	LEDA
Fluß durch Lemgo	BEGA
Fluß durch Limburg	LAHN
Fluß durch Lüttich	MAAS
Fluß durch Magdeburg	ELBE
Fluß durch München	ISAR
Fluß durch Neuss	ERFT
Fluß durch Parchim	ELDE
Fluß durch Perm	KAMA
Fluß durch Pisa	ARNO
Fluß durch Quedlinburg	BODE
Fluß durch Rastatt	MURG
Fluß durch Saragossa	EBRO
Fluß durch Siegburg	SIEG
Fluß durch St. Petersburg	NEWA
Fluß durch Staßfurt	BODE
Fluß durch Steyr	ENNS
Fluß durch Terni	NERA
Fluß durch Tiflis	KURA
Fluß durch Toledo	TAJO
Fluß durch Villach	DRAU
Fluß durch Waiblingen	REMS
Fluß durch Weiden	NAAB
Fluß durch Wertheim	MAIN
Fluß durch Winsen	LUHE
Fluß durch Witten	RUHR
Fluß durch Würzburg	MAIN
Fluß im Iran	MAND
Fluß im Kaukasus	RION
Fluß im Rheinland	LAHN
Fluß im Rheinland	NAHE
Fluß im Rheinland	RUHR
Fluß im Rheinland	SIEG
Fluß im Rheinland	WIED
Fluß im Spessart	KAHL
Fluß im Spessart	LOHR
Fluß im Spessart	MAIN
Fluß im Spessart	SINN
Fluß in der Toskana	ARNO
Fluß in Kenia	TANA
Fluß in Oldenburg	JADE
Flußregulierungsanlage	DAMM
Flußregulierungsanlage	WEHR
Fluß zum Asowschen Meer	JEJA
Fluß zum Bodensee	AACH
Fluß zum Chiemsee	ACHE
Fluß zum Finn. Meerbusen	LUGA
Fluß zum Kaspischen Meer	EMBA
Fluß zum Kaspischen Meer	KUMA
Fluß zum Kaspischen Meer	KURA
Fluß zum Kaspischen Meer	URAL

4

4

Fluß zum Kurischen Haff	ARGE
Fluß zum Lago Maggiore	TOCE
Flut	TIDE
Flutwelle in asiat. Flußmündungen	BORE
Förderwagen	HUND
Fokus (medizin.)	HERD
folglich	ALSO
folgsam	BRAV
foppen	UZEN
Forderung zum Duell	DEFI
Format	MASS
Fortbewegung im Luftraum	FLUG
forte in d. Musik	LAUT
fotograf. Bildträger	FILM
fotograf. Objektivweite	ZOOM
Frachtstück	PACK
fränk. Stadt am Main	KAHL
Fragewort	WANN
Fragewort	WOZU
Frankenfürst, -könig	OTTO
Frankf. Hauptgeschäftsstraße	ZEIL
franz. Autor (Nobelpreis)	GIDE
franz.-belg. Fluß	YSER
franz.-belg.-niederl. Fluß	MAAS
franz. Bildhauer	ADAM
franz. Chansonsängerin	PIAF
franz. Chemiker (Nobelpreis)	LEHN
franz. Departement	AUBE
franz. Departement	EURE
franz. Departement	OISE
franz. Dichter der Romantik	HUGO
franz. Dichterin, Schriftstellerin	SAND
franz. Dichterin des 16. Jh.	LABE
franz. erotisch. Schriftsteller	SADE
franz. Filmkomiker	TATI
franz. Filmregisseur	CHAR
franz. Frauenname	ANNE
franz. Fürstenanrede	SIRE
franz. Insel	BATZ
franz. Käsesorte	BRIE
franz. kathol. Pfarrer	CURE
franz. Komponist	AIME
franz. Komponist	INDY
franz. Komponist	LALO
franz. Kurort an der Volane	VALS
franz. Lyriker	CHAR
franz. Männername	JEAN
franz. Männername	LEON
franz. Männername	MARC
franz. Märchenriese	OGER
franz. Maler, Grafiker	DORE
franz. Maler (Fauve)	DUFY
franz. Marschall	FOCH
franz. Marschall im Krimkrieg	NIEL
franz. Mittelmeerhafen	SETE
franz. Modeschöpfer	DIOR
franz. Name v. Bergen (Belgien)	MONS
franz. Name von Gent	GAND
franz. natural. Schriftsteller	ZOLA
franz. neubarocker Bildhauer	RUDE
franz. Opernkomponist	ADAM
franz. Physiker	BIOT
franz. Polizist	FLIC
franz. Pyrenäenfluß	AUDE
franz. Pyrenäenpaß	PORT
franz. Romanschriftsteller	LOTI
franz. Schriftsteller	AYME
franz. Schriftsteller (Victor)	HUGO
franz.-schweiz. Gebirge	JURA
franz.-schweiz. Schriftsteller	ANET
franz. sozialist. Politiker	BLUM
franz. Spielkartenfarbe	KARO
franz. Stadt am Gers	AUCH
franz. Stadt an der Mosel	METZ
franz. Stadt an der Mosel	TOUL
franz. Stadt an der Yonne	SENS
franz. Stadt an Rhone u. Saône	LYON
franz. Stadt im Pas-de-Calais	LENS
franz. Stadt in Burgund	SENS

franz.: Abend	SOIR
franz.: acht	HUIT
franz.: alles, ganz	TOUT
franz.: auf Sicht	AVUE
franz.: außerhalb	HORS
franz.: Bad	BAIN
franz.: Berg	MONT
franz.: blau	BLEU
franz.: Block	BLOC
franz.: braun	BRUN
franz.: Brücke	PONT
franz.: Dach	TOIT
franz.: das ist	CEST
franz.: Degen	EPEE
franz.: dumm, Tier	BETE
franz.: Durst	SOIF
franz.: elf	ONZE
franz.: falsch	FAUX
franz.: fett	GRAS
franz.: flach	PLAT
franz.: Freundin	AMIE
franz.: fünf	CINQ
franz.: für	POUR
franz.: Fuß	PIED
franz.: Gast	HOTE
franz.: Geschmack	GOUT
franz.: Gesetzbuch	CODE
franz.: Gesicht	FACE
franz.: Gott	DIEU
franz.: grau	GRIS
franz.: griechisch	GREC
franz.: grün	VERT
franz.: gut	BIEN
franz.: Haar	POIL
franz.: Hafen	PORT
franz.: halb	DEMI
franz.: Halm	BRIN
franz.: Hand	MAIN
franz.: Haut, Fell	PEAU
franz.: Hilfe	AIDE
franz.: Hirsch	CERF
franz.: höflich	POLI
franz.: Hof	COUR
franz.: Holz	BOIS
franz.: hübsch	JOLI
franz.: hundert	CENT
franz.: in	DANS
franz.: Kai, Uferstraße	QUAI
franz.: Katze	CHAT
franz.: klug, weise	SAGE
franz.: Kohl, Kraut	CHOU
franz.: Kopf, Spitze	TETE
franz.: Küste	COTE
franz.: lang	LONG
franz.: Lehnsgut	FIEF
franz.: lieb	CHER
franz.: Loch	TROU
franz.: Löwe	LION
franz.: März	MARS
franz.: mit	AVEC
franz.: Mittag, Süden	MIDI
franz.: Mond	LUNE
franz.: Nacht	NUIT
franz.: neun	NEUF
franz.: nichts	RIEN
franz.: nieder!	ABAS
franz.: Nizza	NICE
franz.: Null	ZERO
franz.: Nuß	NOIX
franz.: ohne	SANS
franz.: Pastete	PATE
franz.: Preis	PRIX
franz.: Rock	JUPE
franz.: roh	BRUT
franz.: Säugling, Baby	BEBE
franz.: Schlag	COUP
franz.: schnell	VITE
franz.: schön	BEAU
franz.: schwarz	NOIR
franz.: Seide	SOIE
franz.: sieben	SEPT
franz.: Sohn	FILS
franz.: spät	TARD
franz.: Sprung, Satz	SAUT
franz.: stark	FORT
franz.: Stimme	VOIX
franz.: Straßenpflaster	PAVE
franz.: Tag	JOUR
franz.: Tat, Tatsache	FAIT
franz.: Thunfisch	THON
franz.: Tod	MORT
franz.: Trotz	DEFI
franz.: unrecht	TORT
franz.: unter	SOUS
franz.: Vater	PERE
franz.: Waadt	VAUD
franz.: Wagen	CHAR
franz.: Weihnachten	NOEL
franz.: wir	NOUS
franz.: zwei	DEUX
Frau	DAME
Frau	WEIB
Frauen-, Männerkurzname	TONI

4

Frauengewand der Kabylen	HAIK
Frauenheld	BEAU
Frauenname	ALMA
Frauenname	ANJA
Frauenname	ANKE
Frauenname	ANNA
Frauenname	CORA
Frauenname	DINA
Frauenname	EDDA
Frauenname	ELLI
Frauenname	ELSE
Frauenname	EMMA
Frauenname	ERNA
Frauenname	GRIT
Frauenname	ILSE
Frauenname	IRMA
Frauenname	KORA
Frauenname	LILO
Frauenname	LISA
Frauenname	RITA
Frauenname	ROSA
Frauenname	VERA
Frau v. Balder, Baldur	NANA
Frau v. Kronos	RHEA
Frau v. Lohengrin	ELSA
Frau v. Odin	FRIA
Frau v. Osiris	ISIS
Frau v. Rama	SITA
Frau v. Shiva	KALI
frech	KECK
Freigericht	FEME
Freiheitsentzug, -strafe	HAFT
Freimaurervereinigung	LOGE
Freistatt	ASYL
Freßgefäß	NAPF
Freund Ciceros	TIRO
Freundin Schillers	KALB
Freundin Schleiermachers	HERZ
Freundin von Chopin	SAND
freundlich	LIEB
frischer Schnee	NEUE
Frisiergerät	KAMM
Froschlaut	QUAK
frostig	KALT
Fruchtflüssigkeit	SAFT
Fruchtgetränk	SAFT
Fruchtmark	PULP
Fruchtplätzchen	DROP
Fruchtstein	KERN
früher	EHER
Früherbse	KEFE
frühere Berliner Autorennstrecke	AVUS
frühere Einheit d. Lichtstärke	PHOT
frühere Gewichtseinheit	MINA
früherer holländ. Schiffstyp	PINK
früherer österr. Adelstitel	EDLE
früherer sowjet. Geheimdienst	NKWD
früheres Lautstärkemaß	PHON
frühere techn. Krafteinheit	POND
frühere türk. Münze	PARA
frühere Wanderlehrzeit	WALZ
Frühjahr	LENZ
Fuchsaffe	MAKI
Füchsin	FEHE
fügsam	ZAHM
Führungsgremium	STAB
Führungsstimme (Jazz)	LEAD
Füllgas für Leuchtröhren	NEON
Fünf beim Würfelspiel	ZINK
für alle Zeit	EWIG
Fürsorge-Einrichtung	HEIM
Fürst im Orient	KHAN
Fugenfüllung	KITT
Fugenschnitt	FALZ
Fuhrmannsruf: links!	WIST
Fuhrmannsruf: rechts!	HOTT
Fulbe-Volk	PEUL
Fulda-Zufluß	AHNE
Fulda-Zufluß	EDER
Fundort einer Venusstatue	MILO
Fußabdruck	SPUR
Fußballglücksspiel	TOTO
Fußballstoß	KICK
Fußballtor	GOAL
fußlose Insektenlarve	MADE
Fußrücken	RIST
Futteral	ETUI
Futterbehälter	NAPF
Futterbehälter, Futternapf	TROG
Futterkrippe	BARN
Futterpflanze	GRAS
Futterpflanze	KLEE
Gabeldeichsel	ANSE
gabelförm. Gaffelende	KLAU
Gänsevogel	ENTE
Gärfutterbehälter	SILO

Gärungsniederschlag b. Bier	TRUB
Gaffeltau	GEER
Gagat	JETT
Galgenvogel	RABE
Gangart des Pferdes	PACE
Gardinenstoff	MULL
Garngebinde	WUND
Garonne-Zufluß	GERS
Garonne-Zufluß	TARN
Gartenanlage	BEET
Gartenpflanze	LACK
Gashülle der Erde	LUFT
Gastgeber, Hausherr	WIRT
Gasthaus, -wirtschaft	KRUG
Gasthausbesitzer	WIRT
Gastronom	WIRT
Gatte	MANN
Gatter, Pferch	ZAUN
Gattin	FRAU
Gaunerwort für Diebesgut	SORE
Gebäck aus Teigstreifen	ZOPF
gebändigt	ZAHM
Gebetsschlußwort	AMEN
Gebetsstunde	NONE
Gebiet	LAND
Gebieter	HERR
Gebiet hohen Luftdrucks	HOCH
Gebiet niedrigen Luftdrucks	TIEF
gebildeter Hindu	BABU
Gebirge des Tienschan	ALAI
Gebirge in Thessalien	OSSA
Gebirge zwischen Europa u. Asien	URAL
Gebirgsbach	ACHE
Gebirgsrücken	GRAT
Gebirgsübergang	PASS
Gebrechen	FEHL
Geburt der Säugetiere	WURF
Geburtsort Beethovens	BONN
Geburtsort Samuels	RAMA
Geburtsschmerz	WEHE
Geck	FANT
Gedanke	IDEE
Gedeih, Gedeihen	FLOR
Gedichtteil	VERS
Gedichtzeile	VERS
gediegen, makellos	REIN
gedunsen	BLAN
Gefangenenlager	CAMP
Gefangenschaft	HAFT
gefeierte Künstlerin	DIVA
Geflecht	NETZ
geflochtener Behälter	KORB
geflochtenes Haar	ZOPF
Geflügelkrankheit	PIPS
Geflügelkrankheit	ZIPS
Geflügelzuchtbetrieb	FARM
gefrorener Tau	REIF
gefühllos, gefühlskalt	HART
gefüllt, angefüllt	VOLL
Gegenteil von alt	JUNG
Gegenteil von dünn	DICK
Gegenteil von dunkel	HELL
Gegenteil von fein	GROB
Gegenteil von fest	LOSE
Gegenteil von Flaute	WIND
Gegenteil von Frau	MANN
Gegenteil von glatt	RAUH
Gegenteil von Glück	PECH
Gegenteil von grob	FEIN
Gegenteil von heiß	KALT
Gegenteil von hoch	TIEF
Gegenteil von hungrig	SATT
Gegenteil von Knecht	HERR
Gegenteil von leer	VOLL
Gegenteil von Liebe	HASS
Gegenteil von lose	FEST
Gegenteil von Mann	FRAU
Gegenteil von nah	FERN
Gegenteil von Niederlage	SIEG
Gegenteil von Schande	EHRE
Gegenteil von tief	HOCH
Gegenteil von trocken	NASS
Gegenteil von unten	OBEN
Gegenteil von voll	LEER
Gegenteil von weich	HART
Gegenteil von zahm	WILD
Gegner Cäsars	CATO
gegorener Traubensaft	WEIN
gegossene Druckletter	TYPE
gehacktes Fleisch	METT
Geheimgericht	FEME
Geheimgesellschaft	LOGE
Geheimkult auf Haiti	WUDU
Geheimnis	HEHL
Geheimschlüssel	CODE
Geheimschrift	KODE
gehörlos, hörunfähig	TAUB

gehörnter Paarhufer	BOCK
gehörntes Haustier	RIND
Gehwerkzeug	BEIN
Geigenteil	HALS
Geistererscheinung	SPUK
Geistesblitz	IDEE
Geisteskranke	IRRE
geistig beschränkt	DUMM
geistiges Urbild	IDEE
geistl. Fest-Schauspiel	AUTO
geistl. Gericht	SEND
geistl. Lehrer im Hinduismus	GURU
geistl. Volkslied	LEIS
geistl. Würde im Islam	IMAM
Geistlicher der Ostkirche	POPE
geistreicher Scherz	WITZ
Geizhals	FILZ
gekeimte Gerste	MALZ
gekelterter Fruchtsaft	MOST
gekörntes Palmenmark	SAGO
gekünstelte Stellung	POSE
geländegängiges Fahrzeug	JEEP
Geländer	WOLM
Geläuf	BAHN
Geläuf, Wildfährte	SPUR
gelbblühende Ölpflanze	RAPS
Geldinstitut	BANK
Geldschein	NOTE
Geliebte v. Ludwig I. v. Bayern	LOLA
Geliebte v. Porgy	BESS
Geliebte v. Radames	AIDA
Geliebte v. Zeus	LEDA
Geliebte v. Zeus	LETO
Geltung, Preis	WERT
Gemach, Zimmer	RAUM
Gemälde	BILD
gemäß	LAUT
gemästet	FETT
Gemahl	MANN
gemahlener Schnupftabak	RAPE
gemahlenes Getreide	MEHL
Gemahlin	FRAU
Gemarkung	FLUR
gemauerte Landungsbrücke	PIER
Gemeindegrund	MARK
Gemse	GAMS
Gemüsepflanze	KOHL
genaue Ballabgabe	PASS
geneigt	HOLD
General Wallensteins	ILLO
Genuß	LUST
geologische Formation	DYAS
geologische Formation	JURA
geologische Formation	KULM
geologische Formation	LIAS
geologische Formation	MALM
geologische Formation	PERM
geologische Formation	RAET
geometr.: Geländehöhe	KOTE
Gepflogenheit, Gewohnheit	USUS
Gepränge	SAUS
gerade	JUST
Gerade beim Roulettespiel	PAIR
Gerät des Bergsteigers	SEIL
Gerät zum Segelverkürzen	REFF
geräumig	WEIT
Geräusch	LAUT
geräuschvoll	LAUT
Gerbrinde	LOHE
Gerichtsbezirk	RODE
Gerichtshof der kathol. Kirche	ROTA
gerippter Stoff	KORD
gerippter Stoff	RIPS
german. Frühlingsgott	WALI
german. Gerichtsverband	ZENT
german. Göttergeschlecht	ASEN
german. Göttervater	ODIN
german. Göttin der Jugend	IDUN
german. Halbfreier	LITE
german. Halbgöttin	DISE
german. Quellgeist	MIME
german. Rechtsinstitution	MUNT
german. Sagengestalt	ERKA
german. Schriftzeichen	RUNE
german. Sippenbesitz	ODAL
german. Wasserdämon	WATE
german.: Gebieter	BODO
german.: Verwandter	MAGE
Gerstenkorn am Auge	WERN
Gerstensaft	BIER
Geruch	AROM
geruchdichter Verschluß	TRAP
Gerücht	FAMA
Gerümpel	KRAM
gesättigt	SATT

gesamt	GANZ
Gesamtnatur	WELT
Gesangsgruppe	CHOR
Geschäftseinlage	MISE
Geschehensfolge	ZEIT
gescheit	KLUG
Geschenk	GABE
Geschicklichkeitsspiel	JOJO
geschickt	AGIL
geschlechtsbetont	SEXY
geschlossener Verein	KLUB
geschlossene Wortfolge	SATZ
Geschmack	GOUT
Geschmacksrichtung	HERB
geschmackvoll	CHIC
geschmeidig, schlank	RANK
Geschützteil	ROHR
Geschwisterkind	BASE
Geschworene	JURY
Geschworenenbank	JURY
gesellige Vereinigung	KLUB
gesellschaftliche Stellung	RANG
Gesellschaftsinsel	ANAA
Gesenk	ANKE
Gesichtspickel	AKNE
Gesichtsteil	KINN
Gesichtsteil	NASE
Gesindel	PACK
Gespenst	SPUK
Gesteinsart	SPAT
Gesteinskörnchen	SAND
Gesteinsschmelzfluß	LAVA
Gesteinstrümmer	KIES
Gestell	RICK
Gestorbene	TOTE
gestreckt	LANG
gestreifte Glasperlen	IDES
gestreiftes Gewebe	RAYE
gesuchte Haltung	POSE
geteertes Hanftau	REEP
Getränk	COCA
Getränk	COLA
Getreidebranntwein	KORN
Getreidefrucht	KORN
Getreidekrankheit	ROST
Getreidepflanze	MAIS
Getreidespeicher	SILO
getrocknete Zebuhaut	KIPS
geübt	FIRM
Gevatter	PATE
Gewässerrand	UFER
gewaltsame Aneignung	RAUB
Gewand d. Landsknechte	WAMS
gewandt	AGIL
Gewebeart	FILZ
Gewebekante	EGGE
Gewebestück, Textilgewebe	TUCH
Gewehrteil	LAUF
Geweihteil	ENDE
Gewicht	LAST
Gewicht der Verpackung	TARA
Gewichtsverlust beim Versand	KALO
Gewinn	LOHN
Gewinn, Triumph	SIEG
Gewinn, Überschuß	PLUS
Gewinnverteilungskartell	POOL
Gewogenheit	HULD
gewonnener Wettstreit	SIEG
Gießprodukt	GUSS
Giftgas	CYAN
Giftgas	ZYAN
Giftschlange	NAJA
Gipfel	APEX
Gitterwerk	ROST
glänzender Stoff	SILK
glänzendes Seidengewebe	TAFT
glanzlos	MATT
Glanznummer, -punkt	CLOU
Glanzseide	SILK
Glasermaterial	KITT
glatt	EBEN
Glaukom, Katarakt	STAR
gleich, gleichartig	PARI
gleichgültig	EGAL
Gleichmaß, Tonmaß	TAKT
Gleichwert	PARI
Gleitschiene	KUFE
Gletscherschnee	FIRN
Glied einer Formel	TERM
Glied einer Summe	TERM
Gliedmaße	BEIN
glimmendes Feuer	GLUT
Glimmer	MIKA
Glück	HEIL
Glückspflanze	KLEE
Glücksspiel	FARO
Glücksspiel	HOKA
Goethes Wetzlarer Freundin	BUFF
Göttin der Künste	MUSE
Götze, Götzenbild	IDOL
Goldene Stadt	PRAG

Gold-nerfling ORFE
Golf-schläger-art IRON
Golf-schläger-art WOOD
Golf-Ziel LOCH
Gott der Kanaa-niter BAAL
Gottes-dienst KULT
Grad MASS
Gram LEID
gramma-tisch: Kasus FALL
Grasart AIRA
Grasart DORT
Gras-schnitt MAHD
Gras-stengel HALM
graugelb FALB
Grautier ESEL
Greif-organ HAND
Greisin ALTE
Grenz-abgabe ZOLL
Grenz-land MARK
Grenz-passier-dokument PASS
griech. Anis-brannt-wein OUZO
griech. Beschwörer, Zauberer GOET
griech. Buch-stabe BETA
griech. Buch-stabe IOTA
griech. Buch-stabe JOTA
griech. Buch-stabe ZETA

griech. Erdgöttin GAEA
griech. Fluß ARTA
griech. Fluß der Unterwelt STYX
griech. Götter-botin IRIS
griech. Götter-mutter HERA
griech. Göttin d. Ehe HERA
griech. Göttin d. Gerech-tigkeit DIKE
griech. Göttin d. Jahres-zeiten DIKE
griech. Göttin d. Jugend HEBE
griech. Göttin d. milden Lüfte AURA
griech. Göttin d. Regen-bogens IRIS
griech. Göttin d. Zwie-tracht ERIS
griech. Insel beim Pe-loponnes IDRA
griech. Jubelruf EVOE
griech. Königs-name PAUL
griech. Kolonie in Unter-italien ELEA
griech. Kriegs-göttin ENYO
griech. Kriegs-gott ARES
griech. Land-schaft ELIS

griech. Liebes-gott EROS
griech. Mädchen-standbild KORE
griech. Muse der Ge-schichte KLIO
griech. Nymphe ECHO
griech. Philo-sophen-schule ELEA
griech. Schnaps OUZO
griech. Sieges-göttin NIKE
griech. Stadt ARTA
griech. Titanide RHEA
griech. Vorsilbe: allein MONO
griech. Vorsilbe: anders ALLO
griech. Vorsilbe: außerhalb EKTO
griech. Vorsilbe: bei, neben PARA
griech. Vorsilbe: Billionstel PICO
griech. Vorsilbe: Blut HAEM
griech. Vorsilbe: eigen IDIO
griech. Vorsilbe: eine Million MEGA
griech. Vorsilbe: ein Mil-liardstel NANO
griech. Vorsilbe: fern, weit TELE

griech. Vorsilbe: Freund PHIL
griech. Vorsilbe: fünf PENT
griech. Vorsilbe: Gift TOXI
griech. Vorsilbe: gleich HOMO
griech. Vorsilbe: groß MEGA
griech. Vorsilbe: halb HEMI
griech. Vorsilbe: Hand CHIR
griech. Vorsilbe: herab KATA
griech. Vorsilbe: hundert HEKA
griech. Vorsilbe: hundert HEKT
griech. Vorsilbe: innen ENDO
griech. Vorsilbe: Krank-heits... NOSO
griech. Vorsilbe: Luft AERO
griech. Vorsilbe: milliar-denfach GIGA
griech. Vorsilbe: mit, zwischen META
griech. Vorsilbe: mittel MESO
griech. Vorsilbe: Nerven NEUR
griech. Vorsilbe: Pferd HIPP
griech. Vorsilbe: Salz HALO

griech. Vorsilbe: schwarz MELA
griech. Vorsilbe: schwer BARO
griech. Vorsilbe: schwer BARY
griech. Vorsilbe: sechs HEXA
griech. Vorsilbe: selbst AUTO
griech. Vorsilbe: Stein LITH
griech. Vorsilbe: tausend KILO
griech. Vorsilbe: über, um- PERI
griech. Vorsilbe: unter HYPO
griech. Vorsilbe: viel POLY
griech. Vorsilbe: Volk DEMO
griech. Vorsilbe: weiß LEUK
griech. Vorsilbe: Wort LOGO
griech. Vorsilbe: zehn DEKA
griech. Vorsilbe: zusammen SYLL
griech.: Frau GYNE
griech.: Gärstoff, Hefe ZYMA
griech.: gegen ANTI
griech.: Geist, Vernunft NOUS
griech.: Gottes Majestät DOXA
griech.: Leben BIOS
griech.: Lebewesen ZOON
griech.: Leib SOMA
griech.: Licht PHOS
griech.: Materie HYLE
griech.: Milz LIEN
griech.: neu NEOS
griech.: Stickstoff AZOT
griech.: Tempel NAOS
griech.: Urstoff HYLE
griech.: Wesenheit USIA
Griffstange HOLM
grob, unfein DERB
grober Sand KIES
grober Segelstoff DUCK
grönländische Hauptstadt NUUK
Größe im Showgeschäft STAR
größte Eile SAUS
größte engl. Grafschaft YORK
größter georgischer Fluß KURA
große Eile HAST
großer Empfang ROUT
großer Lymphknoten MILZ
großer Rhein-Zufluß MAIN
großes Fischnetz WATE
großes Gewässer MEER
großes Raubtier BAER
Großfamilie CLAN
Großfürst v. Kiew OLEG
Großherzog v. Luxemburg JEAN
großkörnig GROB
Großspeicher SILO
Großstadtzentrum CITY
Grube LOCH
grünblau BLEU
Gründer d. ersten Reisebüros COOK
Gründerin Karthagos DIDO
grüne Erbsenschote KEBE
grünes Mineral JADE
grünliche Farbe OLIV
Grundbalken d. Wasserfahrzeuge KIEL
Grundfarbe BLAU
Grundfarbe GELB
Grundnahrungsmittel BROT
Grundnahrungsmittel FETT
Grundstoff für Puder TALK
günstige Veranlagung GABE
Gummilinse ZOOM
Gunst, Wohlwollen HULD
Gurkenkraut DILL
gutartige Geschwulst MYOM
gute Passung SITZ
guter Bodenzustand GARE
Gymnastik-Pionier BODE
Haarknoten DUTT
Haarseite beim Samt POIL
Haarseite bei Plüsch POIL
Haarstoff FILZ
Haarwuchs im Gesicht BART
Hader, Wortwechsel ZANK
hänseln UZEN
häßlich MIES
Häuslerwohnung KATE
Hafendamm MOLE
Hafendamm PIER
Hafenstadt am Adriat. Meer BARI
Hafenstadt am Kasp. Meer BAKU
Hafenstadt am Oberrhein KEHL
Hafenstadt auf Sizilien GELA

Hafenstadt in Alaska	NOME
Hafenstadt in Irland	CORK
Hakenschlinge	OESE
Halbaffe	LORI
Halbaffe	MAKI
halbfreier Höriger	LITE
Halbinsel in der Danziger Bucht	HELA
Halbwolle	LANE
Halfagras	ALFA
Halfter, Lenkgeschirr	ZAUM
Halle, großer Raum	SAAL
Halsstück d. Pferderüstung	KANZ
Halt, Aufenthalt	STOP
Haltestelle	STOP
Halunke	LUMP
Hamburg. Theaterleiterin	EHRE
hamitische Sprache	SAHO
Handeln in Zeitnot	EILE
Handelsbrauch, Rechtsbrauch	USUS
Handelsgewicht	UNZE
Handelsgut	WARE
Handgelenk	RIST
Handgriff	HEFT
Handstreich	COUP
Handwärmer	MUFF
Happening-Demonstration	GOIN
Harm	LEID
Harn	URIN
Harnsäuresalz	URAT
hartes Gestein	FELS
hartnäkkig, verbissen	ZAEH
hartschalige Frucht	NUSS
Hartteil d. Bäume	HOLZ
harzreiches Holz	KIEN
Hast	EILE
Haupt	KOPF
Hauptmasse	GROS
Hauptort auf Fehmarn	BURG
Hauptsache	KERN
Hauptstadt der BRD	BONN
Hauptstadt der CSFR	PRAG
Hauptstadt der Fidschi-Inseln	SUVA
Hauptstadt der Malediven	MALE
Hauptstadt der Schweiz	BERN
Hauptstadt der Steiermark	GRAZ
Hauptstadt der Ukraine	KIEW
Hauptstadt des Depart. Aisne	LAON
Hauptstadt des Depart. Calvados	CAEN
Hauptstadt des Depart. Rhone	LYON
Hauptstadt vom Kant. Graubünden	CHUR
Hauptstadt von Aserbaidschan	BAKU
Hauptstadt von Katar	DOHA
Hauptstadt von Oberösterreich	LINZ
Hauptstadt von Ostflandern	GENT
Hauptstadt von Peru	LIMA
Hauptstadt von Schlesw.-Holstein	KIEL
Hauptstadt von Timor	DILI
Hauptstadt von Togo	LOME
Hauptstadt von West-Samoa	APIA
Hauptstern im Walfisch	MIRA
Hauptstern in der Leier	WEGA
Hauptstern in der Schlange	UNUK
Hausfest	FETE
Hausflur	EREN
Hausflur	GANG
Haustier	HUND
Haut am Geweih	BAST
Hautanhangsgebilde	HAAR
Hautausschlag	AKNE
Hautentzündung durch Reibung	WOLF
Hautöffnung	PORE
Havel-Zufluß	RHIN
Hawaii-Insel	MAUI
Hawaii-Insel	OAHU
Hebevorrichtung	KRAN
hebr.: Blutsrächer	GOEL
hebr.: fertig, abgemacht	SELA
Hebriden-Insel	COLL
Hebriden-Insel	EIGG
Hebriden-Insel	IONA
Hebriden-Insel	JURA
Hebriden-Insel	MUCK
Hebriden-Insel	MULL
Hebriden-Insel	SKYE
Hebriden-insel	UIST
Hede	WERG
hefeartiger Pilz	KAHM
heftig, ungezügelt	WILD
heftige Abneigung	HASS
heftiges Verlangen	GIER
heil	GANZ
Heil	WOHL
Heilige der Kirche	AFRA

Heilige der Kirche	ANNA
Heiliger, Missionar d. Pommern	OTTO
Heiliger der Kirche	PIUS
Heiliger der Kirche	VEIT
heiliger Erzbischof v. Köln	ANNO
heiliger Vogel d. Germanen	RABE
heiliger Vogel d. Hindus	PFAU
Heilige Schrift d. Inder	WEDA
heilige Stadt im Iran	GHOM
Heilkundiger	ARZT
Heilpflanze	DOST
Heim	HORT
heimisches Wildtier	HASE
heimliches Gericht	FEME
Heißluftdusche	FOEN
heiter	FROH
Heizgitter	ROST
Heizmaterial	KOKS
Heizmaterial	TORF
Heizungsgerät	OFEN
Heldengedicht	EPOS
hell	KLAR
helle Flamme	LOHE
Henkelkanne	KRUG
Henne	HUHN
Heringsart	ALSE
Heros	HELD
Herrendienst	FRON
Herrenschicht im alten Peru	INKA
Herr in Malaia	TUAN
Hetzjagd	HATZ
Heuhaufen	WALM
heutiger Name v. Poona	PUNE
Hilfszeitwort	SEIN
Himmelblau	AZUR
Himmelskörper	MOND
Himmelsrichtung	NORD
Hindernis beim Pferdespringen	OXER
hinduist. Göttin	KALI
hinduist. Gottheit	AGNI
hinduist. Gottheit	DITI
hinduist. Gottheit	MAJA
hinduist. Gottheit	RAMA
hinduist. Philosophiesystem	YOGA
hinduist. Sekte	SIKH
Hinrichtungsgerät	BEIL
hinterdrein	NACH
hinterer Flugzeugteil	HECK
Hintergäßchen (engl.)	SLUM
Hintergedanke	LIST
Hintergrund	FOND
Hinterlassenschaft	ERBE
Hinterschiff	HECK
Hinterteil	HECK
hinweg	FORT
hinweisendes Fürwort	DIES
hinweisendes Fürwort	DORT
Hirsch, Hirschart	AXIS
Hirschart	ELCH
Hitler-Stellvertreter	HESS
Hobelabfall	SPAN
hochgewachsen	LANG
hochherzig	EDEL
Hochkonjunktur	BOOM
Hochland am Toten Meer	EDOM
Hochrhein-Zufluß	BIRS
Hochschul-Organisation	ASTA
Hochsprung-Stil	FLOP
Hochstufe eines Selbstlauts	GUNA
Hochwasser	FLUT
Hochwasserschutz	DAMM
Hochweide	ALPE
höchstes Wesen	GOTT
Höhenkurort in Vorarlberg	LECH
Höhenzug bei Einbeck	HILS
Höhenzug bei Paderborn	EGGE
Höhenzug im Eichsfeld	DUEN
Höhenzug im Sauerland	EBBE
Höhenzug im Sauerland	HAAR
Höhenzug im Weserbergland	HILS
Höhenzug in Baden-Württ.	JURA
Höhepunkt	CLOU
Höhepunkt einer Krankheit	AKME
hölzernes Rindergeschirr	JOCH
hohes Bauwerk	TURM
Hohlhering	IHLE
holländ. Landschaftsmaler	NEER
holländ. Liedermacher	VEEN
holländ. Scheidemünze	DEUT
holländ. Stillebenmaler	KALF
Holzbearbeitungswerkzeug	BEIL

4

Holzblasinstrument OBOE
Holzfaß KUFE
Holzgewächs BAUM
Holzraummaß STER
Holzrinne LASS
Honigsaft SEIM
Horizontlinie KIMM
Hotelboy PAGE
Hottentotten-Dorf KRAL
Hottentotten-Stamm MAMA
hübsch NETT
Hühnerstange WIEM
Hühnervogel mit Radschwanz PFAU
Hülle, Hülse ETUI
Hütte KOTE
Hufléderhautentzündung REHE
Humber-Zufluß HULL
Humor, Scharfsinn WITZ
hundeartiges Raubtier WOLF
Hundertschaft ZENT
Hundeschwanz RUTE
hurritischer Gott HEPA
Idee, geistiger Inhalt SINN
Illustration BILD
Iltis, Marderart RATZ
im Jahre ANNO
Immergrün EFEU
immerwährend EWIG
Immunschwächekrankheit AIDS
Impfstoffe SERA
im Schachspiel besiegt MATT
Inbegriff KERN
Inbrunst GLUT
indian. Agavefaser PITA
Indianerstamm TANO
Indianerstamm, -sprache HOPI
Indianerzelt TIPI
Indigopflanze ANIL
indische Gelehrtensprache PALI
indische Gottheit DEVA
indische Halbziege THAR
indische Religionsgemeinschaft SIKH
indischer Fakir, Asket YOGI
indischer Feuergott AGNI
indischer Fürstinnentitel RANI
indischer Großbüffel ARNI
indischer Liebesgott KAMA
indischer Meditierender JOGI
indische Röhrenzither VINA
indischer Zwerghirsch PUDU
indische Seide MUGA
indisches Gewicht CHOW
indisches Gewicht SEER
indisches Gewicht TOLA
indisches Stofffärbeverfahren IKAT
indische Stadt AGRA
indische Stadt in Maharaschtra PUNE
indisches Volk BHIL
indisches Wickelgewand SARI
indische Wasserpfeife HUKA
indische Witwe SATI
indones. Fluß auf Sumatra MUSI
indones. Insel BALI
indones. Insel BURU
indones. Insel JAVA
indones. Insel bei Sumatra NIAS
indones. Inselgruppe SAVU
indones. Volksstamm BUGI
indones. Volksstamm MOHA
indones. Wildrind ANOA
Industriestadt in Westfalen MARL
Infektionskrankheit, Dysentrie RUHR
inhaltslos LEER
in hohem Maß SEHR
in naher Zeit BALD
innen DRIN
innen leer HOHL
Innenstadt CITY
innerasiat. Gebirge ALAI
innerasiat. Wüste GOBI
inneraustral. Stadt EYRE
innerste Erdschicht NIFE
Inn-Zufluß ACHE
Insekt KERF
Insektenfresser IGEL
Insektenlarve MADE
Insel bei Malta GOZO
Insel der Kapverden FOGO
insgesamt GANZ
internat. Handelsabkommen GATT
irakische Stadt AKRA
iranisches Nomadenvolk SAKE
iranische Stadt JESD
iranische Währung RIAL

irische Inselgruppe	ARAN
irisch-engl. Autor (Nobelpr.)	SHAW
irischer Darrow-Zufluß	SUIR
irischer Fluß	NORE
irischer Name für Irland	EIRE
irischer Schriftsteller	CARY
Isaaks Sohn	ESAU
islam. Asket	SUFI
islam. Ehrentitel	IMAM
islam. Heiligengrab	WELI
islam. Paradiesjungfrau	HURI
islam. Pflichtenlehre	FIKH
islam. Republik	IRAN
islam. Richter	KADI
islam. Vorbeter	IMAM
islam.: Glaube	IMAN
Isoliermittel, -stoff	KORK
israel. Fluggesellschaft	ELAL
israel. Politikerin	MEIR
Israelit	JUDE
israelitischer Stamm	JUDA
israelitischer Stamm	LEVI
israelitischer Stammvater	JUDA
ital. Adelsfamilie	ESTE
ital. Adriahafen	FANO
ital. Barockmaler	RENI
ital. Dudelsack	PIVA
ital. Fingerspiel	MORA
ital. Frauenname	MONA
ital. Humanist, Neuplatoniker	PICO
ital. Kfz-Marke	FIAT
ital. Komponist (erste Oper)	PERI
ital. Kurort am Gardasee	RIVA
ital. Langstreckenrennen	GIRO
ital. Männername	VITO
ital. Maler	AFRO
ital. Maler	CIMA
ital. Maler (17. Jh.)	ROSA
ital. Melodietypus	RAGA
ital. Mittelmeerinsel	ELBA
ital. Nachrichtenagentur	ANSA
ital. Name von Pula	POLA
ital. Ordensgründer, Heiliger	NERI
ital. Politiker	MORO
ital. Schauspielerin	DUSE
ital. Schauspielerin	MUTI
ital. Schauspieler und Regisseur	SICA
ital. Schriftsteller	LEVI
ital. serieller Komponist	NONO
ital. Stadt am Arno	PISA
ital. Stadt am Frassine	ESTE
ital. Stadt am Tiber	TODI
ital. Stadt an der Brenta	DOLO
ital. Stadt an der Dora Riparia	SUSA
ital. Stadt in Kampanien	NOLA
ital. Volkstanz	PIVA
ital. Währung	LIRA
ital. Weinort	ASTI
ital. Weinsorte	ASTI
ital. Weinsorte	FARO
ital. Weinsorte	GIRO
ital.: Abend	SERA
ital.: acht	OTTO
ital.: allein	SOLO
ital.: Badestrand	LIDO
ital.: Berggipfel	CIMA
ital.: Bewegung	MOTO
ital.: Brot	PANE
ital.: Ende	FINE
ital.: Friede	PACE
ital.: Führer	DUCE
ital.: Fuge	FUGA
ital.: gut	BENE
ital.: Haus	CASA
ital.: Herzogin	DUCA
ital.: heute	OGGI
ital.: hoch	ALTO
ital.: Jahr	ANNO
ital.: Jesus	GESU
ital.: Lebewohl	CIAO
ital.: Leuchtturm	FARO
ital.: Meer	MARE
ital.: Mond	LUNA
ital.: neun	NOVE
ital.: Rom	ROMA
ital.: See	LAGO
ital.: siehe da, na also!	ECCO
ital.: so	COSI
ital.: Sonne	SOLE
ital.: Stimme	VOCE

ital.: Vorarbeiter, Leiter	CAPO
ital.: Wein	VINO
ital.: wenig	POCO
ital.: weniger	MENO
ital.: wie	COME
Jacke, Joppe	ROCK
Jägerei	JAGD
Jägerrucksack	ASER
jagdbares Tier	WILD
Jagdergebnis	FANG
Jaguar	UNZE
Jahrmarkt	DULT
Jakobs Bruder	ESAU
Jammer	LEID
japan. Admiral	TOGO
japan. Elfenbeindöschen	INRO
japan. Gewicht	KWAN
japan. Hafenstadt auf Hondo	KOBE
japan. Hafenstadt auf Hondo	KURE
japan. Kampfsport	BUDO
japan. Kampfsport	JUDO
japan. Kampfsport, Ringen	SUMO
japan. Keramik	XAKI
japan. Komponist	ISHI
japan. Lackdose	INRO
japan. Lauteninstrument	BIWA
japan. Mediziner	HATA
japan. Politiker, Staatsmann	SATO
japan. Reiswein	SAKE
japan. Saiteninstrument	KOTO
japan. Stadt am Biwasee	OTSU
japan. Stadt auf Hondo	GIFU
japan. Stadt auf Hondo	KOFU
japan. Stadt auf Hondo	MITO
japan. Stadt auf Kiuschu	OITA
japan. Stadt auf Kiuschu	SAGA
japan. Stadt auf Okinawa	NAHA
japan. Tragstuhl	KAGO
japan. Ureinwohner	AINU
japan. Wallfahrtsort	NARA
japan. Winteraster	KIKU
Jauchzruf	JUHE
Jazzgesang	SCAT
Jazzgesangstil	SOUL
Jazzmelodietechnik	RIFF
Jazzmusikstil	SOUL
Jazzorchester, -ensemble	BAND
Jazzsängerin	HILL
jedoch	ABER
jemenit. Hauptstadt	SANA
jemenit. Stadt	TAIS
jetzt	EBEN
jidd.: Geschwätz, Unsinn	KOHL
jidd.: steifer Hut	KOKS
jidd.: Zank	ZOFF
jordan. Münze	FILS
jordan. Stadt	MAAN
Jubelruf der Bacchanten	EVOE
jüdischer König	AHAB
jüdischer Priester	ESRA
jüdischer Schriftsteller	ASCH
jüdisch: Vater	TATE
Jüngling	TWEN
Jugendliche, Jugendlicher	TWEN
jugoslaw. Münze	PARA
jugoslaw. Staatsmann	TITO
Junge	BUBE
junger Mensch	KIND
junger Trieb	REIS
junger Wein	MOST
junges Schaf	LAMM
Jungknecht	ENKE
Jungreh	KITZ
Jungrind	KALB
Juraformation	LIAS
Juwelen- u. Perlengewicht	CHOW
Kabarettlied	SONG
Käfig, Verschlag	KAUE
Käsekessel	WELL
Käsestadt in Holland	EDAM
käuflich	FEIL
Kaffeerückstand	SATZ
Kaffeestube	CAFE
Kaffernhirse	DARI
Kahn	BOOT
Kahn, Nachen	NAUE
Kains Bruder	ABEL
Kalifenname	OMAR
Kaliumsalz	KALI
kalte Frauenschönheit	VAMP
kalter Adriawind	BORA
Kalziummineral	KALK
kambodschan. Währungseinheit	RIEL
Kamera-Einstellung	SHOT
Kameramarke	AGFA
Kammer, Stube	RAUM
Kampfbahn beim Reitsport	TURF
Kampferfolg	SIEG

Kampf-flugzeug-verband	PULK
Kampf-gericht	JURY
Kampf-platz beim Boxen	RING
Kampf-platz beim Sport	FELD
Kampf-wagen, Panzer-wagen	TANK
kanad. Stadt i. d. Prov. Quebec	HULL
Kanal-insel	HERM
Kaneel, tropisch. Gewürz	ZIMT
Kaninchen	HASE
Kante, Saum	RAND
Kanzel in oriental. Kirchen	BEMA
Kap-Holländer	BURE
Kap in Süd-spanien	GATA
Kapital-ertrag	ZINS
Kap-verdische Insel	MAIO
karnevals-toll	JECK
Karolinen-insel	TRUK
Karpfen-art, -fisch	BLEI
Karpfen-art, -fisch	NASE
Karten-farbe	KARO
Karten-handspiel	SOLO
Karten-spiel	BETE
Karten-spiel	FARO
Karten-spiel	JASS
Karten-spiel	POCH
Karten-spiel	SKAT
Karten-spiel	TAPP
Kartoffel-gebäck	CHIP
Karyatide	KORE
Kasaken-lied	DUMA
Kassen-schrank, Panzer-schrank	SAFE
Kastell	BURG
Kasten	LADE
kasten-förm. Förder-wagen	HUNT
Kater in der Fabel	MURR
kathol. Stunden-gebet	HORA
kathol. Stunden-gebet	NONE
Kattun-gewebe	ZITZ
Katzen-fisch, Schlamm-fisch	WELS
Katzenruf	MIAU
kaufmän-nische Rechnung	NOTE
kaufmän-nisch: am Ort	LOCO
kaufmän-nisch: heute	DATO
kaufmän-nisch: sofort lieferbar	SPOT
kaukas. Sprache	DAGI
kaukas. Steinbock	TUER
Kauwerk-zeug	ZAHN
Kauz	EULE
Kegel-spitze	APEX
Keile	HAUE
Keiler	EBER
Keimgut, Pflanzgut	SAAT
Keim-zelle, Saatkorn	SAME
keine Milch gebend	GELT
Kellner	OBER
Kelter-kasten	BIET
keltischer Kriegs-gott	ESUS
keltischer Name v. Irland	ERIN
keltischer Sagen-könig	LEAR
keltische Sprache auf d. Insel Man	MANX
keltisch: Binnen-see	LOCH
kenntnis-reich	FIRM
Keratin	HORN
Kerbtier	KERF
Kernreak-torbrenn-kammer	CORE
Kerzen-schnuppe	BUTZ
keß	KECK
Kettgarn	WARP
Keulen-stück des Rindes	ZIEM
Kfz-Zchn. Bad Dürk-heim Weinstr.	DUEW
Kfz-Zchn. Bad Tölz Wolfrats-hausen	TOEL
Kfz-Zchn. Büdingen Ober-hessen	BUED
Kfz-Zchn. Büren Westfalen	BUER
Kfz-Zchn. Büsingen Hoch-rhein	BUES
Kfz-Zchn. Bützow	BUEZ
Kfz-Zchn. Eider-stedt in Tönning	TOEN
Kfz-Zchn. Fidschi	FIJI
Kfz-Zchn. Flöha	FLOE
Kfz-Zchn. Füssen	FUES
Kfz-Zchn. Han-noversch Münden	HMUE
Kfz-Zchn. Höchstadt Aisch	HOES
Kfz-Zchn. Hohen-lohekreis Künzelsau	KUEN
Kfz-Zchn. Jülich	JUEL
Kfz-Zchn. Köthen	KOET
Kfz-Zchn. Kötzting	KOEZ
Kfz-Zchn. Löbau	LOEB
Kfz-Zchn. Lünen	LUEN
Kfz-Zchn. Müllheim Baden	MUEL
Kfz-Zchn. Münch-berg	MUEB
Kfz-Zchn. Münsingen	MUEN
Kfz-Zchn. Neustadt a. Rüben-berge	NRUE
Kfz-Zchn. Öhringen	OEHR

Kfz-Zchn. Plön/ Holstein	PLOE
Kfz-Zchn. Prüm/ Eifel	PRUE
Kfz-Zchn. Rheingau-Taunus-Kreis	RUED
Kfz-Zchn. Rüdes-heim	RUED
Kfz-Zchn. Säckingen	SAEK
Kfz-Zchn. Schlüch-tern	SLUE
Kfz-Zchn. Schwab-münchen	SMUE
Kfz-Zchn. Söm-merda	SOEM
Kfz-Zchn. Südliche Wein-straße	SUEW
Kiliman-dscharo-Gipfel	KIBO
Kinder-mundtuch	LATZ
Kinder-spielzeug	BALL
kinder-spr.: Urin	PIPI
Kinder-tages-stätte	HORT
Kinder-trompete	TUTE
kindlich	NAIV
Kino-stück	FILM
Kipp-förderer	SKIP
Kipp-wagen	LORE
Kirchen-aus-schluß	BANN
Kirchen-versamm-lung	SEND
kirchl. Liedform	LEIS
Kitzel	REIZ
Kladde	HEFT
Klang	LAUT
klarer Schnaps	KORN
Klebe-material, Klebstoff	LEIM
Kleider-rand, Besatz	SAUM
Kleider-sitte	MODE
Kleider-stoff	ZEUG
Kleider-zierat	PUTZ
kleine Brücke, Laufbrett	STEG
kleine Deich-schleuse	SIEL
kleine Eule	KAUZ
kleine Insel	HOLM
kleine Ostsee-bucht	WIEK
kleine Rech-nung	NOTA
kleiner Feldbahn-wagen	LORE
kleiner Fisch	ILSE
kleiner Kerl	MATZ
kleiner Ort	DORF
kleiner Sprung	HUPF
kleiner Wald	HAIN
kleiner Wandel-stern	NYSA
kleiner Weißfisch	ALBE
kleiner Zweig	REIS
kleiner Zwei-master	EWER
kleines Bauern-haus	KATE
kleines Boot	KAHN
kleines Fließ-gewässer	BACH
kleines Fracht-schiff	KAHN
kleine Spalte	RITZ
kleines Pelztier	NERZ
Kleinhan-delsware	KRAM
kleinstes Materie-teilchen	ATOM
klein-wüchsiges Pferd	PONY
Kleister	LEIM
Klepper, Gaul	ROSS
Kletter-pflanze	EFEU
Klinik-gründer in Roche-ster	MAYO
Klippen-kette	RIFF
Knabe	BUBE
Knauserei	GEIZ
Knecht-schaft	JOCH
kniefreier Rock	MINI
Knie-scheiben-schaden b. Vieh	RAMM
Knochen	BEIN
Knochen-inneres	MARK
Knöchel	ANKE
knöchel-langer Rock	JUPE
knöchel-langer Rock	MAXI
Kobold	BUTZ
Kobold	GNOM
Kobold, Hexe	DRUD
Koch-gefäß	TOPF
Kochsalz-lösung	SOLE
Koch-stelle	HERD
Königs-berger Philosoph	KANT
König von Ägypten	FUAD
König von Israel	JEHU
König von Israel	JOAS
König von Israel	SAUL
König von Lokris	AJAX
König von Saudi-Arabien	FAHD
Körner-frucht	MAIS
körnig verwitter-tes Gestein	GRUS
Körper	LEIB
Körper, Leib (griech.)	SOMA
körper-eigenes Hormon	ACTH
Körper-flüssig-keit	BLUT
Körper-hülle	HAUT
Körper-organ	MILZ
Körper-teil	HALS
Körper-teil	KOPF
Kohlen-, Stick-stoffver-bindung	ZYAN

Kohlenklein	GRUS
kohlensaures Kalzium	KALK
Kohlenwasserstoff	DIEN
Kokainpflanze	KOKA
Kolbenfrucht	MAIS
kolumbian. Fluß	META
kolumbian. Stadt	CALI
kolumbian. Währungseinheit	PESO
Kometenkernhülle	KOMA
Komp. d. »Dollarprinzessin«	FALL
Komp. d. »Madame Pompadour«	FALL
Komp. d. »Postillon von Lonjumeau«	ADAM
Komp. d. »Rose von Stambul«	FALL
Komp. d. Balletts »Giselle«	ADAM
Komp. d. Musicals »Anatevka«	BOCK
Komp. d. Musicals »Show Boat«	KERN
Komp. d. Oper »Der Corregidor«	WOLF
Komp. d. Oper »Der Mond«	ORFF
Komp. d. Oper »Die Bernauerin«	ORFF
Komp. d. Oper »Die Kluge«	ORFF
Komp. d. Oper »Lulu«	BERG
Komp. d. Oper »Wozzeck«	BERG
Komp. d. Operette »Der fidele Bauer«	FALL
Komp. v. »Wenn ich König wär«	ADAM
Kompositionsabschnitt	SATZ
konfus, verworren	WIRR
Konglomeratgestein	FLUH
Konkurs, Zusammenbruch	RUIN
Kontobelastung	SOLL
Kopfschutz	HELM
Koran-Abschnitt	SURE
korean. Grenzfluß	JALU
korean. Münze	CHON
Kornblume	RADE
Kornreiniger	FEGE
Korridor	FLUR
Korridor	GANG
Koseform v. Helena	LENI
Kosename der Mutter	MAMA
Kosename des Vaters	PAPA
Kosename des Vaters	PAPS
Kosmos, Schöpfung	WELT
kostbar	EDEL
kräftig, lüstern	GEIL
Kraftfahrzeug, -wagen	AUTO
kraftlos	FLAU
kraftlos	MATT
Kralle d. Raubvogels	FANG
Kram, Flitter	TAND
Krankheitserreger	KEIM
Krankheitsursache	NOXE
Kratersee der Eifel	MAAR
krauser Stoff	CURL
Krebstierlarve	ZOEA
Kreditanstalt	BANK
Kreis	RING
kreisförmig, gebogen	RUND
krempenloser Hut	BIBI
Kreuzesinschrift	INRI
Kristallform	DOMA
kroat. Adriahafen	PULA
kuban. Währungseinheit	PESO
Kuchengewürz	ANIS
Küferkanne	TEUT
Kühnheit, Schneid	MUMM
Kümmelschnaps	KOEM
künstl. Kautschuk	BUNA
Künstlerhonorar	GAGE
künstlerische Schöpfung	WERK
Küstenlandsch. d. Peloponnes	ELIS
Küstenwurm	PIER
Kukuruz	MAIS
Kulturpflanze der Tropen	KOKA
Kulturpflanze der Tropen	KOLA
Kummer	HARM
Kummer	LEID
Kunde	MAER
Kunstflugfigur	TURN
Kunstgriff	DREH
Kunstleder	SKAI
Kunstwerk	OPUS
Kurort am Neckar	SULZ
Kurort am Thuner See	THUN
Kurort an der Schwäb. Alb	BOLL
Kurort im Kanton Wallis	BRIG
Kurort in der Eifel	DAUN
Kurs	BAHN
kurze Filmszene	SPOT
kurze Reise	TRIP

4

kurzes leichtes Klopfen	TICK
kurz f. Akkumulator	AKKU
kurz f. Alexander	ALEX
kurz f. Alfons	FONS
kurz f. Alfred	FRED
kurz f. Andreas	ANDI
kurz f. Anton, Antonia	TONI
kurz f. Apollonia	LONI
kurz f. auf das	AUFS
kurz f. Beatrix	TRIX
kurz f. bei dem	BEIM
kurz f. Berthold	BERT
kurz f. Christina	TINA
kurz f. Christine	TINE
kurz f. daran	DRAN
kurz f. darin	DRIN
kurz f. darum	DRUM
kurz f. Demonstration	DEMO
kurz f. Dietmar	TIMM
kurz f. Dolores	LOLA
kurz f. Dorothea	DORA
kurz f. Dorothea	THEA
kurz f. Durchgangszug	DZUG
kurz f. Eilzug	EZUG
kurz f. Elektrolytkondensator	ELKO
kurz f. Eleonora	NORA
kurz f. Eleonore	LORE
kurz f. Elfriede	ELFI
kurz f. Elisabeth	ELSA
kurz f. Faktum	FAKT
kurz f. Gabriele	GABI
kurz f. Gangsterbande	GANG
kurz f. Gentleman	GENT
kurz f. Hedwig	HEDE
kurz f. Hedwig	HEDI
kurz f. Heinrich	HEIN
kurz f. Heinrich	HINZ
kurz f. Helena	LENE
kurz f. herauf	RAUF
kurz f. herein	REIN
kurz f. Ingeborg	INGE
kurz f. Johannes	HANS
kurz f. Josef	SEPP
kurz f. Juliana	JULE
kurz f. Karolina	LINA
kurz f. Konrad	KUNO
kurz f. Konrad	KUNZ
kurz f. Konrad	KURT
kurz f. Kraftrad	KRAD
kurz f. Limonade	LIMO
kurz f. Ludwig	LUTZ
kurz f. Margherita	RITA
kurz f. Mathilde	META
kurz f. minimal	MINI
kurz f. Oberleitungsbus	OBUS
kurz f. Reißverschluß	ZIPP
kurz f. Rosemarie	ROSI
kurz f. Rudolf	ROLF
kurz f. Rudolf	RUDI
kurz f. Sanitäter	SANI
kurz f. Slowfox	SLOW
kurz f. Sozialdemokrat	SOZI
kurz f. Spotlicht	SPOT
kurz f. Stanley	STAN
kurz f. Straßenbahn	TRAM
kurz f. Theoderich, Dietrich	TILL
kurz f. Theodor	THEO
kurz f. Theresia	RESI
kurz f. Ulrike	RIKE
kurz f. Ursula	ULLA
kurz f. Veloziped	VELO
kurz f. vor das	VORS
kurz f. vor dem	VORM
kurz f. Wilhelm	WILM
kurz f. Wilhelmina	MINA
kurz f. Wilhelmina	MINE
kurz f. William	BILL
kurz f. Wolfgang	WOLF
kurzschnauz. Hunderasse	MOPS
kurzsichtig	MYOP
Kusine	BASE
Kutter, Seglerart	YAWL
Lachs, Edelfisch	SALM
Lachsforelle	ANKE
Lachsforelle	ASCH
Lade	FACH
Ladeöffnung	LUKE
ländliche Gemeinde	DORF
länglicher Einschnitt	FUGE
längliches Fäßchen	PIPE
länglichrund	OVAL
längsgerippter Stoff	CORD
längsstreifig gemust. Gewebe	RAYE
Laffe	FANT
Lager	KAMP
Lagune	HAFF
Lahn-Zufluß	DILL
Lama-Art	PAKO
Lampe in der Tierfabel	HASE
Lampenruß	BLAK

Landanteil einer Bauernwirtschaft	HUFE
Landarbeiterin	MAGD
Landeplatz für Flugzeuge (engl.)	BASE
Landeplatz für Schiffe	KAJE
Landmaß (30 Morgen)	HUFE
Landschaft östl. von Paris	BRIE
Landschaftsgarten	PARK
Landsknechtspieß	PIKE
Landstreitkräfte	HEER
landwirtschaftl. Nutzfläche	FELD
langer Hohlzylinder	ROHR
langer Stock, Stange	STAB
Langfinger	DIEB
Langfisch	LENG
Langobardenkönig	TATO
Langspieß	PIKE
Lanzenreiter	ULAN
laotisches Volk	XAOE
Lappenzelt	KOTE
Last	JOCH
Lastenheber	KRAN
Lastschiff	HOLK
Lasttier	ESEL
latein. Abschiedsgruß	VALE
latein. Vorsilbe: erst	PRIM
latein. Vorsilbe: halb	SEMI
latein. Vorsilbe: Milch	LAKT
latein. Vorsilbe: vor	PRAE
latein. Vorsilbe: Zehntel	DEZI
latein.: acht	OCTO
latein.: Achtung, hüte dich	CAVE
latein.: After	ANUS
latein.: also, folglich	ERGO
latein.: ausreichend, gebührend	RITE
latein.: beide	AMBO
latein.: Berg	MONS
latein.: Brücke	PONS
latein.: China	SINA
latein.: dasselbe	IDEM
latein.: der Fromme	PIUS
latein.: derselbe	IDEM
latein.: die Nährende	ALMA
latein.: drei	TRES
latein.: ebenso, ferner	ITEM
latein.: einst	OLIM
latein.: es geschehe	FIAT
latein.: Fläche, Hof	AREA
latein.: Fließen	FLUX
latein.: Geist	MENS
latein.: Genehmigung	FIAT
latein.: Geruch	ODOR
latein.: Gott	DEUS
latein.: Griff	ANSA
latein.: gut, wohl	BENE
latein.: Hoffnung	SPES
latein.: horch!	AUDI
latein.: ich habe gesprochen!	DIXI
latein.: im Jahre	ANNO
latein.: Kind	PUER
latein.: Kreuz	CRUX
latein.: Leben	VITA
latein.: lebe wohl	VALE
latein.: Liebe	AMOR
latein.: Lob	LAUS
latein.: Meer	MARE
latein.: Mensch	HOMO
latein.: mißbräuchlich	ABUS
latein.: Mond	LUNA
latein.: nach	POST
latein.: niemand	NEMO
latein.: ohne	SINE
latein.: Ordnung	ORDO
latein.: Rad	ROTA
latein.: Seife	SAPO
latein.: sein	ESSE
latein.: siehe!	VIDE
latein.: Sorge	CURA
latein.: Stadt	URBS
latein.: streiche!	DELE
latein.: Stunde	HORA
latein.: Tag	DIES
latein.: Taten	ACTA
latein.: Teil	PARS
latein.: Tod	MORS
latein.: Volk	GENS
latein.: vor	ANTE
latein.: Wachs	CERA
latein.: was	QUID
latein.: Wasser	AQUA
latein.: wenn nicht	NISI
latein.: wer	QUIS
latein.: Werk	OPUS
latein.: weshalb	QUOD
latein.: Würfel	ALEA
latein.: Zahn	DENS
Laubbaum (Birkengewächs)	ERLE

Laubholzschößling	LODE
Laufschiene	KUFE
Lauge	BASE
Leanders Geliebte	HERO
Lebensgemeinschaft e. Ortes	BIOM
Lebenshauch	ATEM
Lebenshauch	ODEM
Lebenslauf	VITA
Lebenssaft	BLUT
lebenzerstörender Stoff	GIFT
Lebewesen, Kreatur	TIER
Lederart	AFER
ledig	FREI
Lehrertisch, Rednerplatz	PULT
Lehrgang	KURS
Leibriemen	GURT
leichtathletische Disziplin, Übung	WURF
leichter Schlag	TAPP
leichter Stoß	BUMS
leichtes türk. Ruderboot	KAIK
Leid, Plage	PEIN
leidenschaftl. Wut	RAGE
Leier	LYRA
Leine-Zufluß	ILME
Leistenbeugenschwellung	BUBO
Leiste zwischen Stuhlbeinen	WUGE
Leistungsvorgabe	SOLL
Leistungsziel	SOLL
Leitungsverbund	NETZ
Lemur, Lemuride	LORI
Lemur, Lemuride	MAKI
Lemur, Maki	VARI
Lesebühne, Pult	AMBO
lettische Hauptstadt	RIGA
letzte Kaiserin Österreichs	ZITA
letzter Kaiser Chinas	PUYI
letzter König Albaniens	ZOGU
letzter Ostgotenkönig	TEJA
letzte Ruhestätte	GRAB
libysche Oase	GHAT
libysche Provinz	SURT
licht	HELL
Lichtbild	FOTO
Lichtbildstreifen	FILM
Lichthof um Gestirne	HALO
Lichtspielhaus	KINO
Liebesbeweis	KUSS
Limmat-Zufluß	SIHL
lind	MILD
linke Kontoseite	SOLL
Linsenfehler	KOMA
Loch beim Golf	HOLE
Loch in der Nadel	OEHR
locker	LOSE
lockere Erde	MULM
lodernde Flamme	LOHE
Loire-Zufluß	ANCE
Loire-Zufluß	CHER
Londoner Stadtbezirk	SOHO
lothring. Hauptstadt	METZ
Lüge, Täuschung	TRUG
Luftreise	FLUG
Luftschloß	TRUG
lustige Feier	FETE
Lustsuche	LUES
Lustwäldchen	HAIN
luxemb. Mosel-Zufluß	SURE
luxemb. Stadt	ESCH
Lymphknotenschwellung	BUBO
Lymphorgan	MILZ
Maas-Zufluß	ROER
Madeirawein	BOAL
Madrider Fußballklub	REAL
mährischer Oder-Zufluß	OPPA
Männchen von Wiederkäuern	BOCK
Männername	ALEX
Männername	ARNO
Männername	AXEL
Männername	BODO
Männername	GERD
Männername	GERT
Männername	GOLO
Männername	HANS
Männername	HUGO
Männername	INGO
Männername	KARL
Männername	RALF
Männername	TILO
Männername	WULF
männl. Haustier	BOCK
männl. Kind	SOHN
männl. Reh	BOCK
männl. Schaf	BOCK
männl. Schwein	EBER
männl. Ziege	BOCK
Mär, Märchen	FAMA
Mär, Überlieferung	SAGE

Märchenfigur	ELFE
Märchenfigur	HEXE
Märchenfigur	MUCK
märchenhafter Riesenvogel	ROCK
Märchenvogel, Riesenvogel	ROCH
mäßig heiß	WARM
Magnetband	TAPE
Mahlprodukt	MEHL
Maiblumenstrauß	MAIE
Maifisch	ALSE
Main-Zufluß	KAHL
Main-Zufluß	LOHR
Main-Zufluß aus dem Spessart	SINN
Maiseiweiß	ZEIN
Makrelenart	THUN
Malaiendolch	KRIS
Malaienvolk	BUGI
malaiisches Auslegerboot	PRAU
malaiisches Färbeverfahren	IKAT
malaiisches Kokosfasergarn	COIR
malaiisches Pfeilgift	UPAS
Manneszier	BART
Mannsbild	KERL
Mannschaft	TEAM
Mann v. Bathseba	URIA
Mann v. Eva	ADAM
Manuskript, Wortlaut	TEXT
Marderart	NERZ
Marderhund	ENOK
Marianeninsel	GUAM
Marianeninsel	ROTA
Marinedienstgrad	MAAT
Marke an Meßinstrumenten	MIRE
Markgraf der Ostmark	GERO
Markierung an Meßapparaten	GRAD
Marktstand	BUDE
marokkan. Atlantikhafen	SAFI
marokkan. Stadt	TAZA
Marsch, Marschboden	FENN
Marsch-, Wanderpause	RAST
Marter, Pein	QUAL
Maschinerie, Industriebetrieb	WERK
masernartiger Hautausschlag	RASH
Maß der elektr. Spannung	VOLT
Maßeinheit d. Radioaktivität	EMAN
Maß für Dunkelleuchtdichte	SKOT
Maß für elektr. Leistung	WATT
Maßstab	NORM
Mastkorb	MARS
Mastspitze	TOPP
Matrize	FORM
matt	FLAU
Mauer	WAND
Mauerbewurf	PUTZ
Mauerritze	FUGE
Mauerstirn	ANTE
mauretan. Stadt	ATAR
mecklenburg. Stadt an der Elde	PLAU
medizin.: Aderhaut des Auges	UVEA
medizin.: Ellenbogen	ULNA
medizin.: Handfläche	VOLA
medizin.: Harnstoff	UREA
medizin.: Hüfte	COXA
medizin.: Mittelfleisch	DAMM
medizin.: Schwund	USUR
Mediziner	ARZT
Meeresalgen	TANG
Meeresbewegung	TIDE
Meeresbucht	GOLF
Meerespflanze	ALGE
Meereswelle	WOGE
Mehlschwitze	ROUX
mehr, zuzüglich	PLUS
Mehrfachzwirn	KORD
Mehrheit, Masse	GROS
mehrsätziges Tonstück	FUGE
mehrstimm. Tonwerk	FUGE
Meistersinger b. Wagner	ZORN
Memel-Mündungsarm	RUSS
Meridianzeichen	MIRE
Merk (botan.)	SIUM
Meßpfahl	BAKE
Metallbolzen	NIET
metalldurchwirkter Stoff	LAME
Metallschlaufe	OESE
mexikan. Währungseinheit	PESO
Miesmacher, Unheilverkünder	UNKE
Mietdroschke	TAXE
Mietdroschke	TAXI
Miete, Pacht	ZINS
mikrones. Insel	TRUK
mikrones. Stadt	MOEN
milchgebend	MELK

milchsaft-führende Pflanze	MOHN
militär. Führung	STAB
militär. Kopfbedeckung	HELM
militär. Ordnung	ZACK
Mineralölgesellschaft	ESSO
Mischfarbe	GRAU
Mißgeschick, Malheur	PECH
Mißgunst	NEID
Missionar am Rhein	GOAR
Mississippi-Zufluß	OHIO
Mist	DUNG
Mitarbeiterstab	TEAM
mittelalterl. Abgabe, Steuer	BEDE
mittelalterl. Bauernhof	HUFE
mittelalterl. Befestigung	BURG
mittelalterl. Seuche	PEST
mittelalterl.: fahrende Habe	FEOD
mittelchilen. Hafenstadt	LOTA
mittelchines. Stadt	SIAN
mittelchines. Stadt	XIAN
mittelfranz. Departement	CHER
Mittelhülse des Rades	NABE
mittelindische Sprache	PALI
Mittelmeerpflanze	RHUS
mittelmexikan. Stadt	LEON
Mittelpunkt	KERN
Mittelrhein-Zufluß	RUHR
Mittelrhein-Zufluß	WIED
mittelschwed. Stadt am Siljansee	MORA
Modenarr	GECK
Moderdunst	MUFF
moderner Lebensstil	PUNK
moderner Musikstil	BEAT
moderner Musikstil	JAZZ
moderner Musikstil	PUNK
moderner Musikstil	ROCK
moderner Tanz	JIVE
Modestil	LOOK
Modus	FORM
Möbelstück	BANK
Mörtelschicht auf Mauerwerk	PUTZ
Mohammeds Helfer	OMAR
Mohrenhirse	DARA
Mohrenhirse	DARI
Molke von Süßmilch	JUTE
Molton	MOLL
Molukkeninsel	BURU
Monatsname	JULI
Monatsname	JUNI
Mondebene	MARE
Mondkalb, Windei	MOLE
Moneten	GELD
mongol. Stutenmilchschnaps	ARSA
Moor	LUCH
Moor	MIES
Moor, Sumpf	VENN
Morast	MOOR
Morast, Moor	RIED
Morawa-Zufluß	IBAR
Morgengebet des Breviers	PRIM
morphiumliefernde Pflanze	MOHN
Mosel-Zufluß	ACHE
Mosel-Zufluß	ELTZ
Mosel-Zufluß	KYLL
Mosel-Zufluß	SAAR
Mosel-Zufluß aus der Eifel	SALM
Mostrich, Gewürz	SENF
Motorfahrrad	MOFA
müde, schwach	MATT
Mühlenprodukt	MEHL
Mühlensandstein	GRIT
Mühltrichter	GOSS
Münchner Pferderennplatz	RIEM
mündlich	ORAL
Mündungsarm d. Rheins	WAAL
Münze im Irak	FILS
Münze in Australien	CENT
Münze in Birma	PYAS
Münze in Indien	PAIS
Münze in Kuwait	FILS
Münze in Malta	MILS
Münze in Pakistan	PAIS
mundartl. f. Achselhöhle	UCHS
mundartl. f. Blindschleiche	ARRE
mundartl. f. Deich	KADE
mundartl. f. Eber	WATZ
mundartl. f. Eintagsfliege	HAFT
mundartl. f. Erdböschung	PAPE
mundartl. f. Faser	ZASE
mundartl. f. Gauner	HAKE
mundartl. f. Gerüst	BIET
mundartl. f. Hacke	HAUE
mundartl. f. hell, sauber	GLAU
mundartl. f. Kreisel	DORL
mundartl. f. Küken	BIBI

mundartl. f. "nicht wahr?" GELT
mundartl. f. Obstwein LEIT
mundartl. f. Pate DOTE
mundartl. f. Schaum FAUM
mundartl. f. steil, jäh JACH
mundartl. f. Uhu HAUN
mundartl. f. Verstimmung FLAG
mundartl. f. Windstoß FLAG
mundartl. f. zäh, scheu ZACH
Mundschleimhautentzündung NOMA
Mundschleimhautentzündung SOOR
munter AGIL
munter, fleißig REGE
Mus BREI
Musical v. McDermot HAIR
Musical v. Webber CATS
musikal. Anhang CODA
musikal. Werk OPUS
musikal.: Anfang eines Stücks CAPO
musikal.: betonter Taktteil BEAT
musikal.: Bewegung MOTO
musikal.: Bogenstrich ARCO
musikal.: Feuer BRIO
musikal.: Schwung BRIO
musikal.: Stimme PART
musikalisches Bühnenwerk OPER
Musikausdruck f. ein wenig POCO
Musikdrama OPER
Musikstück für drei TRIO
Musikzeichen in den Psalmen SELA
Muskelfasergeschwulst MYOM
Muskelzucken TICK
Muße, Entspannung RUHE
Mutter Buddhas MAYA
Mutter v. Apoll LETO
Mutter v. Artemis LETO
Mutter v. Buddha MAJA
Mutter v. Hermes MAIA
Mutter v. Kastor LEDA
Mutter v. Maria ANNA
Mutter v. Pollux LEDA
Mutter v. Poseidon RHEA
Mutter v. Zeus RHEA
Naab-Zufluß VILS
Nachen BOOT
Nachklang HALL
Nachkomme KIND
Nachlaß ERBE
Nachlaßempfänger ERBE
Nachrede FAMA
Nachrichtenüberbringer BOTE
Nachtfalter EULE
Nachtgreifvogel EULE
Nachtlager BETT
Nackenstück v. Schlachttieren KAMM
Nadelbaum EIBE
Nadelwald TANN
Nähmaterial GARN
Nährmutter AMME
nämlich ZWAR
närrisch, verrückt TOLL
nagender Kummer GRAM
Nagetier MAUS
nagetierähnliche Art HASE
Nahe-Zufluß GLAN
Nahrung, Verpflegung KOST
Name von fünf Päpsten PAUL
Name von zwölf Päpsten PIUS
Name zweier schweiz. Flüsse EMME
Narr, Stutzer GECK
Nasenschleim ROTZ
Natriumkarbonat SODA
natürlicher Kopfschmuck HAAR
Naturdünger MIST
Naturschutzgebiet in den USA ZION
ndtsch. f. Dietrich DIRK
ndtsch. f. Klaus, Nikolaus KLAS
ndtsch.: betrunken DUHN
ndtsch.: Büschel, Schopf PULL
ndtsch.: Eifer, Gischt JAST
ndtsch.: Einfaltspinsel DUNS
ndtsch.: eingelegter Fisch SILL
ndtsch.: Herr, Meister BAAS
ndtsch.: Holztrog, Schüssel KUMM
ndtsch.: Hose BUEX
ndtsch.: Hose BUXE
ndtsch.: klobig und dick BUTT
ndtsch.: Kröte LORK
ndtsch.: Morgendämmer UCHT
ndtsch.: Stoß HURT
ndtsch.: Vermittler BAAS
Nebenfahrwasser GATT
Neckar-Zufluß AICH

4

Neckar-Zufluß FILS
Neckar-Zufluß MURR
Neckar-Zufluß PRIM
Neckar-Zufluß REMS
Neckar-Zufluß SULM
Neck-kobold PUCK
Neger, Maure MOHR
Negervolk am Weißen Nil BARI
Negervolk im Tschad MABA
Neigung HANG
Nelkenrot PINK
Nennwert PARI
Nerven-zellen-gerüst GLIA
Nerven-zentrum HIRN
Nest-gelege EIER
nett LIEB
neu erschie-nene Bücher NOVA
neuer Stern NOVA
Neugebo-renes BABY
Neuig-keiten NOVA
Neuling, Lehrling TIRO
neunte Stufe d. Tonleiter NONE
Neunton-schritt NONE
neusee-länd. Insel NIUE
neusee-länd. Laufvogel KIWI

neusee-länd. Schnepfen-strauß KIWI
Nibelun-gen-gestalt MIME
Nicht-fachmann LAIE
nicht - gelogen WAHR
Nichtiges, Wertloses TAND
nicht kalt WARM
nicht kurz LANG
nicht lang KURZ
Nicht-priester LAIE
Nichts NULL
nieder-bayer. Stadt am Inn ROTT
niedere Pflanze PILZ
niederer Deich, Hilfsdeich KAJE
niedere Wald-pflanze MOOS
niedere Wasser-pflanze ALGE
Nieder-gang, Unter-gang RUIN
niederl. Chemiker (Nobel-preis) HOFF
niederl. Schach-welt-meister EUWE
niederl. Staats-mann WITT
niederl. Stilleben-maler HEEM
nieder-länd. Antillen-insel SABA

nieder-länd. Maler CUYP
nieder-länd. Maler GOES
nieder-länd. Maler GOGH
nieder-länd. Maler (Brüder) EYCK
nieder-österr. Donau-Stadt MELK
nieder-österr. Stadt HORN
Nieder-rhein-Zufluß ERFT
nieder-sächs. Elbe-Zufluß OHRE
nieder-sächs. Stadt bei Bremen SYKE
niedlich NETT
niedrig TIEF
Niedrig-wasser EBBE
Nieren-ausschei-dung HARN
nigerian. Münze KOBO
nigerian. Stadt KANO
Niger-Zufluß BANI
nikarag. Sandini-sten-partei FSLN
nilo-hamitische Sprache BARI
Niloten-volk NUER
nobel EDEL
Noblesse ADEL
Nonnen-schleier WIEL

nord. Feuergott LOKI
nord-amerikan. Indianer PANI
nord-amerikan. Indianer-stamm YUMA
nordame-rikan. Marder MINK
nord-böhm. Elbe-Zufluß ISER
nord-böhm. Stadt EGER
nord-brasilian. Amazonas-Zufluß JARY
nord-brasilian. Fluß PARA
nord-brasilian. Hafen-stadt PARA
nord-deutscher Dichter FOCK
nord-deutscher Dichter LEIP
nord-deutscher Küsten-segler EWER
nordengl. Fluß TEES
nordengl. Fluß TYNE
nord-franz. Departe-ment NORD
nord-franz. Departe-ment ORNE
nord-franz. Mosel-Zufluß ORNE
nord-friesische Insel ROEM

nordfriesische Insel	SYLT
nordiran. Stadt	JASD
nordirische Grafschaft	DOWN
nordische Götter	ASEN
nordischer Fürstentitel	JARL
nordische Sagengestalt	EGIL
nordital. Stadt an der Adda	LODI
nordital. Wasserfall	TOCE
nordkaukasischer Fluß	KUMA
Nordlandtier	ELCH
Nordlandtier	ELEN
nordostafrikan. Volk	AFAR
nordostafrikan. Volk	ISSA
Nordosteuropäer	ESTE
nordostindische Stadt	GAJA
nordosttürkische Stadt	KARS
Nordostwind	BISE
nordruss. Halbinsel	KOLA
Nordseebad auf Föhr	WYCK
Nordsee-Zufluß	JADE
nordspan. Grenzstadt	IRUN
nordspan. Landschaft	LEON
nordspan. Stadt	LEON
Nordwesteuropäer (Mz.)	IREN
nordwestspan. Provinz	LUGO
nordwestspan. Stadt	LUGO
norweg. Autor	DASS
norweg. Autor	DUUN
norweg.-finn. Grenzfluß	TANA
norweg. Hauptstadt	OSLO
norweg. König	KNUT
norweg. König	OLAF
norweg. Lappe	SAMI
norweg. Maler	DAHL
norweg. Maler	LUND
norweg. Mathematiker	ABEL
norweg. Münze	OERE
norweg. Stadt	TANA
norweg. Stadt am Oslofjord	MOSS
Notunterkunft	ASYL
Nürnberger Buchhändler	PALM
Null beim Roulette	ZERO
Nummer, Ziffer	ZAHL
nutzbare Landfläche	FLUR
Nutztier	RIND
Nutztier	VIEH
Oasengruppe in Algerien	TUAT
Oasenstadt in Turkmenistan	MARY
Obdach	HEIM
Obdachlosenheim	ASYL
oben stehend	OBIG
oberägypt. Stadt	EDFU
obere Erdschicht	SIAL
oberer Gebäudeabschluß	DACH
Oberflächenausschnitt	ZONE
obergäriges Bier	GOSE
Obergewand der Römer	TOGA
Oberhaupt	CHEF
oberital. Stadt	COMO
oberösterr. Kurort	HALL
oberösterr. Stadt an d. Donau	LINZ
oberster Schiffsrand	BORD
Oberstück der Rinderkeule	ZIEM
Obligation	BOND
Ob-Zufluß	ISET
Odins, Wotans Bruder	VILI
Odins, Wotans Bruder	WILI
Odins Wolf	GERI
öffentl. Dienstleistungsbetrieb	POST
öffentl. Verkehrseinrichtung	BAHN
Ölpflanze	LEIN
österr. Adlige	EDLE
österr. Alpenpaß	FERN
österr. Architekt	HAAS
österr. Autor (Biographien)	MOLO
österr. Benediktinerabtei	MELK
österr. Bergsteiger	BUHL
österr. Bundeskanzler	FIGL
österr. Bundeskanzler	RAAB
österr. Bundesland	WIEN
österr. Chemiker	AUER
österr. Dichter, Schriftsteller	BAHR
österr. Donau-Zufluß	ENNS
österr. Donau-Zufluß	KAMP
österr. Donau-Zufluß	YBBS
österr. Drau-Zufluß	ISEL
österr. Filmkomiker	SIMA
österr. Gewichtseinheit	DEKA

4

österr. Hauptstadt	WIEN
österr. Inn-Zufluß	SILL
österr.-isreal. Dichter	BROD
österr. Karikaturist	DEIX
österr. Komponist	BERG
österr. Komponist	TOCH
österr. Komponist	WOLF
österr. Kurort bei Salzburg	IGLS
österr. Kurort im Pinzgau	ZELL
österr. Maler, Grafiker	KOCH
österr. Meereszoologe	HASS
österr. Operettenkomponist	FALL
österr. Partei	FPOE
österr. Physiker (Nobelpreis)	HESS
österr. Physiker u. Philosoph	MACH
österr. Romanschriftstellerin	BAUM
österr. Schauspieler	WECK
österr. Schriftsteller	HABE
österr. Schriftsteller	ROTH
österr. Staatsmann	BACH
österr. Stadt an der Donau	YBBS
österr. Stadt an der Mur	GRAZ
österr. Stadt an der Traun	WELS
österr. Stadt im Innviertel	RIED
österr. Stadt in Tirol	IMST
österr.-ungar. Fluß	RAAB
österr.: Meerrettich	KREN
österr.: Spießgeselle	BAZI
österr.: Treffer beim Fußball	GOAL
ohne Hörvermögen	TAUB
Ohrenrobbe	SEAL
Oker-Zufluß	GOSE
Oker-Zufluß	ILSE
Opern-, Operettenteil	ARIE
Opernlied	ARIE
Oper von Berg	LULU
Oper von Blacher	FLUT
Oper von Orff	MOND
Oper von Verdi	AIDA
Oratorium von Händel	SAUL
ordentlich	BRAV
Oregano	DOST
organische Base	IMIN
organische Stickstoffbase	AMIN
organisierte Bande	GANG
oriental. Herrschertitel	KHAN
oriental. Kirchenraum	BEMA
Orientteppich	NAIN
Origanum	DOST
Original	KAUZ
Orinoco-Zufluß	META
Orkney-Insel	FARA
ostafrikan. Fluß	JUBA
ostafrikan. Sprache	DIGO
ostafrikan. Sprache	KUJU
ostafrikan. Vulkan	MERU
ostasiat. Fluß	ONON
ostasiat. Ölbohne	SOJA
ostdtsch. Hauptfluß	ODER
ostengl. Nordseebucht	WASH
osteurop. Napfkuchen	BABA
Osteuropäer	POLE
ostfinn. Volk in Rußland	KOMI
ostfranz. Departement	JURA
ostfries. Stadt an der Leda	LEER
oström. Kaiser	LEON
Ostseeinsel vor Wismar	POEL
Ostsee-Meerenge	BELT
Ostsee-Meerenge	SUND
ostsibir. Strom	JANA
ostsibirischer Aldan-Zufluß	MAJA
ostsibirischer Strom	AMUR
ostsibirischer Strom	LENA
Ozean	MEER
Paarungsspiel d. Vögel	BALZ
Paddelboot	KANU
pakistan. Amtssprache	URDU
pakistan. Provinz	SIND
pakistan. Sprache	SIND
Pakt	BUND
Pantherkatze	ONZE
Papageienname	LORA
Papageitaucher	LUND
Papierstreifen	TAPE
Papierzählmaß	RIES
Pappel	ASPE
Paradiesgarten	EDEN
Paraguay-Tee	MATE

Pariser Flughafen	ORLY
Partie	TEIL
Party	FETE
Paß vom Engadin z. Vintschgau	OFEN
Paste	KREM
Pasten-, Salbenbehälter	TUBE
Pazifik-Insel	WAKE
pazifische Hauptstadt	SUVA
Pechkohle	JETT
Pelztierzuchtbetrieb	FARM
Persien	IRAN
persische gute Fee	PERI
persische Hauptstadt im Altertum	SUSA
persische Karawanserei	CHAN
persischer Dichter (12. Jh.)	OMAR
persischer Religionsstifter	MANI
persischer Schutzgeist	PERI
Personenbenennung	NAME
peruan. Amazonas-Zufluß	NAPO
peruan. Schafkamel	LAMA
peruan. Schafkamel	PAKO
peruan. Währungseinheit	INTI
Petschora-Zufluß	USSA
Pfälzer Rhein-Zufluß	NAHE
Pfeifentabak	SHAG
Pferdegangart	TRAB
Pferdegeschirrteil	ZAUM
Pferdekrankheit	REHE
Pferdekrankheit	ROTZ
Pferdekrankheit	SPAT
Pferderennen, Pferdesportart	TURF
Pfingstgrün	MAIE
Pflanzenfaser	BAST
Pflanzenfaser	HANF
Pflanzenkeim	SAME
Pflanzennährstoff	DUNG
Pflanzenstachel	DORN
Pflanzenstengel	HALM
Pflugbaumklotz	BOSS
Pfluggabel	ENKE
Pflugmesser	SECH
Pförtnerraum	LOGE
Pfriem	AHLE
Pfrille	RUMP
philippin. Insel	CEBU
philippin. Stadt	CEBU
philippin. Währungseinheit	PESO
phöniz. Gott	BAAL
Picke, Pickel	HAUE
Pilzbelag im Mund	SOOR
Pinselzungenpapagei	LORO
Pisang	MUSA
Plätteiseneinlage	BOLZ
Planet	ERDE
Planet	MARS
Planetenbegleiter	MOND
Planetoid	EROS
Planetoid	JUNO
Plattfisch	BUTT
Platzmangel	ENGE
plötzlich, steil	JAEH
plötzlich aufflammender Stern	NOVA
plötzlich auftretend	AKUT
plötzliche Beschleunigung	RUCK
Plunder	KRAM
Podex, Gesäß	POPO
Pöbel	PACK
Pökelflüssigkeit	LAKE
Polarschiff Nansens	FRAM
Polder	KOOG
polit. Abmachung	PAKT
poln. Dichter, Schriftsteller	ASCH
poln. Parlament	SEJM
poln. Pripet-Zufluß	STYR
poln. realist. Schriftsteller	PRUS
poln.: Frau, Herrin	PANI
polynes. Rauschgetränk	KAWA
pommersche Insel	VILM
pommerscher Fluß	IHNA
pommerscher Fluß	REGA
pommerscher Küstenfluß	LEBA
pommerscher Kurort, Seebad	BINZ
pommerscher Kurort, Seebad	WIEK
Popmusik-Begriff	BEAT
Popmusik-Solist	ANKA
Popmusik-Solist	JOHN
Popmusik-Solist	KING
Popmusik-Solistin	BELL
Popmusik-Solistin	HUNT
Popmusik-Solistin	KING
Popmusik-Solist (Rockmusik-Solist)	FAME
portugies. Entdecker, Seefahrer	DIAZ

4

portugies. Entdecker Ostindiens	GAMA
portugies. Stadt	BEJA
portugies. Stadt	OVAR
portugies.: Johann	JOAO
Posament	BAND
Position	LAGE
positive Vergeltung	DANK
Possenreißer	NARR
Possenreißer im span. Theater	BOBO
Po-Zufluß	ADDA
Po-Zufluß	ENZA
Po-Zufluß	ORCO
Po-Zufluß	RENO
Po-Zufluß	TARO
Prachtentfaltung	POMP
Präsident der USA	BUSH
Prallsprung des Pferdes	BOND
Pregel-Zufluß	ALLE
Pregel-Zufluß	AUER
Preis	WERT
Preisgericht	JURY
preußischer Kriegsminister	ROON
Pro	FUER
Protest, Widerspruch	VETO
Provinz in Altkastilien	LEON
Prüfungsprädikat	NOTE
Prügel, Schläge	HAUE
Prunk, Schaugepränge	POMP
Psalmenzeichen	SELA
Pulswärmer	MUFF
Pump	BORG
Punkt auf dem Würfel	AUGE
Punkt im Telegramm	STOP
Punktlichtlampe	SPOT
pur, unverfälscht	REIN
Pyrenäenpaß	ARES
Quäker, Gründer v. Pennsylvanien	PENN
quälendes Nachtgespenst	MAHR
Qual	KRUX
Qual	LEID
Qual	PEIN
Qualität	WERT
Quarz-Abart	OPAL
Querholz	HOLM
Querholz am Schiffsmast	RAHE
Querstange d. Barrens	HOLM
quitt	WETT
Rachen	MAUL
radioaktives Element	URAN
Radmitte	NABE
Rahebefestigung	RACK
Rahenende	NOCK
Rammgerät	HEIE
Rammsporn	RAMM
Randgebirge des Pamir	ALAI
Randpfeiler	ANTE
Rang	GRAD
Range	GOER
Ranke d. Weinstocks	REBE
Rasenballspiel	GOLF
rasende Mordwut	AMOK
Rasenscholle, Torfscholle	SODE
Raserei, Zorn	RAGE
Ratespiel	QUIZ
Raubhund	WOLF
Raubtier	WOLF
Raubtierbeute	FANG
Raubtiergebiß	FANG
Raubwildbeute	RISS
Raubwildschwanz	RUTE
Rauchware	PELZ
rauh, roh	GROB
Raumbegrenzung im Haus	WAND
Raumfahrtbehörde der USA	NASA
Raumgebiet	FELD
Rauschgiftsüchtiger	USER
Raute	KARO
Rebensaft	WEIN
Rechtswissenschaften	JURA
Regel	NORM
regelmäßig gebogene Falte	FALZ
Regelverstoß	FOUL
Regenbogenhaut im Auge	IRIS
Reichsacht	BANN
Reif, Reifen	RING
Reifendruckmaß	ATUE
Reihenfolge	TOUR
rein	KLAR
Reißzahn d. Raubtiers	FANG
Reiter-, Turnerhaltung	SITZ
reitsportlich. Hindernis	RICK
Reizleiter	NERV
religiöses schiit. Oberhaupt	IMAM
Rennbahnhindernis	OXER
Rettung	HEIL
Reuß-Zufluß	EMME
Revue	SHOW
Revuetänzerin	GIRL
rheinisch f. Josef	JUPP
Rhein-Zufluß	LAHN
Rhein-Zufluß vom Rothaargebirge	SIEG

Rhone-Zufluß	ARVE
Rhone-Zufluß	FIER
Rhone-Zufluß	GARD
rhythmische Bewegung	TANZ
richtig, zutreffend	WAHR
Richtlinie, Richtschnur	NORM
Riechorgan	NASE
Riemen	GURT
Riesenhirsch	ELCH
Rille	KEEP
Rindenboot	KANU
Rindenkorb	RUMP
Rindenteil	BAST
Rindenteil	KORK
Ring, Schmuckring	REIF
Ring des Saturn	ANSE
Ringkampfrunde	RUNG
Ripsart	ONDE
Ritter der Artusrunde	EREK
Ritual, Ritus	KULT
Ritze	FUGE
Robbenfell	SEAL
Röhrenbehälter	TUBE
römische Göttin d. Ehe, Familie	JUNO
römische Göttin der Fürsorge	CURA
römische Göttin des Gerüchts	FAMA
römische Monatsmitte	IDEN
römischer Censor	CATO
römischer Feldgott	FAUN
römischer Gott d. Ackerbaus	FAUN
römischer Gott d. Liebe	AMOR
römischer Gott d. Todes	MORS
römischer Hirtengott	FAUN
römischer Kaiser	NERO
römischer Kaiser	OTHO
römischer Monatstag	IDUS
römischer Waldgott	FAUN
Röstofen	KILN
roh, unverdaulich	KRUD
Rohbaumwolle	LINT
roh eßbare Frucht	OBST
Rohrkarpfen	FURN
Roman v. Camus	PEST
Roman v. Colette	GIGI
Roman v. Hartog	MARY
Roman v. Zola	NANA
Roß	GAUL
Roßhaar zum Polstern	CRIN
rotbunte Kuh m. Stirnfleck	KLEB
roter Planet	MARS
rote Rübe	BETE
Rotwildjunges	KALB
Rudel	PULK
Ruderschlag	PULL
Rückgriffsrecht	AVAL
Rücksitz im Auto	FOND
Rückstand, Überbleibsel	REST
Rückstand b. Brennen, Keltern	TRUB
Rüster	ULME
Ruf des Abscheus	PFUI
Ruf des Ekels	PFUI
Ruhemöbel	BETT
Ruhepause	RAST
Ruhrgebietsstadt an der Lippe	HAMM
Ruhr-Zufluß	ELPE
Ruhr-Zufluß	INDE
Ruinenstätte im Irak	URUK
Ruinenstätte in Bengalen	GAUR
rumän. Donau-Zufluß	OLTU
rumän. Münzen	BANI
rumän. Name v. Klausenburg	CLUJ
rumän. Stadt	IASI
rumän. Stadt a. der Moros	ARAD
rumän. Stadt an der Körös	BRAD
rumän. Stadt an der Moros	DEVA
rumän. Theiß-Zufluß	BEGA
Runde	LAGE
Rur-Zufluß aus d. Eifel	URFT
Ruß	SOTT
russisch. Bauernhaus	ISBA
russisch. Fluß z. Schwarzen Meer	RION
russisch. konstruktivist. Bildhauer	GABO
russisch. Name von Lemberg	LWOW
russisch. Physiker (Nobelpreis)	TAMM
russisch. Reichsrat	DUMA
russisch. Schwarzmeerhafen	POTI
russisch. symbolist. Dichter	BLOK
russische Fischsuppe	UCHA
russische Heilige	OLGA
russischer Fluß	LUSA
russischer Fluß	NARA
russische Stadt	LUGA

4

russische Stadt am Ural	ORSK
russische Stadt an der Kama	PERM
russische Stadt an der Oka	OREL
russische Stadt an der Upa	TULA
russisch-iranischer Grenzfluß	ARAS
russisch: halt	STOJ
russisch: Helga	OLGA
russisch: Johannes	IWAN
russisch: Liebchen	LADA
russisch: nein	NJET
Saale-Zufluß	BODE
Saale-Zufluß	ORLA
Saale-Zufluß	RODA
Saatkrähe	RUCH
Sache	DING
Sachgebiet	FACH
Sackleinwand	JUTE
Säbelantilope	ORYX
sächs. Kurort an der Roda	RODA
sächs. Pleiße-Zufluß	EULA
sämtliche	ALLE
Sängervereinigung	CHOR
Säugetier-Ordnung	WALE
Säugling	BABY
Säulenvorhalle	STOA
Säure-Stickstoff-Verbindung	AMID
Sage	MAER
Sahne	RAHM
Salomoneninsel	BUKA
salzhaltige Heilquelle	SOLE
Salzlösung	LAKE
Salzsiederanteil	KOTE
Same	KEIM
Samendrüse	HODE
Sammelbegriff f. jagdbare Tiere	WILD
Sammelbegriff für Nutztiere	VIEH
Sammellinse	LUPE
samoanischer Baststoff	TAPA
Sandwurm	PIER
sanft	MILD
sanft, mild	LIND
sanft, rücksichtsvoll	ZART
sangbare Weise	LIED
Sarthe-Zufluß	LOIR
sattelfest	FIRM
Saturn-Mond	RHEA
Satyr	FAUN
Satzteil	WORT
sauber, klar	REIN
saudi-arab. Hauptstadt	RIAD
saudi-arab. König	SAUD
saudi-arab. Kurort	TAIF
saudi-arab. Landschaft	ASIR
saudi-arab. Oasenstadt	HAIL
saudi-arab. Stadt	ABHA
saudi-arab. Währung	RIAL
Sauerstoffverbindung	OXID
Saugwurm	EGEL
Saum	NAHT
Schabeisen d. Kammmacher	ILER
Schablone	FORM
Schachfigur	DAME
Schachfigur	TURM
Schachthäuschen	KAUE
Schachtteil	TRUM
schadhafte Stelle	LOCH
schadhafte Stelle	RISS
Schädelinhalt	HIRN
Schädlichkeit (med.)	NOXE
Schaflaut, Ziegenlaut	MAEH
Schaft d. Vogelfeder	KIEL
Schale der Parsifalsage	GRAL
Schall	HALL
Schallreflexion	ECHO
Schaltstufe beim Auto	GANG
Schar, Schwarm	PULK
scharf	AKUT
scharfe Kante	GRAT
Schatz	HORT
Schau, Vorführung	SHOW
Schauerruf	HUHU
Schaumgestein	BIMS
Schaumwein	SEKT
Schauspieler	MIME
Schauspielergehalt	GAGE
Schauspielfach, Rollenfach	ALTE
Schauspiel von Hauptmann	ELGA
Schauspiel von Shakespeare	LEAR
Schellfischart	LENG
Scherflein	GABE
scheußlich	FIES
Schicht	LAGE
Schicklichkeitsgefühl	TAKT
Schießpreis	BLUM
Schiffsbaum	MAST
Schiffsbeschädigung	LECK

4

Schiffsdurchgang	GATT
Schiffsetage	DECK
Schiffs-Flaschenzug	GIEN
Schiffsfracht	FRET
Schiffsgrundbalken	KIEL
Schiffshaltetau	STAG
Schiffsmannschaft	CREW
Schiffsöffnung	LUKE
Schiffsrumpf	HULK
Schiffsteilschablone	MAIL
Schiffszwischenboden	DECK
Schildknappe	BUBE
Schilf	REET
Schilf	ROHR
Schilf, Röhricht	RIED
Schimmel	KAHM
Schimmelpilz	MUCH
Schimmelpilz	SPOR
Schläue	LIST
schlaff	LOSE
Schlafraum an Deck	ROOF
Schlafstatt	BETT
Schlafstelle auf Schiffen	KOJE
Schlag	HIEB
Schlag, überraschende Tat	COUP
Schlagablauf im Jazz	BEAT
Schlagbecken	GONG
Schlagrhythmus	BEAT
Schlammstrom im Gebirge	MURE
schlecht	MIES
schlechte Luft	MIEF
schlechter Mensch	LUMP
Schlechtwetterzone	TIEF
Schleichkatze (Ichneumon)	BYJY
schleierartiges Gewebe	FLOR
Schleierstoff	GAZE
Schleppanker	WARP
schleppend	LAHM
schles. Oder-Zufluß	LOHE
schles. Oder-Zufluß	OHLE
Schlinge	OESE
Schlittenteil	KUFE
Schloß an der Loire	USSE
Schloß in Oberfranken	BANZ
Schlot	ESSE
Schlüpfer	SLIP
Schlüssel einer Geheimschrift	CODE
Schlüsselteil	BART
Schluß	ENDE
Schlußfest der Weinlese	IMBS
Schlußsatz (Musik)	KODA
schmaler Bergrücken	KAMM
schmaler Erzgang	TRUM
schmaler Fußweg	STEG
schmaler Gewebestreifen	BAND
schmaler Weg	PFAD
schmaler Zwischenraum	FUGE
schmale Sandbank	RIFF
schmales Gewässer	GATT
schmale Stelle	ENGE
Schmerz	LEID
Schmerz, Weh	PEIN
Schmerz, Weh	QUAL
Schmetterlingsart	BAER
Schmiedeherd	ESSE
Schmied in der german. Sage	MIME
Schmuck, Verschönerung	ZIER
Schmuck, Zierrat	PUTZ
Schmuckstein	JADE
Schmuckstein	ONYX
Schmuckstein	OPAL
schneefrei	APER
Schneemensch	YETI
Schneckenart	NAPI
schnelle Bewegung	WUPP
schnelle Bewegung	ZUCK
schnelle Laufart	TRAB
Schnellzug	DZUG
Schnitzmaterial	HOLZ
Schnitzmaterial der Frühzeit	HORN
Schößling	REIS
Schollenart	POLE
Schollenfisch	BUTT
Schorf, Räude	RUFE
Schote, Streu	KAFF
schott. Fluß	SPEY
schott. Grafschaft	BUTE
schott. Grafschaft	ROSS
schott. Insel	COLL
schott. Insel	SKYE
schott. Reformator	KNOX
schott. Sippe	CLAN
schott. Sippe	KLAN
schott. Stadt	WICK
schott. Tanz	REEL
schott.: Bucht, Landsee	LOCH
Schottenrock	KILT
schräg	QUER

Schräglage der Gaffel	PIEK
Schramme	RITZ
Schrankabteil	FACH
Schraubenantilope	KUDU
Schreckruf	HUCH
Schreibart	STIL
Schriftenbündel	AKTE
Schriftgrad	PERL
Schriftgrad	REAL
Schriftgrad	TEXT
Schriftgröße	PICA
Schriftstücke-Sammlung	AKTE
Schritt, Tanzschritt	STEP
Schrotladung	POSS
Schrulle	TICK
Schubfach	LADE
Schürzenstoff	NOVA
Schütze der nord. Sage	EGIL
Schuft	LUMP
Schuhmacherwerkzeug	AHLE
Schuldgefühl	REUE
Schuldverschreibung	BOND
Schulfestsaal	AULA
Schuttablagerung	GAND
Schutzdach	ABRI
Schutzpatron der Gärtner	ADAM
Schutzpatronin der Hausfrauen	ANNA
Schutzpatronin der Witwen	ANNA
Schutzverband f. Musikrechte	GEMA
Schutzverpflichtung	MUNT
Schutzwall	DAMM
schwäb. Brenz-Zufluß	LONE
Schwall	GUSS
Schwarz beim Roulette	NOIR
schwarzer Jura	LIAS
schwarzer Tod	PEST
schwarzer Vogel	RABE
schwarzes Glas	JETT
Schwarzfersenantilope	PALA
schwed. Flugzeugfirma	SAAB
schwed. Hafenstadt	UMEA
schwed. Königsgeschlecht	WASA
schwed. Königsname	OLOF
schwed. Münze	OERE
schwed. Popgruppe	ABBA
schwed. Sängerin	LIND
schwed. Stadt	ORSA
schwed. Stadt an der Sagä	SALA
schwed. Tennisspieler	BORG
schwed. Verwaltungsbezirk	LAEN
schwed. Zoologe, Schriftsteller	BERG
schwefelsaurer Kalk	GIPS
Schweinebauchfett	FLOM
schweiz. Flüssigkeitsmaß	SAUM
schweiz. Fluß zum Comer See	MERA
schweiz. Hochrhein-Zufluß	THUR
schweiz. Humanist (15. Jh.)	WYLE
schweiz. Kanton	BERN
schweiz. Kanton	GENF
schweiz. Kantonshauptstadt	GENF
schweiz. Komponist	HAUG
schweiz. Kurort bei Montreux	CAUX
schweiz. Kurort im Engadin	SILS
schweiz. Männername	BEAT
schweiz. Maler u. Bildhauer	BILL
schweiz. Paß	JAUN
schweiz. Physiologe (Nobelpreis)	HESS
schweiz. Psychologe	JUNG
schweiz. Rhein-Zufluß	AARE
schweiz. Rhone-Zufluß	VISP
schweiz. Sagenheld	TELL
schweiz. Schriftsteller	HEER
schweiz. Stadt am Genfer See	NYON
schweiz. Stadt am Jura	BIEL
schweiz. Stadt an der Rhone	GENF
schweiz. Stadt im Berner Oberland	THUN
schweiz.: Bachbett	TALE
schweiz.: Bergwiese	MAHD
schweiz.: Fahrrad	VELO
schweiz.: Gemeindesteuer	TELL
schweiz.: Kalb	MEIS
schweiz.: Schlucht	KLUS
schweres Takel	GIEN
Schwermetall	BLEI
Schwermetall	URAN
Schwermetall	ZINK
Schwertlilie	IRIS

schwimmende Insel aus Treibholz	RAFT
schwimmendes Seezeichen	BOJE
Schwung	ELAN
Sedimentgestein	GIPS
Sedimentgestein	LEHM
Sedimentgestein	SALZ
Seebad auf Rügen	BINZ
Seebad in Pommern	DEEP
seelische Ausstrahlung	AURA
seem.: äußerstes Ende	NOCK
seem.: günstig (Wind)	RAUM
seem.: Kettenende	TAMP
seem.: Knotenschlinge	STEK
seem.: leer	LENZ
seem.: licht, offen	RAUM
seem.: Ortsschätzung	GISS
seem.: Rundholz	BAUM
seem.: Rundholz	GIEK
seem.: schlaffes Taustück	LOSE
seem.: Sperrklinke	PALL
seem.: Tauende	TAMP
seem.: Tauteil	PART
Seemannsbett	KOJE
Seemannsruf	AHOI
Seepolyp	PULP
Segelstange	RAHE
Segelstange	STAG
Segeltau	DIRK
Segeltau	FALL
Segeltaueinfassung	LIEK
Segen	HEIL
Sehhorizont	KIMM
Sehkreis	KIMM
Sehorgan	AUGE
sehr feucht	NASS
seichte Bucht	ANSE
seichter Flußübergang	FURT
Seidengewebe	PEAU
Seiher, Filter	SIEB
Seil, Schiffstau	REEP
Seilmaterial	HANF
Seine-Zufluß	AUBE
Seine-Zufluß	EPTE
Seine-Zufluß	EURE
Seine-Zufluß	OISE
seitl. Stütztau	WANT
Sekretär Ciceros	TIRO
Selbsttäuschung	WAHN
Senfgas	LOST
Sensengriff	WORB
serbischer Donau-Zufluß	SAVE
serbischer Rundtanz	KOLO
Seschellen-Insel	MAHE
Severn-Zufluß	AVON
Shetland-Insel	UNST
Shetland-Insel	YELL
sibirischer Fluß zum Nördl. Eismeer	LENA
sibirische Stadt	SEJA
sibirische Stadt am Irtysch	TARA
sibirische Stadt an der Tura	TURA
sibirische Stadt an Irtysch und Om	OMSK
sicher, standhaft	FERM
Sichtvermerke	VISA
Signalgerät	HORN
Signalhorn	HUPE
Silberpappel	ALBE
Silikonplatte f. Schaltkreise	CHIP
Singgemeinschaft	CHOR
Singvogel	FINK
Singvogel, Zugvogel	STAR
Singweise	LIED
Sinnesanregung	REIZ
Sinnesorgan	HAUT
Sinnesorgan	NASE
Sinnestäuschung	TRUG
Sippenverband	CLAN
sittliche Würde	EHRE
Sitz des Lockvogels	JULE
Sitzgelegenheit	BANK
Sium	MERK
Skala-Einteilung	GRAD
skandinavische Meerenge	BELT
skandinavischer Männername	ARNE
skandinavischer Männername	ERIK
skandinavischer Männername	JENS
skandinavischer Männername	KNUT
skandinavischer Männername	LARS
skandinavischer Männername	STIG
skandinavischer Männername	SVEN
skandinavisch: Nikolaus	NILS
skandinavisch: Prosit, Prost	SKAL
Skatspiel	NULL
Slawe	POLE

slawische Liebesgöttin	LADA
slawisch: Bier	PIWO
slowen. Fluß in Krain	REKA
slowen. Kurort	BLED
soeben	JUST
sofern	WENN
Sohn v. Adam	ABEL
Sohn v. Jakob	JUDA
Sohn v. Jakob	LEVI
Sohn v. Juda	ONAN
Sohn v. Telamon	AJAX
Sohn v. Venus	AMOR
Soldatenlöhnung	SOLD
Somali-Volk	ISSA
Sonatenschluß	CODA
Sonderling	KAUZ
Sonnengott der Ägypter	AMON
Sonnengott der Ägypter	AMUN
sowjet. Nachrichtenagentur	TASS
spärlich	KARG
später als	NACH
spät verschnittener Ochse	KOLB
spaltbares Mineral	SPAT
Spalte, Sprung	RISS
Spaltwerkzeug	BEIL
Spaltwerkzeug	KEIL
span. Barockschriftsteller	VEGA
span. Dichter (Nobelpreis)	CELA
span. Dichter (14. Jh.)	RUIZ
span. Fluß	TAJO
span. Fluß zum Mittelmeer	EBRO
span. Herrschername	LUIS
span. Herzog	ALBA
span. Insel	LEON
span. Kampfstier	TORO
span. kubist. Maler	GRIS
span. Männername	JOSE
span. Männername	JUAN
span. Maler, Lithograph	GOYA
span.-portugies. Fluß	MINO
span. Stadt in Andalusien	JAEN
span. Stadt in Tarragona	REUS
span. surrealist. Maler	DALI
span. surrealist. Maler	MIRO
span. Tafelberg	MESA
span.: Agnes	INES
span.: Berggipfel	PICO
span.: Frau	DONA
span.: fruchtbare Ebene	VEGA
span.: gut	BUEN
span.: Jakob	JAGO
span.: Johann	JUAN
span.: königlich	REAL
span.: Topf	OLLA
span.: Übergang	PASO
span.: Weingarten	VINA
span.: Zwischengericht	PASO
spartan. König	AGIS
spartan. Königin	LEDA
Sparte	FACH
Spaßmacher	NARR
SPD-Politiker	BAHR
Speckstein, Magnesiumsilikat	TALK
Speise	KOST
Speisenbereiter	KOCH
Speisewürze	SALZ
Spende	GABE
spezif. Jazzrhythmus	JUMP
Spieleinsatz	MISE
Spielkarte	BUBE
Spielkarte	DAME
Spielkartenfarbe	HERZ
Spielklasse im Sport	LIGA
Spielmarke	CHIP
Spitze, Scheitelpunkt	APEX
spitzes Stechwerkzeug	AHLE
spitzes Stechwerkzeug	DORN
Spitzname für den Russen	IWAN
Spleen, Marotte	TICK
Sporenkapselstiel	SETA
Sporenpflanze	FARN
Sporenpflanze	MOOS
Sporenpflanze	PILZ
Sportgerät	BALL
sportlich anständig	FAIR
Sportmannschaft	CREW
Sportmannschaft	TEAM
Sportruderboot	KANU
Sportsegelboot	YAWL
Sprache in Afghanistan	DARI
Sprengkörper	MINE
Spreu	KAFF

Sprung	SATZ
Staat	LAND
Staat der USA	IOWA
Staat der USA	OHIO
Staat der USA	UTAH
Staat im Nahen Osten	IRAK
Staat im Nahen Osten	IRAN
Staat in Mittelamerika	KUBA
Staatsgemeinschaft	VOLK
Staatshaushalt	ETAT
Staatsoberh. im alten Genua	DOGE
Staatsoberh. im alten Venedig	DOGE
Stachelflosser	LUMP
Stacheltier	IGEL
Stadt am Amazonas	TEFE
Stadt am Elbe-Havel-Kanal	BURG
Stadt am Gardasee	SALO
Stadt am Harz	OKER
Stadt am Kaspischen Meer	BAKU
Stadt am Kongo	BOMA
Stadt am Neckar	HORB
Stadt am Nil	GISE
Stadt am Rhein in Rh.-Pf.	KAUB
Stadt am Rhein (NRW)	REES
Stadt an d. Weser	HOYA
Stadt an der Alzette	ESCH
Stadt an der Don-Mündung	ASOW
Stadt an der Elbe	AKEN
Stadt an der Garonne	AGEN
Stadt an der Lahn	DIEZ
Stadt an der Moldau	PRAG
Stadt an der Nagold	CALW
Stadt an der Nahe	KIRN
Stadt an der Save	BROD
Stadt an der unteren Weichsel	KULM
Stadt an der Weißen Elster	GERA
Stadt an der Werra (NRW)	LAGE
Stadt an der Wupper	BURG
Stadt an Main und Spessart	LOHR
Stadt auf Borneo	MIRI
Stadt auf Borneo	SIBU
Stadt auf den Azoren	HORA
Stadt auf Formosa (Taiwan)	KAGI
Stadt auf Rügen	GARZ
Stadt auf Sardinien	BOSA
Stadt auf Sizilien	ENNA
Stadt bei Düsseldorf	HAAN
Stadt im Allgäu	ISNY
Stadt im Ruhrgebiet	MARL
Stadt im Ruhrgebiet	UNNA
Stadt im Schwarzwald	CALW
Stadt im Tschad	SARH
Stadt im westl. Nicaragua	LEON
Stadt in Äquatorialguinea	BATA
Stadt in Apulien	BARI
Stadt in Bosnien	FOCA
Stadt in Ciskei	SADA
Stadt in Dalmatien	KNIN
Stadt in der Oberpfalz	CHAM
Stadt in der Steiermark	WEIT
Stadt in Ecuador	LEON
Stadt in Guinea	LABE
Stadt in Indiana (USA)	GARY
Stadt in Kamerun	EDEA
Stadt in Kamerun	NOLA
Stadt in Malaysia	IPOH
Stadt in Malaysia	MIRI
Stadt in Mali	SEGO
Stadt in Masuren	LYCK
Stadt in Mittelfranken	ROHR
Stadt in Mosambik	TETE
Stadt in Nevada (USA)	RENO
Stadt in Niederschlesien	OELS
Stadt in Nigeria	BIDA
Stadt in Nigeria	YOLA
Stadt in Pennsylvanien (USA)	ERIE
Stadt in Pennsylvanien (USA)	YORK
Stadt in Piemont	ASTI
Stadt in Pommern	LEBA
Stadt in Rheinland-Pfalz	KAUB
Stadt in Schleswig-Holstein	LECK
Stadt in Senegal	MBUR
Stadt in Südwestpalästina	GASA
Stadt in Swasiland	MINE
Stadt in Thüringen	GERA
Stadt in Uruguay	MELO
Stadtkern von London	CITY
Stadtteil von Budapest	PEST
Stadtteil von Düsseldorf	BILK

4

4

Stadtteil von Düsseldorf	RATH
Stadtteil von Köln	KALK
Stadtteil von München	GERN
Stadtteil von München	HAAR
Stadtteil von München	LAIM
Stadtteil von München	RIEM
Stalldung	MIST
Stammesverband	CLAN
Stammhalter	SOHN
Stammmutter	AHNE
Stammvater d. ind. Mythologie	MANU
Stand, Stellung	RANG
Standard	NORM
Standort	SITZ
Stangenzaum	RICK
Stapelplatz	GANJ
starker Strick, Tau	SEIL
starker Unwille	ZORN
starkes Stütztau	WANT
starrsinnig, unbelehrbar	STUR
Stauanlage	DAMM
Stauberde	MULM
stechendes Insekt	LAUS
Stechpalme	ILEX
Stecknadel	HAFT
Stehler	DIEB
steile Felswand	FLUH
steiler Berghang	WAND
Steinkohlenprodukt	KOKS
Steinkohlenprodukt	TEER
Stellvertreter	VIZE
Stempelschnitt	FUME
Stengelinneres	MARK
Steppengras	ALFA
Steppenkuhantilope	TORA
Sterbeort Bruckners	WIEN
Sterbeort Wallensteins	EGER
Sternbild	ARGO
Sternbild	BAER
Sternbild	HASE
Sternbild	HUND
Sternbild	NETZ
Sternbild	PFAU
Sternbild	RABE
Sternbild (Leier)	LYRA
Sternbild (Segel)	VELA
Steuerrudergriff	HELM
stickstoffhalt. org. Verbindung	AZIN
Stickstoffverbindung	AZID
Stierkämpfertuch	CAPA
Stille, Schweigen	RUHE
Stillstand	HALT
Stinkmarder	NERZ
Stirnseite	FACE
Stock, Gerte	RUTE
Stockung, Hemmung	STAU
Stöpsel	KORK
Stoffbehälter, Beutel	SACK
Stoffbehausung	ZELT
Stoffmaß	RACK
Stopp	HALT
Stoß	PUFF
Straftat	REAT
Strahlenhülle	AURA
Strand, Gestade	UFER
Strandbad bei Venedig	LIDO
Strandläufer (Vogel)	KNUT
Straßenbahn	TRAM
Straßenbenutzungsgebühr	MAUT
Straßenunterbau	DAMM
Strauchpappelart	ERNE
Streitmacht	HEER
streng, rauh	HERB
strikt verboten, unerlaubt	TABU
Studentenausschuß	ASTA
Stück vom Ganzen	TEIL
Stückzahlmaß	GROS
Stütze	HALT
Stuhlteil	SITZ
Stukkateurmaterial	GIPS
Stundengebet am Mittag	SEXT
Sturz	FALL
Stutzer, Lebemann	GENT
Stutzer, schöner Mann	BEAU
Stutzer, Vornehmtuer	SNOB
Sudannegerstamm	SUSU
Sudan-Sprache	NUBA
Sudan-Sprache	TEBU
Sudan-Volk	BAJA
Sudanvolk im Kongogebiet	MADI
südafrik. schwarzer Bischof	TUTU
südafrik. Sprache	ZULU
südafrikan. Bantustamm	ZULU
südafrikan. Fluß	VAAL
südafrikan. Sprache	SOTO
südafrikan. Währung	RAND
Südafrikaner	BURE
südamerikan. Echse	TEJU
südamerikan. Hauptstadt	LIMA
südamerikan. Indianerstamm	TUPI

süd-amerikan. Lasttier	LAMA
süd-amerikan. Nagetier	PAKA
süd-amerikan. Raubkatze	ONZE
süd-amerikan. Raubkatze	PUMA
süd-amerikan. Staat	PERU
süd-amerikan. Stechpalmenart	MATE
süd-amerikan. Straußenvogel	RHEA
süd-amerikan. Tagelöhner	PEON
süd-amerikan. Tee	MATE
süd-amerikan. Viehhirt	PEON
süd-amerikan. Wabenkröte	PIPA
süd-amerikan. Wolltier	PAKO
süd-amerikan. Wurfkugel	BOLA
süd-badische Stadt am Rhein	WEIL
süddtsch. Berg	TECK
süddtsch. Landschaft	BAAR
süddtsch. Landschaft	RIES
süddtsch.: Eber	WETZ
süddtsch.: Hachse	HAXE
süddtsch.: Jahrmarkt	DULT
süddtsch.: Josef	PEPI
süddtsch.: Moor	MOOS
süddtsch.: still, ruhig	STAD
südengl. Grafschaft	KENT
südengl. Seebad	HOVE
südfranz. Departement	AUDE
südfranz. Departement	GARD
südfranz. Departement	GERS
südfranz. Departement	TARN
südfranz. Industriestadt	LACQ
südfranz. Landschaft	FOIX
südfranz. Stadt	ALES
südfranz. Stadt am Tarn	ALBI
südländ. Haustier	ESEL
südländ. Reittier	ESEL
süd-marokkan. Stadt	IFNI
Südostasiat	THAI
südost-asiat. Pfeilgift	UPAS
südost-asiat. Staat	LAOS
südost-asiat. Volk	IBAN
südost-asiat. Volk	NAGA
südost-asiat. Volk	NUNG
südost-asiat. Volk	RONG
südost-asiat. Volk	SHAN
südost-türkische Stadt	URFA
südportugies. Hafenstadt	FARO
südruss. Halbinsel	KRIM
süd-schwed. Stadt in Schonen	LUND
Südsee-pfeffer	KAWA
südspan. Stadt am Gentil	LOJA
südtirol. Kurort	ARCO
süd- u. mittel-amerikan. Währung	PESO
südwest-afrikan. Wüste	NAMA
südwest-bulgar. Gebirge	RILA
südwest-iranische Provinz	FARS
Sultans-palast	KAPU
Sumpf	MOOR
Sumpf, Moorland	FENN
Sumpf-gewächs	SIUM
Sumpf-land	FEHN
Sumpf-landschaft	MOOR
Sumpf-wiese	LUCH
Sunda-Insel	BALI
Sunda-insel	JAVA
Symbol f. Ehe	RING
Symbol f. Eitelkeit	PFAU
Symbol f. Furchtsamkeit	HASE
Symbol f. Liebe	HERZ
Symbol f. Schwere	BLEI
Symbol f. Unschuld	LAMM
synthet. Gummi	BUNA
Syphilis	LUES
syrische Stadt am Orontes	HOMS
Tätig-keitswort	VERB
Täu-schung	LIST
takt-mäßige Bewegung	TANZ
Talmulde	TROG
Tang-asche	KELP
Tanzfest	BALL
Tanz-kapelle	BAND
Tanz-runde	TOUR
tapferer Streiter	HELD
Tataren-bier	BOSA
tatsäch-lich, wirklich	REAL
Tauf-zeuge	PATE
Tauge-nichts	LUMP
Tauglich-keits-prüfung	TEST
Tau-knoten	KINK
Tausaum am Segel	LEIK
Taxus	EIBE

teerartige Masse	PECH
Teerprodukt	PECH
Teilbetrag, Teilzahlung	RATE
Teil der Erdkruste	SIAL
Teil der Erdkruste	SIMA
Teil der Takelung	REFF
Teil des Armes	HAND
Teil des Gesichts	MUND
Teil des Gewehrschlosses	HAHN
Teil des Hirschgeweihs	ROSE
Teil des Körpers	LEIB
Teil des Meßornats	RISA
Teile des Oberkörpers	ARME
Tempelberg in Jerusalem	ZION
Tennisspielabschnitt	GAME
Teufel im Buddhismus	MARA
Teufelsweib	HEXE
thailänd. Amtssprache	THAI
thailänd. König	RAMA
thailänd. Währungseinheit	BAHT
Thaivolk in Südchina	NUNG
Theaterplatz	LOGE
Theaterplatz	RANG
thüring. Stadt an der Hasel	SUHL
thüring. Stadt an der Saale	JENA
Tiber-Zufluß	ANIO
Tiber-Zufluß	NAJA
Tiber-Zufluß	NERA
tibetanischer Mönch	LAMA
tibetische Sprache	LOLO
tibetische Sprache	NAGA
Tide	FLUT
tiefe Flußstelle	WOOG
tiefe Männerstimme	BASS
tiefe Ohnmacht	KOMA
tiefer Schmerz	HARM
tiefes Musikinstrument	BASS
Tierbehausung	NEST
Tierfanggerät	NETZ
Tierfell	PELZ
Tierfett, Kerzenmaterial	TALG
tierischer Eiweißstoff	HORN
Tierkrankheit	ROTZ
Tiermund	MAUL
Tierprodukt	PELZ
Tierwaffe	HORN
Tip	WINK
Tiroler Solbad	HALL
Tischglocke	GONG
Titelfigur bei Borodin	IGOR
Titelfigur bei Freytag	INGO
Titelfigur bei Gershwin	BESS
Titelfigur bei Hauptmann	ANNA
Titelfigur bei Kästner	EMIL
Titelfigur bei Porter	KATE
Titel Mussolinis	DUCE
Titel syrischer Geistlicher	ABBA
Tobol-Zufluß	TURA
todbringender Stoff	GIFT
Todeslauf	AMOK
tödl. Infektionskrankheit	AIDS
töricht	DUMM
töricht	NAIV
Ton	LAUT
Tonart	MOLL
Ton des Jagdhorns	HIFT
Tongainsel	NIUE
Tonintervall	SEXT
Tonintervall	TERZ
tonloses Wort	ATON
Tonne	FASS
Tonzeichen	NOTE
Topf	POTT
Tor	NARR
Torquerholz d. Krickett	BAIL
Tortenüberzug	GUSS
total	GANZ
Totenaschegefäß	URNE
Totenschrein	SARG
träg, träge	FAUL
Träger der Erbanlagen (Mz.)	GENE
Tragbalken	HOLM
Tragband	GURT
Traubenernte	LESE
Trauerband, -binde	FLOR
Traufleiste d. griech. Tempels	SIMA
Traun-Zufluß	SAND
Traute	MUMM
Treibjagd mit Hunden	HATZ
Tresor, Wertsachendepot	SAFE
treues Haustier	HUND
treuherzig	NAIV
Trick	DREH
Trick	LIST
Trinkgefäß	GLAS
Tritt	KICK
Trockenherd	ALME
Trödel	KRAM
Trödel, Plunder	TAND
Tropenbaum	COLA

Tropenfrucht	KIWI
Tropenvogel	LORI
tropisch. Getreide	REIS
tropische Edelholzart	TEAK
tropische Heilpflanze	ALOE
tropische Knollenfrucht	TARO
tropische Strauchpflanze	KOKA
Trottel	DEPP
Trübsal, Trübsinn	LEID
Truhe	LADE
Truppenspitze	TETE
Trust	POOL
Truthenne	PUTE
tschech. Donau-Zufluß	WAAG
tschech. Drau-Zufluß	MIES
tschech. Komponist	HABA
tschech. Name von Brünn	BRNO
tschech. Name von Eger	CHEB
tschechoslowak. Stadt (Brüx)	MOST
Tschermisse	MARI
tüchtig, bewandert	FIRM
Tücke	LIST
Tüpfelhirsch	AXIS
türkisch. Branntwein	RAKI
türkisch. Provinzleiter	WALI
türkisch. Schwarzmeerhafen	RIZE
türkisch. Verwaltungsbezirk	LIWA
türkische Stadt	ICEL
türkisch: Pforte (Sultanspalast)	KAPU
tunes. Hafenstadt	SFAX
tunes. Stadt	BEJA
Turmdach	HELM
Turmhaube	APEX
Turngerät	BOCK
Turngerät	RECK
Turnier f. Profis und Amateure	OPEN
Turnübung	HANG
Turnvater	JAHN
übel	FLAU
übel	MIES
Überbringer	BOTE
Übereifer	HAST
Überlieferung	MAER
Überraschungsangriff	RAID
Überrumpelungsangriff	COUP
Überstürzung	HAST
übertriebene Sparsamkeit	GEIZ
Übervortellung	NEPP
übler Ruf	FAMA
Uferschutz	KAJE
ukrain. Stadt	UMAN
ukrain. Stadt am Psiol	SUMY
Umdrehung	TOUR
umfassend	WEIT
umgangsspr. f. Bordell	PUFF
umgangsspr. f. flau, feige	LAFF
umgangsspr. f. Geschwätz	SUMS
umgangsspr. f. Groll	PIEK
umgangsspr. f. Heckenbusch	TOST
umgangsspr. f. Kokain	KOKS
umgangsspr. f. logisch, klar	LOGO
umgangsspr. f. Ohrfeige	FOTZ
umgangsspr. f. Penis	PINT
umgangsspr. f. Quark	MATZ
umgangsspr. f. Rausch	ZAPF
umgangsspr. f. Schiff	POTT
umgangsspr. f. sehr oft	XMAL
umgangsspr. f. Sonderling	TYPE
umgangsspr. f. Stoß	FUCK
umgangsspr. f. Tatsache	FAKT
umgangsspr. f. Trunksucht	SUFF
umgangsspr. f. verblüfft	BAFF
umgrenzte Weinlage	CLOS
Umlauf, Drehung	TOUR
Umlauf v. Schecks u. Wechseln	GIRO
Umlaufzeit der Erde um d. Sonne	JAHR
unanständiger Witz	ZOTE
unantastbar, unberührbar	TABU
Unantastbarkeit	TABU
unartiges Kind	BALG
unaufhörlich	EWIG
unbedeutende Siedlung	KAFF
unbefangen	NAIV
unbehaart	KAHL
unbeherrschtes Verlangen	GIER
unbelaubt	KAHL
unbeschädigt	HEIL
unbestimmt, ungewiß	VAGE
unbestimmter Artikel	EINE
Unbill, Kränkung	TORT

4

undicht	LECK
undichte Stelle	LECK
und (mathem.)	PLUS
undurchsichtig	OPAK
uneben, grob	RAUH
unerbittlich	HART
unerfreulich	MIES
unfaires Spiel beim Sport	FOUL
unfein	MIES
unfruchtbar (Kuh)	GELT
ungar. Donau-Zufluß	GRAN
ungar. Donau-Zufluß	NERA
ungar. Donau-Zufluß	RAAB
ungar. Donau-Zufluß	VUKA
ungar. Herrschername	GEZA
ungar. Jagdhund	PULI
ungar. Königsname	BELA
ungar. Komitatshauptstadt	PECS
ungar. Männername	IMRE
ungar. Name von Erlau	EGER
ungar. Name von Fünfkirchen	PECS
ungar. Reformpolitiker	NAGY
ungar. Schriftsteller	DERY
ungar. Stadt	BAJA
ungar. Stadt an der Donau	GRAN
ungar. Stadt an der Donau	RAAB
ungar. Stadt an der Morosch	MAKO
ungar. Stadt in Komorn	TATA
ungar. Theiß-Zufluß	SAJO
ungar.: Helene	ILKA
ungebildet	DUMM
ungebunden	FREI
ungebunden	LOSE
ungefähr	ETWA
ungehindert	FREI
ungehobelt	DERB
ungehobelt	GROB
ungelogen, unverfälscht	WAHR
ungemischt, ungetrübt	REIN
ungeordnet	WIRR
ungeschliffener Edelstein	BRUT
ungeschnürter Halbschuh	PUMP
ungetrübt	KLAR
ungezähmt	WILD
Ungeziefer	FLOH
Ungeziefer	LAUS
ungezogenes Mädchen	GOER
Unglück	PECH
Union	BUND
Universitätsstadt in d. USA	YALE
Unkundiger	LAIE
unlieb	LEID
unnachgiebig	HART
unnachgiebig, verbissen	STUR
Unrecht, Schmähung	TORT
unreifer Angeber	FANT
Unschlitt	TALG
unser Planet	ERDE
unsterblich	EWIG
Unstrut-Zufluß	GERA
untätig	FAUL
Unterarmknochen	ELLE
unterirdischer Weg	GANG
Unterlagen	DATA
Unteroffizier bei der Marine	MAAT
Unterschenkelmuskulatur	WADE
unterster Schiffsraum	PIEK
unterste Steinkohlenschicht	KULM
unverfälscht	ECHT
unvergorener Saft	MOST
unvermittelt, unversehens	JAEH
unversehrt	GANZ
unversehrt	HEIL
unweit	NAHE
unzivilisiert, ungezähmt	WILD
Urbegriff	IDEE
Ureinwohner der Philippinen	AETA
Ureinwohner Perus	INKA
Urin	HARN
Urriese d. nordisch. Sage	YMIR
urtümlich	URIG
uruguay. Währungseinheit	PESO
Urvater der Menschen	ADAM
US-Stützpunkt im Pazifik	WAKE
Vater d. Turnsports	JAHN
Vater v. Abel	ADAM
Vater v. Ham	NOAH
Vater v. Japhet	NOAH
Vater v. Kain	ADAM
Vater v. Sem	NOAH
Vater v. Seth	ADAM
Vegetationsinsel in der Wüste	OASE

Velvet, Flor-gewebe	SAMT
venezolan. Stadt	CORO
veraltet f. Empfangstag	JOUR
veraltet f. Gehilfe	AIDE
veraltet f. Glasmacher	WALE
veraltet f. Goldsucher	WALE
veraltet f. Last	SAUM
veraltet f. Nachricht	MAER
veraltet f. sehr	BASS
veraltet f. Unbehagen	GENE
veraltet f. Verzögerung, Pause	MORA
veraltet f. Zoll	MAUT
veraltet f. Zwang	GENE
veraltet für Konkurs	GANT
Verbandmaterial	MULL
Verbandmull	GAZE
Verbannung	EXIL
Verbannungsort	EXIL
Verbannungsort Napoleons	ELBA
Verbindung	BUND
Verbindungsstelle	NAHT
Verbindungsstift	NIET
Verbindungsteil	STEG
Verbrechergruppe	GANG
Verdauungsorgan	DARM
Verdienst	LOHN
verdorrt, vertrocknet	WELK
verdutzt	BAFF
Verehrung	KULT
Vereinigung	LIGA
Verfall	RUIN
Verfasser des Sachsenspiegels	EIKE
Vergrößerungsglas	LUPE
Vergütung	LOHN
Verhältniswort	FUER
Verhältniswort	NACH
Verhältniswort	SEIT
verkäuflich	FEIL
Verkehrsmittel	AUTO
Verkehrsmittel	BAHN
Verladegerät	KRAN
verläßlich, zuverlässig	TREU
Verlagserzeugnis	BUCH
Verlangen	LUST
verlassene Gegend	OEDE
verletzt	WUND
Verlierer im Kartenspiel	BETE
vermoderte Pflanzenreste	TORF
Vermögen	HABE
verneinendes Wort	NEIN
Verpflichtung	MUSS
verrottetes Holz	MULM
verrückt	JECK
Verrücktheit	PIPS
Verschlußlaut	MUTA
verschnittener Eber	BARG
verschnittene Sau	GOLZ
versmäßiger Gleichklang	REIM
Verspottung	HOHN
Verteidigung, Festungsanlage	WEHR
vertontes Gedicht	LIED
Vertrag	PAKT
verwegen	KECK
verzehrendes Leid	GRAM
Viehhüter	HIRT
vielfarbig	BUNT
Viereck	KARO
vietnam. Währungseinheit	DONG
violett	LILA
Visierteil	KORN
Visitenkartenvermerk	UAWG
Vitus	VEIT
völlig	GANZ
Vogelbrutplatz	NEST
Vogelfangnetz	GARN
Vogelfangplatz	HERB
Vogeljunge	BRUT
Vogelkrankheit	NIPP
Vogelkrankheit	PIPS
Vogelmännchen	HAHN
Vogelruf	PIEP
Vogelscheuche	FUSE
Volk im Tschad	SARA
Volk in Birma	SHAN
Volk in Dschibuti	AFAR
Volk in Südafrika	SOTO
volkstüml. f. ausgezeichnet	DOLL
volkstüml. f. betrunken	BLAU
volkstüml. f. Dorf	NEST
volkstüml. f. Ehefrau	ALTE
volkstüml. f. Ehefrau, Frau	OLLE
volkstüml. f. Fehler	BOCK
volkstüml. f. Gefängnis	LOCH
volkstüml. f. Geld	KIES
volkstüml. f. Geld	MOOS
volkstüml. f. Hose	BUXE

4

volkstüml. f. Mädchen	ZAHN
volkstüml. f. Teufel	DAUS
volkstüml. f. Versager	NULL
volkstüml. f. Zimmer	BUDE
vollbrachte Leistung	WERK
voll entwickelt	REIF
Volta-Sprache	MORE
Volta-Volk	MOPA
Vorahnung	OMEN
Voranzeige	AVIS
Vorbau auf Balken	WOLM
Vorderansicht	FACE
vorderasiat. Staat	IRAN
vorderasiat. Staat	OMAN
vorderindische Wüste	THAR
Vorderseite	FACE
Vorfahre	AHNE
Vorgabe	ODDS
vorgeschichtl. Beil	KELT
Vorgesetzter	BOSS
Vorgesetzter	CHEF
vorjähriger Schnee	FIRN
vorlautes Mädchen	GOER
vorletzte Mastverlängerung	BRAM
Vormastsegel	FOCK
Vorname der Andersen	LALE
Vorname der Fitzgerald	ELLA
Vorname der Montez	LOLA
Vorname der Negri	POLA
Vorname der Nielsen	ASTA
Vorname der Sommer	ELKE
Vorname der Turner	TINA
Vorname des Sängers Marshall	TONY
Vorname von Brecht	BERT
Vorname von Dostal	NICO
Vorname von Eulenspiegel	TILL
Vorname von Hamsun	KNUT
Vorname von Kisch	EGON
Vorname von Lingen	THEO
Vorname von Montand	YVES
Vorname von Strawinsky	IGOR
Vorname von Torreani	VICO
Vorname von Trenker	LUIS
Vorrang	PRAE
vorsätzliche Tötung	MORD
Vorschrift	NORM
Vorsilbe: schlecht	MISS
Vorstechgerät	AHLE
Vorteil	PLUS
vorweg	ERST
Vorzeichen	OMEN
Vorzeichen beim Rechnen	PLUS
vorzeitl. Wohngrotte	ABRI
Vulkanauswurf	LAVA
Vulkangestein, Duckstein	TUFF
Vulkansee	MAAR
wachsbleich	FAHL
Wachsblume	HOYA
Währung in Bangladesh	TAKA
Währung in Botswana	PULA
Währung in Ghana	CEDI
Währung in Lesotho	LOTI
Währung in Oman	RIAL
Währung in Papua-Neuguinea	KINA
Währung in Vanuatu	VATU
Wäldchen	HAIN
Wärmespender	OFEN
Wäschebehälter	PUFF
Wäschestück	HEMD
Wagenkolonne	PULK
Wagenteil	BOCK
Wahl	KUER
Wahlübung	KUER
Wahlzettelbehälter	URNE
Wahn	TRUG
Wahrnehmungsorgan	SINN
Walküre	IDIS
Wallfahrtsort im Ruhrgebiet	WERL
Wallfahrtsort in Indien	PURI
Wallfahrtsort in Kärnten	GURK
Wandbrett	BORD
Wanderung	TOUR
Wangenbrand	NOMA
Wappentier	BAER
Warägerfürst	OLEG
Warengrenzsteuer	ZOLL
Warngerät	HUPE
Warthe-Zufluß	OBRA
Warzenhof	HALO
Wasserbohne	TARO
Wasserbüffel	ARNI
Wasserfahrzeug	BOOT

Wasserfall in Italien	TOSA
Wasserhahn	KRAN
wasserhalt. Magnesium	TALK
Wasserlauf	BACH
Wasserloch im Fußbett	KOLK
wasserloses Flußbett	WADI
Wasserstauwerk	WEHR
Wasserstrudel	NEER
Wasservogel	GANS
Wattenmeer	HAFF
Webeaufzug	WARF
Weberkamm	ILER
Weberkamm	RIET
Wechselbürgschaft	AVAL
Wechsel v. Hebung und Senkung	TAKT
weg	FORT
Wegegeld, Brückengeld	ZOLL
Weglosigkeit	IRRE
Wegzoll	MAUT
Weh	LEID
Wehrgebäude	FORT
Weibchen kleiner Raubtiere	FEHE
weibl. erwachs. Mensch	FRAU
weibl. german. Naturgeist	ELFE
weibl. Wassergeist	NIXE
Weichsel-Zufluß	OSSA
Weichsel-Zufluß	RABA
Weichspeise	BREI
Weidengerte, Metallrute	ZAIN
Weidezaun	FENZ
weidm.: Dachsschwanz	ZAIN
weidm.: Iltis	RATZ
weidm.: Sehne am Hinterlauf	HESE
Weidwerk	JAGD
Weihegrad	ORDO
weil	DENN
Weinort an der Mosel	NEEF
Weinort an der Mosel	ZELL
Weinstock	REBE
weise	KLUG
weißer Jura	MALM
weißes Meßgewand	ALBE
Weißfisch	ALSE
Weißkopfaffe	SAKI
weitmaschig. Gestrick	NETZ
weit nach unten reichend	TIEF
weit weg	FERN
Weizenbrötchen	WECK
Wellenbrecher	MOLE
Welschkorn	MAIS
Weltalter	AEON
Weltberg des Dschainismus	MERU
Weltenschöpfer	GOTT
Weltgeistlicher in Frankr.	ABBE
Weltumsegler	COOK
Werbekurzfilm	SPOT
Werftpfahlwerk	SLIP
Werg	HEDE
Werk, Tonwerk	OPUS
Werkstoff	HOLZ
Werkzeuggriff	HEFT
wertlose Kleinigkeit	DEUT
Wertloses	KRAM
Wertloses	NULL
wertloses Zeug	KAFF
Wertschätzung, Marktwert	TAXE
Weser-Zufluß	LUNE
westafrikan. Republik	MALI
westafrikan. Sprache	AGNI
westafrikan. Sprache	BINI
westafrikan. Sprache	BUSA
westafrikan. Sprache	KRIO
westafrikan. Sprache	MOBA
westafrikan. Sprache	MORE
westafrikan. Sprache	NUPE
westafrikan. Sprache	SUSU
westafrikan. Staat	TOGO
westafrikan. Volk	ADJA
westafrikan. Volk	BETE
westafrikan. Volk	KOUA
westafrikan. Volk	SARA
westalger. Hafenstadt	ORAN
westfäl. Höhenzug	HAAR
westindische Insel	KUBA
westliches Bündnis	NATO
westschweiz. Kanton	JURA
westspan. Hafenstadt	VIGO
westsudanes. Volk	BOBO
westsyrische Stadt	HAMA
Wetterumhang	CAPE
Wettkampfklasse im Sport	LIGA

4

Widerhall	ECHO
widerlicher Mensch	EKEL
widerwärtig	FIES
Widerwille	EKEL
wiegender Pferdegang	ZELT
Wiener Hauptstraße	RING
Wiesenpflanze	GRAS
wilde Seide	MUGA
Wildpfad	PASS
Wildpflege	HEGE
Wildwechsel	GANG
Windbruch	ROHN
Windrichtung	NORD
Winkel	ECKE
Winkelzug	DREH
Winkelzug	LIST
wirbelloses Tier	WURM
Wirkstoff im Tee	TEIN
Wirtschaftsaufschwung	BOOM
Wirtschaftstheoretiker	MARX
Wohlergehen	HEIL
wohlgemut	FROH
wohlgenährt, dick	FETT
Wohlgeruch	DUFT
wohlgesinnt	HOLD
Wohnbau	HAUS
Wohnhügel	TERP
Wohnhügel auf Halligen	WARF
Wohnschiff im Hafen	HULK
Wolfsmilchgewächs	TUNG
Wolga-Zufluß	KAMA
Wolga-Zufluß	SURA
Wollgarnart	WEFT
Wollstoff	WAND
Wonne	LUST
Wortgleichklang	REIM
Wortstreit, Zwist	ZANK
Wotans Wolf	GERI
Wucher im islam. Recht	RIBA
Würfelmuster	KARO
Würzkraut	DOST
Wüstling	ASOT
Wüstling, Lebemann	ROUE
wunder Punkt	KRUX
wunderwirkende Schale	GRAL
Wurstfleisch	METT
Wurzelgemüse	BETE
zäher Werkstoff	HARZ
zärtlich	LIEB
Zahlkellner	OBER
Zahlungsfrist	ZIEL
Zahlungsmittel	GELD
Zarenerlaß	UKAS
Zarenname	IWAN
Zarenname	PAUL
zart	MILD
zarter Geruch	DUFT
zartrot	ROSE
Zauberin	HEXE
Zauberkraft bei Naturvölkern	MANA
Zeche, Bergwerk	MINE
Zehrwurz	ARON
Zeichen für eine Menge	ZAHL
Zeichnungsentwurf	RISS
Zeitalter	AERA
Zeitgeschmack	MODE
zeitlich unbegrenzt	EWIG
Zeitmaß	TAKT
Zeitungslüge	ENTE
Zeitwort	VERB
Zeltlager	CAMP
zentralafrikan. Negervolk	AKKA
zentrales Körperorgan	HERZ
Zentrum	KERN
zerbrechlich, zierlich	ZART
Zerkleinerungsmaschine	WOLF
Zeus-Geliebte	MAIA
Zeus-Geliebte	MAJA
Zeus-Gemahlin	HERA
Zierdraht in Bändchen	LAHN
Zierleiste an Tempeln	KYMA
Zigeuner	ROMA
Zimmerwinkel	ECKE
Zirbelkiefer	ARVE
Zitterpappel	ESPE
Zuckerinsel	KUBA
Züchtigungsmittel	RUTE
Zufluchtsort	ASYL
Zuggeschirrbügel	KUMT
Zugnummer	CLOU
Zugtiergespann	JOCH
zugunfähig (beim Schach)	PATT
Zuhälter	LUDE
Zuhause	HEIM
zunächst	ERST
zur Hälfte	HALB
zusammengehörige Dinge	SATZ
zusammengewehter Haufen	WEHE
Zusammenschluß	BUND
Zusammenschluß	LIGA
Zusteller	BOTE
zustimmender Ausruf	TOPP
zu welchem Zweck?	WOZU

zu welcher Zeit?	WANN
Zwang, Pflicht	MUSS
Zwangsarbeit	FRON
Zwangsversteigerung	GANT
zwei Augen im Würfelspiel	DAUS
zweideutiger Witz	ZOTE
zweifelhafter Ruf	RUCH
Zweigespann	BIGA
zweisitziger Sportschlitten	BODE
zweitgrößte Stadt Polens	LODZ
Zweizahl	DUAL
zweizehiges Faultier	UNAU
zwei zusammengehör. Dinge	PAAR
Zwerg	GNOM
Zwergbüffel	ANOA
Zwerg d. german. Sage	MIME
Zwerghunderasse	CHIN
zwölf Dutzend	GROS
Zypressengewächs	SADE

Aalfanggerät	EISEN
Aalfanggerät	ELGER
Aalfanggerät	FLETE
Aalfanggerät	GABEL
Aalfanggerät	HAMEN
Aalgabel	ELGER
Aalraupe	RUPPE
Aar	ADLER
Aare-Zufluß	REUSS
Aare-Zufluß	SAANE
Aas, Köder	LUDER
aasfressender Greifvogel	GEIER
Abbaugenehmigung beantragen	MUTEN
abbauwürdige Schicht	FLOEZ
Abbau zw. zwei Strecken	STREB
Abbild	KOPIE
Abc-Buch	FIBEL
Abdruck	KOPIE
Abendmahlgefäß	KELCH
Abfahrt, Abflug	START
Abfall, Abfallprodukt	MUELL
abfallendes Gelände	LEITE
Abfallgrube	KIPPE
Abfluß	GULLY
Abfluß, Furche	RINNE
Abfluß d. Ammersees	AMPER
Abfluß d. Bodensees	RHEIN
Abfluß d. Dambecker Sees	HAVEL
Abfluß d. Genfer Sees	RHONE
Abfluß d. Müggelsees	SPREE
Abfluß d. Peipussees	NARWA
Abfluß d. Starnberger Sees	WUERM
Abfluß d. Wannsees	HAVEL
Abflußrohr	DRAIN
Abfolge, Reihe	SERIE
Abführmittel	SENNA
abgedeckter Getreidehaufen	FEIME
abgedeckter Strohhaufen	DIEME
abgedichtete Stromleitung	KABEL
abgedroschen	BANAL
Abgekochtes	ABSUD
abgelaufen	HERUM
abgemessene Menge	DOSIS
Abgesang im griech. Chorlied	EPODE
abgeschlossene Entwicklung	REIFE
Abgesottenes	ABSUD
abgestanden, abgeschmackt	SCHAL
abgesteckte Linie, Strecke	LOIPE
abgesteckte Linie, Strecke	PISTE
abgesteckte Strecke	ROUTE
abgetan (franz.)	PASSE
abgeworfenes Schiffsgut	LAGAN
abgezehrt	HAGER
abgezogene Kopfhaut	SKALP
Abgrenzung	BANDE
Abgrenzung	LIMES
Abgrenzung	MAUER
Abgrenzung des Eishokkeyfeldes	BANDE
Abgrund	KLUFT
Abgußform	MODEL
Abhang	HALDE
Abhang	LEITE
Abk. f. accellerando	ACCEL
Abk. f. ad libitum	ADLIB
Abk.f. anno ante Christum	AACHR
Abk. f. ante Christum natum	ACHRN
Abk. f. Auszubildender	AZUBI
Abk. f. crescendo	CRESC
Abk. f. desgleichen	DESGL
Abk. f. deutsch	DTSCH
Abk. f. Doctor agronomiae	DRAGR
Abk. f. Doctor iuris	DRJUR
Abk. f. Doctor medicinae	DRMED
Abk. f. Doctor oeconomiae	DROEC
Abk. f. eigentlich	EIGTL
Abk. f. Elektrizitätswerk	EWERK
Abk. f. evangelisch-reformiert	EVREF
Abk. f. Fernschreiben	TELEX
Abk. f. geographisch	GEOGR
Abk. f. geschätzt	GESCH
Abk. f. geschieden	GESCH
Abk. f. gestrichen	GESTR
Abk. f. Hauptstadt	HPTST
Abk. f. im allgemeinen	IALLG
Abk. f. Jesuitenwahlspruch	OAMDG
Abk. f. Kapitalgesellschaft	EGMBH

Abk. f. Kartäuserorden	OCART
Abk. f. Kosekans	COSEC
Abk. f. Kraftfahrzeugart	KOMBI
Abk. f. Krokodilleder	KROKO
Abk. f. leichtes Kraftfahrzeug	MOPED
Abk. f. Mesdemoiselles	MLLES
Abk. f. Nachfolger	NACHF
Abk. f. nachmittags	NACHM
Abk. f. NATO-Hauptquartier	SHAPE
Abk. f. Pazifikpakt	ANZUS
Abk. f. post Christum natum	PCHRN
Abk. f. praktisch	PRAKT
Abk. f. Regierungsbezirk	REGBZ
Abk. f. Ritenuto	RITEN
Abk. f. Sanitätskraftwagen	SANKA
Abk. f. Schnellbahn	SBAHN
Abk. f. Sowjetunion	UDSSR
Abk. f. Sportvereine	SPVGG
Abk. f. staccato	STACC
Abk. f. Substantiv	SUBST
Abk. f. Südostasienpakt	SEATO
Abk. f. technisch	TECHN
Abk. f. theologisch	THEOL
Abk. f. Turbinenantrieb	TURBO
Abk. f. ultraviolett	UVIOL
Abk. f. und dergleichen mehr	UDGLM
Abk. f. Untergrundbahn	UBAHN
Abk. f. Unterseeboot	UBOOT
Abk. f. ursprünglich	URSPR
Abk. f. Vorstand, Vorsteher	VORST
Abk. f. Wasserwerk	WWERK
Abk. f. Zentimeter pro Sekunde	CMSEC
Ablaufstelle für Grubenwasser	SEIGE
Ablesemarke	INDEX
Abnehmer	KUNDE
Abonnement	BEZUG
Abort	LOKUS
Abrahams Sohn	ISAAK
Abrechnung, Heimzahlung	RACHE
Abreiben des Bastes (zool.)	FEGEN
Absaugrohr	HEBER
Abschied, Lebewohl (frz.)	ADIEU
Abschiedsgruß	ADIEU
Abschiedsgruß	VALET
Abschlag beim Hockey	BULLY
abschließend	FINAL
Abschlußrand	KANTE
Abschnitt einer Entwicklung	PHASE
Abschnitt eines Ablaufs	PHASE
Abschnitt im Sport	SPIEL
Abschrift	KOPIE
abschüssig, jäh ansteigend	STEIL
abschüssig (lat.)	DEVEX
Abschuß aus mehreren Waffen	SALVE
Absicht, Zielpunkt	ZWECK
Absonderung d. Schleimdrüsen	MUZIN
Absonderung der Leber	GALLE
Absonderungsorgan	LEBER
Absteckpfahl	JALON
Absteigequartier	LOGIS
Abstimmgerät	TUNER
Abstimmung, Entscheidung	VOTUM
Abstreicher	RAKEL
Abteikirche (ital.)	BADIA
Abteilung	ROTTE
Abt von Cluny	ODILO
abwärts	HERAB
abwärts	HINAB
Abwandlung	ABART
Abweichung	ABWEG
Abwesenheitsnachweis	ALIBI
Abwurfgeschoß	BOMBE
abzüglich	MINUS
Abzugsgraben	DRAIN
Achat-Art	MOCHA
Achsendrehung des Geschosses	DRALL
achtarmiger Tintenfisch	KRAKE
achten	EHREN
achter griech. Buchstabe	THETA
achttägige Fastenzeit	OKTAV
Achtung erweisen	EHREN
achtzehnter US-Präsident	GRANT
Ackererde	KRUME
Ackerertrag	ERNTE
Ackergerät	HACKE

Acker-gerät	PFLUG
Acker-krume lockern	EGGEN
Acker-unkraut	LOLCH
Acker-unkraut, Schling-pflanze	WINDE
Addi-tions-ergebnis	SUMMA
Addi-tions-ergebnis	SUMME
Adel ver-leihen, erheben	ADELN
Adler-stein	AETIT
adlig	NOBEL
ägypt. Bezirks-vorsteher	MUDIR
ägypt. Christ	KOPTE
ägypt. falken-köpfiger Gott	HORUS
ägypt. Flußgott	NILUS
ägypt. Gebirge, Halbinsel	SINAI
ägypt. Gott d. Krieges	MONTH
ägypt. Gott d. Sonne	HORUS
ägypt. Haupt-stadt	KAIRO
ägypt. Herrscher	ZOSER
ägypt. Kriegs-göttin	NEITH
ägypt. Mondgott	CHONS
ägypt. Mutter-göttin	NEITH
ägypt. Politiker, Staats-präsid.	SADAT
ägypt. Provinz-gouver-neur	MUDIR
ägypt. Schöpfer-gott	CHNUM
ägypt. Sonnen-göttin	NEITH
ägypt. Sonnen-gott	ANHER
ägypt. Stadt	TANTA
ägypt. Streichin-strument	RABAB
ägypt. Wasser-rose	LOTOS
ägypt. Widder-gott	AMMON
ängstlich	BANGE
ängstlich, befangen	SCHEU
Ärgernis, mißlicher Zustand	UEBEL
Ärmel-aufschlag	PATTE
ärmel-lose Jacke	WESTE
ärztl. In-strument	SONDE
Äsung	GEAES
äthiop. Berg	KOLLO
äthiop. Bergland	KAFFA
äthiop. Land-schaft, Provinz	SCHOA
äthiop. Land-schaft, Provinz	TIGRE
äthiop. Mara-thon-läufer	ABEBE
äthiop. Provinz	HARAR
äthiop.-sudanes. Nil-Zufluß	SOBAT
äthiop. Volk	OROMO
äthiop. Volks-stamm	GALLA
äthiop. Volks-stamm	KAFFA
ätzende Flüssig-keit	BEIZE
ätzende Flüssig-keit	LAUGE
äußere Ge-schlechts-teile	SCHAM
äußere Gestalt	FIGUR
äußerster Preis	LIMIT
afghan. Haupt-stadt	KABUL
afghan. Stadt am Heri Rud	HERAT
afrikan. Affe	JOCKO
afrikan. Fluß	BENUE
afrikan. Fluß in Ghana	VOLTA
afrikan. Gift-schlange	MAMBA
afrikan. Haupt-stadt	ACCRA
afrikan. Haupt-stadt	DAKAR
afrikan. Haupt-stadt	LAGOS
afrikan. Hirsebier	POMBE
afrikan. Hirten-, Hamiten-volk	TUSSI
afrikan. Insel bei Sansibar	PEMBA
afrikan. Insel vor Tansania	MAFIA
afrikan. Kurzhals-giraffe	OKAPI
afrikan. Sprache	BILIN
afrikan. Sprache	DINKA
afrikan. Sprache	RUNDI
afrikan. Sprache	WADAI
afrikan. Sprache	WENDA
afrikan. Stamm	BONGO
afrikan. Strom	KONGO
afrikan. Völker-gruppe	BANTU
afrikan. Zupfin-strument	SANSA
afrikan. Zupfin-strument	ZANZA
afrikan. Zwerg-volk	WATUA
Agamem-nons Sohn	OREST
Agaven-, Hanffaser	SISAL
Agent, Späher	SPION
Agitation	HETZE
Ahorn-furnier	MAPLE
akadem. Abkür-zung	HABIL
akadem. Behörde	SENAT
akkurat	GENAU
akrobati-scher Tanz	LIMBO
Akten-bündel (lat.)	ROTUL

5

Aktensammlung	AKTEI
Aktie, Anteilschein (engl.)	SHARE
Aktienabschnitt	KUPON
Aktiva	HABEN
Aktivkonto	HABEN
akust. Warnsignal geben	HUPEN
Akustik	KLANG
Alant	INULA
alban. Fluß	VJOSE
alban. Hafenstadt	VLORE
alban. Volk	GEGEN
albern	AFFIG
alberner Streich, Humbug	UNFUG
Albino	DONDO
Aldehydalkohol	ALDOL
alemann. Dichter	HEBEL
alger. Berg	TAHAT
alger. Stadt	BATNA
alger. Stadt im Tellatlas	SETIF
alger. Währung	DINAR
Alkaliborat	BORAX
alkalische Lösung	LAUGE
alkoholfreies Mischgetränk	SHAKE
alkoholisches Eisgetränk	JULEP

alkoholisches Mixgetränk	BOWLE
alkoholisches Mixgetränk	SLING
Alkvogel	LUMME
alle Erbanlagen im Zellkern	GENOM
alle ohne Ausnahme	JEDER
allerbest	PRIMA
Allerlei, Vermischtes	VARIA
Aller-Zufluß	LEINE
Aller-Zufluß	WIEHE
allezeit	IMMER
allezeit, immer	STETS
alle zwei	BEIDE
Allseele (indisch)	ATMAN
alltäglich	BANAL
Alltagsgleichmaß	TROTT
Alm, Alpenweide	SENNE
Aloebitter	ALOIN
alpenländ. Frauenname	ZENZI
Alpenpaß	ACHEN
Alpentier	GEMSE
Alpenwiese	MATTE
also, demnach	SOMIT
altägypt. König	MENES
altägypt. König	NECHO
altägypt. Krokodilsgott	SOBEK

altägypt. Mondgott	THOTH
altägypt. Sonnengott	HOROS
altägypt. Stadt	LUXOR
altägypt. Totengöttin	NEITH
altägypt. Totengott	SOKAR
altägypt. Wassergott	SOBEK
altarabischer Gott	MANAT
Altarnische	APSIS
Altarplatte	MENSA
altdtsch. Flüssigkeitsmaß	ANKER
altdtsch. Gewicht	QUENT
altdtsch. Hohlmaß	METZE
altdtsch. Längenmaß	LINIE
altdtsch. Vorname	EGOLF
alte äthiop. Hauptstadt	MEROE
alte Bez. für Tante	MUHME
alte dtsch. Münze	TALER
alte franz. Münze	LIVRE
alte Gedichtsform	RONDO
alte ital. Silbermünze	SCUDO
alte Jagdwaffe	BOGEN
alte Lichtquelle	KERZE

alte Mandolinenart	GIGUE
alte Maßeinheit	FADEN
alte pers. Währungseinheit	TOMAN
alte persische Münze	CHAKI
alter lebhafter Tanz	GIGUE
alter Mann	GREIS
alter Name von Hokkaido	JESSO
alter Name von Jaffa	JOPPE
alter Name von Seyhan	ADANA
Altersgeld	RENTE
altertümlich	ANTIK
altes Ackermaß	PINTE
altes afrikan. Königreich	GHANA
alte Schiffskanone	BASSE
alte Schwertaxt	SACHS
altes Feldmaß	ACKER
altes Flächenmaß	DROHN
altes Gewicht	QUINT
altes Hanseschiff	KOGGE
altes Hohlmaß	EIMER
altes Hohlmaß	QUART
altes Hohlmaß	SPINT

5

altes Hohlmaß	ZUBER
altes Kornmaß	MOETT
altes Kulturvolk in Kleinasien	LYDER
altes Längenmaß	MEILE
altes Leinwandmaß	LEGGE
altes Reich im Tschad	WADAI
altes russ. Längenmaß	WERST
altes Saiteninstrument	GAMBE
altes Saiteninstrument	LEIER
altes Streichinstrument	FIDEL
altes Tanzlied	LEICH
altes Tanzlied	RONDO
altes Weinmaß	FUDER
altfinnische Göttin	RAUNI
altfranz. Gewichtseinheit	LIVRE
altfranz. Grafschaft	BLOIS
altfranz. Grafschaft	MAINE
altfranz. Längenmaß	TOISE
altfranz. Münze	AGNEL
altfranz. Münze	LIVRE
altfranz. Tanz	GIGUE
altfranz. Tanz	LOURE
altfries. Recht	DOMEN
altfries. Rechtsprecher	ASEGA
Altgeige, Bratsche	VIOLA
altgerman. Gott, Sohn von Odin	WIDAR
altgerman. Sagengestalt	ELDIR
altgerman. Sagengestalt	FYLLA
altgerman. Sagengestalt	LODIN
altgerman. Sagengestalt	NUNIN
altgriech. Blasinstrument	AULOS
altgriech. Dichter	HOMER
altgriech. Dichter, Sänger	ARION
altgriech. Dramenform	MIMUS
altgriech. Fabeldichter	AESOP
altgriech. Fluß der Unterwelt	LETHE
altgriech. Flußgott	LADON
altgriech. Gesetzgeber	DRAKO
altgriech. Götterberg	OLYMP
altgriech. Göttin d. Klugheit	METIS
altgriech. Gott der Unterwelt	PLUTO
altgriech. Heldenepos	ILIAS
altgriech. Hochzeitsgesang	HYMEN
altgriech. Landschaft	DORIS
altgriech. Marktplatz	AGORA
altgriech. Philosoph	PLATO
altgriech. Philosoph	ZENON
altgriech. Preislied	PAEAN
altgriech. Quellengott, Satyr	SILEN
altgriech. Riesengott	TITAN
altgriech. Sänger	AOEDE
altgriech. Sagengestalt	MEDEA
altgriech. Stadtstaat	POLIS
altgriech. Stamm	DORER
altgriech. Trank des Vergessens	LETHE
altgriech. Waldgeist	SATYR
altgriech. Weltsprache	KOINE
altgriech. Zauberin	CIRCE
althochdtsch. Name v. Attila	ETZEL
altindian. Grabhügel	MOUND
altindische Dichterin	LALLA
altindisches Lebenslehrbuch	SUTRA
altiranisches Volk	MEDER
altislam. Regelsammlung	SUNNA
altitalisches Volk	OSKER
altjapan. Kriegerkaste	BUSHI
altjüd. Gewicht	SEKEL
altjüd. Münze	SEKEL
altkeltisch. Dichter, Sänger	BARDE
altmodisch (franz.)	PASSE
altnord. Göttin, Mutter v. Forseti	NANNA
altnord. Göttin, Mutter v. Freia	SKADI
altnord. Harfe	TELYN
altnord. Skaldenlied	DRAPA
altnord. Wassergeist	NOECK
altorientalische Kopfbedeckung	MITRA
altorientalischer Volksstamm	SYRER
altpersisch. König	KYROS
altperuan. Volk	COLLA
altpreuß. Erntegott	KURKE
altpreuß. Göttin d. Morgenröte	AUSRA

5

altröm. Denker, Dichter HORAZ

altröm. Dichter LUKAN

altröm. Flöte TIBIA

altröm. Frauenmantel PALLA

altröm. Geister Verstorbener LAREN

altröm. Gemeinde KURIE

altröm. Gerichtsplatz FORUM

altröm. Geschichtsschreiber NEPOS

altröm. Gewand STOLA

altröm. Gewicht, Münze LIBRA

altröm. Gewicht, Münze UNCIA

altröm. Göttin der Schönheit VENUS

altröm. Göttin des Herdes VESTA

altröm. Hausschutzgötter LAREN

altröm. Jurist GAJUS

altröm. Liebesgöttin VENUS

altröm. Münze SEMIS

altröm. Schicksalsgöttin PARZE

altröm. Silbermünze DENAR

altröm. Staatsmann SULLA

altröm. Stirnbinde INFUL

altröm. Totenseelen MANEN

altröm. Unterfeldherr LEGAT

altröm. Unterweltsgötter MANEN

altruss. Adliger BOJAR

altruss. Silbermünze DENGA

altsemitischer Gott DAGON

Amazonas-Zufluß IRIRI

Amazonas-Zufluß JURUA

Amazonas-Zufluß PURUS

amerikan. »Aussteiger« HIPPY

amerikan. abstrakter Maler TOBEY

amerikan. Arzt (Impfung) SABIN

amerikan. Astronaut EVANS

amerikan. Astronaut GLENN

amerikan. Astronaut HAISE

amerikan. Astronaut IRWIN

amerikan. Astronaut POGUE

amerikan. Astronaut ROOSA

amerikan. Astronaut SCOTT

amerikan. Astronaut WHITE

amerikan. Astronaut YOUNG

amerikan. Automarke BUICK

amerikan. Automarke DODGE

amerikan. Autor (Nobelpreis) LEWIS

amerikan. Bandleader, -pianist HINES

amerikan. Bankier (Nobelpreis) DAWES

amerikan. Berühmtheit ASTOR

amerikan. Biochemiker (Nobelpr.) BLOCH

amerikan. Biochemiker (Nobelpr.) OCHOA

amerikan. Biologe (Nobelpreis) TATUM

amerikan. Bluessängerin SMITH

amerikan. Boxer TYSON

amerikan. Bühnendichter ALBEE

amerikan. Chemiker (Nobelpreis) DOISY

amerikan. Chemiker (Nobelpreis) LIBBY

amerikan. Dichter BENET

amerikan. farbiger Schauspieler COSBY

amerikan. Filmkomiker HARDY

amerikan. Filmkomiker LEWIS

amerikan. Filmkomiker LLOYD

amerikan. Filmpreis OSCAR

amerikan. Filmregisseur CAPRA

amerikan. Filmregisseur HAWKS

amerikan. Filmregisseur KAZAN

amerikan. Filmregisseur MILLE

amerikan. Filmregisseur WYLER

amerikan. Filmschauspieler BEERY

amerikan. Filmschauspieler CLIFT

amerikan. Filmschauspieler FLYNN

amerikan. Filmschauspieler FONDA

amerikan. Filmschauspieler GABLE

amerikan. Filmschauspieler POWER

amerikan. Filmschauspieler QUINN

amerikan. Filmschauspieler TRACY

amerikan. Filmschauspieler WAYNE

amerikan. Filmschauspielerin CARON

amerikan. Filmschauspielerin DAVIS

5

amerikan. Filmschauspielerin	FONDA
amerikan. Filmschauspielerin	KELLY
amerikan. Filmschauspielerin	NOVAK
amerikan. Filmschauspielerin	OHARA
amerikan. Filmschauspielerin	WYMAN
amerikan. Filmschauspielerin	YOUNG
amerikan. Fluggesellschaft	PANAM
amerikan. Folkrockgruppe	BYRDS
amerikan. Frauenname	DOLLY
amerikan. Frauenname	FANNY
amerikan. General, Präsident	GRANT
amerikan. Jazzgeiger	SOUTH
amerikan. Jazzklarinettist	NOONE
amerikan. Jazzkomponist	BROWN
amerikan. Jazzkomponist, -musiker	RUSSO
amerikan. Jazzkomponist, -pianist	TATUM
amerikan. Jazzmusiker	BERRY
amerikan. Jazzmusiker	BLAKE
amerikan. Jazzmusiker	GIBBS
amerikan. Jazzmusiker	HANDY
amerikan. Jazzmusiker	HEATH
amerikan. Jazzmusiker	SCOTT
amerikan. Jazzpianist	BASIE
amerikan. Jazzpianist	STACY
amerikan. Jazzpianist, -kompon.	SMITH
amerikan. Jazzpianist, Komponist	LEWIS
amerikan. Jazzsängerin	HORNE
amerikan. Jazzsaxophonist	EVANS
amerikan. Jazzsaxophonist	SHANK
amerikan. Jazzsaxophonist	SHEPP
amerikan. Jazzsaxophonist	YOUNG
amerikan. Jazzschlagzeuger	KRUPA
amerikan. Jazzschlagzeuger	ROACH
amerikan. Jazztrompeter	BAKER
amerikan. Jazztrompeter	DAVIS
amerikan. Jazztrompeter	ELMAN
amerikan. Jazztrompeter	JAMES
amerikan. Jazztrompeter	JONES
amerikan. Kartenspiel	POKER
amerikan. Kernphysiker	GAMOW
amerikan. klassiz. Lyriker	FROST
amerikan. Kosmologe	GAMOW
amerikan. Lyriker	AUDEN
amerikan. Lyriker	POUND
amerikan. Männername	ALLAN
amerikan. Mediziner (Nobelpreis)	HENCH
amerikan. Mediziner (Nobelpreis)	MINOT
amerikan. Mondfähre	EAGLE
amerikan. Musicalkomponist	STYNE
amerikan. naive Malerin	MOSES
amerikan. Nobelpreisträger	HICKS
amerikan. Nobelpreisträgerin	BALCH
amerikan. Ökonom (Nobelpreis)	SIMON
amerikan. Ökonom (Nobelpreis)	TOBIN
amerikan. Operntenor	LANZA
amerikan. Philosoph (Pragmatiker)	JAMES
amerikan. Philosoph (Pragmatismus)	DEWEY
amerikan. Physiker	HENRY
amerikan. Physiker (Nobelpreis)	BETHE
amerikan. Physiker (Nobelpreis)	KUSCH
amerikan. Physiker (Nobelpreis)	SEGRE
amerikan. Physiker (Nobelpreis)	STERN
amerikan. Politiker	LODGE
amerikan. Popmusiker	COHEN
amerikan. Popmusiker	STING
amerikan. Popsänger	SIMON
amerikan. Präsident	BUREN
amerikan. Ragtime-Musiker	LAINE
amerikan. Regisseur	WALSH
amerikan. Reiterwettkampf	RODEO
amerikan. Rockmusiker	ZAPPA
amerikan. Rockmusik-Solist	HALEY
amerikan. Rock- u. Country-Sänger	DYLAN

amerikan. Schauspieler, Regisseur	ALLEN
amerikan. Schauspielerin	ONEAL
amerikan. Schauspielerin	WELCH
amerikan. Schlagersänger	BOONE
amerikan. Schlagersängerin	HOLLY
amerikan. Schriftsteller	ALLEN
amerikan. Schriftsteller	HARTE
amerikan. Schriftsteller	JAMES
amerikan. Schriftsteller	JONES
amerikan. Schriftsteller	SEGAL
amerikan. Schriftsteller	STONE
amerikan. Schriftsteller	VIDAL
amerikan. Schriftsteller	WOLFE
amerikan. Sekte	AMISH
amerikan. Sopranistin	PRICE
amerikan. sozialkritisch. Autor	OHARA
amerikan. Stadt in Florida	MIAMI
amerikan. Stinktier	SKUNK
amerikan. Tänzer, Schauspieler	KELLY
amerikan. Tänzerin (Bananen)	BAKER
amerikan. Tennisspielerin	EVERT
amerikan. Tiefseeforscher	BEEBE
amerikan. Walnußart	CARYA
amerikan. Wildrind	BISON
amerikan.: Arbeit	LABOR
Amper-Zufluß	WUERM
Amphibie	LURCH
am Pol	POLAR
am Schluß stehend	LETZT
Amsel	MERLE
amtl. bolivian. Hauptstadt	SUCRE
amtlicher Erlaß	EDIKT
Amtssprache in Senegal	WOLOF
Amtsstube	BUERO
Amtstracht	HABIT
Amtstracht	TALAR
Amundsens Luftschiff	NORGE
Amur-Quellfluß	ARGUN
Anbau	ANNEX
Anblick, Schauplatz	SZENE
Anblick, Überblick	SCHAU
andächtig	INNIG
Anden-Indianer	KOLLA
Anden-Vulkan	MAIPO
an den Wind gehen	LUVEN
anderer Name für Odin	WODAN
an der Grundfläche	BASAL
andernfalls, alias	SONST
andersartig, ungewohnt	FREMD
an diesem Tage	HEUTE
an e. Pol anschließen	POLEN
anerkennen	LOBEN
Anfang, Aufbruch	START
Anflug	HAUCH
Anforderung	ABRUF
Anführer der Argonauten	JASON
Anführer der Donkosaken	RASIN
Angeber, Gernegroß	PROTZ
angeboren	NATIV
angeborene Art	WESEN
angefügter Wortteil	AFFIX
angeführte Schriftstelle	ZITAT
Angeh. e. altschott. Keltenstamms	PIKTE
Angeh. e. dtsch. Fürstenhauses	WELFE
Angeh. e. dtsch. Volksstammes	BAYER
Angeh. e. dtsch. Volksstammes	HESSE
Angeh. e. german. Stamms	GAUTE
Angeh. e. german. Stamms	SUEBE
Angeh. e. german. Stamms	SUEVE
Angeh. e. german. Volkes	SKIRE
Angeh. e. german. Volksstammes	JUETE
Angeh. e. ind. Glaubensgemeinsch.	HINDU
Angeh. e. ind. Kaste	SUDRA
Angeh. e. kelt. Stammes	GAELE
Angeh. e. kelt. Volksstammes	BELGE
Angeh. e. kelt. Volksstammes	SKOTE
Angeh.e. mittelasiat. Volkes	SARTE
Angeh. e. Nomadenvolks im Norden	LAPPE
Angeh. e. ostslaw. Volkes	RUSSE
Angeh. e. poln. Dynastie	PIAST
Angeh. e. südslaw. Volkes	SERBE
Angeh. e. Swebenstamms	QUADE
Angeh. e. syr. Volkes	DRUSE

Angeh. e. vorderasiat. Stammes	KURDE
Angeh. e. westgerman. Volkes	QUADE
angeheftetes Bild (engl.)	PINUP
Angehör. e. german. Stamms	KATTE
Angelegenheit (franz.)	CHOSE
Angelhaken	HAMEN
Angelpunkt	PIVOT
Angelsachse	BRITE
angelsächs. Längenmaß	CHAIN
angewehter Sandhügel	DUENE
angloamerikan. Frauenname	JANET
angloamerikan. Frauenname	KITTY
angloamerikan. Frauenname	NANCY
angloamerikan. Männername	JIMMY
angloamerikan. Männername	JONNY
angloamerikan. Männername	TEDDY
angloamerikan. Männername	TOMMY
Angriff, großer Andrang	STURM
Angriffsreihe beim Fußball	STURM
Angriffsruf	HURRA
Angst	BANGE
Angst, Scham	SCHEU
Angsthase	TUNTE
Anhängekorb	HANGE
Anhänger d. Lehre Zarathustras	PARSE
Anhänger e. ind. Religion	JAINA
Anhänger einer relig. Anschauung	DEIST
Anhängsel	ANNEX
Anhäufung	MASSE
Anhäufung	MENGE
Anhang	ADNEX
Anhangsgebilde	ANNEX
Anhöhe	KUPPE
Ankerplatz vor dem Hafen	REEDE
Ankerwinde	SPILL
Anlage, Anhang	ANNEX
Anlaß	GRUND
Anlaß	MOTIV
anmaßend	FRECH
Anmerkung	NOTIZ
anmutig	APART
annähernd	CIRKA
Annahme (griech.)	LEMMA
Anordnung	GEBOT
Anordnung	ORDER
Anprall, Aufprall	STOSS
Anrede, Amtsbezeichnung	TITEL
Anruf	HOLLA
Anrufung Gottes	GEBET
Ansammlung	MASSE
Ansammlung	MENGE
Ansatzsegel	GEHRE
Anschwellung	BEULE
Anschwellung im Hals	KROPF
anständiges Benehmen	MORES
Anstand	MORES
Anstand, Manieren	SITTE
Anstandsdame (span.)	DUENA
anstelle von	STATT
Anstoß beim Eishockey	BULLY
anstreichen	MALEN
Anstreicher	MALER
Anstrengung	MUEHE
Anteil, Rate	QUOTE
Anteilpapier	AKTIE
Antennenart	DIPOL
anti	GEGEN
anti, gegen	WIDER
antike griech. Stadt	ARGOS
antike Orakelstätte	CUMAE
antike Posse	MIMUS
antiker Hafen in Böotien	AULIS
antiker Hafen Roms	OSTIA
antiker Lichtgott	APOLL
antiker Musiksaal	ODEUM
antiker Name Trojas	ILION
antiker Versfuß, Versmaß	JAMBE
antikes Inselreich im Norden	THULE
antikes Reich in Mesopotamien	AKKAD
antikes Reich in Mesopotamien	SUMER
antike Stadt in Kilikien	ISSOS
antike Stadt in Kleinasien	MILET
antike Stadt in Kleinasien	TROJA
antike Stadt in Süditalien	LOCRI
antike Stadt in Vorderasien	ASSUR
antikes Volk in Vorderasien	MEDER
Antilleninsel	HAITI
Antrieb	MOTIV

Antriebsmaschine	MOTOR
anwesend	DABEI
anwidern	EKELN
Anzeichen	INDIZ
anziehen	ANTUN
Anzugsteil	JACKE
apart	EIGEN
Apfelwein	CIDER
Apfelwein	ZIDER
Apostel der Preußen	BRUNO
Apostel Jesu	JUDAS
Apostel Jesu	LUKAS
Apostel Jesu	SIMON
arab. Emirat	AJMAN
arab. Emirat	DUBAI
arab. Emirat	KATAR
arab. Emirat	QATAR
arab. Feldherr	TARIK
arab. Friedensgruß	SELAM
arab. Gedichtform	GASEL
arab. Gelehrtentitel	MOLLA
arab. Grußwort	SALAM
arab. Grußwort	SALEM
arab. Halbinsel	KATAR
arab. Handelsgewicht	BAHAR
arab. Kabinettserlaß	IRADE
arab. König	MALIK
arab. Landschaft	JEMEN

arab. Lavawüste	HARRA
arab. Männername	AHMED
arab. Ochsengespann	ARABA
arab. Rechtskundiger	MUFTI
arab. Reisgericht	KEBAB
arab. Sandwüste	DAHNA
arab. Sandwüste	NEFUD
arab.: Friede	SALAM
arab.: Friede	SALEM
arab.: Gewölbe, Kuppel	KUBBA
aramäischer Gewittergott	HADAD
Arbeitsgruppe, Gleisbautrupp	ROTTE
Arbeitsraum des Chemikers	LABOR
Arbeitsschiff	PRAHM
arbeitsunfähig	KRANK
Arbeitsunterbrechung	PAUSE
Archäologieschriftsteller	CERAM
arg	BOESE
arg, schlecht	UEBEL
argentin. Gesellschaftstanz	TANGO
argentin. Komponist	KAGEL

argentin. Politiker	PERON
argentin. Provinz	CHACO
arglistig	DOLOS
arid	DUERR
Arkade	BOGEN
arktische Vogelart	LUMME
Arno-Zufluß	GREVE
Aronstabgewächs	CALLA
Aronstabgewächs	KALLA
Art, Eigenart	TYPUS
Art, Gattung	GENRE
Art, Gattung	SORTE
Art, Manier	WEISE
Art und Weise	MODUS
Artunterteilung	RASSE
Arzneiform	PILLE
Arznei-Grundstoff	DROGE
Arzneipflanze	ALANT
Arzneipflanze	MALVE
Arzneipflanze, Würzkraut	RAUTE
Asiat	INDER
asiat. Antilope	SAIGA
asiat. Genußmittel	BETEL
asiat. Großmacht	CHINA
asiat. Harzart	ASANT
asiat. Hauptstadt	DELHI

asiat. Hauptstadt	HANOI
asiat. Hauptstadt	TOKIO
asiat. Herrschertitel	MOGUL
asiat. Herrschertitel	SCHAH
asiat. Kaiserreich	JAPAN
asiat. Ölpflanze	SESAM
asiat. Raubtier	TIGER
asiat. Staat	NEPAL
asiat. Steppensturm	BURAN
asiat. Tempelform	STUPA
asiat. Volk, Volksgruppe	INDER
asiat. Volk, Volksgruppe	NUYER
asiat. Wildesel	KULAN
asiat. Wildschaf	ARKAL
Assistenz	HILFE
assyr. Gottheit	ASSUR
assyr. Gottheit	ENLIL
assyr. Hauptstadt	AKKAD
assyr. Hauptstadt	ASSUR
assyr. Sonnengott	SAMAS
athenischer Bildhauer	MYRON
athenischer Feldherr	KIMON

5

athenischer Gesetzgeber	SOLON
athenischer Staatsmann	KLEON
athenischer Staatsmann	TIMON
Atmungsorgan	LUNGE
Atomgruppe	ALLYL
auf daß	DAMIT
auf dem laufenden	AJOUR
auf den Ellbogen bezüglich	ULNAR
auf den Grundton bezogen	TONAL
auf den Krankheitsherd bezüglich	FOKAL
auf den Mond bezüglich	LUNAR
auf den Pol bezüglich	POLAR
auf der Herzseite	LINKS
auf die Alpen bezüglich	ALPIN
auf die Grundlage bezüglich	BASAL
auf die Haut bezüglich	KUTAN
auf die Nase bezüglich	NASAL
auf die Niere bezogen	RENAL
auf die Sonne bezüglich	SOLAR
Aufeinanderfolge	REIHE
Aufeinanderfolge	SERIE
Aufenthaltsnachweis	ALIBI
Aufführungsvorbereitung	PROBE
aufgebrachtes Schiff	PRISE
Aufgelegtheit	LAUNE
Aufgeschichtetes	DIEME
Aufgeschichtetes	FEIME
aufgeschlossen	OFFEN
aufgeschütteter Damm	DEICH
aufgeweckt	ALERT
auf gleichen Verlust u. Gewinn	AMETA
aufgrund	WEGEN
Aufguß (lat.)	INFUS
Aufhänger	HAKEN
aufhören	ENDEN
Aufklärungskutter	AVISO
Aufliegendes	BELAG
Aufnahme in die Christenheit	TAUFE
Aufschlag an Kleidungsstücken	STOSS
Aufschüttung	HALDE
Aufsehen	EKLAT
Aufspüren	SUCHE
Aufstand (franz.)	LEVEE
Aufstellung	LISTE
Auftrag, Befehl	ORDER
Auftraggeber	KUNDE
Auftreten, Schritt	TRITT
aufwärts	EMPOR
aufwärts	HINAN
Aufwand	LUXUS
Aufwand, Pomp	PRUNK
Aufwand, Putz	STAAT
Aufwiegelung	HETZE
Aufwikkelrolle	SPULE
Aufzeichnung	NOTIZ
Aufziehen von Tieren, Pflanzen	ZUCHT
Auge des Wildes	LICHT
Auge im Würfelspiel	POINT
Augenausdruck	BLICK
augenblicklich	JETZT
Ausbilder im Sport	COACH
Ausbildungszeit	LEHRE
Ausblick	SICHT
aus Bronze	EHERN
Ausbuchtung	BEULE
Ausdehnung, Ferne	WEITE
Ausdehnung nach oben	HOEHE
Ausdehnung nach unten	TIEFE
aus dem Altertum	ANTIK
ausdrücklich	EXTRA
aus Eibenholz	EIBEN
Auseinandersetzung	FEHDE
Auseinandersetzung	KRACH
Auseinandersetzung	ZWIST
Auseinandersetzung m. Waffen	KRIEG
aus Erde	ERDIG
aus Erlenholz	ERLEN
aus Erz	EHERN
aus Erz	ERZEN
Ausfall	MANKO
Ausflucht	FINTE
Ausflug im Wagen	FAHRT
ausgedehnt	BREIT
ausgedehnt	GROSS
ausgedient (franz.)	PASSE
ausgeglichen	QUITT
ausgekochte Flüssigkeit	ABSUD
ausgeschiedener Stoff	EDUKT
Ausgestoßener	PARIA
ausgetrocknet	DUERR
ausgewachsenes Insekt	IMAGO
ausgezeichnet, erstklassig	PRIMA
Auslese	ELITE

auslösende Ursache	GRUND
Auslösevorrichtung an Waffen	ABZUG
ausreichend	GENUG
aus Rüsterholz	ULMEN
Ausruf	HALLO
Aussageweise	MODUS
Aussatz	LEPRA
Ausschank (veraltet)	DEBIT
Ausscheidung des Pottwals	AMBER
Ausscheidung des Pottwals	AMBRA
Ausschmükkung	DEKOR
Ausschußseide	BAFEL
Ausschußware	BAFEL
ausschweifendes Fest	ORGIE
Außenbegrenzung	KANTE
Außenklüver	JAGER
außerdem	SONST
außerdem, nebenbei	EXTRA
außergewöhnlich	ENORM
Aussicht	BLICK
Aussichtsturm, Ausguck	WARTE
Ausstattungsstück	REVUE
Ausstellung	MESSE
Ausstellung, Darbietung	SCHAU
Ausstellungsraum	SALON
austral. Wildhund	DINGO
aus Ton	IRDEN
austral. Beuteltier	KOALA
austral. Dornbuschregion	SCRUB
austral. Hafenstadt	DERBY
austral. Sopranistin	MELBA
austral. Wildhund	DINGO
aus vornehmem Geschlecht	ADLIG
Auswanderung in Wagenkolonnen	TRECK
aus Werg	HEDEN
auszeichnen	EHREN
Auszeichnung	ORDEN
Auszeichnung, Belohnung	PREIS
Auszug, Flüchtlingskolonne	TRECK
Auszug (lat.)	EDUKT
Autofahrerhotel	MOTEL
Automobiltyp	COUPE
Automobiltyp	KOMBI
Autor des Schwejk	HASEK
Autorin von »Ein gewisses Lächeln«	SAGAN
Autor von »Babbitt«	LEWIS
Autor von »Bildnis d. Dorian Gray«	WILDE
Autor von »Das Glasperlenspiel«	HESSE
Autor von »Das Schloß«	KAFKA
Autor von »Der Familientag«	ELIOT
Autor von »Der Hungerpastor«	RAABE
Autor von »Der Mord im Dom«	ELIOT
Autor von »Der Prozeß«	KAFKA
Autor von »Der Revisor«	GOGOL
Autor von »Der Strom«	HALBE
Autor von »Die Blechtrommel«	GRASS
Autor von »Die Cocktailparty«	ELIOT
Autor von »Die drei Musketiere«	DUMAS
Autor von »Die Kameliendame«	DUMAS
Autor von »Die Mutter«	GORKI
Autor von »Die Pest«	CAMUS
Autor von »Die Wildente«	IBSEN
Autor von »Gespenster«	IBSEN
Autor von »Götter, Gräber u. Gelehrte«	CERAM
Autor von »Graf von Monte Christo«	DUMAS
Autor von »Gullivers Reisen«	SWIFT
Autor von »Hedda Gabler«	IBSEN
Autor von »Ilias«	HOMER
Autor von »Ivanhoe«	SCOTT
Autor von »Jugend«	HALBE
Autor von »Lausbubengeschichten«	THOMA
Autor von »Nora«	IBSEN
Autor von »Odyssee«	HOMER
Autor von »Peer Gynt«	IBSEN
Autor von »Robinson Crusoe«	DEFOE
Autor von »Tote Seelen«	GOGOL
Autor von »Turandot«	GOZZI
Autoversicherung	KASKO
Azoren-Insel	FAIAL
Azoren-Insel	HORTA
babylon. Göttin der Liebe	ISTAR
babylon. Gottheit	KINGU
babylon. Windgott	ENLIL
Babyschaukelbett	WIEGE

5

Bacchus-Begleiter	SATYR
Backe	WANGE
Backform	MODEL
Backtrog	MOLLE
Backtrog	MULDE
Bad bei Weimar	BERKA
Badehaus (ital.)	BAGNO
Badeort an der franz. Riviera	NIZZA
Badeort in Ostpreußen	KRANZ
badischer Rhein-Zufluß	RENCH
badischer Volksschriftsteller	HEBEL
badische Vulkanlandschaft	HEGAU
bäuerlich, ländlich	RURAL
Bahama-Insel	ABACO
Bahama-Insel	EXUMA
Bahnabteil	KUPEE
Bahnschiene	GLEIS
Bajuware	BAYER
Bakteriengift	TOXIN
Bakterienwelt im Körper	FLORA
bald hierhin, bald dorthin	UMHER
Baldrianart	SPEIK
Balearen-Insel	IBIZA
Balg, Pansen	WANST
Balggeschwulst	ZYSTE
Balkanbewohner	SERBE
Balkanhauptstadt	SOFIA
Balkendecke	DOHNE
Balkon, Laube	ALTAN
Ball	KUGEL
Balldrehung	EFFET
Ballettschüler	ELEVE
Ballett v. Henze	IDIOT
Balte	LETTE
Baltikumbewohner	ESTEN
baltische Hauptstadt	REVAL
baltische Hauptstadt	WILNA
baltischer Ostseehafen	MEMEL
baltischer Volksstamm	KUREN
baltisches Volkslied	DAINA
banal, abgedroschen	PLATT
Band	LITZE
Bandage	BINDE
Bande	HORDE
Bande	MEUTE
Bande	RUDEL
Band eines Buchwerks	TOMUS
Band (musik.)	COMBO
Bandwurmlarve	FINNE
Bange	ANGST
Bange, Beunruhigung	SORGE
Bankaufbewahrung	DEPOT
Bankbegriff	KONTO
bannen	FEMEN
Bantu-Sprache	LUNDA
Bantustamm in Kamerun	DUALA
Bantustamm in Tansania	KONDE
Bantustamm in Uganda	NYORO
Bantuvolk	BEMBA
Bantuvolk	CHEWA
Bantuvolk	LUHYA
Bantuvolk	NGALA
Bantuvolk	NGONI
Bantuvolk	SANGA
Bantuvolk	TAMBA
Bantuvolk	TONGA
Bantuvolk in Kenia	KAMBA
Bantuvolk in Mosambik	MAKUA
Bantuvolk in Zaire	MONGO
Barbier	BADER
bargeldlos	UNBAR
Bargetränk	DRINK
Barkeeper, Barmann	MIXER
Bartabnahme	RASUR
Bartfisch	BARBE
Base	LAUGE
Baskenmütze	BOINA
baskische Provinz	ALAVA
basta	GENUG
Bastfaser, Chinagras	RAMIE
Bastion	FESTE
Bauchfedern	FLAUM
bauchiges Henkelgefäß	KANNE
Bauchmitte	NABEL
Bauhandwerker	MALER
Bauholz	BOHLE
Bauholz	LATTE
bauliche Erweiterung	ANBAU
bauliche Umgestaltung	UMBAU
Baumart	LINDE
Baumaterial	STEIN
baumbestandene Straße	ALLEE
Baumeister d. Straßb. Münsters	ERWIN
Baumfrucht	APFEL
Baumfrucht	BIRNE
Baumgruppe, kleines Gehölz	HORST
Baumrinde	BORKE
Baumschaft	STAMM
Baumteil	KRONE
Baumteil	STAMM
Baumwoll-, Seidengewebe	TWILL
Baumwolldrillich	DENIM
Baumwolle	KAPOK
Baumwolle	KOTON

Baumwollgewebe	FANCY
Baumwollgewebe	LINON
Baumwollgewebe	PIKEE
Baumwollprodukt	WATTE
Baumwollstoff	COTON
Baustoff, Baumaterial	BETON
bayer. Alz-Zufluß	TRAUN
bayer. Donau-Zufluß	ILLER
bayer. Donau-Zufluß	REGEN
bayer. Erzähler	BAUER
bayer. Erzähler	THOMA
bayer. Feldmarschall	WREDE
bayer. Fluß	AMMER
bayer. Grasland	EGART
bayer. Herzog	ODILO
bayer. Kurort am Regen	REGEN
bayer. Kurort an der Isar	TOELZ
bayer.-österr.: Übellaunigkeit	GRANT
bayer.-österr.: verdammt!	SAKRA
bayer. Politiker, Min.-präsident	EHARD
bayer. Puppenspieldichter	POCCI
bayer. realist. Maler	LEIBL
bayer. Stadt am Fichtelgebirge	REHAU
bayer. Stadt am Frankenwald	NAILA
bayer. Stadt an der Regnitz	STEIN
bayer.: Freund	SPEZI
Beanstandung, Mißbilligung	TADEL
bearbeitete Tierhaut	LEDER
Beauftragter	AGENT
Becher	KELCH
Becher, Kelch	POKAL
bedeutend, bedeutsam	GROSS
bedeutungslos	BANAL
Bedürftiger	ARMER
Bedürftigkeit	ARMUT
Beethovens Lehrer	NEEFE
Befehl an den Hund	KUSCH
Befestigung	FESTE
Befestigungsmittel	NADEL
Befestigungsmittel	NAGEL
beflissen	EMSIG
Beflissenheit	EIFER
Beförderungsgebühr	PORTO
befrachten	LADEN
Befugnis, Anspruch	RECHT
Begegnung	TREFF
Begegnungswort	GRUSS
Begeisterung	JUBEL
Begeisterung, Schwung	VERVE
Beginn, Ausgangspunkt	START
Begleiter des Apostels Paulus	TITUS
beglückt	SELIG
Begräbnisstätte	GRUFT
begrenzt	KNAPP
begrenzt (lat.)	FINIT
Begrenzung	LIMES
begriffliches Denken (lat.)	RATIO
Begründer der Marburg. Schule	COHEN
Begründer der Psychoanalyse	FREUD
Begründer der Quantentheorie	DIRAC
Begründer des Pragmatismus	JAMES
Begründer des russisch. Reiches	RURIK
Begründer des Sikhismus	NAMAK
Begründer des Zionismus	HERZL
Begründer e. franz. Dynastie	CAPET
begründeter Anspruch	RECHT
begütert, bemittelt	REICH
Behauptung, Lehrsatz	THESE
behende, schnell	FLINK
Beherbergungsbetrieb	HOTEL
beherzt	KUEHN
beherzt	MUTIG
Behinderung beim Sport	CHECK
Beiboot	JOLLE
beidseit. gemusterter Teppich	KELIM
Beifallsruf	BRAVO
beigefügt	ANBEI
Beil der Bergleute	BARTE
Beiname der Demeter	CHLOE
Beistand	HILFE
Beistrich	KOMMA
bejahrtes Faultier	ALTAI
Bejahrtheit	ALTER
bekannter Ausspruch	ZITAT
Bekleidungsstück	BLUSE

Belastung in der Buchführung	DEBET
belehrende Erzählung	FABEL
beleibte Frau	DICKE
Beleuchtung	LICHT
Beleuchtungskörper	LAMPE
belg. Bildhauer	MINNE
belg. Fluß	NETHE
belg. Jugendstilarchitekt	VELDE
belg. Maler u. Graphiker	ENSOR
belg. NATO-Politiker	SPAAK
belg. Provinz	NAMUR
belg. Schelde-Zufluß	RUPEL
belg. Sozialist	SPAAK
belg. Stadt	AALST
belg. Stadt	ALOST
belg. Stadt an Sambre u. Maas	NAMUR
Belgier	FLAME
beliebter alter Schlager	OLDIE
belustigende Wirkung	KOMIK
Benediktinergewand	FROCK
Benzin, Treibstoff	SPRIT
Beobachtungsposten, -station	WACHE
Beobachtungsposten, -station	WARTE
Berater, Erzieher	TUTOR
Beraun-Zufluß	ANGEL
Berberaffe	MAGOT
Berberstamm	SHILH
bereit	PARAT
bereits	SCHON
Bergbaustadt in Namibia	OTAVI
Berg der Gesetze	HOREB
Bergeinschnitt, Waldschlucht	TOBEL
Bergfenchel	SESEL
Berggasthof	BAUDE
Berghang	LEITE
Berg im Bayerischen Wald	ARBER
Berg im Berner Oberland	EIGER
Berg im Kanton Schwyz	ETZEL
Berg in Costarica	IRAZU
Bergkegel	KOGEL
Bergkegel	KUPPE
Bergkuppe	KEGEL
Bergkuppe	KOFEL
Bergkuppe	KOGEL
bergmänn. Beruf	HAUER
bergmänn.: Sohle, Tiefe	TEUFE
Berg (österr.)	KOFEL
Bergpfad, schmaler Steilweg	STEIG
Bergpfeffer	SESEL
Bergwasserschlucht	KLAMM
Bergwerksanlage	GRUBE
Bergwerksanlage	ZECHE
Bergwerksgesellschaft	ZECHE
Bergwiese	MATTE
Bergzug in der Pfalz	HARDT
Berliner Baumeister	ENGEL
Berliner Bierglas	MOLLE
Berliner Eckensteher	NANTE
Berliner Flughafen	TEGEL
Berliner Fluß	HAVEL
Berliner Maler, Zeichner	ZILLE
Berliner Operettenkomponist	KOLLO
Berliner Stadtteil, Verwaltungsbez.	TEGEL
Berliner Zeichner u. Bildhauer	KOLBE
berühmt, glänzend	FAMOS
berühmter Diamant	SCHAH
berühmter russisch. Diamant	ORLOW
Berufsausbildung	LEHRE
Berufssportler	PROFI
beruhigt (lat.)	SEDAT
Besatz	BIESE
Besatz	GALON
Besatzschnur	GIMPE
Besatzschnur	LITZE
Beschaffenheit	GUETE
Beschaulichkeit	MUSSE
Beschauzeichen auf Metall	PUNZE
Bescheidenheit	DEMUT
Beschlagknopf	BOSSE
beschleunigt	EILIG
beschmutzen	SAUEN
Beschuldigung	KLAGE
Beschwerde	KLAGE
Beschwernis	MUEHE
Besen	FEGER
Besenheide	ERIKA
Besessenheit	MANIE
Besitzanspruch	CLAIM
besitzanzeigendes Fürwort	UNSER
besitzen	HABEN
Besitzform im Mittelalter	LEHEN
Besitztitel	CLAIM
besondere Bekleidung	DRESS

besonders	EXTRA
besonders weil	ZUMAL
Bestand	DAUER
Bestandteil	GLIED
Bestandteil d. Erdatmosphäre	XENON
Besteckteil	GABEL
bestelltes Feld	ACKER
Bestellung	ORDER
bestens, herrlich	PRIMA
bestes Rennpferd	CRACK
bestimmter Kalendertag	DATUM
bestimmter Zeitraum	FRIST
Bestimmung	ZWECK
Bestimmung, Gesetz	REGEL
Betäubungs- und Heilmittel	OPIAT
betaut	TAUIG
Betergestalt in der Kunst	ORANS
Betreuer	COACH
Betreuung	OBHUT
betriebsam	AKTIV
Betriebsbezeichnung	FIRMA
Betriebsstörung	PANNE
Bett	LIEGE
Bettelmönch im Islam	FAKIR
Bettsofa	DIWAN

Bettuch	LAKEN
Beugefall (lat.)	KASUS
Beule	BOSSE
Beutel, Papierbehälter	TUETE
Bewacher der Io	ARGUS
Bewachung	OBHUT
Bewährungsversuch	PROBE
bewegen	REGEN
Beweggrund	MOTIV
bewegl. Körperteil	GLIED
beweglich	MOBIL
bewegt in der Musik	MOSSO
Beweis, Beweisstück	INDIZ
Beweisperson	ZEUGE
Beweisstück	BELEG
Beweisunterlage	BELEG
Bewetterungsrohr	LUTTE
bewirtschafteter Wald	FORST
Bewohner einer Mittelmeerinsel	KORSE
Bewohner eines Erdteils (Einz.)	ASIAT
Bewohner eines schweiz. Kantons	URNER
Bewohner Jütlands	JUETE
Bewohner von Oman	OMANI
bewußt falsche Aussage	LUEGE

Bewußtsein	GEIST
bezahlt (lat.)	DEBIT
Bezieher	KUNDE
Bezirk	KREIS
Bezirk	RAYON
Biberschwanz	KELLE
biblisch. Berg	HOREB
biblisch. Berg in Galiläa	TABOR
biblisch. Führer der Israeliten	JOSUA
biblisch. Goldland	OPHIR
biblisch. Himmelsbrot	MANNA
biblisch. Maß	HOMER
biblisch. Monatsname	SIVAN
biblisch. Name Gottes	JAHVE
biblisch. Prophet	ELIAS
biblisch. Prophet	HOSEA
biblisch. Prophet	MICHA
biblisch. Prophet	NAHUM
biblisch. Prophet nach Elias	ELISA
biblisch. Riese	MAGOG
biblisch. Stammvater	DAVID
biblisch. Stammvater	JAKOB
biblische Gestalt	ENOCH
biblische Gestalt	JUBAL
biblische Gestalt	MARIA

biblische Gestalt, Sohn v. Jakob	RUBEN
biblische Stadt	HADID
biblische Stadt	HAZOR
biblische Stadt	KEDES
biblische Stadt	LYDDA
biblische sündige Stadt	SODOM
biegsame Leitung	LITZE
biegsamer Zweig	GERTE
Biegung	BEUGE
Biegung	KURVE
Bienenkorb	KASCH
Bienenprodukt	HONIG
Bienenprodukt	WACHS
Bienenzüchter	IMKER
bierähnl. Getränk	KWASS
Biergefäß	TULPE
Bierhefe	GERBE
Bierkühler	FACHE
Bierschaum	BLUME
Biersorte	LAGER
Bildband	ALBUM
bildender Künstler	MALER
Bilderrätsel	REBUS
Bild friedlichen Lebens	IDYLL
bildliche Redewendung	TROPE
Bildteppich	KELIM

Billard-stock	QUEUE
Billard-tisch-ein-fassung	BANDE
Bims-steintuff	TRASS
Binde-strich	DIVIS
Binde-wort	SOWIE
Bind-faden	ZWIRN
Binsen-bündel-floß	BALSA
biochemi-scher Wirkstoff	ENZYM
biolog. Eintei-lungs-begriff	RASSE
Birken-grün	MAIEN
birman. Holz f. Einlege-arbeiten	PADUK
birmes. Volks-gruppe	KAREN
Bischofs-mütze	INFUL
Bischofs-mütze	MITRA
bitter (lat.)	AZERB
Bitte um Antwort	FRAGE
Blähhals	KROPF
Bläßhuhn, Sumpf-huhn	RALLE
Blase	ZYSTE
Blasen-tang	FUKUS
Blasen-wurm	FINNE
blaßblau, fahl	LIVID
blaßgelb	CREME
Blatt-gemüse, Kaltspeise	SALAT
Blatt-pfeife zum Rehlocken	FIEPE
Blattrück-seite	VERSO
Blatt-vorder-seite	AVERS
Blatt-vorder-seite	REKTO
bleich	BLASS
Bleich-mittel	CHLOR
Blitzlicht (engl.)	FLASH
Block	KLOTZ
Blödling	IDIOT
bloß	NACKT
blühende Pflanze	BLUME
Blüten-boden	TORUS
Blüten-kelch (griech.)	KALYX
Blüten-stand	AEHRE
Blüten-stand	DOLDE
Blüten-stand	RISPE
Blütenteil	KELCH
Blütenteil	KRONE
Blumen-blatt	PETAL
Blumen-gewinde	KRANZ
Blumen-hänge-gefäß	AMPEL
Blumen-rohr	CANNA
Blutbah-nen des Körpers	ADERN
blutsau-gender altgriech. Dämon	LAMIE
blut-stillendes Mittel	ALAUN
Blutsver-wandter	AGNAT
Blut-wasser	SERUM
Bober-Zufluß	QUEIS
Boden	GRUND
Boden-belag	MATTE
Boden-fläche	AREAL
Boden-kohlrabi	WRUKE
Boden-locke-rungs-gerät	HACKE
Boden-nutzung	ANBAU
Boden-senke	MULDE
Boden-vertie-fung, De-pression	SENKE
Bode-Zufluß aus dem Harz	SELKE
böhm. Industrie-werk	SKODA
böhm. Stadt an der Elbe	KOLIN
böhm. Stadt bei Prag	TABOR
böhm. Volkstanz	POLKA
bööti-scher Hafen	AULIS
Börsen-auftrag	ORDRE
Börsen-papier	AKTIE
Börsen-papier	FONDS
Börsen-spieler	FIXER
Börse: Wert-papier	VALOR
bösartige Ge-schwulst	KREBS
bösarti-ge Ge-schwulst	TUMOR
Böschung	HALDE
Böschung	LEITE
böse	UNGUT
Bogen-gang	LAUBE
Bogen-geschoß	PFEIL
Bogen-griff	TALON
Bogen-länge	ARKUS
Bogen-linie	KURVE
Bogen-strang	SEHNE
bolivian. Haupt-stadt	LAPAZ
bolivian. Stadt	POOPO
Boots-, Flugzeug-körper	RUMPF
Boots-stoß-stange	STAKE
Bordeaux-wein	MEDOC
Bordeaux-wein	PALUS
Borke, Kruste	RINDE
Born, Brunnen	QUELL
borsaures Natrium	BORAX
borsaures Salz	BORAT
Borsten-bündel	QUAST
Borte	LITZE
Borte, Tresse	GALON
bosnisch. Save-Zufluß	VRBAS
botan.: Kicher-erbse	CICER
botan.: Linde	TILIA
Botschaft	KUNDE
Boutique	LADEN
Boxhieb	HAKEN

Boxhieb	LINKE
Box-kampf-abschnitt	RUNDE
Box-schlag	PUNCH
Brand	FEUER
branden-burg. Stadt an d. Nuthe	ZINNA
branden-burg. Stadt an d. Oder	LEBUS
branden-burg. Stadt an der Ihna	REETZ
branden-burg. Stadt i. d. Lausitz	SORAU
brasilian. Amazonas-Zufluß	XINGU
brasilian. Bundes-staat	BAHIA
brasilian. Fluß	MANSO
brasilian. Hafen-stadt	BELEM
brasilian. Indianer-stamm	TAINO
brasilian. Kaiser	PEDRO
brasilian. Renn-fahrer	SENNA
brasilian. Schrift-steller	AMADO
brasilian. Staat	CEARA
brasilian. Staat	GOIAS
brasilian. Stadt	NATAL
brasilian. Stadt	ORURO
brasilian. Tanz	SAMBA
Brasse	BLEIE
Bratrost	GRILL
Brauch-tum, Mode	SITTE
Brauerei	BRAEU
braune Horn-blende	OPHIT
brauner Farbstoff	SEPIA
braun gefärbtes Kanin-chenfell	MARON
Braun-kohlen-koks	GRUDE
Braun-schwei-ger Bier	MUMME
brausen	TOSEN
brav	ARTIG
Brech-wurzel	IPEKA
breite Faser-schicht	VLIES
breiter Flußkahn, Plätte	ZILLE
breiter Pinsel	QUAST
breiter Schal, Schulter-tuch	STOLA
breit-rippiger Seiden-stoff	SURAH
brennen	LOHEN
Brenngas	BUTAN
Brenn-punkt	FOKUS
Brenn-stoff, -material	KOHLE
Bretter-kasten	KISTE
Bretter-stall, Verschlag	KOBEN
Brettspiel	HALMA
Brettspiel	SALTA
Brettspiel	SNAKE
Brett-spiel-scheibe	STEIN
Brief-gebühr, Post-gebühr	PORTO
Brillanz	GLANZ
Brillen-schlange	ASPIS
Brillen-schlange	KOBRA
britische Insel	LUNDY
britischer Krimi-Autor	DOYLE
Brocken	KLOTZ
bronze-zeitl. Stein-denkmal	CAIRN
Brosame	KRUME
Brotkante	KNAST
Brotkante	KNUST
Brotkante	RANFT
Brot-scheibe	BEMME
Bruch-stück, Fragment	TORSO
Bruder v. Aaron	MOSES
Bruder v. Abraham	HARAN
Bruder v. Attila	BLEDA
Bruder v. Fafnir	REGIN
Bruder v. Moses	AARON
Bruder v. Pro-metheus	ATLAS
Brücken-gewölbe	BOGEN
Brühe, flüssige Speise	SUPPE
Brühe, Soße	TUNKE
Brumm-, Knurrlaut	MUCKS
Brustdrü-se beim Jungvieh	BRIES
Brust-korb-knochen	RIPPE
Brust-warze der Säugetiere	ZITZE
Bub, Bube	KNABE
Bube im Karten-spiel	UNTER
Bube im Karten-spiel	VALET
Buch des Alten Testaments	HOSEA
Buch des Alten Testaments	JOSUA
Buch des Alten Testaments	MICHA
Buch des Alten Testaments	NAHUM
Buch des Konfuzia-nismus	IKING
Buch des Neuen Testaments	LUKAS
Buch-einband-schmuck	SEMIS
Buchen-frucht	ECKER
Buchen-mast	FEHME
Buch-format	FOLIO
Buch-format	OKTAV
Buch-format	QUART
Buch-format	SEDEZ
Buch-führungs-begriff	KONTO
Buch-halter	CLERK
Buchs-baum	BUXUS
Buchsta-benreihe	ZEILE
Bucht	BUSEN
Buchteil	BLATT
Bucht vor Libyen	SYRTE

5

5

Buchungsunterlage	BELEG
Buchweizenpfannkuchen	BLINI
Buddhaapostel-Bild	LOHAN
buddhist., hinduist. Glaubenssatz	KARMA
buddhist. Heiliger	ARHAT
buddhist. Priester	BONZE
buddhist. Reliquienkammer	DAGOB
buddhist. Sakralbau	STUPA
Büchergestell	REGAL
Büfett, Tresen	THEKE
Bühnenbild, Theaterbühne	SZENE
Bühnenkante, Vorbühne	RAMPE
Bühnenpart	ROLLE
Bühnenshow	REVUE
Bühnenstück v. Anouilh	MEDEA
Bühnenstück v. Corneille	CINNA
Bühnenstück v. Corneille	ELCID
Bühnenstück v. Goethe	TASSO
Bühnenstück v. Grillparzer	MEDEA
Bühnenstück v. Pagnol	CESAR
Bühnenstück v. Pagnol	FANNY
Bündnis, Zusammenschluß	UNION
bürgerlich, gesittet	ZIVIL
Bürgermeister angloamerikan.	MAYOR
Bürgerwehr	MILIZ
Büroklammer	KLIPS
Bürzel, Gesäß	STERZ
Büßer	ASKET
Büstensäule	HERME
Buhle	KEBSE
bulgar. Berg	BOTEW
bulgar. Donauhafen	RUSSE
bulgar. Donau-Zufluß	ISKER
bulgar. Hafenstadt, Seebad	VARNA
bulgar. Hauptstadt	SOFIA
bulgar. König	BORIS
bulgar. Schwarzmeerhafen	WARNA
Bulle	STIER
Burda-Medienpreis	BAMBI
Burengeneral	SMUTS
Burg an der Mosel	ALKAS
Burg des Nestor bei Homer	PYLOS
Burg in arab. Städten	KASBA
burgund. Residenz	ARLES
Burgunderwein	GIVRY
Burgunderwein	MACON
Burgunderwein	NUITS
Buschneger	MARON
Busenfreund	SPEZI
bußfertig	REUIG
Butterbrot	BEMME
Butterfaß	KARNE
buttern	ANKEN
byzantin. Kaiser	ISAAK
byzantin. Kaiser	ZENON
byzantin. Kaiserin	IRENE
CDU-Politiker	BLUEM
Charakter	ETHOS
Charakter	TYPUS
Charme	ANMUT
Chef der Vichy-Regierung	LAVAL
chem. Element	ARSEN
chem. Element, Edelgas	ARGON
chem. Element, Edelgas	RADON
chem. Element, Edelgas	XENON
chem. Element, Halogen	CHLOR
chem. Element, Halogen	FLUOR
chem. Element, Metall	CHROM
chem. Element, Metall	EISEN
chem. Element, Metall	TITAN
chem. Element, Nichtmetall	SELEN
chem. Verbindung	KETON
chem. Verbindungen bildend	AFFIN
Chemiefaser	ACRYL
Chemiefaser	DOLAN
Chemiefaser	NYLON
Chemiefaser	ORLON
Chemiefaser	REDON
Chemiefaser	REYON
Cheruskerfürst	ARMIN
chilen. Dichter	ROJAS
chilen. Pazifik-Insel	MOCHA
chilen. Pianist	ARRAU
chilen. Stadt	MONTT
Chinagras	RAMIE
chines. Bast	MALCO
chines. Buch der Wandlungen	IGING
chines. Dickbauchbuddha	PUTAI
chines. Dynastie	TSING
chines. Dynastie	WUTAI
chines. Dynastie	YUEAN
chines. Fluß	PAIHO

chines. Geheimorganisation	BOXER
chines. Gewicht	LIANG
chines. Gewicht	PIKUL
chines. Hafen am Jangtsekiang	WUHAN
chines. Inselgruppe	XISKA
chines. Längenmaß	CHANG
chines. Lammfell	TIBET
chines. Landkreis	HSIEN
chines. Maß	TSCHI
chines. Millionenstadt	LUEDA
chines. Mundorgel	SHENG
chines. Provinz	ANHUI
chines. Provinz	GANSU
chines. Provinz	HENAN
chines. Provinz	HUBEI
chines. Provinz	HUNAN
chines. Provinz	JILIN
chines. Stadt	ANSHA
chines. Stadt	HOFEI
chines. Stadt	JILAN
chines. Stadt	JINAN
chines. Stadt am Hwangho	PAUTU
chines. Verbeugung	KOTAU
chines. Weisheitsbuch	IGING
Chinesischgrün	LOKAO
Chorkappe	CAPPA
Chornische	APSIS
christl. Sektengründer	ARIUS
christl. Sektengründer	DARBY
christl. Symbol	KREUZ
Christus	JESUS
Clique	BANDE
Clique, Schar	ROTTE
Cocktail	DAISY
Cocktail	JULEP
Cocktail	SLING
Comic-Figur	GOOFY
Computersprache	ALGOL
Computersprache	BASIC
Computersprache	COBOL
Cowboy-Wettkampf	RODEO
Curlinggerät	STONE
Dach der Welt	PAMIR
Dachfenster	GAUBE
Dachfenster	GAUPE
Dachhase	KATZE
Dachkammer, -raum	BODEN
Dachoberkante	FIRST
Dachzier, Mauerkrone	ZINNE
dämlich	BLOED
dämmern	TAGEN
Dämpfungsmaß	NEPER
dän. Astronom	BRAHE
dän. Fluß in Jütland	VARDE
dän. Geologe	COHEN
dän. Hafenstadt	VEJLE
dän. Insel	AARVE
dän. Insel in der Ostsee	AEROE
dän. Insel in der Ostsee	ALSEN
dän. Nordseeinsel	FANOE
dän. Physiologe (Nobelpreis)	KROGH
dän. Politiker (Nobelpreis)	BAJER
dän. Stadt in Jütland	SKIVE
dän. Stadt in Jütland	VARDE
dän. Währungseinheit	KRONE
Däne	JUETE
dalmatin. Adriahafen	KOTOR
dalmatin. Adriainsel	PRVIC
dalmatin. Hafenstadt	SPLIT
dalmatin. Hafenstadt	ZADAR
dalmatin. Insel	LISSA
dalmatin. Insel	MLJET
dalmatin. Insel	MOLAT
dalmatin. Insel	UNIJE
Damenkappe	TOQUE
Damenschuh	PUMPS
Dammhöhlung	BRACK
Dampf	DUNST
Dampfkochtopf-Erfinder	PAPIN
Dampfmaschinengestell	FRAME
Danziger Kloster	OLIVA
Dargebrachtes	OPFER
Darmstein des Pottwals	AMBER
Darmverschluß	ILEUS
Darreichender	GEBER
darstellen	MIMEN
Darstellerin von Mädchenrollen	NAIVE
Darstellungsvorwurf	MOTIV
darunter, tief gelegen	UNTEN
das da	JENES
Dasein	LEBEN
das sei mir fern! (lat.)	ABSIT
Dateneingabe	INPUT
Datensammlung	DATEI
Daunen	FLAUM
dazu	HINZU

DDR-Sicherheitsdienst	STASI
DDR-Staatspräsident	PIECK
Dechant, Dekan	DOYEN
Deckschicht	BELAG
Deichbruch	BRAKE
Deichselstern im Großen Bären	ALKOR
Delle	BEULE
Demagogie	HETZE
Demontage	ABBAU
den Brennpunkt betreffend	FOKAL
Denklehre	LOGIK
Denksport	RATEN
Denkspruch	GNOME
Denkspruch	MOTTO
Denkvermögen	RATIO
den Mond betreffend	LUNAR
dennoch	INDES
dennoch, obwohl	TROTZ
den Schnee betreffend	NIVAL
Denunziantin	PETZE
Departement in Kolumbien	CAUCA
Departement in Kolumbien	HUILA
Depot	LAGER
derartig	SOLCH
derb, kräftig	PRALL
derb, schwerfällig	PLUMP
derbes Gewebe	DRILL
derbes Lustspiel	POSSE
derb für Hinterteil	ARSCH
derb-lustiger Streich	POSSE
der da	JENER
der edle Ritter	EUGEN
deshalb	DAHER
deshalb	DARUM
Desinfektionsmittel	LYSOL
Deutschlandlied-Komponist	HAYDN
Diakon	LEVIT
Dialekt	SLANG
Diamant am Zarenzepter	ORLOW
dicht, eng	KNAPP
dicht anliegend (franz.)	COLLE
Dichter	AUTOR
Dichter des Jungen Dtschld.	LAUBE
dichterisch: Brunnen	BRONN
dichterisch: Brunnen	QUELL
dichterisch: Fährmann	FERGE
dichterisch: gegen	WIDER
dichterisch: Hase	LAMPE
dichterisch: Liebe	MINNE
dichterisch: Lied	WEISE
dichterisch: Quelle	BRONN
dichtes Gewebe	DRELL
Dickdarm	COLON
dicker Fruchtsaft	SIRUP
dickes Brett	BOHLE
dickes Papier	PAPPE
Dickfuß, Regenpfeifer	TRIEL
Dickfuß (Vogel)	KLUTE
Dickkopf (Fisch)	ELTEN
Dicksein	DICKE
Diebesgut	BEUTE
die da	DIESE
die Haut betreffend	KUTAN
Diener, Reitknecht	GROOM
dienstältester Diplomat	DOYEN
diesig, neblig	TRUEB
die Sonne betreffend	SOLAR
die Stimme erschallen lassen	RUFEN
Dilemma	KRISE
Ding, Angelegenheit	SACHE
Dinkel	EMMER
Dinkel	SPELT
Dinkel	SPELZ
Dionysos-Begleiter	SILEN
Diskont	ABZUG
Distrikt	KREIS
Diszplin, Selbstbeherrschung	ZUCHT
Dividendenschein	KUPON
Diwan	LIEGE
Dnjepr-Zufluß	DESNA
Dnjepr-Zufluß	IRPEN
Dnjepr-Zufluß	PSIOL
Dnjepr-Zufluß	SOSCH
Dock mit zwei Seitenwänden	UDOCK
Döbel	AITEL
Dogen-Amt	DOGAR
Doktrin	LEHRE
Doldenblütler	AMMEI
Doldenblütler	SILGE
Dolomitengebirgsstock	SELLA
Dominostein mit Doppelzahl	PASCH
Domstadt am Rhein	KOELN
Donaulachs	HEUCH
Donau-Zufluß	ABENS
Donau-Zufluß	NAARN
Donau-Zufluß	ZUSAM
Donau-Zufluß aus d. Allgäu	ILLER
Don-Zufluß	DONEZ
Don-Zufluß	ILAWA

Don-Zufluß	USMAN
Doppel	KOPIE
Doppelgewebe	PIQUE
Doppelgipfel im Böhmerwald	ARBER
Doppelleinwand	CRAES
Doppelpunkt	KOLON
Doppelruder	SKULL
Doppelsalz	ALAUN
Doppelstern im Orion	RIGEL
Doppelstern im Perseus	ALGOL
Dorfbarbier	BADER
Dorfwiese	ANGER
Dorn, Gräte	SPINA
dorthin	DAHIN
Dosis	MENGE
Dost	ORANT
Drachenechse	WARAN
Drachenwurz	KALLA
Drall beim Billard	EFFET
Drama v. Ibsen	BRAND
Drama v. Körner	ZRINY
Dramengestalt bei Goethe	FAUST
Dramenteil	SZENE
drawidische Sprache	TAMIL
Dreck, Schmutz	UNRAT
Dreh	KNIFF
Drehachse	WELLE
drehbarer Schiffskran	DAVIT
drehbare Walze	ROLLE
Drehimpuls	DRALL
Drehkörper	ROTOR
Drehstab	ACHSE
Drehung, Kehre	WENDE
Drehzapfen an Geschützen	PIVOT
Dreieckmuschel	DONAX
Dreigespann	TRIGA
Dreiheit	TRIAS
Dreiklang	TRIAS
Dreimarkstück	TALER
drei Richtige im Lotto	TERNE
dreist	FRECH
Dreschabfall	SPREU
Dreschboden, Dreschplatz	TENNE
Dressurleine	LONGE
Dressurübung	VOLTE
Drina-Zufluß	PRACA
dritte Potenz	KUBUS
dritter Fastensonntag	OCULI
dritter Fastensonntag	OKULI
Drogensüchtiger	FIXER
drogenunabhängig	CLEAN
Dromedar	KAMEL
drosselartiger Vogel	MERLE
Druckabzug vom Satz	FAHNE
Druckform	MATER
Druckgraphik	STICH
Druckhebel, Griffbrettchen	TASTE
Drückeberger	MEMME
dtsch. abstrakt. Bildhauer	HAJEK
dtsch. Adelskalender	GOTHA
dtsch. Adelstitel	PRINZ
dtsch. Afrikaforscher	BARTH
dtsch. Aktionskünstler	BEUYS
dtsch.-amerikan. Atomforscher	STERN
dtsch. Arbeiterdichter	GRUEN
dtsch. Archäol.-Schriftsteller	CERAM
dtsch. Architekt	BOEHM
dtsch. Arzt, Anatom	HENLE
dtsch. Arzt u. Freund Goethes	CARUS
dtsch. Arzt u. Physiker	MAYER
dtsch. Astronom	BAADE
dtsch. Astronom	ENCKE
dtsch. Astronom	GAUSS
dtsch. Astronom (Neptun-Entdecker)	GALLE
dtsch. Atomforscher	BOTHE
dtsch. Automobilbau-Pionier	HORCH
dtsch. Autor (Nobelpreis)	HEYSE
dtsch. Balladenkomponist	LOEWE
dtsch. Bauhaus-Maler	MUCHE
dtsch. Bildhauer	BEGAS
dtsch. Bildhauer	ESSER
dtsch. Bildhauer	OESER
dtsch. Bildhauer	TIECK
dtsch. Bildhauer, Autor	KLUGE
dtsch. Bildhauer u. Maler	STUCK
dtsch. Bildnismaler	GRAFF
dtsch. Chemiekonzern	BAYER
dtsch. Chemiker	FRANK
dtsch. Chemiker	REPPE
dtsch. Chemiker, (Anilin)	RUNGE
dtsch. Chemiker, Industrieller	MERCK
dtsch. Chemiker (Nobelpreis)	ALDER
dtsch. Chemiker (Nobelpreis)	BOSCH

5

dtsch. Chemiker (Nobelpreis)	DIELS
dtsch. Chemiker (Nobelpreis)	EIGEN
dtsch. Chemiker (Nobelpreis)	HABER
dtsch. Chemiker (Nobelpreis)	LYNEN
dtsch. Choreograph	JOOSS
dtsch. Dichter, Anakreontiker	GLEIM
dtsch. Dichter, Märchensammler	GRIMM
dtsch. Dichter, Schriftsteller	ARNDT
dtsch. Dichter, Schriftsteller	BOELL
dtsch. Dichter, Schriftsteller	BUSSE
dtsch. Dichter, Schriftsteller	ERNST
dtsch. Dichter, Schriftsteller	EWERS
dtsch. Dichter, Schriftsteller	HEINE
dtsch. Dichter, Schriftsteller	VRING
dtsch. Dichter (Märchen)	HAUFF
dtsch. Dichter (Nobelpreis)	HESSE
dtsch. Dichter u. Maler	BUSCH
dtsch. Dirigent	BENDA
dtsch. Dirigent	MASUR
dtsch. Dirigent, Komponist	BLECH
dtsch. Dirigent, Komponist	BRUCH
dtsch. Dirigent, Komponist	HEGER
dtsch. Dirigent, Pianist	BUSCH
dtsch. Dramatiker	HACKS
dtsch. Dramatiker	WEISS
dtsch. Dramatiker u. Schauspieler	GOETZ
dtsch. Epigrammatiker	LOGAU
dtsch. Erfinder, Techniker	KNORR
dtsch. Erzähler (Thaddäus)	TROLL
dtsch. expressionist. Maler	HOFER
dtsch. expressionist. Maler	NOLDE
dtsch. f. Rouleau	ROLLO
dtsch. Filmregisseur	DIETL
dtsch. Filmregisseur	ENGEL
dtsch. Filmregisseur	KLUGE
dtsch. Filmschauspieler	LORRE
dtsch. Filmschauspieler	PRACK
dtsch. Filmschauspieler	VEIDT
dtsch. Flieger, Flugpionier	HIRTH
dtsch. Flieger, Flugpionier	KOEHL
dtsch. Flugpionier	EULER
dtsch. Flugzeugkonstrukteur	FOCKE
dtsch. Flugzeugkonstrukteur	KLEMM
dtsch. Fluß zur Nordsee	WESER
dtsch. Folksänger	WADER
dtsch. Fußballspieler	ECKEL
dtsch. Fußballspieler	JAKOB
dtsch. Fußballspieler	KLEFF
dtsch. Fußballspieler	MAIER
dtsch. Fußballspieler	NOWAK
dtsch. Fußballspieler, -trainer	VOGTS
dtsch. Gartenbaumeister	LENNE
dtsch. General (Gebirgsjäger)	DIETL
dtsch. Gestaltpsychologe	LEWIN
dtsch. Gewicht	PFUND
dtsch. Grafiker und Dichter	BUSCH
dtsch. Großindustrieller	FLICK
dtsch. Großindustrieller	KRUPP
dtsch. Heidedichter	LOENS
dtsch. Historienmaler	KAMPF
dtsch. Historiker	RANKE
dtsch. impress. Bildhauer	KOLBE
dtsch. Industriellenfamilie	SACHS
dtsch. Ingenieur, Industrieller	BOSCH
dtsch. Jazztrompeter	ETZEL
dtsch. Kabarettist	BUSSE
dtsch. Kabarettist	FINCK
dtsch. Kabarettist	NEUSS
dtsch. Kabarettistin	HANKE
dtsch. Kabarettistin	NOACK
dtsch. Kaisername, Königsname	FRANZ
dtsch. Kardinal (Münster)	GALEN

dtsch. Kernphysiker (Nobelpr.)	BLOCH
dtsch. klassiz. Bildhauer	RAUCH
dtsch. klassizist. Maler	OESER
dtsch. Komponist	ERBSE
dtsch. Komponist	GLUCK
dtsch. Komponist	GOEHR
dtsch. Komponist	HENZE
dtsch. Komponist	REGER
dtsch. Komponist	RIEHM
dtsch. Komponist	SELLE
dtsch. Komponist	SPOHR
dtsch. Komponist	WEILL
dtsch. Komponist, Organist	GOETZ
dtsch. Komponist (Zwölfton)	KLEBE
dtsch. Kunsthistoriker	DEHIO
dtsch. Kunsthistoriker	JUSTI
dtsch. Landeshauptstadt	MAINZ
dtsch. Landschaft	PFALZ
dtsch. Lyriker	KOLBE
dtsch. Lyriker	RILKE
dtsch. Lyrikerin	DOMIN
dtsch. Maler	NESCH
dtsch. Maler, Grafiker	GRIEN
dtsch. Maler, Grafiker	MACKE
dtsch. Maler u. Grafiker	NAGEL
dtsch. Maler u. Schriftsteller	WEISS
dtsch. Maler (15. Jh.)	MOSER
dtsch. Mathemat., Physiker	GAUSS
dtsch. Mathematiker	KLEIN
dtsch. Mathematiker, Philosoph	BENSE
dtsch. Mathematiker (16. Jh.)	RIESE
dtsch. Mittelgebirge	RHOEN
dtsch. Motorflugpionier	GRADE
dtsch. Mystiker	SEUSE
dtsch. Name des Njemen	MEMEL
dtsch. Name von Eger (Ungarn)	ERLAU
dtsch. Name von Klaipeda	MEMEL
dtsch. Name von Tallinn	REVAL
dtsch. Nationalökonom	WEBER
dtsch. NOK-Präsident	DAUME
dtsch. Nordseehafen	HUSUM
dtsch. Nordseeinsel	AMRUM
dtsch. Opernkomponist	WEBER
dtsch. Opernsänger (Tenor)	KOLLO
dtsch. Organist, Thomaskantor	RAMIN
dtsch. Ozeanflieger	KOEHL
dtsch. Philosoph	DREWS
dtsch. Philosoph	FRIES
dtsch. Philosoph	HUBER
dtsch. Philosoph	LIPPS
dtsch. Philosoph	WEBER
dtsch. Philosoph	WOLFF
dtsch. Philosoph, Psychol.	WUNDT
dtsch. Philosoph des Idealismus	HEGEL
dtsch. Philosoph u. Mediziner	LOTZE
dtsch. Photochemiker	VOGEL
dtsch. Physiker	WEBER
dtsch. Physiker, Umweltschützer	DUERR
dtsch. Physiker (Funktechnik)	SLABY
dtsch. Physiker (Kältetechnik)	LINDE
dtsch. Physiker (Nobelpreis)	BOTHE
dtsch. Physiker (Nobelpreis)	BRAUN
dtsch. Physiker (Nobelpreis)	HERTZ
dtsch. Physiker (Nobelpreis)	STARK
dtsch. Politiker, Gewerkschaftler	LEBER
dtsch. Politikerin (Die Grünen)	KELLY
dtsch. Politiker (SED)	STOPH
dtsch. Politiker (SPD)	VOGEL
dtsch. Politiker (Zentrum)	WIRTH
dtsch. Porzellantechniker	SEGER
dtsch. Psychologe	LORKE
dtsch. Puppenschöpferin	KRUSE
dtsch. Raketenforscher	BRAUN
dtsch. Raketenforscher	NEBEL
dtsch. realist. Bildhauer	SEITZ
dtsch. realist. Schriftsteller	RAABE
dtsch. Rechenmeister	RIESE
dtsch. Rechtsphilosoph	STAHL

5

dtsch. Reformator, Humanist	BUCER
dtsch. Regisseur	ZADEK
dtsch. Reichskanzler	BAUER
dtsch. Reichskanzler	EBERT
dtsch. Reichskanzler	PAPEN
dtsch. Reichskanzler	WIRTH
dtsch. Rocksängerin	DETER
dtsch. Rocksängerin	HAGEN
dtsch. romantischer Dichter	TIECK
dtsch. romantischer Maler	RUNGE
dtsch. Sänger, Schauspieler	KRAUS
dtsch. Sänger, Schauspieler	QUINN
dtsch. Satiriker ("Narrenschiff")	BRANT
dtsch. satirischer Zeichner	GROSZ
dtsch. Schauspieler	ADORF
dtsch. Schauspieler	BOEHM
dtsch. Schauspieler	DEGEN
dtsch. Schauspieler	DIEHL
dtsch. Schauspieler	FELMY
dtsch. Schauspieler	FRANK
dtsch. Schauspieler	GRIMM
dtsch. Schauspieler	GROSS
dtsch. Schauspieler	HASSE
dtsch. Schauspieler	HOVEN
dtsch. Schauspieler	KNUTH
dtsch. Schauspieler	LANGE
dtsch. Schauspieler	PONTO
dtsch. Schauspieler	STAHL
dtsch. Schauspieler	VOGEL
dtsch. Schauspieler, Regisseur	FORST
dtsch. Schauspieler, Regisseur	SYDOW
dtsch. Schauspielerin	DREWS
dtsch. Schauspielerin	HAACK
dtsch. Schauspielerin	HOEHN
dtsch. Schauspielerin	HOPPE
dtsch. Schauspielerin	KRAHL
dtsch. Schauspielerin	STAAL
dtsch. Schauspielerin	TREFF
dtsch. Schauspielerin	UHLEN
dtsch. Schauspielerin	WIECK
dtsch. Schauspielerin	WUEST
dtsch. Schlagersänger	BLACK
dtsch. Schlagersänger	HEINO
dtsch. Schriftsteller	CERAM
dtsch. Schriftsteller	DORST
dtsch. Schriftsteller	FLAKE
dtsch. Schriftsteller	FRANK
dtsch. Schriftsteller	HACKS
dtsch. Schriftsteller	HARDT
dtsch. Schriftsteller	HARIG
dtsch. Schriftsteller	JAHNN
dtsch. Schriftsteller	KUNZE
dtsch. Schriftsteller	LAUBE
dtsch. Schriftsteller	LOEST
dtsch. Schriftsteller	MAASS
dtsch. Schriftsteller	MAREK
dtsch. Schriftsteller	SEUME
dtsch. Schriftsteller	TAUBE
dtsch. Schriftsteller, Maler	UNRUH
dtsch. Schriftsteller, Zeichner	GRASS
dtsch. Schriftsteller (08/15)	KIRST
dtsch.-schwed. Autorin (Nobelpr.)	SACHS
dtsch. Sopranistin	KOETH
dtsch. Sozialist	BEBEL
dtsch. Soziologe und Publizist	KOGON
dtsch. Spielkarte	BLATT
dtsch. Spielkartenfarbe	ECKER
dtsch. Spielkartenfarbe	GRUEN
dtsch. Sportfunktionär	DAUME
dtsch. Sprach-, Märchenforscher	KLUGE
dtsch. Stadt am Niederrhein	MOERS
dtsch. Stadt am Niederrhein	NEUSS
dtsch. Stadt an der Mosel	TRIER
dtsch. Stadt an der Oder	GARTZ

dtsch. Städtebund	HANSE
dtsch. Strom	RHEIN
dtsch. Stukaflieger	RUDEL
dtsch. surrealist. Maler	ERNST
dtsch. Tennisspieler	CRAMM
dtsch. Tiervater	BREHM
dtsch. Verlagsgründer	COTTA
dtsch. Volkswirtschaftler	HARMS
dtsch. Volkswirtschaftler	KNAPP
dtsch. Weinbaugebiet	BADEN
dtsch. Weinbaugebiet	MOSEL
dtsch. Weinbaugebiet	PFALZ
dtsch. Weinbaugebiet	RUWER
dtsch. Zeichner (Simplicissimus)	HEINE
dtsch. Zoologe	BREHM
Dübel	DOLLE
Düllkraut	BILSE
dünne Haut	PELLE
dünne Latte	SENTE
dünner Ast	ZWEIG
dünner Seidentaft	PONGE
dünnes Blättchen	FOLIE
dünnes Tau	LEINE
dürftig	KNAPP
Duero-Zufluß	AGUAS
Duero-Zufluß	RIAZA
Duero-Zufluß	TIRON
dürr, mager	HAGER
Dürreregion d. Westsahara	IGIDI
Düsseldorfer Karnevalsruf	HELAU
Duft	AROMA
Duft, Wohlgeruch	ODEUR
Duft des Weines	BLUME
duftende Blume, Pflanze	LILIE
duftende Blume, Pflanze	NELKE
Duftstoff	ODEUR
Duftstoff, Riechstoff	AMBER
Duftstoff, Riechstoff	AMBRA
dummer August	CLOWN
dumme Späße	FAXEN
Dummkopf	IDIOT
Dummkopf	TROPF
Dunkelbraun	UMBER
dunkelbrauner Farbstoff	UMBRA
dunkelfarben (franz.)	FONCE
dunkelhäutige indische Kaste	CUDRA
dunkles Eruptivgestein	TRAPP
dunkles Süßbier	MUMME
dunkles Tiefengestein	NORIT
dunkle Tageszeit	NACHT
Dunst	NEBEL
durchbrochen (Handarbeit)	AJOUR
durch Ei fortgepflanzt	OOGAM
Durcheinander	CHAOS
durch Los ermitteln	LOSEN
durchscheinende Lackschicht	LASUR
Durchschlag, Durchschrift	KOPIE
durchschnittliche Witterung	KLIMA
durchsichtiger Farbauftrag	LASUR
durch Umstände bedingt	MODAL
Durchzeichnung	PAUSE
Dynastie in England	ANJOU
Dynastie in Frankreich	ANJOU
eben	FLACH
eben, flach	PLATT
Ebro-Zufluß	JALON
Ebro-Zufluß	SEGRE
Ebro-Zufluß	UCERO
Echse	AGAME
Echse	TOKEE
Eckturm	PYLON
Eckzahn des Ebers	HAUER
ecuadorian. Währung	SUCRE
edel	NOBEL
Edelfalter	FUCHS
Edelfisch	BARBE
Edelfisch	LACHS
Edelgas	ARGON
Edelstein, Schmuckstein	JUWEL
Edelsteindoppelstücke	MIXTE
Edelsteingewicht	KARAT
Edelsteinschliff	DOPPE
edle Gesinnung	GUETE
EDV-Betriebssystem	XENIX
EDV-Eingabegerät	MOUSE
EDV-Zwischenspeicher	CACHE
ehe	BEVOR
ehedem	EINST
ehelos	LEDIG
ehem. DGB-Chef	LEBER
ehem. DGB-Vorsitzender	BREIT
ehem. dtsch. Kolonie	SAMOA

ehem. franz. Benediktinerabtei	CLUNY
ehem. König von Hannover	GEORG
ehem. preuß. Provinz	POSEN
ehem. Staatspräs. v. Südafrika	BOTHA
ehem. Staatspräsident d. ČSSR	HUSAK
ehem. Staatspräsident d. Türkei	EVREN
ehem. türk. Staatspräsident	BAYAR
ehem. türk. Staatsrat	DIWAN
Ehemann	GATTE
eher als	ZUVOR
Ehrenbezeigung	GRUSS
Ehrengruß, Ehrensalve	SALUT
Ehrentitel d. Korankenners	HAFIS
Ehrenzeichen	ORDEN
ehrlich, redlich	REELL
ehrlos	INFAM
Eibe	TAXUS
Eibisch, Ibisch	MALVE
Eibisch-Art	GOMBO
Eichelmast	FEHME
Eichenholzversteinerung	DRYIT
Eichhörnchennest	KOBEL
Eidechse	AGAME
Ei der Laus	NISSE
Eierlieferantin	HENNE
Eier von Wassertieren	LAICH
eiförmig	OVOID
eifrig	EMSIG
Eigenart, Gemütsart	WESEN
eigenartig	APART
Eigenbezeichnung d. Eskimo	INUIT
Eigenname der Wogulen	MANSI
eigens	EXTRA
Eigensinn, Widerspenstigkeit	TROTZ
eigentl. Name v. Gorch Fock	KINAU
Eigentümlichkeit	IDIOM
Eiland	INSEL
Eile, Schnelligkeit	TEMPO
eilen, hasten	PESEN
eilen, hasten	RASEN
eilig, beschleunigt	RASCH
einbalsamierte Leiche	MUMIE
Einbeulung	DELLE
Einbringen der Feldfrüchte	ERNTE
eindringlich	ERNST
ein Drittel Gran	GRAEN
eine der schönen Künste	MUSIK
eine Heilkur machen	KUREN
einer der Beatles	STARR
einer der kleinen Propheten	MICHA
einer der Sieben Weisen	SOLON
einer der Titanen	KOIOS
einer der Titanen	KRIOS
eines der Vereinigten Arab. Emirate	DUBAI
einfache Skizze	KROKI
einfaches Kohlehydrat	BIOSE
Einfassung	BORTE
Einfassung	KANTE
Einfassung, Rahmen	ZARGE
einfetten	OELEN
Einfriedung	MAUER
Eingabe (engl.)	INPUT
Eingeborener Neuguineas	PAPUA
eingedickter Most	KOLOR
eingedickter Saft	GELEE
eingelegtes Tierprodukt	SOLEI
eingeschobenes Wortelement	INFIX
Eingeweideausstülpung	BRUCH
Eingeweide d. Wildes	LUNZE
Eingeweihter	ADEPT
eingliedrige Zahlengröße	MONOM
einheim. Orchidee	ORANT
einheim. Raubtier	FUCHS
Einheit d. elektr. Frequenz	HERTZ
Einheit d. elektr. Kapazität	FARAD
Einheit d. Induktivität	HENRY
Einheit d. Leuchtdichte	STILB
Einheit d. magnet. Flußdichte	TESLA
Einheit d. magnet. Induktion	GAUSS
Einheit d. Radioaktivität	CURIE
Einheit d. Selbstinduktion	HENRY
Einheit (griech.)	MONAS
einheitl. Spielkleidung	DRESS
Einheitsmaß	MODEL
Einhufer, Haustier	PFERD
einjähriges Fohlen	ENTER
einjähriges Kalb	KALBE
Einlage	DEPOT
Einmannruderboot	SKIFF
Einmaster, Küstenfahrzeug	TJALK

einrädriges Fahrzeug	KARRE
Einreibflüssigkeit	FLUID
ein Schiff vor den Wind drehen	LUVEN
Einschnitt	KERBE
Einsturzkessel (geolog.)	BINGE
Einteilungsbegriff	STAMM
Einweihungszeremonie der Sikhs	PAHUL
ein wenig	ETWAS
einwert. Kohlenwasserstoffrest	ALKYL
Einzelhaus, Landhaus	VILLA
einzeln, eigenartig	APART
Einzelzelle (botan.)	SPORE
Eisack-Zufluß	RIENZ
Eisenbahndrehgestell	BOGIE
Eisenkies	PYRIT
Eisenklumpen	LUPPE
Eisenstift	NAGEL
Eisenteil der Pike	BARTE
eisern	EHERN
Eisgetränk	SLING
Eishockey mit Ball	BANDY
Eishockeystock	BANDY
eisig (lat.)	GELID
Eiskunstlauf-Sprung	EULER
Eislaufstar der 30er Jahre	HENIE
Eisniederschlag	HAGEL
eitel	AFFIG
Eiweißbaustein	SERIN
Eiweißkörper, -substanz	MUZIN
Eiweißlösung aus Kuhmilch	AOLAN
Eiweißstoff	OONIN
Ekelruf	IGITT
elastische Chemiefaser	LYCRA
elastischer Stahldraht	FEDER
Elbe-Zufluß	ADLER
Elbe-Zufluß	ALAND
Elbe-Zufluß	BIELA
Elbe-Zufluß	BILLE
Elbe-Zufluß	BOIZE
Elbe-Zufluß	HAVEL
Elbe-Zufluß	MULDE
Elbe-Zufluß	SAALE
Elbe-Zufluß	STOER
Elbe-Zufluß	UCHTE
Elefantenführer	MAHUT
elegant	FLOTT
elegant	NOBEL
elektr. Leitung	KABEL
Elektras Bruder	OREST
Elementarteilchen	MESON
Elementarteilchen	QUARK
elend (lat.)	MISER
Elendsviertel	SLUMS
Elitetruppe	GARDE
elternloses Kind, Findelkind	WAISE
Embryo ab dem 3. Monat	FETUS
Empfangszimmer	SALON
empfehlen, vorschlagen	RATEN
Endbetrag	SUMME
Enddarmmündung	AFTER
Ende des Gaffelsegels	KLAUE
Endkampf im Sport	SPURT
Endsumme	FAZIT
Energie-Maßeinheit	JOULE
Energiemenge	QUANT
Energiequelle	KOHLE
eng	KNAPP
eng befreundet	INTIM
enge Ausström-Öffnung	DUESE
enge Felsschlucht	KLAMM
enger Zwischenraum	SPALT
enge Straße	GASSE
engl.-amerikan. Dichter	AUDEN
engl.-amerikan. Gewichtseinheit	GRAIN
engl. Archäologe (Knossos)	EVANS
engl. Architekt	SCOTT
engl. Astronom	ADAMS
engl. Astrophysiker	JEANS
engl. Autor, Schriftsteller	BLAIR
engl. Autor, Schriftsteller	DEFOE
engl. Autor (Nobelpreis)	ELIOT
engl. Bakteriologe	BRUCE
engl. Ballspiel	RUGBY
engl. Bezeichnung f. Fjord	FIRTH
engl. Biochemiker (Nobelpreis)	CHAIN
engl. Biochemiker (Nobelpreis)	KREBS
engl. Biologe (Nobelpreis)	CRICK
engl. Blues-Rock-Gruppe	CREAM
engl. Chansonsängerin	CLARK

engl. Chemiker	DEWAR
engl. Chemiker (Nobelpreis)	ASTON
engl. Chemiker (Nobelpreis)	SODDY
engl. Chemiker (Nobelpreis)	SYNGE
engl. Chemiker u. Physiker	BOYLE
engl. Dichter, Balladensammler	PERCY
engl. Dichter der Romantik	BYRON
engl. dunkles Starkbier	STOUT
engl. Dynastie	TUDOR
engl. f. Homosexueller	SISSY
engl. Filmschauspieler	GRANT
engl. Flüssigkeitsmaß	QUART
engl. Fluß	STOUR
engl. Form von Heinrich	HARRY
engl. Frauen-Vorname	BESSY
engl. Frauen-Vorname	BETTY
engl. Frauen-Vorname	EMILY
engl. Frauen-Vorname	SUSAN
engl. Gewicht	OUNCE
engl. Gewicht	POUND
engl. Gewichtseinheit	STONE
engl. Grafschaft	ESSEX
engl. Grafschaft	SHIRE
engl. Handelsgewicht	GRAIN
engl. Hanswurst	PUNCH
engl. Historiker, Politiker	ACTON
engl. impress. Komponist	SCOTT
engl. impressionist. Autor	PATER
engl. Insel im Ärmelkanal	WIGHT
engl. Kanalhafen	DOVER
engl. Kanzler, Staatsphilosoph	MORUS
engl. klassizistisch. Architekt	JONES
engl. König	JAKOB
engl. Königin	MARIA
engl. Königsname	GEORG
engl. Komponist	BLISS
engl. Komponist	ELGAR
engl. Komponist	JONES
engl. Kurzform v. Robert	BOBBY
engl. Kurzform v. Theodor	TEDDY
engl. Labour-Politiker	BEVIN
engl. Längenmaß	CUBIT
engl. Längenmaß	PERCH
engl. Männer-Vorname	ALLAN
engl. Männer-Vorname	BENNY
engl. Männer-Vorname	HENRY
engl. Maler	BACON
engl. Maler u. Mystiker	BLAKE
engl. Maß	CHAIN
engl. Mittagsmahlzeit	LUNCH
engl. Münze	PENNY
engl. nachkubist. - Bildhauer	MOORE
engl. Nationalökonom, Philosoph	SMITH
engl. Naturwissenschaftler	HOOKE
engl. Pferderennen	DERBY
engl. Pferderennplatz	ASCOT
engl. Pferderennplatz	EPSOM
engl. Philosoph (Neorealismus)	MOORE
engl. Philosoph u. Pädagoge	LOCKE
engl. Physiker	JOULE
engl. Physiker	YOUNG
engl. Physiker (Nobelpreis)	BRAGG
engl. Physiker (Nobelpreis)	DIRAC
engl. Physiker (Prisma)	NICOL
engl. Polarforscher	DAVIS
engl. Polarforscher	FUCHS
engl. Polarforscher	PARRY
engl. Politiker, Staatsmann	BEVAN
engl. Politiker, Staatsmann	HEATH
engl. Politiker, Staatsmann	HOARE
engl. Regisseur	BROOK
engl. romant. Dichter	KEATS
engl. satir. Schriftsteller	SWIFT
engl. Schauspieler	MASON
engl. Schauspieler	MOORE
engl. Schauspielerin	LEIGH
engl. Scholastiker	BACON

engl. Scholastiker	OCCAM
engl. Schriftsteller	HARDY
engl. Schriftsteller	MASON
engl. Schriftsteller	WAUGH
engl. Schriftsteller	WELLS
engl. Schriftsteller	WILDE
engl. Schriftsteller, Politiker	PAINE
engl. Schriftstellerin	SPARK
engl. Schriftstellerin	WOOLF
engl. Seefahrer	DAVIS
engl. Seefahrer	DRAKE
engl. Seefahrer, Seeheld	BLAKE
engl. Stadt	STOKE
engl. Stadt am Aire	LEEDS
engl. Stadt am Avon	RUGBY
engl. Stadt am Derwent	DERBY
engl. Stadt in Lancashire	LEIGH
engl. Stadt in Surrey	EPSOM
engl. Südpolarforscher	SCOTT
engl. Tageszeitung	TIMES
engl. u. franz.: heilig	SAINT
engl. u. franz.: Tisch	TABLE
engl. umgangsspr.: Zigarette	STICK
engl.-ung. Physiker (Nobelpreis)	GABOR
engl. Weihnachtslied	CAROL
engl. Weltumsegler	DRAKE
engl.: Abzeichen	BADGE
engl.: acht	EIGHT
engl.: Adler	EAGLE
engl.: Ahorn	MAPLE
engl.: Amt	BOARD
engl.: Anfang	START
engl.: Bekleidung	DRESS
engl.: Berg	MOUNT
engl.: Blechbläser	BRASS
engl.: Blitz	FLASH
engl.: Blut	BLOOD
engl.: braun	BROWN
engl.: brechen	BREAK
engl.: breit	BROAD
engl.: Brett	BOARD
engl.: Brot	BREAD
engl.: buchstabieren	SPELL
engl.: Bühne	STAGE
engl.: Bürgermeister	MAYOR
engl.: Chef, Anführer	CHIEF
engl.: Dampf	STEAM
engl.: Decke	COVER
engl.: der erste	FIRST
engl.: drei	THREE
engl.: Druck	PRINT
engl.: Einbildung	FANCY
engl.: Einschnitt, Einschub	CUTIN
engl.: fahren	DRIVE
engl.: fangen	CATCH
engl.: Feld	FIELD
engl.: fertig	READY
engl.: Fluß	RIVER
engl.: Form, Gestalt	SHAPE
engl.: Frau	WOMAN
engl.: Friede	PEACE
engl.: fröhlich	MERRY
engl.: früh	EARLY
engl.: fünfzig	FIFTY
engl.: gemischt	MIXED
engl.: Geschichte	STORY
engl.: Geschwindigkeit	SPEED
engl.: Gesprächsthema	TOPIC
engl.: Getränk	DRINK
engl.: Gewehr	RIFLE
engl.: Gewerbe	TRADE
engl.: Glas	GLASS
engl.: glücklich	HAPPY
engl.: groß	GREAT
engl.: grün	GREEN
engl.: Grundvermögen	STOCK
engl.: Handel	TRADE
engl.: Haus	HOUSE
engl.: heben	HOIST
engl.: Heinrich	HENRY
engl.: Hochruf	CHEER
engl.: Hof, Gerichtshof	COURT
engl.: Hügel	MOUND
engl.: Irrtum	ERROR
engl.: Jakob	JAMES
engl.: jung	YOUNG
engl.: Käthchen	KITTY
engl.: Kampf	FIGHT
engl.: kauern	SQUAT
engl.: Kette	CHAIN
engl.: Kind	CHILD

5

engl.: Kinderpflegerin	NURSE
engl.: Klang	SOUND
engl.: klopfen	KNOCK
engl.: Königin	QUEEN
engl.: kontrollieren	CHECK
engl.: Korn	GRAIN
engl.: Kraft, Macht	POWER
engl.: Krankenschwester	NURSE
engl.: Kreuz	CROSS
engl.: Krone	CROWN
engl.: Kugel, Erdball	GLOBE
engl.: kurz	SHORT
engl.: Kutsche	COACH
engl.: Laden	STORE
engl.: Lastkraftwagen	TRUCK
engl.: lehren	TEACH
engl.: Licht	LIGHT
engl.: Löffel	SPOON
engl.: Macher	MAKER
engl.: Maus	MOUSE
engl.: Meer	OCEAN
engl.: Mund	MOUTH
engl.: Musik	MUSIC
engl.: nach	AFTER
engl.: Nacht	NIGHT
engl.: Neger	NEGRO
engl.: Norden	NORTH
engl.: Onkel	UNCLE
engl.: Papier	PAPER
engl.: Pech	PITCH
engl.: Perle	PEARL
engl.: Pfeil	ARROW
engl.: Pfund	POUND
engl.: Preis	PRICE
engl.: Punkt	POINT
engl.: Rahmen	FRAME
engl.: Rauch	SMOKE
engl.: Raum, Weltraum	SPACE
engl.: rechts, Recht	RIGHT
engl.: rein, sauber	CLEAN
engl.: Renneinsatz	STAKE
engl.: Rotkehlchen	ROBIN
engl.: Ruhm	GLORY
engl.: rund	ROUND
engl.: Sache	THING
engl.: Schaf	SHEEP
engl.: Schlagzeug	DRUMS
engl.: Schlange	SNAKE
engl.: schmutzig	DIRTY
engl.: schnell	SWIFT
engl.: schütteln	SHAKE
engl.: schwarz	BLACK
engl.: Schweiß	SWEAT
engl.: schwer	HEAVY
engl.: schwingen	SWING
engl.: sieben	SEVEN
engl.: Späher	SCOUT
engl.: Speck	BACON
engl.: sprechen	SPEAK
engl.: Spur	TRACK
engl.: Staat, Zustand	STATE
engl.: Stab	STICK
engl.: Stein	STONE
engl.: Stimme	VOICE
engl.: Stoß, Schubs	PUNCH
engl.: Strand	BEACH
engl.: Streifen	STRIP
engl.: Süden	SOUTH
engl.: süß	SWEET
engl.: Sumpf	SWAMP
engl.: Tadel	BLAME
engl.: Teufel	DEVIL
engl.: Tod	DEATH
engl.: Traum	DREAM
engl.: Traurigkeit	BLUES
engl.: Tuch	CLOTH
engl.: Turm	TOWER
engl.: überprüfen	CHECK
engl.: Uhr	CLOCK
engl.: Uhr	WATCH
engl.: unter	UNDER
engl.: Unze	OUNCE
engl.: Warenlager	STORE
engl.: Welt	WORLD
engl.: zählen	COUNT
engl.: Zeiten	TIMES
engl.: Zigeuner	GIPSY
engl.: Zug	TRAIN
engl.: Zunft	GUILD
Engländer	BRITE
eng zusammenpassen	FUGEN
Enns-Zufluß	STEYR
entblößt	BLANK
Entdecker Australiens	BURKE
Entdecker des Neptun	GALLE
Entdecker Japans	PINTO
Entdecker v. asiat. Gebieten	HEDIN
Entdecker v. Polonium, Radium	CURIE
Entdekker von Knossos	EVANS
Entenart	EIDER

Enterich	ERPEL
Entfernung	FERNE
Entführer der Helena	PARIS
entgegengesetzt	POLAR
enthaltsam lebender Mensch	ASKET
Entlassung (lat.)	MISSA
Entlüftungsgerät im Luftschiff	HUTZE
Entrechteter	PARIA
entrüstet	BOESE
Entschädigungsverpflichtung	BUSSE
Entscheidung	KRISE
Entsetzen	GRAUS
Entspannung	MUSSE
Enttäuschung	FRUST
Entwässerungsanlage	FLEET
Entwicklungsrichtung	TREND
Entwicklungsstufe	PHASE
entzündliche Rötung	RUBOR
entzündliche Schwellung	DRUSE
Enz-Zufluß	WUERM
Epos von Homer	ILIAS
Erbauer des St. Gotthardtunnels	FAVRE
Erbgrind	FAVUS
Erbgut	GENOM
Erbgut, Gesamtbesitz	ALLOD
erblicken, beobachten	SEHEN
Erbschaft erhalten	ERBEN
erdbeerfarben	FRAIS
Erde, Land	BODEN
Erdfarbe	OCKER
erdfarben	KHAKI
Erdgeist, Erdmännchen	TROLL
Erdhacke	KARST
Erdkreis	ORBIS
Erdloch	GRUBE
Erdloch	KLUFT
Erdölrückstand	MASUT
Erdteil	ASIEN
Erdumlaufbahn	ORBIT
Erdwall	DEICH
Erfinder der Dampfmaschine	PAPIN
Erfinder der Druckluftbremse	KNORR
Erfinder der Eismaschine	LINDE
Erfinder des Drehstrommotors	TESLA
Erfinder des Dynamits	NOBEL
Erfinder des Laufrades	DRAIS
Erfinder des Maschinengewehrs	MAXIM
Erfinder des PAL-Fernsehens	BRUCH
Erfinder des Tonfilms	ENGEL
Erfinder eines Blasinstruments	SOUSA
erfrischen	LABEN
Ergänzung, Beiwerk	ZUTAT
ergeben	LOYAL
ergeben, niedrig (lat.)	HUMIL
Ergebenheit, Anhänglichkeit	TREUE
Ergebnis	FAZIT
Ergebnis, Resultat	FOLGE
Ergußgestein	DACIT
erhaben geschnittener Stein	KAMEE
Erhebung	HOEHE
Erholung	MUSSE
Erinnerung (griech.)	MNEME
Erinnerungsbuch	ALBUM
Erkennungszeichen	MARKE
Erkundigung	FRAGE
Erlaß d. Papstes	BREVE
Erle	ELLER
Erlesenes	ELITE
Erlöser der Schiiten	MAHDI
Ernährungsform	DIAET
Erneuerungsschein	TALON
Eroberer Siziliens	ROGER
erquicken	LABEN
erregendes Ereignis	DRAMA
Erreger, Krankheitskeim	VIRUS
errichten	BAUEN
Erscheinung, Gestalt	FIGUR
erst, vorher	ZUVOR
erste Oper (von Peri)	DAFNE
erster ägypt. König	MENES
erster Bartwuchs	FLAUM
erster dtsch. Bundespräsident	HEUSS
erster dtsch. Reichspräsident	EBERT
erster franz. König	CAPET
erster griech. Buchstabe	ALPHA
erster Herzog der Normandie	ROLLO
erster Herzog der Ungarn	ARPAD
erster Hieb	ANHAU
erster Kapetinger	CAPET
erster Magyarenherzog	ARPAD
erstes Lesebuch	FIBEL
erstes Tagesgebet	METTE
erste Stufe der Tonleiter	PRIME

5

Eruptivgestein	OPHIT
erwachsen	ADULT
Erwerb, Lieferung	BEZUG
Erwerbstätigkeit	BERUF
erzählende Dichtung	ROMAN
Erzbischof von Köln	HANNO
Erzbischof von Mainz	HATTO
Erzengel	URIEL
Erzeuger, Elternteil	VATER
Erzieher von Dionysos	SILEN
Esaus Bruder	JAKOB
Eskimoboot	KAJAK
Eskimofrauenboot	UMIAK
Eskimohund	HUSKY
Espartogras	HALFA
Esse	KAMIN
Essigäther	ESTER
essigweinsaure Tonerde	ALSOL
Eßraum f. Studenten	MENSA
Este	BALTE
Estland auf estnisch	EESTI
estnisch. Fluß	NARWA
estnisch. Name v. Dorpat	TARTU
estnische Hauptstadt	REVAL
estnische Insel	DAGOE
estnische Insel	OESEL
estnische Insel	WORMS
estnische Stadt	WERRO
Etage	STOCK
ethischer Begriff der alten Griechen	ARETE
Ethos, Zucht	SITTE
Etikett	LABEL
etruskische Göttin	TINIA
etwa	CIRCA
etwa, ungefähr	ZIRKA
europäische Hauptstadt	ATHEN
europäische Hauptstadt	PARIS
europäische Hauptstadt	SOFIA
europäische Hauptstadt	VADUZ
europäischer Inselbewohner	KORSE
europäischer Staat	POLEN
europäischer Strom	DONAU
europäischer Strom	RHEIN
Euterentzündung	GELTE
Euterteil	ZITZE
Evangelist	LUKAS
Evangelistenzeichen für Johannes	ADLER
Evangelistenzeichen für Lukas	STIER
Evangelistenzeichen für Markus	LOEWE
Evangelistenzeichen für Matthäus	ENGEL
exakt	GENAU
Exil Wilhelms II.	DOORN
exotische Riesenechse	WARAN
exotisches Tier	LOEWE
Explosionsgeräusch	KNALL
Explosivgeschoß	BOMBE
expreß	EILIG
extrem	KRASS
Fabelname des Bären	BRAUN
Fabelname des Hasen	LAMPE
Fabelname des Löwen	NOBEL
Fabelname des Rehs	BAMBI
Fabrikzeichen	MARKE
Fach, Fachgebiet	ZWEIG
Fachblatt	ORGAN
Fachgenossenschaft	ZUNFT
fad, fade	SCHAL
Fadenende	FLUSE
Fadenverdrillung	DRALL
Fächergestell	REGAL
Fächermündung von Flüssen	DELTA
Fädchen	FASER
Fädchen	FUSEL
fähig	HABIL
Fährmann	FERGE
Fährte, Fußspur	TRITT
Färbebad	KUEPE
Färberbottich	KUEPE
Färberpflanze, -röte	KRAPP
Färöerinsel	VAGOE
Fäulnis	MODER
fahl	BLASS
fahles Pferd	FALBE
Fahndung, Nachforschung	SUCHE
Fahrer	PILOT
Fahrgastraum	KUPEE
Fahrpromenade	KORSO
Fahrrad mit Hilfsmotor	MOPED
Fahrstraße, Fahrstrecke	PISTE
Fahrstrecke, Reiseweg	ROUTE
Fahrt, Ortsveränderung	REISE
Fahrwasserkundiger	LOTSE
Fahrzeugschaden	PANNE
Fahrzeugversicherung	KASKO
Fakultätsleiter	DEKAN

5

Falkenjagd	BEIZE
falkenköpfiger ägypt. Gott	MONTH
Falkenvogel	WEIHE
Fall, Rechtsfall	KASUS
Fall, Vorfall	CASUS
Fallhammer	RAMME
falsch	IRRIG
falsch denken	IRREN
Falschspielertrick	VOLTE
Falte	KNICK
Falte	KNIFF
Familie, Geschlecht	SIPPE
Familienerbgut im Mittelalter	ALLOD
Familienname v. Papst Pius XI.	RATTI
Familienoberhaupt	VATER
Fang	KLAUE
Farbabstreicher	RAKEL
Farbe	BRAUN
Farbe	GRUEN
Farbe d. Hoffnung	GRUEN
Farbe der Reinheit	WEISS
Farbe (franz.)	KLOER
Farbfernsehsystem	SECAM
Farb-Grundstoff	KOHLE
farbig. amerikan. Entertainer	DAVIS
Farbstoff des Tintenfisches	SEPIA
Farbstoff im Gelbholz	MORIN
Fasanen-, Birkhahnschwanz	SPIEL
Faser	FIBER
Fasergewebe, -pflanze, -stoff	KOKOS
Fasergewebe, -stoff	KOKON
Faß als Rednerpult	BUETT
faßartige Boje	TONNE
Faßbrett	DAUBE
fassen, halten	HABEN
Faßloch	SPUND
Fassungsvermögen	PLATZ
Faßverschluß	SPUND
fast geräuschlos	LEISE
fast immer	MEIST
faul, unfleißig	TRAEG
Faulendes	MODER
Faustkämpfer	BOXER
Faustkampf	BOXEN
Faustschlag beim Boxen	PUNCH
FDP-Politiker	MENDE
Fechthieb	QUART
Fechthieb	QUINT
Fechtverletzung	STICH
Fechtwaffe	DEGEN
Federharzbaum	HEVEA
Fee, Hexe	HOLDE
Feger	BESEN
Feger, Reisigbündel	WEDEL
Fehl	MAKEL
Fehlbetrag	MANKO
Fehlbetrag	MINUS
Fehlfarbe beim Kartenspiel	FOSSE
fehlgehen	IRREN
Fehlleistung	MACKE
Fehllos	NIETE
Fehlschlag, Schlappe (franz.)	ECHEC
Fehlwurf beim Kegeln	PUDEL
Fehlwurf beim Kegeln	RATZE
feierliche Amtstracht	ORNAT
feierlicher Aufzug	UMZUG
feierlicher päpstl. Erlaß	BULLE
feierliches Lied	HYMNE
Feigenbaum	FICUS
Feigling	MEMME
Feindschaft, Haß	ODIUM
Feindseligkeit	FEHDE
feine morgenländ. Leinwand	KEDIS
feine Netzarbeit	FILET
feiner Vogelschrot	DUNST
feiner Zucker	MELIS
feines Baumwollgarn	TWIST
feines Pulver	PUDER
feines Wollgewebe	DRAPE
feinfädiges Gewebe	LINON
Feingebäck, Konditorware	TORTE
Feingehalt, -gewicht	FEINE
Feingehalt, -gewicht	KARAT
Feinstbearbeitung v. Metallen	HONEN
feinster Sand	STAUB
feinster Schmutz, Kehricht	STAUB
Felchen, Edelfisch	RENKE
Feldfrucht	KRAUT
Feldfrucht, Futterpflanze	RUEBE
Feldherr im Dreißigjähr. Krieg	TILLY
Feldkümmel	KARBE
Feldkümmel	KARWE
Feldlager	BIWAK

5

Fell des sibir. Marders	ZOBEL
felsige Steilküste	KLIFF
Felsspalte	KAMIN
Felsspalte	KLUFT
Fenster-, Türeinfassung	ZARGE
Fensterhaken	HASPE
Fensterschutz	LADEN
Fensterschutz	ROLLO
Fenstervorhang	STORE
ferkeln	SAUEN
Ferment	ENZYM
Ferngespräch	ANRUF
Fernmeldeleitung	KABEL
Fernrohrteil	LINSE
Fernrohrteil	TUBUS
Fernschreibdienst	TELEX
Fernschreiben	TELEX
Ferse	HACKE
fertig	PARAT
fertiges Insekt	IMAGO
Fest	FEIER
fest, haltbar	SOLID
fest, robust	STARK
feste Gesinnung	ERNST
fester Wunsch	WILLE
festes Gehalt	FIXUM
Festgesang	HYMNE
festgesetzter Zeitraum	FRIST
festgesetzte Speisenfolge	MENUE
festliche Wagenauffahrt	KORSO
Festlichkeit	FEIER
Festsitzung	AKTUS
feststehend, regungslos	STARR
Festtracht der Studenten	WICHS
Festungsanlage	FESTE
Festungsvorfeld	RAYON
Festzug	KORSO
fett	FEIST
fettarm	MAGER
fettig	OELIG
fettige Tonart	BOLUS
Fettschicht unter der Haut	SPECK
Fettschwanzfell	SLINK
Fetzen, Lappen	HUDEL
feucht	KLAMM
feuchter Südwind (griech.)	NOTOS
feuchtes Gelände	BRUCH
feucht (lat.)	HUMID
Feuersbrunst	BRAND
Feuerstein	FLINT
Feuerstein	SILEX
Feuerzeichen	FANAL
Fiber	FASER
Fieberrückgang	LYSIS
figürlicher Gesimsstreifen	FRIES
Figur aus »Annie Get Your Gun«	FRANK
Figur aus »Arabella«	WELKO
Figur aus »Cavalleria rusticana«	ALFIO
Figur aus »Cavalleria rusticana«	LUCIA
Figur aus »Dantons Tod«	JULIE
Figur aus »Der Bajazzo«	BEPPO
Figur aus »Der Bajazzo«	CANIO
Figur aus »Der Bajazzo«	NEDDA
Figur aus »Der Bajazzo«	TONIO
Figur aus »Der Bettelstudent«	LAURA
Figur aus »Der Bettelstudent«	SYMON
Figur aus »Der Opernball«	HENRI
Figur aus »Der Revisor«	MARJA
Figur aus »Der Revisor«	OSSIP
Figur aus »Der Waffenschmied«	MARIE
Figur aus »Der Zarewitsch«	SONJA
Figur aus »Der zerbrochene Krug«	LICHT
Figur aus »Der Zigeunerbaron«	PETER
Figur aus »Die Csárdásfürstin«	EDWIN
Figur aus »Die Csárdásfürstin«	EUGEN
Figur aus »Die Csárdásfürstin«	STASI
Figur aus »Die Csárdásfürstin«	SYLVA
Figur aus »Die Fledermaus«	ADELE
Figur aus »Die Fledermaus«	FRANK
Figur aus »Die verkaufte Braut«	AGNES
Figur aus »Die verkaufte Braut«	KEZAL
Figur aus »Die verkaufte Braut«	MARIE
Figur aus »Die verkaufte Braut«	MICHA
Figur aus »Dreigroschenoper«	BROWN
Figur aus »Dreigroschenoper«	POLLY
Figur aus »Egmont«	GOMEZ
Figur aus »Egmont«	SILVA
Figur aus »Entführ. aus dem Serail«	OSMIN

Figur aus »Entführ. aus dem Serail«	SELIM
Figur aus »Fliegender Holländer«	SENTA
Figur aus »Fra Diavolo«	BEPPO
Figur aus »Gärtnerin aus Liebe«	NARDO
Figur aus »Götz von Berlichingen«	FRANZ
Figur aus »Götz von Berlichingen«	GEORG
Figur aus »Götz von Berlichingen«	LERSE
Figur aus »Götz von Berlichingen«	MARIE
Figur aus »Graf von Luxemburg«	BASIL
Figur aus »Graf von Luxemburg«	PAWEL
Figur aus »Graf von Luxemburg«	STASA
Figur aus »Iphigenie auf Tauris«	OREST
Figur aus »Iphigenie auf Tauris«	THOAS
Figur aus »Iphigenie in Aulis«	ARKAS
Figur aus »Kabale und Liebe«	LUISE
Figur aus »Kiss Me Kate«	HARRY
Figur aus »Kiss Me Kate«	LILLI
Figur aus »Kiss Me Kate«	RALPH
Figur aus »La Traviata«	FLORA
Figur aus »Lustige Weiber v. Windsor«	CAJUS
Figur aus »Lustige Weiber v. Windsor«	FLUTH
Figur aus »Lustige Weiber v. Windsor«	REICH
Figur aus »Maria Stuart«	CECIL
Figur aus »Martha«	NANCY
Figur aus »Maske in Blau«	FRANZ
Figur aus »Maske in Blau«	PEDRO
Figur aus »Meistersinger v. Nürnberg«	DAVID
Figur aus »Meistersinger v. Nürnberg«	SACHS
Figur aus »My Fair Lady«	ELIZA
Figur aus »My Fair Lady«	HARRY
Figur aus »My Fair Lady«	JAMIE
Figur aus »Nachtlager von Granada«	GOMEZ
Figur aus »Nachtlager von Granada«	PEDRO
Figur aus »Nachtlager von Granada«	VASCO
Figur aus »Nathan d. Weise«	RECHA
Figur aus »Nibelungenlied«	ETZEL
Figur aus »Porgy and Bess«	ANNIE
Figur aus »Porgy and Bess«	CLARA
Figur aus »Porgy and Bess«	CROWN
Figur aus »Porgy and Bess«	MARIA
Figur aus »Porgy and Bess«	MINGO
Figur aus »Postillon von Lonjumeau«	BIJOU
Figur aus »Postillon von Lonjumeau«	CORCY
Figur aus »Rigoletto«	BORSA
Figur aus »Sommernachtstraum«	TROLL
Figur aus »Tannhäuser«	VENUS
Figur aus »Tiefland«	NANDO
Figur aus »Tiefland«	PEDRO
Figur aus »Tosca«	MARIO
Figur aus »Tristan und Isolde«	MARKE
Figur aus »Tristan und Isolde«	MELOT
Figur aus »Turandot«	TIMUR
Figur aus »West Side Story«	ANITA
Figur aus »West Side Story«	CHINO
Figur aus »West Side Story«	MARIA
Figur aus »Wilhelm Tell«	BERTA
Figur aus »Wilhelm Tell«	KUONI
Figur aus »Wilhelm Tell«	RUODI
Figur aus »Wilhelm Tell«	WERNI
Figur aus »Zar und Zimmermann«	MARIE
Figur aus »Zar und Zimmermann«	PETER
Figur der Hohen Schule	VOLTE
Figur der jüd. Mystik	GOLEM
Figur im »Weißen Rößl«	ERICH
Filipino-Stamm	BICOL
Filipino-Stamm	ILOCO
Film-, Romanhandlung	STORY
Filmeinschub	FLASH
Filzzelt	JURTE
Finkenvogel	WEBER
finn. Brombeerlikör	LAKKA

finnisch. Architekt	AALTO
finnisch. Dampfbad	SAUNA
finnisch. Fluß	IVALO
finnisch. Hafenstadt	HANKO
finnisch. See	SAIMA
finnisch. Volk im Baltikum	LIVEN
finnisch. Wunderläufer	NURMI
finnische Hafenstadt	KOTKA
finnische Inselgruppe	ALAND
finnische Lappen	SAMEN
finnische Münze	PENNI
finnische Stadt	ESPOO
finnische Stadt in Lappland	INARI
finnische Stadt in Lappland	IVALO
finnisch-ugrisches Ostseevolk	LIVEN
finnisch-ugrisches Volk	ESTEN
finnisch: Finnland	SUOMI
Finte, Kniff	TRICK
Firmenzeichen	MARKE
Firnblock	SERAC
Fischbein	BARTE
Fischbrut	LAICH
Fischeier	ROGEN
Fischereifahrzeug	BARKE
Fischersiedlung	KIETZ
Fischfanggerät	ANGEL
Fischfangkorb	REUSE
Fischfangnetz	HAMEN
Fischkäfig	KASCH
Fischkorb	LISCH
Fischmarder	OTTER
Fischreuse	BUNGE
Fischschnitte	DARNE
Fischstechgabel	GEHRE
Fiskus	AERAR
fix	FLINK
flach, flachgedrückt	PLATT
flache Flasche	GURDE
flache Milchschale	SATTE
flacher Strand (franz.)	GREVE
flaches Lastschiff	PRAHM
flaches Wassergefährt	FLOSS
flache Tragtasche	MAPPE
Flachholz	BRETT
Flachland	EBENE
Flachsbrechen	BRAKE
Flachsbündel	RISTE
Flachwirkmaschinen-Erfinder	PAGET
Fladenkuchen	HIPPE
Fläche, Raum	PLATZ
flämischer Maler	NEEFS
flämischer Maler (16. Jh.)	ORLEY
flämischer Schriftsteller	CLAES
flämische Stadt	NAMUR
Flagge	FAHNE
Flamme	FEUER
flammen	LOHEN
Flammenblume	PHLOX
Flammenmergel	GAULT
Flammenzeichen	FANAL
Flanke	SEITE
Flasche	PULLE
Flaumfeder	DAUNE
Flaumhaar (franz.)	DUVET
flauschiges Wollgewebe	FRIES
Flaute	KALME
Flechse, Muskelfaser	SEHNE
Flechtwerk	MATTE
Flechtwerk, Korb	ZAINE
Flechtzaun	STAKE
Fleck, Flecken	MAKEL
Fleckenmuster (Bild)	MOIRE
Flegel	FLAPS
Flegel	REKEL
Fleischfüllung	FARCE
fleischige Wurzel	RUEBE
Fleischkloß	KLOPS
Fleischware	WURST
Fleiß	EIFER
fleißig	EMSIG
fleißiges Insekt	BIENE
Flieder, Fliederart	LILAK
Fliegenblume	ORCHE
fliegendes Brandteilchen	FUNKE
fliegendes Wirbeltier	VOGEL
Flieger-Standort	HORST
fließende Elektrizität	STROM
fließendes Gewässer	FLUSS
fließendes Gewässer	STROM
flink, gewandt	FLOTT
flink, munter	ALERT
florentin. Barockmaler	DOLCI
florentin. Maler	CREDI
florentin. Malerfamilie	GADDI
florentin. Renaissance-Maler	LIPPI
florentin. Renaissancemaler	SARTO
florettartige Stoßwaffe	SPADA
Florettseide	BAFEL
Flossenfüßer, -füßler	ROBBE
flott	FESCH
flott, gerissen	SMART

5

flüchtig (franz.)	FUTIL
Flügel, Gebäudeteil	TRAKT
Flüssigkeitsbehälter	EIMER
Flüssigkeitsentnehmer	HEBER
Flüssigkeitsmaß	LITER
Flüssigkeitsnebel	SPRAY
Flüssigkeitsstau im Gewebe	OEDEM
flüssig (lat.)	FLUID
flugfähiges Tier	VOGEL
Flughafen von Belgrad	ZEMUM
Flughafen von Boston	LOGAN
Flughafen von Chicago	OHARA
Flughafen von Damaskus	MEZZE
Flughafen von Liverpool	SPEKE
Flughafen von Tel Aviv-Jaffa	LYDDA
Flugsandhügel	DUENE
Flugzeugfirma, -konstrukteur	PIPER
Flugzeugführer	PILOT
Flugzeugverband	KETTE
Fluidum	FLAIR
Fluorsilikat	FLUAT
Flur mit Feuerstelle	FLETT
Fluß auf dem Peloponnes	LADON
Fluß auf der Iberischen Halbinsel	DUERO
Fluß auf Sardinien	TIRSO
Fluß auf Sizilien	SALSO
Fluß aus dem Hunsrück	RUWER
Fluß aus dem Riesengebirge	BOBER
Fluß durch Altena	LENNE
Fluß durch Amiens	SOMME
Fluß durch Bad Vilbel	NIDDA
Fluß durch Basel	RHEIN
Fluß durch Belgrad	DONAU
Fluß durch Berlin	PANKE
Fluß durch Berlin	SPREE
Fluß durch Bremen	WESER
Fluß durch Brüssel	SENNE
Fluß durch Detmold	WERRE
Fluß durch Echternach	SAUER
Fluß durch Ellwangen	JAGST
Fluß durch Göttingen	LEINE
Fluß durch Grenoble	ISERE
Fluß durch Hamburg	BILLE
Fluß durch Hamm	LIPPE
Fluß durch Hannover	LEINE
Fluß durch Itzehoe	STOER
Fluß durch Kempten	ILLER
Fluß durch Linz	DONAU
Fluß durch Lübeck	TRAVE
Fluß durch Luzern	REUSS
Fluß durch Mailand	OLONA
Fluß durch Meiningen	WERRA
Fluß durch Meran	ETSCH
Fluß durch Naumburg	SAALE
Fluß durch Northeim	RHUME
Fluß durch Paris	SEINE
Fluß durch Passau	DONAU
Fluß durch Regensburg	DONAU
Fluß durch Regensburg	REGEN
Fluß durch Rendsburg	EIDER
Fluß durch Riga	DUENA
Fluß durch Rom	TIBER
Fluß durch Sagan	BOBER
Fluß durch Siebenbürgen	MURES
Fluß durch Siegburg	AGGER
Fluß durch Soissons	AISNE
Fluß durch Stendal	UCHTE
Fluß durch Tilsit	MEMEL
Fluß durch Tours	LOIRE
Fluß durch Trier	MOSEL
Fluß durch Ulm	DONAU
Fluß durch Verden	ALLER
Fluß durch Verona	ETSCH
Fluß durch Wels	TRAUN
Fluß durch Wien	DONAU
Fluß durch Wurzen	MULDE
Fluß durch Zwickau	MULDE
Fluß im Bayerischen Wald	REGEN
Fluß im Kaukasus	TEREK
Fluß im Rheinland	AGGER

5

5

Fluß im Sauerland	LENNE
Fluß im Schwarzwald	RENCH
Fluß im Südschwarzwald	WIESE
Fluß in Afghanistan	KABUL
Fluß in Alaska	YUKON
Fluß in Angola und Zaire	KASAI
Fluß in Dalmatien	KERKA
Fluß in der Steiermark	MUERZ
Fluß in Gabun	OGOWE
Fluß in Neuguinea	SEPIK
Fluß in Zaire	ITURI
Fluß-Regulierungsanlage	BUHNE
Fluß-Regulierungsanlage	DEICH
Fluß vom Baltischen Höhenzug	NAREW
Fluß vom Eichsfeld	LEINE
Fluß vom Rothaargebirge	LENNE
Fluß zum Asowschen Meer	KUBAN
Fluß zum Finn. Meerbusen	NARWA
Fluß zum Kaspischen Meer	TEREK
Fluß zum Kaspischen Meer	WOLGA
Fluß zum Kurischen Haff	MEMEL
Fluß zum Kurischen Haff	MINGE
Fluß zum Löwengolf	RHONE
Fluß zum Weichsel-Bug	NAREW
Fluß zum Weißen Meer	DWINA
Fluß zum Weißen Meer	ONEGA
Föhre	FORLE
Fördergerät	PUMPE
Förderung	ABBAU
folgerichtiges Denken	LOGIK
Folgerichtigkeit	LOGIK
folglich	DARUM
folgsam	ARTIG
Forderungssicherheit	PFAND
Forellenart	FORNE
Forke	GABEL
Form der Akne	FINNE
formlos	LEGER
Forschungsanstalt	LABOR
Forstabschnitt	JAGEN
Forstaufseher	HEGER
Forstlehrling	ELEVE
Fortbestehen	DAUER
Fortbewegungsart	GEHEN
fortlegen, ablegen	ABTUN
Fortpflanzungszelle	GAMET
Fortsetzung	FOLGE
Fortsetzungsfolge	SERIE
fotograf. Abzug	KOPIE
Fracht, Frachtliste	KARGO
Frachtstücke (ital.)	KOLLI
Frachtstück (ital.)	KOLLO
fränk. Reichsritter	GEYER
Fragewort	WOHER
Fragewort	WOHIN
Fraktur	BRUCH
franz. Adelstitel	BARON
franz.-amerikan. Schriftsteller	GREEN
franz. Arzt u. Soziologe	LEBON
franz. Atlantikinsel	CROIX
franz. Autor (Nobelpreis)	CAMUS
franz. Autor (roman nouveau)	BUTOR
franz. Barockbildhauer	PUGET
franz. Benediktinerabtei	CLUNY
franz. Bildhauer (16. Jh.)	PILON
franz. Buchdruckerfamilie	DIDOT
franz. Buchillustrator	UNGER
franz. Chansonnette	GRECO
franz. Chemiker	BAUME
franz. Chemiker	SIDOT
franz. Departement	AISNE
franz. Departement	LOIRE
franz. Departement	MEUSE
franz. Departement	RHONE
franz. Dichter	JARRY
franz. Dichter, Historiker	TAINE
franz. Dichter, Schriftsteller	DUMAS
franz. Dichter d. Provence	GIONO
franz.-dtsch. Rhein-Zufluß	MOSEL
franz. existent. Schriftsteller	CAMUS
franz. Filmkomiker, Regiss.	FUNES
franz. Filmregisseur	CARNE
franz. Filmregisseur	CLAIR

franz. Filmschauspieler	DELON
franz. Filmschauspieler	GABIN
franz. Flugzeugkonstrukteur	ADLER
franz. Forscher-Ehepaar	CURIE
franz. Frauenname	ALICE
franz. Frauenname	MANON
franz. Frauenname	ODILE
franz. Fürstengeschlecht	CONTI
franz. Genetiker (Nobelpreis)	JACOB
franz. Geschichtsphilosoph	TAINE
franz. Gymnasium	LYCEE
franz. Hauptstadt	PARIS
franz. Heerführer (17. Jh.)	MELAC
franz. Humanist, Philosoph	RAMUS
franz. impressionist. Bildhauer	RODIN
franz. impressionist. Komponist	RAVEL
franz. impressionist. Maler	DEGAS
franz. impressionist. Maler	MANET
franz. impressionist. Maler	MONET
franz.-ital. Alpenpaß	TENDA
franz. Jazztrompeter	ANDRE
franz. Kathedralenstadt	AUTUN
franz. kathol. Dichter	PEGUY
franz. Komponist	AURIC
franz. Komponist	BIZET
franz. Komponist	DUKAS
franz. Komponist	DUREY
franz. Komponist	IBERT
franz. Komponist	SATIE
franz. Konstruktivist	LEGER
franz. Kriegshafen	BREST
franz. kubist. Maler, Grafiker	LEGER
franz. Kugelwurfspiel	BOULE
franz. Landschaft	BEARN
franz. Landschaftsmaler	COROT
franz. Männername	ALAIN
franz. Männername	HENRI
franz. Maler (Fresken)	DENIS
franz. Maler in Berlin	PESNE
franz. Mathematiker	MONGE
franz. Mathematiker	PRONY
franz. Modeschöpfer	BOHAN
franz. Modeschöpfer	RICCI
franz. nachimpression. Maler	REDON
franz. Nachimpressionist	DENIS
franz. Nachrichtenagentur	HAVAS
franz. Name v. Lüttich	LIEGE
franz. Nobelpreisträger	CURIE
franz. Opernkomponist	AUBER
franz. Opernkomponist	MEHUL
franz. Philosoph	ALAIN
franz. Philosoph	BAYLE
franz. Philosoph	BENDA
franz. Philosoph	COMTE
franz. Philosoph, Schriftsteller	SOREL
franz. Physiker	ARAGO
franz. Physiker, Arzt u. Erfinder	PAPIN
franz. Politiker, Staatsmann	PINAY
franz. Politiker (Nobelpreis)	PASSY
franz. Regisseur	MALLE
franz. Regisseur	VADIN
franz. Regisseur, Schausp.	VIDAL
franz. Religionsphilosoph	RENAN
franz. Rennfahrer	PROST
franz. Revolutionär	MARAT
franz. Rhone-Zufluß	SAONE
franz. Rokokomaler	PESNE
franz. romantischer Dichter	VIGNY
franz. Sängerin, Schauspielerin	BOYER
franz. Schriftsteller	GENET
franz. Schriftsteller	VERNE
franz. Schriftstellerin	DURAS
franz. Schriftstellerin	SAGAN
franz. Schriftstellerin	STAEL

5

franz. Seebad am Atlantik	ROYAN
franz. Spielkartenfarbe	COEUR
franz. Spielkartenfarbe	PIQUE
franz. Stadt an der Blaise	DREUX
franz. Stadt an der Loire	TOURS
franz. Stadt an der Maas	GIVET
franz. Stadt an der Maas	SEDAN
franz. Stadt an der Mayenne	LAVAL
franz. Stadt an der Meurthe	NANCY
franz. Stadt an der Saone	MACON
franz. Stadt an der Seine	MELUN
franz. Stadt an der Seine	ROUEN
franz. Stadt an der Seine	VITRY
franz. Stadt i. d. Champagne	REIMS
franz. Stadt im Depart. Aveyron	RODEZ
franz. Stadt im Zentralplateau	LEPUY
franz. Tänzer, Choreograph	PETIT
franz. Verlegerfamilie	DIDOT
franz. Vorname	ANDRE
franz. Währung	FRANC
franz. Zeichner u. Fotograf	NADAR
franz.: Ablehnung	REFUS
franz.: Abort	PRIVE
franz.: albern	NIAIS
franz.: Apfel	POMME
franz.: Auftrag	ORDRE
franz.: Baum	ARBRE
franz.: Becher	COUPE
franz.: Benehmen	TENUE
franz.: Bild	IMAGE
franz.: Blume	FLEUR
franz.: breit	LARGE
franz.: Buch	LIVRE
franz.: Bürgermeister	MAIRE
franz.: danke	MERCI
franz.: dann	ALORS
franz.: drei	TROIS
franz.: Duft	ODEUR
franz.: Eis	GLACE
franz.: endlich	ENFIN
franz.: Erde, Land	TERRE
franz.: Erzählung	CONTE
franz.: Faser	FIBRE
franz.: Feder	PLUME
franz.: Fehler	FAUTE
franz.: Feld	CHAMP
franz.: Ferse	TALON
franz.: Flecken	TACHE
franz.: Flugzeug	AVION
franz.: Folge	SUITE
franz.: fort, weg	PARTI
franz.: Frau	FEMME
franz.: Führer	GUIDE
franz.: geht!, vorwärts!	ALLEZ
franz.: gelb	JAUNE
franz.: Geliebter, Liebhaber	AMANT
franz.: gerecht, richtig	JUSTE
franz.: Geruch	ODEUR
franz.: Gesundheit	SANTE
franz.: Gewalt, Macht	FORCE
franz.: Glanz	ECLAT
franz.: Gnade	GRACE
franz.: Grad, Maß, Rang	DEGRE
franz.: Graf	COMTE
franz.: groß	GRAND
franz.: Hahn	COQUE
franz.: Haltung	TENUE
franz.: Harz	RESIN
franz.: Heinrich	HENRI
franz.: hell	CLAIR
franz.: Henne	POULE
franz.: Julius	JULES
franz.: Junge	GAMIN
franz.: kalt	FROID
franz.: Karte	CARTE
franz.: Kehle, Schlund	GORGE
franz.: Kindermädchen	BONNE
franz.: klein	PETIT
franz.: Königin	REINE
franz.: Körper	CORPS
franz.: kommen	VENIR
franz.: Korsika	CORSE
franz.: Kreuz	CROIX
franz.: Kugel	BOULE
franz.: Kuh	VACHE
franz.: lateinisch	LATIN
franz.: Leinwand	TOILE
franz.: Liebe	AMOUR
franz.: Ludwig	LOUIS
franz.: Maas	MEUSE

franz.: Mann	HOMME
franz.: Maurer, Freimaurer	MACON
franz.: Mehl	FARIN
franz.: Menge	FOULE
franz.: Mode	VOGUE
franz.: Morgen	MATIN
franz.: nach	APRES
franz.: Narrheit, Torheit	FOLIE
franz.: Neffe	NEVEU
franz.: Negersoldat	TURKO
franz.: Ochse	BOEUF
franz.: Oper	OPERA
franz.: Paar	PAIRE
franz.: Pachthof	FERME
franz.: Pfund	LIVRE
franz.: Platz	PLACE
franz.: Post	POSTE
franz.: Punkt	POINT
franz.: Rasen	GAZON
franz.: Recht	DROIT
franz.: rechts, Recht	DROIT
franz.: Rechtsfall	CAUSE
franz.: Regen	PLUIE
franz.: reich	RICHE
franz.: rot	ROUGE
franz.: Rudolf	RAOUL
franz.: Rüdiger	ROGER
franz.: Ruhe	REPOS
franz.: Sache	CHOSE
franz.: Schatten	OMBRE
franz.: Scheiße	MERDE
franz.: Scheitern	ECHEC
franz.: Schnee	NEIGE
franz.: Schwanz	QUEUE
franz.: Schwein	BOCHE
franz.: Sendung	ENVOI
franz.: Sergius	SERGE
franz.: Spaßvogel	BADIN
franz.: Spitzbube	FILOU
franz.: Stab, Stock	BATON
franz.: Stiefel	BOTTE
franz.: Stift, Pfahl	FICHE
franz.: Straße	ROUTE
franz.: Streik	GREVE
franz.: Stück	PIECE
franz.: Suppe	SOUPE
franz.: Tanz	DANSE
franz.: Tasche	POCHE
franz.: tausend	MILLE
franz.: Tonleiter	GAMME
franz.: Torte	TARTE
franz.: trinken	BOIRE
franz.: Tür	PORTE
franz.: unser	NOTRE
franz.: voll	PLEIN
franz.: voran	AVANT
franz.: vorbei, vergangen	PASSE
franz.: Wäsche	LINGE
franz.: Walzer	VALSE
franz.: warm	CHAUD
franz.: Welt	MONDE
franz.: Westen	OUEST
franz.: wie	COMME
franz.: wild	FAUVE
franz.: Wildkaninchen	LAPIN
franz.: Wolke	NUAGE
franz.: Wolle	LAINE
franz.: Wunsch	DESIR
franz.: Zeit	TEMPS
franz.: Zucker	SUCRE
franz.: Zügel	BRIDE
franz.: zwanzig	VINGT
franz.: zwischen	ENTRE
franz.: zwölf	DOUZE
Frau des Ask (german. Sage)	EMBLA
Frauengewand	KLEID
Frauenkappe	HAUBE
Frauenname	ANITA
Frauenname	BEATE
Frauenname	BERTA
Frauenname	CILLI
Frauenname	CLARA
Frauenname	EDITH
Frauenname	ELISE
Frauenname	ERIKA
Frauenname	GILDA
Frauenname	GITTA
Frauenname	GRETE
Frauenname	HEIKE
Frauenname	HELEN
Frauenname	HELGA
Frauenname	HERTA
Frauenname	KARLA
Frauenname	KLARA
Frauenname	LIANE
Frauenname	LIESA
Frauenname	LIESE
Frauenname	LILLI
Frauenname	LINDA
Frauenname	LUZIA
Frauenname	LYDIA
Frauenname	NELLY
Frauenname	PAULA

Frauenname	PETRA
Frauenname	TILLA
Frauenname	TRUDE
Frauenname	WALLY
Frauenname	WANDA
Frauenname	WILMA
Frauenname	XENIA
Frau Holle	HOLDA
Frau v. Alkinoos	ARETE
Frau v. Augustus	LIVIA
Frau v. Erek	ENITE
Frau v. Gustav Gründgens	HOPPE
Frau v. Iason	MEDEA
Frau v. Loki	SIGYN
freche Göre	RANGE
frei	LEDIG
frei, offen	FRANK
Freibeuter	PIRAT
Freidenker	DEIST
freier Überschlag	SALTO
freigebig	NOBEL
Freigut im Mittelalter	ALLOD
Freiheitsbewegung in Namibia	SWAPO
Freiherr	BARON
Freitreppe an Burgen	GREDE
frei von Unebenheiten	GLATT
Freizeit	MUSSE
Frequenzband	KANAL
fressen	AESEN
Frett, Frettchen	ILTIS
Freudenausbruch	JUBEL
Freudenruf	HEISA
freudlos, trübselig	TRIST
Freund Friedrichs d. Gr.	KATTE
Freund Goethes	CARUS
Freundin Alexanders des Großen	THAIS
Freundin Goethes	STEIN
Frevel, Verbrechen	UNTAT
Friedenssymbol	TAUBE
friesisch. einmast. Küstenschiff	MUTTE
frischer Wind	BRISE
fröhliche Laune	HUMOR
Fron	MUEHE
Fronarbeit	ROBOT
frostig	EISIG
Fruchtäther	ESTER
fruchtbarer Boden	LOESS
Fruchtbonbons	DROPS
Frucht des Ölbaums	OLIVE
Fruchtgetränk	JUICE
Fruchtknotenorgan	NARBE
Fruchtmark	PULPE
Fruchtstand	AEHRE
Fruchtstapel	MIETE
frühchristl. Liebesmahl	AGAPE
früherer Heilgehilfe	BADER
früherer indisch. Statthalter	NABOB
früherer Name v. Zagreb	AGRAM
früherer österr. Adelstitel	EDLER
früherer Schiffstyp	PINKE
früheres Königreich in Nigeria	BENIN
früheres Studentenheim	BURSE
früher: Blutsverwandte	MAGEN
Frühlingsblume	TULPE
Frühlingsmonat	APRIL
Frühlingsmonat	MAERZ
Frühmesse	METTE
Frühstücksspeck	BACON
Fuchsschwanz	LUNTE
Fuchtel	KNUTE
Füchsin	FAEHE
führendes Instrument (ital.)	PRIMO
Führer im Bauernkrieg	GOETZ
Führungspersonal	KADER
Füllfederhalter	STYLO
Füllsel	FARCE
Füllstift	STYLO
fünf Bücher Mosis	THORA
Fürsorge	OBHUT
fürstliche Leibtruppe	GARDE
fürstlicher Diener	LAKAI
fürstlicher Morgenempfang	LEVER
fürstliches Emblem	KRONE
Fürst von Lagasch (Sumer)	GUDEA
Fürst von Serbien	MILAN
füttern (Vögel)	ATZEN
Fuge, Schlitz	SPALT
Fuge, schmaler Einschnitt	RITZE
Fugenschnitt	FEDER
Fugenzapfen	SPUND
Fuhrwesen, Troß	TRAIN
Fulda-Zufluß	BAUNA
Fulda-Zufluß	LOSSE
fundierte Staatsanleihe	FONDS
Funkmeßverfahren	RADAR
Funknavigation	LORAN
Funkortung	RADAR
Funktionärsriege	KADER

Funktionsträger	ORGAN
Furche, länglicher Einschnitt	RILLE
Furcht	BANGE
Furchtgefühl	ANGST
furchtlos	MUTIG
furchtsam	TIMID
furchtsam, ängstlich	FEIGE
Fußabstreifer, -abtreter	MATTE
Fußballausdruck für Ball	LEDER
Fußbekleidung	CLOGS
Fußbekleidung	SCHUH
Fußbodenbrett	DIELE
Fußgänger	GEHER
Fußhebel	PEDAL
Fußknöchel	ENKEL
Fußpunkt	NADIR
Fußteil	FERSE
Fußteil, Schuhteil	SOHLE
Futterleiter über der Krippe	RAUFE
Futterpflanze	HAFER
Futterpflanze	SPARK
Futterpflanze, Kletterpflanze	WICKE
Futterstoff	SERGE
Futterstoff	TWILL
Futterstoff (engl.)	CLOTH
Gabe für eine Gottheit	OPFER
Gabel	FORKE
Gabelfrühstück	LUNCH
Gabelweihe	MILAN
gänzlich, insgesamt	TOTAL
gärender Most	STURM
gärender Most, junger Wein	SUSER
Gaffelsegel	BESAN
Galle	BILIS
Gallenhauptbestandteil	BILIN
Gallert, Gallertmasse	ASPIK
Gallert, Gallertmasse	GELEE
Gamanderart	POLEI
Ganges-Zufluß	GOGRA
Ganges-Zufluß	JUMNA
Ganggestein	APLIT
Gangrän	BRAND
Gangregler in Taschenuhren	UNRUH
ganz schnell	RAPID
Garbenhaufen	HOCKE
Garde, Posten	WACHE
Gardinenstoff, Gittergewebe	TUELL
Garn	FADEN
Garn, Nähmaterial	ZWIRN
Garnaufwickler	SPULE
Garnbündel	DOCKE
Garn-Feinheitsmaß	TITER
Garngebinde, -maß	DOCKE
Garngebinde, -maß	FITZE
Garnstrang	DOCKE
Garnwinde	WEIFE
Garonne-Zufluß	BAISE
Gartenblume	NELKE
Gartenbohne	FASEL
Gartengerät	HACKE
Gartenhäuschen	LAUBE
Gartenmesser	HIPPE
gasartig	GASIG
gasförmiger Aggregatzustand	DAMPF
gasförmiges Element	RADON
Gassenjunge	GAMIN
Gasthaus	HOTEL
Gasthausrechnung	ZECHE
Gaststätte, -wirtschaft	LOKAL
Gattin des Baldur	NANNA
Gattung	GENUS
Gaudi, Fopperei	SPASS
Gaumensegellaut	VELAR
Gaumenzäpfchen	UVULA
Gaunersprache	ARGOT
Gaunerwort für Polizist	BULLE
Gaunerwort für Polizist	POLYP
gazeartiges Gewebe	MARLY
gebackene Kartoffelscheiben	CHIPS
Gebäckprägeform	MODEL
Gebärde	GESTE
Gebärdenspiel	MIMIK
Gebäudeteil	ANBAU
Gebäudevorbau	ERKER
geballte Hand	FAUST
gebietlich	ZONAL
Gebiet mit Sandboden	GEEST
Gebilde ohne Ausdehnung	PUNKT
Gebinde	KRANZ
Gebirge auf der Krim	JAILA
Gebirge in Nordungarn	MATRA
Gebirge in Südamerika	ANDEN
Gebirge in Thessalien	OLYMP
Gebirge zwischen Werra u. Fulda	RHOEN
Gebirgseinschnitt	KLUFT
Gebirgserhebung	KUPPE

Gebirgsherberge	BAUDE
Gebirgspaß (franz.)	GORGE
Gebirgsschlucht	KLAMM
Gebirgszacke	ZINNE
gebogen, gewölbt	KRUMM
gebogener Metallstift	HAKEN
gebratene Kartoffelscheiben	CHIPS
gebrauchsfertig	PARAT
gebrochene Zahl	BRUCH
Gebühr, Preissatz für Leistungen	TARIF
Gebührenliste, Lohnsatz	TARIF
gebündelte Lichtstrahlen	LASER
Geburtsnarbe	NABEL
Geburtsort Mohammeds	MEKKA
Geburtsschmerzen	WEHEN
Geck	DANDY
Geck	LAFFE
Geck, Stutzer	STENZ
Gedächtnis (griech.)	MNEME
Gedankenbereich (griech.)	LOGOS
Gedankeninhalt (griech.)	NOEMA
Gedeck	MENUE
gedeckter Tisch	TAFEL
Gedenkbuch	ALBUM
gediegen, zuverlässig	SOLID
gedrängt	KNAPP
gedrungenes Holzstück	KLOTZ
gedungener Mörder (ital.)	BRAVO
gefährliche Lage	KRISE
Gefährt, Räderfahrzeug	WAGEN
Gefälligkeit	GUNST
Gefängnisraum	ZELLE
Gefäß, Napf	SATTE
Gefahr	KRISE
Gefahrenmeldung	ALARM
gefallsüchtig	EITEL
gefaßt, gelassen	RUHIG
Gefechtsbefehl	ALARM
Gefechtslinie	FRONT
gefeit	IMMUN
gefiedertes Blatt, Palmblatt	WEDEL
geflochtene Böschungswand	HURDE
geflochtene Unterlage	MATTE
Geflügel, Haustier	TAUBE
Geflügelräuber	FUCHS
geflügeltes Fabeltier	GREIF
geflügeltes Wort	ZITAT
Gefolge	SUITE
Gefolge	TROSS
gefügig	KIRRE
gefühlsbedingtes Verhalten	LAUNE
gefühlsbetonte Dichtung	LYRIK
gefühlvoller Jazzstil	BLUES
Gegebenheit	STAND
gegen Ansteckung geschützt	IMMUN
Gegenpol zur Kathode	ANODE
Gegenpunkt zum Zenit	NADIR
gegensätzlich	POLAR
Gegenstand	SACHE
Gegenstand e. Kunstwerks	SUJET
Gegenteil von arm	REICH
Gegenteil von außen	INNEN
Gegenteil von brutto	NETTO
Gegenteil von dick	DUENN
Gegenteil von Frieden	KRIEG
Gegenteil von Gebirge	EBENE
Gegenteil von gesund	KRANK
Gegenteil von groß	KLEIN
Gegenteil von gut	BOESE
Gegenteil von hart	WEICH
Gegenteil von Haß	LIEBE
Gegenteil von Höhe	TIEFE
Gegenteil von Kälte	HITZE
Gegenteil von kalt	HEISS
Gegenteil von klein	GROSS
Gegenteil von Lob	TADEL
Gegenteil von Morgen	ABEND
Gegenteil von Nadir	ZENIT
Gegenteil von nichts	ALLES
Gegenteil von oben	UNTEN
Gegenteil von passiv	AKTIV
Gegenteil von Poesie	PROSA
Gegenteil von rauh	GLATT
Gegenteil von rechts	LINKS
Gegenteil von sauer	SUESS
Gegenteil von Schatten	LICHT
Gegenteil von Scherz	ERNST
Gegenteil von stabil	LABIL
Gegenteil von süß	SAUER
Gegenteil von Tag	NACHT
Gegenteil von Tiefe	HOEHE
Gegenteil von Tod	LEBEN
Gegenteil von über	UNTER

Gegenteil von unter	UEBER
Gegenteil von Wirklichkeit	TRAUM
Gegenteil von zu	OFFEN
gegenwärtig	DABEI
gegenwärtig	JETZT
Gegenwert, Geldwert	PREIS
gegerbte Tierhaut	LEDER
Gegner	FEIND
gegorenes Getränk aus Brot	KWASS
gegorenes Milchgetränk	KEFIR
gegorene Stutenmilch	KUMYS
gegossenes Hartmetall	AKRIT
Gehalt	VALOR
geheiligte Bräuche	RITEN
geheiligter Brauch	RITUS
Geheimkunst	MAGIE
Gehölz	BUSCH
gehörntes Haustier	SCHAF
gehörntes Haustier	ZIEGE
gehorsam	ARTIG
Geigenöffnung	FLOCH
Geigenseitenwand	ZARGE
Geißbaum	ESCHE
Geißel	KNUTE
Geißel, Wimper	ZILIE
Geistesgröße	GENIE
Geisteskranker	IRRER
geistig beschränkt	BLOED
geistiger Vater d. Sherlock Holmes	DOYLE
geistl. Amt, Titel	PATER
geistl. Amtstracht	ORNAT
geistl. Chorwerk	MESSE
geistl. Komposition	KYRIE
geistl. Komposition	MISSA
geistl. Lied	PSALM
geistl. Würdenträger	DEKAN
Gejammer	KLAGE
gekräuseltes Papier	KREPP
gekrümmte Linie	BOGEN
gekrümmte Linie	KURVE
gekrümmtes Festhaltegerät	HAKEN
geländegängiges Fahrzeug	BUGGY
Geländeskizze	KROKI
Geländevertiefung	SENKE
gelbbraune Bodenart	LOESS
gelbbraune Farbe	OCKER
gelbbrauner Uniformstoff	KHAKI
gelbe Porzellanfarbe	RUTIL
gelber Farbstoff	AURIN
gelber Schmuckstein	TOPAS
gelbliches Sedimentgestein	LOESS
Geldbehälter, -depot	KASSE
Geldbetrag	SUMME
Geldbeutel	BURSE
Geld im Volksmund	KOHLE
Geldkasten	KASSE
Geldvorrat, Gütervorrat	FONDS
gelehrig (lat.)	DOZIL
Gelenkentzündung	GICHT
Geliebte	BUHLE
Geliebter	BUHLE
Geliebter v. Bess	PORGY
Geliebter v. Julia	ROMEO
Geliebter v. Katharina d. Gr.	ORLOW
Geliebter von Turandot	KALAF
Geliebte v. Daphne	CHLOE
Geliebte v. Herzog Albrecht v. Bayern	AGNES
Geliebte v. Odysseus	CIRCE
Geliebte v. Romeo	JULIA
Geliebte v. Zeus	DIONE
gelockt	KRAUS
Gelöbnis, Gelübde	VOTUM
Gemach, kleines Zimmer	STUBE
Gemäldesammlung in Florenz	PITTI
gemahlener Schnupftabak	RAPEE
Gemarkung	ETTER
Gemeindewiese	ANGER
gemeinhin	VULGO
gemischte Sportmannschaft	MIXED
Gemüse	LAUCH
Gemüsepflanze	MELDE
Gemütskrankheit	MANIE
Gemütsstimmung	LAUNE
gemütvoll	INNIG
Gemunkel	ONDIT
gemusterte Baumwolle	PIKEE
gemusterter Halbseidenstoff	CHINE
genau	AKRIB
genau	EXAKT
Genebestand	GENOM
genuesischer Entdecker	CABOT
genuesischer Seeheld	DORIA
Genugtuung	BUSSE
Genugtuung, Vergeltung	RACHE

Genußmittel	TABAK
geologische Formation	DEVON
geologische Formation	SENON
geologische Formation	SILUR
geologische Formation	TRIAS
geologische Verwerfung	BRUCH
geometr. Gebilde	FIGUR
geometr. Körper	KEGEL
geometr. Linie	SEHNE
Gepflogenheit, Gewohnheit	SITTE
Gepolter, Lärm	KRACH
Gepränge	LUXUS
Gepränge, Pracht	PRUNK
Geräumigkeit	WEITE
Geräusch	RUMOR
Gerbmittel	ALAUN
Gerichtsabteilung	SENAT
Gerichtsanzeige	KLAGE
Gerichtshof	FORUM
gerieben, clever	SMART
gerissen, durchtrieben	SMART
german. blinder Gott	HOEDR
german. Erdgöttin	RINDA
german. Fruchtbarkeitsgott	FREYR
german. Göttergeschlecht	WANEN
german. Göttervater	WODAN
german. Göttin d. Herdes	FRIGG
german. Göttin d. Jugend	IDUNA
german. Gott d. Dichtkunst	BRAGI
german. Gott d. Donners	DONAR
german. Gott d. Reichtums	NOERD
german. Halbgöttinnen	DISEN
german. Meeresgott	AEGIR
german. Quellgeist	MIMIR
german. Sagengestalt	ELDAR
german. Sagengestalt	HOLDA
german. Schicksalsgöttin	NORNE
german. Schicksalsgöttin	SKULD
german. Volksversammlung	THING
german. Wintergott	ULLER
german. Zwergengestalt	MIMIR
Germanenstamm am Rhein	UBIER
gerodet, anbaufähig	URBAR
Gerstenkorn	WERRE
Gerücht	ONDIT
Gesäßbacken (lat.)	NATES
Gesäß (lat.)	PODEX
gesättigter Kohlenwasserstoff	ALKAN
gesammelte Informationen	DATEN
Gesamtheit der Gesetze	RECHT
Gesamtheit der Lebensjahre	ALTER
Gesamtheit der Leibesübungen	SPORT
Gesamtheit von Eigenschaften	WESEN
gesangsmäßig, stimmlich	VOKAL
Geschäftseinbuße (franz.)	PERTE
Geschäftsname	FIRMA
Geschäftsvermittler	AGENT
geschickt	HABIL
Geschlecht	GENUS
Geschlecht, Volksgruppe	STAMM
geschlechtsreif (lat.)	PUBER
geschlossene Gemeinschaft	KASTE
geschlossene Kurve	KREIS
geschlossener Balkon	ERKER
geschlossener Kraftwagen	KUPEE
Geschmack	AROMA
Geschmack	GUSTO
Geschmacksrichtung	SAUER
Geschmacksrichtung	SUESS
Geschmacksstoff	AROMA
geschmackvoll	APART
geschnittener Schmuckstein	GEMME
Geschoßart	KUGEL
Geschoßdrehung	DRALL
Geschrei	HALLO
geschwänzter Lurch	MOLCH
Geschwindigkeit	TEMPO
Geschwistersohn	NEFFE
Geschworener	JURAT
Geschwür	ULKUS
Geschwür (lat.)	RUPIA
Geschwür (mediz.)	ULCUS
Geschwulst	ZYSTE

Geschwulst, Tuberkel	PHYMA
geselliger Kreis	RUNDE
gesellige Zusammenkunft	PARTY
Gesellschaftsanzug	FRACK
Gesellschaftsinsel	TAHAA
Gesellschaftsinsel	TUBAI
Gesellschaftsschicht	KASTE
Gesellschaftsschicht, Rang	STAND
Gesellschaftstanz	BAIAO
Gesellschaftstanz	BEBOP
Gesellschaftstanz	LIMBO
Gesetzbuch, Gesetzesrolle	KODEX
Gesetzgeber der Juden	MOSES
gesetzlich	LEGAL
gesetzmäßig	LEGAL
Gesichtsausdruck	MIENE
Gesichtsfärbung	ROETE
Gesichtsfarbe, Hautfarbe	TEINT
Gesichtsmaske	LARVE
Gesichtsteil	BACKE
Gesichtsteil	STIRN
Gespenst	GEIST
Gespenst d. griech. Sage	LAMIA
Gespinst	KOKON
Gesprächsrunde	FORUM
Gesprächsstoff	THEMA
gespreizt, eingebildet	AFFIG
Gestalt, Statur	WUCHS
Gestalt der Erde	GEOID
Gestaltungsgabe	KUNST
Gesteinsart	AKMIT
Gesteinsart	BASIT
gesteinsbildend. Mineral	QUARZ
Gesteinshohlraum mit Kristallen	DRUSE
gestickter Stoffrand	BORTE
gestielte Schleimhautwucherung	POLYP
gestiftete Anstalt	STIFT
Gestirn, Himmelskörper	STERN
gestrandetes Schiff	WRACK
gestreiftes Wildpferd	ZEBRA
Gestüt	ZUCHT
Gesuch	BITTE
Getöse	BRAUS
Getöse	KRACH
Getöse, Krach	RADAU
Getränk	TRANK
Getränk	TRUNK
Getreideart	HAFER
Getreideart	HIRSE
Getreidebündel	DOCKE
Getreidebündel	GARBE
Getreidehaufen	DIEME
Getreidekrankheit	BRAND
Getreidereiniger	TARAR
Getriebeteil	ACHSE
getrocknete Kokosnußkerne	KOPRA
getrocknete Muskatblüte	MAZIS
getrocknete Orchideenwurzel	SALEP
Getue	FAXEN
Gewährsmann	ZEUGE
Gewahrsam	OBHUT
Gewalt	MACHT
gewaltig	ENORM
Gewalttäter, Schläger	ROWDY
gewalztes Eisen	BLECH
Gewandspange	FIBEL
Gewebeart	CREPE
Gewebeart	FOULE
Gewebeart	KREPP
Gewebeart	MUNGO
Gewebeherstellung	WEBEN
Gewebe in Atlasbindung	SATIN
Gewebe in Panamabindung	NATTE
Gewebe in Würfelbindung	NATTE
Gewebekette	WERFT
Gewebeknoten	NOPPE
Gewebe-Längsfaden	KETTE
Gewebeteil	FASER
Gewebewassersucht	OEDEM
Geweihteil	GABEL
Geweihteil	KRONE
Geweihteil	PERLE
Geweihteil, Gabelteil	ZACKE
Gewichtseinheit	TONNE
Gewichtsmesser	WAAGE
Gewinnanteil	BONUS
gewissermaßen	QUASI
Gewittererscheinung	BLITZ
Gewölbebogengrat	RIPPE
gewölbtes Tragwerk	BOGEN
Gewogenheit	GUNST
Gewürz, Gewürzpflanze	MINZE
Gewürzbaum	BOLDO
Gewürzknospe	KAPER
Gewürzwein	BOWLE
Gezeiten	TIDEN

gezielte schnelle Bewegung	STOSS
geziertes Benehmen	GETUE
gezogener Strich	LINIE
gezoge-nes Gewehr	RIFLE
gezogenes Metall	DRAHT
gezuckert	SUESS
gezwirnte Strick-seide	OVALE
Gibraltar-Affe	MAGOT
Giftgas	SOMAN
Gift im Mohn	OPIUM
Gift-schlange	ASPIS
Gift-schlange	KOBRA
Gift-schlange	OTTER
Gift-schlange	VIPER
Giftstoff, -substanz	ARSEN
Giftstoff des Rizinus	RIZIN
Gigant	HUENE
Gigant, Hüne	RIESE
Gilde, Innung	ZUNFT
Gimpel, Schelm	TROPF
Gipfel der Glarner Alpen	TOEDI
gipfelnde Körper-teile	AKREN
Gips-arbeit, Verputz-mittel	STUCK
glänzend	BLANK
glänzen-der Stoff	LUREX
glänzen-der Stoff	SATIN
glänzen-der Stoff	SEIDE
glänzen-des Gewebe	GLACE
glänzen-des Metall	CHROM
glätten	EBNEN
Glätt-gerät	ASTIK
Glätt-werkzeug	FEILE
Glanz	GLAST
Glanz-kiesel	AUGIT
Glanz-leder	GLACE
Glanz-seide	GLACE
Glanz-überzug	LASUR
Glas Bier (Berlin)	MOLLE
Glas hel-les Bier	HELLE
Glas-schmelz-fluß	EMAIL
glatt	FLACH
glatt, ungefalzt	PLANO
Glattbutt	BRILL
glattes Gewebe	TOILE
glattes Seiden-gewebe	ATLAS
Glaubens-bekenntnis	CREDO
Glaubens-bekenntnis	KREDO
Glaubens-eiferer, religiös. Eiferer	ZELOT
Glaubens-gemein-schaft	SEKTE
Glaubens-satz	DOGMA
gleich-mäßiger Trab	TROTT
gleichnis-hafte Dichtung	FABEL
gleichsam, sozusagen	QUASI
gleißend	GRELL
Gleit-schutz an Reifen	KETTE
Gleit-schutz an Reifen	SPIKE
Gleit-schutz an Schuhen	SPIKE
Glet-scher-bruch	SERAC
Glieder-füßer, Glieder-tier	KREBS
Glied-staat von Malaysia	SABAH
Globus	KUGEL
Glück-seligkeit, Hoch-gefühl	WONNE
Glücks-spiel	BELLE
Glücks-spiel	BINGO
Glücks-spiel	MAKAO
Glücks-treffer	TREFF
Glut	FEUER
Glutge-stein im Erd-inneren	MAGMA
Gnom, Erdgeist, Erd-männchen	WICHT
Gnom, Kobold	ZWERG
Gnostiker	OPHIT
Goethes Jugend-liebe	BRION
götter-gleicher Held	HEROS
Götter-sage	MYTHE
Göttin der Eskimo	SENDA
göttliches Wesen (lat.)	NUMEN
göttliche Tugend	LIEBE
göttlich (lat.)	DIVIN
Götzen-bilder	IDOLE
Gold-amsel	PIROL
Gold-brasse	ORADE
Gold-gräber-anteil	CLAIM
Gold-macher-Gehilfe	ADEPT
Goldorfe	ALAND
Gold-wäscher-schüssel (span.)	BATEA
Golf	BUCHT
Golfball	GUTTY
Golf-schläger, -keule	BAFFY
Golf-schläger-art	SPOON
got. Zier-türmchen	FIALE
Gott An-rufender	BETER
Gott behüte! (lat.)	ABSIT
Gott der Amoriter	MULUK
Gott der Moham-medaner	ALLAH
Gottes-bote	ENGEL
gottes-dienst-liche Handlung	SEGEN

Gottesdienstordnung RITUS
gottesfürchtig FROMM
Gottes Gnade SEGEN
Gottesmutter MARIA
Gottessohn JESUS
Gottgläubiger DEIST
Gottheit (lat.) NUMEN
Graben FLEET
Graben KLUFT
Grabgewölbe GRUFT
Grablege GRUFT
Grabsäule STELE
Gradeinteilung SKALA
Granatart PYROP
Granne, Wergabfall ACHEL
graph. Produkt DRUCK
Grasart LOLCH
Grasfläche RASEN
Grasland für Vieh WEIDE
Grasmücke FITIS
Graubündner Luftkurort FLIMS
graugelbes Pferd FALBE
grausam, roh RUEDE
Grazie ANMUT
Greifglied, Greifwerkzeug ZANGE
Greifvogel ADLER
Greifvogel AGUJA
Greifvogel mit Gabelschwanz MILAN
Greifvogelnest HORST
greisenhaft, vergreist SENIL
grell KRASS
Grenzlinie eines Körpers SEITE
Grenzstein TERME
Grenzwert (mathem.) LIMES
griech. Ägäis-Insel DELOS
griech. Astronom u. Mathematiker METON
griech. Buchstabe DELTA
griech. Buchstabe GAMMA
griech. Buchstabe KAPPA
griech. Buchstabe OMEGA
griech. Buchstabe SIGMA
griech. Erfinder, Mathematiker HERON
griech. Fluß MESTA
griech. Glücksgöttin TYCHE
griech. Göttin d. Hoffnung ELPIS
griech. Göttin der Armut PENIA
griech. Göttin des Zufalls TYCHE
griech. Göttinnen d. Jahreszeiten HOREN
griech. Gott der Dichtkunst APOLL
griech. Gott der Ehe HYMEN
griech. Gott des Spottes MOMOS
griech. Gott des Totenreiches PLUTO
griech. Halbgott HEROS
griech. Hauptstadt ATHEN
griech. Hexe LAMIE
griech. Insel bei Chios PSARA
griech. Insel bei Rhodos KANOS
griech. Insel im Ionisch. Meer KORFU
griech. Insel im Mittelmeer KRETA
griech. Insel in der Ägäis CHIOS
griech.-kathol. Serbe RAIZE
griech. Klosterberg ATHOS
griech. Königsname GEORG
griech. Kolonie in Süditalien CUMAE
griech. Kultort DELOS
griech. Kykladeninsel MELOS
griech. Kykladeninsel MILOS
griech. Kykladeninsel NAXOS
griech. Kykladeninsel SYROS
griech. Kykladeninsel THERA
griech. Kykladeninsel THIRA
griech. Kykladeninsel TINOS
griech. lyrisch. Gedicht MELOS
griech. Mönchsrepublik ATHOS
griech. Muse d. Liebesdichtung ERATO
griech. Musikhalle ODEON
griech. Philosoph PHILO
griech. Riese TITAN
griech. Rundschild PELTA
griech. Sagenkönig KREON
griech. Sagenkönig MIDAS
griech. Sagenkönig THOAS
griech. Sagenkönigin NIOBE
griech. Sagenriese ATLAS
griech. Schicksalsgöttin MOIRA

5

griech. Schicksalsgöttinnen	KAREN
griech.-span. Maler	GRECO
griech. Sporadeninsel	LEROS
griech. Sporadeninsel	SAMOS
griech. Stadt in Phthiotis	LAMIA
griech. Stadt in Thessalien	VOLOS
griech. Stammteil	PHYLE
griech. Stirnbinde	MITRA
griech. Süßwein	SAMOS
griech. Tal (Zeustempel)	NEMEA
griech. Todesgöttinnen	KEREN
griech. Todesgott	HADES
griech. Totenreich	HADES
griech.-türk. Grenzfluß	MARIC
griech. Verwaltungsbezirk	NOMOS
griech. Volksgemeinde	DEMOS
griech. Volksklasse	PHYLE
griech. Volksversammlung	AGORA
griech. Vorsilbe: Acker, Boden	AGRAR
griech. Vorsilbe: alt	PALAE
griech. Vorsilbe: beiderseits	AMPHI
griech. Vorsilbe: Blüte	ANTHO
griech. Vorsilbe: Blut	HAEMA
griech. Vorsilbe: Blut	HAEMO
griech. Vorsilbe: End-	TELEO
griech. Vorsilbe: eng, schmal	STENO
griech. Vorsilbe: erst	PROTO
griech. Vorsilbe: Fott	STEAT
griech. Vorsilbe: Feuchtigkeit	HYGRO
griech. Vorsilbe: Freund	PHILO
griech. Vorsilbe: fünf	PENTA
griech. Vorsilbe: Gefäß	ANGIO
griech. Vorsilbe: gerade, recht	ORTHO
griech. Vorsilbe: groß	MAKRO
griech. Vorsilbe: heilig	HIERO
griech. Vorsilbe: Höhen	HYPSO
griech. Vorsilbe: hundert	HEKTO
griech. Vorsilbe: klein	MIKRO
griech. Vorsilbe: Krankheits...	PATHO
griech. Vorsilbe: Landwirtschaft	AGRAR
griech. Vorsilbe: langsam	BRADY
griech. Vorsilbe: Leber	HEPAT
griech. Vorsilbe: Mann	ANDRO
griech. Vorsilbe: Millionstel	MIKRO
griech. Vorsilbe: Pflanzen	PHYTO
griech. Vorsilbe: reich	PLUTO
griech. Vorsilbe: schnell	TACHO
griech. Vorsilbe: schnell	TACHY
griech. Vorsilbe: Seele	PSYCH
griech. Vorsilbe: sieben	HEPTA
griech. Vorsilbe: Sonne	HELIO
griech. Vorsilbe: Stein	LITHO
griech. Vorsilbe: Stein	PETRO
griech. Vorsilbe: süß	GLYKO
griech. Vorsilbe: tot	NEKRO
griech. Vorsilbe: über	HYPER
griech. Vorsilbe: unecht	PSEUD
griech. Vorsilbe: vier	TETRA
griech. Vorsilbe: Wasser	HYDRO
griech. Vorsilbe: weiß	LEUKO
griech. Vorsilbe: Welt	KOSMO
griech. Vorsilbe: wenig	OLIGO
griech. Vorsilbe: Ziel	TELEO
griech. Zauberin	KIRKE
griech. Zykladeninsel	PAROS
griech.: allein	MONOS
griech.: Angst	TREMA
griech.: Augapfel	GLENE
griech.: Endzweck	TELOS
griech.: Erlöser	SOTER
griech.: fort!	APAGE
griech.: Gesetz	NOMOS
griech.: Haut	DERMA
griech.: Kelch	KALYX
griech.: Lied	MELOS
griech.: Lösung	LYSIS
griech.: Retter	SOTER
griech.: spitz	AKROS
griech.: Tugend, Tauglichkeit	ARETE
griech.: Ziel	TELOS
Griechenahorn	GOMBO

griech: das Ungelöste	ALYTA
Grille, Laune	MUCKE
Grille, Zikade	ZIRPE
Grimm	GROLL
Grimmdarm	KOLON
grob, ungesittet	RUEDE
grönländ. Stadt	THULE
größere Erdschicht	FESTE
größte der Kykladen	NAXOS
größte griech. Insel	KRETA
größte japan. Insel	HONDO
größte Körperdrüse	LEBER
größter europ. Strom	WOLGA
größter französ. Fluß	LOIRE
größter nordfranz. Fluß	SEINE
größter Strom Thailands	MENAM
größtes Tasteninstrument	ORGEL
Grog, Palmwein	TODDY
großartig	FAMOS
großartig, vortrefflich	SUPER
Großbauer im zarist. Rußland	KULAK
große Ansiedlung	STADT
große Buchseite	FOLIO
große Pille	BOLUS
große Raubkatze	TIGER
großer Fluß	STROM
großer Krug	KRUKE
großer Mensch	RIESE
großer Raum	HALLE
großer Truppenverband	ARMEE
großes Faß	TONNE
große Wärme	HITZE
große Zahl	MENGE
Großfamilie	SIPPE
Großflugzeug	JUMBO
Großkatze	LOEWE
Großmarkt	MESSE
Großmaul, Prahlhans	PROTZ
Großraumdüsenflugzeug	JUMBO
Großspiel beim Skat	GRAND
Großstaat	REICH
Grube	KUHLE
Gründer der Heilsarmee	BOOTH
Gründer der UdSSR	LENIN
Gründer des altpers. Reiches	CYRUS
Gründer e. feinmechan. Fabrik	LEITZ
Grünfläche	RASEN
Grünober	BASTE
Grummet	OEHMD
Grundfläche	AREAL
Grundfläche	BODEN
Grundforelle	LANKE
Grundgedanke, Hauptmotiv	THEMA
Grundgehalt	FIXUM
Grundkapital	STOCK
Grundlage	BASIS
Grundlage	BODEN
Grundlinie	BASIS
Grundsatz	DOGMA
Grundsatz, Lehrsatz	REGEL
Grundschleppnetz	KURRE
Grundschleppnetz	TRAWL
Grundschulfach	LESEN
Grundstellung der Sprechorgane	LALEM
Grundstücksmiete	PACHT
Gruppe, Herde, Horde	SCHAR
Gruppe d. Marshall-Inseln	RALIK
guatemaltek. Vulkan	FUEGO
gültig	VALID
günstiger Segelwind	BRISE
Güte	MILDE
Güterdepot	LAGER
Gummibaum	FICUS
Gummiharz	ASANT
Gußhohlform	MODEL
gutart. Fettgeschwulst	LIPOM
gut erzogen	ARTIG
Gutschein, Gutschrift	BONUS
Gymnasialklasse	PRIMA
Gymnasialklasse	SEXTA
gymnastisches Handgerät	KUGEL
Haarbogen im Gesicht	BRAUE
Haarbüschel, Haarschopf	TOLLE
Haargebilde d. Vögel	FEDER
Haarreihe am Auge	BRAUE
Haarringel	LOCKE
Haarstern	KOMET
Hacke	FERSE
Hackfleischgericht	HACHE
Hackfrucht, Wurzelgemüse	RUEBE
Händel	HADER
Hängelampe	AMPEL
Hafen an der Emsmündung	EMDEN

Hafenstadt am Dollart	EMDEN
Hafenstadt am Roten Meer	AKABA
Hafenstadt auf den Azoren	HORTA
Hafenstadt auf der Krim	JALTA
Hafenstadt auf Hondo	AKITA
Hafenstadt in Alaska	SITKA
Hafenstadt in Costa Rica	LIMON
Hafenstadt in Florida (USA)	TAMPA
Hafenstadt in Israel	EILAT
Hafenstadt in Istrien	POREC
Hafenstadt in Kamerun	DUALA
Hafenstadt in Mosambik	BEIRA
Hafenstadt in Panama	COLON
Hafenstadt in Puerto Rico	PONCE
Hafenstadt in Südisrael	ELATH
Hafenstadt in Süd-Korea	MOKPO
Hafenstadt in Süd-Korea	PUSAN
Hafenstadt in Tansania	TANGA
Hafenstadt in Zaire	ILEBO
Haff	LIMAN
Haftzeher	ECHSE
Haftzeher	GECKO
hager	MAGER
Hahnrei, Narr	GAUCH
Halbaffe	INDRI
Halbaffe	LEMUR
Halbblut	MANGO
Halbblut, Mischling	ZAMBO
Halbbogen	FOLIO
halber Liter	HALBE
halbe Wappenlilie	GLEVE
Halbmetall	ARSEN
halbrunde Nische	APSIS
Halbsamt	TRIPP
Halbschaf	NAHUR
Halbschuhe ohne Senkel	PUMPS
Halbton in der griech. Musik	LIMMA
Hallig-Hügel	WARFT
Hallig-Hügel	WURTE
Halogen	ASTAT
Halsentzündung	KRUPP
Halsfalte des Rindes	WAMME
Halsteil	KEHLE
Halstuch, Schultertuch	SCHAL
Halswirbel	ATLAS
Halt, Aufenthalt	STOPP
Halter	GRIFF
Hamburg. Schifffahrtsgesellschaft	HAPAG
Hamburger Schauspielerin	KABEL
Hamburger Stadtkanal	FLEET
Hammelbraten mit Reis u. Eiern	KEBAB
Hammerklavier	PIANO
Handbesen	FEGER
handelnd	AKTIV
Handelsbuchrechnung	KONTO
Handelsname	FIRMA
Handelsniederlassung	DEPOT
Handelsplatz	MARKT
Handelsplatz, -niederlassung	LAGER
Handelsvertreter	AGENT
Handelszeichen	MARKE
Handgepäck	MAPPE
Handgriff	HEBEL
Handhabe	GRIFF
handlich (lat.)	HABIL
Handlung v. Buch, Film, Theater	SUJET
Handmähgerät	SENSE
Handreichung	HILFE
Handschrift	CODEX
Handschrift	KODEX
Handschuhleder	GLACE
Handschuhleder	NAPPA
Handturngerät	KEULE
Handwerkervereinigung	ZUNFT
Handwerksarbeit beim Kunden	STOER
Hansestadt bei Detmold	LEMGO
Hanswurst	CLOWN
Harn, Urin	PISSE
Harnabsonderungsorgan	NIERE
Harnsäuregrundstoff	PURIN
Harnstoffverbindung	UREID
Hartebeest	KAAMA
harter Obstkern	STEIN
Hartmetall	TITAN
Hartmetall	WIDIA
Harz-Bestandteil	RESEN
Harz-Kurort an der Bode	THALE
Haselmaus	BILCH
Haselmaus	RELLE
Hasenfell	KANIN
Hasenherz	MEMME
Hasenlager	SASSE
Hasenschwanz	BLUME

Hasenweibchen	ZIBBE
hasten	EILEN
hasten	JAGEN
Haube	KAPPE
Haudegen	RECKE
Haue	KEILE
Haue, Prügel	SENGE
Hauptfluß Mährens	MARCH
Hauptgebäude der Ritterburg	PALAS
Hauptinsel d. Philippinen	LUZON
Hauptmelodie	TENOR
Hauptort von Niue	ALOFI
Hauptschlagader	AORTA
Hauptstadt d. Kantons Aargau	AARAU
Hauptstadt der Ciskei	BISHO
Hauptstadt der Kapverden	PRAIA
Hauptstadt der Marshallinseln	ULIGA
Hauptstadt der Phönizier	SIDON
Hauptstadt der Phönizier	TYROS
Hauptstadt des Depart. Gard	NIMES
Hauptstadt e. arabisch. Emirats	DUBAI
Hauptstadt von Bangladesch	DHAKA
Hauptstadt von Bolivien	LAPAZ
Hauptstadt von Delaware (USA)	DOVER
Hauptstadt von Deux-Sèvres	NIORT
Hauptstadt von Ecuador	QUITO
Hauptstadt von Ghana	ACCRA
Hauptstadt von Gotland	VISBY
Hauptstadt von Guam	AGANA
Hauptstadt von Jordanien	AMMAN
Hauptstadt von Menorca	MAHON
Hauptstadt von Nauru	YAREN
Hauptstadt von Neukaledonien	NUMEA
Hauptstadt von Nidwalden	STANS
Hauptstadt von Nigeria	LAGOS
Hauptstadt von Oregon (USA)	SALEM
Hauptstadt von Palau	KOROR
Hauptstadt von Rheinl.-Pfalz	MAINZ
Hauptstadt von Senegal	DAKAR
Hauptstadt von Tunesien	TUNIS
Hauptstadt von Vietnam	HANOI
Hauptstadt von Weißrußland	MINSK
Hauptstadt von Westaustralien	PERTH
Hauptstamm d. Sudanneger	MOSSI
Hauptstern im Adler	ATAIR
Hauptstern im Schwan	DENEB
Hauptstern in der Jungfrau	SPIKA
Hauptwerk der Kabbala	SOHAR
Hauptwort	NOMEN
Hauserweiterung	ANBAU
Hausfest	PARTY
Hausflur	DIELE
Hausflur im Bauernhaus	FLETT
Haushofmeister im Mittelalter	MEIER
Hausrock	JOPPE
Haustier	KATZE
Haustier	SCHAF
Haustier, Nutztier	ZIEGE
Haustierkrankheit	SURRA
Hausvorbau	ALTAN
Hautentzündung	EKZEM
Hautflügler	WESPE
Hautknötchen	PAPEL
Hautpflegesalbe	CREME
Hauttuberkulose	LUPUS
Hautwucherung	WARZE
Havel-Zufluß	DOSSE
Havel-Zufluß	NUTHE
Havel-Zufluß	PLANE
Havel-Zufluß	SPREE
Hawaii-Insel	KAUAI
Hawaii-Insel	LANAI
Hebel, Hebebaum	SPAKE
Hebel am Steuerruder	PINNE
Hebevorrichtung	GRIFF
hebräisch. Name f. Babylon	BABEL
hebräischer Priester	KOHEN
Hebriden-Insel	CANNA
Hebriden-Insel	ISLAY
Hebriden-Insel	LEWIS
Hebriden-Insel	TIREE
Hebriden-Inselgruppe	BARRA
Hebung	ARSIS
Hebung im Vers	IKTUS
Hechtangel	DARGE
Heeresabteilung	KORPS
Heereseinheit	ARMEE

Heer-haufen, Vortrab	HARST
Heft, Handgriff	STIEL
Heft des Messers	GRIFF
heftiger Leib-schmerz	KOLIK
heftiges Verlangen	MANIE
Heide-kraut	ERIKA
Heide-kraut-gewächs	PORST
Heide-land-schaft in Westfalen	SENNE
Heiland	JESUS
Heilerde	BOLUS
heilig	SANKT
Heilige der Kirche	MARIA
Heiliger, Apostel der Inder	XAVER
Heiliger, Märtyrer	GEORG
Heiliger, Märtyrer	SIMON
Heiliger, Nothelfer	VITUS
Heiliger Vater	PAPST
heiliges Buch der Mandäer	GINZA
Heilige Schrift	BIBEL
Heilige Schrift des Islam	KORAN
heilige Stadt in Äthiopien	AKSUM
Heil-pflanze	ALANT
Heil-pflanze	MALVE
Heil-pflanze	MINZE
Heil-pflanze, Lippen-blütler	ZIEST
Heil-schlamm	FANGO
Heimat des Kaffees	KAFFA
Heimat des Tee-strauchs	ASSAM
Heim für adlige Damen	STIFT
heimi-scher Straßen-vogel	SPATZ
heim-tückisch	DOLOS
Heinzel-männ-chen, Wicht	ZWERG
heißer Wüsten-wind	SAMUM
Heißluft-bad	SAUNA
heiter (lat.)	SEREN
Heiz-material	KOHLE
Held, Halbgott	HEROE
Held, Halbgott	HEROS
Held, Krieger	RECKE
Helenen-kraut	ALANT
hell	LICHT
hell, leuchtend	BLANK
hell, licht	LUZID
helle Freude	JUBEL
hellenisti-sche Sprache	KOINE
helles Möbel-holz	LIMBA
hellgelb-grau	BEIGE
hellhaarig	BLOND
Helligkeit	GLANZ
Helligkeit	LICHT
Helling	HELGE
hellster Stern am Himmel	VENUS
Hemd-krause	JABOT
herange-wachsen	ADULT
heran-kommen	NAHEN
Heraus-forderung	WETTE
Herbst-blume	ASTER
Herbst-blume	MALVE
Herde	HORDE
Herde, Meute	RUDEL
Herings-fangboot, -schiff	BUESE
Hernie	BRUCH
Herren-beklei-dung	ANZUG
Herren-jackett	SAKKO
Herr in Afrika	BWANA
Herr-schaft	MACHT
Herr-schafts-gebiet	REICH
Herr-schersitz, Ehrensitz	THRON
Herr-scher-symbol	KRONE
Herrsch-gewalt	MACHT
herum-beißen	NAGEN
herum-tollen	TOBEN
hervor-ragende Spitze	ZACKE
hervor-sehen	LUGEN
Herz im Karten-spiel	COEUR
herzlich	INNIG
Herzog von Kurland	BIRON
hessisch. Kurort am Taunus	SODEN
hessische Stadt	BEBRA
hessische Stadt	HANAU
hessische Stadt an d. Nidda	NIDDA
hessische Stadt an der Fulda	FULDA
hessische Weinstadt am Mittel-rhein	LORCH
Hetzruf	HUSSA
Heuchelei	MACHE
Heuchler, Kriecher (franz.)	KAGOT
Heugabel	FORKE
Heu-schober	MIETE
heutiger Name d. Pelopon-nes	MOREA
heutiger Name von Saida	SIDON
Hexerei	MAGIE
hierher	HERAN
hier herunter	HERAB
Hilfs-geistli-cher	KURAT
Hilfszeit-wort	HABEN
Himalaja-gipfel	KAMET
Himalaja-hochland	TIBET
Himalaja-Kleinbär	PANDA

Himalaja-Volk	NEWAR
himmelblau	AZURN
Himmelsbote	ENGEL
Himmelskönigin	MARIA
Himmelskörperbahn	ORBIT
Himmelsrichtung	OSTEN
Himmelsträger d. griech. Sage	ATLAS
hinauf	EMPOR
Hindu-Asket	SADHU
hinduist. Göttin	DURGA
hinduist. Kasten	VARNA
hinduist. Naturgötter	DEVAS
Hindu-Lehrbücher	SUTRA
hinfällig, gebrechlich	SIECH
hinfällig (lat.)	KADUK
Hingabe, Hingebung	OPFER
hinlänglich	GENUG
Hinrichtungsvorrichtung	KREUZ
Hinterbliebene	WITWE
Hinterhalt	FALLE
Hinterhalt	LAUER
hinterind. Volk	KHMER
hinterind. Volksgruppe	SAKAI
hinterind. Wildrind	GAYAL
hinterlegte Bürgschaft	PFAND
Hinterlegtes	DEPOT
Hinterleibsglied bei Kerftieren	RAIFE
hinweg	DAVON
hinweisendes Fürwort	DIESE
Hirnhautvene	SINUS
Hirschkuh	HINDE
Hirschschwanz	WEDEL
Hirschziegenantilope	SASSI
Hirseart	FENCH
Hitlers Architekt	SPEER
hochbegabter Mensch	GENIE
hochbetagt	URALT
Hochbetagter	GREIS
hoch empor reichen	RAGEN
Hochgebirge in Europa	ALPEN
Hochgebirgstier	GEMSE
Hochgebirgsweide	MATTE
hochgemut, hochmütig	STOLZ
hochgeschätzt	TEUER
hochgestimmt, überglücklich	SELIG
hochgewachsen	GROSS
hochgradig	KRASS
hochhieven	HEBEN
Hochland in Brasilien	GOIAS
Hochmut, Hochnäsigkeit	STOLZ
Hochofenöffnung	GICHT
hochrädrige Kutsche	BUGGY
Hochruf	HURRA
Hochruf	VIVAT
Hochseesteuermann	PILOT
Hochwasserschutz	DEICH
hochwertig, vorzüglich	PRIMA
Hochwildfett	FEIST
Hochzeiterin	BRAUT
Hochziel	IDEAL
Höchstbegabung	GENIE
höchstbewertetes Skatspiel	GRAND
höchste hinduist. Gottheit	INDRA
höchster Berg von Korsika	CINTO
höchster griech. Berg	GIONA
höchster Punkt d. Himmelsgewölbes	ZENIT
höchster Pyrenäengipfel	ANETO
höchstes Gebirge Europas	ALPEN
Höchstfrequenzerzeuger	MASER
Höckertier	KAMEL
höflich	ARTIG
höfliches Ersuchen	BITTE
Höflichkeitsbezeugung	GRUSS
Höhenzug in Thüringen	FINNE
Höhepunkt, Scheitelpunkt	ZENIT
hölzerner Behälter	KISTE
Höriger	LASSE
Hofburg im Mittelalter	PFALZ
Hoheitszeichen	FAHNE
Hohlfläche	KEHLE
Hohlgesichtsform	MASKE
Hohlkörper	BLASE
Hohlkörper	KUGEL
Hohlmaß, Raummaß	LITER
Hohn, Ironie	SPOTT
holländ. Exil v. Wilhelm II.	DOORN
holländ. Käse	GOUDA
holländ. Landschaftsmaler	GOYEN
holländ. Maler	HOOGH
Holzbearbeitungswerkzeug	SAEGE
Holzbottich, Bütte	ZUBER
Holzbrett	DIELE
Holzflößung	TRIFT
Holzfußboden	DIELE

5

Holzgeflecht	FLAKE
Holzschlag	MAISS
Holzstreichmaterial	BEIZE
Holzwaffe	KEULE
Honiginsekt	BIENE
Honigscheibe	FAVUS
Hopfenkrankheit	GELTE
Horde	BANDE
Horde	MEUTE
Hornklee	LOTUS
Hornsubstanz (Finger, Zehen)	NAGEL
Hose aus Denim	JEANS
Hostienbehälter	BURSE
Hostienbüchse	PYXIS
Hostienlöffel	LABIS
Hottentotten-Stamm	NAMAS
hübsch	FESCH
Hüfte	LENDE
Hühnerschar	KETTE
Hühnervogel	FASAN
Hülle	BEZUG
Hülle der Insektenpuppen	KOKON
Hülsenfrucht	BOHNE
Hülsenfrucht	ERBSE
Hülsenfrucht	LINSE
Hülsenfruchtbaum	SAMAN
Hüter der Herde	HIRTE
Huftier, Roß	PFERD
Hugenottenführer	ROHAN
Huhn	HENNE
Huld	GUNST
humusreich	HUMOS
hundeartiges Raubtier	FUCHS
Hundemännchen	RUEDE
Hunderasse	BOXER
Hunderasse	DOGGE
Hunderasse	SPITZ
Hunderasse mit Kraushaar	PUDEL
hundertäugiger Riese	ARGUS
Hundskopfaffe	DRILL
Hundskopfaffe	MAGOT
Hundskopfaffe	MAKAK
Hunnenkönig	ETZEL
hurtig	FLUGS
Hussitenführer	ZISKA
Hutaffe	MAKAK
Hutschlange	ASPIS
Hutschmuck der Jäger	BRUCH
Hyksos-König	CHIAN
iber. Längenmaß	LEGUA
idyllisch, anheimelnd	TRAUT
Iltisart	FRETT
Imbiß	JAUSE
Imbiß (engl.)	SNACK
im Dienst wirken	AMTEN
Imme	BIENE
Immergrün	VINCA
immergrüner Nadelbaum	ZEDER
immergrüner Strauch	BUCHS
immergrüner Strauch	MYRTE
immer wenn	SOOFT
Imperium	REICH
Impfpüstel	POCKE
Impfstoff	SERUM
Impulsmoment	DRALL
Inbegriff, Quintessenz	WESEN
Inbegriff des Bösen	SATAN
in den Alpen	ALPIN
in der Achse gelegen	AXIAL
indian. Sprachgruppe	NAHUA
indian. Stammeszeichen	TOTEM
Indianersprachgruppe	ARUAK
Indianerstamm, -sprache	MOSAN
Indianerstamm, -sprache	NUTKA
Indianerstamm, -sprache	SIOUX
Indianertrophäe	SKALP
in die Höhe	EMPOR
in diesem Jahr	HEUER
indisch. Dichter	IQBAL
indisch. Fürstentitel	NISAM
indisch. Gebiet	DAMAO
indisch. Geldfürst	NABOB
indisch. Großmogul	AKBAR
indisch. Herrscher	MOGUL
indisch. Randgebirge	GHATS
indisch. Sprache	BHILI
indisch. Staat	ASSAM
indisch. Staatsmann	NEHRU
indisch. Territorium	DELHI
indisch. Wandermönch	SADHU
indische Bauernkaste	SUDRA
indische Bergziege	GORAL
indische Fürstin	BEGUM
indische Gesellschaftsschicht	KASTE
indische Holzart	AKANA
indische Palmfaser	KITUL
indischer Asket	FAKIR
indischer Eingeborenensoldat	SEPOY
indischer Fruchtbaum	MANGO
indischer Gott d. Sonne	INDRA

indischer Großmogul	BABER
indischer Großmogul	BABUR
indischer Physiker (Nobelpreis)	RAMAN
indischer Sonnengott	SURJA
indischer Staat	BIHAR
indisches Baldriangewächs	NARDE
indische Schleichkatze	MUNGO
indische Schrift, Sprache	TAMIL
indische Seerose	LOTOS
indisches Glückszeichen	TILAK
indische Staatssprache	HINDI
indische Stadt	PATNA
indische Stadt in Gujarat	SURAT
indische Stadt in Maharaschtra	POONA
indisches Volk	ORIJA
indische Volksgruppe	ORIYA
indische Währung	RUPIE
Indischgelb	PUREE
indisch: alle Lebenstaten	KARMA
indisch: Herr	SAHIB
indoarischer Gott	MITRA

indogerman. Volk in Rumänien	DAKER
Indogermane	ARIER
Indogermane	KELTE
Indogermane	SLAWE
indones. Gewichtseinheit	BIHAR
indones. Insel	AMBON
indones. Insel	SUMBA
indones. Inselgruppe	BANDA
indones. Inselgruppe	BUTON
indones. Provinz	IRIAN
indones. Stadt auf Sumatra	MEDAN
indones. Stamm auf Sumatra	BATAK
indones. Sundainsel	TIMOR
indones. Volksstamm	MOKEN
Industriestadt an der Saale	LEUNA
Infektionsursache	VIRUS
in Gramm ausdrückbar	MOLAR
Inhaberschuldverschreibung	BONDS
Inhaltslosigkeit	LEERE
Inhaltsverzeichnis	INDEX

Inkarnation Vishnus	KALKI
Inka-Sippe	AYLLU
innen	DARIN
innen (lat.)	INTUS
Innenorgan	LEBER
innerasiatischer Fluß zum Lop-nor	TARIM
innerasiatisches Gebirge	ALTAI
innerer Drang, Begierde	TRIEB
innerer Trieb	DRANG
inneres Organ des Menschen	MAGEN
innere Unruhe	SORGE
innerhalb	INNEN
innig	INTIM
innige Zuneigung	LIEBE
Innung	GILDE
Inn-Zufluß	GLONN
Insektenlarve	PUPPE
Insektenlarve	RAUPE
Insel bei New York	ELLIS
Insel der Kanaren	PALMA
Inseleuropäer	BRITE
Inseleuropäer	KORSE
Inselstaat im Mittelmeer	MALTA
Insel von Äquatorialguinea	BIOKO
Insel von Äquatorialguinea	MBINI

Insel von Tansania	PEMBA
Insel von Vanuatu	EFATE
Insel vor Neapel	CAPRI
Insel vor Pommern	RUDEN
insgesamt	ALLES
in sich geschlossene Linie	KREIS
Intellekt	GEIST
intelligent	HELLE
Interessenvertretung	LOBBY
Interimsschein	SCRIP
Internat am Bodensee	SALEM
inwendig	INNEN
inwendig	INTUS
irakische Hafenstadt	BASRA
irakische Stadt	ARBIL
irakische Stadt	HILLA
irakische Stadt	NAJAF
irakische Stadt am oberen Tigris	MOSUL
iranische Langhalsgitarre	SITAR
iranischer Fluß	KARUN
iranische Stadt	ABBAS
iranische Stadt	AHVAZ
iranische Stadt	BUKAN
iranische Stadt am Kaspisch. Meer	RASHT
iranische Volksgruppe	ASERI

irgendeine Sache ETWAS
irischer Dichter (Nobelpreis) YEATS
irischer Fluß in Ulster LAGAN
irischer Kelte SKOTE
irischer Popsänger BURGH
irischer Schriftsteller JOYCE
irischer Schriftsteller SYNGE
irischer Wollstoff TWEED
irische Schriftstellerin BOWEN
irische Stadt am Garrogue SLIGO
irisch: See, Bucht LOUGH
Irre, Fehlleitung ABWEG
Irreführung BLUFF
irrtümlich IRRIG
Isaaks Sohn JAKOB
Isar-Zufluß ACHEN
Isar-Zufluß AMMER
Isar-Zufluß AMPER
isländ. Gürtelringen GLIMA
isländ. Münze AURAR
isländ. Ringkampf GLIMA
isländ. Währungseinheit KRONE
islam. Armensteuer SAKAT
islam. Engel NAKIR
islam. Gebetsrichtung KIBLA
islam. Heiligtum KAABA
islam. Herrschertitel KALIF
islam. Hochschüler SOFTA
islam. Lehrbuch SUNNA
islam. Name für Gott ALLAH
islam. philippinische Malaien MOROS
islam. Rechtsgelehrte ULEMA
islam. Rechtsgelehrter MUFTI
islam. Rechtsgutachten FETWA
islam. Sagengestalt CHIDR
islam. Schutzgeist MALIK
islam. Sektenstifter KABIR
islam. Stundengebet SALAR
islam. Theologe ULEMA
islam. Wallfahrtsort MEKKA
Isoldes Gemahl MARKE
israel. Autor (Nobelpreis) AGNON
israel. konservat. Parteien LIKUD
israel. Politiker DAJAN
israel. Politiker PERES
israel. Politiker (Nobelpreis) BEGIN
israel. sozialist. Partei MAPAI
israel. Stadt am Golf von Akkaba ELATH
israelitisch. König DAVID
ital. Adriahafen TRANI
ital. Architekt NERVI
ital. Architekt PONTI
ital. Arzt (Nobelpreis) GOLGI
ital. Atomphysiker (Nobelpr.) FERMI
ital. Autorennstrecke MONZA
ital. Barke mit Verdeck PEOTA
ital. Baßbariton SIEPI
ital.-belg. Sänger ADAMO
ital. Bildhauer MANZU
ital. Charakterrolle GOFFO
ital. Chemiker (Nobelpreis) NATTA
ital. Dichter (16. Jh.) TASSO
ital. Exkönigin ELENA
ital. Filmregisseur LEONE
ital. flaches Hefegebäck PIZZA
ital. Fluß zum Mittelmeer TIBER
ital.-franz. Komponist LULLY
ital.-franz. Zuchthaus BAGNO
ital. Frauenname ELENA
ital. Frauenname LUCIA
ital. futurist. Maler BALLA
ital. futurist. Maler CARRA
ital. Geigenbauerfamilie AMATI
ital. Hafen am Ligur. Meer GENUA
ital. Hafen am Tyrrhen. Meer GAETA
ital. Heiliger BOSCO
ital. Histologe GOLGI
ital. Humanist BEMBO
ital. Inselbewohner SARDE
ital. Komödiendichter GOZZI
ital. Komponist BERIO
ital. Komponist u. Dichter BOITO

ital. Kulturphilosoph	CROCE
ital. Landschaft bei Rom	LAZIO
ital. Männername	CARLO
ital. Männername	MARCO
ital. Männername	PAOLO
ital. Männername	PIERO
ital. Maler (Frührenaiss.)	CREDI
ital. Name d. Etsch	ADIGE
ital. Name v. Rijeka	FIUME
ital. Opernkomponist	VERDI
ital. Philosoph	BRUNO
ital. Philosoph u. Politiker	CROCE
ital. Physiker (Elektrizität)	VOLTA
ital. Politiker	CRAXI
ital. Priestermönch	PADRE
ital. Renaissance-Dichter	TASSO
ital. Riviera-Kurort	NERVI
ital. Sängerin	MELBA
ital. Sängerin	MILVA
ital. Schauspielerin	LOREN
ital. Schlagersängerin	ALICE
ital. Sopranistin	MOFFO
ital. sozialist. Politiker	NENNI
ital. Spielkarte	KAVAL
ital. Stadt am Isonzo	GOERZ
ital. Stadt am Po	TURIN
ital. Stadt am Velino	RIETI
ital. Stadt am Volturno	CAPUA
ital. Stadt an der Dora Baltea	IVREA
ital. Stadt an der Nera	TERNI
ital. Stadt an Sura u. Gesso	CUNEO
ital. Stadt bei Bologna	IMOLA
ital. Stadt bei Mailand	MONZA
ital. Stadt in Apulien	LECCE
ital. Stadt in der Toskana	PRATO
ital. Stadt in der Toskana	SIENA
ital. Tenor	GIGLI
ital. Vulkan	AETNA
ital. Vulkan bei Neapel	VESUV
ital. Weinsorte	ELORO
ital. Weinsorte	SOAVE
ital. Weinsorte	ZUCCO
ital.: Abfall	FUSTI
ital.: auch	OSSIA
ital.: Bad	BAGNO
ital.: Bargeld	CASSA
ital.: Berg	MONTE
ital.: bewegt	MOSSO
ital.: Bier	BIRRA
ital.: bitte	PREGO
ital.: Blasorchester	BANDA
ital.: breit	LARGO
ital.: Brücke	PONTE
ital.: Buch	LIBRO
ital.: dasselbe, ebenso	DETTO
ital.: die Schöne	BELLA
ital.: Dorf, Vorort	BORGO
ital.: Dummkopf	GOFFO
ital.: ernst	SERIO
ital.: Feld	CAMPO
ital.: Feuer	FUOCO
ital.: Frau, Herrin	DONNA
ital.: Freude	GIOCO
ital.: Gebirgspaß	COLLE
ital.: genug!	BASTA
ital.: Geschmack	GUSTO
ital.: geschwind	TOSTO
ital.: Graf	CONTE
ital.: halb, mittel	MEZZO
ital.: Heilige	SANTA
ital.: Heiliger	SANTO
ital.: Heinz	ENZIO
ital.: Hochzeit	NOZZE
ital.: Holz	LEGNO
ital.: Horn	CORNO
ital.: hundert	CENTO
ital.: Insel	ISOLA
ital.: Jahrmarkt	FIERA
ital.: Kasse	CASSA
ital.: Kraft, Stärke	FORZA
ital.: Kreuz	CROCE
ital.: langsam	LENTO
ital.: lebe wohl!	ADDIO
ital.: leise	PIANO
ital.: Liebe	AMORE
ital.: lieblich	SOAVE
ital.: Ludwig	LUIGI
ital.: Messe	FIERA
ital.: Milch	LATTE
ital.: Mündung	BOCCA
ital.: Mund	BOCCA
ital.: Mutter	MADRE

5

ital.: Nacht	NOTTE
ital.: oben	SOPRA
ital.: ohne	SENZA
ital.: Oper	OPERA
ital.: Plünderung	SACCO
ital.: Rechnung	CONTO
ital.: Saite	CORDA
ital.: sanft, süß	DOLCE
ital.: Sattel	SELLA
ital.: Schwank, Posse	BUFFA
ital.: schwer	GRAVE
ital.: sehr, viel	MOLTO
ital.: sieben	SETTE
ital.: Sprung	SALTO
ital.: Stadt	CITTA
ital.: Stand, Stellung	POSTO
ital.: stark	FORTE
ital.: Tanz	BALLO
ital.: tausend	MILLE
ital.: Teigware	PASTA
ital.: Tod	MORTE
ital.: Tor	PORTA
ital.: Treppe	SCALA
ital.: trocken	SECCO
ital.: türkisch	TURCO
ital.: Turm	TORRE
ital.: Vater	PADRE
ital.: Veit	GUIDO
ital.: voll	PIENO
ital.: zehn	DIECI
ital.: Zeichen	SEGNO
ital.: Zeit	TEMPO
ital.: Zug	TRENO
ital.: zur Hälfte	AMETA
ital.: zwanzig	VENTI
Jacke und Hose	ANZUG
Jäger d. griech. Sage	ORION
jäher, schwerer Fall	STURZ
Jagdart	HETZE
Jagdart mit Hund	SUCHE
Jagdbezirk	FORST
Jagdergebnis	BEUTE
Jagdhundkoppel	MEUTE
Jagd mit Greifvögeln	BEIZE
Jagdtuch	BLAKE
Jagdwagen	BREAK
Jahresteil	MONAT
Jakobs Frau	RAHEL
Jangtsekiang-Zufluß	MINHO
Janker	JACKE
japan. Architekt	TANGE
japan. Automarke	HONDA
japan. buddhist. Partei	KOMEI
japan. Feldmaß	TSUBO
japan. Gewicht	MOMME
japan. Gynäkologe	OGINO
japan. Hafenstadt auf Hondo	OSAKA
japan. Hafenstadt auf Hondo	SAKAI
japan. Hauptstadt	TOKIO
japan. Kaiser	MEIJI
japan. Maler d. 18. Jh.	KORIN
japan. Maß	TSCHI
japan. Politiker	IKEDA
japan. Region	KANTO
japan. Region	KINKI
japan. Schwertfechten	KENDO
japan. Schwertstichblatt	TSUBA
japan. Shintotempeltor	TORII
japan. Stadt	CHIBA
japan. Stadt auf Hondo	URAWA
japan. Stadt auf Honschu	KIOTO
japan. Stadt auf Honschu	KIRIU
japan. Stadt auf Kiuschu	OMUTA
japan. Stockfechten	KENDO
japan. Wallfahrtsort	KIOTO
japan. Wallfahrtsort	NIKKO
javanisches Färbverfahren	BATIK
Jazzgesangsstil	SHOUT
Jazzinstrument	BANJO
Jazz-Instrumentaleffekt	GROWL
Jazzkomponist, -musiker	KIRBY
Jazzkomponist, -musiker	LUTER
Jazzkomponist, -musiker	NORVO
Jazzmusik-Spielart	DRIVE
Jazzrhythmus	STOMP
Jazzstil	BEBOP
Jeansstoff	DENIM
jederzeit	IMMER
jedoch	INDES
jemenit. Hafenstadt	MOCHA
jemenit. Hafenstadt	MOKKA
jemenit. Insel	PERIM
Jetztzeit	HEUTE
jidd.: beschwipst	MOLUM
jidd.: Braut	KALLE
jidd.: Dieb, Gauner	GANEF
jidd.: Gerede	BAFEL
jidd.: guter Verkauf	MEZIS

jidd.: junge Frau	KALLE
jidd.: Unsinn	STUSS
jochartig (lat.)	JUGAL
Jodmetall	JODID
Jod-mineral	JODIT
Jodsäure-salz	JODAT
Jodver-bindung	JODOL
Johannis-brot-samen	KARAT
Jollen-kreuzer	JACHT
jordan. Hafen-stadt	AKABA
jordan. Stadt	IRBID
jordan. Stadt	KERAK
jordan. Stadt	SERKA
juckender Hautaus-schlag	EKZEM
Juden-viertel	GETTO
Judohose	ZUBON
jüdischer Ehrentitel	RABBI
jüdischer Erzvater	ISAAK
jüdischer Gesetzes-lehrer	RABBI
jüdischer Hohe-priester	ONIAS
jüdischer Passah-Monat	NISAN
jüdischer Religions-philosoph	BUBER
jüdischer Religions-stifter	MOSES
jüdischer Schrift-gelehrter	AKIBA
jüdischer Verband in Palästina	IRGUN
jüdische Schläfen-locke	PEIES
jüdische Schrift-rolle	THORA
jüdisches Freuden-fest	PURIM
jüdisches Osterbrot	MATZE
jüngster Lehrling	STIFT
jugoslaw. Adriainsel	UNIJE
jugoslaw. Adria-Insel	ZIRJE
jugoslaw. Berg	ORJEN
jugoslaw. Fluß	BOSNA
jugoslaw.-rumän. Land-schaft	BANAT
Jugoslawe	SERBE
Junge	KNABE
junge Kuh	KALBE
junger Fuchs, Hund, Wolf	WELPE
junger Stier	FARRE
junge Wildsau	BACHE
Jungfern-häutchen	HYMEN
Jung-mitglied	PIMPF
Jung-pferd	ENTER
Jungwald	MAISS
jurist. Hand-buch	KODEX
jurist. Hinweis	INDIZ
jurist.: böse Absicht	DOLUS
jurist.: Vormund-schaft	TUTEL
Jute-Ersatz	KENAF
Juwel	BIJOU
Juwelen-gewicht	KARAT
Jux, Jokus	SPASS
Kader	STAMM
Käfig	KOBEN
Kämpe, Krieger	RECKE
Käsestoff	QUARK
Käse-wasser	MOLKE
käuflicher Erwerb	BEZUG
Kaffern-stamm	PONDO
Kaiser-residenz im Mittel-alter	PFALZ
Kaiser-titel in Äthiopien	NEGUS
Kaiser-titel in Japan	TENNO
Kalbs-milch	BRIES
kalkhalti-ger Lehm	LOESS
Kalkhoch-land in Istrien	KARST
kalkrei-cher Ton	TEGEL
kalt	KUEHL
Kambo-dschaner	KHMER
Kammer, Wohn-raum	STUBE
Kammer-diener	GROOM
Kammer-diener	LAKAI
Kamm-garn-gewebe	PERLE
Kamm-garn-gewebe	RASCH
Kamm-garn-gewebe	TIBET
Kampf, Wider-stand	TRUTZ
Kampfaxt	BARTE
Kampf-bünde Mussolinis	FASCI
Kampf-gerät	WAFFE
Kampf-lied auf Apoll	PAEAN
Kampf-richter	JUROR
Kampf-spiel	MATCH
Kampf-sport	BOXEN
Kampf-zone	FRONT
kanad. Elch	MOOSE
kanad. Insel-gruppe	BANKS
kanad. Pianist	GOULD
Kanal-schacht	GULLY
Kanaren-insel	FERRO
Kander-Zufluß	SIMME
Kanin-chenpelz	KANIN
Kanin-chen-schwanz	BLUME
kantig	ECKIG
Kanu-Bootstyp	KAJAK
Kanzlei-format	FOLIO
Kanzler Heinrichs VIII.	MORUS
Kaplan, Hilfs-geistli-cher	VIKAR
Kappe	HAUBE
kap-verdische Insel	BRAVA

5

Karawanentier	KAMEL
karg	KNAPP
Karibik-Insel	KITTS
Karibik-Insel	NEVIS
karierte Wolldecke	PLAID
Karnevalsrednerpult	BUETT
Karolinen-Inselgruppe	PALAU
Karpatengebiet	BANAT
Karpatengebirge	TATRA
Karpatenpaß	DUKLA
Karpfenart	AITEL
Karpfenfisch	ALAND
Karpfenfisch	BARBE
Karpfenfisch	HASEL
Karren, Fuhrwerk	WAGEN
Kartenausteiler	GEBER
Kartengewinn	STICH
Kartenglücksspiel	POKER
Kartenspiel	ROMME
Kartenspiel	WHIST
Kartenspiel (franz.)	BESIK
Kartenwerk	ATLAS
karthag. Seefahrer	HANNO
Karton	PAPPE
Karzinom	KREBS
Kasse, Bargeld	KASSA
Kassiablätter	SENNA
kastanienfarben	MARON
kastenloser Inder	PARIA
Kastenmöbel, Lade, Schrein	TRUHE
Kastenschiff	ARCHE
kastrierter Stier	OCHSE
Katafalk	TUMBA
kathol. Hochamt	MESSE
kathol. Meßgewand	KASEL
kathol. Ordensfrau	NONNE
kathol. Ordensgründer	SALES
kathol. Pfarramtsverweser	KURAT
kathol. Sakrament	BUSSE
kathol. Stundengebete	HOREN
kathol. Zentralverwaltung	KURIE
Katze	MIEZE
Katzenart	KHMER
Katzenart	LUCHS
Katzenbär	PANDA
Katzenjammer	KATER
kaufmänn. Bargeschäft	KASSA
kaufmänn.: Abzug, Verlust	DAMNO
kaufmänn.: Bargeld	CASSA
kaufmänn.: Vorrat	STOCK
Kaufmannslehrling	STIFT
Kaufsumme, Marktwert	PREIS
kaukasischer Pelzmantel	BURKA
kaukasischer Teppich	KASAK
kaukasischer Teppich	SUMAK
Kaukasusbewohner	ALANE
Kaukasusbewohner	AWARE
Kaukopf (Fisch)	GROPP
Kaunuß	BETEL
Kautschukbaum, -lieferant	HEVEA
Kautschukmilchsaft	LATEX
Kautschukprodukt	GUMMI
Kaviarlieferant	STOER
keck	FRECH
Kegel	KONUS
kegelförmiger Zapfen	KONUS
Kegelschnitt	KREIS
Kehlkopfentzündung	KRUPP
Kehlung	SICKE
kehren	FEGEN
Kehrgerät	BESEN
Kehrgerät	FEGER
Kehricht, Müll	UNRAT
Kehrseite	VERSO
Keim, Keimzelle	POLLE
Keimkorn	SPORE
Keimzelle	GAMET
Kelchbehälter	BURSE
Kelchtuch	VELUM
Kellerungeziefer	ASSEL
keltischer Fruchtbarkeitsgott	DAGDA
keltischer Sagenkönig	ARTUS
keltischer Waliser	KYMRE
keltisches Volk	BOJER
kenian. Stadt	THIKA
Kenntnis	KUNDE
Kerbholz (engl.)	SCORE
Kerbtier	KERFE
Kerbtier-Tastglied	PALPE
Kerker für Galeerensträflinge	BAGNO
Kernland von Vietnam	ANNAM
Kernobst	APFEL
Kernobst	BIRNE
Kerzenfaden	DOCHT
Kerzenmaterial	WACHS
Kescher	HAMEN
Kesseltreiben	HETZE
Kettengesang	KANON
Kettenteil	GLIED
Keulenärmel (franz.)	GIGOT
Kick	TRITT
Kiefer	FORLE
Kiefernart	PINIE

Kielraum des Schiffes	BILGE
Kiemenatmer	FISCH
Kieselsäure	QUARZ
Kinderspielzeug	PUPPE
Kindeskind	ENKEL
Kindsgestalt i.d.Kunst (ital.)	PUTTO
Kindsgestalt in der Kunst	PUTTE
Kirchengesetz	KANON
Kirchenkomposition, Kirchenlied	KREDO
Kirchenkomposition, Kirchenlied	KYRIE
Kirchenlied	LEICH
Kirchenmusikinstrument	ORGEL
kirchl. Lobgesang	LAUDA
kirchliche Gnadenmittel	MEDIA
kirgis. Stadt im Tienschan	NARYN
Klageruf	JERUM
Klamauk, Unfug	RADAU
Klammer	KLIPP
Klang, Klangfülle	SOUND
klangvoll, volltönend	SONOR
Klassiker der pers. Literatur	SAADI
klassisches Zuchtrennen	DERBY
Klause, Zelle (lat.)	CELLA
Klavierart	PIANO
Klavierteil	SAITE
Klecks	FLECK
Klee-Trockengestell	HENSE
Kleiderbesatz	BORTE
Kleidersaum	KANTE
Kleiderschädling	MOTTE
Kleiderschließe	KNOPF
Kleincomputer	MICRO
kleine Beule	DELLE
kleine Engelsfigur	PUTTE
kleine Entfernung	NAEHE
kleine Gemeinde	MARKT
kleine ital. Zitrone	LUMIE
kleine Lachsart	STINT
kleine Mekka-Pilgerfahrt	OMRAH
kleine Menge	PRISE
kleine Orgel	REGAL
kleiner Bengel	PIMPF
kleinere Religionsgemeinschaft	SEKTE
kleiner Pkw	COACH
kleiner Planet	CERES
kleiner Raum	ZELLE
kleiner Tupfen	PUNKT
kleines Beiboot	DINGI
kleines Felsstück	STEIN
kleines Jazzensemble	COMBO
kleines Krebstier	ASSEL
kleines Landgut (franz.)	MANSE
kleines Laster	UNART
kleine Spalte	RITZE
kleines Raubtier	ILTIS
kleines Schiffsgeschütz	BASSE
kleines schnelles Kriegsschiff	AVISO
kleines Spinnentier	MILBE
kleines Stück	KRUME
kleines Swingorchester	COMBO
Kleinod	BIJOU
Kleinod	JUWEL
Kleinschmetterling	MOTTE
kleinste Energiemenge	QUANT
kleinste militär. Einheit	ROTTE
kleinstes Boot	MOSES
kleinstes musikal. Gebilde	MOTIV
Kleinwagen	KARRE
Klemme	KLIPP
Klettereidechse	GECKO
Kletterer-Ausrüstung	HAKEN
Kletterpflanze	LIANE
Klettertrieb	RANKE
Klimaforscher	DORNA
Klimbim	TRARA
Klippspringer	SASSA
Kloben	BLOCK
Kloben	KLOTZ
klösterliches Stift	ABTEI
klösterliche Vereinigung	ORDEN
Klops	KLOSS
Kloster	ABTEI
Kloster am Bodensee	HEGNE
Klostervorsteher, Mönchsoberer	PRIOR
Klostervorsteherin	OBERE
Klosterwohnraum	ZELLE
Klotz	BLOCK
Kluft	KLAMM
klug, lebenserfahren	WEISE
knabbern	NAGEN
Knabe	JUNGE
knapper Badeanzug	TANGA
Kneipe	BEIZE
Kneipe	LOKAL
Kneipe	PINTE
Knick	FALTE

Knick	KNIFF
Kniegeige	CELLO
Kniegeige	GAMBE
knielanger Anorak	PARKA
Kniff	FALTE
Knochen-, Schädelnaht	SUTUR
Knochenfisch	HECHT
Knochenverletzung	BRUCH
knopfartiger Griff	KNAUF
Knorpelfisch	ROCHE
Knoten im Holz	KNAST
Knoten (mediz.)	NODUS
Knotenschnur der Inka	QUIPU
knusperig	KROSS
knusprig	RESCH
Kobold, Heinzelmännchen	WICHT
Kölner Baumeister (19. Jh.)	STATZ
Kölner Erzbischof, Heiliger	HANNO
Kölner Karnevalsruf	ALAAF
Königin der Instrumente	ORGEL
königlich, königstreu	ROYAL
Königssohn	PRINZ
König von Israel	JORAM
König von Juda	JOSIA
König von Lydien	GYGES
König von Taurien	THOAS
König von Theben	KREON
König von Tyrus	HIRAM
Körnerfrucht	HIRSE
Körperertüchtigung	SPORT
Körperfunktionsteil	ORGAN
körperl. Gewalt, Nötigung	ZWANG
Körperorgan	NIERE
Körperschaft	CORPS
Körperschaft	KORPS
Körperteil	LENDE
Körperteil	RUMPF
Körperteil der Taube	KROPF
Köter	TOELE
Kohl	KRAUT
Kohlenaufschüttung	HALDE
Kohlenwasserstoff	CETAN
Kohlenwasserstoffart	HEXAN
Kohlenwasserstoffgas	BUTAN
Kohlenwasserstoff im Teer	INDEN
Kohlenwasserstoffrest	BUTYL
Kohlkopf (lat.)	KABIS
Kokosnußhaare	KAPOK
Koksarbeiter	KOKER
Koks herstellen	KOKEN
Kolbenhirse	MOHAR
Koloß, Titan	RIESE
kolossal	ENORM
kolumb. Stadt am Rio Magdalena	NEIVA
kolumbian. Fluß	CAUCA
kolumbian. Stadt	PASTO
kolumbian. Vulkan	HUILA
komische Figur in der Oper	BUFFO
komisches Bühnenwerk	POSSE
kommender Erlöser d. Islam	MAHDI
Komoreninsel	MWALI
Komp. d »Dreigroschenoper«	WEILL
Komp. d. »Fra Diavolo«	AUBER
Komp. d. »Stummen von Portici«	AUBER
Komp. d. Balletts »Bolero«	RAVEL
Komp. d. Balletts »Die Puppenfee«	BAYER
Komp. d. Balletts »Parade«	SATIE
Komp. d. Musicals »Funny Girl«	STYNE
Komp. d. Musicals »My Fair Lady«	LOEWE
Komp. d. Oper »Abu Hassan«	WEBER
Komp. d. Oper »Aida«	VERDI
Komp. d. Oper »Alceste«	GLUCK
Komp. d. Oper »Carmen«	BIZET
Komp. d. Oper »Dantons Tod«	EINEM
Komp. d. Oper »Der Freischütz«	WEBER
Komp. d. Oper »Der Prozeß«	EINEM
Komp. d. Oper »Don Carlos«	VERDI
Komp. d. Oper »Ein Maskenball«	VERDI
Komp. d. Oper »Euryanthe«	WEBER
Komp. d. Oper »Falstaff«	VERDI
Komp. d. Oper »Iphigenie in Aulis«	GLUCK
Komp. d. Oper »König Hirsch«	HENZE
Komp. d. Oper »La Traviata«	VERDI

Komp. d. Oper »Macbeth«	VERDI
Komp. d. Oper »Mahagonny«	WEILL
Komp. d. Oper »Nabucco«	VERDI
Komp. d. Oper »Oberon«	WEBER
Komp. d. Oper »Othello«	VERDI
Komp. d. Oper »Paris u. Helena«	GLUCK
Komp. d. Oper »Rigoletto«	VERDI
Komp. d. Oper "Der Troubadour"	VERDI
Komp. d. Operette »Banditenstreiche«	SUPPE
Komp. d. Operette »Boccaccio«	SUPPE
Komp. d. Operette »Der Zarewitsch«	LEHAR
Komp. d. Operette »Die lustige Witwe«	LEHAR
Komp. d. Operette »Eva«	LEHAR
Komp. d. Operette »Fatinitza«	SUPPE
Komp. d. Operette »Friederike«	LEHAR
Komp. d. Operette »Giuditta«	LEHAR
Komp. d. Operette »Juxbaron«	KOLLO
Komp. d. Operette »Mädi«	STOLZ
Komp. d. Operette »Paganini«	LEHAR
Komp. d. Operette »Schöne Galathee«	SUPPE
Komp. d. Operette »Tanz ins Glück«	STOLZ
Komp. d. Operette »Venus in Seide«	STOLZ
Komp. d. Operette »Verlor. Walzer«	STOLZ
Komp. v. »Das Land des Lächelns«	LEHAR
Komp. v. »Der Graf von Luxemburg«	LEHAR
Komp. v. »Drei alte Schachteln«	KOLLO
Komp. v. »Iphigenie auf Tauris«	GLUCK
Komp. v. »Macht d. Schicksals«	VERDI
Komp. v. »Orpheus und Eurydike«	GLUCK
kompakt	DICHT
komplett, vollständig	TOTAL
konferieren	TAGEN
Kongo-Zufluß	KASAI
Konkursvergehen (ital.)	KRIDA
Konsekration	WEIHE
Konsequenz	FOLGE
Konservierungsmittel	ESSIG
Konsole	KRAGE
Kontinent	ASIEN
Kontodifferenz	SALDO
Kontrolle	CHECK
Kontrollturm auf Flughäfen	TOWER
Konzern, Wirtschaftsverbund	TRUST
Konzerthalle	ODEUM
Konzertmeister Friedrichs d. Gr.	GRAUN
Konzertsaal	ODEON
Kopf	HAUPT
Kopfbedeckung	HAUBE
Kopfbedeckung	KAPPE
Kopffüßer	KRAKE
Kopfgrind	FRAIS
Kopfhauterkrankung	GRIND
kopfloser Nagel	STIFT
Kopflosigkeit	PANIK
Kopfteil	STIRN
Kopftuch des Papstes	ORALE
Kopie	ABZUG
Koralleninsel	ATOLL
Korbblütler	ALANT
Korbblütler	ASTER
Kordon	KETTE
korean. Stadt	PUWAN
Kornblume	ZYANE
Kornvogel	AMMER
korsischer Freiheitskämpfer	PAOLI
Korso, Festzug	UMZUG
Kosename des Vaters (engl.)	DADDY
kostbares Gewebe	SEIDE
kostspielig, hoch im Preis	TEUER
Kotentleerung	STUHL
Krach	LAERM
kräftig, dick	STARK
kräftiger Wollstoff	FRIES
Kräuselstoff	FRISE
Kraft	MACHT
Kraftarm	HEBEL
Kraftmaschine	MOTOR
Kralle	KLAUE
Kram	ZEUGS
krampfartige Leibschmerzen	KOLIK
krank, ungesund	SIECH
Krankenbahre	TRAGE
Krankenkost	DIAET
Krankentrage	BAHRE
krankhafte Gier	SUCHT
krankhafte Leidenschaft	MANIE
krankhafter Hohlraum im Körper	ZYSTE
Krankheit, Übel (lat.)	MALUM

Krankheitsherd	FOKUS
krauses Gewebe	KREPP
Krawall	KRACH
Krebsgeschwulst	TUMOR
Kreditmaximum	SWING
Kreis	RUNDE
kreisender Fechthieb	VOLTE
kretischer Sagenkönig	MINOS
kriecherischer Mensch	LAKAI
Kriechtier	ECHSE
Krieg geg. d. Ungläubigen (türk.)	GEDAL
Kriegsauszeichnung	ORDEN
Kriegsbefürworter	FALKE
kriegsbereit	MOBIL
Kriegsgebiet	FRONT
Kriegsschiff früherer Art	KOGGE
kroat. Adriahafen	SPLIT
kroat.-amerikan. Physiker	TESLA
kroat.-slowen. Save-Zufluß	LONJA
Kronenhirschart	MAR̃AL
Krümmung	BOGEN
Krümmung	KNICK
Krümmung	KURVE
Krummdarm	ILEUM
kuban. Dichter	CASAL
kuban. Gesellschaftstanz	CONGA
kuban. Rhythmusinstrument	GUIRO
kuban. Schlaginstrument	CONGA
Kuckuck, Narr	GAUCH
Kübel	EIMER
Küchenabfall	MUELL
Küchengewürz	NELKE
Küchenrührgerät	QUIRL
Kügelchen	PILLE
kühn	MUTIG
Kümmelschnaps	GILKA
Künder, Prophet	SEHER
künftig	INSPE
künstl. Wasserweg	KANAL
künstlerischer Vorwurf	MOTIV
künstlerisches Thema	SUJET
künstlicher Zahnersatz	KRONE
kürbisartiges Gewächs	GURKE
Kürbisflasche	GURDE
Kürzung	ABZUG
Küstenvogel	MOEWE
Kugelbakterie	KOKKE
Kuhantilope	KAAMA
Kuhlaut geben	MUHEN
Kult, Liturgie	RITUS
Kultbild der orthodoxen Kirche	IKONE
kultische Bräuche	RITEN
Kunstflugfigur	ROLLE
Kunstgattung	GENRE
Kunstgriff	KNIFF
Kunstseide	REYON
Kunststoff	NYLON
Kunststoff	PLAST
Kupfer-Zink-Legierung	TALMI
Kurort am Mittelrhein	UNKEL
Kurort an der Havel	PLAUE
Kurort an der Ilm	SULZA
Kurort an der Mosel	TREIS
Kurort an der Werra	BERKA
Kurort im Engadin	DAVOS
Kurort im Engadin	SCUOL
Kurort im Harz	GRUND
Kurort im oberen Ötztal	GURGL
Kurort im Oberharz	ELEND
Kurort im Salzkammergut	ISCHL
Kurort in Graubünden	AROSA
Kurort in Württemberg	IMNAU
Kursunterschied	EKART
Kurve	BIEGE
Kurve	BOGEN
kurze Abhandlung	ESSAY
kurze Bemerkung	NOTIZ
kurzer Strumpf	SOCKE
kurzer Unterrock	JUPON
kurzes, dickes Wams	JOPPE
kurze Stoßwaffe	DOLCH
kurz f. Adelheid	HEIDE
kurz f. Adelheid	HEIDI
kurz f. Amalie	MILLY
kurz f. Anselma	SELMA
kurz f. Bernhard	BENNO
kurz f. Champion	CHAMP
kurz f. Charlotte	LOTTE
kurz f. Christine	STINE
kurz f. darauf	DRAUF
kurz f. daraus	DRAUS
kurz f. darein	DREIN
kurz f. Diskothek	DISCO
kurz f. Dominika	MINKA
kurz f. Dorothea	DOLLY

kurz f. Dorothea	DORIS
kurz f. Eleonore	ELLEN
kurz f. Elisabeth	BETTI
kurz f. Elisabeth	ELISA
kurz f. Elisabeth	LIZZI
kurz f. Emilie	MILLI
kurz f. Erasmus	ASMUS
kurz f. Ferdinand	NANTE
kurz f. Fernsehaufzeichnung	VIDEO
kurz f. Franziska	FANNI
kurz f. Franziskus	FRANZ
kurz f. Friedrich	FRITZ
kurz f. Georg	JOERG
kurz f. Gertrud	GERDA
kurz f. Gottfried	GOETZ
kurz f. Gotthelf	GOETZ
kurz f. Gottlieb	GOETZ
kurz f. Heinrich	HEINI
kurz f. Heinrich	HEINZ
kurz f. Helene	HELLA
kurz f. Helene	NELLI
kurz f. Henriette	JETTE
kurz f. Hildegard	HILDA
kurz f. Hildegard	HILDE
kurz f. Ignatius	IGNAZ
kurz f. Isabella	BELLA
kurz f. Joachim	ACHIM
kurz f. Johanna	HANNA
kurz f. Johanna	JENNY
kurz f. Judith	JUTTA
kurz f. Katharina	KATHI
kurz f. Katharina	TRINE
kurz f. Kinderlähmung	POLIO
kurz f. Kriminalfilm, -roman	KRIMI
kurz f. Kriminalpolizei	KRIPO
kurz f. Kunigunde	GUNDA
kurz f. Laboratorium	LABOR
kurz f. Laurentia	LAURA
kurz f. Lesbierin	LESBE
kurz f. Magdalena	MAGDA
kurz f. Margarethe	MARGA
kurz f. Maria	MIMMI
kurz f. Nikolaus	KLAUS
kurz f. Pariser U-Bahn	METRO
kurz f. Philippa	PIPPA
kurz f. Professional	PROFI
kurz f. Pullover	PULLI
kurz f. Reproduktion	REPRO
kurz f. Rolladen	ROLLO
kurz f. Rundfunkgerät	RADIO
kurz f. Spiritus	SPRIT
kurz f. Stenografie	STENO
kurz f. Strafstoß	ELFER
kurz f. Sturzkampfbomber	STUKA
kurz f. Tachometer	TACHO
kurz f. Thomas	TOMMY
kurz f. Transformator	TRAFO
kurz f. Untergrundbahn	METRO
kurz f. Ursula	URSEL
kurz f. Ursula	USCHI
kurz f. Wilhelmina	HELMA
kurz f. Wilhelmina	MINNA
kurz f. Wilhelmina	MINNI
kurz f. Zahlenlotterie	LOTTO
kurzlebiges Kernteilchen	MESON
Kurzschrift	STENO
Kurzware	KNOPF
Kykladen-Insel	DELOS
Labans Tochter	RAHEL
Lachs, lachsartiger Fisch	LODDE
Ladebühne, schräge Auffahrt	RAMPE
Ladentisch, Schanktisch	THEKE
Ladung	KARGO
Lächerlichkeit	KOMIK
Längenmaß	METER
längliche Senke	MULDE
Längsrinne, Rille, Furche	RIEFE
längster Strom in Vorderindien	INDUS
Lärm, Krawall	RADAU
lärmen	TOBEN
Lärm (lat.)	RUMOR
Lärm um nichts	TRARA
lässig	LASCH
lässige Umgangssprache	SLANG
Lästerung	FLUCH
lästiges Insekt	WANZE
Lage, Ort	PLATZ
Lagebezeichnung	LINKS
Lage Bier	RUNDE

Lager, Lagerstatt	LIEGE
Lager im Freien	BIWAK
Lagerraum	DEPOT
Lagune	LIMAN
Landarbeiter	INSTE
Land des Lächelns	CHINA
Landeplatz für Flugzeuge	BASIS
Landeplatz für Schiffe	HAFEN
Landesteil	KREIS
Landheer	ARMEE
Landmann	BAUER
Landschaft am Bodensee	HEGAU
Landschaft in Kaschmir	HUNSA
Landschaft in NRW	LIPPE
Landschaftsform	HEIDE
Landschaftsform	KARST
Landspitze	ZUNGE
Landwirt	BAUER
landwirtschaftl. Nutzfläche	ACKER
landwirtschaftl. Tätigkeit	EGGEN
landwirtschaftlich	AGRAR
Landwirtschaftsgebäude	STALL
Landwirtschaftsgerät	PFLUG
lange schmale Meeresbucht	FJORD
langes Getöse	LAERM
Langlaufbahn im Skisport	LOIPE
langsame Gangart	TROTT
langsamer amerik. Tanz	BLUES
langsames Musikstück	LARGO
langsam in der Musik	LENTO
langsam reagierend	TRAEG
Langschwanzpapagei	ARARA
Lanzenart	GLEVE
laotisch-thailänd. Strom	MENAM
lappländ. Bootsschlitten	PILKE
Larve	MASKE
Lastendes	DRUCK
Lastkraftwagen, Zugmaschine	TRUCK
Last (lat.)	MOLES
Last- u. Reittier	PFERD
latein. Bibelübersetzung	ITALA
latein. Gruß	SALVE
latein. Jahrbücher, Kalender	FASTI
latein. Vorsilbe: ein Tausendstel	MILLE
latein. Vorsilbe: zwischen	INTER
latein.: Abschied	VALET
latein.: Ähre	SPICA
latein.: Allerlei	VARIA
latein.: anders	ALIAS
latein.: arm	MISER
latein.: Art, Gattung	GENUS
latein.: Art, Weise	MODUS
latein.: Blätter	FOLIA
latein.: Buch	LIBER
latein.: Bucht, Busen	SINUS
latein.: Bürger	CIVIS
latein.: das ist	IDEST
latein.: der andere	ALTER
latein.: Dichter	POETA
latein.: durch den Mund	PEROS
latein.: durch Gebrauch	EXUSU
latein.: durch Übung	EXUSU
latein.: Ende	FINIS
latein.: entsprechend	AFFIN
latein.: Erde, Land	TERRA
latein.: Erlaubnis	VENIA
latein.: er trete ab!	EXEAT
latein.: es folgt	SEQUE
latein.: es ist erlaubt	LICET
latein.: Fälschungen	FALSA
latein.: fahr fort!	PERGE
latein.: Fall	CASUS
latein.: fehlt, ist leer	VACAT
latein.: Feuchtigkeit, Körpersaft	HUMOR
latein.: Fluß	FLUOR
latein.: Form	FORMA
latein.: fort!	EXEAT
latein.: für sich	PERSE
latein.: Geschlecht	SEXUS
latein.: Gestirn	SIDUS
latein.: Gold	AURUM
latein.: grausam, ungeheuer	IMMAN
latein.: größer	MAIOR
latein.: Grund, Ursache	CAUSA
latein.: gut	BONUS
latein.: gut, richtig	RECTE
latein.: Hand	MANUS
latein.: Haß	ODIUM
latein.: Haupt	CAPUT

latein.: Haus	DOMUS
latein.: Haus	VILLA
latein.: heilig	SACER
latein.: Herd	FOCUS
latein.: hierfür	ADHOC
latein.: hinüber	ULTRA
latein.: Hund	CANIS
latein.: in der Mitte	MEDIO
latein.: ist gestorben	OBLIT
latein.: jenseits	ULTRA
latein.: Johannisbeere	RIBES
latein.: käuflich	VENAL
latein.: kleiner, jünger	MINOR
latein.: Knolle	TUBER
latein.: Kohle	CARBO
latein.: Kraut	HERBA
latein.: Kreis, Welt	ORBIS
latein.: Küste	LITUS
latein.: Lage	SITUS
latein.: Lamm	AGNUS
latein.: Lunge	PULMO
latein.: Messe	MISSA
latein.: Mutter	MATER
latein.: Name	NOMEN
latein.: Neffe, Enkel	NEPOS
latein.: nichts	NIHIL
latein.: oben	SUPRA
latein.: oberhalb	SUPRA
latein.: Ort	LOCUS
latein.: Pfahl	PALUS
latein.: Pfeffer	PIPER
latein.: Röhre	TUBUS
latein.: rot	RUBER
latein.: Sämann	SATOR
latein.: Same	SEMEN
latein.: Schmerz	DOLOR
latein.: Schuld	CULPA
latein.: schweigt	TACET
latein.: Schwester	SOROR
latein.: Seele	ANIMA
latein.: sei gegrüßt!	SALVE
latein.: Seite	LATUS
latein.: Sitten	MORES
latein.: Sitz	SEDES
latein.: Stein	LAPIS
latein.: Strafe	POENA
latein.: Strafe, Geldbuße	POENA
latein.: Tisch	MENSA
latein.: Tochter	FILIA
latein.: Tor, Pforte	PORTA
latein.: Treue	FIDES
latein.: unterhalb	INFRA
latein.: Ursprung	ORIGO
latein.: Vater	PATER
latein.: Vernunft	RATIO
latein.: weich	MITIS
latein.: Wert	VALOR
latein.: Widder	ARIES
latein.: Wolf	LUPUS
latein.: Wurzel	RADIX
latein.: Wut, Zorn	FUROR
latein.: zehn	DEZEM
latein.: zur Sache	ADREM
latein.: zwischen	INTER
lateinamerikan. Tanz	MAMBO
lateinamerikan. Tanz	RASPA
lateinamerikan. Trommel	BONGO
latein: über	SUPER
Lattengestell	HORDE
Laubbaum	AHORN
Laubbaum	BIRKE
Laubbaum	BUCHE
Laubbaum	EICHE
Laubbaum	ESCHE
Laubbaum	LINDE
Laubbaum	WEIDE
Laubgewinde	KRANZ
Laubsänger	FITIS
Laufbahnlänge	RUNDE
Lauffläche des Fußes	SOHLE
Lauffläche des Schuhwerks	SOHLE
Laufgraben	SAPPE
Laufinneres bei Feuerwaffen	SEELE
Laufrad-Erfinder	DRAIS
launisch (lat.)	MOROS
lauschen	LOSEN
laute Anrede	ANRUF
lauter Anruf	HALLO
lautes Geräusch	LAERM
lautlos	LEISE
lautlos, friedlich	STILL
laut rauschen	TOSEN
laut sprechen	RUFEN
lautstarker Wortwechsel	SZENE
Lavendel	SPIEK
lebende Einzäunung	HECKE
lebendig, lebenskräftig	VITAL
Lebensbaum	THUJA
Lebensbaum	ZEDER
Lebensdauer	ALTER
Lebersekret	GALLE

5

Lebewohl (latein.)	VALET
lebhaftes Musikstück	RONDO
Lederhaut (medizin.)	CUTIS
Lederpeitsche	KNUTE
lediglich	BLOSS
Leerseite	VAKAT
Leerverkäufer bei der Börse	FIXER
Lehmformmodell	DICKE
Lehrer Schumanns	WIECK
Lehrer v. Aristoteles	PLATO
Lehre vom Licht	OPTIK
Lehre vom sittl. Handeln	ETHIK
Lehre von den Typen	TYPIK
Lehrling	AZUBI
Lehrling in Land- u. Forstwirtschaft	ELEVE
Leibeserziehung	SPORT
Leib ohne Kopf u. Glieder	RUMPF
Leibwache	GARDE
Leichtathlet	GEHER
leichtathlet. Gerät	KUGEL
leichtathlet. Sportart	GEHEN
leichte Luftbewegung	HAUCH
leichter Flaschenzug	TALJE
leichter Pullover	NICKI
leichter Reitersoldat	HUSAR
leichter Stoß	STUPS
leichter Wind	BRISE
leichter Wollstoff	ARRAS
leichtes Gewebe mit Metallfäden	ORNIS
leichtes Pferdefuhrwerk	BREAK
leichtes Seidenzeug	BURAT
leichtes Tropenholz	BALSA
leicht gewellter Stoff	CREPE
leicht klatschender Schlag	KLAPS
leicht nachgebend	WEICH
leicht veränderlich	LABIL
leid tun	REUEN
Leim (lat.)	KOLLA
Leine-Zufluß	RHUME
Leipziger Modetanz	LIPSE
leise in der Musik	PIANO
leistungsfähig	VITAL
Leiterwagenleiste	LISSE
Leitfaden	KANON
Leitgedanke, Leitmotiv, -spruch	MOTTO
Leitgedanke, Sinn	TENOR
Leitgedanke, -spruch	MOTIV
Leitseil f. Pferde	LONGE
Leitspruch	MOTTO
Leitungsdraht	LITZE
Lemur, Halbaffe	POTTO
Lemuride	INDRI
Lena-Zufluß	ALDAN
Lendenmuskel	PSOAS
Lendenstück	FILET
Lendentuch der Inder	DHOTI
Lernzeit	LEHRE
lettischer Fluß	DUENA
lettischer Ostseehafen	LIBAU
lettische Stadt an d. Drixe	MITAU
lettische Stadt in Kurland	LIBAU
lettisches Volkslied	DAINO
letzter ägypt. König	FARUK
letzter König Libyens	IDRIS
letzter König von Israel	HOSEA
Leu	LOEWE
Leuchte	LAMPE
leuchtend	LICHT
Leuchtzeichen	FANAL
Levitengruppe des AT	KORAH
libanes. Hafenstadt	TYRUS
libanes. Stadt	ESSUR
libanes. Stadt	SIDON
libanes. Stadt	ZAHLE
libysche Hafenstadt	DERNA
libysche Oase	SIWAH
libysche Oasengruppe	KUFRA
libysche Stadt	BARKA
libysche Stadt	FATAH
libysche Stadt	KHUMS
Lichtbild	PHOTO
Lichtbündelungsgerät	LASER
Lichtfülle	HELLE
Lichtspiegelung	GLANZ
Lichtstromeinheit	LUMEN
Liebelei	FLIRT
Liebesgottfigur in Kindgestalt	EROTE
Liebesgottfigur in Kindgestalt	PUTTE
Liebhaberei	HOBBY
lieblich (lat.)	AMOEN
Liebreiz	ANMUT
liechtenstein. Hauptstadt	VADUZ
Lied, Gesang (griech.)	MELOS
liedartige Dichtung	LYRIK

Lied der Französ. Revolution	CAIRA
Liederjan	LUDER
Liegesofa	COUCH
Liegestatt	LAGER
Lilie	GILGE
Liliengewächs	AGAVE
Liliengewächs	LAUCH
Liliputaner	ZWERG
linke Hand	LINKE
linke Kontenseite	DEBET
Linse, Linsensystem	OPTIK
Lippenblütler	MINZE
Lissaboner Kloster	BELEM
List	KNIFF
List, Arglist	DOLUS
List, Kunstgriff	TRICK
Litauer	BALTE
litauische Hauptstadt	WILNA
litauische Stadt am Kurisch. Haff	MEMEL
litauisches Volkslied	DAINA
liturgisches Gefäß	KELCH
liturgisches Gerät	KREUZ
livrierter Diener	LAKAI
Lob, Lobgesang, -rede	HYMNE
Lob, Lobgesang, -rede	PREIS
Lobrede	ELOGE
Lockmittel	LUDER
lodernd brennen	LOHEN
Löhnung	HEUER
Logarithmenzahl	MODUL
Loire-Zufluß	BORNE
Loire-Zufluß	ERDRE
Loire-Zufluß	INDRE
Loire-Zufluß	MAINE
Londoner Stadtbezirk	ACTON
Londoner Stadtburg	TOWER
lothring. Herzogsgeschlecht	GUISE
Lotsenfisch	PILOT
Lübecker Bildhauer (15. Jh.)	NOTKE
Lübecker Maler (15. Jh.)	NOTKE
Lüge, Zank	STUNK
Lümmel	FLAPS
Luftgeist	ARIEL
luftgetrockneter Ziegel	ADOBE
Luft holen	ATMEN
Luftklappe bei Kfz.-Motoren	CHOKE
Luftlinie	AGONE
Luftrolle	SALTO
Lufttrübung	DUNST
Lufttrübung	NEBEL
Lunge (mediz.)	PULMO
Lust, Seligkeit	WONNE
lustig, vergnügt	FIDEL
luxemb. Fluß	MAMER
luxemb. Fluß	WILTZ
luxemb. Mosel-Zufluß	SAUER
luxemb. Stadt	WILTZ
Luzifer, Gottseibeiuns	SATAN
Lymphknotengeschwulst	TYROM
Lyra	LEIER
Lyriker	CELAN
lyrische Dichtform	EPODE
Maas-Zufluß	LESSE
Maas-Zufluß	NEERS
Maas-Zufluß	VENCE
Maas-Zufluß aus dem Rheinland	NIERS
madegassischer Rackenvogel	KUROL
mächtig, leistungsfähig	STARK
Mähne, Quaste	TOLLE
mährischer Donau-Zufluß	MARCH
mährische Stadt an der Iglawa	IGLAU
mährische Stadt an der Thaya	ZNAIM
Männername	ADOLF
Männername	ALOIS
Männername	ALOYS
Männername	ARNIM
Männername	ARTUR
Männername	BERND
Männername	EDGAR
Männername	EDWIN
Männername	ERICH
Männername	ERWIN
Männername	EWALD
Männername	FELIX
Männername	FRANK
Männername	JOBST
Männername	JOSEF
Männername	OSWIN
Männername	WILLI
Männerstimme, -stimmlage	TENOR
männl. Blutsverwandter	AGNAT
männl. Ente	ERPEL
männl. Fuchs, Marder, Wolf	RUEDE
männl. Geschlechtsteil	GLIED
männl. Glied	PENIS
männl. Katze	KATER
männl. Keimdrüsen	HODEN
männl. Rind	STIER

5

männl. Verwandter	ONKEL
männl. Vorfahr	URAHN
männl. Vorname	ALWIN
männl. Wildkatze	KUDER
Mär, Märchen	FABEL
Märchenfrau	HOLLE
märkischer Dichter	ARNIM
Märtyrer	ALBAN
Märtyrerin u. Heilige	LUCIA
Mätresse	BUHLE
Mäusefängerin	KATZE
Magazin	DEPOT
Magazin	LAGER
Magd, Hure	DIRNE
Magenteil bei Wiederkäuern	WANST
Magier	HEXER
Magnetbandgerät	AMPEX
Mahagoni-Art	AKAJA
Mahl, Mahlzeit	ESSEN
Mahl, Mahlzeit	LUNCH
Mahlrückstand	KLEIE
Mahlzahn	MOLAR
Maifisch	ALOSE
Mailänder Opernhaus	SCALA
Main-Zufluß	MUDAU
Main-Zufluß	NIDDA
Main-Zufluß	SAALE
Makel	ODIUM
Maki, Maki-Affe	KATTA
Maki, Maki-Affe	LEMUR
malade	KRANK
malaiisch. Bundesstaat	KEDAH
malaiisch. Bundesstaat	PERAK
malaiisch. Stämme auf Borneo	DAJAK
Maler des Schwarzwalds	THOMA
Malermaterial	FARBE
malvenfarbig	MAUVE
Malvengewächs mit Bastfasern	URANA
Malzbier	MUMME
Mandelkrähe	RACKE
Mangel	MANKO
Mangel	MINUS
Manilahanf	ABAKA
mannhaft, männlich	VIRIL
Mannschaftsraum	LOGIS
Mann v. Iokaste	LAIOS
Mann v. Maria Theresia	FRANZ
Mann v. Ran	AEGIR
Mann v. Thusnelda	ARMIN
Mantelstoff	LODEN
Manteltier	SALPE
Marderart	DACHS
Marderart	JAERV
Marianeninsel	PAGAN
Marinade beim Kochen	BEIZE
Marktbude	STAND
Markt im Orient	BASAR
marokkan. Hauptstadt	RABAT
marokkan. Stadt	OUJDA
Marotte	LAUNE
Marschall Napoleons I.	MURAT
Marschgruppe, Tiergruppe	ROTTE
Marschhügel	WURTE
marxist. Philosoph	BLOCH
Maschinendrehstange	WELLE
Masse im Erdinneren	MIGMA
Massenangst	PANIK
massig, massiv	FEIST
maßlos	ENORM
maßloses Begehren	SUCHT
Mastabstützung	STAGE
mastloses Boot	BARKE
Match	KAMPF
Mater dolorosa	PIETA
Materie, Gegenstand	STOFF
Materiemenge	MASSE
mathem. Unterdeterminante	MINOR
Matrize	MATER
mattgelb	CREME
Mattkohlenart	DURIT
Mauerpfeffer, Fetthenne	SEDUM
Maul beim Wild	AESER
Maulesel (lat.)	MULUS
maulwurffarben	TAUPE
Maulwurfsgrille	WERRE
Maurerwerkzeug	KELLE
mauretan. Stadt	KAEDI
Mauserung der Wasservögel	RAUHE
Maya-Ruinenstadt	TIKAL
mechan. Kraft	DRUCK
mecklenburg. Stadt an d. Müritz	WAREN
medizin. Ableitung	DRAIN
medizin.: Ätzstift	LAPIS
medizin.: Atemstillstand	APNOE
medizin.: Blödsinn	ANOIA
medizin.: Brustgeräusch	KANOR
medizin.: Dickdarm	KOLON
medizin.: Dornfortsatz	SPINA
medizin.: Drüse	GLANS
medizin.: Geburtzange	LABIS

medizin.: geronnenes Blut	KRUOR
medizin.: große Pustel	RUPIA
medizin.: Harnen	URESE
medizin.: Haut	DERMA
medizin.: Hautöffnung	PORUS
medizin.: Kinderkrampf	FRAIS
medizin.: Körperzustand	HEXIS
medizin.: Leber	HEPAR
medizin.: Milz	SPLEN
medizin.: Mund	STOMA
medizin.: Schienbein	TIBIA
medizin.: Schweiß	SUDOR
medizin.: Schwiele	TYLOM
medizin.: Spannungszustand	TONUS
medizin.: Stauung	STASE
medizin.: Vorsprung	TUBER
medizin.: weibl. Brust	MAMMA
medizin.: Wundjauche	ICHOR
medizin.: Zittern	TREMA
Medusa	GORGO
Meeräsche	MUGEL
Meerbrasse	ORADE
Meerbusen	BUCHT
Meeresraubtier	ROBBE
Meeressäugetier	ROBBE
Meeresströmung	DRIFT
Meeresströmung	TRIFT
Meerestier	FISCH
Meeresvogel	MOEWE
Meereswoge	WELLE
Meerkatzenart	MAGOT
Meerotter	KALAN
Mehlklößchen	NOCKE
mehrlagige Papierart	PAPPE
Mehrzahl v. Konto	KONTI
Mehrzahl von Penny	PENCE
Meierei, Pachtgut	FERME
Meistersinger bei Wagner	FOLTZ
Meistersinger bei Wagner	MOSER
Meistersinger bei Wagner	ORTEL
Melasse, Rübensaft	SIRUP
Meldeschiff	AVISO
Menschen	LEUTE
menschenfreundlich	HUMAN
Menschengattung	RASSE
Menschenrasse	NEGER
menschl. Stimme	ORGAN
menschlich	HUMAN
Merkzeichen	MARKE
Merle	AMSEL
mesopotam. Wasserschöpfrad	NAURA
Messingmischung	POTIN
Meßkelchdecke	PALLA
Meßlatte	JALON
Meßwerkzeug	LEHRE
Metallbarren	INGOT
Metallblatt	FOLIE
Metallbolzen	NIETE
Metallfaden	DRAHT
Metallgliederband	KETTE
Metalllegierung f. Schmuck	TALMI
Metallniet	STIFT
Metallplatte	BLECH
metamorphoses Gestein	GNEIS
Meteor	BOLID
Methode, Modus	WEISE
Metier	BERUF
metrische Gewichtseinheit	GRAMM
Meute	HORDE
Meute, Rudel	SCHAR
mexikan. Hafenstadt in Yucatán	SISAL
mexikan. Indianerstamm	NAHUA
mexikan. mystizistisch. Lyriker	NERVO
Mienenspiel	MIMIK
Mikrowellenverstärker	MASER
Milbe, Holzbock	ZECKE
Milchdrüse b. Säugetieren	EUTER
Milchdrüsenabsonderung	MILCH
Milchprodukt	KAESE
Milchschüssel	SATTE
Milchwein	KEFIR
Milchwein	KUMYS
mild, reizlos	BLAND
mild, sacht, zart	SANFT
Milieuzeichner Berlins	ZILLE
militär. Dienstgrad	MAJOR
militär. Einheit	KORPS
militär. Flughafen	HORST
militär. Gruß	SALUT
militär. Nachschubtruppe	TRAIN
militär. Stützpunkt	BASIS
militär. Training	DRILL
Millionenstadt am Nil	KAIRO
minderwertiger Schnaps	FUSEL
Minen-Anteil	CLAIM
Mineral, Titanit	SPHEN

Mineral-verbin-dung	GNEIS
Minister in islam. Staaten	WESIR
mischen	MIXEN
Misch-gerät	MIXER
Misch-getränk	SPEZI
Misch-getränk, Mix-getränk	SHAKE
Mischling aus Schwarzem u. Indianer	CHINO
Mischling v. Weißen und Indios	CHOLO
Misch-masch	PAMPE
miserabel	ELEND
Misere	ELEND
Misere, Mißstand	UEBEL
Missetat	UNTAT
Mißgunst	GROLL
Missionar d. Grön-länder	EGEDE
Missionar der Wenden	BENNO
mißlich	FATAL
Mißmut	GRANT
Mißmut	UNMUT
Mistgabel	FORKE
Mitbe-gründer des Da-daismus	TZARA
mit dem Besen reinigen	FEGEN
mit den Augen wahr-nehmen	SEHEN
mit den Fäusten kämpfen	BOXEN
mit Dop-pelanker sichern	MUREN
mit gerader Samen-anlage	ATROP
Mitra	INFUL
mitteilen	SAGEN
mittelalt. Berufs-verei-nigung	GILDE
mittelalt. Gefolgs-mann	DEGEN
mittelalt. Gottes-urteil	ORDAL
mittelalt. Graf	COMES
mittelalt. Gutsver-walter	MEIER
mittelalt. Kapuze	GUGEL
mittelalt. Lehns-güter	FEUDA
mittelalt. Liebes-dienst	MINNE
mittelalt. lyrisch. Gedicht	LEICH
mittelalt. Noten-zeichen	NEUME
mittelalt. Nutzrecht	LEHEN
mittelalt. Segel-schiff	KOGGE
mittelalt. Siegel-kapsel	BULLE
mittelalt. Städte-bund	HANSE
mittel-amerikan. Indianer-stamm	CUNAO
mittel-chilen. Fluß	MAIPO
mittel-chilen. Provinz	MAULE
mittel-chilen. Stadt	TALCA
mittel-engl. Fluß	TRENT
mittel-engl. Stadt in Bedford	LUTON
mittel-franz. Departe-ment	INDRE
mittel-franz. Departe-ment	YONNE
mittel-franz. Land-schaft	BERRY
mittel-ital. Fluß	ESINO
mittel-ital. Stadt	LUCCA
mittel-ital. Stadt	SUTRI
Mittellinie	ACHSE
Mittel-losigkeit	ARMUT
Mittel-meer-Insel-bewohner	SARDE
Mittel-meer-Teil	ADRIA
Mittels-mann	AGENT
Mitten-walder Geigen-bauer	KLOTZ
mittlere Lebens-bedin-gungen	PEJUS
Modenarr	DANDY
moderner Jazzstil	SWING
moderner Tanz	SHAKE
moderner Tanz	SWING
moderner Tanz	TWIST
moderne Tanz-musik	SWEET
modern f. Pazifist	TAUBE
Moder-schicht des Bodens	HUMUS
Modetanz	BEBOP
modrig, muffig	DUMPF
Möbel-stück, Tafel	TISCH
möbliert (franz.)	GARNI
Mönchs-behausung	CELLA
Mönchs-dorf in Griechen-land	SKETE
Mönchs-kapuze	KAPPE
Mönchs-kleidung	KUTTE
Mogul-kaiser	AKBAR
moham-medan. Gelehrter	HODJA
moham-medan. Religions-buch	KORAN
Moham-meds Mutter	AMINA
Mohren-hirse	DURRA
Molch	LURCH
Molukken-insel	AMBON
Molukken-insel	CERAM
Monats-blutung	REGEL
Monats-mitte	MEDIO
Mond des Saturn	MIMAS
Mond-gebirge	TYCHO
mongol. Anführer, Fürst	ILKAN
Mongolen-herrscher	TIMUR

mongolische Münze	MONGO
montenegrin. Hafen	KOTOR
montenegrin. Stadt	OHRID
moralische Gesinnung	ETHOS
Morast, Ried	SUMPF
Moraststelle	SUHLE
Morgen-, Abendstern	VENUS
morgenländ. Eremitenkloster	LAURA
Moschee-Heiligtum in Mekka	KAABA
Moscheenkanzel	KORSI
Moscheentyp	LIWAN
Moschus	BISAM
moschusartiger Duftstoff	ZIBET
Moschuskrautgewächs	ADOXA
Mosel-Zufluß	RUWER
Motorfahrrad	MOPED
Mottenkraut	PORST
Mottenschutzmittel	EULAN
Mühlen-Siebgerät	TARAR
Müllereiabfall	KLEIE
Münchener Baumeister	SEIDL
Münchener Maler	LEIBL
Münchener Maler	STUCK
Mündung des Hochofenschachts	GICHT
Mündungsarm der Donau	KILIA
Mündungsarm der Memel	GILGE
Mündungsarm der Oder	PEENE
Mündungsarm der Oder	SWINE
Mündungsarm des Ganges	HUGLI
münsterländ. Stadt an der Ems	RHEDA
Münze in Botswana	THEBE
Münze in Gambia	BUTUT
Münze in Griechenland	LEPTA
Münze in Guinea	CAURI
Münze in Mauretanien	KHOUM
Münze in Sambia	NGWEE
Münze in Zaire	SENGI
Münzfeingehalt	TITRE
Münzvorderseite	AVERS
mürrisch (lat.)	MOROS
Mütze	KAPPE
Mulatten-Mischling	CASCO
Mulde	KUHLE
Mulde, Vertiefung	SENKE
Mundart	IDIOM
mundartl. f. Flegel	FLAPS
mundartl. f. Haken	HAFFE
mundartl. f. Schinken	HAMME
mundartl. f. Trockengestell	HORDE
Mundrand	LIPPE
Mundteil, Geschmacksorgan	ZUNGE
Mur-Zufluß	MUERZ
Muschelgeld	KAURI
Muschelprodukt	PERLE
Museum in Madrid	PRADO
Musical von Webber	EVITA
musikal. Bühnenwerk	REVUE
musikal. Figur	DUOLE
musikal. Tanzstück	SUITE
musikal. Zwischenspiel	PIECE
musikal.: genug, sehr	ASSAI
musikal.: langsam	LARGO
musikal.: laut	FORTE
musikal.: leicht, heiter	LESTO
musikal.: mit Würde	GRAVE
musikal.: sanft, lieblich	DOLCE
musikal.: sanft, lieblich	SOAVE
musikal.: Satz	PARTE
musikal.: schnell	TOSTO
musikal.: sehr langsam	GRAVE
musikal.: traurig	MESTO
Musikausdr. f. alle zusammen	TUTTI
Musikausdruck f. mittel	MEZZO
Musikausdruck f. schwer	GRAVE
Musikausdruck f. trocken	SECCO
Musikausdruck f. viel, sehr	MOLTO
Musikausdruck f. viel, sehr	TANTO
Musikinstrumentbespannung	SAITE
Musikstück für zwei	DUETT
Muskatblüte	MACIS
Muskelfaser	FIBER
Muskelglied im Mund	ZUNGE
Muskelspannung	TONUS
Muß, Notwendigkeit	ZWANG
Muße, Zeitspanne	WEILE
musselinartiger Stoff	CHALY
Muster, Versuch	PROBE
Musterband (Verlagswesen)	DUMMY
mustergültig	IDEAL
mutig	KUEHN

5

5

Mutterboden	HUMUS
Mutter der Nereiden	DORIS
Mutterhering	ALOSE
Mutterkloster der Kluniazenser	CLUNY
Mutterschaf	ZIBBE
Mutter v. Aphrodite	DIONE
Mutter v. Autora, Semele und Eos	THEIA
Mutter v. Ismael	HAGAR
Mutter v. Jesus	MARIA
Mutter v. Moses	AMRAM
Mutter v. Pallas Athene	METIS
Mutter v. Perseus	DANAE
Mutter v. Tiberius	LIVIA
Mutterwitz	HUMOR
nach Abzug	NETTO
nachahmen	MIMEN
Nachahmung, Nachbildung	KOPIE
Nachbarschaft	NAEHE
Nacheinander	FOLGE
Nachfolger Aga Khans	KARIM
Nachfolger des heiligen Petrus	LINUS
Nachfolger Mohammeds	KALIF
Nachfolger Mosis	JOSUA
Nachkomme Hams	HAMIT
Nachkomme Sems	SEMIT
nachlässig	LEGER
Nachlaßempfängerin	ERBIN
Nachlaß empfangen	ERBEN
Nachmittagsmahlzeit	JAUSE
nach oben	EMPOR
nach Osten ausrichten	OSTEN
Nachricht	KUNDE
Nachschubtruppe	TROSS
Nachteil	DAMNO
Nachteil	MINUS
Nachtgottesdienst	METTE
Nachtrunde	RONDE
Nachtviole	KILTE
nach unten	HINAB
Nackenschärpe	STOLA
nackt	BLOSS
Nadelbaum, Nadelholz	TANNE
Nähmaterial	FADEN
Nährwert-Einheit	JOULE
Nähwerkzeug	NADEL
näselnd	NASAL
Nagetier	BIBER
Nahkampf beim Boxen	FIGHT
Nahrungsaufnahme d. Wildes	AESEN
Nahrungsmittel	MILCH
Namengebung, Sakrament	TAUFE
Name von acht Päpsten	URBAN
Name von vier Päpsten	EUGEN
Narbenleder	NUBUK
Narkosemittel, Narkotikum	OPIUM
narkotisches Mittel	OPIAT
Nasenbär	COATI
Nasenbär	KOATI
Nasenkatarrh d. Pferde	DRUSE
Nasenlaut	NASAL
Nasenschleim	POPEL
Natronfeldspat	ALBIT
natürlicher Zaun	HECKE
naturalist. Dramatiker	HALBE
Naturdünger	GUANO
naturfarben	EKRUE
naut. Längenmaß	FADEN
naut. Längenmaß	KABEL
naut.: Linienverlauf	STARK
naut.: Schiffsweg	TRACK
naut.: Tauwindung	TOERN
Navigationsverfahren	LORAN
ndtsch. f. klein	LUETT
ndtsch. f. quicklebendig	QUECK
Nebenfrau Abrahams	HAGAR
Nebengebäude	ANBAU
Nebenschlußwiderstand	SHUNT
Neckar-Zufluß	AMMER
Neckar-Zufluß	EYACH
Neckar-Zufluß	GLATT
Neckar-Zufluß	JAGST
Neckar-Zufluß	ULFEN
Neckar-Zufluß	ZABER
Negativdruckform	MATER
negativ geladenes Atom	ANION
negerengl.: Herr	MASSA
Negergitarre	BANJO
Negerkeule	KIRRI
Negervolk am Weißen Nil	DINKA
Neigung, Tendenz	TREND
Neiße-Zufluß	LUBST
Nelkengewächs	MIERE
Nennwort	NOMEN
nepales. Stadt	PATAN

nepales. Volk	LIMBU
nepales. Volk	MAGAR
nepales. Volk	NEWAR
nepales. Volk	THARU
nepales. Währung	RUPIE
Nerfling	ALAND
Nervengas	SARIN
Nervengas	TABUN
Nervengeschwulst	GLIOM
Nesselqualle	POLYP
Netzgewebe	LACIS
Netzstoff	FILET
neue Hauptstadt v. Nigeria	ABUJA
neuer Gebäudeteil	ANBAU
neuer Name des Kongo	ZAIRE
Neuerung, Neuheit	NOVUM
neunzehnter US-Präsident	HAYES
neuseeländ. Ureinwohner	MAORI
Nibelungengestalt	HAGEN
Nibelungenstadt am Rhein	WORMS
nicht billig	TEUER
Nichtchrist	HEIDE
nicht dick	DUENN
nicht eine	KEINE
nicht einheimisch	FREMD
nichtengl. Graf (engl.)	COUNT
Nichterfüllung	FRUST
nicht gerade	KRUMM
nicht gesund	KRANK
nicht groß	KLEIN
nichtig	EITEL
Nichtigkeit	HUDEL
nichtkämpfender Truppenteil	TROSS
nicht laut	LEISE
nicht laut	RUHIG
nichtmilitärisch	ZIVIL
Nichtmohammedaner	GIAUR
Nichtmohammedaner	KAFIR
nichtschiffbarer Meeresarm	BAYOU
nicht schmal	BREIT
nichtssagend	BANAL
Nichtstun	MUSSE
nicht verholzendes Gewächs	KRAUT
nicht viel	WENIG
nicht zu biegen	STEIF
niederdeutsch. Autor	FEHRS
niederdeutsch. Autor	GROTH
niederdeutsch. Sprache	PLATT
niedere Geschlechtszelle	GAMET
niederes Volk	PLEBS
niederl. Architekt	BROEK
niederl. Fischerboot	HUKER
niederl. Mineralölkonzern	SHELL
niederl. Physiker (Nobelpr.)	DEBYE
niederl. Physiker (Nobelpr.)	WAALS
niederl. Porzellanstadt	DELFT
niederl. Sexualforscher	VELDE
niederl. Sozialreformer	EEDEN
niederl. Stadt an der Maas	GRAVE
niederl. Stadt an der Maas	VENLO
niederl. Stadt in Friesland	SNEEK
niederl. Stadt in Limburg	WEERT
niederl. westfriesische Insel	TEXEL
niederl.: Krieg	ORLOG
niederländ. Admiral (17. Jh.)	TROMP
niederländ. Antillen-Insel	ARUBA
niederländ. Architekturmaler	NEEFS
niederländ. Bildhauer	VRIES
niederländ. Botaniker	VRIES
niederländ. Freiheitskämpfer	GEUSE
niederländ. Genremaler	METSU
niederländ. Komponist	ISAAC
niederländ. Komponist	LASSO
niederländ. Maler	BOSCH
niederländ. Maler	BOUTS
niederländ. Maler	DAVID
niederländ. Maler	HOOCH
niederländ. Maler	LUCAS
niederländ. Maler	VELDE
niederländ. Maler (17. Jh.)	STEEN
niederländ. Staatsmann	HOORN
niederländ. Stadt	BREDA
niederländ. Stadt	DELFT
Niederlassung	DEPOT
niederösterr. Donau-Zufluß	KREMS
niederösterr. Stadt an d. Donau	KREMS

nieder-österr. Stadt an d. Donau	TULLN
Nieder-rhein-hafen	NEUSS
nieder-sächs. Stadt an der Ahle	USLAR
nieder-sächs. Stadt an der Elbe	STADE
Nieder-schlag	REGEN
nieder-schles. Stadt am Bober	SAGAN
nieder-trächtig	INFAM
niedriges Liegesofa	DIWAN
Nieren-baum	AKAJA
Nieten-hose	JEANS
nigerian. Stadt	ENUGU
nigerian. Stadt	MINNA
nigerian. Stadt am Niger	JEBBA
Niger-Zufluß	BENUE
Nilneger	NILOT
nilohami-tischer Stamm in Kenia	NANDI
nilotische Sprache	LANGO
nilotische Sprache	TIBBU
Nippon	JAPAN
Niveau	LEVEL
Noahs Schiff	ARCHE
noch mehr	SOGAR
nord. Frucht-barkeits-göttin	HULDA
nord. Tauch-vogel	LUMME
nordafri-kan. Bucht	SYRTE
nord-afrikan. Gebirge	ATLAS
nordafri-kan. Haupt-stadt	TUNIS
nord-afrikan. Wühl-echse	SKINK
nord-afrikan. Wüsten-fuchs	FENEK
nord-afrikan. Wüsten-wind	GIBLI
Nord-afrikaner	MAURE
nord-amerikan. Fächer-palme	SABAL
nord-amerikan. Indianer-frau	SQUAW
nord-amerikan. Indianer-stamm	CADDO
nord-amerikan. Indianer-stamm	CREEK
nord-amerikan. Indianer-stamm	MODOK
nord-amerikan. Indianer-stamm	OMAHA
nord-amerikan. Viehfarm	RANCH
nord-argentin. Stadt	SALTA
nordasia-tischer Sturm	BURAN
nord-böhmische Stadt	BRUEX
nord-chilen. Hafen-stadt	ARICA
nord-chilen. Provinz	TACNA
nord-chines. Provinz	HONAN
nord-chines. Provinz	HUBEI
nord-deutscher Dichter	STORM
nord-deutscher Fluß	EIDER
nord-deutsche Stadt	HEIDE
norddtsch. Land-schafts-form	GEEST
norddtsch. Land-schafts-form	HEIDE
Nord-europäer	DAENE
Nord-europäer	LAPPE
nord-franz. Departe-ment	MARNE
nord-franz. Departe-ment	SOMME
nord-franz. Fluß	MARNE
nord-franz. Fluß	SEVRE
nord-franz. Fluß	SOMME
nord-franz. Hafen-stadt	BREST
nord-franz. Stadt	ARRAS
nord-franz. Stadt	DOUAI
nord-franz. Stadt	LILLE
nordfrie-sische Hafen-stadt	HUSUM
nordfrie-sische Hallig	OLAND
nordfrie-sische Insel	AMRUM
nordfrie-sische Insel	FOEHR
nordfrie-sische Insel, Hallig	HOOGE
nordfrie-sisches Flächen-maß	DEMAT
nord-griech. Stadt	DRAMA
nord-indische Dynastie	GUPTA
nord-indische Stadt	JAMMU
nordisch. Kobold, Dämon	TROLL
nord-israel. Hafen-stadt	HAIFA
nordital. Fluß	ETSCH
nordital. Hafen-stadt	GRADO
nordital. Land-schaft	AOSTA
nordital. Stadt	FORLI
nordital. Stadt	UDINE
nordkau-kasischer Fluß	KUBAN

nordost-afrikan. Fuchs	JENGI
nordost-afrikan. Staat	SUDAN
nordost-brasilian. Hafen-stadt	CEARA
nordost-chines. Provinz	KIRIN
nordost-chines. Stadt	KIRIN
Nordost-europäer	BALTE
Nordost-europäer	LETTE
nordost-poln. Stadt am Narew	LOMZA
nordost-schott. Graf-schaft	MORAY
nordost-span. Kap	CREUS
nordost-ungar. Weinort	TOKAJ
Nordost-wind	BIESE
nord-persische Land-schaft	GILAN
nord-peruan. Provinz	PIURA
nordruss. Fluß	DWINA
nord-schwed. Stadt	BODEN
nord-schwed. Stadt am Luleälv	LULEA
Nordsee-bad	JUIST
Nord-skandina-vier	LAPPE
nordspan. Hafen-stadt	GIJON
Nord-west-Europäer	BRITE
nordwest-iran. Stadt	URMIA
nordwest-ital. Stadt	AOSTA
nordwest-kanad. Territo-rium	YUKON
nordwest-portugies. Stadt	BRAGA
nordwest-russ. Fluß	ONEGA
Norm, Normen-maß	KANON
Norman-nenfürst	ROGER
Norman-nenfürst in Rußland	RURIK
Norne	SKULD
norweg. Dichter	IBSEN
norweg. f. Hedwig	HEDDA
norweg. Fluß	BEGNA
norweg. impres-sionist. Maler	KROHG
norweg. Komponist	GRIEG
norweg. naturali-stische Autorin	SKRAM
norweg. Politiker (Nobel-preis)	LANGE
norweg. Stadt	BODOE
norweg. Stadt in Telemark	SKIEN
norweg. Verwal-tungs-bezirk	FYLKE
norweg. Währungs-einheit	KRONE
norweg.: Norwegen	NORGE
Not, Notlage	ELEND
Nothelfer	GEORG
not-leidend	ELEND
Nürnber-ger Bild-hauer, Maler	STOSS
Nürn-berger Holz-schneider	AMMAN
Nürn-berger Kupfer-stecher	BEHAM
Nürn-berger Maler	BEHAM
Nürn-berger Meister-singer	SACHS
Nürn-berger Zeichner, Schnitzer	AMANN
nützliches Insekt	BIENE
nur	BLOSS
Nuß-konfekt	NUGAT
Nuß-zucker-werk	NUGAT
Nut, Nute	KERBE
Nutzen, Zweck	BEHUF
Nutzland	ACKER
Nutztier-schar	HERDE
obendrein	HINZU
ober-ägypt. Stadt	ASIUT
ober-ägypt. Stadt am Nil	LUXOR
ober-bayer. Benedik-tinerabtei	ETTAL
ober-bayer. Stadt am Chiemsee	PRIEN
obere Dach-kante	FIRST
oberer Raum-abschluß	DECKE
oberer Rumpfteil	BRUST
oberer Sensen-griff	HAMME
oberes Aaretal	HASLI
obere Vorsegel-ecke	HEISS
oberhalb von	UEBER
Oberhirt d. röm.-kathol. Kirche	PAPST
oberital. Adda-Zufluß	SERIO
oberital. Adria-Zufluß	PIAVE
oberital. Stadt am Ticino	PAVIA
oberital. Stadt an der Via Emilia	PARMA
oberital. Stadt in Venetien	PADUA
Oberlauf der Limmat	LINTH
Ober-mauer der Basilika	GADEN
Ober-schenkel-knochen	FEMUR
Ober-schicht	CREME
ober-schlesi-sche Stadt	PLESS
ober-schle-sische Witzfigur	ANTEK

Oberschwelle	STURZ
oberste Lederschicht	NARBE
oberste russ. Kirchenleitung	SYNOD
oberste Schicht d. Kreidezeit	SENON
Ob-Zufluß	SOSVA
Oder-Zufluß	BOBER
Oder-Zufluß	FINOW
Oder-Zufluß	WEISE
Odins Rabe	HUGIN
Odins Rabe	MUNIN
Odins Wolf	FREKI
öde, leer	WUEST
öffentl. Ärgernis	EKLAT
öffentlich	KORAM
Ölbaumgewächs	ESCHE
Ölbaumharz	ELEMI
Ölpflanze warmer Länder	SESAM
örtlich begrenzt	LOKAL
Örtlichkeit	LOKAL
Öse am Segel	LEGEL
österr. Alpenpaß	PYHRN
österr.-amerikan. Musicalkompon.	LOEWE
österr.-amerikan. Physiker (Nobelpr.)	PAULI
österr. Architekt	SITTE
österr. Architekt	URBAN
österr. Autor, Friedensforscher	JUNGK
österr.-bayr. Fluch	SAKRA
österr. Bundesland	TIROL
österr. Bundespräsident	SEITZ
österr. Chemiker (Nobelpreis)	PREGL
österr. Dichter	JANDL
österr. Dichter, Graphiker	KUBIN
österr. Dichter, Lyriker	CELAN
österr. Dichter, Schriftsteller	BROCH
österr. Dichter, Schriftsteller	CORTI
österr. Dichter, Schriftsteller	MUSIL
österr. Dichter (Nobelpreis)	FRIED
österr. Dichter Schriftsteller	LENAU
österr. Dirigent	BOEHM
österr. Donau-Landschaft	LOBAU
österr. Donau-Zufluß	TRAUN
österr. Donau-Zufluß	TULLN
österr. expression. Lyriker	TRAKL
österr. f. Maria	MITZI
österr. f. Traggestell	KRAXE
österr. Filmkomiker	MOSER
österr. Filmregisseur	FORST
österr. Filmregisseur	PABST
österr. Filmschauspieler	FORST
österr. Frauenarzt	KNAUS
österr. Jazzpianist	GULDA
österr. Kabarettistin	LENYA
österr. Kaiser	FRANZ
österr. klassizist. Maler	MENGS
österr. Komponist	DAVID
österr. Komponist	HAYDN
österr. Komponist, Dirigent	CERHA
österr. Komponist (atonal)	HAUER
österr. Kurort an der Saalach	LOFER
österr. Kurort bei Wien	BADEN
österr. Maler	FUCHS
österr. March-Zufluß	THAYA
österr. myst.-symbol. Dichter	KAFKA
österr. Nationalökonom	SPANN
österr. Nationalökonom (Nobelpr.)	HAYEK
österr. Operettenkomponist	LEHAR
österr. Operettenkomponist	STOLZ
österr. Operettenkomponist	SUPPE
österr. Pazifist	FRIED
österr. Pharmakologe (Nobelpr.)	LOEWI
österr. Philosoph	RIEHL
österr. Physiker	MACHE
österr. Physiologe	SELYE
österr. Politiker, Bundespräsid.	JONAS
österr. Popsänger	FALCO
österr. Psychologe	ADLER
österr. Rennfahrer (Niki)	LAUDA
österr. Schauspieler	BOEHM
österr. Schauspieler	KAINZ
österr. Schauspieler	MOSER

österr. Schriftsteller	KAFKA
österr. Schriftsteller	ZWEIG
österr. Schriftstellerin	SPIEL
österr.-slowen. Paß	LOIBL
österr. Sozialdemokrat	ADLER
österr. Soziologe	SPANN
österr. Stadt an d. Leitha	BRUCK
österr. Stadt an der Donau	GREIN
österr. Stadt an der Mur	BRUCK
österr. Stadt an Isel und Drau	LIENZ
österr. Stadt an Steyr und Enns	STEYR
österr. Vespermahlzeit	JAUSE
österr. Zeichner	KUBIN
österr. zeitkritischer Autor	KRAUS
österr. zeitkritischer Dichter	GRUEN
österr.: Sahne, Schlagsahne	OBERS
Ofenrohrklappe	FACHE
offene Feuerstelle	KAMIN
offen (lat.)	APERT
Offiziersrang	MAJOR
Offiziersregierung	JUNTA
Offiziersspeiseraum	MESSE
Oheim	ONKEL
Ohio-Zufluß	MIAMI
ohne Sprechvermögen	STUMM
Ohr des Wildes	LOSER
Ohren des Wildes	LUSER
Ohrspeicheldrüsenentzünd.	MUMPS
Oise-Zufluß	AISNE
Oise-Zufluß	SERRE
Okeanide	HIPPO
Okeanide	METIS
Oker-Zufluß	ECKER
Oker-Zufluß	RADAU
Operette von Burkhard	HOPSA
Operette von Genée	NANON
Operette von Stolz	MAEDI
Opernkomponist	BLECH
Oper von Bellini	NORMA
Oper von Egk	CIRCE
Oper von Massenet	MANON
Oper von Milhaud	MEDEA
Oper von Monteverdi	ORFEO
Oper von Mozart	TITUS
Oper von Puccini	TOSCA
Opferpriester d. alten Römer	AUGUR
Opfertisch	ALTAR
opiumhaltiges Heilmittel	OPIAT
optisches Gerät	LINSE
Orator	BETER
Oratorium von Händel	JOSUA
Oratorium von Mendelssohn	ELIAS
Orchesterfanfare	TUSCH
Ordensform	STERN
Ordensgeistlicher	PATER
Ordenstracht	HABIT
Ordnung (griech.)	NOMOS
organ. Elementarteilchen	ZELLE
organ. Isolierschicht	MULCH
organ. Verbindung	FURAN
Organeinbuchtung an Gefäßen	HILUS
Orgelbauer u. Autor	JAHNN
Orgelstimme	GAMBE
Orgelteil	BEBER
Orient	OSTEN
oriental. Bettelmönch	FAKIR
oriental. Färbemittel	HENNA
oriental. Frauengemach	HAREM
oriental. Gebetsteppich	KONYA
oriental. Gebetsteppich	LADIK
oriental. Gedichtform	GASEL
oriental. Gedichtsammlung	DIWAN
oriental. Gericht	PILAW
oriental. Händlerviertel	BASAR
oriental. Hammelfleischgericht	PILAF
oriental. Herrscher	MOGUL
oriental. Reisgericht	PILAU
oriental. Zauberwort	SESAM
Orientalen, Semiten	SYRER
Orientteppich	HERAT
Orientteppich	HERIS
Orientteppich	SENNE
Ort am Panamakanal	GATUN
Ort bei Smolensk	KATYN
ortskundiger Schiffsführer	LOTSE
Ortungsverfahren	RADAR
Osmium-Wolfram-Legierung	OSRAM
ostafrikan. Staat	KENIA

5

ostafri- kan. Volk	TUTSI
ostasiat. geteiltes Land	KOREA
ostasiat. Halbinsel	KOREA
ostasiat. Haupt- stadt	SEOUL
ostasiat. Inselstaat	JAPAN
ostasiat. Staat	CHINA
ost- chines. Stadt	WUHSI
ostdtsch. für Kunst- stoff	PLAST
Oster- mond	APRIL
Ost- europäer	RUSSE
Ost- europäer	SLAWE
ostfranz. Departe- ment	DOUBS
ostfranz. Departe- ment	ISERE
ost- friesische Insel	JUIST
ost- friesische Stadt	JEVER
ost- friesische Stadt	VAREL
ost- german. Volk	GOTEN
ostind. Reis- gericht	PACHY
ostiran. Gebirgs- volk	LUREN
ostkanad. Halbinsel	GASPE
ostkanad. Insel	SABLE
ostportu- gies. Fluß	MINHO
ostpreuß. Fluß	GUBER
ostpreuß. Schrift- steller	HALBE
ostpreuß. Stadt	STUHM
ostrumän. Stadt	JASSY
ost- schweiz. Kurort	RAGAZ
Ostsee- anrainer	BALTE
Ostsee- anrainer	ESTEN
Ostsee- bad	DAHME
Ostsee- bad bei Kiel	LABOE
Ostsee- Zufluß bei Lübeck	TRAVE
Ostsee- Zufluß in Hinter- pommern	LUPOW
ostsibir. Halbinsel	JAMAL
Ostslawe	RUSSE
ostspan. Fluß	JUCAR
oststeier- märk. Stadt an der Mur	MURAU
ovales Gefäß	WANNE
Pachtgeld	MIETE
Paddel, Riemen	RUDER
Pächter	MEIER
päpstl. Gesandter	LEGAT
päpstl. Gewand	FALDA
päpstl. Send- schreiben	BREVE
päpstl. Zentral- behörde	KURIE
päpstlich	PAPAL
Pagina, Buchteil	SEITE
pakistan. Fluß	INDUS
pakistan. Physiker (Nobel- preis)	SALAM
pakistan. Provinz	SINDH
pakistan. Stadt in Belutschi- stan	KELAT
pakistan. Währung	RUPIE
Palast in Florenz, Kunst- galerie	PITTI
Palast in Mailand	BRERA
Palmen- art	AREKA
Palmen- art	KOKOS
Palm- faser- gattung	CYDAS
Palmlilie	YUCCA
Pampas- strauß	NANDU
Pansen (lat.)	RUMEN
Papa- geienart	MAKAO
Papier- format	OKTAV
Papst im 2. Jh.	SOTER
Papst- krone	TIARA
Papst- name	CAJUS
Papst- name	DONUS
Papst- name	FELIX
Papst- name	KONON
Papst- name	LINUS
Papst- würde	PAPAT
Parfüm- duftstoff	AMBRA
Pariser Gassen- junge	GAMIN
Park- straße	ALLEE
Parla- ments- kammer	SENAT
Parotitis	MUMPS
Party	FEIER
Passah- brot	MATZE
Paß in den Berner Alpen	GEMMI
Paß in den Ka- rawanken	LOIBL
Paß zw. Kandertal u. Wallis	GEMMI
Paste, Arznei- form	SALBE
patent	FAMOS
Paulus- brief	TITUS
Pavillon	KIOSK
pazif. Insel	NDENI
pazif. Insel- staat	NAURU
pazif. Insel- staat	PALAU
pazif. Insel- staat	SAMOA
pazif. Insel- staat	TONGA
pazif. König- reich	TONGA
pazif. Volk	PAPUA
Pech- kohle	GAGAT
peilen	ORTEN
peinlicher Vorfall	SZENE
Pelzart, Pelztier	BIBER
Pelzart, Pelztier	BISAM
Pelzart, Pelztier	LUCHS

Pelzrock der Hottentotten	KROSS
pergamentähnl. Papier	VELIN
pers. Dichter	HAFIS
pers. Dichter (13. Jh.)	SAADI
pers. Ehrentitel	MIRZA
pers. Gebetskette	NAMAS
pers. Kaisertitel	SCHAH
pers. König (18. Jh.)	NADIR
Perserkönig	CYRUS
Perserkönig	KYROS
Perserteppich	MAHAL
Perserteppich	SARUK
Perseus-Doppelstern	ALGOL
persisch: Herr	MIRZA
Persönlichkeitsbild	IMAGE
Person eines Bühnenstücks	FIGUR
Personen-Lieferwagen	KOMBI
Personenwagen	COUPE
peruan. Anden-Stadt	CUZCO
peruan. Branntwein	PISCO
peruan. Fluß	TIGRE
peruan. Hafenstadt	PISCO
peruan. Stadt	OROYA
peruan. Vulkan	MISTI
Pestkranker (franz.)	KAGOT
Petrarcas Geliebte	LAURA
Pfadfinder	SCOUT
Pfahlbündel z. Schiffsvertäuen	DALBE
Pfannengriff	STIEL
Pfefferfresser	TUKAN
Pfeifton	PFIFF
Pfeiler	PYLON
Pfeilschußwaffe	BOGEN
Pfeilwurfspiel	DARTS
Pferde-Hautgeschwür	RASPE
Pferdekrankheit	DRUSE
Pferdekrankheit	LEIST
Pferdekrankheit	MAUKE
Pferdelaufleine	LONGE
Pferdeschenkel	BACKE
Pferde-Wurmkrankheit	RAPPE
Pferd mit roter Mähne	FUCHS
Pfingstvogel	PIROL
Pflanzendaunen	KAPOK
Pflanzennabel	HILUM
Pflanzenreich	FLORA
Pflanzensproß, Schößling	TRIEB
Pflanzenteil	BLATT
Pflanzenzucht	ANBAU
pflanzl. Keimzelle	SPORE
pflanzl. Wuchsstoff	AUXIN
Pflaumenschlehe	BILSE
Pflege, Fürsorge	SORGE
pflegen, schützen	HEGEN
Pflicht	GEBOT
Pflock, Pfosten	PFAHL
Pfluggriff	STERZ
Pflugsterz	GEIZE
Pfriemengras	STUPA
Pfropfen, Stöpsel	SPUND
Pfütze, Pfuhl	LACHE
Pfütze, Sumpf	PFUHL
Pfusch	MURKS
philippin. Insel	BOHOL
philippin. Insel	LEYTE
philippin. Insel	PANAY
philippin. Insel	SAMAR
philippin. Stadt	PASAY
philippin. Stadt auf Mindanao	DAVAO
philippin. Volk	BICOL
philippin. Vulkan	MAYON
philosophische Disziplin	ETHIK
Philosoph (Neukantianer)	COHEN
Phönikerstadt bei Karthago	UTICA
phöniz. Stadt im Libanon	SIDON
phrygischer König	MIDAS
physikal. Größe	KRAFT
Physiker aus Alexandria	HERON
Pianang	AREKA
Picke, Pickel	HACKE
Pikdame	BASTE
Pilzfadensystem	MYZEL
Pilzgattung auf Blättern	PHOMA
Pilzzellfaden	HYPHE
Pinselohrkatze	LUCHS
Pionier d. dtsch. Sozialdemokratie	BEBEL
Pipette	HEBER
Plage	MUEHE
Plage, Krankheit	UEBEL
Plane	BLAHE
Plane	DECKE
Planet	PLUTO
Planet	VENUS
Planetoid	CERES
Planetoid	VESTA
Planke	BOHLE
Planke	BRETT
Plattfisch	ZUNGE
plötzl. Krankheitszeichen	IKTUS
plötzl. scharfer Schall	KNALL
plötzl. Schrekken	PANIK

5

plötzl. Umschwung e. Krankheit	KRISE
Pluspol	ANODE
Podagra	GICHT
Pöbel	PLEBS
pökeln	LAKEN
poetisch: Frühjahr	MAIEN
Point, Pointe	STICH
Pokal (franz.)	COUPE
polit. Gemeinwesen	STAAT
Politiker in Uganda	OBOTE
Polizeibeamter im alten Rom	AEDIL
poln. Bug-Zufluß	NAREW
poln. Dichter, Schriftsteller	TUWIM
poln. Filmschauspielerin	NEGRI
poln. Industriestadt	RADOM
poln. Komponist	BAIRD
poln. Name von Oppeln	OPOLE
poln. Stadt	BIALA
poln. Stadt	KONIN
poln. Stadt an der Warthe	POSEN
poln. Stadt an der Weichsel	PLOCK
poln. Stadt an der Weichsel	THORN
poln. Stadt bei Lodsch	KUTNO
poln. Stadt bei Warschau	MLAWA
poln. Währung	ZLOTY
poln.: Herr	PANJE
Polster-, Verbandmaterial	WATTE
Polstermaterial	KAPOK
polynes. Inselgruppe	SAMOA
Polynesier	MAORI
pomm. Stadt a. d. Stolpe	STOLP
pommersche Halbinsel	DARSS
pontinische Insel	PONZA
Popmusik-Gruppe	KINKS
Popmusik-Solistin	FLACK
porenreich	PORIG
portugies. Autor	BRAGA
portugies. Dramatiker (18. Jh.)	SILVA
portugies. Entdekker, Seefahrer	PINTO
portugies. Fluß	DOURO
portugies. Geigenart	REBEC
portugies. Grenzstadt	ELVAS
portugies. Hafenstadt am Douro	PORTO
portugies. Königsname	PEDRO
portugies. Landschaft	BEIRA
portugies. Neurologe (Nobelpr.)	MONIZ
portugies. Provinz	BEIRA
portugies. Stadt	OLHAO
portugies. Überseegebiet	MACAO
portugies. Überseegebiet	MAKAO
portugies.: Jakob	DIOGO
Porzellanschnecke	KAURI
Posament	BORTE
Posament	GALON
Posament	KNOPF
Pose	MACHE
positive Elektrode	ANODE
Posse	FARCE
Possen, Bubenstreich	UNFUG
Postdampfer	AVISO
Postenkontrolle	RONDE
Postgebühr	PORTO
Postgut, Postsache, -sendung	PAKET
Postmeister Maximilians I.	TAXIS
Po-Zufluß	OGLIO
Po-Zufluß	PARMA
Po-Zufluß	SESIA
Pracht, Prachtentfaltung	LUXUS
Prachtentfaltung	PRUNK
Prachtstraße	ALLEE
Prachtstraße in Tokio	GINZA
Prachtstube der holstein. Bauern	PESEL
Prachtwicke	DONJA
Prägeform	MATER
präzis, präzise	EXAKT
präzis, präzise	GENAU
Prag (tschech.)	PRAHA
Pranke	KLAUE
Pregel-Zufluß	DEIME
Preisgrenze	LIMIT
Preisrichter	JUROR
Preisspanne	MARGE
Preisvorschlag	GEBOT
preuß. Adelsgeschlecht	ARNIM
preuß. General	BOYEN
preuß. General	GOLTZ
preuß. Generalfeldmarschall	YORCK
preuß. Königin	LUISE
preuß. Kriegsminister	STEIN
preuß. Reformer, Staatsmann	STEIN
Priestergehilfe	LEVIT
prima, toll	SUPER
Primaten	AFFEN

primitives Fahrzeug	KARRE
primitive Waffe	KEULE
Prinz von Savoyen	EUGEN
Prinz von Troja	PARIS
Prise	BEUTE
Prismen-Erfinder	NICOL
Probebohrer	SONDE
proben, trainieren	UEBEN
Profession	BERUF
Prosaabhandlung	ESSAY
Prosadichtung	ROMAN
Protest, Weigerung	REFUS
Prüfwerkzeug	LEHRE
Prügel	KEILE
Prügel, Hiebe	SENGE
prügeln	HAUEN
Prunk	LUXUS
Prunkbecher	POKAL
Psyche, Innenleben	SEELE
psychologisches Leitbild	IMAGO
Puderzucker	FARIN
Puff	KNUFF
Pump	LEIHE
Pupillenverengung	MIOSE
Puppe (zool.)	LARVE
putzsüchtig	EITEL
Qual	MUEHE
Qualität	GUETE
Qualm, Schwaden	RAUCH
Quantum	MENGE
Quartier	LOGIS
Quarzgestein	DAZIT
quarzhaltiger Feldspat	APLIT
Quecke	PAEDE
Quellfluß der Weser	WERRA
Quellfluß des Ubangi	UELLE
Rabatt	ABZUG
Rabenvogel	DOHLE
Radau	KRACH
Radau	LAERM
radierte Stelle	RASUR
radikaler engl. Nationalist	JINGO
radioaktives Element	RADON
Radkamm der Windmühle	KAMME
Radkranz	FELGE
Räderstuhl (Eisenbahn)	CHAIR
Rätsel lösen	RATEN
Rätsellöser	RATER
räuber. Meeresfisch	LACHS
Räuberschar	BANDE
Räucherkammer	SELCH
Ragout aus Wildgeflügel	SALMI
Ragwurzelknolle	SALEP
Rahm, Schlagrahm	SAHNE
Rammfallblock	HOYER
Rand	BANDE
Randverdickung	WULST
Randverzierung	SICKE
Rang, Dienstgrad	STUFE
Rankengewächs	LIANE
rasch	FLINK
rasch	FLUGS
rasen	JAGEN
rasen, wüten	TOBEN
rasendes Weib	FURIE
Raserei	FUROR
Raserei	LYSSA
rasten, nächtigen	RUHEN
Ratgeber, Vormund	TUTOR
Raub	BEUTE
Raubfischart	MULBE
Raubtier	KATZE
Raubtier	LOEWE
Raubtierpfote	KLAUE
Raubtierpfote, Pranke	TATZE
Rauch	ABGAS
Rauch, Schwaden	QUALM
rauchende Schwefelsäure	OLEUM
Rauchkraut	TABAK
Raumgebilde	FIGUR
Raumschiff der Amerikaner	FAITH
Raum unter dem Dach	BODEN
Rauschgift	DROGE
Rauschgift	OPIAT
Rauschgift	OPIUM
Rauschgift-Art	SPEED
Rauschgift spritzen	FIXEN
Rauschgiftsüchtiger	FIXER
Rauschgift-Zigarette	JOINT
Rauschgras	LOLCH
Rebensorte	FABER
Rechen	HARKE
rechte Kontenseite	HABEN
rechtlich, rechtmäßig	LEGAL
Rechtsanspruch	CLAIM
Rechtsanspruch	TITEL
rechtschaffen	LOYAL
Rechtschreib-Wörterbuch	DUDEN
Rechtsfall	CASUS
Rechtsgrund (lat.)	CAUSA
rechtskräftig	VALID
Redefluß	SUADE
Redewendung	TOPOS
redlich	LOYAL
Redlichkeit, Verläßlichkeit	TREUE

Reformator Schwedens	PETRI
rege	EMSIG
Regel, Richtschnur	KANON
regelmäßiger Käufer	KUNDE
Regenpfeifervogel	KANUT
Regenpfeifervogel	KLUTE
Regenpfeifervogel	TAUBE
Regierung d. Stadtstaaten	SENAT
regierungstreu	LOYAL
Regnitz-Zufluß	AISCH
Rehkitz	BAMBI
Rehpfeife	FIEPE
Reich der Mitte	CHINA
reichen	GEBEN
Reichspräsident	LOEBE
Reife des Weins	FIRNE
Reihenfolge	SERIE
Reinbetrag, -gewicht	NETTO
Reinfall	NIETE
reinigen	BADEN
Reinigungsmittel	SEIFE
Reisbranntwein	ARRAK
Reise	FAHRT
Reisedecke	PLAID
Reisehandbuch (franz.)	GUIDE
Reiterlein im Großen Bär	ALKOR
Reitersoldat in Nordafrika	SPAHI
Reiterstiefelstachel	SPORN
Reiterwaffe	LANZE
Reitknecht	GROOM
Reizbewegung von Lebewesen	TAXIS
reizvoll	APART
Rekrutenaushebung (franz.)	LEVEE
religiöse Gemeinschaft	ORDEN
religiöser Brauch	RITUS
religiöse Splittergruppe	SEKTE
Religionsbuch der Christen	BIBEL
Religionsstifter	JESUS
Renkenart	KILCH
Rennbahn	PISTE
Rennbeginn	START
Rennschlitten	RODEL
Reptil	ECHSE
Rest beim Kartengeben	TALON
Rest im Glas	NEIGE
Rettung	HILFE
Revue, Vorführung	SCHAU
rhein. Mittelgebirge	EIFEL
Rheinstadt in Graubünden	ILANZ
Rhein-Zufluß	ACHER
Rhein-Zufluß	BROHL
Rhein-Zufluß	MODER
Rhein-Zufluß aus der Eifel	NETTE
Rhein-Zufluß aus der Senne	LIPPE
Rhesusaffe	MAKAK
Rhombus	RAUTE
Rhone-Zufluß	DROME
Rhone-Zufluß	ISERE
Rhone-Zufluß	MORGE
Rhone-Zufluß a.d. Lötschental	LONZA
Rhythmuswechsel	BREAK
Richterkollegium	SENAT
Richtfähnchen	JALON
Richtlinie, Vorschrift	REGEL
Richtung nach Mekka (Islam)	KIBLA
Richtungsanzeiger	PFEIL
Riedgras	CAREX
Riedgrasart, Ackerunkraut	SIMSE
Riegel	BARRE
Riemen, Schnur	LEINE
Riemen am Zuggeschirr	SIELE
Riemenpeitsche	KNUTE
Riese	HUENE
Riese, Hüne	TITAN
Riese der german. Sage	THRYM
Riesentintenfisch	KRAKE
Rille, länglicher Einschnitt	RINNE
Rinderwade	HESSE
Rindslendenstück	STEAK
Ring	KREIS
Ring am Segel	LEGEL
Ringelkrebs	ASSEL
Ringergriff	HEBEL
ringförmige Koralleninsel	ATOLL
ringsum	HERUM
Rinne im Wattenmeer	PRIEL
Rinnstein	GOSSE
Ripsgewebe	GRAIN
riskieren, aufs Spiel setzen	WAGEN
Riß, Spalt	RITZE
Rist, Fußrücken	SPANN
Ritter der Artusrunde	IWEIN
Ritterkampfspiel	TJOST
ritterl. Anführer im Bauernkrieg	GEYER

ritterl. Frauendienst	MINNE
ritterl. Liebhaber	GALAN
ritterl. Zweikampf zu Pferd	TJOST
Rittersaal der Burg	PALAS
Ritterspiel, Turnier	TJOST
rituelle Handlung	OPFER
robuste Fußbekleidung	BOOTS
Rochenart	MANTA
Rockmusik-Solist	BOWIE
Rodelbahn	PISTE
römische Adelsfamilie	CHIGI
römische Adelsfamilie	CHIGI
römische Blumengöttin	FLORA
römische Erntegöttin	CERES
römische Fruchtbarkeitsgöttin	CERES
römische Frühlingsgöttin	FLORA
römische Göttin d. Ackerbaus	CERES
römische Göttin der Fülle	COPIA
römische Göttin der Jagd	DIANA
römische Göttin der Treue	FIDES
römischer Diktator	SULLA
römischer doppelgesichtiger Gott	JANUS
römischer Feldherr, Legat	VARUS
römischer Gott d. Friedens	JANUS
römischer Gott d. Scherzes	JOKUS
römischer Gott d. Unterwelt	ORKUS
römischer Gott der Aussaat	SATOR
römischer Grenzwall	LIMES
römischer Kaiser	CARUS
römischer Kaiser	GALBA
römischer Kaiser	NERVA
römischer Kaiser	TITUS
römischer Marktplatz	FORUM
römischer Schriftsteller	HORAZ
römischer Soldat	MILES
römischer Staatsbeamter	COMES
römisches Adelsgeschlecht	CENCI
römisches Totenreich	ORKUS
römische Unterwelt	ORKUS
römische Waldgöttin	FAUNA
Röstbrot	TOAST
Röstvorrichtung	DARRE
rohe Ölsäure	OLEIN
Rohform einer Plastik	BOSSE
Rohling, Raufbold	ROWDY
Rohrpflanze	KANNA
Rohrstock zum Schlagen	BAKEL
Rohrverbindung	MUFFE
Rohseide	GREGE
roh (Stoff)	EKRUE
Rohwolle des Schafes	VLIES
Rolle, Fadenrolle	SPULE
Rolle, Rollkörper	WALZE
Rollfeld auf Flugplätzen	PISTE
roman. Sprache i. Graubünden	LADIN
Roman v. Dostojewski	IDIOT
Roman v. Meyrink	GOLEM
Rosinen aus d. Provence	JUBIS
Roßkümmel	SILAU
Rostbratschnitte	STEAK
Rot beim Roulette	ROUGE
rotbraune Farbe	SIENA
roter Edelstein	RUBIN
roter Farbstoff	BIXIN
roter Farbton	KRAPP
roter Teerfarbstoff	EOSIN
rote Rübe	RAHNE
roter Weinfarbstoff	OENIN
rote Schminke	ROUGE
Rotfärbung	ROETE
rotierender Körper	ROTOR
Rotorfe	ALAND
Rotte	MEUTE
Rotweinart	BADOS
Rotwelsch	GERGO
Roulette-Ausdruck	PASSE
Rudel, Schar	TRUPP
Ruderbank	DUCHT
Rudergabel	DOLLE
Rückenflosse	FINNE
Rückenkorb	KIEPE
Rückenmarkschwindsucht	TABES
Rückenmarksgeschwulst	GLIOM
Rückenteil	KREUZ
Rückentrage	KIEPE
Rückentraglast	HUCKE
Rüge, Verweis	TADEL
rühmen	LOBEN
Rührstab, Strudel	QUIRL
Rüsselantilope	SAIGA
Rüsseltier, Dickhäuter	TAPIR
Ruhemöbel	LIEGE

5

Ruhestörung	RADAU
Ruhezeit	PAUSE
ruhig	LEISE
ruhig, geräuschlos	STILL
ruhig (engl.)	QUIET
Ruhr-Metropole	ESSEN
Ruhr-Zufluß	LENNE
Ruhr-Zufluß	SORPE
Ruhr-Zufluß	VOLME
Ruinenstätte in Birma	PAGAN
Ruinenstätte in Guatemala	TIKAL
Ruinenstätte in Honduras	COPAN
rumän. abstrakt. Maler (Dadaist)	JANCO
rumän. Adliger	BOJAR
rumän. Dichter	MANIU
rumän. Donau-Zufluß	CERNA
rumän. Donau-Zufluß	PRUTH
rumän. Donau-Zufluß	SCHYL
rumän. Donau-Zufluß	TEMES
rumän. Fluß	ARGES
rumän. Gebirge	BIHAR
rumän. König	CAROL
rumän. Körös-Zufluß	KOKEL
rumän. Komponist	ARATO
rumän. Name v. Hermannstadt	SIBIU
rumän. Politiker	MANIU
rumän. Stadt	BACAU
rumän. Stadt	BUZAU
rumän. Stadt	SIBIU
rumän. Stadt (Transsilv. Alpen)	NEGOI
rumän. Theiß-Zufluß	MURES
rumän.-ungar. Fluß	MAROS
Rumpf	TORSO
Rumpfbiegung	BEUGE
Rundbild, Rundgemälde	TONDO
Runde	KREIS
runde Einkerbung	KEHLE
runder Berggipfel	KOPPE
runder Berggipfel	KUPPE
runder Klumpen	KLOSS
rundes Steinstück	MUGEL
Rundfigur	BOSSE
Rundfunk	RADIO
Rundgang, Streifwache	RONDE
Rundgesang	KANON
Rundgewinde	KRANZ
rundherum	RINGS
Rundkörper	KUGEL
Rundtanz	POLKA
Runkelrübe, Steckrübe	WRUKE
Runzel	FALTE
russisch. Antennenerfinder	POPOW
russisch. Bier	KWASS
russisch. Bühnenmaler	BAKST
russisch. Choreograph	FOKIN
russisch. Dichter	GORKI
russisch. Dichter, Dramatiker	FEDIN
russisch. Dichter, Dramatiker	GOGOL
russisch. Dichter (Nobelpreis)	BUNIN
russisch. Dreisaitengeige	GUDOK
russisch. Einzelgesetz	USTAW
russisch. Fluß z. Weißen Meer	MESEN
russisch. Freibauer	KOSAK
russisch. Heiligenbild	IKONE
russisch. Hermelinfell	LASKI
russisch. Hundeschlitten	NARTE
russisch.-mongol. Grenzgebirge	ALTAI
russisch. naturalist. Maler	REPIN
russisch. Physiker (Nobelpreis)	BASOW
russisch. Physiker und Erfinder	POPOW
russisch. realist. Maler	PEROW
russisch. Reiter	KOSAK
russisch. Revolutionär	GAPON
russisch. Schnaps	WODKA
russisch. Stadt a. d. Wjatka	KIROW
russisch. Stadt an der Kura	KURSK
russisch. Steppenpferdeherde	TABUN
russisch. Strömling (Fisch)	KILKA
russisch. Tänzer u. Choreograph	LIFAR
russisch. Tura-Zufluß	TAGIL
russisch. Verwaltungsbezirk	RAYON
russisch. Weltraumschiff	SALUT
russisch. Zar	JURIJ
russisch-amerikan. Violinvirtuose	STERN
russische, sowjet. Währung	RUBEL
russische Kaiserin	ZARIN
russische Langhalslaute	DOMRA

5

russischer Name von Pleskau	PSKOW
russischer Zar	PETER
russische Stadt an der Wolga	GORKI
russische Stadt an Pensa u. Sura	PENSA
russisch für Peter	PJOTR
russisch: Allerhöchster Erlaß	USTAW
russisch: Fabrik	SAWOD
russisch: los, schnell!	DAWAI
russisch: Theodor	FEDOR
Saône-Zufluß	DOUBS
Saalbau	GADEN
Saalbau	HALLE
Saale-Zufluß	FUHNE
Saale-Zufluß	LAUER
Saale-Zufluß	LUPPE
Saale-Zufluß	RINNE
Saale-Zufluß	SALZE
Saat ausbringen	SAEEN
Saatgut	SAMEN
Saatstreuer	SAEER
Sache	CHOSE
sackförmiges Hohlorgan	BLASE
sächs. Barockbaumeister	BAEHR
sächs. Stadt an der Elbe	PIRNA
sächs. Stadt an der Elbe	RIESA
sächs. Stadt im Göltzschtal	MYLAU
Sänger	TENOR
Sänger in komischen Opern	BUFFO
Säugetierart	NAGER
Säuglingsnahrung	MILCH
Säulenfuß	BASIS
Säulenwulst	TORUS
sagen, sprechen	REDEN
sagenh. Königstochter a. Kolchis	MEDEA
sagenhafte Königin von Theben	NIOBE
sagenhafte Nordinsel	THULE
sagenhafter Gründer Roms	REMUS
sagenhaftes Goldland im AT	OPHIR
Sagopalme	ZYKAS
Sahne	CREME
Sahne	FLOTT
Saiteninstrument	LAUTE
Salbe	CREME
salbenartige Masse	PASTE
Salböl	NARDE
salbungsvoll	OELIG
Salomos Vater	DAVID
salopp für sehr gut	SUPER
salzbestreuter Käsekuchen	SALEE
Salz der Borsäure	BORAT
Salz der Goldsäure	AURAT
Salz der Ölsäure	OLEAT
Salze der Harnsäure	URATE
Salzgras	ANDEL
Salzsee in NW-Iran	URMIA
Salzstelle für Wild	LECKE
samaritischer Zauberer	SIMON
Sammelbuch	ALBUM
Sammelstelle	DEPOT
Samoa-Insel	MANUA
Samoa-Insel	UPOLU
Sandbank	BARRE
sandfarben	BEIGE
sanft, behutsam	SACHT
sanft, zart	WEICH
Sanftmut	MILDE
Satan, Teufel	URIAN
Satellitenbahn	ORBIT
Saturn-Mond	DIONE
Saturn-Mond	TITAN
Satzzeichen	KOLON
Satzzeichen	KOMMA
Satzzeichen	PUNKT
sauberpoliert	BLANK
saudi-arab. Hafenstadt	JIDDA
sauerstoffatmend	AEROB
Sauls Feldhauptmann	ABNER
Save-Zufluß	BOSNA
Save-Zufluß	DRINA
Schabernack	POSSE
Schachfigur	BAUER
Schachpartie	RUNDE
Schachtsohle	TEUFE
Schadenersatz	BUSSE
Schadenversicherung	KASKO
Schädelhöhle (mediz.)	SINUS
schädl. Nagetier	RATTE
schändlich	INFAM
Schaffell	VLIES
Schafleder	NAPPA
Schafscheren	SCHUR
Schale des Kelchs	KUPPA
Schalentier	KREBS
Schalkragen (franz.)	FICHU
Schall	KLANG
Schallplatten-Etikett	LABEL
Schallplatten-Hülle	COVER

5

Schaltuhr	TIMER
Schamgegend	PUBES
Schandfleck	MAKEL
Schar	MEUTE
scharfe Biegung	KNICK
scharfe Kerbe	KIMME
scharfe Kurve	KEHRE
scharfer Einschnitt	KIMME
scharfer Rand	KANTE
scharfes Gewürz	CHILI
scharfes indisches Gewürz	CURRY
scharfe Verfolgung	HETZE
scharf gebacken	KROSS
Scharfmacher	FALKE
Scharte	KERBE
schauen	LUGEN
Schaufahrt	KORSO
Schaukel	WIPPE
schaumige Süßspeise	CREME
Schaupackung	DUMMY
Schauplatz	SZENE
Schauspiel	DRAMA
schauspielern	MIMEN
Schauspielfach, Rollenfach	NAIVE
Schauspielkunst	MIMIK
Schauspielschüler	ELEVE
Schauspiel von Goethe	FAUST
Schauspiel von Thoma	MORAL
Scheibe	TAFEL
Schein, Vortäuschung	MACHE
Scheinangriff beim Fechten	FINTE
Scheinhandlung	FARCE
Schelde-Zufluß	HAINE
Schelde-Zufluß	LEIDE
Schenke	BEIZE
Schenke	BRAEU
Schenke	PINTE
Schenkender	GEBER
Scherung	SCHUB
Scherz	JOKUS
Scherz, Vergnügen	SPASS
scherzen	JUXEN
scherzh. f. gnädige Frau	MADAM
Scheu, Gewissensbiß	SCHAM
Scheunenboden	TENNE
Schicht der Kreideformation	TURON
schick	FESCH
schick	FLOTT
Schicksal	FATUM
Schiebkraft	SCHUB
schief	KRUMM
schiefe Ebene	NEIGE
schiefwinkliges Viereck	RAUTE
Schiene	GLEIS
Schierlingstanne	TSUGA
schiffbarer Kanal	FLEET
Schiffchenarbeit (ital.)	OCCHI
Schiff für Gelegenheitsfrachten	TRAMP
Schiffsausbesserungsstätte	WERFT
Schiffsbauplatz	WERFT
Schiffsbaustelle	HELGE
Schiffsflaschenzug	TAKEL
Schiffsflaschenzug	TALJE
Schiffsgeschwindigkeitsmesser	LOGGE
Schiffsheck-Rundung	BILLE
Schiffsheimat	HAFEN
Schiffsjunge	MOSES
Schiffsladung	KARGO
Schiffsleinwand	SEGEL
Schiffsplanke	WEGER
Schiffsrippe	SPANT
Schiffsrumpf	KASKO
Schiffsschnabel	GREIF
Schiffssteuer	RUDER
Schiffsstützbalken	DUCHT
Schiffstagereise	ETMAL
Schiffstau	KABEL
Schiffszubehör	ANKER
Schild des Zeus	AEGIS
Schilddrüsenerkrankung	KROPF
Schilf	BINSE
schillerndes Gewebe	MOIRE
Schimmelpilz	MUCOR
Schimmer	GLANZ
schirmähnlicher Blütenstand	DOLDE
schläfrig	MUEDE
Schläge	HIEBE
schlafbedürftig	MUEDE
Schlafenszeit	NACHT
Schlaferlebnis	TRAUM
schlaff	LASCH
Schlafmaus	BILCH
Schlafsucht	SOPOR
Schlag, Niederlage	TREFF
schlagen	HAUEN
Schlaggerät	KEULE
Schlaginstrument	PAUKE
Schlagzeile, Überschrift	TITEL
Schlakkenberg	HALDE
Schlamm, Pfuhl	SUMPF
Schlammbank	BARRE
Schlammerde	MODER

Schlammfang	GUMPE
schlammig	LIMOS
Schlammkasten	GUMPE
Schlammvulkan	SALSE
Schlangenanbeter (Sekte)	OPHIT
Schlangenkraut	CALLA
schlau, geschäftstüchtig	SMART
schlecht	BOESE
schlechte Angewohnheit	UNART
schlechte Arbeit	MURKS
schlechtes Essen	FRASS
Schleichkatze	FOSSA
schleierartiges Gewebe	TUELL
Schleierstoff	VOILE
Schleimaal	INGER
Schleimbeutel (medizin.)	BURSA
Schleimhautentzündung	SPRUE
Schleimhautgeschwulst	MYXOM
Schleimstoff	MUZIN
Schleppkahn	PRAHM
Schleppnetz	ZEESE
schles. Barockdichter	LOGAU
schles. Barockdichter	OPITZ
schles. Dichter	STEHR
schles. Fürstentum	PLESS
schles. Stadt an der Oder	BRIEG
schles. Stadt an der Oder	COSEL
schles. Stadt an der Ohle	OHLAU
Schleuderwaffe	SPEER
Schlichtwerkzeug	FEILE
Schliff	DRILL
schlimm, unwohl	UEBEL
Schlingpflanze	LIANE
Schlitten	RODEL
Schloß an der Loire	BLOIS
Schloß im Salzburger Land	UNKEN
Schloß in Bayern	ELMAU
schlotartige Felsschlucht	KAMIN
Schlucht	KLUFT
Schluckimpfung-Erfinder	SABIN
Schluß machen	ENDEN
Schlußresultat	FAZIT
schmal	DUENN
schmaler Kleidersaum	BIESE
schmaler Schrank	SPIND
schmales Brett	LATTE
schmelzbarer Kunstharz	RESOL
Schmelzschuppenfisch	STOER
Schmerzgefühl	ALGIE
Schmerzruf	AUWEH
Schmetterball	SMASH
Schmetterlingsart	NONNE
Schmetterlingsblütler	BOHNE
Schmetterlingsblütler	ERBSE
Schmetterlingsgespinst	KOKON
Schmetterlingslarve	PUPPE
Schmetterlingslarve	RAUPE
schmiedbares Eisen	STAHL
schmieren	OELEN
schmierig	OELIG
Schmiervorrichtung	OELER
Schmuckspange	FIBEL
Schmuckstein	ACHAT
Schmuckstreifen	FRIES
Schmuckstück (franz.)	BIJOU
schmusen	KOSEN
Schmutz	DRECK
schmutzig	KOTIG
Schmutzstelle	FLECK
schnaufen	ATMEN
schneebedeckter Berg	FIRNE
schneefarben	WEISS
Schneeleopard	IRBIS
Schneide am Pflug	SCHAR
Schneidwerkzeug	SAEGE
schnell	EILIG
schnell, hurtig	RASCH
schnell, munter	QUICK
schnell, vorwärts (poln.)	DALLI
schneller Rennwagen	BOLID
Schnellfahrer	RASER
Schnellgänger (Sport)	GEHER
Schnelligkeit	TEMPO
Schnittergerät	SENSE
Schnittholz	BRETT
Schnur	FADEN
Schober	DIEME
Schönheitsnorm	KANON
Schöpfer d. franz. Nationaloper	LULLY
schöpferische Gestaltung	KUNST
Schöpflöffel	KELLE
Schöpfung	NATUR
Schokoladegetränk	KAKAO
Schokoladengrundstoff	KAKAO
Schorf	GRIND
Schornstein	KAMIN

schott. Afrikaforscher	BRUCE
schott. Dichter	BURNS
schott. Fjord	FIRTH
schott. Fluß	CLYDE
schott. Fluß	FORTH
schott. Grafschaft	ANGUS
schott. Grafschaft	BANFF
schott. Grafschaft	PERTH
schott. Grenzfluß	TWEED
schott. Hafen am Tay	PERTH
schott. Hafen bei Edinburgh	LEITH
schott. Hügelgrab	CAIRN
schott. Komponist	FIELD
schott. Nationalheld	BRUCE
schott. Naturforscher	NICOL
schott. Pionier des Fernsehens	BAIRD
schott. Romanschriftsteller	SCOTT
schott. Stadt	ELGIN
schott. Stadt am Moray Firth	NAIRN
schott. Wollstoff, Mantelstoff	TWEED
Schräge	NEIGE
Schräge	QUERE
Schrebergartenhäuschen	LAUBE
Schreckgestalt	ZOMBI
Schreiben	BRIEF
Schreibflüssigkeit	TINTE
Schreibmaschinenteil	TASTE
Schreibplatte	TAFEL
Schreibstube	BUERO
Schriftart	DIDOT
Schriftgrad	PETIT
schriftl. Anmerkung	NOTAT
schriftl. Mitteilung	BRIEF
Schriftsteller	AUTOR
Schrifttilgung	RASUR
schrill	GRELL
schriller Ton	PFIFF
Schritt, Marschart	TRITT
Schrulle	LAUNE
schüchtern	TIMID
schüchtern, zurückhaltend	SCHEU
Schüchternheit, Zurückhaltung	SCHEU
Schüler von S. Freud	ADLER
Schuft (franz.)	KUJON
Schuhsohle aus Rohkautschuk	KREPP
Schuhstahlnägel	TACKS
Schuhteil	KAPPE
schuldbewußt	REUIG
Schuldschein	SCRIP
Schulfeier (veraltet)	AKTUS
Schultasche	MAPPE
Schulterblatt	SPALE
Schulterjoch	DRACH
Schulterkragen am liturg. Gewand	AMIKT
Schulterteil an Kleidern	PASSE
Schulterteil des Wildes	BLATT
Schultertuch (franz.)	FICHU
Schulung	LEHRE
Schuppeneidechse	AGAME
Schurke	KUJON
Schußfolge	SALVE
Schußgeräusch	KNALL
Schustermesser	KNEIF
Schusternagel	PINNE
Schutt	MUELL
Schuttabhang	HALDE
Schutz	OBHUT
Schutzanlage an Ufern	BUHNE
Schutzdecke	PLANE
Schutzgespinst	KOKON
Schutzhaus im Gebirge	BAUDE
Schutzpatron d. Adels	GEORG
Schutzpatron d. Ärzte	LUKAS
Schutzpatron d. Apotheker	VITUS
Schutzpatron d. Artisten	GEORG
Schutzpatron d. Bildhauer	LUKAS
Schutzpatron d. Drogisten	VITUS
Schutzpatron d. Künstler	LUKAS
Schutzpatron d. Liebenden	ANTON
Schutzpatron d. Manager	ANTON
Schutzpatron d. Pferde	GEORG
Schutzpatron d. Reisenden	ANTON
Schutzpatron d. Schauspieler	VITUS
Schutzpatronin der Torwarte	LUCIA
Schutzschild	AEGIS
schwaches Kantholz	LATTE
Schwachkopf	IDIOT
schwachsinnig	DEBIL
Schwaden	WOLKE
schwäb. Dichter	HAUFF
schwäb. Donauzufluß	BRENZ
schwäb. Donauzufluß	GUENZ
schwäb. Reformator	BRENZ

schwäb. Schriftsteller	TROLL
Schwager des Ödipus	KREON
Schwank	FARCE
Schwank	POSSE
schwankend	LABIL
Schwanzende des Fuchses	BLUME
Schwanzlurch	MOLCH
Schwanzstern im Großen Bären	MIZAR
Schwarzafrikaner	NEGER
schwarzbraune Farbe	SEPIA
Schwarzdrossel	AMSEL
schwarze amerikan. Tänzerin	BAKER
Schwarzer	NEGER
schwarzer Kieselschiefer	LYDIT
schwarzes Mineral	GAGAT
schwarzes Pferd	RAPPE
Schwarzwildschwanz	LEIER
schwed. Asienforscher	HEDIN
schwed. Bergwerksstadt	FALUN
schwed. Chemiker (Dynamit, Preis)	NOBEL
schwed. Filmschauspielerin	GARBO
schwed. Forschungsreisender	HEDIN
schwed. Ingenieur (Turbine, Düse)	LAVAL
schwed. Königsname	ADOLF
schwed. Königsname	OSKAR
schwed. Lappen	SAMEN
schwed. Naturforscher	LINNE
schwed. Ökonom (Nobelpreis)	OHLIN
schwed. Physiker (Nobelpreis)	DALEN
schwed. Politiker, Ministerpräsid.	PALME
schwed. Preisstifter	NOBEL
schwed. Stadt in Dalarna	FALUN
schwed. Turbinenerfinder	LAVAL
schwed. Währungseinheit	KRONE
schwed.: Katharina	KARIN
Schwefelkies	PYRIT
schwefelsaures Salz	METOL
Schweifstern	KOMET
schweigsam, sprachlos	STUMM
Schweinewurf	FASEL
schweiz. Architekt	MOSER
schweiz. Berg in Appenzell	SPEER
schweiz. Bildhauer	ROSSI
schweiz. Clown	GROCK
schweiz. Dichter	RAMUZ
schweiz. Dichter, Schriftsteller	MEYER
schweiz. Fluß zum Lago Maggiore	TRESA
schweiz. Fluß zum Murtensee	BROYE
schweiz.-franz. Strom	RHONE
schweiz. Jugendschriftstellerin	SPYRI
schweiz. Jurist (Nobelpreis)	GOBAT
schweiz. Kanton	BASEL
schweiz. Kantonshauptstadt	AARAU
schweiz. Kantonshauptstadt	BASEL
schweiz. Kantonshauptstadt	STANS
schweiz. kathol. Theologe	KUENG
schweiz. Komponist	BLOCH
schweiz. Komponist	EINEM
schweiz. Komponist	HEGAR
schweiz. Komponist	HUBER
schweiz. Kurort am Bieler See	NIDAU
schweiz. Kurort am Genfer See	VEVEY
schweiz. Maler (Bauhaus)	ITTEN
schweiz. Mathematiker	EULER
schweiz. Mediziner (Nobelpreis)	BOVET
schweiz. Neurologe	FOREL
schweiz. Paß im Oberwallis	FURKA
schweiz. Rheinhafen	BASEL
schweiz. Rhein-Zufluß	NOLLA
schweiz. Schauspieler	WICKI
schweiz. Schlagersängerin	PAOLA
schweiz. Stadt an der Aare	BRUGG
schweiz. Stadt an der Aare	OLTEN
schweiz. Theologe	BARTH
schweiz. Völkerrechtler	HUBER
schweiz. Wintersportort	DAVOS
schweiz.: Bodensatz b. Käsen	GISEL
schweiz.: Felshöhle, Felshügel	BALME

schweiz.: Handelsbrauch	USANZ
schweiz.: Kirchweih	KILBE
schweiz.: schmaler Alpensattel	TOERL
schweiz.: Torte	TARTE
Schwellung	BEULE
Schwenkzapfen an Drehkränen	PIVOT
Schwerathlet	BOXER
Schwerathlet	HEBER
schwere Benommenheit	SOPOR
schwerer Hammer (engl.)	MAKER
schwerreicher Mann	NABOB
Schwerspat	BARYT
Schwester eines Elternteils	TANTE
Schwiegermutter der Ruth	NAEMI
Schwiegervater Jakobs	LABAN
Schwiegervater Wagners	LISZT
schwierige Phase	KRISE
Schwierigkeit	MUEHE
schwimmendes Seezeichen	BOBER
Schwimmstil	KRAUL
Schwinggerät beim Turnen	KEULE
Schwingungsmaßeinheit	HERTZ
Schwung, Bewegungskraft	WUCHT
schwungvoll	FLOTT
sechster Ton der Grundtonleiter	SEXTE
Sedimentgestein	KOHLE
Seebad auf Ischia	FORIO
Seebad auf Korsika	CALVI
Seebad bei Rom	OSTIA
Seebad in Ostpreußen	CRANZ
Seehund	ROBBE
Seekriegsbeute	KAPER
Seekriegsbeute	PRISE
seemänn. Hebevorrichtung	HOIST
seemänn.: Dünung	HULLE
seemänn.: quer, querab	DWARS
seemänn.: Wachzeit	TOERN
Seemannslohn	HEUER
Seeräuber	KAPER
Seeräuber	PIRAT
Seeversicherungsgesellschaft	LLOYD
Segelboot	JOLLE
Segelboot	TRIAS
Segelboot, Segelschiff	PIRAT
Segelhaltetau	BULIN
Segelleine	SCHOT
Segelschiffstyp	BRIGG
Segel zusammenschnüren	GEIEN
Segen, kirchliche Handlung	WEIHE
Segre-Zufluß	CINCA
sehr klein (lat.)	MINIM
sehr schnell fahren	RASEN
sehr warm	HEISS
sehunfähig	BLIND
seicht	FLACH
seicht (lat.)	VADOS
Seidengewebe	ATLAS
Seidengewebe	JAPON
Seidengewebe	LUXOR
Seifenlösung	LAUGE
Seilmaterial	SISAL
Seilzug, Hebevorrichtung	WINDE
Seine-Metropole	PARIS
Seine-Zufluß	LOING
Seine-Zufluß	MARNE
Seine-Zufluß	YONNE
Seitenlinie, Untergruppe	ZWEIG
Seitenlinie der Bourbonen	CONDE
Seitensteuer beim Flugzeug	RUDER
Seitenteil von Maschinen	WANGE
seitlich	NEBEN
Selbstachtung	STOLZ
Selbstlaut	VOKAL
Selbstverwaltung	REGIE
Semiten	JUDEN
Sendeeinrichtung	GEBER
Senderanzeiger (Rundfunk)	SKALA
senegales. Stadt	THIES
Senfkohl	RAUKE
Senge	HIEBE
Senkloch	GULLY
Sense	HIPPE
serb. Donau-Zufluß	TIMOK
serb. Name der Drau	DRAVE
seriös	ERNST
Shakespeares Londoner Theater	GLOBE
Sherry	XERES
Shetland-Insel	FOULA
shintoist. Feuergott	ATAGO
shintoist. Reisgott	INARI
Shivas Gattin	DURGA

Siamkatze	KORAT
sibir. Fluß	ALDAN
sibir. Fürstentitel	MOROK
sibir. Lena-Zufluß	WITIM
sibir. Marder	ZOBEL
sibir. Ob-Zufluß	TOBOL
sibir. Schneesturm	PURGA
sibir. Stadt	ALDAN
sibir. Stadt am Kan	KANSK
sibir. Stadt am Tom	TOMSK
sibir. Waldgürtel	TAIGA
sich aufrecht fortbewegen	GEHEN
sich beeinflussende Stoffe	AGENS
Sichelmesser	HIPPE
Sicherheit für Geliehenes	PFAND
sich lässig hinlegen	AALEN
sich täuschen	IRREN
Sichtvermerk im Paß	VISUM
Siebenschläfer	BILCH
siech	KRANK
Siegerin	BESTE
Siegerin	ERSTE
Siegerpreis, Sporttrophäe	POKAL
Siegespokal	COUPE
Siegfrieds Mörder	HAGEN
Siegfrieds Pferd	GRANE
Sieg-Zufluß	AGGER
Silberpappel	ABELE
Silberwurz	DRYAS
Siliziumscheibe (Elektronik)	WAFER
Sinaigipfel im Alten Testament	HOREB
Singdrossel	ZIPPE
Singrad	KANON
Singvogel	AMMER
Singvogel	AMSEL
Singvogel	MEISE
Sinkkasten	GULLY
Sinnesorgan, -werkzeug	ZUNGE
Sinngedicht	XENIE
Sinnspruch	GNOME
Sinnspruch	MOTTO
sinnvolle Rede (griech.)	LOGOS
Sisalpflanze	AGAVE
Sitte (griech.)	NOMOS
Sittenlehre	ETHIK
Sittenlehre	MORAL
Sittichpapagei	ARARA
sittliche Einstellung	ETHOS
Sittlichkeit	MORAL
Sitzbadegefäß	BIDET
Sitzmöbel	STUHL
Sitzsprosse im Hühnerstall	SEDEL
Sitzstreik	SITIN
Sitzstütze	LEHNE
sizilianischer Dichter	VERGA
sizilianischer Geheimbund	MAFIA
Skandal	EKLAT
Skandinavier	DAENE
Skandinavier	FINNE
skandinavische Meeresbucht	FJORD
skandinavischer Männername	FOLKE
Ski-Rennstrecke	LOIPE
Ski-Rennstrecke	PISTE
Sklavengefängnis	BAGNO
slawischer Heilruf	SLAWA
slawischer Turnverband	SOKOL
slawische Volksballaden	DUMKA
Slip-Form	TANGA
slowak. Name von Neutra	NITRA
slowak. Stadt	NITRA
slowen. Landschaft	KRAIN
slowen. Stadt	IDRIA
soeben	JETZT
Söller	ALTAN
sofern	FALLS
sofort, schnell	FLUGS
Softjazz	SWEET
Sohn der Kybele	ATTIS
Sohn v. Hekabe, Hekuba	PARIS
Sohn v. Isis	HORUS
Sohn v. Kaiser Friedrich II.	ENZIO
Sohn v. Klytämnestra	OREST
Sohn v. Osiris	HORUS
Sohn v. Priamos, Priamus	PARIS
Solbad in Niedersachsen	MELLE
Soldatenmantel (veraltet)	KAPUT
Soll-Saldo	DEBET
Solokadenz beim Jazz	BREAK
Somal-Stamm	DIGIL
Sommerdinkel	AMMER
Sommerhemd	NICKI
Sonderleistung	EXTRA
Sondervergütung	BONUS
Sondervermögen	FONDS
Sonneneruption	FLARE
Sonnenferne	APHEL
Sonnenflecken	UMBRA

Sonnengott der Ägypter	AMMON
Sonnengott der Ägypter	MONTH
sonst genannt	ALIAS
Sorghum	DURRA
Soße, Beiguß	TUNKE
sowjet. Kernforschungszentrum	DUBNA
sowjet. Kosmonaut	DEMIN
sowjet. Kosmonaut	RUMIN
sowjet. Kosmonaut	SEDOW
sowjet. Kosmonaut	TITOW
sowjet. Mondsonde	LUNIK
sowjet. Physiker (Nobelpreis)	FRANK
sowjet. Raumschiff	SOJUS
spärlich	KNAPP
Spaltöffnung	STOMA
span. Architekt (Barcelona)	GAUDI
span. Aussprachezeichen	TILDE
span. Clown	RIVEL
span. Dichter, Dramatiker	LORCA
span. Dichter, Staatsmann	RIVAS
span. Dramatiker (16. Jh.)	ROJAS
span. Flieder	LILAK
span. Fluß	NAVIA
span. Frauenname	ELENA
span. Frauenname	JUANA
span. Hafenstadt	CADIZ
span. Hafenstadt in Marokko	CEUTA
span. Hohlmaß	JARRA
span. Innenhof	PATIO
span. Königin	SOFIA
span. Komponist	FALLA
span. Krug	JARRA
span. Name d. Kolumbus	COLON
span. Nobelpreisträger	CAJAL
span.-port. Fluß	DUERO
span. Provinz	AVILA
span. Provinzhauptstadt	AVILA
span. Provinz in Altkastilien	SORIA
span. Rechtsordnung	FUERO
span. Regierungsausschuß	JUNTA
span. Regisseur	SAURA
span. Rotwein	TINTO
span. Stadt	CADIZ
span. Stadt in Altkastilien	SORIA
span. Stadt in Andalusien	RONDA
span. Tänzerin	OTERO
span. Weinsorte	JEREZ
span.: Ausschuß	JUNTA
span.: Herr	SENOR
span.: Jakob	DIEGO
span.: Küste	COSTA
span.: öffentl. Park	PRADO
span.: Peter	PEDRO
span.: Promenade	PASEO
spartan. Regierungsbeamter	EPHOR
spartan. Staatssklave	HELOT
Spaß	JOKUS
spaßen	JUXEN
spaßen	ULKEN
spaßig	JUXIG
spaßig, scherzhaft (lat.)	JOKOS
spaßig, schnurrig	ULKIG
Spaßmacher	CLOWN
SPD-Politiker	ERLER
SPD-Reichstagspräsident	LOEBE
Speckscheibe	BARDE
Speicher	BODEN
Speise	ESSEN
Speisefisch	HECHT
Speisefisch	LACHS
speisen	ESSEN
Speisender	ESSER
Speisenfolge	MENUE
Speiseplatte	TISCH
Speisewürze	ESSIG
Spelzweizen	EMMER
Sperling	SPATZ
Sperrklinke	RASTE
Sphäre	KUGEL
Spiegelglas	GLACE
Spielblättchen f. Mandoline	PENNA
Spieleinsatz	ENJEU
Spieleinsatz b. Glücksspiel	POULE
Spielergebnis (engl.)	SCORE
Spielflächenbegrenzung	BANDE
Spielkartenfarbe	KREUZ
Spielkartenfarbe	TREFF
Spielleitung	REGIE
Spielmarke	FICHE
Spielmarke	JETON
Spielpartie	MATCH

Spielraum (franz.)	MARGE
Spinnentier, Parasit	MILBE
Spion	AGENT
Spitze, Erhebung (techn.)	NOCKE
Spitze, Zacke	ZINKE
Spitzel	AGENT
Spitzel, Kundschafter	SPION
Spitzenmasche, Spitzkeil	PICOT
Spitzenrüsche	JABOT
Spitzensportler	CRACK
spitzer Metallstift	NAGEL
Spitzhacke	PICKE
Spitzharfe	ROTTA
Spitznägelchen	PINNE
Spitzname des engl. Polizisten	BOBBY
Spitzname des engl. Soldaten	TOMMY
Spitzname des franz. Soldaten	POILU
Spitzname für den Irländer	PADDY
Sportanlage	ARENA
Sportgröße	CRACK
Sportkleidung	DRESS
Sportlehrer	COACH
sportlich elegant	FLOTT
sportlicher Wettkampf	MATCH
Sportpaddelboot	KAJAK
Sportruderboot	EINER
Sportsegelboot	DINGI
Sportsegelboot	JACHT
Sporttrophäe	COUPE
Sporttrophäe (ital.)	COPPA
Sportveranstaltung	DERBY
Sportvereinstrainer	COACH
Sprache der Kaffern	KAFIR
Sprache der span. Basken	VASCO
Spracheigentümlichkeit	IDIOM
Sprache in ungebundener Form	PROSA
sprechen	SAGEN
Spree-Zufluß	DAHME
Spree-Zufluß	PANKE
Sprengkörper	BOMBE
Sprengstoff	ROMIT
Springer beim Schach	KAVAL
Sprosse, Treppenteil	STUFE
Sprühmittel	SPRAY
Sprühvorrichtung	DUESE
Sprungbein	TALUS
Spülbecken f. Sitzbäder	BIDET
Spürsinn	FLAIR
Staat der USA	IDAHO
Staat der USA	MAINE
Staat der USA	TEXAS
staatenbildendes Insekt	BIENE
Staat im Himalaja	NEPAL
Staat im Nahen Osten	JEMEN
Staat in Hinterindien	BIRMA
Staat in Mittelamerika	HAITI
Staat in Ostasien	KOREA
Staat in Westafrika	BENIN
Staatspräsident d. ČSFR	HAVEL
Staatsschatz	AERAR
Stabholz	LATTE
stabiles Gewebe	DRILL
Stabsoffizier	MAJOR
Stachel	SPORN
Stachelflosser	UMBER
Stadium	PHASE
Stadt a. d. Lausitzer Neiße	GUBEN
Stadt am Ganges	PATNA
Stadt am Hochrhein	STEIN
Stadt am Jadebusen	VAREL
Stadt am Kattegat	ARHUS
Stadt am Kocher	AALEN
Stadt am Missouri	OHAHA
Stadt am Mittellandkanal	PEINE
Stadt am Rhein bei Bonn	BEUEL
Stadt am Rhein bei Koblenz	RHENS
Stadt am Rhein-Herne-Kanal	HERNE
Stadt am Schwarzwald (Obst)	BUEHL
Stadt an d. Donau	ZEMUM
Stadt an der Aare	AARAU
Stadt an der Aller	CELLE
Stadt an der Baunach	EBERN
Stadt an der Bode	EGELN
Stadt an der Drau	ESSEG
Stadt an der Elbe	BARBY
Stadt an der Elde (bei Schwerin)	LUEBZ
Stadt an der Etsch	BOZEN
Stadt an der Fulda	BEBRA
Stadt an der Lippe	WERNE
Stadt an der Loire	BLOIS
Stadt an der Lüneburger Heide	CELLE
Stadt an der Neiße	GLATZ
Stadt an der Niers (NRW)	RHEYD

Stadt an der Nischawa	NISCH
Stadt an der Rhön	FULDA
Stadt an der Saône	CLUNY
Stadt an der Saale	CALBE
Stadt an der Saale	HALLE
Stadt an der Save	SISAK
Stadt an der Ulster	GEISA
Stadt an der Unna	BIHAC
Stadt an der Unstrut	NEBRA
Stadt an der Unterelbe	WEDEL
Stadt an der Unterweser	BRAKE
Stadt an der Weichsel	PLOZK
Stadt an der Weißen Elster	GREIZ
Stadt an der Weißen Elster	ZEITZ
Stadt an der Zwickauer Mulde	PENIG
Stadt an Kinzig und Main	HANAU
Stadt an Rhein und Brohl	BROHL
Stadt an Rhein und Lippe	WESEL
Stadt an Ruhr und Emscher	ESSEN
Stadt an Schwinge und Elbe	STADE
Stadt an Spreewald und Malxe	PEITZ
Stadt auf dem Peloponnes	ARGOS
Stadt auf den Balearen	IBIZA
Stadt auf Hokkaido (Japan)	OTARU
Stadt auf Honschu (Japan)	FUKUI
Stadt auf Island	ARNES
Stadt auf Java	BOGOR
Stadt auf Mallorca	PALMA
Stadt auf Sardinien	NUORO
Stadt auf Sizilien	EBOLI
Stadt auf Sri Lanka	GALLE
Stadt auf Sri Lanka	KANDY
Stadt bei Berlin	NAUEN
Stadt bei Potsdam	DAHME
Stadt bei Rom	ANZIO
Stadtburg von Krakau	WAWEL
Stadtburg von Moskau	KREML
Stadt der Elfenbeinküste	BUAKE
Stadt der Elfenbeinküste	DOLOA
Stadt der Kacheln	DELFT
Stadt des Nimrod-Reiches	ERECH
Stadt i. d. Holstein. Schweiz	EUTIN
Stadt im Aargau	BADEN
Stadt im Bayer. Wald	FURTH
Stadt im Lipper Bergland	LEMGO
Stadt im Münsterland	AHAUS
Stadt im Münsterland	LOHNE
Stadt im östl. Havelland	NAUEN
Stadt im Remstal	LORCH
Stadt im Rhonedelta	ARLES
Stadt im Ruhrgebiet	HERNE
Stadt im Ruhrgebiet	KAMEN
Stadt im Saar-Nahe-Bergland	KUSEL
Stadt im Sauerland	HAGEN
Stadt im Sauerland	HEMER
Stadt im Staat New York	UTICA
Stadt im Teutoburger Wald	IBURG
Stadt im Thüringer Becken	GOTHA
Stadt im Thüringer Wald	RUHLA
Stadt im Zwickauer Hügelland	LUGAU
Stadt in Äthiopien	HARAR
Stadt in Baden-Württemberg	AALEN
Stadt in Bahrain	RIFAA
Stadt in Bosnien	TUZLA
Stadt in Botswana	KANYE
Stadt in Brunei	SERIA
Stadt in Burgund	DIJON
Stadt in Burgund	NANCY
Stadt in d. Zentralafrikan. Republik	BOUAR
Stadt in der Altmark	KALBE
Stadt in der Eifel	MAYEN
Stadt in der Lausitz	FORST
Stadt in der Niederlausitz	CALAU
Stadt in der Westeifel	PRUEM
Stadt in Galizien	TURKA
Stadt in Georgia (USA)	MACON
Stadt in Israel	HOLON
Stadt in Jemen	HAJJA
Stadt in Kongo	NKAYI
Stadt in Kuwait	JAHRA
Stadt in Laos	PAKSE
Stadt in Malawi	ZOMBA
Stadt in Malaysia	PERAK
Stadt in Mali	MOPTI

Stadt in Mali am Niger	SEGOU
Stadt in Mali am Senegal	KAYES
Stadt in Mecklenburg	LAAGE
Stadt in Michigan (USA)	FLINT
Stadt in Mosambik	PEMBA
Stadt in Nebraska (USA)	OMAHA
Stadt in Niederbayern	BOGEN
Stadt in Niedersachsen	JEVER
Stadt in Niger	TAHUA
Stadt in Nigeria	BENIN
Stadt in Nigeria	ZARIA
Stadt in NO-Estland	NARWA
Stadt in Nordbrabant	BREDA
Stadt in Norddakota (USA)	FARGO
Stadt in Nordholland	HOORN
Stadt in Nordirland	LARNE
Stadt in Nordrhein-Westfalen	KLEVE
Stadt in Nordrhein-Westfalen	KOELN
Stadt in Northumberland	BLYTH
Stadt in Ohio (USA)	AKRON
Stadt in Oklahoma (USA)	TULSA
Stadt in Oman	NASWA
Stadt in Oman	SOHAR
Stadt in Ostfriesland	ESENS
Stadt in Ostfriesland	SANDE
Stadt in Ostholstein	EUTIN
Stadt in Ostholstein	PLOEN
Stadt in Osttirol	LIENZ
Stadt in Panama	DAVID
Stadt in Papua-Neuguinea	ARAWA
Stadt in Paraguay	PILAR
Stadt in Peru	PIURA
Stadt in Pommern	LABES
Stadt in Rheinhessen	ALZEY
Stadt in Sachsen	BORNA
Stadt in Sachsen-Anhalt	HALLE
Stadt in Sambia	CHOMA
Stadt in Sambia	KABWE
Stadt in Sambia	KITWE
Stadt in Sambia	NDOLA
Stadt in Saudi-Arabien	HOFUF
Stadt in Saudi-Arabien	MEKKA
Stadt in Schlesien	GLATZ
Stadt in Schlesien	JAUER
Stadt in Simbabwe	GWERU
Stadt in Slowenien	CELJE
Stadt in Slowenien	CILLI
Stadt in Somalia	MARKA
Stadt in Südholland	DELFT
Stadt in Taiwan	TAKAO
Stadt in Uganda	JINJA
Stadt in Uruguay	MINAS
Stadt in Uruguay	ROCHA
Stadt in Uruguay	SALTO
Stadt in Usbekistan	CHIWA
Stadt in Vorpommern	BARTH
Stadt in Westfalen	AHLEN
Stadt in Westflandern	YPERN
Stadt nördl. v. Neapel	CAPUA
Stadt östl. d. Aralsees	KYSIL
Stadtteil von Köln	DEUTZ
Stadtteil von Köln	NIEHL
Stadtteil von Köln	SUELZ
Stadtteil von München	SOLLN
Stadtteil von New York	BRONX
ständig	IMMER
ständig, jederzeit	STETS
Stärke	KRAFT
Stärke	MACHT
stärkster Sturm	ORKAN
Stätte, Stelle	PLATZ
Stahl-Nickel-Legierung	INVAR
Stall	KOBEN
Stallunterlage	STREU
Stammleiste an Losen	JUXTA
Stamm-Oberschicht	RINDE
Stammtruppe	KADER
Stammvater	ISAAK
Standesgemeinschaft	ZUNFT
Standort bestimmen	ORTEN
Stange	LATTE
Stapel	STOSS
starker Kaffee	MOKKA
starker Keiler	BASSE
starker Wind	STURM
starke Trosse	KABEL
starr, steif	RIGID
starr, unbiegsam	STEIF
Statur	FIGUR
Staudenharz	ASANT
stechendes Insekt	WESPE
Stechgerät	NADEL
Stechmücke	AEDES
Stechmücke	CULEX
Stechmücke	GELSE

5

5

Stechverletzung	STICH
steckbares Bauteil	MODUL
Stecken, Spazierstab	STOCK
Steckenpferd	HOBBY
stehende Haltung	STAND
steif, unbeweglich	STARR
Steife, Starre	RIGOR
steifes Papierblatt	KARTE
Steilschuß (Fußball)	KERZE
Stein beim Schachspiel	FIGUR
Steingutflasche	KRUKE
Steinsalzgestein	HALIT
Steinwand	MAUER
Stelle, bestimmter Ort	PUNKT
Stempelteil (botan.)	NARBE
Stengel	STIEL
stenografisches Kürzel	SIGEL
Sternbild	ADLER
Sternbild	ALTAR
Sternbild	FISCH
Sternbild	FUCHS
Sternbild	HYDRA
Sternbild	INDUS
Sternbild	KREUZ
Sternbild	KRONE
Sternbild	LEIER
Sternbild	LUCHS
Sternbild	ORION
Sternbild	TAUBE
Sternbild	TUKAN
Sternbild, Tierkreiszeichen	LOEWE
Sternbild (Fliege)	MUSCA
Sternbild (Hase)	LEPUS
Sternbild (Sagitta)	PFEIL
Sternbild (Tafelberg)	MENSA
Sternbild (Waage)	LIBRA
Sternbild (Widder)	ARIES
Sternbild (Wolf)	LUPUS
Stern in der Jungfrau	SPICA
Stern in der Nördl. Krone	GEMMA
Sternschnuppe	BOLID
stets	IMMER
Steuerarm am Schiffsruder	PINNE
Stich-, Stoßwaffe	LANZE
Stich beim Whist	TRICK
Stich im Kartenspiel	POINT
Stichkarte beim Kartenspiel	ATOUT
Stichwort, Titel (griech.)	LEMMA
Stichwortliste	INDEX
Stier	BULLE
Stierkämpfer	CHULO
Stierkämpferdegen	SPADA
Stierkampfplatz	ARENA
Stifter der Salesianer	BOSCO
Stiftung	LEGAT
Stilepoche des Mittelalters	GOTIK
still, friedlich	RUHIG
stille Andacht	GEBET
stilles Meßgebet	KANON
stimmhafter Verschlußlaut	MEDIA
Stinkmarder	ILTIS
Stirnseite	FRONT
Stockwerk	ETAGE
Stoffabschnitt	KUPON
Stoffbär	TEDDY
Stoff-Färbverfahren	BATIK
Stoffmenge eines Körpers	MASSE
Stollendach	FIRST
Stoß	PRALL
Stoß mit der Faust	KNUFF
Stoßstange	STAKE
Stoßwaffe	DEGEN
Sträßchen	GASSE
straff, stramm	PRALL
Strafstoß b. Fußball	ELFER
stramm	DRALL
Strandsee	LIMAN
Straßburger Buchkünstler	UNGER
Straßburger Humanist	BUCER
Straßburger Humanist	STURM
Straßburger Reformator	BUCER
Straßendecke	BELAG
Straßenwindung	KEHRE
Straßenzug	TRAKT
Strauch, Strauchwerk	BUSCH
Strauchfrucht	BEERE
Streben, Trieb	DRANG
Strecke	LINIE
streichbare Masse	PASTE
Streichinstrumentbespannung	SAITE
Streife, Streifgang	RUNDE
Streifen an der Uniform	LITZE
Streit	FEHDE
Streit	KAMPF
Streit, Dreck	KNIES
Streitmacht	ARMEE
strenge Kälte	FROST
Strenge (lat.)	RIGOR
Streupulver	PUDER
Strich	LINIE

Stroh-unterlage	STREU
Stromer	TRAMP
Strom im Watten-meer	HEVER
Strom in Erde ab-leiten	ERDEN
Struma	KROPF
Strumpf-feinmaß	GAUGE
student. Verbin-dung	CORPS
student. Wohn-gemein-schaft	BURSE
Studen-ten-kantine	MENSA
Studen-tenver-bindung	KORPS
Studien-leiter	TUTOR
Stück-chen, Fetzen	FISEL
Stück Kautabak	PRIEM
Stütz-kerbe	RASTE
Stufe	LEVEL
Stufe, Fuß-schemel	TRITT
Stuhlteil	LEHNE
stumm (lat.)	MUTUS
Sturm-bock d. Römer	ARIES
Stutzer	DANDY
Suaheli: Löwe	SIMBA
Subtrak-tion	ABZUG
Such-gerät, -nadel	SONDE
sudanes. Stadt am Nil	KODOK
sudane-sisches Volk	BANDA
sudanesi-sches Volk	BENUE
Sudan-neger	BONGO
Sudan-neger-stamm	BAMUM
Sudan-neger-stamm	MANDE
Sudan-neger-stamm	TOMBE
Sudan-neger-stamm	WOLOF
Sudan-negervolk	MENDE
Sudan-volk	BAULE
Sudan-volk	KISSI
Sudan-volk	TEMNE
Sudan-volk	TEMPE
süd-afrikan. Bantuvolk	SWASI
süd-afrikan. Homeland	VENDA
süd-afrikan. Kolonisten	BUREN
süd-afrikan. Provinz	NATAL
süd-afrikan. Sprache	BANTU
süd-afrikan. Sprache	SOTHO
süd-afrikan. Sprache	XHOSA
süd-afrikan. Trocken-steppe	KARRU
süd-afrikan. Volk	GWALI
süd-afrikan. Volk	SOTHO
südalban. Stadt	KORCE
süd-amerikan. Echsen-art	ANOLI
süd-amerikan. Goldhase	AGUTI
süd-amerikan. Gummi-harz	BOLAX
süd-amerikan. Halbblut	CHINO
süd-amerikan. Haupt-stadt	LAPAZ
süd-amerikan. Haupt-stadt	QUITO
süd-amerikan. Hühner-vogel	HOKKO
süd-amerikan. Indianer-zelt	TOLDO
süd-amerikan. Kranich	AGAMI
süd-amerikan. Leguan	IGUAN
süd-amerikan. Medizin-mann	PIAJE
süd-amerikan. Nagetier	AGUTI
süd-amerikan. Schwarz-geier	URUBU
süd-amerikan. Staat	CHILE
süd-amerikan. Strauch	CANNA
süd-amerikan. Straußen-vogel	NANDU
süd-amerikan. Tanz	RUMBA
süd-amerikan. Volk	MENDE
südanato-lische Stadt	MARAS
südbadi-scher Rhein-Zufluß	WIESE
süd-chines. Provinz	HUNAN
Süd-deutscher	BAYER
süd-deutsch: Grasland	EGART
süd-deutsch: Steck-nadel	GLUFE
süd-deutsch: Trag-gestell	KRAXE
südengl. Graf-schaft	BERKS
südengl. Hafen-stadt, Seebad	DOVER
südengl. Hafen-stadt, Seebad	POOLE
südeurop. Inselstaat	MALTA
südfinn. Winter-sportort	LAHTI
südfranz. Kurort	VICHY
südfranz. Schrift-steller	GIONO
südfranz. Stadt	AGOUT
südfranz. Stadt	NIMES
südhol-länd. Stadt (Käse)	GOUDA

5

südindische Stadt	KOLAR
südisraelische Wüste	NEGEV
südital. Stadt	SARNO
südkorean. Hafenstadt	MASAN
südkorean. Hauptstadt	SEOUL
südkorean. Stadt	TAEGU
südkorean. Stadt	ULSAN
südl. Eidechsenart	GECKO
südl. Grasart	HALFA
südländischer Nadelbaum	PINIE
südländischer Nadelbaum	ZEDER
Südostasiat	LAOTE
südostasiat. Volk	KAREN
südostasiat. Volk	KHMER
südostasiat. Volk	MUONG
südostasiat. Volk	SCHAN
südostasiat. Volk	TAMIL
südostbelg. Stadt	ARLON
südostbulgar. Gebirge	PIRIN
Südosteuropäer	SERBE
südostfranz. Departement	DROME
südostfranz. Stadt	DIGNE
südostnorweg. Stadt	HAMAR
südostspan. Stadt	ELCHE
südosttürk. Provinz	HATAY
südportugies. Stadt	EVORA
südschwed. Stadt	BORAS
südsibirisches Randgebirge	SAJAN
südslaw. Kniegeige	GUSLA
südspan. Fluß zum Golf von Cadiz	ODIEL
südspan. Kap	PALOS
südspan. Stadt	LORCA
südspan. Weinstadt	JEREZ
Südtiroler Kurort	BOZEN
Südtiroler Kurort an der Etsch	MERAN
Südwein, Süßwein	JEREZ
südwestafrikan. Wüste	NAMIB
südwestdeutsche Landschaft	BADEN
südwestengl. Grafschaft	DEVON
südwestfinn. Hafenstadt	TURKU
südwestfranz. Fluß	ADOUR
südwestfranz. Landschaft	MEDOC
südwestfranz. Rotwein	MEDOC
südwestschott. Fluß	CLYDE
südwestspan. Hafenstadt	CADIZ
südwestspan. Provinz	CADIZ
Sühne	BUSSE
Sühneleistung in Geld	BUSSE
Sülze	ASPIK
Süßware zum Lutschen	LOLLI
Süßwasserpolyp	HYDRA
Süßwasser-Raubfisch	HECHT
Sultanserlaß	IRADE
Sultansname	AHMED
Sultansschloß in Marokko	KASBA
Summe der Lebensjahre	ALTER
Sumpfbinse	RISCH
sumpfig	LIMOS
Sumpfland	BRUCH
Sumpfmyrte	GAGEL
Sumpfpflanze	BINSE
Sumpfvogel	RALLE
Sundainsel	BANKA
Sundainsel	SUMBA
Suppenwürze-Erfinder	MAGGI
Symbol des Heiligen Geistes	TAUBE
Symbol f. Christentum	KREUZ
Symbol f. Festigkeit	EISEN
Symbol f. Härte	STAHL
Symbol f. Härte, Festigkeit	STEIN
Symbol f. Hoffnung	ANKER
Symbol f. Kraft	LOEWE
Symbol f. Kraft	STIER
Symbol f. Kühnheit	ADLER
Symbol f. Leben	SONNE
Symbol f. Leiden	KREUZ
Symbol f. Macht	ADLER
Symbol f. Macht	KRONE
Symbol f. Macht	LOEWE
Symbol f. Unfreiheit	KETTE
synthetische Rauschdroge	CRACK
Syphilisknoten	GUMMA
syrischer Staatspräsident	ASSAD
syrische Stadt	RAQQA
Tadel, Verweis	RUEGE
Tändelei	FLIRT
tätig	AKTIV
tätig sein	REGEN

Täuschung	KNIFF
Täuschungsmanöver	BLUFF
Täuschungsversuch	FINTE
Tagelöhner	INSTE
Tagesangabe	DATUM
Tageszeit	ABEND
Tagfalter	FUCHS
Taggreifvogel	FALKE
Taktmaß, Zeitmaß	TEMPO
Taktstock	BATON
Tal im östl. Peloponnes	NEMEA
Talkessel, Niederung	SENKE
Tanzlokal	DISCO
tapfer	MUTIG
Tarockkarte	KAVAL
Tarockkarte	SKUES
Taschenbesatz	PATTE
tatarische Stadt an d. Wolga	KASAN
Tatendrang, Tatkraft	DRIVE
Tatendrang, Tatkraft	VERVE
Tatform des Verbs	AKTIV
Tatmerkmal	INDIZ
Tatsachenbekunder	ZEUGE
Tatze	KLAUE
Tatze	PFOTE
Tauchloch am Segel	GATJE
Taufzeugin	PATIN
tausend	MILLE
Tauwerk d. Schiffs	TAKEL
techn. Austauschelement	MODUL
Techtelmechtel	FLIRT
Teebereitungshilfe	TEEEI
Teesorte	PEKOE
Teichhuhn, Wasserhuhn	RALLE
Teigkugel	KLOSS
Teigware	NUDEL
Teilbetrag	QUOTE
Teil der Bienenwabe	ZELLE
Teil der Kamera	LINSE
Teil der Lukenabdichtung	HERFT
Teil der Verein. Arab. Emirate	AJMAN
Teil des Auges	LINSE
Teil des Kopfes	BACKE
Teil des Monats	WOCHE
Teil des Oberkörpers	BRUST
Teil des Rhein. Schiefergebirges	EIFEL
Teil des Sitzmöbels	LEHNE
Teil einer Summe	GLIED
Teil eines Ganzen	GLIED
Teil von Tel Aviv	JAFFA
Telefonat	ANRUF
Tempeldiener im Alten Testament	LEVIT
Tempelinneres	CELLA
Tempeltorpfeiler	PYLON
Temperaturbezeichnung	KUEHL
Tempobeschleunigung	SPURT
Tennispokalstifter	DAVIS
Tennisschlag	SLICE
Terpenalkohol	NEROL
Test, Experiment	PROBE
Teufel, Höllenfürst	SATAN
Teufel im Islam	IBLIS
Teufelsdreck	ASANT
Teufelsrochen	MANTA
Text des Schauspielers	ROLLE
Textilgewebe	STOFF
Textilgrundstoff	WOLLE
Textilhandwerker	WEBER
Textlücke	VAKAT
thailänd. Münze	STANG
thrakische Göttin	KOTYS
thrakischer Volksstamm	MYSER
thüring. Sommerfrische	RUHLA
thüring. Stadt an der Saale	KAHLA
thüring. Stadt an der Weida	WEIDA
Thymusdrüse d. Kalbs	BRIES
Tiber-Zufluß	ALLIA
tibetan. Hauptstadt	LHASA
tibetan. Mönch	BONZE
tibetan. Volk	LHOPA
Tiefebene in Turkestan	TURAN
tiefe chines. Ehrbezeigung	KOTAU
tiefeingeschnittene Bucht	FJORD
tiefe Verbeugung	KOTAU
Tier-, Viehbehausung	STALL
Tierfangeinrichtung, -gerät	FALLE
Tierfanggerät	EISEN
Tierfanggerät	LASSO
Tierfell (Jägersprache)	DECKE
Tierfett	SPECK
Tierfuß	PFOTE
Tierfußhorn	KLAUE
tierische Haare	WOLLE
tierisches Gewebe	KREAS
Tierkot	GELOS
Tierkrankheit	DARRE

Tierkreiszeichen	KREBS
Tierkreiszeichen	LOEWE
Tierkreiszeichen	STIER
Tierkreiszeichen	WAAGE
Tierlippe	LEFZE
Tierprodukt	MILCH
Tierschwanz	FAHNE
Tierverband	HERDE
Tierwelt	FAUNA
Tigerpferd	ZEBRA
Tintenfisch	POLYP
Tintenfisch	SEPIA
Tiroler Freiheitskämpfer	HOFER
Tiroler Geigenbauer	ALBAN
Tischlerwerkzeug	HOBEL
Tischteppich	TAPET
Titanerz	RUTIL
Titanin	THEIA
Titelbild (engl.)	COVER
Titelfigur bei Berlin (Geroge)	ANNIE
Titelfigur bei Colette	CHERI
Titelfigur bei Donizetti	LUCIA
Titelfigur bei Hauptmann	PIPPA
Titelfigur bei Hebbel	GYGES
Titelfigur bei Lessing	MINNA
Titelfigur bei Strauss	DANAE
Titelfigur bei Strindberg	JULIE
Tobol-Zufluß	TAWDA
Tochter v. Gäa und Uranos	THEIA
Tochter v. Kaiser Augustus	JULIA
Tochter v. Rigoletto	GILDA
Tochter v. Saturnus	CERES
Tochter v. Tantalos	NIOBE
tödlich	LETAL
tönern	IRDEN
Toilettenartikel	SEIFE
Tokioter Hauptverkehrsstraße	GINZA
Tolle	LOCKE
Tollwut	LYSSA
Ton	KLANG
Tonart	AMOLL
Tonart	ASDUR
Tonart	BMOLL
Tonart	CMOLL
Tonart	ESDUR
Tonart	MODUS
Tonerdesilikat	BOLUS
Tongainsel	TOFUA
Tonhebung	IKTUS
Tonintervall	QUART
Tonintervall	QUINT
Tonintervall	SEXTE
Tonkunst	MUSIK
Tonleiter	SKALA
tonlos, klanglos	STUMM
Tonstück	RONDO
Tonstück (franz.)	PIECE
Tonwasserkrug (portug.)	BILHA
Tonzeichen (Mz.)	NOTEN
Torfmoorstrauch	PORST
Torstange (Fußball)	LATTE
Totentrage	BAHRE
Traberwagen	SULKY
träge (lat.)	INERT
Tragbett	BAHRE
Tragkorb	BUTTE
Tragwerk	FRAME
Trainer	COACH
Trainingssandsack	DUMMY
Transportbehälter	KISTE
traurig, trostlos	TRIST
trauriges amerikan. Negerlied	BLUES
treibende Kraft	AGENS
Treibjagd	HETZE
Treibschlag b. Golf	DRIVE
Treibstäbchen	PUNZE
Trennkommando beim Boxen	BREAK
Trennungszeichen	DIVIS
Trennzeichen über Vokalen	TREMA
Tresterwein	LAUER
Tresterwein	LEIER
Trethebel	PEDAL
Trick	KNIFF
Triebkraft	AGENS
Trieb (lat.)	NISUS
Triebwerk	MOTOR
Triefauge	RHYAS
Trigris-Floß	KELEK
Trinkbedürfnis	DURST
Trinkgefäß, Henkelgefäß	TASSE
Trinkgefäß mit Fuß	POKAL
Trinkspruch	TOAST
trocken	ARIDE
trocken	RESCH
trocken, vertrocknet	DUERR
Trockenanlage	DARRE
trockene Halme	STROH
Trocken-Flußbett in Nordamerika	CREEK
Trockenfutter	STROH
Trog	MULDE
Trommel	PAUKE
Trommel, Zylinder	WALZE
trop. Baumharz	KOPAL
trop. Wolfsmilchgewächs	HEVEA
Tropenbaum	PALME
Tropenfrucht	FEIGE
Tropenfrucht	MANGO

Tropenkleiderfarbe	KHAKI
tropische Bohnenart	MUNGO
tropische Edelholzart	LIMBA
tropische Faserpflanze	AGAVE
tropische Frucht	GUAVE
tropische Holzart	OKUME
tropische Kürbispflanze	LUFFA
tropisches Baumharz	ELEMI
Trübung d. Atmosphäre	DUNST
Trumpf beim Tarock	PAGAT
Trumpf im Kartenspiel	ATOUT
Trumpfkarte	BASTA
Trumpfkarte	JOKER
Truppenlager im Freien	BIWAK
Truppenverband	KORPS
Truthahn	PUTER
tschech. abstrakt. Maler	KUPKA
tschech. Autor, Journalist	KISCH
tschech. Dichter	CAPEK
tschech. Dichter	HALEK
tschech. Dichter, Staatspräsid.	HAVEL
tschech. Hussitenstadt	TABOR
tschech. Komponist	MACHA
tschech. Komponist	PAUER
tschech. Name von Pilsen	PLZEN
tschech. romant. Dichter	MACHA
tschech. Schriftsteller	HASEK
tschech. Stadt	PISEK
tschech. Währungseinheit	KRONE
tschechoslowak. Politiker	HAJEK
Tubeninhalt	PASTE
Tuchschwenker im Stierkampf	CHULO
Tümpel	LACHE
Tümpel, Moraststelle	SUHLE
Türband, Türangel	HASPE
türk. Amtssitz	KONAK
türk. Baumeister (16. Jh.)	SINAN
türk. Beamter	MUDIR
türk. Brautkaufpreis	KALYM
türk. Euphrat-Quellfluß	MURAT
türk. Feldherrentitel	GHASI
türk. Hafenstadt	IZMIR
türk. Insel	IMROZ
türk. Münze	KURUS
türk. Palast	KONAK
türk. Politiker, Staatspräsid.	OEZAL
türk. Regenmantel	GABAN
türk. Reichsgründer	OSMAN
türk. Reisfüllung	DOLMA
türk. Reitersoldat	SPAHI
türk. Schwarzmeerhafen	SINOP
türk. Stadt	HATAY
türk. Stadt am Kizilirmak	SIVAS
türk. Stadt am Ulu Dag	BURSA
türk. Sultan	OSMAN
türk. Sultan	SELIM
türk. Turbanstoff	SARIK
türk. Wasserkanne	IBRIK
türk. Zuckergebäck	HALWA
türk.: der Siegreiche	GHASI
Türvorleger	MATTE
Türzapfen	ANGEL
Tuffgestein	TRASS
Tumult	LAERM
Tumult	RUMOR
tunes. Hafenstadt	GABES
tunes. Stadt	GAFSA
Tunke, dicke Brühe	SOSSE
Tupfen	FLECK
Turktatare	AWARE
Turktatare	SARTE
Turktatare	TATAR
Turm im Schachspiel	ROCHE
Turmkrähe	DOHLE
Turmvorbau ägypt. Tempel	PYLON
Turnerabteilung	RIEGE
Turnerstellung	HOCKE
Turngerät	PFERD
Turngerät	RINGE
Turnübung	BEUGE
Turnübung	FELGE
Turnübung	HOCKE
Turnübung	KEHRE
Turnübung	KIPPE
Turnübung	ROLLE
Turnübung	WAAGE
Tuschzeichnung	LAVIS
Typenlehre	TYPIK
Tyrann v. Syrakus	GELON
Überbleibsel	ABHUB
Überbleibsel	RESTE
Überblick	SCHAU
überdeutlich	KRASS
überdies	ZUDEM

Über-gewand	KOTZE
überholt (franz.)	PASSE
Über-lassungs-vertrag	PACHT
über-mäßig	HYPER
Überrock (veraltet)	KAPUT
über-schlank	HAGER
über-seeische Rinds-häute	KIPSE
über-trieben, zu sehr	ALLZU
Überzieh-stiefel	BOOTS
Überzug	BEZUG
Ufer-staude	BERLE
Uhrenteil	FEDER
ukrain. Stadt	ROWNO
Ulk, Streich	SPASS
Ulme d. german. Mytho-logie	EMBLA
Umdrehung	RUNDE
Umfüll-rohr	HEBER
umgangs-spr. f. angenehm, gerissen	DUFTE
umgangs-spr. f. Atem	PUSTE
umgangs-spr. f. Brei	PAMPE
umgangs-spr. f. Gefängnis	KNAST
umgangs-spr. f. Geld	MARIE
umgangs-spr. f. Geld	PINKE
umgangs-spr. f. Gemisch	PAMPE
umgangs-spr. f. gleich-gültig	PIEPE
umgangs-spr. f. Haschisch	HASCH
umgangs-spr. f. Homo-sexueller	TUNTE
umgangs-spr. f. Hund	TOELE
umgangs-spr. f. Infusions-gerät	TROPF
umgangs-spr. f. Konzern	MULTI
umgangs-spr. f. Kot	KACKE
umgangs-spr. f. Lauscher	LUSER
umgangs-spr. f. Lenden-braten	LUMME
umgangs-spr. f. Lutscher	LOLLI
umgangs-spr. f. Mädchen	MIEZE
umgangs-spr. f. Tabak	TOBAK
umgangs-spr. f. Tier-junges	BRACK
umgangs-spr. f. Ver-rücktheit	KLAPS
umgangs-spr. f. Zigarette	LALLE
umgangs-spr. f. Zigarette	LULLE
Umhang der alten Römer	PALLA
Umkehr, Kurve	WENDE
umlaufen-der Ma-schinen-teil	ROTOR
Um-schwung am Reck	FELGE
um so	DESTO
Umzug	KORSO
unabän-derliches Schicksal	FATUM
unartiges Kind	RANGE
unbebaut	BRACH
unbedeu-tend (lat.)	FUTIL
unbe-frachtet	LEDIG
unbe-herrschtes Verlangen	MANIE
unbekannt	FREMD
unbeklei-det	NACKT
unbe-schadet	TROTZ
unbe-ständig	LABIL
unbestellt	BRACH
unbestrit-tener Grund-satz	AXIOM
unbeweg-lich	STEIF
unechter Schmuck, Nach-ahmung	TALMI
Unechtes	TALMI
unechte Schriften des NT	NOTHA
unemp-findlich	IMMUN
unent-schieden	REMIS
uner-schrocken	KUEHN
uner-schrocken	MUTIG
unerwar-teter Preissturz	SLUMP
unfrucht-bare Kuh	GUEST
unfrucht-bare Stute	GUEST
ungar. Dirigent	SOLTI
ungar. Donau-Zufluß	EIPEL
ungar. Donau-Zufluß	KAPOS
ungar. Donau-Zufluß	RAKOS
ungar. Flug-gesell-schaft	MALEV
ungar. Geigen-virtuose	VARGA
ungar. Geiger, Dirigent	GECZY
ungar. Hochruf	ELJEN
ungar. König, Königs-name	PETER
ungar. Komitat	BEKES
ungar. Komitat	TOLNA
ungar. kommun. Politiker	KADAR
ungar. Landrat	ISPAN
ungar. Männer-name	JANOS
ungar. Männer-name	LAJOS
ungar. Name von Raab	GYOER
ungar. Operetten-komponist	BERTE
ungar. Pianist u. Komponist	LISZT

ungar. Raab-Zufluß	GUENS
ungar. Regisseur	SZABO
ungar. Schafspelz	BUNDA
ungar. Schauspielerin	ROEKK
ungar. Schriftsteller	JOKAI
ungar. Schriftstellerin	SZABO
ungar. Stadt	GYOER
ungar. Tanzpädagoge	LABAN
ungar. Theiß-Zufluß	MAROS
ungar. Weinort	ERLAU
ungar.: Helene	ILONA
ungeachtet	TROTZ
ungebetener Gast	URIAN
ungebunden	LEDIG
ungebundene Dichtung	PROSA
ungebundene Sprache	PROSA
ungefähr	CIRCA
Ungeheuer d. griech. Sage	GORGO
Ungeheuer d. griech. Sage	HYDRA
ungehobelt, unförmig	PLUMP
ungesäuertes Brot der Juden	MATZE
ungeschälter Reis	PADDY
ungeschminkt	APERT
ungewöhnlich	APART
ungezogen	FRECH
ungezogenes Kind	FRATZ
Ungezogenheit	UNART
ungezügelte Schar	HORDE
ungezügeltes Verlangen	SUCHT
ungezwungen	LEGER
Ungläubiger (arab.)	KAFIR
Ungläubiger im Islam	GIAUR
Unheil verkünden	UNKEN
uniformierter Diener	LAKAI
Uniformschmuck	BIESE
Universitätsstadt an der Saale	HALLE
unklar, undurchsichtig	TRUEB
Unkraut, Riedgras	SEGGE
Unkraut, Strandpflanze	MELDE
Unrat	DRECK
Unrecht (lat.)	NEFAS
unreines Quecksilber	STUPP
unrichtig	IRRIG
unrund laufen (Rad)	EIERN
unsauberer Ort	PFUHL
unselig	FATAL
Unsinn, Quatsch	STUSS
Unsterbliches	SEELE
Unstrut-Zufluß	HELME
untätig	INERT
untere Gliedmaßen	BEINE
untere Grubenbegrenzung	SOHLE
unterer Behälterabschluß	BODEN
untergäriges Braunbier	KNUPP
Unterhaltung, Zeitvertreib	SPIEL
Unterkleid	JUPON
Unterkunft	LOGIS
Unterleib	BAUCH
Unternehmen	FIRMA
Unterschiedsbetrag	SALDO
unterseeischer Tafelberg	GUYOT
unterster Schachtteil	SUMPF
Unterstützung	HILFE
Unterteil des Vorstevens	SCHEG
Unterwasser-Ortungsgerät	SONAR
Unterweisung	LEHRE
unterwürfig	DEVOT
unumbrochen, (landwirtsch.)	BRACH
UN-Unterorganisation	UNIDO
unverdiente Großmut	GNADE
unverdientes Glück	DUSEL
unverheiratet	LEDIG
unverschlossen	OFFEN
Unvollendetes	TORSO
Unwahrheit	LUEGE
unwichtiges Etwas	DINGS
Unzucht treiben	HUREN
Uranus-Mond	ARIEL
urbar machen, abholzen	RODEN
Urbild des Teddybären	KOALA
urchristl. Abendmahl	AGAPE
Ureinwohner Amerikas	INDIO
Ureinwohner Borneos	DAJAK
Ureinwohner Ceylons	WEDDA
Ureinwohner der Südsee	MAORI
Ureinwohner der Südsee	PAPUA
Urform	URTYP
Urgestalt	TYPUS
Urheber	AUTOR

Urkundsbeamter	NOTAR
Ursache	GRUND
Urteil (lat.)	JUDIZ
US-Goldmünze	EAGLE
US-Präsident	NIXON
ussisch. Dichter, Dramatiker	BABEL
US-Stützpunkt in Island	THULE
Vagabund, Landstreicher	TRAMP
Vakuum	LEERE
Vampir	LAMIE
Variante, Variation	ABART
Vater von Absalom	DAVID
Vater von David	JESSE
Vater von Lea u. Rahel	LABAN
Vater von Ödipus	LAIOS
Veilchen	VIOLE
Venenknoten	VARIX
venezian. Komponist	LOTTI
venezian. Maler	LOTTO
venezian. Maler	PALMA
Verästelung	GABEL
veraltet f. Abgabe	ONERA
veraltet f. Ansässiger	SASSE
veraltet f. Dirne	METZE
veraltet f. Erzieherin	BONNE
veraltet f. Friseur	BADER
veraltet f. Geldbehälter, -depot	KATZE
veraltet f. Geliebte	HOLDE
veraltet f. Grundbesitzer	SASSE
veraltet f. Heerschau	REVUE
veraltet f. Nebenfrau	KEBSE
veraltet f. Oboe	HOBOE
veraltet f. Onkel	OHEIM
veraltet f. Schwiegersohn	EIDAM
veraltet f. Telegramm	KABEL
veraltet f. Tischdecke	TAPET
veraltet f. Tonfilm	TALKY
veraltet f. unehelich Kind	KEGEL
Veranlassung	GRUND
Verband	BINDE
Verband, Vereinigung	UNION
Verbandmaterial	BINDE
Verbindung	NEXUS
Verbindungsstudent	FUCHS
Verbindung zw. Blutgefäßen	SHUNT
Verbindung zw. Muskel u. Knochen	SEHNE
Verbrecherclique, -gruppe	BANDE
Verbrennungserscheinung	FEUER
Verbrennungserscheinung	RAUCH
Verbrennungsrückstand	ASCHE
Verbrennungswärmeeinheit	JOULE
Verdachtsgrund	INDIZ
Verdauungsorgan	MAGEN
verdichtete Luftfeuchtigkeit	WOLKE
Verdienstspanne	MARGE
verdorrt	DUERR
Verdrossenheit, Verstimmung	UNMUT
Vereinsblatt	ORGAN
Verfahren	MODUS
verfallenes Bauwerk	RUINE
Verfasser	AUTOR
Verfügung	EDIKT
vergangen, vorbei	DAHIN
Verhältnisgröße	MODUL
verhängnisvoll	FATAL
verhaltener Zorn	GROLL
verhaltene Wut	GROLL
Verhöhnung	SPOTT
Verkaufsgeschäft	LADEN
Verkaufsgüter	WAREN
Verkaufshäuschen	KIOSK
Verkaufsraum, -stelle	LADEN
Verkaufsschau	MESSE
Verkehrsleuchte	AMPEL
Verkehrssprache d. Elfenbeinküste	DIULA
Verkleidung	MASKE
Verknüpfung	NEXUS
Verlangen	DRANG
Verletzung	WUNDE
verliehener Besitz	LEHEN
Verlobte	BRAUT
Verlust	DAMNO
Verlust	MANKO
Verlust	MINUS
Verlust (franz.)	PERTE
Vermächtnis	LEGAT
Vermerk	NOTIZ
vermögend, wohlhabend	REICH
vermuten	AHNEN
verneinendes Wort	NICHT
Vernunft	GEIST
Verordnung	EDIKT
Verpackungsmaterial	FOLIE
Verräter im Neuen Testament	JUDAS
Verräterin	PETZE
Verrücktheit	MACKE
Versbetonung	ARSIS
Verschlag	KOBEL

verschnittener Eber	BARDE
verschwenden	AASEN
Versorgungsbezüge	RENTE
Verstand	GEIST
Verstand (lat.)	RATIO
verstellbarer Werkzeugteil	BACKE
Verstellung	MACHE
Versuchsraum	LABOR
Vertragsentwurf (lat.)	NOTEL
Vertrauen	FIDUZ
vertraulich	INTIM
Vertreter friedl. Regelungen	TAUBE
verüben, zufügen	ANTUN
Vervielfältigung	KOPIE
Vervielfältigungsverfahren	DRUCK
Verwahrung	DEPOT
Verwalter einer Milchwirtschaft	MEIER
Verwaltung	REGIE
Verwaltungsbezirk	KREIS
Verwaltungsbezirk in Griechld.	DEMOS
verwandt, sich anziehend	AFFIN
Verwandte	TANTE
Verwandtschaft	SIPPE
Verwesendes	LUDER
Verwesendes	MODER
Verwünschung	FLUCH
verzagt	FEIGE
Verzehr	ZECHE
Verzeichnis	LISTE
verzeihende Güte	GNADE
Verzierung	DEKOR
Verzweigung	GABEL
Vesperbild	PIETA
Vibrato im Jazz	SHAKE
Viehfutter	FRASS
Viehtrift	WEIDE
Vielfalt	MENGE
Vielheit	MENGE
Viertel	QUART
vierter Sonntag vor Ostern	OKULI
Violine	GEIGE
Visierteil	KIMME
Vitamin P	RUTIN
Völkerzwist	KRIEG
Vogelerbse	WICKE
Vogelkäfig	BAUER
Vogelkot-Dünger	GUANO
Vogelkraut	MIERE
Vogellauf	SPORN
Vogelschlinge	DOHNE
Vogelschwanz	STERZ
Vogelweibchen	SICKE
Vogelwelt	ORNIS
Vogesengipfel	DONON
Volk in Bhutan	LHOPA
Volk in Burundi	TUTSI
Volk in der Ciskei	XHOSA
Volk in Kaschmir	HUNSA
Volk in Sri Lanka	TAMIL
Volk in Südindien	TAMIL
Volksheer	MILIZ
volkstüml. f. ausgezeichnet	DUFTE
volkstüml. f. Auto	KARRE
volkstüml. f. Auto	KISTE
volkstüml. f. Benzin	SPRIT
volkstüml. f. Fachmann	PROFI
volkstüml. f. Glück	DUSEL
volkstüml. f. Katze	MIEZE
volkstüml. f. Kleidung	KLUFT
volkstüml. f. Parteigröße	BONZE
volkstüml. f. Schule	PENNE
volkstüml. f. Uniform	KLUFT
volkstüml. f. Versager	NIETE
volkstüml. f. Verstand	GRIPS
volkstüml. f. Zigarettenstummel	KIPPE
vollbracht	GETAN
voller Schuldgefühl	REUIG
voller Selbstbewußtsein	STOLZ
voll Maden	MADIG
voll Öl	OELIG
voll Tau	TAUIG
Volta-Sprache	MOSSI
Voltavolk	GURMA
Voltavolk	KABYE
Voltavolk	TEMBA
vom Weg abweichen	IRREN
von Anfang an (lat.)	ABOVO
von oben nach unten	HERAB
von Person zu Person	KORAM
vorausgesetzt	FALLS
voraussehen	AHNEN
vorbei (franz.)	PASSE
Vorbestimmung	FATUM
Vorbild	IDEAL
Vorbild, Typ	TYPUS
vorbildlich	IDEAL
vorbildlicher Schiffszustand	TRIMM
Vorderasiat	KURDE
Vorderasiat	SYRER
vorderasiat. Kulturvolk	JUDEN
vorderindisch. Bergstamm	KHOND
Vorderseite	AVERS
Vorderseite	FRONT

5

Vorderste	ERSTE
vorderste Kampflinie	FRONT
vorgefaßte Vorstellung	IMAGE
vorgeschichtl. kelt. Hügelgrab	CAIRN
Vorhafen von Edinburgh	LEITH
vorindische Völkergruppe	MUNDA
Vorkommnis	KASUS
vormals	EINST
Vorname d. Sängers Alexander	PETER
Vorname der Autorin Baum	VICKY
Vorname der Henie	SONJA
Vorname der Kelly	GRACE
Vorname der Lagerlöf	SELMA
Vorname der Sandrock	ADELE
Vorname der Ziemann	SONJA
Vorname des Autors Wallace	EDGAR
Vorname des Kompon. Berg	ALBAN
Vorname des Kompon. Bruckner	ANTON
Vorname e. dtsch. Tenniscracks	BORIS
Vorname von Amundsen	ROALD
Vorname von Dufy	RAOUL
Vorname von Hood	ROBIN
Vorname von Lafontaine (SPD)	OSKAR
Vorname von Lanza	MARIO
Vorname von Picasso	PABLO
Vorname von Welles	ORSON
Vorname von Zola	EMILE
vornehm	NOBEL
Vorort von Danzig	OLIVA
Vorort von Lissabon	BELEM
Vorort von Warschau	PRAGA
Vorraum im Theater	FOYER
Vorsehung	FATUM
Vorsilbe: ein Tausendstel	MILLI
Vorsilbe: Eisen	FERRI
Vorsilbe: Eisen	FERRO
Vorsilbe: hinein	INTRO
Vorsilbe: hoch drei	KUBIK
Vorsilbe: innerhalb	INTRA
Vorsilbe: rückwärts	RETRO
Vorsilbe: Sonne	SOLAR
Vorsilbe: über	TRANS
Vorsilbe: viel	MULTI
Vorspiegelung	BLUFF
vor Strafverfolgung sicher	IMMUN
vortrefflich	FAMOS
Vortriebskraft	SCHUB
Vorwand	FINTE
vorwitzig	FRECH
Vorzeichen beim Rechnen	MINUS
Vorzeigen eines Wechsels	VISTA
Vulkan auf Island	HEKLA
Vulkan auf Luzon	MAYON
Vulkan auf Teneriffa	TEIDE
Wachsbeere	GAGEL
wachsbleich	BLASS
Wachslicht	KERZE
Wachssalbe	ZERAT
Wachtturm	WARTE
Wächter in der griech. Sage	ARGUS
während	INDEM
während	INDES
Währung an der Elfenbeinküste	FRANC
Währung d. Zentr.-afrikan. Republik	FRANC
Währung im Irak	DINAR
Währung im Jemen	DINAR
Währung im Tschad	FRANC
Währung in Belgien	FRANC
Währung in Benin	FRANC
Währung in Burkina Faso	FRANC
Währung in Burundi	FRANC
Währung in Costa Rica	COLON
Währung in der franz. Schweiz	FRANC
Währung in der Türkei	PFUND
Währung in El Salvador	COLON
Währung in Frankreich	FRANC
Währung in Gabun	FRANC
Währung in Großbritannien	PFUND
Währung in Jordanien	DINAR
Währung in Kamerun	FRANC
Währung in Katar	RIYAL
Währung in Kuwait	DINAR
Währung in Libyen	DINAR
Währung in Luxemburg	FRANC
Währung in Madagaskar	FRANC

Währung in Mali	FRANC
Währung in Mauritius	RUPIE
Währung in Niger	FRANC
Währung in Nigeria	NAIRA
Währung in São Tomé u. Principe	DOBRA
Währung in Saudi-Arabien	RIYAL
Währung in Senegal	FRANC
Währung in Sierra Leone	LEONE
Währung in Sri Lanka	RUPIE
Währung in Togo	FRANC
Währung in Tunesien	DINAR
Währung in Zaire	ZAIRE
Wärmespender der Erde	SONNE
Wäschekordel	LEINE
Wäscherolle	MANGE
Wäschestoff	LINON
wässerige Anschwellung	OEDEM
wagemutig	KUEHN
Wagen-, Gespannkolonne	TRECK
Wagenabteil	COUPE
Wagendecke, Zeltplan	PLANE
Wagenladung	FUDER
Wagenladung	FUHRE
Wagenschaufahrt	KORSO
Wagenteil	ACHSE
Wahl, Urteil	VOTUM
Wahlspruch	MOTTO
Wahrsager	AUGUR
Wahrscheinlichkeitsbeweis	TOPIK
Wahrzeichen v. Moskau	KREML
Waldhüter	HEGER
walis. Sagenkönig	ARTUS
Walkürenroß bei Wagner	GRANE
Wallböschung	BERME
wallen	WOGEN
Walze	ROLLE
Wandel, Wechsel	WENDE
Wandelform	ABART
Wandelgang, -halle	FOYER
Wandelhalle im Parlament	LOBBY
Wange	BACKE
wankelmütig	LABIL
Wappentier	GREIF
Wappentier	LOEWE
Wappenvogel	ADLER
Warägerfürst	RURIK
Warenabgang (ital.)	FUSTI
Warenabsatz	DEBIT
Warenabsatzgebiet	MARKT
Warenballen	KOLLO
Warenhausabteilung	RAYON
Warenschau	MESSE
Warenspeicher	LAGER
Warenwert	PREIS
Warenzeichen	MARKE
warmer Fallwind am Nordalpenrand	FOEHN
Warnruf	ALARM
Warthe-Zufluß	NETZE
warum, weshalb	WIESO
Waschmittel	SEIFE
Waschmittellösung	LAUGE
Wasserdampf	DUNST
Wasserdampf	NEBEL
Wasser in gasförmig. Zustand	DAMPF
Wasserlauf	FLUSS
Wassermarder	OTTER
Wasserpfeife	HOCKA
Wasserpflanze	BUNGE
Wasserstandsmesser	PEGEL
Wasserstraße	KANAL
Wassersucht	OEDEM
Wassertiefe ausmessen	LOTEN
wasserumgebenes Land	INSEL
Wasservogel	MOEWE
Wattenmeer-Wasserrinne	BALJE
Wattsekunde	JOULE
Weberdistel	KARDE
Wechselgesang	KANON
wechselhaft	LABIL
wechselnde Gemütsstimmung	LAUNE
Wechselübernehmer	GIRAT
wedischer Sturmgott	RUDRA
Wegbeorderung	ABRUF
Wegbiegung	KURVE
Wegkrümmung	KURVE
Wegschnecke	ARION
Wehgeschrei	KLAGE
Wehgeschrei	ZETER
weibl. amerikan. Revuestar	BAKER
weibl. Brüste	BUSEN
weibl. Haustier	GEISS
weibl. Haustier	KATZE
weibl. Hund, Fuchs, Wolf	PETZE
weibl. Lamm	ELAMM
weibl. Mischling	ZAMBA

5

weibl. Nachtgespenst	DRUDE
weibl. Pferd, Esel, Kamel	STUTE
weibl. Quälgeist	DRUDE
weibl. Raubtier	FAEHE
weibl. Reh	RICKE
weibl. Reh	ZICKE
weibl. Rotwild	GEISS
weibl. Schauspielfach	NAIVE
weibl. Tier	ZIPPE
weibl. Vogel	HENNE
weicher Gaumen	VELUM
weiches Holz	SPINT
Weichholz	LINDE
Weichselfloß	TRAFT
Weichselmündungsarm	NOGAT
Weichsel-Zufluß	BRAHE
Weichsel-Zufluß	BZURA
Weichsel-Zufluß	FERSE
Weide, Viehweg	TRIFT
Weidenzeisig	FITIS
Weiderecht	TRIFT
Weiderichgewächs	HENNA
weidmännisch für Fett	FEIST
Weihelied	HYMNE
Weiher	TEICH
Weindrossel	WINZE
Weinort an der Mosel	ERDEN
Weinort an der Mosel	KROEV
Weinort in Südtirol	MERAN
Weinrebe	VITIS
Weinreife	FIRNE
Weinsortenverschnitt	CUVEE
weise Frauen der Germanen	IDISI
weißer Bordeauxwein	BAYLE
weißer Stirnfleck	STERN
Weißfisch	ALANT
Weißfisch	LAUBE
Weißkäse	QUARK
Weißling (Fisch)	GADDE
Weißpappel	ABELE
Weißpfennig	ALBUS
weißruss. Stadt am Sosch	GOMEL
weißrussische Stadt am Pripjet	PINSK
Weite	FERNE
Weizenart	EMMER
Wellig	KRAUS
Weltgeistlicher in Italien	ABATE
weltgewandt, städtisch	URBAN
weltliches Preislied	HYMNE
weltmännisch	URBAN
Weltmeer	OZEAN
Weltreligion	ISLAM
Weltvernunft (griech.)	LOGOS
Wemfall	DATIV
Wendekurve	KEHRE
Wendepunkt	KRISE
Wende (Slawe)	SORBE
wendig	ALERT
weniger	MINUS
Werftanlage, -ablauf	HELGE
Wergrest	KUDER
Werkstoff	EISEN
Werkzeug zum Glätten	HOBEL
Werra-Zufluß	HASEL
Wert	GUETE
Wertloses	TALMI
Wertmeßzahl	INDEX
Wertpapier	AKTIE
Wertpapieraufbewahrungsort	DEPOT
Wertzeichen	MARKE
Weser-Quellfluß	FULDA
Weser-Zufluß	ALLER
Weser-Zufluß	BEVER
Weser-Zufluß	EMMER
Weser-Zufluß	HUNTE
Weser-Zufluß	LESUM
Weser-Zufluß	WERRE
weshalb	WARUM
westafrikan. Sprache	NGANA
westafrikan. Sprache	PULAR
westafrikan. Staat	GHANA
westafrikan. Staat	NIGER
westafrikan. Teakholz	IROKO
westafrikan. Volk	BASSA
westafrikan. Volk	BENGA
westafrikan. Volk	DJOLA
westafrikan. Volk	DOGON
westafrikan. Volk	FANTI
westafrikan. Volk	GONIA
westafrikan. Volk	LIMBA
westafrikan. Volk	SERER
westafrikan. Volk	SOMBA
westaustral. Hafenstadt	PERTH
westbolivian. Stadt	ORURO
Weste (franz.)	GILET
westengl. Fluß	TAMAR
westengl. Halbinsel	WALES
westfäl. Stadt am Hellweg	SOEST
westfäl. Stadt an Ennepe u. Volme	HAGEN

westfinnische Hafenstadt	VAASA
westfranz. Landschaft	ANJOU
Westgotenkönig	AGILA
Westgotenkönig	TULGA
westindische Insel	HAITI
westl. Exportkontrollorganis.	COCOM
westpolnische Stadt	LISSA
westpreuß. Weichsel-Zufluß	LIEBE
westschweiz. Kanton	WAADT
Westslawe, Sorbe	WENDE
westsudan. Hamitenvolk	FULBE
westsudan. Volk	DIULA
wett, ausgeglichen	QUITT
Wettbewerb, Wettkampf	DERBY
Wette, Wettkampf	MATCH
Wetter	KLIMA
wetterfester Stoff	LODEN
Wetterjacke	PARKA
Wettersatellit	TIROS
Wetterumhang	KOTZE
Wettkampfstätte	ARENA
Whistrunde	BELLE
Wicke	VICIA
Wickelband	BINDE
Widder	STAER
widerlich	EKLIG
Widersacher	FEIND
Widerspruchsgeist	TROTZ
Widerwärtigkeit	UEBEL
wieder drogenunabhängig	CLEAN
Wiederkäuermagen	PANSE
wie ein Affe	AFFIG
wie Erde	ERDIG
Wiegegerät	WAAGE
wie Hefe	HEFIG
Wiener Maler des Jugendstils	KLIMT
Wiener Stadtbezirk	LAINZ
wieselähnl. Marderart	ILTIS
Wiesenkraut, Wermut	ALSEN
Wildabfall	CUREE
wilde Angst	PANIK
wilde Bande	HORDE
Wildeber	BASSE
Wildesel	KIANG
Wildgeflügel	FASAN
Wildgeschlinge	LUNZE
Wildledernachahmung	NUBUK
Wildragout	CIVET
Wildsau	BACHE
Wildspinat	MELDE
Wildtiergruppe	RUDEL
windig	ZUGIG
Windrichtung	OSTEN
Windstille	KALME
Winkelfunktion	SINUS
Winkelkreisbogen	ARCUS
Winkelzug	KNIFF
Winkelzug, Täuschung	TRICK
winzig	MINIM
Wippschaukel	KIPPE
Wirbelsäule	SPINA
wirkende Kraft	DRUCK
wirkliche Erdgestalt	GEOID
Wirkteppich	KELIM
Wirkungsumfeld	ORBIS
wirre Hast	HETZE
Wirrwarr	CHAOS
Wirtel	QUIRL
wirtschaftl. Hoheitsrecht	REGAL
Wirtschaftswald	FORST
wissenschaftl. Arbeitsraum	LABOR
Witterung	KLIMA
Witzbold (franz.)	DROLE
Wölbung	HAUBE
Wölfin	FAEHE
wörtliche Wiedergabe	ZITAT
wohl bekomms!	PROST
wohlerzogen	ARTIG
Wohlgefallen (ital.)	GUSTO
Wohlgeruch	AROMA
Wohlgeruch	ODEUR
Wohltätigkeitsverkauf	BASAR
Wohlwollen	GUNST
Wohngeld	MIETE
Wohnsitz, Wohnung	LOGIS
Wohnungsgeld	MIETE
Wohnungswechsel	UMZUG
Wolf (medizin.)	LUPUS
Wolga-Zufluß	DUBNA
Wolga-Zufluß	IRGIS
Wolga-Zufluß	USOLA
Wollelieferant der Tierwelt	SCHAF
Wollkamm	KARDE
Wollspinner (zool.)	NONNE
Wollstoff	LODEN
Wortkern	STAMM
Wortschwall, Redefluß	SUADA
Wortteil	SILBE

5

Wotans Rabe	HUGIN
Wotans Rabe	MUNIN
Wotans Wolf	FREKI
Wühlmaus	BISAM
würdigen	EHREN
Würfel (lat.)	KUBUS
Würfel (Mz.)	KUBEN
Würztunke	SALSE
Würzwhisky	JULEP
Wüste in Süd-Israel	NEGEB
Wüstenbrot der Bibel	MANNA
wüstenhaft	ARIDE
Wüstenkönig	LOEWE
Wüstenlasttier	KAMEL
Wüstenschiff	KAMEL
Wüstensturm	SAMUM
wüstes Gelage	ORGIE
wüten, toben	RASEN
wütendes Weib	FURIE
Wundabsonderung	EITER
Wundmal	NARBE
Wurfgerät der Leichtathletik	SPEER
Wurf mit gleicher Augenzahl	PASCH
Wurfschlinge	LASSO
Wurmfisch	INGER
wurmstichig	MADIG
Wursthaut	PELLE
Wut	FUROR
zärtlich	INNIG
zärtlich sein	KOSEN
zaghaft	SCHEU
Zahlenfolge	REIHE
Zahlenglücksspiel	LOTTO
Zahlpfennig	JETON
Zahlstelle	KASSE
zahm	KIRRE
Zahnbestandteil	KRONE
Zahnmark	PULPA
Zahnwurzelgewebe	PULPA
Zank	HADER
Zarengattin	ZARIN
Zarenname	BORIS
Zarenname	PETER
zart, weich	SANFT
zarte Federn, Haare	FLAUM
Zauberei	MAGIE
Zauberer	HEXER
Zauberer der Artusrunde	DOLIN
Zauberer (lat.)	MAGUS
Zauberin in der Odyssee	CIRCE
Zauberkraft, Zaubermacht	MAGIE
zaubern	HEXEN
Zeche	GRUBE
Zehenteil bei Tieren	KLAUE
Zehn-Dollar-Stück	EAGLE
zehnter griech. Buchstabe	KAPPA
zehnter Hirnnerv	VAGUS
zehnter US-Präsident	TYLER
Zehnt (lat.)	DEZEM
Zeichenmittel	KOHLE
Zeichnung im Holz	MASER
Zeit der Ausbildung	LEHRE
zeitig	FRUEH
Zeit nach Sonnenuntergang	NACHT
Zeitschrift	REVUE
Zelt der Kirgisen	JURTE
zentralafrikan. Bantu-Stamm	LUNDA
zentralafrikan. Fluß	MBOMU
zentralafrikan. Staat	GABUN
zentralafrikan. Staat	KONGO
zentralafrikan. Staat	ZAIRE
zentralafrikan. Volk	BARMA
zentralanatolische Stadt	KONYA
zentralasiat. Fluß	TSCHU
zentralasiat. Hochgebirgsland	PAMIR
zentralasiat. Hochland	TIBET
Zentralgestirn	SONNE
zentralind. Landschaft	MALWA
Zentrum	MITTE
zerbeißen	KAUEN
Zerbrechen	BRUCH
Zeremoniell	RITUS
zerknirscht	REUIG
Zerstäubungsflüssigkeit	SPRAY
zerstörtes Schiff	WRACK
Zerwürfnis	KRACH
Zerwürfnis, Streit, Zank	ZWIST
Zeus-Geliebte	DANAE
Zibetbaum	DURIO
Zibetkatze	RASSE
Ziege	GEISS
Ziegenleder	NAPPA
Ziegenpeter	MUMPS
ziehschleifen	HONEN
Ziel beim Eisschießen	DAUBE
Zierband	LACIS
Ziererei	MACHE
Zierfisch	DANIO
Zierfisch	GUPPY
Zierfisch	MOLLY
Zierfisch	PLATY
Ziernote im Gregorian. Gesang	PLICA

Zierpflanze	PHLOX
Zigeuner	SINTI
Zimmerflucht	SUITE
Zimperling	TUNTE
Zinsbauer	SASSE
zinspflichtig (lat.)	DOTAL
Zinsschein	KUPON
Zipperlein	GICHT
Zisterzienserabtei in Tirol	STAMS
zittern	BEBEN
zögern, zaudern	ZAGEN
Zögling	ELEVE
zollamtliche Beglaubigung	VISUM
zorniges Kraftwort	FLUCH
Zuchtrind	BULLE
Zuckerguß	GLACE
Zuckersorte	MELIS
zu diesem Zweck	ADHOC
Züchtigung	HIEBE
Zündschnur	LUNTE
Zufluß zum Walensee (CH)	LINTH
Zugabteil	COUPE
Zugabteil	KUPEE
zugeführte Leistung	INPUT
zugeführte Menge	INPUT
zugegen	DABEI
zugehörig	EIGEN
zugemessene Arzneimenge	DOSIS
zukünftig (lat.)	INSPE
Zukunftsform des Verbs	FUTUR
zum Embryo gehörig	FETAL
zum Liegen bringen	LEGEN
zum Meer gehörig	MARIN
zum Ritter schlagen	ADELN
Zunft	GILDE
Zupfinstrument	HARFE
Zupfinstrument	LAUTE
Zupfinstrument	LEIER
Zurschaustellung	SCHAU
Zuruf beim Trinken	PROST
zusätzlich	EXTRA
Zusammenfassung	SUMMA
zusammengedrängt	DICHT
zusammengehörig (griech.)	ALLEL
zusammenhängende Rede	LALIE
Zusammenhang (lat.)	NEXUS
Zusammenstellung	LISTE
zu schmelzen beginnen	TAUEN
Zuschnitt	FACON
Zuspruch im Leid	TROST
Zustandsform	PHASE
zutage fördern	HEBEN
Zutrunk	PROST
zuverlässig	REELL
zu vorgerückter Stunde	SPAET
Zwang	DRUCK
zwanglos	LEGER
zwangloses Fest	PARTY
Zwangsvorstellung	MANIE
Zweck	MOTIV
zweckbestimmt	FINAL
zweckbestimmte Mittel	FONDS
Zweigkanal	FLEET
zweigliedrige Größe	BINOM
zweigliedrig (mathem.)	DIMER
zwei in drei Tönen (musikal.)	DUOLE
Zweikampf	DUELL
Zweikern	EMMER
Zweimastsegler	BRIGG
Zweipolröhre	DIODE
zweistimmige Musikdarbietung	DUETT
Zweitausfertigung	KOPIE
zweiter u. sechster US-Präsident	ADAMS
zweitgrößte japan. Stadt	OSAKA
zweitgrößter afrikanischer Fluß	KONGO
zweizinkige Hacke	KARST
Zwerg	WICHT
Zwerghuhn	CHABU
Zwergpalmenfaser	AFRIK
Zwickel	GEHRE
Zwiebelgewächs	LAUCH
Zwiebelgewächs	LILIE
Zwiebelgewächs	TULPE
Zwiebel (lat.)	BULBE
Zwiegesang	DUETT
Zwietracht	HADER
Zwillingsbruder v. Romulus	REMUS
Zwirn	FADEN
Zwirnkante	PICOT
Zwischenstreckenabbau	STREB
Zwischenträger	AGENT
Zwist	HADER
zylinderförmiger Körper	WALZE

Aachener Pfefferkuchen	PRINTE
Aalraupe	QUAPPE
Aalraupe	RUETTE
Aare-Zufluß	KANDER
Aare-Zufluß	LIMMAT
aasfressender Vogel	KONDOR
aasfressendes Raubtier	HYAENE
abartig	ABNORM
abartig	ANOMAL
Abbruch	ABRISS
Abendandacht	VESPER
Abendessen	SOUPER
Abendgesellschaft	SOIREE
Abendland	EUROPA
Abendmahlsbrot	HOSTIE
abermals	DACAPO
abermals	ERNEUT
abermals	WIEDER
Abfall, Abfallprodukt	ABRAUM
Abfeuern eines Geschosses	SCHUSS
Abfluß des Baikalsees	ANGARA
Abfluß des Gardasees	MINCIO
Abfluß des Genezarethsees	JORDAN
Abfluß des Lago Maggiore	TESSIN
Abfluß des Tanganjikasees	LUKUGA
Abfluß des Walchensees	JACHEN
Abfluß des Zürichsees	LIMMAT
Abführmittel	LAXANS
Abgabe, Opfer	TRIBUT
abgegrenztes Gebiet	BEZIRK
abgemessene Menge	RATION
abgeneigt	ABHOLD
abgeschieden	EINSAM
abgeschlossener Klosterteil	KLAUSE
abgesondert	ALLEIN
Abgesottenes	AUSZUG
Abgesottenes	DEKOKT
abgesteckte Strecke	TRASSE
abgetrennter Strandsee	LAGUNE
Abglanz, Widerschein	REFLEX
Abgott	GOETZE
Abgrenzung, Barriere	SPERRE
Abgrund	KRATER
abhängig	HOERIG
Abitur	MATURA
Abk. f. e. Leichtkraftfahrzeug	MOKICK
Abk. f. Geschwister	GESCHW
Abk. f. Studienbeihilfe	BAFOEG
Abk. f. UNO-Kulturorganisation	UNESCO
Abk. f. Weltkinderhilfswerk	UNICEF
Abkochung	DEKOKT
Abkömmling	SPROSS
Ablage	ARCHIV
Ablaßprediger	TETZEL
Abmessung	FORMAT
Abmessungsbegriff	LAENGE
abnehmbarer oberer Verschluß	DECKEL
Abneigung, Mißbehagen	UNLUST
Abraum, Geröll	SCHUTT
Abraumsalz	SYLVIN
Abrechnung	BILANZ
Abriß, Exposé	SKIZZE
absatzloser Schuh	OPANKE
Abscheu	HORROR
Abschiedsgruß	SERVUS
abschirmen	DECKEN
Abschluß, Blockade	SPERRE
Abschlußbalken d. Schiffes	STEVEN
Abschlußlinie	GRENZE
Abschlußprüfung	EXAMEN
abschneiden	KAPPEN
Abschnitt	PASSUS
Abschnitt im Sport	UMLAUF
Abschreiber	KOPIST
Abschrift	DOPPEL
Abschweifung	EXKURS
Absinth, Beifußart	WERMUT
absoluter Superlativ	ELATIV
absonderlich	BIZARR
Absonderung	SEKRET
Absonderungsorgan	DRUESE
Absperrung	GITTER
Absperrung	KLAPPE
Absperrung	KORDON
Absperrvorrichtung	VENTIL
Abstand	LUECKE
Abstand, Zwischenraum	SPANNE
Abstecher	EXKURS
Abstellen von Fahrzeugen	PARKEN
Abstellraum	KAMMER
Abstellraum, Geräteschuppen	REMISE
Abstufung	NUANCE
Absud	DEKOKT
Abteil	KABINE
Abteilung	GRUPPE
Abtönung	NUANCE
abtrünnig	UNTREU
Abtrünniger	KETZER
abwärts	NIEDER
abwärts gleiten	SINKEN

Abwässerkanal	KLOAKE
Abwehr im Sport	PARADE
abweichend	ABNORM
Abweisung	ABFUHR
Abwendung	ABKEHR
abwesend	ABSENT
Abwesenheit	ABSENZ
Abwiegen von Bestandteilen	DOSAGE
Abzugsgraben	RIGOLE
achtbar	EHRSAM
Achtelkreis	OKTANT
achten	MERKEN
achtenswert	EHRBAR
Achtergruppe	OKTETT
achte Tonleiterstufe	OKTAVE
Achtung, Aufmerksamkeit	OBACHT
achtzeilige Strophe	STANZE
Ackerrinne	FURCHE
Ackerunkraut, Hundsgras	QUECKE
Ackervogel	KRAEHE
Adoleszenz	JUGEND
Advokat	ANWALT
Ächtung	VERRUF
Ägide, Geborgenheit	SCHUTZ
ägypt. Autor (Nobelpreis)	MAHFUS
ägypt. Fabelungeheuer	SPHINX
ägypt. Flächenmaß	FEDDAN
ägypt. Fruchtbarkeitsgott	OSIRIS
ägypt. Gewicht	ROTTEL
ägypt. Gott der untergeh. Sonne	OSIRIS
ägypt. Gott der Unterwelt	ANUBIS
ägypt. Gott des Todes	ANUBIS
ägypt. Gott des Todes	OSIRIS
ägypt. Hafenstadt	ABUKIR
ägypt. Herrscher	CHEOPS
ägypt. Herrscher	RAMSES
ägypt. Himmelsgöttin	HATHOR
ägypt. Insel	PHARIS
ägypt. König	HOPHRA
ägypt. Kurort am Nil	HILWAN
ägypt. Liebesgöttin	BASTET
ägypt. Politiker, Staatspräsid.	NAGUIB
ägypt. Politiker (Staatspräsid.)	NASSER
ägypt. Schicksalsgöttin	HATHOR
ägypt. Stadt am Nil	ASSUAN
ägypt. Stadt nahe Kairo	IMBABA
ägypt. Todesgöttin	HATHOR
ägypt. Urne	KANOPE
ägypt. Weiser	KOPHTA
ägypt. Wüstenwind	KAMSIN
ähnlich	ANALOG
Ährenborste	GRANNE
Ältester	NESTOR
Ältester, Älterer	SENIOR
ängstigen	BANGEN
ängstlich	MUTLOS
Ära	EPOCHE
ärmelloser Mantel	PONCHO
ärmelloses Jäckchen	BOLERO
ärztl. Bescheinigung	ATTEST
ärztl. Verordnung	REZEPT
äsen, grasen	WEIDEN
äthiop. Landschaft, Provinz	OGADEN
äthiop. Sprache	AMHARA
äthiop. Staatsvolk	AMHARA
äthiop. Stadt	ASMARA
äthiopides Volk	MASSAI
äthiopides Volk	NUBIER
ätzen	BEIZEN
ätzende Flüssigkeit	SAEURE
Ätzmittel	KAUTER
äußerer Schein	DEHORS
Äußeres	HUELLE
äußerst	EXTREM
Affenbrotbaum	BAOBAB
afghan. Stadt	GHASNI
afghan. Stadt	KUNDUZ
afrikan.-arabisch. Affe	PAVIAN
afrikan. Bier	PANIBE
afrikan. Fluß	LUKUGA
afrikan. Hauptstadt	BAMAKO
afrikan. Hauptstadt	HARARE
afrikan. Hauptstadt	JAUNDE
afrikan. Hauptstadt	LUANDA
afrikan. Hauptstadt	LUSAKA
afrikan. Hauptstadt	MAPUTO
afrikan. Hauptstadt	MASERU
afrikan. Hauptstadt	NIAMEY
afrikan. Herero-Volk	DAMARA
afrikan. Hirtenvolk	MASSAI
afrikan. hundeartiges Raubtier	HYAENE
afrikan. Jagdunternehmen	SAFARI
afrikan. Kropfstorch	MARABU

6

afrikan. Kuckuck	DIDRIK
afrikan. Pavian	BABUIN
afrikan. Riesenschlange	ASSALA
afrikan. Savannenbauern	NUBIER
afrikan. Sprache	KANURI
afrikan. Sprache	MOSCHI
afrikan. Sprache	YORUBA
afrikan. Staat	ANGOLA
afrikan. Tigerschlange	ASSALA
afrikan. Verkehrssprache	HAUSSA
afrikan. Viehseuche	NAGANA
afrikan. Wildkatze	SERVAL
afrikan. Zwergvolk	BATUTI
afrikan. Zwergvolk	OBONGO
Agavenbranntwein	MESKAL
Ahle	PFRIEM
akadem. Grad	DOKTOR
akadem. Vorlesung	KOLLEG
Akazienfrucht	BABLAH
Akrobat	ARTIST
Akt	AUFZUG
Aktenaufschrift, Inhaltsangabe	RUBRUM
Aktenhefter	ORDNER
Aktienabschnitt	COUPON
aktiv, handelnd	TAETIG
aktiv sein, effektiv sein	WIRKEN
akut, durchdringend	SCHARF
akzentuiert	BETONT
Alarm-, Warngerät	SIRENE
Alarmgerät	WECKER
alban. Hafenstadt	DURRES
alban. Hauptstadt	TIRANA
alban. Insel	SASENO
alban. Volk	TOSKEN
Albernheit, dummes Zeug	UNSINN
Aleuteninsel	UNIMAK
alger. Gebirge	HOGGAR
alger. Hafenstadt	SKIKDA
alger. Hauptstadt	ALGIER
alger. Mittelmeerhafen	ANNABA
alger. Stadt	BECHAR
Alkaloid	KODEIN
Alkaloid	KURARE
Alk-Art	EISALK
alkohol. Getränk	KOGNAK
alkohol. Getränk	LIKOER
alkohol. Mischgetränk	PUNSCH
allein	EINSAM
Alleinherrscher	TYRANN
allerdings	JEDOCH
Allerheiligstes	ABATON
Allerheiligstes i. griech. Tempel	ADYTON
Aller-Zufluß	BOEHME
Aller-Zufluß	LACHTE
Aller-Zufluß	LEHRDE
Aller-Zufluß	OERTZE
Aller-Zufluß	WIETZE
Allgemeininfektion	SEPSIS
Allotria, Jokus	SCHERZ
Almosen	OBOLUS
Alpengletscher	FERNER
Alpenhirt	SENNER
alpenländisch für Scheuer	STADEL
Alpenpaß in Graubünden	JULIER
Alpenpaß in Vorarlberg	FLEXEN
Alpenpflanze	ENZIAN
Alpensänger	JODLER
alt	BETAGT
altägypt. Göttin, Frau von Schu	TEFNUT
altägypt. Königstitel	PHARAO
altägypt. Krug	KANOPE
Altan	BALKON
altassyr. Stadt am Tigris	KALACH
altchines. Philosoph	LAOTSE
altdtsch. Heldenepos	GUDRUN
altdtsch. Längenmaß	SPANNE
altdtsch. Mengenmaß	MANDEL
altdtsch. Vorname (männl.)	HERWIG
altdtsch. Vorname (männl.)	ORTWIN
altdtsch. Vorname (männl.)	REIMAR
altdtsch. Vorname (männl.)	ROTHER
alte Bewohner v. Wales	KYMREN
alte Bez. f. Handlungsgehilfe	KOMMIS
alte dtsch. Münze	BATZEN
alte dtsch. Münze	HELLER
alte dtsch. Münze	SCHERF
alte frz. Grafschaft	POITOU
alte Goldmünze	FLORIN
alte Goldmünze	GULDEN
Altenheim, Krankenhaus	SPITAL
alte niederl. Goldmünze	RIJDER
alte persische Münze	SCHAHI
alter babylon. Kultort	NIPPUR
alter Feuerruf	FEURIO

alter japan. Kaisertitel	MIKADO
alter Kampfschutz	PANZER
alter Kampfschutz	SCHILD
alter Name d. Pyrenäenhalbinsel	IBERIA
alter Name der Krim	TAURIS
alter Name des Göksu	SALEPH
alter Name des Juli	HEUERT
alter Name Großbritanniens	ALBION
alter Name Istanbuls	BYZANZ
alter Name Izmirs	SMYRNA
alter Name v. Ho-Tschi-Minh-Stadt	SAIGON
alter Name von Ankara	ANGORA
alter Name von Hilwan	HELUAN
alter Name von Sri Lanka	CEYLON
alter Rundtanz	CHAINE
Altertum	ANTIKE
alter Vorfahr	URAHNE
altes Ackermaß, Feldmaß	MORGEN
altes astron. Instrument	GNOMON
altes dtsch. Gewicht, Maß	BALLEN
altes Flüssigkeitsmaß	OXHOFT
altes Flüssigkeitsmaß	SEIDEL
altes Getreidemaß	MALTER
altes Getreidemaß	SIMMER
altes Getreidemaß	WISPEL
altes Heldenepos	AENEIS
altes Hohlmaß	SESTER
alte Silbermünze	BATZEN
altes Musikinstrument	FLOETE
altes Saiteninstrument	FIEDEL
altes Stückzahlmaß	MANDEL
altes Volk in Westeuropa	KELTEN
altes Zählmaß	STIEGE
alte türk. Gewichtseinheit	KANTAR
alte türk. Goldmünze	FONDUK
alte ungarische Währung	PENGOE
alte Weizenart	DINKEL
altfranz. Münze	DENIER
altfranz. Silbermünze	DOUBLE
altgerm. Asen-Wohnsitz	ASGARD
altgerm. Drache	FAFNER
altgerm. Heerführer	HERZOG
altgerm. Reich der Riesen	UTGARD
altgerm. Schicksalsgöttinnen	NORNEN
altgerm. Stamm	KATTEN
altgerm. Zwergenkönig	LAURIN
altgriech. Bildhauer	LYSIPP
altgriech. Bildhauer (4. Jh. v. Chr.)	SKOPAS
altgriech. Dichter	HESIOD
altgriech. Dichterin	SAPPHO
altgriech. Fährmann der Unterwelt	CHARON
altgriech. Frauengewand	PEPLOS
altgriech. Gewand	CHITON
altgriech. Gewicht, Münze	TALENT
altgriech. Göttin der Überredung	PEITHO
altgriech. Gott	APOLLO
altgriech. Gott, Vater d. Titanen	URANOS
altgriech. Gott d. Fruchtbarkeit	KRONOS
altgriech. Gott der Kraft	KRATOS
altgriech. Gott der Winde	AEOLOS
altgriech. Gott der Zeit	KRONOS
altgriech. Hauptstamm	IONIER
altgriech. Landschaft	ACHAIA
altgriech. Landschaft	LOKRIS
altgriech. Landschaft	PHOKIS
altgriech. Lyriker	PINDAR
altgriech. Maler (5. Jh. v. Chr.)	ZEUXIS
altgriech. Mathematiker, Philosoph	PAPPOS
altgriech. Meeresgott	PONTOS
altgriech. Meeresgott	TRITON
altgriech. Meernymphe	THETIS
altgriech. Münze	LEPTON
altgriech. Münze	OBOLUS
altgriech. Münze	STATER
altgriech. Muse der Komödie	THALIA
altgriech. Philosoph, Mathem.	THALES
altgriech. Philosophenschüler	ELEATE
altgriech. Rachegöttin	ALEKTO
altgriech. Satiriker	LUKIAN

altgriech. Schicksalsgöttin	ANANKE
altgriech. Seeungeheuer	SKYLLA
altgriech. Staatsmann	KINEAS
altgriech. Stadt am Hellespont	ABYDOS
altgriech. Stadt in Süditalien	KROTON
altgriech. Wasserkrug	HYDRIA
altgriech. Weissagerin	PYTHIA
altgriech. Windgott	ZEPHYR
althebräische Leier	KINNOR
altind. Dichtung	MANTRA
altind. Dynastie	MAURYA
altind. Gott	BRAHMA
altind. Kriegsgott	SKANDA
altiranischer Lichtgott	ORMUZD
altitalisches Volk	ITALER
altitalisches Volk	UMBRER
altkeltischer Dichter, Sänger	OSSIAN
altnord. Sänger und Dichter	SKALDE
altorientalischer Dämon	ASMODI
altorientalischer Volksstamm	PERSER
altpersischer Statthalter	SATRAP
altröm. Amtsdiener	LIKTOR
altröm. Badeanlage	THERME
altröm. Balkanprovinz	DAKIEN
altröm. Baumeister, Autor	VITRUV
altröm. Beamter	KONSUL
altröm. Denker, Dichter	CICERO
altröm. Denker, Dichter	LIVIUS
altröm. Denker, Dichter	LUKREZ
altröm. Dichter, Bukoliker	VERGIL
altröm. Dichter, Lyriker	CATULL
altröm. Feuergott	VULKAN
altröm. Gartengöttin	POMONA
altröm. Geschichtsschreiber	LIVIUS
altröm. Geschlecht	IULIER
altröm. Götterbote	MERKUR
altröm. Gott d. Schlafes	SOMNUS
altröm. Gott des Handels	MERKUR
altröm. Historiker	SUETON
altröm. Komödiendichter	TERENZ
altröm. Militäreinheit	LEGION
altröm. Münze	AUREUS
altröm. Münze	QUINAR
altröm. Offizier	TRIBUN
altröm. Patrizierfamilie	FABIER
altröm. Philosoph, Dichter	SENECA
altröm. Rachegöttinnen	FURIEN
altröm. Rhetor, Philosoph	SENECA
altröm. Rutenbündel	FASZES
altröm. Saatengott	SATURN
altröm. Schlachtort	CANNAE
altröm. Schriftsteller	CAESAR
altröm. Schutzgöttin	TUTELA
altröm. Signalhorn	LITUUS
altröm. Staatsmann	BRUTUS
altröm. Staatsmann	CAESAR
altröm. Staatsmann	CICERO
altröm. Staatsmann	MARIUS
altröm. Staatsmann	SCIPIO
altröm. Steuerschätzer	ZENSOR
altröm. Titel	KONSUL
altröm. Totenklage	NAENIE
altröm. Unterkleid	TUNIKA
altröm. Volkstribun	DRUSUS
altröm. Wurfmaschine	ONAGER
Altwaren, Plunder	RAMSCH
Aluminiumhydroxid	BAUXIT
Amaryllisgewächs	CLIVIA
Amazonas-Zufluß	JAPURA
Amazonas-Zufluß	JAVARI
Amazonas-Zufluß	UATUMA
Ambrosian. Lobgesang	TEDEUM
amerik. Schriftsteller	BIERCE
amerikan. abstrakt. Bildhauer	LIPTON
amerikan. Altistin	BUMBRY
amerikan. Architekt	WRIGHT
amerikan. Astronaut	ALDRIN
amerikan. Astronaut	ANDERS
amerikan. Astronaut	BORMAN
amerikan. Astronaut	CERNAN
amerikan. Astronaut	CONRAD
amerikan. Astronaut	COOPER
amerikan. Astronaut	EISELE
amerikan. Astronaut	GORDON
amerikan. Astronaut	KERWIN

amerikan. Astronaut	LOUSMA
amerikan. Astronom	DRAPER
amerikan. Astronom	HUBBLE
amerikan. Astronom	LOWELL
amerikan. Atom-physiker	TELLER
amerikan. Bakterio-loge (Nobelpr.)	ENDERS
amerikan. Baptisten-prediger	GRAHAM
amerikan. Berg	TELICA
amerikan. Bildhauer	CALDER
amerikan. Bildhauer	FERBER
amerikan. Bio-chemiker (Nobelpr.)	WATSON
amerikan. Biologe (Nobel-preis)	MORGAN
amerikan. Biologe (Nobel-preis)	MULLER
amerikan. Brüllaffe	ALUATA
amerikan. Chemiker (Nobel-preis)	CALVIN
amerikan. Chemiker (Nobel-preis)	SUMNER
amerikan. Erfinder	EDISON
amerikan. Erfinder (Dampf-schiff)	FULTON
amerikan. Ernäh-rungs-forscher	HAUSER
amerikan. Film-komiker	KEATON
amerikan. Film-komiker	LAUREL
amerikan. Film-komiker	ROONEY
amerikan. Film-regisseur	CURTIZ
amerikan. Film-regisseur	DISNEY
amerikan. Film-regisseur	KOSTER
amerikan. Film-regisseur	LITVAK
amerikan. Film-regisseur	WHYLER
amerikan. Film-regisseur	WILDER
amerikan. Film-schau-spieler	BOGART
amerikan. Film-schau-spieler	BRANDO
amerikan. Film-schau-spieler	CAGNEY
amerikan. Film-schau-spieler	COOPER
amerikan. Film-schau-spieler	COTTEN
amerikan. Film-schau-spieler	CURTIS
amerikan. Film-schau-spieler	DENIRO
amerikan. Film-schau-spieler	FERRER
amerikan. Film-schau-spieler	GARNER
amerikan. Film-schau-spieler	HESTON
amerikan. Film-schau-spieler	HOLDEN
amerikan. Film-schau-spieler	HUDSON
amerikan. Film-schau-spieler	MARVIN
amerikan. Film-schau-spieler	MURRAY
amerikan. Film-schau-spielerin	BACALL
amerikan. Film-schau-spielerin	BAXTER
amerikan. Film-schau-spielerin	FOSTER
amerikan. Film-schau-spielerin	HARLOW
amerikan. Film-schau-spielerin	HOBSON
amerikan. Film-schau-spielerin	LAMARR
amerikan. Film-schau-spielerin	MONROE
amerikan. Film-schau-spielerin	PROWSE
amerikan. Film-schau-spielerin	SEBERG
amerikan. Film-schau-spielerin	TAYLOR
amerikan. Film-schau-spielerin	TURNER
amerikan. Flug-pionier	WRIGHT
amerikan. Flugzeug-firma	BOEING
amerikan. Fluß in Nevada	CARSON
amerikan. Frauen-name	BILLIE
amerikan. Frauen-name	ELINOR
amerikan. Fußball	SOCCER
amerikan. Genetiker (Nobel-preis)	BEADLE
amerikan. Gesell-schafts-tanz	BOSTON
amerikan. Groß-hotelier	HILTON
amerikan. Großindu-strieller	KAISER
amerikan. Haupt-stadt	OTTAWA
amerikan. Himmels-labor	SKYLAB
amerikan. Indianer	APACHE
amerikan. Jazzklari-nettist	BAILEY
amerikan. Jazzklari-nettist	BECHET
amerikan. Jazzklari-nettist	HERMAN
amerikan. Jazz-komponist, -musiker	AMMONS
amerikan. Jazz-komponist, -musiker	BARBER

6

amerikan. Jazzkomponist, -musiker	BARNET
amerikan. Jazzkomponist, -musiker	BOLDEN
amerikan. Jazzkomponist, -musiker	CARTER
amerikan. Jazzkomponist, -musiker	DORSEY
amerikan. Jazzkomponist, -musiker	HODGES
amerikan. Jazzkomponist, -musiker	HOLMAN
amerikan. Jazzkomponist, -musiker	REDMAN
amerikan. Jazzkomponist, -musiker	ROGERS
amerikan. Jazzkomponist, -pianist	POWELL
amerikan. Jazzkomponist, -pianist	PREVIN
amerikan. Jazzkomponist, -pianist	TAYLOR
amerikan. Jazz-Kornettist	OLIVER
amerikan. Jazzmus., Bandleader	MILLER
amerikan. Jazzmus., Bandleader	MINGUS
amerikan. Jazzmusiker, Bandlead.	SAUTER
amerikan. Jazzmusiker, -kompon.	KENTON
amerikan. Jazzmusiker (Geige)	VENUTI
amerikan. Jazzmusiker (Saxophon)	KONITZ
amerikan. Jazzpianist	GARNER
amerikan. Jazzpianist	JOPLIN
amerikan. Jazzpianist	MORTON
amerikan. Jazzpianist	WILSON
amerikan. Jazzpianist (Rag)	WALLER
amerikan. Jazzposaunist (m. Vorn.)	KIDORY
amerikan. Jazzsängerin	RAINEY
amerikan. Jazzsängerin	WATERS
amerikan. Jazzsängerin	WILSON
amerikan. Jazz-Saxophonist	PARKER
amerikan. Jazzsaxophonist	PEPPER
amerikan. Jazzschlagzeuger	CLARKE
amerikan. Kartenspiel	BOSTON
amerikan. Komponist	BABBIT
amerikan. Komponist	COWELL
amerikan. Komponist	HARRIS
amerikan. Komponist	PISTON
amerikan. Kybernetiker	WIENER
amerikan. Männername	ANDREW
amerikan. Maler	WARHOL
amerikan. Mediziner (Nobelpreis)	MURPHY
amerikan. Mediziner (Nobelpreis)	WELLER
amerikan. Meinungsforscher	GALLUP
amerikan. Mondsonde	RANGER
amerikan. Musicalkomponist	PORTER
amerikan. Nobelpreisträgerin	ADDAMS
amerikan. Pantherkatze	JAGUAR
amerikan. Philosoph	WATSON
amerikan. Philosoph (Nobelpreis)	BUTLER
amerikan. Philosoph (Pragmatismus)	PEIRCE
amerikan. Physiker	LOVELL
amerikan. Physiker (Nobelpreis)	GLASER
amerikan. Physiker (Nobelpreis)	TOWNES
amerikan. Physiker (Nobelpreis)	WIGNER
amerikan. Physiologe (Nobelpreis)	GASSER
amerikan. Politiker	BYRNES
amerikan. Politiker	DULLES
amerikan. Politiker	MCCLOY
amerikan. Politiker (Nobelpreis)	BUNCHE
amerikan. Popmusiker	WONDER
amerikan. Popsänger	PRINCE
amerikan. Popsängerin	LAUPER
amerikan. Popsängerin	WEAVER
amerikan. Präsident	ARTHUR
amerikan. Präsident	CARTER
amerikan. Präsident	HOOVER
amerikan. Präsident	PIERCE
amerikan. Präsident	REAGAN
amerikan. Präsident	TAYLOR
amerikan. Präsident	TRUMAN
amerikan. Präsident	WILSON
amerikan. Raubkatze	JAGUAR
amerikan. Regisseur	BROOKS
amerikan. Regisseur	ROBSON
amerikan. Regisseur	TABORI
amerikan. Regisseur, Schausp.	WELLES
amerikan. Rockgruppe	HEAVEN
amerikan. Rocksänger	DOMINO
amerikan. Rocksängerin	JOPLIN

amerikan. Rocksängerin	TURNER
amerikan. Romancier	BELLOW
amerikan. Sängerin	MIDLER
amerikan. Sänger u. Schauspieler	CROSBY
amerikan. Schauspieler	BEATTY
amerikan. Schauspieler	MALDEN
amerikan. Schauspieler (Soßen)	NEWMAN
amerikan. Schriftsteller	CAPOTE
amerikan. Schriftsteller	COOPER
amerikan. Schriftsteller	IRVING
amerikan. Schriftsteller	LONDON
amerikan. Schriftsteller	MAILER
amerikan. Schriftsteller	MILLER
amerikan. Schriftsteller	ONEILL
amerikan. Schriftsteller	UPDIKE
amerikan. Schriftsteller	WARREN
amerikan. Schriftsteller	WILDER
amerikan. Schriftstellerin	CATHER
amerikan. Schriftstellerin	FERBER
amerikan. Schriftstellerin	HOBART
amerikan. Schriftstellerin	PARKER
amerikan. Schriftstellerin	PORTER
amerikan. Sexualforscher	KINSEY
amerikan. Sopranistin	DONATH
amerikan. Tänzerin	WIGMAN
amerikan. Tanz	SHIMMY
amerikan. Trickfilmschöpfer	DISNEY
amerikan. Tropenbaum	SAPOTE
amerikan. Währung	DOLLAR
amerikan. Wildschwein	PEKARI
amerikan. Zeitungskönig	HEARST
amerikan. Zirkuskönig	BARNUM
Aminosäure	CYSTIN
Aminosäure	LEUZIN
amortisieren, abzahlen	TILGEN
amtliche Anordnung	ERLASS
amtlicher Erlaß	DEKRET
amtliche Verfügung	DEKRET
Amtsstube	OFFICE
amüsant	LUSTIG
Amur-Zufluß	BUREJA
Anbau	KULTUR
anbrennen	SENGEN
andauernd, beharrlich	STETIG
Andengeier	KONDOR
Anden-Indianer	AIMARA
an der Spitze	DROBEN
Andrang	ZULAUF
Anerkennung	EHRUNG
Anfall (medizin.)	INSULT
anfallsweise Atemnot	ASTHMA
Anfall von Raserei	RAPTUS
Anfang	BEGINN
Anfang	DEBUET
anfertigen	MACHEN
anführen	LEITEN
anführen	NARREN
Anführer	LEITER
Anführer der Hussiten	PROKOP
angeboren	GENUIN
angeborene Fähigkeit	ANLAGE
angeborene Fähigkeit	TALENT
Angebot	ANTRAG
Angeh. d. ital. Hochadels	NOBILE
Angeh. d. Nachrichtentruppe	FUNKER
Angeh. d. span. Hochadels	GRANDE
Angeh. e. altgerman. Stammes	CHATTE
Angeh. e. altgerman. Stammes	CHAUKE
Angeh. e. dtsch. Volksstammes	POMMER
Angeh. e. dtsch. Volksstammes	SACHSE
Angeh. e. german. Volksstammes	KIMBER
Angeh. e. Hirtenvolkes	NOMADE
Angeh. e. Indianerstammes	APACHE
Angeh. e. iranischen Stammes	OSSETE
Angeh. e. iranischen Stammes	SKYTHE
Angeh. e. iranischen Volkes	PERSER
Angeh. e. islam. Glaubensgemein.	IMAMIT
Angeh. e. islam. Konfession	SCHIIT
Angeh. e. islam. Konfession	SUNNIT
Angeh. e. nordam. Indianerstammes	NAVAJO
Angeh. e. slaw. Volksstammes	KROATE
Angeh. e. südamer. Indianerstammes	KARIBE
Angeh. e. wandernden Volkes	NOMADE
Angeh. e. Weltreligion	MOSLEM
angenehm	KOMMOD

6

angenehme Gerüche	DUEFTE
angenehm warm	MOLLIG
angenommen	FIKTIV
angenommener Wechsel	AKZEPT
Angerapp-Zufluß	GOLDAP
angeregt	MUNTER
angeschlagen	GROGGY
Angewohnheit	MANIER
anglo-amerikan. Männername	NORMAN
anglo-amerikan. Männername	OLIVER
angolan. Fluß	KUNENE
angolan. Hafenstadt	LOBITO
Angorawolle	MOHAIR
Anhänger d. Freikörperkultur	NUDIST
Anhänger d. Lehre Laotses	TAOIST
Anhänger der Lehre Jesu	CHRIST
Anhänger des Islam	MOSLEM
Anhänger des Papsttums	PAPIST
Anhänger e. kommunist. Lehre	MAOIST
Anhänger e. tschech. Reformators	HUSSIT
Anhänger einer Kunstrichtung	KUBIST

anhaften	KLEBEN
anhalten	DAUERN
Anhalten des Pferdes	PARADE
Anhaltevorrichtung	BREMSE
Anhangsgebilde (mediz.)	ADNEXE
Anhöhe	HUEGEL
Ankauf	ERWERB
an keine Tonart gebunden	ATONAL
Ankerkettenhalter	BETING
Ankerkettenöffnung	KLUESE
ankommen	LANDEN
Ankündigung	ANSAGE
Anleihe	KREDIT
Anmerkung	GLOSSE
Anmut	CHARME
Anmut	GRAZIE
Anmut, Reiz	SCHARM
Annahme-Erklärung auf Wechseln	AKZEPT
Annehmlichkeit	GENUSS
anpassen	FITTEN
Anpflanzung	KULTUR
Anrede f. eine Lady	MYLADY
Anrede f. einen Lord	MYLORD
anregen, aufstacheln	REIZEN
anregendes Getränk	KAFFEE
Anregung	ANREIZ
Anregung	IMPULS

Anrichte auf Schiffen u. im Flugzeug.	PANTRY
Ansage	DIKTAT
ansammeln	HORTEN
Ansammlung	GRUPPE
Ansammlung	HAUFEN
Ansatz-, Ursprungsstelle	WURZEL
anschaffen	KAUFEN
Anschaffung	ERWERB
Anschlag	PLAKAT
Ansehen, Ehre, Rang	WUERDE
Ansicht	ASPEKT
Ansichtsäußerung	URTEIL
Ansporn	ANREIZ
Ansprache	ANREDE
anständig	ADRETT
anständig	EHRBAR
anständig	HONETT
Anstalt b. Bielefeld	BETHEL
Anstaltsschüler (Mz.)	ELEVEN
Anstand	DEZENZ
Anstand, Wille zum Guten	TUGEND
Anstandsbuch	KNIGGE
Ansteckknopf	BOUTON
Ansteckknopf	BUTTON
Ansteckung	INFEKT
anstößig	LASZIV
Anstoß	ANLASS
Anstoß	IMPULS

Anstreichmaterial	KREIDE
Ansuchen, Begehren	WUNSCH
antarktischer Vulkan	EREBUS
Anteil, Portion	RATION
antike ägypt. Stadt	THEBEN
antike Geheimlehre	ORPHIK
antike griech. Stadt	ABDERA
antike griech. Stadt	MYKENE
antike griech. Stadt	PRIENE
antike griech. Stadt	SPARTA
antike griech. Stadt	THEBEN
antike Landsch. in Kleinasien	KARIEN
antike Landsch. in Kleinasien	LYDIEN
antike Landsch. in Kleinasien	LYKIEN
antike Landsch. in Kleinasien	MYSIEN
antike Landschaft in Italien	LATIUM
antike Landschaft in Persien	MEDIEN
antike Lehrstätte	LYZEUM
antike Orakelstätte	DELPHI

antike Orakelstätte	DIDYMA
antike Rednertribüne	ROSTRA
antiker Grenzstein	ZIPPUS
antiker Gründer von Theben	KADMOS
antiker Leuchtturm	PHAROS
antike Ruinenstadt in Syrien	TADMUR
antiker Versfuß, Versmaß	JAMBUS
antikes Kriegsschiff	TRIERE
antikes Rechenbrett	ABAKUS
antikes Reich in Kleinasien	LYDIEN
antikes Reich in Kleinasien	PONTOS
antikes Schreibgerät	STILUS
antike Stadt auf Zypern	PAPHOS
antike Stadt in Kleinasien	NIKAEA
antike Stadt in Kleinasien	SARDES
antike Stadt in Kleinasien	SMYRNA
antikes Volk in Italien	ITALER
antikes Volk in Kleinasien	LUWIER
antikes Volk in Kleinasien	LYDIER
antike Weissagung	ORAKEL
antilopenartiger indisch. Waldbock	NILGAU
Antrieb, Antriebskraft	IMPULS
Antwerpener Maler	MASSYS
Antwort, Gegenrede	REPLIK
Antwort auf Replik	DUPLIK
Anwaltskunde	KLIENT
Anwesenheit	DASEIN
Anzahl	GRUPPE
anziehen, reizen	LOCKEN
anzüglich, schlüpfrig	PIKANT
Anzugsteil	KRAGEN
Apfelsine	ORANGE
Apfelsorte	BOSKOP
Apfelweinkrug	BEMBEL
Apollopriesterin in Delphi	PYTHIA
Apostel der Franken	KILIAN
Apostel der Friesen	LUDGER
Apostel der Gallier	MARTIN
Apostel des Nordens	ANSGAR
Apostel Jesu	MARKUS
Apostel Jesu	PAULUS
Apostel Jesu	PETRUS
Apostel Jesu	THOMAS
Apparat	GERAET
Appell	AUFRUF
Appendix	ANSATZ
appetitlich	LECKER
Aquamarin	BERYLL
Aquarienpflanze	ELODEA
Aquarienpflanze	RICCIA
Aquarium	BASSIN
arab. Dichter	HARIRI
arab. Emirat	KUWAIT
arab. Emirat	SHARJA
arab. Fürstentum	EMIRAT
arab. Geograph	IDRISI
arab. Hafenstadt	KUWAIT
arab. Hauptstadt	BAGDAD
arab. Hauptstadt	BEIRUT
arab. Hauptstadt	MASKAT
arab. Herrschertitel	SULTAN
arab. Holzblasinstrument	MIZMAR
arab. Kapuzenmantel	BURNUS
arab. Langhalslaute	TANBUR
arab. Männername	ACHMED
arab. Schreibschrift	NESCHI
arab. Staat	SYRIEN
arab. Stadt	KUWAIT
arab. Stegreifdichtung	MAKAME
arab. Teilstaat	MASKAT
arab. Volksliedersamml.	HAMASA
arabisch: Berg	DJEBEL
Araliengewächs	FATSIE
arbeiten	WERKEN
Arbeits-, Fachgebiet	SPARTE
arbeitsam	TAETIG
Arbeitsentgelt	GEHALT
Arbeitskamerad im Bergbau	KUMPEL
Arbeitskleidung	KITTEL
Arbeitsleistung	DIENST
Arbeitsniederlegung, Ausstand	STREIK
Arbeitsnorm	AKKORD
Arbeitsumfang	PENSUM
Arbeitsweise, Methode	SYSTEM
Archiv, Aktei	ABLAGE
argentin. Fluß	CHUBUT
argentin. Grassteppe	PAMPAS
argentin. Physiker (Nobelpreis)	LELOIR
argentin. Schriftsteller	BORGES

argentin. Schriftsteller	MARMOL
argentin. Stadt	ARENAS
argentin. Stadt	PARANA
argentin. Stadt am Rio Negro	VIEDMA
Arglist, Verschlagenheit	TUECKE
Argonaut, Gefährte des Jason	PELEUS
Arktisbewohner	ESKIMO
arktischer Sturmvogel	FULMAR
arktisches Volk	LAPPEN
Armbrustgeschoß	BOLZEN
Armee, Heer	TRUPPE
armenische Hauptstadt	ERIWAN
armenischer Berg	ARARAT
armenischer Priester	MULLAH
armseliges Haus	HUETTE
Aronstabgewächs	KALMUS
Arrest	KARZER
Artischocke (botan.)	CYNARA
Artistenbühne	ZIRKUS
Art und Weise	FASSON
Art und Weise	MANIER
Artusritter	MERLIN
Arzneibehälter	KAPSEL
Arzneiform	DRAGEE
Arzneimischung	MIXTUR
Arzneipflanze	AKELEI
Arzneipflanze	ARNIKA
Arzneipflanze	ATTICH
Arzneipflanze	KALMUS
Arzt am byzantinischen Hof	AETIOS
Arztbesuch, Krankenbesuch	VISITE
Asbestart	AMIANT
Asiat	MALAYE
asiat. Filzmütze	KALPAK
asiat. Fluß	GHAGRA
asiat. Fluß	OMOLON
asiat. Gebirge	ALATAU
asiat. Halbesel	ONAGER
asiat. Halbinsel	MALAYA
asiat. Hauptstadt	ANKARA
asiat. Hauptstadt	BAGDAD
asiat. Hauptstadt	KUWAIT
asiat. Hauptstadt	MANILA
asiat. Hauptstadt	PEKING
asiat. Hauptstadt	RANGUN
asiat. Hauptstadt	TAIPEH
asiat. Hirschart	SAMBAR
asiat. Inselstaat	TAIWAN
asiat. Reitervolk	AWAREN
asiat. Sprachfamilie	UGRIER
asiat. Staat	ISRAEL
asiat. Staat	KUWAIT
asiat. Volk, Volksgruppe	KURDEN
asiat. Volk, Volksgruppe	MANOTO
asiat. Volksgruppe	HINDUS
asiat. Volksgruppe	SARTEN
asiat. Wolfsmilchgewächs	KROTON
Aspik, Fleisch in Gallert	SUELZE
assistieren	HELFEN
assyr. Gottheit	DAMUZI
assyr. König	SARGON
astronom. Koordinate	AZIMUT
Asyl, Herberge	OBDACH
Atelier, Künstlerwerkstatt	STUDIO
athenische Göttin	ATHENE
athenischer Feldherr	NIKIAS
Atlantikinsel	IRLAND
Atlantik-Inselgruppe	AZOREN
Atoll im Pazifik	BIKINI
Atomkernverschmelzung	FUSION
Atomreaktor	MEILER
Atom-Variante	ISOTOP
attisches Kap	SUNION
Aufbau eines Tonstücks	FAKTUR
aufbegehren	MUCKEN
aufbegehren	MURREN
aufbegehrend	KIEBIG
aufbewahren	LAGERN
aufbringen	KAPERN
auf das Atom bezogen	ATOMAR
Aufdecken der Kartenblätter	TAILLE
auf die Haut bezüglich	DERMAL
auf diesem	DARAUF
auf diese Weise	DERART
auf die Sterne bezogen	ASTRAL
auf die Venen bezüglich	VENOES
aufdringlich	DREIST
Aufforderung	APPELL
aufgebracht	ERREGT
aufgenähter Kleiderschmuck	BESATZ
Aufgeschichtetes	HAUFEN

Aufgeschichtetes	STAPEL
aufgeweckt	MUNTER
auf Halde entleeren	KIPPEN
Auflauf, Getümmel	TUMULT
Aufnahmeraum, Senderaum	STUDIO
aufräumen	ORDNEN
auf Rechnung	ACONTO
aufrecht	GERADE
Aufregung, Besorgtheit	UNRUHE
Aufriß, Entwurf	SKIZZE
Aufrührer, Aufsässiger	REBELL
Aufruf	APPELL
Aufruhr, Durcheinander	TUMULT
Aufschlag an Kleidungsstücken	KREMPE
Aufschlag an Kleidungsstücken	STULPE
Aufschub	INDULT
Aufsichtführender	ORDNER
aufspüren	FINDEN
Auftakt	ANFANG
Auftakt	BEGINN
Auftrag	MANDAT
Auftraggeber	KLIENT
Auftragsrückbuchung	STORNO
aufwärts	HERAUF
aufwärts	HINAUF
Aufwand	KOSTEN
Aufwand, Prunk	PRACHT
Aufwandsentschädigung	SPESEN
Augenblick	MOMENT
augenblicklich, umgehend	SOFORT
augenblicklicher Zustand	STATUS
Augenglas	BRILLE
Augenhornhaut	KORNEA
Augenlinse am optischen Gerät	OKULAR
Augennaß	TRAENE
Augsburger Kaufherrngeschlecht	FUGGER
Augsburger Kaufherrngeschlecht	WELSER
Augsburger Kupferstecher	KILIAN
Aula	VORHOF
Aurikel, Schlüsselblume	PRIMEL
Ausbeute	ERTRAG
Ausbeute, Ertrag	PROFIT
ausbilden	LEHREN
Ausbilder	LEHRER
ausborgen	LEIHEN
ausborgen	PUMPEN
Ausdauer	GEDULD
Ausdehnung	BREITE
Ausdehnung	LAENGE
aus diesem	DARAUS
ausdrücklich	BETONT
Auseinandersetzung	STREIT
aus Eisen	EISERN
aus Esche	ESCHEN
aus Felsgestein	FELSIG
Ausflug	PARTIE
ausfransen	FASERN
Ausfuhr	EXPORT
Ausfuhrprämie	BOUNTY
Ausgang	EXITUS
Ausgangspunkt	ANFANG
Ausgangspunkt	QUELLE
ausgebackene Kartoffeln	POMMES
Ausgebaggertes	AUSHUB
ausgefüllt	MASSIV
ausgelassener Speckwürfel	GRIEBE
ausgeliehenes Geld	KREDIT
ausgerottetes Steppenzebra	QUAGGA
ausgeruht	ERHOLT
ausgesetztes Kind	FINDEL
Ausgestaltung	AUSBAU
ausgestorbener Elefant	MAMMUT
ausgestorbener Taubenvogel	DRONTE
ausgestorbenes europ. Wildpferd	TARPAN
Ausgußrohr, Kannenschnabel	TUELLE
Aushang	PLAKAT
Aushebegerät	BAGGER
Auskleidung	FUTTER
ausländ. Währung	VALUTA
ausländ. Währungen	SORTEN
ausländ. Zahlungsmittel	DEVISE
Auslagen	KOSTEN
Auslagen, Unkosten	SPESEN
auslegen	DEUTEN
Ausleger, Erklärer	EXEGET
Auslegung	LESART
auslöschen, beseitigen	TILGEN
auslösende Ursache	ANLASS
Ausmuldung	BECKEN
Ausrüstung (engl.)	OUTFIT
ausruhen, pausieren	RASTEN
Aussage	ANGABE
Aussageerhärtung	SCHWUR
Ausschankgefäß	SIPHON
Ausschreitung	EXZESS
ausschütten	LEEREN
Ausschweifung	ASOTIE
Ausschweifung	EXZESS

6

außen entste-hend	EXOGEN
Außen-stände	AKTIVA
Außen-teil des Buches	DECKEL
außer-amtlich, nicht öffentlich	PRIVAT
außerdem	FERNER
Aus-spruch	BONMOT
Aus-spruch	DIKTUM
Ausstel-lungs-gebäude	MUSEUM
Ausstoß (engl.)	OUTPUT
Aus-strömen	ERGUSS
austral. Beuteltier	WOMBAT
austral. Fluß	BARCOO
austral. Hafen-stadt	CAIRNS
austral. Insel-gruppe	TORRES
austral. Laufvogel	KASUAR
austral. Mediziner (Nobel-preis)	BURNET
austral. Mediziner (Nobel-preis)	FLOREY
austral. Physiolo-ge (No-belpreis)	ECCLES
austral. Straußen-vogel	KASUAR
austral. Wüsten-echse	MOLOCH
Austritts-stelle	QUELLE
Aus-übung, Tätigkeit	PRAXIS
Ausübung befohle-ner Tätigkeit	DIENST
aus-wärtig, auswärts	EXTERN
Auswahl, Überblick	DIGEST
auswei-chend	EVASIV
Auswurf	DEJEKT
Auswurf (mediz.)	SPUTUM
Auszeich-nung	EHRUNG
auszubil-dender Soldat	REKRUT
Auszug	EXODUS
aus zwei Einheiten bestehend	BINAER
Autoein-stellraum	GARAGE
automati-sche Be-wegung	REFLEX
Autorenn-strecke	LEMANS
Autoren-schutz-verband	VGWORT
Autorin von »Das Wunsch-kind«	SEIDEL
Autor von »Amphi-tryon«	KLEIST
Autor von »Bellum Gallicum«	CAESAR
Autor von »Cesar«	PAGNOL
Autor von »Clavigo«	GOETHE
Autor von »Das Buch von San Michele«	MUNTHE
Autor von »Der Gallische Krieg«	CAESAR
Autor von »Der Prinz von Hom-burg«	KLEIST
Autor von »Die ehrbare Dirne«	SARTRE
Autor von »Die Fliegen«	SARTRE
Autor von »Don Juan und Faust«	GRABBE
Autor von »Egmont«	GOETHE
Autor von »Ein Glas Wasser«	SCRIBE
Autor von »Fanny«	PAGNOL
Autor von »Faust«	GOETHE
Autor von »Feuer-zangen-bowle«	SPOERL
Autor von »Hanni-bal«	GRABBE
Autor von »Hermann und Dorothea«	GOETHE
Autor von »Hunger«	HAMSUN
Autor von »Judith«	HEBBEL
Autor von »Leder-strumpf«	COOPER
Autor von »Liliom«	MOLNAR
Autor von »Marius«	PAGNOL
Autor von »Michael Kohlhaas«	KLEIST
Autor von »Penthe-silea«	KLEIST
Autor von »Phaedra«	RACINE
Autor von »Stella«	GOETHE
Autor von »Torquato Tasso«	GOETHE
Autor von »Wilhelm Meisters Lehrjahre«	GOETHE
Autor von "Die Zi-tadelle"	CRONIN
Auto-sternfahrt	RALLYE
Avant-garde	SPITZE
Avant-garde, Truppen-spitze	VORHUT
Azoren-insel	FLORES
babylon. Gott der Totenwelt	NERGAL
babylon. Gottheit	MOLOCH
babylon. Schöpfer-gott	MARDUK
babylon. Sturm-dämon	LILITH
babylon. Urgott-heit	TIAMAT
Backen-bart	FAVORI
Back-stein, Bau-material	ZIEGEL
Backwerk	BREZEL
Backwerk	KUCHEN
Badeort, Kurort in Pommern	DARGUN
Badeort im Glatzer Bergland	KUDOWA
Badeort in Pommern	CAMMIN
Badeort in Pommern	LUBMIN
Badezelle	KABINE
badischer Rhein-Zufluß	KINZIG
badischer Rhein-Zufluß	WUTACH
Bären-hüter (astro-nom.)	BOOTES

Bahama-Insel	ANDROS
Bahama-Insel-gruppe	CAICOS
bahnen	SPUREN
Bahnsteig	PERRON
Balance-stange	PERCHE
bald, früh	ZEITIG
balgen, raufen	RINGEN
balgen, ringen	RAUFEN
Balkan-bewohner	KROATE
Balkan-haupt-stadt	TIRANA
Balkon-pflanze	AZALEE
Balkon-pflanze	ZINNIE
Balkon-pflanze, Gilbkraut	RESEDA
Ballett-schülerin	ELEVIN
Ballett von Delibes	SYLVIA
Ballett von Henze	UNDINE
Ballett von Hindemith	DAEMON
Ballett von Ravel	BOLERO
Ballett von Satie	PARADE
Ballspiel	TENNIS
Balsam-harz	MYRRHE
Baltisches Meer	OSTSEE
baltisches Volk	LETTEN
Band	FESSEL
Bande	CLIQUE
bange	FURCHT
Banknote	SCHEIN
bankrott, ruin	PLEITE
Banner	PANIER
Bantu-neger-stamm	BATEKE
Bantu-stämme	BASUTO
Bantu-stamm in Namibia	OVAMBO
Bantu-stamm in Uganda	WAHUTU
Bantu-stamm in Zaire	BALUBA
Bantuvolk	SCHONA
Bantuvolk in Mosambik	TSONGA
Barabzug	DAMNUM
Barke, Kahn	NACHEN
barm-herzig	GUETIG
Barre, Absper-rung	RIEGEL
Barre, langer Stock	STANGE
barsch	BRUESK
Bart-tracht	FRAESE
Barzah-lungs-nachlaß	SKONTO
Base	KUSINE
Basilisk	LEGUAN
Basis, Fundament	SOCKEL
baskische Hafen-stadt	BILBAO
baski-sches Ballspiel	PELOTA
Basse	KEILER
Bassin	BECKEN
Bastion	BASTEI
bauchiges Langhals-gefäß	PHIOLE
bauchiges Weinglas	ROEMER
Bauchpilz	BOVIST
Bauern-fänger	GAUNER
Bauern-hof, klei-nes Dorf	WEILER
baufällig	MORSCH
Bauhand-werker	GLASER
Bauhand-werker	MAURER
Bauholz	BALKEN
Baumart	FICHTE
Bau-maschine	BAGGER
Baum-eidechse	LEGUAN
Baum-frucht	EICHEL
Baum-spitze	WIPFEL
Baum-woll-gewebe	CHINTZ
Baum-woll-gewebe	COTTON
Baum-woll-gewebe	KALIKO
Baum-woll-gewebe	KATTUN
Baum-wollsamt	VELVET
Baustein	QUADER
Baustoff, Bau-material	ZEMENT
bayer. Donau-Zufluß	MINDEL
bayer. Politiker, Staats-mann	GOPPEL
bayer. Stadt am Regen	RODING
bayer. Stadt an d. Donau	NEUULM
bayer. Stadt an der Amper	DACHAU
bayer. Stadt an der Sempt	ERDING
bayer. Stadt an der Waldnaab	WEIDEN
bayer. Stadt im Bodensee	LINDAU
beabsich-tigen, an-streben	WOLLEN
beabsich-tigen, entwerfen	PLANEN
Beamter im alten Rom	CENSOR
Beamter im alten Rom	CONSUL
Beamter im alten Rom	TRIBUN
beanstan-den, maß-regeln	RUEGEN
Bean-standung	KRITIK
beauf-sichtigen	HUETEN
Becken	ZIMBEL
Becken, flaches Gefäß	SCHALE
Becken (mediz.)	PELVIS
Bedarf	MANGEL
bedauer-licher-weise	LEIDER
Be-deckung	GELEIT
bedenk-lich, übel	MULMIG
Bedien-steten-tracht	LIVREE
Bedrohung	GEFAHR
bedruck-tes Musselin-gewebe	MADRAS
Bedürfnis	MANGEL

Beduinen-mantel	BURNUS
beeinträchtigen	HEMMEN
beendet	FERTIG
beendet, vergangen	VORBEI
Befestigung für Schiffstaue	KLAMPE
Befestigungsmittel	DUEBEL
Befestigungsmittel	KLEMME
Befeurer	HEIZER
beflissen	EIFRIG
Beförderungsgebühr	FRACHT
befreien, bergen	RETTEN
Befreier	RETTER
Befugnis	LIZENZ
Begabung	ANLAGE
Begabung, Fähigkeit	TALENT
begehrlich	GIERIG
Begeisterung	FURORE
Beginn	ANFANG
Beginn d. islam. Zeitrechnung	HEGIRA
Beginn einer Leistung	ANLAUF
Beglaubigung	DIPLOM
begleichen, entrichten	ZAHLEN
Begleiter von Jason	KASTOR
Begleiter von Sherlock Holmes	WATSON
Begleitung	GELEIT
Begnadigung	PARDON
begründend	KAUSAL
Begründer der Mengenlehre	CANTOR
behaarte Baumfrucht	QUITTE
behaarte Bienengattung	HUMMEL
Behälter	BECKEN
Behälter	BEUTEL
behaglich	BEQUEM
behindern	HEMMEN
Beiboot	KUTTER
Beiboot, Begleitschiff	TENDER
Beifahrer, Fahrgast	SOZIUS
Beifügung	ZUSATZ
Beifuß	DRAGON
Beigebrachtes, Sacheinlage	APPORT
Beigefügtes	ANLAGE
beinahe	NAHEZU
Beiname Achills	PELIDE
Beiname der Artemis	PHOEBE
Beiname der Athene	PALLAS
Beiname der Juno	MONETA
Beinhaus	KERNER
Beischlaf	KOITUS
Beispiel	MODELL
Beispiel	MUSTER
beißwütig	BISSIG
Beistand	HELFER
beistehen	HELFEN
Beiwagen	TENDER
bejahende Kopfbewegung	NICKEN
bekannt, offenkundig	PUBLIK
Bekleidungsstück	GEWAND
Bekleidungsstück	SCHURZ
Beklemmung	FURCHT
bekömmlich	GESUND
bekömmlich	LABEND
Beköstigung	MENAGE
Bekräftigung	SIEGEL
Belastungsberechnung	STATIK
Belegplatte	FLIESE
belegtes Brot	CANAPE
Beleidigung	INSULT
belg. Autorennstrecke	ZOLDER
belg. Chemiker (Soda)	SOLVAY
belg. Fluggesellschaft	SABENA
belg. König	ALBERT
belg. Königsschloß	LAEKEN
belg. Komponist	BENOIT
belg. Komponist	DUPUIS
belg. Komponist	FRANCK
belg. Maas-Zufluß	OURTHE
belg. Mediziner (Nobelpreis)	BORDET
belg. Mediziner (Nobelpreis)	CLAUDE
belg. Schelde-Zufluß	DENDER
belg. Stadt an der Dyle	LOEWEN
belg. Stadt an der Maas	DINANT
belg. Stadt in Brabant	LOEWEN
belg. Volksgruppe	FLAMEN
benachrichtigen	MELDEN
benässen	NETZEN
Benediktinerabtei an der Donau	BEURON
Benehmen	MANIER
Bengel	FLEGEL
Bengel	KNIRPS
Benötigtes	BEDARF
bequem	KOMMOD
bequeme Sitzgelegenheit	SESSEL
Berber	KABYLE
berechtigt	BEFUGT
Bereich	GEBIET
Bereich, Fachgebiet	SEKTOR
Bereich, Gegend	REGION
Bergarbeiter	MINEUR
Bergbahn	AUFZUG
Bergdurchstich	TUNNEL
Bergfried	DONJON
Berggasthof	HUETTE
Berg im Berner Oberland	MOENC

Berg im Böhmerwald	RACHEL
Berg im Kaukasus	KASBEK
Berg im nepales. Himalaja	MAKALU
Berg im Riesengebirge	KYNAST
Berg im Schwarzwald	KANDEL
Berg in den Urner Alpen	TITLIS
Berg in der Toskana	AMIATA
Berg in Montenegro	LOVCEN
Berg in Schlesien	ZOBTEN
Bergkristall	MORION
Bergkristall	ZITRIN
bergmänn. Verfahren	SCHURF
Bergmann	KNAPPE
Bergmann	KUMPEL
Bergspitze	GIPFEL
Bergwohlverleih	ARNIKA
Bericht	REPORT
Berittener	REITER
berittener amerikan. Polizist	RANGER
Berliner Baumeister	MESSEL
Berliner Chemiker	ACHARD
Berliner impress. Maler, Zeichner	KOENIG
Berliner Operettenkomponist	LINCKE
Berliner Promenade	KUDAMM
Berliner Spezialität	WEISSE
Berliner Stadtteil	MOABIT
Berliner Stadtteil, Verwaltungsbez.	PANKOW
berühmter Diamant	REGENT
berühmter ital. Tenor	CARUSO
Beruf	METIER
Berufsausübung, -erfahrung	PRAXIS
Berufstätigkeit	ARBEIT
Berufsverband	INNUNG
Besatz	FRANSE
beschädigt	DEFEKT
Beschädigung	DEFEKT
Bescheinigung	ATTEST
Bescheinigung, Zeugnis	TESTAT
Beschimpfung	INSULT
beschlagen	KUNDIG
beschützen	HUETEN
Beschwerde	LEIDEN
Beschwerlichkeit	BUERDE
besetzt	BELEGT
Besitzer	EIGNER
Besitzwerte	AKTIVA
Besoldung, Arbeitsentgelt	SALAER
besonders	EIGENS
bessarab. Donau-Zufluß	JALPUG
beständig, anhaltend	STETIG
Bestätigung	ATTEST
Bestätigung	PLACET
Bestallungsurkunde	BREVET
Bestandteil des Magensaftes	PEPSIN
Besteckteil	MESSER
bestellter Klatscher	CLAQUE
bestialisch	BRUTAL
Bestie, Monstrum	UNTIER
bestimmte Menge	ANZAHL
bestimmte Menge	PARTIE
bestimmte Menge	POSTEN
bestimmter Zeitpunkt	MOMENT
bestimmter Zeitpunkt	TERMIN
Bestimmung, Verordnung	STATUT
Bestleistung	REKORD
bestrafen	AHNDEN
Besuch	VISITE
Besucher	GAESTE
Betäubungsmittel	AETHER
Betäubungsmittel	KOKAIN
Betonung	AKZENT
Betonungszeichen	AKZENT
Betonungszeichen	GRAVIS
Betrachtungsweise	ASPEKT
Betreff, Wichtigkeit	BELANG
Betreuung	PFLEGE
Betrüger	GAUNER
Betrunkenheit	RAUSCH
Beugemuskel	FLEXER
Beugemuskel d. Oberarms	BIZEPS
beugen, kauern	DUCKEN
Beurkundung, Bezeugung	TESTAT
beurteilen	WERTEN
Beurteiler	ZENSOR
Beurteilung	KRITIK
Beutel, Handgepäck	TASCHE
Beuteltier	KUSKUS
bevollmächtigt	BEFUGT
Bewacher des Nibelungenhorts	FAFNER
Bewachung, Obhut	SCHUTZ
bewährt, erprobt	PROBAT
bewandert	KUNDIG
Beweggrund	ANLASS
Beweggrund (philos.)	MOVENS
bewegliche Plastik	MOBILE
bewegliches Fest	OSTERN

6

bewegliche Verbindung	GELENK
Bewegungsgröße	IMPULS
Bewegungsorgan	MUSKEL
Bewegungsstörung	ATAXIE
Bewilligung	LIZENZ
Bewilligung	PLAZET
Bewilligung, Einverständnis	ZUSAGE
bezeichnen	NENNEN
Beziehungspunkt	ANHALT
Bezirk, Gau	REGION
Bezirk, Gebiet	REVIER
Bezirk, Teilgebiet	SEKTOR
Bezirk d. Deutschen Ordens	BALLEI
Bezwinger, Gewinner	SIEGER
Bibelwort	LOSUNG
Biberratte	NUTRIA
biblische Frauengestalt	ISEBEL
biblische Gestalt	HENOCH
biblische Landschaft	GILEAD
biblische Landschaft	KANAAN
biblische Prophetin	MIRJAM
biblischer Fluß	JORDAN
biblischer Gebirgszug	KARMEL
biblischer Götze	BELIAL
biblischer Hügel	HERMON
biblischer Jäger	NIMROD
biblischer König	SALLUM
biblischer Monatsname	TEBETH
biblischer Name Gottes	ADONAI
biblischer Ort in Judäa	EMMAUS
biblischer Prophet	BARUCH
biblischer Prophet	DANIEL
biblischer Prophet	HAGGAI
biblischer Prophet	ISAIAS
biblischer Prophet	JESAJA
biblischer Prophet	NATHAN
biblischer Prophet	OBADJA
biblischer Richter u. Prophet	SAMUEL
biblisches Gewicht	TALENT
biblisches Land, Landschaft	ISRAEL
biblisches Land, Landschaft	JUDAEA
biblische Stadt	BETHEL
biblische Stadt	HEBRON
biblische Stadt bei Nablus	SICHEM
biblische Stadt in Palästina	GIBEON
Bienenkönigin	WEISEL
Biergefäß	SEIDEL
Biergefäß	STANGE
Bier herstellen	BRAUEN
Bierhersteller	BRAUER
Bierstadt in Böhmen	PILSEN
Bierwürze	HOPFEN
Biesfliege	DASSEL
Bildeinfassung	RAHMEN
bilden	FORMEN
bildende Kunst	GRAFIK
Bildgeschichten	COMICS
Bildhauerporträt	BUESTE
Bild ländl. Friedens	IDYLLE
Bildloch der Kamera	BLENDE
Bildung	KULTUR
Bildungsstand	NIVEAU
Bildwerk aus Steinchen	MOSAIK
Billet, Eintrittskarte	TICKET
Bindegewebsgeschwulst	SARKOM
binden	KNOTEN
Bindfaden	SPAGAT
Bindfaden, gedrehtes Band	SCHNUR
Bischofssprengel	BISTUM
Bischofsversammlung	KONZIL
bis jetzt	BISHER
Bissen	HAPPEN
Bitte, Anliegen	WUNSCH
bitter, verbittert	GALLIG
Bittschrift	GESUCH
Bittsteller	PETENT
biwakieren	LAGERN
Blähung	FLATUS
Bläschenflechte	HERPES
Blätterkelch	BECHER
blasen	PUSTEN
Blasenmole	WINDEI
Blasinstrument	PFEIFE
Blasinstrument	ZINKEN
blaß	BLEICH
Blatt-, Münzrückseite	REVERS
Blatten	FIEPEN
Blattern	POCKEN
Blattgemüse	SPINAT
Blattlaushonig	MELTAU
blaue Farbe	INDIGO
blauer Korund	SAPHIR
blauer Teerfarbstoff	AZURIN
Bleichsandboden	PODSOL
Bleisiegel	PLOMBE
Blinddarm	ZAEKUM
Blinddarm	ZOEKUM
Blinddarm (mediz.)	COECUM
blinder Sohn Wotans	HOEDUR
Blindschacht	GESENK
blitzschnell	RAPIDE
Block	KLOBEN

blöd	ALBERN
blöd, geistig beschränkt	STUPID
bloß, allein	EINZIG
blühend, voll entwickelt	FLORID
Blütensaft	NEKTAR
Blütenstand	KOLBEN
Blütenstand	SPIRRE
Blütenstand	TRAUBE
Blütenstaub	POLLEN
Blüte vor der Öffnung	KNOSPE
Blumengebinde	FESTON
Blumenstrauß	BUKETT
blusenartiger Frauenkittel	KASACK
Blutflüssigkeit	PLASMA
blutsaugende Fliege	BREMSE
Blutschande	INZEST
Blutschwamm	ANGIOM
Blutsverwandter	KOGNAT
Blut vergießen	BLUTEN
Blutvergiftung, Wundinfektion	SEPSIS
Blutwasser	PLASMA
Bockkäferart	WIDDER
Bockkäfergattung	OBEREA
Boden, Bodenart	MERGEL
Bodenbearbeitungsgerät	FRAESE
Bodenorgan der Pflanzen	WURZEL
Bodenschatz	KUPFER
Bodenschatz	METALL
Bodensee-Insel	MAINAU
Bodensenke	GRABEN
böhm. Beraun-Zufluß	USLAWA
böhm. Königsname	WENZEL
Börsenkaufmann	MAKLER
Börsenkaufmann	SENSAL
Börsenmakler	BROKER
Börsenpapier	VALEUR
Börsenspekulant	JOBBER
bösartige Geschwulst	SARKOM
Böschung	ABHANG
böser Geist	DAEMON
böser Mensch	UNHOLD
böswillige Täuschung	BETRUG
Böttcher	KUEFER
Bogengang	ARKADE
Bogenhalle	LOGGIA
Bogenreihe auf Säulen	ARKADE
Bogenschütze	BOGNER
Bohle	PLANKE
Bohrschnecke der Meere	NATICA
Bohrschnecke der Meere	NERITA
bolivian. Andengipfel	SAJAMA
bolivian. Berg	SORATA
bolivian. Lasttier	ALPAKA
bolivian. Quellfluß des Madeira	MAMORE
Bollwerk	BASTEI
Bombenflugzeug	BOMBER
bombensicherer Raum	BUNKER
Bomhart	POMMER
Bonus, Zusatzleistung	ZUGABE
Bordeauxwein	GRAVES
borgen	LEIHEN
borgen, Geld leihen	PUMPEN
Borstenwurm	PALOLO
Borte, Kordel	SCHNUR
boshafte Äußerung	MALICE
boshafte Gesinnung	TUECKE
Bosheit	MALICE
Bosheit, Hinterlist	TUECKE
bosnische Stadt an der Narenta	MOSTAR
botan. Anlage	GARTEN
Bote, Verkünder	HEROLD
Bottich	KUEBEL
Boxhieb	GERADE
Boxhieb	RECHTE
Branche, Abteilung	SPARTE
brandenb. Stadt	LENZEN
brandenb. Stadt a. d. Jägelitz	KYRITZ
brandenb. Stadt am Nottekanal	ZOSSEN
brandenb. Stadt am Oderbruch	SEELOW
brandenb. Stadt an d. Eilang	REPPEN
brandenb. Stadt an d. Havel	KETZIN
brandenb. Stadt an der Ehle	LOBURG
brandenb. Stadt an der Havel	WERDER
brandenb. Zisterzienserkloster	LEHNIN
Branntweinsorte	BRANDY
Branntweinsorte	ENZIAN
Branntweinsorte	KIRSCH
Branntweinsorte	KOGNAK
Branntweinsorte	LIKOER
Branntweinsorte	WHISKY
brasilian. Buschsteppe	CAMPOS
brasilian. Hafenstadt	CAMPOS
brasilian. Hafenstadt	ILHEUS
brasilian. Hafenstadt	MACEIO
brasilian. Hafenstadt	RECIFE
brasilian. Indianerstamm	TUKANO

brasilian. Mischling	CAFUSO
brasilian. Paraná-Zufluß	IGUACU
brasilian. Rennfahrer	PIQUET
brasilian. Staat	PARANA
brasilian. Stadt am Amazonas	MACAPA
brasilian. Stadt am Itapiairu	CAXIAS
brasilian. Stadt im Amazonasgebiet	MANAUS
Bratgefäß	PFANNE
Bratgefäß, Kasserolle	TIEGEL
Braunelle	GUNSEL
brauner Farbstoff	BISTER
brauner Jura	DOGGER
Braunkohlenart	LIGNIT
Braunschweiger Dynastie	WELFEN
Braurückstand	TREBER
Brausebad	DUSCHE
Brautschau	FREITE
Brautwerber	FREIER
Brechreiz	NAUSEA
Brechwurzel	KUAHNA
breite Straße	AVENUE
Bremens Wahrzeichen	ROLAND
brennen	LODERN
Brenngas, Treibgas	PROPAN
brenzlig	HEIKEL
Bresche	LUECKE
Brettspiel	MUEHLE
Brettspiel	SCHACH
Briefumschlag	KUVERT
Briefverschluß	SIEGEL
brit. Ingenieur (Dampfpflug)	FOWLER
britischer Choreograph	ASHTON
britischer Prinzgemahl	PHILIP
britischer Sagenkönig	ARTHUR
britischer Schriftsteller	BARBER
britischer Staatenbund	EMPIRE
britisches Pazifik-Atoll	MALDEN
brodeln	KOCHEN
brodeln, kochen	SIEDEN
Brodem, Kochdunst	WRASEN
Brötchen	SEMMEL
Brötchen	WECKEN
Bromeliengewächs	ANANAS
Bromsilber	BROMIT
Brosche, Kleiderschließe	SPANGE
Brotform	WECKEN
Brotgetreide	GERSTE
Brotgetreide	ROGGEN
Brotrinde	KRUSTE
Brotscheibe	STULLE
Bruch	KNACKS
Bruch, Kluft, Ritze	SPALTE
Bruch, Riß	SPRUNG
Bruder d. belgisch. Königs Baudouin	ALBERT
Bruder v. Baldur	HOEDUR
Bruder v. Castor	POLLUX
Bruder v. Hödur	BALDUR
Bruder v. Isis	OSIRIS
Bruder v. Kriemhild	GERNOT
Bruder v. Pollux	CASTOR
brüchig	MORSCH
brüchig	MUERBE
brüsk	BARSCH
brütende Henne	GLUCKE
Brustfell, Rippenfell	PLEURA
Brustharnisch	THORAX
Brustkorb	THORAX
brutal, gewalttätig	RABIAT
Brutalität	GEWALT
Brutalität	ROHEIT
Bube im Kartenspiel	WENZEL
Buchaufbauskizze	LAYOUT
Buchbinderleinen	KALIKO
Buch des Alten Testaments	BARUCH
Buch des Alten Testaments	DANIEL
Buch des Alten Testaments	ESTHER
Buch des Alten Testaments	HAGGAI
Buch des Alten Testaments	JUDITH
Buch des Alten Testaments	OBADJA
Buch des Alten Testaments	SALOMO
Buch des Alten Testaments	SAMUEL
Buch des Neuen Testaments	MARKUS
Buch des Neuen Testaments	PAULUS
Buch des Pentateuch	NUMERI
Buchdruckerberuf	AETZER
Buchdruckerberuf	SETZER
Buchformat	DUODEZ
Buchseite (lat.)	PAGINA
Buchspalte, Abteilung	RUBRIK
Buchungsberichtigung	STORNO
buddeln	GRABEN
Buddhas Lieblingsjünger	ANANDA
buddhist. Tempel	PAGODE
Budike, Butike	KNEIPE
Bühne, Empore	PODIUM
Bühnenstück v. Giraudoux	JUDITH
Bühnenstück v. Giraudoux	UNDINE

6

Bühnenstück v. Grillparzer	SAPPHO
Bühnenstück v. Halbe	JUGEND
Bühnenstück v. Hebbel	JUDITH
Bühnenstück v. Molnar	LILIOM
Bühnenstück v. Pagnol	MARIUS
Bühnenstück v. Schiller	FIESCO
Bühnenstück v. Shaw	HELDEN
Bühnenstück v. Wilde	SALOME
Bürge	GARANT
bürgen	HAFTEN
Büro	KONTOR
Bürogerät	LOCHER
Büschel	BAUSCH
Bugflagge	GOESCH
Bug-Zufluß	KODYMA
Bug-Zufluß	LIWIEC
Bug-Zufluß	NURZEC
Buhne	KRIBBE
bulgar. Donau-Zufluß	JANTRA
bulgar. Gebirge	BALKAN
bulgar.-griech. Fluß	STRUMA
bulgar. Schwarzmeerhafen	BURGAS
bulgar. Stadt an d. Struma	PERNIK
Bundstein	BINDER
bunt	FARBIG
Buntkupfererz	BORNIT
Buntmetall	KUPFER
Burg an d. Mosel	COCHEM
Burg an d. Mosel	KOBERN
Burg an der Lahn	RUNKEL
Burg bei Göttingen	PLESSE
Burgherr	RITTER
Burg in Schlesien	KYNAST
burgund. Königreich	ARELAT
Burgunderfürst	GERNOT
Burgunderwein	BEAUNE
Burgunderwein	MORGON
burgundische Frauenhaube	HENNIN
Burg von Theben	KADMEA
Buschkatze, Tigerkatze	SERVAL
Buße, Genugtuung	SUEHNE
Buße, Vergeltung	STRAFE
buttern	KIRNEN
byzantin. Feldherr	NARSES
byzantin. Historiker (6. Jh.)	PROKOP
byzantin. Kaiser	MANUEL
byzantin. Kaiserin	EIRENE
byzantin. Provinzstatthalter	EOARCH
byzantin. Statthalter	EPARCH
byzantin. Statthalter	EXARCH
Caesalpinengewächs	KASSIA
campen, campieren	ZELTEN
Campingöfchen	KOCHER
CDU-Politiker	BARZEL
CDU-Politiker (Gewerkschafter)	KAISER
Chalzedon-Abart	JASPIS
Charaktereigenschaft	GEDULD
charakterlos	GEMEIN
Charite	AGLAIA
chartern	LEASEN
chartern	LEIHEN
chartern	MIETEN
Chauffeur	LENKER
Chefdiener	BUTLER
chem. Element, Alkalimetall	KALIUM
chem. Element, Edelgas	HELIUM
chem. Element, Edelmetall	PLATIN
chem. Element, Edelmetall	SILBER
chem. Element, Erdalkalimetall	RADIUM
chem. Element, Erdmetall	ERBIUM
chem. Element, Erdmetall	NEODYM
chem. Element, Halbmetall	TELLUR
chem. Element, Metall	INDIUM
chem. Element, Metall	KOBALT
chem. Element, Metall	KUPFER
chem. Element, Metall	NICKEL
chem. Element, Metall	TANTAL
chem. Element, Metall	WISMUT
chem. Element, Platinmetall	OSMIUM
chem. Element, Transuran	CURIUM
chem. Elementegruppe	METALL
chem. Lösungsmittel	AZETON
chem. Verbindung	ALKALI
chem. Verbindung	DIOXID
chem. Verbindung	HYDRAT
Chemiefaser	AZETAT
Chemiefaser	DACRON
Chemiefaser	DIOLEN
Chemiefaser	DRALON
Chemiefaser	PERLON

6

Chiffre, Nummer	ZIFFER
chilen. Fluß	BIOBIO
chilen. Goldmünze	CONDOR
chilen. Hafenstadt	HUASCO
chilen. Insel	CHILOE
chilen. Inselgruppe	CHONOS
chilen. Lyriker (Nobelpreis)	NERUDA
chilen. Provinz	BIOBIO
chilen. Provinz	CHILOE
chilen. Stadt in Antofagasta	TALTAL
chines. Dynastie	SANKUO
chines. Dynastie	TSCHOU
chines. Fluß	HWEIHO
chines. Gebirge	HINGAN
chines. Hafenstadt	ANTUNG
chines. Hauptstadt	PEKING
chines. Hausboot	SAMPAN
chines. Insel	QUEMOY
chines. Insel (Formosa)	TAIWAN
chines. Inselgruppe	NANSHA
chines. Politiker, Staatsmann	LIPENG
chines. Provinz	FUJIAN
chines. Provinz	SHANXI
chines. Provinz	YUNNAN
chines. Religionsstifter	LAOTSE
chines. Staatssprache	KAOYUE
chines. Stadt am Hwangho	TSINAN
chines. Stadt i. d. Mandschurei	HARBIN
chines. Stadt in Nanschan	SINING
chirurg. Nähfaden	CATGUT
chirurg. Nähfaden	KATGUT
Chorgitter	DOXALE
christl. Bevölkerung Ägyptens	KOPTEN
christl. Fest	OSTERN
christl. Herberge	HOSPIZ
Christwurz	GERMER
clever	LISTIG
Cocktail	COOLER
Cocktail	CRUSTA
Comic-Figur	BATMAN
Comic-Figur	HAEGAR
Computer-Datensicherung	BACKUP
Computersprache	MODULA
Computersprache	PASCAL
Conference	ANSAGE
Cousin, Geschwisterkind	VETTER
Dachdeckermaterial	SCHILF
Dachdeckermaterial	ZIEGEL
Dach der Mundhöhle	GAUMEN
Dachkammer, -raum	BUEHNE
Dachrinne	KANDEL
Dachrinne	TRAUFE
Dachshund	BASSET
Dachshund	DACKEL
Dachshund	TECKEL
Dachstuhlbalken	PFETTE
Dachstuhlbalken	SPARRE
dämlich	ALBERN
dämmen	STAUEN
dän. Asienforscher	BERING
dän. Astronom	ROEMER
dän. Autor (Nobelpreis)	JENSEN
dän. Botaniker	HANSEN
dän. Fährhafen	GEDSER
dän. Hafen auf Falster	GEDSER
dän. Hafen auf Fünen	NYBORG
dän. Hafenstadt	AARHUS
dän. Hafenstadt	ROENNE
dän. Hafenstadt auf Lolland	ROEDBY
dän. Herrschername	HARALD
dän. Herrschername	JOHANN
dän. Herrschername	MAGNUS
dän. Insel im Kattegat	ANHOLT
dän. Insel im Kattegat	LAESOE
dän. Insel im Kattegat	SAMSOE
dän. Kap auf Jütland	SKAGEN
dän. klassizistisch. Architekt	HANSEN
dän. Komponist	KLENAU
dän. Komponist	LASSEN
dän. Mathematiker	KROMAN
dän. Mediziner (Nobelpreis)	FINSEN
dän. Ostseeinsel	FUENEN
dän. Prinz	HAMLET
dän. Schriftsteller	LARSEN
dän. Schriftstellerin	BLIXEN
dän. Stadt	ALBORG
dän. Stadt am Großen Belt	NYBORG
dän. Stadt am Limfjord	LEMVIG
dän. Stadt auf Fünen	ODENSE

dän. Stadt auf Jütland	VIBORG
dalmat. Adria-Insel	KORNAT
dalmat. Adria-Insel	SVETAC
dalmat. Insel	BRIONI
dalmatin. Hafenstadt	TROGIR
dalmatin. Insel	BRIONI
dalmatin. Insel	KORNAT
dalmatin. Insel	LOSINJ
Damara	HERERO
Damastgewebe	LAMPAS
Dampf	BRODEM
Dampfmaschinenteil	KOLBEN
Dampfmaschinenteil	REGLER
darbringen	OPFERN
Darlehen	KREDIT
Darmeinlauf	KLYSMA
Darmlymphe	CHYLUS
Darmsaite	CHORDA
Darmschleimhauthormon	CHOLIN
darreichen	BIETEN
Darsteller	AKTEUR
das da	DIESES
Dasselfliege	BREMSE
Datenausgabe	OUTPUT
Davids Frau	MICHAL
Davids Sohn, israel. König	SALOMO
Deckblatt	TEKTUR
Decke im Grubenbau	FIRSTE
Deckelbehälter	KASTEN
Deckengewölbe	KUPPEL
Defekt	FEHLER
defekt	KAPUTT
Defekt	MANGEL
Defensive	ABWEHR
Degen, Glockenschläger	RAPIER
Degen d. Stierkämpfer	ESPADA
dehnen	WEITEN
deklinieren	BEUGEN
Dekor, Schmuck	ZIERAT
dekorieren, schmücken	ZIEREN
delikat	HEIKEL
delikat	LECKER
Delikatesse	GENUSS
Delinquent	TAETER
Delphinart	BELUGA
Delphinart	NARWAL
Denken, Erkennen	NOESIS
Denkfehler	IRRTUM
Denklehre	NOETIK
Denkspruch	DEVISE
Denkzentrum	GEHIRN
Denkzettel, Züchtigung	STRAFE
den Weg ebnen	BAHNEN
Departement i. d. Normandie	MANCHE
Departement in Kolumbien	NARINO
Departement in Kolumbien	TOLIMA
Departement in Kolumbien	VAUPES
Depot für Wertsachen	TRESOR
derartige	SOLCHE
derb	ROBUST
derbhaariger Jagdhund	BRACKE
der da	DIESER
der folgende Tag	MORGEN
der weiße Sport	TENNIS
desgleichen	EBENSO
Desinfektionsmittel	KARBOL
Desinfektionsmittel	KRESOL
Desinfektionsmittel	PHENOL
Despot, Zwangsherrscher	TYRANN
Destillationsprodukt	GASOEL
deutlich machen	DARTUN
dichter dabei	NAEHER
dichterisch: Diamant	DEMANT
dichterisch: ehrlich	LAUTER
dichterisch: Glanz	GLEISS
dichterisch: Kämpfer	KAEMPE
dichterisch: Kissen	PFUEHL
dichterisch: nie	NIMMER
dichterisch: Polster	PFUEHL
Dichtkunde	POETIK
Dichtkunst, Dichtung	POESIE
dick	MOPSIG
dicker Brei	PUEREE
dickflüssig	PASTOS
dickflüssig	SAEMIG
dickflüssig	SEIMIG
Dickkopf (Fisch)	DOEBEL
dicklich	MOLLIG
dickschalige Zitrone	LIMONE
diebischer Vogel	ELSTER
Diebshelfer	HEHLER
Diele	ENTREE
Dienstgrad	CHARGE
Dienstkleidung	MONTUR
Dienststelle	OFFICE
diesig	NEBLIG
diesjährig	HEURIG
die Wirbelsäule betreffend	SPINAL
Diffusion	OSMOSE
Diktat	ANSAGE
Dimension	BREITE
Dimension	FORMAT
Dimension	LAENGE

6

Dimension, Ausdehnung	UMFANG
Ding	OBJEKT
Diözese	BISTUM
Diplomat	KONSUL
diplomat. Eilbote	KURIER
diplomat. Geschäftsträger	ENVOYE
dirigieren	LEITEN
dirigieren	LENKEN
Disagio	ABGELD
diskret	GEHEIM
Distrikt	BEZIRK
Distrikt	GEBIET
Distrikt von Brunei	TUTONG
Distrikt von Nigeria	BIAFRA
dito	EBENSO
Dividendenschein	COUPON
Divisor	NENNER
Divisor	TEILER
Dnjepr-Zufluß	SAMARA
dörren	DARREN
dösen, schlafen	PENNEN
dokumentiert	BELEGT
Doldengewächs	ARALIE
Doldengewächs	KERBEL
Dolle	BOLZEN
Domherr	PROPST
Dompfaff	GIMPEL
Donaubarsch	ZINGEL
Donaulachs	HUCHEN
Donau-Zufluß	ABLACH
Don-Zufluß	BITJUG
Don-Zufluß	TSCHIR
Doppel-Fahrrad	TANDEM
doppelgestaltig	BIFORM
Doppelpartie b. Whist o. Bridge	ROBBER
Doppelspieler	DOUBLE
Doppelstern	CASTOR
doppelt	DUPLEX
doppelte Buchführung	DOPPIK
doppeltkohlensaures Natrium	NATRON
Dordogne-Zufluß	VEZERE
Dotter	EIGELB
Double	DOPPEL
dozieren	LEHREN
Drahtbügel	KRAMPE
Drahtgeflecht, Schutzgitter	RASTEL
drakonisch, unerbittlich	STRENG
Drama von Gutzkow	ACOSTA
Drama von Immermann	MERLIN
Drama von Schnitzler	ANATOL
Drama von Sudermann	HEIMAT
Dramenteil	AUFZUG
Drau-Zufluß	LAVANT
Drechsler	DREHER
Drehbewegung	ROLLEN
Drehgriff	KURBEL
dreieckige Flagge	WIMPEL
Dreiflüssestadt in Bayern	PASSAU
Dreigespann	TROIKA
dreigliedrige Zahl	TRINOM
Dreiheit	TRIADE
Dreikäsehoch	KNIRPS
Dreiruderer	TRIERE
drei Töne im Taktteil	TRIOLE
Dreschergebnis	DRUSCH
Dreschgerät	FLEGEL
Dressurübung	LEVADE
Dressurübung	PESADE
dringende Seegefahr	SEENOT
dringende Sendung	EILGUT
Drogenabhängiger	JUNKIE
Drogenhändler	PUSHER
drohendes Unheil	GEFAHR
Droschke	FIAKER
Drossel, Verschlußklappe	VENTIL
Druckabsatz	ALINEA
Druckbuchstabe	LETTER
Drucker-, Verlagszeichen	SIGNET
Druckfehler (Mehrz.)	ERRATA
Druckgitter, Liniengitter	RASTER
Druckmaschine	PRESSE
Drud, Drude	KOBOLD
Drüsenabsonderung	EXKRET
Drüsenabsonderung	SEKRET
Drüsengeschwulst	ADENOM
Drüsensaft	INKRET
Drüsenwirkstoff	HORMON
Dschungelheld	TARZAN
dtsch. abstrakt. Maler	CAMARO
dtsch. abstrakt. Maler	CAVAEL
dtsch. abstrakt. Maler	GILLES
dtsch. Adelstitel	FUERST
dtsch. Adelstitel	HERZOG
dtsch. Admiral	HIPPER
dtsch. Admiral	RAEDER
dtsch. Admiral im 1. Weltkr.	SCHEER
dtsch. Afrikaforscher	ROHLFS
dtsch. Afrikakolonialpolitiker	PETERS
dtsch.-amerikan. Philosoph	CARNAP
dtsch. Arbeiterdichter	LERSCH
dtsch. Architekt	BONATZ

dtsch. Architekt	HOEGER
dtsch. Architekt	SEMPER
dtsch. Arzt (Magnetismus)	MESMER
dtsch. Arzt und Dichter	KERNER
dtsch. Astronom	BESSEL
dtsch. Astronom	KEPLER
dtsch. Astronom (Planeten)	OLBERS
dtsch. Atomforscher	JORDAN
dtsch. Autor (Sturm u. Drang)	HEINSE
dtsch. Autor u. Schauspieler	KROETZ
dtsch. Bariton	HOTTER
dtsch. Bariton	KUSCHE
dtsch. Berlin-Politiker	REUTER
dtsch. Bildhauer	FEHRLE
dtsch. Bildhauer	MARCKS
dtsch. Bildhauer	MATARE
dtsch. Bildhauer (15. Jh.)	SYRLIN
dtsch. Bundeskanzler	BRANDT
dtsch. Bundeskanzler	ERHARD
dtsch. Bundesland	BAYERN
dtsch. Bundesland	BREMEN
dtsch. Bundesland	HESSEN
dtsch. Bundespräsident	LUEBKE
dtsch. Bundespräsident	SCHEEL
dtsch. Chansonsängerin	KELLER
dtsch. Chemiker	BUNSEN
dtsch. Chemiker	WERNER
dtsch. Chemiker (Fleischextrakt)	LIEBIG
dtsch. Chemiker (Glastechnik)	SCHOTT
dtsch. Chemiker (Nobelpreis)	BAEYER
dtsch. Chemiker (Nobelpreis)	WITTIG
dtsch. Dichter	GEIBEL
dtsch. Dichter	GEORGE
dtsch. Dichter, Dramatiker	HEBBEL
dtsch. Dichter, Schriftsteller	ANDRES
dtsch. Dichter, Schriftsteller	BECHER
dtsch. Dichter, Schriftsteller	BOERNE
dtsch. Dichter, Schriftsteller	BRECHT
dtsch. Dichter, Schriftsteller	GOETHE
dtsch. Dichter, Schriftsteller	GRABBE
dtsch. Dichter, Schriftsteller	LOERKE
dtsch. Dichter, Schriftsteller	LUDWIG
dtsch. Dichter, Schriftsteller	SCHOLZ
dtsch. Dichter, Theologe, Philosoph	HERDER
dtsch. Dichter d. Aufklärung	KLEIST
dtsch. Dichter der Romantik	FOUQUE
dtsch. Dichter (Göttinger Hain)	HOELTY
dtsch. Dichterin, Schriftstellerin	LEFORT
dtsch. Dichterin, Schriftstellerin	SEIDEL
dtsch. Diktator	HITLER
dtsch. Dirigent	JOCHUM
dtsch. Dirigent	ROTHER
dtsch. Dirigent	WALTER
dtsch. Dirigent und Pianist	BUELOW
dtsch. Dramatiker	BETHGE
dtsch. Dramatiker	FLATOW
dtsch. Eiskunstläuferin	KILIUS
dtsch. Entertainerin	LEMPER
dtsch. Erzähler	ALEXIS
dtsch. expressionist. Autor	KAISER
dtsch. expressionist. Autor	TOLLER
dtsch. expressionist. Maler	HECKEL
dtsch. expressionist. Maler	PANKOK
dtsch. Feldherr, General	BUELOW
dtsch. Feldherr, General	ROMMEL
dtsch. Feldherr, General	SEECKT
dtsch. Finanztheoretiker	GESELL
dtsch. Flieger, Flugpionier	GRONAU
dtsch. Fluggesellschaft	CONDOR
dtsch. Fürstenhaus	WELFEN
dtsch. Fußballspieler	BINDER
dtsch. Fußballspieler	BREHME
dtsch. Fußballspieler	HALLER
dtsch. Fußballspieler	HARDER
dtsch. Fußballspieler	LIBUDA

6

6

dtsch. Fußballspieler	NETZER
dtsch. Fußballspieler	SEELER
dtsch. Fußballspieler	WALTER
dtsch. Fußballtrainer	CRAMER
dtsch. Fußballtrainer	LATTEK
dtsch. Geigenvirtuosin	MUTTER
dtsch. General, Heerführer	MOLTKE
dtsch. General, Heerführer	PAULUS
dtsch. Golfspieler	LANGER
dtsch. Hafenstadt	BREMEN
dtsch. Harmonikafabrikant	HOHNER
dtsch. Hauptstadt	BERLIN
dtsch. Historienmaler	PILOTY
dtsch. Historiker	HALLER
dtsch. Historiker	MARCKS
dtsch. Historiker	ONCKEN
dtsch. Historiker (Nobelpreis)	QUIDDE
dtsch. Humanist, Dichter	CELTIS
dtsch. impressionist. Maler	ROHLFS
dtsch. Industrieller (Lokomotiven)	BORSIG
dtsch. Ingenieur	MILLER
dtsch. Ingenieur (Fernsehen)	NIPKOW
dtsch. Jazzmusiker	FREUND
dtsch. Jazzmusiker, Dirigent	GREGER
dtsch. Kabarettist	HUESCH
dtsch. Kabarettist	MANGER
dtsch. Kabarettist	ROGLER
dtsch. Kabarettistin	HANCKE
dtsch. Kabarettistin, Schausp.	WIEDER
dtsch. Kaisergeschlecht	SALIER
dtsch. Kaisername	JOSEPH
dtsch. Kaisername, Königsname	KONRAD
dtsch. Kaisername, Königsname	LOTHAR
dtsch. Kaisername, Königsname	LUDWIG
dtsch. Kaisername, Königsname	RUDOLF
dtsch. Kaiserstadt	AACHEN
dtsch. Kardinal (Köln)	FRINGS
dtsch. Karikaturist	THOENY
dtsch. Karikaturist, Regisseur	LORIOT
dtsch. Kernphysiker	PLANCK
dtsch. Kernphysiker (Nobelpr.)	JENSEN
dtsch. Königsname	AUGUST
dtsch. Koloratursopran	BERGER
dtsch. Komponist	BIALAS
dtsch. Komponist	BORRIS
dtsch. Komponist	BRAHMS
dtsch. Komponist	GROTHE
dtsch. Komponist	HANELL
dtsch. Komponist	HILLER
dtsch. Komponist	JESSEL
dtsch. Komponist	KUHLAU
dtsch. Komponist	KUHNAU
dtsch. Komponist	LOTHAR
dtsch. Komponist	WAGNER
dtsch. Komponist (DDR-Hymne)	EISLER
dtsch. Komponist u. Pianist	ALBERT
dtsch. Künstlerin	BACHEM
dtsch. liberaler Politiker	GAGERN
dtsch. Liederkomponist	ZELTER
dtsch. Liedermacher	WECKER
dtsch. Lokomotivenbauer	MAFFEI
dtsch. Lyriker	HUCHEL
dtsch. Lyriker	KROLOW
dtsch. Maler, Bildh. (15. Jh.)	PACHER
dtsch. Maler, Grafiker	DUERER
dtsch. Maler, Grafiker	KOBELL
dtsch. Maler, Grafiker	RETHEL
dtsch. Maler, Grafiker	WERNER
dtsch. Maler (Berlin, 19. Jh.)	MENZEL
dtsch. Maler in Rom	MAREES
dtsch. Mathematiker	CANTOR
dtsch. Mechaniker, Erfinder	HALSKE
dtsch. Mediziner (Nobelpreis)	DOMAGK
dtsch. Miterfinder d. Fernsehen	NIPKOW
dtsch. Modeschöpfer	BOGNER
dtsch. Modeschöpferin	SANDER
dtsch. Motorerfinder	LANGEN
dtsch. Motorerfinder	WANKEL
dtsch. Name von Klaipeda	TILSIT

dtsch. Schauspieler

dtsch. Name von Tartu	DORPAT
dtsch. neuklassischer Dichter	PLATEN
dtsch.-österr. Adelstitel	RITTER
dtsch. Opernkomponist	DESSAU
dtsch. Opernkomponist	FLOTOW
dtsch.-ostafrik. schwarzer Soldat	ASKARI
dtsch. Ostseebad	BREEGE
dtsch. Ostseebad	REWAHL
dtsch. Ostseeinsel	RUEGEN
dtsch. Ostsee-Landschaft	ANGELN
dtsch. Parapsychologe	BENDER
dtsch. Pfarrer u. Naturarzt	KNEIPP
dtsch. Philologe, Pädagoge	HEBARD
dtsch. Philosoph	BAADER
dtsch. Philosoph	BAVINK
dtsch. Philosoph	BOEHME
dtsch. Philosoph	DACQUE
dtsch. Philosoph	PIEPER
dtsch. Philosoph, Psychol.	KLAGES
dtsch. Philosoph, Soziologe	ADORNO
dtsch. Philosoph des Idealismus	FICHTE
dtsch. Philosoph (Magier d. Nordens)	HAMANN
dtsch. Philosoph (Neukantianer)	NATORP
dtsch. Philosoph (Nobelpreis)	EUCKEN
dtsch. Philosoph (Pantheist)	KRAUSE
dtsch. Philosoph und Soziologe	FREYER
dtsch. Philosoph und Soziologe	SIMMEL
dtsch. Physiker	MAGNUS
dtsch. Physiker	RITTER
dtsch. Physiker, Atomforscher	GEIGER
dtsch. Physiker, Chemiker (Nobelpr.)	NERNST
dtsch. Physiker (Nobelpreis)	FRANCK
dtsch. Physiker (Nobelpreis)	LENARD
dtsch. Physiker (Nobelpreis)	PLANCK
dtsch. Physiologe (Nobelpreis)	KOSSEL
dtsch. Pianist	KEMPFF
dtsch. Pianist, Festspielleiter	FRANTZ
dtsch. polit. Publizistin	ARENDT
dtsch. Politiker (CDU)	HASSEL
dtsch. Politiker (CSU)	WAIGEL
dtsch. Politiker (FDP)	SCHEEL
dtsch. Politiker (Nobelpreis)	BRANDT
dtsch. Politiker (SPD)	WEHNER
dtsch.-poln. Grenzfluß	NEISSE
dtsch. Publizist	PECHEL
dtsch. Publizistin	BOVERI
dtsch. Raketenforscher	OBERTH
dtsch. Reformator	LUTHER
dtsch. Regisseur	ROLAND
dtsch. Regisseurin	TROTTA
dtsch. Reichskanzler	BUELOW
dtsch. Reichskanzler	LUTHER
dtsch. Reichsritter, Humanist	HUTTEN
dtsch. Revolutionär von 1848	HECKER
dtsch. Rundfunkpionier	BREDOW
dtsch.-russischer Astronom	STRUVE
dtsch. Sänger, Liedermacher	MAFFEI
dtsch. Sagenfigur, Sagenheld	ROLAND
dtsch. Schachweltmeister	LASKER
dtsch. Schauspieler	ALBERS
dtsch. Schauspieler	BALSER
dtsch. Schauspieler	BIRGEL
dtsch. Schauspieler	CLARIN
dtsch. Schauspieler	DAHLKE
dtsch. Schauspieler	DIESSL
dtsch. Schauspieler	DRACHE
dtsch. Schauspieler	FERNAU
dtsch. Schauspieler	FROEBE
dtsch. Schauspieler	GEORGE
dtsch. Schauspieler	GILLER
dtsch. Schauspieler	GRUNER
dtsch. Schauspieler	HANSEN
dtsch. Schauspieler	JUHNKE
dtsch. Schauspieler	KINSKI
dtsch. Schauspieler	KRAUSS
dtsch. Schauspieler	LIEVEN

dtsch. Schauspieler	LINGEN
dtsch. Schauspieler	LOTHAR
dtsch. Schauspieler	LOWITZ
dtsch. Schauspieler	MARIAN
dtsch. Schauspieler	MAURUS
dtsch. Schauspieler	MOISSI
dtsch. Schauspieler	OHRNER
dtsch. Schauspieler	PLATTE
dtsch. Schauspieler	PREISS
dtsch. Schauspieler	REMOND
dtsch. Schauspieler	STRACK
dtsch. Schauspieler	WERNER
dtsch. Schauspieler	WIEMAN
dtsch. Schauspieler	WOLTER
dtsch. Schauspieler	WUSSOW
dtsch. Schauspielerfamilie	THIMIG
dtsch. Schauspielerin	ANDREE
dtsch. Schauspielerin	BRUEHL
dtsch. Schauspielerin	DORSCH
dtsch. Schauspielerin	FEILER
dtsch. Schauspielerin	GIEHSE
dtsch. Schauspielerin	HARVEY
dtsch. Schauspielerin	HEUSER
dtsch. Schauspielerin	HORNEY
dtsch. Schauspielerin	KINSKI
dtsch. Schauspielerin	MATTES
dtsch. Schauspielerin	MEYSEL
dtsch. Schauspielerin	NEUBER
dtsch. Schauspielerin	PALMER
dtsch. Schauspielerin	PORTEN
dtsch. Schauspielerin	RETHEL
dtsch. Schauspielerin	SEIDEL
dtsch. Schauspielerin	SOMMER
dtsch. Schauspielerin	WEIGEL
dtsch. Schauspielerin	WEISER
dtsch. Schauspielerin	WIMMER
dtsch. Schlagerkomponist	SIEGEL
dtsch. Schlagersänger	ZANDER
dtsch. Schriftst., Kunstsammler	SCHACK
dtsch. Schriftsteller	BENDER
dtsch. Schriftsteller	GAISER
dtsch. Schriftsteller	HUCHEL
dtsch. Schriftsteller	KASACK
dtsch. Schriftsteller	KELLER
dtsch. Schriftsteller	KESSEL
dtsch. Schriftsteller	KESTEN
dtsch. Schriftsteller	KIRSCH
dtsch. Schriftsteller	KUNERT
dtsch. Schriftsteller	SPOERL
dtsch. Schriftsteller	THIESS
dtsch. Schriftsteller	WALSER
dtsch. Schriftstellerin	KIRSCH
dtsch. Schriftstellerin	RINSER
dtsch. Showmaster	BIOLEK
dtsch. Sopranistin	KUPPER
dtsch. Sozialist	ENGELS
dtsch. sozialist. Politikerin	ZETKIN
dtsch. Soziologe	GEHLEN
dtsch. spätgot. Baumeister	PARLER
dtsch. spätgot. Bildhauer	KRAFFT
dtsch. Spielkartenfarbe	EICHEL
dtsch. Stadt an der Rur	DUEREN
dtsch. symbolistischer Dichter	DEHMEL
dtsch. Tennisspieler	BECKER
dtsch. Tenor	SCHOCK
dtsch. Theaterregisseur	BARLOG
dtsch. Tierschriftsteller	EIPPER
dtsch. Volk	BAYERN
dtsch. Wiedertäufer	HUTTER
Duckmäuser	MUCKER
Düna-Zufluß	MESCHA
dünn, eng	SCHMAL
dünner Pfahl, Stab	STANGE
dünne Spiere	SPRIET
Duero-Zufluß	IREGUA
Duero-Zufluß	MARTIN
Duero-Zufluß	TORMES
dürres Zweigwerk	REISIG
Duft	GERUCH
Duft des Weines	BUKETT

duftende Blume, Pflanze	RESEDA
duftender Zierstrauch	JASMIN
dulden	LEIDEN
duldend	PASSIV
Dummheit	ESELEI
Dummkopf	DUSSEL
dunkler Glimmer	BIOTIT
dunstig	DIESIG
dunstig	NEBLIG
durchbohren	LOCHEN
Durchbruch (medizin.)	RUPTUR
Durcheinander	GEWIRR
Durchgangshindernis	SPERRE
durchgegliederter Zusammenhang	SYSTEM
durchlässig, porig	POROES
Durchschnitt	MITTEL
durchzeichnen	PAUSEN
Dusche	BRAUSE
Dutt	KNOTEN
Dwina-Zufluß	PINEGA
Ebenbild	ABBILD
Ebenholzharz	STYRAX
ebenso	GLEICH
Ebro-Zufluß	ARAGON
Ecke, Stubenecke	WINKEL
Eckstoß (engl.)	CORNER
Eckzähne bei Tieren	FAENGE
Eckzahn des Wildschweins	GEWEHR
ecuadorian. Vulkan	SANGAY
Edelkastanienfrucht	MARONE
Edelknabe	KNAPPE
Edelmann	RITTER
Edelrost	PATINA
Edelstein, Schmuckstein	ZIRKON
Edition, graph. Betrieb	VERLAG
EDV-Zwischenspeicher	BUFFER
Efeugewächs	ARALIE
Effektzwirn	BOUCLE
Ehefrau	GATTIN
ehelichen	FREIEN
Ehelosigkeit	AGAMIE
Ehelosigkeit	AZYGIE
ehem. Bundestrainer des DFB	SCHOEN
ehem. dtsch. Königreich	BAYERN
ehem. ital. Kolonie in Afrika	LIBYEN
ehem. Königreich in Spanien	ARAGON
ehem. König v. Saudi-Arabien	FAISAL
ehem. Reichsabtei bei Höxter	CORVEY
ehem. span. Kriegsflotte	ARMADA
ehem. span. Staatschef	FRANCO
ehem. südvietnames. Hptst.	SAIGON
ehem. ungar. Fußsoldat	PANDUR
Ehemann	GEMAHL
eher	LIEBER
eher, früher	VORHER
Eheschließung	HEIRAT
ehrbar	HONETT
Ehrenbrief	DIPLOM
Ehrenurkunde	DIPLOM
ehrenwert	BIEDER
ehrlos	GEMEIN
Eichmaß	ETALON
Eid, Gelöbnis	SCHWUR
Eidechse, Haftzeher	TOCKEE
Eidechsenfamilie	AGAMEN
Eier im Nest	GELEGE
Eifer	FLEISS
eifersüchtig sein	EIFERN
Eigelb	DOTTER
eigen	PROPER
eigenes Staatsgebiet	INLAND
eigenhändig	SELBST
eigenständig	AUTARK
Eigentümer	EIGNER
Eigentum	BESITZ
Eigentumsdelikt	BETRUG
Eihaut	AMNION
Eilbote	KURIER
Eile, Geschwindigkeit	RASANZ
eilen	HASTEN
eilen	LAUFEN
eilen, hasten	RENNEN
eilig	HURTIG
Eimer	KUEBEL
einäugiger Riese d. griech. Sage	ZYKLOP
einarmiger Hebel	KURBEL
einbringen	BERGEN
eine der Gorgonen	MEDUSA
eine der Grazien	AGLAIA
eine der Horen	EIRENE
eine der Marshall-Inseln	MAJURO
eine Farm bewirtschaften	FARMEN
einen Vogel rupfen	FEDERN
einer der Argonauten	NELEUS
einer der Artusritter	GAWEIN
einer der Beatles	LENNON
einer der Dioskuren	KASTOR
einer der Dioskuren	POLLUX
einer der Heiligen Drei Könige	KASPAR
einer der Mörder Cäsars	BRUTUS
einer der Sieben griech. Weisen	CHILON

6

einer der Sieben Weisen	THALES
einer der Titanen	ADANOS
einer der Titanen	KREIOS
einer der Titanen	KRONOS
einer der Titanen	OPHION
eine Schuld beglei-chen	ZAHLEN
eines der Sieben Welt-wunder	PHAROS
einfach	FRUGAL
einfach, einfältig	SIMPEL
einfaches Lokal	KNEIPE
einfältig	ARGLOS
einfalls-reich	FINDIG
Einfalts-pinsel	DUSSEL
Einfalts-pinsel	GIMPEL
Einfalts-pinsel	SIMPEL
einfassen	RAHMEN
ein Fest begehen	FEIERN
Einfrie-dung	PFERCH
Einfügung	EINBAU
Einfüh-rung	PROLOG
Einfuhr	IMPORT
Eingabe	ANTRAG
Eingabe	GESUCH
eingebil-deter Mensch	FATZKE
einge-deichtes Marsch-land	POLDER
einge-säuertes Viehfutter	SILAGE
Eingewei-debruch	HERNIE
einheim. Gift-pflanze	GERMER
einheim. kleines Raubtier	MARDER
einheim-sen	ERNTEN
Einheit d. Strom-stärke	AMPERE
einheit-lich	GLEICH
einheitli-che Dienst-kleidung	MONTUR
einheit-lich fest-setzen	NORMEN
einige	MANCHE
einjährig	ANNUAL
Einkom-mensart	GEHALT
Einkorn	DINKEL
ein Lied vortragen	SINGEN
ein Loch machen	BOHREN
Ein-master	KUTTER
Einreibe-mittel	BALSAM
Einrich-tungsge-genstand	MOEBEL
Ein-rückung	EINZUG
einsam	ALLEIN
Einsatz-verdoppl. b. Pharao-spiel	PAROLI
ein Schiff erstürmen	ENTERN
ein-schmieren	FETTEN
ein-schneiden	KERBEN
Einschnitt	LUECKE
Einschnitt	ZAESUR
einseitig begrenz-te Gerade	STRAHL
Einsicht, Vernunft	RAESON
Ein-siedelei	KLAUSE
Einsiedler	EREMIT
Einsied-lerkrebs	EREMIT
einst	EHEDEM
Einsteck-zylinder	BUCHSE
einstehen	HAFTEN
einstellen	HEUERN
Einstell-raum, Wagen-schuppen	REMISE
Eintänzer	GIGOLO
Ein-teilungs-begriff	KLASSE
Eintei-lungs-prinzip	SYSTEM
eintöni-ges Gerede	SERMON
Eintracht	FRIEDE
Eintreffen	KOMMEN
Eintritt	ENTREE
Eintritt, Öffnung	ZUGANG
Eintritts-geld	ENTREE
einüben	LERNEN
einüben	PAUKEN
Einüber, Lehrer	PAUKER
Einver-ständnis	JAWORT
Ein-zäunung	GITTER
Einzel-darsteller	SOLIST
Einzelheit	DETAIL
Einzel-jagd	PIRSCH
Einzeller	AMOEBE
Einzeller	URTIER
Einzel-mensch	PERSON
einzelner Ufer-felsen	KLIPPE
Einzel-spiel im Tennis	SINGLE
Einzel-stück	UNIKAT
Einzel-stück, Einmaliges	UNIKUM
Eischnee-gebäck	BAISER
eisen-anziehen-des Metall	MAGNET
Eisen-bahnfahr-zeug	WAGGON
Eisen-block	BRAMME
Eisenhut	AKONIT
Eisenoxid ansetzen	ROSTEN
Eisenoxid-verbindung	FERRIT
Eisenver-bindung	FERRAT
Eisen-werk	HUETTE
Eisge-tränk, Granat-apfelsaft	SORBET
Eisheilige	SOPHIE
Eiskri-stalle aus Wasser-dampf	SCHNEE
Eiskunst-lauf-Figur	ACHTER
Eiskunst-lauf-Figur	DREIER
Eiskunst-lauf-Sprung	THOREN
Eiszeittier	MAMMUT
eitel	KOKETT
Eiter-ansamm-lung	EMPYEM
Eiter-bläschen	PUSTEL
eiter-erregend	PYOGEN
Eitergang	FISTEL
Eiweiß	EIKLAR

6

Eiweiß im Blutfarbstoff	GLOBIN
Eiweißkörper, -substanz	MYOSIN
Ekel	DEGOUT
Elbe-Zufluß	ALSTER
Elbe-Zufluß	ELSTER
Elbe-Zufluß	JEETZE
Elbe-Zufluß	PINNAU
Elbe-Zufluß	POLENZ
Elbe-Zufluß aus d. Böhmerwald	MOLDAU
Elefantenführer	KORNAK
elegant, modisch	SCHICK
Eleganz, modische Feinheit	SCHICK
elektr. Leitung	FEEDER
elektr. Schalteinrichtung	RELAIS
elektr. Schutzeinrichtung	ERDUNG
elektron. Bauteil	ROEHRE
Elektronenröhre	AUDION
Elektronenröhre	HEXODE
Elektronenröhre	OKTODE
Elektronenröhre	TRIODE
Elementarteilchen	BARYON
Elementarteilchen	LEPTON
Elend	JAMMER
Elend	MISERE
Elfenkönig	OBERON
Elfenschuh	AKELEI
Elternteil	MUTTER
Emblem, Hoheitszeichen	WAPPEN
Emblem, Sinnbild	SYMBOL
embryonales Haarkleid	LANUGO
Empfang	ERHALT
Empfangserklärung	AKZEPT
empfehlenswert	RATSAM
empfindliche Zierpflanze	MIMOSE
Empörer, Umstürzler	REBELL
Emporkömmling	ARRIVE
Emse	AMEISE
emsig	EIFRIG
Ende e. Flug- od. Schiffsreise	LANDEN
Endkampf im Sport	FINALE
Endkampf im Sport	FINISH
Endpunkt der Erdachse	ERDPOL
Endspiel	FINALE
Energiequelle	ERDGAS
Energiequelle	ERDOEL
Energieteilchen	PHOTON
Enge, Engpaß	KLEMME
Engelfisch, Meerdrachen	ROCHEN
enger Gefährte	FREUND
engl., franz.: Wechsel	CHANGE
engl. Adelstitel, -prädikat	KNIGHT
engl. Admiral, Seeheld	NELSON
engl. Archäologe	LAYARD
engl. Archäologe	PETRIE
engl. Arzt (Pockenschutz)	JENNER
engl. Astronom (Komet)	HALLEY
engl. Automarke	AUSTIN
engl. Automarke	JAGUAR
engl. Autor, (Nobelpreis)	ANGELL
engl. Autor, Schriftsteller	BULWER
engl. Autor, Sozialphilosoph	RUSKIN
engl. Autor histor. Romane	GRAVES
engl. Autorin	AUSTEN
engl. Autorin	BRONTE
engl. avangardist. Autor	PINTER
engl. Biersorte	PORTER
engl. Bildhauer	BUTLER
engl. Biochemiker (Nobelpr.)	MARTIN
engl. Biologe	HUXLEY
engl. Biologe (Nobelpreis)	PERUTZ
engl. Bluessänger	MAYALL
engl. Bühnenschriftsteller	COWARD
engl. Chemiker, Physiker	DALTON
engl. Chemiker (Fotografie)	TALBOT
engl. Chemiker (Nobelpreis)	HARDEN
engl. Chemiker (Nobelpreis)	PORTER
engl. Chemiker (Nobelpreis)	RAMSEY
engl. Chemiker (Nobelpreis)	SANGER
engl. Chemiker (Teerfarbstoff)	PERKIN
engl. Chirurg (Antisepsis)	LISTER
engl. Dichter, Politiker (17. Jh.)	MILTON
engl. Dichter, Schauspieler	JONSON
engl. Dichter (Artusroman)	MALORY
engl. Entdecker	BURTON
engl. Fluß	MEDWAY
engl. Fluß	THEMSE

6

engl. Fluß in Sussex	ROTHER
engl. Frauenrechtlerin	GODWIN
engl. Frauen-Vorname	CLAIRE
engl. Gewichtseinheit	BARREL
engl. Goldmünze	GUINEA
engl. Goldmünze	GUINEE
engl. Großbürgertum	GENTRY
engl. Großreeder	CUNARD
engl. Gutsherr	SQUIRE
engl. Hauptstadt	LONDON
engl. Heerführer	TALBOT
engl. Hohlmaß	BUSHEL
engl. Hohlmaß	GALLON
engl. humorist. Schriftsteller	JEROME
engl. impressionist. Maler	SISLEY
engl. Jagdpferd	HUNTER
engl. König	ALFRED
engl. König	EDUARD
engl. König	HARALD
engl. König	JOHANN
engl. Königname	GEORGE
engl. Kolonialpolitiker	RHODES
engl. Komponist	DELIUS
engl. Komponist	WALTON
engl. Krimi-Autorin	SAYERS
engl. Kulturphilosoph	DAWSON
engl. Labourpolitiker	WILSON
engl. Landadel	GENTRY
engl. Laufhund	BEAGLE
engl. Männer-Vorname	GEORGE
engl. Maler, Zeichner	TURNER
engl. Maler (Porträtist)	ROMNEY
engl. Maler u. Dichter	MORRIS
engl. Mathematiker	BRIGGS
engl. Mathematiker, Physiker	STOKES
engl. Musicalkomponist	WEBBER
engl. Nationalökonom	KEYNES
engl. Naturwissenschaftler	DARWIN
engl. Naturwissenschaftler	GALTON
engl. Naturwissenschaftler	NEWTON
engl. Nobelpreisträger	BARTON
engl. Pazifist (Nobelpreis)	CREMER
engl. Philosoph	HOBBES
engl. Physiker, Mathem. Astronom	NEWTON
engl. Physiker (Nobelpreis)	BARKLA
engl. Physiker (Nobelpreis)	POWELL
engl. Physiker (Nobelpreis)	WILSON
engl. Physiologe (Nobelpreis)	ADRIAN
engl. Physiologe (Nobelpreis)	HODKIN
engl. Physiologe (Nobelpreis)	HUXLEY
engl. Politiker, Staatsmann	ATTLEE
engl. Politiker, Staatsmann	CRIPPS
engl. Politiker, Staatsmann	CURZON
engl. Popmusik-Solist	COCKER
engl. Prinz	EDWARD
engl. Reformator	WYCLIF
engl. Rockgruppe	THEWHO
engl. Rockmusiker	JAGGER
engl. satir. Schriftsteller	DRYDEN
engl. Schauspieler	HOWARD
engl. Schriftsteller	GREENE
engl. Schriftsteller	MORGAN
engl. Schriftsteller	SHARPE
engl. Schriftsteller	SIDNEY
engl. Schriftsteller	SPRING
engl. Schriftsteller	STOKER
engl. Schriftsteller (»1984«)	ORWELL
engl. Schriftsteller (18. Jh.)	STERNE
engl. Seebad am Kanal	BOGNOR
engl. Seefahrer	BAFFIN
engl. Seefahrer, Entdecker	HUDSON
engl. Stadt am Severn	DUDLEY
engl. Stadt bei Windsor	SLOUGH
engl. Stadt in Essex	WITHAM
engl. Stadt in Lancashire	OLDHAM

engl. Stadt in Staffordshire	FENTON
engl. TV-Krimi-Autor	DURBAN
engl. u. franz.: Gefahr	DANGER
engl. u. franz.: Prinz	PRINCE
engl. u. franz.: Tier	ANIMAL
engl. Universitätsstadt	OXFORD
engl. Zoologe und Philosoph	HUXLEY
engl.: Andreas	ANDREW
engl.: Anziehungskraft	APPEAL
engl.: Arbeit	LABOUR
engl.: aufzeichnen	RECORD
engl.: Baumwolle	COTTON
engl.: Branntwein	BRANDY
engl.: Brief	LETTER
engl.: Brücke	BRIDGE
engl.: Burg	CASTLE
engl.: Ecke	CORNER
engl.: Fenster	WINDOW
engl.: Genosse	FELLOW
engl.: Gesundheit	HEALTH
engl.: Herr	MISTER
engl.: Herr, Meister	MASTER
engl.: Himmel	HEAVEN
engl.: Keller	CELLAR
engl.: Mitte	CENTER
engl.: Mittelspieler	CENTER
engl.: Mutter	MOTHER
engl.: niemand	NOBODY
engl.: Not	MISERY
engl.: öffentlich	PUBLIC
engl.: Paar	COUPLE
engl.: Potpourri	MEDLEY
engl.: Puder	POWDER
engl.: Quadrat	SQUARE
engl.: Rede	SPEECH
engl.: Reise	TRAVEL
engl.: Ritter	KNIGHT
engl.: Schatten	SHADOW
engl.: Schutzgeleit	CONVOY
engl.: Schwester	SISTER
engl.: Skizze	SKETCH
engl.: Straße	STREET
engl.: Vater	FATHER
engl.: Wunder	WONDER
engl.: Zahl	NUMBER
engl.: zwanzig	TWENTY
Engpaß	KLAUSE
Entbehrung	KARENZ
Entbehrung	MANGEL
Entbindung	GEBURT
Entd. d. Gravitationsgesetzes	NEWTON
Entdecker Brasiliens	CABRAL
Entdecker d. Sulfonamide	DOMAGK
Entdecker Mexikos	CORTEZ
Entdecker v. afrik. Gebieten	BATUTA
Entdecker v. asiat. Gebieten	KOSLOW
Entdekker des Blutkreislaufs	HARVEY
Entdekker Neufundlands	BJARNE
Entdekker Tasmaniens	TASMAN
Entehrung (ethisch)	ATINIE
entgegen	KONTRA
Entgegenkommen	KULANZ
entgegenkommend	KULANT
Entgegnung, Erwiderung	REPLIK
entgelten	LOHNEN
Enthalten v. Essen u. Trinken	FASTEN
Enthaltsamkeit	ASKESE
Entkommen	FLUCHT
enträtseln	LOESEN
entscheidender Umstand	MOMENT
Entscheidung	KRISIS
Entscheidung, Gutachten	URTEIL
Entscheidungsrecht	OPTION
Entschuldigung	PARDON
Entsetzen	GRAUEN
Entsetzen	HORROR
entsprechend	ANALOG
entstehen, sich entwikkeln	WERDEN
Entstehung	GENESE
Entstehung, Entwicklung	WERDEN
Entwässerungsrinne	RIGOLE
Entwurf	ABRISS
Entwurf	DESSIN
Entwurf	EXPOSE
Entwurf	KLADDE
Entwurf	MODELL
Entwurf	MUSTER
Entwurfskizze	DESIGN
entzwei	KAPUTT
Enz-Zufluß	NAGOLD
Epos von Vergil	AENEIS
erblich	GENUIN
Erdalkalimetall	BARIUM
erdbeerfarbig	FRAISE
Erdenbürger	MENSCH
Erdgas	METHAN
Erdgeist, Erdmännchen	ALRAUN

Erdgeist, Erdmännchen	KOBOLD
erdichtet	FIKTIV
Erdkugel	GLOBUS
Erdloch	KRATER
Erdölschiff	TANKER
Erdrinne	GRABEN
Erdteil	AFRIKA
Erdteil	EUROPA
erdulden	LEIDEN
ererbter Besitz	ERBTUM
Erfind. d. Strumpfwirkmaschine	COTTON
Erfind. e. Verbrennungsmotors	LANGEN
Erfinder d. Glühlampe	EDISON
Erfinder d. Glühlampe	GOEBEL
Erfinder d. Kinematographen	EDISON
Erfinder d. Kreiskolbenmotors	WANKEL
Erfinder d. Quantentheorie	PLANCK
Erfinder d.Schiffsschraube	RESSEL
Erfinder d.Schnellpresse	KOENIG
Erfinder d. Stahlbetons	MONIER
Erfinder d. Zählrohrs	GEIGER
Erfinder d. Zündnadelgewehrs	DREYSE
Erfinder des Mikrofons	HUGHES
Erfinder des Schwerölmotors	DIESEL
Erfinderschutz	PATENT
erflehen	BITTEN
Erfolg	EFFEKT
Erfolg	GEWINN
erforderlich	NOETIG
Erfordernis	BEDARF
Erfrischung	LABSAL
Erfrischungsgetränk	BRAUSE
Ergänzung, Nachschrift	ZUSATZ
ergeben	GETREU
ergreifen	FASSEN
ergreifen, fassen	FANGEN
ergriffen	BEWEGT
Ergußgestein	PIKRIT
erhaben	KONVEX
erhabenes Bildwerk	RELIEF
Erhöhung	HEBUNG
Erhöhung d. Körperwärme	FIEBER
Erinnye	ALEKTO
Erkältungserscheinung	HUSTEN
Erkältungserscheinung	NIESEN
Erkenntnis	GNOSIS
Erkenntnislehre	NOETIK
Erkennungswort	LOSUNG
Erkennungszeichen, Firmentafel	SCHILD
erklären	DEUTEN
Erklärer	DEUTER
Erläuterung	GLOSSE
Erlaß islamischer Herrscher	FERMAN
Erlaubnis	LIZENZ
Erlaubnis	PLAZET
Erlös	ERTRAG
Ernennungsurkunde	PATENT
Erneuerung, Neuordnung	REFORM
Erntemonat	AUGUST
erproben, prüfen	TESTEN
Erquickung	LABSAL
Erregungszustand, Taumel	RAUSCH
Ersatzdarsteller	DOUBLE
Erscheinung, Erleuchtung	VISION
Erstauftritt	DEBUET
erste Kanalschwimmerin	EDERLE
erste Priestermesse	PRIMIZ
erster engl. König	EGBERT
erster Geiger	PRIMAS
erster im Wettkampf	SIEGER
erster Motorflieger	WRIGHT
Erstrangiger	BESTER
ersuchen	BITTEN
Ertrag	ERLOES
ertragen	DULDEN
ertragen	LEIDEN
Eruptivgestein	BASALT
Eruptivgestein	DIABAS
Erwerb	ANKAUF
Erwerbstätigkeit	ARBEIT
erzählend	EPISCH
Erzähler	EPIKER
Erzbischof	PRIMAS
Erzengel	CHERUB
Erzieher	LEHRER
Erzieher	MENTOR
Erzieher Salomos	NATHAN
Eskimobluse	ANORAK
eßbare Meeresmuschel	AUSTER
eßbarer Pilz	MARONE
Eßbedürfnis	HUNGER
Essen, Gericht	SPEISE
Essenz	GEHALT
Eßgeschirr	TELLER
Essigbaum, Färberbaum	SUMACH
Essiggeist	AZETON
essigsaures Salz	AZETAT
estnisch. Fluß zum Peipussee	EMBACH
estnische Hafenstadt	PERNAU
estnische Stadt	FELLIN

6

estnische Universitätsstadt	DORPAT
etliche	EINIGE
etliche	MANCHE
Etsch-Zufluß	AVISIO
Etsch-Zufluß	EISACK
europ. Flugzeugbaukonsortium	AIRBUS
europäische Hauptstadt	LONDON
europäische Hauptstadt	MADRID
europäische Hauptstadt	MONACO
europäische Hauptstadt	MOSKAU
europäische Hauptstadt	TIRANA
europäischer Bison	WISENT
europäischer Inselstaat	IRLAND
europäischer Zwergstaat	MONACO
europäisches Binnenmeer	OSTSEE
europäisches Fürstentum	MONACO
evangel. Pfarrer	PASTOR
Evangelist	MARKUS
ewig	ENDLOS
exaltiert	ERREGT
exklusive	AUSSER
Exodus	AUSZUG
exotische Großkatze	GEPARD
Experte	KENNER
extra	EIGENS
Extrakt	AUSZUG
Extrakt	ESSENZ
Fabelinsel, Fabelland	ORPLID
Fabelname des Storches	ADEBAR
Fabeltier	DRACHE
Fabrikschornstein	SCHLOT
Facharzt	ANATOM
Fachkrankenhaus	KLINIK
Fachmann	KENNER
Fachsprache	JARGON
Fadensaum	FRANSE
Fadenschlinge	MASCHE
fächeln, schwenken	WEDELN
Fädchen	FUSSEL
Fähnrich	KADETT
Fährhafen in Frankreich	CALAIS
Färbebad	FLOTTE
färben	TOENEN
Färberdistelblüte	SAFLOR
Färberpflanze, -röte	SUMACH
Färöerinsel	SANDOE
Fäulnisgift	NEURIN
Fagott	BASSON
fahl	BLEICH
fahnden, finden wollen	SUCHEN
Fahndungsstreife	RAZZIA
Fahne	BANNER
Fahne	FLAGGE
Fahrer	LENKER
Fahrgastraum	ABTEIL
Fahrgastraum	KABINE
fahrig, unruhig	UNSTET
Fahrkarte	TICKET
Fahrradsitz	SATTEL
Fahrradteil	LENKER
Fahrstuhl	AUFZUG
Fahrzeuglenker	FAHRER
Falke, Falkenvogel	MERLIN
Falkenmännchen	TERZEL
Fallen d. Börsenkurse	BAISSE
falsch, nachgemacht	UNECHT
falsche Beurteilung	IRRTUM
falsche Route	IRRWEG
falsches Haarteil, Halbperücke	TOUPET
Falschgeld	BLUETE
Falschspiel	BETRUG
falschspielen	MOGELN
falten	FALZEN
Faltensaum	FALBEL
Familienältester	SENIOR
Familienname	ZUNAME
Familienname Voltaires	AROUET
Famulus	DIENER
Fang	KRALLE
Farbe der Singstimme	TIMBRE
Farbengrundstoff	ANILIN
Farbigenviertel New Yorks	HARLEM
farbloser Schmuckstein	HYALIT
Farbmaterial	ROETEL
Fasergeschwulst	FIBROM
Faserkiesel	MULLIT
Faserlänge	STAPEL
Faserpflanze	FLACHS
Faserstoff des Blutes	FIBRIN
Faßmacher	KUEFER
Faßverschluß, Stöpsel	ZAPFEN
fast	BEINAH
fast	NAHEZU
faul, müßig	TRAEGE
faulen	MODERN
faulend	MODRIG
faulig	PUTRID
Fechtgang	ASSAUT
Fechthieb	SEKOND
Fecht-Parade	ABWEHR
Fechtwaffe	RAPIER
Federwechsel	MAUSER
Federwolke	CIRRUS

Feder-wolke	ZIRRUS
fegen	KEHREN
Fehde, Hader	STREIT
Fehler	DEFEKT
Fehler	IRRTUM
Fehler	LAPSUS
Fehler	MANGEL
fehlerhaft	DEFEKT
fehlerhaft	FALSCH
Fehlfarbe (Kartenspiel)	FAUSSE
Fehlhandlung	IRRUNG
Fehlschlag	FIASKO
Fehlschlag, Malheur	PLEITE
feierlich. ital. Tanz	PAVANE
feierliche Versicherung	SCHWUR
feige	MUTLOS
Feigenbaum	BANYAN
fein, zart	SUBTIL
feine Leinwand	BATIST
feiner Spott	IRONIE
feiner Übergang	NUANCE
feines Baumwollgewebe	BYSSUS
feines Gewebe	BATIST
feinfäd. Baumwollgewebe	PERKAL
Feingebäck	KUCHEN
feingliedrig	GRAZIL
Feinheit	DETAIL
Feinheitsmaß für Textilfasern	DENIER
feinkörn. Sedimentgestein	KREIDE
feinkörnige Substanz	PULVER
feinschmeckend	LECKER
Feldgeschütz	KANONE
Feldherr im 30jähr. Krieg	GALLAS
Feldspat	ADULAR
Feldspat	LEUZIT
Feldstein (mineral.)	FELSIT
Feldstück	GEWANN
Feldzeichen	BANNER
Fell des Ziesels	SUSLIK
Felsen im Elbsandsteingebirge	BASTEI
Felsenstrauch	AZALEE
Felshöhle	GROTTE
Ferien, Freizeit	URLAUB
Ferienanlage am Meer	MARINA
Ferment	ZIMASE
Ferment im Magensaft	PEPSIN
fern	WEITAB
Ferne	FREMDE
Fernkampfwaffe	RAKETE
Fernrohrteil	OKULAR
Fernsprechraum	KABINE
Ferse	HACKEN
Fersenstachel	SPOREN
fertig	BEREIT
fesch, flott	SCHICK
fesseln	BINDEN
fest, beständig	STABIL
fest, stramm	STRAFF
fest, unzweifelhaft	SICHER
festbinden	ZURREN
Fest der Auferstehung	OSTERN
feste Reihenfolge, Umlauf	TURNUS
festes Einkommen	GEHALT
feste Zuversicht	GLAUBE
Festgedicht	KARMEN
Festigkeit	HAERTE
Festlandsockel	SCHELF
Festlegung	FIXUNG
festlich, feierlich	SOLENN
feststehender Ausdruck	FORMEL
feststehender Maschinenteil	STATOR
fettähnliche Substanz	LIPOID
fettspaltendes Enzym	LIPASE
Fetzen	LAPPEN
Fetzen	LUMPEN
feuerfestes Mineral	ASBEST
Feuerkugel	BOLIDE
Feuer machen	FEUERN
Feuermal	NAEVUS
Feuerschwamm	ZUNDER
feuerspeiender Berg	VULKAN
Feuersteingerät der Vorzeit	EOLITH
Feuerwerkskörper	RAKETE
fidel	LUSTIG
fieberhaft	FEBRIL
Figur aus »Arabella«	MATTEO
Figur aus »Arabella«	ZDENKA
Figur aus »Barbier von Sevilla«	FIGARO
Figur aus »Barbier von Sevilla«	ROSINE
Figur aus »Carmen«	ZUNIGA
Figur aus »Dantons Tod«	LUCILE
Figur aus »Der Bajazzo«	SILVIO
Figur aus »Der Freischütz«	AGATHE
Figur aus »Der Freischütz«	KASPAR
Figur aus »Der Freischütz«	KILIAN
Figur aus »Der Freischütz«	SAMIEL
Figur aus »Der Opernball«	ANGELE
Figur aus »Der Rosenkavalier«	ANNINA
Figur aus »Der Rosenkavalier«	SOPHIE

Figur aus »Der Waffenschmied«	KONRAD
Figur aus »Der Zarewitsch«	MASCHA
Figur aus »Der zerbrochene Krug«	MARTHE
Figur aus »Der zerbrochene Krug«	WALTER
Figur aus »Der Zigeunerbaron«	CZIPRA
Figur aus »Der Zigeunerbaron«	SANDOR
Figur aus »Der Zigeunerbaron«	ZSUPAN
Figur aus »Die Fledermaus«	ALFRED
Figur aus »Die Fledermaus«	ALIBEY
Figur aus »Die Fledermaus«	FROSCH
Figur aus »Die verkaufte Braut«	WENZEL
Figur aus »Die Zauberflöte«	PAMINA
Figur aus »Die Zauberflöte«	TAMINO
Figur aus »Don Giovanni«	KOMTUR
Figur aus »Egmont«	JETTER
Figur aus »Egmont«	VANSEN
Figur aus »Faust«	MARTHE
Figur aus »Faust«	SIEBEL
Figur aus »Faust«	WAGNER
Figur aus »Fliegender Holländer«	DALAND
Figur aus »Fra Diavolo«	MATTEO
Figur aus »Gärtnerin aus Liebe«	RAMIRO
Figur aus »Götz von Berlichingen«	MARTIN
Figur aus »Graf von Luxemburg«	ANGELE
Figur aus »Graf von Luxemburg«	ARMAND
Figur aus »Kabale und Liebe«	MILLER
Figur aus »Kabale und Liebe«	SOPHIE
Figur aus »Kabale und Liebe«	WALTER
Figur aus »Kaufm. von Venedig«	PORZIA
Figur aus »Kiss Me Kate«	HATTIE
Figur aus »La Bohème«	COLLIN
Figur aus »La Bohème«	RUDOLF
Figur aus »La Boheme«	MARCEL
Figur aus »Land des Lächelns«	GUSTAV
Figur aus »La Traviata«	ALFRED
Figur aus »La Traviata«	ANNINA
Figur aus »La Traviata«	GASTON
Figur aus »Lohengrin«	ORTRUD
Figur aus »Macbeth«	BANQUO
Figur aus »Macbeth«	DUNCAN
Figur aus »Macbeth«	SEYTON
Figur aus »Madame Butterfly«	SUZUKI
Figur aus »Maria Stuart«	DUDLEY
Figur aus »Maria Stuart«	PAULET
Figur aus »Maria Stuart«	TALBOT
Figur aus »Martha«	LIONEL
Figur aus »Minna von Barnhelm«	WERNER
Figur aus »My Fair Lady«	ZOLTAN
Figur aus »Nathan der Weise«	SITTAH
Figur aus »Nibelungenlied«	HELCHE
Figur aus »Nibelungenlied«	RUMOLT
Figur aus »Nibelungenlied«	VOLKER
Figur aus »Othello«	CASSIO
Figur aus »Othello«	EMILIA
Figur aus »Parsifal«	KUNDRY
Figur aus »Peer Gynt«	INGRID
Figur aus »Porgy and Bess«	SERENA
Figur aus »Ring der Nibelungen«	DONNER
Figur aus »Ring der Nibelungen«	FASOLT
Figur aus »Ring des Nibelungen«	FAFNER
Figur aus »Ring des Nibelungen«	FRICKA
Figur aus »Romeo und Julia«	MARCUS
Figur aus »Romeo und Julia«	TYBALT
Figur aus »Sommernachtstraum«	HELENA
Figur aus »Sommernachtstraum«	HERMIA
Figur aus »Sommernachtstraum«	OBERON
Figur aus »Sommernachtstraum«	THISPE
Figur aus »Sommernachtstraum«	ZETTEL
Figur aus »Tausendundeine Nacht«	ALADIN
Figur aus »The King and I«	LUNTHA
Figur aus »The King and I«	THIANG
Figur aus »The King and I«	TUPTIM
Figur aus »Tiefland«	MARTHA
Figur aus »Tosca«	CESARE

Figur aus »Tosca«	FLORIA
Figur aus »Tosca«	MESNER
Figur aus »Undine«	MARTHA
Figur aus »Undine«	TOBIAS
Figur aus »Wallenstein«	GORDON
Figur aus »Wallenstein«	TERZKY
Figur aus »Wallenstein«	THEKLA
Figur aus »West Side Story«	KRUPKE
Figur aus »Wilhelm Tell«	ARNOLD
Figur aus »Wilhelm Tell«	HEDWIG
Figur aus »Wilhelm Tell«	RUDOLF
Figur aus »Wilhelm Tell«	WALTER
Figur aus »Zar und Zimmermann«	LEFORT
Figur aus den »Lustigen Weibern«	FENTON
Figur aus den »Meistersingern«	EVCHEN
Figur aus "Wallenstein"	BUTLER
Figur der Hohen Schule	PESADE
Figur vor dem Bremer Rathaus	ROLAND
Filmapparat	KAMERA
Filmdrehbuch	SKRIPT
Fimmel, Marotte	SPLEEN
Finanzen	GELDER
findig, gerissen	SCHLAU
Fingerentzündung	UMLAUF
Fingerknöchel	KNOBEL
Fingernagelhalbmond	LUNULA
Finkenvogel, Singvogel	ZEISIG
finnische Währungseinheit	MARKKA
finnisch-ugrisches Volk	FINNEN
finnisch-ugrisches Volk	UNGARN
finster	DUNKEL
finster	DUSTER
finster	OBSKUR
Firmament	HIMMEL
Firmenzusammenschluß	FUSION
Fisch, Fischart	SEEAAL
Fischabfall	GAMMEL
Fischatmungsorgan	KIEMEN
Fischbehälter	LAEGEL
fischen	ANGELN
Fischereifahrzeug	KUTTER
Fischereifahrzeug	LOGGER
Fischknochen	GRAETE
flach	SEICHT
flach, seicht	UNTIEF
flache Ostseebucht	BODDEN
flacher Gewässerrand	STRAND
flache Schüssel	PLATTE
flaches Gebäck	FLADEN
flaches Gebäck	OBLATE
flache Wandvertiefung	BLENDE
flachgestreckt	RASANT
Flachsbündel	WICKEL
Flächenmaß	HEKTAR
fläm. Architekt, Bildhauer	FLORIS
fläm. Barockmaler	RUBENS
fläm. Name von Arlon	AARLEN
fläm. Name von Löwen	LEUVEN
fläm. Schriftsteller	COSTER
Fläschchen	FLAKON
flaggen	HISSEN
Flaggengruß auf See	DIPPEN
Flaggen-Obereck	GOESCH
Flanke	WEICHE
Flasche	BUDDEL
Flaschenverschluß	KORKEN
Flaute	BAISSE
Flechte	LICHEN
Flechtmaterial	SCHILF
Fleck, Flecken	KLECKS
Flegel, Lümmel	RUEPEL
Fleisch-Extrakt	BRUEHE
Fleischgericht	BRATEN
Fleischgericht, Würzfleisch	RAGOUT
Fleischrippenstück	KARREE
Fleischsuppe	BRUEHE
fleißig	EIFRIG
fleißiges Insekt	AMEISE
Fliege	MUECKE
fliegender Hund	KALONG
Flieger in d. griech. Sage	IKARUS
Fliese	KACHEL
fließen	FLUTEN
flink	BEHEND
flink, gewandt	WENDIG
flötenartiges Instrument	PFEIFE
Flötist Friedrichs d. Gr.	QUANTZ
florentin. Adelsgeschlecht	MEDICI
florentin. Maler, Baumeister	GIOTTO
florentin. Renaissancebildhauer	MAIANO
florloser Teppich	BOUCLE
flott	FORSCH
Flotte	ARMADA
Flottenwesen	MARINE
flüchtige Flüssigkeit	AZETON
flüchtige Zeichnung	SKIZZE
Flüchtigkeitsfehler	PATZER

Flügel	FLANKE
flüssig	LIQUID
flüssig. Natur-dünger	JAUCHE
flüssiges Kosme-tikum	LOTION
Flüssig-keit	WASSER
Flüssig-keitsan-sammlung	ERGUSS
Flüssig-keits-gemisch	MIXTUR
Flüssig-keits-reiniger	FILTER
flüstern	RAUNEN
Flug-gerät	BALLON
Flughafen von Ant-werpen	DEURNE
Flughafen von Buenos Aires	EZEIZA
Flughafen von Hongkong	KAITAK
Flughafen von Kairo	ALMAZA
Flughafen von Mailand	LINATE
Flughafen von Prag	RUZYNE
Flughafen von Seattle	TACOMA
Flughafen von Singapur	CHANGI
Flughafen von Stock-holm	BROMMA
Flughafen von Tokio	HANEDA
Flughafen von Tokio	NARITA
Flughafen von Warschau	OKECIE
Flughafen von Zürich	KLOTEN
Flughund	KALONG
Flug-zeug-Fabrikat	CESSNA
Flugzeug-halle	HANGAR
Flug-zeugstart	ABFLUG
Flur-stück	GEWANN
Fluß auf Borneo	BARITO
Fluß auf dem Pe-loponnes	PYRROS
Fluß auf Sizilien	SIMETO
Fluß aus dem Schwäb. Jura	KOCHER
Fluß aus der Eifel	LIESER
Fluß bei Stuttgart	NECKAR
Fluß durch Amster-dam	AMSTEL
Fluß durch Bad Orb	KINZIG
Fluß durch Bozen	EISACK
Fluß durch Calw	NAGOLD
Fluß durch Hamburg	ALSTER
Fluß durch Königs-berg	PREGEL
Fluß durch London	THEMSE
Fluß durch Lüttich	OURTHE
Fluß durch Moskau	MOSKWA
Fluß durch Offenburg	KINZIG
Fluß durch Schleswig	SCHLEI
Fluß durch Warburg	DIEMEL
Fluß durch Wertheim	TAUBER
Fluß durch Zürich	LIMMAT
Fluß im bayer. Schwa-ben	MINDEL
Fluß im Rheinland	WUPPER
Fluß im Sauerland	ENNEPE
Fluß im Schwarz-wald	KINZIG
Fluß in der Steier-mark	LAVANT
Fluß in der Süd-man-dschurei	LIAOHO
Fluß in Kolumbien	ATRATO
Fluß in Malaysia	PAHANG
Fluß in Namibia	SWAKOP
Fluß in Pommern	RANDOW
Flußinsel	WERDER
Fluß in Wales u. England	SEVERN
Fluß in Zaire	LOMANI
Fluß zum Golf von Bengalen	GANGES
Fluß zum Golf von Triest	ISONZO
Fluß zum Lago Maggiore	TESSIN
Fluß zum Südchine-sischen Meer	MEKONG
Fluß zur Ostsibir. See	KOLYMA
Föhre	KIEFER
Förderer	HELFER
Förderer	MAEZEN
Förder-korb	BOBINE
förmlich	FORMAL
Förm-lichkeit	KUEHLE
Folter	MARTER
foppen	NARREN
foppen	NECKEN
Forderung	BEGEHR
Forde-rung, Aufforde-rung	WUNSCH
Forde-rungs-verzicht	ERLASS
Form, Vorlage	SCHEMA
formen	BILDEN
Form-gebung	DESIGN
formlos	AMORPH
Form-stück	GESENK
Forst-bezirk	BERITT
Forst-bezirk	REVIER
Forst-schutz-bezirk	BELAUF
Fortbe-wegungs-organ d. Fische	FLOSSE
Fort-bewegung zu Pferd	REITEN
Fort-pflanzung ohne Be-fruchtung	AGAMIE
fort-schrittlich	MODERN
Fracht	LADUNG
Fracht-schiff, Schlepp-kahn	SCHUTE

6

Frachtstück	BALLEN
Frachtstück	PACKEN
Frackschleife	FLIEGE
Fragewort	WOFUER
fraglich	DUBIOS
fragwürdig	OBSKUR
Frankenfürst, -könig	KONRAD
Frankenfürst, -könig	LOTHAR
Frankenfürst, -könig	LUDWIG
Frankenfürst, -könig	PIPPIN
Frankreich auf französisch	FRANCE
Fransenbüschel	QUASTE
franz. abstrakt. Maler	HELION
franz. Adelsverschwörung	FRONDE
franz. Afrikaforscher	BRAZZA
franz. Allee	AVENUE
franz. Anrede	MADAME
franz. Aperitif	PERNOD
franz. Autor (Nobelpreis)	FRANCE
franz. Autor (Nobelpreis)	SARTRE
franz. Autor u. Regisseur	GUITRY
franz. Ballonfahrer	ROZIER
franz. Barockkomponist	RAMEAU
franz. Bauern-Maler	LENAIN
franz. Begr. d. russ. Balletts	PETIPA
franz.-belg. Maas-Zufluß	SAMBRE
franz. Bergland v. Zentralmassiv	MORVAN
franz. Bildhauer	HOUDON
franz. Bildnismaler	RIGAUD
franz. Bischof, Wissenschaftler	ORESME
franz. Bühnenautor	ACHARD
franz. Bühnenautor	SARDOU
franz. Bühnenautor	SCRIBE
franz. Buschwald	MAQUIS
franz. Cevennen-Departement	LOZERE
franz. Chansonsänger	BECAUD
franz. Chansonsänger	PASCAL
franz. Chemiker, Physiker	DULONG
franz. Departement	ALLIER
franz. Departement	LOIRET
franz. Departement	LOZERE
franz. Departement	SARTHE
franz. Departement	VIENNE
franz. Dialekt	PATOIS
franz. Dichter	JAMMES
franz. Dichter, Dramatiker	RACINE
franz. Dichter, Schriftsteller	BALZAC
franz. Dichter, Schriftsteller	CELINE
franz. Dichter, Schriftsteller	DAUDET
franz. Dichter, Schriftsteller	LESAGE
franz. Dichter, Schriftsteller	VALERY
franz. Dichter (15. Jh.)	VILLON
franz. Dirigent	MAAZEL
franz. Dramatiker, Schriftst.	PAGNOL
franz. EG-Präsident	DELORS
franz. Existentialphilosoph	MARCEL
franz. Existentialphilosoph	SARTRE
franz. Filmregisseur	FEYDER
franz. Filmregisseur	GODARD
franz. Filmregisseur	ROHMER
franz. Flugzeugkonstrukteur	FARMAN
franz. Frauenname	CLAIRE
franz. Frauenname	DENISE
franz. Frauenname	JEANNE
franz. Frauenname	LOUISE
franz. Frauenname	MIGNON
franz. Fürstengeschlecht	VALOIS
franz. gaullist. Politiker	CHIRAC
franz. Geigenvirtuose	FERRAS
franz. General, Staatsmann	GAULLE
franz. General u. Autor	LACLOS
franz. Graphiker, (17. Jh.)	CALLOT
franz. Grenzland	ELSASS
franz. Hafen an der Kanalküste	DIEPPE
franz. Hafenstadt an d. Loire	NANTES
franz. impressionist. Maler	RENOIR
franz. impressionist. Maler	SEURAT

franz. impressionist. Maler	SIGNAC
franz. Ingenieur	EIFFEL
franz. Insel im Ärmelkanal	BREHAT
franz. Insel vor Ostafrika	MAHORE
franz.-ital. Komponist	VARESE
franz. Kampfflugzeug	MIRAGE
franz. Kanalhafen	CALAIS
franz. Kartenspiel	EKARTE
franz. Kloster im Dep. Loiret	FLEURY
franz. Kolonialtruppen	ZUAVEN
franz. Komponist	BOULEZ
franz. Komponist	GOUNOD
franz. Komponist	GRETRY
franz. Komponist	HALEVY
franz. Kriegshafen	TOULON
franz. Kunsttischler	BOULLE
franz. Landdichter	BAILLI
franz. Männername	ARMAND
franz. Männername	CLAUDE
franz. Männername	EDMOND
franz. Männername	JEROME
franz. Männername	JOSEPH
franz. Maler	LATOUR
franz. Maler, Grafiker	BRETON
franz. Maler, Grafiker	CLOUET
franz. Maler, Grafiker	DERAIN
franz. Maler, Grafiker	LEBRUN
franz. Maler (Barbizon)	MILLET
franz. Maler des Empire	INGRES
franz. Maler (17./18.Jh.)	VERNET
franz. Marschall	JOFFRE
franz. Marschall. Staatschef	PETAIN
franz. Marschall (Festungsbauer)	VAUBAN
franz. Mathematiker	AMPERE
franz. Mathematiker	BEAUNE
franz. Mathematiker	CAUCHY
franz. Mathematiker	FERMAT
franz. Mathematiker	GALOIS
franz. Mathematiker	MOIVRE
franz. Mathematiker, Philosoph	PASCAL
franz. Mediziner (Nobelpreis)	CARREL
franz. Mittelmeerhafen	TOULON
franz. Modeschöpfer	CARDIN
franz. Modeschöpfer	CARVEN
franz. Modeschöpfer	LANVIN
franz. Modeschöpferin	CHANEL
franz. Mütze	BONNET
franz. nachimpress. Maler	FRIESZ
franz. Name von Antwerpen	ANVERS
franz. Name von Genf	GENEVE
franz. Opernkomponist	THOMAS
franz. Philosoph	COUSIN
franz. Philosoph (Neuscholast.)	GILSON
franz. Physiker	CARNOT
franz. Physiker (Nobelpreis)	JOLIOT
franz. Physiker (Nobelpreis)	PERRIN
franz. Physiologe (Nobelpreis)	RICHET
franz. Politiker (Nobelpreis)	BRIAND
franz. Porzellanmanufaktur	SEVRES
franz. realist. Maler	BUFFET
franz. Revolutionär	BABOEF
franz. Revolutionär	DANTON
franz. Rhone-Zufluß	VERDON
franz. Ritter	BAYARD
franz. Riviera-Kurort	CANNES
franz. Romanschriftsteller	PROUST
franz. romant. Schriftsteller	MUSSET
franz. romant. Schriftsteller	NERVAL
franz. Rotweinsorte	FLEURY
franz. Schauspieler	NOIRET
franz. Schauspielerin	ADJANI
franz. Schauspielerin	MOREAU
franz. Schauspielerin	MORGAN
franz. Schloß	ANNECY
franz. Schriftsteller	MURGER
franz. Seebad an der Riviera	MENTON

6

franz. Sozialist, Pazifist	JAURES
franz. Stadt	MILLAU
franz. Stadt	SENLIS
franz. Stadt a. d. Sarthe	LEMANS
franz. Stadt am Adour	TARBES
franz. Stadt am Lot	CAHORS
franz. Stadt an der Côte d'Azur	CANNES
franz. Stadt an der Charente	COGNAC
franz. Stadt an der Durolle	THIERS
franz. Stadt an der Garonne	CORBIE
franz. Stadt an der Loire	ROANNE
franz. Stadt an der Loire	SAUMUR
franz. Stadt an der Maas	VERDUN
franz. Stadt an der Mosel	EPINAL
franz. Stadt an der Oise	CHAUNY
franz. Stadt an der Rhone	GIVORS
franz. Stadt an der Rhone	VIENNE
franz. Stadt an der Seine	TROYES
franz. Stadt an der Vienne	CHINON
franz. Stadt an Nièvre u. Loire	NEVERS
franz. Südsee-insel	TAHITI
franz. surrealist. Autor	BRETON
franz. surrealist. Autor	ELUARD
franz. surrealist. Lyriker	ARAGON
franz. surrealist. Maler	LURCAT
franz. surrealist. Maler	MASSON
franz. surrealist. Maler	TANGUY
franz. Tänzer, Choreo-graph	BEJART
franz. Tanz	CANCAN
franz. u. ital.: Kino	CINEMA
franz. Wein-brand	COGNAC
franz. Wein-brand	KOGNAK
franz. Zoologe	BUFFON
franz.: Aufruhr	EMEUTE
franz.: Ausgang	SORTIE
franz.: Bauer	PAYSAN
franz.: Blick	REGARD
franz.: Bosheit	MALICE
franz.: dreißig	TRENTE
franz.: dreizehn	TREIZE
franz.: Dummheit	BETISE
franz.: Eintritt	ENTREE
franz.: Elsaß	ALSACE
franz.: Fuchs	RENARD
franz.: fünfzehn	QUINZE
franz.: Geige	VIOLON
franz.: Geist	ESPRIT
franz.: Geld	ARGENT
franz.: Gepäck	BAGAGE
franz.: Geschenk	CADEAU
franz.: Gesicht	VISAGE
franz.: Gunst	FAVEUR
franz.: Haar	CHEVEU
franz.: Hammel	MOUTON
franz.: Haus	MAISON
franz.: hübsch, freundlich	GENTIL
franz.: im Grunde	AUFOND
franz.: Jagd	CHASSE
franz.: Jahr-hundert	SIECLE
franz.: Kellner	GARCON
franz.: Kind	ENFANT
franz.: Knabe	GARCON
franz.: Kreis	CERCLE
franz.: Kuß	BAISER
franz.: Last-wagen	CAMION
franz.: Lauf	COURSE
franz.: Leistung gegen Leistung	AUPAIR
franz.: Meister	MAITRE
franz.: Mitter-nacht	MINUIT
franz.: Nummer	NUMERO
franz.: offen	OUVERT
franz.: Paar	COUPLE
franz.: Peter	PIERRE
franz.: Pferd	CHEVAL
franz.: Prahlerei	BLAGUE
franz.: Rech-nung	COMPTE
franz.: Reise, Fahrt	VOYAGE
franz.: Ruhm	GLOIRE
franz.: Schiff	BATEAU
franz.: schlafen	DORMIR
franz.: Schönheit	BEAUTE
franz.: Schwät-zer	BAVARD
franz.: Schwein	COCHON
franz.: Sonne	SOLEIL
franz.: Stuhl	CHAISE
franz.: ungerade	IMPAIR
franz.: Vernunft	RAISON
franz.: vier	QUATRE
franz.: Vogesen	VOSGES
franz.: Vor-gesetzter	PATRON

6

franz.: Wallis	VALAIS
franz.: Weg	CHEMIN
franz.: Zoll	DOUANE
Frau auf spanisch	SENORA
Frauenfigur aus Fra Diavolo	PAMELA
Frauenheld	BELAMI
Frauenname	AGATHA
Frauenname	AGATHE
Frauenname	ALWINE
Frauenname	AMALIA
Frauenname	AMALIE
Frauenname	AMANDA
Frauenname	ANDREA
Frauenname	ANGELA
Frauenname	BIRGIT
Frauenname	BLANCA
Frauenname	CAROLA
Frauenname	COSIMA
Frauenname	DAGMAR
Frauenname	ELVIRA
Frauenname	EMILIA
Frauenname	EMILIE
Frauenname	EVELYN
Frauenname	FRIEDA
Frauenname	GISELA
Frauenname	GLORIA
Frauenname	GUDULA
Frauenname	HEDWIG
Frauenname	INGRID
Frauenname	KAETHE
Frauenname	KAROLA
Frauenname	LILIAN
Frauenname	LOUISE
Frauenname	MARGIT
Frauenname	MARGOT
Frauenname	MARION
Frauenname	MARITA
Frauenname	OLIVIA
Frauenname	PAMELA
Frauenname	REGINE
Frauenname	RENATA
Frauenname	RENATE
Frauenname	ROSITA
Frauenname	SABINA
Frauenname	SABINE
Frauenname	THILDE
Frauenname	TRAUTE
Frauenname	ULRIKE
Frauenname	WIEBKE
Frauenstimme	SOPRAN
Frau v. Äneas	KREUSA
Frau v. Alexander d. Gr.	ROXANE
Frau v. Atreus	AEROPE
Frau v. Etzel	HELCHE
Frau v. Iason	GLAUKE
Frau v. Iason	KREUSA
Frau v. Jakob	RACHEL
Frau v. Kalif Ali	FATIMA
Frau v. Marke	ISOLDE
Frau v. Okeanos	TETHYS
Frau v. Philemon	BAUCIS
Frau v. Priamos, Priamus	HEKUBA
Frau v. Rembrandt	SASKIA
Frau v. Rubens	HELENE
Frau v. Xerxes	ESTHER
frech, unverschämt	PAMPIG
frech, unverschämt	PATZIG
Freibeuter	KORSAR
Freier	WERBER
freier Mann b. Fußball	LIBERO
freier Platz, freie Stelle	VAKANZ
freigebiger Gönner	MAEZEN
Freigebühr	FRANKO
Freiheitsentzug, -strafe	ARREST
Freija	FRIGGA
freimachen	LOESEN
frei von Gebühren	FRANKO
Freiwilligentruppe	LEGION
freiwillig hungern	FASTEN
fremdartige Ausländerin	EXOTIN
Frequenzaussieber	FILTER
Fressen	ATZUNG
Fressen	FUTTER
Frevel, Fehltritt	SUENDE
Frevel gegen Gott	ASEBIE
frevelhafter Übermut	HYBRIS
Friedenslehre	IRENIK
friesartiges Wollgewebe	RATINE
frisch	MUNTER
Friseur	FIGARO
Frisiermittel	WICKEL
Frist, Stichtag	TERMIN
Fristende	ABLAUF
fröhlich	HEITER
fröhliche Runde	KORONA
frömmelnd	BIGOTT
frohlocken	JUBELN
frommer Wanderer	PILGER
Froschlaute erzeugen	QUAKEN
Froschlurch	KROETE
Froschlurche	ANUREN
Frostbeule	PERNIO
Frosterscheinung	HARSCH
fruchtbar	FERTIL

6

6

fruchtbare norddtsch. Ebene	BOERDE
fruchtbares Weideland	MARSCH
Frucht der Eiche	EICHEL
Frucht der Rebe	TRAUBE
Fruchtform	SCHOTE
Fruchthülle	HUELSE
Fruchthülle	KAPSEL
Fruchthülle, Haut	SCHALE
Fruchthülle, Samenhülse	SCHOTE
Fruchtpresse	KELTER
Fruchtstand	KOLBEN
Fruchtstand	ZAPFEN
Frucht vor der Geburt	EMBRYO
Früchte einbringen	ERNTEN
früher, eher als	VORDEM
früherer Arrestraum	KARZER
früherer Damenhut	SCHUTE
früherer Fahrtrichtungsanzeiger	WINKER
früheres Schulgefängnis	KARZER
Frühform der Sonnenuhr	GNOMON
Frühlingsblume	KROKUS
führen	LEITEN
führen	LENKEN
Führer der Roten Khmer	POLPOT
Füllen	FOHLEN
Füllung	INHALT
fünfter amerikan. Präsident	MONROE
fünfter Fastensonntag	JUDIKA
fünfter Sonntag nach Ostern	ROGATE
Fürsorge	PFLEGE
Fürst	HERZOG
Fürst	KOENIG
Fürstentitel	HOHEIT
fürstl. Anrede	HOHEIT
Fürwahrhalten	GLAUBE
Fütterung	ATZUNG
fugenartig	FUGATO
Fuhre	LADUNG
funktechn.: Wellenschwund	FADING
furchen	RIEFEN
Fußball spielen	KICKEN
Fußballspieler	KICKER
Fußballspieler	LIBERO
Fußbank	HOCKER
Fußgelenk	FESSEL
Fußgestell	PODIUM
Fußnote	GLOSSE
Fußspur	TAPFEN
Fußteil	BALLEN
Fußwurzel	TARSUS
Futter	FURAGE
Futteral	HUELLE
Futteral	KAPSEL
Futterbehälter	KRIPPE
Futterstoff	KOEPER
Futtertrog	KRIPPE
Gabelfrühstück	IMBISS
Gabelhirsch	GABLER
gängig	KURANT
Gänsekresse	ARABIS
Gänserich	GANTER
Gänsevogel	SAEGER
Gänsevogel	SCHWAN
gänzlicher Spielverlust	MATSCH
gärender Most, junger Wein	SAUSER
Gärfutter	SILAGE
gallischer Volksstamm	AEDUER
Gangart der Hohen Schule	LEVADE
Gangart der Hohen Schule	PIAFFE
gangbar	KURANT
Ganges-Zufluß	GANDAK
Gangster, Ganove	BANDIT
ganz	GESAMT
Garant	BUERGE
Gardinenpredigt	SERMON
Gardinenstoff	ETAMIN
Garn bündeln	DOCKEN
Garnele	GRANAT
Garnele	KRABBE
Garnmaß	ZASPEL
Garnrolle, -winde	HASPEL
Garnwickler	BOBINE
Garonne-Zufluß	ARIEGE
Gartenbohne	FISOLE
Gartenpflanze	KRESSE
gasförm. Brennstoff, Brenngas	AETHAN
gasförm. Kohlenwasserstoff	METHAN
Gastgeberin	WIRTIN
Gastwirtschaft	KNEIPE
Gaukler	MAGIER
Gaul	MAEHRE
Gaunerwort für Falschgeld	BLUETE
Gazegewebe	ETAMIN
Gebälkträger	ATLANT
Gebärmutter	UTERUS
Gebärmutterhals	ZERVIX
Gebäudevorbau	BALKON
Geben auf Wechselseitigkeit	TAUSCH
Gebetsnische in der Moschee	MIHRAB
Gebiet	GEGEND
Gebiet, Landschaft	REGION
gebieten, herrschen	WALTEN
Gebieterin	HERRIN

Gebiet um den Nordpol	ARKTIS
Gebirge der Ostalpen	TAUERN
Gebirge in Nordostsibirien	KOLYMA
Gebirge in Sibirien	BUREJA
Gebirge in Thessalien	PELION
Gebirge südl. d. Kaspisch. Meeres	ELBURS
Gebirgsstock	MASSIV
Gebiß	ZAEHNE
geblümte Leinwand	DIAPER
gebogen, gewölbt	KONKAV
gebogene Hiebwaffe	SAEBEL
gebogener Nagel	KRAMPE
geborgen, ungefährdet	SICHER
Gebotsübertretung	SUENDE
gebräuchlich, üblich	USUELL
Gebrauch, Gepflogenheit	PRAXIS
Gebrechen	LEIDEN
Gebrechen	MANGEL
gebunden	LATENT
Geburt (mediz.)	PARTUS
Geburtsort Andersens	ODENSE
Geburtsort Haydns	ROHRAU
Geburtsstadt Petrarcas	AREZZO
Geck	FATZKE
Gedächtnisstütze	AGENDE
Gedeck	KUVERT
Gedichtart, -form	SPRUCH
Gedichtform	SONETT
gedrehte Schnur	KORDEL
Geduldsspiel	PUZZLE
gefährliche Lage	KRISIS
gefährliche Unternehmung	RISIKO
gefährliche Unternehmung	WAGNIS
Gefährte	KUMPAN
Gefährte	KUMPEL
Gefährte des Jason	NELEUS
Gefährte des Jeremias	BARUCH
gefällig	KULANT
Gefängnis, Gefängnisraum	KERKER
gefärbt	FARBIG
Gefäß	SCHAFF
Gefäßgeschwulst	ANGIOM
Gefahr	KRISIS
Gefahr, Wagnis	RISIKO
Gefahr f. Alpinisten	LAWINE
gefallsüchtig	KOKETT
gefangener Bürge	GEISEL
Gefiederwechsel	MAUSER
Gefilde der Asen	ASGARD
Gefilde der Seligen	HIMMEL
Geflecht (mediz.)	PLEXUS
geflochtene Schnur	KORDEL
geflügelte Liebesgötter	EROTEN
geflügeltes Wort	BONMOT
Gefolge	ANHANG
Gefolge	GELEIT
Gefolgsmann, Lehnsmann	VASALL
Gefolgsmann Karls d. Gr.	ROLAND
Gefrierschutzmittel	GLYKOL
Gefüge, Maserung	TEXTUR
gefügig machen	KIRREN
gefühllos, gefühlskalt	BRUTAL
Gefühlsbereich	GEMUET
gefühlskalt	FRIGID
Gefühlsüberschwang	PATHOS
gefülltes Kleingebäck	ECLAIR
Gegebenheit	FAKTUM
Gegebenheit, Zustand	STATUS
Gegebenheiten	FAKTEN
gegen	KONTRA
Gegenaktion	PAROLI
Gegenansage im Kartenspiel	KONTRA
Gegend	GEBIET
Gegenschlag	KONTER
gegenseitig	MUTUAL
Gegenstand	OBJEKT
Gegenteil von Abend	MORGEN
Gegenteil von aktiv	PASSIV
Gegenteil von alles	NICHTS
Gegenteil von Ausland	INLAND
Gegenteil von Baisse	HAUSSE
Gegenteil von breit	SCHMAL
Gegenteil von Dynamik	STATIK
Gegenteil von Erlaubnis	VERBOT
Gegenteil von Ernst	SCHERZ
Gegenteil von Export	IMPORT
Gegenteil von fest	LOCKER
Gegenteil von frei	UNFREI
Gegenteil von füllen	LEEREN
Gegenteil von hell	DUNKEL
Gegenteil von Herr	KNECHT
Gegenteil von Himmel	HOELLE
Gegenteil von Hitze	KAELTE
Gegenteil von Hölle	HIMMEL
Gegenteil von Import	EXPORT

6

Gegenteil von innen	AUSSEN
Gegenteil von krank	GESUND
Gegenteil von Krieg	FRIEDE
Gegenteil von labil	STABIL
Gegenteil von Lauge	SAEURE
Gegenteil von links	RECHTS
Gegenteil von netto	BRUTTO
Gegenteil von oft	SELTEN
Gegenteil von Okzident	ORIENT
Gegenteil von Pech	GLUECK
Gegenteil von Prosa	POESIE
Gegenteil von scharf	STUMPF
Gegenteil von schwer	LEICHT
Gegenteil von stumpf	SCHARF
Gegenteil von Theorie	PRAXIS
Gegenteil von Trauer	FREUDE
Gegenteil von trocken	FEUCHT
Gegenteil von vorn	HINTEN
gegenwartsbezogen	MODERN
Gegenwehr	PARADE
Gegenwehr	PAROLI
Gegenwert, Währungsgeld	VALUTA
gegorener Agavensaft	PULQUE
gegorene Stutenmilch	KUMYSS
gehässig	ODIOES
Gehäuse	HUELLE
Gehäuse	KAPSEL
Gehalt, Lohn	SALAER
gehandelt Habender	TAETER
Gehege z. Einfangen wilder Tiere	KORRAL
geheim	LATENT
geheim	OKKULT
geheim	SEKRET
Geheimkult auf Haiti	WOODOO
geheimnisvoll	OKKULT
Gehilfe	HELFER
Gehirn v. Schlachttier	BREGEN
gehobenes Lebensgefühl	FREUDE
Gehörknöchelchen	AMBOSS
Gehörknöchelchen	HAMMER
Gehörn	GEWEIH
Gehstange	STELZE
Gehunfähigkeit	ABASIE
Geige	FIEDEL
Geigenteil	WIRBEL
Geißel der Einzeller	WIMPER
Geist	GENIUS
Geisteskranker	KRETIN
geistig	IDEELL
geistig	MENTAL
geistiger Wert	GEHALT
geistige Tätigkeit	DENKEN
geistig Tätiger	DENKER
Geistlicher	PASTOR
geistliches Chorwerk	ANTHEM
geistliches Preislied	HYMNUS
geistreicher Einfall	APERCU
gekrönter Herrscher	FUERST
gekrönter Herrscher	KOENIG
geladenes Atom	KATION
geländegängiges Kampffahrzeug	PANZER
Gelaß	GEMACH
gelbe Rübe	MOEHRE
gelbes Färbemittel, Gewürz	SAFRAN
gelbe Teichrose	MUMMEL
gelbgrüner Schmuckstein	EUKLAS
gelblicher Schmuckstein	ZITRIN
gelbrot	ORANGE
Geldaufnahme	KREDIT
Geldbehälter	BOERSE
Geld im Volksmund	LAPPEN
Geld im Volksmund	MAMMON
Geld leihen	BORGEN
Geldprägestätte	MUENZE
Geldstück	MUENZE
Geldsumme	BETRAG
gelegen	GENEHM
gelegen	ZUPASS
Gelegenheitsarbeiter	JOBBER
Gelegenheitsgedicht	KARMEN
Gelehrsamkeit, Kenntnis	WISSEN
gelehrte Abhandlung	STUDIE
Gelehrter	DOKTOR
Gelehrter am Hof Karls d. Großen	ALKUIN
Geleitzug	KONVOI
Geliebte, Geliebter	SCHATZ
Geliebter v. Aphrodite	ADONIS
Geliebter v. Dalila, Delila	SIMSON
Geliebter v. George Sand	CHOPIN
Geliebter v. George Sand	MUSSET
Geliebter v. Kleopatra	CAESAR
Geliebter v. Lady Hamilton	NELSON
Geliebte v. Eros	PSYCHE
Geliebte v. Tristan	ISOLDE
Geliebte v. Zeus	EUROPA
Gelierstoff	PEKTIN

geliertes Bombenbenzin	NAPALM
Gelingen	ERFOLG
gelockt	WELLIG
gelogen	UNWAHR
Gemäldeentwurf	SKIZZE
Gemäldesammlung in Paris	LOUVRE
gemäß	ANALOG
Gemeinde bei Zürich	KAPPEL
Gemeindehelfer	DIAKON
Gemeindevorsteher i. d. Schweiz	AMMANN
gemeinschaftlich	KOMMUN
Gemsenhorn	KRUCKE
gemütlich	KOMMOD
Gemütsbewegung	AFFEKT
Gemunkel	GEREDE
genau, streng	STRIKT
Genehmigung	LIZENZ
Genfer Reformator	CALVIN
Genick	NACKEN
Genickfänger (Jagd)	NICKER
genießbar	ESSBAR
Genosse	KUMPAN
Genosse, Mitinhaber	SOZIUS
geolog. Abtragungsschutt	FLYSCH
geolog. Formation	KARBON
geolog. Formation	KEUPER

geologische Formation	KREIDE
geordnete Truppenbewegung	MARSCH
georgische Königin	TAMARA
georgische Königin	THAMAR
gepflegt	ADRETT
Gepflogenheit	BRAUCH
Gepflogenheit, Handelsbrauch	USANCE
gerade, augenblicklich	SOEBEN
gerade dort	EBENDA
geradlinig	LINEAR
Gerät des Bergsteigers	PICKEL
Geräusch	SAUSEN
Gerberfett	DEGRAS
Gerbmittel	TANNIN
gerichtliche Entscheidung	STRAFE
Gerichtsschreiber	AKTUAR
Gerichtswesen	JUSTIZ
geringe Länge	KUERZE
geringgewichtig	LEICHT
gerissen	CLEVER
gerissen	LISTIG
german. Asenheim	ASGARD
german. Fruchtbarkeitsgöttin	FREYJA

german. Frühlingsgöttin	OSTARA
german. Götterreich	ASGARD
german. Gott, Vater v. Mannus	TUISTO
german. Gott d. Frühlings	BALDUR
german. Gott d. Güte	BALDUR
german. Gott d. Lichtes	BALDUR
german. Liebesgöttin	FREYJA
german. Schicksalsgöttinnen	IDISEN
german. Stamm in NW-Europa	JUETEN
german. Zwergengestalt	DWALIN
gern, bereit	WILLIG
gern haben	LIEBEN
gern haben	MOEGEN
Geruchsverschluß	SIPHON
gerundeter Stein	KIESEL
Gesäß	STEISS
gesamt	GLOBAL
Gesamtaufnahme	TOTALE
Gesamtflotte	MARINE
Gesamtheit	GAENZE
Gesamtheit der Äste	GEAEST
Gesamtheit der Zähne	GEBISS

Gesamtwerk e. Künstlers	OEUVRE
Gesangsnummer	ARIOSO
Gesangspart	STIMME
Gesangsrolle einer Oper	PARTIE
Geschäft	HANDEL
Geschäft	METIER
Geschäftsbereich	SPARTE
Geschäftsbuch	KLADDE
Geschäftsgewinn	ERTRAG
Geschäftsordnung	STATUT
Geschäftspartner, Teilhaber	SOZIUS
Geschäftsraum	KONTOR
Geschäftsreisender	KOMMIS
Geschäftsstelle	KONTOR
Geschäftsstelle	OFFICE
Geschäftsstille	FLAUTE
Geschäftsträger	CHARGE
geschäftstüchtig	CLEVER
Geschäftsunkosten	SPESEN
Geschäftsvermittler	MAKLER
geschältes Getreidekorn	GRAUPE
Geschehnisfolge	ABLAUF
geschichteter Haufen	STAPEL
Geschicklichkeitsspiel	MIKADO
geschickt	CLEVER

6

Geschirr-Lenkriemen	ZUEGEL
Geschlechtstrieb	LIBIDO
geschliffen, gewetzt	SCHARF
geschmackliche Richtung	BITTER
Geschmacklosigkeit	KITSCH
Geschmacksrichtung	SALZIG
geschnittener Stein	GLYPTE
geschnittenes Holz	BALKEN
geschnittenes Holz	LEISTE
Geschoßteil	MANTEL
Geschütztyp	KANONE
Geschütztyp	WERFER
Geschwätz	BLABLA
Geschwätz, Salbaderei	SERMON
Geschwisterkind	KUSINE
Geschwisterkind	NICHTE
geschwollenes Gerede	TIRADE
geselliger Kreis	CERCLE
geselliger Kreis	CORONA
geselliger Kreis	KORONA
gesellschaftl., gemeinnützig	SOZIAL
Gesellschaftshaus	KASINO
Gesellschaftsinsel	MOOREA
Gesellschaftsinsel	TAHITI
Gesellschaftsspiel	MEMORY
Gesellschaftsspiel	MUEHLE
Gesetzgeber im alten Athen	DRAKON
Gesichtsfalte, Hautfalte	RUNZEL
Gesichtsknochen	KIEFER
Gesichtspunkt	ASPEKT
Gesichtspunkt	MOMENT
Gesichtsschutz am Helm	VISIER
Gesichtsteil	KIEFER
Gesindel	BAGAGE
Gesindel, Geschmeiß	POEBEL
gespeicherte Elektrizität	LADUNG
Gestäbe, Lattenzaun	STAKET
Gestalt, Körperbau	STATUR
Gestalt d. Nibelungensage	ATTILA
gestalten	BILDEN
gestalten	FORMEN
gestaltlos	AMORPH
Gesteinshohlraum	HOEHLE
Gesteinsstruktur	TEXTUR
Gestell f. Fotoapparat	STATIV
Gestirnskonstellation	ASPEKT
gestreckte Flugbahn	RASANZ
Gesuch	ANTRAG
Getreide	ROGGEN
Getreideart	WEIZEN
Getreideeiweiß	KLEBER
Getreidereiniger	TRIEUR
Getreide schneiden	MAEHEN
Getreuer der dtsch. Sage	ECKART
Getriebeteil	KURBEL
getrocknete Weinbeere	ROSINE
Gewächsteil	FRUCHT
Gewächsteil	HUELSE
Gewährsmann	BUERGE
Gewährsmann	GARANT
Gewässerrand	KUESTE
Gewalt ankündigen	DROHEN
Gewaltherrscher	DESPOT
Gewaltherrscher, Zwingherr	TYRANN
gewaltig	MASSIG
gewaltig, sehr groß	RIESIG
gewaltsam aneignen	RAUBEN
gewaltsam ausbuchten	BEULEN
Gewalttäter, -verbrecher	BANDIT
gewalttätig	BRUTAL
Gewand d. Indios	PONCHO
Gewand d. Skisportler	ANORAK
Gewandspange	FIBULA
gewandt	BEHEND
gewandt	CLEVER
Gewebeart	GINGAN
Gewebeart	JERSEY
Gewebeart	KOEPER
Gewebeart	LEINEN
Gewebeart	NESSEL
Gewebebindung	KOEPER
Gewebebindung	LEINEN
Gewebeflüssigkeit	LYMPHE
Gewebe i. Leinwandbindung	NESSEL
Gewebezurichtung	APPRET
Gewehrteil	KOLBEN
Gewehrtyp	FLINTE
Geweihende	SPIESS
geweiht, heilig	SAKRAL
Geweihteil	STANGE
gewellt	LOCKIG
gewellte Haare	LOCKEN
Gewerbe	METIER
Gewerbezweig	HANDEL

gewerbl. Betrieb	FABRIK
Gewerk	INNUNG
Gewicht	BUERDE
gewichtig	SCHWER
Gewichtsklasse im Sport	BANTAM
Gewichtsklasse im Sport	LEICHT
Gewichtsklasse im Sport	MITTEL
Gewichtsklasse im Sport	WELTER
gewickelte Kopfbedekkung	TURBAN
Gewinderohrstück	NIPPEL
Gewinn	NUTZEN
gewinnen	SIEGEN
gewirkte Unterwäsche	TRIKOT
Gewißheit	WISSEN
Gewittererscheinung	DONNER
gewitzt, gewieft	SCHLAU
gewöhnicher Wochentag	ALLTAG
Gewohnheit	BRAUCH
Gewohneit	UEBUNG
ewohneitsmäßig	USUELL
ewürz	WUERZE
ewürz, ewürzlanze	INGWER
ewürz, ewürzlanze	KUBEBE
ewürzanze	KRESSE
würznder	MENAGE
Gewürzwein	PUNSCH
geziertes Benehmen	GEHABE
gezogener Wechsel	TRATTE
Gibbon	HULOCK
Gießer	FORMER
Gießkopf	BRAUSE
Gießzapfen	ANGUSS
Gift der Bohne	PHASIN
Giftgras, Lolch	TWALCH
giftige Ausdünstung	MIASMA
giftiger Holunder	ATTICH
Gift im Kokastrauch	KOKAIN
Gift in d. Chinarinde	CHININ
Gigant	KOLOSS
Gilde	INNUNG
Gipfel	WIPFEL
Gipfel, Höhepunkt	SPITZE
Gipfel d. Finsteraarhorngruppe	MOENCH
gipfelwärts	BERGAN
Gischt	SCHAUM
Gittergewebe	ETAMIN
Gitterschlange, Netzschlange	PYTHON
glänzender Stoff	DAMAST
glänzendes Metall	SILBER
glätten	FEILEN
Glanz	GLORIE
Glanz, Gepränge	PRACHT
Glanzkattun	CHINTZ
Glanzleder	ECRASE
Glanzüberzug	GLASUR
glasartig	HYALIN
Glasmacherinsel bei Venedig	MURANO
Glas-Meteorit	TEKTIT
Glasopal	HYALIT
Glauben schenken	TRAUEN
Glaubensgemeinschaft	KIRCHE
gleich, unverzüglich	SOFORT
Gleichgewicht	BILANZ
Gleichgewichtslehre	STATIK
Gleichstromerzeuger	DYNAMO
Gleisgabelung	WEICHE
gleitend fliegen	SEGELN
Gleitschutz an Reifen	SPIKES
Gletscher am Monte Rosa	GORNER
Gletschereinschnitt	SPALTE
gliedern, ordnen	REIHEN
Gliederreißen	RHEUMA
Gliederung	AUFBAU
Gliedstaat von Malaysia	JOHORE
Gliedstaat von Malaysia	PENANG
Gliedstaat von Malaysia	PERLIS
Glockenturm des Londoner Parlam.	BIGBEN
Glück	MASSEL
Glücksaussicht	AVANCE
Glücksfall	CHANCE
Glücksspiel	HASARD
glühend, sehr lebhaft	FEURIG
Gnom	KOBOLD
gönnerhaft	JOVIAL
Goethe-Stadt	WEIMAR
Göttersage	MYTHOS
Göttersage	MYTHUS
Götterspruch	ORAKEL
Göttertrank	NEKTAR
Götze	ABGOTT
Goldauflage	DUBLEE
Goldbrasse	DORADE
Goldgräber	DIGGER
Goldklumpen	NUGGET
Goldmakrele	DORADE
Goldorange	AUCUBA
Goldröschen	KERRIA
Goldwurz	AKELEI
Golfschlägerart	DRIVER
Golfschlägerart	JIGGER

Golf-schläger-art	MASHIE
Golf-schläger-art	PUTTER
Golf-schläger-träger	CADDIE
Gorgo	STHENO
gotisches Herr-scher-geschlecht	AMALER
Gottes-dienst-ordnung	AGENDE
Gottes-dienst-ordnung	KULTUS
Gottes-dienst-ordnung	RITUAL
Gottes-haus	KIRCHE
Gott-gläubiger	THEIST
Gott-losigkeit	ASEBIE
Gott-vertrauen	GLAUBE
Grab-gerät	SPATEN
Grabheu-schrecke	GRILLE
Gram	KUMMER
granit-artiges Tiefen-gestein	SYENIT
graph. Anordnung	LAYOUT
graph. Gestal-tungs-entwurf	LAYOUT
graph. Produkt	GRAFIK
graph. Produkt	GRAVUR
Grasart	ELYMUS
Grasart, Sumpf-pflanze	SCHILF
Gras schneiden	MAEHEN
Gras-schneider	MAEHER
Gratifika-tion	ZULAGE
Grauen	GREUEL
grausamer Mensch	BARBAR
grausamer Mensch	BESTIE
grausamer Mensch	SADIST
Greisen-alter	SENIUM
greiser griech. König	NESTOR
Grenzfall	EXTREM
griech. Ägäis-Insel	LEMNOS
griech. Ägäis-Insel	LESBOS
griech. Ägäis-Insel	LIMNOS
griech.-amerikan. Sängerin	CALLAS
griech. Baum-nymphe	DRYADE
griech. Berg-nymphe	OREADE
griech. Buch-stabe	LAMBDA
griech. Fluß	NESTOS
griech.-franz. symbolist. Dichter	MOREAS
griech. Friedens-göttin	EIRENE
griech. Fußsoldat	HOPLIT
griech. Gebirge	EPIRUS
griech. Gebirge	PELION
griech. Gebirge	PINDOS
griech. Ge-schichts-schreiber	DIODOR
griech. Götter-, Sagen-gestalt	TYPHON
griech. Götter-bote	HERMES
griech. Göttin d. Anmut	AGLAIA
griech. Göttin d. Anmut	CHARIS
griech. Göttin d. Anmut	THALIA
griech. Göttin d. Gerech-tigkeit	THEMIS
griech. Göttin d. Herd-feuers	HESTIA
griech. Göttin d. Unterwelt	HEKATE
griech. Göttin d. Weisheit	ATHENE
griech. Gott der Diebe	HERMES
griech. Gott der Frucht-barkeit	HERMES
griech. Gott der Unterwelt	EREBUS
griech. Gott des Acker-baus	KRONOS
griech. Gott des Handels	HERMES
griech. Gott des Nord-windes	BOREAS
griech. Gott des Schlafes	HYPNOS
griech. Gott des Traumes	IKELOS
griech. Hafen-stadt	PYRGOS
griech. Insel	AEGINA
griech. Insel	EUBOEA
griech. Kap	AKTIUM
griech. Kykladen-insel	SIFNOS
griech. Land-schaft	ATTIKA
griech. Land-schaft	EPIRUS
griech. Lauten-instrument	BUSUKI
griech. Maler (4. Jh. v. Chr.)	NIKIAS
griech. Mathema-tiker	EUKLID
griech. Meeres-gott	NEREUS
griech. Mond-göttin	SELENE
griech. Muse der Stern-kunde	URANIA
griech. Nacht-göttin	HEKATE
griech. Natur-göttin	NYMPHE
griech. neuplato-nisch. Philosoph	PLOTIN
griech. Nymphe	DAPHNE
griech. Nymphe	SYRINX
griech. Orakel-stätte in Epiros	DODON
griech. Philosoph	EUKLID

griech. Philosoph aus Samos	EPIKUR
griech. Rundbau	THOLOS
griech. Sänger	IBYKUS
griech. Sagengestalt	DANAOS
griech. Sagenkönig	AUGIAS
griech. Schicksalsgöttin	KLOTHO
griech. Schicksalsgöttinnen	MOIREN
griech. Sonnengott	HELIOS
griech. Sporadeninsel	PATMOS
griech. Sporadeninsel	RHODOS
griech. Sporadeninsel	SKYROS
griech. Sporadeninsel	THASOS
griech. Titanin	PHOEBE
griech. Totenführer	HERMES
griech. Trinkschale	PHIALE
griech. Unterwelt	EREBUS
griech. Vorsilbe: geheim	KRYPTO
griech. Waldnymphe	DRYADE
griech. Wassernymphe	NAJADE
griech. Weinmischkrug	KRATER
griech. Wildziege	BEZOAR
griech. Zauberin	HEKATE
Griechen bei Homer	DANAER
Griechenland	HELLAS
Griff	HALTER
Griff	HENKEL
Grille, Zirpe	ZIKADE
grob	BARSCH
grob	RUPPIG
grob	UNFEIN
grob, roh	RABIAT
grobe Feile	RASPEL
grobes Gewebe	NESSEL
grobes Jutegewebe	RUPFEN
grobgemahlenes Getreide	GRIESS
grob gemahlenes Getreide	SCHROT
gröhlen	JOHLEN
Größe bestimmen	MESSEN
Größenverhältnis	FORMAT
größte austral. Stadt	SYDNEY
größte d. Äolischen Inseln	LIPARI
größte deutsche Stadt	BERLIN
größte kanad. Provinz	QUEBEC
größte Karolineninsel	PONAPE
größter austral. Strom	MURRAY
größter hinterind. Strom	MEKONG
größte Samoa-Insel	SAVAII
großartig	FEUDAL
großblütiger Zierbaum	MISPEL
Großbuchstabe	VERSAL
große Hohlkugel	BALLON
große Rosine	ZIBEBE
großes Tor	PORTAL
Großgrundbesitzer	MAGNAT
Großhandel	ENGROS
Großindustrieller	MAGNAT
großmütig	GUETIG
Großzehe	HALLUX
großzügig	KULANT
grotesk	BIZARR
Grotte	HOEHLE
Grubengas	METHAN
grübeln, nachdenken	SINNEN
Gründelwal	NARWAL
Gründer d. Roten Kreuzes	DUNANT
Gründer der Methodisten	WESLEY
Gründer des Dtsch. Museums	MILLER
Gründer des Jesuitenordens	LOYOLA
Gründünger	LUPINE
Grüne Insel	IRLAND
grüner Schmuckstein	JADEIT
Grünfutter	LUPINE
grünliches Mineral	EPIDOT
Grünrock	JAEGER
Grünstein	DIABAS
Gruft	KRYPTA
Grundgesetz	CHARTA
Grundlage	FUNDUS
Grundmauer, Unterbau	SOCKEL
Grundsatz	MAXIME
Grundstück	FUNDUS
Grundstücksvermittler	MAKLER
Grundton der Tonleiter	TONIKA
Grund und Boden	FUNDUS
Grundzahl einer Potenz	WURZEL
Gruppentanz	REIGEN
Grußform	KNICKS
günstige Gelegenheit	CHANCE
günstiges Ereignis	ERFOLG
Gürtel, Gurt	KOPPEL
Gürtel, Ledergurt	RIEMEN
Gürtel-, Schuhschließe	SPANGE
Gürtellinie, Hüftumfang	TAILLE
Güster (Tier)	BLICKE
Güteraustausch	HANDEL

6

6

Gummifadengewebe	LASTEX
Gummiharz	MYRRHE
Gummischutz beim Koitus	KONDOM
Gurt	KOPPEL
Gurt, Lederstreifen	RIEMEN
Gußbarren	MASSEL
Gut	BESITZ
Gutachten	ATTEST
Gutachten	KRITIK
gut dehnbar	DUKTIL
guter Bekannter	FREUND
gutes Ergebnis	ERFOLG
Guthaben	KREDIT
Gutschrift, Preisnachlaß	SKONTO
Gymnasialklasse	QUARTA
Gymnasialklasse	QUINTA
Gymnasialklasse	TERTIA
Haarausschnitt kathol. Geistlich.	TONSUR
Haarkünstler	FIGARO
Haarschnitt	FASSON
Haartracht	FRISUR
Haartracht	KNOTEN
Habe	BESITZ
habgieriger Mensch	RAFFKE
Habichtsinseln	AZOREN
Habsüchtiger	RAFFER
Hackbrett	ZIMBAL
Hackbrett, Musikinstrument	CYMBAL
Hacke, Hacken	ABSATZ
Hader	LUMPEN
Häkchen	HAFTEL
Häuservermittler	MAKLER
Hafenboot, -schiff	KUTTER
Hafenstadt am Golf von Salerno	AMALFI
Hafenstadt am Kasp. Meer	GURJEW
Hafenstadt am Pers. Golf	ABADAN
Hafenstadt am Schwarzen Meer	BATUMI
Hafenstadt auf d. Peloponnes	PATRAS
Hafenstadt auf Hondo (Japan)	NUMASU
Hafenstadt auf Korsika	BASTIA
Hafenstadt auf Neuguinea	MADANG
Hafenstadt auf Sizilien	AGOSTA
Hafenstadt auf Sizilien	CEFALU
Hafenstadt der VR Kongo	MATADI
Hafenstadt in Delaware (USA)	CAMDEN
Hafenstadt in Feuerland	RAWSON
Hafenstadt in Minnesota (USA)	DULUTH
Hafenstadt in Norwegen	BERGEN
Hafenstadt in Pakistan	GWADAR
Hafenstadt in Panama	BALBOA
Hafenstadt in Saudi-Arabien	DAMMAM
Hafenstadt in Schottland	DUNBAR
Hafenstadt in Thailand	PHUKET
Haft	ARREST
Haft	KERKER
Haftfaden der Muschel	BYSSUS
Hagens Beiname	TRONJE
Hahnenfußgewächs	AKELEI
Haken	KRAMPE
Halbaffe	MONGOZ
Halbinsel auf Rügen	WITTOW
Halbinsel in Westalaska	SEWARD
Halbinsel von Cornwall	LIZARD
Halbmond	SICHEL
halbrunder Raum	EXEDRA
Halbschlaf	DOESEN
Halbseide	BURAIL
Halde	ABHANG
Halsbekleidung	KRAGEN
Halsentzündung	ANGINA
Halskrause	FRAESE
Halskrause	KROESE
Halsschleife	FLIEGE
Halsteil	GENICK
Halsteil	NACKEN
Halswirbel	WENDER
haltbar, dauerhaft	STABIL
Halunke	GAUNER
Hamburger Reeder	BALLIN
Hamburger Wahrzeichen	MICHEL
Hamitenstamm, -volk	WAHUMA
Hamitenvolk	BERBER
hamstern	HORTEN
Handarbeit	NAEHEN
Handarbeiten	WERKEN
Handballspielbeginn	ANWURF
Handbewegung	WINKEN
Handelnder	AKTEUR
Handelsmakler	SENSAL
Handelsplatz	BOERSE
Handfeuerwaffe	GEWEHR
Handgepäck	KOFFER
Handglied	DAUMEN
Handglied	FINGER
Handgriff	BUEGEL
Handgriff	HENKEL

Hand-habe	MITTEL
Hand-habung, Verfahren	PRAXIS
Hand-innen-fläche	TELLER
Handlung	AKTION
Hand-lungs-gehilfe	COMMIS
Hand-lungs-gehilfe	KOMMIS
Hand-mähgerät	SICHEL
Hand-pflege-mittel	BALSAM
Handteil	BALLEN
Handteil	FINGER
Handturn-gerät	HANTEL
Handturn-gerät	REIFEN
Hand-wagen	KARREN
Hand-wasch-gefäß	LAVABO
Handwerk	GEWERK
Hand-werker	MAURER
Hand-werker-vereini-gung	INNUNG
Hand-werks-zeug	BOHRER
Hand-werks-zeug	HAMMER
Hanse-stadt	BREMEN
Happen	BISSEN
Harems-wächter	EUNUCH
Harke	RECHEN
Harm	KUMMER
Harnleiter	URETER
Harnröh-rensonde	BOUGIE
Harnver-haltung	ANURIE
harren	WARTEN
hartes Eruptiv-gestein	GRANIT
Hartgeld	MUENZE
Hart-gummi	EBONIT
Hartholz	MAKORE
hart-schalige Frucht	MANDEL
Hart-wurst, Dauer-wurst	SALAMI
Harz	MASTIX
Ha-schisch rauchen	KIFFEN
Hasen-hinterlauf	SPRUNG
Hasen-panier	FLUCHT
Hasen-weibchen	HAESIN
Hase-Zufluß	VECHTA
Haspel-garn	STRANG
hasten	HETZEN
Haube	MUETZE
Hauben-papagei	KAKADU
Hauben-taucher	DUCKER
Hauch	ANFLUG
Hauch	PNEUMA
Haupt-balken d. Dach-stuhls	BINDER
Hauptfluß d. Man-dschurei	LIAUHO
Hauptfluß Makedo-niens	VARDAR
Hauptfluß von Böhmen	MOLDAU
Hauptge-schäfts-zeit	SAISON
Haupt-insel von Kiribati	TARAWA
Hauptort d. Cook-Inseln	AVARUA
Hauptort der Bretagne	RENNES
Hauptort von Bornholm	ROENNE
Hauptort von Sokotra	HADIBU
Haupt-reisezeit	SAISON
Haupt-sache	POINTE
Haupt-stadt Assyriens	NINIVE
Hauptstadt d. Zentral-afrikan. Republik	BANGUI
Haupt-stadt der Bahamas	NASSAU
Haupt-stadt der Herzego-wina	MOSTAR
Haupt-stadt der Komoren	MORONI
Haupt-stadt der Republik China	TAIPEH
Haupt-stadt der Türkei	ANKARA
Hauptstadt der VR China	PEKING
Hauptstadt des De-part. Aude	TROYES
Hauptstadt des Depart. Somme	AMIENS
Haupt-stadt des Irak	BAGDAD
Haupt-stadt des Kantons Wallis	SITTEN
Haupt-stadt des Libanon	BEIRUT
Haupt-stadt des US-Staats New York	ALBANY
Hauptstadt von Äquat.-Guinea	MALABO
Haupt-stadt von Alaska	JUNEAU
Haupt-stadt von Angola	LUANDA
Haupt-stadt von Anjou	ANGERS
Haupt-stadt von Bahrain	MANAMA
Haupt-stadt von Bhutan	THIMBI
Haupt-stadt von Birma	RANGUN
Haupt-stadt von Colorado (USA)	DENVER
Haupt-stadt von Dominica	ROSEAU
Haupt-stadt von Eritrea	ASMARA
Haupt-stadt von Gambia	BANJUL
Haupt-stadt von Georgien	TIFLIS
Haupt-stadt von Groß-britannien	LONDON
Haupt-stadt von Guinea-Bissau	BISSAU
Haupt-stadt von Kamerun	JAUNDE

Hauptstadt von Kanada	OTTAWA
Hauptstadt von Kansas (USA)	TOPEKA
Hauptstadt von Kolumbien	BOGOTA
Hauptstadt von Lakonien	SPARTA
Hauptstadt von Lesotho	MASERU
Hauptstadt von Lolland	MARIBO
Hauptstadt von Mähren	BRUENN
Hauptstadt von Makedonien	SKOPJE
Hauptstadt von Mali	BAMAKO
Hauptstadt von Massachusetts	BOSTON
Hauptstadt von Monaco	MONACO
Hauptstadt von Montana (USA)	HELENA
Hauptstadt von Mosambik	MAPUTO
Hauptstadt von Neukaledonien	NOUMEA
Hauptstadt von Niger	NIAMEY
Hauptstadt von Obersavoyen	ANNECY
Hauptstadt von Obwalden	SARNEN
Hauptstadt von Oman	MASKAT
Hauptstadt von Pandschab	LAHORE
Hauptstadt von Ruanda	KIGALI
Hauptstadt von Rußland	MOSKAU
Hauptstadt von Sambia	LUSAKA
Hauptstadt von Simbabwe	HARARE
Hauptstadt von South Dakota	PIERRE
Hauptstadt von Taiwan	TAIPEH
Hauptstadt von Tansania	DODOMA
Hauptstadt von Tasmanien	HOBART
Hauptstadt von Texas (USA)	AUSTIN
Hauptstadt von Thüringen	ERFURT
Hauptstadt von Tuvalu	VEIAKU
Hauptstern im Großen Hund	SIRIUS
Hausangestellter	DIENER
Hauseingang	PFORTE
Hausrat	MOEBEL
Haut	HUELLE
Hauteinriß	FISSUR
Hautflügler	AMEISE
Hautpickel	PUSTEL
Hautpustel	PICKEL
Hauwerkzeug	HAMMER
Hawaii-Insel	NIIHAU
Hebevorrichtung	AUFZUG
hebr. Dichter	BIALIK
hebr.: Armut, Geldnot	DALLES
hebr.: Dieb, Gauner	GANEFF
hebr.: junger Jude	BOCHER
Hebriden-Insel	STAFFA
Hechtalligator	KAIMAN
Hechtbarsch	ZANDER
Heerfahne	PANIER
Hefe	BAERME
heftig	HITZIG
heftige Erregung	AFFEKT
Hege	PFLEGE
hehr, erhaben, verfeinert	SUBLIM
Heidelberger Hofnarr, Zwerg	PERKEO
heidn. Prophet in der Bibel	BILEAM
heidn. Zauberer	THEURG
heil	GESUND
Heilbad	KURORT
Heilbad im Spessart	BADORB
Heilbad im Vogtland	ELSTER
Heilige, Patronin von Köln	URSULA
Heilige der Kirche	AGATHA
Heilige der Kirche	HEDWIG
Heilige der Kirche	HELENA
Heilige der Kirche	MONIKA
Heilige der Kirche	THEKLA
Heiligenschein	KORONA
Heiligenschein	NIMBUS
Heiliger, Apostel Bayerns	RUPERT
Heiliger, Bischof von Sevilla	ISIDOR
Heiliger, Mann von Maria	JOSEPH
Heiliger, Missionar der Franken	PIRMIN
Heiliger, Nothelfer	ROCHUS
Heiliger aus Aquin	THOMAS
heiliger Berg in Tibet	KAILAS
Heiliger der Kirche	GREGOR
Heiliger der Kirche	KOSMAS
Heiliger der Kirche	MARTIN
Heiliger der Kirche	PAULUS
Heiliger der Kirche	PETRUS
Heiliger der Kirche	WENZEL
heiliger Strom in Indien	GANGES
heiliges Buch des Parsismus	AWESTA
Heiligtum, Gotteshaus	TEMPEL

6

Heiligtum d. alten Griechen	DELPHI
heilkundiger Kentaur	CHIRON
Heilmittel	ARZNEI
Heilpflanze	ENZIAN
Heilpflanze	IBISCH
Heilpflanze	KASSIA
Heilpflanze, Würzkraut	SALBEI
Heil- und Pflegeanstalt	SPITAL
Heim	KRIPPE
Heimat des hl. Franziskus	ASSISI
Heimchen	GRILLE
heimlich	LATENT
heimtückisch, treulos	PERFID
Heinzelmännchen	KOBOLD
heiße Springquelle	GEISER
heiße Zone	TROPEN
heiß machen	HEIZEN
heiter	LUSTIG
heiter	MUNTER
heiter	SONNIG
Heiterkeitsausdruck	LACHEN
Heizmaterial	ERDGAS
Heldin des Alten Testaments	JUDITH
Helfer d. inneren Mission	DIAKON
Helfer in der Not	RETTER
Helfershelfer	HEHLER
helles Glöckchen	BIMMEL
Helmbiene	DROHNE
Helmschmuck	ZIMIER
Hemdteil	KRAGEN
Hemmvorrichtung	BREMSE
Henkergerüst	GALGEN
Henkerseil	STRANG
Henkerseil, Strang	STRICK
herab	NIEDER
herabstürzender Schnee	LAWINE
herannahen	KOMMEN
Herausgeber	EDITOR
Herausgeber d. Nibelungenlieds	BODMER
herbei, heran	EINHER
Herbstblume	DAHLIE
Heringsfangboot, -schiff	LOGGER
Hering (zool.)	CLUPEA
Herkunft, Ursprung	QUELLE
Herr auf italienisch	SIGNOR
Herr auf portugiesisch	SENHOR
Herr auf türkisch	EFENDI
Herrenklubjacke	BLAZER
Herrentier	PRIMAT
Herrin, Äbtissin	DOMINA
Herrlichkeit	GLORIE
Herrschaft	GEWALT
Herrschaft	HOHEIT
Herrschaft, Regierung	REGIME
herrschaftl. Diener	BUTLER
herrschaftlich	FEUDAL
Herrscher	DYNAST
Herrscher, Herrschertitel	KOENIG
Herrscherstab	ZEPTER
Herrschertitel	KAISER
herrschsüchtiger Mensch	DESPOT
herrschsüchtiger Mensch	TYRANN
hervorbringen	ZEUGEN
Herzvorhof	ATRIUM
hess. Kurort, Badeort	VILBEL
hess. Stadt an d. Fulda	KASSEL
hess. Stadt an der Bergstraße	LORSCH
Heulwolf	KOJOTE
Heuschober, Holzschuppen	STADEL
Heutrockengestell	REUTER
Hexenbesen	MISTEL
Hibiskus	IBISCH
Hieb, Coup	SCHLAG
Hilfsgeistlicher	DIAKON
Hilfsgeistlicher	KAPLAN
Hilfszeitwort	SOLLEN
Himalaja-Bergstamm	SHERPA
Himalaja-Gipfel	LHOTSE
Himalaja-Staat	BHUTAN
Himmelspförtner	PETRUS
Himmelsrichtung	NORDEN
Himmelsrichtung	SUEDEN
Himmelsrichtung	WESTEN
Himmelsschlüssel	PRIMEL
Hindernis	HUERDE
Hindernis	VERHAU
Hindernis b. Pferdesport	GATTER
hinduist. Gottheit	BRAHMA
hinduist. Hauptgottheit	SCHIWA
Hindu-Name f. Indien	BHARAT
Hinterbliebener	WITWER
hinteres Körperende	STEISS
hinterhältig, tückisch	PERFID
Hinterlist, Machenschaft	RAENKE
Hinterrhein-Zufluß	ALBULA
Hintertreffen, Rückstand	VERZUG

6

Hinter-ziehung	BETRUG
hinweisen auf	DEUTEN
Hinweiser	ZEIGER
Hirnflüs-sigkeit	LIQUOR
Hirschkuh	HINDIN
Hirten-flöte	SYRINX
Hirtenlied	EKLOGE
Hirtenlied	IDYLLE
Hirtenvolk	LAPPEN
Hirtenvolk in Ruanda	BAHUTU
Hitze, physikali-sche Energie	WAERME
hitzig	FURIOS
Hobby-fischer	ANGLER
Hobel-abfall	SPAENE
Hoch-betrieb	RUMMEL
Hochbild	RELIEF
Hoch-ebene im Sudan	DARFUR
Hoch-ebene in Spanien	MESETA
Hoch-gebirge in Tibet	DANGLA
Hoch-gebirgs-blume	ENZIAN
Hochgras-ebene in Süd-amerika	LLANOS
hoch-heben	HIEVEN
hoch-heben	LIFTEN
Hochland in Äthiopien	AMHARA
Hochland in Kasch-mir	LADAKH
Hochland in Vorder-indien	DEKHAN
Hochofen-beschik-kung	CHARGE
Hoch-schul-lehrer	DOZENT
Hoch-schul-lehrer	LEKTOR
Hoch-schul-leiter	REKTOR
Hoch-schul-reife	MATURA
Hochsee-fisch	HERING
Hochsitz d. Jägers	KANZEL
hoch-wuchten	HIEVEN
Hochzeit	HEIRAT
hocken	KAUERN
Hoden (mediz.)	TESTES
höchst-begabt	GENIAL
höchster Beamter im alten Athen	ARCHON
höchster Berg der Hardt	KALMIT
höchster Berg im Kaukasus	ELBRUS
höchster Berg in d. Türkei	ARARAT
höchster Grad	EXTREM
höchster Punkt	GIPFEL
Höchst-leistung, -wert	REKORD
Höchst-stufe	ELATIV
Höchst-wert	SPITZE
Höcker	BUCKEL
höfischer Tanz	PAVANE
höflich	GALANT
Höflich-keitsbe-zeugung	KNICKS
Höhen-kreis	AZIMUT
Höhen-lage	NIVEAU
Höhe-punkt	KLIMAX
Höhe-punkt	KRISIS
höhere Schule	LYZEUM
Höllen-fürst, Satan	TEUFEL
hölzernes Gefäß	KUEBEL
hörbare Luft-schwin-gungen	SCHALL
Höremp-findung	SCHALL
Hörnchen	KIPFEL
Hoferbe	ANERBE
hoffendes Verlangen	WUNSCH
Hoheits-zeichen	EMBLEM
Hoheits-zeichen	FLAGGE
Hohltier, Nesseltier	QUALLE
Hohl-zylinder	BUCHSE
holländ. Fischerei-fahrzeug	DOGGER
holländ. Käse	EDAMER
holländ. Maler	MABUSE
holländ. Rheinarm	IJSSEL
Holunder	HOLDER
Holunder	HOLLER
Holz-behälter	BUETTE
Holz-behälter	KASTEN
Holzblas-instrument	FAGOTT
Holzblas-instrument	FLOETE
Holzbohle	BALKEN
Holz-meßgerät	KLUPPE
Holzrohr-pflanze	BAMBUS
Holzstoff	LIGNIN
Holzstoß des Köhlers	MEILER
Holz-täfelung	PANEEL
Holzweg	IRRWEG
Holzzaun	GATTER
Holz-zucker	XYLOSE
Honigsaft	NEKTAR
Horizont	NIVEAU
Hormon-absonde-rung im Körper	INKRET
Hornhaut	CORNEA
Hornhaut-narbe	LEUKOM
Hornvieh	BOVIDE
Horror	GRAUEN
Hort, kostbarer Besitz	SCHATZ
Hospital	SPITAL
Hostie	OBLATE
Hostien-teller	PATENE
Hotelhalle	LOUNGE
Hotten-totten-Hütte	PONTOK
Hotten-totten-Stamm	KORANA
hübsch	SCHOEN
Hüft-halter	MIEDER
Hühner-auge	CLAVUS
Hühner-hund	SETTER
Hülle, Hülse	MANTEL

Hülle aus Ei und Bröseln	PANADE
Hünenstein	DOLMEN
Hünenstein	MENHIR
humoristisch, humorvoll	LAUNIG
hundeartiges Raubtier	KOJOTE
Hundekrankheit	RAEUDE
Hundekrankheit	STAUPE
Hundelaute	BELLEN
Hundelaute	GEBELL
Hunderasse	BEAGLE
Hundezwinger	KENNEL
Hundskopfaffe	ANUBIS
Hundskopfaffe	BABUIN
Hundskopfaffe	BUNDER
Hundskopfaffe	HULMAN
Hundskopfaffe	PAVIAN
Hundsstern	SIRIUS
Hungerkur	FASTEN
hungern	DARBEN
Hunnenkönig	ATTILA
Husarenjacke	ATTILA
Husarenmütze	KALPAK
Hustenmittel	KODEIN
Hutrand	KREMPE
ypnose, ntrückt-eit	TRANCE
erischer rinzen-el	INFANT

Ichmensch	EGOIST
Idol	ABGOTT
Idol	GOETZE
Ijssel-Zufluß	BERKEL
illegal. Datenbankbenutzer	HACKER
Illusion, Täuschung	SCHEIN
Illusion, Unwirklichkeit	UTOPIE
Imbiß	BISSEN
im Flug geschlagener Ball	VOLLEY
im ganzen	INTOTO
im großen	ENGROS
im Kreis bewegen	DREHEN
Immergrün	MISTEL
immun	GEFEIT
im Ofen garen	BACKEN
imstande	FAEHIG
in Bausch und Bogen	ENBLOC
Inbegriff	INHALT
Inbegriff des Bösen	TEUFEL
in Bestform	TOPFIT
Indianereinbaum	PIROGE
Indianerstamm, -sprache	SENEKA
Indianerzelt	WIGWAM
indianischer Gott	MANITU
indianisches Pfeilgift	KURARE

Indigofarbe	ANILIN
indische Gottheit	KUBERA
indische Hafenstadt	BOMBAY
indische Panzerechse	GAVIAL
indischer Dichter, Philosoph	TAGORE
indischer Feigenbaum	BANIAN
indischer Fluß	GANGES
indischer Fluß in Madras	KAWERI
indischer Gelehrtentitel	PANDIT
indischer Großkaufmann	BANJAN
indischer Hafen am Bengal. Golf	MADRAS
indischer Politiker, Staatsmann	GANDHI
indischer Religionsstifter	BUDDHA
indischer Staat im Himalaja	SIKKIM
indischer Unionsstaat	KERALA
indischer Unionsstaat	MADRAS
indische Schrift, Sprache	BIHARI
indische Schrift, Sprache	TELUGU
indisches Erzählwerk	PURANA
indisches Krokodil	GAVIAL
indisches Nationalspiel	CARROM

indisches Phallussymbol	LINGAM
indische Staatschefin	GANDHI
indische Stadt	BARELI
indische Stadt	BARODA
indische Stadt am Bengal. Golf	ORISSA
indische Stadt am Ganges	KANPUR
indische Stadt am Hugli	HOWRAH
indische Stadt in Bihar	RANCHI
indische Stadt in Madhja Pradesh	NAGPUR
indische Stadt in Madhya Pradesh	BHOPAL
indische Stadt in Madhya Pradesh	INDORE
indische Stadt in Rajasthan	JAIPUR
indische Stadt in Uttar Pradesh	MEERUT
indische Stadt in Uttar Pradesh	RAMPUR
indische Volksgruppe	BIHARI
indisch-pakistan. Fünfstromland	PUNJAB
Indogermane	ROMANE
indones. Berg	MAKIAN
indones. Fluß	BARITO

indones. Frauengewand	SARONG
indones. Hafenstadt auf Sumatra	PADANG
indones. Insel	BANGKA
indones. Insel	BORNEO
indones. Inselgruppe	BUTUNG
indones. Insel vor Java	MADURA
indones. Singvogel	DRONGO
indones. Stadt	KUPANG
indones. Stadt in Java	MAIDUN
indones. Stadt in Ostjava	KEDIRI
indones. Sunda-Insel	LOMBOK
indones. Vulkan auf Java	MERAPI
indones. Währung	RUPIAH
Indossant	GIRANT
Industriebetrieb	FABRIK
infam	EHRLOS
infam	GEMEIN
Infant von Spanien	CARLOS
Infektionskrankheit	GRIPPE
Infektionskrankheit	MASERN
Infektionskrankheit	POCKEN
Infektionskrankheit	TYPHUS
Influenza	GRIPPE
in Gedanken	MENTAL
in großen Mengen	ENGROS
Inhaltsangabe	EXPOSE
in jener Zeit	DAMALS
Innenhof	ATRIUM
innerasiat. Gebirge	KUNLUN
innerer Wert, Seelenadel	WUERDE
innere Überzeugung	GLAUBE
innerhalb	BINNEN
innerlich	INTERN
Innung	GEWERK
Insekt	FALTER
Insekt	FLIEGE
Insekt, Gliedertier	SPINNE
Insektenlarve	NYMPHE
Insekten-Ordnung	KAEFER
Insel	EILAND
Insel bei Sumatra	BANGKA
Insel bei Trinidad	TOBAGO
Insel des Odysseus	ITHAKA
Inseleuropäer	KRETER
Insel im Zürichsee	UFENAU
Inselstaat im östl. Mittelmeer	ZYPERN
Inselstadt im Bodensee	LINDAU
Insel von Äquatorialguinea	PAGALU
Insel vor Neapel	ISCHIA
Insel vor Pommern	RUEGEN
Insel vor Sizilien	LIPARI
Insel vor Sizilien	USTICA
in Sicherheit bringen	BERGEN
inständiges Bitten	FLEHEN
intensiv lernen	PAUKEN
Interesse	BELANG
Internatszögling	ALUMNE
Intrige	KABALE
inwendig	INTERN
Ionische Insel	LEFKAS
irakische Stadt	KIRKUK
Iraner	PERSER
iranische Hafenstadt	ABADAN
iranischer Kaukasusbewohner	OSSETE
iranisches Gebirge	ELBURS
iranisches Gebirge	ZAGROS
iranische Stadt	SHIRAZ
iranische Stadt	TABRIZ
iranische Stadt am Elburs	GORGAN
iranische Stadt am Kaspisch. Meer	RESCHT
irgendeiner	JEMAND
irisch.-engl. Schriftsteller	STEELE
irische Hauptstadt	DUBLIN
irischer Berg	NEPHIN
irischer Dramatiker	OCASEY
irischer Fluß	BARROW
irischer Fluß	SLANEY
irischer Fluß in Leinster	LIFFEY
irischer Geheimbund	FENIER
irischer Missionar der Alemannen	GALLUS
irischer Missionar der Franken	KILIAN
irischer Philosoph	TOLAND
irischer Physiker (Nobelpreis)	WALTON
irischer Politiker, Staatsmann	VALERA
irischer Politiker, Staatspräsid.	OKELLY
irischer Popsänger	GELDOF
irischer Sagenheld	FINGAL
irisch-keltischer Sagenheld	OSSIAN
Irisgewächs	KROKUS
Irokesenstamm	MOHAWK
ironische Dichtung	SATIRE
Irrgläubiger	KETZER
Irrtum	FEHLER
Irtysch-Zufluß	ISCHIM
Isar-Zufluß	JACHEN

isländische Springquelle	GEYSIR
islamisch. Fest	BAIRAM
islamisch. Gebetsteppich	MIHRAB
islamisch. Historiker	TABARI
islamisch. Lehrbuch	HADITH
islamisch. Wallfahrtsort	MEDINA
islamische rituelle Waschung	TAHARA
islamische Sekte	DRUSEN
islamische Stadt, Stadtteil	MEDINA
islamisch: Schicksal	KISMET
israel. Amtssprache	IWRITH
israel. Autor (Nobelpreis)	SINGER
israel. Chansonsänger	OFARIM
israel. humorist. Schriftsteller	KISHON
israel. Kollektiv	KIBBUZ
israel. Münze	AGOROT
israel. Politiker	BENZWI
israel. Politiker	SHAMIR
israel. Staatspräsident	HERZOG
israel. Stadt	HADERA
israelitischer Stamm	JOSEPH
israelitischer Stamm	REUBEN
israelitischer Stamm	SIMEON
israelitischer Stammvater	JAPHET
ital. Adelsfamilie	BORGIA
ital. Adriahafen	ANCONA
ital. Adria-Seebad	PINETO
ital. Barockdichter	MARINO
ital. Berg bei Viterbo	CIMONE
ital. Bez. für Moll	MINORE
ital. Bildhauer	CANOVA
ital. Bildhauer (16. Jh.)	RICCIO
ital. Designer	COLANI
ital. Dichter	ARIOST
ital. Dirigent	ABBADO
ital. Frauenname	BIANCA
ital. Frauenname	CATINA
ital. Frauenname	EDITTA
ital. Frauenname	GIULIA
ital. Frauenname	TERESA
ital. Frauenname	VERENA
ital. Gebirgstruppe	ALPINI
ital. Geigenvirtuose (18. Jh.)	VIOTTI
ital. Hafen in Kalabrien	REGGIO
ital. Hochruf	EVVIVA
ital. Insel-Badeort	ISCHIA
ital. Insel im Tyrrhen. Meer	GIGLIO
ital. Jazzbandleader	RUGOLO
ital. Journalist (Nobelpr.)	MONETA
ital. Komponist	BUSONI
ital. Kugelspiel	BOCCIA
ital. Kurort am Lago Maggiore	STRESA
ital. Männername	ADOLFO
ital. Männername	AMADEO
ital. Männername	ARTURO
ital. Männername	BENITO
ital. Männername	EMILIO
ital. Männername	ERMANO
ital. Männername	FELICE
ital. Männername	GIULIO
ital. Männername	NICOLA
ital. Maler, Schriftsteller	VASARI
ital. Maler d. Gotik	DUCCIO
ital. Maler u. Bildhauer	MARINI
ital. Mittelmeer-Insel	LINOSA
ital. Name d. Eisack	ISARCO
ital. Name des Tessin	TICINO
ital. Name v. Brac	BRAZZA
ital. Name v. Dubrovnik	RAGUSA
ital. Name v. Genua	GENOVA
ital. Name v. Kreta	CANDIA
ital. Name v. Mailand	MILANO
ital. Name v. München	MONACO
ital. Name v. Neapel	NAPOLI
ital. Opernkomponist	ALFANO
ital. Paß zum Etschtal	MENDEL
ital. Polarflieger	NOBILE
ital. Politiker	CAVOUR
ital. Popsängerin	PAVONE
ital. Reiseschriftsteller	PAVESE
ital. Renaissancemaler	SODOMA

6

ital. Renaissance-Philosoph	FICINO
ital. Riviera-Seebad	SAVONA
ital. Rokoko-Maler	LONGHI
ital. Schauspielerin	MORENO
ital. Schauspielerin	ZADORA
ital. Schriftsteller	TOMASI
ital. Seebad an der Adria	RIMINI
ital. sozialkritisch. Dichter	SILONE
ital. Stadt am Alpenrand	VARESE
ital. Stadt am Mincio	MANTUA
ital. Stadt an d. Adria	PESARO
ital. Stadt an den Abruzzen	CHIETI
ital. Stadt an der Etsch	TRIENT
ital. Stadt an der Etsch	VERONA
ital. Stadt an der Via Emilia	MODENA
ital. Stadt bei Rom	TIVOLI
ital. Stadt bei Turin	RIVOLI
ital. Stadt im Agro Pontino	LATINA
ital. Stadt in Apulien	LUCERA
ital. Stadt in Umbrien	GUBBIO
ital. Stadt (Keramik)	FAENZA
ital. Stadt zwischen Po und Etsch	ROVIGO
ital. Tenor	MONACO
ital. Verschwörer	FIESCO
ital. Wallfahrtsort	LORETO
ital. Weinmaß	BARILE
ital. Weinsorte	BAROLO
ital. Weltgeistlicher	ABBATE
ital.: Arzt	MEDICO
ital.: auf Sicht	AVISTA
ital.: danke	GRAZIE
ital.: dreißig	TRENTA
ital.: Eis, Speiseeis	GELATO
ital.: Flöte	FLAUTO
ital.: fünf	CINQUE
ital.: Küche	CUCINA
ital.: Marsch	MARCIA
ital.: Mittagsruhe	SIESTA
ital.: morgen	DOMANI
ital.: Peter	PIETRO
ital.: Platz	PIAZZA
ital.: Preis	PREZZO
ital.: Straße	STRADA
ital.: Tag	GIORNO
ital.: Theater	TEATRO
ital.: vorwärts	AVANTI
ital.: Warentausch	BARATT
ital.: weiß	BIANCO
Italien in der Landessprache	ITALIA
Jägerwarte	ANSITZ
jäh	ABRUPT
Jagdbezirk	REVIER
Jagdblendzeug	LAPPEN
Jagdflugzeug	JAEGER
Jagdgewehr	FLINTE
Jagdhund	DACKEL
Jagdhund	HUNTER
Jagdhundgruppe	KOPPEL
Jagdkanzel	ANSITZ
Jagdleopard	GEPARD
Jagdmunition	SCHROT
Jagdreiter	PIKOER
Jagdsignal	HALALI
Jagdwaffe, Stoßwaffe	SPIESS
jagen	HETZEN
Jahreszeit	HERBST
Jahreszeit	SAISON
Jahreszeit	SOMMER
jahreszeitl. wechsel. Wind	MONSUN
Jahrmarkt	KIRMES
jamaikan. Reggaemusiker	MARLEY
Jammer	MISERE
jammern	KLAGEN
Japan	NIPPON
japan. abstrakt. Maler	EGUCHI
japan. Aktienindex	NIKKEI
japan.-am. Physiker (Nobelpreis)	YUKAWA
japan. Automarke	DATSUN
japan. Feldherrentitel	SHOGUN
japan. Feudalherr	DAIMIO
japan. Frauengewand	KIMONO
japan. Gesellschafterin	GEISHA
japan. Hauptinsel	HONSHU
japan. Hochadel	DAIMIO
japan. Kampfsport	AIKIDO
japan. Parlament	KOKKAI
japan. Regisseur	OSHIMA
japan. Reichstag	KOKKAI
japan. Schriftsteller	KAGAWA
japan. Selbstverteidigung	KARATE
japan. Stadt am Biwasee	HIKONE

japan. Stadt auf Hondo	SENDAI
japan. Stadt auf Kiuschu	JAWATA
japan. Stadt auf Kiuschu	SASEBO
japan. Theater- stil	KABUKI
japan. Zwerg- baum	BONSAI
Jazzform religiös. Ursprungs	GOSPEL
Jazz- komponist, -musiker	ALPERT
Jazz- komponist, -musiker	JORDAN
Jazz- komponist, -trompeter	FARMER
Jazz mit federn- dem Takt	BOUNCE
Jazz- musiker (Schlag- zeuger)	BLAKEY
Jazz- thema	CHORUS
Jenissei- Zufluß	ABAKAN
Jenissei- Zufluß	ANGARA
Joch	BUERDE
Johannis- beerlikör	CASSIS
Johannis- brot	KARUBE
jordan. Stadt	MADEBA
Judo- sportler	JUDOKA
jüdischer Fürst d. bösen Geister	ASMODI
jüdischer Gebets- mantel	TALLIT
jüdischer Kult- leuchter	MENORA
jüdischer Philosoph (Kant- Kritiker)	MAIMON
jüdischer Ruhetag	SABBAT
jüdischer Schrift- gelehrter	ACOSTA
jüdischer sieben- armiger Leuchter	MENORA
jüdischer Staat	ISRAEL
jüdisches Fest	PASSAH
jüdisches Gesetz- buch, Lehrbuch	TALMUD
jüdisches Sabbat- gebet	MINCHA
jüdisch- hellenist. Philosoph	PHILON
jüngerer Teilhaber	JUNIOR
Jüngling im alten Griechen- land	EPHEBE
jugendl. Auf- steiger	YUPPIE
jugoslaw. Autor (Nobel- preis)	ANDRIC
jugoslaw. Donau- Zufluß	MORAVA
jugoslaw. Gebirgs- zug	KAPELA
junge Kuh	FAERSE
junger Edelmann	JUNKER
junger Kabeljau	DORSCH
junger Seehund	HEULER
junges Huhn	KUEKEN
junges Masthuhn	POULET
jung- fräulich	KEUSCH
Jung- hering	MATJES
Jungholz	SPLINT
Jung- pferd	FOHLEN
Jungrind	STERKE
Jung- schwein	FERKEL
Jupiter- Mond	EUROPA
jurist. Verpflich- tung	SCHULD
Justierer	EICHER
Jux, Fopperei	SCHERZ
Kabarett- szene	SKETCH
Kabine am Luftschiff	GONDEL
Kachel	FLIESE
Kälte	KUEHLE
kämpfen	RINGEN
Käpp- chen der Richter	BARETT
Käseart, -sorte	HARZER
Käseart, -sorte	ZIEGER
Käse- speise	FONDUE
Käse- stoff	KASEIN
Käuferin	KUNDIN
Kaffee- Art	SANTOS
Kaffee- sorte	BRASIL
Kaffer- korn, Mohren- hirse	SORGUM
Kahlkopf	GLATZE
Kakerlake	SCHABE
Kalbs- milch, Brust- drüse	THYMUS
Kalifen- name	MERWAN
Kalkspat	CALCIT
Kalkspat	KALZIT
kalte Jahres- zeit	WINTER
kambo- dschan. Malaien	TSCHAM
Kamel- haarwoll- stoff	BERKAN
Kamerad	KUMPAN
Kamerad	KUMPEL
Kamin, Schorn- stein	SCHLOT
Kamm- Ein- senkung	SATTEL
Kammer	GELASS
Kammer	GEMACH
Kamm- garnart	MOHAIR
Kamm (zool.)	NACKEN
Kampf	RINGEN
Kampf- bahn b. Wasser- sport	BECKEN
Kampf- bahn der Antike	ZIRKUS
Kampfes- weise, Gefechts- führung	TAKTIK
Kampf- mittel der Arbeit- nehmer	STREIK
Kampf- sport	RINGEN
kampf- unfähig	GROGGY
kanad. Autorin	ATWOOD
kanad. Ballerina	HAYDEN
kanad. Fluß	ALBANY
kanad. Fluß	FRASER
kanad. Hafen- stadt	QUEBEC

kanad. Halbinsel	UNGAVA
kanad. Insel	MANSEL
kanad. Stadt	DAWSON
kanad. Stadt in Saskatchewan	REGINA
Kanarienvogel	ROLLER
Kanarienvogel-Art, -Rasse	LIZARD
Kanarische Insel	GOMERA
Kanarische Insel	HIERRO
Kaninchenart, -rasse	MARDER
Kaninchenrasse	ANGORA
Kanufahrer	KANUTE
Kanzler des Deutschen Reiches	HITLER
Kapitalertrag	ZINSEN
Kapitalmarkt	BOERSE
Kappe	KAPUZE
Kappe	MUETZE
Kapsel	HUELSE
Karbolsäure	PHENOL
Kardinaltugend	GLAUBE
karg	FRUGAL
Karibenboot	PIROGE
karibischer Musikstil	REGGAE
Karotte	MOEHRE
Karpfenart, -fisch	RAPFEN
Karpfenfisch	BLICKE
Karpfenfisch	BRASSE
Karpfenfisch	DOEBEL
Karpfenfisch	PFELLE
Karpfenfisch	SCHLEI
Karsttrichter	DOLINE
Kartenglücksspiel	WATTEN
Kartenspiel	BRIDGE
Kartenspiel	HASARD
Kartenspiel	LOMBER
Kartenspiel	PHARAO
Kartenspiel	PIKETT
Kartenspiel	PIQUET
Kartenspiel	RAPUSE
Kartenspiel	TAROCK
Kartenspiel abbrechen	PASSEN
Karthager	PUNIER
karthagische Gottheit	TANITH
Kartothek	KARTEI
Kaschemme	KNEIPE
Kassai-Zufluß	KUANGO
Kassave	MANIOK
Kassenschlager, Bestseller	RENNER
Kaste	KLASSE
Kastrat	EUNUCH
kastrierter Schafbock	HAMMEL
Katastrophe, Verhängnis	UNHEIL
Kate	HUETTE
kategorischer Befehl	DIKTAT
Kater in der Fabel	MURNER
kathol. Andacht	NOVENE
kathol. Bischofstreffen	KONZIL
kathol. Geistlichkeit	KLERUS
kathol. Kirchenlehrer, -vater	GREGOR
kathol. Meßgebet	SEKRET
kathol. Ordensmann	MOENCH
Katzenart	PERSER
Katzengold	BIOTIT
Katzenmusik	JAULEN
Katzenmusik	MIAUEN
Kaufgeschäft	HANDEL
kaufmänn. Handbuch	MANUAL
Kaufmannsgehilfe	KOMMIS
kaukasischer Teppich	KASACH
kaukasischer Volksstamm	ALANEN
Kaulkopf (Fisch)	GROPPE
Kavallerist	REITER
Kaviarlieferant	BELUGA
Kaviarlieferant	HAUSEN
Kaviarsorte	BELUGA
keck	FORSCH
keck, verwegen	DREIST
Kegelkugel	BOSSEL
Kehlkopf	LARYNX
Kehlkopf	SYRINX
Kehraus	FINALE
Kehricht	FEGSEL
Kehrseite	REVERS
Keim	KNOSPE
keimfrei, unfruchtbar	STERIL
Kellermeister	KUEFER
Kelter	PRESSE
Kelterrückstand	TREBER
keltische Gottheit	OGMIOS
keltische Kriegstrompete	KARNYX
keltischer Name für England	ALBION
keltischer Priester	DRUIDE
keltischer Volksstamm	SKOTEN
keltische Volksgruppe	GAELEN
Kenntnisse aneignen	LERNEN
Kennwort	PAROLE
Kennwort, Schlagwort	LOSUNG
Kennzahl	NUMMER
Kennzeichen	EMBLEM
Kennzeichen, Wahrzeichen	SYMBOL
Kentaur	NESSOS
kentern	KIPPEN

keramischer Anguß	ENGOBE
Kerbtier	INSEKT
Kerbtierfühler	TASTER
Kerngehäuse des Obstes	GRIEBS
kernig	MARKIG
Kernobst	MISPEL
Kernobst	QUITTE
Kettenglied	SCHAKE
Kiefernart	FOEHRE
kieselsaure Tonerde	KAOLIN
Kinderfahrzeug	ROLLER
Kindergarten	KRIPPE
Kinderkrankheit	MASERN
kindisch	ALBERN
kindlich, knabenhaft	PUERIL
Kinzig-Zufluß	GUTACH
Kippwagen	WIPPER
Kirchengalerie	EMPORE
Kirchengesang	CHORAL
Kirchenmusiker	KANTOR
irchenaum	SCHIFF
irchen-ersamm-ing	KONZIL
irchen-ersamm-ing, onzil	SYNODE
rchliche örper-chaft	SYNODE
rchli-er bgesang	TEDEUM

kirchliches Brauchtum	RITUAL
Kirchweih	KIRMES
kirschrot	CERISE
Kissenbezugsstoff	INLETT
Kitsch, Ramsch	SCHUND
kläffen	BELLEN
Klagegesang	NAENIE
Klagelied	ELEGIE
Klammergriff	CLINCH
Klangfarbe, Tonfarbe	TIMBRE
Klapper, Knarre	RASSEL
klar	LAUTER
Klassenerster	PRIMUS
Klatsch	GEREDE
Klaue	KRALLE
Klaue, Tatze	PRANKE
kleben	HAFTEN
kleben	LEIMEN
kleben	PAPPEN
Klebereiweiß	GLUTEN
klebrig	PAPPIG
klebrig, zähflüssig	VISKOS
Kleid der Vögel	FEDERN
Kleiderbesatz	BRAEME
Kleiderbesatz	VOLANT
Kleiderhaken	BUEGEL
Kleiderschnitt	FASSON
kleinasiat. Gebirge	TAURUS
kleinasiat. Nomadenstamm	HYKSOS

kleine Druckpresse	TIEGEL
kleine Mahlzeit	IMBISS
kleine Mütze	KAEPPI
kleiner Beitrag	OBOLUS
kleiner Raum	GELASS
kleiner Raum	KAMMER
kleiner Sack	BEUTEL
kleiner Spaziergang	BUMMEL
kleiner Sportrennwagen	GOCART
kleiner Warenballen	BALLOT
kleine Schaufel, Malgerät	SPATEL
kleines Krebstier	GRANAT
kleines Küstenschiff	LOGGER
kleines römisch. Gedicht	EKLOGE
kleine Verrücktheit	FIMMEL
kleine Zierfiguren	NIPPES
Kleinformat bei Büchern	DUODEZ
Kleinkarogewebe	PEPITA
kleinkristalliner Kalkstein	MARMOR
Kleinkunstbühne	BRETTL
kleinlicher Mensch	PEDANT
Kleinsiedlung	WEILER

kleinster Planet	MERKUR
Klepper	MAEHRE
Klettervogel	SPECHT
Klicker	MURMEL
Klingel	GLOCKE
klingen, schallen	TOENEN
Klippfisch	DORSCH
klobig	BULLIG
Klöppelarbeit	SPITZE
Kloster am Bodensee	BIRNAU
Kloster bei Hannover	LOCCUM
Klosterbruder	FRATER
Klosterbruder, -insasse	MOENCH
Klosteroberer	PROPST
Klostervorsteher	OBERER
Klostervorsteherin	OBERIN
Klosterzelle	KLAUSE
Klotz	KLOBEN
Klub, geselliger Kreis	VEREIN
Klubjacke	BLAZER
kluges, planmäßiges Vorgehen	TAKTIK
Klumpen	BATZEN
Knabe	KNIRPS
Knabenkraut	ORCHIS
knausern	GEIZEN
knausern	KARGEN
knechten	KNUTEN
knechtisch	SERVIL

6

Kneippkurort im Schwarzwald	HIRSAU
knickrig	GEIZIG
Knoblauchbestandteil	ALLIIN
Knochen-Eiweiß	OSSEIN
Knochenfisch	BARSCH
Knochenfisch	HERING
Knochenfraß	KARIES
Knochengeschwulst	OSTEOM
Knochenleim	GLUTIN
Knochenneugewebe	KALLUS
Knochenspaltbruch	FISSUR
Knochenverbindung	GELENK
Knötchenflechte	LICHEN
Knöterichgewächs	AMPFER
Knollenwinde	BATATE
knospen	KEIMEN
Kobold, Waldgeist	SCHRAT
Kochgefäß	KESSEL
Kochgerät	KOCHER
Kochsalzbad	SOLBAD
Kochvorschrift	REZEPT
Kölner Dombaumeister	GERARD
König d. Markomannen	MARBOD
königliches Spiel	SCHACH
König v. Ägypten	AMASIS
König v. Marokko	HASSAN
König v. Mykene	ATREUS
König v. Pylos	NESTOR
König v. Saudi-Arabien	CHALID
Körper	KORPUS
Körperbeschaffenheit	PHYSIS
Körperertüchtigung	TURNEN
Körpergegend	LENDEN
Körperregion	LEISTE
Körperteil	BECKEN
Körperteil	HUEFTE
Körperzellengefüge	GEWEBE
köstlich	LECKER
Kohlehydrat	ZUCKER
Kohlenraum im Dampfschiff	BUNKER
Kohlenstoffverbindung	KARBID
Kohlenwagen der Lok	TENDER
Kohlenwasserstoff	AMYLEN
Kohlenwasserstoff	AZULEN
Kohlenwasserstoff	BENZOL
Kohlenwasserstoff	HEPTAN
Kohlenwasserstoff	OLEFIN
Kohlenwasserstoff	PENTAN
Kohlenwasserstoffverbindung	ERDOEL
Koksschlacke	ZINDER
kolumbian. Berg	PURACE
kolumbian. Vulkan	CUMBAL
komfortabel	BEQUEM
komisch, scherzhaft	WITZIG
Komitat in Ungarn	NOGRAD
Kommabakterie	VIBRIO
Kommando	BEFEHL
Kommentar	GLOSSE
Kommiß	BARRAS
kommod	BEQUEM
Kommunikationsmittel	MEDIUM
kommunistisches Symbol	HAMMER
kommunistisches Symbol	SICHEL
Komoren-Insel	NZWAMI
Komp. d. »Csardasfürstin«	KALMAN
Komp. d. »Fliegenden Holländers«	WAGNER
Komp. d. »Meistersinger v. Nürnberg«	WAGNER
Komp. d. »Ring des Nibelungen«	WAGNER
Komp. d. »Zirkusprinzessin«	KALMAN
Komp. d. Balletts »Mammon«	KRENEK
Komp. d. Götterdämmerung	WAGNER
Komp. d. Musicals »Kiss Me Kate«	PORTER
Komp. d. Oper »Cosi fan tutte«	MOZART
Komp. d. Oper »Das Rheingold«	WAGNER
Komp. d. Oper »Doktor Faust«	BUSONI
Komp. d. Oper »Don Giovanni«	MOZART
Komp. d. Oper »Evangelimann«	KIENZL
Komp. d. Oper »Figaros Hochzeit«	MOZART
Komp. d. Oper »Idomeneo«	MOZART
Komp. d. Oper »Jakobiner«	DVORAK
Komp. d. Oper »Kuhreigen«	KIENZL
Komp. d. Oper »Lohengrin«	WAGNER
Komp. d. Oper »Margarethe«	GOUNOD
Komp. d. Oper »Martha«	FLOTOW
Komp. d. Oper »Mignon«	THOMAS

Komp. d. Oper »Rienzi«	WAGNER
Komp. d. Oper »Rusalka«	DVORAK
Komp. d. Oper »Siegfried«	WAGNER
Komp. d. Oper »Tannhäuser«	WAGNER
Komp. d. Oper »Tiefland«	ALBERT
Komp. d. Oper »Titus«	MOZART
Komp. d. Oper »Walküre«	WAGNER
Komp. d. Oper »Zauberflöte«	MOZART
Komp. d. Operette »Berliner Luft«	LINCKE
Komp. d. Operette »Clivia«	DOSTAL
Komp. d. Operette »D. Obersteiger«	ZELLER
Komp. d. Operette »Extrablätter«	DOSTAL
Komp. d. Operette »Frau Luna«	LINCKE
Komp. d. Operette »Gräfin Mariza«	KALMAN
Komp. d. Operette »Manina«	DOSTAL
Komp. d. Operette »Monika«	DOSTAL
Komp. d. Operette »Polenblut«	NEDBAL
Komp. d. Operette »Vogelhändler«	ZELLER
Komp. d. Oper Parsifal	WAGNER
Komp. v. »Alessandro Stradella«	FLOTOW
Komp. v. »Bastien und Bastienne«	MOZART
Komp. v. »Entführung a. d. Serail«	MOZART
Komp. v. »Gärtnerin aus Liebe«	MOZART
Komp. v. »Schwarzwaldmädel«	JESSEL
Komp. v. »Stille Nacht«	GRUBER
Komp. v. »Tristan und Isolde«	WAGNER
Kompagnon, Gesellschafter	SOZIUS
kompakt	MASSIV
Konferenz, Sitzung	TAGUNG
Konflikt, Unfriede	STREIT
kongoles. Politiker (Staatspräsid.)	MOBUTU
Kongo-Zufluß	KASSAI
Kongo-Zufluß	UBANGI
Kongo-Zufluß aus Shaba	LOMANI
Kongreß, Zusammenkunft	TAGUNG
Konkurrent	GEGNER
Konkurrent, Mitbewerber	RIVALE
konstant, gleichbleibend	STETIG
Konstitution	AUFBAU
Konstruktion	AUFBAU
Konstruktionsweise	BAUART
Kontinent	AFRIKA
Kontrahent	GEGNER
Kontur, Grenzlinie	UMRISS
Konzentrationsausgleich	OSMOSE
konzentrierter Auszug	ESSENZ
Konzept, Plan	SKIZZE
Konzession	LIZENZ
Kopenhagener Volkspark	TIVOLI
Kopfbedeckung	KAPUZE
Kopfbedeckung	MUETZE
Kopfschmuck	DIADEM
Kopfschmuck der Hirsche	GEWEIH
Kopie	DOPPEL
Korb am Luftballon	GONDEL
Korbblütler	DAHLIE
Korbblütler	KLETTE
Korbflasche	BALLON
korean. Judo-Variante	KARATE
Kornett, Jagdhorn	PISTON
Kornwurm	WIEBEL
Korn zerkleinern	MAHLEN
Kosakenabteilung	SOTNIE
Kosakenbluse	KASACK
Kosakenführer	ATAMAN
Kosakenführer	HETMAN
kosmet. Verschönerung	MAKEUP
kostbares Gewebe	BROKAT
kostbares Metall	PLATIN
kostenlos	GRATIS
Kostenverteilung	UMLAGE
Kot des Wildes	LOSUNG
Krach, Radau	UNRUHE
kräftig	DEFTIG
Krätze, Grind	RAEUDE
Kräuselung	FALBEL
Kraft, Macht	POTENZ
Kraftfahrzeug, -wagen	LASTER
Kraftmensch	ATHLET
Kraftsoße	COULIS
Kraftstoff	BENZIN
Kraftstoffzusatz	BENZOL
Kraftwagensteuerrad	VOLANT
Krampfader	VARIZE
Kranichvogel	TRAPPE
krank	MALADE
krankhaft	MORBID
Krankheit	LEIDEN

Krankheitsgeschichte	DEKURS
Krankheitssymptom	FIEBER
Kraut mit Brennhaar	NESSEL
Krawattenart	BINDER
Krebstier	KRABBE
Kreisausschnitt	SEKTOR
Kreisbogen	ZIRKEL
Kreisdrehung, Strudel	WIRBEL
Kreishalbmesser	RADIUS
Kreiszeichengerät	ZIRKEL
Kreppgewebe	KREPON
Kreuz des Pferdes	KRUPPE
Kreuzgeflecht	GITTER
Kreuzstab des Papstes	FERULA
Kriebelmücke	GNITZE
kriecherisch, unterwürfig	SERVIL
Kriechtier, Wirbeltier	REPTIL
Krieger, Kämpfer	SOLDAT
Kriegerstand im Mittelalter	RITTER
kristallisierter Zucker	KANDIS
kroat. Adriahafen	RIJEKA
kroat. Erzähler	ANDRIC
kroat. Hauptstadt	ZAGREB
Krokus-Gewürz	SAFRAN
Kronprinz in Spanien	INFANT
Kropf	STRUMA
krumm machen	BIEGEN
Krummzapfen	KURBEL
kuban. Regierungschef	CASTRO
kuban. Rennfahrer	FANGIO
Kuchenbrot	STUTEN
Küchengewürz	SAFRAN
Küchenungeziefer	SCHABE
Küfer, Wirt	ZAPFER
kühn, couragiert	TAPFER
Künstelei	MANIER
Künstlerschar	TRUPPE
kürbisartiges Gewächs	MELONE
Küstenfahrzeug	KUTTER
Küstenlandschaft in Angola	LOANGO
Küstensegelschiff	LOGGER
Kugel	GLOBUS
Kugelausschnitt	SEKTOR
Kugelbakterie	KOKKUS
kugelig. Sedimentgestein	OOLITH
Kulturepoche	BAROCK
Kulturepoche	ROKOKO
Kulturpflanze der Tropen	ANANAS
Kulturpflanze der Tropen	BANANE
Kunstfaser	AZETAT
Kunstförderer	MAEZEN
Kunstsammlung	MUSEUM
Kunststoff	IGELIT
Kunststoff	ZELLON
Kunststoff für Beschichtung	TEFLON
Kupfererz	AZURIT
Kupferoxid	PATINA
Kupfer-Zinn-Legierung	BRONZE
Kurileninsel	ITURUP
Kurort am Gardasee	LIMONE
Kurort am Lago Maggiore	ASCONA
Kurort am Meer	SEEBAD
Kurort am Rhein (NRW)	HONNEF
Kurort am Vierwaldstätt. See	WEGGIS
Kurort am Wörther See	VELDEN
Kurort an der Lahn	BADEMS
Kurort an der Lahn	NASSAU
Kurort an der Lausitz. Neiße	MUSKAU
Kurort an der Mulde	DUEBEN
Kurort an der Saale	KOESEN
Kurort auf der Schwäb. Alb	BEURON
Kurort bei Kassel	NEUHOF
Kurort im Berner Oberland	GSTAAD
Kurort im Kanton Bern	BRIENZ
Kurort im Odenwald	ERBACH
Kurort im Salzkammergut	AUSSEE
Kurort im Salzkammergut	FUSCHL
Kurort im Schwarzwald	GUTACH
Kurort im Werratal	SOODEN
Kurort in Appenzell	HEIDEN
Kurort in Bosnien	ILIDZE
Kurort in der Märkisch. Schweiz	BUCKOW
Kurort in der Schweiz	LEYSIN
Kurort in der Steiermark	ADMONT
Kurort in der Südschweiz	LUGANO
Kurort in Niedersachsen	EILSEN
Kursabschlag	DEPORT
Kursabweichung	GIEREN

Kursfeststellung an der Börse	FIXING
Kurssturz	BAISSE
Kurzatmigkeit	ASTHMA
kurze Hose	SHORTS
kurzer Bericht	EXPOSE
kurzes Jäckchen	BOLERO
kurzes Ruder	PADDEL
kurze Zeitspanne	MOMENT
kurz f. Bartholomäus	BARTEL
kurz f. Berlin. Promenade	KUDAMM
kurz f. San Francisco	FRISCO
kurz f. Schiedsrichter	SCHIRI
kurz f. Schutzpolizei	SCHUPO
kurz f. Stabsfeldwebel	SPIESS
kurz f. Stereotypie	STEREO
Kurzfassung von Axiomen	FORMEL
kurzgefaßt	KONZIS
Kurzsichtigkeit	MYOPIE
Kurzstreckenlauf	SPRINT
Kurzübersicht	ABRISS
utscher	FIAKER
ykladeninsel	ANDROS
bil, stlos	UNSTET
abkraut	GALIUM
Laborgefäß	KOLBEN
Labsal, Labung	BALSAM
Labyrinthfisch	GURAMI
Lachs, lachsartiger Fisch	AESCHE
Ladendiener	KOMMIS
länglicher Einschnitt	FURCHE
länglichrund	OBLONG
lärmender Betrieb	RUMMEL
lärmendes Getue	TAMTAM
lärmendes Treiben	RABATZ
Lärminstrument	KNARRE
Lärminstrument	RASSEL
lässig	LOCKER
lässig, behäbig	TRAEGE
lässig, ungepflegt	SALOPP
lästig	GENANT
Läuse-Eier	NISSEN
Lagebezeichnung	AUSSEN
Lagebezeichnung	MITTEN
Lagebezeichnung	RECHTS
lagern	LIEGEN
Laienbruder	FRATER
Lamantin	SEEKUH
Landarbeiter	KNECHT
Landarbeiter	MELKER
Landedelmann	JUNKER
Landeplatz der Arche Noah	ARARAT
Landesverweser	REGENT
Landgerichtsabteilung	KAMMER
Landschaft an d. Unterelbe	HADELN
Landschaft in Südarabien	DHOFAR
Landschaft in Südburgund	BRESSE
Landschaftsdarstellung	VEDUTE
Landschaftsform	WUESTE
Landser	SOLDAT
Landstreicher	PENNER
landwirtschaftl. Erntegerät	BINDER
landwirtschaftl. Tätigkeit	MELKEN
Langarmaffe	GIBBON
langbeiniger Wasservogel	STORCH
lange Haare	MAEHNE
langer Priesterrock	SUTANE
langhaariger Baumwollstoff	BEAVER
langhaariger Wollstoff	MOLTON
Langmut	GEDULD
Langobardenkönig	AIGULF
Langobardenkönig	ALBOIN
langsam, säumig	TRAEGE
langsamer Musiksatz	ADAGIO
laotisch. Grenzfluß	MEKONG
Lappen	FETZEN
Lappen	LUMPEN
Last	BUERDE
latein.: Abend	VESPER
latein.: Adler	AQUILA
latein.: arm	PAUPER
latein.: Buchstabe	LITERA
latein.: der jüngere	JUNIOR
latein.: Diener	SERVUS
latein.: ebenda	IBIDEM
latein.: Ehre	GLORIA
latein.: Eisen	FERRUM
latein.: Feld	CAMPUS
latein.: Festgedicht	CARMEN
latein.: Frau	FEMINA
latein.: Frau	MULIER
latein.: Gemach	CAMERA
latein.: Gesang	CANTUS
latein.: groß	MAGNUS
latein.: Hafen	PORTUS
latein.: Hirt	PASTOR
latein.: hundert	CENTUM

6

latein.: in Kürze	INNUCE
latein.: Königin	REGINA
latein.: Körper	CORPUS
latein.: Krankheit	MORBUS
latein.: Krebs	CANCER
latein.: Krone	CORONA
latein.: Nerv	NERVUS
latein.: Redner	ORATOR
latein.: Seele	ANIMUS
latein.: selbstverständlich	EOIPSE
latein.: Sohn	FILIUS
latein.: Staunen	STUPOR
latein.: Stufe, Grad	GRADUS
latein.: Tatsache	FACTUM
latein.: Vaterland	PATRIA
latein.: Wort	VERBUM
latein.: Zeichen	SIGNUM
latein.: Zeit	TEMPUS
latein.: Zunge	LINGUA
latein.: Zustand	STATUS
latein.: Zwiebel	BULBUS
latein-amerikan. Rassel	CABACA
latein-amerikan. Trommel	TOMTOM
Latsche	FOEHRE
Latte	LEISTE
Laubbaum	AKAZIE
Laubengang	ARKADE
Lauchpflanze	PORREE
Laufhindernis	HUERDE
Laufschuhe	SPIKES
Lausbub	BENGEL
Lausbub	KNIRPS
lauter Ruf	SCHREI
lax	LOCKER
Leben	DASEIN
Lebensabschnitt	JUGEND
Lebensart	FASSON
Lebensbeginn	GEBURT
Lebensgrundsatz	MAXIME
Lebensraum (biol.)	BIOTOP
Lebensregel	MAXIME
Lebewohl	TSCHAU
lebhaft	MUNTER
Lebkuchengebäck	PRINTE
Ledas Sohn	CASTOR
Lederarbeiter	GERBER
Lederhaut	KORIUM
Lederhaut (mediz.)	CORIUM
Lederhaut (mediz.)	SKLERA
Lederwams	KOLLER
Lediger, Einzellebender	SINGLE
leere Redensart	PHRASE
leeres Gerede, Schöntun	SCHMUS
leerpumpen	LENZEN
Legespiel	DOMINO
Lehen	FEUDUM
lehnsrechtlich	FEUDAL
Lehranstalt, Bildungsstätte	SCHULE
Lehraufgabe	PENSUM
Lehrer Telemachs	MENTOR
Lehre v. d. Eigenschaften d. Stoffe	CHEMIE
Lehre vom Satzbau	SYNTAX
Lehre von den Versmaßen	METRIK
Lehrfabel	APOLOG
Lehrgang	KURSUS
Lehrstoff	PENSUM
Leibchen	MIEDER
Leibeigener, Unfreier	SKLAVE
Leibesmitte	SCHOSS
Leibesübung	TURNEN
Leibriemen	KOPPEL
Leichtathlet	TURNER
Leichtathlet	WERFER
leichtathletische Disziplin, Übung	LAUFEN
leichtathletisches Gerät	DISKUS
leicht berühren	TIPPEN
leichtere Straftat	FREVEL
leichter Galopp des Pferdes	KANTER
leichter Stoß	SCHUBS
leichter Zaum	TRENSE
leichtes Klopfen	TICKEN
leichtes Wagenpferd	JUCKER
leichtgläubig	ARGLOS
Leichtmetall	KALIUM
Leichtmotorrad	MOKICK
leicht spaltbar (chem.)	DIATOM
Leid	KUMMER
Leideform	PASSIV
Leidenschaft	BRUNST
Leidenschaft	PATHOS
leidenschaftl. Jäger	NIMROD
leidenschaftlich	FURIOS
Leidenschaftlichkeit	FURORE
Leidgewohnter	DULDER
leihen, ausborgen	PUMPEN
leimen	KLEBEN
Lein	FLACHS
Leine, dünnes Seil	SCHNUR
Leinengewebe	LINNEN
Leinwand	LEINEN
leise murren	MUCKEN
leiser Schmerz	WEHMUT
leistungsfähig, einflußreich	POTENT
Leistungsfähigkeit	POTENZ

Leistungslohn	AKKORD
Leistungssportler	ATHLET
leiten	LENKEN
Leiter eines Bautrupps	POLIER
Leiter eines Kirchenchors	KANTOR
Leiter eines Orchesters	LEADER
Leiterin	CHEFIN
Leitspruch	LOSUNG
Lenkvorrichtung	STEUER
Leopard	PARDEL
lerchenähnl. Singvogel	PIEPER
lettischer Ostseehafen	WINDAU
letzter angelsächs. König	HAROLD
letzter Kaiser Annams	BAODAI
letzter König Bulgariens	SIMEON
letzter König des Irak	FAISAL
letzter König Portugals	MANUEL
letzter Schliff	FINISH
letzter Tag des Monats	ULTIMO
leutselig	JOVIAL
Levante	NAHOST
libanesischer Fluß	LITANI
libanesischer Volksteil	DRUSEN
libysche Landschaft	FESSAN
libysche Stadt	BARDIA
Lichtbilder aufnehmen	FILMEN
Lichtbrecher	PRISMA
Lichtenergieteilchen	PHOTON
Lichtengel	CHERUB
Lichtengel	SERAPH
Lichtquant	PHOTON
Lichtschimmer	SCHEIN
Lidhaar	WIMPER
Liebeskraft, Manneskraft	POTENZ
Liebeskunst	EROTIK
Liebeslehre	EROTIK
Lieblingsfrau Mohammeds	AISCHA
Liebreiz	CHARME
Liebreiz	GRAZIE
Liedform	ARIOSO
Liedform d. amerik. Schwarzen	GOSPEL
Liedvortrag	GESANG
Lieferschein	FAKTUR
Lieferung	ANFUHR
Lift	AUFZUG
Liliengewächs	FUNKIE
Linderungsmittel	BALSAM
Linie	STRICH
linienförmig	LINEAR
Linienführung	DUKTUS
Linienführung b. Straßenbau	TRASSE
Linsensystem	OKULAR
Liparische Insel	SALINA
Liparische Insel	USTICA
Lippenblütler, Hustenmittel	SALBEI
Lippen (latein.)	LABIEN
Lippenlaut	LABIAL
litauische Stadt an d. Memel	KAUNAS
Liturgie	KULTUS
liturgischer Gesang	CHORAL
Lockmittel	KOEDER
loderndes Feuer	FLAMME
Löschung, Rückbuchung	STORNO
Löwenmaul (botan.)	DORANT
Lofoteninsel	HINDOE
logische Schwierigkeit	APORIE
Lohe	FLAMME
Lohnkutscher	FIAKER
Loire-Zufluß	ALLIER
Loire-Zufluß	LOIRET
Loire-Zufluß	NIEVRE
Loire-Zufluß	VIENNE
Londoner Stadtbezirk	BARNES
Londoner Stadtbezirk	EALING
Londoner Stadtbezirk	ELTHAM
Londoner Stadtbezirk	FULHAM
Londoner Stadtbezirk	HARROW
Londoner Stadtbezirk	HOXTON
Londoner Stadtbezirk	ILFORD
Londoner Stadtbezirk	MERTON
lose	LOCKER
loses Papierblatt	ZETTEL
Lossagung	ABFALL
Losung	DEVISE
Losung	PAROLE
Lümmel	BENGEL
Luftfahrzeug	BALLON
Luftgeist	SYLPHE
luftleerer Raum	VAKUUM
Luftreiniger	FILTER
Luftschloß, Hirngespinst	UTOPIE
Luluaba-Zufluß	LUKUGA
Lumme, Alkvogel	TEISTE
Lumpen	FETZEN
Lumpen	HADERN
Lumpen	LAPPEN
Lungentätigkeit	ATMUNG

Lurchlarve	QUAPPE
Lust	GENUSS
Lust, Begierde	LIBIDO
lustvoller Gemütszustand	FREUDE
Lustwäldchen	BOCAGE
Luthers Buchdrucker	LOTTER
luxemb. Fluß	CHIERS
luxemb. Stadt an der Alzette	MERSCH
Luzifer, Urian	TEUFEL
lymphatisches Organ im Rachen	MANDEL
Lyrik	POESIE
Maas-Zufluß	CHIERS
Maas-Zufluß	MOUZON
Maas-Zufluß	SEMOIS
Machart, Aufbau	FAKTUR
Macht	GEWALT
Machwerk	PFUSCH
mächtig	MASSIG
mächtig	MASSIV
mächtig, vermögend	POTENT
Mädchen-Oberschule	LYZEUM
Mähne, Haarbüschel	SCHOPF
Männername	ADRIAN
Männername	ALBERT
Männername	ALFONS
Männername	ALFRED
Männername	ANSELM
Männername	ARNOLD
Männername	ARNULF
Männername	ARTHUR
Männername	DIETER
Männername	EDMUND
Männername	EDUARD
Männername	EGBERT
Männername	ERHARD
Männername	FABIAN
Männername	GERALD
Männername	GERNOT
Männername	GEROLF
Männername	GUSTAV
Männername	HARALD
Männername	HELMUT
Männername	HILMAR
Männername	HUBERT
Männername	JOCHEN
Männername	JUSTUS
Männername	LORENZ
Männername	LUDOLF
Männername	MICHEL
Männername	OSWALD
Männername	RAINER
Männername	REINER
Männername	TOBIAS
Männername	WILMAR
männl. Biene	DROHNE
männl. Esel	HENGST
männl. Pferd	HENGST
männl. Schaf	WIDDER
männl. Taube	TAUBER
männl. Verwandter	BRUDER
männl. Wildschwein	KEILER
Märchenspiel	FEERIE
märkische Landschaft	BARNIM
Magensaftbestandteil	LIPASE
Magenstein bei Wiederkäuern	BEZOAR
Magenteil bei Wiederkäuern	PANSEN
Magie, Hexerei	ZAUBER
Magnesiumsilikat	TALKUM
Mahlanlage	MUEHLE
Mahnung	APPELL
Mailänder Adelsgeschlecht	SFORZA
Main-Zufluß	BIEBER
Main-Zufluß	KINZIG
Main-Zufluß	RODACH
Main-Zufluß	TAUBER
Maki, Maki-Affe	LEMURE
malaiisch. Bundesstaat	PAHANG
malaiisch. Frauengewand	SARONG
malaiisch. Insel	PENANG
malaiisch. Schwert	PARANG
Malariamittel	CHININ
Malerei auf frischem Verputz	FRESKO
Malgerät	PINSEL
Malgerät	SPATEL
Malta-Insel	COMINO
Mandelbitterstoff	AMARIN
Mandelentzündung	ANGINA
Mandelkonfekt	NOUGAT
Mangel	DEFEKT
mangelhaft	DEFEKT
mangeln	FEHLEN
Manko	MANGEL
Mannequin	MODELL
Mannschaft	TRUPPE
Mann v. Kreusa	AENEAS
Mann v. Titania	OBERON
Mantelschnitt	RAGLAN
Manuskriptprüfer	LEKTOR
Marderart	GRISON
Marianeninsel	SAIPAN
Marianeninsel	TINIAN
Marionette, Strohpuppe	POPANZ
Markscheide (mediz.)	MYELIN

marokkan. Fluß zum Mittelmeer	MULUJA
marokkan. Hafenstadt	AGADIR
marokkan. Stadt	MEKNES
marokkan. Stadt	TETUAN
marokkan. Volksteil	MAUREN
Marshall-Insel	JALUIT
Mars-Mond	DEIMOS
Mars-Mond	PHOBOS
Marter	FOLTER
Marter	LEIDEN
Marter, Folter	TORTUR
Maschine, Maschinenart	GERAET
Maschinenteil	KURBEL
Maschinenwellenteil	ZAPFEN
maschineschreiben	TIPPEN
Maskenmantel	DOMINO
Maß	FORMAT
Massenerkrankung, Epidemie	SEUCHE
maßgeblicher Umstand	FAKTOR
massieren	KNETEN
Maßliebchen	BELLIS
maßlose Begeisterung	TAUMEL
Maßlosigkeit	EXZESS
Mastdarm	REKTUM
Mastteil	SALING
Mastverlagerung	STENGE
Match	PARTIE

Material	MITTEL
Materialverlust	ABRIEB
Matura	ABITUR
Mauerputz	BEWURF
Mauerstreifen	LISENE
Maul, Tiermund	RACHEN
Maulaffe	GAFFER
Maul bei Schafen und Ziegen	MUFFEL
Maul des Haarwilds	GEAESE
mecklenburg. Ostseebad	ZINGST
mecklenburg. Seebad	PREROW
mecklenburg. Stadt an der Oder	GRABOW
mecklenburg. Uradelsgeschlecht	MOLTKE
Medikament	ARZNEI
Medikament-Form	KAPSEL
medizin.: Augapfel, Schwellung	BULBUS
medizin.: Herz, Magenmund	KARDIA
medizin.: Tod	EXITUS
medizin.: Wadenbein	FIBULA
Meeräsche	HARDER
Meereichel	BALANE
Meeresjungfrau, Nixe	UNDINE

Meeresjungfrau, -nymphe	SIRENE
Meereskrebs	KRABBE
Meeressäugetier	SEIWAL
Meeresschnecke	NERITE
Meeresschnecke	SEEOHR
Meeresufer	KUESTE
Meerteufel, Sägefisch	ROCHEN
Meerzwiebel	SZILLA
mehr als gut	BESSER
mehrjährige Grünpflanze	STAUDE
mehrsätziges Tonstück	SONATE
Mehrzahl	PLURAL
Meistersinger bei Wagner	POGNER
Melonenbaum	PAPAYA
Menge	FUELLE
Mensch	PERSON
Menschen aus weit entfernten Ländern	EXOTEN
Menschenrasse	INDIDE
Menschenrasse	SINIDE
Mensch ohne Hautfarbstoff	ALBINO
Mensur fechten	PAUKEN
Merkmal, Bezeichnung	SIGNUM
merkwürdig	KURIOS

meskalinhaltige Kakteen	PEYOTE
Messerblatt	KLINGE
Meßglas	MENSUR
Messing	TOMBAK
Metallarbeiter	DREHER
Metallarbeiter	FORMER
Metallarbeiter	NIETER
metallener Hohlkörper	GLOCKE
Metallgefäß	KESSEL
Metallsalz	HALOID
Metallstange	BARREN
Metallstift	ZWECKE
Metallteile verbinden	LOETEN
Metall treiben	PUNZEN
Metallverzierung	NIELLO
Methanradikal	METHYL
Meute	KOPPEL
mexikan. Berg	TUXTLA
mexikan. Diktator	JUAREZ
mexikan. Fluß	SONORA
mexikan. Indianer	AZTEKE
mexikan. Kaktus	PEYOTL
mexikan. Maler (Fresken)	OROZCO
mexikan. Nationalgetränk	PULQUE
mexikan. realistisch. Maler	RIVERA
mexikan. Staat	PUEBLA

mexikan. Stadt	PUEBLA
mexikan. Stadt	TUXTLA
mexikan. Stadt in Yucatán	MERIDA
Mikrofonaufhängung beim Film	GALGEN
mikrones. Teilstaat	KUSAIE
Milcheiweiß	KASEIN
Milchprodukt	BUTTER
milde Gabe, Almosen	SPENDE
milder Südwestwind	ZEPHIR
Milieu, Lebenskreis	UMWELT
militär. Aufruf	APPELL
militär. Dienstgrad	SOLDAT
militär. Disziplinarstrafe	ARREST
militär. Erkennungswort	PAROLE
militär. Musikstück	MARSCH
militär. Sammelsignal	APPELL
militär. Vorbeimarsch	PARADE
militär. Wache	POSTEN
Mimosengewächs	AKAZIE
minderwertige Ware	SCHUND
Mineral	KORUND
Mineral, Kalisalz	KAINIT
mineralische Ablagerung	SINTER
mineralische Faser	ASBEST
Mirakel	WUNDER
mischen	MENGEN
Mischgericht	RAGOUT
Mischsprache	JARGON
mißbilligen, schelten	TADELN
Mißbrauch	ABUSUS
Mißerfolg	FIASKO
Missetat	FREVEL
Mißgriff	FEHLER
mißgünstig, neidisch	SCHEEL
Mißgünstiger	NEIDER
Missionar d. Slawen	KYRILL
Mißmut	AERGER
Missouri-Zufluß	KANSAS
mißverständlich	UNKLAR
mit Aas locken	LUDERN
Mitarbeiter von Marx	ENGELS
Mitbegründer des Kubismus	BRAQUE
Mitbesitz	ANTEIL
mit einem Jet fliegen	DUESEN
Miterfinder d. Fotografie	ARCHER
Miterfinder d. Fotografie	NIEPCE
Mitesser	PICKEL
mit Falken jagen	BEIZEN
mitreißend	FURIOS
Mittäter	KUMPAN
mitteilen	MELDEN
mittelalterl. Ausrufer	HEROLD
mittelalterl. Hoheitssymbol	DIADEM
mittelalterl. Reiterspiel	BUHURT
mittelalterl. Wappenträger	HEROLD
mittelamerikan. Hauptstadt	PANAMA
mittelamerikan. Indianerhäuptling	KAZIKE
mittelamerikan. Staat	BELIZE
mittelamerikan. Staat	MEXIKO
mittelamerikan. Staat	PANAMA
mitteldeutsche Landschaft	ANHALT
mitteleurop. Staat	UNGARN
mittelfranz. Departement	CREUSE
mittelfranz. Departement	NIEVRE
Mittel gegen Sodbrennen	NATRON
mittelgriech. Landschaft	PHOKIS
mittelital. Landschaft	MARKEN
mittelital. Landschaft	MOLISE
mittelital. Region	LATIUM
mittelital. Region	MARCHE
mittelital. Stadt	URBINO
Mittelmeerstaat	ISRAEL
Mittelmeerstaat	LIBYEN
mittelschwed. Fluß	LJUSNA
Mittelsmann	MAKLER
mittelspan. Provinz	CUENCA
Mittelsperson im Spiritismus	MEDIUM
Mittler	MEDIUM
mittlere Juraformation	DOGGER
mit Worten streiten	ZANKEN
Mixbecher	SHAKER
Mobiliar	MOEBEL
Modell	MUSTER
moderne franz. Malschule	FAUVES
moderne Kunstform	POPART
modernes Passagierflugzeug	AIRBUS
Möbelplüsch	MOKETT
Mönch in der Probezeit	NOVIZE

Mönchsgelehrter in St. Gallen	NOTKER
Mörderin Marats	CORDAY
Mörikes Traumland	ORPLID
mohammedan. Gebetsteppich	NAMASI
Mohammedaner	MOSLEM
Mohammeds Tochter	FATIMA
Mohrrübe	MOEHRE
Moldau-Zufluß	BERAUN
Moldau-Zufluß	SAZAWA
Molukkeninsel	BATJAN
Molukkeninsel	SERANG
Molukkeninsel	TIDORE
Monarch	KOENIG
Monat d. Französ. Revolution	NIVOSE
Monatsblutung	MENSES
Mondstein	ADULAR
Mondzeiger	EPAKTE
mongol. Währung	TUGRIK
Mongolenfürst	KUBLAI
Monogamie	EINEHE
monoton sprechen	LEIERN
Montage	AUFBAU
monumentaler Eingang	PORTAL
Moor	MORAST
moralische Verpflichtung	SCHULD
Morast	MODDER
Morgenland	NAHOST
Morgenland	ORIENT
Morphin	HEROIN
morsen	FUNKEN
Moscheekanzel	MIMBAR
Moschusbestandteil	MUSKON
Mosel-Zufluß	LIESER
Motto	DEVISE
müde	MARODE
Mühe	BUERDE
mühelos	LEICHT
Mühlenrutsche	GLEITE
Mühlenwehr	ABLASS
Müll	ABFALL
Münchener Baumeister	KLENZE
Münchener Hofbaumeister	EFFNER
Mündungsarm d. Donau	SULINA
Mündung von Ouse und Trent	HUMBER
münsterländ. Stadt an der Ems	RHEINE
Münzanstalt	PRAEGE
Münze in Bangladesch	POISHA
Münze in Ghana	PESEWA
Münze in Libyen	DIRHAM
Münze in Qatar, Katar	DIRHAM
Münze in Zaire	LIKUTA
Münzen auf Tonga	SENITI
mürbe	MORSCH
mütterlich	MATERN
Mufflon	MUFFEL
Multiplikator	FAKTOR
Mundbläschen	APHTHE
Mundfessel	KNEBEL
Mundteil	GEBISS
Mundvorrat	FURAGE
munter	FRISCH
munter	KREGEL
murmeln, leise sprechen	RAUNEN
Murrkopf	MUFFEL
Musa, Bananenart	PISANG
muschelähnliches Organteil	KONCHA
Muselman	MOSLEM
Musentempel	MUSEUM
Museumsbeamter	KUSTOS
Musical von Cole Porter	CANCAN
musikal. Schlußsatz	CHIUSA
musikal. Schlußverzierung	KADENZ
musikal. Übungsstück	ETUEDE
musikal.: feurig	BRIOSO
musikal.: gemäßigt	GIUSTO
musikal.: in festem Zeitmaß	ATEMPO
musikal.: melodieführende Stimme	CANTUS
musikal.: nicht in strengem Zeitmaß	RUBATO
musikal.: ohne Beschleunigung	COMODO
musikal.: ruhig	QUIETO
musikal.: stürmisch	FEROCE
musikal.: von vorn	DACAPO
Musikausdruck f. gebunden	LEGATO
Musikausdruck f. gehalten	TENUTO
Musikausdruck f. lebendig	VIVACE
Musikausdruck f. schnell	PRESTO
Musikausdruck f. schnell	RAPIDO
Musiker	OBOIST
Musiker	PAUKER
Musikstück f. 9 Instrumente	NONETT
Muskeleiweiß	MYOSIN
Muskelerschlaffung	ATONIE
Muskelhülle	FASZIE
Muskelreißen	RHEUMA
Muskelzusammenziehung	KRAMPF
Muster	MODELL
Muster, Schablone	SCHEMA
Muster (engl.)	SAMPLE
Mut	TRAUTE

6

mutig, beherzt	TAPFER
Mutterboden (mediz.)	MATRIX
Muttermal (mediz.)	NAEVUS
Mutter v. Apoll	LATONA
Mutter v. Diana	LATONA
Mutter v. Hektor	HEKUBA
mutwilliger Krach	RABATZ
Nabelschwein	PEKARI
Nachahmung, Nachbildung	SIMILI
nach außen gewölbt	KONVEX
Nachbildner	KOPIST
Nachbildung der Erde	GLOBUS
nachdrücklich	BETONT
Nachfahr europ. Einw. in Südamer.	KREOLE
Nachgeahmtes	IMITAT
nachgeboren, nachgelassen	POSTUM
nach innen gewölbt	KONKAV
Nachkomme	SPROSS
nachlässig, ungezwungen	SALOPP
Nachmittagsmahlzeit	VESPER
Nachrichtentechniker	FUNKER
Nachruf	EPILOG
Nachschrift	ANHANG
Nachschubgebiet	ETAPPE
Nachsilbe	SUFFIX
Nachtfalter	GLUCKE
Nachtrag, Beilage	ANHANG
Nachtschattengewächs	TOMATE
Nachwort	EPILOG
Nacken	GENICK
Nackenhebel	NELSON
Nadel-, Bastpalme	RAPHIA
Nadelbaum	FICHTE
Nahrungsmittelabsud	BRUEHE
Nahtbesatz	PASPEL
naiv	ARGLOS
namenlos	ANONYM
Name v. siebzehn Päpsten	GREGOR
Name von drei Päpsten	JULIUS
Name von drei Päpsten	KALIXT
Name von fünf Päpsten	MARTIN
Name von fünf Päpsten	SIXTUS
Name von vier Päpsten	VIKTOR
Name von 23 Päpsten	JOHANN
Napoleonisches Kaiserreich	EMPIRE
Napoleons Hofmaler	GERARD
Napoleons Polizeiminister	FOUCHE
Narbengeschwulst	KELOID
Narkosemittel, Narkotikum	AETHER
Narkosemittel, Narkotikum	KURARE
Nationalspiel der Basken	PELOTA
Naturgas	ERDGAS
naturgemäß	GENUIN
Naturschutzgebiet in Schweden	ABISKO
Naturwissenschaft	CHEMIE
Naturwissenschaft	PHYSIK
nautische Signalflagge	WIMPEL
nautisches Maß	KNOTEN
nautisches Winkelmeßgerät	OKTANT
Nebel	BRODEM
Nebenbuhler	RIVALE
Nebennierenwirkstoff	KORTIN
Nebenrolle	CHARGE
Neckar-Zufluß	ELSENZ
Neckar-Zufluß	KOCHER
necken	FOPPEN
neckischer Geist	KOBOLD
Neffe	NEPOTE
negerhaft	NEGRID
Negermischvolk im Sudan	HAUSSA
Negerstamm im Kongo	UBANGI
Negerstamm in Kamerun	JAUNDE
neigen	BEUGEN
Neigung	FAIBLE
Neigung zum Erbrechen	EMESIE
Nelkenpfeffer	PIMENT
Nenner	TEILER
nepalesische Stadt	BANDAR
Nephrit	JADEIT
Nepp	BETRUG
Neptun-Mond	TRITON
Nereide, Mutter von Achill	THETIS
Nerveneinheit, Nervenzelle	NEURON
Nervenerschütterung	SCHOCK
Nervenfasergeschwulst	NEUROM
Nervengeflecht	PLEXUS
Nervenverdikkung	NEUROM
Nervenzentrum	GEHIRN
nervös	FAHRIG
Nesselqualle	MEDUSE
nett	ADRETT
nett, sauber	PROPER
Netzhaut des Auges	RETINA
Netzteil	KNOTEN
neu	REZENT

neuer Name von Bombay	MUMBAI
Neuerung, Verbesserung	REFORM
Neuguineas Urbevölkerung	PAPUAS
Neuling	NOVIZE
Neunauge (Fisch)	BRICKE
Neureicher	RAFFKE
Neurose	PHOBIE
Neusilber	ALPAKA
Neuverfilmung	REMAKE
neuzeitlich	MODERN
Nibelungengestalt	GERNOT
Nibelungengestalt	GUDRUN
nicht einer	KEINER
nicht eines	KEINES
nicht hohl	MASSIV
Nichtromane in Südamerika	GRINGO
nichtseßhafter Mensch	NOMADE
nicht süß	BITTER
nicht zugegen sein	FEHLEN
Nidda-Zufluß	NIDDER
Nidda-Zufluß	WETTER
niederbayer. Stadt an der Isar	LANDAU
niederdeutscher Autor	REUTER
Niederkunft	GEBURT
niederl. Admiral (17. Jh.)	RUYTER
niederl. Architekt	BAKEMA
niederl. Bildhauer, Baum.	KEYSER
niederl. Dichter (17. Jh.)	VONDEL
niederl. Flugzeugbauer	FOKKER
niederl. Freiheitskämpfer	EGMONT
niederl. Graphiker	ESCHER
niederl. kathol. Theologe	JANSEN
niederl. Maler	FLORIS
niederl. Maler (15. Jh.)	WEYDEN
niederl. Marschenlandsch.	BETUWE
niederl. Physiker, Mathem.	STEVIN
niederl. Schriftsteller	DONKER
niederl. spätgot. Bildhauer	SLUTER
niederl. Stadt	VELSEN
niederl. Stadt am Altrhein	LEIDEN
niederl. Stadt an d. Vechte	ZWOLLE
niederl. Stadt in Utrecht	RHENEN
niederl. Tiermaler (17. Jh.)	POTTER
niederl. Universitätsstadt	LEIDEN
niederl. Währung	GULDEN
niederländ. Maler	LEIDEN
niederländ. Maler (16. Jh.)	SCOREL
niederländ. Maler (17. Jh.)	OSTADE
niederländ. Mystiker	JANSEN
niederländ. Provinz	VELUWE
niederländ. Schriftsteller	HARTOG
niederländ. Seefahrer	TASMAN
niederländ. Stadtkanal	GRACHT
niederösterr. Landschaft	WACHAU
Niederrhein-Zufluß	WUPPER
niedersächs. Bahnknotenstadt	LEHRTE
niedersächs. Kurort am Harz	SACHSA
niedersächs. Stadt am Harz	GOSLAR
niedersächs. Stadt am Harz	SEESEN
niedersächs. Stadt an d. Weser	HAMELN
niedersächs. Stadt an der Aller	VERDEN
niedersächs. Stadt an der Luhe	WINSEN
Niederschlag im Winter	SCHNEE
niederschles. Stadt am Queis	LAUBAN
niederschles. Stadt an der Oder	GLOGAU
Niederschrift	DIKTAT
Niederschrift	SKRIPT
niederträchtig	GEMEIN
niedriger setzen	SENKEN
niemals	NIMMER
Nierenbecken	PYELOS
Nierenfett	FLOMEN
Niet	BOLZEN
nigerian. Stadt	IBADAN
Niger-Zufluß	SOKOTO
Nil-Insel bei Assuan	PHILAE
nilohamitischer Stamm	MASSAI
nilotische Sprache	ACHOLI
Nil-Zufluß	ATBARA
Nimmersatt	MARABU
Nimrod	JAEGER
Nirgendland	UTOPIA
Nische	EXEDRA
Nischenwölbung	KONCHE
noch einmal (Musik)	ANCORA
nördlich	BOREAL
nörgeln	MAULEN
nörgeln	MURREN

Nonnen-schleier	WEIHEL
Nonsens, Humbug	UNSINN
Noppen-gewebe	BOUCLE
nord-äthiop. Stadt	GONDAR
nordafri-kan. Ber-bervolk	TUAREG
nord-afrikan. Gericht	KUSKUS
nord-afrikan. Staat	LIBYEN
nordafri-kan. Volk	LIBYER
nordafri-kan. Wüste	SAHARA
Nord-afrikaner	ARABER
Nord-afrikaner	LIBYER
nord-amerikan. Halbinsel	ALASKA
nord-amerikan. Hirschart	WAPITI
nord-amerikan. Indianer	HURONE
nord-amerikan. Indianer	MOHAWK
nord-amerikan. Indianer-stämme	PUEBLO
nord-amerikan. Indianer-stamm	OTTAWA
nord-amerikan. Indianer-stamm	PAPAGO
nord-amerikan. Landwirt	FARMER
nord-amerikan. Präriewolf	KOJOTE
nord-amerikan. Rentier	KARIBU
nord-amerikan. Rinderhirt	COWBOY
Nordame-rikaner	YANKEE
nord-austral. Hafen-stadt	DARWIN
nord-böhm. Stadt an d. Mettau	NACHOD
nord-bulgar. Stadt	PLEVNA
nord-bulgar. Stadt	PLEWEN
nord-chines. Stadt	KALGAN
norddän. Stadt auf Jütland	SKAGEN
Nord-deutscher	FRIESE
norddtsch. Boden-form	MARSCH
nord-dtsch. Fluß	WUEMME
nord-dtsch. Land-schaft	BOERDE
nordengl. Graf-schaft	DURHAM
nordengl. Stadt am Wear	DURHAM
nordeuro-päisches Volk	DAENEN
nordeuro-päisches Volk	FINNEN
nordeuro-päisches Volk	LAPPEN
nord-franz. Land-schaft	ARTOIS
nord-franz. Stadt	EVREUX
Nord-germane	FRIESE
nord-griech. Hafen-stadt	KABALA
nord-griech. Stadt	EDESSA
nord-griech. Stadt	XANTHI
nord-irische Graf-schaft	TYRONE
nord-irische Provinz	ULSTER
nordischer Sagen-riese	FAFNER
nord-israel. Gebirge	KARMEL
nordital. Adria-hafen	TRIEST
nordital. Adria-Zufluß	OFANTO
nord-japan. Vulkan	ONTAKE
Nordkap Rügens	ARKONA
nordkasti-lische Land-schaft	MANCHA
nordmäh-rische Stadt	OSTRAU
Nord-meer-insel	ISLAND
nord-neu-seeländ. Hafen	NAPIER
nord-nigerian. Stadt	KADUNA
nord-norweg. Hafen-stadt	LARVIK
nordnor-weg. Ha-fenstadt	NAMSOS
nord-norweg. Hafen-stadt	NARVIK
nordost-afrikan. Volk	SOMALI
nordost-amerikan. Fluß	HUDSON
nordost-franz. Stadt	LONGWY
nordost-griech. Stadt	JANINA
nordost-ital. Land-schaft	FRIAUL
nordost-span. Hafen-stadt	MATARO
nordost-span. Provinz	GERONA
nordost-span. Provinz	LERIDA
nordost-span. Stadt am Oñar	GERONA
nordost-span. Stadt am Segre	LERIDA
Nord-polar-gebiet	ARKTIS
Nordsee-bad	BORKUM
nordsibir. Fluß	TAIMYR
nordsibir. Halbinsel	TAIMYR
Nord-skandina-vier	LAPPEN
nordspan. Provinz	HUESCA
nordspan. Stadt	HUESCA
nordwest-afrikan. Staat	SAHARA
nordwest-afrikan. Volk	BERBER

nordwestafrikan. Volk	MAUREN
nordwestengl. Stadt	BOLTON
nordwesteurop. Inselstaat	ISLAND
nordwesteurop. Staat	IRLAND
nordwestfranz. Departement	MANCHE
nordwestiranisches Gebirge	ELWEND
nordwestiranische Stadt	KASWIN
nordwestmexikan. Stadt	SONORA
Nordwind im Ägäischen Meer	BOREAS
Normalmaß	ETALON
norweg. Autor	JAEGER
norweg. Autorin (Nobelpreis)	UNDSET
norweg. Autor (Nobelpreis)	HAMSUN
norweg. Chemiker (Nobelpreis)	HASSEL
norweg. Fluß zum Skagerrak	GLOMMA
norweg. Forscher (Nobelpreis)	NANSEN
norweg. Hafen am Ofotfjord	NARVIK
norweg. König	HAAKON
norweg. König	MAGNUS
norweg. König	SIGURD
norweg. König	SVERRE
norweg. Polarforscher	NANSEN
norweg. Schriftsprache	BOKMAL
norweg. Stadt in Telemark	RJUKAN
Not, Notlage	MISERE
Notbehelf	ERSATZ
Notenschrift im MA	NEUMEN
Notizpapier	ZETTEL
Not leiden	DARBEN
Notlösung	BEHELF
Notruf im Luftverkehr	MAYDAY
notwendig	NOETIG
Nu	MOMENT
Nürnberger Bildhauer	KRAFFT
Nürnberger Buchdrucker	HERGOT
Nürnberger Maler	DUERER
Nürnberger Seefahrer	BEHAIM
nur einmal vorhanden	EINZIG
nur für sich	ALLEIN
nur gedacht	IDEELL
Nutzen, Gewinn	PROFIT
Nutzfläche beim Haus	GARTEN
Nutzland	GARTEN
Nymphen, Töchter des Atlas	HYADEN
Oase, Oasenstadt in Libyen	MURSUK
Oase in der Westsahara	DACHLA
Oasenstadt in Algerien	BISKRA
Obdach	BLEIBE
Oberarmmuskel	BIZEPS
oberbayer. Kurort	INZELL
oberbayer. Kurort	MURNAU
oberbayer. Kurort	OBERAU
oberbayer. Kurort	RAMSAU
oberbayer. Luftkurort	KOCHEL
oberbayer. Luftkurort	KREUTH
oberbayer. Stadt a. d. Salzach	LAUFEN
Oberflächen-Helligkeitsmaß	ALBEDO
obergäriges Bier	WEISSE
Oberhaupt	LEITER
oberital. Adria-Zufluß	BRENTA
oberital. Stadt	CESENA
oberital. Stadt	NOVARA
oberschles. Stadt an der Oder	OPPELN
oberste Kurfürstenwürde	ERZAMT
Obstkiste	STEIGE
Obstpresse	KELTER
Ob-Zufluß	SURGUT
Oder-Zufluß	PLOENE
öffentlich	PUBLIK
öffentliche Abgabe	STEUER
öffentliche Grünfläche	ANLAGE
Öffnung	LUECKE
ölig	FETTIG
Ölkautschuk	FAKTIS
Ölpalme	ELAEIS
Ölpflanze	FLACHS
österr. Abt u. Botaniker	MENDEL
österr. Aktionskünstler	HELLER
österr. Alpengebirgsstock	TAUERN
österr. Alpenpaß	GERLOS
österr. Alpenpaß	TAUERN
österr. Alpenpaß	WURZEN
österr.-amerikan. Architekt	NEUTRA
österr. Barockbildhauer	DONNER
österr. Botaniker	KERNER
österr. Chansonette, Schausp.	PLUHAR

österr. Chansonnier	HIRSCH
österr. Dichter, Schriftsteller	HABECK
österr. Dichter, Schriftsteller	POLGAR
österr. Dichter, Schriftsteller	WERFEL
österr. Dirigent	KRAUSS
österr. Donau-Zufluß	ERLAUF
österr.-engl. Philosoph	POPPER
österr. express. Dramatiker	CSOKOR
österr. f. Gasthaus	BEISEL
österr. Feldmarschall	LAUDON
österr. Filmregisseur	MEISEL
österr. Formel-1-Fahrer	BERGER
österr. Forscher (Nobelpreis)	LORENZ
österr.-franz. Klavierbauer	PLEYEL
österr. Großkraftwerk	KAPRUN
österr. Gruß	SERVUS
österr. Inn-Zufluß	ZILLER
österr. Jazzmusiker (Saxophon)	KOLLER
österr. Komponist	KIENZL
österr. Komponist	KRENEK
österr. Komponist	WEBERN
österr. Komponist	ZELLER
österr. Komponist, Pianist	HUMMEL
österr. Komponist (absolute Musik)	BERGER
österr. Komponist (Klassiker)	MOZART
österr. Kurort am Lech	REUTTE
österr. Maler	MAKART
österr. Mediziner (Nobelpreis)	BARANY
österr. Nationalökonom	MENGER
österr. Operettenkomponist	DOSTAL
österr. Physiker	LIEBEN
österr. Pianist u. Komponist	CZERNY
österr. Politiker (Bundespräsid.)	MIKLAS
österr. Porzellankünstler	GRASSI
österr. Psychiater	FRANKL
österr. Schauspieler	LOHNER
österr. Schauspieler	MULIAR
österr. Schauspieler	PARYLA
österr. Schauspieler	SCHENK
österr. Schauspielerfamilie	SCHELL
österr. Schauspielerin	BERGER
österr. Schauspielerin	MARKUS
österr. Schauspielerin	TILLER
österr. Schriftsteller	HANDKE
österr. Schriftsteller	SALTEN
österr. Schriftsteller	SIMMEL
österr. Schriftsteller	STROBL
österr. Schriftsteller	WEIGEL
österr. Schriftsteller	WERFEL
österr. Sopranistin	GUEDEN
österr. Staatsmann	RENNER
österr. Staatsmann	SEIPEL
österr. Stadt am Inn	SCHWAZ
österr. Stadt am Inn	WOERGL
österr. Stadt an der Mur	LEOBEN
österr. Stadt im Waldviertel	GMUEND
österr. Tenor	TAUBER
österr. Tenor, Schauspieler	SLEZAK
österr. Titel	HOFRAT
österr.-ungar. Fluß	LEITHA
österr. Verhaltensforscher	LORENZ
österr. Walzerkomponist	LANNER
österr. Weinsorte	RUSTER
österr. Zoologe (Nobelpreis)	FRISCH
österr.: Tabakladen	TRAFIK
Österreicher	WIENER
Ofensetzer	HAFNER
offen, unbesetzt	VAKANT
offener Hausvorbau	LOGGIA
Offizier	OBERST
Offiziersanwärter	KADETT
Offiziersmesse	KASINO
Oglio-Zufluß	CHIESE
ohne Abzug	BRUTTO
ohne Begleitung	ALLEIN
ohne Blütenblatt	APETAL
ohne Namensangabe	ANONYM
ohne Spitze, ohne Schärfe	STUMPF
Ohrenentzündung	OTITIS
Ohrensausen (medizin.)	BOMBUS

Oise-Zufluß	BRECHE
Oka-Zufluß	MOSKWA
Okeanide	EIDYIA
Okeanide	OKYROE
Omelett, Omelette	PLINSE
Operette von Dostal	CLIVIA
Operette von Dostal	MONIKA
Operette von Sullivan	MIKADO
Opernteil	ARIOSO
Oper von Berg	WOZZEK
Oper von Bizet	CARMEN
Oper von Flotow	MARTHA
Oper von Gluck	ARMIDA
Oper von Händel	ALCINA
Oper von Händel	ALMIRA
Oper von Händel	XERXES
Oper von Hoffmann	UNDINE
Oper von Honegger	JUDITH
Oper von Janacek	JENUFA
Oper von Lortzing	UNDINE
Oper von Menotti	AMELIA
Oper von Menotti	KONSUL
Oper von Menotti	MEDIUM
Oper von Puccini	BOHEME
Oper von Strauss	DAPHNE
Oper von Strauss	SALOME
Oper von Thomas	MIGNON
Oper von Verdi	ERNANI
Oper von Wagner	RIENZI
Oper von Weber	OBERON
Opfer	TRIBUT
Opiat	CODEIN
Opiumbestandteil	KODEIN
Oratorium von Händel	ESTHER
Oratorium von Händel	JOSEPH
Oratorium von Händel	SALOMO
Oratorium von Händel	SEMELE
Orchidee	DINGEL
Orchidee	LAELIA
Ordensband	KORDON
Ordensbruder	FRATER
Ordensritter	KOMTUR
ordentlich	ADRETT
ordentlich zusammenlegen	FALTEN
Order	BEFEHL
ordnen	REGELN
Ordnungsprinzip	GESETZ
Ordnungsprinzip	SYSTEM
Ordnungszahl	NUMMER
Organ, Verständigungsmittel	STIMME
Organisation der UN	UNCTAD
Organisation der UN	UNICEF
Organisator	MACHER
Orgelmixtur	ZIMBAL
Orgelregister	BORDUN
Orgelregister	TROMBA
Orgie	EXZESS
Orgie	GELAGE
oriental. Frauenname	AISCHA
oriental. Getränk	SORBET
oriental. Gong	TAMTAM
oriental. Kopfbedeckung	TURBAN
oriental. Lastträger	HAMMAL
oriental. Obergewand	KAFTAN
oriental. Palast	SERAIL
oriental. Polizeisoldat	KAWASS
oriental. Titel	PASCHA
oriental. Titel	SULTAN
Orientale	ARABER
Orientale	PERSER
orientalisches Badehaus	HAMMAM
Orientteppich	AFGHAN
Orientteppich	ANATOL
Orientteppich	BERBER
Orientteppich	BIDJAR
Orientteppich	KERMAN
Orientteppich	PERSER
Original	URBILD
Original, Sonderling	UNIKUM
Orinoco-Zufluß	ARAUCA
Orkney-Insel	BURRAY
Orkney-Insel	POMONA
Orkney-Insel	SANDAY
orten, messen	PEILEN
ortsansässig	HIESIG
Ortsbestimmung	ORTUNG
Osmane	TUERKE
ostafrikan. Bantustamm	WALUTA
ostafrikan. Fluß	KAGERA
ostafrikan. Fluß	ROVUMA
ostafrikan. Staat	RUANDA
ostafrikan. Staat	UGANDA
ostasiat. Baumharz	BENZOE
ostasiat. Hauptstadt	TAIPEH
ostasiat. Hühnerrasse	COCHIN
ostasiat. Reitervolk	HUNNEN
ostasiat. Staat	TAIWAN
ostasiat. Tempelform	PAGODE
ostasiat. Wirbelsturm	TAIFUN
ostasiat. Zierbaum	GINKGO
ostbulgar. Stadt	JAMBOL
ostbulgar. Stadt	SLIVEN

osteurop. Völkergruppe	SLAWEN
osteurop. Volk	RUSSEN
Osteuropäerin	RUSSIN
ostfranz. Departement	VOSGES
ostfries. Insel	BORKUM
ostfries. Stadt	AURICH
ostfries. Stadt	MEPPEN
ostfries. Stadt an der Nordsee	NORDEN
ostfries. Stadt im Emsland	LINGEN
ostgerman. Stamm	RUGIER
Ostgotenkönig	TOTILA
ostind. Volksgruppe	PARSEN
ostkirchl. Würdenträger	EXARCH
ostlibysche Hafenstadt	TOBRUK
ostpreuß. Dichterin	MIEGEL
ostpreuß. Fluß	INSTER
ostpreuß. Fluß	PREGEL
ostpreuß. Hafenstadt	ELBING
ostpreuß. Stadt	GOLDAP
ostpreuß. Stadt	LABIAU
ostpreuß. Stadt	PILLAU
ostpreuß. Stadt	RAGNIT
ostpreuß. Stadt	TAPIAU
ostpreuß. Stadt	WEHLAU
oströmisch. Kaiser	VALENS
Oströmisch. Reich	BYZANZ
ostschweiz. Kanton	GLARUS
Ostsee-Insel	UMMANZ
ostsibir. Amur-Zufluß	USSURI
ostsibirischer Strom	KOLYMA
ostsibirischer Strom	OMELEN
ostvenezolan. Stadt	MERIDA
Otter	NATTER
Paarungsbereitschaft (Wild)	BRUNFT
Pack	BAGAGE
Pack, niederes Volk	POEBEL
Packen	BALLEN
Packer, Schiffsbelader	STAUER
Packwagen	WAGGON
päpstl. Vergünstigung	INDULT
pakistan. Fluß	SUTLEJ
pakistan. Millionenstadt	LAHORE
pakistan. Politiker	BHUTTO
pakistan. Schrift, Sprache	SINDHI
pakistan. Stadt im Pandschab	MULTAN
pakistan. Stadt in Belutschistan	QUETTA
pakistan. Volksgruppe	SINDHI
Palästinenser-Führer	ARAFAT
Palast	PALAIS
Palmenart	KENTIA
Palmenart	RAFFIA
Palmenart	ROTANG
Palmenfrucht	DATTEL
Pandurenführer	TRENCK
Panier	BANNER
Panne, Unglück	UNFALL
Papageienart	KAKAPO
Papageienart	NYMPHE
Papageienart	WELLAT
Papierformat	DUODEZ
Pappe	KARTON
Pappschachtel	KARTON
Papstname	FABIAN
Papstname	LUCIUS
Papstname	MARCUS
Papstname	MARKUS
Papstname	PETRUS
Paradieser, Paradiesapfel	TOMATE
Paragraphenabsatz	ZIFFER
parat	BEREIT
Pardelkatze	OZELOT
Parfümflasche	FLAKON
parfümiertes Haarfett	POMADE
Pariser Leichenschauhaus	MORGUE
Pariser Museumspalast	LOUVRE
Park	ANLAGE
parlamentarische Beratung	LESUNG
parlamentarische Körperschaft	KAMMER
Parlamentssitz	MANDAT
Parole	LOSUNG
Parole, Losung	SLOGAN
Part	ANTEIL
Partie	ANZAHL
Parze	KLOTHO
Passagierraum	KABINE
Paßgänger, Damenreitpferd	ZELTER
Paß in den Berner Alpen	SUSTEN
Paß in Graubünden	ALBULA
Passion	LEIDEN
Patenturkunde	BREVET
Patronin des Elsaß	ODILIA
Paulusbrief	ROEMER
pazifische Insel	JARVIS
pazifische Insel	NASSAU
pazifische Inselgruppe	MIDWAY

pazifische Inselgruppe	RIUKIU
pazifischer Inselstaat	TUVALU
Pechleuchte	FACKEL
Peilung	ORTUNG
Pein	MARTER
Pein, Qual	TORTUR
peinlich	GENANT
Pelle, Hülse	SCHALE
Pelzsamt	FELBEL
Pergament, Urkunde	CHARTA
Periode, Kreislauf	ZYKLUS
Perpendikel	PENDEL
pers. Dichter (12. Jh.)	NISAMI
pers. Weltschöpfer, Lichtgott	ORMUZD
Perserkönig	DARIUS
Perserkönig	XERXES
ɔersische Wasserɔfeife	KALIAN
ersönlich, ivil	PRIVAT
'erson	MENSCH
'ersonenwagen	SPIDER
eruan. aupthafen	CALLAO
eruan. rovinz	CALLAO
eruan. rovinz	LORETO
eruan. adt	CAMANA
ruan. adt am o nto	HUARAS
Petroleum	ERDOEL
Petschaft	SIEGEL
Pfälzer Domstadt am Rhein	SPEYER
Pfälzer Höhenzug	HAARDT
Pfälzer Rhein-Zufluß	LAUTER
Pfälzer Rhein-Zufluß	QUEICH
Pfahl	PFLOCK
Pfahlbündel im Hafen	DALBEN
Pfahlzaun, Zaunlatte	STAKET
Pfannkuchen	PLINSE
Pfarrvikar	KAPLAN
Pfeifenstrauch	JASMIN
Pfeiler	SAEULE
Pferch	KORRAL
Pferdefuhrwerk	FIAKER
Pferde-Fußkrankheit	SCHALE
Pferdegangart	GALOPP
Pferdegeschirrteil	SIELEN
Pferderasse	BERBER
Pferderasse	PERSER
Pferderasse, -rassengruppe	ARABER
Pferdesportler	REITER
Pflanzenableger	SENKER
Pflanzenanbau	KULTUR
Pflanzennarbe	STIGMA
Pflanzenteil	BLUETE
Pflanzenteil	FRUCHT
Pflanzentrieb, Schößling	SPROSS
Pflanzung	KULTUR
Pflegeanstalt v. Bodelschwingh	BETHEL
pflegen	WARTEN
Pflegevater Jesu	JOSEPH
Pflichtzahlung	ABGABE
pflügen	ACKERN
Pflugmesser	KOLTER
Pflugspur	FURCHE
Pfosten z. Anlegen von Schiffen	POLLER
Pfote, Tierfuß	PRANKE
Pfropfen	KORKEN
Pharaonenname	RAMSES
philippin. Hauptstadt	MANILA
philippin. Insel	NEGROS
philippin. Staatspräsidentin	AQUINO
philippin. Stadt auf Panay	ILOILO
philippin. Volk	BISAYA
philippin. Volk	TAGALE
philos.-religiös. Richtung	MYSTIK
Philosoph	DENKER
phönizische Stadt	BYBLOS
Phosphatmineral	APATIT
Photoapparat	KAMERA
Phrase	FORMEL
phrygische Göttin	KYBELE
physikal. Größe	MOMENT
physikal. Krafteinheit	NEWTON
physischer Zwang	GEWALT
picken	HACKEN
Pik im Kartenspiel	SPATEN
Pilgerherberge	HOSPIZ
pilgern, wallfahren	WALLEN
Pilotenkabine	KANZEL
Pilzfädengeflecht	HYPHEN
Pilzgeschwulst	FUNGUS
Pilzkeime	SPOREN
Pilzkrankheit	MYKOSE
Pirol	BUELOW
Plättgerät	MANGEL
Plage	LEIDEN
Plakat	POSTER
Plane	PLACHE
Planet	MERKUR
Planet	NEPTUN
Planet	SATURN
Planet	URANUS
Planetenaspekt	SEXTIL
Planetenaspekt	TRIGON
Planetenwendepunkt	APSIDE
Planetoid	PALLAS
plastisches Brustbild	BUESTE
platt, oberflächlich	SEICHT

Plattform	PERRON
Plattform	PODEST
Platz, bestimmter Ort	STELLE
PLO-Chef	ARAFAT
plötzlich	ABRUPT
plötzlich auftretendes Leiden	ANFALL
plötzliche Erschütterung	SCHOCK
plötzliche laute Äußerung	AUSRUF
plötzlich zusammen fahren	ZUCKEN
Plüschgewebe	MOKETT
Pockholz	GUAJAK
Politiker in Simbabwe	MUGABE
politisch. Handstreich	PUTSCH
politische Vereinigung	PARTEI
Polizei im Gaunerjargon	BULLEN
polizeiliche Durchsuchung	RAZZIA
Polizeiwache	REVIER
poln., ungar. Adliger	MAGNAT
poln. Autor	HLASKO
poln.-engl. Romanautor	CONRAD
poln. Hafenstadt	DANZIG
poln. Industriestadt	LODSCH
poln. Königin	HEDWIG
poln. Komponist u. Pianist	CHOPIN
poln. Krönungsstadt	KRAKAU
poln. Münze	GROSZY
poln. Name von Danzig	GDANSK
poln. Name von Gdingen	GDYNIA
poln. Name von Posen	POZNAN
poln. Oder-Zufluß	WARTHE
poln. Ostseebad	ZOPPOT
poln. Politiker	GIEREK
poln. Politiker (Nobelpreis)	WALESA
poln. Romanschriftsteller	MILOSZ
poln. Satiriker	MROZEK
poln. Stadt	KONITZ
poln. Stadt am Dunajec	TARNOW
poln. Stadt an der Düna	POLOZK
poln. Stadt an der Lysa Gora	KIELCE
poln. Stadt zw. Weichsel und Bug	LUBLIN
Polster	KISSEN
Poltergeist	KOBOLD
Poltergeist	SCHRAT
Polyeder	PRISMA
polynes. Inselgruppe	HAWAII
polynes. Inselgruppe	WALLIS
pommersche Halbinsel	ZINGST
pommersche Insel	USEDOM
pommersche Insel	WOLLIN
pommerscher Fluß	GRABOW
pommerscher Fluß	RADUEE
pommerscher Fluß	TREBEL
pommerscher Küstenfluß	WIPPER
pommerscher Kurort, Seebad	BANSIN
pommerscher Oder-Zufluß	STOLPE
Pomp, Herrlichkeit	PRACHT
Popmusik-Solist (Rockmusik-Solist)	COOPER
Popmusik-Solist (Rockmusik-Solist)	GENTRY
Portal	PFORTE
Portion	ANTEIL
portugies. Dichter	CAMOES
portugies. Entdecker, Seefahrer	CABRAL
portugies. Fluß	ZEZERE
portugies. Inselgruppe	AZOREN
portugies. Königsname	ALFONS
portugies. Name von Lissabon	LISBOA
portugies. Stadt	ALMADA
portugies. Stadt	OPORTO
portugies. Stadt	QUELUZ
portugies. Stadt	SINTRA
portugies. Stadt an der Algarve	TAVIRA
portugies. Stadt in Estremadura	OBIDOS
portugies. Währungseinheit	ESCUDO
portugies. Wallfahrtsort	FATIMA
Porzellanbrennform	MUFFEL
Porzellanerde	KAOLIN
Posament	BESATZ
Posament	QUASTE
Position, Stellung	POSTEN
positiv geladenes Ion	KATION
positiv vergelten	DANKEN
Posten, Position	STELLE
Postenkette	KORDON
Poster	PLAKAT
Potentat	KOENIG
Po-Zufluß	AGOGNA
Po-Zufluß	PANARO
Po-Zufluß	TANARO

Po-Zufluß	TESSIN
Po-Zufluß	TICINO
Po-Zufluß bei Mantua	MINCIO
Prachtstraße	AVENUE
Prägestempel	STANZE
Präsidentenpalast in Paris	ELYSEE
praktisch	PATENT
Predigt, Strafpredigt	SERMON
Predigtstuhl	KANZEL
Preis	KOSTEN
Preisnachlaß, Vergünstigung	RABATT
Preissturz an der Börse	BAISSE
Preisträger	SIEGER
Preistreiberei	WUCHER
preiswert	BILLIG
preuß. Adelsgeschlecht	BUELOW
preuß. Generalfeldmarschall	KLEIST
preuß. Generalfeldmarschall	MOLTKE
preuß. Reitergeneral	ZIETEN
prickelnd, reizvoll	PIKANT
Prinzessin von Preußen	AMALIA
Prinz von Oranien	MORITZ
pro	DAFUER
Probe, Training	UEBUNG
Probestück	MUSTER
Produkt gleicher Faktoren	POTENZ
Produktionsstätte	FABRIK
Profil, Skizze	UMRISS
Profit	GEWINN
Profit	NUTZEN
Proklamation	AUFRUF
Prophet	MAHNER
Prophezeiung	ORAKEL
Protektion, Sicherheit	SCHUTZ
Protest	KONTRA
Prototyp	MODELL
Prototyp	MUSTER
Prototyp, Inbegriff	URBILD
Provinz in Mosambik	SOFALA
Prüfer	TESTER
Prüfung	EXAMEN
Prüfungsurkunde	DIPLOM
prügeln, schlagen	BLEUEN
Prunktor	PORTAL
prunkvoller Aufmarsch	PARADE
Pudergrundstoff	TALKUM
pünktlich	ZEITIG
pünktlich, unbedingt	STRIKT
Pufferkissen	FENDER
Puma	KUGUAR
pumpen	LEIHEN
Pumpenkolben	PISTON
Pupillenverengung	MIOSIS
pur, rein	LAUTER
Purzelbaum	KOBOLZ
pusten	BLASEN
Putz, Verzierung	ZIERAT
Pyrenäenberg	NETHOU
Pyrenäenbewohner	BASKEN
Qual	FOLTER
Qual	MARTER
Qualm	BRODEM
Quantum	ANZAHL
Quantum, Zuteilung	RATION
Quark	TOPFEN
Quartier	BLEIBE
Quast	PINSEL
Quaste	ZOTTEL
Quaste, Troddel	POMPON
Quatsch, Torheit	UNSINN
Quecksilber (Alchimie)	MERKUR
Quellfluß d. Pregel	INSTER
Quellnymphe	NAJADE
Quermaß	BREITE
Rabatt, Preisabzug	SKONTO
Rabenvogel	ELSTER
Rabenvogel	HAEHER
Rabenvogel	KRAEHE
Radau, Wirrwarr	TUMULT
radioaktives Element	CURIUM
radioaktives Element	RADIUM
radiostrahlend. Himmelskörper	QUASAR
Radrennfahrer	STEHER
Radteil	REIFEN
Radwettbewerb	OMNIUM
rächen	AHNDEN
Ränkespiel	KABALE
Rätselfreund	LOESER
rätselhaftes Wesen	SPHINX
Räuber	BANDIT
Räucherwerk	MYRRHE
raffen	REFFEN
raffen	ZERREN
Rammpfahl	PILOTE
Ramsch, Unsinn	TINNEF
Rand, Ende	GRENZE
Randbemerkung	GLOSSE
Randleiste	GESIMS
Rang	NIVEAU
rar, nicht häufig	SELTEN
rasch	HURTIG
rasch, reißend	RAPIDE
rasch, unverzüglich	PROMPT
rasen	SAUSEN
rasen, toben	WUETEN
Rasenballspiel	HOCKEY
rasend	FURIOS
rasend	TOBEND
rasend, reißend	RASANT
rasend, wütend	RABIAT
rasender Beifall	FURORE
rassische Verfolgung	POGROM

6

6

Rastlosigkeit	UNRUHE
Ratgeber	BEIRAT
Ratgeber	MENTOR
Ratgeber d. griech. Sage	NESTOR
Ratgeber Karls d. Großen	ALKUIN
Rathaus in Frankfurt a. M.	ROEMER
Raub, Plünderung	RAPUSE
Raubfisch	BARSCH
rauchen	PAFFEN
Raucherutensil	ASCHER
Raucherutensil	PFEIFE
raufen	BALGEN
Raum, Stube	ZIMMER
Raumbegriff	LAENGE
Raumschiff der Amerikaner	APOLLO
Raumschiff der Amerikaner	AURORA
Raumschiff der Amerikaner	GEMINI
Raumschiff der Sowjets	WOSTOK
Raumüberwölbung	KUPPEL
Rausch, Schwindel	TAUMEL
Rauschgift	KOKAIN
Rauschgift, Suchtmittel	HEROIN
Rauschgifthändler	DEALER
Rauschgifthändler	PUSHER
Rebellenbewegung in Mosambik	RENAMO
Rechnungsabschluß	BILANZ
Rechnungsbetrag	POSTEN
Recht	GESETZ
rechte Kontoseite	KREDIT
Rechtsanwalt, Rechtsberater	JURIST
Rechtsanwaltauftrag	MANDAT
Rechtsbeistand	ANWALT
rechtschaffen	BIEDER
rechtschaffen	HONETT
Rechtskundiger	JURIST
Rechtspflege	JUSTIZ
Rechtsspruch, Richterspruch	URTEIL
Redewendung	FORMEL
Redewendung	PHRASE
redlich	BIEDER
redlich, tüchtig	WACKER
Redner der Antike	RHETOR
rednerisch begabt	BEREDT
Rednerplatz	PODIUM
Reformator	LUTHER
regelmäßiger Wechsel	TURNUS
regelrecht	NORMAL
regelwidrig	ABNORM
regelwidrig	ANOMAL
Regenbogenhautentzündung	IRITIS
Regenschutz	KAPUZE
Regenschutz	SCHIRM
Regenwolke	NIMBUS
Regierungsform	REGIME
Region	BEZIRK
Region	GEGEND
Regnitz-Zufluß	EBRACH
Rehrudel	SPRUNG
Reibeisen	RAFFEL
Reibeisen	RASPEL
reiche Weltenbummler	JETSET
Reich Satans	HOELLE
Reichweite	RADIUS
Reichweite	UMFANG
Reifeprüfung	ABITUR
Reifeprüfung	MATURA
Reihe von acht Tönen	OKTAVE
rein, blank	SAUBER
Reinerlös	GEWINN
Reinfall, Mißgeschick	PLEITE
reinigen, säubern	PUTZEN
Reinverdienst	GEWINN
Reisegesellschaft in Afrika	SAFARI
Reitbahn	MANEGE
Reiterabteilung	BERITT
Reitermannschaft	EQUIPE
Reiterspiel der Ritterzeit	BUHURT
Reitsitz	SATTEL
Reitstöckchen	BADINE
Reizleiter (Mz.)	NERVEN
Rektoratsgehilfe	PEDELL
religiöse Übung	ASKESE
Religionsbuch des Juden	TALMUD
Religionsgemeinschaft	KIRCHE
rennen	LAUFEN
Rennpferd	TRABER
Rennreiter	JOCKEY
Rennruderboot	ACHTER
Rennwagen f. Kinder	GOKART
Republik China	TAIWAN
Reserve, Rücklage	VORRAT
Residenz des Agamemnon	MYKENE
Rest, Überbleibsel	RELIKT
Rettung	AUSWEG
Revier	BEZIRK
Rheinhafen in Rheinland-Pfalz	BINGEN
rheinisches Mittelgebirge	TAUNUS

Rhein-Zufluß	WISPER
Rhein-Zufluß bei Mannheim	NECKAR
Rhone-Zufluß	BORGNE
Richterin im Alten Testament	DEBORA
Richter Israels	GIDEON
Richtlinie, Richtschnur	MAXIME
Riechfläschchen	FLAKON
Riegel, Verschluß	SPERRE
Riemenblatt	KLIVIE
Riese	GIGANT
Riese	KOLOSS
Riese d. altnord. Sage	FASOLD
Riesengeier	KONDOR
Riesengras	BAMBUS
Riesenkänguruh	BOOMER
Riesenstandbild	KOLOSS
Riffelung an Gummireifen	PROFIL
rigoros, schonungslos	STRENG
Rille	FURCHE
Rinde	KORTEX
Rinde	KRUSTE
Ring	REIFEN
Ringergriff	NELSON
Rippenstück	KARREE
Ripsseide	FAILLE
Risiko	GEFAHR
Risiko, Abenteuer	WAGNIS
riskant	GEWAGT
Rispengras	TRESPE
Ritterfalter	APOLLO
ritterlich	GALANT
ritterlich. Abzeichen	WAPPEN
Ritterordensbezirk	BALLEI
Ritterrüstung	PANZER
Ritual, Ritus	KULTUS
Rochenart	FLETEN
Rockaufschlag	REVERS
Röhrling (Pilz)	MARONE
römische Adelsfamilie	ORSINI
römische Göttin d. Morgenröte	AURORA
römische Patrizierfamilie	FABIUS
römische Quellnymphe	EGERIA
römischer Hügel	PINCIO
römischer Kaiser	AVITUS
römischer Kaiser	DECIUS
römischer Kaiser	GALLUS
römischer Kaiser	TRAJAN
römischer Kaiser (3. Jh.)	PROBUS
römischer Meeresgott	NEPTUN
römisches Kaisergeschlecht	JULIER
römisches Legionärslager	CASTRA
rösten	DARREN
roh	BRUTAL
Rohkost	MUESLI
Rohling	RUEPEL
Roman v. Anet	ARIANE
Roman v. Bachmann	MALINA
Roman v. Hamsun	HUNGER
Roman v. Hartog	STELLA
Roman v. Hemingway	FIESTA
Roman v. Malaparte	KAPUTT
Roman v. Maupassant	BELAMI
Roman v. Wallace	BENHUR
rote Gartenfrucht	TOMATE
roter Farbstoff	KARMIN
roter Farbstoff	PURPUR
Rotkupfererz	CUPRIT
Rotsucht	MASERN
Rottanne	FICHTE
Rotwild	HIRSCH
Roulette-Ausdruck	MANQUE
Ruder	RIEMEN
Ruder, Leitwerk	STEUER
rudern	PULLEN
Ruderschiff d. Römer	BIREME
Rückenkammechse	LEGUAN
Rückenstück vom Wild	ZIEMER
Rückfall	RELAPS
Rückfluß	REFLUX
Rückgratknochen	WIRBEL
rückseitig (med.)	DORSAL
rücksichtslos	BRUESK
Rückstand, Überrest	RELIKT
Rückstoßgeschoß	RAKETE
Rückwendung	UMKEHR
Rückzug	ABGANG
rüde	BARSCH
rügen, beanstanden	TADELN
rühmen	FEIERN
Rüpel	FLEGEL
Rüsche	FALBEL
Ruhe	SCHLAF
Ruhe, Schweigen	STILLE
Ruhelage	STATIK
Ruhelosigkeit, Fahrigkeit	UNRAST
Ruhepause, Entspannung	SIESTA
Ruheständler	EMERIT
Ruhestörung	RANDAL
Ruhm	GLORIE
Ruhmesglanz	NIMBUS
Ruhr-Zufluß (mit Talsperre)	MOEHNE
Ruinenstätte in Ägypten	KARNAK
Ruinenstätte in Algerien	TIMGAD
Ruinenstätte in Griechenland	MYKENE
Ruinenstätte in Griechenland	TIRYNS

6

Ruinenstätte in Kambodscha	ANGKOR
rumän. Donau-Zufluß	BORCEA
rumän. Donau-Zufluß	OGOSTA
rumän. Donau-Zufluß	SERETH
rumän. Hafenstadt	BRAILA
rumän. Hafenstadt	GALATI
rumän. Hafenstadt	GALATZ
rumän. Königin	CARMEN
rumän. Königin	SYLVIA
rumän. Komponist	ENESCU
rumän. Landschaft	MOLDAU
rumän. Name v. Großwardein	ORADEA
rumän. Name von Kronstadt	BRASOV
rumän. Seebad	MAMAIA
rumän. Stadt am Bihargebirge	ORADEA
rumän. Stadt an der Donau	BRAILA
rumän. Theiß-Zufluß	SZAMOS
Rumbastäbchen	CLAVES
Rummel, buntes Treiben	TRUBEL
Runde	CORONA
Runde, geselliger Kreis	ZIRKEL
Runde, Rotation	UMLAUF
Runde bei Spielen	PARTIE
runde Geländevertiefung	KESSEL
runde Stütze	SAEULE
Rundfunkstation	SENDER
Rundtanz	REIGEN
Rundtanz des 19. Jahrh.	GALOPP
runzlig	FALTIG
russ.-am. Musical-Komponist	BERLIN
russ. Schwarzmeerhafen	ROSTOW
russ. Schwarzmeerhafen	TUAPSE
rußend	BLAKIG
russisch., sowjet. Münze	KOPEKE
russisch. Autor, Revolutionär	HERZEN
russisch. Buchweizengrütze	KASCHA
russisch. Dichter, Dramatiker	IWANOW
russisch. Dirigent (Donkosaken)	JAROFF
russisch. Fabeldichter	KRYLOW
russisch. Ikonenmaler	RUBLOW
russisch. Industriekombinat	DONBAS
russisch. Komponist	GLINKA
russisch. Konstruktivist	TATLIN
russisch. Mediziner (Nobelpreis)	PAWLOW
russisch. Name d. Memel	NJEMEN
russisch. Name von Moskau	MOSKWA
russisch. Physiker (Nobelpreis)	LANDAU
russisch. Politiker, Staatschef	JELZIN
russisch. Politiker, Verschwörer	PAHLEN
russisch. Schachweltmeister	KARPOW
russisch. Verwaltungsgebiet	OBLAST
russisch. Volksrat	SOWJET
russisch. Windhund	BARSOI
russisch. Zar	ALEXEJ
russisch-amerikan. abstrakt. Maler	ROTHKO
russische Stadt am Nordkaukasus	MAIKOP
russische Stadt an der Oka	RJASAN
russische Stadt an der Wjasma	WJASMA
russische Stadt an der Wolga	ENGELS
russische Stadt an der Wolga	RSCHEW
russische Stör-Art	BELUGA
Saale-Zufluß	LAUCHA
Saale-Zufluß	LEUTRA
Saale-Zufluß	WIPPER
Saal im Kloster	REMTER
saarländ. Stadt an der Saar	MERZIG
Sachsenkaiser	OTTONE
sachverständig	EXPERT
Sachverständigenausschuß	BEIRAT
Sackpfeife spielen	DUDELN
sächs. Stadt a. d. Görl. Neiße	ZITTAU
sächs. Stadt a. d. Schwarz. Elster	KAMENZ
sächs. Stadt an d. Mulde	WURZEN
sächs. Stadt an d. Pleiße	WERDAU
sächs. Stadt an d. Wipper	WIPPRA
sächs. Stadt an der Elbe	COSWIG
sächs. Stadt an der Elbe	TORGAU
sächs. Stadt an der Mulde	GRIMMA

sächs. Stadt an der Nuthe	ZERBST
sächs. Stadt an der Pleiße	ROETHA
sächs. Stadt an der Saale	WETTIN
sächs. Stadt an der Zschopau	FLOEHA
sächs. Stadt bei Dresden	NIESKY
sächs. Stadt bei Leipzig	TAUCHA
sächs. Stadt im Erzgebirge	LAUTER
sächs. Stadt im Vogtland	PLAUEN
Säuglingswickeltuch	WINDEL
Säule aus einem einzigen Block	MENHIR
Säulendeckplatte	ABAKUS
Säulenfuß, Denkmalpodest	SOCKEL
Säulenheiliger	STYLIT
Säulenkaktus	CEREUS
Säulenvorhof	ATRIUM
Säulenwulst	ENTASE
Säure (lat.)	ACIDUM
Safe, Panzerschrank	TRESOR
sagenh. Gründer Olymp. Spiele	PELOPS
sagenhafter äthiop. König	MEMNON
sagenhaftes Goldland	DORADO
sagenhafte Stadt in der Ostsee	VINETA
Sahnebonbon, Weichkaramelle	TOFFEE
sakrales Bauwerk	TEMPEL
Salamander	TRITON
Salatpflanze	AMPFER
Salatpflanze	KRESSE
Salomoneninsel	ISABEL
Salomoneninsel	MAKULA
Salomoneninsel	TAMOTU
Salzbergwerk	SALINE
Salz der Blausäure	ZYANID
Salz der Bromsäure	BROMAT
Salz der Bromsäure	BROMID
Salz der Gerbsäure	TANNAT
Salz der Kleesäure	OXALAT
Salz der Milchsäure	LAKTAT
Salz der Pikrinsäure	PIKRAT
Salz der Salpetersäure	NITRAT
Salz der salpetrigen Säure	NITRIT
Salz der Zitronensäure	ZITRAT
Salzsee in Algerien	SCHOTT
Salzwerk, Gradierhaus	SALINE
Samenbehälter	FRUCHT
Samen (mediz.)	SPERMA
Sammelmappe	HEFTER
Samml. v. Schriften d. Mittelalters	KORPUS
Sammlung getrocknet. Pflanzen	HERBAR
Sammlung von Akten	ARCHIV
Samsons Geliebte	DELILA
sandige Meeresküste	STRAND
Sandloch beim Golf	BUNKER
Sandwich-Inseln	HAWAII
Saphir	KORUND
Sarthe-Zufluß	HUISNE
Saturn-Mond	PHOEBE
Saturnmond	TETHYS
Saturn-Mond	THEMIS
Satz, leichtathlet. Übung	SPRUNG
Satz einer Sinfonie	ADAGIO
Satzergänzung	OBJEKT
Satzung	GESETZ
sauber	ADRETT
saudi-arab. Münze	QUIRSH
saudi-arab. Stadt	TABOUK
Sauerklee	OXALIS
Sauerstoff	OXYGEN
Sauerstoffmangel	ANOXIE
schaben	REIBEN
Schablone	MUSTER
Schachausdruck	GARDEZ
Schachfigur	KOENIG
Schachspiel-Eröffnung	GAMBIT
Schachweltmeister	MORPHY
Schaden	DEFEKT
schadhaft	DEFEKT
schadhaft	KAPUTT
Schädelinhalt	GEHIRN
schädlich. Isoliermittel	ASBEST
schändlich	EHRLOS
schärfen	WETZEN
schätzen	ACHTEN
Schätzung, Volkszählung	ZENSUS
schäumende Brandung	GISCHT
schäumender Speichel	GEIFER
Schafart	GUINEA
Schafwolle	MERINO
Schale	HUELSE
Schalenfrucht	MANDEL
Schalentier	HUMMER

6

Schalentier	KRABBE
Schalenwild, Schalwild	HIRSCH
Schalk, Narr	SCHELM
schallen	GELLEN
schallen	HALLEN
Schallplatte	SINGLE
Schalter	REGLER
Schalthebel	KLINKE
schamlos	FRIVOL
Schande, schlechter Ruf	VERRUF
Schande, Schmach	UNEHRE
Schandpfahl	STAUPE
Schanktisch, Ladentisch	TRESEN
Schar	GRUPPE
scharf gewürzt	PIKANT
Scharfrichter	HENKER
Scharfsinn	ESPRIT
scharfsinnig, spitzfindig	SUBTIL
Schattierung	NUANCE
Schaufelmaschine	BAGGER
schaufeln	GRABEN
schaukeln	WIPPEN
Schaukelreck, Schwebereck	TRAPEZ
Schaumgebäck	BAISER
Schauplatz	BUEHNE
Schauspiel von Goethe	EGMONT

Schauspiel von Goethe	STELLA
Schauspiel von Shakespeare	HAMLET
Schaustellerunternehmen	ZIRKUS
scheibenförmig. Wurfgerät	DISKUS
Scheibenqualle	MEDUSE
Scheide (mediz.)	VAGINA
Scheideneinlage	PESSAR
Scheidewand (mediz.)	SEPTUM
Schein, Helligkeit	STRAHL
scheinheilig	BIGOTT
Scheinwerferart	SUCHER
Schellfischart	DORSCH
Schellfischart	MERLAN
Schelm, Schalk	RACKER
Schelm, Spaßmacher	SCHALK
Schema	MUSTER
Schemel	HOCKER
Schenke	KNEIPE
Scherenkrebs	HUMMER
Scherflein	OBOLUS
Scherflein, Liebesgabe	SPENDE
Scheuerlappen	FEUDEL
schicken	SENDEN
schicklich	DEZENT
Schicklichkeit	DEZENZ

Schicksalsdeutung	MANTIK
Schiebung	BETRUG
Schießbedarf	PULVER
schießen	FEUERN
Schifffahrtskunde	NAUTIK
Schifffahrtsroute	SEEWEG
Schiffs-, Flugzeugverband	FLOTTE
Schiffsbalken	STEVEN
Schiffsbaugerüst	STAPEL
Schiffsbestand	FLOTTE
Schiffseigentümer	EIGNER
Schiffseigner	REEDER
Schiffsgeländer	RELING
Schiffsgeschwindigkeit messen	LOGGEN
Schiffskoch	SMUTJE
Schiffsquerwand	SCHOTT
Schiffstau	BRASSE
Schiffstyp	SEGLER
Schiffsverband	ARMADA
Schiffsverband	KONVOI
Schiffswächter	LIEGER
Schildbild, Staatssymbol	WAPPEN
Schimmelpilz	OIDIUM
Schimmer	NUANCE

Schirmherr	PATRON
Schirmherrschaft	AEGIDE
schirmlose Mütze	BARETT
Schirrzeug	SIELEN
schläfrig	DOESIG
schlafähnlicher Zustand	TRANCE
Schlafanzug	PYJAMA
schlaff, regungslos	TORPID
Schlaffheit	ATONIE
Schlaffheit, Regungslosigkeit	TORPOR
Schlag	SCHOCK
Schlaginstrument	BECKEN
Schlaginstrument	GLOCKE
Schlagwerkzeug	HAMMER
Schlagwort	LOSUNG
Schlagwort, Devise	SLOGAN
Schlamm	MATSCH
Schlamm	MODDER
Schlamm	MORAST
Schlangenart	NATTER
schlank	GRAZIL
Schlankaffe	HULMAN
schlau	LISTIG
Schlaufe	MASCHE
schlechte Gewohnheit	LASTER
schlechtes Pferd	MAEHRE
Schleichkatze	MUSANG
Schleichkatze	POIANA

schleierhaft, verworren	UNKLAR
Schleimhäute (mediz.)	MUKOSA
schleimig	MUKOES
schleppen	ZIEHEN
Schleppnetz	DRAGGE
schles. Kloster	LEUBUS
schles. Oder-Zufluß	STOBER
schleudern, schmeißen	WERFEN
Schleuderware, Wertloses	SCHUND
schlicht	FRUGAL
schlicht, unkompliziert	SIMPEL
Schließfach, Stahlkammer	TRESOR
Schlinge	MASCHE
Schlinge für Gefangene	FESSEL
Schlingel	BENGEL
Schlips	BINDER
Schlitz	LUECKE
Schloß an der Loire	CHINON
Schloß an der Loire	SAUMUR
schloßartiges Gebäude	PALAST
Schloß bei Brüssel	LAEKEN
Schloß bei Innsbruck	AMBRAS
Schloß bei Köln	BRUEHL
Schloß bei Remagen	ERNICH
Schloß im Salzkammergut	FUSCHL
Schloß Voltaires	FERNEY
schlüpfrig	FRIVOL
schlüpfrig	LASZIV
schlüssige Begründung	BEWEIS
Schlund, Mundteil	RACHEN
Schlupfbluse	JUMPER
Schlußgesang	EXODOS
Schlußphase bei Wettläufen	FINISH
Schlußrunde im Wettkampf	FINALE
Schlußsatz	FINALE
Schlußwort	EPILOG
schmachten	GIEREN
schmackhaft	LECKER
Schmähschrift	LIBELL
Schmähung	ANWURF
schmale, steile Treppe	STIEGE
schmaler Kleiderbesatz	PASPEL
schmales Brett	LEISTE
Schmalz, Schweinefett	SCHMER
Schmarotzerpflanze	MISTEL
Schmarotzerpilz	EMPUSA
schmekken	MUNDEN
schmekken, versuchen	KOSTEN
Schmelzfluß auf Tonwaren	ENGOBE
Schmelzflußgestein	OLIVIN
Schmerzlosigkeit	APONIE
Schmetterlingsart	BOHRER
Schmetterlingsart	FALTER
Schmetterlingsblütler	LUPINE
Schmiedeform	GESENK
Schmiedegerät	AMBOSS
schmieren	FETTEN
Schmierheft	KLADDE
schmierig	FETTIG
Schmor-, Schmelztopf	TIEGEL
Schmuck, Schmuckstück	ZIERDE
Schmuckgewinde	FESTON
Schmuckknopf	BOUTON
Schmuckmaterial aus Muscheln	PERLEN
Schmuckspange	HEFTEL
Schmuckspirale	VOLUTE
Schmuckstein	ADULAR
Schmuckstein	APATIT
Schmuckstein	AXINIT
Schmuckstein	BERYLL
Schmuckstein	EPIDOT
Schmuckstein	GRANAT
Schmuckstein	KORUND
Schmuckstein	KUNZIT
Schmuckstein	ZOISIT
Schmuckstein	ZYANIT
Schmuckstein aus Bleiglas	STRASS
Schnabelkrokodil	GAVIAL
Schneebluse	ANORAK
Schneide	KLINGE
Schneiderfisch, Karpfenfisch	UKELEI
Schneidewerkzeug	KLUPPE
schneidig	ZACKIG
Schneidwerkzeug	MESSER
Schneidwerkzeug	SCHERE
Schneidwerkzeug für Löcher	BOHRER
schneller Personenzug	EILZUG
schneller Trommelschlag	WIRBEL
schnelles Reitkamel	MEHARI
schnell laufen	RENNEN
schnellwüchsige Baumart	PAPPEL
Schnipsel	FETZEN
Schnittergerät	SICHEL
Schnittmeister bei Film u. Ferns.	CUTTER
Schnürband	SENKEL

Schnürenjacke d. Husaren	DOLMAN
Schnürleib	MIEDER
Schnürsenkel	NESTEL
schnurrig, geistreich	WITZIG
Schock, seelische Erschütterung	TRAUMA
schöner Jüngling	ADONIS
Schönheitspflästerchen	MOUCHE
schönste Frau d. Antike	HELENA
Schöpfer des Wiener Walzers	LANNER
schöpferisch begabt	GENIAL
schöpferische Kraft	GENIUS
schöpferischer Augenblick	KAIROS
Schöps	HAMMEL
Scholle, Hochseefisch	TURBOT
schonungslos	BRUTAL
Schopfantilope	DUCKER
schott. Branntwein	WHISKY
schott. Dramatiker	BARRIE
schott. Erfinder des Luftreifens	DUNLOP
schott. Geologe	HUTTON
schott. Grafschaft	ARGYLL
schott. Hafenstadt	DUNDEE
schott. König	DUNCAN
schott. Königshaus	STUART
schott. Mathem. (Logarithmen)	NAPIER
schott. Schäferhund	COLLIE
schott. Schriftsteller	CRONIN
schott. Sektengründer	IRVING
schott. Stadt am Firth of Tay	DUNDEE
Schottenstoff	TARTAN
schräg	SCHIEF
schräglaufend	KURSIV
Schrägstütze	STREBE
Schramme	RITZER
Schranke, Blockade	SPERRE
Schraubensicherung	MUTTER
Schraubensicherung	SPLINT
Schreckgestalt, Vogelscheuche	POPANZ
Schreibheft	KLADDE
Schreibmaterial	KREIDE
Schreibmaterial	PAPIER
Schreibstift in der Antike	STYLOS
Schreibstube	KONTOR
Schreittanz	REIGEN
Schrecken	HORROR
Schreckensherrschaft	TERROR
Schriftart	BODONI
Schriftart	FUTURA
Schriftart	KURSIV
Schriftgrad	KORPUS
Schriftgrad	MIGNON
Schriftgrad	TERTIA
Schriftgrad im Buchdruck	BORGIS
Schriftgrad im Buchdruck	CICERO
Schriftsatzstreifen	SPALTE
Schriftzug	DUKTUS
schroff	BRUESK
Schrotsorte	POSTEN
Schrulle	GRILLE
Schrulle, Verschrobenheit	SPLEEN
Schubstange	PLEUEL
schüren	FACHEN
schützender Anstrich	FIRNIS
Schuhband	NESTEL
Schuhmacherwerkzeug	PFRIEM
Schuhputzmittel	WICHSE
Schuhteil	ABSATZ
Schuhteil	LASCHE
Schulabteilung	KLASSE
Schulart	KOLLEG
Schuldiener	PEDELL
Schuldner	DEBENT
schulfreier Zeitraum	FERIEN
Schulleiter	REKTOR
Schulnote	ZENSUR
Schultasche, Tornister	RANZEN
Schultertasche	RANZEN
Schulterteil der Kleidung	KOLLER
Schulung	KURSUS
Schund	KITSCH
Schund, Schleuderware	RAMSCH
Schutzanstrich	FIRNIS
Schutzgeist	GENIUS
Schutzherr	PATRON
Schutzherrschaft	AEGIDE
Schutzherrschaft	MANDAT
Schutzhülle	KUVERT
Schutzpatron d. Ärzte	DAMIAN
Schutzpatron d. Ärzte	KOSMAS
Schutzpatron d. Ärzte	ROCHUS
Schutzpatron d. Apotheker	DAMIAN
Schutzpatron d. Apotheker	KOSMAS
Schutzpatron d. Apotheker	ROCHUS

Schutzpatron d. Arbeiter	JOSEPH
Schutzpatron d. Architekten	THOMAS
Schutzpatron d. Armen	DAMIAN
Schutzpatron d. Armen	KOSMAS
Schutzpatron d. Bettler	MARTIN
Schutzpatron d. Bildhauer	THIEMO
Schutzpatron d. Dichter	GREGOR
Schutzpatron d. Drogisten	DAMIAN
Schutzpatron d. Drogisten	KOSMAS
Schutzpatron d. Drogisten	ROCHUS
Schutzpatron d. Familie	JOSEPH
Schutzpatron d. Fischer	PETRUS
Schutzpatron d. Großhändler	MARTIN
Schutzpatron d. Handwerker	JOSEPH
Schutzpatron d. Ingenieure	JOSEPH
Schutzpatron d. Jäger	KONRAD
Schutzpatron d. Musiker	ARNOLD
Schutzpatron d. Musiker	GREGOR
Schutzpatron d. Pferde	MARTIN
Schutzpatron d. Pferde	STEFAN
Schutzpatron d. Prüfungskandidat.	JOSEPH
Schutzpatron d. Reisenden	JOSEPH
Schutzpatron d. Reisenden	MARTIN
Schutzpatron d. Sänger	GREGOR
Schutzpatron d. Tischler	JOSEPH
Schutzpatron d. Tischler	PETRUS
Schutzpatron d. Tischler	ROCHUS
Schutzpatron d. Uhrmacher	PETRUS
Schutzpatron d. Waisen	JOSEPH
Schutzpatron d. Weltraumfahrer	JOSEPH
Schutzpatron d. Wetters	PETRUS
Schutzpatronin d. Bildhauer	MARTHA
Schutzpatronin d. Brautleute	HEDWIG
Schutzpatronin d. Fischer	VERENA
Schutzpatronin d. Hausfrauen	MARTHA
Schutzpatronin d. Hausfrauen	SABINA
Schutzpatronin d. Lehrerinnen	URSULA
Schutzpatronin d. Witwen	SOPHIA
Schutzraum	BUNKER
Schutztracht von Tieren	MIMESE
Schutzwaffe	SCHILD
schwache Lampe	FUNZEL
Schwachsinniger	KRETIN
Schwaden	BRODEM
schwäb. Dichter	KERNER
schwäb. Dichter	UHLAND
Schwäche	FAIBLE
Schwall	FUELLE
schwanger	GRAVID
Schwangerschaftserbrechen	EMESIS
schwanken	WANKEN
schwanzloser Lurch	FROSCH
Schwarzer Erdteil	AFRIKA
schwarzer Soldat in Deutsch-Ostafrika	ASKARI
schwarzgrünes Tiefengestein	GABBRO
Schwarzwaldberg	BLAUEN
Schwarzwaldfluß	WUTACH
schwed. Arzt u. Schriftsteller	MUNTHE
schwed. Dichter	TEGNER
schwed. Filmschauspielerin	EKBERG
schwed. Fluß	NISSAN
schwed. Fluß zum Bottn. Meerb.	LJUNGA
schwed. Geograph	ANDREE
schwed. Hafen am Öresund	MALMOE
schwed. Hafenstadt	GAEVLE
schwed. Königin	LOUISE
schwed. Königin	SILVIA
schwed. Königsname	GUSTAV
schwed. Königsname	JOHANN
schwed. Komponist	ALFVEN
schwed. Nationalökonom (Nobelpr.)	MYRDAL
schwed. Ostseeinsel	OELAND
schwed. Physiologe (Nobelpreis)	GRANIT
schwed. Polarforscher	ANDREE
schwed. romant. Autor, Kompon.	GEIJER
schwed. Soziologin (Nobelpreis)	MYRDAL
schwed. Stadt am Vättersee	MOTALA

6

schwed. Stadt in Lappland	KIRUNA
schwed. Tennisspieler	EDBERG
schwefelsaures Salz	SULFAT
Schwefelverbindung	BLENDE
schwefligsaures Salz	SULFID
Schweinebauchfett	FLOMEN
schweiz. Berg am Bieler See	NIESEN
schweiz. Bildhauer	HALLER
schweiz. Biologe	BONNET
schweiz. Botaniker, Mediziner	HALLER
schweiz. Chemiker (Nobelpreis)	KARRER
schweiz. Chemiker (Nobelpreis)	WERNER
schweiz. Chirurg (Nobelpreis)	KOCHER
schweiz. Dichter d. poet. Realismus	KELLER
schweiz. Dramatiker	FRISCH
schweiz. Fluß zum Lago Maggiore	MAGGIA
schweiz.-franz. Pianist	CORTOT
schweiz. Gelehrter	GESNER
schweiz. General	DUFOUR
schweiz. Gliedstaat	KANTON
schweiz. Jugendstilkünstler	OBRIST
schweiz. Kanton	AARGAU
schweiz. Kanton	LUZERN
schweiz. Kanton	SCHWYZ
schweiz. Kanton	TESSIN
schweiz. Kantonshauptstadt	GLARUS
schweiz. Kantonshauptstadt	LUZERN
schweiz. Kantonshauptstadt	SARNEN
schweiz. Kantonshauptstadt	SCHWYZ
schweiz. Kantonshauptstadt	SITTEN
schweiz. Kinderpsychologe	PIAGET
schweiz. Kinderpsychologe	PIAGET
schweiz. Komponist	MARTIN
schweiz. Kulturphilosoph	GEBSER
schweiz. Kulturphilosoph	PICARD
schweiz. Kupferstecher	MERIAN
schweiz. Kurort im Engadin	TARASP
schweiz. Kurort im Oberengadin	MALOJA
schweiz. Kurort im Tessin	LUGANO
schweiz. Landhaus	CHALET
schweiz. Maler	HODLER
schweiz. Mathematiker	GULDIN
schweiz. Münze	RAPPEN
schweiz. Paß	PILLON
schweiz. Paß im Engadin	MALOJA
schweiz. Philanthrop (Nobelpr.)	DUNANT
schweiz. Physiker (Nobelpreis)	ROHRER
schweiz. Rhein-Zufluß	ERGOLZ
schweiz. Rhein-Zufluß	TAMINA
schweiz. Schauspielerin	PULVER
schweiz. Schriftsteller	MUSCHG
schweiz. Stadt am Genfer See	MORGES
schweiz. Stadt an d. Rhone	SITTEN
schweiz. Stadt an der Linth	GLARUS
schweiz. Stadt an der Saane	LAUPEN
schweiz. Stadt im Berner Oberland	SAANEN
schweiz. Tessin-Zufluß	BRENNO
schweiz. Tropenarzt	YERSIN
schweiz. Voralpenberge	MYTHEN
Schweiz auf französisch	SUISSE
schwelen	BLAKEN
schwelen	GLOSEN
Schwelgerei	GELAGE
Schwellung der Säule	ENTASE
Schwemmland	MARSCH
schwer	MASSIG
Schwerathlet	RINGER
schwerer Säbel	SARRAS
schweres Elementarteilchen	PROTON
Schwermetall	KOBALT
Schwermetall	NICKEL
Schwermetall	TANTAL
Schwermetall	WISMUT
Schwerverbrecher	BANDIT
Schwester v. Antigone	ISMENE
Schwester v. Hänsel	GRETEL
Schwester v. Lazarus	MARTHA
Schwester v. Moses u. Aaron	MIRJAM
Schwiele	KALLUS
schwierige Lage	KLEMME
Schwimmbassin	BECKEN

Schwimmbrücke, Brückenschiff	PONTON
Schwindel	BETRUG
Schwindel	HUMBUG
schwindeln	LUEGEN
Schwurgericht in der Schweiz	ASSISE
Sechspolröhre	HEXODE
sechster Sonntag nach Ostern	EXAUDI
sechzig Stück	SCHOCK
Sedimentgestein	MERGEL
Sedimentgestein	SINTER
See an der Zugspitze	EIBSEE
Seebad an der Adria	CERVIA
Seebad auf Rügen	SELLIN
Seebad auf Sylt	KAMPEN
Seebad bei Greifswald	ELDENA
Seebad in Belgien	KNOKKE
Seebad in Holstein	BUESUM
Seebad in Pommern	ELDENA
See im Tarimbecken	LOPNOR
See in Bayern	ALPSEE
See in der Türkei	VANSEE
Seekrankheit	NAUSEA
Seekuh	DUGONG
Seekuh	MANATI
Seekuh	SIRENE
Seele	PSYCHE
Seelenleben	GEMUET
seelische Erschütterung	SCHOCK
seemänn.: herablassen	FIEREN
Seemannslied	SHANTY
Seemeile je Stunde	KNOTEN
Seeräuber	KORSAR
Seestreitkräfte, Seemacht	FLOTTE
Seestreitkräfte, Seemacht	MARINE
Seeteufel (zool.)	ANGLER
Seewesen	MARINE
Seezeichen	PRICKE
Segelboot	KETSCH
Segelboot	SOLING
Segelboot, Segelschiff	SEGLER
Segelschiff im Mittelmeer	FELUKE
Segelstange	GAFFEL
Segelstange	SPIERE
Segeltau	SCHOTE
Segel verkürzen	REFFEN
Seherkunst	MANTIK
Sehhilfe	BRILLE
sehr klein	WINZIG
sehr schnell	RASANT
sehr schnell	RASEND
seichter Strandsee	LAGUNE
Seidelbast	DAPHNE
Seidengewebe	BROKAT
Seidengewebe	DAMAST
Seidenspinner	BOMBYX
seihen, auslesen	SIEBEN
Seiher	FILTER
Seilscheibe	HASPEL
Seite	FLANKE
Seite im Rechtsstreit	PARTEI
Seitenabschluß d. Daches	GIEBEL
Seitenansicht	PROFIL
Seitenzahl	PAGINA
seitliche Galerie	EMPORE
sekretbildendes Organ	DRUESE
selbständig	AUTARK
Selbstsüchtiger	EGOIST
Selbstüberhebung	HYBRIS
Selbstverteidigung als Sport	KARATE
selig	WONNIG
seltene Erde	NEODYM
seltsam	BIZARR
seltsam	KAUZIG
seltsam	KURIOS
semitische Gottheit	MOLOCH
Semmelbrei	PANADE
Senker	BOHRER
Senkgrube	KLOAKE
senkrechter Mauerstreifen	LISENE
Sensenschneide	DENGEL
Sepiaschale	SCHULP
serbisch. Schuh	OPANKE
serbische Stadt in der Batschka	SOMBOR
Sessel	CHAISE
Setzereileiter	FAKTOR
Sexualhormon	PROLAN
sexuell enthaltsam	KEUSCH
sexuell erregbar	EROGEN
sibir. Fluß zum Eismeer	KOLYMA
sibir. Stadt am Tobol	KURGAN
sibir. Stadt am Turgai	TURGAI
sibir. Stadt an der Tura	TJUMEN
sibir. Stadt an Oka und Angara	BRATSK
sibirische Kältesteppe	TUNDRA
sibirische Stadt	IGARKA
sibirische Stadt	UDINSK
sich abplagen	MUEHEN

sich aneignen	NEHMEN
sicher	GEWISS
sicheres Auftreten	APLOMB
Sicherheitsklausel	KAUTEL
Sicherungstruppe	VORHUT
sich kümmern	SORGEN
sich schnell fortbewegen	LAUFEN
Sieb	FILTER
Sieb, Filter	SEIHER
sieben	SEIHEN
sieden	KOCHEN
Siedlerkollektiv in Israel	KIBBUZ
Sieg	GEWINN
Siegel, Petschaft	CACHET
Sieger	BESTER
Sieger	ERSTER
Signalmittel	FLAGGE
Silberauflage	DUBLEE
Silberkönig (Fisch)	TARPON
Silberlegierung für Münzen	BILLON
Silberlöwe	KUGUAR
Silikatmineral	AXINIT
Silikatmineral	BERYLL
Sinfonie v. Beethoven	EROICA
Sinfonie v. Beethoven	NEUNTE
Singvogel	LERCHE
Singvogel	ROETEL
Singvogel	STELZE
Sinnbild	EMBLEM
Sinnbild	TROPUS
sinnen	DENKEN
Sinneswahrnehmung	GEHOER
Sinneswahrnehmung	GERUCH
Sinngedichte	XENIEN
sinnliche Liebe	EROTIK
sinnlos, sinnwidrig	ABSURD
Sinnpflanze	MIMOSE
Sippschaft	CLIQUE
Sirene (Tier)	SEEKUH
Sitte	BRAUCH
sittsam	DEZENT
sizilian. Geheimbund	MAFFIA
Skandinavierin	DAENIN
Skandinavierin	FINNIN
skandinavische Hochfläche	FJAELL
skandinavischer Frauenname	ASTRID
skandinavischer Männername	GUNNAR
skandinavischer Männername	HARALD
skandinavischer Männername	HENRIK
skandinavischer Männername	INGMAR
Skisprunghügel	BAKKEN
Skulptur	GLYPTE
Skythenstamm	ALANEN
Slawenapostel	KYRILL
sloven.-kroat. italien. Fluß	ISONZO
slowak. Fluß	NEUTRA
slowak. Fluß in der Zips	POPRAD
slowak. Komponist	CIKKER
slowak. Stadt an d. Neutra	NEUTRA
slowak. Stadt in der Zips	POPRAD
slowen. Stadt an der Drau	PETTAU
soeben	GERADE
Söldnertruppe	LEGION
sofort	GLEICH
sofort, umgehend	PROMPT
Sohn v. Abraham	ISMAEL
Sohn v. Anchises	AENEAS
Sohn v. Atreus	ATRIDE
Sohn v. Daidalos, Dädalus	IKARUS
Sohn v. Hagar	ISMAEL
Sohn v. Jakob und Lea	SIMEON
Sohn v. Noah	JAPHET
Sohn v. Odin	BALDUR
Sohn v. Priamos	HEKTOR
Sohn v. Tantalos	PELOPS
Sohn v. Zeus	HERMES
sonderbar	KURIOS
Sonderrecht, Vorrang	PRIMAT
Sonnenuhrenbau	GNOMIK
Sorben, Westslawen	WENDEN
Sorge	KUMMER
sortieren	ORDNEN
Sotho-Volk	TSWANA
sowjet. Diktator, Ideologe	STALIN
sowjet. Kosmonaut	LEONOW
sowjet. Kosmonaut	WOLKOW
sowjet. Marschall	KONJEW
sowjet. realist. Schriftsteller	LEONOW
sowjet. Weltraumschiff	SALJUT
sowjet. Zeitung	PRAWDA
spärlich fließen	RINNEN
spätröm. Dichter	APPIAN
Spalierbaum	KORDON
Spalte	LUECKE
Spalte, Fach, Klasse	RUBRIK
Spaltkeil	FIMMEL
Spalt (medizin.)	HIATUS
span. abstrakter Maler	TAPIES
span. Bevölkerungsteil	BASKEN

6

span. Cello-Virtuose	CASALS
span. Dessertwein	MALAGA
span. Dessertwein	SHERRY
span. Dichter	ALEMAN
span. Dichter	BAROJA
span. Dichter, Dramatiker	MOLINA
span. Dichter, Politiker	VALERA
span. Entdecker	TORRES
span. Entdecker, Eroberer	BALBOA
span. Filmregisseur	BUNUEL
span. Fluggesellschaft	IBERIA
span. Frauenname	CARMEN
span. Hauptstadt	MADRID
span. Herrschername	ALFONS
span. Küstenlandschaft	HUERTA
span. kurze Jacke	BOLERO
span. Männername	CARLOS
pan. Männer-ame	FELIPE
pan. Männer-ame	MIGUEL
pan. änner-ame	SANCHO
span. Maisspeise	UMINTA
span. Maler (17. Jh.)	RIBERA
span. Nationalgericht	PAELLA
span. Parlament	CORTES
span. Philosoph	ORTEGA
span. Provinz	BURGOS
span. Provinz	OVIEDO
span. Provinz	TOLEDO
span. Provinz	ZAMORA
span. Provinz in Galicien	ORENSE
span. Rohr	ROTANG
span. Schriftsteller	JARNES
span. Stadt am Duero	ZAMORA
span. Stadt am Gudaiana	MERIDA
span. Stadt am Tajo	TOLEDO
span. Stadt am Turia	TERUEL
span. Stadt am Yucar	CUENCA
span. Stadt in Asturien	MIERES
span. Stadt in Asturien	OVIEDO
span. Stadt in Galicien	ORENSE
span. Strophenform	DEZIME
span. Tänzerin	PEPITA
span. Tanz	BOLERO
span. Volksfest	FIESTA
span. Währungseinheit	PESETA
span. Weinsorte	RANCIO
span. Weinstube	BODEGA
span. Wirtshaus	POSADA
span. Zigeunertanz	GITANA
span.: Garten	HUERTA
span.: Gebirgskette	SIERRA
span.: Hafen	PUERTO
span.: Stadt	CIUDAD
span.: Taube	PALOMA
Spanien in der Landessprache	ESPANA
Spanner, ungebetener Zuschauer	VOYEUR
spartan. Gesetzgeber	LYKURG
spartan. Schwerbewaffneter	HOPLIT
spartan. Senator	GERONT
spaßig	LUSTIG
SPD-Politikerin	RENGER
Spechtwurzel	DIKTAM
Speer	SPIESS
Speichel	SALIVA
Speichel	SPUCKE
Speiche (mediz.)	RADIUS
Speisebrei im Magen	CHYMUS
Speisefett	BUTTER
Speisefisch	HERING
Speisegewürz	INGWER
Speisekammer auf Schiffen	PANTRY
Speisekrebs	HUMMER
Speisemuschel	AUSTER
speisen, dinieren	TAFELN
Speisepilz mit braunem Hut	MARONE
Speiseraum	KASINO
Speisesaal in Burgen	REMTER
Spelt	DINKEL
Spelunke	STAMPE
Sperlingsvogel	LERCHE
Spermazet	WALRAT
Sperre	GITTER
Sperre, Schließvorrichtung	RIEGEL
sperren, hindern	MAUERN
Sperrfrist	KARENZ
Spesen	KOSTEN
spezifisches Gewicht	WICHTE
Sphäre, Umgebung	UMWELT
Spiegelung	REFLEX
Spielkarte	KOENIG
Spielkartenfarbe	ECKERN

6

Spielmarke	PLAQUE
Spiel mit verdecktem Skat	RAMSCH
Spielort im Theater	BUEHNE
Spieltisch der Orgel	MANUAL
Spießhirsch	MAZAMA
Spindel	KUNKEL
Spinnenkrebs	KRABBE
Spinngerät	ROCKEN
Spinnrocken	KUNKEL
spiritistische Sitzung	SEANCE
Spitze	GIPFEL
spitzes Stechwerkzeug	PFRIEM
Spitzhacke	KRAMPE
Spitzhacke	PICKEL
Spitzname f. d. US-Amerikaner	YANKEE
Spleen	GRILLE
spöttisch	MOKANT
Sporadeninsel	IKARIA
Sporn, Stachel	SPITZE
Sportart, -disziplin	HOCKEY
Sportfischer	ANGLER
Sportfischerei	ANGELN
Sporthalbschuhe	SPIKES
Sportmannschaft	EQUIPE
Sportmantel	RAGLAN
Sportruderboot	ACHTER
Sportruderboot	VIERER
Sportruderboot	ZWEIER
Sportwaffe	SAEBEL
Sportwurfspiel	KEGELN
Sprache der alten Römer	LATEIN
sprechbehindert	HEISER
Sprecher, Vortragender	REDNER
Sprechunfähigkeit	ALALIE
Spreizschritt, -sprung	SPAGAT
springender Punkt	POINTE
Sprinterschuhe	SPIKES
spröde, zimperlich	PRUEDE
Sproßanlage	KNOSPE
Sprossengerät	LEITER
sprudeln	WALLEN
spucken	SPEIEN
Spürhund	BRACKE
Spule in d. Baumwollspinnerei	BOBINE
Spulenring	WIRTEL
Staat	NATION
Staat der USA	ALASKA
Staat der USA	HAWAII
Staat der USA	KANSAS
Staat der USA	OREGON
staatenbildendes Insekt	AMEISE
Staat im Nahen Osten	ISRAEL
Staat im südl. Afrika	ANGOLA
Staat in Nordamerika	KANADA
Staat in Nordeuropa	ISLAND
Staat in Südasien	INDIEN
staatliche Rechtsnorm	GESETZ
Staatsgemeinschaft	NATION
Staatshaushalt	BUDGET
Staatskasse	FISKUS
Staatsoberhaupt	REGENT
Staatspräsid. von Sambia	KAUNDA
Staatsschatz	FISKUS
Staatssprache in Nepal	NEPALI
Staatsstreich	PUTSCH
Staatssymbol	EMBLEM
Staatsvertreter	KONSUL
Staatsvolk	NATION
Stab	BEIRAT
Stabreim	ANREIM
Stabsoffizier	OBERST
Stachel	BORSTE
Stachelflosser	BARSCH
stacheliger Korbblütler	DISTEL
Stachelpflanze	KAKTUS
Stadt am Chiemsee	BERNAU
Stadt am Delta der Weichsel	DANZIG
Stadt am Don und Schwarzen Meer	ROSTOW
Stadt am Dortm.-Ems-Kanal	MEPPEN
Stadt am Elbe-Trave-Kanal	MOELLN
Stadt am Hohentwiel	SINGEN
Stadt am Kaspischen Meer	ROKOSA
Stadt am Kilimandscharo	MOSCHI
Stadt am Kongo im nördl. Zaire	LISALA
Stadt am Mittellandkanal	MINDEN
Stadt am Niederrhein (NRW)	KEMPEN
Stadt am Niger	LOKOJA
Stadt am Nürburgring	ADENAU
Stadt am Tigris	BAGDAD
Stadt am Vesuv	NEAPEL
Stadt am Vierwaldstätter See	LUZERN
Stadt an Ahr und Rhein	SINZIG
Stadt an Amazonas u. Rio Negro	MANAUS

Stadt an der Donaumündung	SULINA
Stadt an der Ems	LATHEN
Stadt an der Ems	WEENER
Stadt an der Freiberger Mulde	NOSSEN
Stadt an der Gera	ERFURT
Stadt an der Lahn	BADEMS
Stadt an der Leine	ALFELD
Stadt an der Lippe (NRW)	LUENEN
Stadt an der Maine	ANGERS
Stadt an der Memel	TILSIT
Stadt an der Mosel	COCHEM
Stadt an der Moskwa	MOSKAU
Stadt an der Müritz	ROEBEL
Stadt an der oberen Sieg	SIEGEN
Stadt an der oberen Weichsel	KRAKAU
Stadt an der Peene	ANKLAM
Stadt an der Peene	DEMMIN
Stadt an der Peene	JARMEN
Stadt an der Peene	LASSAN
Stadt an der Riviera	MONACO
Stadt an der Ruhr	WETTER
Stadt an der Ruhr	WITTEN
Stadt an der Schwarzen Elster	JESSEN
Stadt an der Somme	AMIENS
Stadt an der unteren Loire	NANTES
Stadt an der Vils	AMBERG
Stadt an der Weichsel	MODLIN
Stadt an der Weichselmündung	ELBING
Stadt an der Weißen Elster	PLAUEN
Stadt an der Weser	BREMEN
Stadt an der Weser	VLOTHO
Stadt an Donau, Inn und Ilz	PASSAU
Stadt an Elbe und Mulde	DESSAU
Stadt an Pegnitz und Rednitz	FUERTH
Stadt an Rhein und Nahe	BINGEN
Stadt auf Honschu (Japan)	NAGANO
Stadt auf Honschu (Japan)	NAGOJA
Stadt auf Kiuschu (Japan)	KURUME
Stadt auf Kreta	CHANIA
Stadt auf Kreta	PERAMA
Stadt auf Rügen	BERGEN
Stadt auf Rügen	PUTBUS
Stadt auf Sizilien	RAGUSA
Stadt auf Sizilien	SALEMI
Stadt auf Sri Lanka	JAFFNA
Stadt auf Sumatra	DJAMBI
Stadt bei Berlin	BERNAU
Stadt bei Berlin	TELTOW
Stadt bei Köln	BRUEHL
Stadt bei New York	NEWARK
Stadtbezirk von Wien	NEUBAU
Stadt im Allgäu	WANGEN
Stadt im Bergischen Land	HILDEN
Stadt im Elsaß	COLMAR
Stadt im Münsterland	BECKUM
Stadt im Münsterland	GRONAU
Stadt im Münsterland	LOEHNE
Stadt im nördl. Sauerland	MENDEN
Stadt im Odenwald	BUCHEN
Stadt im Riesengebirge	LIEBAU
Stadt im Ruhrgebiet	BOCHUM
Stadt im Ruhrgebiet	HERTEN
Stadt im Ruhrgebiet	LUENEN
Stadt im Sauerland	ALTENA
Stadt im Sauerland	BRILON
Stadt im Schwarzwald	ELZACH
Stadt im Schwarzwald	NAGOLD
Stadt im Tschad	ABECHE
Stadt im Unterelsaß	ZABERN
Stadt in Äthiopien	HARRAR
Stadt in Alabama (USA)	MOBILE
Stadt in Altkastilien	BURGOS
Stadt in Angola	HUAMBO
Stadt in Arizona (USA)	TUCSON
Stadt in Bangladesch	KHULNA
Stadt in Bangladesch	SUKKUR
Stadt in Benin	OUIDAH
Stadt in Böhmen	KLADNO
Stadt in Brandenburg	BELZIG
Stadt in Brandenburg	BERNAU
Stadt in Brandenburg	MAHLOW
Stadt in Brandenburg	SOLDIN
Stadt in Burgund	BEAUNE
Stadt in Burgund	CHALON
Stadt in Burundi	GITEGA

Stadt in den Abruzzen	AQUILA
Stadt in den Vogesen	EPINAL
Stadt in der CSFR	BERAUN
Stadt in der Lüneburger Heide	SOLTAU
Stadt in der Lüneburger Heide	UELZEN
Stadt in der Niederlausitz	LUCKAU
Stadt in der Normandie	BAYEUX
Stadt in der Oberpfalz	AMBERG
Stadt in der Steiermark	LEOBEN
Stadt in der Toskana	AREZZO
Stadt in der Uckermark	LYCHEN
Stadt in Dschibuti	DIKKIL
Stadt in Ghana	KUMASI
Stadt in Ghana	TAMALE
Stadt in Guinea	KANKAN
Stadt in Guinea	KINDIA
Stadt in Hessen	SONTRA
Stadt in Illinois (USA)	PEORIA
Stadt in Kalifornien (USA)	FRESNO
Stadt in Kamerun	DOUALA
Stadt in Kamerun	GAROUA
Stadt in Kasachstan	URALSK
Stadt in Kenia	KISUMU
Stadt in Kenia	NAKURU
Stadt in Kirgisistan	FRUNSE
Stadt in Kolumbien	IBAQUE
Stadt in Kolumbien	PAREIA
Stadt in Korea (Nord)	WONSAN
Stadt in Liechtenstein	SCHÁAN
Stadt in Makedonien	BITOLA
Stadt in Makedonien	PRILEP
Stadt in Malawi	SALIMA
Stadt in Malaysia	KELANG
Stadt in Malaysia	PINANG
Stadt in Massachusetts (USA)	NEWTON
Stadt in Mecklenburg	KRAKOW
Stadt in Mexiko	TOLUCA
Stadt in Missouri (USA)	JOPLIN
Stadt in Mosambik	XAIXAI
Stadt in Namibia	TSUMEB
Stadt in Nicaragua	ESTELI
Stadt in Nicaragua	MASAYA
Stadt in Niedersachsen	ALFELD
Stadt in Niger	MARADI
Stadt in Niger	ZINDER
Stadt in Nigeria	ILESHA
Stadt in Nigeria	ILORIN
Stadt in Nigeria	SOKOTO
Stadt in Nordrhein-Westfalen	AACHEN
Stadt in Nordrhein-Westfalen	BOCHUM
Stadt in Nordrhein-Westfalen	KALKAR
Stadt in Oberfranken	COBURG
Stadt in Oberschlesien	NEISSE
Stadt in Ohio (USA)	CANTON
Stadt in Ohio (USA)	DAYTON
Stadt in Ohio (USA)	TOLEDO
Stadt in Ostfriesland	VECHTA
Stadt in Ostholstein	PREETZ
Stadt in Ostjava	MALANG
Stadt in Ostpommern	POLZIN
Stadt in Palästina	NABLUS
Stadt in Pennsylvanien (USA)	EASTON
Stadt in Pommern	BUETOW
Stadt in Pommern	PYRITZ
Stadt in Qatar	RAYYAN
Stadt in Rheinland-Pfalz	BADEMS
Stadt in Ruanda	BUTARE
Stadt in Sachsen	GRUENA
Stadt in Sachsen	HARTHA
Stadt in Sambia	KASAMA
Stadt in Saudi-Arabien	MEDINA
Stadt in Schlesien	HAYNAU
Stadt in Schlesien	LUEBEN
Stadt in Schlesien	WOHLAU
Stadt in Sierra Leone	KENEMA
Stadt in Simbabwe	HWANGE
Stadt in Simbabwe	KODOMA
Stadt in Simbabwe	KWEKWE
Stadt in Simbabwe	MAKENI
Stadt in Simbabwe	MUTARE
Stadt in Süd-Israel	ASHDOD
Stadt in Taiwan	TAINAN
Stadt in Tansania	ARUSHA
Stadt in Tansania	MUSOMA
Stadt in Tansania	MWANZA
Stadt in Tansania	TABORA
Stadt in Texas	DALLAS
Stadt in Thüringen	APOLDA
Stadt in Thüringen	WORBIS
Stadt in Uganda	MASAKA

Stadt in Umbrien	ASSISI
Stadt in Uruguay	PALOMA
Stadt in Uruguay	RIVERA
Stadt in Vietnam	DANANG
Stadt in Vor-Pommern	ANKLAM
Stadt in Westjordanien	HEBRON
Stadt in Zaire	BUKAVU
Stadt in Zaire	KIKWIT
Stadt in Zaire	LIKASI
Stadtrandsiedlung	VORORT
Stadtstreicher	PENNER
Stadtteil von Berlin	DAHLEM
Stadtteil von Duisburg	WALSUM
Stadtteil von Essen	STEELE
Stadtteil von Essen	WERDEN
Stadtteil von Hamburg	ALTONA
Stadtteil von Hannover	LINDEN
Stadtteil von Istanbul	GALATA
Stadtteil von Köln	NIPPES
Stadtteil von München	PASING
Stadtteil von Wien	ASPERN
Stadt zwischen Athen u. Korinth	MEGARA
Stadt zwischen Don und Wolga	TAMBOW
Ständer, Stellgerät	STATIV
Stäubling	BOFIST
Stagnation	FLAUTE
Stahlseil	TROSSE
Stahltau	PARDUN
Stamm der Sioux-Indianer	DAKOTA
Stammesherrscher	HERZOG
Stammkloster d. Zisterzienser	CITEAU
Stammvater d. Germanen	MANNUS
Stand, Stellung	STATUS
standardisieren	NORMEN
Standbild	STATUE
standfest, unveränderlich	STABIL
standhaft	EISERN
stanzen	LOCHEN
Stapel	HAUFEN
stark, stämmig	ROBUST
starke Feuchtigkeit	NAESSE
starkes Brett	PLANKE
starkes Haargarn	BOUCLE
startklar	FERTIG
statt dessen	DAFUER
staubig	DUSTIG
stechendes Insekt	BREMSE
Stechmücke	GNITZE
Stechwinde	SMILAX
Steckdose	BUCHSE
Steckenkraut	FERULA
Stegreifauftritt	SKETCH
Stehlerin	DIEBIN
steifer Hut	MELONE
steifes Haar	BORSTE
Steifheit, Unbeweglichkeit	STARRE
Steigen d. Börsenkurse	HAUSSE
Steigerung im Ausdruck	KLIMAX
Steiggerät	LEITER
Steinblock	FELSEN
Steingrab der Vorzeit	DOLMEN
steinzeitl. Hünenstein	MENHIR
Stelle des Verbrechens	TATORT
Stellmacher	WAGNER
Stelzvogel, Watvogel	REIHER
Stelzvogel, Zugvogel	STORCH
Stemmeisen	BEITEL
Stempelabdruck	SIEGEL
Steppenfuchs	KORSAK
Steppennagetier	ZIESEL
Steppen-Tataren	AWAREN
Steppenwolf	KOJOTE
Sterbeort Hofers	MANTUA
Sterbeort Huttens	UFENAU
Sternbild	BECHER
Sternbild	BOOTES
Sternbild	CORONA
Sternbild	DRACHE
Sternbild	FLIEGE
Sternbild	LINEAL
Sternbild	OKTANT
Sternbild	SCHWAN
Sternbild	ZIRKEL
Sternbild (Schiffskiel)	CARINA
Sternfahrt	RALLYE
Sternhaufen im Stier	HYADEN
Stern in den Zwillingen	KASTOR
Stern in den Zwillingen	POLLUX
Stern in der Andromeda	SIRRAH
Sternschnuppe	METEOR
Steuer	ABGABE
Steuer, Zwangsabgabe	TRIBUT
steuern	LENKEN
steuern, bugsieren	LOTSEN
Steuerteil am Flugzeug	FLOSSE
stichhaltiger Nachweis	BEWEIS
Stichkarte beim Kartenspiel	TRUMPF
Stickerei an Kanten	FESTON
Stickrahmen	TAMBUR
Stickstoff-Metall-Verbindung	NITRID
Stieftochter von Herodes	SALOME
Stiege, Stufengang	TREPPE

Stierkämpfer mit Degen	ESPADA
Stierkämpfer zu Fuß	TORERO
Stilepoche	BAROCK
Stilepoche	ROKOKO
Stilepoche des frühen 19. Jh.	EMPIRE
stimmloser Verschlußlaut	TENUIS
Stimmorgan der Vögel	SYRINX
Stinkmarder, Hermelin	WIESEL
Stirnbinde der Antike	DIADEM
Stirnreif	DIADEM
Stockball	HOCKEY
Stör	HAUSEN
störend	GENANT
Störrogen	KAVIAR
Stoffbehälter	BEUTEL
Stoff mit Metallfäden	BROKAT
Stoffmuster	DESSIN
Stoffrollen	BALLEN
storchähnlicher Vogel	MARABU
storchähnlicher Vogel	REIHER
Stoß	HAUFEN
Stoß beim Billard	DUBLEE
Stoß beim Fußball	SCHUSS
Stoßfänger	PUFFER
Stoßfänger am Schiff	FENDER
Stoßzahn des Keilers	GEWEHR
Strähne	STRANG
straff, schneidig	STRAMM
Straftat	DELIKT
Strahlenbrecher	PRISMA
strahlenförmig	RADIAL
Strahlenkranz	KORONA
Strahlenkranz	NIMBUS
strahlig	RADIAR
Strahltriebwerk	RAMJET
stramm im Auftreten	FORSCH
Strand	KUESTE
Strandsee	LAGUNE
Straßenhund	KOETER
strecken	DEHNEN
Streich, Schabernack	POSSEN
Streichgarngewebe	CROISE
streiten	HADERN
strenge Lebensweise	ASKESE
Strickbluse	JUMPER
Strohhut	PANAMA
Strom-Maßeinheit	AMPERE
Strumpfhalter	STRAPS
Stube	KAMMER
studentischer Zweikampf	MENSUR
Studienvorlesung	KOLLEG
Studierzimmer	STUDIO
stückeln, zerlegen	TEILEN
Stückzahlmaß	SCHOCK
Stümperarbeit	PFUSCH
stürmisch	FURIOS
stürzen	FALLEN
Stützbalken, tragender Bauteil	STREBE
Stütze	BALKEN
Stützsprung	FLANKE
Stufe	ABSATZ
Stufe des Tertiärs	EOZAEN
stufenartige Erhöhung	PODEST
Stuhl, Kot	FAEZES
Stuhl mit Armlehne	SESSEL
Stukkateur	GIPSER
Stummel	STUMPF
Stumpf	STRUNK
stumpfsinnig	STUPID
stumpfsinnig	TORPID
Stundung	INDULT
stur	EISERN
Sturmbock	WIDDER
sudanesischer Fluß	ATBARA
sudanesische Stadt	SENNAR
sudanesische Stadt am Nil	ATBARA
Sudannegerstamm	KANURI
südafrikan. Choreograph	CRANKO
südafrikan. Fluß	ORANJE
südafrikan. Homeland	CISKEI
südafrikan. Homeland	LEBOWA
südafrikan. Homeland	QWAQW[illegible]
südafrikan. Popsängerin	MAKEBA
südafrikan. Schriftsteller	CLOETE
südafrikan. Sprache	TSONGA
südafrikan. Sprache	TSWANA
südafrikan. Staat	SAMBIA
südafrikan. Township	SOWETO
südafrikan. Volk	BASUTO
südamerikan. Echsenart	LEGUAN
südamerikan. Fledermaus	VAMPIR
südamerikan. Fluß	PARANA
südamerikan. Getränk	CHICHA
südamerikan. Grassteppe	LLANOS
südamerikan. Grassteppe	PAMPAS

südamerikan. Hauptstadt	BOGOTA
südamerikan. Indianersprache	AIMARA
südamerikan. Indianerstamm	JIVARO
südamerikan. Indioboot	PIROGE
südamerikan. Krokodil	KAIMAN
südamerikan. Lamaart	ALPAKA
südamerikan. Pfeilgift	KURARE
südamerikan. Raubkatze	KUGUAR
südamerikan. Raubkatze	OZELOT
südamerikan. Riesengeier	KONDOR
südamerikan. Schafkamel	ALPAKA
südamerikan. Schulterumhang	PONCHO
südamerikan. Staat	GUYANA
südamerikan. Teilstaat	TOBAGO
südamerikan. Viehhirt	GAUCHO
südarabisches Sultanat	MASKAT
südasiat. Pygmäenvolk	SEMANG
südasiat. Staat	BHUTAN

südasiat. Volk	BRAHUI
südaustral. Hafenstadt	SYDNEY
südbrasilian. Hafenstadt	SANTOS
südchilen. Stadt	OSORNO
südchilen. Stadt	TEMUCO
südchilen. Vulkan	OSORNO
südchines. Hafenstadt	KANTON
südchines. Insel	HAINAN
Süddeutscher	FRANKE
süddtsch. f. Hahn	GOCKEL
süddtsch. f. spotten	FLAXEN
südecuadorian. Stadt	CUENCA
südengl. Grafschaft	DORSET
südengl. Grafschaft	SURREY
südfranz. Departement	ARIEGE
südfranz. Departement	CANTAL
südfranz. Landschaft	QUERCY
südfranz. Seebad	HYERES
südfranz. Stadt am Tarn	MILLAU
südfranz. Stadt im Depart. Vaucluse	ORANGE
Südfrucht	LIMONE

Südfrucht	ORANGE
südgriech. Halbinsel	ATTIKA
südirisch. Stadt am Blackwater	MALLOW
südital. Hafenstadt	NEAPEL
südital. Hafenstadt	TARENT
südital. Stadt in Apulien	FOGGIA
südkolumbian. Stadt	TUMACO
südkoreanische Hafenstadt	INCHON
südländ. weibl. Haustier	ESELIN
südmährische Stadt	BRUENN
südmandschur. Hafenstadt	ANTUNG
südmexikan. Staat	OAXACA
südmexikan. Stadt	OAXACA
südneuseeländ. Hafen	OAMARU
südnorweg. Hafenstadt	HALDEN
südnorweg. Hafenstadt	HORTEN
südostafrikan. Staat	MALAWI
Südostasiat	MALAIE
südostasiat. Baumharz	DAMMAR

südostasiat. Strom	SONKOI
südostasiat. Volk	SANTAL
Südostasiaten	LAOTEN
südostchines. Provinz	FUKIEN
südostengl. Grafschaft	SUSSEX
südosteurop. Gebirge	BALKAN
Südosteuropäer	KROATE
südostfranz. Departement	SAVOIE
südostfranz. Stadt	GRASSE
südostschwed. Hafenstadt	KALMAR
südostschwed. Laen	KALMAR
südostsizilian. Stadt	MODICA
südrussisches Wildpferd	TARPAN
südschott. Grafschaft	LANARK
südschwed. Hafenstadt	MALMOE
Südseeinsulaner	KANAKE
südserb. Landschaft	KOSOVO
Südslawe	KROATE
südslawisches Volk	SERBEN

südspan. Hafenstadt	TARIFA
südspan. Landschaft	MURCIA
südspan. Mittelmeerhafen	MALAGA
südspan. Provinz	HUELVA
südspan. Provinz	MALAGA
südspan. Provinz	MURCIA
südspan. Stadt	ALCIRA
südspan. Stadt	GANDIA
südspan. Stadt	HUELVA
südspan. Stadt	MURCIA
Südtiroler Alpengipfel	ORTLER
Südtiroler Kurort	TRAMIN
Südtiroler Kurort a. d. Eisack	BRIXEN
südtürkischer Fluß	SEYHAN
südtürkische Stadt	CEYHAN
südtürkische Stadt	TARSUS
Südwein, Süßwein	SHERRY
südwestafrikan. Bantustamm	HERERO
südwestafrikan. Negerstamm	OVAMBO
südwestaustral. Hafenstadt	ALBANY
südwestbolivian. Stadt	POTOSI
südwestengl. Hafenstadt	EXETER
südwestengl. Inselgruppe	SCILLY
südwestfinnische Stadt	HANGOE
südwestfranz. Departement	LANDES
südwestfranz. Dünengebiet	LANDES
südwestfranz. Landschaft	VENDEE
südwestschweiz. Kanton	WALLIS
Sünde	SCHULD
Sündenvergebung	ABLASS
Süßkartoffel	BATATE
Süßmittel	ZUCKER
Süßware	DRAGEE
Süßware z. Lutschen	BONBON
Sultanat auf Borneo	BRUNEI
Sultansname	MEHMET
Sultanspalast	SERAIL
sumerischer Gott	DUMUZI
sumerischer Gott	INNINI
sumerischer Gott	TAMMUZ
Summe d. menschl. Eigenschaften	ERBGUT
Sumpf	MORAST
Sumpfbiber	NUTRIA
Sumpfgas	METHAN
Sunda-Insel	BANGKA
Sunda-Insel	BORNEO
Sundainsel	FLORES
Surrogat	ERSATZ
Symbol f. Judentum	MENORA
Synagogenraum	GENISA
syrischer König	HAZAEL
syrisches Kriegervolk	DRUSEN
syrische Stadt	ALEPPO
syrische Stadt	ESRIYE
syrische Volksgruppe	DRUSEN
syrisch-libanes. Grenzgebirge	HERMON
Tadel	KRITIK
Tänzerin, Geliebte v. Kg. Ludwig I.	MONTEZ
tätiges Streben	FLEISS
Tätigkeit	AKTION
Tätigkeitswort	VERBUM
Täuschung	BETRUG
Tafel, Tablett	PLATTE
Tafelrunde	KORONA
Tagesanbruch	MORGEN
Tageszeit	MITTAG
Tageszeit	MORGEN
Tal bei Jerusalem	KIDRON
talentiert	BEGABT
Talkstreupulver	TALKUM
Tallandschaft bei Salzburg	PONGAU
Talmudschüler	BACHER
Talmud-Teil	GEMARA
Tand, Trödel	RAMSCH
Tank	PANZER
Tankschiff	TANKER
Tanz im Dreiviertelakt	WALZER
Tanzschritt	CHASSE
Tarnfärbung, Tarnung	MIMESE
Taschenklappmesser	FEITEL
Tastatur	MANUAL
Tastsinnlehre	HAPTIK
Tat	AKTION
Tatarenmütze	KALPAK
tatarische Lammfellmütze	KOLPAK
tatarisches Mischvolk	AWAREN
Tatsache	FAKTUM
Taubnessel	LAMIUM
tausendstel Millimeter	MIKRON
Tauwerkhersteller	SEILER
teeren	PICHEN
Teerfarbstoff	ANILIN
Teerprodukt	KRESOL
Teich, kleiner See	WEIHER
Teigwaren	NUDELN

Teil	PARTIE
Teilbesitz	ANTEIL
Teil der Altmark	WISCHE
Teil der Funkeinrichtung	SENDER
Teil der Kamera	SUCHER
Teil der Orgel	PFEIFE
Teil der Wohnung	KUECHE
Teil der Wüste Gobi	SCHAMO
Teil des Gewehrs	SCHAFT
Teil des Halses	GURGEL
Teil des Hauses	KELLER
Teil des Hauses	ZIMMER
Teil des Klosters	REMTER
Teil des Motors	KOLBEN
Teil des Oberkörpers	ACHSEL
Teil des Schuhs	SCHAFT
Teil des Tages	STUNDE
Teil des Teutoburger Waldes	OSNING
Teil eines Ganzen	STUECK
Teiler	NENNER
Teilstrecke	ETAPPE
ele-grafieren	KABELN
ele-grafieren	MORSEN
ennis-ähnlich. allspiel	SQUASH
ennis-schläger	RAKETT
eufel, öser eist	SAMIEL
Teufelsfisch	ROCHEN
texan. Stadt am Rio Grande	ELPASO
Textilhandwerker	WIRKER
Textilprodukt	GEWEBE
Textiltechnik	WIRKEN
Textlücke	LAKUNE
Textstelle	PASSUS
Textverfasser	TEXTER
thailänd.-birman. Fluß	SALUEN
thailändische Münze	SATANG
Theater-, Tonwerk	STUECK
Theaterausstattung	FUNDUS
Theaterspielzeit	SAISON
theban. Dichter	PINDAR
theban. Königstochter	SEMELE
theolog. Studienanstalt	KOLLEG
theoret. Lehrgebäude	SYSTEM
Thermometerskala	KELVIN
Thorium-Isotop	IONIUM
Thrakerkönigin	ILIONE
Thunfisch, Makrelenart	BONITE
Thusneldas Vater	SEGEST
tibetanischer Lastträger	SHERPA
tibetisches Volk	BHUTJA
Tick	FIMMEL
tiefe Meeresbucht	FOERDE
Tiefengestein	DIORIT
Tiefenmessung	LOTUNG
tiefe Temperatur	KAELTE
Tiefgangskala am Schiff	AHMING
Tiefstart beim Wettlauf	CROUCH
Tierbehausung	HOEHLE
Tierbehausung	KAEFIG
Tierbehausung	ROEHRE
Tiere aus fernen Ländern	EXOTEN
Tierfanggehege	KORRAL
Tierhäute haltbar machen	GERBEN
Tierkrankheit	LAEHME
Tierkreiszeichen	FISCHE
Tierkreiszeichen	WIDDER
Tierkreiszeichen (Fische)	PISCES
Tierkreiszeichen (Stier)	TAURUS
Tierkreiszeichen (Zwillinge)	GEMINI
Tiernahrung	FUTTER
Tierwaffe	KRALLE
Tigerkatze	OZELOT
Tigerschlange, Riesenschlange	PYTHON
Tiroler Alpenpaß	JAUFEN
Titelfigur bei Cocteau	ORPHEE
Titelfigur bei Colette	MITSOU
Titelfigur bei Flaubert	BOVARY
Titelfigur bei Hindemith	MATHIS
Titelfigur bei Kästner	FABIAN
Titelfigur bei Kalman	MARIZA
Titelfigur bei Krenek	ATHENE
Titelfigur bei Lessing	NATHAN
Titelfigur bei Thoma	FILSER
Titelfigur bei Tschaikowsky	ONEGIN
Titelfigur bei Vaszary	MONPTI
Tochter v. Gäa und Uranos	THRAKE
Tochter v. Kadmos	SEMELE
Tochter v. Ödipus	ISMENE
Tochter v. Zeus	ATHENE
Todeskampf	AGONIE
Töpfer	HAFNER
töricht	UNKLUG
tolerieren	DULDEN
Tollkirsche (botan.)	ATROPA

Ton, Laut	SCHALL
Tonabnehmer (Plattenspieler)	PICKUP
Tonfall	AKZENT
Tonintervall	DEZIME
Tonintervall	OKTAVE
Tonintervall	QUARTE
Tonintervall	QUINTE
Ton-Kalk-Gestein	MERGEL
Tonschicht	LETTEN
Tonstück für acht Stimmen	OKTETT
Topfgriff	HENKEL
Topfverschluß	DECKEL
Torheit	ESELEI
Torlauf im Skisport	SLALOM
Torwart	KEEPER
tot	LEBLOS
Totengruft	KRYPTA
toter Körper	LEICHE
Trachtenjacke	JANKER
traditionelle Kleidung	TRACHT
Träger	BALKEN
Tränen vergießen	WEINEN
tragbarer Computer	LAPTOP
tragender Bauteil	SAEULE
Traglast	TRACHT
Transportgut	FRACHT
Transportgut	LADUNG
Tratsch	GEREDE
Traubenpresse	KELTER
Traumgebilde, -gesicht	VISION
Traumland	DORADO
Treck	MARSCH
Treffen, Konvent	TAGUNG
treffendes Witzwort	BONMOT
Treibstoff	BENZIN
Treibstoff	DIESEL
trennen	LOESEN
Trennungslinie	GRENZE
Treppenabsatz	PODEST
Treppenteil	ABSATZ
Tresse	BESATZ
Treuhandgebiet	MANDAT
trickreich	LISTIG
Trinkgefäß	BECHER
Trinkgefäß	HUMPEN
Trinklied der Studenten	KANTUS
Tritiumkern	TRITON
trockene baumlose Ebene	STEPPE
Trockenheit	DUERRE
Troddel, Schleife	QUASTE
trojanischer Held	HEKTOR
trojanische Sagenfigur	AENEAS
trojanische Sagenfigur	HEKUBA
Trommel, Jazzinstrument	TIMBAL
Tropenfrucht	ANANAS
Tropenfrucht	BANANE
Tropenfrucht	LIMONE
Tropenfrucht	PAPAYA
Tropenwind	MONSUN
Tropenwind	PASSAT
Tropfstein	CHIRIT
tropische Hülsenfrüchtler	KASSIE
tropische Knollenfrucht	BATATE
tropische Knollenfrucht	MANIOK
trotzig	BOCKIG
Trubel, Durcheinander	RUMMEL
Trubel, Tumult	UNRUHE
trübe, undurchsichtig	UNKLAR
Trübsal, tiefe Betrübnis	TRAUER
Trübsal, Trübsinn	KUMMER
Trümmer, Bauabfall	SCHUTT
Truppenschau	PARADE
tschech. Donau-Zufluß	MORAVA
tschech. realist. Autor	NERUDA
tschech. Stadt an d. Westbeskiden	KARWIN
tschech. Stadt an Elbe u. Moldau	MELNIK
tschech. Stadt an Waag u. Donau	KOMORN
tschechoslowak. Fluß	BEROUN
tschechoslowak. Fluß	ONDAWA
tschechoslowak. Münze	HALERU
tschechoslowak. Politiker	DUBCEK
Tüchtigkeit	VALENZ
Türgriff	KLINKE
türk. Anredetitel	EFENDI
Türke	OSMANE
Türkis-Abart	KALAIT
türkisch. Beamter	PASCHA
türkisch. Fluß	GOEKSU
türkisch. Fluß	KARASU
türkisch. Mittelmeerhafen	MERSIN
türkisch. Sultan	MAHMUD
türkisch. Trachtenrock	DOLMAN
türkische Hafenstadt	EREGLI
türkische Insel in der Ägäis	IMBROS
türkischer Schwarzmeerhafen	SAMSUN
türkische See in Ostanatolien	WANSEE
türkische Stadt an der Maritza	EDIRNE
türkisch-irak. Fluß	TIGRIS
Türzapfen	KLOBEN

6

tugendhaft	EHRBAR
tun	MACHEN
tunes. Hafenstadt	SOUSSE
tunes. Nationalbewegung	DESTUR
Tungusenstamm	GOLDEN
Turktatare	JAKUTE
Turnerhaltung	STUETZ
Turngerät	BARREN
Turngerät	KASTEN
Turngerät	LEITER
Turngerät	STANGE
Tyrann	DESPOT
Tyrann v. Syrakus	HIERON
Übelkeit	NAUSEA
üben, versuchen	PROBEN
Überanstrengung	STRESS
überbackene Speise	GRATIN
Überbringer	KURIER
übereilt	HASTIG
Übereinkommen	ABREDE
übereinstimmend	GLEICH
Übereinstimmung	AKKORD
Übergewand	MANTEL
Übergewand, Überwurf	UMHANG
überheblich	HYBRID
überhöhter Preis	WUCHER
übermäßig (mediz.)	PROFUS
übermütig	ALBERN

überreichlich	UEPPIG
Übersetzboot	FAEHRE
übersorgfältiger Mensch	PEDANT
überspielen (Tennis)	LOBBEN
übersteigert, übertrieben	EXTREM
Übertretung	DELIKT
übervorteilen	NEPPEN
Überzieher	MANTEL
überzuckertes Naschwerk	DRAGEE
üblich	NORMAL
Ufer, Badegelände	STRAND
Uhrenteil, Hinweiser	ZEIGER
Uhrmachertisch	ETABLI
Uhr mit Läutwerk	WECKER
ukrain. Fluß ins Schwarze Meer	DNJEPR
ukrain. Schwarzmeerhafen	ODESSA
ukrain. Stadt am Dnjepr	ORSCHA
ukrain. Stadt im Donezbecken	DONEZK
Ulanenrock	ULANKA
Ulk, Witz	SCHERZ
um Antwort bitten	FRAGEN
umbringen	TOETEN

umfassend	GESAMT
umfassend	GLOBAL
Umfeld, Umgebung	MILIEU
Umfriedung	GEHEGE
Umfriedung	GITTER
Umgangsform	MANIER
Umgangssprache	JARGON
Umgebung	UMLAND
umgekehrt	INVERS
umhergeistern	SPUKEN
Umherschweifender	VAGANT
umkehren, umdrehen	WENDEN
Umklammerung beim Boxen	CLINCH
Umkleideraum	KABINE
Umrißlinie	KONTUR
Umschlag	KUVERT
Umschlag	UMSATZ
Umstandskrämer	PEDANT
Umstandswort	ADVERB
Umwelt	MILIEU
umwerben	BUHLEN
umzäunen	FENZEN
umzäunte Viehweide	GEHEGE
umzäunte Viehweide	KOPPEL
umzäunte Viehweide	PFERCH
umzuckerte Pille	DRAGEE
unabänderliches Schicksal	KISMET
unangenehm	GENANT

unangenehm	LEIDIG
unangenehm	WIDRIG
unantastbar, zweifellos	SICHER
unaufdringlich	DEZENT
Unaufdringlichkeit	DEZENZ
unaufhörlich	ENDLOS
unaufrichtig	FALSCH
unausgefüllt	BLANKO
unausstehlich	ODIOES
unbares Zahlungsmittel	SCHECK
unbebautes Feld	BRACHE
unbeherrschte Reaktion	AFFEKT
unbeholfen	TAPSIG
unbekannt	OBSKUR
unberührt	INTAKT
unbeschädigt	INTAKT
unbeschwert	LEICHT
unbesetzter Posten	VAKANZ
unbeständig	UNSTET
Unbeugsamkeit	STARRE
unbeweglich	LEBLOS
unbeweglich	REGLOS
undestilliertes Erdöl	ROHOEL
Undurchlässigkeit	DICHTE
undurchsichtig	OBSKUR
unecht	FALSCH

6

unechter Schmuck	SIMILI
Unehrlichkeit	BETRUG
uneingedeichtes Marschland	HELDER
unempfindlich	ROBUST
unendlich	ENDLOS
unendlich	IMMENS
unentgeltlich	GRATIS
Unerfahrenheit	APIRIE
unermeßlich	IMMENS
unersättlich	GIERIG
unerwartete Begebenheit	ZUFALL
unfein, unsportlich	UNFAIR
unfreier Bauer im Mittelalter	KOLONE
unfreundlich	BARSCH
Unfriede	STREIT
unfruchtbare Gegend	WUESTE
Ungar	MAGYAR
ungar. Admiral	HORTHY
ungar.-amerikan. Architekt	BREUER
ungar. Bühnenautor	MOLNAR
ungar. Chemiker (Nobelpreis)	HEVESY
ungar. Donau-Zufluß	BAKONY
ungar. Donau-Zufluß	LEITHA
ungar. Donau-Zufluß	THEISS
ungar. Feldherr	ZRINYI
ungar. Fleischgericht	GULYAS
ungar. Frauenname	MARIKA
ungar. Fußsoldat	HONVED
ungar. Grassteppe	PUSSTA
ungar. Hirtenhund	KUVASZ
ungar. Jazzmusiker	ZOLLER
ungar. König, Königsname	LUDWIG
ungar. Kompon., Musikpädagoge	LIGETI
ungar. Komponist	BARTOK
ungar. Komponist	KODALY
ungar. Kulturphilosoph	LUKACZ
ungar. Landrat	GESPAN
ungar. Männername	FERENC
ungar. Männername	ZOLTAN
ungar. Mathematiker	BOLYAI
ungar. Münze	FILLER
ungar. Operettenkomponist	KALMAN
ungar. Pferdehirt	CSIKOS
ungar. Physiker (Nobelpreis)	BEKESY
ungar. Sajo-Zufluß	HERNAD
ungar. Schauspielerin	BARTOK
ungar. Schriftsteller	MADACH
ungar. Schriftsteller	NEMETH
ungar. Stadt an der Donau	MOHACS
ungar. Stadt an der Theiß	SZEGED
ungar. Währung	FORINT
Ungastlichkeit	AXENIE
ungebrochene Linie	GERADE
ungebundenes Künstlertum	BOHEME
ungeflügeltes Kerbtier	APTERE
Ungeheuer, Ungetüm	BESTIE
Ungeheuer d. griech. Sage	MEDUSA
ungehobelter Mensch	FLEGEL
ungehobelter Mensch	PROLET
ungehobelter Mensch	RUEPEL
ungemischt	LAUTER
ungenannt	ANONYM
ungeordnet	DIFFUS
ungeordneter Rückzug	FLUCHT
ungeordnete Schar	HAUFEN
Ungerade beim Roulett	IMPAIR
ungestüm	HEFTIG
ungetrübt	LAUTER
Ungetüm	KOLOSS
ungleich	INEGAL
ungleichmäßiges Viereck	TRAPEZ
unheilig, weltlich	PROFAN
Uniform	MONTUR
uniformartige Dienerkleidung	LIVREE
Uniformschmuck	KORDEL
Universitätsgelände	CAMPUS
Universitätsstadt an der Themse	OXFORD
Universum	KOSMOS
Unke	KROETE
unklar	DIFFUS
unkultivierter Mensch	BARBAR
Unlösbarkeit (philos.)	APORIE
unlogisch	ABSURD
unmittelbar	DIREKT
Unmögliches, Widersinniges	UNDING
Unmut	AERGER
unnachgiebig	EISERN
Unnachgiebigkeit	HAERTE
unnachsichtig, mitleidlos	STRENG

UNO-Generalsekretär	UTHANT
unpäßlich	MALADE
Unrat	ABFALL
Unrecht, Mißgeschick	UNBILL
unredlich	FALSCH
unrichtig	FALSCH
Unrichtigkeit	FEHLER
unsicher sein	WANKEN
unsichtbar machen	TARNEN
Unsinn	HUMBUG
Unsinn reden	FABELN
Unsitte	LASTER
unstet	FAHRIG
Unstrut-Zufluß	WIPPER
untätig	PASSIV
Untat	FREVEL
Untat	GREUEL
unterdrücken	KNUTEN
untere Dachkante	TRAUFE
untere Zahl beim Bruch	NENNER
Unterführung bei Wasserbauten	DUEKER
untergeben sein	DIENEN
untergehen	SINKEN
Untergeschoß	KELLER
unterirdischer Kirchenraum	KRYPTA
unterirdischer Weg	TUNNEL
Unterkunft	BLEIBE
Unterlage für Lebkuchen	OBLATE
Unterleibshöhle	BECKEN
Unterricht	KURSUS
unterrichten	LEHREN
Untersagung	VERBOT
unterschiedlich	ANDERS
Unterschlupf	OBDACH
Untersuchungsergebnis	BEFUND
unter Wasser setzen	FLUTEN
unterweisen	LEHREN
Untier	BESTIE
Untreue, Preisgabe	VERRAT
Untugend	LASTER
unverbraucht	FRISCH
unverheiratet	EHELOS
unverletzbar	GEFEIT
unvermittelt, unversehens	ABRUPT
unvernünftig	ABSURD
unverschämt	DREIST
unversehrt	GESUND
unversehrt	INTAKT
unverzüglich	SOFORT
unvollständige Lähmung	PARESE
Unwahrheit	BETRUG
Unwille	AERGER
unwirklich	IRREAL
unwohl	MULMIG
Unzahl	LEGION
unzüchtig	LASZIV
Unzulänglichkeit	FEHLER
Uranbrenner	MEILER
Uranus-Mond	OBERON
Ureinwohner d. Pyrenäenhalbinsel	IBERER
Ureinwohner d. Südsee	KANAKE
Ureinwohner Mexikos	AZTEKE
Ureinwohner Schottlands	PIKTEN
Ureinwohner Schottlands	SKOTEN
Ureinwohner Spaniens	IBERER
Urheimat der Ungarn	UGRIEN
Urkanton der Schweiz	SCHWYZ
Urkunde	DIPLOM
Urkundensammlung	ARCHIV
Urlaub	FERIEN
ursächlich	KAUSAL
ursprünglich	GENUIN
Ursprung	ANFANG
Urteil	SPRUCH
Urvater der Menschen	HENOCH
Urwelttier	MAMMUT
urzeitliches Meer	TETHYS
usbekische Stadt	KOKAND
Utopie, Trugbild	VISION
Vagabund	PENNER
Variante, Variation	LESART
Varietékünstler	ARTIST
Vater d. Raketenforschung	OBERTH
Vaterland	HEIMAT
Vater u. Mutter	ELTERN
Vater v. Agamemnon	ATREUS
Vater v. Menelaos	ATREUS
Vegetationsform	STEPPE
Veitstanz	CHOREA
venezian. Boot	GONDEL
venezian. Maler	GUARDI
venezian. Maler	TIZIAN
venezian. Maler (16. Jh.)	PIOMBO
venezol. Stadt am Manzanares	CUMANA
venezol. Stadt in den Anden	MERIDA
Verabschiedung	URLAUB
verachtenswert	EHRLOS
verächtlich für Gesicht	VISAGE
veraltet	EXOLET
veraltet f. Anzahlung	VADIUM
veraltet f. aufmerksam	ATTENT

6

veraltet f. bequem	KOMMOD
veraltet f. Beruf	METIER
veraltet f. bescheiden	MODEST
veraltet f. Diele	ENTREE
veraltet f. Eintritt	ENTREE
veraltet f. ermattet	MARODE
veraltet f. Gefolgsleute	MANNEN
veraltet f. Gepäck	BAGAGE
veraltet f. geradezu	SCHIER
veraltet f. gereizt	ANIMOS
veraltet f. Oberst	OBRIST
veraltet f. Pionier	MINEUR
veraltet f. Schwiegertochter	SCHNUR
veraltet f. Stuhl	CHAISE
veraltet f. Träne	ZAEHRE
veraltet f. Trost	LABSAL
veraltet f. wählen	KIESEN
Veranlagung	ANLAGE
Verband, Umschlag	WICKEL
verbergen, verschleiern	TARNEN
Verbeugung	DIENER
Verbindlichkeit	OBLIGO
Verbindung	KONNEX
Verbindungsstift	BOLZEN
Verbindungsstück	GELENK
Verbindungsstück	LASCHE
Ver blödung	DEMENZ
verblümt, geziert	BLUMIG
verborgen	GEHEIM
verborgen	LATENT
verborgen	OKKULT
verbotenes Aufputschen im Sport	DOPING
verbotenes Sprenggeschoß	DUMDUM
Verbrauch	KONSUM
Verbrauchssteuer	AKZISE
Verbrechen	DELIKT
Verbrennungserscheinung	FLAMME
Verbundart	LASCHE
verbundene Pferdegruppe	KOPPEL
verdächtig	OBSKUR
verdichten	BALLEN
verdickter Pflanzenteil	KNOLLE
Verdickung	KNOLLE
verdorren, vertrocknen	WELKEN
Verdruß	AERGER
vereinheitlichen	NORMEN
Vereinigung	FUSION
Vereinigung, Körperschaft	VEREIN
Vereinssatzung	STATUT
vereister Schnee	HARSCH
verfallen	HOERIG
Verfasser eines Anstandsbuches	KNIGGE
Verfasser epischer Dichtungen	EPIKER
Verfassung	CHARTA
Verfassungsurkunde	CHARTE
Verfehlung, Vergehen	DELIKT
Verfilzen	WALKEN
Verflechtung	KONNEX
verfügbar	BEREIT
Verführerin in Homers »Odyssee«	SIRENE
Vergebung	PARDON
Vergleich, Vertrag	REZESS
vergnüglich	LUSTIG
vergnügt	HEITER
Vergnügungspark in Wien	PRATER
verheiraten	TRAUEN
Verkaufseinnahme	ERLOES
Verkehrssicherungszeichen	SIGNAL
verknüpfen	KNOTEN
Verknüpfung	KNOTEN
verkürzte Unterschrift	SIGNUM
Verlangen	BEGEHR
Verlies	KERKER
vermessen	HYBRID
Vermessenheit	HYBRIS
vermitteln	MAKELN
vermodern	FAULEN
Vermögen	BESITZ
Vermögen eines Unternehmers	AKTIVA
Vermutung	AHNUNG
vernichtet	KAPUTT
Veröffentlichungskontrolle	ZENSUR
Verordnung	DEKRET
Verpackungsmittel	PAPIER
Verpflegungssatz	RATION
verpflichten	BINDEN
Verpflichtung	DIKTAT
Verpflichtung	OBLIGO
Verpflichtungsschein	REVERS
Vers, Versfuß, -maß	JAMBUS
verschiebb. Meßstabzusatz	NONIUS
verschieden	ANDERS

verschieden	DIVERS
Verschlingung von Fäden	KNOTEN
Verschluß	DECKEL
Verschlußart (Kamera)	COMPUR
Verschmelzung	FUSION
verschnittener Masthahn	KAPAUN
verschnörkelt	BAROCK
verschroben	BIZARR
verschwommen	UNKLAR
Versehen	FEHLER
Versehen	LAPSUS
Versicherungsvertrag	POLICE
Verslehre	METRIK
Versmaß	METRUM
Versorgung	PFLEGE
Versorgungsschiff	TENDER
Verständigungsmittel	STIMME
versteckt	LATENT
versteckter Spott	IRONIE
versteinert	FOSSIL
Versteinerung	FOSSIL
Verstoß gegen göttliche Gebote	SUENDE
Versuchsbühne	STUDIO
Verteidiger	ANWALT
Verteidigung	ABWEHR
vertieft	KONKAV
Vertikalschnitt	PROFIL
Vertrauensbruch	VERRAT
Vertrauensmann	OBMANN
vertrauensselig	ARGLOS
vertraulich	GEHEIM
vertraulich	INTERN
vertraut, vertraulich	PRIVAT
Vertreter vor Gericht	ANWALT
Vervielfältigungszahl	FAKTOR
Verwalt.-Bezirk in Großbritannien	COUNTY
Verwalter einer Sammlung	KUSTOS
Verwandte	KUSINE
verwirrt	KONFUS
verwirrt, unentschieden	RATLOS
verworren	DIFFUS
verworren	KONFUS
verzagt	MUTLOS
Verzehr	KONSUM
Verzeihung	PARDON
verzerrt	BIZARR
verzerrtes Gesicht	FRATZE
verzichten	PASSEN
Verzierung	ZIERAT
Vestibül	ATRIUM
Vestibül	LOUNGE
Vetter	COUSIN
Viehzaun	PFERCH
Vielfalt	FUELLE
Vienne-Zufluß	CREUSE
Viereck	KARREE
viereckiger Körper	QUADER
vierter Aggregatzustand	PLASMA
viertes Buch Mose	NUMERI
vietnamesische Sekte	CAODAI
Violinspieler	GEIGER
Visite	BESUCH
Vitamin H	BIOTIN
Vogelart	SEGLER
Vogelart	STELZE
Vogelbauer	KAEFIG
Vogelhorst	GENIST
Vokalmusik	GESANG
Vokalumfärbung	UMLAUT
Volk in Angola	MBUNDU
Volk in Kenia	KIKUJU
Volk in Nigeria	JORUBA
Volksfest	KIRMES
Volksfest, Jahrmarkt	RUMMEL
Volksgruppe an der Ostsee	BALTEN
Volksrat der UdSSR	SOWJET
volkstüml. f. Angst	BAMMEL
volkstüml. f. ausgezeichnet	KLASSE
volkstüml. f. ausgezeichnet	KNORKE
volkstüml. f. bankrott	PLEITE
volkstüml. f. Benehmen	BENIMM
volkstüml. f. durchsuchen	FILZEN
volkstüml. f. eitler Mann	FATZKE
volkstüml. f. Frauenrechtlerin	EMANZE
volkstüml. f. Geld	FLOEHE
volkstüml. f. Geld	KOHLEN
volkstüml. f. Geld	MAEUSE
volkstüml. f. Geld	PIEPEN
volkstüml. f. Geld	PULVER
volkstüml. f. Geschwätz	BLABLA
volkstüml. f. Gewehr	KNARRE
volkstüml. f. Glatze	PLATTE
volkstüml. f. gut	KNORKE
volkstüml. f. hasten	WETZEN
volkstüml. f. helles Bier	BLONDE
volkstüml. f. Kammer	KABUFF
volkstüml. f. Kohl	KAPPES
volkstüml. f. Lehrer	PAUKER
volkstüml. f. Militär	BARRAS
volkstüml. f. Ski	BRETTL
volkstüml. f. stehlen	KLAUEN
volkstüml. f. stehlen	MOPSEN

volkstüml. f. überhart spielen	BOLZEN
volkstüml. f. Wutausbruch	KOLLER
volksverbunden	SOZIAL
Volksvertretung	KAMMER
Vollblutpferd	ARABER
vollendet	FERTIG
Vollmacht	MANDAT
Vollversammlung	PLENUM
Volme-Zufluß	ENNEPE
von außen kommend	EXOGEN
von der Körpermitte entfernt	DISTAL
von der Seite gespielter Ball	FLANKE
von gleichem Druck	ISOTON
von Rechts wegen	DEJURE
von Rechts wegen	EXIURE
von vorn, frontal	ENFACE
Voranschlag	BUDGET
Voranwartschaft	OPTION
Vorarbeiter	POLIER
Vorarbeit zu einem Werk	STUDIE
Vorbau am Schiffsbug	GALION
Vorbehalt	KAUTEL
vorbeiwerfen (Kegeln)	PUDELN
Vorbeter in der Synagoge	CHASAN
Vorbild	MODELL
Vorbild e. Reproduktion	URBILD
vor dem Sturm treiben	LENZEN
Vorderasiat	ARABER
Vorderasiat	IRAKER
Vorderasiat	IRANER
Vorderasiat	TUERKE
vorderasiat. antikes Kulturvolk	PERSER
vorderasiat. Bergvolk	KURDEN
vorderasiat. Landschaft	JUDAEA
vorderasiat. Staat	SYRIEN
vorderasiat. Strom	TIGRIS
Vorderasien	NAHOST
Vorderster	ERSTER
Vorderwagen von Geschützen	PROTZE
Vorfeld einer Festung	GLACIS
Vorführrund im Zirkus	MANEGE
vorgeblich	FIKTIV
Vorgefühl	AHNUNG
vorgeschichtl. Abschnitt	URZEIT
vorgeschichtl. Eimer	SITULA
Vorhaben aufgeben	PASSEN
Vorhafen von Danzig	PILLAU
Vorhafen von Schanghai	WUSUNG
Vorhalle	ENTREE
Vorherbestimmung	KISMET
Vorherrschaft	PRIMAT
Vorhölle	LIMBUS
Vorlage	MODELL
Vorlage	MUSTER
Vorliebe	FAIBLE
vormals	EHEDEM
Vormerkbuch	AGENDE
Vorname d. Malers Feuerbach	ANSELM
Vorname der Leigh	VIVIAN
Vorname der Undset	SIGRID
Vorname von Balzac	HONORE
Vorname von Bebel	AUGUST
Vorname von Caruso	ENRICO
Vorname von Hemingway	ERNEST
Vorname von Hutten	ULRICH
Vorname von Liliencron	DETLEF
Vorname von Reagan	RONALD
Vorname von Rolland	ROMAIN
Vorname von Schumann	ROBERT
vornehm	FEUDAL
Vorort von Belgrad	SEMLIN
Vorort von Paris	MEUDON
Vorort von Venedig	MESTRE
Vorrede, Vorspruch	PROLOG
vorschriftsmäßig	NORMAL
Vorsichtsmaßregel	KAUTEL
Vorspeise	ENTREE
Vorspiel, Einführung	PROLOG
Vorspiel (musikal.)	ENTREE
vorspringender Bauteil	VORBAU
Vorsteckstift	SPLINT
Vorsteher	REGENS
vorstrecken	LEIHEN
Vorteil	AVANCE
Vorteil	NUTZEN
Vorteil	PROFIT
Vortrag	LESUNG
Vortragender	LEKTOR
Vortragskünstler	DISEUR
Vortragsreihe	ZYKLUS
vortrefflich, vorzüglich	SUPERB
vorwärts	WEITER
Vorweihnachtszeit	ADVENT
vorweltlich	FOSSIL

6

Vorwort, Einleitung	PROLOG
Vorzimmer	ENTREE
Votivbild	EXVOTO
Vulkan auf der Antarktis	TERROR
Vulkan auf Java	SEMERU
Vulkan in Kolumbien	TOLIMA
Vulkan in Mexiko	COLIMA
vulkanisches Gestein	BASALT
Vulkantrichter	KRATER
waagerechte Höhe	NIVEAU
wabenförmiges Gebäck	WAFFEL
Wache, Wächter	POSTEN
wachmachen	WECKEN
Wächter	HUETER
wählen	KUEREN
Wähler	OPTANT
Wählerauftrag	MANDAT
Wählervotum	STIMME
währen	DAUERN
Währung auf Barbados	DOLLAR
Währung auf den Bahamas	DOLLAR
Währung auf den Bermudas	DOLLAR
Währung auf Jamaika	DOLLAR
Währung auf Taiwan, Formosa	DOLLAR
Währung Verein. Arabisch. Emirate	DIRHAM
Währung der CSFR	KORUNA
Währung der Rep. China	DOLLAR
Währung in Angola	KWANZA
Währung in Australien	DOLLAR
Währung in den USA	DOLLAR
Währung in Gambia	DALASI
Währung in Haiti	GOURDE
Währung in Hongkong	DOLLAR
Währung in Kanada	DOLLAR
Währung in Liberia	DOLLAR
Währung in Malawi	KWACHA
Währung in Marokko	DIRHAM
Währung in Neuseeland	DOLLAR
Währung in Panama	BALBOA
Währung in Simbabwe	DOLLAR
Währung in Singapur	DOLLAR
Wäldchen	SCHLAG
Wärmeschutzmaterial	ASBEST
Wärter	HUETER
Wäscherolle	MANGEL
Wäschestoff	BATIST
Wäschestoff	DAMAST
Wäschestoff	KATTUN
Wäschestoff	LEINEN
Wäschestoff	LINNEN
Wäschestoff	MOLTON
Waffengattung, Truppengattung	MARINE
Wagenführer	LENKER
Wagenlenker	FAHRER
Wagnis	HASARD
Wahl	OPTION
Wahlspruch	DEVISE
Wahlspruch	LOSUNG
Wahlspruch	PANIER
Wahrsagekunst	MANTIK
Wahrsagerei	MANTIK
Wahrzeichen	EMBLEM
walisischer Dichter	THOMAS
walken	KNETEN
Wallfahrer	PILGER
Wallfahrt nach Mekka	HADSCH
Wallfahrtsort in Polen	GNESEN
walzenförmiger Hohlkörper	ROEHRE
Wandelstern	PLANET
Wanderhirt	NOMADE
Wanderstudent, fahrender Schüler	VAGANT
Wandgemälde	FRESKO
Wandplatte	KACHEL
Wandteppich	ARAZZO
Wandverkleidung	TAPETE
Wandvertiefung	NISCHE
Wappenfahne	BANNER
Wappenschild	BLASON
Wappenspruch	DEVISE
Warenmenge	POSTEN
Warenposten	PARTIE
Warenprobe	MUSTER
Warenrechnung	FAKTUR
Warenverkehr	HANDEL
warme Heilquelle	THERME
Warmwasserbereiter	BOILER
Warnzeichen, Weckruf	SIGNAL
Wartezeit	KARENZ
Warthe-Zufluß	PROSNA
Waschbär	SCHUPP
Waschmittelbestandteil	TENSID
Wasserbecken	BASSIN
Wasserfahrzeug	SCHIFF
Wasserfall im österr. Pinzgau	KRIMML
Wasserfall in Finnland	IMATRA
Wasserfarn	AZOLLA
Wasserfee, -frau	UNDINE
wasserloses Sandgebiet	WUESTE

6

6

Wasser-melone	ARBUSE
Wasser-pest, Aquarien-pflanze	ELODEA
Wasser-pflanze	ELISMA
Wasser-sport	RUDERN
Wasser-sport	SEGELN
Wasser-sportler	SEGLER
Wasser-stoff-bombe	HBOMBE
Wasser-stoffkern	PROTON
Wasser-vogel	SCHWAN
Watte-bausch	TAMPON
Watte-bausch	TUPFER
Watte-knäuel	BAUSCH
Watten-insel	HALLIG
Weber-knecht	KANKER
Wechsel, geldloser Handel	TAUSCH
Wechsel-rede	DIALOG
wechsel-seitig	MUTUAL
Wechsel-tierchen	AMOEBE
Wege-lagerer	BANDIT
Weg-transport	ABFUHR
Wehklage	JAMMER
weh-mütiges Gedicht	ELEGIE
weibl. Lehrling	ELEVIN
weibl. Rollen-fach	HELDIN
weicher Kamm-garnstoff	MELTON
weiches Baum-woll-gewebe	ZEPHIR
Weiche (von Tieren)	FLANKE
Weich-holzbaum	PAPPEL
Weichsel-Zufluß	MONTAU
Weichsel-Zufluß	PILICA
Weichsel-Zufluß	WIEPRZ
weiden, äsen	GRASEN
Weid-mann	JAEGER
Weige-rung	ABSAGE
Weihe-gabe	EXVOTO
Weih-nachts-symbol	KRIPPE
Wein-bauer	WINZER
Wein-beere	TRAUBE
Weinhefe	DRUSEN
Weinort, -stadt am Rhein	BINGEN
Weinort, -stadt an der Mosel	UERZIG
Weinort, -stadt in Rhein-land-Pfalz	LANDAU
Weinort an der Mosel	GRAACH
Weinort an der Mosel	WEHLEN
Weinort an der Saar	WAWERN
Wein-ort im Rheingau	ERBACH
Weinort in Süd-tirol	TERLAN
Weinort in Süd-tirol	TRAMIN
Wein-prüfer	KOSTER
Wein-reben-gewächs	CISSUS
Wein-sorte	WERMUT
Wein-sorte, Trauben-sorte	MERLOT
weisen	ZEIGEN
Weis-sagung	ORAKEL
weißer Bordeaux	BARSAC
weißer Kalkstein	KREIDE
weißer Stirnfleck	BLESSE
Weiß-fisch	DOEBEL
Weiß-fischart	FLINKE
Weißling	ALBINO
weiß-russische Stadt am Njemen	GRODNO
Weißwal	BELUGA
Weite	BREITE
Weite	LICHTE
weiten	DEHNEN
Wellbaum	GOEPEL
Wellen-reiten	SURFEN
Wellen-reiter	SURFER
Wellen-schaum	GISCHT
Wels-Art	WALLER
Wels-Art	WELLER
Weltall	KOSMOS
Welthilfs-sprache	NOVIAL
Welt-ordnung	KOSMOS
Weltraum	KOSMOS
Welt-seele, Heiliger Geist	PNEUMA
weltum-spannend	GLOBAL
Wenden, West-slawen	SORBEN
Wende-punkt	KRISIS
wenn	SOBALD
wenn, voraus-gesetzt	SOFERN
Werbe-anschlag	PLAKAT
Werbe-schlag-wort	SLOGAN
Werden	GENESE
Werft-arbeiter	NIETER
Werk-anlage	FABRIK
Werkstoff	METALL
Werkstoff	PAPIER
Werktag	ALLTAG
Werktag	MONTAG
Werkzeug-maschine	FRAESE
Werkzeug-maschine	STANZE
Wertig-keit	VALENZ
wertloser Überrest	ABFALL
Wert-papier-markt	BOERSE
wert sein	KOSTEN
Werturteil	KRITIK
Wesens-gehalt	ESSENZ
Weser-hafen	BREMEN
Weser-Zufluß	DIEMEL
Weser-Zufluß	GEESTE
west-afrikan. Fluß	GAMBIA

west-afrikan. Staat	GAMBIA
west-afrikan. Staat	GUINEA
west-europ. Volk	BRITEN
westfäl. Stadt am Rhein	XANTEN
westfäl. Stadt an der Aa	BORKEN
westfäl. Stadt an der Werra	MINDEN
west-franz. Fluß	SARTHE
west-franz. Insel	OLERON
west-franz. Land-schaft	POITOU
west-german. Stamm	ANGELN
west-german. Völker-gruppe	SWEBEN
west-german. Volk	QUADEN
Westgo-tenkönig	EURICH
west-rische Stadt	GALWAY
west-ordan. Stadt	NABLUS
westma-okkan. Hafen-stadt	TANGER
west-nexik. Staat	COLIMA
est-nexik. Stadt	COLIMA
est-owak. adt	TYRNAU
Weststaat der USA	NEVADA
west-türkische Stadt	MANISA
Wett-einsatz machen	SETZEN
wetten	TIPPEN
Wett-kämpfer	ATHLET
Wettlauf	RENNEN
Whisky	SCOTCH
Wicht	KNIRPS
Wicht	KOBOLD
Wichtig-tuer, Effekt-hascher	POSEUR
Wickel	HUELLE
Wickel-vorrich-tung	HASPEL
Wider-sacher	GEGNER
Wider-sacher	RIVALE
wider-sinnig	ABSURD
wider-stands-fähig	ROBUST
wider-streben, sich auf-bäumen	BOCKEN
wider-wärtig	ODIOES
Wider-wille	DEGOUT
Wieder-erstattung	ERSATZ
Wieder-gut-machung	SUEHNE
wiederum	ERNEUT
Wiener Droschke	FIAKER
Wiener Flughafen	ASPERN
Wiener Hotel	SACHER
Wiener Kneipe	BEISEL
Wiener Komponist	EYSLER
Wiener Komponist	STRAUS
Wiener Maler	MAKART
Wiener Stadt-bezirk	WIEDEN
Wiener Zither-spieler	KARRAS
Wiese am Vierwald-stätter See	RUETLI
Wiesel	MARDER
Wiesen-pflanze	AMPFER
wild	FURIOS
Wildeber	KEILER
wildes Tier	BESTIE
Wildpark	GEHEGE
Wildrind	WISENT
Wildschaf	ARGALI
wild spielen	TOLLEN
wildwach-sender Wald	URWALD
Wille	WOLLEN
Willkür-herrscher	DESPOT
Wind-bluse	ANORAK
Winde	HASPEL
Windhose	TROMBE
Windhund	BARSOI
Wind-hund, Gazellen-hund	SALUKI
Wind-richtung	NORDEN
Windstille	FLAUTE
Winkel-funktion	SEKANS
Winkel-maß	MINUTE
winseln	FIEPEN
winseln	JAULEN
Winter-grün	MISTEL
Winter-grün	PIROLA
Winter-monat	JANUAR
Winter-sportart	RODELN
Winter-sportler	RODLER
Wirbel-säulen-verkrüm-mung	BUCKEL
Wirbel-sturm	ZYKLON
Wirk-gewebe	TRIKOT
Wirkstoff im Orga-nismus	HORMON
Wirkung, Folge	EFFEKT
Wirkungs-fähigkeit	POTENZ
wirr	KONFUS
wirr reden	FASELN
wirt-schaftlich unab-hängig	AUTARK
Wirt-schafts-auf-schwung	HAUSSE
Wirt-schafts-theoreti-ker	ROEPKE
Wissens-zweig	SPARTE
wittern-der Leithund	REISER
Witterung	WETTER
Wittling (Fisch)	MERLAN
Witz	ESPRIT
witziger Spott	SATIRE
Witzkern	POINTE
Wochen-tag	MONTAG
wörtlich, mündlich	VERBAL

Wohlgeruch	BUKETT
Wohlgeruch	EUODIE
wohlriechen	DUFTEN
wohlriechend	DUFTIG
wohlriechende Pflanze	RESEDA
wohlschmekkend	LECKER
wohnen	HAUSEN
Wohnraum auf Schiffen	KABINE
Wohnungspächter	MIETER
Wolfs-, Fuchsschwanz	STANGE
Wolfsbohne	LUPINE
Wolfslaute	GEHEUL
Wolga-Zufluß vom Ural	SAMARA
Wollart	ANGORA
Wollhaar	LANUGO
Wollhaarbüschel	STAPEL
Wollschaf-Rasse	MERINO
Wollstoff	FRESKO
Wollstoff	MERINO
Wollstoff	SERAIL
Wortbruch, Treubruch	VERRAT
Worterguß, Wortschwall	TIRADE
Wortführer	OBMANN
Wortgefecht	DISPUT
Wortteil	ENDUNG
Wortwechsel	DISPUT
Wortwitz	BONMOT
Wuchergewebe (mediz.)	CALLUS
würdigen	ACHTEN
Würfel	KNOBEL
Würgefessel	KNEBEL
württ. Donau-Zufluß	LAUTER
würzen	SALZEN
würzig	PIKANT
Würzkraut	DRAGON
Würzkraut	KERBEL
wüten	HAUSEN
wütend	FURIOS
wütend, aufgebracht	ZORNIG
wütend, tobend	RASEND
Wunde (mediz.)	TRAUMA
Wundkruste, Grind	SCHORF
Wundmal	STIGMA
Wunschbild, Wunschtraum	UTOPIE
Wurfgerät der Leichtathletik	HAMMER
Wurstsorte	LYONER
Wurzelfüßer	AMOEBE
Wurzelstock	RHIZOM
Wutanfall	KOLLER
zäh, langweilig	LEDERN
Zählmaß	STUECK
Zahl	NUMMER
Zahltag, letzter Fristtag	ULTIMO
Zahlungsabzug	DEKORT
Zahlungsanweisung	SCHECK
zahlungsfähig	LIQUID
Zahlungsmittel	KURANT
zahlungsunfähig	PLEITE
Zahlungsunfähiger	FALLIT
Zahlungsunfähigkeit	PLEITE
Zahlzeichen	ZIFFER
Zahnbein	DENTIN
Zahnbeschaffenheit	DENTUR
Zahnfäule	KARIES
Zahnfüllung	PLOMBE
Zahnlaut	DENTAL
Zahnrad	RITZEL
Zander	SCHILL
Zander, Hechtbarsch	SCHIEL
Zank, Zwist	STREIT
zanken	HADERN
Zarenname	FEODOR
Zarenname	SIMEON
zart	GRAZIL
Zauberer	MAGIER
Zauberer der Artusrunde	MERLIN
Zauberkraft bei Naturvölkern	MANITU
Zauberkraft bei Naturvölkern	ORENDA
Zecherei	GELAGE
Zehenteil bei Tieren	KRALLE
zehnarmiger Tintenfisch	KALMAR
Zehnerteilung	DEKADE
Zehnfußkrebs	HUMMER
Zehnfußkrebs	KRABBE
Zeichengerät	LINEAL
Zeichenkunst	GRAFIK
Zeichentinte	TUSCHE
Zeichnung	DESSIN
zeigen	WEISEN
Zeitabschnitt	EPOCHE
Zeitabstimmung (engl.)	TIMING
Zeitalter	EPOCHE
Zeitbegriff	ABENDS
Zeiteinheit, Zeitmaß	MINUTE
Zeitform (grammatikal.)	TEMPUS
zeitnah	MODERN
Zeitraum, Dauer	SPANNE
Zeitraum von zehn Tagen	DEKADE
Zeitungsspalte	RUBRIK
Zeitungswesen	PRESSE
zeitwörtlich	VERBAL
Zeitwort	VERBUM
Zeitwortergänzung	OBJEKT
Zellkernteilung	MITOSE
Zellring	ANULUS
Zellteilungsvorgang	MEIOSE

Zellverband	GEWEBE
zelten	CAMPEN
Zeltpflock	HERING
zentralafrikan. Fluß	SCHARI
zentralafrikan. Staat	TSCHAD
zerbrechlich	FRAGIL
zerbrechlich	MORSCH
Zeremoniell	RITUAL
Zerfallsprodukt des Urans	RADIUM
Zerkleinerungsanlage	MUEHLE
zerschneiden	SAEGEN
zerschottertes Gestein	SPLITT
zerstört	KAPUTT
zerstreut	FAHRIG
zerstreut (Optik)	DIFFUS
zetern, schimpfen	KEIFEN
Zettelkasten	KARTEI
Zeugnis	ATTEST
Zeugnisnote	EINSER
zeugungsfähig	POTENT
zeugungsunfähig	STERIL
Zeus-Geliebte, Mutter v. Dionysos	SEMELE
Zibetbaum	DURIAN
Ziegenmaul	MUFFEL
Ziel des Handelns	OBJEKT
zielgerichtete Tätigkeit	ARBEIT
Zielvorrichtung	VISIER
Zierfiguren	NIPPES
Zierfisch	GURAMI
Zierholz	LEISTE
zierlich	GRAZIL
Zierpflanze	AZALEE
Ziffer	NUMMER
Zigarrensorte	BRASIL
Zigeuner	GITANO
Zigeunerin	GITANA
Zigeuner-Instrument	CYMBAL
Zigeuner-Kapellmeister	PRIMAS
Zimmereinrichtung	MOEBEL
Zimt	KANEEL
Zimtbaum	KASSIA
Zinkspat	GALMEI
Zirkuskünstler	ARTIST
Zirpe	GRILLE
Zisterziens.-Abt. b. Eberswalde	CHORIN
Zitrone	LIMONE
Zitrusfrucht	LIMONE
Zitrusfrucht	ORANGE
Zittern	TREMOR
Zobel	MARDER
Zögling einer Militärakademie	KADETT
Zoll	AKZISE
Zottenhaut (mediz.)	CHORON
Zuber	BUETTE
zubereitete Nahrung	SPEISE
Zucht	KULTUR
Zuchtlosigkeit	AMORAL
Zuchtpferd	HENGST
Zuchttierprüfung	KOEREN
Zuckerguß	GLASUR
züchtig	KEUSCH
zuerst	VORHER
Zufluß zum St.-Lorenz-Strom	OTTAWA
Zugang	PFORTE
zugeteilte Menge	RATION
zugeteiltes Tagewerk	PENSUM
zu gewinnen suchen	WERBEN
Zugsicherungseinrichtung	INDUSI
Zugtiergeschirr	KUMMET
Zugvogel	LERCHE
Zuhause	DAHEIM
Zulassung	LIZENZ
zum Gesicht gehörig	FAZIAL
zum Nennwert	ALPARI
zunehmen an Jahren	ALTERN
Zunft	INNUNG
Zupfinstrument	ZITHER
zur Kugel rollen	BALLEN
zur Lende gehörig	LUMBAL
zur Mitte gelegen	MEDIAL
zurück	RETOUR
zurückhaltend	DEZENT
zurücklegen	LAGERN
zurücklegen, haushalten	SPAREN
Zusammenbruch	FIASKO
Zusammenfassung	EXPOSE
Zusammenhang	KONNEX
Zusammenklang	AKKORD
zusammenkleben	KITTEN
zusammenkleben	LEIMEN
Zusammenschluß	FUSION
Zusammensetzspiel	PUZZLE
zusammenstoßen	RAMMEN
zusammenziehen	RAFFEN
Zusatz	ANHANG
Zusatzleistungen	EXTRAS
zuschauen	GAFFEN
Zuschauer	GAFFER
Zuschnitt	FASSON
Zustand d. Freude	GLUECK
zustimmende Antwort	JAWOHL
Zuteilung	ANTEIL
Zutrunk	PROSIT
zuvorkommend	KULANT
Zwang	FESSEL
Zwangsabgabe	STEUER
Zwangsabgabe	TRIBUT
Zwangsangst	PHOBIE
Zwangsmaßnahme	TERROR

Zwangsverpflichtung	DIKTAT
Zwecklosigkeit (philos.)	ATELIE
Zweier-Team	DOPPEL
zweifelhaft	DUBIOS
zweifellos	GEWISS
Zweiflügler	FLIEGE
Zweiflügler	MUECKE
Zweifüßer	BIPEDE
zweijähriger Eber	BACHER
Zweikampf	RINGEN
Zweilinsenlupe	DUPLET
zwei Oder-Zuflüsse	NEISSE
zweirädrige Kutsche	CHAISE
Zweiruderer	BIREME
zweisitzige Zweiradkutsche	HANSOM
zweitägiger Aufschub	BIDUUM
Zweitausfertigung	DOPPEL
zweiteiliger Badeanzug	BIKINI
zweiter Halswirbel	DREHER
zweites Buch Mose	EXODUS
zweite span. Staatssprache	CATALA
zweiwertiger Alkohol	GLYKOL
Zweizahl	DUALIS
Zwerg	KOBOLD
Zwergenkönig	LAURIN
Zwergholunder	ATTICH
Zwerghuhn	BANTAM
Zwiegespräch	DIALOG
Zwillinge (medizin.)	GEMINI
Zwillingsbruder v. Pollux	KASTOR
Zwinger	GEHEGE
Zwinger	KAEFIG
Zwischenfeld in der Baukunst	METOPE
Zwischenmahlzeit	VESPER
Zwischenpassatzone	KALMEN
Zwischenraum	LUECKE
zwitterhaft	HYBRID

Aachener Sehenswürdigkeit	PONTTOR
aalartiger Fisch	MURAENE
Aalfanggerät	STECHER
Aas	KADAVER
aasfressendes Raubtier	SCHAKAL
abändern	WANDELN
abartig, verderbt	PERVERS
Abbau an d. Erdoberfläche	TAGEBAU
Abdachung	NEIGUNG
Abdruck	MOULAGE
Abendanzug	SMOKING
abessin. Kaiser	MENELIK
Abfahrt	ABREISE
Abfallseide	SCHAPPE
Abfindung	ABSTAND
Abfluß des Eriesees	NIAGARA
Abfluß des Ilmensees	WOLCHOW
Abflußvorrichtung	AUSGUSS
Abfolge, Reihe	SEQUENZ
Abführmittel	LAXATIV
Abführmittel	PURGANS
Abgabe	BEITRAG
Abgabe	GEBUEHR
abgebrüht	HERZLOS
abgedrochen, alltäglich	TRIVIAL
Abgeld	DISAGIO
abgelegene Gegend	EINOEDE
abgeleitete chem. Substanz	DERIVAT
abgemessene Menge	PORTION
Abgesang	KEHRAUS
abgeschlossener Klosterteil	KLAUSUR
abgesondert, einzeln	SEPARAT
abgespannt	SCHLAFF
abgetan	BEENDET
abgeteilter Raum	SEPAREE
Abgrund	SCHLUND
Abguß	MOULAGE
Abgußform	MATRIZE
Abhandenkommen	VERLUST
Abhandlung	AUFSATZ
Abhandlung, kleines Buch	TRAKTAT
Abhang	NEIGUNG
Abhilfe	REMEDUR
Abk. f. Belgien/Holland/Luxemb.	BENELUX
Abk. f. Diplom-Ingenieur	DIPLING
Abk. f. Geheime Staatspolizei	GESTAPO
Abknickung	FLEXION
Ablegung eines Ordensgelübdes	PROFESS
Abmachung, Übereinkommen	VERTRAG
Abmessung	GROESSE
Abnahme	SCHWUND
abnehmbares Kfz-Verdeck	HARDTOP
Abnehmer	KAEUFER
abnorm	ANORMAL
Abort	ABTRITT
Abort	KLOSETT
Abrichtung von Tieren	DRESSUR
abriegeln	SPERREN
Abriß	ENTWURF
Abscheu	GRAUSEN
Abschirmung	DECKUNG
abschließen	SPERREN
Abschnitt, Geschäftsbereich	SEKTION
Abschnitt eines Gesetzes	ARTIKEL
abschüssig, steil	SCHROFF
Absicht	BEDACHT
Absicht, fester Entschluß	VORSATZ
Absicht, Neigung	TENDENZ
absichtl. Überernährung	MASTKUR
absichtlich	BEWUSST
absonderlich	ABSTRUS
absonderlich	SELTSAM
absondern	TRENNEN
Abstammung	GEBLUET
Abstand	DISTANZ
Abstecher	AUSFLUG
Absterben von Gewebe	NEKROSE

Abstimmender	WAEHLER
abstreiten	LEUGNEN
absurd	GROTESK
Abtei	KLOSTER
Abteilung, Gruppe	SEKTION
Abtragung der Erdoberfläche	EROSION
Abtragung einer Schuld	TILGUNG
Abtretung, Überlassung	ZESSION
abtrünnig	TREULOS
Abtrünniger	APOSTAT
Abweichung	ABDRIFT
Abweichung	BEUGUNG
abwertend für Journalist	SCHMOCK
Abzahlung, Amortisation	TILGUNG
Achteck	OKTOGON
Achtung	ANSEHEN
Achtung, Rücksicht	RESPEKT
Ackerbaukundiger	AGRONOM
Adjunkt, Adlatus	FAMULUS
Adjunkt, Adlatus	GEHILFE
ägypt. Grabkammer	MASTABA
ägypt. Münze	PIASTER
ägypt. Oasengruppe	FARAFRA
ägypt. Oasenstadt	ALAMEIN
ägypt. Politiker, Staatspräsid.	MUBARAK
ägypt. Sagenvogel	PHOENIX
ägypt. Stadt	FARAFRA
ägypt. Stadt am unteren Nil	MEMPHIS
ägypt. Stadt im Nildelta	ROSETTE
ägypt. Sultan	SALADIN
ägypt. Sumpfpflanze	PAPYRUS
älteste dtsch. Porzellanmanufaktur	MEISSEN
ältester Sohn von Joseph	MANASSE
älteste Universität Europas	BOLOGNA
Ärgernis, Aufsehen	SKANDAL
ärztl. behandelter Kranker	PATIENT
ärztl. Betäubung	NARKOSE
ärztl. Instrumentarium	BESTECK
äsen	FRESSEN
äthiop. Hafenstadt	MAKALLA
äthiop. Hafenstadt	MASSAUA
äthiop. See	TANASEE
äthiop. Staatsvolk	AMHAREN
äthiop. Volksstamm	DANAKIL
Ätzkunst	KAUSTIK
äußere Erscheinung	GESTALT
äußerer Schein	DEKORUM
Äußeres	FASSADE
äußerst	HOECHST
äußerst	MAXIMAL
affektiert	GEZIERT
Affront, Bloßstellung	SCHIMPF
afghan. Fluß	HELMAND
afghan. Hauptstrom	HILMEND
afghan.-pakistan. Gebirgspaß	KHAIBER
afghan. Sprache	PASCHTU
afghan. Stadt	BAGHLAN
afghan. Währung	AFGHANI
afrikan. Dickhäuter	NASHORN
afrikan. Fluß	DSCHUBA
afrikan. Fluß	LULONGA
afrikan. Hauptstadt	CONAKRY
afrikan. Hauptstadt	MBABANE
afrikan. Hauptstadt	NAIROBI
afrikan. Hauptstadt	WINDHUK
afrikan. Horntier	BUEFFEL
afrikan. Horntier	GAZELLE
afrikan. Inselgruppe	KOMOREN
afrikan. Kassai-Zufluß	SANKURU

afrikan. Laufvogel	STRAUSS
afrikan. Marder	ZORILLA
afrikan. Meerkatze	MANGABE
afrikan. Mischvolk	SUAHELI
afrikan. Sprache	KIKAMBA
afrikan. Sprache	KIKONGO
afrikan. Sprache	MALINKI
afrikan. Sprache	SONGHAI
afrikan. Sprache	SUAHELI
afrikan. Sprache	TURKAMA
afrikan. Staat am Golf von Guinea	NIGERIA
afrikan. Wüste	HAMMADA
afrikan. Xylophon	MARIMBA
afrikan. Zwergvolk	BAMBUTI
Agamemnons Tochter	ELEKTRA
Agentin	SPIONIN
Aggression	ANGRIFF
gieren	HANDELN
gio	AUFGELD
hn	VORFAHR
hn, Vorgänger	VORFAHR
nden	RAECHEN
nden, ichtigen	STRAFEN
adem. bungsrs	SEMINAR
ten-ndel	DOSSIER
tinie, rallen-r	SEEROSE

aktiv, effektiv	WIRKSAM
Aktivum (grammatikal.)	TATFORM
aktuell	ZEITNAH
aktueller Medienbericht	FEATURE
Akzent, Betonung	TONFALL
Alarm	WECKRUF
alban. Hafenstadt	SHKODER
alban. Münze	QUINTAR
alban. Staatsmann	HODSCHA
Albumin	EIWEISS
alger. Gebirge	AHAGGAR
alger. Handelszentrum	MASCARA
alger. Stadt	OUAHRAN
alger. Stadt	TLEMCEN
Alkaloid	ATROPIN
Alkaloid	ZYTISIN
Alkaloid im Kaffee	KOFFEIN
Alkaloid in Kaffee, Kakao und Tee	KOFFEIN
Alkoholiker, Säufer	TRINKER
alkoholisches Mixgetränk	SANGRIA
allein	EINZELN
Alleinherrscher	MONARCH
alleiniger Anspruch	MONOPOL
Alleinverkaufsrecht	MONOPOL
Allergen	ANTIGEN

Allheilmittel	ARKANUM
Allheilmittel	PANAZEE
Allheilmittel, Engelwurz	THERIAK
Alligatorenart	SCHAKAR
allmählich	LANGSAM
Alltag, Arbeitstag	WERKTAG
Alpengletscher	ALETSCH
Alpenpaß im Kanton Uri	KLAUSEN
Alpenpaß in Graubünden	FLUEELA
Alpenveilchen	ZYKLAME
also	DEMNACH
alt	BEJAHRT
altägypt. Gott d. Unterwelt	SERAPIS
altägypt. Kriegsgöttin	SACHMET
altägypt. Kriegsgöttin	SECHMET
altägypt. Stadt	DENDERA
altägypt. Stadt	MEMPHIS
Altan, Vorbau	SOELLER
Altaraufsatz	RETABEL
altathenisch. Gericht	AREOPAG
altbabylon. Stadt	LAGASCH
altbewährter Beamter	VETERAN
altdtsch. Längenmaß	KLAFTER

7

altdtsch. Monatsname	BRACHET
altdtsch. Monatsname	JULMOND
altdtsch. Vorname (männl.)	GISBERT
altdtsch. Vorname (männl.)	ROMUALD
altdtsch. Vorname (weibl.)	ADELINE
altdtsch. Vorname (weibl.)	HUBERTA
alte Bez. f. Reiterfähnrich	KORNETT
alte dtsch. Münze	KREUZER
alte Form des Klaviers	CEMBALO
alte Frau	GREISIN
alte frz. Münze	TURNOSE
alte Gewichtseinheit	DRACHME
alte Goldmünze	DUKATEN
alte Goldmünze	PISTOLE
alte Handfeuerwaffe	MUSKETE
alte ital. Goldmünze	FIORINO
alte ital. Silbermünze	TESTONE
alte Klavierform	SPINETT
alte Kupfermünze	KREUZER
altengl. Heldengedicht	BEOWULF
alter franz. Tanz	BOURREE
alter franz. Tanz	MUSETTE
alter Kampfschutz	KUERASS
alter Name d. Pyrenäenhalbinsel	IBERIEN
alter Name des Dezember	JULMOND
alter Name des Februar	HORNUNG
alter Name des Iran	PERSIEN
alter Name des Januar	EISMOND
alter Name des Januar	HARTUNG
alter Name des Juli	HEUMOND
alter Name des Juni	BRACHET
alter Name des Morgensterns	LUCIFER
alter Name Djakartas	BATAVIA
alter Name von Benin	DAHOMEY
alter Name von Sulawesi	CELEBES
alter Name von Taiwan	FORMOSA
Altersgeld	PENSION
Altersgeldempfänger	RENTIER
alter Stamm in Südarabien	SABAEER
alter südbabylon. Volksstamm	SUMERER
alter türk. Krummsäbel	JATAGAN
altes Ackermaß, Feldmaß	JUCHART
altes Ackermaß, Feldmaß	TAGWERK
altes Apothekergewicht	SKRUPEL
alte sardin. Wohntürme	NURAGEN
altes dtsch. Bergmaß	LACHTER
altes Getreidemaß	SECHTER
altes Holzblasinstrument	BOMHART
altes Holzblasinstrument	SERPENT
altes Holzmaß	KLAFTER
altes iberisch. Gewicht	QUINTAL
altes indian. Kulturvolk	AZTEKEN
altes Legendenspiel	MIRAKEL
altes Musikinstrument	BARITON
altes Musikinstrument	BASSETT
altes Rasselinstrument	SISTRUM
altes russ. Längenmaß	SASCHEN
altes Saiteninstrument	PSALTER

altes Volk im westl. Europa	GALLIER
altes Zupf-instrument	PANDORA
alte venezian. Gold-dukaten	ZECHINE
alte Weizenart	EINKORN
altfranz. Adelsge-schlecht	BOURBON
altfranz. Tanz	GAVOTTE
altge-dienter Soldat	VETERAN
altgriech. Bildhauer	ANTENOR
altgriech. Bildhauer	KALAMIS
altgriech. Bildhauer	KRITIOS
altgriech. Bildhauer (5. Jh. v. Chr.)	PHIDIAS
altgriech. Buhlerin	HETAERE
altgriech. Dichter	MUSAIOS
altgriech. Dichter, Vater des Theaters	THESPIS
altgriech. Dichterin	KORINNA
altgriech. Dichter-roß	PEGASUS
altgriech. Flüssig-keitsmaß	AMPHORA
altgriech. Fluß der Unterwelt	ACHERON
ltgriech. reuden-uf	HEUREKA
ltgriech. eograph, lathem.	PYTHEAS
tgriech. e-hichts-hreiber	HERODOT
altgriech. Göttin der Jagd	ARTEMIS
altgriech. Gott der Zeit	CHRONOS
altgriech. Historiker	KTESIAS
altgriech. Kultort	ELEUSIS
altgriech. Land-schaft	ARGOLIS
altgriech. Leichtbe-waffneter	PELTAST
altgriech. Mantel	CHLAMYS
altgriech. Mathe-matiker	HIPPIAS
altgriech. Meergott	GLAUKOS
altgriech. Musen-berg	HELIKON
altgriech. Philoso-phen	KYNIKER
altgriech. Philoso-phen-schüler	STOIKER
altgriech. Rache-göttin	MEGAERE
altgriech. Sänger	ORPHEUS
altgriech. Sagen-gestalt	ZENTAUR
altgriech. Saiten-instrument	KITHARA
altgriech. Stamm	ACHAEER
altgriech. Stamm	AEOLIER
altgriech. Tempel-bezirk	TEMENOS
altgriech. Zugewan-derter	METOEKE
Altgut, Gerümpel	PLUNDER
altind. Dichtung	RIGWEDA
altind. König	ASCHOKA
altind. Sanskrit-lehrbuch	BHARATA
altirani-sches Volk	PARTHER
altitali-sches Volk	LATINER
altitali-sches Volk	LUKANER
altitali-sches Volk	SABINER
altitali-sches Volk	UMBRIER
altitali-sches Volk	VOLSKER
altjapani-sche Adels-klasse	SAMURAI
altjüdische Geheim-sekte	ESSENER
Altmetall, Metall-abfall	SCHROTT
altmexi-kan. Volk	AZTEKEN
altmexi-kan. Volk	OLMEKEN
alt-modisch	OBSOLET
altnieder-länd. Münze	STUEBER
altorien-talischer Volks-stamm	ASSYRER
altorien-talischer Volks-stamm	MINAEER
altpers. Gold-münze	DAREIKE
altröm. Autor, Historiker	TACITUS
altröm. Bauwerk	KAPITOL

altröm. Denker, Dichter	PLINIUS
altröm. Dichter	LUCANUS
altröm. Elegiendichter	PROPERZ
altröm. Feldherr	AGRIPPA
altröm. Feldzeichen	LABARUM
altröm. Geister Verstorbener	LEMUREN
altröm. Göttin der Kunst	MINERVA
altröm. Göttin der Wahrheit	VERITAS
altröm. Göttin der Weisheit	MINERVA
altröm. Goldmünze	SOLIDUS
altröm. Gott des Weines	BACCHUS
altröm. Hausgötter	PENATEN
altröm. Historiker, Politiker	SALLUST
altröm. Justizbeamter	PRAETOR
altröm. König	ROMULUS
altröm. Lustspieldichter	PLAUTUS
altröm. Militäreinheit	KOHORTE
altröm. Militäreinheit	MANIPEL
altröm. Münze	SESTERZ
altröm. Münze	SILIQUA
altröm. Priesterin	SIBYLLE
altröm. Regengott	PLUVIUS
altröm. Satiriker	JUVENAL
altröm. Satiriker	MARTIAL
altröm. Staatsmann	CRASSUS
altröm. Staatsmann	LEPIDUS
altröm. Staatswesen	CIVITAS
altröm. Sühneopfer	LUSTRUM
altröm. Überwurf	PALLIUM
altrussischer Bauer	MUSCHIK
altsächs. Evangeliendichtung	HELIAND
Altschrift	ANTIQUA
altsemit. Liebesgöttin	ASTARTE
altspan. Goldmünze	DUBLONE
Altwaren, Plunder	TROEDEL
Aluminiumoxid	TONERDE
Alumnat	KONVIKT
Amazonas-Quellfluß	UCAYALI
Amazonas-Zufluß	JAMUNDA
Ambition	EHRGEIZ
amerikan. »King of Swing«	GOODMAN
amerikan. abflußloser See	SALZSEE
amerikan. abstrakt. Bildhauer	NOGUCHI
amerikan. abstrakt. Maler	FRANCIS
amerikan. abstrakter Maler	POLLOCK
amerikan. Astronaut	COLLINS
amerikan. Astronaut	GRISSOM
amerikan. Astronaut	SCHIRRA
amerikan. Astronaut	SHEPARD
amerikan. Astronaut	SWIGERT
amerikan. Astronom	NEWCOMB
amerikan. Astronom	RUSSELL
amerikan. Astronom	SHAPLEY
amerikan. Autor, Zeichner	THURBER
amerikan. Autor (Black Panther)	BALDWIN
amerikan. Autostadt	DETROIT
amerikan. Beutelratte	OPOSSUM
amerikan. Biologe (Nobelpreis)	STANLEY
amerikan. "Blumenkinder"	HIPPIES
amerikan. Büffel	BUFFALO
amerikan. Chemiker (Nobelpreis)	GIAUQUE
amerikan. Chemiker (Nobelpreis)	HERSHEY
amerikan. Chemiker (Nobelpreis)	LIPMANN
amerikan. Chemiker (Nobelpreis)	PAULING

amerikan. Chemiker (Nobelpreis)	SEABORG
amerikan. Dichter u. Philosoph	EMERSON
amerikan. Eisenbahnmagnat	PULLMAN
amerikan. Filmkomiker	EDWARDS
amerikan. Filmkomiker	FELDMAN
amerikan. Filmkomiker	SKELTON
amerikan. Filmproduzent	GOLDWYN
amerikan. Filmregisseur	ALDRICH
amerikan. Filmregisseur	FLEMING
amerikan. Filmregisseur	KUBRICK
amerikan. Filmregisseur	SARGENT
amerikan. Filmregisseur	SIODMAK
amerikan. Filmschauspieler	BRONSON
amerikan. Filmschauspieler	BRYNNER
amerikan. Filmschauspieler	CONNERY
amerikan. Filmschauspieler	DOUGLAS
amerikan. Filmschauspieler	PERKINS
amerikan. Filmschauspieler	STEWART
amerikan. Filmschauspieler	WIDMARK
amerikan. Filmschauspielerin	ALLYSON
amerikan. Filmschauspielerin	COLBERT
amerikan. Filmschauspielerin	COLLINS
amerikan. Filmschauspielerin	DARNELL
amerikan. Filmschauspielerin	DECARLO
amerikan. Filmschauspielerin	GARDNER
amerikan. Filmschauspielerin	GARLAND
amerikan. Filmschauspielerin	HEPBURN
amerikan. Filmschauspielerin	MCLAINE
amerikan. Filmschauspielerin	RUSSELL
amerikan. Filmschauspielerin	SWANSON
amerikan. Filmschauspielerin	WINTERS
amerikan. Flugzeugfirma	DOUGLAS
amerikan. Fluß	ALABAMA
amerikan. Folksänger	GUTHRIE
amerikan. Frauenname	FELICIA
amerikan. Geigenvirtuose	MENUHIN
amerikan. General, Präsident	JACKSON
amerikan. Hauptstadt	HAVANNA
amerikan. Hauptstadt	SANJOSE
amerikan. Hauptstadt	SANJUAN
amerikan. Historikerin	TUCHMAN
amerikan. Hochschule	COLLEGE
amerikan. Jazzgitarrist	SNOWDEN
amerikan. Jazzklarinettist	RUSSELL
amerikan. Jazzkomponist, -musiker	BRUBECK
amerikan. Jazzkomponist, -musiker	PRESTON
amerikan. Jazzkomponist, -musiker	RAEBURN
amerikan. Jazzkomponist, -pianist	CHARLES
amerikan. Jazzmus., Bandleader	WATTERS
amerikan. Jazzmusiker	GOODMAN
amerikan. Jazzmusiker	JOHNSON

amerikan. Jazzmusiker	LAROCCA
amerikan. Jazzmusiker	LEONARD
amerikan. Jazzmusiker	RITCHIE
amerikan. Jazzmusiker	STEWART
amerikan. Jazzmusiker (Vibraphon)	HAMPTON
amerikan. Jazzmusiker (Vibraphon)	JACKSON
amerikan. Jazzsänger	HOLIDAY
amerikan. Jazzsängerin	CHRISTY
amerikan. Jazzsängerin	JACKSON
amerikan. Jazzsängerin	VAUGHAN
amerikan. Jazz-Saxophonist	DESMOND
amerikan. Jazzsaxophonist	FREEMAN
amerikan. Jazz-Saxophonist	GIUFFRE
amerikan. Jazz-Saxophonist	HAWKINS
amerikan. Jazzsaxophonist	NIEHAUS
amerikan. Jazzsaxophonist	ROLLINS
amerikan. Jazzsaxophonist	VENTURA
amerikan. Jazzsaxophonist	WEBSTER
amerikan. Jazztrompeter	ANTHONY
amerikan. Jazztrompeter	COLEMAN
amerikan. Jazztrompeter	NAVARRO
amerikan. Jazztrompeter	NICHOLS
amerikan. Jazztrompeter	SHAVERS
amerikan. Komponist	COPLAND
amerikan. Komponist	CRESTON
amerikan. Komponist	YOUMANS
amerikan. Krimi-Autor	HAMMETT
amerikan. Lyriker	WHITMAN
amerikan. Musicalkomponist	RODGERS
amerikan. Nobelpreisträger	ALVAREZ
amerikan. Nobelpreisträger	AXELROD
amerikan. Nobelpreisträger	CORMACK
amerikan. Nußbaum	HICKORY
amerikan. Panzerfaust	BAZOOKA
amerikan. Philosoph	THOREAU
amerikan. Physiker (Nobelpreis)	BARDEEN
amerikan. Physiker (Nobelpreis)	COMPTON
amerikan. Physiker (Nobelpreis)	DEHMELT
amerikan. Physiologe (Nobelpreis)	KENDALL
amerikan. Politiker	ACHESON
amerikan. Politiker (Nobelpreis)	KELLOGG
amerikan. Polizeichef	SHERIFF
amerikan. Popmusiksolist	DIAMOND
amerikan. Popsänger	JACKSON
amerikan. Popsänger	STEVENS
amerikan. Popsängerin	MADONNA
amerikan. Präsident	HARDING
amerikan. Präsident	JOHNSON
amerikan. Präsident	KENNEDY
amerikan. Präsident	LINCOLN
amerikan. Raketenkonstrukteur	GODDARD
amerikan. Raumsonden	VOYAGER
amerikan. Regisseur	STURGES
amerikan. religiös. Negergesang	JUBILEE
amerikan. Rockmusiksolist	HENDRIX
amerikan. Rocksänger	PRESLEY
amerikan. Sänger, Schauspieler	SINATRA
amerikan. Sänger (Twist)	CHECKER

amerikan. Schachweltmeister	FISCHER
amerikan. Schauspieler	JOHNSON
amerikan. Schauspieler	MATTHAU
amerikan. Schauspieler	MILLAND
amerikan. Schauspieler	MITCHUM
amerikan. Schauspieler	REDFORD
amerikan. Schauspieler	STEIGER
amerikan. Schauspielerin	DUNAWAY
amerikan. Schauspielerin	FAWCETT
amerikan. Schauspielerin	GARDNER
amerikan. Schriftsteller	DREISER
amerikan. Schriftsteller	ERSKINE
amerikan. Schriftsteller	FARRELL
amerikan. Schriftsteller	KEROUAC
amerikan. Schriftsteller	ROBBINS
amerikan. Schriftsteller	ROBERTS
amerikan. Schriftsteller	SAROYAN
amerikan. Schriftstellerin	BRISTOW
amerikan. Schriftstellerin	BURNETT
amerikan. Sexualforscher	MASTERS
amerikan. Singvogel	TANGARE
amerikan. Stadt am Michigansee	CHICAGO
amerikan. Tänzer, Choreograph	ROBBINS
amerikan. Tänzer, Choreograph	SKIBINE
amerikan. Tänzer u. Schauspieler	ASTAIRE
amerikan. Tennisspieler	CONNORS
amerikan. Theologe	BUCHMAN
amerikan. Universität	HARWARD
amerikan.: Intellektueller	EGGHEAD
Ammoniakverbindung	SALMIAK
amorph	FORMLOS
am Tag vorher	GESTERN
amtliches Schriftstück	URKUNDE
amtliche Untersuchung	ENQUETE
Amtsbereich	RESSORT
Amtsgehilfe	ADJUNKT
Amtsgehilfe	ADLATUS
Amtsgenosse	KOLLEGE
Amtssiegel	PARAPHE
Amtsstube	KANZLEI
Amur-Zufluß	SUNGARI
amusischer Mensch	BANAUSE
an-, umstoßen	REMPELN
analog	GEMAESS
anbändeln	FLIRTEN
andauernd	IMMERZU
anderer Name f. Archaikum	AZOIKUM
Andrang	ZUSTROM
Anerbieten	OFFERTE
anerkannt	GUELTIG
Anerkennung	BEIFALL
Anfänger	NEULING
anfänglich, ursprünglich	PRIMAER
anfahren	STARTEN
Anfang	AUFTAKT
Anfangsbuchstabe	UNZIALE
Angeber	BLENDER
Angeber, Protz	PRAHLER
angeberisch, überladen	PROTZIG
angeborener Schwachsinn	IDIOTIE
Angebot	OFFERTE
angefault	KARIOES
Angeh. d. niederen span. Adels	HIDALGO
Angeh. e. christl. Glaubensgem.	BAPTIST
Angeh. e. christl. Glaubensgem.	MARONIT
Angeh. e. dtsch. Volksstammes	SCHWABE

Angeh. e. Gemeinwesens	BUERGER
Angeh. e. german. Volksstammes	SEMNONE
Angeh. e. german. Volksstammes	TEUTONE
Angeh. e. Germanenstammes	WANDALE
Angeh. e. keltisch. Volksstammes	SCHOTTE
Angeh. e. nordamer. Indianerstammes	IROKESE
Angeh. e. nordamerikan. Sekte	MORMONE
Angeh. e. ostgerman. Volkes	OSTGOTE
Angeh. e. vorderasiat. Volkes	AFGHANE
Angeh. e. Waffengattung	MATROSE
Angeh. e. westslaw. Volksstamms	SLOWAKE
Angeh. e. Zwergvolkes	PYGMAEE
Angehör. e. iran. Stammes	SARMATE
Angelköder	BLINKER
angenehm	PASSEND
angenehmes Gefühl	BEHAGEN
angeregt	LEBHAFT
Angesicht	ANTLITZ
angloamerikan. Männername	MATTHEW
angloamerikan. Schnellstraße	HIGHWAY
angolan. Enklave	CABINDA
angolan. Exklave	KABINDA
angrenzend	NEBENAN
Angriff	ANSTURM
Angriff	ATTACKE
Anhänger	TRAILER
Anhänger des Islam	ISLAMIT
Anhänger desKommunismus	MARXIST
Anhänger einer Kunstrichtung	DADAIST
Anhänger einer Weltreligion	ISLAMIT
Anhänger eines Religionsstifters	APOSTEL
Anhänger eines Religionsstifters	JUENGER
anhäufen	SAMMELN
Anhäufung	BALLUNG
Anhäufung, Stopp	STAUUNG
anhalten	BREMSEN
anhalten, bremsen	STOPPEN
anhaltend	DAUERND
Anhörung	HEARING
animieren	ANREGEN
animieren	BELEBEN
Anker hochziehen	LICHTEN
anklammern	KRAMPEN
Ankündigung	ANZEIGE
Ankunft	LANDUNG
Anlage	KAPITAL
Anlage für Kernspaltungen	REAKTOR
Anlage z. Raumerwärmung	HEIZUNG
Anlaß	ANSTOSS
Anlaß, Motiv	URSACHE
Anlasser beim Kraftfahrzeug	STARTER
anleiten	BERATEN
Anlieger	NACHBAR
Anlocken eines Rehbocks	BLATTEN
Annahme	FIKTION
Annahme	MEINUNG
Annonce	ANZEIGE
Annonce	INSERAT
anomal	ABARTIG
anomal	PERVERS
anorganischer Teil der Erdrinde	MINERAL
Anpassung	MIMIKRY
Anpreisung, Werbung	REKLAME
Anrainer	NACHBAR
Anrede eines Kardinals	EMINENZ
Anredefall	VOKATIV
Anregung	ANSTOSS
Anreiz	ANSPORN
Anreiz	ANTRIEB
Anrichte	BUEFETT
Anrichte	KREDENZ
Anrichtschrank	KREDENZ
Ansässiger	INSASSE
Ansammlung	AUFLAUF
Ansammlung	BALLUNG

Anschaffung	EINKAUF
Anschauung	ANSICHT
Anschauung	MEINUNG
Anschlag	AUSHANG
Anschrift	ADRESSE
Anschuldigung	ANKLAGE
Ansehen	GELTUNG
Ansicht	MEINUNG
anständig	HONORIG
Anstalt mit Kost	ALUMNAT
Anstaltsschülerin	INTERNE
Anstaltsschüler (Mz.)	INTERNE
Anstand	DEKORUM
Anstifter, Verfasser	URHEBER
anstößig	OBSZOEN
Anstoß	ANSPORN
Anstoß, Beweggrund	URSACHE
anstreichen	BEMALEN
Anstreichmaterial	LEINOEL
Anstreichmaterial	TUENCHE
nstrengend	MUEHSAM
nsturm	ATTACKE
nsuchen	EINGABE
ntarktischer chwimmgel	PINGUIN
nteil, aß	QUANTUM
nteil, teilung	PORTION
teilhme	BEILEID
thropophiegrün-	STEINER

antike Balkanbewohner	ILLYRER
antike Balkanbewohner	THRAKER
antike Burg von Rom	KAPITOL
antike griech. Stadt	TANAGRA
antike Landsch. i. Kleinasien	AEOLIEN
antike Landschaft in Italien	SAMNIUM
antiker Fünfruderer	PENTERE
antiker Krug mit Doppelhenkel	AMPHORA
antiker Name Frankreichs	GALLIEN
antike Ruinenstadt in Syrien	PALMYRA
antike Schriftrolle	PAPYRUS
antike Schwarzmeerlandschaft	KOLCHIS
antike Seegottheiten	KABIREN
antikes Epos	ODYSSEE
antikes Gefilde d. Seligen	ELYSIUM
antikes Kriegsschiff	GALEERE
antikes Kriegsschiff	TRIREME
antikes Schreibmaterial	PAPYRUS

antike Stadt am Euphrat	BABYLON
antike Stadt am Vesuv	POMPEJI
antike Stadt auf Kreta	KNOSSOS
antike Stadt in Kleinasien	EPHESUS
antike Stadt in Süditalien	RHEGIUM
antike Stadt in Süditalien	SYBARIS
antikes Volk in Griechenland	ACHAEER
antikes Volk in Griechenland	ACHAIER
antikes Volk in Griechenland	AEOLIER
antikes Volk in Vorderasien	ASSYRER
Antilleninsel	BARBUDA
Antilleninsel	JAMAIKA
Antilleninsel bei Venezuela	TORTUGA
Antlitz	GESICHT
Antrag	EINGABE
Antriebskraft	ENERGIE
Antritt einer Fahrt	ABREISE
antworten	KONTERN
Anwalt	ADVOKAT
anwesend	ZUGEGEN
Anwohner	NACHBAR
Anzahl, Menge	QUANTUM

Anzahl v. Druckexemplaren	AUFLAGE
Anzapfung	ANSTICH
Anzeichen	MERKMAL
Anzeige	ANNONCE
Anzeige	INSERAT
Anzugsteil	JACKETT
Aperitif	MARTINI
Apfelsorte	KALVILL
Apfelsorte	RAMBOUR
Apfelsorte	RENETTE
Apostel	JUENGER
Apostelbrief	EPISTEL
Apostel der Bayern	EMMERAM
Apostel der Iren	PATRICK
Apostel Jesu	ANDREAS
Apostel Jesu	JAKOBUS
Appell	MAHNUNG
Applaus	BEIFALL
Apside, Sonnennähe	PERIHEL
Aquarienpflanze	HELODEA
Aquarienpflanze	WOLFFIA
arab. böser Geist	DSCHINN
arab. Derwischorden	SENUSSI
arab. Dynastie	IBNSAUD
arab. Emirat	BAHRAIN
arab. Flöte	QASSBAH
arab. Männername	IBRAHIM
arab. Name von Rabat	ERRIBAT
arab. Nomade	BEDUINE
arab. Oberhaupt	SCHEICH
arab. Stadt	DHAHRAN
Arbeitsergebnis	PRODUKT
Arbeitsgebiet	DOMAENE
Arbeitsgefährte	KOLLEGE
Arbeitsgruppe	KOLONNE
Arbeitskollektiv	BRIGADE
Arbeitstag beim Film	DREHTAG
Arbeitsweise	METHODE
Arbeitsweise, Verfahren	TECHNIK
Arbeitszeit	SCHICHT
Arena, Sportanlage	STADION
arg, böse	SCHLIMM
argentin. Colorado-Zufluß	SANJUAN
argentin. Fluß	BERMEJO
argentin. Mediziner (Nobelpreis)	HOUSSAY
argentin. Pampaswind	PAMPERO
argentin. Stadt	CORDOBA
argentin. Stadt	LAPLATA
argentin. Stadt	SANTAFE
argentin. Stadt am Paraná	ROSARIO
argentin. Stadt an den Anden	MENDOZA
argentin. Währungseinheit	AUSTRAL
Aristokrat	ADLIGER
arktischer Tauchvogel	TORDALK
arktisches Nutztier	RENTIER
arktisches Raubtier	EISBAER
arktisches Volk	ESKIMOS
Arroganz	DUENKEL
Arroganz	HOCHMUT
Arsenverbindung	ARSENIK
Art	GATTUNG
Artemisia	BEIFUSS
Artikel	AUFSATZ
Artist	AKROBAT
Artistenbühne	VARIETE
Art und Weise	METHODE
Artusritter, Isoldes Geliebter	TRISTAN
Arznei	MEDIZIN
Arznei-, Pflanzenauszug	TINKTUR
Arzneipflanze	BEIFUSS
Arzneipflanze	FENCHEL
Arzneipflanze	KAMILLE
Asbestzementschiefer	ETERNIT
asiat.-europ. Staat	TUERKEI
asiat. Halbinsel	ARABIEN
asiat. Hauptstadt	BANGKOK

asiat. Hauptstadt	COLOMBO
asiat. Hauptstadt	TEHERAN
asiat. Haustier	BUEFFEL
asiat. Hirschart	MUNTJAK
asiat. Reitervolk	TATAREN
asiat. Turkvolk	OIRATEN
asiat. Völkergruppe	SEMITEN
asiat. Volk	TUERKEN
asiat. zweirädriger Wagen	RIKSCHA
Aspekt	ANBLICK
Aspekt	ANSICHT
Asphalt	ERDPECH
Assel, Gliedertier	ISOPODE
Assistent	FAMULUS
Assistent	GEHILFE
assyr. Gottheit	NINURTA
assyr. Name der Astarte	ISCHTAR
assyr. Volksstamm	SUMERER
Asthma	ATEMNOT
strono-nisches nstrument	SEXTANT
tem-törung	DYSPNOE
the-isch. ildhauer	PHIDIAS
thlet	LAEUFER
tlas-lume	GODETIA
tlas-ewebe	ZANELLA
Atomkernspaltung	FISSION
Atommeiler	REAKTOR
Atrophie	SCHWUND
Attacke	ANGRIFF
Attest, Diplom	ZEUGNIS
attische Hafenstadt	LAURION
Attribut	MERKMAL
Audienz	EMPFANG
Aufbau	MONTAGE
Aufbau, Anordnung	GEFUEGE
aufbegehren	MEUTERN
Aufbruch	ABFAHRT
Aufbruch	ABREISE
auf die Sterne bezüglich	SIDERAL
auf die Sterne bezüglich	STELLAR
auffälliges Getue	THEATER
auffallend	MARKANT
Auffassung	ANSICHT
Auffassung	MEINUNG
Aufgabe	PFLICHT
aufgeregt	NERVOES
aufgeweckt	LEBHAFT
aufgrund	INFOLGE
Aufguß	INFUSUM
aufhalten	BREMSEN
aufhalten	HINDERN
Aufhebung e. Verpflichtung	DISPENS
aufhören	BEENDEN
Aufklebebild	COLLAGE
Auflage	PFLICHT
Auflösung	ANALYSE
aufmachen	OEFFNEN
Aufnahme	EMPFANG
Aufnahmeraum	ATELIER
Aufopferung	HINGABE
aufplatzen	BERSTEN
aufrichtig	EHRLICH
aufrollbarer Vorhang	ROULEAU
aufrollbares Sonnendach	MARKISE
Aufruhr	KRAWALL
Aufruhr, Aufstand	REVOLTE
Aufsatzschränkchen	VERTIKO
Aufschlag beim Tennis	SERVICE
aufschließen	OEFFNEN
aufschneiden	PRAHLEN
Aufschneider	ANGEBER
Aufschneider	BLENDER
Aufschneider	PRAHLER
Aufseher, Wächter	WAERTER
Aufseher beim Billard	MARKOER
Aufseher im Bergbau	STEIGER
aufstacheln	ERREGEN
Aufstand	KRAWALL
Aufstellung, Übersicht	TABELLE
Auftrag	MISSION
Auftrag, Direktive	WEISUNG

Auftrag, Lieferung	SENDUNG
Auftraggeber	MANDANT
aufwärts	BERGAUF
Aufzeichnungen	NOTIZEN
Aufzeichnung von Geschichte	CHRONIK
Aufzug für Wintersportler	SKILIFT
Augenbindehauterkrankung	TRACHOM
Augen des Wildes	LICHTER
augenfällig	EVIDENT
Augenprüfung	SEHTEST
Augenschein	EVIDENZ
Augenteil	PUPILLE
Augenteil	SEHNERV
Augit, Schmuckstein	DIOPTAS
Augsburger Maler	HOLBEIN
ausbessern	FLICKEN
ausbessern	STOPFEN
ausbessern, instand setzen	RICHTEN
Ausbeute der Treibjagd	STRECKE
Ausdehnung	FLAECHE
Ausdrucksform	DIKTION
ausdrücklich	EXPRESS
auseinanderreißen, scheiden	TRENNEN
Ausflucht	EVASION
Ausflucht, Ausrede	VORWAND
Ausflügler	TOURIST
Ausflugskutsche	KREMSER
ausführbar	MACHBAR
Ausfuhrverbot	EMBARGO
ausgedienter Soldat	VETERAN
ausgegrabene Stadt in Italien	POMPEJI
ausgelernter Handwerker	GESELLE
ausgelernter Handwerker	MEISTER
ausgeprägt	MARKANT
Ausgestoßener	OUTCAST
ausgesucht	ERLESEN
Aushang	AFFICHE
Ausheben von Rekruten	MUSTERN
Auskratzung (mediz.)	ABRASIO
ausländ. Währungen	VALUTEN
ausländ. Zahlungsmittel	DEVISEN
Auslegung	DEUTUNG
Auslese	SIEBUNG
Auslöschung, Ausrottung	TILGUNG
Ausrüstung	ARMATUR
Ausruf	OJEMINE
aussätzig	LEPROES
Ausschank	BUEFETT
Ausschreitung	KRAWALL
Ausschuß	GREMIUM
Ausschuß	KOMITEE
Aussehen, Haltung	HABITUS
Außenbegrenzung	BANKETT
Außenteil des Buches	EINBAND
außerdem	DANEBEN
außer Dienst	INAKTIV
außergewöhnlich	EMINENT
Aussicht	ANBLICK
ausspielender Kartenspieler	VORHAND
Ausspielung, Verlosung	TOMBOLA
Aussprachezeichen	CEDILLE
Ausspruch, Denkspruch	SENTENZ
ausstechen	STANZEN
Ausstellungsschrank	VITRINE
Ausstellungsstück	EXPONAT
Aussteuer	MITGIFT
Ausstreuungspunkt	RADIANT
austral. Fluggesellschaft	QUANTAS
austral. Fluß	DARLING
austral. Fluß	LACHLAN
austral. Salzsee	EYRESEE

austral. Stadt	BENDIGO
austral. Stadt	BUNBURY
austral. Stadt in Queensland	IPSWICH
auswärtige Besitzung	KOLONIE
Ausweg	LOESUNG
Auswerfer	EJEKTOR
Auszug, Exodus	WEGGANG
Auszug aus einem Buch	EXZERPT
Auszug aus einem Werk	EPITOME
Autofensterreiniger	WISCHER
autogerechte Service-Anlage	DRIVEIN
Automobiltyp	LASTZUG
Autor, Schöpfer	URHEBER
Autorin von »Gigi«	COLETTE
Autorität	ANSEHEN
Autorität	GELTUNG
Autor von »Amerikanische Tragödie«	DREISER
Autor von »Amphitryon«	MOLIERE
Autor von »Amphiyon«	PLAUTUS
Autor von »Antigone«	ANOUILH
Autor von »Auferstehung«	TOLSTOI
Autor von »Colombe«	ANOUILH
Autor von »Der Geizige«	MOLIERE
Autor von »Der Kreidekreis«	KLABUND
Autor von »Der Lügner«	GOLDONI
Autor von »Der Misanthrop«	MOLIERE
Autor von »Der seidene Schuh«	CLAUDEL
Autor von »Die Ahnen«	FREYTAG
Autor von »Die gelehrten Frauen«	MOLIERE
Autor von »Diener zweier Herren«	GOLDONI
Autor von »Die Verlobten«	MANZONI
Autor von »Effi Briest«	FONTANE
Autor von »El Hakim«	KNITTEL
Autor von »Emilia Galotti«	LESSING
Autor von »Eurydike«	ANOUILH
Autor von »Germania«	TACITUS
Autor von »Kim«	KIPLING
Autor von »Krieg und Frieden«	TOLSTOI
Autor von »Lumpazivagabundus«	NESTROY
Autor von »Medea«	ANOUILH
Autor von »Minna von Barnhelm«	LESSING
Autor von »Nathan der Weise«	LESSING
Autor von »Oliver Twist«	DICKENS
Autor von »Tartuffe«	MOLIERE
Autor von »Via mala«	KNITTEL
Autoteil, -zubehör	LENKRAD
Autotypie	GALVANO
Babel	BABYLON
babylon. Gewicht	SCHEKEL
babylon. Göttin	ISCHTAR
Bacchantenstab	THYRSUS
Bacchus-Verehrerin	MAENADE
Bache	WILDSAU
Bachtrompete	CLARINO
Backenstreich, Ohrfeige	SCHELLE
Backerzeugnis	GEBAECK
Backgewürz	VANILLE
Backwerk	BRIOCHE
baden, säubern	WASCHEN
Badestrand	GESTADE
Badestrand in Honolulu	WAIKIKI
badischer Kurort an der Kinzig	HASLACH
badische Stadt am Odenwald	MOSBACH
badische Stadt an der Murg	RASTATT
badisches Weinbaugebiet	ORTENAU
bändigen	FESSELN

bändigen	ZUEGELN
Bänkellied	MORITAT
bäuerliche Dienerschaft	GESINDE
Bagage	GEPAECK
Bahnbrecher	PIONIER
Balearen-Insel	CABRERA
Balearen-Insel	MENORCA
Balggeschwulst	ATHEROM
Balkanbewohner	ALBANER
Balkanbewohner	KROATEN
Balkanbewohner	RUMAENE
Balkanbewohner	SLOWENE
Balkanhauptstadt	BELGRAD
Balkengerüst	GEBAELK
Balkonpflanze	BEGONIE
Balkonpflanze	FUCHSIE
Balkonpflanze	GERANIE
Balkonpflanze	LOBELIE
Balkonpflanze	PETUNIE
Ballerino	TAENZER
Ballettmitglied	TAENZER
Ballett von Adam	GISELLE
Ballett von Dallapiccola	MARSYAS
Ballett von Egk	ABRAXAS
Ballett von Ravel	LAVALSE
Ballett von Strawinsky	ORPHEUS
Ballspiel	INDIACA
Ballspiel	RADPOLO
Ballspiel, Radwettbewerb	RADBALL
Ballspielbeginn	ANPFIFF
Balte	LITAUER
baltische Republik	ESTLAND
baltische Republik	LITAUEN
baltisches Land	ESTLAND
Bandage, Kompresse	VERBAND
Band eines Druckwerks	VOLUMEN
Bandit, Gewalttäter	RAEUBER
Bandrosette	KOKARDE
Bankkaufmann	BANKIER
Bankrott	KONKURS
bannen	AECHTEN
Bantusprache	SESOTHO
Bantustamm	BAROTSE
Bantustamm in Uganda	WAGANDA
Bantuvolk	BAGANDA
Bantuvolk	KARANGA
Barbarossa	ROTBART
Barbier	FRISEUR
Barkasse	BEIBOOT
barmherzig	GNAEDIG
Barometer	ANEROID
Barsch	ANBEISS
Basaltgestein	DOLERIT
Base	COUSINE
Baskensprache	EUSKARA
baskische Schellentrommel	PANDERO
Baßlaute	THEORBE
Baßregister der Orgel	VIOLONE
Bastard	HYBRIDE
Bastion	FESTUNG
Bataille	GEFECHT
Batistleinwand	KAMBRIK
Batzen	KLUMPEN
bauchwärts	VENTRAL
Bauchwassersucht	ASZITES
Bauernrose	PAEONIE
Bauhütte	BARACKE
Baumbestand	GEHOELZ
Baumfrucht	KIRSCHE
Baumsteppe	SAVANNE
Baustil des Mittelalters	ROMANIK
Bauwerk in Danzig	KRANTOR
bayer. Herzog	TASSILO
bayer. Kurort in Schwaben	WEMDING
bayer. Main-Zufluß	REDNITZ
bayer. Politiker (CSU)	STRAUSS
bayer. Politiker (CSU)	STREIBL
bayer. Politiker (SPD)	HOEGNER
bayer. Rednitz-Zufluß	PEGNITZ
bayer. Stadt am Lech	FUESSEN

bayer. Stadt an d. Donau	NEUBURG
bayer. Stadt an der Naab	NABBURG
bayer. Symbolgestalt	BAVARIA
Beamter im alten Rom	AUDITOR
beanspruchen	FORDERN
bebilderte Zeitschrift	MAGAZIN
Bedacht, kluge Erwägung	UMSICHT
Bedauern	MITLEID
Bedeckung	ESKORTE
Bedenken	ZWEIFEL
Bedenken, Zweifel	SKRUPEL
bedenklich	OMINOES
bedeutend, bedeutsam	WICHTIG
Bedeutung	GELTUNG
Bedienung	SERVICE
Bedienungsfeld	SERVICE
bedingt, vergleichsweise	RELATIV
Bedingung	AUFLAGE
bedingungslos	ABSOLUT
Bedrängnis	NOTLAGE
Beduinenhäuptling	SCHEICH
beeinflussen	STEUERN
beeinträchtigen, hindern	STOEREN
Beethoven-Oper	FIDELIO
Befähigung	EIGNUNG
Befähigung	KOENNEN
befangen	GEHEMMT
Befehl	AUFTRAG
befestigtes Römerlager	KASTELL
Befestigungsmittel	KLAMMER
Befinden	ERGEHEN
Befinden	ZUSTAND
Befreier Südamerikas	BOLIVAR
Befreiung	RETTUNG
befürworten, empfehlen	ZURATEN
Begabtenklasse (veraltet)	SELEKTA
Begattung	PAARUNG
Begebenheit, Ereignis	VORFALL
Begegnung, Zusammenkunft	TREFFEN
begehren	FORDERN
begehrt	GEFRAGT
begierig	ERPICHT
Beginn	ANBRUCH
Beginn	AUFTAKT
beginnen, anfangen	STARTEN
Begleiter, Satellit	TRABANT
Begleiter Karls des Großen	EINHARD
Begleiter Karls des Großen	PALADIN
Begleiter Robinsons	FREITAG
Begleiter von Jason, Argonaut	THESEUS
Begriffsbestimmung	ANALYSE
Begriffsbestimmung	DEUTUNG
Begründ. d. kath. Gesellenvereine	KOLPING
Begründer d. Physiognomik	LAVATER
Begründer der Ägyptologie	LEPSIUS
Begründer der Berliner Akademie	LEIBNIZ
Begründer des Weltpostvereins	STEPHAN
Begünstigung im Sport	VORGABE
Behälter	GEFAESS
Behälter, Lade	SCHREIN
Behandlungsweise	METHODE
Behauptung	AUSSAGE
Behelfsheim	BARACKE
beherrscht	GEFASST
beherzt, entschlossen	RESOLUT
Beherztheit	COURAGE
Behinderung	HEMMNIS
behutsam	ACHTSAM
behutsam, gewissenhaft	SORGSAM
Beiboot	PINASSE
Beifall	APPLAUS
beigeordneter Diplomat	ATTACHE
beigeordneter Fachmann	EXPERTE

Beiname Buddhas	GAUTAMA
Beiname des Apoll	MUSAGET
Beiname des Apoll	PHOEBUS
Beiname des Odin	ALFADIR
Beiname des Zeus	KRONIDE
Beiname Jesu	HEILAND
Beiname Kaiser Fried-richs I.	ROTBART
Beinbe-kleidung	STRUMPF
Beispiel	EXEMPEL
Beispiel, Modell	VORBILD
Beistand	ADLATUS
Beistand	SUKKURS
Beitrag, Abgabe	PRAEMIE
bejahend, zutref-fend	POSITIV
bekannt	NAMHAFT
bekannt	RUCHBAR
Beklei-dungs-stück	KOSTUEM
bekömm-lich	HEILSAM
beköst-i-gen	NAEHREN
belästi-gen, be-hindern	STOEREN
belang-reich, be-merkens-wert	WICHTIG
Beleg-schaft	SCHICHT
Beleidi-gung	AFFRONT
Beleidi-gung	INJURIE
Beleihung	LOMBARD
Beleuch-tungs-körper	LATERNE
Beleuch-tungs-körper	LEUCHTE
belg. Erz-bischofs-stadt	MECHELN
belg. Hafen-stadt in Flandern	OSTENDE
belg. Königin	FABIOLA
belg. Kö-nigsname	LEOPOLD
belg. Krimi-Autor	SIMENON
belg. Land-schaft	BRABANT
belg. Land-schaft	CONDROZ
belg. Maler u. Bildhauer	MEUNIER
belg.-niederl. Land-schaft	LIMBURG
belg. Philosoph (Neu-thomist)	MERCIER
belg. Physiolo-ge (No-belpreis)	HEYMANS
belg. Seebad in Flandern	OSTENDE
belg. Stadt	BRUEGGE
belg. Stadt am Vesdre	LIMBURG
belg. Stadt an der Maas	SERAING
belg. Stadt an der Schelde	TOURNAI
belg. Stadt in West-flandern	BRUEGGE
Belgier	WALLONE
beliebt	BEGEHRT
Beloh-nung, Gratifika-tion	PRAEMIE
belusti-gend	KOMISCH
Bemäch-tigung	ZUGRIFF
bemän-geln	MAEKELN
bemittelt	BETUCHT
Bemü-hung	EINSATZ
Benach-richtigung	MELDUNG
Benedik-tinerabtei am Ammersee	ANDECHS
Benehmen	GEBAREN
Benelux-staat	BELGIEN
Bengel	LAUSBUB
Bengel	LUEMMEL
Bengel, Dreikäse-hoch	STEPPKE
Benzin	GASOLIN
beobach-ten	ZUSEHEN
Beobach-ter, Kund-schafter	SPAEHER
Beobach-tungs-posten, -station	AUSGUCK
Bequem-lichkeit	KOMFORT
Berech-nung	KALKUEL
bereini-gen	KLAEREN
bereit, gewillt	WILLENS
Berg auf Sizilien	ANTENNA
Berg bei Jerusalem	OELBERG
Berg bei Luzern	PILATUS
Berg der Hohen Tauern	ANKOGEL

Berg-gruppe	GEBIRGE
Berg im Karakorum	DAPSANG
Berg im Lausitzer Gebirge	LAUSCHE
Berg in Appenzell	SAENTIS
Berg in den Südvogesen	BELCHEN
Berg-kamm	RUECKEN
Berg-kiefern-Art	LATSCHE
Bergkloster in Griechen-land	METEORA
oerg-männ. Längen-maß	LACHTER
Berg-werks-nlage	SCHACHT
Berg-werks-chacht-ang	STOLLEN
ericht, Meldung	RAPPORT
ericht, ortrag	REFERAT
ericht-erstattung	VORTRAG
erittener tier-impfer	PICADOR
erliner abarett-t	GRUNERT
rliner ssizist. dhauer	SCHADOW
rliner anken-us	CHARITE
rliner ler	BLECHEN
rliner beziali-	EISBEIN
rliner dtteil	SPANDAU
Berliner Stadtteil, Verwaltungsbez.	TREPTOW
Berliner Stadtteil, Verwaltungsbez.	WEDDING
bersten	BRECHEN
bersten	KRACHEN
bersten, explodieren	PLATZEN
berühmt	NAMHAFT
berühmter Diamant	HEUREKA
berühmter Diamant	JUBILEE
berühmter Diamant	STEWART
berühmter Diamant	TIFFANY
Berührung	KONTAKT
Beruf im Baufach	MONTEUR
Beruf im Gesundheitswesen	DROGIST
Beruf im Gesundheitswesen	MASSEUR
Beruf im Rechtswesen	RICHTER
Beruf in der Industrie	MONTEUR
Beruf in der Industrie	MUELLER
Berufskamerad	KOLLEGE
Beruhigungsmittel	SEDATIV
Beschädigung	HAVARIE
Beschädigung, Verletzung	LAESION
Beschämung	BLAMAGE
Beschaffenheit	ZUSTAND
beschleunigt	EILENDS
beschleunigt	EXPRESS
beschneiden	KUERZEN
beschneiden, scheren	TRIMMEN
beschneiden, verkürzen	STUTZEN
Beschriftung	LEGENDE
Beschuldiger	KLAEGER
Beschuldigung	ANKLAGE
Beschwerde	MUEHSAL
beschwerlich	MUEHSAM
besessen	MANISCH
Besitzer	INHABER
besolden	LOEHNEN
besondere Art einer Gattung	SPEZIES
Bestandteil der Erdatmosphäre	KRYPTON
Bestandteil des Blutes	ALBUMIN
Bestandteil des Erdatmosphäre	EDELGAS
Bestandteil des Opiums	MORPHIN
Bestandteil des Pfefferminzöls	MENTHOL
Bestandteil des Talmud	HALACHA
bestechlich	KORRUPT
Besteckteil	LOEFFEL
bestens	OPTIMAL
Bestfall	OPTIMUM
bestimmt	FIXIERT

7

bestimmte Menge	QUANTUM
Bestleistung	MAXIMUM
Bestleistung	OPTIMUM
bestmöglich	OPTIMAL
bestreiten	LEUGNEN
bestürzt, verdutzt	PERPLEX
Bestwert	OPTIMUM
Betreuer	MANAGER
Betreuerin	HOSTESS
Betreuer Minderjähriger	VORMUND
Betreuung, Service	WARTUNG
Betrieb, Rummel	TREIBEN
betriebl. Arbeitsbereich	RESSORT
betriebsam, fleißig	RUEHRIG
Betriebsvermögen	KAPITAL
betrogener Ehemann	HAHNREI
betrübt, trostlos	TRAURIG
betrunken	BEZECHT
Bettnische	ALKOVEN
Beugung	FLEXION
Beugungsfall	GENITIV
Beurkundung, Beurteilung	ZEUGNIS
Beute	RAUBGUT
Bevollmächtigter	DELEGAT
bewährt	ERPROBT
bewahren	SICHERN
beweglich	LEBHAFT
bewegliche Habe	HAUSRAT
bewegliche Laufbrücke	GANGWAY
Bewegungslehre	DYNAMIK
Bewegungslehre	KINETIK
Bewegungslosigkeit	AKINESE
beweisen	BELEGEN
Bewohner der Londoner City	COCKNEY
Bewohner eines Erdteils (Mehrz.)	ASIATEN
Bewohner Holsteins	HOLSTEN
bezahlen	LOEHNEN
Bezahlung	ENTGELT
bezaubernd, charmant	REIZEND
bezeichnend	MARKANT
bezeichnend, charakteristisch	TYPISCH
Bezieher einer Rente	RENTNER
Beziehung	KONTAKT
bezüglich	RELATIV
Bezug	BETREFF
biblische Gestalt	EPHRAIM
biblische Gestalt	LAZARUS
biblische Landschaft	IDUMAEA
biblischer Berg	GARIZIM
biblischer Berg, Hügel	OELBERG
biblischer Hauptort d. Philister	ASKALON
biblischer König	HERODES
biblischer Monatsname	CHISLEV
biblischer Monatsname	TISCHRI
biblischer Name für Edom	IDUMAEA
biblischer Name Gottes	ZEBAOTH
biblischer Prophet	HABAKUK
biblischer Prophet	JEREMIA
biblischer Prophet	NEHEMIA
biblischer Riese	GOLIATH
biblischer Stammvater	ABRAHAM
biblisches Fabeltier	BEHEMOT
biblisches Gewicht	SCHEKEL
biblisches Land, Landschaft	ARAMAEA
biblisches Maß	ISSARON
biblische Stadt	JERICHO
biblische Stadt	JESREEL
biblische Stadt	SAMARIA
Bienenzucht	IMKEREI
Bierkäppchen	ZEREVIS
Biersorte	ALTBIER
bildende Künstlerin	MALERIN
bildende Kunst	GRAPHIK
bildende Kunst	MALEREI

Bildersammlung	GALERIE
Bildhauerarbeit	PLASTIK
Bildhauerkunst	PLASTIK
Bildhauerwerkzeug	MEISSEL
bildliches Erinnerungsvermögen	EIDETIK
Bildteppich	GOBELIN
Bildunterschrift	LEGENDE
Bildwerfer	DIASKOP
Bildwerfer	EPISKOP
bildwirksam	FOTOGEN
billigen	BEJAHEN
Binde	BANDAGE
Bindegewebswucherung	FIBROSE
Bindewort	NACHDEM
Bindung	HEFTUNG
Bindung	LIGATUR
iochem. Wirkstoff	FERMENT
iolog. Einteilung	GATTUNG
iolog. Einteiungsegriff	FAMILIE
isam	MOSCHUS
ischof Kar-ago	DONATUS
itterkalk	DOLOMIT
ittgebet	LITANEI
tt-hrift, tt-esuch	SUPPLIK
äschen-s-hlag	FRIESEL

Blätterpilz, Hirschling	REIZKER
blättriger Gips	SELEMIT
Blasebalgtreter	KALKANT
Blasinstrument	KORNETT
Blasmusiker	PFEIFER
blaß	FARBLOS
blaßroter Wein	CLAIRET
Blattgemüse	MANGOLD
Blatthalter	TENAKEL
Blatt- u. Stielgemüse	MANGOLD
blaugrüner Schmuckstein	TUERKIS
Blaujacke	MATROSE
Blaujacke	SEEMANN
Blaukraut	ROTKOHL
Blauspecht	KLEIBER
Blausucht	ZYANOSE
Blechbehälter	BUECHSE
Blechblasinstrument	POSAUNE
bleibend	HALTBAR
bleich	FARBLOS
Bleiglanz	GALENIT
blicken	SCHAUEN
Blindheit	ANOPSIE
blitzen	WETTERN
Blocksberg	BROCKEN
Blödsinn, Humbug	QUATSCH
Bloßstellung	BLAMAGE
Bloßstellung	SCHMACH
blühen	PRANGEN
Blütenblätter	PETALEN

Blütenhülle	PERIGON
Blütenstaubbeutel	ANTHERE
Blütenstempel	PISTILL
Blütenteil	GRIFFEL
Blume mit Trichterblüten	PETUNIE
Blumenarrangement	GEBINDE
Blumengebinde	STRAUSS
Blumengeschäftsverband	FLEUROP
Blumentier	KORALLE
blusenartiger Uniformrock	LITEWKA
Blutandrang, starke Erregung	WALLUNG
Blutarmut	ANAEMIE
Blutfleckenkrankheit	PURPURA
Blutgefäße	VENULEN
Blutgefäßverengung	STENOSE
Blutgefäßverschluß	EMBOLIE
Blut (latein.)	SANGUIS
Blutserum-Antikörper	ALEXINE
Bodenbearbeitungsgerät	GRUBBER
Bodenerhebung	ANHOEHE
Bodenschatz	MINERAL

7

böhm. Elbe-Zufluß	CIDLINA
böhm. Königsname	OTTOKAR
böhm.-schles. Gebirge	SUDETEN
böhm. Stadt an der Moldau	BUDWEIS
böhm. Stadt im Erzgebirge	KOMOTAU
Böller	MOERSER
Börsenmaklergebühr	KURTAGE
bösartige Hautgeschwulst	MELANOM
bösartig (mediz.)	MALIGNE
böse	GARSTIG
böses Weib	MEGAERE
Bogen, Kurve, Wölbung	RUNDUNG
Bogengang	ARKADEN
Bogensprung	LANCADE
Bohnenkraut	SATUREI
bolivian. Andengipfel	ILLAMPU
Bollwerk	BASTION
Bollwerk, Festungsanlage	SCHANZE
bombastisch	POMPOES
Bonifatius' Name	WINFRID
Bootswettkampf	REGATTA
Borg	VERLEIH
Borstenhaar, Tierwaffe	STACHEL
Borstentier	SCHWEIN
Borusse	PREUSSE
Botin des Grals	KUNDRIE
Botschaft	MELDUNG
Botschaftsangehöriger	ATTACHE
brandenb. Stadt im Spreewald	LUEBBEN
brandenburg. Kurfürst	JOACHIM
brandenburg. Stadt	PUTLITZ
brandenburg. Stadt an der Havel	POTSDAM
brandenburg. Stadt an der Oder	CROSSEN
brandenburg. Stadt an der Oder	SCHWEDT
brandmarken	AECHTEN
Branntweinsorte	ABSINTH
Branntweinsorte	KUEMMEL
brasil. Landgut	FAZENDA
brasilian. Amazonas-Zufluß	MADEIRA
brasilian. Hafen b. Rio de Janeiro	NITEROI
brasilian. Hafenstadt	CAMOCIM
brasilian. Hafenstadt	MARANHO
brasilian. Küstenstaat	ALAGOAS
brasilian. Stadt	PELOTAS
Brasse	BRACHSE
Brasse	PLEINZE
braten	GRILLEN
braten	ROESTEN
Brauereianlage	SUDHAUS
Braumischung	MAISCHE
Brauneisenstein	LIMONIT
Braurückstand, Treber	TRESTER
brausen	DUSCHEN
Brausestein, Tonerdesilikat	ZEOLITH
Brautschau, Heiratsantrag	WERBUNG
Brechdurchfall	CHOLERA
Brechstange	KUHFUSS
brennen	FLAMMEN
Bretterbau	BARACKE
Brille, Brillenart	BINOKEL
Brillenlieferant	OPTIKER
brillieren	BLENDEN
Brise	SEEWIND
britische Popgruppe	GENESIS
britischer Bildhauer	EPSTEIN
britischer Fluß	DERWENT
britischer Kernforsch.-Zentrum	HARWELL
britischer Politiker, Staatsmann	HALIFAX
brodeln	DAMPFEN
Brosame	KRUEMEL
Brotform	STOLLEN
Brotröster	TOASTER
Bruch	FRAKTUR

7

Bruder v. Etzel	BLOEDEL
Bruder v. Gretel	HAENSEL
Bruder v. Kriemhild	GUNTHER
Bruder v. Peleus	TELEMON
Bruder v. Petrus	ANDREAS
brüsk, barsch	SCHROFF
Brummbär	KNASTER
Brustbein	STERNUM
Brustharnisch	KUERASS
Brustwarze	MAMILLA
Buch, Buchart	LEXIKON
Buch-, Kassenprüfer	REVISOR
Buchabschnitt	KAPITEL
Buchausgabe	EDITION
Buchauszug	EXTRAKT
Buchbinderleinen	BUCKRAM
Buch d. Alten Testaments	CHRONIK
Buch d. Alten Testaments	HABAKUK
Buch d. Alten Testaments	JEREMIA
Buch d. Alten Testaments	KOENIGE
Buch d. Alten Testaments	NEHEMIA
Buch d. Alten Testaments	PSALTER
Buch d. Alten Testaments	RICHTER
…ch d. …nta-…ch	GENESIS

Buch d. Psalmen	PSALTER
Buchdruckerberuf	METTEUR
Buchleinwand	BUCKRAM
Buchstabenrechnung	ALGEBRA
Buchstabenverbindung	LIGATUR
Buchteil	TITELEI
Buckel	HOECKER
Buddel	FLASCHE
buddhist. Göttin d. Barmherzigkeit	KWANNON
buddhist. Gottheit	KUANYIN
buddhist. Volk in Burma	PALAUNG
Büchse, kurzes Gewehr	STUTZEN
Büffelart	MINDORO
Bügelhorn	CLAIRON
bügeln	MANGELN
Bühnenbild	KULISSE
Bühnendekoration	KULISSE
Bühnenhaus, Schauspielhaus	THEATER
Bühnenschiebewand	KULISSE
Bühnenstück v. Anouilh	COLOMBE
Bühnenstück v. Corneille	OEDIPUS
Bühnenstück v. Giraudoux	ELEKTRA
Bühnenstück v. Grillparzer	LIBUSSA

Bühnenstück v. Hauptmann	ELEKTRA
Bühnenstück v. Hofmannsthal	DERTURM
Bühnenstück v. Shaw	CANDIDA
Bühnenstück v. Sophokles	ELEKTRA
Bühnenstück v. Sudermann	DIEEHRE
Bühnentanz	BALLETT
Bündnis	ALLIANZ
Bündnis	ENTENTE
Bürde	BALLAST
Bürger einer Hansestadt	HANSEAT
Bürgermeister	SCHULZE
Bürgersteig	FUSSWEG
Bürgschaft	HAFTUNG
Büro	KANZLEI
Büttel, Gerichtsdiener	SCHERGE
Buhlteufel	INKUBUS
bulgar.-griech. Fluß	MARITZA
bulgar. Stadt an der Jantra	GABROWO
bulgar. Stadt an der Maritza	PLOWDIW
Bullenbeißer	MASTIFF
Bund	LIAISON
Bundesstaat von Malaysia	SARAWAK
Buntmetall	MESSING

7

Buren-führer	KRUEGER
Burg	KASTELL
Burg, Prachtbau	SCHLOSS
Burg am Rhein	LAHNECK
Burg im Apennin	CANOSSA
Burg in Spanien	ALKAZAR
Burgunderfürst	GUNTHER
Burgunderwein	MUSIGNY
Burgunderwein	POMMARD
Busch, Büschel	STRAUSS
Busch, Holzgewächs	STRAUCH
Buschmesser	MACHETE
Buschwald der Mittelmeerländ.	MACCHIA
Buschwerk	BOSKETT
Buschwindröschen	ANEMONE
busenfrei	TOPLESS
Busenfreund	INTIMUS
Bussard	GAUKLER
Buße	AUFLAGE
Butte, Bütte	BOTTICH
byzantinischer Feldherr	BELISAR
byzantinischer Kaiser	MICHAEL
byzantinischer Kaiser (11. Jh.)	ROMANOS
Charakteristikum	MERKMAL
charmant	ANMUTIG
chartern, mieten	PACHTEN
Chassis	GESTELL
chem. Anzeigestoff	REAGENS
chem. Element, Alkalimetall	CAESIUM
chem. Element, Alkalimetall	LITHIUM
chem. Element, Alkalimetall	NATRIUM
chem. Element, Edelgas	KRYPTON
chem. Element, Erdalkalimetall	KALZIUM
chem. Element, Erdmetall	HOLMIUM
chem. Element, Erdmetall	YTTRIUM
chem. Element, Metall	CADMIUM
chem. Element, Metall	CALCIUM
chem. Element, Metall	GALLIUM
chem. Element, Metall	HAFNIUM
chem. Element, Metall	IRIDIUM
chem. Element, Metall	KADMIUM
chem. Element, Metall	NIOBIUM
chem. Element, Metall	RHENIUM
chem. Element, Metall	RHODIUM
chem. Element, Metall	TERBIUM
chem. Element, Metall	THORIUM
chem. Element, Metall	THULIUM
chem. Element, Metall	WOLFRAM
chem. Element, Metall	ZAESIUM
chem. Element, seltene Erde	LANTHAN
chem. Element, Transuran	FERMIUM
chem. Grundstoff	ELEMENT
chem. Reagens	LACKMUS
chem. Untersuchung	ANALYSE
chem. Verbindung	ALDEHYD
chem. Verbindung	ALKALIE
chem. Zusatz	ADDITIV
Chemiefaser	CUPRESA
Chemiefaser	TREVIRA
Cheruskerfürst	HERMANN
chilen. Autorin (Nobelpreis)	MISTRAL
chilen. Politiker	ALLENDE
chilen. Provinz	ATACAMA
chilen. Schriftstellerin	ALLENDE
chilen. Stadt	CHILLAN
chilen. Stadt	ILLAPEL

chilen. Stadt	PISAGUA
chines. Gewürzpflanze	GALGANT
chines. Hafen am Jangtsekiang	NANJING
chines. Hafenstadt	TIANJIN
chines. Längenmaß	TSCHANG
chines. Lyriker	LITAIPO
chines. Pflaume	LITSCHI
chines. Porzellanglasur	SELADON
chines. Provinz	GUIZHOU
chines. Provinz	JIANGSU
chines. Provinz	JIANGXI
chines. Provinz	QINGHAI
chines. Provinz	SICHUAN
chines. Stadt	CHENGDU
chines. Stadt	KWEILIN
chines. Stadt am Hwangho	KAIFENG
chines. Stadt am Hwangho	LANZHOU
chines. Stadt am Jangtsekiang	NANKING
chines. Stadt am Jangtsekiang	NANTUNG
chines. Stadt in Schansi	TAIYUAN
chines. Stadt in Sinkiang	JARKEND
chines. Strom, Gelber Fluß	HWANGHO
chines. Turkvolk	UIGUREN
chlorsaures Salz	CHLORAT
Chlorverbindung	CHLORAL
Chorschranke	LETTNER
Christbaumschmuck	LAMETTA
christl. Gnostiker	MARCION
christl. Konfession, Sekte	QUAEKER
Chromeisenstein	CHROMIT
Chronik	ANNALEN
chronische Verseuchung	ENDEMIE
Clown	BAJAZZO
Cocktail	COBBLER
Cocktail	COLLINS
Cocktail	EGGNOGG
Comic-Figur	ASTERIX
Computer	RECHNER
Computersprache	FORTRAN
Conferencier	ANSAGER
Coup	STREICH
Couplet	CHANSON
Courage, Traute	SCHNEID
Cowboy-Hut	STETSON
Dachgesellschaft eines Konzerns	HOLDING
Dämpfer der Geige	SORDINO
dän. Hafen auf Seeland	KORSOER
dän. Hafenstadt	AALBORG
dän. Hafenstadt	ESBJERG
dän. Historiker	THOMSEN
dän. Literaturhistoriker	BRANDES
dän. Mediziner (Nobelpreis)	FIBIGER
dän. Ostseeinsel	FALSTER
dän. Ostseeinsel	LAALAND
dän. Ostseeinsel	LOLLAND
dän. Ostseeinsel	SEELAND
dän. Parlament	RIGSDAG
dän. Schauspielerin	NIELSEN
dän. Schriftsteller	FLEURON
dän. Schriftsteller	HEIBERG
dän. Schriftsteller	HOLBERG
dän. Stadt an der Wiedau	TONDERN
dän. Stadt auf Seeland	HOLBAEK
dän. Stadt in Ostjütland	RANDERS
dän. Stadt in Südostjütland	HORSENS
dän. Stadt in Südost-jütland	KOLDING

7

Dänemark auf dänisch	DANMARK
daheim	ZUHAUSE
dahergehen	WANDELN
dalmat. Adria-Insel	KORCULA
dalmat. Adria-Insel	LASTOVO
dalmat. Adria-Insel	LOSINJI
dalmat. Adria-Insel	PLAVNIK
dalmatin. Hafenstadt	SIBENIK
dalmatin. Insel	LASTOVO
damals	DAZUMAL
damals	WEILAND
Damenbekleidung	KOMPLET
Dandy, Geck	STUTZER
Dankgebet	GRATIAS
Dantes Hölle	INFERNO
Danziger Sehenswürdigkeit	KRANTOR
darbieten	REICHEN
Darlehen	ANLEIHE
darstellen, vorführen	SPIELEN
darum	DESHALB
das Herz betreffend	KARDIAL
das Seewesen betreffend	MARITIM
Dattelpalme	PHOENIX
Dauer	BESTAND
dauerhaft	DURABEL
dauerhaft	HALTBAR
Davids Frau	ABIGAIL
Davids Sohn	ABSALOM
Deckung, Verbergung	TARNUNG
defekt	ENTZWEI
Defekt, Beschädigung	SCHADEN
dehnbar	BIEGSAM
dehnbares Gewebe	ELASTIK
Dekan	DECHANT
Deklination	BEUGUNG
Dekor, Putz	SCHMUCK
demnächst	ALSBALD
dem Namen nach	NOMINAL
Demontage	ABBRUCH
den Atomkern betreffend	NUKLEAR
den Hof machen	FLIRTEN
Denkergebnis	GEDANKE
denkrichtig	LOGISCH
Denksportaufgabe	RAETSEL
Denkspruch	PAROEMI
denkwürdig	EPOCHAL
Denunziant, Aushorcher	SPITZEL
Departement in Kolumbien	BOLIVAR
Departement in Kolumbien	CAQUETA
Departement in Kolumbien	GUAJIRA
Departement in Kolumbien	VICHADA
derartiger	SOLCHER
derartiges	SOLCHES
derber Mensch	GROBIAN
der Sitte entsprechend	UEBLICH
deshalb	DADURCH
Desinfektionsmittel	KREOSOT
Dessert, Süßspeise	PUDDING
Dessertwein	MADEIRA
Dessertwein	MARSALA
Dessous	WAESCHE
Destillationsgefäß	RETORTE
detonieren	PLATZEN
Dialekt	MUNDART
dicht	KOMPAKT
Dichter	LYRIKER
dichterisch	LYRISCH
dichterisch: drohen	DRAEUEN
dichterisch: Felder	GEFILDE
dichterisch: Flügel	FITTICH
dichterisch: Schmuckstück	KLEINOD
Dichtersitz	PARNASS
Dichtung Vergils	AENEIDE
dick	BELEIBT
Dickdarmentzündung	KOLITIS

dicker Farbauftrag	IMPASTO
dickes Buch	WAELZER
Dickfelligkeit	PHLEGMA
dickflüssige Absonderung	SCHLEIM
Dickhäuter	ELEFANT
Dieb, Langfinger	STEHLER
Diebstahl geistigen Eigentums	PLAGIAT
die Haut abziehen	HAEUTEN
Diele, Flur	VORRAUM
Diener	FAMULUS
Dienst	EINSATZ
Dienstboten	GESINDE
Dienstflagge am Auto	STANDER
Dienstleistung	SERVICE
dienstliche Meldung	RAPPORT
Dienstmann	TRAEGER
Dienstsiegel	STEMPEL
dienstuntauglich	INVALID
diesig	DUNSTIG
Dilemma	NOTLAGE
Dimension	AUSMASS
Dimension	GROESSE
Diplomat. Vertreter des Papstes	NUNTIUS
Diplomatenanwärter	ATTACHE
Diplomlandwirt	AGRONOM
Direktion	LEITUNG
Direktorium	LEITUNG
dirigieren	FUEHREN
Dirne	KOKOTTE
Diskussion	DEBATTE
Distanz	ABSTAND
Disziplin	ORDNUNG
Dividend	ZAEHLER
Division (mathem.)	TEILUNG
Dnjepr-Zufluß	PRIPJET
Dnjepr-Zufluß	WORSKLA
Dogenstadt, Gondelstadt	VENEDIG
Dokument	URKUNDE
Dokumentarbericht in Medien	FEATURE
dokumentieren	BELEGEN
Doldengewächs	FENCHEL
Donau-Zufluß	OSTRACH
Don-Zufluß	BOLANDA
Don-Zufluß	ILOWLJA
Don-Zufluß	KALITWA
Doppel-Ehe	BIGAMIE
Doppelgitterröhre	TETRODE
Doppelreihe als Ehrengasse	SPALIER
doppelt	ZWEIMAL
Doppelzug im Schachspiel	ROCHADE
Dose	BUECHSE
drängen	TREIBEN
Drall	DREHUNG
Drama v. Euripides	ORESTIE
Drama v. Shakespeare	OTHELLO
Drama von Hofmannsthal	ELEKTRA
Drang, Ehrgeiz	STREBEN
Drangsal	MUEHSAL
drastische Heilung	ROSSKUR
Draufgänger	FIGHTER
Dreck, Kehricht	SCHMUTZ
Drehkörper	KREISEL
Drehung	SCHWENK
Drehung, Schraubenlinie	WINDUNG
Drehung, Umkehr	WENDUNG
Dreiergruppe (musik.)	TERZETT
dreifach geneigt (Kristall)	TRIKLIN
Dreiflüssestadt in Niedersachsen	MUENDEN
Dreiklangtrompete	FANFARE
Dreiruderer	TRIREME
dreiseitig begrenztes Stück	ZWICKEL
Dreizack	TRIDENT
dreizeilige Strophenform	TERZINE
Dresdener Bauwerk	ZWINGER
Drill	SCHLIFF
Droschke	KUTSCHE
Druckerei	OFFIZIN
Druckfehler	ERRATUM
Druckschrift	ANTIQUA

7

Druckspalte	KOLONNE
Druckspalte	KOLUMNE
drücken, ausquetschen	PRESSEN
Drüsenabsonderung	SCHLEIM
dtsch. abstrakt. Bildhauer	HARTUNG
dtsch. abstrakt. Maler	BISSIER
dtsch. Admiral	CANARIS
dtsch. Admiral (Seeteufel)	LUCKNER
dtsch.-amerikan. Baumeister	GROPIUS
dtsch.-amerikan. Soziologe	MARCUSE
dtsch. Arbeiterdichter	BARTHEL
dtsch. Arbeiterdichter	BROEGER
dtsch. Archäologe	BUSCHOR
dtsch. Archäologe (Olympia)	CURTIUS
dtsch. Architekt	BEHRENS
dtsch. Architekt	POELZIG
dtsch. Arzt, Chirurg	ESMARCH
dtsch. Arzt, Mediziner	BASEDOW
dtsch. Arzt, Mediziner	BILHARZ
dtsch. Arzt, Pathologe	VIRCHOW
dtsch. Arzt u. Schriftsteller	DOEBLIN
dtsch. Atomforscher	ARDENNE
dtsch. Atomphysikerin	MEITNER
dtsch. Ausdruckstänzerin	PALUCCA
dtsch. Autokonstrukteur	PORSCHE
dtsch. Autor und Pädagoge	LUSERKE
dtsch. Bakteriologe (Nobelpr.)	BEHRING
dtsch. Barockbaumeister	NEUMANN
dtsch. Barockdichter	FLEMING
dtsch. Bildhauer	BARLACH
dtsch. Bildhauer	BELLING
dtsch. Bildhauer	LEDERER
dtsch. Bildnismaler	LENBACH
dtsch. Bundeskanzler	SCHMIDT
dtsch. Bundesland	HAMBURG
dtsch. Bundesland	SACHSEN
dtsch. Chemiker	FEHLING
dtsch. Chemiker	WINKLER
dtsch. Chemiker, Apotheker	HERAEUS
dtsch. Chemiker (Anilin)	HOFMANN
dtsch. Chemiker (Nobelpreis)	BERGIUS
dtsch. Chemiker (Nobelpreis)	BUCHNER
dtsch. Chemiker (Nobelpreis)	FISCHER
dtsch. Chemiker (Nobelpreis)	OSTWALD
dtsch. Chemiker (Nobelpreis)	WALLACH
dtsch. Chemiker (Nobelpreis)	WIELAND
dtsch. Chemiker (Nobelpreis)	WINDAUS
dtsch. Chemiker (Nobelpreis)	ZIEGLER
dtsch. Chemiker (organ. Chemie)	WOEHLER
dtsch. Dichter	HERWEGH
dtsch. Dichter, Germanist	SIMROCK
dtsch. Dichter, Historiker	MEHRING
dtsch. Dichter, Schriftsteller	BENRATH
dtsch. Dichter, Schriftsteller	BINDING
dtsch. Dichter, Schriftsteller	BONSELS
dtsch. Dichter, Schriftsteller	BUERGER

dtsch. Gestaltpsychologe

dtsch. Dichter, Schriftsteller	FALLADA
dtsch. Dichter, Schriftsteller	FONTANE
dtsch. Dichter, Schriftsteller	KLABUND
dtsch. Dichter, Schriftsteller	KOERNER
dtsch. Dichter, Schriftsteller	KREUDER
dtsch. Dichter, Schriftsteller	SCHNACK
dtsch. Dichter, Sprachforscher	STIELER
dtsch. Dichter der Aufklärung	LESSING
dtsch. Dichter (Fabeln)	GELLERT
dtsch. Dichterin, Schriftstellerin	BAEUMER
dtsch. Dichter u. Arzt	CAROSSA
dtsch. Dichter u. Künstler	BARLACH
dtsch. Dichter (19. Jh.)	MOERIKE
dtsch. Dirigent	BERKING
dtsch. Dirigent	LEITNER
dtsch. Dirigent	NIKISCH
dtsch. Dirigent	ROSBAUD
dtsch. Dirigent, Bandleader	MUELLER
dtsch. Dirigent, Komponist	GRAUNKE
dtsch. Dramatiker (Sturm u. Drang)	KLINGER
dtsch.-engl. Komponist	PEPUSCH
dtsch. Entdecker, Geophysiker	WEGENER
dtsch. Erfinder, Techniker	BOELKOW
dtsch. Erfinder (Vergaser)	MAYBACH
dtsch. evangel. Theologe	NIEBUHR
dtsch. Existentialphilosoph	JASPERS
dtsch. expressionist. Maler	MUELLER
dtsch. expressionist. Malerin	MUENTER
dtsch. Filmkomponist	KREUDER
dtsch. Filmregisseur	STAUDTE
dtsch. Filmregisseur	WENDERS
dtsch. Flieger	GALLAND
dtsch. Flieger, Flugpionier	BERTRAM
dtsch. Flieger, Flugpionier	BOELCKE
dtsch. Flieger, Flugpionier	LEHMANN
dtsch. Flieger, Flugpionier	LOERZER
dtsch. Flugzeugfirma	BOELKOW
dtsch. Flugzeugkonstrukteur	DORNIER
dtsch. Flugzeugkonstrukteur	HEINKEL
dtsch. Flugzeugkonstrukteur	JUNKERS
dtsch. Flugzeugkonstrukteur	RUMPLER
dtsch. Fluß	EMSCHER
dtsch.-franz. Maler, Grafiker	HARTUNG
dtsch.-franz. Sängerin, Schausp.	VALENTE
dtsch. frühexpression. Dichter	MOMBERT
dtsch. Fürstenhaus	STAUFER
dtsch. Fußballspieler	HOENESS
dtsch. Fußballspieler	MORLOCK
dtsch. Fußballspieler	MUELLER
dtsch. Fußballspieler	OVERATH
dtsch. Fußballspieler	POSIPAL
dtsch. Fußballspieler	VOELLER
dtsch. Gestaltpsychologe	KOEHLER

7

dtsch. Großadmiral	DOENITZ
dtsch. Großadmiral	TIRPITZ
dtsch. Historiker	BREYSIG
dtsch. Historiker	DROYSEN
dtsch. Historiker	NIEBUHR
dtsch. Historiker (Nobelpreis)	MOMMSEN
dtsch. impressionist. Maler	CORINTH
dtsch. impressionist. Maler	SLEVOGT
dtsch. Industrieller	THYSSEN
dtsch. Ingenieur, Industrieller	SIEMENS
dtsch. Jazzgitarrist	BEHREND
dtsch. Kabarettist	ERHARDT
dtsch. Kabarettist	FREITAG
dtsch. Kabarettist	HILBICH
dtsch. Kabarettist	KITTNER
dtsch. Kabarettist	SCHMIDT
dtsch. Kabarettistin	HERKING
dtsch. Kabarettistin	LORENTZ
dtsch. Kabarettistin	WALDOFF
dtsch. Kaisername, Königsname	LEOPOLD
dtsch. Kaisername, Königsname	WILHELM
dtsch. kathol. Philosoph	HAECKER
dtsch. klassizist. Bildhauer	KLIMSCH
dtsch. Königsname	PHILIPP
dtsch. Komiker	WAALKES
dtsch. Kompon. (Zwölfton)	FORTNER
dtsch. Komponist	BLACHER
dtsch. Komponist	BUTTING
dtsch. Komponist	GENZMER
dtsch. Komponist	GERSTER
dtsch. Komponist	GRAENER
dtsch. Komponist	HAENDEL
dtsch. Komponist	HASSLER
dtsch. Komponist	HOEFFER
dtsch. Komponist	LACHNER
dtsch. Komponist	PEPPING
dtsch. Komponist	SILCHER
dtsch. Komponist	STRAUSS
dtsch. Komponist	ZILCHER
dtsch. Komponist, Organist	DISTLER
dtsch. Komponistin	ZECHLIN
dtsch. Komponist (Mannheim)	STAMITZ
dtsch. Komponist (17. Jh.)	SCHUETZ
dtsch. Kulturphilosoph	LAGARDE
dtsch. Landschaft	FRANKEN
dtsch. Landschaft	SCHWALM
dtsch. Luftschiffpionier	ECKENER
dtsch. Lyriker	ALTHAUS
dtsch. Maler	HOELZEL
dtsch. Maler, Grafiker	BALDUNG
dtsch. Maler, Grafiker	CRANACH
dtsch. Maler, Grafiker, Bildh.	KLINGER
dtsch. Maler (Dadaist)	RICHTER
dtsch. Malerfamilie	HOLBEIN
dtsch. Mathematiker	HILBERT
dtsch. Mathematiker	RIEMANN
dtsch. Mathematiker u. Philosoph	LEIBNIZ
dtsch. Mediziner (Nobelpreis)	EHRLICH
dtsch. Meistergeiger	BORRIES
dtsch. Meteorologe	ASSMANN

7

dtsch. Münze	PFENNIG
dtsch. Musikwissensch. (Mozart)	KOECHEL
dtsch. Name d. Körös	KREISCH
dtsch. Name von Bytom	BEUTHEN
dtsch. Nationalökonom	SOMBART
dtsch. neuromant. Kompon.	REUTTER
dtsch.-niederländ. Maler	MEMLING
dtsch. Nordseebucht	DOLLART
dtsch. Nordseeinsel	BALTRUM
dtsch.-österr. Adelstitel	GRAEFIN
dtsch.-österr. Fluß	SALZACH
dtsch.-österr. romant. Maler	SCHWIND
dtsch. Operettenkomponist	GILBERT
tsch. Operettenkomponist	NICOLAI
tsch. pernregisseur	RENNERT
tsch. stseefen	LUEBECK
sch. stseesel	FEHMARN
sch. dagoge nderrten)	FROEBEL
dtsch. Pädagoge u. Philosoph	PAULSEN
dtsch. Philos., Naturforscher	FECHNER
dtsch. Philosoph	DESSOIR
dtsch. Philosoph	DEUSSEN
dtsch. Philosoph	DILTHEY
dtsch. Philosoph	SCHELER
dtsch. Philosoph, Anarchist	STIRNER
dtsch. Philosoph, Pädag.	HERBART
dtsch. Philosoph (Linkshegelianer)	STRAUSS
dtsch. Philosoph (Neukantianer)	RICKERT
dtsch. Philosoph und Biologe	DRIESCH
dtsch. Physiker	ARDENNE
dtsch. Physiker	PRANDTL
dtsch. Physiker	REGENER
dtsch. Physiker, Chemik., Philos.	OSTWALD
dtsch. Physiker, Chemiker	HITTORF
dtsch. Physiker (Bildtelegrafie)	KAROLUS
dtsch. Physiker (Klangfiguren)	CHLADNI
dtsch. Physiker (Nobelpreis)	BEDNORZ
dtsch. Physiker (Nobelpreis)	BINNING
dtsch. Physiker u. Philosoph	LAMBERT
dtsch. Physiologe (Nobelpreis)	WARBURG
dtsch. Pietist in Halle	FRANCKE
dtsch. Politiker (CDU, NATO)	WOERNER
dtsch. Politiker (SPD)	SCHUETZ
dtsch. Politologe	MEHNERT
dtsch. Popmusik-Solistin	FLEMING
dtsch. Porzellanmanufaktur	HOECHST
dtsch. Psychiater	SCHULTZ
dtsch. Psychologe (Eidetik)	JAENSCH
dtsch. Psychologenehepaar	BUEHLER
dtsch. realist. Schriftsteller	PLIVIER
dtsch. Rechtslehrer	JHERING
dtsch. Regisseur	FEHLING
dtsch. Regisseur	PEYMANN
dtsch. Regisseur, Schausp.	HILPERT
dtsch. Regisseur, Schausp.	HORWITZ

dtsch. Regisseurin	DOERRIE
dtsch. Reichskanzler	CAPRIVI
dtsch. Reichskanzler	MUELLER
dtsch. Reiseschriftsteller	KOEPPEN
dtsch. Rokokodichter	WIELAND
dtsch. Romanautorin	MARLITT
dtsch. romant. Dichter	NOVALIS
dtsch. romant. Komponist	NESSLER
dtsch. romant. Schriftsteller	GOERRES
dtsch. Sänger	REBROFF
dtsch. Schauspieler	BENRATH
dtsch. Schauspieler	BORSCHE
dtsch. Schauspieler	DELTGEN
dtsch. Schauspieler	DEUTSCH
dtsch. Schauspieler	DOERMER
dtsch. Schauspieler	FORSTER
dtsch. Schauspieler	FRITSCH
dtsch. Schauspieler	GEBUEHR
dtsch. Schauspieler	IFFLAND
dtsch. Schauspieler	KIELING
dtsch. Schauspieler	KLINGER
dtsch. Schauspieler	KRUEGER
dtsch. Schauspieler	LEIBELT
dtsch. Schauspieler	LIEDTKE
dtsch. Schauspieler	MINETTI
dtsch. Schauspieler	MOELLER
dtsch. Schauspieler	PAULSEN
dtsch. Schauspieler	RADDATZ
dtsch. Schauspieler	REGNIER
dtsch. Schauspieler	RICHTER
dtsch. Schauspieler	RIEMANN
dtsch. Schauspieler	ROBERTS
dtsch. Schauspieler	SCHANZE
dtsch. Schauspieler	SCHROTH
dtsch. Schauspieler	TAPPERT
dtsch. Schauspieler	WEGENER
dtsch. Schauspielerin	DAGOVER
dtsch. Schauspielerin	DURIEUX
dtsch. Schauspielerin	EGGERTH
dtsch. Schauspielerin	ELSTNER
dtsch. Schauspielerin	HUEBNER
dtsch. Schauspielerin	KOCZIAN
dtsch. Schauspielerin	KOERBER
dtsch. Schauspielerin	MUELLER
dtsch. Schauspielerin	SCHMITZ
dtsch. Schauspielerin	SEBALDT
dtsch. Schauspielerin	SPEIDEL
dtsch. Schauspielerin	STEPPAT
dtsch. Schauspielerin	ULLRICH
dtsch. Schauspielerin	VALETTI
dtsch. Schauspielerin	ZIEMANN
dtsch. Schlagerkomponist	WINKLER
dtsch. Schlagersänger	ROBERTS
dtsch. Schlagersängerin	EBSTEIN
dtsch. Schlagersängerin	WERDING
dtsch. Schriftsteller	BELZNER
dtsch. Schriftsteller	DOMINIK
dtsch. Schriftsteller	DWINGER
dtsch. Schriftsteller	FECHTER

dtsch. Schriftsteller	FORSTER
dtsch. Schriftsteller	GLAESER
dtsch. Schriftsteller	GUTZKOW
dtsch. Schriftsteller	HARTUNG
dtsch. Schriftsteller	HERMLIN
dtsch. Schriftsteller	JOHNSON
dtsch. Schriftsteller	MUEHSAM
dtsch. Schriftsteller	NEUMANN
dtsch. Schriftsteller	PIONTEK
dtsch. Schriftsteller	ROMBACH
dtsch. Schriftsteller	SALOMON
dtsch. Schriftsteller	SIEBURG
dtsch. Schriftsteller	VULPIUS
dtsch. Schriftsteller	ZWERENZ
dtsch. Schriftstellerin	KEMPNER
dtsch. Schriftstellerin	LESSING
dtsch. Schriftstellerin	SEGHERS
dtsch. Schriftstellerin	WOHMANN
dtsch. Showmaster	ELSTNER
dtsch. spätgot. Bildhauer	GRASSER

dtsch. Stadt a. d. holl. Grenze	BOCHOLT
dtsch. Stadt am Niederrhein	KREFELD
dtsch. Stadt an der Werre	DETMOLD
dtsch. Theologe, Berliner Bürgerm.	ALBERTZ
dtsch. Theologe, Politiker	NAUMANN
dtsch. Verleger	ROWOHLT
dtsch. Weinbaugebiet	FRANKEN
dtsch. Welthafen	HAMBURG
dtsch. Werftgründer	HOWALDT
dtsch. Zoologe, Popularphilosoph	HAECKEL
dtsch. Zoologe, Publizist	GRZIMEK
dtsch. Zoologe (Nobelpreis)	SPEMANN
Dünkel	HOFFART
Dünndarmentzündung	ILEITIS
dünner Pflanzenstiel	STENGEL
dünnes Blättchen	LAMELLE
dünnes Edelholzblatt	FURNIER
dünnes Gewebe	CHIFFON
dünnes versteiftes Gewebe	ORGANDY
dürftig	MICKRIG

Duero-Zufluß	GUARENA
dürr, nicht naß	TROCKEN
Düsenflugzeug f. Nahverkehr	CITYJET
duftende Blume	LEVKOJE
duftende Blume, Pflanze	FLIEDER
Duftstoff	MOSCHUS
Duftstoff, Riechstoff	JUCHTEN
Duftstoff, Riechstoff	PARFUEM
duldsam	LIBERAL
dummes Zeug	NONSENS
Dummheit, Eselei	TORHEIT
Dummheit (franz.)	SOTTISE
Dummkopf, Einfaltspinsel	TROTTEL
dunkel	DUESTER
dunkel	FINSTER
dunkelgraues Mineral	MINETTE
dunkles Pigment	MELANIN
durchaus	PARTOUT
durch den Mund (mediz.)	PERORAL
Durcheinander	GEMENGE
Durcheinander	KRAWALL
Durchfahrt	PASSAGE
Durchgang	PASSAGE
Durchgang, Durchfuhr	TRANSIT

Durch-gangs-verkehr	TRANSIT	ehem. afrikan. König-reich	BUGANDA	Ehren-geleit	KONDUKT
Durch-messer	KALIBER	ehem. brasilian. Währung	MILREIS	ehrenhaft	HONORIG
durch-schei-nend	DIAPHAN	ehem. Bundes-trainer des DFB	DERWALL	Ehrensold	HONORAR
duschen	BRAUSEN	ehem. dtsch. König-reich	SACHSEN	Ehren-verletzung	INJURIE
Dynastie in Eng-land	WINDSOR	ehem. dtsch. Kolonie	KAMERUN	Ehrerbie-tung	RESPEKT
Dynastie in Frank-reich	ORLEANS	ehem. islam. Fürsten-tum	KALIFAT	Ehrfurcht	PIETAET
Dynastie in Italien	SAVOYEN	ehem. ital. Kolonie in Afrika	ERITREA	Ehrfurcht, Hoch-achtung	RESPEKT
Dynastie in Polen	PIASTEN	ehem. König-reich in Spanien	GRANADA	Ehrgeiz-ling	STREBER
Dynastie in Rußland	ROMANOW	ehem. König-reich in Spanien	NAVARRA	ehrlich, treu	REDLICH
Ebene	FLAECHE	ehem. österr. Bundes-kanzler	KREISKY	Ehrlosig-keit	INFAMIE
Eckzahn des Rotwilds	GRANDEL	ehem. Papst-palast in Rom	LATERAN	Ehrlosig-keit	SCHANDE
ecuado-rian. Indianer-stamm	SEPAROS	ehem. preuß. Provinz	POMMERN	Ehrlosig-keit	SCHIMPF
Edelfisch	FELCHEN	ehem. span. Staats-partei	FALANGE	ehr-würdige ältere Frau	MATRONE
Edelfisch	FORELLE	ehemals	DAZUMAL	Eichen-früchte	EICHELN
Edelmann	ADLIGER	ehemals	FRUEHER	Eidbruch	MEINEID
Edel-metall	IRIDIUM	Ehe-schlie-ßung	TRAUUNG	Eidechse	LAZERTE
Edel-metall	RHENIUM	Ehr-abschnei-dung	RUFMORD	Eid-genossen-schaft	SCHWEIZ
Edel-metall	RHODIUM	Ehre	ACHTUNG	Eier-auflauf	SOUFFLE
Edelme-tallbarren	BULLION	Ehren-geleit	ESKORTE	Eier-kuchen	OMELETT
Edelstein	DIAMANT			Eierstock	OVARIUM
Edelstein, Schmuck-stein	DIOPSID			eifrig, emsig	RUEHRIG
Edelwild	ROTWILD			eigen-artig, merk-würdig	SELTSAM
Eder-Zufluß	SCHWALM			eigen-gesetzlich	AUTONOM
EDV-Aus-drucker	PLOTTER			eigen-mächtig töten	LYNCHEN
EDV-Printer	DRUCKER			Eigenname von Lett-land	LATVIJA
Effekt	WIRKUNG			Eigen-name von Litauen	LIETUVA
ehelich	LEGITIM				

7

Eigenname von Wilna	VILNIUS
eigensinnig, halsstarrig	TROTZIG
eigenständig	AUTONOM
eigentl. Name d. Osterinsel	RAPANUI
eigentl. Name von Lenin	ULJANOW
Eiklar	EIWEISS
Einbuße, Minus	VERLUST
Eindringlichkeit	EMPHASE
eine der Gorgonen	EURYALE
eine der Horen	EUNOMIA
eine der Moiren	ATROPOS
eine der schönen Künste	MALEREI
einer der Argonauten	ADMETOS
einer der Nothelfer	ERASMUS
einer der Titanen	JAPETOS
einer der Titanen	OKEANOS
einer der Titanen	OSTASOS
einfädig	MONOFIL
einfältig	HARMLOS
einfältiger Mensch	TROTTEL
Einfaltsinsel	ABDERIT
einfassen	SAEUMEN
Einfluß	GELTUNG
einförmig	MONOTON
einförmig, einheitlich	UNIFORM
Einführung, Geleitwort	VORWORT
Eingang, Einlaß	ZUTRITT
eingedickter Auszug	EXTRAKT
eingeführte Ware	IMPORTE
Eingeweide	KUTTELN
Eingeweide (latein.)	VISCERA
Eingeweihter	INSIDER
einheim. Giftpflanze	GLEISSE
einheim. Orchidee	RAGWURZ
einheimisch	INDIGEN
Einheit beim Gehen	SCHRITT
Einheit d. magnet. Feldstärke	OERSTED
einheitliche Dienstkleidung	UNIFORM
einig	KONFORM
einige	DIVERSE
einige	ETLICHE
einige	MEHRERE
Einigkeit, Einzigkeit	UNITAET
einjährig	ANNUELL
Einkaufswagen	SHOPPER
Einkerbung	INZISUR
Einklang	UNISONO
Einkommen	REVENUE
Einkommensart	HONORAR
Einlaßkarte	AUSWEIS
Einlaßkarte	BILLETT
Einleitung	INTRADE
einleuchtende Erkenntnis	EVIDENZ
einmündendes Gewässer	ZUFLUSS
einprägsam	MARKANT
Einrede	EINWAND
Einrede	EINWURF
Einreibemittel	KAMPFER
einsalzen	POEKELN
Einschätzung	WERTUNG
einschließlich	MITSAMT
einschränken	MINDERN
Einspruch	EINREDE
Einspruch, Widerrede	PROTEST
einst	EHEMALS
einst	FRUEHER
einst, damals	VORMALS
einstellen	BEENDEN
einstimmig	UNISONO
eintägig	EPHEMER
einteiliger Schutzanzug	OVERALL
eintönig	MONOTON
eintönige Aufzählung	LITANEI
Eintracht	FRIEDEN
einträglich	LOHNEND
Eintreffen	ANKUNFT
Eintreffen	LANDUNG
Eintrittskarte	BILLETT
Einverständnis	ENTENTE
Einverständnis	KONSENS
Einwand	EINREDE
einwandfrei	ASTREIN

7

einwand-frei	KORREKT
Einwilligung	KONSENS
Einzelgesang	MONODIE
Einzeller	PROTIST
Einziehung v. Außenständen	INKASSO
Eisenbahner	BREMSER
Eisenbahnfähre	TRAJEKT
Eisenerz	MINETTE
Eisenkraut	VERBENE
Eiskunstlauf-Figur	FLIEGER
Eiskunstlauf-Figur	LIBELLE
Eiskunstlauf-Sprung	SALCHOW
Eislauf-Wettbewerb	EISTANZ
Eisplatte	SCHOLLE
Eisschießen	BOSSELN
Eiszeit	GLAZIAL
eiszeitlich	GLAZIAL
Eitergeschwür	ABSZESS
Eiweiß	ALBUMEN
Eiweißkörper	PROTEIN
Eiweißsubstanz	ALBUMIN
Eiweißsubstanz	PROTEID
Ekel	ABSCHEU
Elan, Spannkraft	SCHWUNG
elastisches Kunstfasergarn	HELANCA
Elbe-Zufluß	ILMENAU
Elb-Florenz	DRESDEN
elegant	MODISCH
elegant, adrett	SCHMUCK
elektr. Anschluß	KONTAKT
elektr. Anschluß	STECKER
elektr. Stromerzeuger	TURBINE
elektroakust. Tiefenmesser	ECHOLOT
elektron. gest. Arbeitsmaschine	ROBOTER
Elektronenröhre	HEPTODE
Elektronenröhre	PENTODE
Elektronenschleuder	GIGATOR
Elementarteilchen	HYPERON
Elementarteilchen	NEUTRON
Elementarteilchen	NUKLEON
Elementarteilchen	TACHYON
Elfenkönigin, Frau v. Oberon	TITANIA
Elfmeter beim Fußball	PENALTY
Eloge	LOBREDE
elsäss. Grafiker, Illustrator	UNGERER
Elz-Zufluß	DREISAM
Emblem	KOKARDE
Empfänger von Ruhegeld	RENTIER
Empfänger von Ruhegeld	RENTNER
empfänglich	GENEIGT
Empfang	AUDIENZ
empfinden	FUEHLEN
Empfindung	GEFUEHL
Empörung	AUFRUHR
Empörung, Auflehnung	REVOLTE
emporsteigen	KLIMMEN
Endausscheid. b. Gleichstand	STECHEN
Ende, Finale	SCHLUSS
endloses Gerede	PALAVER
eng anliegende Jacke	SPENZER
Enge, Engpaß	HOHLWEG
enger Vertrauter	INTIMUS
enge Steilschlucht	COULOIR
engl. abstrakter Maler	PASMORE
engl. Adelsstand	PEERAGE
engl. Afrikaforscher	STANLEY
engl.-amerikan. Filmregisseur	CHAPLIN
engl.-amerikan. Hohlmaß	QUARTER
engl. Architekt	PEARSON
engl. Astronom	BRADLEY
engl. Astronom und Physiker	LOCKYER
engl. Astrophysiker	HAWKINS
engl. Automarke	BENTLEY

engl. Autor, Dramatiker	MAUGHAM
engl. Autor, Historiker	WALPOLE
engl. Autor, Schriftsteller	BENNETT
engl. Autor, Schriftsteller	CHAUCER
engl. Autor, Schriftsteller	DEEPING
engl. Autor (Nobelpreis)	KIPLING
engl. Badeort, Kurort	BEXHILL
engl. Ballspiel	KRICKET
engl. Ballspiel	KROCKET
engl. Barockkomponist	PURCELL
engl. Bucht	LYMEBAY
engl. Chemiker (Nobelpreis)	HAWORTH
engl. Chemiker (Nobelpreis)	HOPKINS
engl. Chemiker (Nobelpreis)	KENDREW
engl. Chemiker (Nobelpreis)	NORRISH
engl. Dirigent	BEECHAM
engl. Dogge	MASTIFF
engl. Dramatiker	OSBORNE
engl. Dramatiker (16. Jh.)	MARLOWE
engl. Fluß	DERWENT
engl. Frauen-Vorname	DOROTHY
engl. Frauen-Vorname	HARRIET
engl. Grafschaft	WARWICK
engl. Graphiker	FLAXMAN
engl. Hafen, Seebad am Avon	BRISTOL
engl. Hafen am Bristolkanal	NEWPORT
engl. Herzogin	DUCHESS
engl. Historiker	CARLYLE
engl. Historiker, Philosoph	TOYNBEE
engl. Höflichkeitstitel	ESQUIRE
engl. Ingenieur, Erfinder	PARSONS
engl. Kinderbuchautor	CARROLL
engl. König	RICHARD
engl. Königsname	CHARLES
engl. Komponist	BRITTEN
engl. Komponist	TIPPETT
engl. Krimi-Autor	WALLACE
engl. Kronprinz	CHARLES
engl. Kulturphilosoph (Nobelpr.)	RUSSELL
engl. Lyriker, Schriftsteller	SHELLEY
engl. Männer-Vorname	ANDREWS
engl. Männer-Vorname	BERNARD
engl. Männer-Vorname	CHARLES
engl. Männer-Vorname	CHARLIE
engl. Männer-Vorname	GREGORY
engl. Männer-Vorname	KENNETH
engl. Männer-Vorname	TERENCE
engl. Maler, Zeichner	HOGARTH
engl. Maß	FURLONG
engl. Mathematiker	BABBAGE
engl. Mathematiker	SIMPSON
engl. Mediziner	ADDISON
engl. Mediziner (Nobelpreis)	FLEMING
engl. Philosoph	BRADLEY
engl. Philosoph, Mathematiker	RUSSELL
engl. Philosoph (Deismus)	HERBERT
engl. Physiker	MOSELEY
engl. Physiker, Chemiker	FARADAY
engl. Physiker (Nobelpreis)	THOMSON
engl. Physiker (Nobelpreis)	WILKINS

engl. Physiker und Chemiker	CROOKES
engl. Politiker, Staatsmann	BALDWIN
engl. Politiker, Staatsmann	BALFOUR
engl. Popmusiker	RICHARD
engl. Popmusikgruppe	BEATLES
engl. Pop-Quartett	TRAFFIC
engl. präraffaelit. Maler	MILLAIS
engl. Primaballerina	FONTEYN
engl. Punkmusiker	VICIOUS
engl. realist. Schriftsteller	DICKENS
engl. Reformator	CRANMER
engl. Reformator	TYNDALE
engl. Rennfahrer	MANSELL
engl. Rockmusiker	STEWART
engl. Romanautor	MARRYAT
engl. Schäferhund	BOBTAIL
engl. Schauspieler	GRANGER
engl. Schauspieler	OLIVIER
engl. Schauspieler	SELLERS
engl. Schauspieler	USTINOV
engl. Schlagholzspiel	KRICKET
engl. Schriftsteller	BOSWELL
engl. Schriftsteller	JOHNSON
engl. Schriftsteller	LECARRE
engl. Schriftsteller (»007«)	FLEMING
engl. Schriftsteller (16. Jh.)	SPENSER
engl. Seebad in Kent	MARGATE
engl. Seefahrer, Entdecker	DAMPIER
engl. See fahrer, Seeheld	RALEIGH
engl. Sozialphilosoph	BENTHAM
engl. Sozialphilosoph	MALTHUS
engl. Soziologe, Philosoph	SPENCER
engl. Stadt	BEDFORD
engl. Stadt	FARNHAM
engl. Stadt	MOSSLEY
engl. Stadt am Ärmelkanal	TORQUAY
engl. Stadt am Avon	WARWICK
engl. Stadt am Dee	CHESTER
engl. Stadt am Medway	CHATHAM
engl. Stadt in Berkshire	READING
engl. Stadt in Hertford	WATFORD
engl. Stadt in Lancashire	HEYWOOD
engl. Stadt in Surrey	REIGATE
engl. Stadt in Wales	WREXHAM
engl. Stadt in Wiltshire	SWINDON
engl. Tanz	TWOSTEP
engl. u. franz.: Dienst	SERVICE
engl. Vollfettkäse	CHESTER
engl. weibl. Adelstitel	DUCHESS
engl. Zoologe (Nobelpreis)	MEDAWAR
engl.: Abend	EVENING
engl.: Bruder	BROTHER
engl.: Dampfschiff	STEAMER
engl.: Deutschland	GERMANY
engl.: Dudelsack	BAGPIPE
engl.: Ehemann	HUSBAND
engl.: Flughafen	AIRPORT
engl.: Freiheit	FREEDOM
engl.: Freiheit	LIBERTY

engl.: fremd	STRANGE
engl.: Gefühl	FEELING
engl.: Gesellschaft	COMPANY
engl.: Gesellschaft	SOCIETY
engl.: Glück	FORTUNE
engl.: Irland	IRELAND
engl.: Kegeln	BOWLING
engl.: Küche	KITCHEN
engl.: Land	COUNTRY
engl.: Leichenbestatter	CORONER
engl.: Liebhaber, Liebling	DARLING
engl.: Luftpost	AIRMAIL
engl.: Meinung	OPINION
engl.: Mode	FASHION
engl.: Morgen	MORNING
engl.: Muster	PATTERN
ngl.: eise	JOURNEY
ngl.: chlag-euger	DRUMMER
ngl.: precher	SPEAKER
ngl.: etter	WEATHER
ngl.: ochen-de	WEEKEND
gpaß	DEFILEE
g-rniger ensch	BANAUSE
kels-hn	URENKEL
Entdecker Chiles	ALMAGRO
Entdecker des Diphtherieserums	BEHRING
Entdecker des Insulins	BANTING
Entdecker des Penicillins	FLEMING
Entdecker grönländisch. Gebiete	WEGENER
entfernen, wegschaffen	RAEUMEN
Entfernung	ABSTAND
Entfernung	DISTANZ
Entfernung	STRECKE
entgegen	ZUWIDER
entgegnen	KONTERN
Entgegnung	ANTWORT
Entgelt für Dienstleistung	GEBUEHR
Entgelt für Freiberufler	HONORAR
entkommen	FLIEHEN
Entleerungsrohr	ABFLUSS
Entmannter	KASTRAT
Entpflichtung	DISPENS
Entrechteter	OUTCAST
Entrichtung von Geld	ZAHLUNG
Entrückung	EKSTASE
entrüstet	EMPOERT
Entschädigungsgelder	DIAETEN
entschlossen	GEWILLT
entschuldigen, verzeihen	VERGEBEN
Entsetzen	GRAUSEN
Entspannung	DETENTE
entsprechend	GEMAESS
Entstehung	GENESIS
entwenden	STEHLEN
Entwicklung	REIFUNG
Entwicklung, Verlauf	PROZESS
Entwicklungsrichtung	TENDENZ
Entwicklungsstufe	STADIUM
Entwurf	AUFRISS
Entwurf	KONZEPT
Entwurf, Planung	PROJEKT
entzückend	HUEBSCH
entzückend	REIZEND
Enzym	FERMENT
Epilog	NACHRUF
episches Gedicht	BALLADE
Epoche	PERIODE
Epos des Wolfr. v. Eschenbach	TITUREL
Epos von Homer	ODYSSEE
Epos von Klopstock	MESSIAS
Erbarmen	MITLEID
Erbauer des Sueskanals	LESSEPS
Erbauungsschrift	TRAKTAT
Erbbild	GENOTYP

7

Erbhygiene	EUGENIK
erblicken	SICHTEN
Erbrechen	VOMITUS
Erdabtragung	EROSION
Erdachsen-Endpunkt	NORDPOL
Erdachsen-Endpunkt	SUEDPOL
Erdarbeiten	TIEFBAU
Erdart in den Tropen	LATERIT
Erdbebenkunde	SEISMIK
Erde in der nord. Mythologie	MIDGARD
Erdgeschichtler	GEOLOGE
Erdichtung	FIKTION
Erdklumpen, Heimatboden	SCHOLLE
Erdmesser, Feldmesser	GEODAET
Erdöl	NAPHTHA
Erdpech	ASPHALT
Erdpech	BITUMEN
Erdteil	AMERIKA
Erdwachs	ZERESIN
Ereignis, Aktion	VORGANG
Erfahrung	EMPIRIE
Erfahrung, Gewohnheit	ROUTINE
Erfahrungslehre, -wissenschaft	EMPIRIK
Erfahrungswissen	EMPIRIK
Erfinder d. Automobilmotors	DAIMLER
Erfinder d. Blindenschrift	BRAILLE
Erfinder d. Differentialrechnung	LEIBNIZ
Erfinder d. drahtlosen Telegrafie	MARCONI
Erfinder d. Dynamomaschine	SIEMENS
Erfinder d. Fernrohrs	GALILEI
Erfinder d. Gasbeleuchtung	MURDOCK
Erfinder d. Kardan-Aufhängung	CARDANO
Erfinder d. Kinematographen	LUMIERE
Erfinder d. Kinematographen	MESSTER
Erfinder d. Kraftfahrzeugs	DAIMLER
Erfinder d. Laterna magica	KIRCHER
Erfinder d. Metronoms	MAELZEL
Erfinder d. Pendeluhr	HUYGENS
Erfinder d. Perlonfaser	SCHLACK
Erfinder d. Plakatsäule	LITFASS
Erfinder d. Rollfilms	EASTMAN
Erfinder d. Schießpulvers	SCHWARZ
Erfinder d. Zeigertelegrafen	SIEMENS
Erfinder eines Fotoapparats	EASTMAN
Erfindung	FIKTION
Erfolg, Siegesfeier	TRIUMPH
erforderlich	OBLIGAT
Erforscher Australiens	LINDSAY
Ergänzung	BEIGABE
Ergänzung	BEIWERK
Ergebnis	LOESUNG
ergebnislos	NEGATIV
erhabener Stil	KOTHURN
erhöhter Jagdplatz	ANSTAND
erhöhter Umgang	GALERIE
Erholungsstätte	BADEORT
Erholungsstätte	KURHAUS
Erinnerungsbild	ENGRAMM
Erinnerungsbild (psychol.)	ANGRAMM
Erinnerungsmal	MARTERL
Erinnerungsverlust	AMNESIE
Erinnye	MEGAERE
Erklärung	DEUTUNG
Erkundigung	ANFRAGE
Erlaubnis	KONSENS
erlesen	KOSTBAR
Erlöser	HEILAND
Erlösung im Buddhismus	NIRWANA

ermuntern	ANREGEN
ernst, ernsthaft, gediegen	SERIOES
Erörterung	DEBATTE
Erörterung	DISKURS
erproben, versuchen	PRUEFEN
erquicken	BELEBEN
Ersatz, Rücklage	RESERVE
Ersatzanspruch, Rückgriff	REGRESS
Erscheinungsbild	HABITUS
Erschlaffung	PARESIS
erstaunlich, verblüffend	STUPEND
erster Halswirbel	TRAEGER
erster Herzverpflanzer	BARNARD
erster Kosmonaut	GAGARIN
erster künstl. Satellit	SPUTNIK
erster Tag des Jahres	NEUJAHR
erstes Buch Mose	GENESIS
erstes Weib der griech. Sage	PANDORA
Eruptivgestein	ANDESIT
Eruptivgestein	LIPARIT
Eruptivgestein	TRACHYT
Erweichung (mediz.)	MALAZIE
Erwerb gegen Bezahlung	EINKAUF
Erwiderung	ANTWORT
erzählende Dichtung	BALLADE
erzählende Dichtung	NOVELLE
erzählendes Gedicht	ROMANZE
Erzengel	GABRIEL
Erzengel	MICHAEL
Erzengel	RAPHAEL
eßbare Pflanzen	GEMUESE
eßbarer Pilz	REIZKER
eßbarer Röhrling	KUHPILZ
Eßbedürfnis	APPETIT
Essen	NAHRUNG
essen, tafeln	SPEISEN
Essenszubereiterin	KOECHIN
Eßgerät	LOEFFEL
Eßgeräte	BESTECK
Eßraum in Betrieben	KANTINE
estnisch. Name von Reval	TALLINN
estnisch. See	WIRZSEE
Etappe	STRECKE
etruskische Trompete	SALPINX
Eunuch	KASTRAT
Europ. Atom-Gemeinschaft	EURATOM
europäische Halbinsel	ITALIEN
europäische Hauptstadt	BELGRAD
europäischer Zwergstaat	VATIKAN
europäisches Königreich	BELGIEN
europäisches Königreich	SPANIEN
europäische Sprache	DEUTSCH
europäische Völkergruppe	ROMANEN
evangel. Kirchenlieddichter	NEANDER
evangel. Theologe	HARNACK
ewig, bleibend	ZEITLOS
Ewiger Jude	AHASVER
ewiger Klee	LUZERNE
exotische Frucht	AVOCADO
exotischer Vogel	PAPAGEI
exotischer Vogel	PELIKAN
Experiment, Probe	VERSUCH
explodieren	BERSTEN
Explosion	KRACHEN
Explosivgeschoß	GRANATE
Export	AUSFUHR
Exposé	AUFRISS
Exposé	ENTWURF
exquisit	ERLESEN
extrem	MASSLOS
Fabelname des Esels	LANGOHR

Fabelname des Fuchses	REINEKE
Fabelname des Hahnes	HENNING
Fabelname des Wolfes	ISEGRIM
Fabeltier	EINHORN
Fabrikat, Erzeugnis	PRODUKT
Fach, Fachgebiet	BRANCHE
Facharzt	CHIRURG
Facharzt	UROLOGE
Fachmann	KOENNER
Fachvortrag, Berichterstattung	REFERAT
Fachwissen (engl.)	KNOWHOW
Fackeldistel	OPUNTIE
Fadenwickler	SPINDEL
Fadenwurm	AELCHEN
fader Wortwitz	KALAUER
Fähigkeit	KOENNEN
Fähnrich	KORNETT
Fährhafen in Dänemark	KORSOER
Fährschiff	TRAJEKT
Fänger beim Baseball	CATCHER
Färbung	KOLORIT
Färbung	TINKTUR
Färöerinsel	SYDEROE
fahrender Schüler	SCHOLAR
Fahrersitz	COCKPIT
Fahrgast	INSASSE
Fahrgastbetreuer	STEWARD
Fahrgestell	CHASSIS
Fahrkarte	BILLETT
Fahrstuhlführer	LIFTBOY
Fahrtenbuch für Schiffe	LOGBUCH
Fahrtrichtungsanzeiger	BLINKER
Fahrzeugunter-gestell	CHASSIS
Faktor, Gegebenheit	UMSTAND
Falken-Abrichter	FALKNER
Fallensteller, Pelztierjäger	TRAPPER
falsche Akazie	ROBINIE
falscher Glanz, Schein	FLITTER
falscher Schwur	MEINEID
Falschspiel	MOGELEI
falten	KNICKEN
falten	KNIFFEN
Faltenstoff	PLISSEE
Fangnetz	KESCHER
Farbe, Farbton	SILBERN
Farbe der Trauer	SCHWARZ
Farbe e. student. Verbindung	COULEUR
Farbenmischbrett	PALETTE
Farbgebung	KOLORIT
Farbgebung, Abstufung	TOENUNG
farbiger franz. Dichter	CESAIRE
Farbton	SILBRIG
Farbton	TUERKIS
Faserpflanze	ESPARTO
Faserverarbeitung	SPINNEN
Fassung, Wendung	VERSION
faul	MUESSIG
faulenzen	GAMMELN
Faulenzer	GAMMLER
Fazit, Zusammenfassung	RESUMEE
Fechtwaffe	FLORETT
Federbusch am Helm	PANASCH
Federdeckbett	PLUMEAU
Federwild, Niederwild	REBHUHN
Fee der franz. Sage	MORGANA
Fehlbetrag	DEFIZIT
Fehlbetrag, Schaden	VERLUST
fehlerfrei	KORREKT
fehlerfrei, zutreffend	RICHTIG
Fehlfarbe im Kartenspiel	RENONCE
Fehltritt	FAUXPAS
feierliche Ehrung	OVATION
feierliche Messe	HOCHAMT
feierliches Geleit	KONDUKT
Feigenkaktus	OPUNTIE
Feigling, Maulheld	POLTRON
feilschen	HANDELN
feilschen	MARKTEN

7

feine Bildung	SCHLIFF
feines Baumwollgewebe	ORGANDY
feines Papier	BUETTEN
feines Ziegenleder	SAFFIAN
Feingebäck	BISKUIT
Feingebäck	KRAPFEN
Feingebäck	MAKRONE
feingehacktes Fleisch	HASCHEE
Feinheit	FINESSE
Feinschmekker	GOURMET
feinst verteilte Substanz	KOLLOID
Felchen	MARAENE
Feldherr Justinians	BELISAR
Feldjäger	GENDARM
Feldspat-Basalt	DOLERIT
Feldstück	GEWENDE
Feldthymian	QUENDEL
Feldwache, Reiterposten	VEDETTE
Fell des Karakulschafes	KRIMMER
Felswerk	GESTEIN
Felswüste in der Sahara	TASSILI
Fensterteil	SCHEIBE
Fenstervorhang	GARDINE
Ferment	AMYLASE
Ferment d. Bauchspeicheldrüse	TRYPSIN
Ferment des Darmsaftes	LAKTASE
Fernkopierer	TELEFAX
Fernmeldesatellit	TELSTAR
fernsehgeeignet	TELEGEN
Fernsehsprecher	ANSAGER
Fernsehübertragung	SENDUNG
Fernsprecher	TELEFON
fertig	BEENDET
Fertigkeit	KOENNEN
Fertigkeit	TECHNIK
Fertigkeit, Gewöhnung	ROUTINE
fesseln	KNEBELN
fesselnd	PACKEND
fest	HALTBAR
fest	KOMPAKT
festes Körpergewebe	KNORPEL
Festessen	BANKETT
Festigkeit erhöhen	HAERTEN
Festkneipe	KOMMERS
festl. Bekleidungsstück	GEHROCK
festlicher Ball	BALPARE
Festspielort in Österreich	BREGENZ
Festungsanlage	BASTION
Festungsanlage	KASTELL
fettähnliche Substanz	LANOLIN
Fettbestandteil	STEARIN
fettig, unsauber	SPECKIG
Fettschwanzschaf	KARAKUL
Fetzen	FLICKEN
feucht	BENETZT
feuchtwarm	SCHWUEL
Feuerwasser	SCHNAPS
Feuerwehrgerät	SPRITZE
feurig (Musik)	CONBRIO
Fiaker	KUTSCHE
Fichtenharz	GALIPOT
Fidschi-Insel	KANDAVU
fiebererregend	PYROGEN
Figaro	FRISEUR
Figur aus »Aida«	AMNERIS
Figur aus »Aida«	RAMPHIS
Figur aus »Arabella«	WALDNER
Figur aus »Barbier von Sevilla«	BARTOLO
Figur aus »Barbier von Sevilla«	BASILIO
Figur aus »Carmen«	DONJOSE
Figur aus »Carmen«	MICAELA
Figur aus »Cavalleria rusticana«	TURIDDU
Figur aus »Dantons Tod«	CAMILLE
Figur aus »Dantons Tod«	HERAULT

7

Figur aus »Der Bettelstudent«	BOGUMIL
Figur aus »Der Freischütz«	OTTOKAR
Figur aus »Der Opernball«	GERMAIN
Figur aus »Der Revisor«	MISCHKA
Figur aus »Der Rosenkavalier«	FANINAL
Figur aus »Der Troubadour«	AZUCENA
Figur aus »Der Troubadour«	LEONORE
Figur aus »Der Troubadour«	MANRICO
Figur aus »Der Vogelhändler«	SCHNECK
Figur aus »Der Zarewitsch«	BORDOLO
Figur aus »Der Zigeunerbaron«	OTTOKAR
Figur aus »Die Fledermaus«	RAMUSIN
Figur aus »Don Giovanni«	MASETTO
Figur aus »Don Giovanni«	OTTAVIO
Figur aus »Don Giovanni«	ZERLINE
Figur aus »Dreigroschenoper«	MACHEATH
Figur aus »Dreigroschenoper«	PEACHUM
Figur aus »Faust«	FAMULUS
Figur aus »Fidelio«	JAQUINO
Figur aus »Fidelio«	LEONORE
Figur aus »Figaros Hochzeit«	ANTONIO
Figur aus »Figaros Hochzeit«	BARTOLO
Figur aus »Figaros Hochzeit«	BASILIO
Figur aus »Figaros Hochzeit«	SUSANNA
Figur aus »Fra Diavolo«	GIACOMO
Figur aus »Fra Diavolo«	LORENZO
Figur aus »Fra Diavolo«	ZERLINE
Figur aus »Gärtnerin aus Liebe«	ARMINDA
Figur aus »Gärtnerin aus Liebe«	ROBERTO
Figur aus »Götz von Berlichingen«	METZLER
Figur aus »Hamlet«	HORATIO
Figur aus »Hamlet«	LAERTES
Figur aus »Hamlet«	OPHELIA
Figur aus »Im Weißen Rößl«	LEOPOLD
Figur aus »Im Weißen Rößl«	OTTILIE
Figur aus »Iphigenie auf Tauris«	ARTEMIS
Figur aus »Iphigenie auf Tauris«	PYLADES
Figur aus »Iphigenie in Aulis«	ARTEMIS
Figur aus »Iphigenie in Aulis«	KALCHAS
Figur aus »Kaufmann von Venedig«	ANTONIO
Figur aus »Kaufmann von Venedig«	JESSICA
Figur aus »Kaufmann von Venedig«	LORENZO
Figur aus »Kaufmann von Venedig«	NERISSA
Figur aus »Kaufmann von Venedig«	SALERIO
Figur aus »Kaufmann von Venedig«	SHYLOCK
Figur aus »Kiss Me Kate«	ANNLANE
Figur aus »La Bohème«	BERNARD
Figur aus »La Bohème«	MUSETTE
Figur aus »Land des Lächelns«	TSCHANG
Figur aus »Macbeth«	FLEANCE
Figur aus »Macbeth«	MACDUFF
Figur aus »Macbeth«	MALCOLM
Figur aus »Maria Stuart«	DAVISON
Figur aus »Martha«	HARRIET

Figur aus »Maske in Blau«	ARMANDO
Figur aus »Maske in Blau«	EVELYNE
Figur aus »Maske in Blau«	GONZALA
Figur aus »Maske in Blau«	JULISKA
Figur aus »My Fair Lady«	FREDDIE
Figur aus »My Fair Lady«	HIGGINS
Figur aus »Nathan der Weise«	SALADIN
Figur aus »Nibelungenlied«	BLOEDEL
Figur aus »Othello«	MONTANO
Figur aus »Othello«	RODRIGO
Figur aus »Peer Gynt«	SOLVEIG
Figur aus »Porgy and Bess«	FRAZIER
Figur aus »Porgy and Bess«	ROBBINS
Figur aus »Postillon von Lonjumeau«	BOURDON
Figur aus »Rigoletto«	MARULLO
Figur aus »Ring des Nibelungen«	GUTRUNE
Figur aus »Ring des Nibelungen«	HUNDING
Figur aus »Romeo und Julia«	CAPULET
Figur aus »Romeo und Julia«	LORENZO
Figur aus »Salome«	HERODES
Figur aus »Sommernachtstraum«	SCHNAUZ
Figur aus »Sommernachtstraum«	THESEUS
Figur aus »Sommernachtstraum«	TITANIA
Figur aus »Tannhäuser«	HERMANN
Figur aus »Tannhäuser«	REINMAR
Figur aus »Tannhäuser«	WALTHER
Figur aus »Tannhäuser«	WOLFRAM
Figur aus »Tausendundeine Nacht«	ALIBABA
Figur aus »Tausendundeine Nacht«	SINDBAD
Figur aus »Tiefland«	ANTONIA
Figur aus »Tiefland«	ROSALIA
Figur aus »Tiefland«	TOMMASO
Figur aus »Tosca«	SCARPIA
Figur aus »Wallenstein«	ISOLANI
Figur aus »Wallenstein«	WRANGEL
Figur aus »Wilhelm Tell«	GERTRUD
Figur aus »Wilhelm Tell«	GESSLER
Figur aus »Zar und Zimmermann«	SYNDHAM
Figur aus »Zar und Zimmermann«	VANBETT
Filmbearbeitung	SCHNITT
Filmkammer	MAGAZIN
Filmkenner	CINEAST
Filzzelt	KIBITKA
Finanzmagnat	BANKIER
Finanzminister Ludwigs XIV.	COLBERT
findig, schlau	PFIFFIG
Fingerglied (mediz.)	PHALANX
Finkenvogel	AMADINE
Finkenvogel	DOMHERR
Finkenvogel	ORTOLAN
finnische Hafenstadt	KOKKOLA
finnischer Dichter	WALTARI
finnischer Maler	HALONEN
finnische Zither	KANTELE
finnisch-ugrischer Sibirier	OSTJAKE
finster	DUESTER
Firmenzusammenschluß	KONZERN
Fisch, Fischart	SANDAAL
Fischart	GRUNDEL
Fischdampfer	TRAWLER
Fistelstimme	FALSETT
fixe Idee	MAROTTE

7

Fixiermittel	FIXATIV
flach	NIEDRIG
flache Kuppel	KALOTTE
flacher Hieb	STREICH
fläm. Maler	BROUWER
fläm. Maler (17. Jh.)	SNYDERS
fläm. Maler (17. Jh.)	TENIERS
fläm. Maler (17. Jh.)	VERMEER
fläm. Schriftsteller	GEZELLE
fläm. Teppichart	DOORNIK
flaggen	HEISSEN
Flanke	FLUEGEL
Flanke beim Fußball	ZUSPIEL
flau	LUSTLOS
Fledermaus	LANGOHR
Flegel	LUEMMEL
Fleischer	METZGER
Fleischgericht	GULASCH
fleischig	PULPOES
Fleischrolle	ROULADE
Fleischscheibe	TRANCHE
Flexion	BEUGUNG
Flieder	SYRINGE
Flieder, Fliederart	ZEDRACH
Fliege, Fliegenart	BRUMMER
flink, behende	SCHNELL
Flitter, Kleinkram	PLUNDER
florentin. Adelsgeschlecht	STROZZI
florentin. Bildhauer	FIESOLE
florentin. Maler	CIMABUE
florentin. Maler der Frührenaiss.	GOZZOLI
florentin. Maler (16. Jh.)	UCCELLO
Florgewebe	PLUESCH
florieren	BLUEHEN
flotte Bewegung	SCHWUNG
Flottenchef	ADMIRAL
fluchen, schimpfen	WETTERN
flüchtige Bewußtseinstrübung	ABSENCE
Flügelhorn	KORNETT
flüssiger Kohlenstoff	ISOPREN
Flüssigkeitsbehälter	FLASCHE
Flüssigkeitsgemisch	LOESUNG
Flüssigkeitsverlust	LECKAGE
flüstern, lispeln	WISPERN
Flug	SCHWARM
Flugbahn	PARABEL
flugfähig	FLUEGGE
Fluggastbetreuer	STEWARD
Fluggerät	DRACHEN
Flughafen von Bilbao	SONDICA
Flughafen von Bukarest	BANEASA
Flughafen von Kopenhagen	KASTRUP
Flughafen von London	GATWICK
Flughafen von Madrid	BARAJAS
Flughafen von Manchester	RINGWAY
Flughafen von Moskau	WNUKOWO
Flughafen von Oslo	FORNEBU
Flughafen von Stockholm	ARLANDA
Flughafen von Toronto	PEARSON
Flugzeugkanzel	COCKPIT
Flugzeugtyp	CONVAIR
Flugzeugverband	STAFFEL
Flunder, Flachfisch	SCHOLLE
Fluß auf Borneo	MAHAKAM
Fluß aus d. Wettersteingebirge	LOISACH
Fluß der griech. Unterwelt	KOKYTOS
Fluß durch Augsburg	WERTACH
Fluß durch Freiburg/Breisgau	DREISAM
Fluß durch Nürnberg	PEGNITZ
Fluß durch Salzburg	SALZACH
Fluß durch St. Pölten	TRAISEN
Fluß durch Uelzen	ILMENAU

7

Fluß durch Washington (DC)	POTOMAC
Fluß im Schwarzwald	DREISAM
Fluß in der Herzegowina	NARENTA
Fluß in der NO-Mongolei	KERULEN
Fluß in Kalabrien	BUSENTO
Flußkanonenboot	MONITOR
Flußspat	FLUORIT
Flußübergang	BRUECKE
Fluß zum Baikalsee	SELENGE
Fluß zum Kochelsee	LOISACH
Fluß zw. Erie- u. Ontariosee	NIAGARA
Förderer	GOENNER
Förderer, Geldgeber	SPONSOR
Förderung von Bodenschätzen	BERGBAU
förmlich	FORMELL
Fohlen	FUELLEN
Folge, Nacheinander	SEQUENZ
folgerichtig	LOGISCH
Folgerung	SCHLUSS
Folgewidrigkeit	UNLOGIK
Folgezeit, kommende Zeit	ZUKUNFT
folglich	DESHALB
folgsam	FUEGSAM
foltern	MARTERN
foltern, plagen	QUAELEN

foppen, betrügen	PRELLEN
Forderungsabtretung	ZESSION
formen, stanzen	PRAEGEN
Formen einpressen	PRAEGEN
Formgeber	STYLIST
Formgebung	STYLING
Formstück	FITTING
Forstschädling	SPANNER
Forstschädling	SPINNER
Fort	FESTUNG
Fortbewegungsart	FLIEGEN
Fortgang, Entwicklung	VERLAUF
fotografisches Bild	POSITIV
Fracht	LADEGUT
Frachtvertrag	CHARTER
fränk. Saale-Zufluß	SELBITZ
Fragestellung	PROBLEM
franz. abstrakt. Bildhauer	LAURENS
franz. abstrakt. Maler	BAZAINE
franz. Adelsprädikat, -titel	MARQUIS
franz. Adelstitel	VICOMTE
franz. alter Tanz	MENUETT
franz. Arzt u. Chemiker	LEBLANC

franz. Astronom	CASSINI
franz. Astronom	MESSIER
franz. Astronom u. Mathematiker	LAPLACE
franz. Atlantikhafen	LORIENT
franz. Automarke	CITROEN
franz. Automobilbauer	PEUGEOT
franz. Autor (Biographien)	MAUROIS
franz. Autor (Nobelpreis)	MAURIAC
franz. Autor (Nobelpreis)	ROLLAND
franz. Bakteriologe	PASTEUR
franz. Bakteriologe (Nobelpr.)	LAVERAN
franz. Bakteriologe (Nobelpr.)	NICOLLE
franz. Baumeister (17. Jh.)	MANSART
franz.-belg.-niederl. Fluß	SCHELDE
franz. Bildhauer	DESPIAU
franz. Bildhauer	MAILLOL
franz. Bildhauer (18. Jh.)	PIGALLE
franz. Bildnismaler (17. Jh.)	MIGNARD

franz. Buchdruckerfamilie	ETIENNE
franz. Chansonsängerin	MATHIEU
franz. Chemiker	HEROULT
franz. Chemiker (Nobelpreis)	MOISSAN
franz. Departement	ARDECHE
franz. Departement	BELFORT
franz. Departement	COTEDOR
franz. Departement	MAYENNE
franz. Dichter, Kulturphilosoph	DUHAMEL
franz. Dichter, Lyriker	CHENIER
franz. Dichter, Maler, Kompon.	COCTEAU
franz. Dichter, Schriftsteller	ANOUILH
franz. Dichter, Schriftsteller	BOURGET
franz. Dichter, Schriftsteller	CLAUDEL
franz. Dichter, Schriftsteller	ROMAINS
franz. Dichterin	LAROCHE
franz. Dichter (Kultusminister)	MALRAUX
franz. Dichter (Novellen)	MERIMEE
franz. Dudelsack	MUSETTE
franz. Entdeckungsreisender	CARTIER
franz. Enzyklopädist	DIDEROT
franz. expressionist. Maler	ROUAULT
franz. fauvistischer Maler	MARQUET
franz. Filmregisseur	CLOUZOT
franz. Flieger, Flugpionier	BLERIOT
franz. Flugzeugbauer	BREGUET
franz. Fluß	GIRONDE
franz. Fluß zum Mittelmeer	HERAULT
franz. Forschungsreisender	LASALLE
franz. Frauenname	BABETTE
franz. Frauenname	BLANCHE
franz. Frauenname	DESIREE
franz. Frauenname	DORETTE
franz. Frauenname	LISETTE
franz. Frauenname	LUCILLE
franz. Frauenname	NANETTE
franz. frühimpress. Maler	GAUGUIN
franz. Gartenbaumeister	LENOTRE
franz. Hafen an d. Seinemündung	LEHAVRE
franz. Hafen in der Bretagne	MORLAIX
franz. impressionist. Kompon.	DEBUSSY
franz. Inselgruppe im Pazifik	LOYALTY
franz. Inselgruppe im Pazifik	TUAMOTU
franz. Insel im Indischen Ozean	REUNION
franz. Insel vor Ostafrika	MAYOTTE
franz.-ital. Küstenstreifen	RIVIERA
franz. Jurist (Nobelpreis)	RENAULT
franz. Juwelier	CARTIER
franz. Juwelier	FABERGE
franz. Kanalhafen	LEHAVRE
franz. Kanzelredner	BOSSUET
franz. Kardinal, Staatsmann	MAZARIN
franz. Karstlandschaft	CAUSSES

franz. Kartenspiel	BESIGUE
franz. kathol. Romancier	MAURIAC
franz. klassizistischer Dichter	RONSARD
franz. klassizistischer Maler	POUSSIN
franz. klassizistischer Maler	PRUDHON
franz. Kleingebäck	BRIOCHE
franz. Königin	ISABEAU
franz. Komponist	BERLIOZ
franz. Komponist	DELIBES
franz. Komponist	MILHAUD
franz. Komponist	ROUSSEL
franz. Kriegsminister	MAGINOT
franz. kubistischer Maler	GLEIZES
franz. Küstengebirge	ESTEREL
franz. Landschaft	BURGUND
franz. Lustspielautor	FEYDEAU
franz. Lustspieldichter	MOLIERE
franz. Lustspieldichter	REGNARD
franz. Lyriker, Schriftsteller	GAUTIER
franz. Männername	ADOLPHE
franz. Männername	ANTOINE
franz. Männername	EDOUARD
franz. Männername	ERNESTE
franz. Männername	GASPARD
franz. Männername	GEORGES
franz. Männername	JACQUES
franz. Männername	LEONARD
franz. Männername	MAURICE
franz. Maler, Grafiker	CEZANNE
franz. Maler, Grafiker	CHARDIN
franz. Maler, Grafiker	DAUMIER
franz. Maler, Grafiker	LORRAIN
franz. Maler, Grafiker	UTRILLO
franz. Maler, Grafiker (Fauve)	MATISSE
franz. Malerin	MORISOT
franz. Marschall	BRISSAC
franz. Marschall Napoleons	MASSENA
franz. Marschall (17. Jh.)	TURENNE
franz. Maskareneninsel	REUNION
franz. Mathematiker	FOURIER
franz. Minnesänger	BLONDEL
franz. Mittelmeerinsel	KORSIKA
franz. Modeschöpfer	BALMAIN
franz. Modeschöpfer	ESTEREL
franz. Modeschöpfer	LACROIX
franz. Modeschöpfer	LAROCHE
franz. Modeschöpfer	RABANNE
franz. Mosel-Zufluß	MEURTHE
franz. Münze	CENTIME
franz. Nachimpressionist	BERNARD
franz. Name der Mosel	MOSELLE
franz. Name von Löwen	LOUVAIN
franz. neorealist. Autorin	MONNIER
franz. neuklassizist. Komponist	POULENC
franz. neuromantisch. Dichter	ROSTAND
franz. Pädagoge (Nobelpreis)	BUISSON
franz. Pantomime	MARCEAU
franz. Pferderennbahn	AUTEUIL
franz. Philosoph	BLONDEL

franz. Philosoph	DIDEROT
franz. Philosoph (Nobelpreis)	BERGSON
franz. Physiker	FRESNEL
franz. Physiker, Zoologe	REAUMUR
franz. Physiker (Nobelpreis)	BROGLIE
franz. Physiker (Nobelpreis)	KASTLER
franz. Politiker	HERRIOT
franz. Politiker, Staatsmann	BIDAULT
franz. Politiker, Staatsmann	SCHUMAN
franz. Politiker (Nobelpreis)	JOUHOUX
franz. Publizist	GROSSER
franz. Pyrenäenberg	CANIGOU
franz. realist. Maler, Grafiker	COURBET
franz. Rokoko-Bildhauer	LEMOYNE
franz. Rokoko-Maler	BOUCHER
franz. Rokokomaler	LANCRET
franz. Rokokomaler	NATTIER
franz. Rokokomaler	WATTEAU
franz. Rokokomaler, -zeichner	LIOTARD

franz. Romanschriftsteller	PREVOST
franz. Romanschriftstellerin	COLETTE
franz. satirischer Dichter	TILLIER
franz. Schauspieler	PICCOLI
franz. Schauspieler	RICHARD
franz. Schauspielerin	DENEUVE
franz. Scholastiker	BURIDAN
franz. Schriftsteller	FENELON
franz. Schriftsteller	LARBAUD
franz. Schriftsteller	PREVERT
franz. Schriftsteller	QUENEAU
franz. Schriftsteller (17. Jh.)	SCARRON
franz. Spätimpressionist	BONNARD
franz. Staatsphilosoph	MAISTRE
franz. Stadt	NEMOURS
franz. Stadt am Canal du Midi	BEZIERS
franz. Stadt am Cher-Loire-Kanal	BOURGES
franz. Stadt am Loir	VENDOME

franz. Stadt an der Charente	SAINTES
franz. Stadt an der Loire	ORLEANS
franz. Stadt an der Rhone	VALENCE
franz. Stadt an der Rhone	VIVIERS
franz. Stadt an der Vienne	LIMOGES
franz. Straßenhändler	CAMELOT
franz. Südseeatoll	MURUROA
franz. surrealistisch. Maler	DUCHAMP
franz. symbolistisch. Dichter	RIMBAUD
franz. Theologe, Prediger	BOSSUET
franz. Thronfolger	DAUPHIN
franz. Wallfahrtsort	LISIEUX
franz. Wallfahrtsort	LOURDES
franz. weibl. Adelstitel	BARONNE
franz. Zoologe	DUMERIL
franz. Zoologe	LAMARCK
franz.: Arbeit	TRAVAIL
franz.: Dorf	VILLAGE
franz.: Ehre	HONNEUR
franz.: Fahne	DRAPEAU

franz.: Farbe	COULEUR
franz.: Fenster	FENETRE
franz.: Freiheit	LIBERTE
franz.: Gedächtnis	MEMOIRE
franz.: Geschenk	PRESENT
franz.: Gleichheit	EGALITE
franz.: Gletscher	GLACIER
franz.: Glück	BONHEUR
franz.: guten Tag!	BONJOUR
franz.: Heirat	MARIAGE
franz.: Hut	CHAPEAU
franz.: Kohle	CHARBON
franz.: Meinung	OPINION
franz.: Mut	COURAGE
franz.: Oberst	COLONEL
franz.: Ohr	OREILLE
franz.: 3chal	FOULARD
'ranz.: 3chlaf	SOMMEIL
ranz.: 3chloß	CHATEAU
anz.: ignalorn	CLAIRON
anz.: ag	JOURNEE
anz.: eilhaber	ASSOCIE
anz.: nglück	MALHEUR
nz.: eder-reini-ng	REUNION
nz.: che	SEMAINE

franz.: Wunder	MIRACLE
franz.: Ziffer	CHIFFRE
franz.: Zimmer	CHAMBRE
Franzosengras	RAYGRAS
Frau auf italienisch	SIGNORA
Frauenfeind	MISOGYN
Frauengestalt als Sinnb. Bayerns	BAVARIA
Frauenheld	DONJUAN
Frauenheld	PLAYBOY
Frauenname	ALFREDA
Frauenname	ANNETTE
Frauenname	ANTONIA
Frauenname	ANTONIE
Frauenname	AUGUSTA
Frauenname	AUGUSTE
Frauenname	BABETTE
Frauenname	BAERBEL
Frauenname	BETTINA
Frauenname	CAMILLA
Frauenname	CHRISTA
Frauenname	CLAUDIA
Frauenname	CORINNA
Frauenname	ELSBETH
Frauenname	EULALIA
Frauenname	GERTRUD
Frauenname	GUNDULA

Frauenname	HELMINE
Frauenname	HERMINE
Frauenname	IRMGARD
Frauenname	JOHANNA
Frauenname	JOSEPHA
Frauenname	JULIANA
Frauenname	JULIANE
Frauenname	KORDULA
Frauenname	LEONORE
Frauenname	LISBETH
Frauenname	MARTINA
Frauenname	MELANIE
Frauenname	MELITTA
Frauenname	NATALIE
Frauenname	PAULINE
Frauenname	ROSALIE
Frauenname	ROTRAUT
Frauenname	VALERIA
Frauenname	VALERIE
Frauenname	WILTRUD
fraulich	FEMININ
Frau v. Amphitryon	ALKMENE
Frau v. Dionysos	ARIADNE
Frau v. Isaak	REBEKKA
Frau v. Kandaules	RHODOPE
Frau v. Laios	IOKASTE

Frau v. Napoleon III.	EUGENIE
Frau v. Ödipus	IOKASTE
Frau v. Schiwa	PARWATI
Frau v. Theseus	ANTIOPE
Frau v. Theseus	PHAEDRA
frecher Junge	LAUSBUB
Freibrief	CHARTER
freies Zusammenspiel (Jazz)	SESSION
Freifrau	BARONIN
freiheitlich	LIBERAL
frei schwingen	PENDELN
freisinnig	LIBERAL
freistehender Spitzpfeiler	OBELISK
Freistilringen als Show	CATCHEN
Freistilringer	CATCHER
freiwillig, von selbst	SPONTAN
Freizeitbeschäftigung	BASTELN
Freizeitbeschäftigung	SPIELEN
Freizeitsportart	WANDERN
Fremde	AUSLAND
Fremdenheim	PENSION
Fremdgebiet im Staat	ENKLAVE
Freude	GAUDIUM
Freudenhalle in der nord. Sage	WINGOLF
Freudenhaus	BORDELL
Freund des Orest	PYLADES
Freund des Schönen	AESTHET
Frevel, Verstoß	UNRECHT
Friedenspfeife d. Indianer	KALUMET
Friedhofsanlage	GRABMAL
Friktion	REIBUNG
Friseur	BARBIER
frisieren	KAEMMEN
Frisiergerät	BUERSTE
Frömmigkeit	PIETAET
Frohsinn	GAUDIUM
fromme Flugschrift	TRAKTAT
fromme Geschichte	LEGENDE
Frontseite	FASSADE
Froschmensch	TAUCHER
Frucht, Fruchtart	KUERBIS
Fruchtbarkeitsgöttin Kanaans	ASTARTE
Fruchtknoten	STEMPEL
Früchte auspressen	KELTERN
frühe Jazzform	RAGTIME
früher	EINSTIG
frühere Bez. f. Bürgermeister	SCHULZE
frühere Nährwert-Einheit	KALORIE
frühere niederländ. Königin	JULIANA
früherer ägypt. Vizekönigtitel	KHEDIVE
früherer Polizeihelm	TSCHAKO
frühere Schlafwagengesellsch.	MITROPA
früheres Rudersegelschiff	GALEERE
früheres Zweirad	HOCHRAD
frühere Wärmeeinheit	KALORIE
Frühlingsblume	ANEMONE
Frühlingsstrauch	FLIEDER
frühmittelalterlicher Stil	ROMANIK
frühstücken	LUNCHEN
Frühvorstellung	MATINEE
Fuchsschwanz (botan.)	AMARANT
fügsam, treu	ERGEBEN
Fühler	ANTENNE
Fühlungnahme	KONTAKT
Führung	LEITUNG
Führungsrinne	SCHIENE
Fülle	OPULENZ
Fürsorge-Institution	CARITAS
Fürst d. mohammedan. Hodschas	AGAKHAN
fürstl. Jahrgeld	APANAGE
fürstl. Leibrente	APANAGE

fürstl. Spaßmacher	HOFNARR
Fürst von Monaco	RAINIER
füttern	NAEHREN
fugenloser Bodenbelag	ESTRICH
Fuhrwerk	GESPANN
Fuhrwerk	KUTSCHE
Fundort v. Höhlenmalereien	LASCAUX
Funkzubehör	ANTENNE
furchen	RIEFELN
Furchenwal	BLAUWAL
Furchenwal	FINNWAL
Furcht, Entsetzen	SCHRECK
Furie	ERINNYE
Furunkel	ABSZESS
Fußballfang	TORNETZ
Fußballspielbeginn	ANSTOSS
Fußbank, kleiner Hocker	SCHEMEL
Fußbodenbelag	BALATUM
Fußbodenbelag	PARKETT
Fußbodenbelag	TEPPICH
Fußbodenerhöhung	ESTRADE
Fußgänger	PASSANT
Fußgicht	PODAGRA
Fußspur	STAPFEN
Fußstütze	EINLAGE
Futteral, Schutzhülle	SCHEIDE
Futterpflanze	LUZERNE
Futurum, Zeitform des Verbs	ZUKUNFT
Gänschen	GOESSEL
gänzlich	ABSOLUT
galicische Sprache	GALLEGO
galvanische Stromquelle	ELEMENT
Gandhis Ehrentitel	MAHATMA
Gangart des Pferdes	PASSAGE
Ganzkörperbad	VOLLBAD
ganz und gar	RESTLOS
Garantie	GEWAEHR
Garantie	HAFTUNG
garantieren	BUERGEN
Gardine	VORHANG
Garnbündel	GEBINDE
Gartenammer	ORTOLAN
Gartenblume, -pflanze	LEVKOJE
Gartenblume, -pflanze	LOBELIE
Gartenprodukt	KUERBIS
Gartenprodukt	RETTICH
Gartenzeisig	GIRLITZ
Gasdruck, Spannung	TENSION
Gaserzeugungsanlage	GASWERK
Gas-Feststoff-Gemisch	AEROSOL
gasförmiger Brennstoff	BUTYLEN
gasförmiges Element	EDELGAS
gasförmiges Element	KRYPTON
Gastmahl	BANKETT
Gaststättenangestellter	KELLNER
Gatte	EHEMANN
Gatte	GESPONS
Gattin	EHEFRAU
Gaumen	PALATUM
Gaumenlaut	PALATAL
Gebäudebau	HOCHBAU
Gebäudetrakt	FLUEGEL
Gebein, Gebeine	KNOCHEN
geben, hinhalten	REICHEN
Gebiet	BEREICH
Gebieter	MEISTER
Gebietsausschluß	EXKLAVE
gebietsbedingte Seuche	ENDEMIE
Gebietseinschluß	ENKLAVE
gebildet	BELESEN
gebildet	GELEHRT
Gebinde	BUENDEL
Gebirge in Griechenland	HELIKON
Gebirge in Italien	APENNIN
Gebirge in Mittelgriechenland	PARNASS
Gebirgseinschnitt	HOCHTAL
Gebirgsschaf	MUFFLON
Gebot, Gesetz	PRINZIP
gebräuchlich	GAENGIG
gebräuchlich	UEBLICH

gebrandmarkt	VERFEMT
gebrannter Zucker	KARAMEL
Gebrauch	NUTZUNG
gebrechlich, debil	SCHWACH
gebrochene Schrift	FRAKTUR
Gebühr, Versicherungsbeitrag	PRAEMIE
Gebühr f. Dienstleistungen	SPORTEL
gebunden	LEGIERT
Geburtshelferin	HEBAMME
Geburtshilfezange	FORZEPS
Geburtsort Hölderlins	LAUFFEN
Geburtsort Napoleons I.	AJACCIO
Geburtsort Schillers	MARBACH
Gedeih, Gedeihen	BLUEHEN
Gedeih, Gedeihen	WACHSEN
Gedenkkreuz, -stätte	MARTERL
Gedenkstätte	DENKMAL
Gedenkstätte	MAHNMAL
Gedränge	BALLUNG
Gedränge, Gedrängtheit	ANDRANG
Gedröhne	GETOESE
gedrosselt	MAESSIG
gedrungen	KOMPAKT
Geduld	LANGMUT
gedunsen (mediz.)	PASTOES
gefährlich	DROHEND
gefährliche Tierseuche	TOLLWUT
Gefährt, Fuhrwerk	VEHIKEL
Gefährte	GENOSSE
Gefährte	KAMERAD
Gefährte	PARTNER
Gefährte des Odysseus	ELPENOR
Gefährte Jasons, Argonaut	ADMETOS
Gefährte Jasons, Argonaut	TELAMON
Gefährte Mohammeds	ABUBEKR
Gefälle einer Fläche	NEIGUNG
gefälteltes Gewebe	PLISSEE
Gefäßflöte	OKARINA
Gefäßverschluß	INFARKT
Gefahr für Schiffe	EISBERG
gefalzter Kleiderbesatz	RUESCHE
gefaßt, unerschütterlich	STOISCH
Gefeierter	JUBILAR
Gefilde der Asen	IDAFELD
geflecktes Pferd oder Rind	SCHECKE
Geflügelprodukt	ENTENEI
Geflügelräuber	HABICHT
geflügeltes Dichterroß	PEGASUS
Gefolgsmann, Anhänger	JUENGER
Geformtes	GEBILDE
gefügig machen, bändigen	ZAEHMEN
gefühllos, gefühlskalt	LIEBLOS
Gefühlszustand	EMOTION
gefüllt	BESETZT
gefüllte Mehlspeise	STRUDEL
gefülltes Schmalzgebäck	BEIGNET
gegen Barzahlung	KONTANT
Gegend	BEREICH
Gegengift	ANTIDOT
Gegenpol zur Anode	KATHODE
Gegenrede	ANTWORT
gegensätzlich	PARADOX
gegenseitig	MUTUELL
gegenständlich	KONKRET
Gegenstück	PENDANT
Gegenteil von absolut	RELATIV
Gegenteil von abstrakt	KONKRET
Gegenteil von Ebene	GEBIRGE
Gegenteil von Ehre	SCHANDE
Gegenteil von Idealist	REALIST
Gegenteil von Inland	AUSLAND
Gegenteil von Krieg	FRIEDEN

Gegenteil von leeren	FUELLEN
Gegenteil von Nachfrage	ANGEBOT
Gegenteil von naß	TROCKEN
Gegenteil von negativ	POSITIV
Gegenteil von peripher	ZENTRAL
Gegenteil von positiv	NEGATIV
Gegenteil von Praxis	THEORIE
Gegenteil von relativ	ABSOLUT
Gegenteil von satt	HUNGRIG
Gegenteil von Statik	DYNAMIK
Gegenteil von Synthese	ANALYSE
Gegenteil von Untergang	AUFGANG
gegenüber	VISAVIS
gegenwärtig	DERZEIT
gegenwärtig wichtig	AKTUELL
Gegenwert	ENTGELT
gegliederte Tonfolge	MELODIE
Gegnerin	FEINDIN
gegorenes Milchprodukt	JOGHURT
Gehege, Käfig	ZWINGER
Geheimbund in Neapel	CAMORRA
Geheimbund in Neapel	KAMORRA
Geheimlehre	ARKANUM
Geheimpolizei im zarist. Rußland	OCHRANA
Geheimzeichen	CHIFFRE
Gehilfe	FAMULUS
Gehilfe	GESELLE
gehobener Beamter	AMTMANN
Gehöft	ANWESEN
Gehöft	GUTSHOF
Gehölz, Baumbestand	WALDUNG
gehorchen	KUSCHEN
gehorsam	FOLGSAM
Gehrock	CUTAWAY
Geige	VIOLINE
Geißbart (botan.)	ARUNCUS
Geißfuß (botan.)	GIERSCH
Geistesarmut	EINFALT
Geistesblitz	EINFALL
Geistesgestörtheit	IRRSINN
geistige Atmosphäre	FLUIDUM
geistl. Amtsbereich	DEKANAT
geistl. Amtsbereich	KURATIE
geistl. Chorlied	SEQUENZ
geistl. Drama	PASSION
geistl. Komposition	KANTATE
geistl. Komposition	MOTETTE
geistl. Ritterorden	TEMPLER
geistl. Würdenträger	PRAELAT
Geistlicher	PFARRER
Geiz	HABGIER
Geizhals	KNAUSER
Geizhals	KNICKER
Gejammer	LAMENTO
Gekeife	GEZETER
geklebtes Bild	COLLAGE
gekochtes Obst	KOMPOTT
gekränkt, verstimmt	PIKIERT
gekrönter Dichter	LAUREAT
gekrönter Herrscher	MONARCH
Gekröse	KUTTELN
Gel	KOLLOID
Geländeform	HOCHTAL
Geläuf (weidm.)	FAEHRTE
gelassen, gleichmütig	STOISCH
Gelassenheit	FASSUNG
Gelassenheit	HALTUNG
gelbblühende Blume	TEEROSE
gelbblühender Strauch	GINSTER
gelbblühender Strauch	MAHONIE
Gelberde	MELANIT
gelber Farbstoff	AURAMIN
Gelber Fluß	HOANGHO
gelbe Rübe	KAROTTE
Gelbguß	MESSING
Gelbknoten (mediz.)	XANTHOM
Gelbsucht	IKTERUS
Gelbwurz	KURKUMA

7

Geldaufnahme	ANLEIHE
Geldeinzahlung	EINLAGE
Geldeinziehung	INKASSO
Geld im Volksmund	KROETEN
Geldnehmer	DEBITOR
Gelehrter von Rotterdam	ERASMUS
Geliebte	LIEBSTE
Geliebter v. Aida	RADAMES
Geliebter v. Chloe	DAPHNIS
Geliebter v. Hero	LEANDER
Geliebter v. Klytämnestra	AEGISTH
Geliebte u. Frau v. Perikles	ASPASIA
Geliebte v. Abälard	HELOISE
Geliebte v. Aristoteles	PHYLLIS
Geliebte v. Hölderlin	DIOTIMA
Geliebte v. Odysseus	KALYPSO
Geliebte v. Zeus	ALKMENE
Geltung	ANSEHEN
Geltung	LEUMUND
Geltungsdrang	EHRGEIZ
gemächlich gehen	BUMMELN
Gemälde	OELBILD
Gemälde	TABLEAU
Gemälde mit Wasserfarben	GOUACHE
Gemahl	EHEMANN
gemahlene Trauben	MAISCHE
Gemahlin	EHEFRAU
Gemeinde	KOMMUNE
Gemeinschaft	EINHEIT
Gemeinschaft	KOMMUNE
gemeinschaftsfeindlich	ASOZIAL
Gemeinwesen	KOMMUNE
Gemenge, Gemisch	MELANGE
gemsfarben	CHAMOIS
Gemüt	GEFUEHL
Gemüt, Seelenleben	INNERES
Gemütsbewegung	EMOTION
Gemunkel	KLATSCH
genarbtes Leder	CHAGRIN
genau	AKKURAT
genaueste Uhrenart	ATOMUHR
genaues Zuspiel	VORLAGE
Genauigkeit	AKRIBIE
Genehmigung	KONSENS
General Wallensteins	ISOLANI
Genesung	HEILUNG
Genosse	PARTNER
Genotyp	ERBBILD
Genre	GATTUNG
genug, hinlänglich	SATTSAM
genug, Schluß damit!	PUNKTUM
Genußgift	ALKOHOL
Genußgift	KOFFEIN
Genußgift	NIKOTIN
Genußmensch, Schwelger	SYBARIT
Genußmittel	ALKOHOL
geologische Formation	MIOZAEN
geologische Periode	EISZEIT
geometrische Kurve	ELLIPSE
Georgien	GRUSIEN
Gepäck der Seeleute	SEESACK
gepaltene Hufe	SCHALEN
Geplauder	PLAUSCH
Geplauder	SCHWATZ
gepökeltes Fleisch	EISBEIN
Gepräge	MERKMAL
Gerät	APPARAT
Gerätespeicher (Bergbau)	HUTHAUS
Gerät zum Notenlinienziehen	RASTRAL
Geräusch	BRAUSEN
Geräusch des Dampfes	ZISCHEN
gerauhtes Gewebe	FLANELL
Gerede	KLATSCH
Gerede, Geschwätz	TRATSCH
geregelter Zustand	ORDNUNG
gereizt, beleidigt	PIKIERT
gerichtl. Auseinandersetzung	PROZESS

Gerichtsdiener	BUETTEL
Gerichtsverfahren, Rechtsstreit	PROZESS
gering, geringfügig	MINIMAL
geringe Nässe	FEUCHTE
Gerippe, Gerüst	SKELETT
gerissen	GEWIEFT
Gerissenheit	FINESSE
german. Dämonengestalt	ALRAUNE
german. Fruchtbarkeitsgöttin	NERTHUS
german. Götterbote	SKIRMIR
german. Gott d. Friedens	FORSETI
german. Gott d. Gerechtigkeit	FORSETI
german. Heerführer	ODOAKER
german. Sagengestalt	GUTRUNE
german. Sagengestalt	HEIDRUN
german. Sagengestalt	KUPERAN
german. Sagengestalt	ORTLIEB
german. Seherin	VELLEDA
german. Stamm auf Jütland	KIMBERN
german. Volk	BATAVER
german. Volk in Jütland	HARUDEN
german. Volksstamm	CHATTEN
german. Volksstamm	CHAUKEN
german. Volksstamm	HERULER
Gernegroß	ANGEBER
Gerüst	GERIPPE
Gerüst	GESTELL
gerüstet	ARMIERT
Gesalbter, Erlöser	MESSIAS
Gesamtheit	EINHEIT
Gesandtschaft	MISSION
Gesandtschaftsmitglied	ATTACHE
Gesangskünstler	SAENGER
Gesangsverzierung, Koloratur	TRILLER
Geschäft	BETRIEB
Geschäftsbuch	JOURNAL
Geschäftsbucheintrag	BUCHUNG
Geschäftsführer	MANAGER
Geschäftsmann	KRAEMER
Geschäftsnebenstelle	FILIALE
Geschäftsordnung	SATZUNG
Geschäftsreklame	WERBUNG
Geschäftsstelle	AGENTUR
Geschäftsteilhaber	PARTNER
Geschäftsvollmacht	PROKURA
Geschäftszusammenbruch	KONKURS
Geschäftszweig	BRANCHE
Geschehensablauf	VORGANG
geschichtl. Abschnitt	NEUZEIT
Geschichtswerk	CHRONIK
Geschicklichkeitsspiel	DIABOLO
Geschirrsatz, Tafelgeschirr	SERVICE
Geschirrschrank	BUEFETT
Geschlecht	FAMILIE
Geschlecht	GATTUNG
Geschlecht	GEBLUET
geschlechtlich	SEXUELL
Geschlechtsbezeichnung	FEMININ
Geschlechtswort	ARTIKEL
Geschlechtszellen	GAMETEN
geschliffene Fläche	FACETTE
geschliffene Glasflasche	KARAFFE
Geschmack	ELEGANZ
geschmacklos	STILLOS
Geschmacksknospe	PAPILLE
Geschmackstoff	GEWUERZ
Geschmeide	JUWELEN

7

Geschmeide, Juwelen	SCHMUCK
geschmeidig	BIEGSAM
geschnittener Schmuckstein	CAMAIEU
Geschöpf	KREATUR
Geschoßdurchmesser	KALIBER
Geschoß mit Hülse	PATRONE
Geschoßteil	ZUENDER
geschrotetes Getreide	GRUETZE
Geschwätz	REDEREI
Geschwindigkeitsbegriff	GANGART
Geschwister	BRUEDER
Geschworenenurteil	VERDIKT
Geschwulst, Tumor	BLASTOM
Gesellschafter	PARTNER
Gesellschaftsanzug	SMOKING
gesellschaftsschädlich	ASOZIAL
Gesellschaftsspiel	CANASTA
Gesellschaftsspiel	KNOBELN
Gesellschaftstanz	CALYPSO
Gesellschaftstanz	CARIOCA
Gesellschaftstanz	LABAMBA
Gesellschaftstanz	LETKISS
Gesellschaftstanz	MADISON
Gesellschaftstanz	ONESTEP
Gesetzentwurf	VORLAGE
Gesetzesnachtrag	NOVELLE
gesetzlich	LEGITIM
Gesicht	ANTLITZ
Gesichtsfeld, Umgebung	UMKREIS
Gespanschaft	KOMITAT
Gespenst	PHANTOM
Gespräch	DISKURS
Gespräch, Plauderei	PLAUSCH
gesprenkelt	MELIERT
Geständnis	BEICHTE
Gestalt	KOERPER
gestattet	ERLAUBT
gestehen, einräumen	ZUGEBEN
Gestein, Gesteinsart	MYLONIT
Gesteinsschutt	GEROELL
Gestell	GERUEST
gestielte Wucherungen	POLYPEN
Gestirnsumlauf	PERIODE
gesunden	GENESEN
Gesundheitslehre	HYGIENE
Gesundheitspflege	HYGIENE
Gesundung	HEILUNG
getäfelter Fußboden	PARKETT
Getreidekrankheit	MEHLTAU
Getreidespeicher, Scheuer	SCHEUNE
getrennt, gesondert	SEPARAT
getrocknete Seegurke	TREPANG
Getue	FLAUSEN
Getümmel	GEWUEHL
Getümmel	KRAWALL
Geübtheit, Gewandtheit	ROUTINE
Gewächs	PFLANZE
Gewähr, Gewährleistung	HAFTUNG
Gewässerrand	GESTADE
gewagt, gefährlich	RISKANT
Gewaltankündigung	DROHUNG
gewaltig, massiv, gedrungen	WUCHTIG
gewaltsam - aneignen	EROBERN
Gewalttäter, -verbrecher	MOERDER
gewalttätig, rücksichtslos	RADIKAL
Gewalttat	KRAWALL
Gewand	KOSTUEM
Gewandspange	AGRAFFE
Gewandspange	BROSCHE
Gewebeart	BOBINET
Gewebeart	DUEFFEL
Gewebeart	GINGHAM
Gewebeart	KALMUCK

Gewebe-art	LASTING
Gewebe-art	MOULINE
Gewebe-art	NANKING
Gewebe-ver-stopfung	INFARKT
Gewebs-proben-unter-suchung	BIOPSIE
Gewehr mit gezogenem Lauf	BUECHSE
Geweih	GEHOERN
Geweih-teil	SPROSSE
Gewicht	SCHWERE
Gewicht-heben	STEMMEN
Gewichts-hebe-übung	REISSEN
Gewichts-hebe-übung	STOSSEN
Gewichts-klasse b. Boxen	FLIEGEN
Gewichts-verlust	ABNAHME
Gewichts-verlust	SCHWUND
Gewinn, Nutz-effekt	VORTEIL
Gewinn-anteil, Zusatz-gewinn	PRAEMIE
Gewinn-bringend	LOHNEND
Gewinn-sucht	HABGIER
gewiß, bestimmt	POSITIV
gewissen-haft	AKKURAT
Gewis-sensbiß, Schuld-gefühl	SKRUPEL
gewöhn-licher Wochentag	WERKTAG
gewürfelt	KARIERT
Gewürz, Gewürz-pflanze	KUEMMEL
Gewürz, Gewürz-pflanze	KURKUMA
Gewürz, Gewürz-pflanze	LORBEER
Gewürz, Gewürz-pflanze	MELISSE
Gewürz, Gewürz-pflanze	OREGANO
Gewürz, Gewürz-pflanze	PAPRIKA
gezähn-tes Rad	ZAHNRAD
gezogener Wechsel	RIMESSE
Gichtrose	PAEONIE
Gift	TOXIKUM
Gift des Gold-regens	CYTISIN
giftig	TOXISCH
Gift im Kaffee	COFFEIN
Gift im Tee	COFFEIN
Gift in der Kartoffel	SOLANIN
Ginster-katze	GENETTE
Gipfel der Bernina-gruppe	PIZPALU
gischten-de Woge	BRECHER
Gitarre	KLAMPFE
Gitter-gewebe	KANEVAS
Gitter-wand	SPALIER
glänzen-der Stoff	LUESTER
Glätte, Glanz	POLITUR
Glanz	LUESTER
Glas-behälter für Arzneien	AMPULLE
glasge-deckte Laden-passage	GALERIE
glasierte Tonware	FAYENCE
Glas-röhrchen	AMPULLE
glatter Wollstoff	CHEVIOT
Glaube	MEINUNG
Glaube an einen persönl. Gott	DEISMUS
Glaubens-abtrünni-ger	RENEGAT
Glazial-zeit	EISZEIT
gleich-artig	HOMOGEN
gleichbe-deutend, sinn-ähnlich	SYNONYM
gleich-förmig	MONOTON
gleich-förmig, gleich-mäßig	UNIFORM
gleichge-wendet	ISOTROP
Gleich-gewicht	BALANCE
gleichlau-tend	HOMOLOG
Gleich-mütiger	STOIKER
gleich-namig	HOMONYM
Gleichnis	PARABEL
gleich-seitiges Viereck	QUADRAT
Gleis	SCHIENE
gleißen	FUNKELN
Gleis-unterbau	BETTUNG

7

Gleitbahn, schiefe Ebene	RUTSCHE
Gletschergeröll	MORAENE
Gletscherteil im Meer	EISBERG
Glied	SEGMENT
Gliedmaße d. Vögel	FLUEGEL
Gliedstaat, Landesteil	PROVINZ
Glockenklang	GELAEUT
Glockenturm in Sevilla	GIRALDA
Glücksbringer	AMULETT
Glücksspiel	KNOBELN
Glücksspiel	ROULETT
glühen	GLIMMEN
Goethes Gattin	VULPIUS
Göttin d. Fruchtbarkeit	ISCHTAR
Göttin d. strafend. Gerechtigkeit	NEMESIS
göttlicher Weltbaumeister	DEMIURG
Goldparmäne	RENETTE
Golfschlägerart	BRASSIE
Golfschlägerart	LOEFFEL
Golfschlägerart	NIBLICK
Golfschlägerart	TREIBER
gotischer Bibelübersetzer	ULFILAS
gotischer Ziergiebel	WIMPERG
gotische Schrift	FRAKTUR
Gottesfurcht	EUSEBIE
Gottesleugner	ATHEIST
Gottesmutter	MADONNA
Grabinschrift	EPITAPH
Grabmal	EPITAPH
Gradeinheit beim Thermometer	CELSIUS
Gralsritter	GALAHAD
Gralsritter, Figur aus Parsifal	TITUREL
graph. Beruf	DRUCKER
graph. Beruf	GRAVEUR
graph. Produkt	GRAPHIK
gratis, kostenlos	UMSONST
Gratiszufügung	BEIGABE
Grauen	GRAUSEN
grausam	HERZLOS
grausamer Mensch	ROHLING
grazil, graziös	ANMUTIG
greifbar	KONKRET
Greiforgan des Elefanten	RUESSEL
Greifvogel	GAUKLER
Grenzbehörde	ZOLLAMT
griech. Autor (Nobelpreis)	SEFERIS
griech. Buchstabe	EPSILON
griech. Buchstabe	OMIKRON
griech. Buchstabe	YPSILON
griech. Dichter	ALKAIOS
griech. Dichter	MUSAEUS
griech. Erdgöttin	DEMETER
griech. Fabelwesen	KENTAUR
griech. Faun, Flötenspieler	MARSYAS
griech. Flußgott	XANTHOS
griech. Fluß in Elis	PENEOIS
griech. Fruchtbarkeitsgöttin	ARTEMIS
griech. Fruchtbarkeitsgöttin	DEMETER
griech. Gebirge in Thessalien	OLYMPOS
griech. Geograph	STRABON
griech. Göttin d. Gerechtigkeit	NEMESIS
griech. Göttin d. Ordnung	EUNOMIA
griech. Göttin der Gesundheit	HYGIEIA
griech. Göttin der Zeit	EUNOMIA
griech. Göttin des Ackerbaus	DEMETER

griech. Gott der Dichtkunst	APOLLON
griech. Gott der Fruchtbarkeit	PRIAPOS
griech. Großreeder	ONASSIS
griech. Hafenstadt	CHALKIS
griech. Hafenstadt	KALAMAE
griech. Hafenstadt	KORINTH
griech. Historiker (5. Jh.)	ZOSIMUS
griech. Insel bei Athen	SALAMIS
griech. Insel der Seligen	ELYSIUM
griech. Jagdgöttin	ARTEMIS
griech. Kolonie in Unteritalien	PAESTUM
griech. Kultort	OLYMPIA
griech. Kykladeninsel	KYTHNOS
griech. Kykladeninsel	MYKONOS
griech. Kykladeninsel	SERIFOS
griech. Kykladeninsel	SIKINOS
riech. andchaft	ARGOLIS
riech. aler	APELLES
riech. eeres-tt	OKEANOS

griech. Meeresgott	PROTEUS
griech. Meeresnymphe	GALATEA
griech. Meeresnymphe	NEREIDE
griech. Muse der Lyrik	EUTERPE
griech. Name der Struma	STRYMON
griech. Name v. Darius	DAREIOS
griech. Name von Korfu	KERKYRA
griech. Naturgöttinnen	NYMPHEN
griech. neuplaton. Philosoph	PROKLOS
griech. Paradies	ELYSIUM
griech. Philosoph	HIPPIAS
griech. Philosoph	PHAEDON
griech. Philosoph (Sophist)	GORGIAS
griech. Philosoph (Stoiker)	EPIKTET
griech. Philosoph u. Astronom	EUDOXOS
griech. Rachegöttin	ERINNYE
griech. Regengöttin	PLEJADE
griech. Sagenkönig	OEDIPUS
griech. Schicksalsgöttin	ATROPOS

griech. Seher	KALCHAS
griech. Sitz der Musen	PARNASS
griech.-span. Maler	ELGRECO
griech. Stadt	FARSALA
griech. Stadt in Thessalien	LARISSA
griech. Sturmdämon	HARPYIE
griech. Volkstanz	SIRTAKI
griech. Währung	DRACHME
griech. Wegemaß	STADION
griech.: Athen	ATHINAI
Grieche d. Antike	HELLENE
Grind	FLECHTE
grönländ. Hafen	GODHAVN
grönländ. Hauptort	GODTHAB
Größe	AUSMASS
Größenfestsetzung	NORMUNG
größter Laufvogel	STRAUSS
größter norweg. See	MJOESEN
größter südafrikan. Fluß	SAMBESI
größte Stadt der Elfenbeinküste	ABIDJAN
größtmögl. Wert	MAXIMUM
Gropius-Gründung	BAUHAUS
großblütige Tropenpflanze	GLYZINE

7

Großbuchstabe	UNZIALE
großes Jazzorchester	BIGBAND
großes Überseeflugzeug	KLIPPER
große Wonne	WOLLUST
großformatiges Buch	FOLIANT
Großfürst von Litauen	JAGELLO
großjährig	MUENDIG
Großkatze	LEOPARD
Großkatze	PANTHER
Großmaul	ANGEBER
Großmut	EDELMUT
Großstadt nördl. d. Apenninen	BOLOGNA
Gründer, Schenker	STIFTER
Gründer der Inneren Mission	WICHERN
Gründer der Schott. Freikirche	CHALMER
Gründer der SOS-Kinderdörfer	GMEINER
Gründer des Bauhauses	GROPIUS
Gründer des Theatinerordens	CAJETAN
Gründer Roms	ROMULUS
gründlich	PROFUND
gründlich, tiefgründig	RADIKAL
grüner Beryll	SMARAGD
grüner Star	GLAUKOM
Grund	ANSTOSS
Grundbestandteil	ELEMENT
grundlegende Änderung	UMBRUCH
Grundsatz, Grundzug	PRINZIP
Grundschulfach	RECHNEN
Gruppenakkord	GEDINGE
Gruß, Grußformel, -wort	TSCHUES
guatemaltek. Währung	QUETZAL
Guckkasten	DIARAMA
Günstling	FAVORIT
Günstling, Schützling	PROTEGE
Gullivers Märchenland	LILIPUT
Gummidruckgerät	STEMPEL
Gurgel, Rachen	SCHLUND
Gut	ANWESEN
gutartig (mediz.)	BENIGNE
gutes Benehmen	ANSTAND
Gutshof	GEHOEFT
Gymnasialklasse	SEKUNDA
Haarknoten	CHIGNON
Haarpflegegerät	WICKLER
Haarreihe am Augenlid	WIMPERN
Haarspalter	KASUIST
Haarwaschmittel	SHAMPOO
Hackfleischklößchen	BULETTE
Härte, Unnachsichtigkeit	STRENGE
härtestes Mineral	DIAMANT
Häscher	BUETTEL
Häscher	SCHERGE
Häutchen	MEMBRAN
Hafen am Kaspisch. Meer	DERBENT
Hafenstadt am Eriesee	BUFFALO
Hafenstadt an der Trave	LUEBECK
Hafenstadt auf Sizilien	PALERMO
Hafenstadt auf Sizilien	SYRAKUS
Hafenstadt auf Taiwan	KEELUNG
Hafenstadt auf Zypern	LARNAKA
Hafenstadt der Bretagne	LORIENT
Hafenstadt in Birma	BASSEIN
Hafenstadt in Chile	CALDERA
Hafenstadt in Kalifornien	OAKLAND
Hafenstadt in Kenia	MOMBASA
Hafenstadt in Libyen	BENGASI
Hafenstadt in Ostsizilien	MESSINA

7

Hafenstadt in Peru	SANJUAN
Hafenstadt in Pommern	KOLBERG
Hafenstadt in Somalia	BERBERA
Hafenstadt in Südwales	RHONDDA
Hafenstadt in Tunesien	BISERTA
Hafenstadt in Virginia (USA)	NORFOLK
Hafen von Athen	PIRAEUS
Haff, Lagune	UFERSEE
Hafner, Keramiker	TOEPFER
haften	BUERGEN
Haftsumme	KAUTION
Haftung	GEWAEHR
Hahn in der Tierfabel	HENNING
Hai-Art	BLAUHAI
Hai-Art	DORNHAI
Hai-Art	RAUHHAI
Halbblut	BASTARD
Halbblut	MULATTE
Halbinsel auf Rügen	JASMUND
Halbmetall	ANTIMON
Halbteil	HAELFTE
Halbtierisch. Naturwesen	KALIBAN
Halbweltdame	KOKOTTE
Halfagras	ESPARTO
halftern	ZAEUMEN
…ds-…de, …watte	SCHLIPS
Halskette	KOLLIER
Halsschlagader	KAROTIS
Halsschmuck	KOLLIER
Halt, Tragwerk	STUETZE
Haltepunkt von Zügen	STATION
Halterung	FASSUNG
Haltestelle	BAHNHOF
Haltestelle, Etappenziel	STATION
Haltezeichen in der Musik	FERMATE
Haltung, Stellung	POSITUR
Hamburger Stadtteil	BARMBEK
Handarbeit	HAEKELN
Handarbeit	STICKEN
Handarbeit	STOPFEN
Handel	KOMMERZ
handeln	AGIEREN
Handelsgut	ARTIKEL
Handelsmann	KRAEMER
Handelsniederlassung	FILIALE
Handelssperre	EMBARGO
Handelsvertretung	AGENTUR
Handhabung, Verfahren	PRAKTIK
Handlungsvollmacht	PROKURA
Handtuchstoff	FROTTEE
Handwerkertitel	MEISTER
Hansestadt an der Unterelbe	HAMBURG
Harnausscheidung	DIURESE
Harnlassen (mediz.)	MIKTION
Harnorgane-Facharzt	UROLOGE
Harnvergiftung	URAEMIE
Harnzwang	DYSURIE
hart exerzieren	DRILLEN
Hartgußform	KOKILLE
Hartkäse	CHEDDAR
hartschalige Frucht	WALNUSS
Hartziegel	KLINKER
Hasardeur	SPIELER
Hasenbock	RAMMLER
Hasenohr	LOEFFEL
Hauch	LUFTZUG
Haue	DRESCHE
Haue, Hiebe	PRUEGEL
Haufenwolke	CUMULUS
Haufenwolke	KUMULUS
Hauptfluß der Herzegowina	NERETVA
Hauptinhalt	EXTRAKT
Hauptort des Montafon	SCHRUNS
Hauptort von Außerrhoden	HERISAU

7

Hauptort von Dithmarschen	MELDORF
Hauptperson einer Feier	JUBILAR
hauptsächlich	KAPITAL
Hauptstadt. d. Departm. Drome	VALENCE
Hauptstadt der Insel Man	DOUGLAS
Hauptstadt der Lombardei	MAILAND
Hauptstadt der Prov. Jünnan	KUNMING
Hauptstadt der Salomonen	HONIARA
Hauptstadt der Toskana	FLORENZ
Hauptstadt der Wojwodina	NEUSATZ
Hauptstadt der Wojwodina	NOVISAD
Hauptstadt des Depart. Manche	SAINTLO
Hauptstadt des Depart. Orne	ALENCON
Hauptstadt des Kantons Uri	ALTDORF
Hauptstadt von Arizona (USA)	PHOENIX
Hauptstadt von Außerrhoden	HERISAU
Hauptstadt von Basel Land	LIESTAL
Hauptstadt von Brandenburg	POTSDAM
Hauptstadt von Costa Rica	SANJOSE
Hauptstadt von Euböa	CHALKIS
Hauptstadt von Französ.-Guyana	CAYENNE
Hauptstadt von Gelderland	ARNHEIM
Hauptstadt von Georgia (USA)	ATLANTA
Hauptstadt von Guinea	CONAKRY
Hauptstadt von Kamerun	YAOUNDE
Hauptstadt von Kenia	NAIROBI
Hauptstadt von Kiribati	BAIRIKI
Hauptstadt von Kordofan	ELOBEID
Hauptstadt von Kuba	HAVANNA
Hauptstadt von Lancashire	PRESTON
Hauptstadt von Madeira	FUNCHAL
Hauptstadt von Maine (USA)	AUGUSTA
Hauptstadt von Michigan (USA)	LANSING
Hauptstadt von Mikronesien	KOLONIA
Hauptstadt von Mississippi (USA)	JACKSON
Hauptstadt von Mittelfranken	ANSBACH
Hauptstadt von Namibia	WINDHUK
Hauptstadt von Nebraska (USA)	LINCOLN
Hauptstadt von Neuschottl.	HALIFAX
Hauptstadt von New Jersey	TRENTON
Hauptstadt von New Mexico	SANTAFE
Hauptstadt von Nicaragua	MANAGUA
Hauptstadt von Niederschlesien	BRESLAU
Hauptstadt von Norfolk	NORWICH
Hauptstadt von North Carolina	RALEIGH
Hauptstadt von Puerto Rico	SANJUAN
Hauptstadt von Sachsen	DRESDEN
Hauptstadt von Serbien	BELGRAD
Hauptstadt von Sikkim	GANGTOK
Hauptstadt von Sri Lanka	COLOMBO
Hauptstadt von Swasiland	MBABANE
Hauptstadt von Tahiti	PAPEETE
Hauptstadt von Thailand	BANGKOK

Hauptstadt von Uganda	KAMPALA
Hauptstadt von Venezuela	CARACAS
Hauptstadt von Vorarlberg	BREGENZ
Hauptstadt von Wales	CARDIFF
Hauptstadt von Washington (USA)	OLYMPIA
Hauptstadt von Wisconsin (USA)	MADISON
Hauptstadt von Zypern	NIKOSIA
Hauptstern im Fuhrmann	CAPELLA
Hauptstern im Fuhrmann	KAPELLA
Hauptstern im Kleinen Hund	PROKYON
Hauptstern im Löwen	REGULUS
Hauptstern im Skorpion	ANTARES
Hauptstern in der Cassiopeia	SCHEDIR
Haus	BAUWERK
Hausangestellter	BURSCHE
Hausflur, Windfang	VORRAUM
Hauskleid	NEGLIGE
Haustier	HAMSTER
Haustier	SCHWEIN
Haustier der Lappen	RENTIER
Hautabschilferung	SCHUPPE

Hautausschlag	FLECHTE
Hautausschlag	QUADDEL
Hautfarbe (mediz.)	KOLORIT
Hautfarbstoff	PIGMENT
Hautpflegemittel	HAUTOEL
Hautschmarotzer	EPIZOEN
Hawaii-Gitarre	UKULELE
Hawaii-Insel	MOLOKAI
hebr.: Hölle	GEHENNA
hebr.: rein	KOSCHER
hebräische Münze	SCHEKEL
Heftigkeit	VIOLENZ
Heftigkeit, Intensität	STAERKE
hegen	PFLEGEN
Heidekraut	CALLUNA
Heidenbekehrer	APOSTEL
Heidenbekehrung	MISSION
heikel	DELIKAT
heikel	KITZLIG
heikel, bedenklich	PREKAER
heilbar	KURABEL
Heilgehilfe	MASSEUR
Heilgehilfe	PFLEGER
Heilige der Kirche	GERTRUD
Heiligenerzählung	LEGENDE
Heiligenschein	AUREOLE

Heiliger, Erzbisch. v. Canterbury	DUNSTAN
Heiliger, Ordensgründer	JOACHIM
Heiliger der Kirche	JAKOBUS
Heiliger der Kirche	VINZENZ
Heiliger der Kirche (Xanten)	NORBERT
Heiliger des Islam	MARABUT
heilige Stadt Tunesiens	KAIRUAN
Heiligtum d. alten Griechen	ELEUSIS
Heilkunde	MEDIZIN
Heilkundiger	MEDIKUS
Heilmethode, -mittel	LUFTBAD
Heilmethode, -mittel	MASSAGE
Heilmittel	KAMPFER
Heilmittel	MEDIZIN
Heilpflanze	BEIFUSS
Heilpflanze	BETONIE
Heilpflanze	GUENSEL
Heilpflanze	KAMILLE
Heilpflanze	KUEMMEL
Heilpflanze	KURKUMA
Heilpflanze, Würzkraut	THYMIAN
Heim	WOHNUNG
Heimat, Heimatort	DOMIZIL
Heimatloser	APOLIDE

heimlicher Beobachter	KIEBITZ
heimlicher Beobachter	SPANNER
Heimstatt	ZUHAUSE
Heimtücke	ARGLIST
Heimtücke	BOSHEIT
Heimtücke	INTRIGE
Heimwerker	BASTLER
Heiratsgut	MITGIFT
Heiratssymbol	EHERING
heißer Wüstenwind	CHAMSIN
heiter, ausgelassen	BURLESK
heiteres Bühnenstück	SCHWANK
heiteres Tonstück	SCHERZO
Heiterkeitsausdruck	GRINSEN
Heizmaterial	BRIKETT
Heizmaterial	HEIZOEL
Heiz- u. Leuchtpetroleum	KEROSIN
Heizungsgerät	GASOFEN
Heizungsgerät	OELOFEN
Held der griech. Sage	PERSEUS
Heldengedicht	EPOPOEE
Heldin	HEROINE
Hellene	GRIECHE
heller Fleck am Wildafter	SPIEGEL
helles engl. Bier	PALEALE
hemmen	BREMSEN
hemmen	HINDERN
Hemmstoff im Organismus	INHIBIN
Herausgabe	EDITION
herausgeben	EDIEREN
herb, abweisend	SPROEDE
Herbstmonat	OKTOBER
Hergang, Vorgang	PROZESS
Herkommen	ABKUNFT
Hermaphrodit	ZWITTER
Herrenmantel	PALETOT
herrlich	GLORIOS
Herrschaftsbereich	DOMAENE
Herumtreiber, Landstreicher	STROMER
hervorheben	BETONEN
hervorragend	EMINENT
herzanregendes Mittel	KOFFEIN
Herzkammererweiterung	SYSTOLE
herzlich	KORDIAL
herzlos	GRAUSAM
Herzmuskel	MYOKARD
hess. Kurort am Taunus	HOFHEIM
hess. Kurort am Taunus	HOMBURG
hess. Kurort im Taunus	NAUHEIM
hess. Landschaft	SCHWALM
hess. Luftkurort	AROLSEN
hess. Stadt am Edersee	WALDECK
hess. Stadt am Elbbach	HADAMAR
hess. Stadt an der Dill	HERBORN
hess. Stadt an der Gersprenz	DIEBURG
hess. Stadt an der Lahn	GIESSEN
hess. Stadt an der Lahn	LIMBURG
hess. Stadt an der Lahn	MARBURG
hess. Stadt an der Lahn	WETZLAR
hess. Stadt an der Ohme	HOMBERG
hess. Stadt an der Use	USINGEN
hess. Stadt beim Edersee	KORBACH
hess. Stadt im Taunus	IDSTEIN
hess. Stausee	EDERSEE
hethit. Hauptstadt	HATTUSA
Hetzhund, Windhund	WHIPPET
hexen, Magie betreiben	ZAUBERN
Hexenpilz	SAUPILZ
Hexenschuß	LUMBAGO
Heyerdahls Floß	KONTIKI
Hibiskus	EIBISCH

7

Hieb- u. Stichwaffe	SCHWERT
Hifthorn Rolands	OLIFANT
Hilfe in der Not	RETTUNG
hilfreicher Liebesdienst	WOHLTAT
Hilfszeitwort	DUERFEN
Hilfszeitwort	KOENNEN
Hilfszeitwort	MUESSEN
Himalaja-Bewohner	TIBETER
Himalajagipfel	EVEREST
Himmelsgewölbe	SPHAERE
Himmelskönigin	MADONNA
Himmelskörper	GESTIRN
Himmelsrichtung	NORDOST
Himmelswächter der nord. Sage	HEIMDAL
hinderlich	HEMMEND
ninduist. Gottheit	KASJAPA
induist. Gottheit	WISCHNU
linfahrt	ANREISE
lingang	ABLEBEN
linreise	ANFAHRT
inrich-ıngs-erät	SCHWERT
nterher	SPAETER
nterind. rom	IRAWADI
nterlas-nschaft	ERBTEIL
nter-gte irg-haft	KAUTION
terleib ekten	ABDOMEN
Hinterlist	ARGLIST
Hinterseite, Kehrseite	RUECKEN
Hintertreffen, Nachteil	VERLUST
Hinweg	ANREISE
Hinweis auf Gefahr	WARNUNG
hinzuzuzählende Zahl	SUMMAND
Hirngespinst	PHANTOM
Hirschart	DAMWILD
Hirschbrunft-Geschrei	ROEHREN
Hirschwild	ROTWILD
Hirtenvolk	NOMADEN
Histörchen	EPISODE
hochachtbar	WUERDIG
hochbedeutsam	EPOCHAL
Hochbetrieb	ANDRANG
Hochbetrieb	ANSTURM
Hochebene, Tafelland	PLATEAU
hochexplosiv	BRISANT
Hochfläche	PLATEAU
hochgeschätzt	BELIEBT
hochgewachsen	SCHLANK
hochgradiger Schwachsinn	IDIOTIE
hochheben, hochwuchten	STEMMEN
Hochherzigkeit	EDELMUT
hoch loben	RUEHMEN
Hochmeister des Deutsch. Ordens	HERMANN
Hochmeister des Deutsch. Ordens	WINRICH
Hochmut, Hochnäsigkeit	HOFFART
Hochschätzung	ACHTUNG
Hochschüler	STUDENT
Hochschulbesuch	STUDIUM
Hochschulinstitut	SEMINAR
Hochseefisch	MAKRELE
Hochstapler	BLENDER
hochstemmen	WUCHTEN
Hochtal in Graubünden	ENGADIN
Hodensack	SKROTUM
höchst, höchstens	MAXIMAL
höchste Glückseligk. im Buddhism.	NIRWANA
höchster Berg der Niederen Tatra	DJUMBIR
höchster Berg im Harz	BROCKEN
höchster Berg in Asien	EVEREST
höchster Berg in den Ostalpen	BERNINA
höchster Berg in Wales	SNOWDON
höchster Berg Mexikos	ORIZABA

höchster bulgar. Berg	MUSSALA
höchste Sorgfalt	AKRIBIE
Höchstleistung, -wert	MAXIMUM
höfischer Tanz	MENUETT
höfliches Benehmen	ANSTAND
höfliches Benehmen	SCHLIFF
Höhenzug bei Hannover	DEISTER
Höhenzug im Weserbergland	SOLLING
Höhenzug im Weserbergland	SUENTEL
Höhepunkt	MAXIMUM
höherer Beamter	AMTSRAT
höhere Schule	COLLEGE
Höhle	KAVERNE
Höhlengans	CASARCA
Höhlengans	TADORNA
höhnisch, spöttisch	ZYNISCH
Hölle	INFERNO
hölzernes Deckblatt	FURNIER
Hörbild (Rundfunk)	FEATURE
Hörrohr des Arztes	OTOPHON
hoffnungslos	INFAUST
Hofgestüt bei Triest	LIPIZZA
Hofstaat	GEFOLGE
hohe Frauenstimme	DISKANT
Hoheitszeichen	KOKARDE
hoher alt-türk. Beamter	MUSCHIR
hoher Offizier	GENERAL
hoher Schuh	STIEFEL
hoher Staatsbeamter	KANZLER
hohes Trinkgefäß	STIEFEL
hohle Abgußform	MATRIZE
Hohlnadel	KANUELE
Hohlorganerweiterung	EKTASIS
Hohltier	KORALLE
Hohltier, Porifere	SCHWAMM
Hohlweg	ENGPASS
Holunder	FLIEDER
Holzblasinstrument	ALPHORN
Holzkohlenhersteller	KOEHLER
Holzkugel-Rasenspiel	KROCKET
Holzpantoffel, -schuh	PANTINE
Holzschutzmittel	KREOSOT
Honigvogel	KOLIBRI
Hopfen-Bitterstoff	LUPULIN
Horizont	KIMMUNG
Horizontlinie (engl.)	SKYLINE
Hornbläser	HORNIST
Hornblende	NEPHRIT
Hornhaut der Seeschildkröte	KARETTE
Hornhautverdickung	KERATOM
Hornstoff	KERATIN
Horror	ABSCHEU
Hotelangestellte	MAMSELL
hübsch	ANMUTIG
Hüftgelenksentzündung	COXITIS
Hüftgelenksentzündung	KOXITIS
Hüftnerventzündung	ISCHIAS
Hühnerrasse	LEGHORN
Hühnervogel, Wildgeflügel	REBHUHN
Hülsenfrucht	LEGUMEN
hüten, schützen	SICHERN
Hugenottenführer	COLIGNY
huldigen	FROENEN
Huldigung	HOMMAGE
Huldigung	OVATION
Humusdünger	KOMPOST
hundeartiges Raubtier	SCHAKAL
Hundehalsband	HALSUNG
Hunderasse	RATTLER
hundert Pfund	ZENTNER
Hundertsatz	PROZENT
Hundertstel	PROZENT
Hundeweibchen	HUENDIN
Hundskopfaffe	HUTAFFE

Hunger	APPETIT
Hunger-leider	BETTLER
hurtig	EILENDS
hurtig, rasch	SCHNELL
Husaren-mütze	TSCHAKO
Husten-mittel	SALMIAK
Hutpilz	SCHWAMM
Huttyp	FILZHUT
Huttyp	TOPFHUT
Hybride	BASTARD
Hymne, Hymnus	LOBLIED
iberischer Staat	SPANIEN
Ideal, Prototyp	VORBILD
idealisie-rende Dar-stellung	LEGENDE
Idee	EINFALL
illu-strierte Zeit-schrift	MAGAZIN
im folgenden	ENSUITE
im ganzen	INSUMMA
immer-grünes Gewächs	LORBEER
mmer-grünes Gewächs	OELBAUM
m Mittel-punkt be-indlich	ZENTRAL
mmobilie	BAUWERK
mmuni-ierung	IMPFUNG
npfstoff	VAKZINE
nport	EINFUHR
n Wasser einigen	WASCHEN
Abrede ellen	LEUGNEN
Bereit-haft	INPETTO
indian. Friedens-pfeife	CALUMET
Indianer	ROTHAUT
Indianer-beinkleid	LEGGINS
Indianer-pferd	MUSTANG
Indianer-stamm	APURINA
Indianer-stamm	WYANDOT
Indianer-stamm, -sprache	CHIBCHA
Indianer-stamm, -sprache	CHINOOK
Indianer-stamm, -sprache	MUSKOGI
indische Gewichts-einheit	CHITTAK
indische Gottheit	WISCHNU
indische Halsgeige	SARINDA
indisch-engl. Schrift-steller	RUSHDIE
indischer Ehrentitel	MAHATMA
indischer Färbe- u. Gerb-mittel	KATECHU
indischer Fluß zum Bengal. Golf	MAHANDI
indischer Fürsten-titel	RADSCHA
indischer Hafen (Malabar-küste)	KALIKUT
indischer Komponist	SHANKAR
indischer Unions-staat	GUJARAT
indischer Unions-staat	MANIPUR
indischer Unions-staat	MIZORAM
indischer Wall-fahrtsort	BENARES
indischer Wall-fahrtsort (Ganges)	MATHURA
indischer Wasser-büffel	KERABAU
indische Schrift, Sprache	MARATHI
indische Schrift, Sprache	PRAKRIT
indische Sprache	BENGALI
indische Sprache	PUNJABI
indische Sprach-gruppe	DRAWIDA
indisches Streich-instrument	SARANGI
indische Stadt	BALASOR
indische Stadt	GWALIOR
indische Stadt am Ganges	BENARES
indische Stadt in der Wü-ste Thar	BIKANER
indische Stadt in Madras	MADURAI
indische Stadt in Radscha-stan	UDAIPUR
indische Stadt in Radscha-sthan	JODHPUR
indische Stadt in Uttar Pradesh	LUCKNOW
indisches Territo-rium	TRIPURA
Indiz	HINWEIS

7

indo-arischer Lichtgott	MITHRAS
indones. Gitterrassel	ANKLUNG
indones. Insel	CELEBES
indones. Insel	SUMATRA
indones. Insel	SUMBAWA
indones. Orchester	GAMELAN
indones. Politiker	SUHARTO
indones. Politiker	SUKARNO
indones. Reisgewürz	SAMBALS
indones. Stadt	BANDUNG
indones. Volksstamm	MALAIEN
Industriestadt am Rhein	BENDORF
Infanterist	LANDSER
Infektionskrankheit	ROETELN
Infektionsursache	ERREGER
Information	MELDUNG
Ingenieurwissenschaft	TECHNIK
Inhaber eines Bankhauses	BANKIER
Inhaber eines öffentl. Amtes	BEAMTER
Initiative	ANSTOSS
Initiative	ANTRIEB
Injektionsnadel	KANUELE
Inklination	NEIGUNG
innerasiat. Gebirge	KWENLUN
Inn-Zufluß	SALZACH
Inn-Zufluß	TRISANA
Input	EINGABE
Inschrift	LEGENDE
Insekt m. Hinterleibszangen	OHRWURM
Insel bei Sardinien	ASINARA
Inselbogen nördl. v. Japan	KURILEN
Insel von Tuvalu	NANUMEA
Insel vor Hamburg	NEUWERK
Insel vor Neapel	PROCIDA
Insel vor Wales	BARDSEY
Inserat	ANNONCE
Inserat	ANZEIGE
Insignien	EMBLEME
Insignien	SYMBOLE
instand setzen	FLICKEN
instand setzen	STOPFEN
Institution	ANSTALT
Interesse	NEIGUNG
Interessengruppe	KARTELL
internat. Schreibweise v. Peking	BEIJING
Invasion	EINFALL
investieren	ANLEGEN
Investor	ANLEGER
ionische Insel	ITHAKHA
irakische Stadt	KERBELA
iranische Hafenstadt	BUSCHIR
iranische Hauptstadt	TEHERAN
iranische Stadt	ARDEBIL
iranische Stadt	HAMADAN
iranische Stadt	KASCHAN
iranische Stadt	SCHIRAS
iranische Stadt	TAEBRIS
iranische Stadt am Elwend	HAMADAN
irdenes, gläsern. Bruchstück	SCHERBE
irische Großbrauerei	GUINESS
irischer Autor (Nobelpreis)	BECKETT
irischer Berg	BRANDON
irischer Berg	ERRIGAL
irischer Branntwein	WHISKEY
irischer Fluß	SHANNON
irischer Nationalheiliger	PATRICK
irischer Politiker	PARNELL
irischer Politiker, Staatsmann	OCONNEL
irischer Schriftsteller	DURRELL
irischer Schriftsteller	OCONNOR
irisches Luftverkehrszentrum	SHANNON
Irokesenstamm	HURONEN
irreführen	BLUFFEN

Irrfahrt	ODYSSEE
irritabel, nervös	REIZBAR
Irritation	REIZUNG
Irrtum	ERRATUM
Isar-Zufluß	LOISACH
Isar-Zufluß	ROTTACH
Isar-Zufluß bei München	MOOSACH
isländ. Autor (Nobelpreis)	LAXNESS
isländ. Gletscher	JOEKULL
isländ. Parlament	ALTHING
islam. Berberstamm	KABYLEN
islam. Fastenmonat	RAMADAN
islam. Gebetshaus	MOSCHEE
islam. Gotteshaus	DSCHAMI
slam. Hochschule	MEDRESE
slam. Mekkapilger	HADSCHI
lam. Mystiker	ALGAZEL
lam. Schutzgeist	GABRIEL
am. Schutzgeist	ISRAFIL
am. Schutzgeist	MICHAEL
am. Theologe	GHASALI
am. Theologe	GHAZALI
m. el	SCHERIF
israel. Nationalarmee	HAGANAH
israel. Parlament	KNESSET
israel. Politiker	ESCHKOL
israel. Politiker	SCHARON
israel. Politiker, Staatspräsid.	SCHAMIR
israel. Priesterstamm	LEVITEN
israel. Stadt	ASKALAN
israelitischer Stamm	SEBULON
Israels Bürger	ISRAELI
Istanbuls Altstadt	STAMBUL
ital. abstrakt. Bildhauer	LARDERA
ital. abstrakt. Maler	BIROLLI
ital. Adelsfamilie	FARNESE
ital. Adelsgeschlecht	FIESCHI
ital. Adriahafen	VENEDIG
ital. Adria-Insel	PIANOSA
ital. Adria-Inselgruppe	TREMITI
ital.-am. Opernkomponist	MENOTTI
ital. Astron., Physiker, Mathem.	GALILEI
ital. Autokonstrukteur	FERRARI
ital. Automarke	BUGATTI
ital. Autorin (Nobelpreis)	DELEDDA
ital. Autor (Nobelpreis)	MONTALE
ital. Barockbaumeister	GUARINI
ital. Barockbaumeister	JUVARRA
ital. Barockkomponist	CORELLI
ital. Barockmaler, Architekt	CORTONA
ital. Baumeister	BERNINI
ital. Baumeister	MADERNA
ital. Bildhauer	CELLINI
ital. Bildhauer, Baumeister	SOLARIO
ital. Bürgermeister	PODESTA
ital. Bürgermeister	SINDACO
ital. Dichter	ARIOSTO
ital. Dichter, Philosoph	GIRALDI
ital. Dichter, Schriftsteller	ALFIERI
ital. Dichter d. Romantik	MANZONI
ital. Dichterin	CORINNA
ital. Erfinder (Nobelpreis)	MARCONI

ital. Filmregisseur	FELLINI
ital. Filmschauspielerin	MAGNANI
ital. Fluß	PLATANI
ital. Fluß bei Rimini	RUBIKON
ital. Fluß zur Adria	PESCARA
ital.-franz. Chansonnier	MONTAND
ital.-franz. Schauspieler	VENTURA
ital. Frauenname	MIRELLA
ital. Freiheitskämpfer	MAZZINI
ital. Gastwirtschaft	ALBERGO
ital. Gastwirtschaft	OSTERIA
ital. Gastwirtschaft	TAVERNE
ital. Gebirge	APENNIN
ital. Geigenbauer	MAGGINI
ital. Geigenbauer	RUGGERI
ital. Geigenvirtuose	CORELLI
ital. Geiger, Komponist	TARTINI
ital. Geiger, Komponist	TORELLI
ital. Geiger, Komponist	TOSELLI
ital. Geiger, Komponist	VIVALDI
ital. Großindustrieller	AGNELLI
ital. Hafen am Tyrrhen. Meer	LIVORNO
ital. Herzogsgeschlecht	GONZAGA
ital. Insel im Ligurisch. Meer	CAPRAIA
ital. Inselstadt	VENEDIG
ital. Kirchenlehrer	DAMIANI
ital. Komponist, Dirigent	MADERNA
ital. Komponist in Wien	SALIERI
ital. Komponist (16. Jh.)	ZARLINO
ital. kubist. Maler	MORANDI
ital. Kurort bei Genua	RAPALLO
ital. Lagunenstadt	VENEDIG
ital. Landschaft	TOSKANA
ital. Landschaft	UMBRIEN
ital. Likör	ROSOLIO
ital. Lustspieldichter	ARETINO
ital. Lustspieldichter	GOLDONI
ital. lyrisch. Tenor	STEFANO
ital. Männername	ANTONIO
ital. Männername	CLAUDIO
ital. Männername	EDMONDO
ital. Männername	EDUARDO
ital. Männername	ERNESTO
ital. Männername	EUGENIO
ital. Männername	FILIPPO
ital. Männername	GASPARO
ital. Männername	GIORGIO
ital. Männername	IGNAZIO
ital. Männername	LORENZO
ital. Männername	ORLANDO
ital. Männername	RODOLFO
ital. Männername	VALERIO
ital. Maisbrei	POLENTA
ital. Maler	GUTTUSO
ital. Maler, Goldschmied	FRANCIA
ital. Maler, Tizian-Schüler	BORDONE
ital. Maler (13./14. Jh.)	MARTINI
ital. Maler (15. Jh.)	MELOZZO
ital. Maler (16. Jh.)	SOLARIO
ital. Marmorstadt	CARRARA

ital. Mathematiker	CARDANO
ital. Name v. Mantua	MANTOVA
ital. Name v. Opatija	ABBAZIA
ital. Name von Durres	DURAZZO
ital. Name von Shkoder	SKUTARI
ital. Name von Tarent	TARANTO
ital. Opernkomponist	BELLINI
ital. Opernkomponist	PUCCINI
ital. Opernkomponist	ROSSINI
ital. Philosoph, Neuhegelianer	GENTILE
ital. Pianist, Komponist	CASELLA
ital. Politiker	EINAUDI
ital. Politiker	GASPERI
ital. Politiker, Staatspräsident	FANFANI
ital. Politiker, Staatspräsident	GRONCHI
ital. Reisgericht	RISOTTO
ital. Renaissancebaumeister	ALBERTI
ital. Renaissancebildhauer	QUERCIA

ital. Renaissancebildhauer	SARTORI
ital. Renaissancemaler	RAFFAEL
ital. Riviera-Seebad	SANREMO
ital. Romanschriftsteller	MORAVIA
ital. Sängerin	TEBALDI
ital. Schriftsteller	BUZZANI
ital. Seebad an der Riviera	RAPALLO
ital. Stadt	ALASSIO
ital. Stadt am Arno	FLORENZ
ital. Stadt am Busento	COSENZA
ital. Stadt am Busento	POTENZA
ital. Stadt am Golf von Neapel	SORRENT
ital. Stadt am Reno	BOLOGNA
ital. Stadt an der Adria	PESCARA
ital. Stadt an der Brenta	BASSANO
ital. Stadt an der Piave	BELLUNO
ital. Stadt an der Scrivia	TORTONA
ital. Stadt auf Sardinien	SASSARI

ital. Stadt auf Sizilien	TRAPANI
ital. Stadt bei Florenz	FIESOLE
ital. Stadt in Umbrien	FOLIGNO
ital. Stadt in Umbrien	SPOLETO
ital. Stadt in Venetien	TREVISO
ital. Stadt in Venetien	VICENZA
ital. surrealistischer Maler	CHIRICO
ital. Theaterbaumeister	BIBIENA
ital. Weinsorte	BARBERA
ital. Weinsorte	CHIANTI
ital. Weinsorte	VESUVIO
ital.: achtzig	OTTANTA
ital.: alt	VECCHIO
ital.: Anzug	VESTITO
ital.: Brief	LETTERA
ital.: Florenz	FIRENZE
ital.: Herr, Chef	PADRONE
ital.: Junge	RAGAZZO
ital.: Kindchen	BAMBINO
ital.: Lied	CANZONE
ital.: Mädchen	RAGAZZA
ital.: Meister	MAESTRO
ital.: neunzig	NOVANTA
ital.: Palast	PALAZZO

7

ital.: Schwester	SORELLA
ital.: Venedig	VENEZIA
ital.: vier	QUATTRO
Jackenkleid	KOSTUEM
Jade	NEPHRIT
jähes Zusammenfahren	ZUCKUNG
Jagdart mit Treibern	STREIFE
Jagdgehilfe	TREIBER
Jagdgewehr, -waffe	BUECHSE
Jagdhund	ERDHUND
Jagdhund	GRIFFON
Jagdhund	POINTER
Jagdhund	SPANIEL
Jagdhund	TERRIER
Jagdhundgebell	GELAEUT
Jagdkanzel	ANSTAND
Jagdmesser	KNICKER
Jahrbuch, Jahrbücher	ANNALEN
Jahreswende	NEUJAHR
Jahrmarktauto	SKOOTER
jammern	GREINEN
Januar in Österreich	JAENNER
japan. Blumensteckkunst	IKEBANA
japan. Farbholzschnittkünstler	HOKUSAI
japan. Gitarre	SAMISEN
japan. Holzschnittkünstler	SHARAKU
japan. Insel	KIUSCHU
japan. Kaiser	AKIHITO
japan. Kleinschnitzerei	NETSUKE
japan. Kriegerstand	SAMURAI
japan. Maler (18. Jh.)	UTAMARO
japan. Puppenspiel	BUNRAKU
japan. Selbstmord	SEPPUKU
japan. Stadt auf Hokkaido	SAPPORO
japan. Stadt auf Hondo	NIIGATA
japan. Stadt auf Hondo	OKAJAMA
japan. Stadt auf Kiuschu	MODSCHI
japan. Stadt auf Schikoku	IMABARI
japan. Stadt auf Schikoku	KOTSCHI
japan. Stadt bei Tokio	TSCHIBA
japan. Wintersportort	SAPPORO
javanischer Tanz	SCRIMPI
Jazztechnik	SKIFFLE
jemenit. Hafenstadt	HODEIDA
jemenit. Inselgruppe	SOKOTRA
jenseits	DRUEBEN
Jenseits der german. Krieger	WALHALL
Jetztzeit	NEUZEIT
jidd.: Gewinn	REBBACH
Johanniskraut	HARTHEU
Jolle	BEIBOOT
jordan. König	HUSSEIN
Journal	MAGAZIN
Journal, Nachrichtenblatt	ZEITUNG
Jubel, Siegesfreude	TRIUMPH
Juckblattern	PRURIGO
juckende Anschwellung	QUADDEL
juckende Hautinfektion	KRAETZE
jüdische Bibelkritik	MASSORA
jüdische Geheimlehre	KABBALA
jüdische relig. Gesänge	PSALMEN
jüdischer Hoherpriester	KAIPHAS
jüdischer König	HERODES
jüdischer König	MANASSE
jüdischer Philosoph	ISRAELI
jüdische Sekte	KARAEER
jüdisches Gebetbuch	TEFILLA
jüdisches Sabbatbrot	BARCHES
jüdisches Schlußgebet	HABDALA

jüdisches Widderhorn	SCHOFAR
jüngst	NEULICH
Jüngstenrecht	MINORAT
jugendlich	JUVENIL
jugoslaw. Landschaft	BOSNIEN
jugoslaw. Teilstaat	SERBIEN
junger Laubbaum	HEISTER
junges Militärpferd	REMONTE
junges Schwein	LAEUFER
junge Stinkmorchel	HEXENEI
Jungpferd	FUELLEN
Jungreh	REHLING
Jupiter-Mond	GANYMED
Jurist	RICHTER
uxen, scherzen	SPASSEN
Kabarett-ied	CHANSON
Kabarett-ed	COUPLET
äferart	ERDFLOH
älte mpfinden	FRIEREN
ämpe	KRIEGER
ämpfen	FIGHTEN
ämpfer	FIGHTER
ämpfer	KRIEGER
ngu-h-Art	WALLABY
seart, rte	MAINZER
seart, rte	QUARGEL
seart, rte	ROMADUR
se-dt in gien	LIMBURG

Kaffeewirkstoff	KOFFEIN
Kaffernspeer	ASSAGAI
Kahlstelle	BLOESSE
kaiserl. Schloß in Wien	HOFBURG
Kakerlak, Schabe	SCHWABE
Kalbleder	BOXCALF
kalt	FROSTIG
kalter Wind in Südfrankreich	MISTRAL
kaltes Rotweingetränk	BISCHOF
kaltstellen	KUEHLEN
Kama-Zufluß	BJELAJA
Kammergut	DOMAENE
Kampagne	FELDZUG
Kampf, Fehde	STRAUSS
Kampf, Kampfhandlung	GEFECHT
Kampfbahn beim Sport	FAIRWAY
Kampfgefährte	GENOSSE
Kampfgefährte	KAMERAD
Kampfplatz beim Sport	PLANCHE
Kampfplatz beim Sport	STADION
Kampfrichter (engl.)	REFEREE
Kampfsport	FECHTEN
kanad. Atlantikhafen	HALIFAX

kanad. Fluß in Ontario	WELLAND
kanad. Halbinsel	BOOTHIA
kanad. Mediziner (Nobelpreis)	BANTING
kanad. Mediziner (Nobelpreis)	HUGGINS
kanad. Politiker (Nobelpreis)	PEARSON
kanad. Provinz	ALBERTA
kanad. Stadt am Ontariosee	TORONTO
kanad. Stadt in Ontario	SUDBURY
kanad. Stadt in Ontario	WINDSOR
Kanarienvogelrasse	NORWICK
kanarische Insel	LAPALMA
kandierte Fruchtschale	SUKKADE
Kaninchenbock	RAMMLER
Kanon	SINGRAD
Kanoniker, Kanonikus	DOMHERR
Kanzelrede, Kirchenrede	PREDIGT
Kapitalertrag, Verzinsung	RENDITE
Kapitalrendite	REVENUE
Kapitelherr	DOMHERR
Kappe d. Verbindungsstudenten	ZEREVIS

Kappe	KALOTTE
kathol. Geistlicher	
Kapuzineraffe	KAPPARO
Kapuzineraffe	SAIMIRI
Karikatur	CARTOON
Karo beim Kartenspiel	SCHELLE
Karpfenart, -fisch	GUESTER
Karpfenart, -fisch	ROTAUGE
Karpfenfisch	ELRITZE
Karpfenfisch	PFRILLE
Karpfenfisch	ZAEHRTE
Karree, Quadrat	VIERECK
Kartäuserkloster in Italien	CERTOSA
Kartenfolge	SEQUENZ
Kartenspiel	BINOKEL
Kartenspiel	CANASTA
Kartenspiel	MARIAGE
Kassenverwalter	RENDANT
Kasten, Schrank	SCHREIN
kastenartiges Möbel	SCHRANK
kastrierter Hammel	SCHOEPS
kastrierter Hengst	WALLACH
Katastrophe	DEBAKEL
Kategorie	ORDNUNG
Katfisch	SEEWOLF
kathol. Altardiener	AKOLUTH
kathol. Frühmesse	MATUTIN
kathol. Gebet	ANGELUS
kathol. Meßbuch	MISSALE
kathol. Sakrament	FIRMUNG
kathol. Seelenmesse	REQUIEM
kathol. Stundengebet	BREVIER
katzenartiges Raubtier	LEOPARD
Katzengold	GLIMMER
Katzensilber	GLIMMER
Kauf geistlicher Ämter	SIMONIE
Kaulbarsch	SCHROLL
Keeper	TORMANN
Keeper	TORWART
kegelförmig	KONISCH
Kegelschnitt	ELLIPSE
Kegelschnitt	PARABEL
Keglergruß	GUTHOLZ
Kehlkopfteil	KNORPEL
Kehrbild	NEGATIV
Kehre, Kehrschleife	WINDUNG
Kehrreim	REFRAIN
keifen	GEIFERN
Keile	DRESCHE
Keile, Schläge	PRUEGEL
Keiler-Oberzähne	HADERER
Keil in der Schneiderei	ZWICKEL
Keimdrüsen	GONADEN
Keimfreiheit	ASEPSIS
keiner	NIEMAND
Kellnerin im Nachtlokal	BARDAME
Kellnerin im Nachtlokal	BARFRAU
Kellnerlehrling	PIKKOLO
Kelten in Frankreich	GALLIER
Keltenvolk zwischen Donau und Inn	NORIKER
keltischer Stamm in Frankreich	SENONEN
keltischer Volksstamm	NERVIER
keltisches Volk in Kleinasien	GALATER
keltisches Volk in Wales	WALISER
Kennkarte	AUSWEIS
Kennzeichen	MERKMAL
kennzeichnend	MARKANT
kennzeichnend	TYPISCH
Kennzeichnung	KENNUNG
keramisches Erzeugnis	FAYENCE
Kerker	VERLIES
Kerl	BURSCHE
Kern	NUKLEUS

7

Kernland v. Brandenburg	KURMARK
Kernteilchen	NUKLEON
Kerntruppe	PHALANX
Kerzenmaterial	STEARIN
Kesselpauke	TIMPANO
Kesselpauken	TIMPANI
Kettengeräusch	RASSELN
Keule, Stampfer	PISTILL
Kieferzahnfach	ALVEOLE
Kielflosse am Segelboot	SCHWERT
Kielflügel	CEMBALO
Kielklavier	SPINETT
Kilimandscharo-Gipfel	MAWENSI
Killer	MOERDER
Kinderfahrzeug	DREIRAD
Kinderfahrzeug	KETTCAR
Kinderkrankheit	ROETELN
Kinderspielzeug	KREISEL
Kinostück	TONFILM
Kinzig-Zufluß	WOLFACH
Kirchendiener	KUESTER
Kirchengemeinde	PFARREI
Kirchengesangsstück	MOTETTE
Kirchenkomposition	PASSION
Kirchenspaltung	SCHISMA
Kirchensprengel	PFARREI
Kirchenstaat	VATIKAN
Kirchenuhr	TURMUHR
kirchl. Rechtsvorschriften	KANONES
kirchl. Würdenträger	BISCHOF
Kissen	POLSTER
Klagegeschrei	LAMENTO
klagen	JAMMERN
Klampfe	GITARRE
Klangfarbe	KOLORIT
Klangwirkung	AKUSTIK
Klapper, Rassel	RATSCHE
Klatsch	REDEREI
Klatsch, Gemunkel	TRATSCH
Klaue	GREIFER
Klause	ENGPASS
Klavierart	FLUEGEL
Klavierspieler	PIANIST
Klavierstil des Jazz	RAGTIME
Klebebild	KOLLAGE
Kleindarsteller	STATIST
kleine Apfelsine	SATSUMA
kleine Arie	ARIETTE
kleine Glocke	KLINGEL
kleine Glocke, Haustürklingel	SCHELLE
kleine Kirche	KAPELLE
kleine Ortschaft	FLECKEN
kleine Querflöte	PIKKOLO
kleiner Collie	SHELTIE
kleiner Dudelsack	MUSETTE
kleiner Filmstar	STARLET
kleiner Heringsfisch	SPROTTE
kleiner Tropenvogel	KOLIBRI
kleiner Wasserlauf	RINNSAL
kleiner Weißfisch	ELRITZE
kleine Salutkanone	BOELLER
kleines Gefecht, Match	TREFFEN
kleines Gehölz	BOSKETT
kleines Gewässer	TUEMPEL
kleines Klavier	PIANINO
Kleingebäck	KROKANT
Kleinhändler	KRAEMER
Kleinkunstbühne	VARIETE
kleinlicher Mensch	BANAUSE
Kleinodien	JUWELEN
Kleinschmetterling	WICKLER
Kleinstaat in Europa	ANDORRA
kleinste engl. Grafschaft	RUTLAND
Kleinstlebewesen	MIKROBE
Kleinstmaß	MINIMUM
Kleintaxi	MINICAR
Klemme	DILEMMA
Klemmer	KNEIFER

Klemmer, Kneifer	ZWICKER
Kletterer-Ausrüstung	KOMPASS
klettern	KLIMMEN
klettern	STEIGEN
Kletterorchidee, tropisch. Gewürz	VANILLE
Kletterpflanze	GLYZINE
Klient	MANDANT
klingeln	LAEUTEN
Klistier	EINLAUF
Kloß	KLUMPEN
Kloß	KNOEDEL
Kloster	KONVENT
Kloster	PRIORAT
Klüngel	KOTERIE
Klumpen	BROCKEN
knapp	LAPIDAR
knauserig, wirtschaftlich	SPARSAM
Knecht des Abraham	ELIESER
Kneifer	KLEMMER
Kneipe, Lokal	SCHENKE
Kneipe, Schenke	TAVERNE
Kneipier	BUDIKER
Knetkur	MASSAGE
Kniescheibe	PATELLA
Knobel, Wurfspielstein	WUERFEL
Knochen	GEBEINE
Knochenbruch	FRAKTUR
Knochenentzündung	OSTITIS
Knochenfisch	KARPFEN
Knochengerüst	SKELETT
Knochenhaut	PERIOST
knöcherner Schädel	KRANIUM
Knötchen (mediz.)	NODULUS
Knorpeltang	SEEMOOS
Knüller, Kassenschlager	REISSER
Knüppel, Stock	PRUEGEL
Kobold der griech. Sage	KERKOPS
Kochgefäß	BRAETER
Kölner Mystiker	ECKHART
König der Belgier	LEOPOLD
Königin von Thailand	SIRIKIT
königliches Landgut	KRONGUT
König von Epirus	PYRRHUS
König von Juda	HISKIAS
König von Lydien	KROESUS
König von Pergamon	ATTALOS
König von Pergamon	EUMENES
König von Theben	OEDIPUS
Könner	MEISTER
Körperbau	HABITUS
Körperhöhle	KAVERNE
körperlich	KONKRET
körperliche Substanz	MATERIE
Körperschaft	GREMIUM
köstlich	DELIKAT
Kohlehydrat	DEXTRIN
Kohlehydrat	STAERKE
Kohlenbrenner	KOEHLER
Kohlen laden	BUNKERN
Kohlensäurequelle	MOFETTE
Kokswerk	KOKEREI
Kollektion	AUSWAHL
kolumbian. Anden-Stadt	PEREIRA
kolumbian. Halbinsel	GOAJIRA
kolumbian. Indianerstamm	GOAJIRO
kolumbian. Stadt	CIENAGA
kolumbian. Stadt	PALMIRA
komisch, ulkig	SPASSIG
komische Bühnenfigur	PIERROT
komische Umbildung	PARODIE
Komitat in Ungarn	KOMAROM
Kommandant, Kommandeur	FUEHRER
Kommandeursflagge	STANDER
Kommunalbeamter	LANDRAT
Komödie, Lustspiel	SCHWANK
Komp. d. »Blume von Hawaii«	ABRAHAM
Komp. d. »Lustigen Weiber v. Windsor«	NICOLAI

Komp. d. »Nachtwandlerin«	BELLINI
Komp. d. Balletts »Coppelia«	DELIBES
Komp. d. Balletts »Lysistrata«	BLACHER
Komp. d. Balletts »Salade«	MILHAUD
Komp. d. Musicals »Oklahoma«	RODGERS
Komp. d. Musicals »South Pacific«	RODGERS
Komp. d. Musicals »The King And I«	RODGERS
Komp. d. Oper »Acis und Galatea«	HAENDEL
Komp. d. Oper »Albert Herring«	BRITTEN
Komp. d. Oper »Amelia«	MENOTTI
Komp. d. Oper »Arabella«	STRAUSS
Komp. d. Oper »Bluthochzeit«	FORTNER
Komp. d. Oper »Capriccio«	STRAUSS
Komp. d. Oper »Daliboru«	SMETANA
Komp. d. Oper »Daphne«	STRAUSS
Komp. d. Oper »Das Medium«	MENOTTI
Komp. d. Oper »Der Konsul«	MENOTTI
Komp. d. Oper »Der Mantel«	PUCCINI
Komp. d. Oper »Elektra«	STRAUSS
Komp. d. Oper »Feuersnot«	STRAUSS
Komp. d. Oper »Flut«	BLACHER
Komp. d. Oper »Fürst Igor«	BORODIN
Komp. d. Oper »Gianni Schicchi«	PUCCINI
Komp. d. Oper »Jenufa«	JANACEK
Komp. d. Oper »Julius Cäsar«	HAENDEL
Komp. d. Oper »Katja Kabanowa«	JANACEK
Komp. d. Oper »La Boheme«	PUCCINI
Komp. d. Oper »Liebe d. Danae«	STRAUSS
Komp. d. Oper »Madame Butterfly«	PUCCINI
Komp. d. Oper »Manon Lescaut«	PUCCINI
Komp. d. Oper »Norma«	BELLINI
Komp. d. Oper »Peter Grimes«	BRITTEN
Komp. d. Oper »Rodelinde«	HAENDEL
Komp. d. Oper »Salome«	STRAUSS
Komp. d. Oper »Tosca«	PUCCINI
Komp. d. Oper »Turandot«	PUCCINI
Komp. d. Oper »Wilhelm Tell«	ROSSINI
Komp. d. Oper »Xerxes«	HAENDEL
Komp. d. Operette »Die Fledermaus«	STRAUSS
Komp. d. Operette »Ein Walzertraum«	STRAUSS
Komp. d. Operette »Landstreicher«	ZIEHRER
Komp. d. Operette »Wiener Blut«	STRAUSS
Komp. d. Operette »Zigeunerbaron«	STRAUSS
Komp. d. Oper Rosenkavalier	STRAUSS
Komp. v. »Ariadne auf Naxos«	STRAUSS
Komp. v. »Der Barbier von Sevilla«	ROSSINI
Komp. v. »Die Frau ohne Schatten«	STRAUSS
Komp. v. »Die verkaufte Braut«	SMETANA
Komp. v. »Eine Nacht in Venedig«	STRAUSS

7

Komp. v. »Maske in Blau«	RAYMOND
Komp. v. »Nachmittag e. Fauns«	DEBUSSY
Komp. v. »Viktoria und ihr Husar«	ABRAHAM
Kompagnon	PARTNER
komplett	PERFEKT
Konfekt, Naschwerk	PRALINE
Konferenz	MEETING
konfuzian. Philosoph	MENGTSE
Konglomeratgestein	BRECCIE
Konglomeratgestein	BREKZIE
kongoles. Politiker (Staatspräs.)	LUMUMBA
Kongo-Quellfluß	LUALABA
Konquistador, eroberte Peru	PIZARRO
Konsonant	MITLAUT
Konstitution, Verfassung	ZUSTAND
Konstrukteur	ERBAUER
Konsum, Verbrauch	VERZEHR
Konterfei	BILDNIS
Kontinent	AMERIKA
Kontinent	ERDTEIL
Kontrabaßtuba	HELIKON
Kontrakt, Konvention	VERTRAG
Kontrollbildschirm	MONITOR
kontrollieren	CHECKEN
Konvent	KLOSTER
Konzept	ENTWURF
Kopffüßerfossil	AMMONIT
Kopfsalat	LATTICH
Kopfstimme	FALSETT
Kopplung politisch. Maßnahmen	JUNKTIM
Koranschule	MEDRESE
Korbblütler	BEIFUSS
Korbblütler	LATTICH
Kormoran	SCHARBE
Kormoran	SEERABE
korrekt, wahr	RICHTIG
korsische Hauptstadt	AJACCIO
Korso	FESTZUG
Kosakenpeitsche	NAGAIKA
kosmetisches Mittel, Verfahren	PACKUNG
Kosmos, Universum	WELTALL
Kostbarkeit	KLEINOD
Krabbe	GARNELE
Krach	GETOESE
Krach	KLAMAUK
Krach	KRAKEEL
Krach	KRAWALL
krachen	DONNERN
krachen	KNALLEN
Kräftigungsmittel	TONIKUM
Kränkung	AFFRONT
Krätze	SKABIES
Kräuselstoff	FROTTEE
Kraft	ENERGIE
Kraft-, Antriebsmaschine	TURBINE
Kraft, Macht	STAERKE
kraftlos, machtlos	SCHWACH
Kraftwagenfähre	TRAJEKT
Kragstein	KONSOLE
Kram	KREMPEL
Kram, Ramsch	TROEDEL
Krampf	SPASMUS
Krampf bei Kindern	FRAISEN
krank	LEIDEND
Krankenbetreuer	PFLEGER
Kranker	PATIENT
krankhafte Hautrötung	ERYTHEM
Krankheitsanzeichen, Vorbote	SYMPTOM
Krankheitskeim	ERREGER
Krankheitssymptom	SCHMERZ
Kranzleiste	KARNIES
Krapfen	BEIGNET
Kratersee bei Rom	NEMISEE
Krawall	AUFRUHR
Krebstier	DAPHNIE
Kreidemalerei	PASTELL
Kreisabschnitt	SEGMENT
kreisförmiger Dunkelnebel	GLOBULE
Kreppgewebe	LAVABEL
Kreuzkraut	SENECIO

7

Kriegerin der griech. Sage	AMAZONE
Kriegsminister Ludwigs XIV.	LOUVOIS
Kriegsschiff	KREUZER
kroat. Hafenstadt	OPATIJA
kroat. Halbinsel	ISTRIEN
Kronleuchter	LUESTER
Krümmung	BIEGUNG
Krume	BROESEL
Krume	BROSAME
Krume	KRUEMEL
Krummholzart	LATSCHE
kuban. Stadt	BARACOA
kuban. Stadt	HOLGUIN
Kübel	BOTTICH
üchen- ewürz	KUEMMEL
üchen- ewürz	LORBEER
üchen- ewürz, raut	MAJORAN
ihn	BEHERZT
ihnheit, eherzt- it	WAGEMUT
immel- annt- ein	AQUAVIT
nstl. geleg- s Ge- sser	STAUSEE
nstl. nsch	ANDROID
stl. ellit	TRABANT
stl. n- atz	BRUECKE
stle- h	MUSISCH
künstlerischer Beruf	MUSIKER
künstlerisches Gebinde	BOUQUET
Künstlerwerkstatt	ATELIER
Küstenzone	LITORAL
Kugelabschnitt	SEGMENT
kugelig. Flüssigkeitsteilchen	TROPFEN
Kugelkappe	KALOTTE
Kultur	BILDUNG
Kulturpflanze d. Tropen	ERDNUSS
Kulturpflanze d. Tropen	OELBAUM
Kunde	KAEUFER
Kunde	MELDUNG
Kundendienst	SERVICE
kunstfertig, meisterhaft	VIRTUOS
Kunstflugfigur	LOOPING
Kunstfreund	AESTHET
Kunstgattung, -gebiet	MALEREI
Kunstgriff	FINESSE
Kunsthandlung	GALERIE
Kunstharz	BAKELIT
Kunstsammlung	GALERIE
Kunstschule in Dessau	BAUHAUS
Kunststoff	PLASTIK
Kunststoff	SILIKON
Kunststoff	VINIDUR
Kunsttanz	BALLETT
Kupferlasur	LASURIT
Kupferlegierung	ROTGUSS
Kupfer-Zink-Legierung	MESSING
Kuppelaufsatz	LATERNE
Kuppelzylinder	TROMMEL
Kurort	HEILBAD
Kurort am Erzgebirge	DRIBURG
Kurort am Gardasee	GARDONE
Kurort am Neckar	WIMPFEN
Kurort am Starnberger See	TUTZING
Kurort am Steinhuder Meer	REHBURG
Kurort am Tegernsee	WIESSEE
Kurort im Berner Oberland	MUERREN
Kurort im Oberharz	ALTENAU
Kurort im Salzkammergut	MONDSEE
Kurort im Schwarzwald	TEINACH
Kurort im Schwarzwald	TODTNAU
Kurort im Schwarzwald	TRIBERG
Kurort im Schwarzwald	WILDBAD
Kurort im Stubaital	FULPMES
Kurort im Taunus	SELTERS

7

Kurort im Thüringer Wald	NEUHAUS
Kurort im Weser-bergland	PYRMONT
Kurs-abschlag	DISAGIO
Kursab-weichung	ABTRIFT
Kur-stätte	MOORBAD
Kurve	BIEGUNG
Kurve	PARABEL
Kurven-schnitt-linie	SEKANTE
kurze Baum-woll-fasern	LINTERS
kurze Er-zählung	NOVELLE
kurze Handfeu-erwaffe	PISTOLE
kurzer Dolch	STILETT
kurze Reise	AUSFLUG
kurz f. Wiener Dom	STEFFEL
kurz-fristig	EPHEMER
Kurz-geschichte	EPISODE
kurz und bündig	LAPIDAR
kurzwei-lig, ver-gnüglich	SPASSIG
Labor-gefäß	RETORTE
lachsarti-ger Edel-fisch	MARAENE
lachsarti-ger Fisch	FELCHEN
lachsarti-ger Fisch	FORELLE
Laden-hüter	RESTANT
ladungs-freies Atom-teilchen	NEUTRON
lächer-lich	KOMISCH
Lämpchen	LAMPION
Länder-parla-ment	LANDTAG
läng-licher Diamant-schliff	MARKISE
läng-licher Teppich	LAEUFER
Lärm	KLAMAUK
Lärm	KRAKEEL
Lärm	KRAWALL
lärmen	RUMOREN
lärmen, rumpeln	POLTERN
Lärm-instrument	KLAPPER
Lässig-keit	LAXHEIT
Laffe, Modenarr	STUTZER
Lage, Überzug	SCHICHT
Lager-raum	MAGAZIN
Laie	AMATEUR
Laken	BETTUCH
Lama-Art	VIKUNJA
Lama-Stamm-form	GUANAKO
Lammfell	KARAKUL
Lammfell	KRIMMER
Land-besitz	GEHOEFT
Land der Däum-linge	LILIPUT
Landenge	ISTHMUS
Landes-herr	MONARCH
Landhaus (engl.)	COTTAGE
Land kul-tivieren	SIEDELN
land-läufig	UEBLICH
Land-polizist	GENDARM
Land-schaft am Bodensee	LINZGAU
Land-schaft in Ost-holstein	WAGRIEN
Land-schaft in Palästina	SAMARIA
Land-schaft in Westfalen	HELLWEG
Land-schafts-form	GEBIRGE
Land-schaft zw. Elbe und Oder	LAUSITZ
Landvogt in Uri	GESSLER
Landwirt	OEKONOM
landwirt-schaftl. Tätigkeit	DUENGEN
Landwirt-schafts-gebäude	SCHEUNE
Landwirt-schafts-zweig	OBSTBAU
Landwirt-schafts-zweig	WEINBAU
Land-zunge	NEHRUNG
lang-beinige Mücke	SCHNAKE
lang-halsiges Steppen-tier	GIRAFFE
Lango-barden-könig	AISTULF
Lango-barden-könig	ARIPERT
Lango-barden-könig	ROTAHRI
langsa-mer Tanz	SLOWFOX
Lang-strecken-flugzeug	CLIPPER
langweilig	MONOTON

7

Lanzenreiter	LANCIER
lasch	LAESSIG
Last	GEWICHT
Lastenheber	STAPLER
Laster, schlechte Angewohnheit	UNSITTE
Lastkraftwagenfahrer	TRUCKER
Lastschiff	LICHTER
latein. Beugefall	ABLATIV
latein. Bibelübersetzung	VULGATA
latein. Schrift	ANTIQUA
'atein.: Art	SPECIES
'atein.: 'rzt	MEDICUS
atein.: 3lei	PLUMBUM
atein.: 3öhmen	BOHEMIA
atein.: :ngel	ANGELUS
atein.: Glied	MEMBRUM
tein.: lück	FORTUNA
tein.: eilig	SANCTUS
tein.: err	DOMINUS
ein.: veifels- l	INDUBIO
ein.: chstenbe	CARITAS
ein.: ne	LACRIMA
ein.: k	POPULUS
in.: l	NUMERUS
rine	ABTRITT
b- m	PLATANE
Laubengang	ARKADEN
Laubengang	PERGOLA
Laubhüttenfest	ZUKKOTH
Lauchpflanze	ZWIEBEL
Laufsport	JOGGING
Laune	KAPRICE
Laune	MAROTTE
launig	HUMORIG
lauschen	HORCHEN
Lauscher	HORCHER
lauter	INTEGER
lauter Beifall	OVATION
lautes Geräusch	RATTERN
lax, schlapp	SCHLAFF
Lebemann	PLAYBOY
Lebensabriß e. Verstorbenen	NACHRUF
Lebensende	ABLEBEN
Lebensgemeinschaft	FAMILIE
lebenswichtiger Wirkstoff	VITAMIN
Leberblümchen	ANEMONE
Lebewesen	KREATUR
lebhaft	QUIRLIG
lebhaftes Musikstück	ALLEGRO
Lech-Zufluß	WERTACH
lecker	DELIKAT
Leckermaul	GOURMET
Lederarbeiter	SATTLER
Lederart	JUCHTEN
Lederart	KORDUAN
Lederart	RINDBOX
Lederflicken	RIESTER
Lederriemen	GUERTEL
leere Redensart	FLOSKEL
Leergut	FUSTAGE
leger	LAESSIG
Legföhre	LATSCHE
Lehre, Lehrmeinung	DOKTRIN
Lehre, Lehrmeinung	THEORIE
Lehrer des Demokrit	LEUKIPP
Lehre vom Flugwesen	AVIATIK
Lehre vom Schall	AKUSTIK
Lehre von der Erbgesundheit	EUGENIK
lehrhafte Erzählung	PARABEL
Lehrherr	MEISTER
Lehrsatz	THEOREM
Lehrstunde	LEKTION
Leib	KOERPER
Leibgedinge	APANAGE
leibhaftig	KONKRET
Leibriemen	GUERTEL
Leibwächter	TRABANT
Leichengift	PTOMAIN
Leichenöffnung	SEKTION
Leichenzug	KONDUKT
leicht anstoßen	STUPSEN
Leichtathlet	LAEUFER
leichte Kavallerie	HUSAREN
leichter Betrug	MOGELEI

7

leichter Rausch	SCHWIPS
leichter Stoßdegen	FLORETT
Leichtmetall	ZAESIUM
leicht regnen	NIESELN
leicht reiben, säubern	WISCHEN
leicht schwachsinnig	IMBEZIL
leichtsinnig, unbekümmert	SORGLOS
leichtsinniger Mensch	HOLDRIO
Leid, Kummer	SCHMERZ
Leidenschaft	PASSION
leidenschaftlich in der Musik	FURIOSO
Leidensgeschichte Jesu	PASSION
Leine, Band	STRIPPE
leise jammern	WINSELN
leise lachen	KICHERN
leises Murmeln	GERAUNE
Leistungsaufforderung	MAHNUNG
leiten	FUEHREN
lenken, führen	STEUERN
Lenker	FUEHRER
Leopard	PANTHER
Lepra	AUSSATZ
Lernabschnitt	LEKTION
Lesart, Abweichung	VERSION
Letos Tochter	ARTEMIS
lettische Landschaft	KURLAND
letzter König der Wandalen	GELIMER
letzter König Italiens	UMBERTO
letzter König von Juda	ZEDEKIA
leuchten	GLUEHEN
libanes. Hafenstadt	TRIPOLI
libanes. Münze	PIASTER
libanes. Stadt	BAALBEK
libyscher Staatschef	GADDAFI
Lichen	FLECHTE
Lichteinlaß	FENSTER
lichte Weite	KALIBER
Lichtgehäuse	LATERNE
Lichtgott der Perser	MITHRAS
Lichthof um Mond, Sonne	AUREOLE
lichtlos	FINSTER
Lichtöffnung an Gebäuden	FENSTER
Lichtstärke-Maßeinheit	CANDELA
Liebelei	AFFAERE
Liebesgabe	ALMOSEN
Liebesgöttin Kanaans	ASTARTE
Liebesspiel	NECKING
Liebesspiel	PETTING
Liebesverhältnis, Liebschaft	LIAISON
Liebhaber	AMATEUR
Liebschaft	ROMANZE
Liebschaften	AMOUREN
liedartig	LYRISCH
liedartiges Musikstück	ROMANZE
liedartiges Tonstück	KANZONE
Liedform	BALLADE
Liedform, Strophenform	SESTINE
Liedteil	STROPHE
Liege, Liegemöbel, Liegestatt	KANAPEE
ligurischer Hafen, Seebad	IMPERIA
Liliengewächsknolle	ZWIEBEL
Limone, Südfrucht	ZITRONE
lindern	MILDERN
Linie	STRECKE
Liparische Insel	PANARIA
Liparische Insel	VULCANO
Lippenblasgeräusch	PFEIFEN
Lippenblütler	GUENSEL
Liste, Zahlenübersicht	TABELLE
liturgischer Gesang	SANCTUS
livländischer Kümmellikör	ALLASCH

7

Lkw mit Anhänger	LASTZUG
löslich, auflösbar	SOLUBEL
Lösung	GEMISCH
Loire-Zufluß	MAYENNE
Londoner Stadtbezirk	BARKING
Londoner Stadtbezirk	BRIXTON
Londoner Stadtbezirk	CHELSEA
Londoner Stadtbezirk	CROYDON
Londoner Stadtbezirk	DULWICH
Londoner Stadtbezirk	EASTEND
Londoner Stadtbezirk	EASTHAM
Londoner Stadtbezirk	HACKNEY
Londoner Stadtbezirk	HOLBORN
Londoner Stadtbezirk	LAMBETH
Londoner Stadtbezirk	MAYFAIR
Londoner Stadtbezirk	PIMLICO
Londoner Stadtbezirk	WELLING
Londoner Stadtbezirk	WEMBLEY
Londoner Stadtbezirk	WESTEND
Londoner Stadtbezirk	WESTHAM
se chen	LOCKERN
en	KNOBELN
Lostrennung, Spaltung	SCHISMA
Lotteriegewinnverteilung	ZIEHUNG
Lotung d. Wassertiefe	PEILUNG
Luftfahrt	AVIATIK
Luftkanal der Gliedertiere	TRACHEE
Luftleitblech am Auto	SPOILER
Luftröhre	TRACHEA
Luftspiegelung	KIMMUNG
Lump	HALUNKE
Lump, Gauner	SCHURKE
Lumpfisch	SEEHASE
Luntenschloßgewehr	MUSKETE
Lust	APPETIT
Lustanwandlung	GELUEST
lustig	KOMISCH
lustig, amüsant	SPASSIG
Lustschloß im Park von Versailles	TRIANON
luxemb. Fluß	ALZETTE
luxemb. Landesteil	GUTLAND
luxemb. Landesteil	OESLING
luxemb. Stadt an der Our	VIANDEN
lymphat. Organe im Rachen	MANDELN
Lymphdrüsenentzündung	LYMPHOM
lyrische Gedichtform	KANZONE
lyrisches Werk	GEDICHT
Lyssa, Tobsucht	TOLLWUT
Machenschaft	INTRIGE
mährisch. Schwarzawa-Zufluß	ZWITTAU
mährische Stadt	ZWITTAU
Männername	AMADEUS
Männername	ANDREAS
Männername	BALDUIN
Männername	BASTIAN
Männername	BERTOLD
Männername	BERTRAM
Männername	CLEMENS
Männername	DIETMAR
Männername	DOMINIK
Männername	ECKHARD
Männername	EMANUEL
Männername	FLORIAN
Männername	GABRIEL
Männername	GEBHARD
Männername	GERHARD
Männername	GILBERT
Männername	GUENTER
Männername	GUNTHER
Männername	HARTMUT
Männername	HARTWIG

7

Männername	HENNING
Männername	HERBERT
Männername	HERMANN
Männername	HERWART
Männername	HUMBERT
Männername	INGBERT
Männername	JUERGEN
Männername	KARSTEN
Männername	KASIMIR
Männername	LAMBERT
Männername	OTFRIED
Männername	SEVERIN
Männername	SIEGMAR
Männername	VOLKMAR
Männerstimme, -stimmlage	BARITON
männl. Fisch	MILCHER
männl. Küchenhilfe	SPUELER
Märchenfigur	HAENSEL
Märchenfigur, -gestalt	JORINDE
märkischer Dichter	FONTANE
Märtyrerin	BARBARA
mäßig	MODERAT
mäßig langsames Musikstück	ANDANTE
Mätresse Ludwigs XV.	DUBARRY
Magenpförtner	PYLORUS
Magie	HEXEREI
magischer Gegenstand	FETISCH
magischer Schutz	AMULETT
Magnetkompaß	BUSSOLE
Magnetnadel	KOMPASS
Mahd	SCHNITT
Mahlzähne	MOLAREN
Mahnbrief	EPISTEL
Mahnbrief	MONITUM
Mahnung, Mahnruf, -zeichen	MEMENTO
Mahnung, -zeichen	MONITUM
Mahnung zur Vorsicht	WARNUNG
Mailänder Silbermünze	FILIPPO
Main-Zufluß	BAUNACH
Mais	KUKURUZ
majestätisch	ERHABEN
makellos	INTEGER
Makler	MITTLER
malaiische Dorfsiedlung	KAMPONG
malaiische Halbinsel	MALAKKA
maliziös	BOSHAFT
Malvengewächs	ALTHAEA
Malvengewächs	EIBISCH
Malzzucker	MALTOSE
Mammutbaum	SEQUOIE
Mandarinen-Art	SATSUMA
Mandat	AUFTRAG
Manier	METHODE
Maniokmehl, Pfeilwurz	TAPIOKA
Maniokwurzel	KASSAWA
Manko	AUSFALL
Mann v. Alkeste	ADMETOS
Mann v. Andromeda	PERSEUS
Mann v. Desdemona	OTHELLO
Mann v. Eurydike	ORPHEUS
Mann v. Hekabe, Hekuba	PRIAMOS
Mann v. Juno	JUPITER
Mann v. Kassiopeia	KEPHEUS
Mann v. Niobe	AMPHION
Mantelstoff	MARENGO
Marienbildnis	MADONNA
Mariengras	SPERGEL
Marinedienstgrad	ADMIRAL
Marmelade	KOMPOTT
marokkan. Atlantikhafen	MOGADOR
marokkan. Hafenstadt	KENITRA
marokkan. Hafenstadt	LARACHE
marokkan. Stadt	TETOUAN
Marschboden, Meeresschlamm	SCHLICK
Marschformation	KOLONNE
Martinstag	MARTINI
Maschine	APPARAT

Maschinenausrüstung	ARMATUR
Maschinenmensch	ROBOTER
Maschinerie	APPARAT
Maserung	GEAEDER
Maskenball	REDOUTE
Maskottchen	AMULETT
Maßeinheit der Elektrizitätsmenge	COULOMB
Maßeinheit der Lautstärke	DEZIBEL
massig, massiv	KOMPAKT
Massiv in den Dolomiten	SCHLERN
Maßnahme, Vorgehen	SCHRITT
Maststützseil	PARDUNE
Materialverlust	SCHWUND
mathem. Winkelunktion	COSINUS
nathem.: weite otenz	QUADRAT
Matrose	SEEMANN
Mauer-, Mörtelewurf	VERPUTZ
auer-ruch	BRESCHE
auer-cke	SCHARTE
auer-lat	LATTICH
aul-helle	DACHTEL
auren-rg in anien	ALCAZAR
urer-rkzeug	SENKLOT
Maxime, Regel	PRINZIP
Maya-Gottheit	HURAKAN
Maya-Gottheit	ITZAMNA
mechan. Klavier	PIANOLA
mecklenburg. Badeort	WUSTROW
mecklenburg. Ostseebad	DOBERAN
mecklenburg. Ostseehafen	ROSTOCK
mecklenburg. Stadt an der Elde	PARCHIM
Medeas Heimat	KOLCHIS
Medikament	MEDIZIN
Medikament für Zuckerkranke	INSULIN
medizin. Schutzmaßnahme	IMPFUNG
medizin. Stütze bei Brüchen	SCHIENE
medizin.: krankhafter Hohlraum	KAVERNE
Mediziner	MEDIKUS
Medizinerin	AERZTIN
Meeresbewegung	DUENUNG
Meeresbewegung	SEEGANG
Meeresborstenwurm	SEEMAUS
Meeresküste	GESTADE
Meeressäugetier	DELPHIN
Meeresschildkröte	KARETTE
Megäre	ERINNYE
mehrehig	POLYGAM
mehrere	ETLICHE
Meinung	ANSICHT
Meinungsaustausch	DEBATTE
Meinungsforschung, Erhebung	UMFRAGE
Meinungsstreit	POLEMIK
Meister	KOENNER
Meistersinger bei Wagner	KOTHNER
Meistersinger bei Wagner	SCHWARZ
Mekkapilger	HADSCHI
melanesische Insel	BELLONA
Melodienlehre	MELODIK
mengen	MISCHEN
menschähnliche Zauberwurzel	ALRAUNE
Menschenaffe	GORILLA
Menschenansammlung	AUFLAUF
Menschenrasse	NEGRIDE
Menschenrasse	PYGMIDE
menschenunwürdig	INHUMAN
menschliche Rede	SPRACHE
Mensurnarbe	SCHMISS
merken, empfinden	SPUEREN
Merktage	LOSTAGE
Merowingerfürst	GUNTRAM

Mesner	KUESTER
Messestadt in Sachsen	LEIPZIG
Meßgerät, -instrument	KOMPASS
Metallarbeiter	FRAESER
Metallarbeiter	GIESSER
Metallarbeiter	SCHMIED
Metallfadenschmuck	LAMETTA
Metallschneider	GRAVEUR
Meteorstrom aus der Leier	LYRIDEN
Metier	GEWERBE
Metzger, Schlachter	SELCHER
mexikan. Badeort	ORIZABA
mexikan. Dramatiker	FUENTES
mexikan. Gebirgsstaat	HIDALGO
mexikan. Goldmünze	HIDALGO
mexikan. Hafenstadt	TAMPICO
mexikan. Halbinsel	YUCATAN
mexikan. Küstenstaat	SINALOA
mexikan. Schwanzlurch	AXOLOTL
mexikan. Staat	TABASCO
mexikan. Stadt	TIJUANA
mexikan. Stadt am Rio Blanco	ORIZABA
mexikan. Stadt am Rio Grande	CAMARGO
mexikan. Stadt in Michoacán	MORELIA
mexikan. Tenor	DOMINGO
Mieder	KORSAGE
Mieder	KORSETT
Mietverhältnis	LEASING
Milchpilz	REIZKER
Milchstraße	GALAXIS
Milchwirtschaftsbetrieb	MEIEREI
Milchzucker	LAKTOSE
milde Gabe	ALMOSEN
mildern	LINDERN
Militär	KOMMISS
militär. Bedeckung, Geleit	ESKORTE
militär. Dienststellung	FOURIER
militär. Marschordnung	KOLONNE
militär. Pakt	ALLIANZ
Militärbündnis	ENTENTE
Militärflughafen (engl.)	AIRBASE
Miliz in Israel	HAGANAH
Milzbrand	ANTHRAX
mindern	KUERZEN
Mindestwert	MINIMUM
Mineral	DOLOMIT
Mineral	IDOKRAS
Mineral	MONAZIT
Mineral	TITANIT
Mineral, Granat	MELANIT
Mineral, Schmuckstein	SPINELL
Mineralfarbe	TEMPERA
Mineralölprodukt	ASPHALT
Mineralverbindung	BRECCIE
Mineralwasser	BRUNNEN
Mineralwasser	SELTERS
Mineralwasser m. Kohlensäure	SPRUDEL
Ministerpräsident	PREMIER
minus, abzüglich	WENIGER
mischfarbig	MELIERT
Mischgericht	EINTOPF
Mischgeschwulst	TERATOM
Mischling	BASTARD
Mischling	HYBRIDE
Mischling zwischen Schwarz u. Weiß	MULATTE
Mischmasch, Mischung	GEMISCH
Misere, Mißgeschick	NOTLAGE
Missetäter	FREVLER
Missetäter, Übeltäter	SUENDER
Mißfallen	ABSCHEU
Mißgeschick	MALHEUR
Mißgeschick, Verhängnis	UNSTERN
mißhandeln	FOLTERN

mißhandeln, schinden	QUAELEN
Missionar der Friesen	LIUDGER
mißlich, schwierig	PREKAER
Mißmut, Verdruß	UNWILLE
Mißtrauen	ARGWOHN
Mißtrauen, Vorbehalt	SKEPSIS
Mißverhältnis	AMETRIE
Mitarbeiter	KOLLEGE
mit dem Finger	DIGITAL
mit den Händen	MANUELL
mit der Faust abwehren	FAUSTEN
mit der ʼlase wahrʼehmen	WITTERN
Mitgefühl	BEILEID
Mitgefühl	MITLEID
nit ;leicher ʌchse	KOAXIAL
Mitglied es ltestenates	SENATOR
it Hilfe on	MITTELS
itleidlos	GRAUSAM
it oppuhr essen	STOPPEN
itte, ittelnkt	ZENTRUM
tteilen	KUNDTUN
tteilung	BERICHT
tteilung	MELDUNG
ttelerl. stl. ama	MIRAKEL
mittelalterl. Reiterspiel	TURNIER
mittelalterl. Schandpfahl	PRANGER
mittelalterl. Segelschiff	GALIONE
mittelamerikan. Hauptstadt	MANAGUA
mittelamerikan. Indianerstamm	AZTEKEN
mittelamerikan. Indianerstamm	KARIBEN
mittelamerikan. Indianerstamm	MISKITO
mittelchilen. Stadt	LINARES
mittelchines. Provinz	SCHENSI
mitteldalmatin. Insel	KORCULA
mitteldeutsche Landschaft	ALTMARK
mitteldeutsche Landschaft	LAUSITZ
mitteleurop. Staat	SCHWEIZ
mittelfränk. Stadt	ANSBACH
mittelital. Stadt	PISTOIA
mittelital. Stadt	VITERBO
mittelital. Stadt am Tiber	PERUGIA
mittelital. Stadt in Umbrien	ORVIETO
mittellos geworden	VERARMT
Mittelmeer-Fisch	MURAENE
Mittelmeerhafen	ALMERIA
Mittelmeerhafen	LATAKIA
Mittelmeerheide	GARIGUE
Mittelmeerstaat	ITALIEN
Mittelmeer-Teil	AEGAEIS
Mittelmeerwinde	ETESIEN
mittelmexikan. Stadt	MORELOS
mittelsächs. Stadt	LIMBACH
mittelschwed. Fluß	DALAELV
mittelslowak. Stadt	NEUSOHL
Mittelsmann	MITTLER
mittelspan. Provinz	SEGOVIA
mittelspan. Stadt	SEGOVIA
mit Wasser säubern	SPUELEN
mixen	MISCHEN
Modefriseur	STYLIST
Moderator	ANSAGER
moderne Bildgeschichte	CARTOON
moderne Form des Singspiels	MUSICAL
Modetanz	KALYPSO

7

modisch	ENVOGUE
modisch gekleidet	ELEGANT
Möbelstück	SCHRANK
möglich	MACHBAR
Mönchsbehausung	KLOSTER
Mönchsbehausung	KONVENT
Mörder Agamemnons	AEGISTH
mohammedan. Einsiedler	MARABUT
mohammedan. Gotteshaus	MOSCHEE
Mohammedaner	ISLAMIT
Mohammedanerin	MOSLIME
Mohngewächs	PAPAVER
Mohrentanz	MORESCA
Mohrrübe	KAROTTE
Moldau-Zufluß	MALTSCH
Moldau-Zufluß	WOTTAWA
Molkerei	MEIEREI
Moltongewebe	SWANBOY
Molukkeninsel	AMBOINA
Molukkeninsel	TERNATE
Monat d. franz. Revolut.-kalenders	FLOREAL
monatl. Geldzuwendung	WECHSEL
Monatsblutung	PERIODE
Monatsname	FEBRUAR
Monatsname	OKTOBER
Mondfinsternis	EKLIPSE
Mondhof	AUREOLE
mongol. Staatssprache	KHALKHA
mongol. Statthalter	PERWANE
Mongolenstamm	TUMYTEN
mongolide Menschenrasse	TUNGIDE
Monokel	EINGLAS
Monument	DENKMAL
Monument	MAHNMAL
moralisch verdorben	KORRUPT
Moralist	ETHIKER
Morgenland	LEVANTE
Morgenrock	NEGLIGE
Morgenstern	LUZIFER
Mosel-Zufluß aus den Vogesen	MEURTHE
Motiv	ANTRIEB
Motor	ANTRIEB
Mottenmittel	KAMPFER
Mozarts Librettist	DAPONTE
Muckertum	MORALIN
Müdigkeitszeichen	GAEHNEN
Müllabladeplatz	DEPONIE
Münchner Verkehrszentrum	STACHUS
Mündung der Garonne	GIRONDE
Mündungsarm des Nils	ROSETTE
Mündungsarm des Rheins	MERWEDE
Mündung von Parana u. Uruguay	LAPLATA
Münze in Belgien	CENTIME
Münze in Bhutan	CHETRUM
Münze in der Schweiz	CENTIME
Münze in Frankreich	CENTIME
Münze in Malawi	TAMBALA
Münze in Mexiko	CENTAVO
Münze in Portugal	CENTAVO
Münze in Spanien	CENTIMO
mürrisch sein	MUFFELN
Müßiggänger	BUMMLER
Müßiggänger	FLANEUR
Mützenabzeichen	KOKARDE
Multiplikationsergebnis	PRODUKT
Mumm, Tapferkeit	SCHNEID
Mundart	DIALEKT
Mundschenk des Zeus	GANYMED
Murmel	KLICKER
Murmel, Spielkugel	SCHUSSE
Murray-Zufluß	DARLING
murren	KNURREN
Musensohn	DICHTER
musikal. Akzentverschiebung	OFFBEAT
musikal. Akzentverschiebung	SYNKOPE

musikal. Stärkegrad	DYNAMIK
musikal. Verzierung	MELISMA
musikal. Vorspiel	PRELUDE
musikal. Werk	KONZERT
musikal.: betont	MARCATO
musikal.: Einleitung	ENTRADA
musikal.: ernst	SERIOSO
musikal.: lieblich	AMABILE
Musikaufführung	KONZERT
Musikausdruck f. bebend	VIBRATO
Musikausdruck f. beseelt	ANIMATO
Musikausdruck . einstimmig	UNISONO
Iusikusdruck erregt	AGITATO
Iusikusdruck ersterbend	MORENDO
usikusdruck getraen	PORTATO
usiksdruck lebhaft	ALLEGRO
usiksdruck ruhiger erdend	CALANDO
siksdruck delnd	GIOCOSO
siksdruck ärt-	AMOROSO
sikomat	JUKEBOX
sikemble	BARTRIO

Musik-Ensemble	KAPELLE
Musiker	BASSIST
Musiker	BLAESER
Musiker	CELLIST
Musikhalle	ORPHEUM
Musikstück für drei	TERZETT
Musikstück für sechs	SEXTETT
Musikstück für sieben	SEPTETT
Musikweise	MELODIE
Muskelkraft	STAERKE
Muskelkrampfneigung	TETANIE
Muskelschmerz	MYALGIE
Muslim	ISLAMIT
Muß	PFLICHT
Muster, Original	VORLAGE
Mut, Kühnheit	SCHNEID
mutig	BEHERZT
mutlos, ängstlich	VERZAGT
Mutter u. Frau von Ödipus	JOKASTE
Mutter v. Daniel	ABIGAIL
Mutter v. Esau u. Jakob	REBEKKA
Mutter v. Hänsel u. Gretel	GERTRUD
Mutter v. Herakles	ALKMENE
Mutter v. Ödipus	IOKASTE
Nachahmer	EPIGONE
Nachahmung (biolog.)	MIMESIS

Nachdruck	EMPHASE
Nachdruck	REPRINT
Nacheinander	ABFOLGE
Nachfolger Alarichs	ATHAULF
nachforschen	FAHNDEN
nachgeahmt	KOPIERT
nachgeben	WEICHEN
nachgeboren	POSTHUM
Nachlässigkeit	LAXHEIT
Nachrede	KLATSCH
Nachricht	MELDUNG
Nachschlagewerk	LEXIKON
nachsichtig	DULDSAM
nachsichtig	GNAEDIG
Nachspeise	DESSERT
Nachspeise	KOMPOTT
Nachspeise, Weichspeise	PUDDING
Nachstoß beim Fechten	RIPOSTE
Nachteil, Verlust	SCHADEN
Nachtisch	DESSERT
Nachtlokal	TANZBAR
Nachtschattengewächs	SOLANUM
Nachtschmetterling	SPINNER
nach und nach (franz.)	PEUAPEU
Nadelbaum, Nadelholz	LAERCHE

7

Nadelkap	AGULHAS
Nadelrips	EPINGLE
nächste Angehörige	FAMILIE
Nächstenliebe	KARITAS
nächtl. Stundengebet	MATUTIN
Näher	STEPPER
Nagelbettentzündung	ONYCHIE
Nagetier	HAMSTER
Nahkampf b. Boxen	INFIGHT
Nahost	LEVANTE
nahrungslos sein	HUNGERN
naiv	HARMLOS
Namenszeichen, Namenszug	PARAPHE
Name von sechs Päpsten	HADRIAN
Name von siebzehn Päpsten	CLEMENS
Name von siebzehn Päpsten	KLEMENS
Name von vier Päpsten	SERGIUS
Name von zehn Päpsten	STEPHAN
Name von zwei Päpsten	DAMASUS
Name von zwei Päpsten	MARINUS
Name von zwei Päpsten	THEODOR
namhaft	BEKANNT
Narkosemittel, Narkotikum	LACHGAS
Narzissenart	TAZETTE
Nasenloch beim Pferd	NUESTER
naseweis	ALTKLUG
naseweis	VORLAUT
Nationalheldin d. Tschechen	LIBUSSA
Naturalleistung	DEPUTAT
Naturasphalt	BITUMEN
Naturdünger	KOMPOST
Naturschutzgebiet in den USA	SEQUOIA
Naturwissenschaft	MEDIZIN
Naturwissenschaftler	BIOLOGE
nautisches Instrument	BUSSOLE
Nebelhorn	FOGHORN
Nebenbuhlerin	RIVALIN
Nebenfluß der Ouse	DERWENT
Nebenhandlung	EPISODE
Nebenmeer des Atlantik	KARIBIK
Nebennierenhormon	INSULIN
Nebenplanet, Planetenbegleiter	TRABANT
neblig	DUNSTIG
negative Elektrode	KATHODE
Negativform	MATRIZE
negerähnlich	NEGROID
Negerklavier	MARIMBA
Negerversammlung	PALAVER
Nenner	DIVISOR
Neptun-Mond	NEREIDE
Nereide	GALATEA
Nervenkrankheit, -störung	NEUROSE
nervenschwach	NERVOES
Nervenzellenverbindung	SYNAPSE
Nesseltier	KORALLE
nett	HUEBSCH
netzartig	FILIERT
Netz (mediz.)	OMENTUM
neuer Name für Tschingtau	QINGDAO
Neuneck	NONAGON
neunorweg. Schriftsprache	NYNORSK
neuseeländ. Bergsteiger	HILLARY
neuseeländ. Inselgruppe	TOKELAU
neuseeländ. Stadt	DUNEDIN
Neuzeit	MODERNE
Nibelungengestalt	GUNTHER
Nibelungenschwert	NOTHUNG
nicarag. Freiheitskämpfer	SANDINO
Nichterscheinen vor Gericht	DEFAULT

Nicht-fachmann	AMATEUR
nicht hoch	NIEDRIG
nicht-metall. Element	HALOGEN
nicht präzise	UNGENAU
nicht schnell	LANGSAM
nichts-sagend	FARBLOS
Nichts-tuer	GAMMLER
nicht weglaßbar	OBLIGAT
nieder-bayer. Stadt am Inn	SIMBACH
nieder-bayer. Stadt an d. Donau	KELHEIM
nieder-dtsch. Autor	WIBBELT
nieder-dtsch. Erzähler	KROEGER
nieder-dtsch. Maler	BERTRAM
niedere Pflanze	FLECHTE
iederer ortug. dliger	FIDALGO
ieder-ang	ABSTIEG
eder-ang, nter-ng	VERFALL
ederl. ygieniker obel-eis)	EIJKMAN
eder-d. strakt. ler	KOONING
der-d. tillen-el	BONAIRE
nieder-länd. Antillen-Insel	CURACAO
nieder-länd. Fürsten-haus	ORANIEN
nieder-länd. Humanist	ERASMUS
nieder-länd. Humanist, Staatsm.	GROTIUS
nieder-länd. jüdisch. Philosoph	SPINOZA
nieder-länd. Käse-stadt	ALKMAAR
nieder-länd. Königin	BEATRIX
nieder-länd. Komponist	BADINGS
nieder-länd. Komponist (15. Jh.)	OBRECHT
nieder-länd. Maler	HOBBEMA
nieder-länd. Maler	SEGHERS
nieder-länd. Physiker	HUYGENS
nieder-länd. Physiker (Nobelpr.)	LORENTZ
nieder-länd. Physiker (Nobelpr.)	ZEEMANN
nieder-länd. Physiker (Nobelpr.)	ZERNIKE
nieder-länd. Provinz	HOLLAND
nieder-länd. Provinz	LIMBURG
nieder-länd. Provinz	SEELAND
nieder-länd. Provinz	UTRECHT
nieder-länd. Provinz	ZEELAND
nieder-länd. Rhein-hafen	ARNHEIM
nieder-länd. Show-master	CARRELL
nieder-länd. Stadt am Altrhein	UTRECHT
nieder-länd. Stadt in Brabant	TILBURG
nieder-länd. Stadt in Overijssel	HENGELO
nieder-länd.: Herr	MYNHEER
Nieder-lage	DEBAKEL
Nieder-lage, Schlappe	VERLUST
Nieder-lassung	KOLONIE
Nieder-rhein-Zufluß	EMSCHER
nieder-sächs. Kurort	PYRMONT
nieder-sächs. Stadt am Deister	SPRINGE
nieder-sächs. Stadt an der Aller	GIFHORN
Nieder-tracht	BOSHEIT
Nieder-tracht	INFAMIE
niedlich	HUEBSCH

nigerian. Autor (Nobelpreis)	SOYINKA
Nikolausbegleiter (süddtsch.)	KRAMPUS
nimmer	NIEMALS
nimmermüde	RASTLOS
Nippsache	BIBELOT
nobel, herrschaftlich	VORNEHM
nördlichste norweg. Insel	MAGEROE
nördlichster Punkt Europas	NORDKAP
nörgeln	MAEKELN
nörgeln	MECKERN
Nörgler	MAEKLER
nötigen	ZWINGEN
Nötigung	DROHUNG
Nominativ	WERFALL
Nonne in der Probezeit	NOVIZIN
nord. Fruchtbarkeitsgöttin	BERCHTA
nordafrik. Gebirge	AHAGGAR
nordafrik. Sprachgruppe	HAMITEN
Nordafrikaner	SENUSSI
nordamerikan. Grasebene	PRAERIE
nordamerikan. Halbinsel	FLORIDA
nordamerikan. Indianerstamm	APACHEN
nordamerikan. Pelztierjäger	TRAPPER
nordamerikan. Schwarzbär	BARIBAL
nordamerikan. See	ERIESEE
nordamerikan. Viehfarmer	RANCHER
nordamerikan. Wildpferd	MUSTANG
nordamerikan. Wirbelsturm	TORNADO
nordargentin. Stadt	TUCUMAN
nordbelg. Stadt	HASSELT
nordböhm. Kurort	TEPLITZ
nordböhm. Stadt	GABLONZ
nordchilen. Hafenstadt	IQUIQUE
nordchines. Provinz	SCHANSI
nordchines. See	KOKONOR
norddtsch. Landschaft	EMSLAND
nordengl. Stadt	HALIFAX
Nordeuropäer	SCHWEDE
nordfranz. Hafenstadt	LEHAVRE
nordfranz. Stadt	ROUBAIX
nordfranz. Stadt a. d. Schelde	CAMBRAI
nordgriech. Hafenstadt	KAVALLA
nordindische Stadt	ALIGARH
nordiranisches Reitervolk	SKYTHEN
nordirische Hauptstadt	BELFAST
nordital. See	ISEOSEE
nordital. Stadt	BERGAMO
nordital. Stadt	MAGENTA
nordjemenit. Stadt	HADSCHA
nordkorean. Stadt	WOENSAN
nordmexikan. Staat	DURANGO
nordmexikan. Stadt	DURANGO
nordmexikan. Stadt	TORREON
nordniederländ. Provinz	DRENTHE
nordnorweg. Inselgruppe	LOFOTEN
nordostafrikan. Staat	SOMALIA
nordostasiat. Steppenvolk	JAKUTEN
nordostchines. Stadt	FUSCHUN
nordostdeutsche Landschaft	POMMERN
Nordosteuropäer	LITAUER
nordostfranz. Departement	MOSELLE

nordostschweiz. Kurort	SARGANS
nordostsibir. Stadt	OCHOTSK
nordperuanische Stadt	IQUITOS
nordruss. Stadt am Peipussee	PLESKAU
nordschwed. Stadt	BOLIDEN
nordschweiz. Kanton	THURGAU
Nordseebad	BALTRUM
nordspan. Golf	BISCAYA
nordspan. Landschaft	NAVARRA
nordspan. Provinz	BISCAYA
nordspan. Provinz	NAVARRA
nordspan. Provinz	VIZCAYA
nordspan. Stadt am Ebro	LOGRONO
nordungar. Stadt	MISKOLC
nordwestafrikan. Staat	MAROKKO
nordwestamerikan. Hafenstadt	SEATTLE
nordwestengl. Stadt	BURNLEY
ordwest- ro- er	SCHOTTE
nordwestfranz. Fluß	VILAINE
rdwest- n. ovinz	ARDILAN

nordwestital. Landschaft	PIEMONT
Normannenfürst	TANKRED
norweg. Bildhauer	SINDING
norweg.-finnisch. Grenzfluß	TANAELV
norweg. Hafenstadt	ARENDAL
norweg. Hafenstadt	DRAMMEN
norweg. Komponist	SINDING
norweg. Parlamentskammer	LAGTING
norweg. Schriftsteller	HEIBERG
norweg. Stadt	ALESUND
Not, Notlage	DILEMMA
Nothelfer bei Halsschmerzen	BLASIUS
Nothelferin	BARBARA
Notiz, Anmerkung	VERMERK
Notunterkunft	BARACKE
Novität	NEUHEIT
NS-Politiker (Marschall)	GOERING
NS-Politiker (SS)	HIMMLER
Nudelart	LASAGNE
Nudelteigpasteten	RAVIOLI
Nürnb. Erfinder der Taschenuhr	HENLEIN

Nürnberger Erzgießer	VISCHER
Nußkonfekt	KROKANT
Nutzeffekt, Nutzen	WIRKUNG
Nymphe in der Odyssee	KALYPSO
Ober	KELLNER
Oberarmmuskel	TRIZEPS
oberbayer. Kurort	AIBLING
oberbayer. Kurort	GRAINAU
oberbayer. Landschaft	ALLGAEU
oberbayr. See	SIMSSEE
obere Kreditgrenze	PLAFOND
oberes Inntal	ENGADIN
Oberflächenabtragung	SCHABEN
oberfränkische Stadt	KRONACH
obergäriges Bier	ALTBIER
obergäriges Bier	KOELSCH
Oberhirt	BISCHOF
oberital. Stadt	RAVENNA
oberital. Stadt an der Olona	LEGNANO
oberital. Stadt in der Po-Ebene	MAILAND
Oberkieferknochen	MAXILLA

Oberlauf d. Maine	MAYENNE
oberschles. Stadt	BEUTHEN
oberschles. Stadt an der Oder	RATIBOR
oberschles. Witzfigur	FRANTEK
oberste Zahnschicht	SCHMELZ
Oberstimme	DISKANT
Obliegenheit	AUFGABE
Obstbaumkrankheit	MONILIA
Obstschnaps	OBSTLER
Obstspeise	KOMPOTT
Ob-Zufluß	IRTYSCH
Oder-Zufluß	BARTSCH
Odins Speer	GUNGNIR
öffentliches Ärgernis	SKANDAL
öffentliches Verkehrsmittel	AUTOBUS
öffentliches Verkehrsmittel	OMNIBUS
Öffnung	AUSGANG
Öffnung	BRESCHE
Öffnung (medizin.)	FORAMEN
Öffnung (optisch)	APERTUR
Ölpflanze, Abführmittel	RIZINUS
österr. Alpenbewohner	TIROLER
österr. Alpengebirgsstock	ARLBERG
österr. Alpenpaß	ARLBERG
österr. Alpenpaß	BRENNER
österr. Alpenpaß	SCHOBER
österr. Alpenpaß	SEEBERG
österr. Altistin	TOEPPER
österr. Archäologe	GOMPERZ
österr. Architekt	FERSTEL
österr. Architekt	NIEMANN
österr. Autorin (Nobelpreis)	SUTTNER
österr. Bergzug	RAXALPE
österr. Bildhauer	WOTRUBA
österr. Bundespräsident	KOERNER
österr. Chanteuse	MASSARY
österr. Dichter	LEITGEB
österr. Dichter, Schriftsteller	DODERER
österr. Dichter, Schriftsteller	STIFTER
österr. Dichter, Zeichner	WAGGERL
österr. Dirigent	KARAJAN
österr. Dirigent	KLEIBER
österr. expressionist. Dichter	BRONNEN
österr. Filmkomiker	PHILIPP
österr. Geigenbauer	STAINER
österr. Hafenstadt am Bodensee	BREGENZ
österr. Jugendstilarchitekt	OLBRICH
österr. Komödiendichter	NESTROY
österr. Komponist	ANGERER
österr. Komponist	BITTNER
österr. Komponist	BRESGEN
österr. Komponist	GRABNER
österr. Komponist	RAYMOND
österr. Komponist	STRAUSS
österr. Komponist (Zwölfton)	JELINEK
österr. Kurort	BADHALL
österr. Kurort am Traunsee	EBENSEE
österr. Kurort am Traunsee	GMUNDEN
österr. Kurort in Kärnten	OSSIACH
österr. Kurort in Tirol	SEEFELD
österr. Landeshauptstadt	BREGENZ
österr. Landschaft	PINZGAU
österr. Maler	HAUSNER
österr. Maler	SCHIELE

österr. philos. Schriftsteller	KASSNER
österr. Physiker	DOPPLER
österr. Politiker	SCHOBER
österr. Salzach-Zufluß	SAALACH
österr. Schauspieler	FISCHER
österr. Schauspieler	GIRARDI
österr. Schauspieler	MEINRAD
österr. Schauspieler, Dichter	RAIMUND
österr. Schauspielerin	BERGNER
österr. Schauspielerin	WESSELY
österr. Schauspieler u. Regisseur	KORTNER
sterr. Schriftsteller	CANETTI
sterr. Schriftteller	HORWATH
sterr. chriftteller	TORBERG
sterr. chriftellerin	JELINEK
sterr. ee	ABERSEE
sterr.-owen. nor	DERMOTA
terr. oprani-n	RYSANEK
terr. zialist rfurter ogr.)	KAUTSKY

österr. spätgot. Architekt, Bildhauer	PILGRAM
österr. Staatsmann, Kanzler	KAUNITZ
österr. Stadt am Inn	BRAUNAU
österr. Stadt an der Drau	SPITTAL
österr. Stadt an der Drau	VILLACH
österr. Stadt an der Salzach	HALLEIN
österr. Stadt im Oberinntal	LANDECK
österr. Teigware	NOCKERL
österr. vorgeschichtl. Fundort	HALLEIN
österr.: Aprikose	MARILLE
österr.: Blumenkohl	KARFIOL
österr.: Johannisbeere	RIBISEL
österr.: Milchkaffee	MELANGE
Österreich lateinisch	AUSTRIA
offener Wandelgang	PERGOLA
Offerte	ANGEBOT
oft	HAEUFIG
ohne Erwerb	BROTLOS
ohne Zwischenhalt	NONSTOP
Ohrenarzt	OTOLOGE
Ohrenrobbe	SEEBAER

Ohrenschmalz	ZERUMEN
Ohrenschmerz	OTALGIE
Ohrenspiegel	OTOSKOP
Ohrenteil	MUSCHEL
Ohrfeige	DACHTEL
Ohrfeige	TACHTEL
Ohrgehänge	PENDANT
Ohrspeicheldrüse	PAROTIS
Oise-Zufluß	NONETTE
Oise-Zufluß	THERAIN
Okeanide	PETRAIA
Okeanide	RHODEIA
Omnibus	AUTOBUS
Operationsarzt	CHIRURG
Operette von Lanner	ALTWIEN
Oper von Cherubini	ALIBABA
Oper von Dvorak	RUSALKA
Oper von Egk	REVISOR
Oper von Einem	PROZESS
Oper von Gluck	ALCESTE
Oper von Händel	ARIANNA
Oper von Händel	ORLANDO
Oper von Händel	RINALDO
Oper von Leoncavallo	BAJAZZO
Oper von Milhaud	BOLIVAR
Oper von Monteverdi	ORPHEUS
Oper von Orff	DERMOND
Oper von Smetana	DALIBOR

Oper von Smetana	LIBUSSA
Oper von Strauss	ARIADNE
Oper von Strauss	ELEKTRA
Oper von Strauss	GUNTRAM
Oper von Verdi	MACBETH
Oper von Verdi	NABUCCO
Oper von Verdi	OTHELLO
Oper von Weber	SILVANA
Opfer	HINGABE
opfern, schenken	SPENDEN
Orakelpriesterin der Antike	SIBYLLE
Oratorium (archit.)	BETHAUS
Oratorium von Händel	DEBORAH
Oratorium von Händel	JEPHTHA
Oratorium von Händel	MESSIAS
Oratorium von Händel	SUSANNA
Orchester	KAPELLE
Order	AUFTRAG
Orderpapier	WECHSEL
Ordnungsbehörde	POLIZEI
Organisator	MANAGER
organisieren	MANAGEN
Orgel-, Klavierstück	TOKKATA
Orient	LEVANTE
orientalische Münze	PIASTER
orientalischer Frauenname	SULEIKA
orientalisches Signalhorn	OLIFANT
Orientteppich	BUCHARA
Orientteppich	HAMADAN
Orientteppich	ISFAHAN
Orientteppich	ISPARTA
Orientteppich	KASCHAN
Orientteppich	KESCHAN
Orientteppich	SCHIRAS
Orientteppich	TAEBRIS
Orientteppich	TEHERAN
Orkney-Insel	WESTRAY
Ort, Stelle	STAETTE
Orthoklas	SANIDIN
Ortung	PEILUNG
ostafrikan. Fluß	PANGANI
ostafrikan. See	KIWUSEE
ostafrikan. Staat	BURUNDI
ostafrikan. Volk	WATUSSI
Ostasiat	CHINESE
Ostasiat	JAPANER
ostasiat. Heilwurzel	GINSENG
ostbelg. Stadt an der Warche	MALMEDY
ostbrasilian. Hafenstadt	VITORIA
ostdtsch.: Brathähnchen	BROILER
ostengl. Grafschaft	NORFOLK
ostengl. Hafenstadt, Seebad	GRIMSBY
ostengl. Hafenstadt, Seebad	HARWICH
ostengl. Stadt	LINCOLN
osteurop. Republik	UKRAINE
ostfranz. Departement	BASRHIN
ostfranz. Departement	BELFORT
ostfranz. Gebirge	VOGESEN
ostfries. Insel	BALTRUM
ostgerman. Stamm	GEPIDEN
Ostgotenkönig	ERARICH
Ostgotenkönig	WALAMAR
Ostgotenkönig	WIDEMER
Ostgotenkönig	WITIGIS
ostirische Stadt	WICKLOW
ostkanad. Provinz	ONTARIO
ostpreuß. Landschaft	ERMLAND
ostpreuß. Landschaft	MASUREN
ostpreuß. Landschaft	SAMLAND
ostpreuß. Stadt beim Mauersee	LOETZEN

Ostseebad auf Usedom	KOSEROW
Ostseebad in Pommern	MUERITZ
ostsibir. Hafenstadt	JAKUTSK
ostsibir. Stadt	TSCHITA
ostsibir. Stadt am Witim	BODAIBO
Ostsibirier	TUNGUSE
ostsizilian. Stadt	LENTINI
osttürk. Stadt	ERZURUM
Ouse-Zufluß	DERWENT
Paarhuferfamilie	HIRSCHE
Pachthof	DOMAENE
päpstl. Behörde	DATARIE
päpstl. Residenz	VATIKAN
päpstl. Übergewand	PALLIUM
pakistan. Stadt im Pandschab	SIALKOT
Palast in Istanbul	TOPKAPI
Panzerhemd	BRUENNE
Papageienart	AMAZONE
Papageienart	CORELLA
Papageienart	ROSELLA
Papageienart	SITTICH
Papierlaterne	LAMPION
Papierstreifenzünder	FIDIBUS

Papst im 4. Jh.	URSINUS
Papst im 5. Jh.	ZOSIMUS
Papst im 9. Jh.	ROMANUS
Papstname	HILARUS
Papstpalast in Rom	VATIKAN
parag. Währungseinheit	GUARANI
Pardel	LEOPARD
parlamentar. Vernehmung	HEARING
Parlament in Washington	KAPITOL
Parole d. Franz. Revolution	EGALITE
Parole d. Franz. Revolution	LIBERTE
parsisch. Gott der Finsternis	AHRIMAN
Parteifreund	GENOSSE
parteilos	NEUTRAL
Partner	GENOSSE
Partner	KOLLEGE
Paß der Berner Alpen	GRIMSEL
passend	GELEGEN
Passion	HINGABE
Paß zw. Graubünden und Uri	OBERALP
Patronenkammer	MAGAZIN
Paulusbrief	EPHESER
Paulusbrief	GALATER
pazif. Inselgruppe	FANNING

pazif. Inselgruppe	KURILEN
pazif. Inselgruppe	PHOENIX
pazif. Inselkette	ALEUTEN
pazif. Inselstaat	VANUATU
Pech	MALHEUR
Pein, Qual, Weh	SCHMERZ
peinliche Genauigkeit	AKRIBIE
peinlich genau	PENIBEL
Peitschenart	GEISSEL
Pelzart	KRIMMER
Pensionär, Ruheständler	RENTIER
Pensionär, Ruheständler	RENTNER
Periskop	SEHROHR
Perseusstern	ALGENIB
Persianerschaf	KARAKUL
persische Schriftsprache	PEHLEWI
persönliche Ausstrahlung	FLUIDUM
persönlicher Ruf	LEUMUND
Personenbeförderungsmittel	AUTOBUS
Personenbeförderungsmittel	OMNIBUS
peruan. Amazonas-Quellfluß	MARANON
peruan. Autor	ALEGRIA

Pestizid	ATRAZIN
Pfälzer Rheinhafen	KOBLENZ
Pfälzer Stadt am Rhein	REMAGEN
Pfahl	PFOSTEN
Pfalzgraf	PALATIN
Pfannkuchen	KRAPFEN
Pfeifenanzünder	FIDIBUS
Pfeilbehälter	KOECHER
Pfeilwurz	MARANTA
Pfennigfuchser	KNAUSER
Pfennigfuchser	KNICKER
Pferdefuhrwerk	KREMSER
Pferdefuhrwerk	KUTSCHE
Pferdegangart	SCHRITT
Pferdegehege	PADDOCK
Pferdegeschirrteil	HALFTER
Pferderasse	BELGIER
Pferderasse	HACKNEY
Pferderasse	HUZULEN
Pferderennbahn	GELAEUF
Pferdezucht-Betrieb	GESTUET
Pfingstrose	PAEONIE
Pflanzenauszug	TINKTUR
Pflanzengewebe	KAMBIUM
Pflanzengummi	TRAGANT
Pflanzenkasein	LEGUMIN
Pflanzenkost	GEMUESE
Pflanzenkunde	BOTANIK
Pflanzenlaus	REBLAUS
Pflanzennährstoff	DUENGER
Pflanzensproß	ABLEGER
Pflanzenzuchtgerüst	SPALIER
pflanzl. Farbstoff	KAROTIN
pflanzl. Speicherkörper	ZWIEBEL
Pflege	WARTUNG
Pfleger	KURATOR
Pflegling	MUENDEL
Pflegschaft	KURATEL
Pförtner, Hauswart	PORTIER
Pforte	EINGANG
Pfropfen	STOPFEN
Pfründe	BENEFIZ
Pfütze, Pfuhl, Teich	TUEMPEL
Pharaonengrab	MASTABA
Phase, Abschnitt	STADIUM
philippin. Insel	MASBATE
philippin. Insel	MINDORO
philippin. Insel	PALAWAN
philippin. Insel	POLILLO
philippin. Inselgruppe	BASILAN
philippin. Volk	TAGALOG
Phrase	FLOSKEL
Pianoforte	KLAVIER
pieken	STECHEN
Pikrinsäuresprengstoff	EKRASIT
Pilchard, kleiner Heringsfisch	SARDINE
Pilot	FLIEGER
Pilzart	HUTPILZ
Pinienfrucht	PIGNOLE
Pistolentasche	HALFTER
Piston	KORNETT
plätten	BUEGELN
Plage	MUEHSAL
Plakat	AFFICHE
Plakat	AUSHANG
Plan	ABSICHT
Plan	KONZEPT
Plan, Vorhaben	PROJEKT
Planet	JUPITER
Planetenaspekt	QUADRAT
planmäßig	GEZIELT
planmäßige Ächtung	BOYKOTT
planmäßiges Vorgehen	METHODE
plastisches Schaubild	DIORAMA
Platinmetall	IRIDIUM
Platinmetall	RHODIUM
Platte, Tafel, Schnitte	SCHEIBE
Plattfisch	AALBUTT
Plattfisch	FLUNDER
platzen	BERSTEN
platzen	KNALLEN
platzen	KRACHEN
Plauderer	CAUSEUR
plaudern	KLOENEN
Pleite	KONKURS
Plejadenstern	ALKYONE
Plüschgewebe	KRIMMER

Plunder	KREMPEL
pochen	KLOPFEN
Pocke, Blase	BLATTER
Pocken	VARIOLA
Poem	GEDICHT
Poet	DICHTER
Poet	LYRIKER
Polargewässer	EISMEER
Polartier	EISBAER
Poliermittel	POLITUR
Politiker in Ghana	NKRUMAH
Politiker in Tansania	NYERERE
politische Ausgewogenheit	PROPORZ
Polizei im Gaunerjargon	POLENTE
?olizei m Gaunerargon	POLYPEN
olizeiche Meldung	ANZEIGE
olizeilihe Verehmung	VERHOER
olizeiatrouille	STREIFE
oln. utor lobeleis)	REYMONT
oln. önig	KASIMIR
oln. ıme n eslau	WROCLAW
n. me von nigstte	CHORZOW
n. me von m	CHELMNO
n. ne von gnitz	LEGNICA
poln. Nationaltanz	MAZURKA
poln. Ostseehafen	GDINGEN
poln. Politiker	GOMULKA
poln. Politiker	RAPACKI
poln. Stadt	SIEDLCE
poln. Stadt an den Karpaten	RZESZOW
poln. Stadt an der Prosna	KALISCH
poln. Statthalter	WOIWODE
poln. Tenor	KIEPURA
Polsterer	SATTLER
Polstermaterial	SEEGRAS
Polygon	VIELECK
Pomeranzenschalenlikör	CURACAO
pommersche Stadt a. d. Peene	WOLGAST
Popmusik-Gruppe	AMERICA
Popmusik-Gruppe	BEEGEES
Popmusik-Gruppe	GENESIS
Popmusik-Gruppe	HOLLIES
Popmusik-Gruppe	SANTANA
Popmusiksolistin	COLLINS
Popmusiksolistin	HOPKINS
Popmusik-Solist (Rockmusik-Solist)	CASSIDY
Popmusik-Solist (Rockmusik-Solist)	CLAPTON
Popmusik-Solist (Rockmusik-Solist)	EMERSON
Portal	EINGANG
Porträt	BILDNIS
portugies. Atlantikinsel	MADEIRA
portugies. Autor (15./16. Jh.)	VICENTE
portugies. Hafenstadt am Sado	SETUBAL
portugies. Königsname	ALFONSO
portugies. Königsname	EMANUEL
portugies. Münze	CENTAVO
portugies. Stadt	AMADORA
portugies. Stadt	COIMBRA
Pose	HALTUNG
Possen, Schabernack	STREICH
possenhaft	BURLESK
Possenreißer	BAJAZZO
postalische Fernmeldedienste	TELEKOM
Po-Zufluß	SECCHIA
Po-Zufluß	TREBBIA
Pracht, Prachtentfaltung	AUFWAND
Prachtfink	AMADINE
Prachtkutsche	KAROSSE
prachtvoll	KOSTBAR
Prädikat	BEIWORT

7

Präge-stock	PATRIZE
Prämie	BEITRAG
Prärie-indianer	SILVIDE
prahlen	ANGEBEN
Prahlhans	ANGEBER
Preisgabe	AUFGABE
Preisgabe eines Rechts	ABANDON
Preisliste	KATALOG
Preis-schild	ETIKETT
Preis-unter-bietung	DUMPING
Preßfalte	PLISSEE
Preß-kohle	BRIKETT
preuß. Feld-marschall	WRANGEL
preuß. Frei-korps-führer	LUETZOW
Preuße	BORUSSE
Priester-gebet-buch	BREVIER
Primel	AURIKEL
primitive Acker-bauform	HACKBAU
primitives Wasser-fahrzeug	EINBAUM
Produk-tionsmit-telvermie-tung	LEASING
Profit, Vergün-stigung	VORTEIL
Profi-Tennis-turnier	MASTERS
Projek-tions-gerät	DIASKOP
Prolog, Einfüh-rung	VORREDE
Prolog, Einleitung	VORWORT
Propa-ganda	REKLAME
Prophet	KUENDER
Prophetin	SEHERIN
Prostitu-ierte	KOKOTTE
Protein	EIWEISS
Protz	ANGEBER
protzen	ANGEBEN
protzen, angeben	PRAHLEN
provenza-lischer Dichter	MISTRAL
Proviant-zulieferer	CATERER
Provinz in Mosambik	NAMPULA
Provision	GEBUEHR
prüfen	MUSTERN
Prüfungs-arbeit unter Aufsicht	KLAUSUR
prunkvoll, überladen	POMPOES
psychisch sprung-haft	MANISCH
Puffreis	POPCORN
Pullover	SWEATER
Pulsader	ARTERIE
Putsch, Umsturz	REVOLTE
Putsch, Umwäl-zung	UMSTURZ
Pygmäen-stamm	MINKOPI
Pyrenäen-staat	ANDORRA
Quader-mauer-werk	RUSTIKA
quälen	FOLTERN
quälen	MARTERN
Quartier, Stadtteil	VIERTEL
Quarz	GLIMMER
Quarz-Abart	KARNEOL
Quaste, Fransen-büschel	TRODDEL
Queck-silberver-bindung	AMALGAM
Queck-silberver-bindung	KALOMEL
Quellfluß des Amur	SCHILKA
Quendel	THYMIAN
quer, schief	SCHRAEG
Querbeil	DECHSEL
querge-streift, schräg	TRAVERS
Querholz, Leiter-stufe	SPROSSE
Quer-zahn-molch	AXOLOTL
Rachen	PHARYNX
radio-aktiver Nieder-schlag	FALLOUT
radio-aktives Element	FERMIUM
radio-aktives Element	THORIUM
Radrenn-fahrer	FLIEGER
Rad-strebe	SPEICHE
Rändel-rad	MOLETTE
Ränke-spiel	INTRIGE
Räto-romane	LADINER
räuberi-scher Singvogel	WUERGER
Rage, tobende Wut	RASEREI
Rahmen	FASSUNG
Rahm-käse	STILTON
Randbeet	RABATTE
rang-mäßig	GRADUAL

7

rank, grazil	SCHLANK
rasend, aufgebracht	WUETEND
rasendes Weib	MAENADE
rasendes Weib	MEGAERE
Rasenspiel	KRICKET
rastlos	NERVOES
rastlos, unstet	UNRUHIG
Ratgeber	BERATER
Ratgeber	FUEHRER
Ratgeber eines Fürsten	PALADIN
ratlos, verblüfft	PERPLEX
Ratsherr	SENATOR
Raubinsekt	LIBELLE
rauchen	QUALMEN
Rauhhaarhund	GRIFFON
Rauminhalt	VOLUMEN
Raumschiff der Amerikaner	FREEDOM
Raumschiff der Sowjets	WOSCHOD
Raumsonde der Amerikaner	MARINER
aum-onde er owjets	SPUTNIK
aunen	MUNKELN
unen	MURMELN
ausch-old	FLITTER
usch-fte egeiste-ng	EKSTASE
ute	RHOMBUS
agens-ttel	LACKMUS

real	KONKRET
Rebensorte	GUTEDEL
Rechenschaft	BERICHT
Rechnungsbuch	JOURNAL
Rechnungsführer	RENDANT
rechtmäßig	LEGITIM
Rechtsanwalt, Rechtsberater	ADVOKAT
Rechtsanwaltkunde	MANDANT
Rechtsorgan	GERICHT
Rechtsprecher	RICHTER
rechtsunwirksam	NICHTIG
Rechtsvereinbarung, Pakt	VERTRAG
Rechtsvergünstigung	BENEFIZ
Rechtsweg	INSTANZ
Recke	KRIEGER
Rede, Darbietung	VORTRAG
Redensart	WENDUNG
Redeschlacht	DEBATTE
Redewendung	FLOSKEL
redlich	EHRLICH
redlich	INTEGER
Reflektor	SPIEGEL
Regel	KOMMENT
regeln	RICHTEN
Regenguß	SCHAUER

Regenkleidung, Regenschutz	OELHAUT
Regie	LEITUNG
regierender Fürst	MONARCH
Regierungschef	KANZLER
Regierungschef	PREMIER
Regnitz-Zufluß	WIESENT
reicher König von Lydien	KROISOS
reicher Mann	KROESUS
reichhaltiges Mahl	SCHMAUS
reichlich	OPULENT
Reichtum	OPULENZ
Reigentanzlied	RONDEAU
Reihe	KOLONNE
reimen	DICHTEN
reiner Kohlenstoff	DIAMANT
reiner Kohlenstoff	GRAPHIT
Reisebegleiterin	HOSTESS
Reisekutsche	BERLINE
Reisewohnwagen	CARAVAN
Reiterin	AMAZONE
Reitfigur d. Hohen Schule	LANCADE
Reitjacke	KOLLETT
reitsportl. Übung	PASSADE
reizbar	NERVOES
reizen	ERREGEN
reizvoll	HUEBSCH
Reklame, Propaganda	WERBUNG
Rekonvaleszenz	HEILUNG

religiöser Vortrag	PREDIGT
religiöse Übung	ANDACHT
Rembrandt-Schüler	KONINCK
Renaissance-Ornament	MORESKE
Renkenart	MARAENE
Rennbahn	GELAEUF
Rennpferd	FLIEGER
Rennstall	GESTUET
Report	BERICHT
Residenzstadt der Niederlande	DENHAAG
Respekt	ACHTUNG
restlos, gänzlich	VOELLIG
Resultat	LOESUNG
Retterin des Theseus	ARIADNE
Rettung	BERGUNG
Revolte	AUFRUHR
Revueoperette	MUSICAL
Rheinfelsen, Rheinnixe	LORELEY
rhetorische Weglassung	ELLIPSE
Rhinozeros	NASHORN
Rhone-Zufluß	ARDECHE
Rhone-Zufluß	DURANCE
Richter der Rota	AUDITOR
richtig	KORREKT
richtig	PASSEND
richtig sein	STIMMEN
Richtigstellung	DEMENTI
Richtlinie, Richtschnur	PRINZIP
Richtungsanzeiger	KOMPASS
Richtungsbestimmung	PEILUNG
Riese der griech. Sage	ANTAEUS
Riese der griech. Sage	ANTAIOS
Riesenkrabbe	SIMAGAN
Riesenschachtelhalm	KALAMIT
Riesenschildkröte	TORTUGA
Riesentier der Vorzeit	SAURIER
Rinderart	BANTENG
Rinderart	BUEFFEL
Ringergriff	KLAMMER
ringförmiges Gebäck	KRINGEL
Ringpanzer	BRUENNE
Ripsgewebe	OTTOMAN
Riß, Spalte	SCHLITZ
Riukiu-Insel	OKINAWA
Riviera-Kurort	ANTIBES
Robbenart, Meeressäuger	SEEHUND
Robbenart, Meeressäuger	WALROSS
Röhrling	BOLETUS
römische Adelsfamilie	COLONNA
römische Donauprovinz	MOESIEN
römische Glücksgöttin	FORTUNA
römische Kriegsgöttin	BELLONA
römischer Beamter	DUUMVIR
römischer Göttervater	JUPITER
römischer Hügel	AVENTIN
römischer Hügel	CAELIUS
römischer Hügel	KAPITOL
römischer Hügel	PALATIN
römischer Hügel	VIMINAL
römischer Kaiser	CARINUS
römischer Kaiser	GRATIAN
römischer Kaiser	HADRIAN
römischer Kaiser	LICINUS
römischer Kaiser	SEVERUS
römischer Name des Dionysos	BACCHUS
römischer Philosoph	BOETIUS
römischer Prokurator von Judäa	PILATUS
römischer Schriftsteller	JUVENAL
römisches Kaisergeschlecht	FLAVIER
rösten	TOASTEN
rötlicher Chalzedon	KARNEOL
rötlicher Röhrling	KUHPILZ
Roherdöl	NAPHTHA
Rohrflöte	FISTULA

Rohrinnendurchmesser	KALIBER
Rohrverbindungsstück	FLANSCH
Rohschrift	KONZEPT
Rolands Hifthorn	OLIFANT
romanisches Volk in Südtirol	LADINER
romantische Liebelei	ROMANZE
Roman v. Joyce	ULYSSES
Roman v. Kafka	PROZESS
Roman v. Knittel	ELHAKIM
Roman v. Knittel	VIAMALA
Roman v. Kurz	VANADIS
Roman v. Lesage	GILBLAS
Roman v. Rinser	DANIELA
Roman v. Scott	IVANHOE
Roman v. Voltaire	CANDIDE
Roman v. Werfel	BARBARA
Roman v. Woolf	ORLANDO
Roose-elts So-ialpolitik	NEWDEAL
osen-örmige erzie-ing	ROSETTE
ost-chutz-ittel	MENNIGE
otang-lme	CALAMUS
otation	DREHUNG
otauge	PLOETZE
e Blei-be	MENNIGE
er bstoff	PHLOXIN
roter Farbstoff	PONCEAU
roter Teerfarbstoff	FUCHSIN
rotierender Körper	KREISEL
Rotor	LAEUFER
Rotwein	ROTSPON
Roulettefarbe	SCHWARZ
Route, Weg	STRECKE
Ruderfüßer	PELIKAN
Ruderfüßer, Schwimmvogel	TOELPEL
rudern	SKULLEN
Rückfall	REZIDIV
Rücklage	RESERVE
Rücksendung	RETOURE
Rücksicht	ACHTUNG
rücksichtsvoll	DISKRET
rückständige Gegend	PROVINZ
rückständiger Schuldner	RESTANT
Rückstand d. Zuckergewinn.	MELASSE
rückwirkend	REAKTIV
Rüffel, Zurechtweisung	VERWEIS
Rüge	MONITUM
Rüge, Tadel	VERWEIS
Rüpel	LUEMMEL
Rüpel, Rohling	RABAUKE
Rüsseltier	ELEFANT
Ruf des Hahns	KRAEHEN
Rufname	VORNAME
Ruhegehalt, -geld	PENSION
Ruhetag, freier Tag	SONNTAG
Ruhezeichen in der Musik	FERMATE
ruhiges Musikstück	ANDANTE
ruhmvoll	GLORIOS
Ruin	KONKURS
Ruin, Zusammenbruch	VERFALL
Ruinenstätte in Mesopotamien	BABYLON
Ruinenstätte in Syrien	BAALBEK
rumän. absurd. Dramatiker	IONESCO
rumän. Adelsfamilie	STURDZA
rumän. Berg	BIHORUL
rumän. Dichter	ISTRATI
rumän. Donau-Zufluß	AGOSTUL
rumän. Erdölstadt	PLOESTI
rumän. König	MICHAEL
rumän. Stadt an der Donau	GIURGIU
rumän. Stadt i. d. Groß. Walachei	PLOESTI
rumän. Stadt in der Walachei	CRAIOVA
rumän. Steppe	BARAGAN

rumän. Süd-karpaten-Berg	PELEAGA
rumän. Theiß-Zufluß	KREISCH
rumän.-ungar. Fluß	KOEROES
Rumba-kugeln	MARACAS
Rummel	BETRIEB
Rundbau, runder Saal	ROTUNDE
Rundbeet	RONDELL
runder Platz	RONDELL
Rund-funk-sprecher	ANSAGER
Rund-funküber-tragung	SENDUNG
Rundrei-se, Gast-spielreise	TOURNEE
Runen-alphabet	FUTHARK
russisch.-amerikan. Autor (Nobelpr.)	BRODSKY
russisch.-amerikan. Schrift-steller	NABOKOV
russisch.-amerikan. Violin-virtuose	HEIFETZ
russisch. Anarchist	BAKUNIN
russisch. Dichter	LESSKOW
russisch. Dichter, Dramati-ker	TOLSTOI
russisch. Feldherr	KUTUSOW
russisch. Flugzeug-fabrikat	ANTONOW
russisch. Frauen-gewand	SARAFAN
russisch. Geige	PISCHNA
russisch. Industrie-kombinat	KUSBASS
russisch. Komponist	BORODIN
russisch. kubisti-scher Bildhauer	ZADKINE
russisch. Längen-maß	ARSCHIN
russisch. Landhaus	DATSCHA
russisch. Leder-peitsche	NAGAIKA
russisch. leichte Reiter	KOSAKEN
russisch. Maler in Frank-reich	CHAGALL
russisch. Name von Tiflis	TBILISI
russisch. Pastete	PIROGGE
russisch. Pianist	RICHTER
russisch. Prima-ballerina	PAWLOWA
russisch. realist. Maler	LEWITAN
russisch. Revolu-tionär, Politiker	TROTZKI
russisch. Schach-welt-meister	SPASSKI
russisch. Schrift-steller	KOPELEW
russisch. Schwarz-meer-hafen	SOTSCHI
russisch. Schwarz-meer-hafen	SUCHUMI
russisch. Sekte	SKOPZEN
russisch. Stadt am Nordural	WORKUTA
russisch. Stadt am Rybinsker Stausee	WOLOGDA
russisch. Stadt an der Desna	BRJANSK
russisch. Stadt an der Düna	WITEBSK
russisch. Stadt an der Wolga	RYBINSK
russisch. Stadt an der Wolga	SARATOW
russisch. Stadt im Kuban-delta	TEMRJUK
russisch. Tänzer	NUREJEW
russisch. Tänzer, Choreo-graph	LICHINE
russisch. Tänzerin	ULANOWA
russisch. Tänzer u. Choreo-graph	MASSINE
russisch. Tanzpäd-agogin	GSOVSKY
russisch. Tee-maschine	SAMOWAR
russisch. Zar	GODUNOW
russisch. Zar	MICHAIL
russisch. Zigarette	PAPIROS
russischer Binnen-see	ARALSEE
russisch-franz. abstrak-ter Maler	PEVSNER
russisch-franz. express. Maler	SOUTINE

Rute	SCHWANZ
rutschen	GLEITEN
Rutschigkeit	GLAETTE
Saale-Zufluß	LOMNITZ
Saale-Zufluß	UNSTRUT
Sachgebiet	REFERAT
Sachgebiet	RESSORT
Sachkenntnisse	REALIEN
Sachverhalt	UMSTAND
Sachverständiger	EXPERTE
sächliches Geschlecht	NEUTRUM
sächliches Hauptwort	NEUTRUM
sächs. Badeort, Kurort	LAUSICK
sächs. Industriestadt	MEERANE
sächs. Komponist u. Dichter	KRIEGER
sächs. Stadt an der Elbe	DRESDEN
ächs. Stadt an er Elbe	MEISSEN
ächs. tadt an er Elbe	STREHLA
ächs. tadt der ulde	ZWICKAU
chs. adt an r ree	BAUTZEN
chs. adt an r Weiritz	FREITAL
nger	BASSIST
säugen, befriedigen	STILLEN
Säulenkapitell-Wulst	ECHINUS
Säulenplatte	PLINTHE
Sage	LEGENDE
sagenhafte Gründerin Prags	LIBUSSA
sagenhafte Königin von Lydien	OMPHALE
sagenhafter Vogel	PHOENIX
Sahara-Gebirgsland	TIBESTI
Sahne	SCHMANT
Salatpflanze	ENDIVIE
Salatpflanze	LATTICH
Salbengrundstoff	LANOLIN
Salböl d. kathol. Kirche	CHRISAM
Salinenarbeiter in Halle	HALLORE
Salomoneninsel	MALAITA
Salomoneninsel	RENNELL
salopp	LAESSIG
Salzbildner	HALOGEN
Salz der Harnsäure	RESINAT
Salz der Kieselsäure	SILIKAT
Salz der Salzsäure	CHLORID
Salz der Weinsäure	TARTRAT
Salzwüste in Chile	ATACAMA
Samoa-Insel	TUTUILA
Samt-, Studentenblume	TAGETES
samtartiges Gewebe	PLUESCH
Sandsteinart	QUARZIT
sangbare Weise	MELODIE
sanktionierte Seeräuberei	KAPEREI
Sarahs Mann	ABRAHAM
Satteldecke	WOILACH
Saturn-Mond	JAPETUS
Satz einer Sinfonie	ALLEGRO
Satz einer Sinfonie	ANDANTE
Satz einer Sinfonie	MENUETT
Satzgefüge	PERIODE
Satzgegenstand	SUBJEKT
Satzzeichen	KLAMMER
saudi-arab. Münze	HALLALA
Sauerkirsche	MORELLE
sauerländische Stadt a. d. Lenne	WERDOHL
Saugröhre	PIPETTE
schaben	KRATZEN
schachern	MARKTEN
Schachfigur	LAEUFER
Schachtausfüllung	VERSATZ

Schaden in der Schiffahrt	HAVARIE
Schädeldach	KALOTTE
Schändlichkeit	INFAMIE
Schätzer, Wertermittler	TAXATOR
Schafwollfett	LANOLIN
Schalentier	MUSCHEL
schallen	KLINGEN
Schallehre	AKUSTIK
Schallpegelmaß	DEZIBEL
Schalltechnik	AKUSTIK
schamlos	OBSZOEN
Schande, Schmach	SCHIMPF
Schandpfahl, Halseisen	PRANGER
Schanzwerk	REDOUTE
scharfes Gewürz	PFEFFER
scharfe Würzsoße	TABASCO
scharfkantiges Werkzeug	SCHABER
Scharmützel	GEFECHT
Schatten, Schattenbild	SCHEMEN
Schattierung	TOENUNG
Schatz	LIEBSTE
Schauder	GRUSELN
schauen	BLICKEN
Schauerballade	MORITAT
schauerlich	MAKABER
Schaufel	SCHIPPE
Schaufenster	AUSLAGE
Schaufenster, Schaukasten	VITRINE
Schaumgebäck	MERINGE
Schauschrank	VITRINE
Schauseite	FASSADE
Schauspielerin	AKTRICE
schauspielerisch	MIMISCH
schauspielern	AGIEREN
Schauspielfach, Rollenfach	KOMIKER
Schauspielhaus	THEATER
Schauspiel von Büchner	WOYZECK
Schauspiel von Goethe	CLAVIGO
Schauspiel von Gogol	REVISOR
Schauspiel von Grillparzer	AHNFRAU
Schauspiel von Grillparzer	LIBUSSA
Schauspiel von Schiller	RAEUBER
Schauspiel von Shakespeare	MACBETH
scheckig	MELIERT
Scheingelehrter, Wortverdreher	SOPHIST
Scheinmedikament	PLACEBO
Scheitelkäppchen	KALOTTE
Schelle	KLINGEL
Schellenbaum	BUMBASS
Schellfisch	KOEHLER
Schelm	STROLCH
Schelmenstück	STREICH
schenken	STIFTEN
scheppern	KLIRREN
Scherflein	ALMOSEN
Scherflein	BEITRAG
Scherge	BUETTEL
scherzhafte Nachahmung	PARODIE
scherzhaft: Gatte	GESPONS
Scheusal	MONSTER
schichten	HAEUFEN
schichten	STAPELN
Schichtwolke	STRATUS
schick	ELEGANT
Schick	ELEGANZ
Schicklichkeit	ANSTAND
Schicklichkeit	DEKORUM
Schicksal	FUEGUNG
Schiedsrichter (engl.)	REFEREE
Schiedsrichter (latein.)	ARBITER
Schiefblatt	BEGONIE
Schiffer	MATROSE
Schiffer	SEEMANN
Schiff-fahrtshindernis	PACKEIS
Schiffsbauplatz	HELLING
Schiffsbeschlagnahme	EMBARGO
Schiffsgalerie	BRUECKE

Schiffskellner	STEWARD
Schiffsladung	BALLAST
Schiffsladung	LADEGUT
Schiffsraumgehalt	TONNAGE
Schiffsrippen	SPANTEN
Schiffstagebuch	JOURNAL
Schiffstagebuch	LOGBUCH
Schiffstau	GORDING
Schiffstyp	DAMPFER
schiit. Wallfahrtsort in Irak	KERBELA
Schilddrüsenüberfunktion	BASEDOW
Schimpf	AFFRONT
Schimpf, Schande	SCHMACH
Schimpf, Schmach	SCHANDE
schimpfen	FLUCHEN
schinden	DRILLEN
Schindmähre	KLEPPER
Schirmpilz	PARASOL
schlachten	METZELN
Schlachter	METZGER
schlaff, abgespannt	SCHLAPP
Schlaffheit	LAXHEIT
Schlaflosigkeit	ASOMNIE
Schlafmittel	VERONAL
Schlafnische	ALKOVEN
Schlag, Schuß ins Ziel	TREFFER
Schlagader	ARTERIE
Schlaggerät	PATSCHE
Schlaginstrument	TROMMEL
Schlagzeuger	DRUMMER
Schlamm, Schwemmland	SCHLICK
schlangenförmiger Fisch	MURAENE
Schlangenhorn	SERPENT
Schlankaffe	GUEREZA
schlau	GEWIEFT
Schlauchpilz	LORCHEL
Schlauchpilz	MORCHEL
schlau geworden	GEWITZT
schlechter Tabak	KNASTER
schlechtes Pferd	KLEPPER
schleierartiges Gewebe	CHIFFON
schleierartiges Seidengewebe	ORGANZA
Schleifenflug	LOOPING
Schleimhautdefekte	APHTHEN
Schleimhautentzündung	KATARRH
schlemmen, schwelgen	PRASSEN
Schlemmer	PRASSER
schlendern	BUMMELN
Schleppfahrzeug	TRECKER
schles. Stadt an der Biele	LANDECK
schles. Stadt an der Oder	STEINAU
schles. Stadt an der Olsa	TESCHEN
schles. Töpferstadt	BUNZLAU
schlesw.-holstein. Stadt an der Stör	ITZEHOE
schlicht	EINFACH
Schlick	SCHLAMM
Schließe	AGRAFFE
Schlingel	LAUSBUB
Schlittschuhsport	EISLAUF
Schlitz, Spalte, Einschnitt	SCHARTE
Schloß, Vorort von Weimar	TIEFURT
Schloß am Genfer See	CHILLON
Schloß an der Adria	MIRAMAR
Schloß an der Loire	AMBOISE
Schloß an der Themse	WINDSOR
Schloß bei Coburg	ROSENAU
Schloß bei Triest	MIRAMAR
Schloß in Düsseldorf	BENRATH
Schlucht	ABGRUND
Schlucht in Graubünden	VIAMALA
Schlüpfrigkeit	GLAETTE
Schlüpfschuh	SLIPPER
Schluß	AUSGANG

7

Schlußgebet	KOMPLET
Schluß machen	BEENDEN
Schlußsteigerung (musikal.)	STRETTA
schmachtender Liebhaber	SELADON
schmalbeinige Hose	LEGGINS
schmaler Gebirgseinschnitt	ENGPASS
schmaler gedeckter Gang	GALERIE
Schmarotzer	PARASIT
Schmelzlaut	LIQUIDA
Schmetterlingsart	KUHAUGE
Schmetterlingsart	SPANNER
Schmetterlingsblütler	ROBINIE
Schmied in der german. Sage	WIELAND
schmollen	GROLLEN
schmollen	TROTZEN
Schmuck, Schmuckstück	ARMBAND
Schmuck, Schmuckstück	ARMREIF
Schmuck, Schmuckstück	OHRRING
Schmuckmaterial	KORALLE
Schmuckspange	AGRAFFE
Schmuckstein	ACHROIT
Schmuckstein	IDOKRAS
Schmuckstein	LASURIT
Schmuckstein	MELANIT
Schmuckstein	NEPHRIT
Schmuckstein	PERIDOT
Schneid	BRAVOUR
Schneid	COURAGE
Schnekkenart	WHALAAT
Schnekkenklee	LUZERNE
schnelles Beben	ZITTERN
schnelles Musikstück	ALLEGRO
schnelle Tonfolge	PASSAGE
Schnellsegler	KLIPPER
schnellstens	EILIGST
Schnepfenschnabel	STECHER
Schnepfenvogel	KIEBITZ
Schnürleibchen	KORSETT
schnurrig	DROLLIG
Schnute	FLUNSCH
schöner Jüngling d. griech. Sage	NARZISS
Schöngeist	AESTHET
schöpferisch	KREATIV
Schöpfungsgeschichte	GENESIS
Schößling	ABLEGER
Scholle	AALBUTT
Scholle	FLUNDER
schon	BEREITS
schonungslos	RADIKAL
schott. Adelsgeschlecht	DOUGLAS
schott. Eisspiel	CURLING
schott. Folksinger	DONOVAN
schott. Grafschaft	BERWICK
schott. Grafschaft	KINROSS
schott. Grafschaft	PEEBLES
schott. Grafschaft	RENFREW
schott. Hafenstadt	GLASGOW
schott. Halbinsel	KINTYRE
schott. König	MACBETH
schott. König	MALCOLM
schott. Physiker	MAXWELL
schott. Physiker (Nobelpreis)	MACLEOD
schott. Schriftsteller	CARLYLE
schott. Stadt	FALKIRK
schott. Stadt	WIGTOWN
schott. Stadt (Wollschals)	PAISLEY
Schotter	GEROELL
Schotterstraße	MAKADAM
schräg	GENEIGT
Schräge	NEIGUNG
Schrägschrift	KURSIVE
Schramme	KRATZER
Schrauben-, Schnekkenlinie	SPIRALE

Schraubengang	GEWINDE
Schraubenlinie	WINDUNG
Schreckgestalt	MONSTER
schrecklich	GRAUSIG
schrecklich	HORREND
Schreibart	DIKTION
Schreibrohr der Antike	CALAMUS
Schreibstift aus Schieferton	GRIFFEL
Schreibstube	KANZLEI
Schreitvogel	KRANICH
Schrekken	GRAUSEN
Schriftart	ELZEVIR
Schriftart	GOTISCH
Schriftart	GROTESK
Schriftgrad	COLONEL
Schriftgrad	DIAMANT
Schriftgrad	GARMOND
Schriftgrad	KOLONEL
schriftl. Zahlungsversprechen	WECHSEL
Schriftsteller	DICHTER
Schriftsteller	LITERAT
schroffe Rüge, Verweis	RUEFFEL
Schrulle	MAROTTE
Schrunde	RHAGADE
Schülerheim	ALUMNAT
Schüler d. Mittelalter	SCHOLAR
Schürzenjäger	DONJUAN
schütteln	BEUTELN
Schützling	MUENDEL
Schuft, Halunke	SCHURKE
Schuhform	LEISTEN
Schuhleiste	SPANNER
Schularbeit	LEKTION
Schulden	PASSIVA
Schuldner	DEBITOR
Schuldverschreibung	ANLEIHE
Schulmaterial	SCHWAMM
Schulterblatt	SCAPULA
Schund, Ramsch	PLUNDER
Schuppen	SCHOBER
Schurke	HALUNKE
Schutzfärbung, -farbe	MIMIKRY
Schutz gegen Zauberei	AMULETT
Schutzhülle	PACKUNG
Schutzpatron Böhmens	NEPOMUK
Schutzpatron d. Arbeiter	JAKOBUS
Schutzpatron d. Drogisten	JAKOBUS
Schutzpatron d. Feuerwehr	FLORIAN
Schutzpatron d. Pferde	ELIGIUS
Schutzpatron d. Philatelisten	GABRIEL
Schutzpatron d. Tischler	GUNTMAR
Schutzpatron d. Tischler	JOACHIM
Schutzpatron d. Verfolgten	RAIMUND
Schutzpatron der Apotheker	JAKOBUS
Schutzpatron der Apotheker	RAPHAEL
Schutzpatron der Bettler	ALEXIUS
Schutzpatron der Dichter	PROSPER
Schutzpatron der Drogisten	RAPHAEL
Schutzpatron der Goldschmiede	ELIGIUS
Schutzpatron der Klempner	WILHELM
Schutzpatron der Pferde	STEPHAN
Schutzpatron der Polizisten	SEVERUS
Schutzpatron der Uhrmacher	ELIGIUS
Schutzpatron der Waisen	VINZENZ
Schutzpatronin d. Gärtner	GERTRUD
Schutzpatronin d. Witwen	GERTRUD

Schutzpatronin der Architekten	BARBARA
Schutzpatronin der Artilleristen	BARBARA
Schutzpatronin der Feuerwehr	BARBARA
Schutzpatronin der Köche	BARBARA
Schutzpatronin der Mädchen	BARBARA
Schutzpatronin der Reisenden	EULALIA
Schutzpatronin der Reisenden	GERTRUD
Schutzpatron v. Funk u. Fernsehen	GABRIEL
schwacher Nachfolger	EPIGONE
schwäb. Dichter	MOERIKE
schwäb. Fürstengeschlecht	STAUFER
schwäb. Höhenzug	BAARALB
schwäb. Höhenzug	HEUBERG
Schwächeanfall	KOLLAPS
Schwärmer	UTOPIST
schwärzl. Hautflecken	MELASMA
Schwätzer	CAUSEUR
Schwagerehe	LEVIRAT
Schwangerschaftskrankheit	GESTOSE
Schwank	FAZETIE
schwanken	WACKELN
schwanken, schwingen	PENDELN
Schwanz	SCHWEIF
Schwanz des Wildschweins	PUERZEL
Schwanzwurzel d. Vogels	BUERZEL
schwarz. südafrikan. Politiker	MANDELA
Schwarzafrikanerin	NEGERIN
Schwarzdorn	SCHLEHE
Schwarzwaldberg	BELCHEN
Schwarzwaldberg	KNIEBIS
Schwarzwaldkurort	TITISEE
Schwarzwaldsee	FELDSEE
Schwarzwaldsee	TITISEE
Schwarzwasserfieber	MALARIA
schwatzen	KLOENEN
schwed. Architekt	ASPLUND
schwed. Astronom	CELSIUS
schwed. Chemiker	BERGMAN
schwed. Chemiker	SCHEELE
schwed. Dichter	BELLMAN
schwed. Dichter u. Maler	GESSNER
schwed. Filmregisseur	BERGMAN
schwed. Filmschauspielerin	BERGMAN
schwed. Filmschauspielerin	LEANDER
schwed. Hafenstadt	VARBERG
schwed. Insel	GOTLAND
schwed. Komponist	LARSSON
schwed. Laen	GOTLAND
schwed. Landschaft	DALARNA
schwed. Sopranistin	NILSSON
schwed. Stadt am Hjälmarsee	OEREBRO
schwed. Universitätsstadt	UPPSALA
schwed.: Schweden	SVERIGE
schwefelsaures Salz	VITRIOL
Schweinekrankheit	ROTLAUF
schweiz. Alpenpaß	BERNINA
schweiz. Alpenpaß	BRUENIG
schweiz. Berg	ALTMANN
schweiz. Berg	PIZBUIN
schweiz. Chemiker (Nobelpreis)	MUELLER
schweiz. Chemiker (Nobelpreis)	RUZICKA
schweiz. Heimatschriftsteller	FEDERER

schweiz. Käsesorte	GRUYERE
schweiz. Kanton	ZUERICH
schweiz. Kantonshauptstadt	ALTDORF
schweiz. Kantonshauptstadt	HERISAU
schweiz. Kantonshauptstadt	LIESTAL
schweiz. Kantonshauptstadt	ZUERICH
schweiz. Komponist	SCHOECK
schweiz. Kurort am Inn	SAMADEN
schweiz. Kurort am Lago Maggiore	LOCARNO
schweiz. Kurort am Matterhorn	ZERMATT
schweiz. Maler	FUESSLI
schweiz. Mathema- iker	BYRGIUS
schweiz. Mediziner Zellular- herapie)	NIEHANS
chweiz. Iinne- änger	HADLAUB
chweiz. rt in d. alliser pen	ZERMATT
chweiz. aß zw. essin u. allis	NUFENEN
hweiz. ilosoph	RUETTER
hweiz. ysiker, g- nier	PICCARD
schweiz. Pianist	FISCHER
schweiz. Reformator	ZWINGLI
schweiz. Schriftsteller	KNITTEL
schweiz. Sitz des Goetheanums	DORNACH
schweiz. Stadt am Rhein	ZURZACH
schweiz. Stadt an der Thur	WATTWIL
schweiz. Stadt im Tessin	CHIASSO
schweiz. Theologe	BRUNNEN
schweiz. Währungseinheit	FRANKEN
schweiz. Weinsorte	FENDANT
schwelen	GLIMMEN
schwelen	GLUEHEN
Schwere	GEWICHT
schwere Infektionskrankheit	CHOLERA
Schwerfälligkeit	PHLEGMA
Schwermetall	KADMIUM
Schwertfisch	XIPHIAS
Schwerthülle	SCHEIDE
Schwester von Apoll	ARTEMIS
Schwester von Clemens von Brentano	BETTINA
Schwester von Iphigenie	ELEKTRA
Schwester von Orest	ELEKTRA
schwierige Lage	DILEMMA
schwierige Lage	NOTLAGE
Schwierigkeit	PROBLEM
Schwimmanlage	FREIBAD
Schwimmstil	DELPHIN
Schwimmvogel mit Kehlsack	PELIKAN
Schwindel (mediz.)	VERTIGO
Schwindler	LUEGNER
Schwingblatt	MEMBRAN
Schwinge	FLUEGEL
Schwingungsdauer	PERIODE
Schwirrvogel	KOLIBRI
Schwulst	BOMBAST
Schwung	IMPETUS
Schwung	SCHMISS
Sechseck	HEXAGON
Sechsergruppe	SEXTETT
Sechsflächner, geometr. Körper	WUERFEL
Sechstagerennen (engl.)	SIXDAYS
See-Anemone	AKTINIE
Seebad, Hafenstadt in Wales	SWANSEA
Seebad am Golf von Rijeka	OPATIJA
Seebad auf der Insel Wight	NEWPORT
Seebad auf Rügen	GOEHREN

Seebad auf Wollin	MISDROY
Seebad in Pommern	AHLBECK
Seefisch	MAKRELE
Seegang	DUENUNG
Seeigel	ECHINUS
See im Salzkammergut	MONDSEE
See in Ägypten	EDKUSEE
See in Äthiopien	ABAISEE
See in Berlin	WANNSEE
See in Japan	BIWASEE
See in Kalifornien	MONOSEE
See in NO-Tibet	KUKUNOR
See in Pommern	LEBASEE
Seelenvogel	HARPYIE
seelische Krankheit	NEUROSE
Seelsorger	PFARRER
seemänn.: hinten	ACHTERN
seemänn.: Kapitän	SKIPPER
Seemann	MATROSE
Seemannskleidung	OELZEUG
Seerose	AKTINIE
Seerose	KORALLE
Seeschaden	HAVARIE
Seescheide	ASZIDIE
Segelboot	DRACHEN
Segelboot	SCOOTER
Segelboot	TEMPEST
Segelboot	TORNADO
Segelfluggerät	DRACHEN
Segelflugstart	SCHLEPP
Segelflugströmung	AUFWIND
Segel hochziehen	HEISSEN
segeln	GLEITEN
Segelschiff	SCHONER
Seher	KUENDER
Seher, Künder	PROPHET
Sehloch im Augapfel	PUPILLE
Sehne	FLECHSE
Sehnenverletzung	ZERRUNG
Sehnsucht	FERNWEH
Sehnsucht	HEIMWEH
sehr hartes Metall	WOLFRAM
sehr schnell laufen	SPURTEN
Sehvermögen	GESICHT
seichte Stelle	UNTIEFE
Seidengewebe	FOULARD
Seine-Zufluß	AUBETTE
Seine-Zufluß	ORVANNE
Seite des Dreiecks	KATHETE
Seitenstreifen an Straßen	BANKETT
Seitgang beim Schulreiten	TRAVERS
seit langem	LAENGST
seitlich	LATERAL
Selbstbesinnung	EINKEHR
Selbstgespräch	MONOLOG
Selbstjustiz üben	LYNCHEN
Selbstmord	FREITOD
Selbstregler	AUTOMAT
selbsttätig	AUTOGEN
Selbstüberwindung	ASKETIK
Selektion	AUSLESE
seltene Erde	HOLMIUM
seltene Erde	TERBIUM
seltene Erde	THULIUM
seltene Erde	YTTRIUM
seltenes Metall	NIOBIUM
seltsam, absonderlich	SKURRIL
semit. Fruchtbarkeitsgöttin	ISCHTAR
semit. Liebesgöttin	ASTARTE
Sendbote	APOSTEL
Sendbote	DELEGAT
Sendschreiben	EPISTEL
Sendung	MISSION
senegal. Politiker, Dichter	SENGHOR
Senkkasten	CAISSON
senkrechte Stütze	PFEILER
Sense schärfen	DENGELN

serbischer Name v. Neusatz	NOVISAD
serbische Stadt an d. Donau	NEUSATZ
serbisch f. Belgrad	BEOGRAD
Servier-, Auftrage-brett	TABLETT
Seschel-leninsel	LADIGUE
Seschel-leninsel	PRASLIN
Session, Konfe-renz	SITZUNG
Shetland-Insel	BRESSAY
sibirische Eis-meer-bucht	OBBUSEN
sibiri-scher Strom	IRTYSCH
sibiri-sches Hirtenvolk	JAKUTEN
sibirisches Mongo-lenvolk	TATAREN
sibirische Stadt am Angara	IRKUTSK
sibirische Stadt an Lena u. Kirenga	KIRENSK
ibirische Stadt an obol u. rtysch	TOBOLSK
icherheit Kredit-esen)	DECKUNG
cher-eitsglas	SEKURIT
cher-eits-stung	KAUTION
cher-its-gan	POLIZEI
che-gs-ppe	NACHHUT
htbarer weis	ZEICHEN

Siebener-gruppe	SEPTETT
Siebstoff, Gitter-gewebe	STRAMIN
Siedlung	KOLONIE
Siegel-abdruck	STEMPEL
Sieges-anwärter	FAVORIT
Sieg-frieds Schwert	BALMUNG
Signal-flagge	STANDER
Silikat-mineral	IDOKRAS
simpel	EINFACH
Singular	EINZAHL
Singvogel	AMARANT
Singvogel	DROSSEL
Singvogel	SCHWIRL
Sing-weise	MELODIE
Sinnes-täuschung	PHANTOM
Sinnes-wahr-nehmung	GEFUEHL
sinnfällig	KONKRET
sinnlos, sinn-widrig	PARADOX
Sinn-spruch, Merk-spruch	SENTENZ
sinnver-wandt	SYNONYM
Sippe	FAMILIE
Sirenen-geräusch	HEULTON
sittlich	ETHISCH
sittlicher Ruf	LEUMUND
Sitz der Ortsver-waltung	RATHAUS
Sitzsofa	KANAPEE
Sitzung	MEETING
Sitzung, Tagung	SESSION
Sitzungs-periode	SESSION

sizilian. Hafen-stadt	CATANIA
sizilian. Haupt-stadt	PALERMO
sizilian. Stadt am Ätna	PATERNO
Skandi-navier	SCHWEDE
skandi-navischer. Männer-name	HJALMAR
skandina-vischer Männer-name	FRITJOF
skandina-vischer Männer-name	LENNART
skandina-vischer Männer-name	TORSTEN
skandi-navisches Nagetier	LEMMING
skandi-navische Wühl-maus	LEMMING
Skelett	GEBEINE
Skelett	GERIPPE
Skelett-bestand-teil	KNOCHEN
Skipetar	ALBANER
Skisport, Skiwett-bewerb	SKIFLUG
Skizze	AUFRISS
Skizze	ENTWURF
Skizze	KONZEPT
Sklaven-schiff	GALEERE
Skulptur	PLASTIK
Slalom	TORLAUF
slawische Gottheit	TRIGLAW
slowak. Stadt an der Waag	PISTYAN

slowak. Stadt an der Waag	SILLEIN
slowen. Berg i. d. Jul. Alpen	TRIGLAV
slowen. Stadt an der Drau	MARBURG
slowen. Stadt an der Drau	MARIBOR
Snob	ANGEBER
Sockelmauer	PLINTHE
Sodbrennen	PYROSIS
Söhne d. Atreus	ATRIDEN
Sofa	KANAPEE
sofort, geradeaus	STRACKS
sofort löslich	INSTANT
Sohn v. Jakob	SEBULON
Sohn v. Kaiser Friedrich II.	MANFRED
Soldat	KRIEGER
Soldat	LANDSER
Soldat der techn. Truppe	PIONIER
Soldatenkleidung, Waffenrock	UNIFORM
Soldatenunterkunft	KASERNE
Sommerefeu	MIKANIA
Sommerwurz	WUERGER
sonderbar, ungewöhnlich	SELTSAM
Sonderraum	SEPAREE
Sonderrecht	MONOPOL
Sondervergütung	PRAEMIE
Sonnabend	SAMSTAG
Sonnendach	MARKISE
Sonnenfinsternis	EKLIPSE
Sonntag vor Ostern	LAETARE
sorgfältig	AKKURAT
Sorte	SPEZIES
sortieren	SONDERN
sortieren, ausscheiden	SICHTEN
sowjet. Dichter	KATAJEW
sowjet. Flugzeugkonstrukteur	MIKOJAN
sowjet. Flugzeugkonstrukteur	TUPOLEW
sowjet. Kernphysiker	KAPITZA
sowjet. Kosmonaut	CHRUNOW
sowjet. Kosmonaut	GAGARIN
sowjet. Kosmonaut	JEGEROW
sowjet. Kosmonaut	KOMAROW
sowjet. Kosmonaut	KUBASOW
sowjet. Kosmonaut	PAZAJEW
sowjet. Kosmonaut	WOLYNOW
sowjet. Marschall	SCHUKOW
sowjet. Politiker	KAMENEW
sowjet. Politiker, Staatschef	GROMYKO
sowjet. Politiker, Staatsmann	KALININ
sowjet. Politiker (Außenminister)	MOLOTOW
sowjet. Politiker (Min.-präs.)	MALENKO
sowjet. Schachweltmeister	SMYSLOW
sowjet. Schriftsteller	FADEJEW
Sowjetideologe	TROTZKI
Späher, Kundschafter	SPITZEL
spärlich fließen	RIESELN
spätgot. Kölner Maler	LOCHNER
Spalte	SCHLITZ
Spaltung, Trennung	TEILUNG
span. Architekt (Escorial)	HERRERA
span. Atlantikinselgruppe	KANAREN
span. Badeort am Tormes	LEDESMA
span. Barockdichter	GONGORA
span. Bildhauer	ALVAREZ
span. Bürgermeister	ALCALDE
span. Bürgermeister	ALKALDE
span. Cello-Virtuose	CASSADO
span. dadaistischer Maler	PICABIA
span. Dichter, Philosoph	UNAMUNO

span. Dichter (Nobelpreis)	JIMENEZ
span. Entdecker, Eroberer	ALMAGRO
span. Erzähler	ALARCON
span. Frauenname	DOLORES
span. Frauenname	JUANITA
span. Gitarrenvirtuose	SEGOVIA
span. Grenzstadt	BADAJOZ
span. Hafenstadt	ALMERIA
span. Hafenstadt in Afrika	MELILLA
span. Herrschername	ALFONSO
span. Herrschername	PHILIPP
span. Kap	ORTEGAL
span. Komponist	ALBENIZ
span. Konquistador	PIZARRO
span. Lyriker	GUILLEN
span. Männername	ALFONSO
span. Männername	SANCHEZ
span. Maler, Grafiker, Bildhauer	PICASSO
span. Maler (16./17. Jh.)	RIBALTA
span. Maler (17. Jh.)	MURILLO
span. manieristisch. Maler	MORALES
span. Maure	MORISKE
span. Mittelmeerinsel	MENORCA
span. Mystikerin, Heilige	THERESE
span. Pfeffer	PAPRIKA
span. Philosoph, Schriftsteller	GRACIAN
span. Pianist u. Komponist	ALBENIZ
span.-portugies. Schiffstyp	GALEONE
span. Provinz	ALMERIA
span. Provinz	BADAJOZ
span. Provinz	CACERES
span. Provinz in Andalusien	SEVILLA
span. Quecksilberstadt	ALMADEN
span. Saiteninstrument	BANDOLA
span. Stadt	CACERES
span. Stadt am Ebro	TORTOSA
span. Stadt am Guadalquivir	CORDOBA
span. Stadt am Guadiana	BADAJOZ
span. Stadt bei Barcelona	TARRASA
span. Stadt bei Valencia	SAGUNTO
span. Stadt in Andalusien	SEVILLA
span. Stadt in Marokko	MELILLA
span. Volkstanz	CACHUCA
span.: Biskaja	VIZCAYA
Spange	KLAMMER
Spanien	IBERIEN
Spanne	ABSTAND
Sparguthaben	EINLAGE
spartanischer Ältestenrat	GERUSIA
spartanische Schlachtordnung	PHALANX
Spaß	GAUDIUM
spaßig	DROLLIG
Spaßmacher	BAJAZZO
Spaßmacher	KOMIKER
Spateisenstein	SIDERIT
Spechtmeise	KLEIBER
Speckstein	STEATIT
Spedition, Verschickung	VERSAND
Speichelferment	PTYALIN
Speicher	MAGAZIN
Speise	GERICHT
Speisefisch	KARPFEN
Speisefisch	MAKRELE
Speise in Teighülle	PASTETE
Speisekrebs	GARNELE

Speisepilz	LORCHEL
Speisepilz	MORCHEL
Speisepilz	REHLING
Speiseraum in Kasernen	KANTINE
Speisezubereiterin	KOECHIN
Sperberfalke	HABICHT
Sperrung beim Buchdruck	SPATIUM
Spesen	AUFWAND
Spezialgebiet	DOMAENE
Sphäre	BEREICH
Spielbeginn	ANSPIEL
Spielbetrag	EINSATZ
Spielteilnehmer	SPIELER
Spießer	BANAUSE
Spießer	REHBOCK
Spind	SCHRANK
Spion, Agent	SPITZEL
Spionin	AGENTIN
Spiralnebel	GALAXIE
Spiritus	ALKOHOL
Spitzbohne	ARDISIE
Spitzel, Spion	SPAEHER
Spitzenschlager	MEGAHIT
spitzer Pflanzenteil	STACHEL
Spitzfindigkeit	FINESSE
Spleen	MAROTTE
splitterfreies Glas	SEKURIT
Spötter, bissiger Mensch	ZYNIKER
Sportanlage	BOXRING
Sportbetreuer	MANAGER
Sportfeld, Wettkampfstätte	STADION
sportl. Wettkampf	TURNIER
Sportlehrer	TRAINER
Sportmannschaft	STAFFEL
Sportruderboot	SKULLER
Sprache von Bangladesch	BENGALI
Sprachgestalter	STILIST
Sprechstörung	APHASIE
Sprengkraft	BRISANZ
Sprengstoff	DYNAMIT
Sprengstoff	ROBURIT
Spreu	SPELZEN
Springer beim Schach	ROESSEL
sprinten	SPURTEN
Sproßachse	STENGEL
Spruchgedicht	PRIAMEL
Sprung d. Artisten	KASKADE
spüren	FUEHLEN
Spürsinn	RIECHER
Spur	FAEHRTE
Spuren vom Federwild	GELAEUF
Staat auf der Apenninhalbinsel	ITALIEN
Staat auf der Pyrenäenhalbinsel	SPANIEN
Staat der USA	ALABAMA
Staat der USA	ARIZONA
Staat der USA	FLORIDA
Staat der USA	GEORGIA
Staat der USA	INDIANA
Staat der USA	MONTANA
Staat der USA	NEWYORK
Staat der USA	VERMONT
Staat der USA	WYOMING
staatenbildendes Insekt	TERMITE
Staatenbündnis	ENTENTE
Staatenbündnis, -bund	ALLIANZ
Staatenloser	APOLIDE
Staat im Nahen Osten	LIBANON
Staat im Nahen Osten	TUERKEI
Staat in Südafrika	LESOTHO
Staat in Westeuropa	BELGIEN
Staatsdiener	BEAMTER
Staatsgut	DOMAENE
Staatskunst	POLITIK
Staatskutsche	KAROSSE
Staatspräsident von Irak	HUSSEIN
Staatssprache in Burundi	KIRUNDI
Staatssprache von Sri Lanka	SINHALA

Staatssprache von Vanuatu	BISLAMA
Staatsteil in fremdem Gebiet	EXKLAVE
Stab	LEITUNG
Stab, Stock	STECKEN
Stachelhäuter, Meerestier	SEEIGEL
stachlige Sukkulenten	KAKTEEN
Stadt a. d. Weißen Elster	LEIPZIG
Stadt am Elbe-Havel-Kanal	GENTHIN
Stadt am Kuban-Fluß	ARMAWIR
Stadt am Lippekanal	WALTROP
Stadt am Mississippi (Ohio)	CLINTON
Stadt am Neuenburger See	YVERDON
Stadt am Niederrhein	HOMBERG
Stadt am Rhein-Herne-Kanal	BOTTROP
Stadt am Spessart	ALZENAU
Stadt am Teutoburger Wald	DETMOLD
Stadt am unteren Nil	MANSURA
Stadt an Altmühl u. Donau	KELHEIM
Stadt an der Memel	WARBURG
Stadt an der Elbe	ROSSLAU
Stadt an der Freiberger Mulde	DOEBELN
Stadt an der Freiberger Mulde	LEISNIG
Stadt an der Glonn	AIBLING
Stadt an der Lahn	LAASPHE
Stadt an der Loire	AMBOISE
Stadt an der Oder	BRESLAU
Stadt an der Odermündung	STETTIN
Stadt an der Peene	MALCHIN
Stadt an der Regnitz	BAMBERG
Stadt an der Rhone	AVIGNON
Stadt an der Ruhr	KETTWIG
Stadt an der Rur (NRW)	JUELICH
Stadt an der Schlei	KAPPELN
Stadt an der Schwäb. Alb	EHINGEN
Stadt an der Schwalm	ALSFELD
Stadt an der Selenga	ULANUDE
Stadt an der Spree	COTTBUS
Stadt an der Themse	WINDSOR
Stadt an der Uchte	STENDAL
Stadt an der Werra	EISFELD
Stadt an der Werre (NRW)	HERFORD
Stadt an der Weser	RINTELN
Stadt an der Weser (NRW)	HOEXTER
Stadt an der Wolga	KALININ
Stadt an der Wupper	OPLADEN
Stadt an Fulda, Werra u. Weser	MUENDEN
Stadt an Mosel u. Rhein	KOBLENZ
Stadt an Wied u. Mittelrhein	NEUWIED
Stadt auf den Philippinen	BACOLOD
Stadt auf der Schwäb. Alb	EBINGEN
Stadt auf Java	BANDUNG
Stadt auf Kiuschiu (Japan)	FUKUOKA
Stadt auf Madagaskar	MAJUNGA
Stadt auf Madagaskar	TOLIARY
Stadt auf Mallorca	MANACOR
Stadt auf Sardinien	TORTOLI
Stadt auf Sizilien	MILAZZO
Stadt bei Berlin	POTSDAM
Stadtburg von Granada	ALCAZAR
Stadt im Allgäu	BUCHLOE

7

Stadt im Allgäu	FUESSEN
Stadt im Allgäu an der Iller	KEMPTEN
Stadt im Bergischen Land	SCHWELM
Stadt im Bergischen Land	VELBERT
Stadt im Fichtelgebirge	ARZBERG
Stadt im französ. Depart. Calvados	FALAISE
Stadt im Hunsrück	MORBACH
Stadt im Hunsrück	SIMMERN
Stadt im Jagstkreis	HEUBACH
Stadt im Kanton Zürich	BUELACH
Stadt im Libanon	BAALBEK
Stadt im Münsterland	DUELMEN
Stadt im Niederrhein. Tiefland	GELDERN
Stadt im Niederrhein. Tiefland	VIERSEN
Stadt im nördl. Venezuela	MIRANDA
Stadt im NO von Moskau	IWANOWO
Stadt im Pustertal	BRUNECK
Stadt im Ruhrgebiet	BOTTROP
Stadt im Ruhrgebiet a.d. Lippe	HALTERN
Stadt im Saarland	HOMBURG
Stadt im Schwarzwald	WOLFACH
Stadt im span. Baskenland	VITORIA
Stadt im Staat New York	YONKERS
Stadt in Alberta (Kanada)	CALGARY
Stadt in Andalusien	LINARES
Stadt in Aserbeidschan	ARDEBIL
Stadt in Babylonien	BABYLON
Stadt in Bayern	AICHACH
Stadt in Böhmen	KLATTAU
Stadt in Brandenburg	BEESKOW
Stadt in Brandenburg	COTTBUS
Stadt in Brandenburg	NEUDAMM
Stadt in Burgund	AUXERRE
Stadt in Burgund	BELFORT
Stadt in Burgund	MOULINS
Stadt in Connecticut (USA)	BRISTOL
Stadt in Connecticut (USA)	MILFORD
Stadt in Costa Rica	CARTAGO
Stadt in der Eifel	BITBURG
Stadt in der Fränkischen Schweiz	PEGNITZ
Stadt in der Lombardei	BRESCIA
Stadt in der Lüneburger Heide	MUNSTER
Stadt in der Mongolei	DARCHAN
Stadt in Florida	KEYWEST
Stadt in Guatemala	SANJOSE
Stadt in Hessen	ALSFELD
Stadt in Hessen	LIMBURG
Stadt in Island	AKRANES
Stadt in Island	HUSAVIK
Stadt in Israel	ASKALAN
Stadt in Jemen	NUKALLA
Stadt in Kalifornien (USA)	SANJOSE
Stadt in Kansas (USA)	WICHITA
Stadt in Kasachstan	ALMAATA
Stadt in Korea (Nord)	KAESONG
Stadt in Lettland	JELGAWA
Stadt in Liechtenstein	BALZERS
Stadt in Malaysia	KUCHING
Stadt in Malaysia	MALACCA
Stadt in Malaysia	TAIPING
Stadt in Mali	SIKASSO
Stadt in Manitoba (Kanada)	BRANDON

Stadt in Massachusetts (USA)	CHELSEA
Stadt in Mecklenburg	TETEROW
Stadt in Michigan (USA)	DETROIT
Stadt in Michigan (USA)	PONTIAC
Stadt in Mosambik	CHIMOIO
Stadt in Neubrandenburg	TEMPLIN
Stadt in New Jersey (USA)	HOBOKEN
Stadt in Nicaragua	GRANADA
Stadt in Niedersachsen	EINBECK
Stadt in Nigeria	KATSINA
Stadt in Nigeria	OSHOGBO
Stadt in Nord- aden	MOSBACH
Stadt in Nord- olland	HAARLEM
tadt in lord- olland	ZAANDAM
tadt in ord- orea	HAMHUNG
tadt in ord- ein- estfalen	DATTELN
adt in ord- ein- estfalen	DUELKEN
adt in er- nken	BAMBERG
dt in tario nada)	CHATHAM
Stadt in Ostholstein	MALENTE
Stadt in Ostpommern	TREPTOW
Stadt in Pennsylvanien (USA)	CHESTER
Stadt in Pennsylvanien (USA)	HANOVER
Stadt in Pennsylvanien (USA)	READING
Stadt in Pommern	ALTDAMM
Stadt in Pommern	BELGARD
Stadt in Pommern	GOLLNOW
Stadt in Pommern	GRIMMEN
Stadt in Pommern	KOESLIN
Stadt in Pommern	NAUGARD
Stadt in Puerto Rico	ARECIBO
Stadt in Rheinland-Pfalz	BENDORF
Stadt in Ruanda	GISENYI
Stadt in Sachsen	OSCHATZ
Stadt in Sachsen-Anhalt	KOETHEN
Stadt in Saudi-Arabien	DHAHRAN
Stadt in Schlesien	REINERZ
Stadt in Somalia	BARDERA
Stadt in Sri Lanka	NEGOMBO
Stadt in Südafrika	HANOVER
Stadt in Südmexiko	CHIAPAS
Stadt in Swasiland	MANZINI
Stadt in Tennessee	MEMPHIS
Stadt in Texas	HOUSTON
Stadt in Tschad	MOUNDOU
Stadt in Uganda	ENTEBBE
Stadt in Unterfranken	HOFHEIM
Stadt in Venezuela	CARACAS
Stadt in Venezuela	MATURIN
Stadt in Vietnam	HOABINH
Stadt in Vorarlberg	BLUDENZ
Stadt in Wales	DENBIGH
Stadt in Washington (USA)	SPOKANE
Stadt in Zaire	KANANGA
Stadt in Zaire	NJANGWE
Stadt nahe der Marne-Quelle	LANGRES
Stadtteil von Berlin	MALCHOW
Stadtteil von Düsseldorf	BENRATH
Stadtteil von Duisburg	HAMBORN
Stadtteil von Frankfurt	HOECHST
Stadtteil von Frankfurt	NORDEND
Stadtteil von Frankfurt	WESTEND
Stadtteil von Hamburg	HARBURG

7

Stadtteil von Karlsruhe	DURLACH
Stadtteil von München	MOOSACH
Städter	BUERGER
ständig	DAUERND
Stärkekleister	DEXTRIN
stärkend	TONISCH
stärkespaltendes Ferment	MALTASE
Stärkungsmittel	TONIKUM
Stahlplattenklavier	CELESTA
Stahlroß	FAHRRAD
Stampfgerät	STEMPEL
Stand, Klasse	SCHICHT
Standort	STATION
Standplastik	STABILE
Standpunkt	DOKTRIN
Stangen-, Wurzelgemüse	SPARGEL
Stangengebiß d. Pferdegeschirrs	KANDARE
Stanzstempel	MATRIZE
stapeln	HAEUFEN
starr blicken	STARREN
starr blicken	STIEREN
Start	ABFAHRT
statthaft	ERLAUBT
Statur	GESTALT
Statut, Verfassung	SATZUNG
Stechheber	PIPETTE
Stechmücke	MOSKITO
Stechmücke	SCHNAKE
Stechorgan, Insektenwaffe	STACHEL
Stechwerkzeug	STICHEL
steifer Herrenhut	HOMBURG
Steilfeuergeschütz	MOERSER
Stein der Weisen	ELIXIER
Steingarten	ALPINUM
Steingut	TONWARE
Steinhuhn	ROTHUHN
Steinkraut	ALYSSUM
Steinobst	KIRSCHE
Steinobst	PFLAUME
steinreicher Mann	KROESUS
Steinschneidekunst	GLYPTIK
Steinwüste d. Sahara	HAMMADA
Steißfüßervogel	TAUCHER
Stellungnahme	MEINUNG
Stelzvogel, Ibis	SICHLER
Stemmeisen	MEISSEL
Stempel	ABDRUCK
Stempel (botan.)	GRIFFEL
Steptänzer	STEPPER
Stern	POLARIS
Sternbild	COLUMBA
Sternbild	DELPHIN
Sternbild	DREIECK
Sternbild	EINHORN
Sternbild	FUELLEN
Sternbild	GIRAFFE
Sternbild	KENTAUR
Sternbild	KRANICH
Sternbild	PEGASUS
Sternbild	PERSEUS
Sternbild	PHOENIX
Sternbild	SEXTANT
Sternbild	ZENTAUR
Sternbild (Eidechse)	LACERTA
Stern im Eridanus	ACHENAR
Stern in der Carina	CANOPUS
Stern in der Carina	KANOPUS
Stern in der Hydra	ALPHARD
Steuer	LENKRAD
stichhaltig	TRIFTIG
Stickoyxdul	LACHGAS
stiebitzen	NASCHEN
Stieleinglas	LORGNON
Stierkämpfer	MATADOR
Stierkampf	CORRIDA
Stifter, Schenkender	DONATOR
Stift für Theologiestudenten	KONVIKT
Stiftsherr	DOMHERR
Stiftungsverwalter	KURATOR
Stilepoche	KLASSIK
Stilepoche	ROMANIK
still	LAUTLOS
Stiller Ozean	PAZIFIK
stimmgewaltiger griech. Held	STENTOR

Stimmritze	GLOTTIS
stimmungsvoll	LYRISCH
stirnseitig (medizin.)	FRONTAL
Stör, Kaviarlieferant	STERLET
Stoff	MATERIE
Stoffgemisch	GEMENGE
Stollen im Bergbau	GALERIE
storchähnlicher Vogel	KRANICH
Storchschnabelgewächs	GERANIE
Stoß	ANPRALL
Stoß, Schlag	PULSION
strafende Gerechtigkeit	NEMESIS
Strafstoß beim Eishockey	PENALTY
Strahlenkranz	AUREOLE
Straßenbelag	ASPHALT
Straßenbeleuchtung	LATERNE
Straßendecke	MAKADAM
traßen-äuber	BRIGANT
trauß	BOUQUET
treckung	DEHNUNG
treicheln	KRAULEN
treich-arn-webe	MARENGO
reit, -hwerde	QUERELE
reiterei	GEZAENK
eit-spräch	DEBATTE

streng, schonungslos	RIGOROS
Strolch, Vagabund	STROMER
Stromdraht	LEITUNG
Struktur	GEFUEGE
studentische Kneipe	KOMMERS
studentischer Trinkgruß	FIDUZIT
studentische Sitte	KOMMENT
Studio	ATELIER
Stücklohn im Bergbau	GEDINGE
Stückzahlmaß	DUTZEND
Stützbalken	TRAEGER
Stütze	GESTELL
Stütze	KRUECKE
Stützholz im Bergbau	STEMPEL
Stützverband	BANDAGE
Stufe d. Tertiärs	MIOZAEN
stufenförmiger Wasserfall	KASKADE
Stufengestell	ETAGERE
stummer Bühnendarsteller	STATIST
Stumpf	STOPPEL
Stumpf, kurzes Ende	STUMMEL
Stundenglas	SANDUHR
Sturmlücke	BRESCHE
sturmreicher Atlantikgolf	BISKAYA
Sturzsee	BRECHER

stutzen, verkürzen	TRIMMEN
Stutzer	ANGEBER
Stutzer	ELEGANT
Substanz gegen Thrombosen	HEPARIN
sudanes. Hauptstadt	KHARTUM
sudanes. Münze	PIASTER
sudanes. Stadt	KASSALA
sudanes. Stadt am Nil	DONGOLA
Sudanvolk	MALINKE
Sudanvolk	SONGHAI
südafrikan. Arzt	BARNARD
südafrikan. Fluß	LIMPOPO
südafrikan. Homeland	KWAZULU
südafrikan. Königreich	LESOTHO
südafrikan. Negerstamm	KAFFERN
südafrikan. Politiker	DEKLERK
südafrikan. Politiker (Nobelpr.)	LUTHULI
südafrikan. Provinz	KAPLAND
südafrikan. Sprachgruppe	NDEBELE
südafrikan. Zuluvolk	NDEBELE
südamerikan. Fluß	GUAPORE

7

süd-amerikan. Fluß	URUGUAY
süd-amerikan. Greif-vogel	HARPYIE
süd-amerikan. Hafen-stadt	LAPLATA
süd-amerikan. Haumesser	MACHETE
süd-amerikan. Haupt-stadt	CARACAS
süd-amerikan. Haupt-stadt	CAYENNE
süd-amerikan. Indianer	KARAIBE
süd-amerikan. Indianer-stamm	CHIBCHA
süd-amerikan. Indianer-stamm	GUARANI
süd-amerikan. Indianer-stamm	KARIBEN
südame-rikan. In-dianer-stamm	PUELCHE
süd-amerikan. Insel	MEXIANA
süd-amerikan. Kamel-schaf	GUANAKO
süd-amerikan. Kameltier	VIKUNJA
süd-amerikan. Land-schaft	GUAYANA
süd-amerikan. Münze	CENTAVO
süd-amerikan. National-held	BOLIVAR
süd-amerikan. Raubfisch	PIRANHA
süd-amerikan. Schrumpf-kopf	TSANTSA
süd-amerikan. Staat	ECUADOR
süd-amerikan. Staat	SURINAM
süd-amerikan. Staat	URUGUAY
süd-amerikan. Steppen-bewohner	LLANERO
süd-amerikan. Stinktier	SURILHO
Süd-amerika-ner	CHILENE
Südasiat	BIRMANE
süd-bulgar. Gebirge	RHODOPE
süd-chines. Fluß	SIKIANG
süd-chines. Stadt	KWEISUI
süd-chines. Stadt	NANNING
Süd-deutscher	BADENER
Süd-deutscher	SCHWABE
süddtsch. für Bläß-huhn	BELCHEN
süddtsch.: klettern	KRAXELN
süddtsch.: Kuß	BUSSERL
südeurop. Staat	ITALIEN
Süd-Europäer	ALBANER
südfranz. Departe-ment	AVEYRON
südfranz. Departe-ment	HERAULT
südfranz. Hafen-stadt	BAYONNE
südfranz. Stadt	AVIGNON
Süd-frucht	AVOCADO
süd-irische Stadt	DUNDALK
südital. Fluß	BRADANO
südital. Hafen-stadt	PORTICI
südital. Hafen-stadt	SALERNO
südital. Land-schaft	APULIEN
südital. Stadt	CASERTA
süd-korean. Stadt	KWANGJU
süd-korean. Stadt	TAEJEON
südländ. Gemüse-pflanze	FENCHEL
südlich-ste der Ionisch. Inseln	KYTHERA
süd-niederl. Stadt	HEERLEN
süd-niederl. Stadt	HELMOND
Südost-asiat	SIAMESE
südost-asiat. Rasse	WEDDIDE
südost-asiat. Staat	VIETNAM
südost-asiat. Volk	MALAIEN
südost-chines. Provinz	YUENNAN

südost-engl. Grafschaft	SUFFOLK
südost-engl. Hafen, Seebad	IPSWICH
Südosteuropäer	BULGARE
Südosteuropäer	RUMAENE
südost-franz. Departement	GIRONDE
südost-franz. Landschaft	GUYENNE
südost-franz. Landschaft	SAVOYEN
südost-irische Grafschaft	WEXFORD
südost-irische Stadt	WEXFORD
südost-italien. Hafenstadt	OTRANTO
südost-schott. Grafschaft	SELKIRK
süd-rumän. Stadt am Arges	PITESTI
süd-schott. Landschaft	LOTHIAN
süd-schwed. Landschaft	HALLAND
süd-schwed. Landschaft	SCHONEN
süd-schwed. Landschaft	SMALAND
süd-schweiz. Alpenpaß	SIMPLON
Südsee-Inselgruppe	FIDSCHI
Südserbe	BOSNIER
Südserbe	SLOWENE
Südslawe	BULGARE
Südslawe	SLOWENE
südspan. Provinz	CORDOBA
südspan. Provinz	GRANADA
südspan. Stadt	GRANADA
Südtiroler Alpenpaß	RESCHEN
Südtiroler Bergsteiger	MESSNER
Südtiroler Kurort	BRUNECK
Südtiroler Kurort	TOBLACH
Südtiroler Politiker	MAGNANO
Südwein, Süßwein	MARSALA
südwest-afrikan. Staat	NAMIBIA
süd-westdtsch. Landschaft	ORTENAU
südwest-engl. Hafenstadt	BRISTOL
südwest-europ. Staat	SPANIEN
Südwesteuropäer	SPANIER
südwest-finnische Stadt	TAMPERE
südwest-franz. Departement	CORREZE
südwest-franz. Fluß	GARONNE
südwest-indische Landschaft	MALABAR
südwest-irische Provinz	MUNSTER
sühnen	BUESSEN
Sündenbekenntnis	BEICHTE
sündigen	FREVELN
Süßspeise	AUFLAUF
Süßware	KONFEKT
Süßware	PRALINE
Suite (musikal.)	PARTITA
Sulfatmineral	ALUMNIT
Sultansname	BAJASIT
sumerische Göttin	ISCHTAR
Sumpf, Morast	SCHLAMM
Sumpffieber	MALARIA
sumpfig	BRUCHIG
Sumpfvogel	KIEBITZ
Sumpfvogel	KRANICH
Sundainsel	SUMATRA
Sundainsel	SUMBAWA
Supererfolg	MEGAHIT
Suppenschüssel	TERRINE
Symbol für Eitelkeit	SPIEGEL
Symbol für Tod	GERIPPE
Symbol für Tod	SKELETT
Symbol für Unschuld	EINHORN
Symbol für Unsterblichkeit	PHOENIX

Symptomekomplex	SYNDROM
Syntax	SATZBAU
syrischer Fluß zum Mittelmeer	ORONTES
syrische Stadt	LATAKIA
System	ORDNUNG
systematisches Verzeichnis	KATALOG
Tabakgift	NIKOTIN
Tabakkonsument	RAUCHER
Tabakware	ZIGARRE
Tadel, ernster Vorwurf	SCHELTE
Tadel, Strafpredigt	RUEFFEL
tätig sein	AGIEREN
tätig sein	HANDELN
täuschen	BLUFFEN
Täuschung	ARGLIST
Tagebuch	DIARIUM
Tagebuch	JOURNAL
Tagegelder	DIAETEN
Tagespresse	ZEITUNG
Tagfalter	ADMIRAL
Taggreifvogel	BUSSARD
Taggreifvogel	HABICHT
Tagung	KONVENT
Tagung, Zusammenkunft	SITZUNG
Takt, Ebenmaß	NUMERUS
Taktlosigkeit	FAUXPAS
taktvoll	DISKRET
Talar, Priestergewand	SOUTANE
Tal in Salzburg	GASTEIN
Talisman	AMULETT
Talmudteil	MISCHNA
Tanaro-Zufluß	BORMIDA
Tand	FLITTER
Tand, Trödel	PLUNDER
Tanz	LABAMBA
Tanz-Ensemble	BALLETT
Tanzlokal	DANCING
Tape, Magnetband	TONBAND
tapfer	BEHERZT
Tapferkeit	BRAVOUR
Tapferkeit	COURAGE
Tarnfärbung, Tarnung	MIMIKRY
Taschenspieler	GAUKLER
Tasteninstrument	KLAVIER
Tastorgan bei Tieren	FUEHLER
tatarisches Lammfell	TREIBEL
Tatendrang, Tatkraft	ENERGIE
Tatendrang, Tatkraft	SCHWUNG
tatkräftig, entschieden	RESOLUT
Tatsachenmensch	REALIST
tatsächlich	DEFACTO
tatsächlich	KONKRET
Taubenart	PURZLER
Taubenstößer	SPERBER
Tauchente	EISENTE
Taugenichts	LORBASS
Tauglichkeit	EIGNUNG
Tausch, Änderung	WECHSEL
tausend Milliarden	BILLION
Tausendschön	AMARANT
techn. Verfahren	FRAESEN
techn. Verfahren	GIESSEN
teerartige Masse	ASPHALT
Teerprodukt	BITUMEN
Teestube (engl.)	TEAROOM
Tee-wirkstoff	COFFEIN
Teil der Funkeinrichtung	ANTENNE
Teil der Mark Brandenburg	NEUMARK
Teil der Rätischen Alpen	BERNINA
Teil der Wasserwaage	LIBELLE
Teil des Armes	OBERARM
Teil des Atlantiks	NORDSEE
Teil des Baltikums	LIVLAND
Teil des Bruches	DIVISOR
Teil des Eßbestecks	LOEFFEL
Teil des Innenohrs	FENSTER
Teil des Motors	KUEHLER
Teil des Oberkörpers	RUECKEN
Teil des Skis	BINDUNG
Teil des Spielfelds	TORRAUM

Teil des Stillen Ozeans	SUEDSEE
Teil des Stillen Ozeans	SULUSEE
Teiler	DIVISOR
Teilhaber	PARTNER
Teilnahmslosigkeit	APATHIE
Teil von Äquatorialguinea	RIOMUNI
Teil von Großbritannien	ENGLAND
telefonisch bestellbares Mietauto	CALLCAR
telegrafieren	DRAHTEN
Tempo	KARACHO
Tendenz	NEIGUNG
Tentakel	FANGARM
Teppichart	BRUECKE
Teppichart	LAEUFER
Teppichart	TOURNAI
Terrierrasse	AIRDALE
Test, Erprobung	VERSUCH
testen, eichen	PRUEFEN
Teufel	LUZIFER
Textaus- egung	EXEGESE
Textfor- nulierung	FASSUNG
extil- rbeiterin	WEBERIN
extil- etrieb, uch- iacherei	WEBEREI
heater- atz	GALERIE
ieater- atz	PARKETT
eban. önigs- hn	OEDIPUS
Theiß-Zufluß	KOEROES
Thermometerskala	REAUMUR
thüring. Burg an der Saale	SAALECK
thüring. Glasbläserort	LAUSCHA
thüring. Luftkurort	ILMENAU
thüring. Stadt an der Ilm	WEINMAR
thüring. Stadt im Vogtland	SCHLEIZ
tibetan. Buddhist	LAMAIST
Tick	MAROTTE
tief, tiefgründig	PROFUND
Tiefdruckgebiet	ZYKLONE
tiefe Schüssel	TIMBALE
Tiefgefriergerät	FROSTER
tiefpflügen	RIGOLEN
Tiefpunkt	MINIMUM
Tiefseebodenregion	ABYSSAL
tieftönende Mandoline	MANDOLA
Tier-Abrichtung	DRESSUR
Tierbehausung	VOLIERE
Tiere fettfüttern	MAESTEN
Tierfett, Speisefett	SCHMALZ
Tierforscher	ZOOLOGE
Tiergruppe	SCHWARM
Tierkrankheit	ROTLAUF
Tierleiche	KADAVER
Tiernahrung	FRESSEN
Tierversteinerung	ZOOLITH
Tier-Weichteile	FLEISCH
Tintenfederhalter	FUELLER
Tip	HINWEIS
Tiroler Kurort an d. Zugspitze	LERMOOS
Tiroler Stadt am Inn	LANDECK
Tisch-Kugelspiel	BILLARD
Titaneisenerz	ILMENIT
Titelfigur bei Byron	MANFRED
Titelfigur bei Cocteau	BACCHUS
Titelfigur bei Debussy	PELLEAS
Titelfigur bei Goethe	WERTHER
Titelfigur bei Grabbe	DONJUAN
Titelfigur bei Hauptmann	HANNELE
Titelfigur bei Hebbel	HERODES
Titelfigur bei Honegger	JOHANNA
Titelfigur bei Monteverdi	POPPAEA
Titelfigur bei Mozart	BASTIEN
Titelfigur bei Rossini	BARBIER

Titelfigur bei Shaw	JOHANNA
Titelfigur bei Verdi	MACBETH
Titelfigur bei Wolf-Ferrari	SUSANNE
Titelfigur bei Youmans	NANETTE
Titelträger	TITULAR
Tochter v. Äolus	ALKYONE
Tochter v. Agamemnon	ELEKTRA
Tochter v. Klytämnestra	ELEKTRA
Tochter v. Minos	ARIADNE
Tochter v. Nereus	NEREIDE
tönernes Blasinstrument	OKARINA
Töpferkunst	KERAMIK
Töpferware	KERAMIK
törichtes Gerede	GEFASEL
Toilette	KLOSETT
Toilettenartikel	BUERSTE
Toilettenartikel	SPIEGEL
tolerant	DULDSAM
Tollkirschengift	ATROPIN
Tolpatsch	TRAMPEL
Tonhalle	ORPHEUM
Tonintervall	SEKUNDE
Tonintervall	SEPTIME
Tonkünstler	MUSIKER
Tonware	KERAMIK
Torball, Rasenspiel	CRICKET
Torhüter, -wächter	PORTIER
torkeln, schwanken	TAUMELN
tote Last	BALLAST
Totenamt, -messe	REQUIEM
Totengeleit	KONDUKT
träg, träge	LANGSAM
Trägerplatte	PLATINE
Trägheit	PHLEGMA
Träumerei	REVERIE
tragender Bauteil	STUETZE
Tragfläche	FLUEGEL
Tragpfosten, Pfeiler	STUETZE
Tragsessel	SAENFTE
Tragstütze	PFEILER
Tragweite	AUSMASS
Trancezustand	HYPNOSE
Transozeanflugzeug	CLIPPER
Transportbehälter	HOBBOCK
Transporthubplatte	PALETTE
Tratsch	KLATSCH
Traubenzucker	GLUKOSE
Traubenzucker	GLYKOSE
Trauerzug	KONDUKT
Trecker, Schlepper	TRAKTOR
Treffen	MEETING
Tremor	ZITTERN
Trend, Strömung	TENDENZ
trennen	SPALTEN
Treppe	AUFGANG
Treppe b. Schiff u. Flugzeug	GANGWAY
treuer Gefolgsmann	PALADIN
Treulosigkeit	UNTREUE
Triangel, Trigon	DREIECK
Trichtermündung	AESTUAR
trocknen	DOERREN
Trödel	ALTWARE
trojan. Priester	LAOKOON
trojan. Prinz	TROILOS
trojan. Sagenkönig	PRIAMOS
Trommelschläger	TAMBOUR
Trompetenbaum	KATALPA
Trompetensignal	FANFARE
Tropenkrankheit	TRACHOM
Tropenvogel	PAPAGEI
tropische Ölpflanze	ERDNUSS
tropische Schalenfrucht	ERDNUSS
tropische weiße Ameise	TERMITE
trostlos	DESOLAT
trotzdem	DENNOCH
Trümmer, Bruchstück	SCHERBE
Trugbild	PHANTOM
Trugbild, Gespenst	SCHEMEN
Truhe mit Schiebekasten	KOMMODE
Trumpf im Kartenspiel	COULEUR

Trunkenbold	SAEUFER
Truppeneinheit	VERBAND
Truppenteil	BRIGADE
Truppenunterkunft	KASERNE
Trust	KONZERN
tschech. Autor (Nobelpreis)	SEIFERT
tschech. Dirigent	NEUMANN
tschech. Dirigent, Komponist	KUBELIK
tschech. Historiker, Dichter	PALACKY
tschech. Landesteil	BOEHMEN
tschech. Landesteil	MAEHREN
tschech. Name v. Olmütz	OLOMOUC
tschech. Name v. Ostrau	OSTRAWA
tschech. Politiker	SVOBODA
schech. Schriftstellerin	NEMCOVA
schech. Stadt an der March	OLMUETZ
schech. Stadt an der Oppa	TROPPAU
checho-owak. omponist	JANACEK
checho-owak. omponist	SMETANA
checho-wak. litiker	BENESCH
checho-wak. litiker	MASARYK

tschecho-slowak. Sportler	ZATOPEK
Tuba	HELIKON
Tücke	ARGLIST
Tümmler	DELPHIN
tünchen	WEISSEN
Tür, Türe	AUSGANG
Türkensäbel	JATAGAN
türkische Hafenstadt	ANTALYA
türkische Insel	TENEDOS
türkischer Fluß in NW-Anatolien	SAKARYA
türkischer Ortsvorsteher	MUCHTAR
türkischer Politiker, Staatschef	GUERSEL
türkischer Schwarzmeerhafen	TRABZON
türkischer Sultan	BAJAZET
türkischer Sultansname	MUSTAFA
türkischer Verwaltungsbezirk	WILAJET
türkische Stadt	BERGAMA
türkische Stadt	ISPARTA
türkische Stadt am Menderes	DENIZLI
Türpocher	KLOPFER
Türschließer, Türsteher	PORTIER
tugendhaft	ACHTBAR
Tumult	AUFRUHR
tunesische Münze	MILLIME

tunesischer Politiker	BURGIBA
Tungusenstamm	SOLONEN
tungusischer Volksstamm	LAMUTEN
Turktatare	KIRGISE
Turkvolk	KUMANEN
Turkvolk	USBEKEN
Turmalin	SCHOERL
turmartiger Aufsatz	LATERNE
Turnerstellung	SPREIZE
Turnierreiterin	AMAZONE
Turnübung	BRUECKE
Turnübung	HANGELN
Tusch	FANFARE
Übelbefinden	MALAISE
übelgesinnt	ILLOYAL
übellaunig	GRANTIG
Übeltäter	FREVLER
üben	SCHULEN
überbackene Speise	AUFLAUF
übereinstimmend	KONFORM
Überfahrt	PASSAGE
Überführung bei Straßen	BRUECKE
Überführung bei Straßen	VIADUKT
Übergangslösung	INTERIM
übergenau	PENIBEL

7

überhängendes Schneebrett	WAECHTE
Überheblichkeit	DUENKEL
Überheblichkeit	HOCHMUT
überirdisch, übernatürlich	MAGISCH
überlebt	ABGETAN
übermäßig Ehrgeiziger	STREBER
überrascht, verwirrt	PERPLEX
Überschlag	KALKUEL
überseeischer Besitz	KOLONIE
übersorgfältig	PENIBEL
überspannt	GROTESK
übersteigert, übertrieben	MASSLOS
Überstrumpf, Wadenstrumpf	STUTZEN
Überzeugung	MEINUNG
Überziehanzug	OVERALL
üble Nachrede	AFFRONT
übler Geruch	GESTANK
übrigens	APROPOS
Übung	ROUTINE
Übungsflugzeug	GLEITER
Übungsleiter	TRAINER
üppig	OPULENT
Üppigkeit	OPULENZ
ukrain. Fluß zum Schwarzen Meer	DNJESTR
ukrain. Hafenstadt auf der Krim	KERTSCH
ukrain. Industriestadt	LUGANSK
ukrain. Kosakenhetman	MAZEPPA
ukrain. Mandoline	BANDURA
ukrain. Schwarzmeerhafen	CHERSON
ukrain. Slawe	RUTHENE
ukrain. Stadt am Bug	WINNIZA
ukrain. Stadt am Dnjepr	NIKOPOL
ukrain. Stadt an der Worskla	POLTAWA
ukrain. Stadt beim Donez	CHARKOW
Ulk	KLAMAUK
ulkig	KOMISCH
Ulme	RUESTER
um Almosen bitten	BETTELN
Umbrecher (Buchdruck)	METTEUR
Umbruch (Buchdruck)	METTAGE
Umfang	AUSMASS
Umfang, Dicke	STAERKE
Umfrage	ENQUETE
Umgang, Kommunikation	VERKEHR
Umgangssprache	DIALEKT
Umgangssprache	MUNDART
umgangssprachl.: erhalten	KRIEGEN
Umgebung, Gesichtskreis	SPHAERE
umgestalten	AENDERN
Umkippen von Schiffen	KENTERN
Umlage	BEITRAG
Umschichtigkeit, Wandel	WECHSEL
Umschrift (Münze)	LEGENDE
Umsicht	BEDACHT
umwandeln	AENDERN
unabhängig	ABSOLUT
unabhängig	AUTONOM
Unannehmlichkeit	MALAISE
unanständig	OBSZOEN
unbare Zahlungsweise	WECHSEL
unbebautes Land	OEDLAND
unbedeutend, nichtig	WERTLOS
unbedingt	PARTOUT
unbefugtes Jagen	WILDERN
Unbehagen	MALAISE
Unbehagen	MISSMUT
Unbekannter	FREMDER
unberechnet, unentgeltlich	UMSONST
unbescholten	INTEGER

unbestimmt, undurchsichtig	NEBULOS
unbeweglich	IMMOBIL
unehrlich	ILLOYAL
Unehrlicher	LUEGNER
uneingeschränkt	ABSOLUT
unelastisch	SPROEDE
unentbehrlich	OBLIGAT
unerbittlich, unnachgiebig	RIGOROS
unerforschtes Gebiet	NEULAND
unerläßlich	OBLIGAT
unerschrokken	BEHERZT
unfertiges Werkstück	ROHLING
unfruchtbare Gegend	OEDLAND
ungar. Adelsgeschlecht	ARPADEN
ungar. Adelsgeschlecht	BATHORY
ungar. Adelsgeschlecht	RAKOCZI
ungar. Dessertwein	TOKAIER
ungar. Dirigent	FRICSAY
ungar. Feldherr	HUNYADI
ungar. Freiheitskämpfer	KOSSUTH
ungar. Geigenvirtuose	JOACHIM
ungar. König	STEPHAN
ungar. Königsname	ANDREAS
ungar. Komponist	ABRAHAM
ungar. Komponist	DOHNANY
ungar. Name d. Plattensees	BALATON
ungar. Nationaldichter	PETOEFI
ungar. Nationaltanz	CSARDAS
ungar. Raab-Zufluß	RABNITZ
ungar. Stadt an d. Donau	WAITZEN
ungar. Stadt an d. Theiß	SZOLNOK
ungar. Verwaltungsbezirk	KOMITAT
ungar. Wein	ERLAUER
ungar. Wein	TOKAJER
ungebetener Zuschauer	KIEBITZ
ungedeckte Stelle	BLOESSE
Ungeheuer, Untier	MONSTER
ungeheuerlich	HORREND
ungehobelter Mensch	GROBIAN
ungekochte Nahrung	ROHKOST
ungenau	INEXAKT
ungepflegter Mensch	GAMMLER
ungeschickter Mensch, Tolpatsch	TOELPEL
ungesetzlich	ILLEGAL
Ungestüm	IMPETUS
Ungetüm	MONSTER
ungewaschen	DRECKIG
ungewöhnlich	ANORMAL
ungezogen	UNARTIG
ungezwungen	FORMLOS
ungezwungen	LAESSIG
unglasiertes Porzellan	BISKUIT
Ungleichmäßigkeit	AMETRIE
Unglück	ABSTURZ
Unglück	MALHEUR
Unheilbringerin	PANDORA
unheilvoll	OMINOES
unhöflicher Mensch	GROBIAN
unhöflicher Mensch	STOFFEL
Uniformschmuck	KOKARDE
Union, Vereinigung	VERBAND
Universitätsstadt in den USA	CORNELL
Universitätsstadt in den USA	HARVARD
Universitätsstadt in Portugal	COIMBRA
unklar	NEBULOS
unkompliziert	EINFACH
unlogisch	ABWEGIG
unlogisch	PARADOX
unmenschlich	INHUMAN

7

Unmut	MISSMUT
UNO-Generalsekretär	CUELLAR
unorigineller Imitator	EPIGONE
unparteiisch	NEUTRAL
Unparteiischer	ARBITER
Unrat	SCHMUTZ
Unrecht	INJURIE
unrechtmäßig	ILLEGAL
unredlich	ILLOYAL
Unruhe	KRAWALL
Unruhestifter	STOERER
unruhig	NERVOES
unsauber	DRECKIG
Unsinn	MUMPITZ
Unsinn	NONSENS
Unsinn, dummes Zeug	QUATSCH
unsinnig	SINNLOS
unstet, unruhig	RASTLOS
untätig	INAKTIV
untätig	MUESSIG
Unterarmknochen	SPEICHE
Unterbindung (Medizin)	LIGATUR
unterdrücken	KNEBELN
untere Bogenfläche	LEIBUNG
Untergestell v. Geschützen	LAFETTE
unterirdischer Gang	STOLLEN
Unterjacke	KAMISOL
Unterleib	ABDOMEN
Unterleibsbad	SITZBAD
Unternehmen	BETRIEB
Unternehmensleiter	MANAGER
Unternehmenszusammenschluß	KARTELL
Unternehmenszusammenschluß	KONZERN
Unterredung	DEBATTE
Unterrichtsstunde	LEKTION
unterste Grenze	MINIMUM
Untersuchung	ANALYSE
Untersuchung	ENQUETE
untertänig	ERGEBEN
unter Wasser gehen	TAUCHEN
Unterwassergeschoß	TORPEDO
Unterwelt	INFERNO
untreu	ILLOYAL
unumschränkter Herrscher	MONARCH
unversehrt	INTEGER
Unzahl, Riesenmenge	MYRIADE
unzüchtig	OBSZOEN
Uranglimmer	AUTUNIT
Uranus-Mond	MIRANDA
Uranus-Mond	TITANIA
Uranus-Mond	UMBRIEL
Urlauber	KURGAST
Urlauber, Reisender	TOURIST
ursprünglich	AUTOGEN
Urstoff	ELEMENT
Urstoff	MATERIE
Urteil, Wahrspruch	VERDIKT
Urteil fällen	RICHTEN
Urtonschiefer	PHYLLIT
Urwald	WILDNIS
Urwelttier	SAURIER
usbekische Stadt	BUCHARA
Vagabund, Landstreicher	STROLCH
Vagina	SCHEIDE
Varietékünstler	AKROBAT
Vater d. Volkswagens	PORSCHE
Vaterlandsfreund	PATRIOT
Vater v. Ajax	TELAMON
Vater v. Alexander d. Großen	PHILIPP
Vater v. Andromeda	KEPHEUS
Vater v. Antigone	OEDIPUS
Vater v. Isaak	ABRAHAM
Vater v. Ismael	ABRAHAM
Vater v. Ismene	OEDIPUS
Vater v. Odysseus	LAERTES
veilchenfarbig	VIOLETT
venezianischer Maler	BELLINI
venezianischer Maler (18. Jh.)	TIEPOLO

venezianisches Geschlecht	DANDOLO
venezolanisch-brasilian. Fluß	ORINOKO
venezolanische Hafenstadt	MARACAY
venezolanische Stadt	BARINAS
venezolanische Währung	BOLIVAR
ventillose Trompete	FANFARE
veränderlich	MUTABEL
verästelte Zeichnung im Gestein	DENDRIT
veraltet	OBSOLET
veraltet f. Apotheke	OFFIZIN
veraltet f. Bastard	BANKERT
veraltet f. Botschaft	ZEITUNG
veraltet f. Braut, Bräutigam	GESPONS
eraltet f. rief	BILLETT
eraltet f. amenimmer	BOUDOIR
eraltet f. rmittng	ENQUETE
raltet Flugesen	AVIATIK
raltet Fräun	JUNGFER
raltet f. seur	BARBIER
raltet f. tstrieb	MEIEREI
altet nker	ZEIDLER
veraltet f. meiden	FLIEHEN
veraltet f. Pachtgut	MEIEREI
veraltet f. Pionier	SAPPEUR
veraltet f. Rentner	RENTIER
veraltet f. Sarg	SCHREIN
veraltet f. Sonnenschirm	PARASOL
veraltet f. Trinkgeld	DOUCEUR
veraltet f. Vernehmungsrichter	AUDITOR
veraltet f. Verwundung	BLESSUR
veraltet f. Vormundschaft	KURATEL
veraltet f. Wallfahrer	PILGRIM
veraltet f. Zeitung	GAZETTE
veranstalten	MANAGEN
Veranstalter	MANAGER
Veranstaltung zugunsten v. Künstlern	BENEFIZ
Verband	BANDAGE
verbannen	AECHTEN
verbinden	KOPPELN
verbinden	KUPPELN
verbinden	LIIEREN
verbindlich	OBLIGAT
Verbindlichkeiten	PASSIVA
Verbindung	KONTAKT
Verbindung	LIAISON
Verbindungsl. v. Orten gl. mag. Abw.	ISOGONE
Verbindungslin. v. Orten gl. Luftdr.	ISOBARE
Verbindungsstelle	KONTAKT
Verbindungsstück	STUTZEN
Verbrauch	NUTZUNG
verbreitertes Rohrende	FLANSCH
Verbundart	LOETUNG
Verdacht	ARGWOHN
verdächtig	OMINOES
verdächtig, bedenklich	SUSPEKT
verderblich	RUINOES
verderbt	KORRUPT
verdicktes Pflanzenorgan	KNOLLEN
Verdienste	MERITEN
Verdrehung, Verwindung	TORSION
verdrießen	AERGERN
Verdruß	MISSMUT
vereinheitlicht	GENORMT
Vereinheitlichung	NORMUNG
vereinigen	LIIEREN
vereinsamt	DESOLAT
Verfahren	METHODE
Verfall	ABSTIEG
Verfall	KOLLAPS
verfolgt	GEHETZT
verformbar	BIEGSAM
Verführer	DONJUAN

Vergangenheitsform	PERFEKT
vergeblich	UMSONST
Vergeltung	AHNDUNG
Vergeltungsforderung	REGRESS
vergleichende Übersicht	SYNOPSE
Vergnügungsviertel in Paris	PIGALLE
Vergütung	ENTGELT
Vergütung für Ärzte, Autoren	HONORAR
verhältnismäßig	RELATIV
Verhältniswahlsystem	PROPORZ
Verhaltensmuster	PATTERN
Verhandlung	DEBATTE
Verhandlung	DISKURS
verharren	BLEIBEN
Verheiratete	EHEPAAR
Verkaufsapparat	AUTOMAT
Verkehrsmittel	AUTOBUS
Verkehrsmittel	OMNIBUS
Verkehrsweg, Fahrbahn	STRASSE
verkeiltes Meereis	PACKEIS
verkleckst	FLECKIG
Verkünder, Weissager	PROPHET
Verlängerungszeichen in d. Musik	FERMATE
Verlängerungszettel bei Wechseln	ALLONGE
Verlag	EDITION
verlangen	FORDERN
verlangsamen	BREMSEN
verlassene Gegend	EINOEDE
Verletzungsfolge	BLUTUNG
Verleumdung, üble Nachrede	RUFMORD
Verlust	AUSFALL
Verlust	DEFIZIT
Verlust des Geruchssinns	ANOSMIE
Vermächtnisnehmer	LEGATAR
Vermehrung	ZUWACHS
Vermehrung, Wachstum	ZUNAHME
vermeintlich	PUTATIV
Vermittlerin	AGENTIN
Vermittlungsbüro	AGENTUR
Vermögenseinbuße	VERLUST
vermuten	WAEHNEN
Vermutung	ANNAHME
Vernehmung, Einvernahme	VERHOER
verneinen	LEUGNEN
verneinend	NEGATIV
Vernichtung von Leben	TOETUNG
vernunftbegabtes Wesen	SUBJEKT
Vernunftsatz	APRIORI
vernunftwidrig	PARADOX
Verpflegung	NAHRUNG
Verpflegungssatz	PORTION
Verpflichtung	AUFLAGE
Verrat, Treubruch	FELONIE
Verrat, Wortbruch	UNTREUE
verringern	MINDERN
verrotten	GAMMELN
verrucht	RUCHLOS
Vers, Gedichtteil	STROPHE
Versamml. geistl. Würdenträger	KAPITEL
Versammlung	KONVENT
Verschlagenheit	ARGLIST
Verschleierung	TARNUNG
Verschluß	KLAUSUR
Verschluß	SCHLOSS
Verschrobenheit	MAROTTE
Verschwender	PRASSER
verschwiegen	DISKRET
Verschwörer gegen Cäsar	CASSIUS
Versehen	ERRATUM
versorgen	PFLEGEN

verspotten	HOEHNEN
Verständigungsmittel	SPRACHE
Versteigerung	AUKTION
versteinerter Kopffüßer	AMMONIT
versteinerter Seeigel	ECHINIT
verstiegen, verschroben	SKURRIL
Verteidiger (Fußball)	STOPPER
vertragsbrüchig	ILLOYAL
Vertragsvorbehalt	KLAUSEL
Vertretung	AGENTUR
Vertretungsvollmacht	PROKURA
verüben	BEGEHEN
Verwahrung, Widerspruch	PROTEST
verweichlichter Genießer	SYBARIT
Verwendbarkeit	EIGNUNG
verwickelt	KOMPLEX
Verwitterungsboden	LATERIT
verworren	ABSTRUS
Verwundung	BLESSUR
Verzeihungsersuchen	ABBITTE
verzerrt	GROTESK
verzierte Zimmerdecke	PLAFOND
Verzückung	EKSTASE
Viehfutter	MELASSE
Viehtrank	TRAENKE

vielfältig	KOMPLEX
vielgliedrige mathem. Größe	POLYNOM
vielschichtig	KOMPLEX
vielteilig	POLYMER
viereckige Fläche	GEVIERT
Vierkantholz	PFOSTEN
viersitzige Kutsche	BERLINE
Vierteljahr	QUARTAL
vierter amerikan. Präsident	MADISON
vierter Passionssonntag	LAETARE
vierter Sonntag nach Ostern	KANTATE
Vision	GESICHT
vital	LEBHAFT
Vitamin B_1	ANEURIN
Vitaminmangel-Krankheit	SKORBUT
Völkermord	GENOZID
Vogelart	KUCKUCK
Vogelhaus	VOLIERE
Vogelkraut, Wundkraut	WGERICH
Volk in Kamtschatka	ITELMEN
Volk in Mali	BAMBARA
Volk in Sri Lanka	TAMILEN
Volksstamm in den Karpaten	HUZULEN
volkstüml. f. Angina	BRAEUNE

volkstüml. f. ausgezeichnet	BESTENS
volkstüml. f. ausgezeichnet	PFUNDIG
volkstüml. f. entspannen	RELAXEN
volkstüml. f. Geld	MONETEN
volkstüml. f. Geld	SCHEINE
volkstüml. f. gleichgültig	SCHNURZ
volkstüml. f. Glück	SCHWEIN
volkstüml. f. Kino	KINTOPP
volkstüml. f. Kuß	SCHMATZ
volkstüml. f. Rheumatismus	REISSEN
volkstüml. f. Rüffel	ZIGARRE
volkstüml. f. Rüge	ANPFIFF
volkstüml. f. Schreiben	SCHRIEB
volkstüml. f. stehlen	MAUSERN
Volksvertretung	LANDTAG
Volkswirt	OEKONOM
volljährig	MUENDIG
voll machen	FUELLEN
vollpressen	STOPFEN
Vollschiff	KLIPPER
vollständig	PERFEKT
Vollstreckung	VOLLZUG
Vollzugsbeamter in den USA	SHERIFF
von innen kommend	ENDOGEN
von kurzer Dauer	EPHEMER

7

von vorn	FRONTAL
von vornherein	APRIORI
Vorbeimarsch	DEFILEE
vorbildlich, eigentümlich	TYPISCH
Vorderasiat	ISRAELI
Vorderasiat	JEMENIT
vorderasiat. Gebirge	LIBANON
vorderasiat. Sekte	JESIDEN
vorderasiat. Staat	LIBANON
vorderasiat. Staat	TUERKEI
vorderasiat. Strom	EUPHRAT
Vorderasien	LEVANTE
vorderindisch. Gebirge	NILGIRI
vorderindisch. heilig. Fluß	NARBADA
vorderindische Völkergruppe	MUNDARI
Vordermastteil	VORTOPP
Vorderseite	FASSADE
Vorentwurf	KONZEPT
Vorfall	EPISODE
Vorfall (mediz.)	PROLAPS
Vorfilm	TRAILER
vorgeschichtl. Hügelgrab	TUMULUS
vorgeschichtl. Zeit	VORZEIT
Vorhaben	ABSICHT
Vorhandenes	BESTAND
Vorhang	GARDINE
Vorhautverengung	PHIMOSE
vorher	FRUEHER
Vorkämpfer	PIONIER
Vorläufer, Vorbote	PRODROM
Vorläufer des Foxtrott	ONESTEP
vorläufige Regelung	INTERIM
Vorlaube, Hausvorbau	VERANDA
Vorlesung	LEKTION
Vorliebe	NEIGUNG
vormals	FRUEHER
Vormittagsveranstaltung	MATINEE
Vormund	KURATOR
Vorname	RUFNAME
Vorname der Dietrich	MARLENE
Vorname der Temple	SHIRLEY
Vorname von Churchill	WINSTON
Vorname von Huch	RICARDA
Vorname von Puccini	GIACOMO
Vorname von Renoir	AUGUSTE
Vorname von Shakespeare	WILLIAM
Vorname von van Gogh	VINCENT
Vorname von von Braun	WERNHER
vornehm, elegant	MONDAEN
Vornehmheit	ELEGANZ
Vorrat	RESERVE
Vorratsgebäude, -raum	MAGAZIN
Vorrecht	MONOPOL
Vorrecht des Ältesten	MAJORAT
Vorrecht des Letztgeborenen	MINORAT
Vorschlag	ANGEBOT
Vorsegel	KLUEVER
Vorsehung	FUEGUNG
Vorsilbe	PRAEFIX
Vorsitzender	PRAESES
Vorspiel	INTRADE
vorspringender Gebäudeteil	RISALIT
Vorstadt von Antwerpen	HOBOKEN
Vorstehhund	POINTER
Vorstellungsinhalt	BEGRIFF
Vorstellungsinhalt	GEDANKE
Vortäuschung	FIKTION
Vortragskünstlerin	DISEUSE
Vorübergehender	PASSANT
vorübergehendes Ereignis	EPISODE
vorurteilslos	LIBERAL
Vorwand	AUSREDE
Vorwurf	ANKLAGE
Vorzeichen	PRODROM
vorzüglich	EMINENT

Vulkan auf Hawaii	KILAUEA
Vulkaninsel vor Sizilien	VULCANO
Vulkan in Zentralafrika	KIRUNGA
vulkanisches Gestein	LIPARIT
vulkanisches Gestein	PORPHYR
Vulkankratervertiefung	CALDERA
Wacholder, Wacholdergetränk	KRAMMET
Wacholderbranntwein	GENEVER
Wachtturm	AUSGUCK
wackeln	ZITTERN
wackeln, taumeln	TORKELN
Wadenkrampf	KRAMPUS
während	SOLANGE
Währung n Honduras	LEMPIRA
Währung n Israel	SCHEKEL
Währung n Malaysia	RINGGIT
Währung Mauretanien	OUGUIYA
ährung osambik	METICAL
ährung caragua	CORDOBA
ärmere	KALORIK
ärmere	THERMIK
ffener	ARSENAL

wagemutig	BEHERZT
Wagendach	VERDECK
Waisenpfleger	KURATOR
Waisenpfleger	VORMUND
Walart	BLAUWAL
Waldhyazinthe	STENDEL
Waldmeister-Duftstoff	KUMARIN
Walfanggerät	HARPUNE
wallen	BRODELN
wallfahren	PILGERN
Wams	KAMISOL
Wandalenherrscher	WISUMER
Wandbehang	TEPPICH
Wandbrett	KONSOLE
Wandelröschen	LANTANA
Wanderung	AUSFLUG
Wandervolk	NOMADEN
Wandgestell	KONSOLE
Wandteppich	VERDURE
Wandverkleidung	LAMBRIS
Wappentier	EINHORN
Ware, Handelsgut	PRODUKT
Warenabsatz	VERKAUF
Warenliste	KATALOG
Warenlotterie	TOMBOLA
Warenspeicher	MAGAZIN
Warenvorrat	BESTAND

warmer Aufwind	THERMIK
Warmhalteplatte	RECHAUD
Warmluftauftrieb	THERMIK
warum	WESHALB
Warze	PAPILLE
Warze	VERRUCA
Waschvorgang	WAESCHE
Wasserblume	SEEROSE
wasserdichter Anstrich	GOUDRON
Wasserfahrzeug	DAMPFER
Wasserfall im Salzburger Land	GOLLING
Wasserfloh	DAPHNIE
Wasserglas (chem.)	SILIKAT
Wasserjungfer	LIBELLE
Wasserlache	PFUETZE
Wasserpflanze	TAENNEL
Wasserreservoir	STAUSEE
Wassersport	PADDELN
Wassersport	TAUCHEN
wassersportl. Veranstaltung	REGATTA
Wassersportler	PADDLER
Wassersportler	RUDERER
Wassersportler	TAUCHER
Wasserstelle	BRUNNEN
Wasserstoff-Isotop	TRITIUM
Wassersucht	HYDROPS

7

Wasserwirbel	STRUDEL
Wasserzapfstelle in Straßen	HYDRANT
Watvogel	KIEBITZ
Weberkante, Gewebekante	SALBAND
Wechselbezogener	TRASSAT
Wechselfieber	MALARIA
Wechselgebet	LITANEI
wechselseitig	MUTUELL
Weckruf	LAEUTEN
Wedel	FAECHER
Wegbereiter	PIONIER
Wegelagerer, Einbrecher	RAEUBER
Wehgeschrei	LAMENTO
Weiberfeind	MISOGYN
weibl. Edelhirsch	ROTTIER
weibl. Fisch	ROGENER
weibl. Kind	TOCHTER
weibl. Kindeskind	ENKELIN
weibl. Rollenfach	HEROINE
weiblich	FEMININ
weicher Glanz, Glanzüberzug	SCHMELZ
weicher Wollstoff	FLAUSCH
weiches Hagelkorn	GRAUPEL
weiches Zuckerwerk	FONDANT
Weichholz	LAERCHE
Weichsel-Zufluß	DREWENZ
Weichsel-Zufluß	DUNAJEC
Weichsel-Zufluß	RADOMKA
Weichsel-Zufluß	WISLOKA
Weichsel-Zufluß durch Danzig	MOTTLAU
Weichtier	MUSCHEL
weidmännischer Begriff	ALTTIER
weid nännischer Begriff	GEKROEN
Weihe	SEGNUNG
Weihnachtsgebäck	STOLLEN
Weimarer Kunstschule	BAUHAUS
Wein-Aroma	BOUQUET
Weinbaustadt an der Marne	EPERNAY
Weinberg	WINGERT
Weinberg-schädling	MEHLTAU
Weinberg-schädling	REBLAUS
Wein-Bezeichnung	EISWEIN
Wein-Bezeichnung	ROTWEIN
Weingeist	ALKOHOL
Weinmonat, Weinmond	OKTOBER
Weinort, -stadt am Rhein	BOPPARD
Weinort an der Mosel	ENKIRCH
Weinort in Südtirol	KALTERN
Wein-Prädikat	AUSLESE
weißer Burgunderwein	CHABLIS
weißer Hutpilz	MAIPILZ
Weißfisch	ROTAUGE
weißrussischer Fluß	PRIPJET
weißrussische Stadt	WITEBSK
weiter Mantel	HAENGER
weiter Uniformrock	LITEWKA
Welfenpartei	GUELFEN
Wellenreiten	SURFING
Welschkohl	WIRSING
weltlich	IRDISCH
Weltmeer	PAZIFIK
Weltschöpfer	DEMIURG
Weltstrom d. griech. Mythol.	OKEANOS
wendig	GEWANDT
Werksküche	KANTINE
Werkstätte	OFFIZIN
Werktag	FREITAG
Werkzeug des Bergmanns	GEZAEHE
Werra-Zufluß	HOERSEL
wertlose Pflanzen	UNKRAUT
Wertloses	PLUNDER

Wert-papiere	VALOREN
Wert-papiere, Wert-sachen	VALOREN
Wertpa-pierzins	RENDITE
Wert-schätzung	ACHTUNG
Wert-scheine der Inflation	NOTGELD
wertvoll	KOSTBAR
Wesens-kern	EXTRAKT
wesent-lich, grund-legend	PRIMAER
Wesfall	GENITIV
west-afrikan. Fluß	SENEGAL
west-afrikan. Insel	SAOTOME
west-afrikan. Republik	LIBERIA
west-afrikan. Staat	SENEGAL
vest-rgentin. Stadt	SANJUAN
westengl. Stadt am Wye	HERFORD
Vest-uropäer	BELGIER
est-anz. afen-adt	QUIMPER
estfries. sel	AMELAND
est-rman. amm	FRANKEN
est-rman. amm	FRIESEN
st-rman. k	SACHSEN
West-goten-könig	ALARICH
West-goten-könig	ATHAULF
West-goten-könig	SISIBUT
west-gotischer Bischof	ULFILAS
west-indische Gesangs-form	CALYPSO
westindi-sche Insel	ANTIGUA
west-indische Insel	JAMAIKA
west-indische Insel-gruppe	BAHAMAS
westindi-scher In-selstaat	GRENADA
west-indische Zitrone	LIMETTA
west-jordan. Stadt	NABULUS
westli-ches Nord-afrika	MAGHREB
west-mexikan. Staat	JALISCO
west-mexikan. Staat	NAYARIT
westpoln. Hafen-stadt	STETTIN
west-preuß. Weichsel-Zufluß	RADAUNE
west-sizilian. Hafen-stadt	MARSALA
west-ukrain. Stadt am Peltew	LEMBERG
Wett-kampf-ausbilder	TRAINER
Wichtig-tuer	ANGEBER
Wickel-bär	KINKAJU
Widerhall	ANKLANG
wider-natürlich	PERVERS
Wider-natürlich-keit	UNNATUR
wider-rechtlich	ILLEGAL
Widerruf	DEMENTI
Wider-schein	ABGLANZ
wider-sinnig	PARADOX
Wider-wille	ABSCHEU
Wieder-aufführung e. Stückes	REPRISE
Wieder-aufnahme	REPRISE
Wiener Komponist	RAYMOND
Wiener Musiker, Komponist	STRAUSS
Wiener Musiker, Komponist	ZIEHRER
Wiener Tänzerin	ELSSLER
Wiener Walzer-kompo-nist	STRAUSS
Wiesen-lolch	RAYGRAS
Wild-bienen-züchter	BEUTNER
Wildleder	CHAMOIS
Wildpfad	WECHSEL
Wildschaf	MUFFLON
Wildwest-film	WESTERN
Willens-stärke	ENERGIE
willentlich	BEWUSST

7

willfährig	FUEGSAM
willkürl. Bewegungsabläufe	MOTORIK
Wimpern, Zilien	FLIMMER
Wimperntusche	MASCARA
Windart in Kanada	CHINOOK
Windhund	AFGHANE
Windrichtung	NORDOST
Windröschen	ANEMONE
Wink	HINWEIS
Winkelfunktion	KOSINUS
Winkelfunktion	TANGENS
Winkelmaß	SEKUNDE
Winkelmeßgerät	SEXTANT
Winkelträger	KONSOLE
Winkelzug	FINESSE
Wintermonat	FEBRUAR
Wintersportanlage	BOBBAHN
Wintersportanlage	EISBAHN
Wintersportart	EISLAUF
Wintersportart	SKILAUF
Wintersportgelände	SKIHANG
Wintersportort im Thür. Wald	OBERHOF
winzig	MINIMAL
winziger Vogel	KOLIBRI
Wirbel	SPRUDEL
Wirbelsäulenende	SCHWANZ
Wirbelsäulenverkrümmung	KYPHOSE
Wirbelsäulenverkrümmung	LORDOSE
Wirbeltier	SAEUGER
wirklich	KONKRET
Wirklichkeitsmensch	REALIST
Wirkteppich	GOBELIN
Wirkungsbereich	SPHAERE
Wirkungskraft	DYNAMIK
Wirtschafterin	MAMSELL
wirtschaftl. Tätigkeit	GEWERBE
Wirtschaftskrieg	BOYKOTT
Wirtschaftsprüfer	REVISOR
Wirtschaftsverbund	KARTELL
Wirtschaftsverbund	KONZERN
Wirtschaftszweig	BRANCHE
Wißbegierde	NEUGIER
wissenschaftl. Erforschung	STUDIUM
Wissensdurst	NEUGIER
witzig	HUMORIG
witzig	SPASSIG
Wochenfluß (mediz.)	LOCHIEN
Wochentag	FREITAG
Wochentag	SAMSTAG
Wörterbuch, -verzeichnis	GLOSSAR
Wörterbuch, -verzeichnis	LEXIKON
wohlbeleibt	FUELLIG
Wohlgefallen	BEHAGEN
wohlhabend	BETUCHT
wohlschmekkend	DELIKAT
Wohltäter	GOENNER
Wohltat	BENEFIZ
wohlwollend	GENEIGT
wohlwollend, freundlich gesinnt	ZUGETAN
Wohnhausteil	WOHNUNG
Wohnraum auf Schiffen	KAJUETE
Wohnsitz, Wohnung	DOMIZIL
Wohnung und Kost	PENSION
Wohnwagen	CARAVAN
Wolfsmensch	WERWOLF
Wolfsmilchgewächs	KASSAVE
Wolga-Zufluß	SWIJAGA
Wolga-Zufluß	WETLUGA
wollene Sportjacke, Pullover	SWEATER
Wort	VOKABEL
Wortabkürzung im Stenogramm	KUERZEL

Wortschwall	BOMBAST
Wortteil	PRAEFIX
Wortverdreher	KASUIST
Wortwiederholung	ANAPHER
Wortwitz	KALAUER
wuchtig	LAPIDAR
Wühlmaus	ERDMAUS
Würde	GELTUNG
würfelförmig	KUBISCH
würfeln	KNOBELN
württ. Stadt a. d. Schwarzach	SAULGAU
württ. Stadt am Neckar	LAUFFEN
württ. Stadt am Neckar	MARBACH
Würzkraut	BEIFUSS
Würzkraut	QUENDEL
Würztunke	CATCHUP
Würztunke	KETCHUP
Würzwein	KLARETT
Wüste n Turknenistan	KARAKUM
Wüstenewohner	BEDUINE
Wüstenıchs	KARAKAL
Wüstling, chläger	ROHLING
undarzt	CHIRURG
unde	BLESSUR
under	MIRAKEL
underh	GROTESK
underttel	ARKANUM
nderttel	PANAZEE
Wundstarrkrampf	TETANUS
Wurfspieß mit Leine	HARPUNE
Wurstkraut	MAJORAN
Wurzelmännchen	ALRAUNE
Wut	INGRIMM
Zahlenergebnis	LOESUNG
Zahlenreihe	KOLONNE
Zahlform d. Hauptworts	NUMERUS
Zahl über d. Bruchstrich	ZAEHLER
Zahlungseinstellung	KONKURS
zahlungsfähig	SOLVENT
Zahlungsfähigkeit	SOLVENZ
Zahlungsmittel	BARGELD
Zahlungsort	DOMIZIL
Zahlungsunfähigkeit	KONKURS
Zahnfleischabszeß	PARULIS
Zahnheilkundiger	DENTIST
Zahnwal	DELPHIN
Zahnwal	POTTWAL
Zapfstelle f. Wasser	HYDRANT
Zarenname	NIKOLAJ
Zarenname	STEPHAN
Zarentochter	ZAREWNA
zart	DELIKAT
Zauber	HEXEREI
Zauberformel	ABRAXAS
zauberhaft	MAGISCH
Zauberkraft bei Naturvölkern	MULUNGU
Zauberkraft bei Naturvölkern	WAKONDA
Zauberschutzmittel	AMULETT
Zaubertrank	ELIXIER
Zauberwurzel	ALRAUNE
zaudern, säumen	ZOEGERN
Zaum	HALFTER
Zaunrübe	BRYONIE
Zeche	VERZEHR
Zechine	DUKATEN
Zehneck	DEKAGON
Zehnfußkrebs	GARNELE
Zehn Gebote	DEKALOG
zehnteilig	DEZIMAL
Zehntschaft	DEKURIE
Zehntschaftsleiter	DEKURIO
Zehrkraut	BETONIE
Zeichenerklärung	LEGENDE
Zeichen f. Sprachwiedergabe	SCHRIFT
Zeichenkunst	GRAPHIK
Zeichnungsvollmacht	PROKURA
Zeitabschnitt	PERIODE
Zeitbegriff	MORGENS
Zeitbericht	CHRONIK
Zeiteinheit, Zeitmaß	SEKUNDE

7

Zeitform des Verbums	PERFEKT
zeitlich begrenzt	ENDLICH
zeitnah	AKTUELL
Zeitraum	PERIODE
Zeitraum von fünf Jahren	LUSTRUM
Zeitschrift, Zeitung	JOURNAL
Zeitungsanzeige	ANNONCE
Zeitungsaufsatz	ARTIKEL
Zeitungsspalte	KOLUMNE
Zellengewebe	EPITHEL
Zellkern	NUKLEUS
Zellkerneiweiß	NUKLEIN
Zellkernteilung	AMITOSE
Zelluloseverbindung	VISKOSE
Zelt der Nomaden	KIBITKA
Zeltleben	CAMPING
zentralafrikan. Staat	KAMERUN
zentralarabisch. Hochland	NEDSCHD
zentralbrasilian. Stadt	GOIANIA
zentralfranz. Departement	ESSONNE
zentraliranische Stadt	ISFAHAN
zentraltürkische Stadt	KAYSERI
zerbrochen	ENTZWEI
Zergliederung	ANALYSE
Zerlegung	ANALYSE
Zerlegung	TEILUNG
Zerstören des Augenlichtes	BLENDEN
Zerstörungswütiger	WANDALE
Zeughaus	ARSENAL
Zeugnisnote	SEHRGUT
Zeus-Feststätte in Elis (GR)	OLYMPIA
Ziegenlaute	MECKERN
Ziel beim Schießen	SCHEIBE
Zielgerät	DIOPTER
Zierbaum	PLATANE
Zierfisch	PUNTIUS
Zierfisch	RASBORA
zierliche Antilope	GAZELLE
Zierpflanze	LOBELIE
Zierstrauch	KAMELIE
Zigarettenrest	STUMMEL
Zigarrenform	STUMPEN
Zigarrensorte	HAVANNA
Zigarrensorte	IMPORTE
Zigarrensorte	SUMATRA
Zimmerdecke	PLAFOND
Zimmervogel	PAPAGEI
Zimtbär	BARIBAL
Zinsabzug	DISKONT
Zipperlein	PODAGRA
Zirkuskünstler	AKROBAT
Zitronenkraut	MELISSE
Zitrosenharz	LADANUM
Zitrusfrucht	SATSUMA
Zitrusfrucht	ZITRONE
Zitrusfrüchte	AGRUMEN
Zitterton in der Musik	TREMOLO
zögerlich, schüchtern	ZAGHAFT
zögern	SAEUMEN
zögern	ZAUDERN
Zofe	JUNGFER
Zollpassierschein	TRIPTIK
Zopf	FLECHTE
Zubehör	BEIWERK
Zuber	BOTTICH
Zubodengehen	LANDUNG
Zucht	ORDNUNG
zuckern	SUESSEN
Zuckerwerk	KONFEKT
züchtig, tugendhaft	SITTSAM
Züchtigungsmittel	GEISSEL
Zündmittel	ZUENDER
Zufluß der Weißen Elster	PLEISSE
Zugang	EINLASS
zugetan	GEWOGEN
Zugmaschine	TRAKTOR
Zugvogel	DROSSEL
Zugvogel	KRANICH
Zugvogel	KUCKUCK
zu keiner Zeit	NIEMALS
Zukunftsform	FUTURUM
zuletzt	ENDLICH

7

zu lösende Aufgabe	PROBLEM
Zuluspeer	ASSAGAI
zum Hausgebrauch (latein.)	PRODOMO
zum Schädel gehörig	KRANIAL
zum Sturz bringen	FAELLEN
Zungenlaut	LINGUAL
Zupfinstrument	GITARRE
Zupfinstrument	MANDOLA
Zurechtweisung	LEKTION
Zurückhaltung	RESERVE
zurückschauen	UMSEHEN
zurückschlagen	KONTERN
Zusammenbau	MONTAGE
Zusammenbruch	DEBAKEL
Zusammenbruch	KOLLAPS
zusammendrücken	PRESSEN
Zusammenfall	KOLLAPS
Zusammenfassung	KOMPLEX
Zusammengekochtes	EINTOPF
zusammengeschlossen	VEREINT
Zusammengesetztes Ganzes	KOMPLEX
Zusammenhalt	BINDUNG
Zusammenhalt	KONTAKT
Zusammenhang	KONTEXT
Zusammenkunft	KONVENT
Zusammenkunft	MEETING
Zusammenschluß	ALLIANZ
Zusammenschluß	KARTELL
Zusammenschluß	VERBAND
Zusammenstellung	TABELLE
Zusatzbestimmung	KLAUSEL
Zusatzgerät	ADAPTER
Zuschnitt	MACHART
zuständige Stelle	INSTANZ
Zustandsform	STADIUM
zustellen	LIEFERN
Zustimmung	KONSENS
Zutat	BEIGABE
Zutat	BEILAGE
Zutritt	EINGANG
zwangsgetaufter spanisch. Jude	MARRANE
Zwangslage	DILEMMA
Zwangsschlaf	HYPNOSE
Zwangsschlaf	NARKOSE
zweidimensionales Gebilde	FLAECHE
zweifädig	BIFILAR
Zweifel, Bedenken	SKEPSIS
zweifelhaft	DUBIOES
zweifellos	FRAGLOS
zweigestaltig	DIMORPH
Zweigniederlassung	FILIALE
Zweigstelle	AGENTUR
Zweigstelle	FILIALE
zweijährlich	BIENNAL
zweipolig	BIPOLAR
Zweirad	FAHRRAD
zweirädriger Einspänner	DOGCART
zweiter Fall	GENITIV
zweiter Flugzeugführer	KOPILOT
zweiter Grasschnitt	GRUMMET
zweite Stufe der Tonleiter	SEKUNDE
zweitgrößte Stadt der USA	CHIKAGO
Zwerg, Heinzelmännchen	WICHTEL
Zwergkiefer	LATSCHE
Zwergpalme	PALMITO
zwicken	KLEMMEN
zwicken	KNEIFEN
Zwicker	KLEMMER
Zwicker	KNEIFER
Zwiebelart, Lauchpflanze	ZIPOLLE
zwiefach	DOPPELT
zwielichtige Angelegenheit	AFFAERE
zwiespältig	UNEINIG
Zwillingsbruder v. Remus	ROMULUS
Zwinger	BURGHOF

7

Zwischenraum	SPATIUM
Zwischenträger	MITTLER
Zwischenzeit, -zustand	INTERIM
zwölf Stück	DUTZEND
Zykladeninsel	AMORGOS
Zykladeninsel	KIMOLOS
zylindr. Hohlkörper	TROMMEL

Aalart	FLUSSAAL
aalartiger Fisch	NEUNAUGE
Aalraupe	TRUESCHE
Abart, Abwandlung	VARIANTE
Abbasidenkalif	ALMANSOR
Abc	ALPHABET
Abdachung, schiefe Ebene	SCHRAEGE
Abdecker	SCHINDER
Abdruck	PRAEGUNG
Abendland	OKZIDENT
Abendständchen	SERENADE
Abenteuer	ERLEBNIS
Abfahrt	AUFBRUCH
Abfall bei Schmelzprozessen	SCHLACKE
abfinden	ABGELTEN
Abfluß des Mauersees	ANGERAPP
Abfluß des Schluchsees	SCHWARZA
bfüllerät	TRICHTER
bfuhr, bweiung	MAULKORB
bgeimt	GERISSEN
bgeholz- Stelle	LICHTUNG
ge- lztes ald- ück	KAHLHIEB
ge- igt, ßmutig	UNWILLIG
geord- ten- ppe	FRAKTION
ge- dter	EMISSAER

Abgesandter, Apostel	SENDBOTE
Abgesang	AUSKLANG
abgeschieden	ISOLIERT
abgeschlossen	KOMPLETT
abgesondert	GETRENNT
abgesondert	ISOLIERT
abgespannt	ERMATTET
abgesprungenes Stück	SPLITTER
abgeteiltes Grundstück	PARZELLE
Abgottschlange	ANAKONDA
abhärten	STAEHLEN
abhanden	VERLOREN
abkanzeln, rügen	SCHELTEN
Abklatsch	KLISCHEE
Abkömmling	NACHFAHR
Abkommen	KONTRAKT
Ablagerung	SEDIMENT
Ablauf, Abfolge	PROGRAMM
Ablauf auf Schiffen	SPEIGATT
ablenken	UMLEITEN
Ablenkung (physikal.)	BRECHUNG
Ablösung (mediz.)	ABLATION
Abmachung	ABKOMMEN
Abmachung	KONTRAKT
Abmachung, Maßnahme	REGELUNG

abmalen	KOPIEREN
Abneigung	AVERSION
Abraumsalz	KIESERIT
Abrede	LEUGNUNG
Abrede, Zurücknahme	WIDERRUF
Absatzkartell	SYNDIKAT
absatzloser Schuh	MOKASSIN
abschätzen, einschätzen	TAXIEREN
Abscheu, Horror	SCHAUDER
Abschied, Scheidung	TRENNUNG
abschneiden	KUPIEREN
abschreiben	KOPIEREN
Abschrift	DUPLIKAT
abseits	ENTLEGEN
Absonderung, Teilung	TRENNUNG
Absperrung	BLOCKADE
Absperrvorrichtung	SCHIEBER
Abspreizer	ABDUKTOR
Abstammung	HERKUNFT
Abstellraum, Einstellraum	SCHUPPEN
Abstimmung	WAHLGANG
abstoßend	REPULSIV
Abszeß	FURUNKEL
abtreten, überlassen	ZEDIEREN
abtrünnig	UNGETREU
Abt von Clairvaux	BERNHARD
abwägen	BEDENKEN

8

Abwärtsfahrt	TALFAHRT
abwehren	PARIEREN
abweichend	ABNORMAL
abweichende Lesart	VARIANTE
Abweichung	ABIRRUNG
abweisen	ABLEHNEN
abwenden	ABKEHREN
abwickeln	ABROLLEN
Abzeichen	PLAKETTE
Abzug	KUERZUNG
Acht	AECHTUNG
Achtflächner	OKTAEDER
achtfüßiger Tintenfisch	OKTOPODE
Achtsamkeit	VORSICHT
Ackerkrume	ERDBODEN
Ackerrand	FELDSAUM
Ackerrettich	HEDERICH
Ackerunkraut	HOHLZAHN
Ackerunkraut	KORNRADE
Aconitum	EISENHUT
Adel	NOBLESSE
adelige Welt	NOBLESSE
Adlerart	SEEADLER
Admiral Alexanders d. Gr.	NEARCHOS
Adoration	ANBETUNG
adrett	GEPFLEGT
Äderung des Blattes	NERVATUR
ägypt. Bauer	FELLACHE
ägypt. Göttin	NEPHTHYS

ägypt. Grabdenkmal	PYRAMIDE
ägypt. Hafen am Sueskanal	ISMAILIA
ägypt. Hafen am Sueskanal	PORTSAID
ägypt. Herrscher	CHEPHREN
ägypt. Herrscher	TUTMOSIS
ägypt. Mondgöttin	BUBASTIS
ägypt. Stadt am Nil	BENISUEF
ägypt. Stadt im Nildelta	DAMIETTE
ähnlich geartet	VERWANDT
Ähnlichkeit	ANALOGIE
Ältestenrecht	SENIORAT
ändern, alternieren	WECHSELN
Änderung	WANDLUNG
Änderung der Erbanlage	MUTATION
Ärger, Mißmut	VERDRUSS
ärmelloser Umhang	PELERINE
ärmelloser Wettermantel	PELERINE
ärztl. Anstich	PUNKTION
ärztl. behandeln	KURIEREN
ärztl. Instrument	PINZETTE
äthiop. Stadt	DSCHIMMA
äußere Erscheinung	AUSSEHEN

äußeres Keimblatt	EKTODERM
afghan. Staatsvolk	PATSCHTU
afghan. Stadt	FAISABAD
afghan. Wüste	REGISTAN
afrikan. Dickhäuter	NILPFERD
afrikan. Fluß	KOMADUGU
afrikan. Hauptstadt	FREETOWN
afrikan. Hauptstadt	LILONGWE
afrikan. Hauptstadt	MONROVIA
afrikan. Horntier	ANTILOPE
afrikan. Sprache	NIAMBARA
afrikan. Steppenhuhn	PERLHUHN
afrikan. Zwergvolk	PYGMAEEN
Agavenfaser	ALOEHANF
Aggregatzustand	FLUESSIG
Agrikultur	ACKERBAU
Agronom	LANDWIRT
Aguti	GOLDHASE
Ahnenverehrung	MANISMUS
akadem. Examensnote	CUMLAUDE
akadem. Halbjahr	SEMESTER
akadem. Titel	MAGISTER
Akelei	GOLDWURZ
Aktenbündel	FASZIKEL
Aktenbündel	KONVOLUT
Aktion	HANDLUNG

Aktiva	GUTHABEN
akustisches Phänomen	NACHHALL
akustisches Seezeichen	HEULBOJE
Akzent	BETONUNG
akzeptieren	ANNEHMEN
Albaner	SKIPETAR
Albanien historisch	ILLYRIEN
albern	KINDISCH
alberner Schwätzer	SALBADER
Aleppo-nuß	PISTAZIE
Aleuteninsel	UNALASKA
Algenfisch, Büschelkiemer	SEENADEL
alger. Politiker	BENBELLA
alger. Stadt	KSONTINA
Alkalimetall	RUBIDIUM
Alkaloid	YOHIMBIN
Alkohol, Weingeist	SPIRITUS
lkoholiches Mixetränk	COCKTAIL
ll, niversum	WELTRAUM
llegorie, eichnis	SINNBILD
lein-err-chaft	DIKTATUR
lein-errscher	AUTOKRAT
ein-errscher	DIKTATOR
erdings	FREILICH
ergie-slöser	ALLERGEN
erorts, ent-ben	UEBERALL

alle Schlaginstrumente	BATTERIE
Allesfresser	OMNIVORE
allgemein	ALLSEITS
allgemeingültig	GENERELL
Allgemeinheit, Öffentlichkeit	PUBLIKUM
allgemeinverständlich	POPULAER
Allianz	BUENDNIS
Alliteration	STABREIM
allmählich	GRADUELL
Allotria	NARRETEI
Almanach	JAHRBUCH
Almanach	KALENDER
Almhirtin	SENNERIN
Alpenpaß	SEPTIMER
Alpenpflanze	GEMSWURZ
Alpensee	ACHENSEE
Alpensee	AMMERSEE
Alpenwirtschaft	SENNEREI
alphabetisches Inhaltsverzeichnis	REGISTER
alpiner Hutschmuck	GAMSBART
Alse	MAIFISCH
altaischer Volksstamm	TUNGUSEN
Altardach	ZIBORIUM
Altarstaffel	PREDELLA
Altartuch	PARAMENT
Altarüberbau	CIBORIUM
altbabylon. Königssohn	BELSAZAR
Altbuchhändler	ANTIQUAR

altchines. Philosoph	KONFUTSE
altchristliche Sekte	ADAMITEN
altdtsch. Vorname (männl.)	HELFRICH
altdtsch. Vorname (männl.)	HERIBALD
altdtsch. Vorname (männl.)	NEITHARD
alte Bez. f. Unteroffizier	KORPORAL
alte dtsch. Münze	GROSCHEN
alte dtsch. Münze	GULDINER
alte engl. Münze	FARTHING
alte Goldmünze	FLORENUS
alte Haartracht	FONTANGE
alter Gesellschaftstanz	ANGLAISE
alter Gesellschaftstanz	COTILLON
alter Name d. Bretagne	ARMORIKA
alter Name des März	LENZMOND
alter Name des Oktober	GILBHARD
alter Name des Oktober	WEINMOND
alter Name für Erdöl	STEINOEL
alter Name für Oktober	WINDMOND

alter Name Irlands	HIBERNIA
alte Römerstraße	VIAAPPIA
alter ostpreuß. Groschen	DITTCHEN
Altersschwäche	MARASMUS
alter Tanz	CHACONNE
altes astronom. Instrument	ASTROLAB
alte Satztechnik	BLEISATZ
altes Belagerungsgeschütz	BOMBARDE
altes Buch, Schmöker	SCHWARTE
alte Schußwaffe	ARKEBUSE
alte Schußwaffe	ARMBRUST
altes dtsch. Fürstenhaus	ASKANIER
altes Flüssigkeitsmaß	SCHOPPEN
altes Geschütz	BASILISK
altes gutes Automobil	OLDTIMER
altes Hohlmaß	SCHEFFEL
altes Kleidungsstück	KLAMOTTE
altes Kulturvolk in Kleinasien	HETHITER
altes Luftdruckmaß	MILLIBAR
altes Tanzspiel	KOTILLON
altes Wurfgeschütz	BALLISTE
alte Volksgruppe in Europa	GERMANEN
altfranz. Grafschaft	AUVERGNE
altfranz. Grafschaft bei Tours	TOURAINE
Altgeige	BRATSCHE
altgerman. Schlachtfeld	WALSTATT
altgriech. Bildhauer (Phidias-Schüler)	PAIONIOS
altgriech. Bildhauer (5. Jh. v. Chr.)	POLYKLET
altgriech. Dichter	ANAKREON
altgriech. Dichter, Bukoliker	THEOKRIT
altgriech. fahrender Sänger	RHAPSODE
altgriech. Gewand	HIMATION
altgriech. Gott	ALPHEIOS
altgriech. Gotteslästerer	SISYPHUS
altgriech. Held	ACHILLES
altgriech. Held vor Troja	DIOMEDES
altgriech. König v. Ithaka	ODYSSEUS
altgriech. Landschaft	AETOLIEN
altgriech. Landschaft	ARKADIEN
altgriech. Landschaft	BOEOTIEN
altgriech. Landschaft	LAKONIEN
altgriech. Lustspieldichter	MENANDER
altgriech. Philosoph	PLUTARCH
altgriech. Philosoph (Lehrer Platons)	SOKRATES
altgriech. Sagengestalt (Qualen)	TANTALUS
altgriech. Sagenvolk	PHAEAKEN
altgriech. Schriftsteller	PLUTARCH
altgriech. Todesgott	THANATOS
altgriech. Unterwelt	TARTARUS
altgriech. Windgott	ZEPHYROS
altind. Dichter	KALIDASA
altind. Dichtung	SAMAVEDA
altind. Gelehrtensprache	SANSKRIT
altind. Göttin des Glücks	LAKSCHMI
altiranisches Volk	SARMATEN
altitalisches Volk	HERNIKER
altitalisches Volk	SAMNITEN
altklug	NASEWEIS
altmexikanisches Volk	MIXTEKEN
altmexikanisches Volk	TOLTEKEN
altmodisch	UNMODERN

altorientalischer Volksstamm	ELAMITEN
altorientalischer Volksstamm	HEBRAEER
altorientalischer Volksstamm	KASSITEN
altpersisch. König	KAMBYSES
altpersisch. Landschaft	BAKTRIEN
altröm. Adelsgeschlecht	HORATIER
altröm. Beamter	PRAEFEKT
altröm. Beamter	QUAESTOR
altröm. Bürgerschaftsversamml.	KOMITIEN
altröm. Fabeldichter	PHAEDRUS
altröm. Feuergott	VULKANUS
altröm. Freiheitsgöttin	LIBERTAS
altröm. Gott des Grenzsteins	TERMINUS
altröm. Hauptmann	CENTURIO
altröm. Hundertschaft	ZENTURIE
altröm. Hundertschaftsführer	ZENTURIO
altröm. Kaiser	CALIGULA
altröm. Königin	LUKRETIA
altröm. Militäreinheit	CENTURIE
altröm. Oberpriester	PONTIFEX
altröm. Priester	HARUSPEX
altröm. Priesterin	VESTALIN
altröm. Siegesgöttin	VICTORIA
altröm. Staatsmann	ANTONIUS
altröm. Staatsmann	POMPEJUS
altröm. Straßenkarte	ITINERAR
altröm. Verschwörer	CATILINA
altröm. Volksteil	PLEBEJER
altröm. Volkstribun	GRACCHUS
altröm. Vollbürger	QUIRITEN
altröm. Waldgott	SILVANUS
altröm. Windgott	FAVONIUS
altsächsisches Heiligtum	IRMINSUL
alttestamentar. Jubelruf	HOSIANNA
Altwarenhändler	TROEDLER
Amaryllisgewächs	NARZISSE
Amazonas-Zufluß	PUTUMAYO
Amazonas-Zufluß	RIONEGRO
Amerika	NEUEWELT
amerikan. Aktien-Index	DOWJONES
amerikan. Architekt	SULLIVAN
amerikan. Astronaut	GARRIOTT
amerikan. Astronaut	MCDIVITT
amerikan. Astronaut	MITCHELL
amerikan. Astronaut	STAFFORD
amerikan. Automarke	CADILLAC
amerikan. Automarke	CHRYSLER
amerikan. Autor (Nobelpreis)	FAULKNER
amerikan. Ballspiel	BASEBALL
amerikan. Ballspiel	FOOTBALL
amerikan. Biochemiker (Nobelpr.)	KORNBERG
amerikan. Biochemiker (Nobelpr.)	VIGNEAUD
amerikan. Biologe (Nobelpreis)	NORTHROP
amerikan. Biophysiker (Nobelpr.)	HARTLINE
amerikan. Bucht	WHITEBAY
amerikan. Chemiker (Kautschuk)	GOODYEAR
amerikan. Chemiker (Nobelpreis)	LANGMUIR
amerikan. Chemiker (Nobelpreis)	LIPSCOMB
amerikan. Chemiker (Nobelpreis)	MULLIKAN
amerikan. Chemiker (Nobelpreis)	RICHARDS

amerikan. Chemiker (Nobelpreis)	WOODWARD
amerikan. Filmregisseur	DIETERLE
amerikan. Filmregisseur	FLAHERTY
amerikan. Filmregisseur	GRIFFITH
amerikan. Filmregisseur	HATHAWAY
amerikan. Filmschauspieler	CHANDLER
amerikan. Filmschauspielerin	CLARISSE
amerikan. Filmschauspielerin	CRAWFORD
amerikan. Filmschauspielerin	FONTAINE
amerikan. Filmschauspielerin	HAYWORTH
amerikan. Filmschauspielerin	WILLIAMS
amerikan. Fluß	DELAWARE
amerikan. Folkrockgruppe	THEBYRDS
amerikan. General (Nobelpreis)	MARSHALL
amerikan. General u. Politiker	MARSHALL
amerikan. Großindustrieller	CARNEGIE
amerikan. Indianerstämme	ALGONKIN
amerikan. Jazzbandleader	WHITEMAN
amerikan. Jazzkomponist, -musiker	SCHULLER
amerikan. Jazzkomponist, -pianist	TRISTANO
amerikan. Jazzkomponist, -pianist	WILLIAMS
amerikan. Jazzpianist	SULLIVAN
amerikan. Jazzsänger	CALLOWAY
amerikan. Jazzsaxophonist	COLTRANE
amerikan. Jazzsaxophonist	MULLIGAN
amerikan. Jazztrompeter	ELDRIDGE
amerikan. Jazztrompeter	WILLIAMS
amerikan. Komponist	CHADWICK
amerikan. Komponist	GERSHWIN
amerikan. Komponist	SESSIONS
amerikan. Krimi-Autor	CHANDLER
amerikan. Krimi-Autor	SPILLANE
amerikan. Kunsthistoriker	BERENSON
amerikan. lyrisch. Sopran	SAUNDERS
amerikan. Männername	LAURENCE
amerikan. Mediziner (Nobelpreis)	COURNAND
amerikan. Nationalökonom	BUCHANAN
amerikan. Nationalpark	YOSEMITE
amerikan. Negerschreittanz	CAKEWALK
amerikan. Nobelpreisträger	BLUMBERG
amerikan. Nobelpreisträger	KOOPMANS
amerikan. Physiker (Nobelpreis)	ANDERSON
amerikan. Physiker (Nobelpreis)	BRATTAIN
amerikan. Physiker (Nobelpreis)	BRIDGMAN
amerikan. Physiker (Nobelpreis)	DAVISSON
amerikan. Physiker (Nobelpreis)	LAWRENCE
amerikan. Physiker (Nobelpreis)	LEDERMAN
amerikan. Physiker (Nobelpreis)	MCMILLAN
amerikan. Physiker (Nobelpreis)	MILLIKAN
amerikan. Physiker (Nobelpreis)	SHOCKLEY
amerikan. Physiologe (Nobelpreis)	ERLANGER
amerikan. Politiker	HAMILTON

amerikan. Politiker, Staatsmann	FRANKLIN
amerikan. Pop-Solist (m. Vorn.)	PAULANKA
amerikan. Präsident	BUCHANAN
amerikan. Präsident	FILLMORE
amerikan. Präsident	GARFIELD
amerikan. Präsident	HARRISON
amerikan. Präsident	MCKINLEY
amerikan. Regisseur	SCORSESE
amerikan. Riesenschlange	ANAKONDA
amerikan. Rockmusiker	RICHARDS
amerikan. Rocksängerin	FAITHFUL
amerikan. Rock- u. Countrysänger	BOBDYLAN
amerikan. Schauspieler	EASTWOOD
amerikan. Schauspieler	REYNOLDS
ımerikan. Schauspieler	ROBINSON
ımerikan. Schauspieler, Regisseur	HOFFMANN
merikan. Schauspielerin	BANCROFT
merikan. chauspielerin	MACLAINE
merikan. chlageuger	HAMILTON
nerikan. chneeurm	BLIZZARD
ıerikan. hriftеller	CALDWELL
amerikan. Schriftsteller	GINSBERG
amerikan. Schriftsteller	MACLEASH
amerikan. Schriftsteller	MELVILLE
amerikan. Schriftsteller	MICHENER
amerikan. Schriftsteller	SANDBURG
amerikan. Schriftsteller	SINCLAIR
amerikan. Schriftsteller	WILLIAMS
amerikan. Schriftstellerin	CALDWELL
amerikan. Schriftstellerin	MCCARTHY
amerikan. Schriftstellerin	MITCHELL
amerikan. Seekuh	LAMANTIN
amerikan. Siedler	SQUATTER
amerikan. Sopranistin	WEATHERS
amerikan. Soul- u. Popsängerin	FRANKLIN
amerikan. Staatsgefängnis	SINGSING
amerikan. Universität	STANFORD
amerikan. Verleger, Preisstifter	PULITZER
amerikan. Verteidigungs-Ministerium	PENTAGON
Ammoniakverbindung	AMMONIUM
amortisieren	ABTRAGEN
am Rand stehend	MARGINAL
Amt	BEHOERDE
amtliche Bekanntgabe	BULLETIN
amtlicher Erlaß	RESKRIPT
amtliches Personenverzeichnis	MATRIKEL
Amtsbereich	DEZERNAT
Amtsverleihung	INVESTUR
Amulett, Maskottchen	TALISMAN
analog	AEHNLICH
anatomisch zerlegen	SEZIEREN
Anchovis, gesalzener Fisch	SARDELLE
Andengipfel	AREQUIPA
Andengipfel	COROPUNA
Andenken, Erinnerungsstück	SOUVENIR
Anfänger	LEHRLING
Anfahrt	HINREISE
Anfang, Beginn	URSPRUNG
anfangen	BEGINNEN
Anfechtung	BERUFUNG
anfertigen	BEREITEN
anfertigen, erfinden	SCHAFFEN
anfeuchten	BENETZEN
anfordern	ERSUCHEN
Anforderung	ERSUCHEN
Anführer eines Kreuzzugs	BOUILLON

Anführer im Bauernkrieg	MUENTZER
angängig	PASSABEL
angeboren	KONNATAL
angeborene Fähigkeit	BEGABUNG
angeborenes Verhalten	INSTINKT
angebracht	OPPORTUN
Angeh. e. christl. Glaubensgemein.	KATHOLIK
Angeh. e. christl. Glaubensgemein.	MENNONIT
Angeh. e. dtsch. Fürstenhauses	WETTINER
Angeh. e. dtsch. Volksstammes	ALEMANNE
Angeh. e. dtsch. Volksstammes	WESTFALE
Angeh. e. german. Stammes	ALEMANNE
Angeh. e. german. Stammes	BASTARNE
Angeh. e. germanischen Stammes	WESTGOTE
Angeh. e. indischen Kaste	BRAHMANE
Angeh. e. islamischen Sekte	WAHHABIT
Angeh. e. schiit. Sekte	ISMAELIT
Angeh. e. slaw. Volksstammes	KASCHUBE
Angelegenheit	ANLIEGEN
angelsächsisch	BRITISCH
angemessen	ADAEQUAT
angemessen	GEHOERIG
angeregt	ANIMIERT
angesehen	GEACHTET
angesehene Personen	NOTABELN
angolan. Hafenstadt	BENGUELA
angreifend	KORROSIV
angreifend	OFFENSIV
Angrenzer	ANRAINER
Angrenzer	ANWOHNER
Angriff mit Sturmleitern	ESKALADE
Angriffsspieler beim Fußball	STUERMER
Angsthase	FEIGLING
Anh. d. religiös. Versenkung	MYSTIKER
Anh. e. negativen Weltanschauung	NIHILIST
Anh. e. positiven Weltanschauung	OPTIMIST
Anhänger	BEIWAGEN
Anhänger d. Lehre v. Moses	ISRAELIT
Anhänger der Weltfriedensidee	PAZIFIST
Anhänger des Königtums	ROYALIST
Anhänger einer polit. Anschauung	DEMOKRAT
Anhänger einer polit. Anschauung	FASCHIST
Anhänger einer polit. Anschauung	LENINIST
Anhänger einer Weltreligion	BUDDHIST
Anhänger eines franz. Politikers	GAULLIST
Anhänger eines Religionsstifters	BEKENNER
Anhang	APPENDIX
Anhang	NACHTRAG
anheimelnd	WOHNLICH
Anhöhe	ERHEBUNG
animalisch	TIERISCH
Anislikör	ANISETTE
an keiner Stelle	NIRGENDS
Ankerwinde	BUGSPILL
Anklang, Widerhall	RESONANZ
Ankleideraum	TOILETTE
Anlautreim	STABREIM
Anleihe	DARLEHEN
anleiten	ANWEISEN
Anlieger	ANRAINER
Anlieger	ANWOHNER
anmahnen	MONIEREN
anmaßend	ARROGANT
anmaßend	INSOLENT
anmaßender Stolz	ARROGANZ
Anmaßung	INSOLENZ
Anmerkung	FUSSNOTE
Anmut	LIEBREIZ
anmutig	CHARMANT

anmutig	GRAZIOES
Annahme an Kindes Statt	ADOPTION
annehmbar	PASSABEL
annektieren	ANEIGNEN
annullieren	AUFHEBEN
anonym	NAMENLOS
anordnen	BEFEHLEN
Anpflanzung	PLANTAGE
Anrainer	ANLIEGER
Anrecht	ANSPRUCH
Anrüchigkeit	HAUTGOUT
anschaffen	ERWERBEN
anschuldigen	ANKLAGEN
Ansehen, Geltung	RENOMMEE
Ansehen, Ruf, Geltung	PRESTIGE
Ansicht, Aussicht	PROSPEKT
Ansinnen	ZUMUTUNG
Ansporn	AUFTRIEB
an-spruchs-oll	KRITISCH
nständi-ges Spiel	FAIRPLAY
nstän-digkeit	FAIRNESS
nstalt m. nterkunft	INTERNAT
n-tands-egeln	ETIKETTE
nstarren	FIXIEREN
nstoß	ANREGUNG
nstrei-en	TUENCHEN
nsturm, ngriff	VORSTOSS
teilig	PARTIELL
tennen-uwerk	FUNKTURM
tike	ALTERTUM

antike Landsch. in Kleinasien	KILIKIEN
antike Landsch. in Palästina	GALILAEA
antike Landschaft in Italien	ETRURIEN
antiker Hafen Athens	PHALERON
antiker Hallenbau	BASILIKA
antiker Schlachtenort	MARATHON
antiker Tempel für alle Götter	PANTHEON
antiker Versfuß, Versmaß	DAKTYLUS
antikes kleinasiat. Volk	ISAURIER
antikes Reich in Kleinasien	PHRYGIEN
antikes Reich in Mesopotamien	ASSYRIEN
antike Stadt am Mäander	MAGNESIA
antike Stadt in Böotien	PLATAEAE
antike Stadt in Kleinasien	KOLOPHON
antike Stadt in Kleinasien	MAGNESIA
antike Stadt in Kleinasien	PERGAMON
antike Stadt in Persien	EKBATANA

antike Stadt in Phrygien	KOLOSSAE
antike Stadt in Tunesien	KARTHAGO
antikes Theaterstück	ALCESTIS
antikes Theaterstück	ANTIGONE
antikes versunkenes Land	ATLANTIS
antikes Volk in Italien	ETRUSKER
antikes Volk in Kleinasien	PHRYGIER
antikes Volk in Nordafrika	NUMIDIER
Antilleninsel	ANGUILLA
Antilleninsel	BARBADOS
Antilleninsel bei Venezuela	TRINIDAD
Antilope	RIEDBOCK
Antiseptikum	JODOFORM
antiseptische Salbe	BORSALBE
antworten	ERWIDERN
Anwärter	ASPIRANT
Anwärter	ASSESSOR
Anwärter	KANDIDAT
Anwendung	GEBRAUCH
anwerben	ANHEUERN
anwesend, gegenwärtig	PRAESENT
Anwesenheit	PRAESENZ
Anzahlung	HANDGELD
Anzahl v. Umdrehungen	DREHZAHL

Anzeigen-aufgeber	INSERENT
Anzieh-muskel	ADDUKTOR
apart, anmutig	REIZVOLL
Apennin-Gebirgs-zug	ABRUZZEN
Apfel-sorte	DELICIUS
Apfel-sorte	JONATHAN
Apfel-sorte	PARMAENE
Apogäum	ERDFERNE
Apostel der Preußen	ADALBERT
Apostel Jesu	JOHANNES
Apostel Jesu	MATTHIAS
Apo-theker-gehilfe	PROVISOR
Apparatur	MASCHINE
Appeal, Attraktion	ZUGKRAFT
Appell	ANTRETEN
Appendix	FORTSATZ
Appetit	BEGIERDE
appetit-anregen-des Getränk	APERITIF
Apriko-senhaut	DUVETINE
arab. Arzt u. Philosoph	AVICENNA
arab. Emirat	ABUDHABE
arab. Emirat	FUJAIRAH
arab. Haupt-stadt	DAMASKUS
arab. Name von Tanger	TANDSCHA
arab. Nomaden	BEDUINEN
arab. Philosoph	AVERROES
arab. Staat	AEGYPTEN
arab.: Berg	DSCHEBEL
arbeiten	SCHAFFEN
Arbeit pro Zeit-einheit	LEISTUNG
arbeitsam, leistungs-fähig	TUECHTIG
arbeits-freier Tag	FEIERTAG
Arbeits-gerät	WERKZEUG
Arbeits-kamera-din	KOLLEGIN
Arbeits-untaugli-cher	INVALIDE
Archiv-beamter	ARCHIVAR
argentin.-brasilian. Fluß	RIONEGRO
argentin. Fluß	COLORADO
argentin. Insel-gruppe	MALWINEN
argentin. Schrift-steller	OBLIGADO
argentin. Tennis-spielerin	SABATINI
Argwohn, Schuld-vermu-tung	VERDACHT
Arkaden-reihe	LAUFGANG
arktisch. Meeres-vogel	ALBATROS
Armgeige	BRATSCHE
armselig	DUERFTIG
Armstuhl	FAUTEUIL
aroma-tischer Alkohol	NAPHTHOL
Aron-stab-gewächs	MONSTERA
arrangie-ren	ANORDNEN
Arsenal, Waffen-lager	ZEUGHAUS
arten-reichste Tier-gruppe	INSEKTEN
Arterie	PULSADER
Artillerie-Einheit	BATTERIE
Artillerist	KANONIER
Artist	JONGLEUR
Arum	ZEHRWURZ
Arznei-form	TABLETTE
Arznei-mittel-Ge-schäft	APOTHEKE
Arznei-pflanze	BAERLAPP
Arznei-pflanze	BALDRIAN
Arznei-pflanze	BLUTWURZ
Arznei-pflanze	LABKRAUT
Asbest-zement	FULGURIT
Asiat	FILIPINO
Asiat	SIBIRIER
asiat. Baumart, Lorbeer-gewächs	ZIMTBAUM
asiat. Fluß zum Aralsee	AMUDARJA
asiat. Haupt-stadt	NEUDELHI
asiat. Republik	DAGESTAN
asiat. Republik	JAKUTIEN
asiat. Republik	TATARIEN
asiat. Singvogel	BUELBUEL
asiat. Volk	AFGHANEN
asiat. Volk	ARMENIER

asiat. Volk, Volksgruppe	MONGOLEN
asiat. Volk in Kamtschatka	KORJAKEN
Aspirant	BEWERBER
Aspirant	KANDIDAT
Assistenz	BEISTAND
assyr. Gott	ELEGABAL
assyr. Gottheit	NINGERSU
assyr. König	SANHERIB
assyr. König	SARRUKIU
astrolog. Deutungsschema	HOROSKOP
astrolog. Gestirnsschema	HOROSKOP
astronomischer Zeitbegriff	STERNTAG
astronomisches Instrument	FERNROHR
astronomische Zeiteinteilung	KALENDER
Asyl, Rettungsort	ZUFLUCHT
…symmetrische …reh…cheibe	EXZENTER
…tem…ause	ERHOLUNG
…temstill…and, Er…ickungs…efahr	ASPHYXIE
…he…scher …ldhauer	LYSIPPOS
…he…scher …storiker	XENOPHON
…e…cher …ilosoph	SOKRATES

athenischer Staatsmann	PERIKLES
Athlet	SPORTLER
Atlantik-Inselgruppe	ANTILLEN
Atom-U-Boot der USA	NAUTILUS
Atomverbindung	MOLEKUEL
Atride	MENELAOS
Atrium	INNENHOF
Atrium	VORHALLE
Attentat	ANSCHLAG
attraktiv, bezaubernd	REIZVOLL
attraktive Müßiggängerin	PLAYGIRL
Auditorium	HOERSAAL
Aufbahrungsgerüst	KATAFALK
aufbrechen	LOSGEHEN
aufbrechen	SPRENGEN
auf das Gehirn bezüglich	ZEREBRAL
auf die Blutgefäße bezogen	VASKULAR
auf die Kniescheibe bezogen	PATELLAR
auffrischen	ERNEUERN
Aufgabe	FUNKTION
aufgeblasen	BLASIERT
Aufgeld	ZUSCHLAG
aufklären	BELEHREN
Auflaufen eines Schiffes	STRANDEN
Auflehnung	MEUTEREI
Aufpasser	ZERBERUS

Aufpasser, Aufseher	WAECHTER
Aufputschmittel	PERVITIN
Aufrührer, Aufsässiger	EMPOERER
Aufrührer, Aufsässiger	MEUTERER
Aufruhr	AUFSTAND
Aufruhr	MEUTEREI
aufsässig	RENITENT
Aufsässigkeit	RENITENZ
aufschieben	VERTAGEN
aufschreiben	NOTIEREN
Aufschrift	EPIGRAMM
aufsehenerregend	EKLATANT
Aufseher	BEWACHER
Aufstand	ERHEBUNG
aufteilen	GLIEDERN
auf Umwegen	INDIREKT
Aufwärtshaken beim Boxen	UPPERCUT
Aufwand, Spesen	UNKOSTEN
Aufwandsentschädigung	TAGEGELD
aufwarten	BEDIENEN
Aufwiegler	AGITATOR
aufzäumen	HALFTERN
aufzeichnen	NOTIEREN
Aufzug	ELEVATOR
augenblicklich	MOMENTAN
augenfällig	EKLATANT
augenfällig	OFFENBAR

Augenfehlstellung	SCHIELEN
Augenlid (mediz.)	PALPEBRA
Augenteil	AUGAPFEL
Augit, Mineral	SPODUMEN
Augsburger Maler	AMBERGER
Augsburger Siedlung	FUGGEREI
Aula	FESTSAAL
Ausarbeitung	ELABORAT
Ausbildung, Schulung	TRAINING
ausdauernd	KONSTANT
ausdenken	ERSINNEN
aus der Art schlagen	ENTARTEN
ausdrucksvoll	HYMNISCH
auseinandernehmen	ZERLEGEN
Auseinandersetzung	KONFLIKT
Ausflucht	NOTLUEGE
Ausflügler, Fußgänger	WANDERER
ausforschen	ERUIEREN
ausführbar	MOEGLICH
Ausgabe	EMISSION
Ausgangspunkt	URSPRUNG
ausgebautes Dachgeschoß	MANSARDE
ausgedehnt	EXTENSIV
ausgeflockter Stoff	KOAGULAT
ausgegrabene Wikingerstadt	HAITHABU
ausgekocht	GERISSEN
ausgeliehenes Geld	DARLEHEN
ausgestorben. Elefant	MASTODON
ausgesucht	EXQUISIT
Ausgewogenheit	HARMONIE
ausgiebig	REIFLICH
Ausgleich	HANDIKAP
Ausguck auf Schiffen	MASTKORB
Aushang	ANSCHLAG
Auskunft	BESCHEID
Auskunftei	DETEKTEI
Auslosung	LOTTERIE
Ausnahmeerscheinung	ANOMALIE
Ausrede	NOTLUEGE
ausrüsten	ARMIEREN
Ausrüstung des Segelschiffs	TAKELAGE
ausschließlich	EXKLUSIV
Ausschneidung (mediz.)	EXZISION
ausschweifend	EXZESSIV
ausschweifender Mensch	LIBERTIN
Außenhaut des Auges	HORNHAUT
Außenstände	GUTHABEN
Außenteil des Buches	UMSCHLAG
außerhalb	DRAUSSEN
Ausstattung, Beiwerk	STAFFAGE
Ausstellungsgebäude	PAVILLON
Aussteuer	DOTATION
Ausstrahlung	EMISSION
Ausstrahlungskraft	CHARISMA
austral. Bundesstaat	TASMANIA
austral. Fluß in Queensland	FLINDERS
austral. Hafenstadt	ADELAIDE
austral. Hafenstadt	BRISBANE
austral. Hauptstadt	CANBERRA
austral. Stadt	BATHURST
austral. Wurfholz	BUMERANG
aus voller Kehle	LAUTHALS
auswählend	SELEKTIV
Auswanderer	EMIGRANT
auswechseln	TAUSCHEN
Auswurfgestein	VULKANIT
Auszubildender	LEHRLING
Autobahn-Unterkunft	RASTHAUS
Automobiltyp	LASTAUTO
Automobiltyp	LIFTBACK

Autor e. Lebensbeschreibung	BIOGRAPH
Autorennstrecke bei Stuttgart	SOLITUDE
Autorin von »Die Clique«	MCCARTHY
Autorin von »Vom Winde verweht«	MITCHELL
Autor von »Dame Kobold«	CALDERON
Autor von »Dantons Tod«	BUECHNER
Autor von »Das einfache Leben«	WIECHERT
Autor von »Der Richter v. Zalamea«	CALDERON
Autor von »Der verlorene Sohn«	WIECHERT
Autor von »Die Majorin«	WIECHERT
Autor von »Die Räuber«	SCHILLER
Autor von »Don Carlos«	SCHILLER
Autor von »Emil und die Detektive«	KAESTNER
Autor von »Endstation Sehnsucht«	WILLIAMS
Autor von »Fiesco«	SCHILLER
Autor von »Glasmenagerie«	WILLIAMS
Autor von »Im Westen nichts Neues«	REMARQUE
Autor von »…ean«	EDSCHMID
Autor von »Lady Chatterley«	LAWRENCE
Autor von »Leonce und Lena«	BUECHNER
Autor von »Lulu«	WEDEKIND
Autor von »Madame Bovary«	FLAUBERT
Autor von »Maria Stuart«	SCHILLER
Autor von »Salammbo«	FLAUBERT
Autor von »Wallenstein«	SCHILLER
Autor von »Wilhelm Tell«	SCHILLER
Autor von »Woyzeck«	BUECHNER
Autoteil, -zubehör	KUPPLUNG
Autoteil, -zubehör	RADKAPPE
Autounterkunft	PARKHAUS
Avantgarde	VORTRUPP
avisieren	ANMELDEN
avisieren	ANZEIGEN
Avitaminose	BERIBERI
Azoreninsel	GRACIOSA
Azoreninsel	SAOJORGE
Azoreninsel	TERCEIRA
Azubi	LEHRLING
Backenknochen	JOCHBEIN
Backenstreich	OHRFEIGE
Backenzahn	MAHLZAHN
Backfett	FRITUERE
Badeort, Kurort in d. Altmark	ARENDSEE
Badeort am Teutoburger Wald	MEINBERG
Badeort auf Amrum	WITTDUEN
badische Stadt am Hochrhein	WALDSHUT
badische Stadt am Rhein	LOERRACH
badische Stadt an der Stockach	STOCKACH
badisches Weinbaugebiet	BREISGAU
Bärenklau	AKANTHUS
Bagatelle	LAPPALIE
Bakterie, Bakterienart	BAZILLUS
Baleareninsel	CONEJERA
Balearen-Insel	MALLORCA
Baleareninselgruppe	PITYUSEN
Balg	LUFTSACK
Balg	TIERHAUT
Balkanbewohner	ALBANIER
Balkanbewohner	BULGAREN
Balkanbewohner	GRIECHEN
Balkanbewohner	SLOWENEN
Balkanhauptstadt	BUKAREST
Balkan-Republik	KROATIEN
Balkanstaat	ALBANIEN
Balkanvolk	RUMAENEN
Balken	KANTHOLZ
Balken	LANGHOLZ

8

Balkenwerk in Gebäuden	FACHWERK
Ball	TANZFEST
Ballettpose	ARABESKE
Ballett v. Delibes	COPPELIA
Ballett v. Schumann	CARNEVAL
Ballett v. Strawinsky	HOCHZEIT
Ballspiel	BURGBALL
Ballspiel	FUSSBALL
Ballspiel	HANDBALL
Ballspiel	KORBBALL
Ballspiel	PUSHBALL
baltische Republik	LETTLAND
bananenartiger Baum	RAVENALE
Band, Binde, Tresse	STREIFEN
Bandit	GANGSTER
Band (mediz.)	LIGAMENT
Bankhalter	CROUPIER
Bannfluch	ANATHEMA
Bantusprache in Simbabwe	MASCHONA
Bantustamm	MUONGONI
Bantustamm in Simbabwe	MATABELE
Barchent	MOLESKIN
Baron	FREIHERR
Baronin	FREIFRAU
Barre, Untiefe	SANDBANK
Barriere, Sperre	SCHRANKE
barsch, grob	UNWIRSCH
Bart, Barttracht	VOLLBART
Bartenwal	GLATTWAL
Bartgrundel	SCHMERLE
Barttracht	KINNBART
Basketball	KORBBALL
baskische Stadt (Picasso)	GUERNICA
Bastard v. Eselhengst u. Pferdestute	MAULTIER
Bastard v. Pferdehengst u. Eselin	MAULESEL
Bastion	BOLLWERK
Bataille, Gemetzel	SCHLACHT
Bau, Bauwerk	GEBAEUDE
Bauchfellfalte	GEKROESE
Bauchpilz	DICKFUSS
Bauchpilz	ERDSTERN
Bauchspeicheldrüse	PANKREAS
Bauer	LANDMANN
Bauer	LANDWIRT
Bauer im Vorderen Orient	FELLACHE
Baumart	HORNBAUM
Baumeister Friedrichs d. Gr.	EOSANDER
Baumfrucht	KASTANIE
baumloser Waldstreifen	SCHNEISE
Baumteil	ASTGABEL
Baumuster	MAQUETTE
Baumwollgewebe	BARCHENT
Baumwollgewebe	CRETONNE
Baumwollgewebe	KRETONNE
Baumwollgewebe	RENFORCE
Bauornament	MASSWERK
Bautischler	ZIMMERER
Bauweise, Gefüge	STRUKTUR
Bauwerk	GEBAEUDE
Bauwerk in Danzig	ARTUSHOF
Bauwerk in Straßburg	MUENSTER
Bauwerk in Ulm	MUENSTER
bayer. Donau-Zufluß	ALTMUEHL
bayer. Donau-Zufluß	WOERNITZ
bayer. f. Backenstreich, Ohrfeige	WATSCHEN
bayer. Hauptstadt	MUENCHEN
bayer. Humorist, Kabarettist	VALENTIN
bayer. Inn-Zufluß	MANGFALL
bayer. Kurort	OBERDORF
bayer. Kurort b. Tegernsee	MIESBACH
bayer. Prinzregent	LUITPOLD
bayer. Regierungsbezirk	SCHWABEN
bayer. Stadt am Lech	SCHONGAU

bayer. Stadt am Steigerwald	NEUSTADT
bayer. Stadt am Thüring. Wald	NEUSTADT
bayer. Stadt an der Ammer	WEILHEIM
bayer. Stadt an der Isar	MOOSBURG
bayer. Stadt im Donauried	LAUINGEN
bayer. Stadt im Voralpenland	PENZBERG
bayer. Stadt in der Hallertau	MAINBURG
bayer. Stadt in Schwaben	KRUMBACH
bayer. Universitätsstadt	ERLANGEN
bayer. Volksschauspieler	VALENTIN
Bazille, Bazillus	BAKTERIE
beabsichtigen	VORHABEN
Beamte der päpstl. Kurie	KURIALEN
beanstanden	MONIEREN
Beatles-Frisur	PILZKOPF
Beauftragter	MANDATAR
Becherkeim	GASTRULA
Becherpilz	HASENOHR
Becherwerk	CONVEYER
Bedacht, Sorgfalt	VORSICHT
bedenklich	KRITISCH
bedeutend, bedeutsam	RELEVANT
bedeutendes Geschehen	EREIGNIS
Bedeutung, Wichtigkeit	RELEVANZ
bedrückendes Schlaferlebnis	ALPTRAUM
Bedürfnis	NOTDURFT
beerdigen	BEGRABEN
Beerensorte	ERDBEERE
Beerensorte	HIMBEERE
befähigt	GEEIGNET
befangen, schüchtern	VERLEGEN
Befehl	KOMMANDO
befehlen	ANORDNEN
befehligen	GEBIETEN
Befehlsgewalt	KOMMANDO
befestigen	FIXIEREN
Befestigungsmittel	SCHRAUBE
Beförderungsmittel	DROSCHKE
Beförderungsmittel	HOCHBAHN
Beförderungsmittel	LASTAUTO
Befolgung von Befehlen	GEHORSAM
befreien	ERLOESEN
Befreier	ERLOESER
Befreiung	EXEMTION
befriedigen	ABFINDEN
befriedigt	ERFUELLT
Befund	DIAGNOSE
Begabung	INGENIUM
Begebenheit	EREIGNIS
Begebung v. Wertpapieren	EMISSION
Begehren	BEGIERDE
begehrlich	LUESTERN
Beginn d. islam. Zeitrechnung	HEDSCHRA
beginnen	ANFANGEN
beginnen	LOSLEGEN
Beglaubigungsbüro	NOTARIAT
begleichen	ABZAHLEN
begleichen	BEZAHLEN
Begleiter, Gefolgsmann	SATELLIT
Begleiter des Apostels Paulus	BARNABAS
Begleiter des Nikolaus	RUPRECHT
Begleiter Iasons	ARGONAUT
Begnadigung	AMNESTIE
Begräbnisstätte	FRIEDHOF
Begräbniszeremonien	EXEQUIEN
begreifen	ERFASSEN
begreifen	KAPIEREN
Begriff	AUSDRUCK
Begriffsfanatiker	IDEOLOGE
Begründer der Bergbaukunst	AGRICOLA
begründet	FUNDIERT

8

Begründung	ARGUMENT
begünstigen	FOERDERN
behaglich	ANGENEHM
Behandlungsweise, Verfahren	PROZEDUR
Behandlung von Textilien	APPRETUR
beharrlich	KONSTANT
Beherbergungsbetrieb	GASTHAUS
Beherbergungsbetrieb	HERBERGE
beherrschen	MEISTERN
Behinderung	HANDIKAP
Behinderung, Belästigung	STOERUNG
behördl. Unterabteilung	DEZERNAT
behutsam	SCHONEND
Beiboot	BARKASSE
beichten	BEKENNEN
beidseits gewölbt	BIKONVEX
beidseits hohl	BIKONKAV
Beifallklatscher	CLAQUEUR
Beifügung	ATTRIBUT
Beifuß	ESTRAGON
beigeordneter Offizier	ADJUTANT
beiläufig	NEBENBEI
Beiname	KOGNOMEN
Beiname Jesu	CHRISTUS
Beinbekleidung	GAMASCHE
Beingelenk	KNOECHEL
Beinhaus	OSSARIUM
Beinteil	KNOECHEL
Beinteil	SCHENKEL
beipflichten	BILLIGEN
beisetzen	BEGRABEN
Beisitzer	ASSESSOR
Beiwerk (griech.)	PARERGON
Beiwort	ADJEKTIV
Beizenfarbstoff	ALIZARIN
bejahen	BILLIGEN
bekannt	OFFENBAR
bekannt, intim	VERTRAUT
bekennen	BEICHTEN
bekennen	GESTEHEN
Bekleidungsstück	PUMPHOSE
Bekleidungsstück	SCHUERZE
Beklemmung	ALPDRUCK
beköstigen	BEWIRTEN
bekommen	ERHALTEN
bekränzen	UMWINDEN
Bekümmertheit, Traurigkeit	TRUEBSAL
bekunden	AUSSAGEN
bekunden	BEZEUGEN
belästigen	GENIEREN
Belanglosigkeit	LAPPALIE
Beleg	NACHWEIS
belegen	BEWEISEN
Belegschaft	PERSONAL
belegtes Brot	SANDWICH
beleibt	RUNDLICH
belg. Astronom	LEMAITRE
belg. Bergbaugebiet	BORINAGE
belg.-franz. Landschaft	ARDENNEN
belg.-franz. Maler	VLAMINCK
belg. Hauptstadt	BRUESSEL
belg. Holzschneider	MASEREEL
belg. König	BAUDOUIN
belg. Maler	LAERMANS
belg. Provinz	HENNEGAU
belg. Provinz	LUETTICH
belg. Schriftsteller	HUYSMANS
belg. Stadt am Hohen Venn	VERVIERS
belg. Stadt an der Wiltz	BASTOGNE
belg. Stadt an Ourthe u. Maas	LUETTICH
belg. Stadt in Westflandern	KORTRIJK
belg. Volksgruppe	WALLONEN
beliebt, volksmäßig	POPULAER
bemängeln	MONIEREN
bemerken	GEWAHREN
Benachteiligung	HANDIKAP
Benediktinerkongregation	MAURINER
Benehmen	ALLUEREN
Benehmen	BETRAGEN
Benehmen	MANIEREN
Bengel	WILDFANG

benötigen	BRAUCHEN
benommen	BETAEUBT
bequem	ANGENEHM
bequem	MUEHELOS
Berater	RATGEBER
Berberitze	SANDDORN
Berberstamm	SCHELLUH
Berberstamm	SCHLOECH
Berechtigung	BEFUGNIS
Beredsamkeit	ELOQUENZ
beredt	ELOQUENT
bereinigen	BEILEGEN
Bereinigung	KLAERUNG
bereiten	FERTIGEN
Berg auf Borneo	KINABALU
Berg bei Athen	HYMETTOS
Berg bei Bregenz	PFAENDER
Berg bei Kassel	MEISSNER
Berg bei Salzburg	GAISBERG
Berg der Ostsudeten	ALTVATER
Bergeinschnitt	SCHLUCHT
Bergfried	BELFRIED
Bergfried	BURGTURM
Berg im Allgäu	GRUENTEN
Berg im Berner Oberland	JUNGFRAU
Berg im Erzgebirge	KEILBERG
Berg im Lausitzer Gebirge	JESCHKEN
Berg im Rothaargebirge	EDERKOPF
Berg im Schwarzwald	FELDBERG
Berg im Taunus	FELDBERG
Berg im Thüringer Wald	BEERBERG
Berg im Unterharz	AUERBERG
Berg im Wettersteingebirge	KREUZECK
Berg in Montenegro	DURMITOR
Bergland im Mainviereck	SPESSART
Bergland zwischen Rhein u. Main	ODENWALD
bergmänn. Verfahren	STREBBAU
Bergruppe in der Auvergne	MONTDORE
Bergsteiger	ALPINIST
Bergwerkslampe	GELEUCHT
Berichterstatter	REFERENT
Berichterstatter	REPORTER
berittener Söldner	REISIGER
berittener Stierkämpfer	TOREADOR
Berliner Kardinal	PREYSING
Berliner Maler, Buchillustrator	HOSEMANN
Berliner Operettenkomponist	KUENNEKE
Berliner Stadtteil	STEGLITZ
Berliner Wahrzeichen	FUNKTURM
bersten, platzen	SPRINGEN
berühmt	ILLUSTER
berühmter Diamant	CULLINAN
berühmter Diamant	KOHINOOR
berühren	ANFASSEN
Beruf im Baufach	STATIKER
Beruf im Kunstbetrieb	KRITIKER
Beruf im Medienwesen	KRITIKER
Beruf im Presse-, Verlagswesen	LAYOUTER
Beruf im Unterrichtswesen	ERZIEHER
berufl. Laufbahn	KARRIERE
Berufslektüre	FACHBUCH
Berufsstand	HANDWERK
Berufung	CHARISMA
Beruhigungsmittel	BALDRIAN
Beruhigungsmittel	MORPHIUM
Besatz	BORDUERE
Besatz	GARNITUR
Besatz	POSAMENT
Besatzung	GARNISON
beschädigt	LAEDIERT
beschämend	BLAMABEL
beschaffen	BESORGEN
Bescheid	AUSKUNFT
beschlagen, bewandert	VERSIERT
beschleichen	PIRSCHEN

beschleunigtes Postgut	EILBRIEF
beschneiden	KUPIEREN
Beschützerin	PATRONIN
beschuldigen	ANKLAGEN
Beschwerlichkeit	STRAPAZE
Besetzung	EINNAHME
Besitz	EIGENTUM
Besonderheit	AUSNAHME
Besonderheit	EIGENART
besonders	EXKLUSIV
besonders, eigens	SPEZIELL
beständig	KONSTANT
Bestätigung, Genehmigung	SANKTION
Bestand	INVENTAR
Bestandsaufnahme	INVENTUR
Bestandteil des Blutes	LEUKOZYT
bestatten	BEGRABEN
bestehen	MEISTERN
bestehend	EXISTENT
bestialisch	VIEHISCH
Bestie	UNMENSCH
bestimmen	ANORDNEN
bestreiten	NEGIEREN
bestrikken	UMGARNEN
bestücken	ARMIEREN
betäubt	BENOMMEN
Betriebszusammenschluß	KOMBINAT
Bettelmönch im Islam	DERWISCH
Bettnässen	ENURESIS
Bettpolster	MATRATZE
beugbar	FLEXIBEL
Be- und Entladeschiff	LEICHTER
beurkundet	TESTIERT
Beurteiler	KRITIKER
Beutestück, Jagdbeute	TROPHAEE
Bewacher des Hades	ZERBERUS
bewältigen	MEISTERN
bewaffnen	ARMIEREN
Bewaffnung	RUESTUNG
bewahren	ERHALTEN
bewandert	ERFAHREN
beweglich	FLEXIBEL
beweglich	GELENKIG
bewegliche Habe	MOBILIAR
bewegliche Habe	MOBILIEN
Bewegungslehre	MECHANIK
bewegungslos	ERSTARRT
Beweis, Beweisstück	NACHWEIS
Beweisgrund	ARGUMENT
Beweisstück	ASSERVAT
Bewerber	KANDIDAT
bewilligen	ERLAUBEN
Bewohner Kanadas	KANADIER
Bewohner von Madagaskar	MALAGASY
Bewohner von Malta	MALTESER
bewohnter Teil der Erde	OEKUMENE
Bewußtlosigkeit	OHNMACHT
Bewußtseinsabhängigkeit	IMMANENZ
Bewußtseinstrübung	BLACKOUT
bezaubern	BETOEREN
bezaubernd	CHARMANT
Beziehung, Verhältnis	RELATION
Bezirk	DISTRIKT
Bezirk eines Ritterordens	KOMTUREI
Bezug	HINSICHT
Bezwinger	EROBERER
biblische Gestalt	POTIPHAR
biblischer König, Prophet	SACHARJA
biblischer Prophet	EZECHIEL
biblischer Prophet	HESEKIEL
biblischer Prophet	MALEACHI
biblischer Prophet	ZEPHANJA
biblische Stadt	CAESAREA
biblische Stadt	NAZARETH
biblische Stadt	TIBERIAS
biblische Stätte in Jerusalem	BETHESDA
biblische sündige Stadt	GOMORRHA

biblisches Volk	AMORITER
biblisches Volk	ARAMAEER
biblisches Volk	ENAKITER
biblisches Volk	IDUMAEER
Biederkeit	BONHOMIE
Biedermann	BONHOMME
biegsam	FLEXIBEL
Bienenkrankheit	FAULBRUT
Biergefäß	MASSKRUG
Biergefäß	SCHOPPEN
Bierherstellbetrieb	BRAUEREI
Biersorte	MALZBIER
Biersorte	REISBIER
Bilanz	ERGEBNIS
Bildaufnahmeröhre	ORTHIKON
bildender Künstler	GRAFIKER
Bilderausmaler	KOLORIST
bildhafte Redewendung	METAPHER
Bildhauerarbeit	SKULPTUR
Bildhauerkunst	SKULPTUR
Bildhauerwerkzeug	FAEUSTEL
Bildnachbesserung	RETUSCHE
Bildnis, Konterfei	PORTRAET
Bild von Künstlerhand	GEMAELDE
Bildwirksam	PHOTOGEN
Bildzeichen, Kennzeichen	SIGNATUR

billig, preiswert	WOHLFEIL
Bindegewebsbestandteil	KOLLAGEN
binden	KNUEPFEN
Binder	KRAWATTE
Bindewort	ZUGLEICH
Biograph Karls des Großen	EGINHARD
biolog. Zuchtverfahren	KREUZUNG
birman. Stadt am Irawadi	MANDALAY
Bischofssprengel	DIOEZESE
Bissen	MUNDVOLL
bisweilen	MANCHMAL
bisweilen	MITUNTER
Bitte	ANSUCHEN
Bitte	ERSUCHEN
Bittererde	MAGNESIA
Bitterspat	MAGNESIT
Bittschrift	PETITION
Blasinstrument	WALDHORN
Blattzinn, Silberpapier	STANNIOL
blaue Farbe	AZURBLAU
Blaueisenerz	VIVIANIT
Blausäuregift	ZYANKALI
Blauspat	LAZULITH
Blechblasinstrument	POSTHORN
Blechblasinstrument	SAXOPHON
Blechblasinstrument	TROMPETE
Blechschmied	KLEMPNER
bleiähnliches Element	THALLIUM

Bleichsucht	CHLOROSE
Blendwerk	GAUKELEI
Blendwerk, Halluzination	TRUGBILD
Blick	AUSSICHT
Blinddarm-Fortsatz	APPENDIX
Blindgänger	VERSAGER
blinzeln	ZWINKERN
blonde Frau	BLONDINE
blühen	GEDEIHEN
Blütenhülle	PERIANTH
Blütenstand d. Reben	GESCHEIN
Blumenbinder, -händler	FLEURIST
Blutbad	MASSAKER
Blutentnahme	ADERLASS
Bluterguß	HAEMATOM
Blutfarbstoff	HAEMATIN
Blutfettvermehrung	LIPAEMIE
Blutgeschwür	FURUNKEL
Blutpfropfen	THROMBUS
Blutrache	VENDETTA
Blutsauger	BLUTEGEL
Blutstein	HAEMATIT
Blut von Jagdtieren	SCHWEISS
Bockkäfer	HAUSBOCK
Bocksprung	KAPRIOLE
Bodenbelag	LINOLEUM

8

bodenbewohn. Insektenfresser	MAULWURF
Bodendurchlüftung	AERATION
Bodenentwässerung	DRAENAGE
Bodenentwässerung	DRAINAGE
Bodengüte	BONITAET
Bodensatz, Niederschlag	SEDIMENT
Bodensatz, Rückstand	RESIDUUM
Bodensee-Hafen	KONSTANZ
bodenständig	HEIMISCH
Bodenübung	RADWENDE
böhm. Bier	PILSENER
böhm. Kurort an der Tepl	KARLSBAD
böhm. Stadt an der Elbe	TETSCHEN
Börsenkurs	EXCHANGE
Börsenmakler	AGIOTEUR
Börsenpapier	EFFEKTEN
Börsenspekulation	AGIOTAGE
Börsentermingeschäft	STELLAGE
bösartige Geschwulst	KARZINOM
bösartige Geschwulst	MALIGNOM
böswillige Äußerung	NACHREDE
böswillige Zerstörung	SABOTAGE
Bogensprung	KURBETTE
Bohnenart	SAUBOHNE
bolivian. Andengipfel	ILLIMANI
Bombardon	BASSTUBA
Bombast	SCHWULST
Bon, Kassenzettel	QUITTUNG
Bonifatius' Name	WINFRIED
Bonvivant	LEBEMANN
Bordeaux-Wein	BAZADAIS
Borkenkäfer	RUESSLER
Borretschgewächs	BEINWELL
Borte, Franse	POSAMENT
Bosheit, Schinderei	SCHIKANE
Botenkette	STAFETTE
Botschafter	DIPLOMAT
Bottich	HOLZFASS
Box-Fußtechnik	SIDESTEP
Bracke	JAGDHUND
Bracke	LAUFHUND
Bräunungsstudio	SOLARIUM
Branchenkenner	FACHMANN
brandenburg. Dynastie	ASKANIER
brandenburg. Stadt an der Havel	RATHENOW
brandmarken	VERFEMEN
Brandstifter	PYROMANE
Branntweinschenke	DESTILLE
brasilian. Architekt	NIEMEYER
brasilian. Fluß	PARNAIBA
brasilian. Fluß, Strom	AMAZONAS
brasilian. Hafenstadt	BELMONTE
brasilian. Hafenstadt	SALVADOR
brasilian. Hauptstadt	BRASILIA
brasilian. Stadt	BLUMENAU
brasilian. Stadt	BRAGANCA
brasilian. Stadt	CAMPINAS
brasilian. Stadt	PIRANHAS
brasilian. Stadt	RIOPETRO
brasilian. Stadt am Paraná	TERESINA
Brasilkastanie	PARANUSS
Brasse	BLAUNASE
Brasse	RUSSNASE
Brasse	SCHWUPPE
braten	BRUTZELN
braten	SCHMOREN
Bratrohr, Bratröhre	BACKOFEN
Bratrost	BARBECUE
Bratsche	ALTGEIGE
Bratsche	ARMVIOLA
Brauch, Brauchtum	FOLKLORE
brauchbar	GEEIGNET
Braunfisch, Delphinart	TUEMMLER

braun- haarig	BRUENETT
braun- roter Zirkon	HYAZINTH
brausen	RAUSCHEN
Braut	VERLOBTE
Braut im Hohenlied	SULAMITH
brechen- de Mee- reswellen	BRANDUNG
Brech- mittel	EMETIKUM
breiförmi- ge Arznei	LATWERGE
breite Halsbinde	PLASTRON
breit- krempig. Strohhut	SOMBRERO
Breit- wandpro- jektions- verfahren	CINERAMA
bremsen	ANHALTEN
bremsen	DROSSELN
Brettl	KABARETT
Brettspiel	MONOPOLY
Brettver- kleidung	SCHALUNG
Brevier- gebet	OFFIZIUM
Briefbox	POSTFACH
Brief- kuvert	UMSCHLAG
Brief- räger	POSTBOTE
brillant	BLENDEND
brisant	EXPLOSIV
ritische sel	ANGLESEY
ritische azif. sel- ruppe	PITCAIRN
ritischer rfinder	BESSEMER
röckeln	KRUEMELN
rötchen	KNUEPPEL
ötchen	SCHRIPPE
ot- neibe	SCHNITTE

Bruch- stück	FRAGMENT
Bruch- stück, Span	SPLITTER
Bruch- stück, Über- bleibsel	RUDIMENT
Bruder v. Agamemnon	MENELAOS
Bruder v. Hagen	DANKWART
Bruder v. Hasdrubal	HANNIBAL
Bruder v. Kriemhild	GISELHER
Brunnen, Auffang- behälter	ZISTERNE
Brust- drüsen- ent- zündung	MASTITIS
Brust- panzer	HARNISCH
Brust- schutz des Fechters	PLASTRON
Brut- kasten	COUVEUSE
Buch, Buchart	SACHBUCH
Buch- binder- gerät	FALZBEIN
Buch- binder- gerät	HEFTLADE
Buch d. Alten Te- staments	HESEKIEL
Buch d. Alten Te- staments	MALEACHI
Buch d. Alten Te- staments	SACHARJA
Buch d. Alten Te- staments	ZEPHANJA
Buch d. Neuen Testa- ments	JOHANNES
Buch- drucker- beruf	GRAFIKER

Buch- eigner- zeichen	EXLIBRIS
Buchen- land	BUKOWINA
Buch- prüfung	REVISION
Buchsta- benfolge	ALPHABET
Buch- staben- versetz- rätsel	ANAGRAMM
Bucht am Karibi- schen Meer	LIMONBAI
Bucht in Florida	TAMPABAI
Bücher- zeichen	EXLIBRIS
Büfett	ANRICHTE
bügeln	GLAETTEN
bügeln	PLAETTEN
Bühnen- bild	SZENERIE
Bühnen- hinter- grund	PROSPEKT
Bühnen- stück v. Anouilh	ANTIGONE
Bühnen- stück v. Anouilh	EURYDIKE
Bühnen- stück v. Grabbe	HANNIBAL
Bühnen- stück v. Halbe	DERSTROM
Bühnen- stück v. Haupt- mann	DIEWEBER
Bühnen- stück v. Haupt- mann	GRISELDA
Bühnen- stück v. Hebbel	GENOVEVA
Bühnen- stück v. Schnitzler	LIEBELEI
Bühnen- stück v. Shake- speare	DERSTURM

Bühnenstück v. Sophokles	ANTIGONE
Bühnenstück v. Strindberg	DERVATER
Bühnenstück v. Tschechow	DIEMOEWE
Bühnenstück v. Wedekind	BISMARCK
Bühnenstück v. Wedekind	HERAKLES
Bürgersteig	GEHSTEIG
Bürgschaft	GARANTIE
Büschelflechte	BARTMOOS
Büttel	HAESCHER
Buhlteufelin	SUKKUBUS
Buhne	UFERDAMM
bulgar. Maritza-Zufluß	TUNDSCHA
bulgar. Politiker, Staatsmann	DIMITROW
bulgar. Stadt am Schipkapaß	KASANLIK
bulgar. Volksvertretung	SOBRANJE
Bumerang	WURFHOLZ
Bundesdistrikt der USA	COLUMBIA
Bundesstaat in Brasilien	AMAZONAS
Burg am Rhein	RHEINECK
Burg an der Lahn	WEILBURG
Burgerker	PECHNASE
Burgherr	BURGVOGT
Burg im Aargau	HABSBURG
Burgruine in der Eifel	NUERBURG
Burgunderfürst	GISELHER
Burgunderkönig	GUNDAHAR
Burgunderwein	MONTAGNY
Burg von Eisenach	WARTBURG
Burzelkraut	PORTULAK
Busch	BUESCHEL
Buschmeister	LACHESIS
Bußpsalm	MISERERE
byzantin. Kaiserhaus	KOMNENEN
byzantin. Kaiserin	THEODORA
Byzanz	ISTANBUL
Calcit	KALKSPAT
Ceylons offizieller Name	SRILANKA
Chalet	LANDHAUS
Chalzedon-Abart	SARDONYX
Champignon	EGERLING
Champignon	WEIDLING
Chance	AUSSICHT
Chaos, Durcheinander	WIRRWARR
charakteristisches Umfeld	AMBIENTE
charmant	LIEBLICH
Charme	LIEBREIZ
Chefpilot	KAPITAEN
chem. Element, Alkalimetall	FRANCIUM
chem. Element, Erdmetall	EUROPIUM
chem. Element, Erdmetall	SKANDIUM
chem. Element, Metall	POLONIUM
chem. Element, Metall	RUBIDIUM
chem. Element, Metall	SAMARIUM
chem. Element, Metall	SCANDIUM
chem. Element, Metall	THALLIUM
chem. Element, Metall	VANADIUM
chem. Element, Nichtmetall	PHOSPHOR
chem. Element, Nichtmetall	SCHWEFEL
chem. Element, Nichtmetall	SILIZIUM
chem. Element, seltene Erde	LUTETIUM
chem. Element, Transuran	NOBELIUM
chem. Lösemittel	HYDRAZIN
chem. Reaktion m. Hilfsstoffen	KATALYSE
chem. Verbindung	AMMONIAK
Chemiefaser	TERYLENE
Chemotechniker	LABORANT
Cheruskerfürst	ARMINIUS
Cheruskerfürst, Thusneldas Vater	SEGESTES

chilen. Diktator	PINOCHET
chilen. Hauptstadt	SANTIAGO
chilen. Insel	SANFELIX
chilen. Landbesitzer	CRIOLLOS
Chinakundiger	SINOLOGE
Chinarindenbaum	CINCHONA
chines. Dynastie	MANDSCHU
chines. Fluß, Provinz	SINKIANG
chines. Fluß, Strom	HANKIANG
chines. Fluß zur Formosastraße	MINKIANG
chines. Gesellschaftsspiel	MAHJONGG
chines. Hafen in Schantung	TSINGTAU
chines. Hafen in Tschekiang	NINGSIEN
chines. Hafenstadt	TIENTSIN
chines. Halbinsel	LIAOTUNG
chines. Mandschu-Kaiser	KIENLUNG
chines. Oasenstadt in Sinkiang	KASCHGAR
chines. Provinz	SHANDONG
chines. Provinz	SHANGHAI
chines. Provinz	TSINGHAI
chines. Provinz	XINJIANG
chines. Provinz	ZHEJIANG
chines. Provinz i. d. Mandschurei	LIAONING
chines. Religion	TAOISMUS
chines. Segelschiff	DSCHUNKE
chines. Spitz	CHOWCHOW
chines. Stadt	SHENYANG
chines. Stadt am Jangtsekiang	WANHSIEN
chines. Würdenträger	MANDARIN
chines. Zwerghund	PEKINESE
chirurgisches Messer	SKALPELL
Chlornatrium	KOCHSALZ
Chorlied	MADRIGAL
christl.-manichäische Sekte	KATHARER
Christmond	DEZEMBER
Christrose	NIESWURZ
Christus	ERLOESER
Chronikschreiber	CHRONIST
Chrysoberyll	HIDDENIT
Cissus	WEINREBE
City	ALTSTADT
clever	GERISSEN
Clinch beim Boxen	KLAMMERN
Clique	KLUENGEL
Cocktail	HIGHBALL
Colt	REVOLVER
Comic-Figur	GARFIELD
Comicfigur	SUPERMAN
Computer-Bediener	OPERATOR
da	ANWESEND
Dachboden	SPEICHER
Dachdeckermaterial	SCHIEFER
Dachdeckermaterial	SCHINDEL
Dachform	PULTDACH
Dachform	WALMDACH
Dachform	ZELTDACH
Dachkammer, -raum	MANSARDE
dämonisch	BESESSEN
dän. Bucht	LIMFJORD
dän. Filmkomiker	PATACHON
dän. Flagge	DANEBROG
dän. Hafenstadt auf Seeland	ROSKILDE
dän. Halbinsel	JUETLAND
dän. Herrschername	KRISTIAN
dän. Herrschername	WALDEMAR
dän. Inselgruppe im Atlantik	FAEROEER
dän. Insel im Kattegat	HESSELOE
dän. Insel im Öresund	SALTHOLM
dän. Märchendichter	ANDERSEN
dän. Schriftsteller	JACOBSEN

8

dän.-schwed. Meerenge	KATTEGAT
dän. Stadt auf Seeland	SLAGELSE
Dahlienart	GEORGINE
damenhaft	LADYLIKE
Damenmantel mit Kapuze	CAPUCHON
Damenschuh	TROTTEUR
Damm (mediz.)	PERINEUM
Dampf, Dunst	SCHWADEN
Dampfmaschinenteil	EXZENTER
Damwildgeweih	SCHAUFEL
Dantes Jugendliebe	BEATRICE
Darlehen	LEIHGABE
Darmeinlauf	KLISTIER
Darmverschlingung	VOLVULUS
Darsteller in Nebenrolle	KOMPARSE
Dasein	EXISTENZ
das Weltall betreffend	KOSMISCH
Datenendgerät	TERMINAL
Datumsanzeiger	KALENDER
Dauerbezieher	ABONNENT
Dauergebäck	ZWIEBACK
dauernd	BLEIBEND
dauernd	KONSTANT
dauernd, durchgehend	STAENDIG
Dauerware	KONSERVE
Davids Frau	BATHSEBA
davonhasten	ENTEILEN
Debakel, Malheur	UNGLUECK
Deckendekoration	SOFFITTE
degenerieren	ENTARTEN
Degenquaste	PORTEPEE
dehnen	STRECKEN
Deichbefestigung	FASCHINE
deklarieren	ANMELDEN
deklarieren	ANZEIGEN
delegieren	ABORDNEN
Delikatesse	FEINKOST
Delikt	STRAFTAT
Delikt, Straftat	VERGEHEN
Delphinart	GRINDWAL
Delphinart	WEISSWAL
Dementi, Rückzieher	WIDERRUF
demnach	FOLGLICH
dem Namen nach	NOMINELL
den Arm betreffend	BRACHIAL
den Brustkorb betreffend	PEKTORAL
den Hals betreffend	ZERVIKAL
Denkkraft, Intellekt	VERSTAND
Denkmal	MONUMENT
Denkmünze	MEDAILLE
denkunfähig	VERWIRRT
Denkvermögen, Intellekt	VERNUNFT
Denkvermögen, Verständnis	VERSTAND
Denkwürdigkeiten	MEMOIREN
Denkzettel	NOTABENE
dennoch	TROTZDEM
den Tastsinn betreffend	HAPTISCH
denunzieren	ANZEIGEN
denunzieren	VERRATEN
Departement im Elsaß	HAUTRHIN
Departement in d. Normandie	CALVADOS
Departement in Kolumbien	PUTUMAYO
Depot des US-Goldschatzes	FORTKNOX
derbes Gewebe	DRILLICH
der Form wegen	PROFORMA
Dermatologe	HAUTARZT
der Teufelsgeiger	PAGANINI
deshalb	DESWEGEN
deshalb	INSOFERN
Desinfektionsmittel	FORMALIN
Despotie	DIKTATUR
Despotie, Gewaltherrschaft	TYRANNEI
Dessertwein	PORTWEIN
Destillationsanteil	FRAKTION

8

deuten	AUSLEGEN
Deutschland lateinisch	GERMANIA
Diabetes	HARNRUHR
Diadoche	SELEUKOS
dicht	KOMPRESS
dichterisch	POETISCH
dichterisch: fliehen	FLEUCHEN
dichterisch: Freund	GEVATTER
dichterisch: für alle Zeiten	IMMERDAR
dichterisch: Gefahr	FAEHRNIS
dichterisch: Himmel	JENSEITS
dicke Gemüsesuppe	MINESTRA
dicke Haut	SCHWARTE
Dickicht	GEBUESCH
dicklich	PUMMELIG
Diebshelfer	KOMPLIZE
die Gemeinde betrefend	KOMMUNAL
Diele	HAUSFLUR
iele	KORRIDOR
iener f. ehrere ufgaben	FAKTOTUM
iener-chaft	PERSONAL
ienst	LEISTUNG
enst-arkeit, rundlast	SERVITUT
enst-elle	BEHOERDE
enst-llung	FUNKTION
fizil	KNIFFLIG

Dilettant, Pfuscher	STUEMPER
diplomat. Einspruch	DEMARCHE
diplomat. Schritt	DEMARCHE
Direktive	MASSGABE
Direktorium, Direktion	VORSTAND
Direttissima	FALLINIE
Disko-Vortanzmädchen	GOGOGIRL
diskret	HEIMLICH
diskret, feinfühlend	TAKTVOLL
Disposition	BEFINDEN
Disposition	VORSORGE
Divisionsergebnis	QUOTIENT
Diwan	BETTSOFA
Dnjepr-Zufluß	BERESINA
Döbel	SCHUPPER
Döbel (Fisch)	DICKKOPF
dörfliches Gemeingut	ALLMENDE
Dörrfrüchte	BACKOBST
Doktrin	LEHRSATZ
Dokument	NACHWEIS
dokumentieren	BEWEISEN
dokumentiert	BELEGBAR
dokumentiert	BEWIESEN
Doldenblütler, Wurzelgemüse	PASTINAK
Dollschwanzaffe	FAUNAFFE
Dolmetsch im Nahen Osten	DRAGOMAN

Dom	MUENSTER
Dompfaff	GOLDFINK
Dompteur	DRESSEUR
Donau-Zufluß	ASCHBACH
Donnerkeil	BELEMNIT
Donnerwetter	GEWITTER
Don-Zufluß	MANYTSCH
Doppel	DUPLIKAT
Doppelgänger	EBENBILD
doppelgeschlechtlich	ANDROGYN
Doppellaut	ZWIELAUT
Doppelsehen	DIPLOPIE
doppelseitige Lähmung	DIPLEGIE
doppelsinnig	AEQUIVOK
Doppelstück	DUBLETTE
doppelt	ZWEIFACH
Doppeltreffer beim Boxen	DUBLETTE
doppelwertig	BIVALENT
Doppelwertigkeit	BIVALENZ
Dorsch	KABELJAU
Drache	LINDWURM
Drachenbaum	DRACAENA
Dränageröhrchen (medizin.)	KATHEDER
Drall	DRILLUNG
dramatisch	ERREGEND
dramatische Poesie	DRAMATIK
Dramenteil	AUFTRITT
Draufgabe	HANDGELD

Draufgänger	HAUDEGEN
Drehpistole	REVOLVER
Dreieck	TRIANGEL
dreifacher Erfolg	HATTRICK
dreiseitig	TRIGONAL
dreiteiliges Literaturwerk	TRILOGIE
dreiwertiger Alkohol	GLYZERIN
dringende Postsendung	EILPAKET
dritter Sonntag nach Ostern	JUBILATE
Druck, Zwang	PRESSION
Druckbogenkennung	SIGNATUR
Druckkessel	AUTOKLAV
Druckstock	KLISCHEE
drucktechn. Verfahren	FOTOSATZ
drüben	JENSEITS
Drüse (medizin.)	GLANDULA
Drüsenausscheidung	SCHWEISS
Drüsenbläschen	FOLLIKEL
Drüsenentzündung	ADENITIS
dtsch. Adelstitel	FUERSTIN
dtsch. Adelstitel	LANDGRAF
dtsch. Adelstitel	MARKGRAF
dtsch. Afrikaforscher	WISSMANN
dtsch.-amerikan. abstrakter Maler	ALCOPLEY
dtsch.-amerikan. Filmregisseur	LUBITSCH
dtsch. Archäologe	HERZFELD
dtsch. Architekt	EIERMANN
dtsch. Architekt	PETERSEN
dtsch. Architekt	SCHAROUN
dtsch. Arzt, Mediziner	BERGMANN
dtsch. Arzt, Schriftsteller	SCHLEICH
dtsch. Arzt (Kleingärten)	SCHREBER
dtsch. Arzt (Pockenschutz)	HUFELAND
dtsch. Autofabrikant	BORGWARD
dtsch. Autor	ALVERDES
dtsch. Bakteriologe	LOEFFLER
dtsch. Bandleader	STRASSER
dtsch. Barockbildhauer	PERMOSER
dtsch. Barockmaler	ROTTMAYR
dtsch. Baumeister (Ulm)	ENSINGER
dtsch. Bildhauer	GUENTHER
dtsch. Bildhauer	HEILIGER
dtsch. Bildhauerin	SINTENIS
dtsch. Bildhauer (Porzellan)	KAENDLER
dtsch. Bühnenautor	HOCHHUTH
dtsch. Bundesland	SAARLAND
dtsch. Bundespräsident	CARSTENS
dtsch. Chemiker	BOETTGER
dtsch. Chemiker	KLAPROTH
dtsch. Chemiker (IG-Farben)	DUISBERG
dtsch. Chemiker (Rübenzucker)	MARGGRAF
dtsch. deistischer Philosoph	REIMARUS
dtsch. Dichter, Erzähler	HAUSMANN
dtsch. Dichter, Klassiker	SCHILLER
dtsch. Dichter, Lyriker	RUECKERT
dtsch. Dichter, Maler, Bildh.	PENZOLDT
dtsch. Dichter, Maler, Kompon.	HOFFMANN
dtsch. Dichter, Schriftsteller	BIERBAUM
dtsch. Dichter, Schriftsteller	BORCHERT
dtsch. Dichter, Schriftsteller	BRENTANO
dtsch. Dichter, Schriftsteller	BRITTING

dtsch. Dichter, Schriftsteller	BUECHNER
dtsch. Dichter, Schriftsteller	CLAUDIUS
dtsch. Dichter, Schriftsteller	DOERFLER
dtsch. Dichter, Schriftsteller	ENDRIKAT
dtsch. Dichter, Schriftsteller	SCHEFFEL
dtsch. Dichter, Schriftsteller	SCHLEGEL
dtsch. Dichter, Schriftsteller	VEGESACK
dtsch. Dichterin	GUENTHER
dtsch. Dichterin, Lyrikerin	SCHAEFER
dtsch. Dichter u. Naturforscher	CHAMISSO
dtsch. Dirigent	BONGARTZ
dtsch.-engl. Astronom	HERSCHEL
tsch. nthül-ungs-utor	WALLRAFF
tsch. rfinder, taats-ann	GUERICKE
tsch. finder s Por-llans	BOETTGER
sch. zähler	AUERBACH
sch. angel. eologe	DIBELIUS
ch. ngel. eologe	GOGARTEN
dtsch. express. Maler, Grafiker	KIRCHNER
dtsch. expressionist. Dichter	DAEUBLER
dtsch. Filmkomponist	BOCHMANN
dtsch. Filmregisseur	KAEUTNER
dtsch. Flieger	MOELDERS
dtsch. Fliegerin, Flugpionierin	BEINHORN
dtsch. Flugzeugkonstrukteur	FIESELER
dtsch. Forschungsreisender	FILCHNER
dtsch. Fußballspieler	BREITNER
dtsch. Fußballspieler	HOETTGES
dtsch. Fußballspieler	HRUBESCH
dtsch. Fußballspieler	SCHUSTER
dtsch. Fußballspieler, -trainer	HEYNCKES
dtsch. Fußballtrainer	REHHAGEL
dtsch. Generalfeldmarschall	MANSTEIN
dtsch. Geschichtsforscher	DAHLMANN
dtsch. grotesk. Schriftsteller	JEANPAUL
dtsch. Historienmaler	GEBHARDT
dtsch. Historienmaler	KAULBACH
dtsch. Historiker	GEBHARDT
dtsch. Historiker	MEINECKE
dtsch. Historiker	SCHNABEL
dtsch. Historiker, Politiker	GERVINUS
dtsch. Hörspielautor	ANDERSCH
dtsch. Ingenieur, Erfinder	FLETTNER
dtsch. Inselgruppe	HALLIGEN
dtsch.-ital. Philosoph	GUARDINI
dtsch. Kaisername, Königsname	HEINRICH
dtsch. Kaisername, Königsname	MATTHIAS
dtsch. Kaisername, Königsname	RUPRECHT
dtsch. Kardinal (Köln)	HOEFFNER
dtsch. Kirchenarchitekt	BARTNING
dtsch. klassizist. Baumeister	SCHINKEL
dtsch. klassizistischer Bildhauer	LANGHANS
dtsch. klassizistischer Maler	CARSTENS
dtsch. Königsname	ALBRECHT
dtsch. Komponist	HARTMANN

dtsch. Komponist	KAMINSKI
dtsch. Komponist	KREUTZER
dtsch. Komponist	LORTZING
dtsch. Komponist	PFITZNER
dtsch. Komponist	WEISMANN
dtsch. Komponist (18. Jh.)	TELEMANN
dtsch. Kulturhistoriker	LANGBEHN
dtsch. Kulturphilosoph	SPENGLER
dtsch. Kulturphilosoph	SPRANGER
dtsch. Kurienkardinal	DOEPFNER
dtsch. Landeshauptstadt	HANNOVER
dtsch. Landeshauptstadt	MUENCHEN
dtsch. Liedermacher	BIERMANN
dtsch. Luftschiffkonstrukteur	PARSEVAL
dtsch. Luftschiffkonstrukteur	ZEPPELIN
dtsch. Lustspieldichter	KOTZEBUE
dtsch. luther. Theologe	BULTMANN
dtsch. Maler, Grafiker	BECKMANN
dtsch. Maler, Grafiker	ROTTMANN
dtsch. Maler, Matisse-Schüler	PURRMANN

dtsch. Maler der Biedermeier	SPITZWEG
dtsch. Malerin, Grafikerin	KOLLWITZ
dtsch. Maler (Nazarener)	OVERBECK
dtsch. Mathematiker	KAESTNER
dtsch. Mathematiker	PLUECKER
dtsch. Mittelgebirge	ODENWALD
dtsch. Mittelgebirge	SPESSART
dtsch. Naturforscher	HUMBOLDT
dtsch. Nordseehafen	CUXHAVEN
dtsch.-österr. weibl. Adelstitel	HERZOGIN
dtsch.-österr. weibl. Adelstitel	KOMTESSE
dtsch. Operettenkomponist	MACKEBEN
dtsch. Orientalist	LITTMANN
dtsch. Ostseebad	HAFFKRUG
dtsch. Ostseebad	HOHWACHT
dtsch. Philosoph	HARTMANN
dtsch. Philosoph, Historiker	SCHLEGEL
dtsch. Physiker	CLAUSIUS
dtsch. Physiker (Nobelpreis)	EINSTEIN

dtsch. Physiker (Nobelpreis)	ROENTGEN
dtsch. Physiker und Philosoph	DESSAUER
dtsch. Physiologe (Nobelpr.)	MEYERHOF
dtsch. Pianist	BACKHAUS
dtsch. Politiker, Staatsmann	ADENAUER
dtsch. Politiker, Staatsmann	BRUENING
dtsch. Politiker, Staatsmann	RATHENAU
dtsch. Politiker (CSU)	HOECHERL
dtsch. Politiker (SPD)	SCHILLER
dtsch. Porzellankünstler	BUSTELLI
dtsch. Publizist	AUGSTEIN
dtsch. Publizist	LEONHARD
dtsch. Publizistin	DOENHOFF
dtsch. Rechtsphilosoph	STAMMLER
dtsch. Reichskanzler	BRUENING
dtsch. Reichskanzler	HERTLING
dtsch. Rokokodichter	HAGEDORN
dtsch. Romanschriftsteller	GEISSLER

dtsch. Romanschriftsteller	MUSCHLER
dtsch. romant. Komponist	SCHUMANN
dtsch. Sänger	HOFFMANN
dtsch. Satellitenfunkstation	RAISTING
dtsch. Schauspieler	AMBESSER
dtsch. Schauspieler	BUCHHOLZ
dtsch. Schauspieler	DEVRIENT
dtsch. Schauspieler	HARTMANN
dtsch. Schauspieler	JANNINGS
dtsch. Schauspieler	JUERGENS
dtsch. Schauspieler	KLOEPFER
dtsch. Schauspieler	LEIPNITZ
dtsch. Schauspieler	PROCHNOW
dtsch. Schauspieler	RUEHMANN
dtsch. Schauspieler	SOEHNKER
dtsch. Schauspieler	TRESSLER
dtsch. Schauspieler	WAESCHER
dtsch. Schauspielerin	BETHMANN
dtsch. Schauspielerin	COLLANDE
dtsch. Schauspielerin	DIETRICH
dtsch. Schauspielerin	DOMROESE
dtsch. Schauspielerin	FROBOESS
dtsch. Schauspielerin	HELLBERG
dtsch. Schauspielerin	HOEFLICH
dtsch. Schauspielerin	KAUFMANN
dtsch. Schauspielerin	LEUWERIK
dtsch. Schauspielerin	RUETTING
dtsch. Schauspielerin	SANDROCK
dtsch. Schauspielerin	SCHWIERS
dtsch. Schauspielerin	WEDEKIND
dtsch. Schauspieler u. Autor	KAYSSLER
dtsch. Schlagersänger (m. Vorn.)	ROYBLACK
dtsch. Schriftsteller	BAUMBACH
dtsch. Schriftsteller	EDSCHMID
dtsch. Schriftsteller	HEISELER
dtsch. Schriftsteller	KIAULEHN
dtsch. Schriftsteller	KONSALIK
dtsch. Schriftsteller	REMARQUE
dtsch. Schriftsteller	SCHNURRE
dtsch. Schriftsteller	WIECHERT
dtsch. Schriftsteller	WOLZOGEN
dtsch. See	BODENSEE
dtsch. Sozialist	LASSALLE
dtsch. Sozialist	WEITLING
dtsch. Soziologe	HABERMAS
dtsch. Soziologe	SCHELSKY
dtsch. Spielkartenfarbe	SCHIPPEN
dtsch. Staatsmann u. Philosoph	HUMBOLDT
dtsch. Staatsrechtler	JELLINEK
dtsch. Stadt am Bodensee	KONSTANZ
dtsch. Stadt am Oberrhein	BREISACH
dtsch. Stahlwarenstadt	SOLINGEN
dtsch. Studentenführer	DUTSCHKE
dtsch. Südpolarforscher	FILCHNER
dtsch. Theaterregisseur	BUCKWITZ
dtsch. Theaterregisseur	PISCATOR
dtsch. Theologe u. Kosmograph	MUENSTER
dtsch. Trompetenvirtuose	GUETTLER

dtsch. Verhaltensforscher	HEINROTH
dtsch. Verleger	SPRINGER
dtsch. Verleger, Schriftsteller	HEIMERAN
dubiös	FRAGLICH
Duckmäuser	KRIECHER
dümmlich	GEISTLOS
Düngemittel	SALPETER
Dünkel	ARROGANZ
dünkelhaft	ARROGANT
dürftig	AERMLICH
dürftig	ARMSELIG
dürftig, einfach	PRIMITIV
Duero-Zufluß	PISUERGA
Düsenflugzeug	JETLINER
duftende Blume, Pflanze	LAVENDEL
duftende Frühlingsblume	VEILCHEN
duftendes Wiesengras	RUCHGRAS
duftende Zierpflanze	GOLDLACK
Duftstoff, Riechstoff	LAVENDEL
duldsam, versöhnlich	TOLERANT
dumm	IGNORANT
dumm, unklug	TOERICHT
dummer August	HARLEKIN
Dunkel, Schemen	SCHATTEN
dunkler Glasstein	OBSIDIAN
durch d. Weichteile getroffen	WEIDWUND
durch den Arzt bedingt	IATROGEN
durch die Haut (mediz.)	PERKUTAN
durchdringend	BEISSEND
durchdringend	STECHEND
durchdringend	STRIDENT
Durcheinander, Mischmasch	PELEMELE
Durchgang	KORRIDOR
Durchgangshindernis	SCHRANKE
durchleuchten	ROENTGEN
Durchmesser	DIAMETER
Durchsicht, Kontrolle	PRUEFUNG
durchsichtige Raumabdeckung	GLASDACH
Durst leiden	DUERSTEN
Ebbe und Flut	GEZEITEN
Ebene, Niederung	TIEFLAND
ebnen	GLAETTEN
Echo	NACHHALL
Echsenart	EIDECHSE
ecuadorian. Stadt	RIOBAMBA
ecuadorian. Vulkan	COTOPAXI
Edelfalter	EISVOGEL
Edelfisch	MEEREBER
Edelholz	EBENHOLZ
edelmütig	GENEROES
Edelmut	NOBLESSE
Edelstein, Schmuckstein	TANSANIT
Edelstein, Schmuckstein	TURMALIN
Edelstein im Rundschliff	CABOCHON
edelster Pilz	TRUEFFEL
EDV-Datenträger	DISKETTE
EDV-Kennwort	CODEWORT
EDV-Mitarbeiterin	LOCHERIN
EDV-Programme	SOFTWARE
EDV-Programmierung	COMPILER
EDV-Rechnerbestandteile	HARDWARE
Egoismus	ICHSUCHT
Ehefrau	GEMAHLIN
ehelichen	HEIRATEN
Ehelosigkeit	ZOELIBAT
ehem. dtsch. Königreich	PREUSSEN
ehem. franz. Goldmünze	LOUISDOR
ehem. Gefängnis in Paris	BASTILLE
ehem. Kavallerist	DRAGONER
ehem. preuß. Provinz	HANNOVER
ehemal. dän. Grenzwall	DANEWERK
eher	VIELMEHR
Ehering	TRAURING
Eheschließung	HOCHZEIT

Ehrenbezeigung	HONNEURS
Ehrenbezeigung	REVERENZ
Ehrenpreis	VERONICA
Ehrerbietung, Verbeugung	REVERENZ
Ehrgeiz	AMBITION
Ehrwürden, Hochwürden	REVEREND
Eibisch	HIBISKUS
Eichhörnchenart	BURUNDUK
Eidam	SCHWAGER
eifrig	FLEISSIG
Eigenart	NATURELL
Eigenbrötler	ORIGINAL
eigenhändige Unterschrift	SIGNATUR
Eigenliebe, Eigennutz	ICHSUCHT
Eigenschaftswort	ADJEKTIV
Eigentümer	BESITZER
eigentümlich, vorzugsweise	SPEZIELL
Eigentumsdelikt	EINBRUCH
eilen, rennen	PRESCHEN
eilig, dringlich	PRESSANT
eilig nötig	DRINGEND
Eilnachricht	DEPESCHE
einäugiger Riese bei Homer	POLYPHEM
Einbandgewebe	MAROQUIN
einberufen	AUSHEBEN
Einbildung	ILLUSION
Einbrenne	SCHWITZE
eindringlich	BESTIMMT
eindringlich	INTENSIV
Eindruck	ANSCHEIN
eindrucksvoll	IMPOSANT
eine der Kardinal-Tugenden	KLUGHEIT
eine der Musen	KALLIOPE
eine der Parzen	LACHESIS
eine der schönen Künste	DICHTUNG
einem Boxhieb ausweichen	ABDUCKEN
einen Schacht graben	ABTEUFEN
einer der Argonauten	EUPHEMOS
einer der Argonauten	HERAKLES
einer der Beatles	HARRISON
einer der Heiligen Drei Könige	MELCHIOR
einer der Sieben griech. Weisen	PITTAKOS
einer der Titanen	OLYMBROS
eine Wasserkur machen	KNEIPPEN
einfach, anspruchslos	SCHLICHT
einfache Algenart	BLAUALGE
einfache Tonware	STEINGUT
einfältig, unvernünftig	TOERICHT
Einfaltspinsel	DUMMKOPF
Einfluß	INFLUENZ
einflußreich	MAECHTIG
Einförmigkeit	EINERLEI
Eingabe	PETITION
eingedickter Süßholzwurzelsaft	LAKRITZE
eingeengt	BEGRENZT
eingeknickte Buchseite	ESELSOHR
eingelegter Hering	ROLLMOPS
eingelegte Sardelle	ANCHOVIS
Eingemachtes	KONSERVE
eingeritzte Inschrift	GRAFFITO
eingesalzener Kabeljau	LABERDAN
Eingeweihter	KOMPLIZE
einheim. Giftpflanze	ARONSTAB
einheim. Giftpflanze	EINBEERE
einheim. Giftpilz	RISSPILZ
einheim. Orchidee	NESTWURZ
Einheit des Magnetismus	MAGNETON
einhöckriges Kamel	DROMEDAR
einjährige Pflanze	ANNUELLE

Einkaufsbummel	SHOPPING
einkehren	BESUCHEN
Einklang	HARMONIE
Einkommen	EINNAHME
Einkommensart	LOEHNUNG
Einlaß	OEFFNUNG
Einmachgefäß	WECKGLAS
Einrichtung	INVENTAR
Einrichtung	MOBILIAR
einsam	ENTLEGEN
Einschließung	BLOCKADE
Einschnitt	INZISION
Einsicht	EINBLICK
Einsicht, Verstand	VERNUNFT
Einsiedelei	KARTAUSE
Einsiedler	KLAUSNER
Einsteigdiebstahl	EINBRUCH
einstimmig	HOMOPHON
einstöckiges Gebäude	BUNGALOW
einteilen	ABMESSEN
einteilen	DOSIEREN
Eintönigkeit	EINERLEI
Eintracht	HARMONIE
einträglich	LUKRATIV
einträglich	RENTABEL
einträgliches Amt	SINEKURE
Eintrag tilgen	LOESCHEN
Eintragungsliste	MATRIKEL
Eintropfung	INFUSION
Einverleibung	ANNEXION
Einwand	BEDENKEN
einwandfrei	MAKELLOS
einwandfrei, makellos	TADELLOS
ein wenig	BISSCHEN
Einwirkmöglichkeit	EINFLUSS
Einzahl	SINGULAR
Einzeldarstellerin	SOLISTIN
einzeln gefaßter Stein	SOLITAER
Einzelposten	POSITION
Einzelstück	EXEMPLAR
einzigartig	EINMALIG
Eisenbahnfahrplan	KURSBUCH
Eisenerz	MARKASIT
Eisenglanz	HAEMATIT
Eisenhut	ACONITUM
Eisenhut (botan.)	STURMHUT
Eisheiliger	MAMERTUS
Eiskunstlauf-Sprung	OPPACHER
Eiszeitalter	DILUVIUM
Eiterflechte	IMPETIGO
Eitergeschwür	FURUNKEL
eitrig	PURULENT
Eiweißsubstanz	KOLLAGEN
Ekel, Monstrum	SCHEUSAL
ekeln	ANWIDERN
Elbe-Zufluß	ROSSBACH
Elbe-Zufluß	SCHWINGE
Eldorado	GOLDLAND
Eldorado	PARADIES
Eleganz	FEINHEIT
elektr. Aufzeichnungsgerät	RECORDER
elektr. Bedienungsgerät	SCHALTER
elektr. Blindwiderstand	REAKTANZ
elektr. Maßeinheit	KILOWATT
elektr. Widerstandsregler	RHEOSTAT
Elektronenrechner	COMPUTER
Elektronenschleuder	BETATRON
Elektronenschleuder	CALUTRON
Elektronenschleuder	RHEOTRON
Elementarteilchen	DEUTERON
Elementarteilchen	MESOTRON
Elementarteilchen	NEGATRON
Elementarteilchen	NEUTRINO
Elementarteilchen	POSITRON
Elevation	ERHEBUNG
Eleve	LEHRLING
Eleve, Pflegebefohlener	ZOEGLING
elsäss. Humanist, Satiriker	FISCHART
Emblem, Symbol	SINNBILD

Embryo	KEIMLING
Emotion	ERREGUNG
Empfänger von Post	ADRESSAT
Empfang	AUFNAHME
empfangend	REZEPTIV
Empfangsbescheinigung	QUITTUNG
Empfehlung, Auskunft	REFERENZ
empfindlich, empfindsam	SENSIBEL
Empörer	MEUTERER
Empörung	AUFSTAND
Empörung	MEUTEREI
Emporkömmling	PARVENUE
emsländ. Stadt an der Vechte	NORDHORN
Endkampf im Sport	ENDSPURT
Endsumme	ERGEBNIS
Endsumme	RESULTAT
Energie	TATKRAFT
enge Gefährtin	FREUNDIN
Engelwurz	ANGELIKA
Engel weiter Stufe	ERZENGEL
ngl. bstrakt. ildauerin	HEPWORTH
ngl. delstitel	VISCOUNT
ngl. delstitel, rädikat	MARQUESS
gl. tor, hriftller	BROWNING
engl. Autor, Sozialreformer	KINGSLEY
engl. Autor, Verleger	GOLLANCZ
engl. Bildhauer	ARMITAGE
engl. Bildhauer	CHADWICK
engl. Chemiker (Nobelpreis)	ROBINSON
engl. Dramatiker	RATTIGAN
engl. f. Kapstadt	CAPETOWN
engl. Frauen-Vorname	CAROLINE
engl. Geistlicher	REVEREND
engl. Gewichtseinheit	SHORTTON
engl. Hafenstadt, Seebad	YARMOUTH
engl. Halbinsel	CORNWALL
engl. Herrscherdynastie	HANNOVER
engl. Hochadel	NOBILITY
engl. humorist. Schriftsteller	BEERBOHM
engl. Hunderasse	PINSCHER
engl. Jazzpianist	SHEARING
engl. Kanalhafen, Seebad	BRIGHTON
engl. Kanalhafen, Seebad	WEYMOUTH
engl. Kanalinsel	ALDERNEY
engl. Keramiker	WEDGWOOD
engl. Königin	VICTORIA
engl. Königin	VIKTORIA
engl. Komponist	SULLIVAN
engl. Kriminalschriftstellerin	CHRISTIE
engl. Landschaftsmaler	WHISTLER
engl. Lordprotektor	CROMWELL
engl. Lyriker u. Romancier	LAWRENCE
engl. Männer-Vorname	FRANKLIN
engl. Männer-Vorname	FREDERIC
engl. Maler	LANDSEER
engl. Maler (Porträtist)	REYNOLDS
engl. Mathematiker	HAMILTON
engl. Modeheld	BRUMMELL
engl. Nobelpreisträger	ALGERNON
engl. Pfadfinder	BOYSCOUT
engl. Physiker	BREWSTER
engl. Physiker (Nobelpreis)	APPLETON
engl. Physiker (Nobelpreis)	BLACKETT
engl. Physiker (Nobelpreis)	CHADWICK

8

engl. Physiker (Nobelpreis)	COCKROFT
engl. Physiker (Nobelpreis)	RAYLEIGH
engl. Politiker, Historiker	MACAULAY
engl. Politiker, Staatsmann	DISRAELI
engl. Politikerin, Ministerpräs.	THATCHER
engl. Popmusiker	HARRISON
engl. Popmusiker	OLDFIELD
engl. präraffaelit. Maler	ROSSETTI
engl. Romanautor	MEREDITH
engl. Schatzamt	TREASURY
engl. Schauspieler	GUINNESS
engl. Schauspieler	HARRISON
engl. Schauspieler	KINGSLEY
engl. Schauspieler	LAUGHTON
engl. Schauspielerin	REDGRAVE
engl. Schriftsteller	FORESTER
engl. Schriftsteller	KOESTLER
engl. Schriftsteller	TENNYSON
engl. Schriftsteller (18. Jh.)	THOMPSON
engl. Schweißhund	BLUTHUND
engl. Seebad, Hafen in Kent	RAMSGATE
engl. Seefahrer (Australien)	FLINDERS
engl. Stadt	MARYPORT
engl. Stadt am Darent	DARTFORD
engl. Stadt am Mersey	STOCKTON
engl. Stadt am Mersey	WALLASEY
engl. Stadt am Sherbourne	COVENTRY
engl. Stadt an Hull u. Humber	KINGSTON
engl. Stadt bei Manchester	ROCHDALE
engl. Stadt in Durham	WHICKHAM
engl. Steingut	WEDGWOOD
engl.: allseitig	ALLROUND
engl.: Anfänger	NEWCOMER
engl.: damenhaft	LADYLIKE
engl.: Frau	MISTRESS
engl.: Geschäft	BUSINESS
engl.: in Ordnung	ALLRIGHT
engl.: Preisabschlag	DISCOUNT
engl.: Produzent, Regisseur	PRODUCER
engl.: Tochter	DAUGHTER
engl.: vielseitig	ALLROUND
englische Krankheit	RACHITIS
engstirnig	BORNIERT
engstirnig, kleinbürgerlich	SPIESSIG
engstirniger Mensch	SPIESSER
eng zusammengedrängt	KOMPRESS
Enklave in Südchina	HONGKONG
enorm	GEWALTIG
entartet	DEKADENT
Entartung	DEKADENZ
Entdecker Amerikas	KOLUMBUS
Entdecker v. südpazif. Gebieten	MENDANAS
Entdekker d. Südpols	AMUNDSEN
Entdekker d. X-Strahlen	ROENTGEN
Entenart	MOORENTE
entgegengesetzt	KONTRAER
entgegnen	ERWIDERN
entheben	ABSETZEN
entkleiden	STRIPPEN
Entlassung	ABSCHIED
Entlassung	FREIGABE
Entlastungskanal	UMFLUTER
Entsagung, Bescheidung	VERZICHT

8

Entspannung	ERHOLUNG
entsprechend	ADAEQUAT
Entsprechung	ANALOGIE
entstellte Abbildung	ZERRBILD
Entwicklungsprozeß, Gedeihen	WACHSTUM
Entwurf	MAQUETTE
epileptischer Anfall	PETITMAL
Epilog	NACHWORT
Epoche, Periode	ZEITRAUM
Epos von Wolfr. v. Eschenbach	PARZIVAL
Eppich	SELLERIE
Erbe, Erbschaft	NACHLASS
Erblasser	TESTATOR
erbliches Herrschergeschlecht	DYNASTIE
Erbsprung	MUTATION
Erdabsatz, Erdstufe	TERRASSE
Erdbeben unter dem Meer	SEEBEBEN
Erdferne	APOGAEUM
Erdgeschichte	GEOLOGIE
rdgeschoß	PARTERRE
rdundler	GEOGRAPH
rdteil	OZEANIEN
dübertung	SINTFLUT
dulden	ERTRAGEN
dwachs	OZOKERIT
dwachs	PARAFFIN
dwisnschaft	GEOLOGIE

Eremit	KLAUSNER
erfahren, geübt	VERSIERT
Erfahrung	KENNTNIS
erfahrungsgemäß	INDUKTIV
Erfinder d. Blitzableiters	FRANKLIN
Erfinder d. Esperanto	ZAMENHOF
Erfinder d. Fotografie	DAGUERRE
Erfinder d. Grammophons	BERLINER
Erfinder d. Laterna magica	KIRCHNER
Erfinder d. Luftpumpe	GUERICKE
Erfinder d. Schallplatte	BERLINER
Erfinder d. Spinnmaschine	CROMPTON
Erfindungsgabe	INGENIUM
erflehen	ERBITTEN
erfolgreicher Aufstieg	KARRIERE
erforschen	ERKUNDEN
erfreulich	ANGENEHM
Erfrischung	BELEBUNG
Erfrischungsgetränk	LIMONADE
Ergänzung	KORRELAT
Ergänzung	NACHTRAG
Ergänzungsteil	ZUBEHOER
Ergebnis, Fazit	RESULTAT

ergiebig, gewinnbringend	RENTABEL
ergötzlich	AMUESANT
Ergriffenheit	BEWEGUNG
Ergriffenheit	RUEHRUNG
ergründen	ERUIEREN
Ergußgestein	RHYOLITH
erhalten	ERLANGEN
erheblich, wichtig	RELEVANT
Erhebung	AUFSTAND
erhöhen	STEIGERN
Erinnerung	ANDENKEN
Erinnye	EUMENIDE
erkennen	EINSEHEN
Erkenntnis	EINSICHT
erklären	AUSLEGEN
Erklärung	MANIFEST
erledigt	KNOCKOUT
erlesen	EXQUISIT
Ermittler	DETEKTIV
Ermittlungsbüro	DETEKTEI
Erneuerer	REFORMER
erniedrigter Ton im Blues	BLUENOTE
erprobt	BEWAEHRT
Erprobung, Examen	PRUEFUNG
erratischer Block	FINDLING
erregend	FESSELND
Erreger	BAZILLUS
Erreger d. Tuberkulose	TUBERKEL
Erregung	SPANNUNG
erreichen	BEWIRKEN
Ersatz	AUSHILFE
Ersatz, Behelf	SURROGAT

Ersatzglied, Kunstglied	PROTHESE
erschaffen	KREIEREN
Erscheinungsbild	AUSSEHEN
Erschlaffungsmittel	RELAXANS
erschütternd	TRAGISCH
Erschütterung d. Erdkruste	ERDBEBEN
Erstaufführung, Uraufführung	PREMIERE
erste dtsch. Dichterin	ROSWITHA
erster dtsch. Bundeskanzler	ADENAUER
erster dtsch. Jesuit	CANISIUS
erster dtsch. Reichskanzler	BISMARCK
Erster im Wettkampf	GEWINNER
erster österr. Bundespräsident	HAINISCH
erster röm. Kaiser	AUGUSTUS
erster Stock	BELETAGE
erster türk. Staatspräsident	ATATUERK
Ertrag	AUSBEUTE
Ertrag	EINNAHME
Ertragfähigkeit	BONITAET
Erwägung	BERATUNG
erwerben	ERLANGEN
erwerben	GEWINNEN

Erwerbsunfähiger	INVALIDE
Erzieherin	LEHRERIN
erzwungen	ERTROTZT
erzwungen	FORCIERT
eßbarer Pilz	TINTLING
eßbarer Schlauchpilz	TRUEFFEL
Essen	MAHLZEIT
Etui	FUTTERAL
Eulenvogel	WALDKAUZ
europäische Hauptstadt	BRUESSEL
europäische Hauptstadt	BUDAPEST
europäische Hauptstadt	BUKAREST
europäische Hauptstadt	HELSINKI
europäische Hauptstadt	LISSABON
europäische Hauptstadt	WARSCHAU
europäischer Osmanenreichsteil	RUMELIEN
europäischer See	BODENSEE
europäischer Staat	FINNLAND
europäischer Zwerghund	MALTESER
Europa und Asien	EURASIEN

evangel. Kirchenlieddichter	GERHARDT
Evangelist	JOHANNES
Evangelist	PREDIGER
Evastochter	MAEDCHEN
evident	OFFENBAR
exakt, präzis, richtig	TREFFEND
exakt, pünktlich	PRAEZISE
Exaltiertheit	ERREGUNG
Exempel	BEISPIEL
exerzieren	EINUEBEN
existent, vorhanden	WIRKLICH
exotisches Edelholz	MAHAGONI
expedieren	ABSENDEN
expedieren	AUFGEBEN
Experte	FACHMANN
extern	DRAUSSEN
extra	NEBENBEI
Extras, nötiges Beiwerk	ZUBEHOER
Fabelinsel, Fabelland	ELDORADO
Fabelname d. Dachses	GRIMBART
Fabeltier	BASILISK
Fabeltier	LINDWURM
Fabrikant	ERZEUGER
Fabrikerzeugnis	FABRIKAT
fabrizieren	ERZEUGEN
fabrizieren	FERTIGEN
Fachausdruck, Fachwort	TERMINUS

Fachhochschule	AKADEMIE
Fackel	FLAMBEAU
Fadenwürmer	FILARIEN
Fadenwurm	NEMATODE
Fadenwurm	RUNDWURM
Fadenwurm	TRICHINE
Fächerpalme der Seschellen	LODOICEA
Fächerschüssel	KABARETT
fähig	IMSTANDE
Fährhafen auf Rügen	SASSNITZ
Fährhafen in Frankreich	BOULOGNE
Färöerinsel	OESTEROE
Färöerinsel	STROEMOE
Fäserchen	FIBRILLE
Fäulnis erregend	SEPTISCH
fahl	ASCHGRAU
fahl	GRAUGELB
fahrbares Serviergerät	TEEWAGEN
fahrende Leute	ARTISTEN
Fahrplan öffentl. Verkehrsmittel	KURSBUCH
Fahrzeug, Verkehrsmittel	LASTAUTO
Fahrzeugverbindung	KUPPLUNG
Faktum	TATSACHE
falkenköpfiger ägypt. Gott	HAROERIS
fallen	STUERZEN
falsches Haarteil	PERUECKE
Falte	KNICKUNG
Faltenwurf	DRAPERIE
Familienname	NACHNAME
Fangarm des Tintenfisches	TENTAKEL
Farbe, Farbton	MAUSGRAU
Farbenkünstler	KOLORIST
Farbenpracht	BUNTHEIT
Farbglanz	SCHILLER
Farbige, Negerin	SCHWARZE
Farbkelle, Schmierkelle	SPACHTEL
farbrichtig	ISOCHROM
Farbton	GELBLICH
Farbton	GOLDGELB
Farnart	HAARFARN
Farngewächs	BAERLAPP
Farnkrautgattung	ADIANTUM
Fasching	KARNEVAL
Fasergewebe	FIBRILLE
Faserpflanze	ALFAGRAS
Fastnacht	FASCHING
Fastnacht	KARNEVAL
Faulenzer, Herumtreiber	TAGEDIEB
Faulschlamm	SAPROPEL
Favorit, Favoritin	LIEBCHEN
Favorit, Favoritin	LIEBLING
Favorit d. Dionysios v. Syrakus	DAMOKLES
Favoritin	GELIEBTE
Fazit	ENDSUMME
FDP-Politiker, Außenminister	GENSCHER
fechten, streiten	KAEMPFEN
federnder Betteinsatz	MATRATZE
Federwild	AUERHAHN
Federzange	PINZETTE
Fehlbetrag	EINBUSSE
Fehler, Schnitzer	VERSEHEN
Fehlschlag, Pleite	REINFALL
feierlich	FESTLICH
feierliches Musikstück	MAESTOSO
Feierlichkeit	PATHETIK
Feigwarze	KONDYLOM
fein, zart	ZIERLICH
feindlicher Einfall	INVASION
feine Golddrahtarbeit	FILIGRAN
feine Kleidung	TOILETTE
feines Ziegenleder	MAROQUIN
feinfühlend, feinfühlig	SENSIBEL
feingeripptes Gewebe	POPELINE
feinkeramisches Erzeugnis	MAJOLIKA
feinkörniges Gestein	GRANULIT
Feldgemeinschaft	ALLMENDE

Feldgeschütz	HAUBITZE
Feldherr, Heerführer	STRATEGE
Feldherr des 30jähr. Krieges	MANSFELD
Feldraute	ERDRAUCH
Feldsalat	RAPUNZEL
Feldspat	PERIKLIN
Feldspat-Art	NEPHELIN
Feldspatmineral	HYLOPHAN
Feldstecher	FERNGLAS
Feldstecher	JAGDGLAS
Feldzug	KAMPAGNE
Felge	RADKRANZ
Fell der Bärenrobben	SEALSKIN
feminin	WEIBLICH
Fensterbank	SOHLBANK
Fensterblatt (botan.)	MONSTERA
Feriengast	URLAUBER
Ferment	DIASTASE
Ferment	INVERTIN
Ferment	KATALASE
Ferner Osten	OSTASIEN
Fernrohr	TELESKOP
Fernrohrteil	OBJEKTIV
Fernschreiber	TELEGRAF
fertig	ERLEDIGT
Fertiggericht	KONSERVE
Fertigkeit	GESCHICK
fesartige Kopfbedeckung	TARBUSCH
Fessel	KNOECHEL
fesselnd, erregend	SPANNEND
festes Baumwollgewebe	MOLESKIN
Festessen	GASTMAHL
festes Versprechen	GELUEBDE
festhalten	FIXIEREN
Festigkeit	KONSTANZ
festsetzen	FIXIEREN
festsitzender Meereskrebs	SEEPOCKE
Festspiel	FESTIVAL
Festspielort in Bayern	BAYREUTH
Festspielort in Österreich	SALZBURG
feststehend	KONSTANT
feststehender Himmelskörper	FIXSTERN
Festungsanlage	RINGWALL
Festungsanlage	WEHRGANG
fettgegerbt	SAEMISCH
feuchtwarme Witterung	SCHWUELE
Feuer ausmachen	LOESCHEN
Feuerwerkskörper	FEUERRAD
Fiaker	KUTSCHER
Fibel	LEHRBUCH
Fibel	LESEBUCH
Fichtenspargel	OHNBLATT
fieberhaft	HEKTISCH
Fieberwahn	DELIRIUM
Figürchen	FIGURINE
Figur aus »Aida«	AMONASRO
Figur aus »Arabella«	ADELAIDE
Figur aus »Arabella«	MANDRYKA
Figur aus »Barbier von Sevilla«	FIORILLO
Figur aus »Carmen«	MERCEDES
Figur aus »Cavalleria rusticana«	SANTUZZA
Figur aus »Der Freischütz«	AENNCHEN
Figur aus »Der Rosenkavalier«	OKTAVIAN
Figur aus »Der Rosenkavalier«	QUINQUIN
Figur aus »Der Troubadour«	GRAFLUNA
Figur aus »Der Vogelhändler«	ADELAIDE
Figur aus »Der Vogelhändler«	CHRISTEL
Figur aus »Der zerbrochene Krug«	BRIGITTE
Figur aus »Die Fledermaus«	ORLOFSKY
Figur aus »Die Zauberflöte«	PAPAGENA
Figur aus »Die Zauberflöte«	PAPAGENO
Figur aus »Die Zauberflöte«	SARASTRO
Figur aus »Entführ. aus dem Serail«	PEDRILLO

Figur aus »Faust«	MEPHISTO
Figur aus »Faust«	VALENTIN
Figur aus »Figaros Hochzeit«	CHERUBIN
Figur aus »Fra Diavolo«	KOOKBURN
Figur aus »Gärtnerin aus Liebe«	SERPETTA
Figur aus »Götz von Berlichingen«	ADELHEID
Figur aus »Graf von Luxemburg«	JULIETTE
Figur aus »Hamlet«	CLAUDIUS
Figur aus »Hamlet«	POLONIUS
Figur aus »Kaufmann von Venedig«	BASSANIO
Figur aus »Kaufmann von Venedig«	GRAZIANO
Figur aus »Kaufmann von Venedig«	LANZELOT
'igur aus Kaufmann von 'enedig«	STEPHANO
igur aus Land des ächelns«	SOUCHONG
igur aus a raviata«	VIOLETTA
gur aus Maria uart«	MORTIMER
gur aus artha«	PLUMKETT
gur aus inna Barn- m«	TELLHEIM
ur aus chtla- von nada«	AMBROSIO

Figur aus »Nachtlager von Granada«	GABRIELE
Figur aus »Nibelungenlied«	ALBERICH
Figur aus »Nibelungenlied«	DANKWART
Figur aus »Nibelungenlied«	DIETRICH
Figur aus »Nibelungenlied«	GISELHER
Figur aus »Nibelungenlied«	RUEDIGER
Figur aus »Othello«	LODOVICO
Figur aus »Parsifal«	AMFORTAS
Figur aus »Parsifal«	KLINGSOR
Figur aus »Postillon von Lonjumeau«	CHAPELOU
Figur aus »Rigoletto«	GIOVANNA
Figur aus »Ring des Nibelungen«	SIEGMUND
Figur aus »Romeo und Julia«	BENVOLIO
Figur aus »Romeo und Julia«	GREGORIO
Figur aus »Romeo und Julia«	MONTAGUE
Figur aus »Salome«	HERODIAS
Figur aus »Tannhäuser«	BITEROLF
Figur aus »Tiefland«	MORUCCIO
Figur aus »Tosca«	SPOLETTA

Figur aus »Tristan und Isolde«	KURWENAL
Figur aus »Turandot«	MANDARIN
Figur aus »Wallenstein«	DEVEROUX
Figur aus »West Side Story«	BERNARDO
Figur aus »Wilhelm Tell«	MELCHTAL
Figur aus den »Lustigen Weibern«	FALSTAFF
Figur aus Mozarts »Entführung«	BELMONTE
Filmband	STREIFEN
Filmbehälter	KASSETTE
Filmfestival in Venedig	BIENNALE
Filmskript	DREHBUCH
filmtechn. Konzept	DREHPLAN
Finale	ENDKAMPF
Finale	ENDSPIEL
Findelkind	FINDLING
Finish	ENDKAMPF
Finish	ENDSPURT
Finkenvogel	BUCHFINK
Finkenvogel	DOMPFAFF
finnische Hauptstadt	HELSINKI
finnischer Architekt	SAARINEN
finnischer Bildhauer	AALTONEN
finnischer Fluß	KALAJOKI
finnischer Fluß	OULUJOKI
finnischer Komponist	SIBELIUS

finnischer Politiker, Staatspräsid.	KEKKONEN
finnischer See	INARISEE
finnisches Nationalepos	KALEWALA
finnische Währung	FINNMARK
finnisch-russische Landschaft	KARELIEN
finnisch-ugrisches Volk	MAGYAREN
finnisch-ugrisches Volk	WOTJAKEN
finnisch-ugrisches Volk in Sibirien	OSTJAKEN
Firmenrechtsberater	SYNDIKUS
Fisch, Fischart	SEELACHS
Fischart	GOLDMAID
Fischbein	WALBARTE
Fischfanggerät	LEGANGEL
Fischkonserve	ROLLMOPS
Fixier-, Trockenmittel	SIKKATIV
Flachdachhaus	BUNGALOW
flacher Wandpfeiler	PILASTER
flache Schale (mediz.)	KUEVETTE
Flachfisch	GOLDBUTT
Flachfisch	HEILBUTT
fläm. Bildhauer in Florenz	GIOVANNI
fläm. Geograph u. Kartograph	MERCATOR
fläm. Maler	FLEMALLE
fläm. Maler	JORDAENS
fläm. Schriftsteller	DECOSTER
fläm. Schriftsteller	TEIRLINK
fläm. Schriftsteller	WALSCHAP
Flaschenreihe	BATTERIE
Flaschenverschluß	STOEPSEL
Flaschner	KLEMPNER
Flaschner, Klempner	SPENGLER
Flechtwerk	GEFLECHT
Fledermaus	FLUGHUND
Fleischbrühe	BOUILLON
Fleischbrühe	CONSOMME
Fleisch des Wildes	WILDBRET
fleischfarben	INKARNAT
fleischfressende Pflanze	TAUBLATT
fleischlich	LEIBLICH
flexible Leitung	SCHLAUCH
Flieder	HOLUNDER
fliegen	FLATTERN
Fliegen-, Aasblume	STAPELIE
fliegender Fisch	FLUGHAHN
Fliegenfanggerät	KLATSCHE
Flieger in der griech. Sage	DAEDALUS
fließen	STROEMEN
florentin. Bauwerk, Kunstgalerie	SIGNORIA
florentin. Bauwerk, Kunstgalerie	UFFIZIEN
florentin. Maler (15. Jh.)	MASACCIO
Florentiner, geflochtener Hut	STROHHUT
florieren	GEDEIHEN
fluchen	LAESTERN
Fluchtburg	REFUGIUM
Flügel	SCHWINGE
flüssiges Einreibemittel	LINIMENT
Flüssigkeitsbehälter	KANISTER
Flüssigkeitsentnahme (mediz.)	PUNKTION
flüstern	SAEUSELN
Flugfigur	SCHLEIFE
Flughafenhalle	TERMINAL
Flughafen von Amsterdam	SCHIPHOL
Flughafen von Bangkok	DONMAANG
Flughafen von Barcelona	MUNTADAS
Flughafen von Bordeaux	MERIGNAC
Flughafen von Budapest	FERIHEGY
Flughafen von Düsseldorf	LOHAUSEN
Flughafen von Genf	COINTRIN

Flughafen von Lissabon	ALVERCES
Flughafen von London	HEATHROW
Flughafen von Montevideo	CARRASCO
Flughafen von Sevilla	SANPABLO
Flughafen von Teheran	MEHRABAD
Flugzeugart	NORATLAS
Flugzeugfirma	HENSCHEL
Flugzeugfirma	LOCKHEED
Flugzeugpiste	ROLLFELD
Flugzeugschleuder	KATAPULT
Flur	KORRIDOR
Flurbuch	KATASTER
Fluß auf dem Peloponnes	ALPHEIOS
Fluß durch Hildesheim	INNERSTE
Fluß durch Stade	SCHWINGE
Fluß durch Thorn	WEICHSEL
Fluß durch Warschau	WEICHSEL
Fluß im Odenwald	MUEMLING
Fluß in Bengalen	BRAHMANI
Fluß in Mecklenburg	RECKNITZ
Fluß in Texas	COLORADO
Flußpferd	NILPFERD
Fluß zum Bodensee	SCHUSSEN
Fluß zum Frischen Haff	PASSARGE
Fluß zum Golf von Bengalen	GODAVARI
Förderanlage	ELEVATOR
fördern	SPONSERN
folgern	ABLEITEN
folglich	INSOFERN
folgsam	GEFUEGIG
folgsam	GEHORSAM
foltern, quälen	PEINIGEN
Fopperei	NECKEREI
Forderung	BEGEHREN
Forderung	ERSUCHEN
Forderung	POSTULAT
Forke	HEUGABEL
Formblatt	FORMULAR
Formblatt	VORDRUCK
Form der Schizophrenie	PARANOIA
Formgestalter	DESIGNER
Forschungsanstalt	INSTITUT
Forstbeamter	FOERSTER
Forstbeamter	FORSTRAT
Forstbestand	LAUBHOLZ
Forstbestand	LAUBWALD
Fortpflanzungszeit	ROLLZEIT
Fortschritt	PROGRESS
fotografisches Material	ROLLFILM
Frachtnachlaß, Preisabzug	REFAKTIE
Frachtschiff	LASTKAHN
Frachtschiff	LEICHTER
fränk. König	DAGOBERT
fränk. Stadt am Weißen Main	KULMBACH
fränk. Stadt an der Regnitz	ERLANGEN
Fräulein auf spanisch	SENORITA
fraglich	UNSICHER
fraglich, unsicher	UNGEWISS
Frankenfürst, -könig	KARLMANN
Frankenkönig	CHLODWIG
franz. abstrakt. Kunststil	INFORMEL
franz. abstrakt. Maler	BISSIERE
franz. abstrakt. Maler	SOULAGES
franz. Adelstitel	DUCHESSE
franz. alter Tanz	COURANTE
franz. anarchist. Sozialist	PROUDHON
franz. Anrede	MONSIEUR
franz. Apfelbranntwein	CALVADOS
franz. Architekt des Empire	FONTAINE
franz. Astronom, Mathemat.	LAGRANGE
franz. Atlantik-Seebad	BIARRITZ
franz. Autor, Kulturphilosoph	ROUSSEAU

franz. Auvergne-Gebirge	MONTDORE
franz. Bakteriologe	CALMETTE
franz. Bildhauer, Architekt	PERRAULT
franz. Burg am Ariège	TARASCON
franz. Chansonnier	AZNAVOUR
franz. Chemiker (Nobelpreis)	SABATIER
franz. Departement	YVELINES
franz. Dichter, Bühnenautor	SALACROU
franz. Dichter, Schriftsteller	BARBUSSE
franz. Dichter, Schriftsteller	BERANGER
franz. Dichter, Schriftsteller	BERNANOS
franz. Dichter (Märchen)	PERRAULT
franz. Dichter (Sprachreformer)	MALHERBE
franz. Dissidentenbischof	LEFEBVRE
franz. Existentialistin	BEAUVOIR
franz. expressionist. Maler	GROMAIRE
franz. f. Genfer See	LACLEMAN
franz. Filmregisseur	BEAUVAIS
franz. Filmregisseur	DUVIVIER
franz. Filmschauspielerin	DARRIEUX
franz. Flugzeugkonstrukteur	DASSAULT
franz. Frauenname	HORTENSE
franz. frühscholast. Philosoph	ABAELARD
franz. Geigenvirtuose	KREUTZER
franz. Hafen an der Garonne	BORDEAUX
franz. Halbinsel	BRETAGNE
franz. Herzogin	DUCHESSE
franz. Historiker	MICHELET
franz. impressionist. Maler	PISSARRO
franz. Kanalhafen	BOULOGNE
franz. Karmeliterin, Heilige	THERESIA
franz. kathol. Philosoph	MARITAIN
franz. Komödiendichter	MARIVAUX
franz. Komponist	CHAILLEY
franz. Komponist	CONSTANT
franz. Komponist	COUPERIN
franz. Komponist	FRANCAIX
franz. Komponist	MESSIAEN
franz. Komponist (Zwölfton)	MARTINET
franz. kubist. u. abstrakt. Maler	DELAUNAY
franz. Landschaft	AUVERGNE
franz. Landschaft an d. Vienne	LIMOUSIN
franz. Lexikograph	LAROUSSE
franz. Männername	FRANCOIS
franz. Männername	FREDERIC
franz. Männername	RODOLPHE
franz. Märchenritter	BLAUBART
franz. Maler	DUBUFFET
franz. Maler, Grafiker	ROUSSEAU
franz. Maler (Purismus)	OZENFANT
franz. Marschall, Politiker	MACMAHON
franz. Mathematiker, Astronom	POINCARE
franz. Minnesänger	TROUVERE
franz. Musikpädagoge (Ondes)	MARTENOT
franz. Name von Hagenau	HAGUENAU

franz. Name von Mülhausen	MULHOUSE
franz. Opernkomponist	BOILDIEU
franz. Opernkomponist	MAILLART
franz. Opernkomponist	MASSENET
franz. Philosoph	ABAELARD
franz. Philosoph	ALEMBERT
franz. Philosoph, Mathem.	GASSENDI
franz. Physiker	FOUCAULT
franz. Physiker	LANGEVIN
franz. Physiker	MARIOTTE
franz. Politiker	DALADIER
franz. Politiker, Staatsmann	DEGAULLE
franz. Politiker, Staatsmann	GAMBETTA
franz. Politiker, Staatspräsid.	POMPIDOU
franz. Politiker (Jakobiner)	MIRABEAU
anz. assen- eore- ker	GOBINEAU
anz. egisseur	PONNELLE
nz. egisseur	TRUFFAUT
nz. ck- nger	HALLYDAY
nz. koko- dhauer	FALCONET
franz. Sänger u. Komponist	BRASSENS
franz. satirischer Dichter	RABELAIS
franz. Schauspieler	BARRAULT
franz. Schauspieler, Sänger	BELMONDO
franz. Schauspielerin	GIRARDOT
franz. Schauspielerin	SIGNORET
franz. Schloß am Nahon	VALENCAY
franz. Scholastiker	BERENGAR
franz. Schriftsteller	STENDHAL
franz. Schriftsteller, Philosoph	VOLTAIRE
franz. Schriftsteller-Brüder	GONCOURT
franz. Schriftstellerin	SARRAUTE
franz.-schweiz. Dichter	CENDRARS
franz. Soziologe	DURKHEIM
franz. spätimpression. Maler	VUILLARD
franz. Stadt	ARCACHON
franz. Stadt	BEAUVAIS
franz. Stadt	CHAUMONT
franz. Stadt an der Aisne	SOISSONS
franz. Stadt an der Eure	CHARTRES
franz. Stadt an der Garonne	TOULOUSE
franz. Stadt an der Isère	GRENOBLE
franz. Stadt an der Loire	LANGEAIS
franz. Stadt an der Sambre	MAUBEUGE
franz. Stadt im Depart. Dordogne	PERIGEUX
franz. symbolistischer Dichter	LAFORGUE
franz. symbolistischer Dichter	MALLARME
franz. symbolistischer Dichter	VERLAINE
franz. Tiefseetaucher	COUSTEAU
franz. u. engl.: Schöpfung	CREATION
franz. Volksbuch	MAGELONE
franz. Volksbuch	MELUSINE
franz. Webstuhlerfinder	JACQUARD
franz. weibl. Adelstitel	MARQUISE
franz. Weinbrand	ARMAGNAC
franz. Weinsorten	BORDEAUX
franz.: Abenteuer	AVENTURE

franz.: deutsch	ALLEMAND
franz.: Einigkeit, Eintracht	CONCORDE
franz.: Fremder	ETRANGER
franz.: Geschichte	HISTOIRE
franz.: Gräfin	COMTESSE
franz.: Jäger	CHASSEUR
franz.: Jugend	JEUNESSE
franz.: Laden	BOUTIQUE
franz.: Lothringen	LORRAINE
franz.: Luftpost	PARAVION
franz.: Person	PERSONNE
franz.: Schiff	VAISSEAU
franz.: Schlacht	BATAILLE
franz.: Schmetterling	PAPILLON
franz.: sechzig	SOIXANTE
franz.: Sieg	VICTOIRE
franz.: Teller	ASSIETTE
franz.: Treppe	ESCALIER
franz.: Unglück, Unheil	DESASTRE
franz.: vierzehn	QUATORZE
franz.: vierzig	QUARANTE
franz.: Vorort	FAUBOURG
franz.: Wiegenlied	BERCEUSE
Fratze	GRIMASSE
Fratze	MASKARON
Fratze, Karikatur	ZERRBILD
Frauenberuf	HAUSFRAU
Frauenfigur als dtsch. Sinnbild	GERMANIA
Frauenfigur als Siegessymbol	VICTORIA
Frauenfigur als Sinnbild Berlins	BEROLINA
Frauenfigur als Symbol d. Rechts	JUSTITIA
Frauengemach der Burg	KEMENATE
Frauenhaar (botan.)	ADIANTUM
Frauenhaar (botan.)	MILZFARN
Frauenheld	LEBEMANN
Frauenmantel, (botan.)	TAUKRAUT
Frauenmantel (botan.)	OHMKRAUT
Frauenmantel (botan.)	TAUBLATT
Frauenmörder im Märchen	BLAUBART
Frauenname	ADELHEID
Frauenname	AENNCHEN
Frauenname	ANGELICA
Frauenname	ANGELIKA
Frauenname	BRIGITTE
Frauenname	CAECILIE
Frauenname	CAROLINE
Frauenname	CHRISTEL
Frauenname	CORNELIA
Frauenname	DOROTHEA
Frauenname	DOROTHEE
Frauenname	EDELGARD
Frauenname	ELEONORA
Frauenname	ELEONORE
Frauenname	ELFRIEDE
Frauenname	GABRIELE
Frauenname	GENOVEVA
Frauenname	GERLINDE
Frauenname	INGEBORG
Frauenname	IRMTRAUD
Frauenname	KAROLINE
Frauenname	KORNELIA
Frauenname	MATHILDA
Frauenname	WALTRAUD
Frau v. Admetos	ALKESTIS
Frau v. Herakles	DEIANIRA
Frau v. Herodes Antipas	HERODIAS
Frau v. Herodes d. Großen	MARIAMNE
Frau v. Odysseus	PENELOPE
Frau v. Orpheus	EURYDIKE
Frau v. Rubens	ISABELLA
Frau v. Uria, Urias	BATHSEBA
Frau v. Vishnu	LAKSCHMI
freigebig	GENEROES

Freikörperkultur	NUDISMUS
Freilicht (Malerei)	PLEINAIR
freimachen	BEFREIEN
Freischärler	PARTISAN
Freistaat, Volksstaat	REPUBLIK
Freistatt, Unterschlupf	ZUFLUCHT
freistehendes kleines Bauwerk	PAVILLON
fremdländisch	EXOTISCH
Fressen d. Greifvögel	KROEPFEN
Freßzelle	PHAGOZYT
Freude	FROHSINN
Freude am Quälen	SADISMUS
Freund des Patroklos	ACHILLES
Freundin Voltaires	CHATELET
reundlich	HOEFLICH
revel, Sünde	VERGEHEN
riseur	COIFFEUR
riseurin	FRISEUSE
risier-, chminksch	TOILETTE
risierunst	COIFFURE
ristgeährung, ahlungsfschub	STUNDUNG
vol	SCHAMLOS
hken	JAUCHZEN
ostscheing	EISBLUME
stcheig	RAUHREIF
Frucht, Fruchtart	APRIKOSE
Fruchtgetränk	LIMONADE
Fruchtgetränk	OBSTSAFT
Fruchtzucker	FRUKTOSE
früh. Land d. brit. Staatsverbandes	DOMINION
früher	ZEITIGER
früherer Adelstitel	BURGGRAF
früheres Kriegsschiff	GALEASSE
früheres Wurfgeschütz	BALLISTE
Frühlingsblume	NARZISSE
Fuchsart	EISFUCHS
Fuchsart	ROTFUCHS
Fuchtel, Geißel	PEITSCHE
fühlbar	PALPABEL
Fühler, Fanghaare	TENTAKEL
führen, leiten	REGIEREN
Fünfeck	PENTAGON
Fünfergruppe	QUINTETT
fünfzackiger Stern	ALPKREUZ
für sich bestehend	INTEGRAL
Fürstenhaus von Monaco	GRIMALDI
Fürstenhof	RESIDENZ
Fürstin	HERZOGIN
Fürstin	KAISERIN
Fürstin	KOENIGIN
Fürwort	PRONOMEN
fugenloser Bodenbelag	TERRAZZO
Fuhrwerkslenker	KUTSCHER
funkeln, schillern	GLITZERN
furchtbar	HORRIBEL
Furnierholz	MAHAGONI
Fußballstörtechnik	TACKLING
Fußbodenbelag	STRAGULA
Fuß des Federwilds	STAENDER
Fußleiste	LAMPERIE
fußloses Kriechtier	SCHLANGE
Fuß- u. Handwurzelknochen	KAHNBEIN
Fußverformung	HOHLFUSS
Fußwurzelknochen	KEILBEIN
Futteral, Schutzhülle	UEBERZUG
Gabe	GESCHENK
Gabe, Geschenk	PRAESENT
Gabelfrühstück	DEJEUNER
Gänsevogel	GRAUGANS
gänzlich	KOMPLETT
Gärmittel (Drusen)	WEINHEFE
Galgenvogel	KOLKRABE
gallischer Stamm (Maas u. Rhein)	EBURONEN
gallisches Volk	INSUBRER
Galmei	ZINKSPAT
Gamsgehörn, Gamshorn	KRICKELN
Gang	KORRIDOR

8

Gangart des Pferdes	KARRIERE
Ganges-Tiefland	BENGALEN
Ganges-Zufluß	DSCHAMNA
Ganzheitslehre	HOLISMUS
Garderobe	KLEIDUNG
Garnele	KREVETTE
Garonne-Zufluß	DORDOGNE
Garten Eden	PARADIES
Garten Gottes	PARADIES
Gartenstaude	GOLDRUTE
Gasbildung im Darm	BLAEHUNG
gasförm. Brennstoff	ACETYLEN
gasförm. Brennstoff	PROPYLEN
gasförm. Kohlenwasserstoff	AZETYLEN
Gassenhauer, Hit	SCHLAGER
Gassenvogel, Spatz	SPERLING
Gast	BESUCHER
Gastgeber	HAUSHERR
Gastgeberin	HAUSFRAU
Gasthaus	HERBERGE
gastlich	WIRTLICH
Gastwirt	HOTELIER
Gaukelei	ZAUBEREI
Gaumenlaut	GUTTURAL
Gaunerwort für Wache	SCHMIERE
Gazelle	ANTILOPE
gebackenes Klößchen	KROKETTE
Gebeinurne	OSSARIUM
Gebein von Heiligen	RELIQUIE
Gebiet	GELAENDE
gebieten	ANORDNEN
gebieten	BEFEHLEN
gebieterisch	HERRISCH
gebietlich	REGIONAL
Gebietsstreifen	KORRIDOR
Gebiet zw. Theiß u. Donau	BATSCHKA
gebildet	STUDIERT
Gebirge auf dem Peloponnes	TAYGETOS
Gebirge in Italien	ABRUZZEN
Gebirgsbahn	BERGBAHN
Gebirgsbahn	SEILBAHN
Gebirgsgewässer	WILDBACH
Gebirgsgras	BLAUGRAS
Gebirgspflanze	DACHWURZ
Gebirgspflanze	ROLLFARN
geblättert	LAMELLAR
gebogene Decke	GEWOELBE
gebogenes Rohrstück	KRUEMMER
Gebotsübertretung	VERSTOSS
gebrauchen	BENUTZEN
gebrochener Akkord	ARPEGGIO
Geburtsort Bachs	EISENACH
Geburtsort Luthers	EISLEBEN
Geburtsort Mozarts	SALZBURG
Geck	LACKAFFE
Geck	MODENARR
Gedächtnis	ANDENKEN
Gedächtnis	GEDENKEN
Gedächtnisstütze	MERKBUCH
Gedenkmünze	MEDAILLE
Gedenkmünze	PLAKETTE
Gedenkstätte	EHRENMAL
Gedenktafel	PLAKETTE
Gedenkveranstaltung	MEMORIAL
gedrängt	MASSIERT
gedrungen, untersetzt	STAEMMIG
Geduld	SANFTMUT
geeignet, brauchbar	TAUGLICH
gefährdet, fraglich	UNSICHER
Gefährt	FAHRZEUG
Gefährte d. Jason	HERAKLES
Gefährtin Sartres	BEAUVOIR
Gefälligkeit	GEFALLEN
Gefilde der Seligen	PARADIES
geflochtenes Gebäck	STRIEZEL
Geflügelprodukt	GAENSEEI
Geflügelrumpf	KARKASSE
Gefolge	HOFSTAAT

Gefolgsmann	GETREUER
Gefrorenes	EISCREME
Gefühl	TASTSINN
Gefühl für Recht u. Unrecht	GEWISSEN
gefühlsbetont	AFFEKTIV
Gefühlslage, Gemütszustand	STIMMUNG
gefühlsmäßig	INTUITIV
gegebene Veranlagung	NATURELL
gegen-, wechselseitig	REZIPROK
Gegend, Nachbarschaft	UMGEBUNG
Gegenfüßer	ANTIPODE
gegensätzlich	KONTRAER
gegensätzlicher Mensch	ANTIPODE
Gegensatz	KONTRAST
Gegenschlag, Rückschlag	REAKTION
Gegenspieler	OPPONENT
gegenständlich	OBJEKTIV
Gegenteil von Analyse	SYNTHESE
Gegenteil von Glück	UNGLUECK
Gegenteil von gut	SCHLECHT
Gegenteil von horizontal	VERTIKAL
Gegenteil von Knechtschaft	FREIHEIT
Gegenteil von Licht	SCHATTEN
Gegenteil von Lüge	WAHRHEIT
Gegenteil von Materialist	IDEALIST
Gegenteil von Mut	FEIGHEIT
Gegenteil von Orient	OKZIDENT
Gegenteil von Untergang	AUFSTIEG
Gegenteil von verbieten	ERLAUBEN
Gegenteil von wachen	SCHLAFEN
Gegenteil von zentral	PERIPHER
gegenwärtig	MOMENTAN
Gegenwart	PRAESENZ
Gegenwartsform	PRAESENS
Gegenwirkung, Rückwirkung	REAKTION
Gegner	OPPONENT
Gehabe	ALLUEREN
Gehabe, Bescheidentuerei	ZIEREREI
gehacktes Stroh	HAECKSEL
Gehalt, geistiger Wert	SUBSTANZ
Gehege	AVIARIUM
geheim	HEIMLICH
Geheimbund in der Antike	ORPHIKER
Geheimlehre	ESOTERIK
geheimnisvoll	MYSTISCH
geheimnisvoll	ORPHISCH
Geheimwissenschaft	ALCHIMIE
Gehilfe d. Chemikers	LABORANT
gehobenes Lebensgefühl	EUPHORIE
Gehörlosigkeit	TAUBHEIT
gehorchen	PARIEREN
Gehorsam der Kleriker	OBEDIENZ
Gehorsamsverweigerung	MEUTEREI
Gehsteig	TROTTOIR
Geier, Geierart	AASGEIER
Geifer	SPEICHEL
Geigenteil	SCHNECKE
Geißblattgewächs	GARDENIE
Geißblattgewächs	HOLUNDER
Geisterbeschwörer	EXORZIST
Geistererscheinung	GESPENST
Geistesarmut	DUMMHEIT
Geisteskrankheit	WAHNSINN
geistl. Amt	PASTORAT
geistl. Amt	PREDIGER
geistl. Amt	VIKARIAT
geistl. Amtsbereich	DECHANEI
geistl. Amtsbereich	SPRENGEL
Geiz	HABSUCHT
Geiz, Habsucht	RAFFGIER
geizen	KNAUSERN

geizig	KNICKRIG
Gejammer	WEHKLAGE
Gejauchze	HOSIANNA
gekörnte Substanz	GRANULAT
ge-krümmte Linien-führung	MAEANDER
geladenes Kern-teilchen	POSITRON
Geländer	HANDLAUF
Geländer-stütze	BALUSTER
Geläuf	RENNBAHN
Gelage	GASTMAHL
Gelage	ZECHEREI
Gelbblei-erz	WULFENIT
Gelbes Meer	HUANGHAI
Geld-abgabe zum Unterhalt	ALIMENTE
Geld-bezug im Alter	RUHEGELD
Gelder	FINANZEN
Geld-geber	KREDITOR
geldlich	MONETAER
Geld-ordnung	WAEHRUNG
Geld-schein	BANKNOTE
Geld über-weisen	GIRIEREN
Geld-wechsel-stube	EXCHANGE
Gelegen-heitskauf	OKKASION
Gelehrter	FORSCHER
Geleit-schiff	FREGATTE
Gelenk-leiden	ARTHROSE
Gelenk-verstei-fung	ANKYLOSE
Geliebte	LIEBCHEN
Geliebter	LIEBSTER
Geliebter, Haus-freund	CICISBEO
Geliebter v. Agnes Bernauer	ALBRECHT
Geliebter v. Katha-rina d. Großen	POTEMKIN
Geliebter v. Kleopatra	ANTONIUS
Geliebter v. Selene	ENDYMION
Geliebte v. Don Quichotte	DULZINEA
Geliebte v. Nelson	HAMILTON
Gelöbnis	GELUEBDE
gemein	ORDINAER
Gemeinde-pfarrer	PAROCHUS
Gemeinde-vertreter, -vertretung	STADTRAT
gemeine Fichte	ROTTANNE
gemeiner Albatros	KAPSCHAF
gemein-sam, gleich-zeitig	SIMULTAN
Gemein-schafts-arbeit	TEAMWORK
gemein-schafts-feindlich	UNSOZIAL
Gemein-wesen	GEMEINDE
Gemenge, Gemisch	MISCHUNG
Gemetzel	MASSAKER
Gemme	INTAGLIO
Gemüse-, Gewürz-pflanze	SELLERIE
Gemüse mit Stengel-knolle	KOHLRABI
Gemüse-suppe	JULIENNE
Gemüts-art	NATURELL
Gemüts-krankheit	IRRESEIN
Gemunkel	GERUECHT
gemu-stertes Gewebe	JACQUARD
genau, eindeutig	PRAEZISE
genehmi-gen	ERLAUBEN
genehmi-gen	ZULASSEN
General Friedrichs d. Gr.	SCHWERIN
Genesung	ERHOLUNG
Genießer	GOURMAND
Genießer	LEBEMANN
Genosse	KONSORTE
Genosse	MITGLIED
Genuß-mensch	BACCHANT
Genuß-mensch	HEDONIST
Geo-graphie	ERDKUNDE
geogra-phisches Bezug-system	GRADNETZ
geolo-gische Formation	ALLUVIUM
geolo-gische Formation	HOLOZAEN
geolo-gische Formation	KAMBRIUM
geologi-sche Formation	PLIOZAEN
geologi-sche Formation	QUARTAER
geologi-sche Formation	TERTIAER
geologi-sche Periode	DILUVIUM
geolo-gische Phase	WARMZEIT

8

geometrischer Körper	PYRAMIDE
geometrischer Körper, Walze	ZYLINDER
Gepäck des Bergsteigers	RUCKSACK
gepökeltes Fleischgericht	KASSELER
Gepräge	PRAEGUNG
geprägte Metallscheibe	MEDAILLE
geprägte Tafel	PLAKETTE
gerade	AUFRECHT
geräucherte Fleischware	SCHINKEN
Geräusch	KNATTERN
Geräusch	KNISTERN
Geräusch	PRASSELN
Geräusch des Wassers	RAUSCHEN
geräuschvoll	LAERMEND
Gerechtigkeit	FAIRNESS
Gerechtigkeit	JUSTITIA
Gerede	LARIFARI
Gerede	MUNKELEI
gereinigt	PURGIERT
Gericht	MAHLZEIT
Gerichtsbeisitzer	ASSESSOR
Gerichtsbeisitzer	SCHOEFFE
Gerichtsdiener	HAESCHER
Gerichtshof	JUDIZIUM
Gerichtsordnung Karls V.	CAROLINA
Gerichtsvollzieher	EXEKUTOR
geringfügige Entwendung	MUNDRAUB
Gerinnungsferment	THROMBIN
gerissen	GERIEBEN
german. kaltes Nebelreich	NIFLHEIM
german. Kampfjungfrau	WALKUERE
german. Sagengestalt	DIETRICH
german. Sagengestalt	RUEDIGER
german. Schicksalsgöttin	WERDANDI
german. Seefahrervolk	WIKINGER
german. Stamm	USIPETER
german. Stamm	WANDALEN
german. Volksstamm	TEUTONEN
german. Zwergengestalt	ALBERICH
Germer	NIESWURZ
geröstete Brotwürfel	CROUTONS
Gerücht	MUNKELEI
Gerümpel	ALTWAREN
Gerüst für den Sarg	KATAFALK
Gesalbter	CHRISTUS
Gesamtheit	ENSEMBLE
Gesamtheit	GANZHEIT
Gesamtheit der baltisch. Länder	BALTIKUM
Gesamtheit der Erbanlagen	ERBMASSE
Gesamtheit der Wesensart	NATURELL
Gesamtnachlaß	ERBMASSE
Gesamtwirkung	EINDRUCK
Gesandter	DIPLOMAT
Gesandtschaft	LEGATION
Gesangsübung	VOKALISE
Geschäft	BOUTIQUE
Geschäftsbuch	MEMORIAL
Geschäftsführer	DIREKTOR
Geschäftsmann	HAENDLER
Geschäftswert	GOODWILL
Geschehen	EREIGNIS
Geschehensablauf	HANDLUNG
Geschenk	DOTATION
Geschichte	HISTORIE
Geschichtsforschung	HISTORIK
Geschichtswerk des Xenophon	ANABASIS
Geschichtwerkverfasser	CHRONIST
Geschicklichkeitskünstler	JONGLEUR
Geschirrteil	ZUGBLATT
Geschlechtsbezeichnung	MASKULIN
Geschlechtshormon	ANDROGEN
geschliffener Diamant	BRILLANT

geschliffenes Glas	KRISTALL
geschmacklos	KITSCHIG
geschmeidig	AALGLATT
geschmeidig	GELENKIG
geschnittener Stein	INTAGLIO
Geschützfeuer	KANONADE
Geschwätz	LARIFARI
geschwätzig	REDSELIG
Geschwindigkeitsregler im Auto	GASPEDAL
Geschwür	SCHWAERE
gesegnet	BENEDEIT
gesellig, umgänglich	SOZIABEL
Gesellschaft Jesu	JESUITEN
Gesellschaftsspiel	MONOPOLY
Gesellschaftsspiel	SCRABBLE
Gesellschaftstanz	CAKEWALK
Gesellschaftstanz	FOXTROTT
Gesellschaftstanz	KOTILLON
Gesetzlosigkeit	ANARCHIE
Gesetzsammlung des Justinian	DIGESTEN
Gesichtsfeld	WELTBILD
Gesichtsknochen	JOCHBEIN
Gesichtsknochen	SIEBBEIN
Gesichtskreis	HORIZONT
Gesichtsnerv	FAZIALIS
Gesichtspickel	MITESSER
Gesichtsteil	AUGENLID
Gesichtsteil	KINNLADE
Gesichtsteil	SCHLAEFE
Gesinde	PERSONAL
Gesindel	ABSCHAUM
Gespann	FUHRWERK
Gespann	GEFAEHRT
gestaltend	FORMATIV
Geste	GEBAERDE
gestehen	BEICHTEN
gestehen	BEKENNEN
Gesteinsart	MAGMATIT
Gestell	SCHRAGEN
Gestell	STELLAGE
gestellt	SITUIERT
Gestrüpp	DICKICHT
Gestrüpp	GEBUESCH
Gesuch	ANSUCHEN
Gesuch	ERSUCHEN
Gesuch	PETITION
Gesundbrunnen	JUNGBORN
gesundheitlich, hygienisch	SANITAER
Gesundung	GENESUNG
Getändel	LIEBELEI
Getöse	GEPOLTER
Getreideaufzug	ELEVATOR
Getreide entkörnen	DRESCHEN
Getreidekrankheit	GELBROST
Getreidereiniger	WINDFEGE
Getreideschädling	KORNWURM
Getriebe	MECHANIK
getrocknete Weinbeere	KORINTHE
Getue	ALLUEREN
Getuschel	GEMUNKEL
Gewächshaus	GLASHAUS
Gewähr, Gewährleistung	GARANTIE
Gewaltherrschaft	DESPOTIE
Gewaltherrschaft	DIKTATUR
Gewaltherrscher	DIKTATOR
gewaltig	KOLOSSAL
gewaltig	MAECHTIG
gewaltsame Aneignung	ANNEXION
Gewandtheit	GESCHICK
Gewebe	GESPINST
Gewebeart	KAMELOTT
Gewebeart	LEINWAND
Gewebeart	MAROCAIN
Gewebeart	ROHSEIDE
Gewebeart, Rauhware	VELVETON
Gewebeausrüstung	APPRETUR
Gewebeverhärtung	SCHWIELE
Gewebsbrand	GANGRAEN
Gewebshormon	HISTAMIN
Gewerbezweig	HANDWERK
Gewichtheberübung	DRUECKEN
Gewichtsverlust	EINBUSSE

gewieft	GERISSEN
Gewinde-bolzen	SCHRAUBE
Gewinde in Band-form	GIRLANDE
Gewinn	AUSBEUTE
Gewinn-anteil, Umsatz-anteil	TANTIEME
gewinn-bringend	LUKRATIV
gewinn-süchtiger Zwischen-händler	SCHIEBER
Gewitter, verhee-render Sturm	UNWETTER
Gewitter-erschei-nung	STURMBOE
gewöhn-lich	ORDINAER
Gewölbe	WOELBUNG
Gewölbe-tragplatte	KAEMPFER
Gewühl	GEWIMMEL
Gewürz-nseln	MOLUKKEN
Gewürz-ikör	ANISETTE
ewunde-er Fluß	MAEANDER
ezackte inien-ührung	ZICKZACK
ezeter	GESCHREI
ezielt nter-ebracht	PLACIERT
eziert, e-hraubt	PREZIOES
ezogene lanze	SAEMLING
zuckert	GESUESST
zuckert	KANDIERT
zwungen	FORCIERT
cht-ere	AHLBEERE
bel- der ike	TYMPANON

Giebel-feld der Antike	TYMPANUM
Gier	BEGEHREN
Gier	BEGIERDE
Gift des Alpen-veilchens	CYCLAMIN
Gift des Eisen-hutes	AKONITIN
Gift des Fliegen-pilzes	MUSKARIN
Gift des Seidel-bastes	MEZEREIN
giftige Mittel-meer-spinne	TARANTEL
giftige Wald-staude	ARONSTAB
Gift im Opium	MORPHIUM
Gift im Peyotl-Kaktus	MESKALIN
Gift-pflanze	KORNRADE
Gigant	MONSTRUM
Gimpel	BLUTFINK
Gimpel	DOMPFAFF
Gimpel	ROTVOGEL
Gipfel	SCHEITEL
Gipfel d. Hohen Tauern	KREUZECK
Gipfel d. Plessur-alpen	HOCHWANG
Gipfel d. Sierra Nevada	ALCAZABA
Gipfel im Berner Oberland	FAULHORN
Gischt	BRANDUNG
Gladiole, Schwert-lilie	SIEGWURZ
glänzend	BRILLANT
glän-zendes Atlas-gewebe	DUCHESSE

glänzend machen	POLIEREN
glätten, schleifen	POLIEREN
Glätt-maschine	KALANDER
Gläubiger	KREDITOR
Glanz	BRILLANZ
Glanz, Schein	SCHIMMER
Glanz-überzug bei Muscheln	PERLMUTT
glanzvoll	ILLUSTER
glanzvoll, freigebig	SPLENDID
Glas-behälter für Fische	AQUARIUM
Glasbe-hälter für Wasser-tiere	AQUARIUM
glasierte Tonware	MAJOLIKA
Glaslava	OBSIDIAN
glatt, schlüpfrig	RUTSCHIG
Glatze	KAHLKOPF
Glaube	ZUTRAUEN
Glaube, Glaubens-bekennt-nis	RELIGION
Glaubens-lehre	DOGMATIK
gleich-bleibend	KONSTANT
gleich-gerichtet	PARALLEL
gleichge-schlecht-lich	HOMOPHIL
gleich-gestaltig	ISOMORPH
Gleich-gewicht	RUHELAGE
gleich-laufend	PARALLEL
gleich-laufend, gleich-zeitig	SYNCHRON
Gleich-maß	HARMONIE

Gleich-maß, Zeitmaß	RHYTHMUS
gleich-mütig	GELASSEN
Gleich-mut	ATARAXIE
Gleich-stand im Tennis	EINSTAND
Gleich-stellung	PARITAET
Gleich-wertigkeit	PARITAET
gleich-zeitig	ISOCHRON
Gleis-anlage	BAHNDAMM
Gleisner	HEUCHLER
gleißend	FUNKELND
gleiten	RUTSCHEN
gleitend fliegen	SCHWEBEN
Gletscher	EISSTROM
Gletscher am Groß-glockner	PASTERZE
Glibber	GALLERTE
Glibber	SCHMIERE
Glieder-spinne	SCHUSTER
Gliede-rung, System	STRUKTUR
glitzern	GLEISSEN
Globus	ERDKUGEL
Glocken-schwen-gel	KLOEPPEL
Glocken-spiel	CARILLON
Glosse	FUSSNOTE
glück-licher Ausgang	HAPPYEND
Glücks-bringer	TALISMAN
Glücks-spiel	LOTTERIE
Glücks-spiel	WUERFELN
Gnade	ERBARMEN
Gnom	ERDGEIST
Gönner von Horaz	MAECENAS
Göttinger Dichter-bund	HAINBUND
Gold-distel	EBERWURZ
Gold-regen (botan.)	LABURNUM
Goldrute	SOLIDAGO
Gold-schmied	JUWELIER
Gorba-tschows neue Offenheit	GLASNOST
Gottes-acker	FRIEDHOF
Gottes-dienst-ordnung	LITURGIE
gottes-fürchtig	GLAEUBIG
Gottes-gelehrter, Geist-licher	THEOLOGE
Gottes-glaube	THEISMUS
Gottes-lästerung	SAKRILEG
Gottes-sohn	CHRISTUS
Grab-gerät	SCHAUFEL
Grad	MESSZAHL
Grafen-titel in Italien	MARCHESE
Grafiker	ZEICHNER
Grals-könig	AMFORTAS
Grals-ritter	LANZELOT
Grals-ritter	PARZIVAL
graph. Betrieb	AETZEREI
graph. Betrieb	SETZEREI
Grasart	KAMMGRAS
Grasart	RIEDGRAS
Grasart	SCHMIELE
Grat	BERGKAMM
gratis geben	SCHENKEN
grauen-erregend	HORRIBEL
grauer Star (medizin.)	KATARAKT
grau-gelbes Pferd	ISABELLE
grausam, roh, brutal	VIEHISCH
Grausen, Entsetzen	SCHAUDER
Grazie	LIEBREIZ
grazil, graziös	LIEBLICH
grazil, graziös, niedlich	ZIERLICH
greifbar	TANGIBEL
Grenze zwischen Himmel und Erde	HORIZONT
Grenz-linie im Spielfeld	TORLINIE
griech. Astronom	HIPPARCH
griech. Göttin d. Anmut	CHARITIN
griech. Göttin d. Eintracht	HARMONIA
griech. Gott der Frucht-barkeit	DIONYSOS
griech. Gott der Heilkunde	AESKULAP
griech. Gott des Feuers	HEPHAEST
griech. Gott des Schlafes	MORPHEUS
griech. Gott des Traumes	MORPHEUS
griech. Gott des Weines	DIONYSOS

griech. Großreeder	NIARCHOS
griech. Hafenstadt	SALONIKI
griech. Halbgott	HERKULES
griech. Historiker (2. Jh. v. Chr.)	POLYBIOS
griech. Hochland	ARKADIEN
griech. Höllenhund	ZERBERUS
griech. Inselgruppe	KYKLADEN
griech. Inselgruppe	SPORADEN
griech. Kirchenlehrer	BASILIUS
griech. Kirchenschriftsteller	ORIGENES
griech. Kirchenvater	IRENAEUS
griech. Königshalle	BASILIKA
griech. Komponist	ANTONIOU
griech. Kykladeninsel	SANTORIN
griech. Landschaft	ARKADIEN
griech. Meeresgott	POSEIDON
griech. Meernymphe	OKEANIDE
griech. Name des Äsop	AISOPIOS
griech. Philosoph aus Abdera	DEMOKRIT
griech. Philosoph aus Ephesos	HERAKLIT
griech. Philosoph (Kyniker)	DIOGENES
griech. Philosoph (Kyniker)	MENIPPOS
griech. Quellnymphe	ARETHUSA
griech. Quellnymphe	KASTALIA
griech. Rachegöttin	EUMENIDE
griech. Sängerin	MERCOURI
griech. Saiteninstrument	BARBITON
griech. Salbengefäß	LEKYTHOS
griech. Schicksalsgöttin	LACHESIS
griech. Sonnengott	HYPERION
griech. Sporadeninsel	SKIATHOS
griech. Sporadeninsel	SKOPELOS
griech. Stadt in Arkadien	TRIPOLIS
griech. Stadt in Thessalien	TRIKKALA
griech. Umgangssprache	DIMOTIKI
griech. Volksstamm	AETOLIER
griech. Volksstamm	BOEOTIER
Griechen	HELLENEN
Griesgram	MURRKOPF
Griffbrett, Klaviatur	TASTATUR
Grill	BARBECUE
Grill	BRATROST
Grillparty	BARBECUE
Grips	KLUGHEIT
Grobian	RAUHBEIN
grobkörniger Granit	PEGMATIT
grönländisch. Kap	FAREWELL
Grönlandwal	GLATTWAL
größte brasilian. Stadt	SAOPAULO
größte einheim. Wespenart	HORNISSE
größte indische Stadt	KALKUTTA
größter bayer. See	CHIEMSEE
größter Breitenkreis	AEQUATOR
größter Mississippi-Zufluß	MISSOURI
größter See Afrikas	SANGOSEE
größter sibirisch. Strom	JENISSEI
größter Süßwasserfisch	ARAPAIMA
größtes Land Eurasiens	RUSSLAND
größte Stadt der Türkei	ISTANBUL
größte Stadt in Westfalen	DORTMUND
größte Stadt von Kanada	MONTREAL
Groll, Rachsucht	RANKUENE

großartig	GRANDIOS
Großbuchstabe	MAJUSKEL
große Anstrengung	STRAPAZE
große Faltwespe	HORNISSE
große Kriegsgaleere	GALEASSE
großer Anfangsbuchstabe	INITIALE
großer epileptischer Anfall	GRANDMAL
großes Motorboot	BARKASSE
großes Orchesterwerk	SINFONIE
großes Reptil	KROKODIL
großes Vogelhaus	AVIARIUM
große Verbindungsklammer	AKKOLADE
Großfürst von Kiew	JAROSLAW
Großgrundbesitzer	AGRARIER
Großhändler	GROSSIST
großjährig	MAJORENN
Großmarkt	DISCOUNT
großmütig, nachsichtig	TOLERANT
Großraumdüsenflugzeug	JUMBOJET
Großstadtbahn	HOCHBAHN
grotesk	VERZERRT
Grube	BERGWERK
Gründer der Berliner Universität	HUMBOLDT
Gründer des Deutschen Reiches	BISMARCK
Gründer des Jesuitenordens	IGNATIUS
gründlich	INTENSIV
Gründling	KRESLING
Gründung, Schenkung	STIFTUNG
grüner Schmuckstein	MALACHIT
grünes Kupfermineral	MALACHIT
grünlicher Schmuckstein	HIDDENIT
Grünrock	FOERSTER
grünschwarzes Eruptivgestein	MELAPHYR
grüßende Handbewegung	ZUWINKEN
Grundbuch	KATASTER
Grundlage, Grundmauer	UNTERBAU
Grundpfandrecht	HYPOTHEK
Grundsatzerklärung	MANIFEST
Grundschuld	HYPOTHEK
Grundstücksverzeichnis	KATASTER
Gruppenleistung	TEAMWORK
Gruppentanz	LAENDLER
Grusinier	GEORGIER
Gruß, Grußformel	GUTENTAG
Gruß, Grußwort	LEBEWOHL
Grußform	HANDKUSS
Gruß für d. Mutter Gottes	AVEMARIA
guatemaltek. Autor (Nobelpr.)	ASTURIAS
günstig	OPPORTUN
günstige Gelegenheit	OKKASION
Günstling	LIEBLING
Güterdepot, Lagerraum	SPEICHER
Güte von Waren	BONITAET
Guillotine	FALLBEIL
Gummi-Überschuh	GALOSCHE
Gußform	COQUILLE
Gußformherstellung	FORMEREI
Gutdünken	BELIEBEN
gutheißen	BILLIGEN
Gutmütigkeit	BONHOMIE
Guttural	KEHLLAUT
gut zusprechen	TROESTEN
Haarausfall	ALOPEZIE
Haarbalg	FOLLIKEL
Haarbalgvereiterung	FURUNKEL
Haarersatz, -teil	PERUECKE
haarfein	KAPILLAR
Haarkünstler	COIFFEUR
Haarpflegemittel	FESTIGER

Haarspalter, Wortverdreher	RABULIST
Haarstrang	STRAEHNE
Haartracht	BUBIKOPF
Haartracht	SCHEITEL
Haarwaschmittel	SCHAMPUN
Haarwild der hohen Jagd	HOCHWILD
Habe	EIGENTUM
Habsucht	GELDGIER
Häufigkeit	FREQUENZ
Häuserkomplex	SIEDLUNG
häusliche Gemeinschaft	HAUSHALT
häusliches Tanzfest	HAUSBALL
Hafenboot	BARKASSE
Hafenboot, -schiff	LASTKAHN
Hafenboot, -schiff	LEICHTER
Hafeneinrichtung	LADEMAST
Hafenstadt auf Java	SEMARANG
Hafenstadt auf Sardinien	CAGLIARI
Hafenstadt auf Zypern	LIMASSOL
Hafenstadt der Südafrik. Republik	KAPSTADT
Hafenstadt in Burma	MOULMEIN
Hafenstadt in Island	KEFLAVIK
Hafenstadt in Kalifornien	SANDIEGO
Hafenstadt in Oregon (USA)	PORTLAND
Hafenstadt in Vietnam	HAIPHONG
haften	ANSITZEN
Haftzeher	EIDECHSE
Hagelkorn	SCHLOSSE
Hahnenfußgewächs	RANUNKEL
Hahnenschrei	KIKERIKI
Hakenbüchse	ARKEBUSE
Hakenkreuz	SWASTIKA
Halbaffe	FAULAFFE
Halbedelstein	MALACHIT
Halbesel	MAULESEL
Halbesel	MAULTIER
halbe Spielzeit	HALBZEIT
Halbflächner	HEMIEDER
Halbfreier	HOERIGER
Halbinsel der Normandie	COTENTIN
halbkreisförm. Wandfeld	LUENETTE
Halbleiterdiode	DETEKTOR
Halbseitenkopfschmerz	MIGRAENE
Halbwüchsige	TEENAGER
Halfter	HALSJOCH
Hallenkirche	BASILIKA
Halluzinogen	MESKALIN
Halmgewächs	GETREIDE
Halsbinde	KRAWATTE
Halstuch	CACHENEZ
Halteseil bei Luftschiffen u. Ballonen	LANDETAU
Haltung, Pose	STELLUNG
Hamburger Reeder	WOERMANN
Hamburger Stadtteil	OTTENSEN
Hamburger Stadtteil	WANDSBEK
Hamilkars Sohn	HANNIBAL
Hammer der Bergleute	FAEUSTEL
Hammer des Thor	MJOELNIR
Hand-, Schellentrommel	TAMBURIN
Handarbeit	STRICKEN
Handball-Strafentscheid	FREIWURF
Handelsmann	KAUFMANN
Handfeuerwaffe	BROWNING
Handgemenge, Balgerei	RAUFEREI
handgreiflich	MANIFEST
Handhabung	GEBRAUCH
Handpauke	TYMPANON
Handpauke	TYMPANUM
Handpflegemittel	GLYZERIN
Handpuppenfigur	KASPERLE
Handramme	STAMPFER
Handteil	KNOECHEL

Handturngerät	EXPANDER
Hang, Neigung	VORLIEBE
hannov. Kurort am Deister	NENNDORF
Hanswurst	HARLEKIN
Hanswurst	KASPERLE
Hardbop-Spielart	SOULJAZZ
Harfenschlag	ARPEGGIO
Harmonie	EINKLANG
Harmonielehre	HARMONIK
Harnruhr	DIABETES
Harnstoff	KARBAMID
Harnverhaltung	ISCHURIE
hartnäckig	OBSTINAT
Harzkurort am Brocken	SCHIERKE
Harzkurort an der Randau	HARZBURG
Haselmaus	WOLLMAUS
Hasenherz	KRIECHER
Hasenweibchen	SETZHASE
Hast	HETZJAGD
Hauchlaut	ASPIRATA
Haue, Hiebe	SCHLAEGE
Hauptgeschoß	BELETAGE
Hauptinsel der Fidschis	VITILEVU
Hauptkirche	MUENSTER
Hauptmasse	MEHRHEIT
Hauptort der Bermudas	HAMILTON
Hauptort der Uckermark	PRENZLAU
Hauptstadt	KAPITALE
Hauptstadt der Kapprovinz	KAPSTADT
Hauptstadt der Seschellen	VICTORIA
Hauptstadt des Depart. Savoie	CHAMBERY
Hauptstadt des Kantons Waadt	LAUSANNE
Hauptstadt des Mederreiches	EKBATANA
Hauptstadt e. Bundeslandes	SCHWERIN
Hauptstadt in Ozeanien	PORTVILA
Hauptstadt von Alberta (Kanada)	EDMONTON
Hauptstadt von Aragonien	ZARAGOZA
Hauptstadt von Belize	BELMOPAN
Hauptstadt von Bosnien	SARAJEVO
Hauptstadt von Botswana	GABORONE
Hauptstadt von Celebes	MAKASSAR
Hauptstadt von Connecticut	HARTFORD
Hauptstadt von Eiderstedt	TOENNING
Hauptstadt von Hawaii (USA)	HONOLULU
Hauptstadt von Indien	NEUDELHI
Hauptstadt von Jamaika	KINGSTON
Hauptstadt von Lesbos	MITILINI
Hauptstadt von Lesbos	MYTILENE
Hauptstadt von Liberia	MONROVIA
Hauptstadt von Malawi	LILONGWE
Hauptstadt von Malta	VALLETTA
Hauptstadt von Messenien	KALAMATA
Hauptstadt von Nepal	KATMANDU
Hauptstadt von Niederbayern	LANDSHUT
Hauptstadt von North Dakota	BISMARCK
Hauptstadt von Oberfranken	BAYREUTH
Hauptstadt von Ohio (USA)	COLUMBUS
Hauptstadt von Paraguay	ASUNCION
Hauptstadt von Portugal	LISSABON
Hauptstadt von Queensland	BRISBANE
Hauptstadt von Saint Lucia	CASTRIES

Haupt-stadt von Sardinien	CAGLIARI
Haupt-stadt von Sierra Leone	FREETOWN
Haupt-stadt von South Carolina	COLUMBIA
Haupt-stadt von Süd-australien	ADELAIDE
Haupt-stadt von Tschad	NDJAMENA
Haupt-stadt von Ungarn	BUDAPEST
Haupt-stadt von Vanuatu	PORTVILA
Haupt-stadt von Virginia (USA)	RICHMOND
Haupt-stadt von Westfalen	MUENSTER
Haupt-stadt von West-sahara	ELALAIUN
Haupt-stadt von Wyoming (USA)	CHEYENNE
Haupt-stadt von Zaire	KINSHASA
Haupt-wort	DINGWORT
ausan-estellte	PERSONAL
ausflur	KORRIDOR
ausgrille	HEIMCHEN
aus-alts-efäße	GESCHIRR
aus-lts-rät	KOCHHERD
usrat	MOBILIAR
ut-sonde-g	SCHWEISS
utaus-lag	EXANTHEM

Hautfär-bemittel	SCHMINKE
Hautriß, Spalte	SCHRUNDE
Hautver-härtung	HORNHAUT
Hautver-härtung	SCHWIELE
Haut von Schwarz-wild u. Dachs	SCHWARTE
Hebewerk für Schiffe	SCHLEUSE
Hebriden-Insel	COLONSAY
Hecken-pflanze	LIGUSTER
Hecken-schütze	PARTISAN
Heer-wesen	MILITAER
heftig, ungestüm	VEHEMENT
heftiges Verlangen	BEGIERDE
Heftigkeit	WILDHEIT
Hege, Nachsicht	SCHONUNG
Hehler	KOMPLIZE
Heidel-berger Bücherei	PALATINA
heikel	DIFFIZIL
Heiland	ERLOESER
Heiland	ERRETTER
Heilbe-handlung	THERAPIE
heilen	KURIEREN
heilen, gesund machen	SANIEREN
Heil-gehilfin	MASSEUSE
Heilige d. Kirche	DOROTHEA
Heilige d. Kirche	GENOVEVA
Heilige d. Kirche	VERONIKA
Heilige d. Kirche	WALPURGA

Heilige d. letzten Tage	MORMONEN
Heiligen-schein	GLORIOLE
Heiliger, Gründer d. Kar-meliter	JOHANNES
Heiliger, Kirchen-vater	JUSTINUS
Heiliger d. Kirche	ANTONIUS
Heiliger d. Kirche	BENEDIKT
Heiliger d. Kirche	DAMIANUS
Heiliger d. Kirche	FRIDOLIN
Heiliger d. Kirche	HUBERTUS
Heiliger d. Kirche	MATTHIAS
Heiliger d. Kirche	NIKOLAUS
Heiliger d. Kirche	VALENTIN
Heilme-thode b. Brüchen	NAGELUNG
Heilmittel	REMEDIUM
Heil-pflanze	BAERLAPP
Heil-pflanze	BEINWELL
Heil-pflanze	FAULBAUM
Heil-pflanze	LABKRAUT
Heil-pflanze	LAVENDEL
Heil-pflanze	RAINFARN
Heil-pflanze	WALLWURZ
Heil-pflanze, Würz-kraut	ROSMARIN
Heimat, Heimatort	WOHNSITZ
Heimat Jesu	NAZARETH
heimelig, gemütlich	TRAULICH

heimischer Straßenvogel	SCHWALBE
heimlicher Zuhörer	LAUSCHER
heimliches Schreiben	KASSIBER
heimlich flüstern	TUSCHELN
Heimschule	INTERNAT
Heimtücke	PERFIDIE
heimtückisch ermorden	MEUCHELN
Heirat	HOCHZEIT
Heiratssymbol	TRAURING
Heißsporn	HITZKOPF
heiteres Bühnenstück	BURLESKE
heiteres Bühnenstück	KOMOEDIE
heiteres Bühnenstück	SCHNURRE
heiteres musikal. Bühnenstück	OPERETTE
heiteres Tonstück	BURLESKE
Heiterkeitsausdruck	LAECHELN
Heizkörper, Strahler	RADIATOR
Held der griech. Sage	HERAKLES
Held der griech. Sage	HERKULES
heldenhaft	HEROISCH
Helfershelfer	KOMPLIZE
Hellenen	GRIECHEN
hellhaarige Frau	BLONDINE
Hengst Odins	SLEIPNIR
herab	ABWAERTS
herab	HERUNTER
herabsetzen	ABWERTEN
heranbilden	ERZIEHEN
Heranwachsender	TEENAGER
herausfinden	ERUIEREN
herausgehobener Vertreter	EXPONENT
Herbstmonat	NOVEMBER
Herkunft edlen Weines	KRESZENZ
Heroin-Substitut	METHADON
Heros	HALBGOTT
Herr auf französisch	MONSIEUR
Herr auf russisch	GOSPODIN
Herrschaft, Regierung	REGIMENT
herrschaftl. Kutsche	EQUIPAGE
Herrschaftslosigkeit	ANARCHIE
herrschen	GEBIETEN
Herrscher	GEBIETER
Herrscher, Machthaber	POTENTAT
Herrscherhaus	DYNASTIE
Herrscherin	FUERSTIN
Herrscherin	KOENIGIN
Herrscherin	REGENTIN
Herrscherinnentitel	KAISERIN
herstellen	ERZEUGEN
herstellen	FERTIGEN
Herumtreiber, Landstreicher	VAGABUND
hervorragender Künstler	VIRTUOSE
herzanregender Giftstoff	SPARTEIN
Herzbeutel	PERIKARD
Herzensdame	DULZINEA
Herzensdame v. Don Quichotte	DULCINEA
Herzentzündung	KARDITIS
Herzinnenhaut	ENDOKARD
hess. Stadt an d. Nidda	SCHOTTEN
hess. Stadt an der Eder	FRITZLAR
hess. Stadt an der Fulda	HERSFELD
hess. Stadt an der Lahn	WEILBURG
hess. Stadt an der Rhön	HUENFELD
hess. Stadt an der Werra	ESCHWEGE
hess. Stadt im Taunus	KRONBERG
hess. Weinbaugebiet	RHEINGAU
hethit. Herrscher	LABARNAS
hethit. Herrscher	MURSILIS
hethit. Herrscher	TELEPINU
Hetzredner	AGITATOR

Heuchler	HYPOKRIT
heuern	ANWERBEN
Heuhüpfer, Heuschrecke	HEUPFERD
heutiger Name von Lesbos	MYTILENE
Heuwagenstange	WIESBAUM
Hexagon	SECHSECK
Hexe, Drud	ZAUBERIN
Hexenbesen, Grasart	WOLLGRAS
Hexenring	FEENRING
Hexenring	PILZRING
Hexer, Schwarzkünstler	ZAUBERER
Hexode	SECHSPOL
Hiebwunde	SCHMARRE
Hifthorn	JAGDHORN
Hilfsmittel, Rüstzeug	REQUISIT
Himalaja-Bewohner	NEPALESE
Himmels-erschei-nung	ABENDROT
Himmels-forscher	ASTRONOM
Himmels-richtung	NORDWEST
hinderlich	STOEREND
Hinder-nisbahn	PARCOURS
Hinder-nisrenn-pferd	STEEPLER
hinduist. Göttin des Glücks	LAKSCHMI
hinduist. Götterliche Dreifaltigkeit	TRIMURTI
hinduist. Gottheit	GANESCHA
hinduist. Gottheit	KARIKEJA
hinduist. Gottheit	KRISCHNA
Hinrichtungsart	PFAEHLEN
hinterbringen	ZUTRAGEN
Hinterlassenschaft	NACHLASS
Hinterlist, Untreue	PERFIDIE
Hintertreffen	NACHTEIL
Hinweg	ANMARSCH
Hinweg auf Bergen	AUFSTIEG
hinzuzählen	ADDIEREN
Hirngespinst	CHIMAERE
Hirngespinst	ILLUSION
Hirngespinst	WAHNIDEE
Hirngespinst, Illusion	TRUGBILD
Hirngespinst, Wachtraum	TAGTRAUM
hirnverbrannt, vernunftwidrig	UNSINNIG
Hirschziege	ANTILOPE
Hirte	SCHAEFER
Hirtenflöte	SCHALMEI
Histörchen	ANEKDOTE
hoch angesehen	BERUEHMT
hochbetagt	STEINALT
hochempfindlich, feinnervig	SENSITIV
Hochfrequenzgleichrichter	DETEKTOR
Hochgebirge im Kun-lun	NANSCHAN
Hochgebirge in Asien	HIMALAJA
Hochgefühl	EUPHORIE
hochherzig	GENEROES
Hochherzigkeit	GROSSMUT
hochkant	AUFRECHT
Hochland des Peloponnes	ARKADIEN
Hochland in Südfrankreich	AUVERGNE
Hochland in Vorderasien	ARMENIEN
Hochmeister des Deutsch. Ordens	ALBRECHT
Hochmeister des Deutsch. Ordens	HEINRICH
Hochmeister des Deutsch. Ordens	KNIPRODE
hochmütig, hochnäsig	BLASIERT
hochschnellen	SPRINGEN
Hochschule	AKADEMIE
Hochschulschatzmeister	QUAESTOR
Hochschwarzwald-Kurort	NEUSTADT
Hochsprung-Stil	STRADDLE
Hochwasserschutz	STAUWEHR
Hochwild-Art	AUERWILD
Hochwild-Art	ELCHWILD

Hoch-würden	REVEREND
Hochzahl	EXPONENT
Hocker, Schemel	TABURETT
Hoden-entzün-dung	ORCHITIS
höchst	UNGEMEIN
höchst-ent-wickelte Säugetiere	PRIMATEN
höchster Berg der Sierra Nevada	MULHACEN
höchster Berg im Schwarz-wald	FELDBERG
höchster Berg in Groß-britannien	BENNEVIS
höchster Berg in Nord-amerika	MCKINLEY
höchster Berg von Borneo	KINIBALU
höchster Eifel-gipfel	HOHEACHT
höchster Kurven-punkt	SCHEITEL
höchstes Gebirge der Erde	HIMALAJA
höchstes Segel	SKYSEGEL
höflicher Mensch	KAVALIER
Höflich-keits-bezeugung	HANDKUSS
Höflich-keits-bezeugung	HONNEURS
Höfling	KAVALIER
Höfling	SCHRANZE
Höflings-gruppe	KLUENGEL
Höhen-u. Seiten-steuer	LEITWERK
Höhen-zug in Nordost-frankreich	ARDENNEN
Höhenzug südwestl. von Berlin	FLAEMING
Höhen-zunahme	STEIGUNG
höherer Schüler	PRIMANER
höherer Schüler	SEXTANER
Höhle	HOHLRAUM
Höhle in Spanien mit ber. Malereien	ALTAMIRA
hölzerne Liegestatt	PRITSCHE
Hörer-schaft, Leser-schaft	PUBLIKUM
Hoffnung	AUSSICHT
hoff-nungslos	DESPERAT
hofieren, buhlen	UMWERBEN
hohe Geschwin-digkeit	EILTEMPO
hoher Beamter im alten China	MANDARIN
hoher franz. Beamter	PRAEFEKT
hoher Herrenhut	ZYLINDER
hoher schmaler Absatz	STOECKEL
hohes Bauwerk	HOCHHAUS
Hohl-körper	ZYLINDER
Hohl-pfennig	BRAKTEAT
Hohn	ZYNISMUS
Holdrio	LUFTIKUS
Hold-seligkeit	LIEBREIZ
holländ. Architekt	RIETVELD
holländ. Maler (De Stijl)	MONDRIAN
holländ. Name von Nimwegen	NIJMEGEN
holländ. Verleger-familie	ELZEVIER
Holunder	SAMBUKUS
Holzart	KERNHOLZ
Holzblas-instrument	SCHALMEI
Holzgeist	METHANOL
Holz-schädling	HOLZWURM
Holz-splitter	SCHIEFER
Holzstab-spiel	XYLOPHON
Honigklee	HORNKLEE
Honig-likör	DRAMBUIE
horchen	LAUSCHEN
Horizont, Gesichts-feld	SEHKREIS
Hormon	GESTAGEN
Hormon	SECRETIN
Hormon-Arznei-stoff	KORTISON
Hornblatt	IGELLOCK
Horn-blende	AMPHIBOL
Horn-plättchen	SCHUPPEN
Hortbesit-zer der german. Sage	NIBELUNG
horten	HAMSTERN
Hosenart	BUNDHOSE
Hosen-form	KEILHOSE
Hostien-gefäß, Taber-nakel	ZIBORIUM
Hotel-besitzer	HOTELIER

8

Hubschrauber-Landeplatz	HELIPORT
hübsch, entzükkend	REIZVOLL
Hüftgelenkschmerz	KOXALGIE
Hühnervogel	FELDHUHN
hüten	BEWACHEN
Hüter, Wachender	WAECHTER
Hüter des Nibelungenhorts	ALBERICH
Hundegebell	GEKLAEFF
Hundepack	KANAILLE
Hunderasse	WINDHUND
Hundertjähriger	ZENTENAR
Hundezecke	HOLZBOCK
Hundezüchter	KYNOLOGE
Hundskopfaffe	MANDRILL
·lundskopfaffe	TSCHAKMA
·lustenmittel	GUAJAKOL
·lutmacherin	MODISTIN
·erischer taat	PORTUGAL
·hsucht	EGOISMUS
·eal	HOCHZIEL
·eal	LEITBILD
·-Tal in orarlerg	MONTAFON
ıstrier-s Buch	BILDBAND
·rischer amm Epirus	MOLOSSER
·biß	BROTZEIT
·biß	MAHLZEIT

Imbißstube, Schnellimbiß	SNACKBAR
im kleinen	ENDETAIL
Immatrikulationsliste	MATRIKEL
immer, jederzeit	STAENDIG
Immergrün	SINGRUEN
immergrünes Gewächs	OLEANDER
Impression	EINDRUCK
im Tanzschritt gehen	TAENZELN
in Angriff nehmen	ANPACKEN
Inbegriff, Urmuster	PROTOTYP
Inbegriff, Wesenskern	SUBSTANZ
in Besitz nehmen	ANEIGNEN
in den Wehen liegen	KREISSEN
indessen	WAEHREND
indian. Fleischkonserve	PEMMIKAN
indianerfreundl. span. Bischof	LASCASAS
Indianergestalt bei Karl May	WINNETOU
Indianerschuh	MOKASSIN
Indianerschutzgebiet	RESERVAT
Indianerstamm, -sprache	DELAWARE
Indianerstamm, -sprache	TSCHINUK
indianische Streitaxt	TOMAHAWK

indische Gottheit	GANESCHA
indische Händlerkaste	VAISCHYA
indischer Ameisenbär	PANGOLIN
indischer Berg	MOUNTABU
indischer Fluß	GODAVARI
indischer Fluß zum Golf Bengalen	KRISCHNA
indischer Fürstinnentitel	MAHARANI
indischer Hafen am Ind. Ozean	KALKUTTA
indischer Teilstaat	DSCHAMMU
indischer Tragsessel	PALANKIN
indischer Unionsstaat	NAGALAND
indische Sänfte	PALANKIN
indisches Nationalepos	RAMAJANA
indische Sprache	GUJARATI
indische Stadt am Narbada	JABALPUR
indische Stadt im Himalaja	SRINAGAR
indische Stadt in Maharaschtra	KOLHAPUR
indische Stadt in Orissa	ROURKELA
indische Stadt in Uttar Pradesh	MIRZAPUR
indische Tempeltänzerin	BAJADERE

indisch-pakistan. Territorium	KASCHMIR
indogerman. kleinasiat. Volk	HETHITER
indones. Hauptstadt	DJAKARTA
indones. Insel	BELITUNG
indones. Insel	BILLITON
indones. Inselgruppe	MOLUKKEN
indones. Inselgruppe	TAMBELAN
indones. Singvogel	REISFINK
indones. Stadt	SURABAYA
indones. Vulkan	KRAKATAU
Industriestadt am Erzgebirge	CHEMNITZ
infantil	KINDLICH
Infektionsausbreitung	EPIDEMIE
Infektionsursache	BAKTERIE
Infektionsursache	BAZILLUS
Information	AUSKUNFT
Ingwer-Gewürz	KARDAMON
Inhaber	BESITZER
Inhalt	FUELLUNG
Initiative	ANREGUNG
inmitten	ZWISCHEN
innerasiat. Hochland	MONGOLEI
innerasiat. Staat	MONGOLEI
Innereien	GEKROESE
inneres Keimblatt	ENDODERM
inneres Verantwortungsgefühl	GEWISSEN
innewohnend	IMMANENT
innig	HERZLICH
Inschrift	EPIGRAMM
Inschrift	EPIGRAPH
Insekt	KERBTIER
Insektenbekämpfungsmittel	ATEMGIFT
Insektenlockstoff	PHEROMON
Insel bei Indien	SRILANKA
Insel bei Sachalin	KARAFUTO
Insel bei Sumatra	BELITUNG
Inseleuropäer	MALTESER
Inselgruppe	ARCHIPEL
Inselgruppe im westl. Atlantik	BERMUDAS
Insel im Ärmelkanal	ALDERNEY
Inselstaat im Pazifik	KIRIBATI
Insel von Vanuatu	EROMANGA
Insel von Vanuatu	MALEKULA
Insel von Venedig	GIUDECCA
Insel vor Ostafrika	SANSIBAR
Inselwelt im Pazifik	OZEANIEN
Insemination	BESAMUNG
inserieren	ANZEIGEN
insgesamt	PAUSCHAL
insgesamt	ZUSAMMEN
in sich gesteigert	INTENSIV
intensiv lernen	BUEFFELN
Interessenvertreter	LOBBYIST
internat. Kriminalpolizei	INTERPOL
Intervall	TONSTUFE
Intrige	KOMPLOTT
IOK-Präsident	BRUNDAGE
Ionenaustauscher	PERMUTIT
iranisch. Berg im Elburs	DEMAWEND
iranisch. Revolutionsführer	KHOMEINI
irische Hafenstadt, Seebad	WESTPORT
irisch-engl. Lustspieldichter	SHERIDAN
irischer Missionar Burgunds	COLUMBAN
irischer Nobelpreisträger	CORRIGAN
irischer Philosoph	BERKELEY
irischer Politiker	DEVALERA
irischer Politiker, Staatsmann	CASEMENT
irischer Politiker, Staatsmann	COSTELLO
irische Stadt am Shannon	LIMERICK
irreführen	VEXIEREN
Irrlehre	HAERESIE
Irrlehre	KETZEREI

Irrsinn	WAHNSINN
isländ. Fluß	JOEKULSA
isländ. Schriftsteller	SVENSSON
islam. Asket	DERWISCH
islam. Frauenschleier	JASCHMAK
islam. heiliger Krieg	DSCHIHAD
islam. Heiligtum	HADSCHAR
islam. Konfession	SCHIITEN
islam. Konfession	SUNNITEN
islam. Prophet	MOHAMMED
islam. Sekte	BABISTEN
ıslam. Symbol	HALBMOND
srael. Geigenvirtuose	ZUKERMAN
srael. Politiker, Autor	GOLDMANN
srael. Wüstenwind	SCHARAFF
raelischer Stamm	BENJAMIN
raelischer Stamm	MANASSER
l. bstrakt. aler	MAGNELLI
l. dels-ädikat, tel	MARCHESE
. els-ädikat, el	PRINCIPE
elstitel	VISCONTE
ia-en	BARLETTA
ital. Adriahafen bei Bari	MOLFETTA
ital. Alpensee	COMERSEE
ital. Alpensee	GARDASEE
ital. Anatom	MORGAGNI
ital. Arzt u. Naturforscher	MALPIGHI
ital. Autor (Nobelpreis)	CARDUCCI
ital. Barockbaumeister	PIRANESI
ital. Barockmaler	GUERCINO
ital. Baumeisterfamilie	SANGALLO
ital. Berg im Ortlermassiv	CEVEDALE
ital. Bergmassiv	ADAMELLO
ital. Bildhauer, Goldschmied	GHIBERTI
ital. Filmregisseur	MONTALDO
ital. Filmschauspieler	GASSMANN
ital. Fluggesellschaft	ALITALIA
ital. Frauenheld	CASANOVA
ital. Frauenname	BEATRICE
ital. Frauenname	CARLOTTA
ital. Frauenname	FIAMETTA
ital. Frauenname	LUCREZIA
ital. Fremdenführer	CICERONE
ital. futurist. Maler	BOCCIONI
ital. futurist. Maler	SEVERINI
ital. Gasthaus	PIZZERIA
ital. Geigenbauer	BERGONZI
ital. Geigenbauer	STORIONI
ital. Geigenbauer (Cremona)	GUARNERI
ital. Geigenvirtuose	PAGANINI
ital. Hafen am Ligur. Meer	LASPEZIA
ital. Hafen am Ligur. Meer	PIOMBINO
ital. Hafen bei Bari	MONOPOLI
ital. Hafenstadt an der Adria	BRINDISI
ital. Hartkäse	PARMESAN
ital. Humanist und Dichter	PETRARCA
ital. Humanist und Drucker	MANUTIUS
ital. Jongleur	RASTELLI
ital. Komponist	DONATONI
ital. Komponist	GIORDANO
ital. Komponist	RESPIGHI
ital. Komponist	STEFFANI

ital. Kompo-nist u. Pianist	CLEMENTI
ital. Komponist (16. Jh.)	MARENZIO
ital. Kriegs-hafen	LASPEZIA
ital. Land-schaft	ABRUZZEN
ital. Lyri-ker u. Philosoph	LEOPARDI
ital. Männer-name	AGOSTINO
ital. Männer-name	EMANUELE
ital. Männer-name	FEDERICO
ital. Männer-name	GIOVANNI
ital. Männer-name	GIUSEPPE
ital. Männer-name	MARCELLO
ital. Männer-name	RAIMONDO
ital. Maler	ANGELICO
ital. Maler	CAMPIGLI
ital. Maler	CARRACCI
ital. Maler	DOMENICO
ital. Maler, Lehrer Raffaels	PERUGINO
ital. Ma-ler u. Ar-chitekt (Renaiss.)	BRAMANTE
ital. manieri-stisch. Maler	PONTORMO
ital. Mit-telmeer-insel	SIZILIEN
ital. Opern-komponist	SPONTINI
ital. Opern-regisseur	STREHLER
ital. Physiker	AVOGADRO
ital. Pop-sängerin	GIANNINI
ital. Psychiater	LOMBROSO
ital. Regisseur	PASOLINI
ital. Renais-sance-Architekt	PALLADIO
ital. Renn-fahrer	GIANNINI
ital. Schaum-wein	SPUMANTE
ital. Seefahrer	KOLUMBUS
ital. Seefahrer	VESPUCCI
ital. Söldner-führer	COLLEONI
ital. Stadt am Po	AQUILESA
ital. Stadt am Po	PIACENZA
ital. Stadt am Taglia-mento	LATISANA
ital. Stadt am Ticino	VIGEVANO
ital. Stadt an der Etsch	ROVERETO
ital. Stadt an der Sesia	VERCELLI
ital. Stadt in Latium	FRASCATI
ital. verist. Komponist	MASCAGNI
ital. weibl. Adelstitel	MARCHESA
ital. Weinsorte	FALERNER
ital. Weinsorte	FRASCATI
ital.: Apotheke	FARMACIA
ital.: Bahnhof	STAZIONE
ital.: Bruder	FRATELLO
ital.: Familie	FAMIGLIA
ital.: Gräfin	CONTESSA
ital.: Schloß	CASTELLO
ital.: Schweiz	SVIZZERA
ital.: sechzig	SESSANTA
ital.: siebzig	SETTANTA
ital.: vierzig	QUARANTA
Jäger	WEIDMANN
Jäger, In-fanterist	SCHUETZE
Jägerei, Jagd	WEIDWERK
jäh, heftig	IMPULSIV
Jagd	JAEGEREI
Jagdart	BEIZJAGD
Jagdart	FANGJAGD
Jagdart	LOCKJAGD
Jagdart	REITJAGD
Jagd-gefährte der Artemis	KALLISTO
Jagdhorn	HIFTHORN
Jagdhund	HETZHUND
Jagd-kanzel	HOCHSITZ
Jagd-tasche	WEIDSACK
Jagd-waffe	ARMBRUST
Jagd-waffe	SAUFEDER
Jahrbuch	ALMANACH
Jahr-hundert	SAEKULUM

Jahrweiser	KALENDER
Jalousie	ROLLADEN
Jangtsekiang-Zufluß	KANKIANG
japan. Anstandsregel	BUSCHIDO
japan. Automarke	DAIHATSU
japan. Autor (Nobelpreis)	KAWABATA
japan. Bambusflöte	SAKUHATI
japan. Fahrzeugfirma	KAWASAKI
japan. Filmregisseur	KUROSOWA
japan. Hafenstadt auf Hondo	JOKOHAMA
apan. Hafenstadt auf Hondo	JOKOSUKO
apan. Hafen-tadt auf Honschu	KANASAWA
pan. afen-tadt auf onschu	KAWASAKI
pan. aupt-sel	HOKKAIDO
pan. olz-hnitt-nstler	HARUNOBU
an. lz-nnitt-nstler	TOYOKUNI
an. el	SCHIKOKU
an. ser	HIROHITO
an. npf-rt	JIUJITSU
japan. Maler (16. Jh.)	MOTONOBU
japan. Maler (17. Jh.)	MORONOBU
japan. Mediziner (Nobelpreis)	TONEGAWA
japan. Nationalgetränk	REISWEIN
japan. Physiker (Nobelpreis)	TOMONAGA
japan. Politiker (Min.-Präsid.)	NAKASONE
japan. Religion	TENRIKYO
japan. Riesen-Buddhastatue	DAIBUTSU
japan. rituell. Selbstmord	HARAKIRI
japan. Rollbild	KAKEMONO
japan. Rollbild	MAKIMONO
japan. Silbenschrift	HIRAGANA
japan. Silbenschrift	KATAKANA
japan. Stadt auf Hokkaido	HAKODATE
japan. Stadt auf Hondo	HIROSAKI
japan. Stadt auf Hondo	KORIJAMA
japan. Stadt auf Hondo	WAKAJAMA
japan. Stadt auf Honschu	KAMAKURA
japan. Todesflieger	KAMIKAZE
japan. Wallfahrtsort	KOTOHIRA
japan. Wallfahrtsort	MIYAJIMA
Jazzinstrument	SAXOPHON
Jazzkomponist, -musiker	ADDERLEY
Jazzmusiker (Schlagzeuger)	CRAWFORD
Jenissei-Zufluß	TUNGUSKA
Johannisbeere	AALBEERE
Johannisnacht	SONNWEND
Johanniter	MALTESER
Journal	MEMORIAL
Journal	TAGEBUCH
jubeln	JAUCHZEN
jucken	KRIBBELN
Juckreiz	PRURITUS
Jude	ISRAELIT
jüdische Bibelauslegung	MIDRASCH
jüdische Gebetsriemen	TEFILLIN
jüdische Mischsprache	JIDDISCH
jüdischer Geistlicher	RABBINER
jüdischer Gesetzeslehrer	RABBINER
jüdischer Historiker	JOSEPHUS
jüdischer König	REHABEAM
jüdischer Politiker, Zionist	WEIZMANN
jüdischer Seelsorger	RABBINER

8

jüdischer Volksteil in Äthiopien	FALASCHA
jüdisches Gebetshaus	SYNAGOGE
jüdisches Gotteshaus	SYNAGOGE
jüdisches Jugendfest	BARMIZWA
jüdisches Lichterfest	CHANUKKA
jüngster Sohn Jakobs	BENJAMIN
Jugendliche	MAEDCHEN
Jugendlicher, Jugendliche	TEENAGER
jugoslaw. für Montenegro	CRNAGORA
jugoslaw. Name von Karlstadt	KARLOVAC
jugoslaw. Stadt in d. Batschka	SUBOTICA
jugoslaw. Stadt in Kossowo	PRISTINA
jugoslaw. Stadt in Montenegro	TITOGRAD
jugoslaw. Stadt in Serbien	LESKOVAC
jugoslaw. Volksgruppe	SLAWONEN
junger Wein	HEURIGER
junges weibl. Wesen	MAEDCHEN
junge Waldpflanzung	SCHONUNG
junge Ziege	ZICKLEIN
Jungrind	BULLKALB
Jupiter-Mond	KALLISTO
juristisch vertretbar	FUNGIBEL
juxen, spaßen	SCHERZEN
Kabinettsmitglied	MINISTER
Käferart	HELDBOCK
kämpfen, zanken	STREITEN
Kämpfer, Krieger	STREITER
kämpferisch	MILITANT
Käseart, -sorte	LIPTAUER
Käseart, -sorte	TILSITER
Käsesorte	VACHERIN
Kaiser der Franzosen	NAPOLEON
kaiserlich	IMPERIAL
Kaiserreich	IMPERIUM
Kaisertitel in Frankreich	EMPEREUR
Kalender	ALMANACH
Kalender	JAHRBUCH
Kalifenname	SULEIMAN
Kaliglimmer	MUSKOVIT
Kaliumchlorid	SYLVINIT
Kalkspat	MAGNESIT
Kalmücken	TORGOTEN
Kalvarienberg	GOLGATHA
kambodschan. Politiker	SIHANOUK
Kamel	DROMEDAR
Kameradin	FREUNDIN
Kammer	KABINETT
Kammerton	DIAPASON
Kammgarngewebe	KASCHMIR
Kampfbahn b. Motorsport	MOTODROM
Kampfbahn b. Reitsport	PARCOURS
Kampfbahn beim Sport	RENNBAHN
kampfunfähig	KNOCKOUT
Kampfwagen der Antike	QUADRIGA
Kampf zwischen Armeen	SCHLACHT
kanad. Ballspiel	LACROSSE
kanad. Bucht	FUNDYBAI
kanad. Bucht	JAMESBAI
kanad. Hafenstadt	MONTREAL
kanad. Indianerschlitten	TOBOGGAN
kanad. Insel	BATHURST
kanad. Jazzpianist	PETERSON
kanad. Politiker (Min.-Präsid.)	MULRONEY
kanad. See	HURONSEE
kanad. Stadt	BATHURST
kanad. Stadt am Ontariosee	HAMILTON
kanad. Stadt auf Vancouver	VICTORIA
kanad. Stadt in Manitoba	WINNIPEG

kanad. Stadt in Ontario	KINGSTON
kanaitischer Volksstamm	AMORITER
Kanalstufe	SCHLEUSE
Kanalstufe	STAUWEHR
Kanarische Insel	LAGOMERA
Kandelaber	LEUCHTER
kandierte Orangenschale	ORANGEAT
kandierte Zitronenschale	ZITRONAT
Kaneelstein	HESSONIT
Kaninchenrasse	HERMELIN
Kanoniker, Kanonikus	CHORHERR
Kanu-Bootstyp	KANADIER
Kanzel	KATHEDER
Kapellmeister	DIRIGENT
Kapitelerr	CHORHERR
apsel	GEHAEUSE
aputt, erstört	RUINIERT
apuze	BASCHLIK
apuneraffe	WOLLAFFE
aperdische sel	BOAVISTA
aprdische sel	SAOTIAGO
r-nade	KOTELETT
rdisvers. Papst-hl	KONKLAVE
g	AERMLICH
g	DUERFTIG
karibischer Wirbelsturm	HURRIKAN
Karneval	FASCHING
Karnevalsausschuß	ELFERRAT
Karo beim Kartenspiel	ECKSTEIN
Karo beim Kartenspiel	SCHELLEN
Karpatenlandschaft	BUKOWINA
Karpatenteil	BESKIDEN
Karpfenart, -fisch	PEITZGER
Karpfenart, -fisch	ROTFEDER
Karpfenfisch, Aland	NERFLING
Karriere	LAUFBAHN
Kartengeduldsspiel	PATIENCE
Kartenglücksspiel	BAKKARAT
Kartenglücksspiel	LOTTERIE
Kartenspiel	PAPILLON
Kartenspiel	QUARTETT
Kartenspielausdruck	FULLHAND
Kartenzeichen	SIGNATUR
karthagischer Heerführer	HANNIBAL
Kassenschlager	KNUELLER
Kataster	FLURBUCH
Kathedrale	MUENSTER
kathol. Bettelorden	SERVITEN
kathol. Geistlicher	PRIESTER
kathol. Hilfswerk	MISEREOR
kathol. Kirchengesang	MISERERE
kathol. Kirchenlehrer, -vater	AUGUSTIN
kathol. Leichenfeier	EXEQUIEN
kathol. liturg. Obergewand	MESSROCK
kathol. Messgesang	GRADUALE
kathol. Orden	JESUITEN
kathol. Priestergewand	PLUVIALE
Katzenart	KURZHAAR
Katzenkraut	BALDRIAN
Katzensilber	MUSKOVIT
kaufen	ERWERBEN
Kavallerie	REITEREI
Kavallerieeinheit	ESKADRON
Kegelschnitt	HYPERBEL
Kehlbein	SPHENOID
Kehllaut	GUTTURAL
Kehraus	ABGESANG
Kehrwiederkeule	BUMERANG
Keile, Prügel	SCHLAEGE
Keilschriftmaterial	TONTAFEL
Keimblase	BLASTULA
keltisch. Volksstamm	BRETONEN

8

keltische Gottheit	TEUTATUS
keltische Sprache in Cornwall	KORNISCH
keltische Sprache in Schottland	GAELISCH
keltische Sprache in Wales	KYMRISCH
keltische Volksgruppe	SCHOTTEN
keltische Volksgruppe	SEQUANER
kenian. Politiker, Staatspräsid.	KENYATTA
Kenner des Griechischen	GRAEZIST
Kennzeichen	ATTRIBUT
Kerzenständer	FLAMBEAU
Kettengeräusch	GERASSEL
Kettenseide	ORGANSIN
Ketzerei	HAERESIE
Ketzerei	IRRLEHRE
Ketzerverbrennung	AUTODAFE
Keule	SCHINKEN
Keuschheit	UNSCHULD
Keuschheit, Unbeflecktheit	REINHEIT
Kieferanomalie	PROGENIE
Kieferlose (zool.)	AGNATHEN
Kiefern-eule	FORLEULE
Kiefernholzfackel	KIENSPAN
Kieselalge	DIATOMEE
Killer	MORDBUBE
Kimm	HORIZONT
Kimm	SEHKREIS
Kinder v. Niobe	NIOBIDEN
kindisch	INFANTIL
Kindspech (mediz.)	MEKONIUM
Kirchenbann	ANATHEMA
Kirchendiener	KIRCHNER
Kirchenfürst	KARDINAL
Kirchengemeinde	ECCLESIA
Kirchenhauptraum	LANGHAUS
Kirchensprengel	GEMEINDE
Kirchensprengel	PASTORAT
Kirchenvater	CYRILLUS
Kirchhof	FRIEDHOF
kirchl. Pfründe	KOMMENDE
kirchlich	KLERIKAL
Kirchspiel	PASTORAT
Kismet	ERGEBUNG
Kitzler	KLITORIS
klagend	ELEGISCH
klagende Schmerzenslaute	GEWIMMER
klangschöner Gesang	BELCANTO
Klangschönheit	EUPHONIE
Klangschönheit	HARMONIE
klar	DEUTLICH
Klatsch	GERUECHT
Klatsch	NACHREDE
Klebstoff	KLEISTER
Klecks, Fleck	SPRITZER
Kleeblatt als irisches Symbol	SHAMROCK
Kleefalter	GELBLING
Kleid der Vögel	GEFIEDER
Kleideranhang	SCHLEPPE
klein, nett	NIEDLICH
kleinasiat. Fluß	MAEANDER
Kleinbild	MINIATUR
Kleinbuchstabe	MINUSKEL
Kleindarsteller	KOMPARSE
kleine Faser	FIBRILLE
kleine Menge	HANDVOLL
kleine Pistole	TERZEROL
kleinere Druckarbeit	AKZIDENZ
kleiner Karren	KARRETTE
kleiner Planet	ASTEROID
kleiner Teppich	VORLEGER
kleines Gemach	KABINETT
kleines Harmonium	MELODIUM
kleines Kriegsschiff	KORVETTE
kleines Oberfenster	DACHLUKE
kleine Sonate	SONATINE
kleines Rad	RAEDCHEN
kleines Schienenfahrzeug	DRAISINE
Kleingolf	MINIGOLF
Kleinigkeit	BISSCHEN

Kleinkalibergewehr	TESCHING
Kleinkrieg	GUERILLA
Kleinkunstbühne	KABARETT
Kleinlebewesen im Wasser	PLANKTON
kleinlich	PINSELIG
kleinlich, engherzig	PINGELIG
Kleinmalerei	MINIATUR
kleinster mexikan. Staat	TLAXCALA
Klematis	WALDREBE
Kletterpflanze	BIGNONIE
Kletterstrauch	WISTARIA
Klettervogel	EISVOGEL
klimmen	KLETTERN
Klinik-Abteilung	AMBULANZ
Klippfisch	KABELJAU
Klopfkäfer, Holzwurm	TOTENUHR
losett, Waschaum	TOILETTE
losterirche	MUENSTER
losterorsteher	GUARDIAN
üngelei	KUMPANEI
uft, nge, ngpaß	SCHLUCHT
ugheit	WEISHEIT
ugheit, utteritz	SCHLAEUE
ugheit, charfin	VERSTAND
abenor	KURRENDE
auser	GEIZHALS
Kneifer, Klemmer (Brille)	PINCENEZ
Kneipe, Kaschemme	SPELUNKE
Knobel	KNOECHEL
Knochenauswuchs	EXOSTOSE
Knochenerweichung	RACHITIS
Knochengelenk	KNOECHEL
Knochenleim	GELATINE
Knochenzüngler (Fisch)	ARAPAIMA
knötchenförmige Entzündung	TUBERKEL
Knollengemüse	ROTEBETE
Knollengemüse	SELLERIE
Knopfblume	SKABIOSE
Knorpelfisch	SEEKATZE
Knorpelscheibe im Kniegelenk	MENISKUS
knospen	SPROSSEN
Knüller, Bestseller	SCHLAGER
Knüpfarbeit	MAKRAMEE
Knute	PEITSCHE
Kobold	ERDGEIST
Kochgefäß	KOCHTOPF
Kölner Erzbischof, Kanzler	HERIBERT
König der Phäaken	ALKINOOS
König der Sweben	ARIOVIST
König im Nibelungenlied	SIEGMUND
König von Israel	JEROBEAM
König von Italien	BERENGAR
König von Juda	JOSAPHAT
König von Numidien	JUGURTHA
Könner, Meisterspieler	VIRTUOSE
Körnerfrucht	GETREIDE
Körnerkrankheit	GRANULOM
Körperbaulehre	ANATOMIE
Körperbautyp	PYKNIKER
Körpergefäß	BLUTADER
Körperhöhlenspiegel	ENDOSKOP
körperlich	PHYSISCH
Körperpflege	KOSMETIK
Körperschwäche	ASTHENIE
kohlensaurer Kalk	ARAGONIT
kohlensaurer Kalk	KALKSPAT
Kohlenwasserstoff	NAPHTHEN
Kohlenwasserstoffverbindung	BUTADIEN
Kohl mit Stengelknolle	KOHLRABI
Kollaborateur	QUISLING
Kollektion	SAMMLUNG
kolloid. Flüssigkeitsgemenge	EMULSION
Koloß, Ungeheuer	UNGETUEM

8

kolossal	GEWALTIG
kolumbian. Stadt	MEDELLIN
Komiker	HUMORIST
Komiker	PARODIST
komische Prosadichtung	GROTESKE
Kommandant	OFFIZIER
Kommandant, Kommandeur	KAPITAEN
Kommiß	MILITAER
kommun. Jugendorganis. d. UdSSR	KOMSOMOL
Kommunalorgan	KREISTAG
Kommune	GEMEINDE
Komödie von Molière	TARTUFFE
Komp. d. Balletts »Semiramis«	HONEGGER
Komp. d. Oper »André Chenier«	GIORDANO
Komp. d. Oper »Cavalleria rusticana«	MASCAGNI
Komp. d. Oper »Christelflein«	PFITZNER
Komp. d. Oper »Der Waffenschmied«	LORTZING
Komp. d. Oper »Der Wildschütz«	LORTZING
Komp. d. Oper »Heimliche Ehe«	CIMAROSA
Komp. d. Oper »Manon«	MASSENET
Komp. d. Oper »Palestrina«	PFITZNER
Komp. d. Oper »Porgy and Bess«	GERSHWIN
Komp. d. Oper »Undine«	LORTZING
Komp. v. »Bezauberndes Fräulein«	BENATZKY
Komp. v. »Der Vetter aus Dingsda«	KUENNEKE
Komp. v. »Feuerwerk«	BURKHARD
Komp. v. »Glückliche Reise«	KUENNEKE
Komp. v. »Im Weißen Rößl«	BENATZKY
Komp. v. »Meine Schwester und ich«	BENATZKY
Komp. v. »Nachtlager von Granada«	KREUTZER
Komp. v. »Zar und Zimmermann«	LORTZING
Kompaßscheibe	WINDROSE
Komplize	KONSORTE
Kompresse, Wickel	UMSCHLAG
Konferenz	BERATUNG
Konferenz	KONGRESS
konkret	GREIFBAR
Konsekration	WANDLUNG
Konsorte	KOMPLIZE
Konstitution	BEFINDEN
Kontakt	FUEHLUNG
Kontaktschale	HAFTGLAS
Kontinenteblock	EURASIEN
Kontrolle	AUFSICHT
Konvention	ABKOMMEN
Konvention	KONTRAKT
Kopfbedeckung	KOPFTUCH
Kopf der Säule	KAPITELL
Kopffüßer	SEEPOLYP
Kopfknochen	SCHAEDEL
Kopfskelett	SCHAEDEL
Korallentier	SEEFEDER
Korallentierordnung	AKTINIEN
Korbblütler	KOMPOSIT
Korbblütler, Heilpflanze	PESTWURZ
Korbflasche	DEMIJOHN
Korkteppich	LINOLEUM
Korrektur, Nachprüfung	REVISION
Korridor	HAUSFLUR
Korsett	LEIBCHEN
Kosmetik-, Gesundheitsmarkt	DROGERIE
kosmetisches Mittel	SCHMINKE
kostbar, teuer	WERTVOLL
kostbar, wertvoll	PREZIOES
Kostbarkeiten	SCHAETZE
Kosten	AUSGABEN
Kostümentwurf	FIGURINE
Krabbe	KREVETTE

krachend schießen	BOELLERN
Kräfteverfall	ASTHENIE
Kräfteverfall	KACHEXIE
Kräfteverfall	MARASMUS
kräftigen	STAERKEN
Kraftbrühe	CONSOMME
Kraftfahrzeug, -wagen	LASTAUTO
Kraftlosigkeit	ASTHENIE
Kraftlosigkeit	MATTHEIT
Kraftübertragungsteil	GETRIEBE
Krampfaderbildung	VARIKOSE
Krankenhaus	HOSPITAL
Krankenhaus	LAZARETT
Krankentransportwagen	AMBULANZ
krankhafte Einbildung	WAHNIDEE
krankhafte Geschwulst	GEWAECHS
krankhafte Überempfindlichkeit	ALLERGIE
Krankheitsbereitschaft	DIATHESE
Krankheitsbestimmung	DIAGNOSE
krankheitserregend	PATHOGEN
krankheitserregend	VIRULENT
Krankheitsheuchler	SIMULANT
Krankheitskeim	BAKTERIE
Krateröffnung	TRICHTER
Kratzer, Abschürfung	SCHRAMME
Krebs (medizin.)	KARZINOM
Krebstierlarve	NAUPLIUS
Kredenz	ANRICHTE
Kreditwürdigkeit	BONITAET
Kreisbahn	RUNDKURS
kreisförmig	ZIRKULAR
Kreuzbild Jesu	KRUZIFIX
Kreuzigungsstätte Jesu	GOLGATHA
Kreuzkröte	HAUSUNKE
kribbelndes Gefühl	JUCKREIZ
Kriechtier	KROKODIL
Krieger	KAEMPFER
Krieger in fremdem Dienst	SOELDNER
kriegerisches Hinduvolk	MARATHEN
Kriegsgegner	PAZIFIST
kriegsmäßige Truppenübung	MANOEVER
Kriegsschiff	FREGATTE
Kriegszug gegen Heiden	KREUZZUG
Krinoline	REIFROCK
Kristallform	MONOKLIN
Kritikaster	MECKERER
Krönungsmantel	PLUVIALE
Kronechse	BASILISK
Krümmung	KURVATUR
Krustenechse	GILATIER
Kruste unseres Planeten	ERDRINDE
kuban. Hafenstadt	CARDENAS
kuban. Stadt	CAMAGUEY
kuban. Stadt	TRINIDAD
kuban. Tanz	HABANERA
Kücheneinrichtung	KOCHHERD
Küchenschabe	KAKERLAK
Kügelchen	PASTILLE
Kühlschranktyp	ABSORBER
Künstlergruppe	ENSEMBLE
künstlerisches Theaterpersonal	ENSEMBLE
Künstlerzeichen	SIGNATUR
künstlicher Erdtrabant	SATELLIT
Küstenabtragung durch Wasser	ABRASION
Küstenland	LITORALE
Küstenmarder	SEEOTTER
Küstenschiffahrt	KABOTAGE
Küster	KIRCHNER
Kuhantilope	BUNTBOCK
Kult	ANBETUNG
kultiviert	GEBILDET
Kultur	BEBAUUNG

Kulturepoche	ROMANTIK
Kumpan	KOMPLIZE
Kunde	ABNEHMER
Kunde	KENNTNIS
Kundgebung	MANIFEST
Kundschaft	KLIENTEL
Kunstflugfigur	GLISSADE
Kunstsammlung	KABINETT
Kunststoff	POLYAMID
Kunstwerk	GEMAELDE
Kupferstecher	RADIERER
Kupferstecherwerkzeug	ROULETTE
Kuppel	GEWOELBE
Kuppel	RUNDDACH
Kurort am Comer See	BELLAGIO
Kurort am nördl. Harzrand	GERNRODE
Kurort an der Ahr	ALTENAHR
Kurort an der Ahr	NEUENAHR
Kurort an der Bergstraße	BENSHEIM
Kurort an der Isar	BADTOELZ
Kurort bei Koblenz	BERTRICH
Kurort im Emsland	BENTHEIM
Kurort im Harz	BADGRUND
Kurort im Rheingaugebirge	KIEDRICH
Kurort im Salzkammergut	BADISCHL
Kurort im Schwarzwald	TODTMOOS
Kurort im Wiener Wald	MOEDLING
Kurort in der Oberpfalz	SULZBACH
Kurort in Nordbaden	RAPPENAU
Kurort in Oberösterreich	ROHRBACH
Kurs	LEHRGANG
Kurs, Trend	RICHTUNG
Kursbuch	FAHRPLAN
Kurs nehmen	ANPEILEN
Kursus	LEHRGANG
Kurvenberührungslinie	TANGENTE
kurzärmeliges Hemd	POLOHEMD
kurze Einleitung	VORSPANN
kurzes Bühnenstück	EINAKTER
Kurzform f. intern. Kriminalpolizei	INTERPOL
Kurzstreckenläufer	SPRINTER
Kurzware	NAEHGARN
Kutsche	DROSCHKE
Kutsche	FUHRWERK
Kutsche mit Bespannung	EQUIPAGE
Kutscher	FUHRMANN
labil, schwankend	UNSICHER
Laborgehilfe	LABORANT
Lachs, lachsartiger Fisch	SAIBLING
Ladebaum	AUSLEGER
Ladung	NUTZLAST
lächerlich	RIDIKUEL
Länder jenseits der Ozeane	UEBERSEE
ländlich, bäuerlich	RUSTIKAL
ländliches Gasthaus	DORFKRUG
Längenkreis	MERIDIAN
läppisch	KINDISCH
Lästerer	SPOETTER
Lage, Stelle	POSITION
Lagerverwalter	LAGERIST
Laienrichter	SCHOEFFE
Lamm Gottes (latein.)	AGNUSDEI
Lamprete	NEUNAUGE
Land der tausend Seen	FINNLAND
Landeplatz für Flugzeuge	FLUGFELD
Landesherr, Regent	POTENTAT
Landschaft a. d. Weißen Elster	VOGTLAND
Landschaft d. Peloponnes	LAKONIEN
Landschaft in Brandenburg	PRIGNITZ
Landschaft in Franken	GRABFELD
Landschaft in Holstein	STORMARN
Landschaftsform	BERGLAND
Landschaftsform	HOCHLAND

Landschaft um Rom	CAMPAGNA
Landsitz des britischen Premiers	CHEQUERS
Landstraße	CHAUSSEE
Landstreicher	STREUNER
Landvermesser	GEOMETER
Landwirt	AGRARIER
landwirtschaftl. Kollektiv (UdSSR)	KOLCHOSE
landwirtschaftl. Tätigkeit	PFLUEGEN
Landwirtschaftsgebäude	KUHSTALL
Landwirtschaftszweig	ACKERBAU
langbeiniger Wasservogel	FLAMINGO
lange Krankheit	SIECHTUM
langer Herrenmantel	HAVELOCK
langes franz. Brot	BAGUETTE
lang-haariger Schoßhund	PEKINESE
ang-ähriges Mitglied	OLDTIMER
ang-mütig	GEDULDIG
angmut	AUSDAUER
ango-arden-önig	WALTHARI
ngsame ilm-ieder-abe	ZEITLUPE
ngweilig	ENNUYANT
rynx	KEHLKOPF

Laschenkragen	BEFFCHEN
Lastschiff	FRACHTER
Lastschiff	LEICHTER
latein.: alt	ANTIQUUS
latein.: Bedingung	CONDITIO
latein.: davorliegend	ANTERIOR
latein.: hinsichtlich	INPUNCTO
latein.: links	SINISTER
latein.: Preußen	BORUSSIA
latein.: Retter, Erlöser	SALVATOR
latein.: Sieg	VICTORIA
latein.: Silber	ARGENTUM
Latsche	KNIEHOLZ
Laubbaum	BIRNBAUM
Laubbaum	NUSSBAUM
Laubbaumfrucht	KASTANIE
Laufdisziplin	MARATHON
Lautbildungslehre	PHONETIK
lautes Geschrei	GEBRUELL
laut schreien	BRUELLEN
Lautsprecher	MEGAPHON
Lava-Ausfluß	EFFUSION
lebenbejahender Mensch	OPTIMIST
Lebensabschnitt	KINDHEIT
Lebensart	MANIEREN
Lebenserinnerungen	MEMOIREN

Lebensgemeinschaft	SYMBIOSE
Lebenskunde (Schulfach)	BIOLOGIE
Lebewohl	ABSCHIED
Lederart	KROKODIL
Legendenbuch	LEGENDAR
leger, ungezwungen	ZWANGLOS
Leguan	BASILISK
Lehnsessel	FAUTEUIL
lehnsfrei	ALLODIAL
Lehramt	LEKTORAT
Lehranstalt	INSTITUT
Lehrauftrag	LEKTORAT
Lehrbefähigung	FAKULTAS
Lehre, Ausbildung	SCHULUNG
lehren	DOZIEREN
Lehrer	ERZIEHER
Lehrer	MAGISTER
Lehrer Dürers	WOLGEMUT
Lehrertisch	KATHEDER
Lehre vom Sprachrhythmus	PROSODIE
Lehre von den Zeichen	SEMIOTIK
Lehre von der Redekunst	RHETORIK
Lehre von der Wortbedeutung	SEMANTIK
Leibbinde, Schulterbinde	SCHAERPE
Leichenöffnung	AUTOPSIE

8

Leichtathlet	SPRINGER
leichtathletische Disziplin, Übung	WALDLAUF
leichte Kavallerie	DRAGONER
leichtes Baumwollgewebe	TARLATAN
leichtes Gewebe	MUSSELIN
leichtes Schlaggerät	PRITSCHE
leichte viersitzige Kutsche	KALESCHE
leichtfertiges Mädchen	GRISETTE
Leichtfuß	LUFTIKUS
leichtsinniger Mensch	HALLODRI
leiden	ERDULDEN
Leidenschaft	INBRUNST
Leidensweg Christi	KREUZWEG
Leine-Zufluß	INNERSTE
Leipziger Chor	THOMANER
leise husten	HUESTELN
leises Geräusch	RASCHELN
leistungsfähig machen	SANIEREN
leitender Angestellter	DIREKTOR
leitender Ausschuß	VORSTAND
Leitfaden	HANDBUCH
Leitfaden	LEHRBUCH
Leitung	FUEHRUNG
Lemur, Lemuride	HALBAFFE
lenken, herrschen	REGIEREN
Lenkung	FUEHRUNG
Leonardos Modell	MONALISA
Lesestoff	LEKTUERE
letzter Durchgang	ENDRUNDE
letzter Hohenstaufe	KONRADIN
letzter König der Westgoten	RODERICH
letzter Kronprinz v. Babylon	BELSAZAR
Leuchtgas	STADTGAS
Leuchtstoff	PHOSPHOR
Leute	MENSCHEN
libanes. Schriftsteller	SCHEHADE
Libretto	TEXTBUCH
libysche Hafenstadt	MISURATA
libysche Hauptstadt	TRIPOLIS
Lichtbild	AUFNAHME
Lichtbildner	FOTOGRAF
Lichtblick	AUSSICHT
Lichtblick	HOFFNUNG
lichtempfindliche Filmschicht	EMULSION
Lichtfarbband	SPEKTRUM
Lichtmotte	ZUENSLER
Liebelei, Hofmacherei	POUSSAGE
liebenswürdig	HOEFLICH
Liebesgottfigur in Kindgestalt	AMORETTE
liebevolle Umfassung	UMARMUNG
Liebhaber	VEREHRER
liedartiger Instrumentalsatz	KAVATINE
Liederjan, Müßiggänger	TAGEDIEB
Liederjan, Trinker	SAUFBOLD
Liedform	MADRIGAL
Liga	BUENDNIS
Liliengewächs	AFFODILL
limitiert	BEGRENZT
Linearzeichnung	DIAGRAMM
Linien ziehen	LINIEREN
linke Herzklappe	MITRALIS
linke Schiffsseite	BACKBORD
links auf Schiffen	BACKBORD
Linsen-Brechkraft	DIOPTRIE
Linsensystem	OBJEKTIV
Liparische Insel	FILICUDI
Lipoid	LEZITHIN
Lippenblütler	BRUNELLE
Lippenblütler	GAMANDER
Lippenblütler	LABIATEN
Liste, Inhaltsverzeichnis	REGISTER
litauische Stadt	SCHAULEN
literarisches Werk	DICHTUNG
Literatur	LEKTUERE
liturg. Bibeltext	PERIKONE

liturg. Klei-dungs-stück	CHORHEMD
liturg. Wechsel-gesang	ANTIPHON
Lob, Lob-gesang, -rede	LAUDATIO
lobens-wert	LAUDABEL
lodernd	BRENNEND
lodernd brennen	FLACKERN
Lofoten-Meeres-strudel	MALSTROM
Lohen-grins Vater	PARZIVAL
lohnend, lukrativ	RENTABEL
lombardi-sche Adels-familie	VISCONTI
Londoner Anlage	HYDEPARK
Londoner Club-Straße	PALLMALL
Londoner Stadt-bezirk	FINCHLEY
Londoner Stadt-bezirk	FINSBURY
Londoner Stadt-bezirk	KINGSTON
ondoner Stadt-bezirk	RICHMOND
ondoner tadt-ezirk	SYDENHAM
ondoner tadt-ezirk	WOODFORD
ndoner adt-zirk	WOOLWICH
se lle, hutz-le	UMSCHLAG
sspiel	LOTTERIE
sung	KENNWORT
Lot	SENKBLEI
lotrecht, senkrecht	VERTIKAL
Lübecker Spezialität	MARZIPAN
Lücken-büßer	FIGURANT
Luft-fahrt-Begriff	MACHZAHL
Luft-fahrzeug	FLUGZEUG
Luft holen	EINATMEN
Luftikus	HALLODRI
Luftikus, Bruder Leichtfuß	WINDHUND
Luftkurort in der Rhön	GERSFELD
Luftpirat	HIJACKER
Luft-röhrenast	BRONCHIE
Luft-sauge-gerät	GEBLAESE
Luftschiff	ZEPPELIN
Luft-sprung	KAPRIOLE
Luft-verkehrs-mittel	FLUGZEUG
Lumpen-pack	GESINDEL
Lungen-bläschen	ALVEOLEN
lustig	AMUESANT
lustige Figur	HARLEKIN
Lustspiel	KOMOEDIE
luxemb. Physiker (Nobel-preis)	LIPPMANN
luxemb. Stadt	PETINGEN
Maas-Zufluß	HERMETON
Maas-Zufluß	MEHAIGNE
machbar	MOEGLICH
machen, voll-bringen	SCHAFFEN
Machen-schaft	KOMPLOTT
Macht	EINFLUSS
Maden-würmer	OXYGUREN
mächtig	GEWALTIG
Mädchen für alles	FAKTOTUM
mährische Stadt an d. March	KREMSIER
mäkeln	KRITTELN
mäkeln	NOERGELN
Männer-name	ADELBERT
Männer-name	ALBRECHT
Männer-name	AUGUSTIN
Männer-name	BERNHARD
Männer-name	BURGHARD
Männer-name	DAGOBERT
Männer-name	DIETHELM
Männer-name	DIETRICH
Männer-name	EBERHARD
Männer-name	EKKEHARD
Männer-name	EMMERICH
Männer-name	FRIDOLIN
Männer-name	GOTTHARD
Männer-name	GOTTHELF
Männer-name	GUENTHER
Männer-name	HEINRICH
Männer-name	KUNIBERT
Männer-name	LEONHARD
Männer-name	MEINHARD
Männer-name	REGINALD

8

Männername	REINHARD
Männername	REINHOLD
Männername	SIEGBERT
Männername	THEOBALD
Männername	THEOPHIL
Männername	WENDELIN
Männername	WILFRIED
Männername	WINFRIED
Männername	WOLFGANG
männl. Ente	ENTERICH
männl. Fisch	MILCHNER
männl. Mannequin	DRESSMAN
männl. Sexualhormon	ANDROGEN
männlich	MASKULIN
Märchenfigur	ROSENROT
Märchenfigur, -gestalt	JORINGEL
Märchenfigur, -gestalt	SANDMANN
Märtyrer, Bischof von Antiochia	IGNATIUS
Märtyrer, Heiliger	POLYKARP
Märtyrerin	CAECILIA
mäßige Geschwindigkeit	GEHTEMPO
mäßig schnelles Musikstück	MODERATO
Mätresse	GELIEBTE
Magenteil bei Wiederkäuern	LABMAGEN
Magersucht	ANOREXIE
Magie, Hexenwerk	ZAUBEREI
Magier, Gaukler	ZAUBERER
magischer Schutz	TALISMAN
Magneteisenstein	MAGNETIT
Mahl im Freien	PICKNICK
mahnen	MONIEREN
Mahnmal	MONUMENT
Mainzer Bischof, Sozialreformer	KETTELER
Main-Zufluß aus dem Odenwald	MUEMLING
Maisfladen	TORTILLA
majestätisch	HERRLICH
Majorität	MEHRHEIT
Maklergebühr	SENSALIE
malaiisch. Bundesstaat	KELANTAN
malaiisch. Bundesstaat	SELANGOR
malaiisch. Staat	MALAYSIA
Malermaterial	OELFARBE
Malerwerk	GEMAELDE
Malheur, Pech	REINFALL
Malvengewächs	HIBISKUS
mandelförmiger Heiligenschein	MANDORLA
Mandelkonfekt	MARZIPAN
Mandelkrähe	BLAURAKE
Mangankiesel	RHODONIT
Manieren	BENEHMEN
Manifest, Grundsatzerklärung	PROGRAMM
Mannen, Gefolgsleute	VASALLEN
Mannigfaltigkeit	VIELFALT
Mann mit Glatze	KAHLKOPF
Mannschaftsführer	KAPITAEN
Mannschaftsführer	TEAMCHEF
Mann v. Baucis	PHILEMON
Mann v. Deianira	HERAKLES
Mann v. Helena	MENELAOS
Mann v. Thusnelda	ARMINIUS
Manteltier	TUNIKATE
Marderart	HERMELIN
Marinedienstgrad	KAPITAEN
Marinedienstgrad	OBERMAAT
Markgräfin von Tuszien	MATHILDE
marokkan. Gebirge	RIFATLAS
marokkan. Leder	MAROQUIN
Marotte	EIGENART
Marotte, fixe Idee	SCHRULLE
Marschall Vorwärts	BLUECHER
Marschformation	SCHLANGE
Marschverpflegung	PROVIANT

8

Masche	SCHLINGE
Maschinensatz	AGGREGAT
Maschinenteilverbindung	KUPPLUNG
Masern	ROTSUCHT
Masern (mediz.)	MORBILLI
Masse, Kapitalvermögen	SUBSTANZ
Massenerkrankung	EPIDEMIE
Massenerkrankung	PANDEMIE
Maß für Blutalkoholgehalt	PROMILLE
maßgebend	NORMATIV
massig, massiv	MAECHTIG
Massiv in den Berner Alpen	WILDHORN
Maßkrug	BIERKRUG
Maßnahme	HANDLUNG
Mastgeflügel	MASTGANS
Mastgeflügel	POULARDE
Material	ROHSTOFF
Materie, Stoff	SUBSTANZ
Matrize	GUSSFORM
natt	GLANZLOS
/aul, 'iermund	SCHNAUZE
laulbeer-eigen-aum	SYKOMORE
laulchelle	OHRFEIGE
aureta-sche tadt	ZOUERATE
aus-Art	FELDMAUS
aut, ll	WEGEGELD

Maya-Gottheit	KUKULKAN
Meckerer	KRITTLER
meckern	KRITTELN
meckern	NOERGELN
meckern, nörgeln	QUENGELN
Medikament-Form	PASTILLE
medizin. Titel	OBERARZT
Medizinmann, Zauberpriester	SCHAMANE
Meereichel	SEEPOCKE
Meerenge bei Istanbul	BOSPORUS
Meerenge in Skandinavien	KATTEGAT
Meeresalgenextrakt	AGARAGAR
Meeresbewegung	GRUNDSEE
Meereskrebs	LANGUSTE
Meeres-Raubfisch	HAIFISCH
Meeresringelwurm	SEERAUPE
Meerestier	BUTZKOPF
Meeresvogel	KORMORAN
Meerfee der franz. Sage	MELUSINE
Mehlklößchen	SPAETZLE
Mehlspeise	TEIGWARE
mehrdeutig	AEQUIVOK
mehrfädig	MULTIFIL
mehrgliedrige Größe	AGGREGAT

mehrsätziges Tonstück	SINFONIE
mehrstimmig, vielstimmig	POLYPHON
Meierei	MOLKEREI
meinen, mutmaßen	VERMUTEN
Meister	LEHRHERR
Meister	MAGISTER
Meister einer Sportart	CHAMPION
Meistersinger bei Wagner	STOLZING
Meldereiter	STAFETTE
Memme	FEIGLING
Menge	VIELHEIT
Menge	VIELZAHL
Menschenrasse	EUROPIDE
menschliche Wohnstätte	SIEDLUNG
Mensch von hoher Denkart	IDEALIST
Menstruationsbeginn	MENARCHE
Merkbuch	MEMORIAL
Merkmal	EIGENART
Merkmal	GEPRAEGE
Merkspruch	EPIGRAMM
Merkstock	KERBHOLZ
Merkurblende, Farbstoff	ZINNOBER
Merkwürdigkeit	KURIOSUM
Merkzeichen	NOTABENE
Merlan	WITTLING
Messerblatt	SCHNEIDE

Messe-stadt der Industrie	HANNOVER
Meßgerät	BANDMASS
Meßgerät	MESSSTAB
Mess-gesang-buch	GRADUALE
Messias	ERLOESER
Meßröhre	BUERETTE
Metall-arbeiter	POLIERER
Metall-arbeits-betrieb	SCHMIEDE
Metall-bildnerei	TOREUTIK
Metall-stecher	ZISELEUR
Meteor-stein	METEORIT
Meteor-strom	LEONIDEN
Methode, Taktik	VORGEHEN
Methoden-lehre	METHODIK
Methyl-alkohol	METHANOL
Metier	HANDWERK
Metzelei	MASSAKER
mexikan. Badeort	ACAPULCO
mexikan. Fluß	RIOVERDE
mexikan. Haupt-hafen	VERACRUZ
mexikan. Indianer	ZAPOTEKE
mexikan. Indianer-stamm	TOLTEKEN
mexikan. Lilien-gewächs	SABADILL
mexikan. Pazifik-hafen	MAZATLAN
mexikan. Ruinen-stadt	PALENQUE
mexikan. Staat	COAHUILA
mexikan. Staat	VERACRUZ
mexikan. Staat auf Yucatán	CAMPECHE
mexikan. Stadt auf Yucatán	CAMPECHE
mexikan. Stadt auf Yucatán	PROGRESO
mexikan. Stadt in Nieder-kaliforn.	MEXICALI
Mieder	LEIBCHEN
mies, minder-wertig	SCHLECHT
Mies-macher	NOERGLER
Mies-macher	QUERKOPF
Miete	ERDGRUBE
Miet-fahrzeug, -wagen	DROSCHKE
Miet-soldat	SOELDNER
Milchwirt-schafts-betrieb	MOLKEREI
Milde, Güte	SANFTMUT
mildern	DAEMPFEN
militär. Dienst-grad	LEUTNANT
militär. Dienst-grad	OFFIZIER
militär. Dienst-grad	SCHUETZE
militär. Einheit	KOMPANIE
militär. Führung	KOMMANDO
militär. Kapelle	MUSIKZUG
Militär-hospital	LAZARETT
Millionen-stadt in Asien	HONGKONG
Milz-entzün-dung	LIENITIS
minder	GERINGER
minder-jährig	MINORENN
mindern	ABNEHMEN
minder-wertig	INFERIOR
minder-wertiges Buch	SCHWARTE
Mine	BERGWERK
Mineral	BISMUTIN
Mineral	FELDSPAT
Mineral	MAGMATIT
Mineral	MANGANIT
Mineral, Schmuck-stein	VESUVIAN
Minister-runde	KABINETT
Minus	EINBUSSE
mischen	MELIEREN
mischend verfäl-schen	PANSCHEN
Mischling	HALBBLUT
Missale	MESSBUCH
miß-billigen	ABLEHNEN
Miß-geburt	MONSTRUM
Miß-geschick	DESASTER
Miß-geschick	UNGEMACH
Miß-geschick, Pech	UNGLUECK
miß-günstig	NEIDISCH
Missionar der Preußen	ADALBERT
Mississip-pi-Zufluß	ARKANSAS
Mississip-pi-Zufluß	ILLINOIS
Mississip-pi-Zufluß	REDRIVER
Mitarbei-terin	KOLLEGIN

miteinander	ZUSAMMEN
Mitgefühl	ERBARMEN
Mitgift	DOTATION
mithin	FOLGLICH
Mitkaiser Diokletians	MAXIMIAN
Mitläufer	FUSSVOLK
Mitschuldiger	KOMPLIZE
Mitschwingen	RESONANZ
Mittäter	KOMPLIZE
Mittäter	KONSORTE
Mittagskreis	MERIDIAN
Mitteilung	KUNDGABE
mittelalterl. Glockenturm	BELFRIED
mittelalterl. Schußwaffe	ARMBRUST
mittelalterl. schweres Geschütz	KARTAUNE
mittelamerikan. Indianerstamm	KARAIBEN
mittelamerikan. Indianerstamm	MISQUITO
mittelamerikan. Staat	HONDURAS
mittelbar	INDIREKT
mittelchilen. Provinz	COQUIMBO
mittelengl. Tiefland	MIDLANDS
Mitteleuropäer	TSCHECHE
Mittelfuß	METARSUS
mittelgriech. Landschaft	BOEOTIEN

mittelmäßig	MEDIOKER
Mittelmeer-Inselgruppe	BALEAREN
Mittelmeer-Inselgruppe	KYKLADEN
Mittelmeerstaat	ALBANIEN
Mittelmeerstaat	ALGERIEN
Mittelton der Tonleiter	MEDIANTE
Mittelwort	PARTIZIP
mittl. Keimblatt	MESODERM
Mittönen, Nachklang	RESONANZ
mitunter	ZUWEILEN
mit winzigen Schritten gehen	TRIPPELN
Mixtur	MISCHUNG
Mobiliar	INVENTAR
Modell	MAQUETTE
Modell, Versuchsmuster	PROTOTYP
Moder	FAEULNIS
Moderator, Vortragender	SPRECHER
modern	NEUARTIG
moderne Jazzrichtung	FREEJAZZ
moderne Kunstrichtung	KUBISMUS
moderne Uhrenart	QUARZUHR
Modeschöpfung	CREATION
Modeschöpfung	KREATION

modische kurze Hose	HOTPANTS
Mönch	ZOENOBIT
Mönch am letzten Zarenhof	RASPUTIN
Mönchsoberer	GUARDIAN
Mönchsorden	PAULANER
Mönch von Sankt Gallen	EKKEHARD
Möwenart	EISMOEWE
mollig	DICKLICH
Monarchin	KOENIGIN
Monat d. franz. Revolut.-Kalend.	BRUMAIRE
Monat d. franz. Revolut.-Kalend.	GERMINAL
Monat d. franz. Revolut.-Kalend.	MESSIDOR
Monat d. franz. Revolut.-Kalend.	PLUVIOSE
Monatsname	NOVEMBER
Monatstage im alten Rom	KALENDEN
Mond, Planetenbegleiter	SATELLIT
Mondphase	HALBMOND
Mondphase	VOLLMOND
Mondphasenablauf	LUNATION
Mongolenvolk auf Sachalin	GILJAKEN
Moostierchen	BRYOZOEN

Morgenstern der Griechen	HESPEROS
morsch	BRUECHIG
Moscheeturm	MINARETT
Motorrad	KRAFTRAD
Motorstarter	ANLASSER
Motto	KENNWORT
Mucker	MURRKOPF
Mücke	LANGHORN
Mühe, Plage	STRAPAZE
müheloses Einkommen	PFRUENDE
Münchn. klassizistisch. Architekt	GAERTNER
mündelsicher	PUPILLAR
mündig	MAJORENN
Mündungsarm der Oder	DIEVENOW
Mündungsarm des Nils	DAMIETTE
Mündungsform	TRICHTER
Mündungsgebiet der Rhone	CAMARGUE
Münze in Bulgarien	STOTINKI
Münze in Großbritannien	NEWPENCE
Münzen	HARTGELD
mürbe	BRUECHIG
Müßiggänger	FAULPELZ
Munddrüsenausscheidung	SPEICHEL
Mundteile d. Gliedertiere	MAXILLEN
Mundvorrat, Wegzehrung	PROVIANT

munter	LEBENDIG
Muschel	MOLLUSKE
Muschelschale	COQUILLE
Museum in Florenz	BARGELLO
Musical von Kern	SHOWBOAT
Musical von Rodgers	OKLAHOMA
Musik	TONKUNST
musikal. Ausstattungsstück	OPERETTE
musikal.: anmutig	GRAZIOSO
musikal.: feierlich	MAESTOSO
musikal.: gemäßigt	MODERATO
musikal.: klagend	DOLOROSO
musikal.: kräftig	VIGOROSO
musikal.: kurz gestoßen	STACCATO
musikal.: kurz gestoßen	STAKKATO
musikal.: leicht	LEGGIERO
musikal.: leidenschaftlich	PATETICO
musikal.: majestätisch	MAESTOSO
musikal.: singend	CANTANDO
musikal.: sprechend	PARLANDO
musikal.: ständig wiederholt	OSTINATO
musikal.: zurückhaltend	RITENUTO
Musiker	FLOETIST
Musikinstrument	BASSHORN
Musikstückaufzeichnung	PARTITUR

Musikstück für fünf	QUINTETT
Musikstück für vier	QUARTETT
Muskelentzündung	MYOSITIS
Muskellehre	MYOLOGIE
Muskelschwund	ATROPHIE
Muskeltrainer	EXPANDER
muskulös	KRAEFTIG
Mußezeit	FREIZEIT
Muster	EXEMPLAR
mustergültig	NORMATIV
Musterzeichner	DESIGNER
mutmaßen	ANNEHMEN
Mutterkuchen (mediz.)	PLAZENTA
Mutter v. Napoleon I.	LAETITIA
Mutter v. Napoleon III.	HORTENSE
Mutter v. Salome	HERODIAS
Mutter v. Salomo	BATHSEBA
Mutwille, Ausgelassenheit	UEBERMUT
nachahmen	KOPIEREN
Nachahmer	IMITATOR
Nachahmung, Nachbildung	KLISCHEE
Nachbar	ANWOHNER
Nachbarvolk der Juden im AT	MOABITER
Nachbesserung	RETUSCHE
nachbilden	KOPIEREN

nachdenken	GRUEBELN
Nachdruck	BETONUNG
Nachforschung	FAHNDUNG
Nachfrage	KAUFLUST
nachgeahmt	IMITIERT
Nachricht	BESCHEID
Nachrichtenmittel	HOERFUNK
Nachruf auf einen Toten	NEKROLOG
Nachschlagewerk	HANDBUCH
Nachschlüssel	DIETRICH
Nachschubwesen	LOGISTIK
Nachtlied, Nachtmusik	NOCTURNE
Nachtmusik	NOKTURNE
Nachtmusik	NOTTURNO
nach unten	HINUNTER
Nacktheit	NUDITAET
Nadelbaum, Nadelholz	KONIFERE
nächtigen	LOGIEREN
Nährboden	SUBSTRAT
Nährboden-Gelatine	AGARAGAR
nagen	KNABBERN
nahe bevorstehend	IMMINENT
Nahkampfwaffe	BAJONETT
Name des Starnberger Sees	WUERMSEE
Namenszeichen, Namenszug	SIGNATUR
Name von dreizehn Päpsten	INNOZENZ
Name von fünf Päpsten	NIKOLAUS
Name von fünfzehn Päpsten	BENEDIKT
Name von vier Päpsten	CALIXTUS
Name von vier Päpsten	HONORIUS
Name von zwei Päpsten	GELASIUS
Name von zwei Päpsten (6. Jh.)	PELAGIUS
Name von 23 Päpsten	JOHANNES
Narkosemittel, Narkotikum	MORPHIUM
Narretei	ALLOTRIA
Naschwerk	LECKEREI
Nasenentzündung, Schnupfen	RHINITIS
Nasenlöcher des Pferdes	NUESTERN
Nationalsport in den USA	BASEBALL
Natrium-Aluminium-Fluorid	KRYOLITH
Natriumverbindung	FELDSPAT
Naturkunde	BIOLOGIE
Naturtrieb	INSTINKT
Naturwissenschaft	BIOLOGIE
Naturwissenschaftler	CHEMIKER
Naturwissenschaftler	PHYSIKER
nautisches Längenmaß	SEEMEILE
Navigationshilfe	SEEKARTE
Nebelmond	NOVEMBER
Nebenform, Spielart	VATIANTE
Nebenkreis	EPIZYKEL
Nebennierenrindenhormon	CORTISON
Nebenraum	KABINETT
Nebensache	LAPPALIE
nebensächlich	PERIPHER
Nebensächliches	STAFFAGE
Neckar-Zufluß	STEINACH
necken	FROTZELN
necken	HAENSELN
negative Auswirkung	NACHTEIL
negativ geladen. Kernteilchen	ELEKTRON
Neigung	GEFAELLE
Neinsager	NEGIERER
Nelkengewächs	KORNRADE
Nennwert	PARIKURS
Nervenentzündung	NEURITIS

Nerven-fasergeschwulst	NEURINOM
Nervenknoten	GANGLION
Nervenkrankheit, -störung	HYSTERIE
Nervenstärkungsmittel	LEZITHIN
Neubekehrter	PROSELYT
neuer Name des Victoriasees	SANGOSEE
Neuerung, Neuheit	KREATION
Neuerung, Neuheit	NOVITAET
neue Sachlichkeit	VERISMUS
neugierig	GESPANNT
neulat.: Schweiz	HELVETIA
Neunauge	LAMPRETE
neunorweg. Schriftsprache	LANDSMAL
Neurose	HYSTERIE
neuseeländ. Haupthafen	AUCKLAND
neuseeländ. Stadt	HAMILTON
neuseeländ. Stadt	HOKITIKA
neuseeländ. Stadt	SOMERSET
neuseeländ. Stadt	TAURANGA
Neusilber	ARGENTAN
neutral, nüchtern	SACHLICH
New Yorker Geschäftsstraße	BROADWAY
Nichterscheinen vor Gericht	KONTUMAZ
nicht flügger Jungvogel	NESTLING
nicht gerechtfertigt	UNBILLIG
Nichtigkeit	LAPPALIE
nicht imstande	UNFAEHIG
nichtleitendes Material	ISOLATOR
Nichtleiter	ISOLATOR
nicht ortsgebunden	AMBULANT
Nichtsoldat	ZIVILIST
Nichtstuer	FAULPELZ
Nichtwisser	IGNORANT
Nickelkies	MILLERIT
niederbayer. Stadt an der Isar	LANDSHUT
niederdtsch. Autor	CLAUDIUS
niederes Wirbeltier	RUNDMAUL
Niederholz	DICKICHT
niederl. Autor	SCHENDEL
niederl. Komponist, Dirigent	KOETSIER
niederl. Komponist (15. Jh.)	OCKEGHEM
niederl. Komponist (16. Jh.)	WILLAERT
niederl. Maler	MOSTAERT
niederl. Maler (»De Stijl«)	DOESBURG
niederl. Maler (17. Jh.)	TERBORCH
niederl.-österr. Schauspieler	HEESTERS
niederl. Stadt	RIJSWIJK
niederl. Stadt an der Ijssel	DEVENTER
niederl. Stadt an der Waal	NIMWEGEN
niederl. Stadt in Overijssel	ENSCHEDE
niederl. Tänzerin, Spionin	MATAHARI
niederländ. Anrede	MIJNHEER
niederländ. Kultur-Historiker	HUIZINGA
niederländ. Maler	BREUGHEL
niederländ. Maler (17. Jh.)	RUISDAEL
niederländ. Philosoph	GEULINCX
niederländ. Reformator	ARMINIUS
niederländ. Schriftsteller	COUPERUS
niederländ. Schriftsteller	GOSSAERT
niederländ. Seefahrer	BARENTSZ
niederländ. Stadt	ENSCHEDE
niederländ. Stadt	ROERMOND
Niederlage	SCHLAPPE

Niederlassung	SIEDLUNG
Niederlassung in Übersee	FAKTOREI
niedersächs. Stadt a. d. Hunte	DIEPHOLZ
niedersächs. Stadt a. d. Hunte	WITTLAGE
niedersächs. Stadt am Harz	HERZBERG
niedersächs. Stadt am Harz	OSTERODE
niedersächs. Stadt an d. Rhume	NORTHEIM
niedersächs. Stadt an d. Weser	NIENBURG
niedersächs. Stadt an der Leine	HANNOVER
Niederschlag beim Boxen	KNOCKOUT
niederschles. Stadt	LIEGNITZ
niederschles. Stadt am Bober	SPROTTAU
iedriger Vasserall	KATARAKT
iedriges ofa	OTTOMANE
iedrigter Flutasserand	NIPPFLUT
ierenecken-tzünng	PYELITIS
ierenerankung	NEPHROSE
otenk	SCHILLUK
noch ausreichend	LEIDLICH
nördlichste Provinz Norwegens	FINNMARK
nörgeln	KRITTELN
nötig	ZWINGEND
Nötigung	PRESSION
Nomen	NENNWORT
Nominalwert	NENNWERT
Nonsens	LARIFARI
nordafrikan. Hauptstadt	TRIPOLIS
nordafrikan. Schaukampf	FANTASIA
nordafrikan. Staat	AEGYPTEN
nordafrikan. Staat	ALGERIEN
nordafrikan. Staat	TUNESIEN
Nordafrikaner	AEGYPTER
Nordafrikaner	TUNESIER
nordamerikan. Finkenvogel	KARDINAL
nordamerikan. Indianerstamm	CHEYENNE
nordamerikan. Indianerstamm	IROKESEN
nordamerikan. Negerlied	COONSONG
nordamerikan. Sekte	MORMONEN
nordaustral. Berg	MOUNTISA
nordaustral. Insel	MELVILLE
nordaustral. Stadt	COOKTOWN
nordbadische Stadt	BRUCHSAL
nordbadische Stadt a. d. Elsenz	SINSHEIM
nordchinesisches Hochland	MONGOLEI
norddeutsches Gericht	LABSKAUS
norddtsch. Landschaft	HOLSTEIN
Nordeuropäer	NORWEGER
nordeuropäischer Staat	FINNLAND
nordeuropäisches Königreich	NORWEGEN
nordeuropäisches Königreich	SCHWEDEN
nordeuropäisches Volk	SCHWEDEN
nordfinnisch. Fluß	KEMIJOKI
nordfranz. Gebirge	ARGONNEN
nordfranz. Landschaft	BRETAGNE
nordfranz. Landschaft	PICARDIE
nordfranz. Stadt a. d. Sambre	HAUTMONT
nordfriesische Hallig	SUEDFALL

8

nordfriesische Insel	PELLWORM
Nordgermane	NORMANNE
Nordgermane, Normanne	WIKINGER
nordgriech. Landschaft	THRAKIEN
nordisrael. Landschaft	GALILAEA
nordisrael. Stadt	NAZARETH
nordisrael. Stadt	TIBERIAS
nordkanad. Halbinsel	MELVILLE
nordkanad. Insel	MELVILLE
nordkuban. Stadt	MATANZAS
nordnorweg. Bezirk	NORDLAND
nordnorweg. Hafenstadt	KIRKENES
nordnorweg. Vulkaninsel	JANMAYEN
nordostengl. Hafenstadt	CARLISLE
nordostfranz. Departement	ARDENNES
nordostirakische Provinz	CHORASAN
nordostiranische Stadt	MESCHHED
nordostital. Landschaft	VENETIEN
nordperuan. Stadt	TRUJILLO
nordruss. Hafenstadt	MURMANSK
nordsemitisches Volk	ARAMAEER
nordsibirischer Fluß	CHATANGA
nordskandinav. Landschaft	LAPPLAND
nordspan. Hafenstadt	LACORUNA
nordspan. Landschaft	ASTURIEN
nordspan. Provinz	LACORUNA
nordspan. Stadt	SABADELL
nordwestböhm. Stadt	FALKENAU
nordwestböhm. Stadt	GRASLITZ
nordwestfranz. Landschaft	FLANDERN
nordwestkanad. Fluß	KLONDIKE
nordwestpakistan. Stadt	PESHAWAR
nordwestruss. See	ONEGASEE
nordwestspan. Landschaft	GALICIEN
Normannenfürst	GUISCARD
Norne	WERDANDI
norweg. Chemiker (Nobelpreis)	PEDERSEN
norweg. Komponist	SVENDSEN
norweg. Parlament	STORTING
norweg. Polarforscher	AMUNDSEN
norweg. Polarforscher	SVERDRUP
norweg.-schwed. Fluß	KLARAELV
norweg. sozialkritisch. Autor	KIELLAND
norweg. Verwaltungsbezirk	AKERSHUS
norweg. Verwaltungsbezirk	BUSKERUD
norweg. Verwaltungsbezirk	OESTFOLD
norweg. Verwaltungsbezirk	ROGALAND
norweg. Verwaltungsbezirk	TELEMARK
Notenschrift	NOTATION
Nothelfer	ACHATIUS
Nothelfer	AEGIDIUS
Nothelfer	CYRIAKUS
Notschrei	HILFERUF
Novität	NEUERUNG
NS-Politiker	GOEBBELS
Nuba-Negerstamm	NIAMNIAM
Nürnberger Holzschneider	FLOETNER
Nürnberger Maler	KULMBACH
nützlich	OPPORTUN
Nukleus (physik.)	ATOMKERN
Numerale	ZAHLWORT
nur zum Schein	PROFORMA

Nußart, -sorte	PARANUSS
Nutzbaum	NUSSBAUM
Oase, Oasenstadt in Ägypten	BAHARIEH
Obdach	HERBERGE
oberbayer. Kurort	BADTOELZ
oberbayer. Kurort	FARCHANT
oberbayer. Kurort	KOHLGRUB
oberbayer. Landschaft	CHIEMGAU
oberbayer. Loisach-Zufluß	PARTNACH
oberbayer. See	AMMERSEE
oberbayer. Stadt an der Isar	FREISING
oberbayer. Stadt an der Isar	MUENCHEN
Oberbefehl	KOMMANDO
Oberbefehlshaber	FELDHERR
obere Bootsplanke	DOLLBORD
oberelsäss. Vogesenstadt	MARKIRCH
oberfränk. Kurort	LANGENAU
oberfränk. Luftkurort	AMORBACH
obergewalt	SUPREMAT
oberhaupt	GEBIETER
oberital. Landschaft	LIGURIEN
oberösterr. Bergrücken	HAUSRUCK
Oberschicht (engl.)	UPPERTEN
oberschles. Oder-Zufluß	MALAPANE
oberschles. Stadt an d. Prutnik	NEUSTADT
Obliegenheit	FUNKTION
Obst	FRUECHTE
Obstart, -sorte	APRIKOSE
Ob-Zufluß	TSCHULYM
öffentl. Aushang d. Heiratstermins	AUFGEBOT
öffentl. Erklärung	MANIFEST
öffentl. Geldwesen	FINANZEN
österr. Alpenpaß	FERNPASS
österr. Architekt	HOFFMANN
österr. Autor, Dichter	CZIBULKA
österr. Autor, Dramatiker	BERNHARD
österr. Bildhauer, Graphiker	HRDLICKA
österr. Bundeskanzler	DOLLFUSS
österr. Bundeskanzler	SINOWATZ
österr. Bundesland	KAERNTEN
österr. Bundesland	SALZBURG
österr. Dichter, Erzähler	ROSEGGER
österr. Dichterin	BACHMANN
österr. Feldmarschall	RADETZKY
österr. kathol. Theologe, Kardinal	INNITZER
österr. Komponist	BRUCKNER
österr. Komponist	GASSMANN
österr. Komponist	GOLDMARK
österr. Komponist	KREISLER
österr. Komponist	SCHREKER
österr. Kurort im Pustertal	INNICHEN
österr. Landeshauptstadt	SALZBURG
österr. Liedermacher	FENDRICH
österr. Münze	GROSCHEN
österr. Musikwissenschaftler	HANSLICK
österr. neuromant. Kompon.	REZNICEK
österr. Operettenkomponist	BENATZKY
österr. Opernkomponist	KORNGOLD
österr. Pianist, Chansonnier	KREISLER
österr. Pianist, Komponist	SCHNABEL
österr. Politiker, Staatspräsid.	WALDHEIM

8

österr. romant. Komponist	SCHUBERT
österr. Sänger, Komponist	JUERGENS
österr. satir. Dichter	RODARODA
österr. Schauspieler	THOMALLA
österr. Schauspielerin	HATHEYER
österr. Schriftsteller	SCHAUKAL
österr. Schriftstellerin	MITTERER
österr.-schweiz. Gebirge	RAETIKON
österr. See	ACHENSEE
österr. Sopranistin	CEBATORI
österr. Stadt am Bregenzer Wald	DORNBIRN
österr. Stadt am Rhein	LUSTENAU
österr. Stadt an der Enns	RADSTADT
österr. volkstüml. Dichter	PERKONIG
offenbar, offenkundig	FLAGRANT
offenbar, offenkundig	MANIFEST
offener Sportwagen	ROADSTER
Offizier	LEUTNANT
Offiziersgehilfe	ADJUTANT
ohne Fehler	MAKELLOS
ohnmächtig	MACHTLOS
Ohren d. Raubwilds	LAUSCHER
Ohrenheilkunde	OTIATRIE
Ohrenheilkunde	OTOLOGIE
Ohrenrobbe	SEELOEWE
Ohrenteil	SCHNECKE
Okeanide	PLEXAURE
Okeanide	POLYDORA
Okkupator	BESETZER
okkupieren	BESETZEN
Operationsmesser	LANZETTE
Operette von Kollo	JUXBARON
Operette von Lehár	GIUDITTA
Operette von Lehár	PAGANINI
Operette von Lincke	FRAULUNA
Opern-, Operettentextbuch	LIBRETTO
Opernlied	KAVATINE
Oper von Busoni	TURANDOT
Oper von d'Albert	TIEFLAND
Oper von Egk	COLUMBUS
Oper von Egk	PEERGYNT
Oper von Gluck	TELEMACH
Oper von Händel	BERENICE
Oper von Honegger	ANTIGONE
Oper von Mozart	IDOMENEO
Oper von Orff	DIEKLUGE
Oper von Puccini	LABOHEME
Oper von Puccini	TURANDOT
Oper von Spontini	VESTALIN
Oper von Strauss	ARABELLA
Oper von Verdi	FALSTAFF
Oper von Wagner	PARSIFAL
Oper von Wagner	WALKUERE
Opfer, Preisgabe	VERZICHT
Opferguß	LIBATION
opfern	HINGEBEN
Opium-Alkaloid	NARKOTIN
Opiumtinktur	LAUDANUM
opportun	GUENSTIG
Optimismus	HOFFNUNG
Optimum	BESTFALL
optischer Telegraf	SEMAPHOR
Opulenz, Wohlhabenheit	REICHTUM
Oratorium von Händel	BELSAZAR
Oratorium von Händel	HERAKLES
Oratorium von Händel	THEODORA
Orchesterleiter	DIRIGENT
Orchidee	CATTLEYA
Ordensprovinzvorsteher	SUPERIOR
ordentlich, geregelt	GEORDNET
Ordnungshüter	AUFSEHER
Ordnungshüter	POLIZIST
Organblähung	EMPHYSEM
Organisation der Sorben	DOMOWINA
Organschwund	ATROPHIE

Orgelpfeifenreihe	REGISTER
Orgelregister	TROMBONE
Orgelspieler	ORGANIST
Orgelteil	WINDLADE
Orgelteil	WINDWERK
Orientale	LIBANESE
orientalische Frauenhose	SCHALWAR
orientalische Kopfbedeckung	TARBUSCH
orientalischer Herrscher	MAMELUCK
orientalische Wasserpfeife	NARGILEH
Orientierungsfähigkeit	ORTSSINN
Orientteppich	CHORASAN
Orientteppich	FERAGHAN
Orientteppich	JOSHAGAN
Orientteppich	LURISTAN
Orientteppich	MESCHHED
Orientteppich	SERABEND
Orkney-Insel	MAINLAND
Orkney-Insel	STRONSAY
Ornament	MAEANDER
Ornament	ROLLWERK
rts-nsässig	HEIMISCH
rtschaft	SIEDLUNG
st-frikan. ee	SANGOSEE
st-rikan. aat	MOSAMBIK

ostafrikan. Staat	SIMBABWE
ostafrikan. Staat	TANSANIA
Ostasiat	KOREANER
ostasiat. Volk	KOREANER
ostasiat. Volk	MANDSCHU
ostasiat. Volksgruppe	CHINESEN
osteurop.-asiat. Republik	RUSSLAND
osteurop. Republik	ARMENIEN
osteurop. Republik	GEORGIEN
Osteuropäer	UKRAINER
osteuropäische Nachtigall	SPROSSER
ostfinnischer Volksstamm	KARELIER
ostfinnischer Volksstamm	UDMURTEN
ostfranz. Stadt	BESANCON
ostfries. Insel	LANGEOOG
ostgerman. Volk	OSTGOTEN
Ostgotenkönig	DIETRICH
Ostgotenkönig	ILDIBALD
ostiran. Gebirgslandschaft	LURISTAN
ostirische Provinz	LEINSTER
ostkanadische Halbinsel	LABRADOR

ostkanadischer Feldspat	LABRADOR
ostpommerscher Fluß	PERSANTE
ostpreuß. Badeort	RAUSCHEN
ostpreuß. Fluß	PASSARGE
ostpreuß. Landschaft	NATANGEN
ostpreuß. Stadt	GERDAUEN
ostpreuß. Stadt	SENSBURG
ostpreuß. Stadt	WORMDITT
ostpreuß. Stadt an der Drewenz	OSTERODE
oström. Kaiser	ARKADIOS
oström. Kaiser	BASILIOS
ostrussische Insel	SACHALIN
Ostrußland	SIBIRIEN
ostschott. Seebad	MONTROSE
ostschweiz. Kurort	BADRAGAZ
Ostseebad	GROEMITZ
Ostseebad	NIENDORF
Ostsee-Meerenge	OERESUND
ostsibirischer Mongolenstamm	TUNGUSEN
ostsibirisches Waldgebiet	JABLONOI
Ostslawe	UKRAINER
Oxalsäuresalz	KLEESALZ
Ozean	ATLANTIK

Ozean	WELTMEER
Pachtgeld	MIETZINS
Packeis	TREIBEIS
Paddelboot	KANADIER
päpstliche Behörde	SIGNATUR
päpstliche Obergewalt	SUPREMAT
pakistan. Provinz	KHAIRPUR
pakistan. Staatspräsident	AYUBKHAN
pakistan. Stadt im Pandschab	LYALLPUR
Pakt	BUENDNIS
Palästinenseraufstand	INTIFADA
Palasthund	PEKINESE
Palast in Rom	QUIRINAL
Palmblattornament	PALMETTE
Palmenart	DUMPALME
Palmenart	OELPALME
Palmenblattfaser	PIASSAVA
Palmsonntag	PALMARUM
Pankreas-Hormon	GLUKAGON
Panne	STOERUNG
Panorama	RUNDBILD
Panzerechse	KROKODIL
Panzerkrebs	LANGUSTE
Papageienart	ARARAUNA
Papiernautilus	ARGONAUT
Papierschnitzel	KONFETTI
Papst im 3. Jh.	NOVATIAN
Papst im 4. Jh.	SIRICIUS
Papst im 6. Jh.	VIGILIUS
Papst im 7. Jh.	VITALIAN
Papst im 9. Jh.	VALENTIN
Papstname	ANICETUS
Papstname	EUSEBIUS
Papstname	LIBERIUS
Paralyse	LAEHMUNG
Parfümzutat	ROSENOEL
Pariser Habenichts	CLOCHARD
Pariser Universität	SORBONNE
Parlamentariergruppe	FRAKTION
Parlament in den USA	KONGRESS
Parole	KENNWORT
Parole d. Franz. Revolution	FREIHEIT
Part	TEILHABE
Partei	FRAKTION
parteiisch	BEFANGEN
Party	HAUSBALL
passabel	LEIDLICH
Passagier	FAHRGAST
Passagier in der Luftfahrt	FLUGGAST
passend	GUENSTIG
Paß im Kanton St. Gallen	WILDHAUS
Paß in den Karnischen Alpen	PLOECKEN
Passionswoche	KARWOCHE
passiver Widerstand	SABOTAGE
Pastetenart	GRISETTE
Pastetenart	KRUSTADE
Patenkind	FIRMLING
Patriarch	ERZVATER
Patronin Böhmens	LUDMILLA
Patsche	KLATSCHE
Paukenhöhle im Ohr	TYMPANUM
Paulusbrief	HEBRAEER
Paulusbrief	KOLOSSER
Paulusbrief	PHILEMON
Pavianart	MANDRILL
pazif. Inselgruppe	MARIANEN
Peene-Zufluß	TOLLENSE
peinlich	DIFFIZIL
peinlich	SHOCKING
pelikanartiger Vogel	KORMORAN
Pelzfresser	HAARLING
Pendeluhr	PENDUELE
Pennäler, Eleve	SCHUELER
Pentagon	FUENFECK
perforiert	LOECHRIG
Perigäum	ERDNAEHE
Periodenzahl	FREQUENZ
Perlboot (zool.)	NAUTILUS
Perserkönig	KAMBYSES
Perserteppich	MESCHHED
persisch. Dichter	DSCHELAL
persisch. Dichter	FIRDAUSI

persönlich, vertraulich	PRIVATIM
peruan. Fluß	APURIMAC
peruan. Indianerstamm	KETSCHUA
peruan. Marañon-Zufluß	HUALLAGA
peruan. Provinz	APURIMAC
peruan. Stadt	AREQUIPA
peruan. Stadt	AYACUCHO
peruan. Stadt	CHICLAYO
peruan. Stadt	CHIMBOTE
peruan. Stadt	MOQUEGUA
peruan. Stadt am Matará	HUANCAYO
Pfadfinderzusammenkunft	JAMBOREE
Pfälzer Landschaft	WESTRICH
Pfälzer Stadt an d. Lieser	WITTLICH
Pfälzer Stadt an d. Weinstraße	NEUSTADT
Pfälzer Stadt an der Saar	SAARBURG
'fahl-arriere, sperre	PALISADE
fand-nstalt	LEIHHAUS
fannchen	BERLINER
arramt	PASTORAT
arrei	GEMEINDE
arrer	PRIESTER
eiler, lte-stell	STAENDER
Pfeilerabschluß	KAPITELL
Pfennigfuchser	GEIZHALS
Pferch	VIEHZAUN
Pferdebesitz eines Fürsten	MARSTALL
Pferdebürste	STRIEGEL
Pferderasse	HALBBLUT
Pferderassengruppe	KALTBLUT
Pferderassengruppe	WARMBLUT
Pferderennplatz	REITBAHN
Pferdesportlerin	REITERIN
Pfifferling	GELBLING
Pflanze	GEWAECHS
Pflanzenbase	ALKALOID
Pflanzenornament	ARABESKE
Pflanzenschutzmittel	PESTIZID
Pflanzenzüchter	GAERTNER
pflanzliches Bildungsgewebe	MERISTEM
Pflanzung	PLANTAGE
Pflaumenart	SPILLING
Pflaumenart	ZWETSCHE
pflegen	BETREUEN
pflegen	UMSORGEN
Pfleger	BETREUER
Pfropfbastard	CHIMAERE
Pfusch	MACHWERK
phäakische Königstochter	NAUSIKAA
Phantast	FABULANT
Phantast, stiller Grübler	TRAEUMER
phantastische Dichtung	MAERCHEN
phantastische Erzählung	GROTESKE
Phantom	GESPENST
Phantom, Sinnestäuschung	TRUGBILD
Pharaonengrab	PYRAMIDE
Pharaonenname	ECHNATON
philippin. Pygmäen	NEGRITOS
philippin. Staatssprache	PILIPINO
philippin. Ureinwohner	FILIPINO
phöniz. Kolonie	KARTHAGO
phosphorsaures Salz	PHOSPHAT
Phosphorverbindung	PHOSPHID
Phosphorwasserstoff	PHOSPHIN
physikalischer Zustand	SPANNUNG
picken	STOCHERN
pikant	GEWUERZT
pikant, prickelnd	REIZVOLL
Pik beim Kartenspiel	SCHIPPEN
Pilzart	DREHLING
Pilzart	EICHPILZ
Pilzart	EIERPILZ
Pilzart	MEHLPILZ
Pilzart	MOOSLING
Pilzart	ROETLING
Pilzart	ROSTPILZ
pilztötend	FUNGIZID

8

Pilzvernichtungsmittel	FUNGIZID
Pimpernuß	PISTAZIE
Pipette	SAUGROHR
Piste auf Flughäfen	ROLLBAHN
Plätzchen	PASTILLE
Plakat	ANSCHLAG
Plan, Absicht	VORHABEN
Plan, Konzept	PROGRAMM
Planer des Sueskanals	NEGRELLI
planmäßiges Vorgehen	METHODIK
Plantagenbesitzer	PFLANZER
planvoll	TAKTISCH
Plattengestein	SCHIEFER
Plattfisch	HEILBUTT
Plattform am Haus	TERRASSE
Platz, Standort	POSITION
Platz beim Eiffelturm	MARSFELD
plauschen	PLAUDERN
Plünderer	MARODEUR
Plural	MEHRZAHL
Pöbel	GESINDEL
Pöbel	JANHAGEL
Pökelflüssigkeit	SALZLAKE
Poesie	DICHTUNG
polar	ARKTISCH
Polierschiefer	BERGMEHL
politisch. Mordanschlag	ATTENTAT
politische Parteiung	FRAKTION
polizeiliche Aktion	FAHNDUNG
poln. Autor der Romantik	SLOWACKI
poln. Dichter, Schriftsteller	ZEROMSKI
poln.-franz. kubist. Bildhauer	LIPCHITZ
poln. Hauptfluß	WEICHSEL
poln. Hauptstadt	WARSCHAU
poln. Höhenzug	LYSAGORA
poln. Landschaft b. Warschau	MASOWIEN
poln. Name von Kattowitz	KATOWICE
poln. Pianist	ASKENASE
poln. Stadt an der Weichsel	BROMBERG
poln. Stadt an der Weichsel	DIRSCHAU
poln. Stadt an der Weichsel	GRAUDENZ
poln. Stadt bei Lodsch	PETRIKAU
poln.-ukrain. Landschaft	GALIZIEN
polnische Stadt in d. Hohen Tatra	ZAKOPANE
Polstermaterial	ROSSHAAR
polymerer Traubenzucker	GLYKOGEN
pommersche Stadt an d. Uecker	PASEWALK
Popmusik-Gruppe	THEDOORS
Popmusik-Gruppe	URIAHEEP
Popmusik-Solistin	DRISCOLL
Popmusik-Solistin (m. Vorn.)	JOANBAEZ
Portalwölbung	TORBOGEN
portugies. Adelsgeschlecht	BRAGANZA
portugies. Barockstil	MANUELIK
portugies. Dichter	FERREIRA
portugies. Königsname	FERNANDO
portugies. Landschaft	ALENTEJO
portugies. Stadt	ABRANTES
portugies. Stadt	BRAGANCA
portugies. Stadt	VILAREAL
portugies. Stadt am Tejo	SANTAREM
Posaune	TROMBONE
positiv	BEJAHEND
positiver Kontostand	GUTHABEN
Posse	BURLESKE
Posse	GROTESKE
Posse	KOMOEDIE
Posse	SCHNURRE
Posten, Position	STELLUNG
Posten, Stück, Teil	POSITION
Postgut im Luftverkehr	FLUGPOST
Postkutscher	SCHWAGER

8

Post-schnell-sendung	LUFTPOST
Potentilla	BLUTWURZ
Po-Zufluß	GIANDONE
prachtvoll	HERRLICH
Präge-maschine	KALANDER
prämi-ieren	BELOHNEN
Prärie-staat der USA	NEBRASKA
präsent	ANWESEND
Präsent	GESCHENK
Prager Stadtteil	ALTSTADT
Prager Stadtteil	NEUSTADT
Prahlhans	MAULHELD
Predigt-buch	POSTILLE
Preis-erhöhung	TEUERUNG
Preisliste, Werbe-schrift	PROSPEKT
Presse-feldzug	KAMPAGNE
Preßluft-sendung	ROHRPOST
preuß. Feld-marschall	BLUECHER
preuß. General	HAESELER
preuß. Reiter-general	SEYDLITZ
reuß. taats-ann	BISMARCK
rickeln	KRIBBELN
riem	KAUTABAK
riesterin er Vesta	VESTALIN
rimitive chuß-affe	BLASROHR
ise	SEEBEUTE
vileg, onopol	VORRECHT
obezeit	NOVIZIAT
ster	
Produkt der Leber	GLYKOGEN
Produ-zent	ERZEUGER
produzie-ren	ERZEUGEN
Projektil	GESCHOSS
Prolog, Präludium	VORSPIEL
Pro-nomen	FUERWORT
provenza-lischer Trouba-dour	BERTRAND
Provision des Börsen-maklers	COURTAGE
Prügelei	KEILEREI
prügeln	SCHLAGEN
prügeln	VERHAUEN
prunklos, schmuck-los	SCHLICHT
Publikum	ZUHOERER
Puder-zucker	FARINADE
Puls-phase	DIASTOLE
Pult	KATHEDER
Pulver-holz	FAULBAUM
purgieren	LAEUTERN
Puste-waffe	BLASROHR
Puter	TRUTHAHN
Putte, Putto	AMORETTE
Putz-macherin	MODISTIN
Putz-macherin, Dirne	GRISETTE
Pyrenäen-paß	AUBISQUE
Pyrit-Abart	MARKASIT
quälen	SCHINDEN
Qualitäts-niveau	STANDARD
Quappe, Trüsche	AALRAUPE
Quarz-Mineral	AMETHYST
Queck-silber-chlorid	SUBLIMAT
Queck-silbererz	ZINNOBER
Queck-silber-mineral	IDRIALIT
Quellfluß der Leitha	SCHWARZA
Quellfluß des Pregel	ANGERAPP
quer	DIAGONAL
Quer-balken, Ausleger	TRAVERSE
Quer-schiff	TRANSEPT
Querulant	NOERGLER
Querver-steifung	TRAVERSE
Rabatt	ABSCHLAG
Raben-vogel	KOLKRABE
Rache, Vergel-tung	REVANCHE
Rachen-mandel	TONSILLE
Rachen-organ	KEHLKOPF
Radiator	STRAHLER
Radie-rung	GRAVUERE
Radio	RUNDFUNK
radio-aktives Element	AKTINIUM
radio-aktives Element	FRANCIUM
radio-aktives Element	POLONIUM
radioakti-ves Ele-ment	THALLIUM
Radium-bad im Vogtland	BRAMBACH
Radrenn-bahn	VELODROM

8

Radstreben	SPEICHEN
Räder beim Flugzeug	FAHRWERK
Räderwerk	GETRIEBE
Räderwerk	MECHANIK
Ränkespiel	KOMPLOTT
Rätoromane	FRIAULER
rätoromanisch: Graubünden	GRISCHUN
Rätselart	SUCHBILD
räuberischer Schwimmkäfer	GELBRAND
Raffgier	HABSUCHT
Rainweide	LIGUSTER
Raketentreibstoff	MONERGOL
Rang, Stand	STELLUNG
rankenförmige Verzierung	ARABESKE
Ranzen	RUCKSACK
Rasenspiel	HANDBALL
Raserei, sinnlose Wut	TOBSUCHT
Rast	ERHOLUNG
raten, herumraten	RAETSELN
rationieren	DOSIEREN
Ratsherr in angelsächs. Ländern	ALDERMAN
Raubtierhöhle	FUCHSBAU
Rauchsäule bei Vulkanen	FUMAROLE
Rauchware	PELZWERK
Raufbold	HOOLIGAN
rauher Wollstoff	HOMESPUN
Rauhfußhuhn	WALDHUHN
Rauhfutter	HAECKSEL
Rauhware	BARCHENT
Raum hinter der Eingangstür	WINDFANG
Raumsonde der Amerikaner	EXPLORER
Raumsonde der Amerikaner	VANGUARD
raupenähnliche Seidenschnur	CHENILLE
Rauschgift	MESKALIN
Rauschgift	MORPHIUM
Rauschzustand	DELIRIUM
Rautenschlange	SURUKUKU
real, konkret	WIRKLICH
Rebell	EMPOERER
Rebellion	AUFSTAND
Rechenergebnis	RESULTAT
Rechnungsart	ADDITION
Rechnungsart	DIVISION
Rechteck	ORTHOGON
Rechtfertigung	APOLOGIE
rechtgläubig	ORTHODOX
Rechtsmittel	BERUFUNG
Rechtspflege	JUDIZIUM
Rechtsverdreher	RABULIST
Rechtswidrigkeit	VERSTOSS
redliches Gebaren	FAIRPLAY
Redner, Ansager	SPRECHER
Rednerbühne	TRIBUENE
Reform	NEUERUNG
Refrain	KEHRREIM
Refraktion	BRECHUNG
Regel	LEITSATZ
Regel, Richtmaß	STANDARD
regelgemäß	REGULAER
regelmäßiger Wechsel	RHYTHMUS
Regelmäßigkeit	EBENMASS
regelmäßig wiederkehrend	ZYKLISCH
Regelwidrigkeit	ANOMALIE
Regenwasserbehälter	ZISTERNE
regierender Fürst	POTENTAT
Regierungsmitglied	MINISTER
Regierungssitz	RESIDENZ
Regierungsvertreter	RESIDENT
Region	DISTRIKT
reglos	UNBEWEGT
Reibekeule, Stampfer	STOESSEL
Reibelaut	FRIKATIV
reiben, schrubben	SCHEUERN
Reibung	FRIKTION
Reigen	RUNDTANZ
Reiherfederschmuck	AIGRETTE
rein, unvermischt	GEDIEGEN
rein begrifflich	ABSTRAKT
reinigen	SAEUBERN

Reinigungseifer	PURISMUS
Reinmachehilfe	PUTZFRAU
Reisegesellschaft im Orient	KARAWANE
Reisehandbuch	BAEDEKER
Reisekrankheit	KINETOSE
Reisender	FAHRGAST
Reisender im Luftverkehr	FLUGGAST
Reis-Erbsen-Gericht	RISIPISI
Reisigbündel	FASCHINE
Reißer	KNUELLER
Reitersäbel	PALLASCH
Reithose	BREECHES
Reitsport: seitliches Ausbrechen	ESKAPADE
reizend	CHARMANT
Reklamemittel	HOERFUNK
Reliefplatte	PLAKETTE
religiöse Minderheit	DIASPORA
eligiöses Erbauungsbuch	POSTILLE
eligiöse Verstreuung	DIASPORA
eligionsfrevel	SAKRILEG
eligionslehrer	KATECHET
eligionsstifter	MOHAMMED
nn-, Sportschlitten	SKELETON
nn-Erschwernis	SCHIKANE

Renngalopp	KARRIERE
renovieren	ERNEUERN
Rente, Pension	RUHEGELD
Reptil	SCHLANGE
Rest	RUDIMENT
Resultat	ERGEBNIS
Retina	NETZHAUT
retten	ERLOESEN
Reue	BEDAUERN
Revolte	MEUTEREI
Revolte, Revolution	AUFSTAND
Rezeptesammlung	KOCHBUCH
Rhone-Kurort im Kanton Wallis	MARTIGNY
Rhythmuslehre	RHYTHMIK
richten, folgern	URTEILEN
Richterstuhl	TRIBUNAL
Richtlinie, Richtschnur	MASSSTAB
Richtlinie, Richtschnur	STANDARD
Riegel	SCHIEBER
Riegel, Sprosse	QUERHOLZ
Riemenpeitsche	KANTSCHU
Riesenechse	KROKODIL
Riesenelefant der Eiszeit	MASTODON
riesengroß	GEWALTIG
riesengroß	KOLOSSAL
Ringelwurm	BLUTEGEL
Ring um Gestirne	LICHTHOF

Rippenstück	KOTELETT
Ritter	KAVALIER
Ritter der Artusrunde	LANCELOT
Ritter der Artusrunde	LANZELOT
Ritter der Artusrunde	PARZIVAL
Ritterorden	MALTESER
Ritterschlag	AKKOLADE
Ritzmesser	LANZETTE
Rivalin	GEGNERIN
robust	KRAEFTIG
Rockmusik-Stil	FOLKROCK
Rockmusik-Stil	HARDROCK
Rockmusik-Stil	JAZZROCK
Rockmusik-Stil	SOFTROCK
Röhrling, Speisepilz	SANDPILZ
Römerkastell des Limes	SAALBURG
römische Adelsfamilie	BORGHESE
römische Göttin des Rechts	JUSTITIA
römische Hundertschaft	CENTURIE
römischer Dichter	AUSONIUS
römischer Feldherr und Gourmet	LUCULLUS
römischer Hügel	ESQUILIN
römischer Hügel	QUIRINAL

römischer Kaiser	ANTONIUS
römischer Kaiser	AURELIAN
römischer Kaiser	BALBINUS
römischer Kaiser	CLAUDIUS
römischer Kaiser	COMMODUS
römischer Kaiser	CONSTANS
römischer Kaiser	DOMITIAN
römischer Kaiser	ELAGABAL
römischer Kaiser	GALERIUS
römischer Kaiser	HONORIUS
römischer Kaiser	JULIANUS
römischer Kaiser	OKTAVIAN
römischer Kaiser	TIBERIUS
römischer Kaiser	VALERIAN
römischer Kalendertag	CALENDAE
römischer Schriftsteller	APULEJUS
römisches Kaisergeschlecht	CLAUDIER
römisch-etrusk. Wahrsager	HARUSPEX
Rötel	HAEMATIT
Röteln	RUBEOLEN
Rohrende	MUENDUNG
Rohrleitung für Erdöl, Gas	PIPELINE
Rohstoff	MATERIAL
Rokoko-ornament	ROCAILLE
Rolladen	JALOUSIE
Roma, Sinti	ZIGEUNER
Roman v. Charriere	PAPILLON
Roman v. Ferber	CIMARRON
Roman v. Melville	MOBYDICK
Roman v. Updike	EHEPAARE
Roman v. Zola	GERMINAL
Ronde	RUNDGANG
Rosenart	MOOSROSE
Rosenkranzgebet	ROSARIUM
Rosenlorbeer	OLEANDER
Rosenpflanzung	ROSARIUM
Rosinenart	KORINTHE
roter Farbstoff	ALIZARIN
roter Farbstoff	KARMESIN
roter Farbstoff	KORALLIN
roter Farbstoff	ZINNOBER
roter Farbton	FLAMINGO
roter Farbton	FUCHSROT
roter Granat	ALMANDIN
Rothaut	INDIANER
Route	REISEWEG
Ruder	LEITWERK
Rübenart	DICKWURZ
rückbezüglich	REFLEXIV
Rückenmarksentzündung	MYELITIS
Rückhandschlag	BACKHAND
Rücknahme, Gegenbuchung	RISTORNO
Rückvergütung	REFAKTIE
Rückzug	RETIRADE
Rückzug (franz.)	RETRAITE
rügen	MONIEREN
rügen, schroff tadeln	RUEFFELN
Rührstück	MELODRAM
Rüpelhaftigkeit	FLEGELEI
Ruf, Leumund	RENOMMEE
Rufname, Vorname	TAUFNAME
Ruftrichter	MEGAPHON
Ruhmeshalle an der Donau	WALHALLA
rumän. Bildhauer	BRANCUSI
rumän. Dichter	EMINESCU
rumän. Goldmünze	CAROLDOR
rumän. Hauptstadt	BUKAREST
rumän. Landschaft	WALACHEI
rumän. Politiker, Staatsmann	BRATIANU
rumän. Stadt	BAIAMARE
rumän. Stadt	SATUMARE
rumän. Stadt an der Moldau	BOTOSANI
rumän. Stadt im Banat	TEMESVAR
Rundbau f. Musikkapellen	PAVILLON
Rundblick	PANORAMA
rundes Schiffsfenster	BULLAUGE
Rundgemälde	PANORAMA

Rundschreiben	ZIRKULAR
Runenforscher	RUNOLOGE
russisch. Bakteriologe	HAFFKINE
russisch. Binnenmeer	KASPISEE
russisch. Chemiker (Nobelpreis)	SEMJONOW
russisch. Dichter, Historiker	KARAMSIN
russisch. Dissident, Physiker	SACHAROW
russisch. Dramatiker	ANDREJEW
russisch. Insel i. d. Barentssee	KOLGUJEW
russisch. Kaviarsorte	MALOSSOL
russisch. klassischer Maler	LOSSENKO
russisch. Kommun. Theoretiker	BUCHARIN
russisch. Komponist	GLASUNOW
russisch. Komponist	SKRJABIN
russisch. Physiker (Nobelpreis)	SACHAROW
russisch. Politiker	ISWOLSKI
russisch. Politiker	SINOWJEW
russisch. Politiker, Staatsmann	KERENSKI
russisch. Primaballerina	DANILOWA
russisch. Raumfahrtzentrum	BAIKONUR
russisch. rayonist. Maler	LARIONOW
russisch. romantischer Dichter	PUSCHKIN
russisch. satirisch. Dramatiker	SALTYKOW
russisch. Schachweltmeister	KASPAROW
russisch. Schaumwein	KRIMSEKT
russisch. See bei Leningrad	ILMENSEE
russisch. Stadt am Ural	ORENBURG
russisch. Stadt am Wolchow	NOWGOROD
russisch. Stadt im Saratow-Gebiet	PETROWSK
russisch. Tabak, Tabakware	MACHORKA
russisch. Violinvirtuose	OISTRACH
russisch. Zar	DIMITRIJ
russisch-amerikan. Flugzeugbauer	SIKORSKY
russische Stadt am Dnjepr	SMOLENSK
russische Stadt am Don	SCHACHTY
russische Stadt an der Beresina	BOBRUISK
saarländ. Stadt an der Saar	METTLACH
Sachbearbeiter	REFERENT
sachbezogen	OBJEKTIV
Sachgebiet	DEZERNAT
sachlich	OBJEKTIV
Sachsenherzog	WIDUKIND
sacht	BEHUTSAM
Sachwalter	DEFENSOR
sächs. Fürstenhaus	WETTINER
sächs. Stadt an der Elbe	SCHANDAU
sächs. Stadt an der Lausitz	PULSNITZ
sächs. Stadt an der Röder	RADEBERG
sächs. Stadt an der Zschopau	ZSCHOPAU
sächs. Stadt im Erzgebirge	ANNABERG
sächs. Stadt im Vogtland	OELSNITZ
sächs. Stadt in der Lößnitz	RADEBEUL
sämtliche	ALLESAMT
Sängerin	ALTISTIN
Sängerin der »Lili Marlen«	ANDERSEN
Sättigung	SATTHEIT
säubern	REINIGEN
Säugetiere (zool.)	MAMMALIA
Säulenhalle, Säulenvorbau	PORTIKUS
Säulenhalle, -umgang	PERISTYL
sagen	BEMERKEN
sagen, reden	SPRECHEN

sagenhaft	FABULOES
sagenhaft	MYTHISCH
sagen-hafte chines. Prinzessin	TURANDOT
sagenhaf-te Insel	ATLANTIS
sagenhaf-ter König von Sparta	MENELAOS
sagen-haftes Goldland	ELDORADO
sagenhaf-tes Tier	LINDWURM
Salat-soße	DRESSING
Salat-soße	MARINADE
Salben-grund-stoff	PARAFFIN
Salben-grund-stoff	VASELINE
Salz der Alumini-umsäure	ALUMINAT
Salz der Kohlen-säure	KARBONAT
Salz der Phos-phor-säure	PHOSPHAT
Same	SAATKORN
Sammel-band	KONVOLUT
Samm-lung	KOLLEKTE
samt-artiges Gewebe	DUVETINE
Sardelle	ANCHOVIS
Satans-pilz	BLUTPILZ
satir. Be-zeichn. d. Eng-länders	JOHNBULL
Saturn-Mond	HYPERION
Satz-zeichen	HAEKCHEN
Sauber-keit	REINHEIT
saudi-arab. Ha-fenstadt	DSCHIDDA
Sauer-kirsche	AMARELLE
Sauer-kirsche	WEICHSEL
Sauerstoff-Wasser-stoff-gemisch	KNALLGAS
Sauls Sohn	JONATHAN
Saum	UMSCHLAG
Sauna	DAMPFBAD
Schab-eisen	STRIEGEL
Schaber-nack	NECKEREI
Schach-figur	SPRINGER
Schacht-ring	TUEBBING
Schach-welt-meister	ALJECHIN
Schach-welt-meister	STEINITZ
schaden-froh	HAEMISCH
Schädel-basis-knochen	KEHLBEIN
Schädel-knochen	JOCHBEIN
Schädel-knochen	KEILBEIN
Schädel-knochen	KINNLADE
Schädel-stätte (Bibel)	GOLGATHA
schäkern	TAENDELN
schäkern, liebkosen	SCHMUSEN
schätzen, veran-schlagen	TAXIEREN
schäu-mend wallen	GISCHTEN
Schafart	SHETLAND
schaffen	KREIEREN
Schaf-Inseln	FAEROEER
Schal	HALSTUCH
Schall-platten-automat	MUSICBOX
Schall-platten-automat	MUSIKBOX
Schanz-pfahl	PALISADE
Scharbe	KORMORAN
Schar-bocks-kraut	FEIGWURZ
scharf	BEISSEND
scharf raunen, flüstern	ZISCHELN
Scharf-sinn	KLUGHEIT
Scharr-vogel	AUERHAHN
Schatten-reich der Griechen	TARTARUS
Schatz	LIEBSTER
Schaubild	DIAGRAMM
schauer-lich	GRUSELIG
schauer-lich	STYGISCH
schaufeln	AUSHEBEN
schaufeln	SCHIPPEN
Schaukel	GAUTSCHE
Schaukel-gang	PASSGANG
Schau-münze	MEDAILLE
Schau-packung	ATTRAPPE
Schau-platz	SZENERIE
schaurig	GRUSELIG
Schau-spieler f. tragische Rollen	TRAGOEDE
Schau-spiel von Ibsen	PEERGYNT
Schau-spiel von Wedekind	ERDGEIST

Scheidenentzündung	KOLPITIS
scheinbare Sonnenbahn	EKLIPTIK
Scheinheiliger	HEUCHLER
Scheinmaßnahme	MANOEVER
Scheitelkäppchen d. Papstes	PILEOLUS
schellen	KLINGELN
Schellfischart	KABELJAU
Schelm, Tändler	SCHAEKER
Schelmenstück	NARRETEI
Schemel	FUSSBANK
Schenkung	DOTATION
scheppern	KLAPPERN
scherenloser Hummer	LANGUSTE
Scherge	HAESCHER
Scherzgedicht	LIMERICK
Scheuer, Magazin	SPEICHER
Scheusal	MONSTRUM
Schicksal	GESCHICK
Schicksalsgläubiger	FATALIST
Schienenfahrzeug	DAMPFLOK
Schienenquerträger	SCHWELLE
Schießbedarf	MUNITION
Schiffahrt	SEEREISE
Schiff außer Dienst stellen	ABTAKELN
Schiff entladen	LOESCHEN

Schiffahrtshindernis	SANDBANK
Schiffahrtsunternehmen	REEDEREI
Schiffsbewegung	MANOEVER
Schiffsebene	OBERDECK
Schiffsführer	KAPITAEN
Schiffsführer	SCHIFFER
Schiffskran	LADEBAUM
Schiffskran	LADEMAST
Schiffsküche	KOMBUESE
Schiffsmannschaft	EQUIPAGE
Schiffsmastenstützung	TAKELUNG
Schiffsreise	SEEFAHRT
Schiffsrost	GRAETING
Schiffstreppe	FALLREEP
Schiffsverband	FLOTILLE
Schiffsverpfändung	BODMEREI
schiit. Sekte	ALAUITEN
Schilddrüsenhormon	THYROXIN
Schildfarn	WURMFARN
Schildzecke	HOLZBOCK
schimmern	GLAENZEN
Schirmherrschaft	PATRONAT
Schirrstange	DEICHSEL
schläfenseitig	TEMPORAL

Schläger, Grobian	RAUFBOLD
schlaff	ATONISCH
Schlaffheit	INDOLENZ
Schlagballspiel	BASEBALL
Schlagbaß im Jazz	SLAPBASS
Schlagbaum	BARRIERE
Schlagbaum	SCHRANKE
schlagen	PRUEGELN
Schlager	KNUELLER
Schlaginstrument	TRIANGEL
Schlaginstrument	XYLOPHON
Schlagschwert	FLAMBERG
Schlagwerkzeug	SCHLEGEL
Schlagzeile	HEADLINE
Schlagzeuge (mus.)	BATTERIE
Schlangenhalsschildkröte	MATAMATA
schlank	LEPTOSOM
schlapp	KRAFTLOS
Schlaufe, Schleife	SCHLINGE
Schlaufe, Schlinge	SCHLEIFE
schlechte Arbeit	MACHWERK
schlechte Theatertruppe	SCHMIERE
Schleichkatze	BITURONG
Schleichkatze	SURIKATE
schleierhaft	NEBULOES
Schleiertuch der Spanierinnen	MANTILLA

8

Schleimbeutelentzündung	BURSITIS
Schleimhautausschlag	ENANTHEM
Schlemmer	GOURMAND
Schlemmer	LUKULLUS
schlendern	TROEDELN
Schlendrian	BUMMELEI
schles. Barockdichter	GRYPHIUS
schles. Dichter	SILESIUS
schles. Erzähler	BISCHOFF
schles. Lyriker	GUENTHER
schles. Oder-Zufluß	KATZBACH
schles. Oder-Zufluß	KLODNITZ
schles. Stadt an der Ohla	STREHLEN
schleswig-holstein. Kurort	OLDESLOE
schleswig-holstein. Kurort	SEGEBERG
Schleudermaschine	KATAPULT
Schließe, Gürtelverschluß	SCHNALLE
Schließung	SPERRUNG
Schlinge, Schleife	SCHLAUFE
Schlinge zum Vogelfang	SPRENKEL
Schlips	KRAWATTE
Schloß an der Loire	CHAMBORD
Schloß an der Loire	CHEVERNY
Schloß an der Loire	LANGEAIS
Schloß bei Aberdeen	BALMORAL
Schloß bei Rastatt	FAVORITE
Schloß bei Salzburg	MIRABELL
Schloß bei Stuttgart	SOLITUDE
Schloß im Taunus	KRONBERG
Schloß in Berlin	BELLEVUE
Schloß u. Kloster bei Madrid	ESCORIAL
Schlußabschnitt	ENDPHASE
schlußfolgernd	INDUKTIV
Schmähschrift	PAMPHLET
Schmähschrift	PASQUILL
Schmaltier	KAHLWILD
schmalwüchsig	LEPTOSOM
Schmarotzer	NASSAUER
Schmarotzertier	ENTOZOON
Schmeichler	CHARMEUR
Schmeichler	FLATTEUR
Schmelzfluß	SCHMALTE
Schmerzfreiheit	INDOLENZ
Schmetterlingsart	BANDEULE
Schmetterlingsart	BLAUKOPF
Schmetterlingsart	DICKKOPF
Schmetterlingsart	GOLDEULE
Schmetterlingsart	GRASEULE
Schmetterlingsart	HARLEKIN
Schmetterlingsart	KOHLEULE
Schmetterlingsart	SAATEULE
Schmuck	ORNAMENT
Schmuckgewinde	GIRLANDE
Schmuckhändler	JUWELIER
Schmuckmaterial	BUNTGLAS
Schmuckstein	ALMANDIN
Schmuckstein	AMAZONIT
Schmuckstein	ARAGONIT
Schmuckstein	HELIODOR
Schmuckstein	HYAZINTH
Schmuckstein	LABRADOR
Schmuckstein	MARKASIT
Schmuckstein	PHENAKIT
Schmuckstein	SARDONYX
Schmuckstein (Granat)	HESSONIT
Schnallenschuh	ESKARPIN
Schnapsglas	STAMPERL
Schneeball (botan.)	SCHLINGE
Schneerose	NIESWURZ
Schneider	TAILLEUR
Schneckenart	MOLLUSKE

schnell laufen	SPRINTEN
schnell sprechen	QUASSELN
Schnell-straße	AUTOBAHN
Schnep-fenvogel	MORINELL
Schnitt-fläche	SCHNEIDE
Schnitt-meisterin	CUTTERIN
Schnurre	DROLERIE
Schnur-ren	FAZETIEN
schön-blühend. Zwiebel-gewächs	NARZISSE
schöner Jüngling	ANTINOOS
schöner Jüngling d. griech. Sage	HYAZINTH
Schön-heits-pflege	KOSMETIK
schöntun	HOFIEREN
Schöpfer	ERFINDER
Schöpfer d. Relati-vitäts-theorie	EINSTEIN
schöpfe-isch ätig sein	ERFINDEN
Schöp-ung	KREATION
cholle	GOLDBUTT
cholle, lattfisch	ROTZUNGE
cholle, lattfisch	SEEZUNGE
chollen-t	PLATTEIS
chopf-s	WALDRAPP
hott. rg	BENNEVIS
hott. af-aft	ABERDEEN
ott. fen-dt	ABERDEEN

schott. Hafen-stadt	GREENOCK
schott. Haferbrei	PORRIDGE
schott. Insel-gruppe	HEBRIDEN
schott. Philosoph (Vorscho-lastiker)	ERIUGENA
schott. Roman-autor	MARSHALL
Schotter-ebene südl. von Augsburg	LECHFELD
schräg	DIAGONAL
Schräge	GEFAELLE
Schräg-linie	TRAVERSE
Schranke	BARRIERE
Schrauben-bakterie	SPIRILLE
Schrau-benpalme	PANDANUS
Schrau-ben-schlüssel	FRANZOSE
Schrauben-zahnrad	SCHNECKE
Schreck-gestalt	SCHEUCHE
schreck-lich	TERRIBEL
Schrei-berling, Viel-schreiber	SKRIBENT
Schreib-maschi-nenteil	TASTATUR
Schreib-maschi-nen-zubehör	FARBBAND
Schreiner	TISCHLER
Schreit-vogel	KAHLIBIS
Schreit-vogel	LOEFFLER
Schriftart	GARAMOND
Schriftart	HALBFETT

Schrift-grad im Buch-druck	BRILLANT
schrift-liches Mach-werk	ELABORAT
Schrift-steller	ESSAYIST
Schrift-stück	DOKUMENT
Schrott	ALTEISEN
schüch-tern	BEFANGEN
Schüler-heim	INTERNAT
schütteln	RUETTELN
Schütt-gutförder-band	CONVEYER
schützen	BEHUETEN
Schuft	KANAILLE
Schuh-macher	SCHUSTER
Schulauf-sichts-beamter	SCHULRAT
Schuld-losigkeit	UNSCHULD
Schuld-um-wandlung	NOVATION
Schuld-verschrei-bung	PROMESSE
Schul-leiter	DIREKTOR
Schul-leitung	REKTORAT
Schul-material, -mittel	LEHRBUCH
Schul-mediziner	ALLOPATH
Schulung	LEHRGANG
Schurke	KANAILLE
Schute	SCHUERZE
Schutt, Bruch-stück	TRUEMMER
Schutz-binde des Fechters	PLASTRON
Schutz-hülle	FUTTERAL

Schutzmann	POLIZIST
Schutzpatron d. Alpinisten	BERNHARD
Schutzpatron d. Apotheker	NIKOLAUS
Schutzpatron d. Architekten	JOHANNES
Schutzpatron d. Bergsteiger	BERNHARD
Schutzpatron d. Bettler	AEGIDIUS
Schutzpatron d. Bildhauer	JOHANNES
Schutzpatron d. Brautleute	WUNIBALD
Schutzpatron d. Drogisten	NIKOLAUS
Schutzpatron d. Einsamen	AEGIDIUS
Schutzpatron d. Jäger	HUBERTUS
Schutzpatron d. Kinobesitzer	JOHANNES
Schutzpatron d. Musiker	JOHANNES
Schutzpatron d. Optiker	HUBERTUS
Schutzpatron d. Pferde	LEONHARD
Schutzpatron d. Sänger	JOHANNES
Schutzpatron d. Schriftsteller	JOHANNES
Schutzpatron d. Studenten	ALOYSIUS
Schutzpatron d. Tischler	MATTHIAS
Schutzpatron d. Zwangsarbeiter	CYRIAKUS
Schutzpatronin d. Dichter	CAECILIA
Schutzpatronin der Musik	CAECILIA
Schutzpatron von Nürnberg	SEBALDUS
Schutzwald gegen Lawinen	BANNWALD
schwach	KRAFTLOS
schwacher Lichtschein	SCHIMMER
schwäb. Dichter	SCHUBART
schwäb. Hauptstadt	AUGSBURG
schwäb. Höhenzug	RAUHEALB
schwäb. Mehlspeise	SPAETZLE
schwäb. Naturschutzgebiet	FEDERSEE
schwäb. Stadt am Neckar	ROTTWEIL
schwäb. Stadt an der Donau	NEUNBURG
Schwäbisches Meer	BODENSEE
Schwächeanfall, -zustand	OHNMACHT
Schwänke	FAZETIEN
Schwärmer	PHANTAST
Schwätzer	FABULANT
Schwangerschaft (mediz.)	GESTATIO
Schwank	BURLESKE
Schwank	GROTESKE
Schwank	KOMOEDIE
Schwanken der Erdachse	NUTATION
Schwanz des Schwarzwildes	KRAECKEL
Schwanzlurch	KAMMOLCH
Schwarzbleierz	CERUSSIT
schwarze Johannisbeere	AHLBEERE
Schwarzer	FARBIGER
Schwarzkunst	ALCHIMIE
Schwarzwal	GRINDWAL
Schwarzwaldkurort a. d. Gutach	HORNBERG
Schwarzwaldstadt an der Murg	GAGGENAU
Schwarzwild	WILDEBER
schwatzen	PALAVERN
schwatzen	PLAPPERN
Schwebereck	SCHAUKEL
schwed. Biochemiker (Nobelpr.)	THEORELL
schwed. Chemiker	NYLANDER
schwed. Chemiker (Nobelpreis)	SVEDBERG
schwed. Chemiker (Nobelpreis)	TISELIUS

schwed. Dichter, Komponist	SJOEBERG
schwed. Dichterin	LINDGREN
schwed. Komponist	BLOMDAHL
schwed. Komponist	LINDBLAD
schwed. Landschaft	BLEKINGE
schwed. Normannen	WARAEGER
schwed. Physiker (Nobelpreis)	SIEGBAHN
schwed. Politiker, Min.-Präs.	ERLANDER
schwed. Politiker (Nobelpreis)	BRANTING
schwed. romant. Dichter	ATTERBOM
schwed. Stadt am Vänersee	KARLSTAD
Schwefelverbindung	SULFAMID
schweigsam	WORTKARG
Schweineparasit	TRICHINE
Schweißdrüsen-istel	MILIARIA
Schweiß-und	JAGDHUND
chweiz. lugge-ellschaft	SWISSAIR
chweiz.-anzös. ee	LACLEMAN
hweiz. eiheits-ld	JENATSCH
hweiz. birgs-ssiv	GOTTHARD

schweiz. Halbkanton	OBWALDEN
schweiz. Kanton	FREIBURG
schweiz. Kantonshauptstadt	FREIBURG
schweiz. Kantonshauptstadt	FRIBOURG
schweiz. Kantonshauptstadt	LAUSANNE
schweiz. Komponist	ANSERMET
schweiz. Komponist	BURKHARD
schweiz. Komponist	HONEGGER
schweiz. Kulturphilosoph	BACHOFEN
schweiz. Kurort am Genfer See	MONTREUX
schweiz. Kurort in Graubünden	KLOSTERS
schweiz. Maler, Grafiker	BOECKLIN
schweiz. Objektkünstler	TINGUELY
schweiz. Pfarrer, Schriftsteller	GOTTHELF
schweiz. Physiker	SCHERRER
schweiz. Publizist (Nobelpreis)	DUCOMMUN
schweiz. Sänger, Schauspieler	TORRIANI
schweiz. See	URNERSEE
schweiz. See	ZUGERSEE

schweiz. Stadt an der Emme	BURGDORF
schweiz. Stadt an der Limmat	DIETIKON
schweiz. Stadt an Rhein u. Bodensee	RHEINECK
schweiz. Stadt im Aargau	ZOFINGEN
schweiz. Tallandschaft	EMMENTAL
schweiz. Zoologe	PORTMANN
Schwelger	LUKULLUS
schwer arbeiten	SCHUFTEN
schwere seelische Störung	PSYCHOSE
Schwertlilie	GLADIOLE
Schwert mit gewellter Klinge	FLAMBERG
Schwertwal	BUTZKOPF
Schwerverbrecher	GANGSTER
Schwester von Ismene	ANTIGONE
Schwester von Kgn. Elizabeth II.	MARGARET
Schwiegersohn Friedrichs II.	EZZELINO
Schwiele	HORNHAUT
schwierig	DIFFIZIL
schwierig	KRITISCH
schwierige Lage	DRANGSAL
Schwimmfarn, Aquarienpflanze	SALVINIA

Schwimmvogel	SAATGANS
Schwindelei	GAUNEREI
schwindlig	TAUMELIG
Schwindling (Pilz)	MUSSERON
Schwindsucht	PHTHISIS
Schwingungszahl	FREQUENZ
Schwirrholz der Maori	TJURUNGA
Schwungfeder	SCHWINGE
Sechsflächner	HEXAEDER
Seebad, Hafenstadt in Sussex	HASTINGS
Seebad auf Rügen	SASSNITZ
See im östlich. Pommern	MADUESEE
See im Salzkammergut	ATTERSEE
See im Salzkammergut	TRAUNSEE
See im südlich. Jugoslawien	OHRIDSEE
See in Afrika	RUKWASEE
See in Armenien	SEWANSEE
See in der östl. Mongolei	DALAINOR
See in Kambodscha	TONLESAP
See in Kirgisistan	ISSYKKUL
See in Südtirol	KARERSEE
Seelenkraft	INBRUNST
Seelenmesse	TOTENAMT
Seelenruhe	ATARAXIE
Seelsorger	PRIESTER
seelsorgerisch	PASTORAL
seemänn. Eintopfgericht	LABSKAUS
Seemannsmatratze	BULTSACK
Seerabe	KORMORAN
Seerose	NIXBLUME
Seerose	NYMPHAEA
Seesperre	BLOCKADE
See zw. Deutschl., Österr. u. Schweiz	BODENSEE
Segel	RAHSEGEL
Segelausrüstung	TAKELUNG
Segelboot	STARBOOT
Segelboot	TRIMARAN
Segelkriegsschiff	KORVETTE
Sehhügel im Gehirn	THALAMUS
sehr lautes Geräusch	DROEHNEN
seichtes Bühnenstück	KLAMOTTE
Seidel	BIERGLAS
Seidengewebe in Taftbindung	EOLIENNE
seiend	EXISTENT
Seifenbaum	QUILLAJA
Seitengewehr	BAJONETT
Seitensprung	ESKAPADE
Selbständigkeit	AUTARKIE
Selbstauflösung	AUTOLYSE
Selbstherrscher	AUTOKRAT
Selbstladepistole	BROWNING
Selbstsucht	EGOISMUS
Selbsttäuschung	ILLUSION
Selbstzüchtigung	KASTEIEN
seltene Erde	ACTINIUM
seltene Erde	SAMARIUM
seltene Erde, Erdmetall	SCANDIUM
Seltenheit	RARITAET
Semiten	HEBRAEER
semitische Sprache	ARABISCH
Sendbote	EMISSAER
Sendeanstalt	FUNKHAUS
Sendefolge	PROGRAMM
Senf	MOSTRICH
Senke zwischen Main und Taunus	WETTERAU
senkrecht	LOTRECHT
senkrechte Koordinate	ORDINATE
sentimentales Lied	SCHNULZE
separat, separiert	GETRENNT
Sereth-Zufluß	BISTRITZ
servieren	BEDIENEN
Set	GARNITUR
Setzmaschine	MONOTYPE

8

Seuche	EPIDEMIE
Shetland-Insel	MAINLAND
Sibirier	BURJAETE
Sibirier	JUKAGIRE
Sibirier	SAMOJEDE
sich abplagen	SCHUFTEN
sich aufführen	GERIEREN
sich erbrechen	VOMIEREN
sichern	FESTIGEN
Sicherungsbestimmung	SANKTION
sich lustig machen	MOKIEREN
Siebeneck	HEPTAGON
Siebengestirn	PLEJADEN
siebenter Sonntag vor Ostern	ESTOMIHI
Siedler	KOLONIST
siegen	GEWINNEN
Sieger	GEWINNER
Siegerpreis, Siegesprämie	MEDAILLE
Siegesgöttin	VIKTORIA
Sieges-zeichen	TROPHAEE
Siegrieds /ater	SIEGMUND
Siegwurz	GLADIOLE
ilbenätsel-rt	SCHARADE
ilber-anz	ARGENTIT
lber-apier	ALUFOLIE
ikat	NATROLIT
ikat	PHENAKIT
ikat, hmuck-in	SODALITH
Silikatverbindung	TURMALIN
Singvogel, Gartensänger	SPOETTER
sinnen	GRUEBELN
Sinngedicht	EPIGRAMM
sinnloses Schießen	BALLEREI
Sinnspruch	LEITWORT
Sippschaft	KLUENGEL
Sittenprediger	MORALIST
sittsam	GESITTET
sizilian. Hafenstadt	ACIREALE
sizilian. Stadt am Drago	GIRGENTI
sizilian. Stadt bei Palermo	MONREALE
Skandal	AUFSEHEN
Skandinavier	NORWEGER
skandinavische Inselgruppe	SCHAEREN
skandinavischer Frauenname	BRIGITTA
skandinavischer Frauenname	KRISTINA
skandinavischer Männername	FREDERIK
skandinavischer Staat	NORWEGEN
skandinavischer Staat	SCHWEDEN
skandinavisches Volk	SCHWEDEN
Skilanglauf mit Schießwettbew.	BIATHLON
Skilaufbremsschwung	TELEMARK
Skilaufdisziplin	LANGLAUF
Skipetar	ALBANIER
Skisport, Skiwettbewerb	LANGLAUF
Skonto	NACHLASS
Slawen-Apostel	CYRILLUS
slawisch. Fürstentitel	GOSPODAR
slowen. Name v. Adelsburg	POSTOJNA
smart	GERIEBEN
smart	GERISSEN
Sockel, Basis	UNTERBAU
Sockel, Unterbau	POSAMENT
sofort, unverzüglich	UMGEHEND
Sohn v. Agrippina	CALIGULA
Sohn v. Apoll	AESKULAP
Sohn v. Germanicus	CALIGULA
Sohn v. Helios	PHAETHON
Sohn v. Jakob	NAPHTALI
Sohn v. Odin	HERMODUR
Sohn v. Odysseus und Penelope	TELEMACH
Sohn v. Peleus	ACHILLES
Sohn v. Thetis	ACHILLES
Sohn v. Zeus, Vater v. Niobe	TANTALUS
Soldatenlöhnung	WEHRSOLD
Soldatenstand	MILITAER

solenn	FESTLICH
Solidago	GOLDRUTE
solide, zuverlässig	GEDIEGEN
Sonderfall	AUSNAHME
Sonderling	ORIGINAL
Sonderrecht, Vorbehalt	RESERVAT
Sonnenblende	JALOUSIE
Sonnenferne	APHELIUM
Sonntag vor Aschermittwoch	ESTOMIHI
Sonntag vor Ostern	PALMARUM
Sordino	DAEMPFER
Sortenhandel an der Börse	EXCHANGE
sortieren	AUSLESEN
Sortierung, Ausscheidung	SICHTUNG
Soßenschüssel	SAUCIERE
sowjet. Biologe, Zoologe	LYSSENKO
sowjet. Filmregisseur	PUDOWKIN
sowjet. Fluggesellschaft	AEROFLOT
sowjet. Kosmonaut	BELJAJEW
sowjet. Kosmonaut	BYKOWSKY
sowjet. Kosmonaut	GORBATKO
sowjet. Politiker	BULGANIN
sowjet. Politiker, Staatsmann	ANDROPOW
sowjet. Politiker, Staatsmann	SCHDANOW
sowjet. Politiker (Min.-Präs.)	KOSSYGIN
sowjet. Schriftsteller	DUDINZEW
sowjet. Staatsgut	SOWCHOSE
sowjet. Stadt am Dnjestr	TIRASPOL
spärlich	DUERFTIG
Spaltpilz	BAKTERIE
Spaltpilz	BAZILLUS
span. Bevölkerungsteil	ASTURIER
span. Dichter, Dramatiker	CALDERON
span. Dichter (15. Jh.)	MANRIQUE
span. Entdecker	KOLUMBUS
span. Entdecker, Eroberer	DETORRES
span. Entdecker, Eroberer	ORELLANA
span. Fluß	RIOTINTO
span. Geigenvirtuose	SARASATE
span. Hafenstadt	ALICANTE
span. Hafenstadt	VALENCIA
span. Herrschername	FERNANDO
span. Inselgruppe	BALEAREN
span. Königin	ISABELLA
span. Männername	FEDERICO
span. Männername	FERNANDO
span. Maler	ZURBARAN
span. Mittelmeerinsel	MALLORCA
span. Nationaltanz	FANDANGO
span. Pfeffer	KAPSIKUM
span. Pianist, Komponist	GRANADOS
span.-portug. Grenzfluß	GUADIANA
span. Prinzessin	INFANTIN
span. Provinz	ALBACETE
span. Provinz	ALICANTE
span. Sänger	IGLESIAS
span. Sängerin	BERGANZA
span. Spitzenschleier	MANTILLA
span. Stadt	ALBACETE
span. Stadt am Tajo	ARANJUEZ
span. Stadt in Andalusien	MONTILLA
span. Stadt in Galicien	SANTIAGO
span. Stadt in Navarra	PAMPLONA
span. Steppenlandschaft	LAMANCHA
span. Wand	PARAVENT
span. Weinsorte	ALICANTE

span. Weinsorte	TINTILLO
span. Würgeschraube	GARROTTE
span.: Führer	CAUDILLO
spannend	FESSELND
Spannungsstörung (medizin.)	DYSTONIE
sparen	KNAUSERN
Spargelkohl	BROKKOLI
spartanischer Feldherr	LEONIDAS
spartanischer Feldherr	LYSANDER
spartanischer Freier	PERIOEKE
spartanischer König	LEONIDAS
spartanischer Vollbürger	SPARTIAT
Spaß	KURZWEIL
Spaßmacher	HARLEKIN
Spaßmacher, alberner Mensch	WITZBOLD
Speichellecker	KRIECHER
Speise der Götter	AMBROSIA
Speisekrebs	LANGUSTE
speisen	DINIEREN
Speisepilz	EGERLING
Speisepilz	ESELSOHR
Speisepilz	GELBFUSS
Speisepilz	LACKPILZ
Speisepilz	PERLPILZ
Speisepilz	REIFPILZ
Speisepilz	ROTKAPPE
Speisepilz	SAFTLING
Speisewürze	KOCHSALZ
Spelunke	DESTILLE
Spendensammlung	KOLLEKTE
Sperberart	STOESSER
Sperre	BARRIERE
Spesen	AUSLAGEN
Spesen	TAGEGELD
Spezialist	FACHMANN
Sphäre, Umkreis	UMGEBUNG
Spiel	KURZWEIL
Spielbankangestellter	CROUPIER
Spielfeldrand	AUSLINIE
Spielfolge, Spielplan	PROGRAMM
Spielkartenfarbe	ECKSTEIN
Spielkartenfarbe	SCHELLEN
Spielunterbrechung	HALBZEIT
Spießgeselle	KOMPLIZE
Spießgeselle	KONSORTE
Spindelbaum	EVONYMUS
Spinne mit Giftstachel	SKORPION
Spitzensportler	CHAMPION
Spleen, Eigenbrötelei	SCHRULLE
Splitter, Span	SPLEISSE
Spötter	IRONIKER
spöttisch	IRONISCH
sponsern	FOERDERN
Sporn	FORTSATZ
Sportart, -disziplin	RADSPORT
Sportart, -disziplin	SPRINGEN
Sportboot	RUNABOUT
Sportgerät	RHOENRAD
Sportgrundsatz	FAIRNESS
sportliche Hose	BREECHES
sportlicher Wettkampf	ATHLETIK
Sportmannschaft	AUFGEBOT
Sportmotorboot	INBORDER
Sporttreibender	SPORTLER
Sporttrophäe	MEDAILLE
Sportwaffe	ARMBRUST
Spotlicht	STRAHLER
spotten	LAESTERN
Spottschrift	PASQUILL
Spottvers	EPIGRAMM
Sprache der Inka	KETSCHUA
Sprachfehler	STAMMELN
Sprachfehler	STOTTERN
Sprachforscher	LINGUIST
Sprachrohr	MEGAPHON
Sprechdauer im Parlament	REDEZEIT
Sprechgesang	PARLANDO
Sprengel, Kirchspiel	PAROCHIE
Sprengstoff	FULGURIT
sprenkeln	MELIEREN

Sprichwort	PAROEMIE
Springbrunnen	FONTAENE
Sproßpilz	HEFEPILZ
Sprühzeichnung	GRAFFITO
Sprung der Hohen Schule	KRUPPADE
Sprung der Hohen Schule	KURBETTE
spürbar	MERKLICH
spurten	SPRINTEN
Staat auf der Pyrenäenhalbinsel	PORTUGAL
Staat der USA	ARKANSAS
Staat der USA	COLORADO
Staat der USA	DELAWARE
Staat der USA	ILLINOIS
Staat der USA	KENTUCKY
Staat der USA	MARYLAND
Staat der USA	MICHIGAN
Staat der USA	MISSOURI
Staat der USA	NEBRASKA
Staat der USA	OKLAHOMA
Staat der USA	VIRGINIA
Staat in Hinterindien	MALAYSIA
Staat in Südostasien	SINGAPUR
Staatsetat	HAUSHALT
Staatsform	REPUBLIK
Staatskutsche	EQUIPAGE
Staatsregierung	KABINETT
Staatssprache in Malawi	CHICHEWA
Staatsvolk von Venda	VHAVENDA
Stab	KOMMANDO
Stachelbeerspinner	HARLEKIN
Stachelflosser	SEEBARBE
Stachelhäuter	SEEWALZE
Stachelhäuter, Meerestier	SEESTERN
Stadt am Bosporus	ISTANBUL
Stadt am Dortm.-Ems-Kanal	MUENSTER
Stadt am Golf von Neapel	POZZUOLI
Stadt am Lech	AUGSBURG
Stadt am Niederrhein	DORMAGEN
Stadt am Niederrhein	EMMERICH
Stadt am Nil	MONGALLA
Stadt am NO-Rand des Harzes	MANSFELD
Stadt am Sankt-Lorenz-Strom	MONTREAL
Stadt am Thüringer Wald	EISENACH
Stadt am Thüringer Wald	STEINACH
Stadt am Vorderrhein	DISENTIS
Stadt an Bodensee u. Rhein	KONSTANZ
Stadt an den Elbmarschen	ELMSHORN
Stadt an der Bergstraße	WEINHEIM
Stadt an der Dordogne	BERGERAC
Stadt an der Elbmündung	CUXHAVEN
Stadt an der Erft	BERGHEIM
Stadt an der Lausitzer Neiße	GOERLITZ
Stadt an der Lübecker Bucht	NEUSTADT
Stadt an der Lüneburger Heide	WALSRODE
Stadt an der Maas	BEAUMONT
Stadt an der Maas	ROERMOND
Stadt an der Murr	BACKNANG
Stadt an der oberen Ruhr	MESCHEDE
Stadt an der oberen Wolga	KOSTROMA
Stadt an der Oder b. Eberswalde	ODERBERG
Stadt an der Pinnau	UETERSEN
Stadt an der Riß	BIBERACH
Stadt an der Ruhr	ARNSBERG
Stadt an der Ruhr	HERDECKE
Stadt an der Ruhr	SCHWERTE
Stadt an der Rur (NRW)	MONSCHAU
Stadt an der Saale	BERNBURG

Stadt an der Schwäb. Alb	BALINGEN
Stadt an der Sieg	SIEGBURG
Stadt an der Trave	OLDESLOE
Stadt an der Ucker	TORGELOW
Stadt an der Weser	LIEBENAU
Stadt an der Zwikkauer Mulde	GLAUCHAU
Stadt an der Zwikkauer Mulde	ROCHLITZ
Stadt an Neckar und Rhein	MANNHEIM
Stadt an Oder und Warthe	KUESTRIN
Stadt an Rhein und Ruhr	DUISBURG
Stadt auf den Samoa-Inseln	PAGOPAGO
Stadt auf der Krim	FEODOSIA
Stadt auf Kiuschu (Japan)	KUMAMOTO
Stadt auf Kiuschu (Japan)	NAGASAKI
Stadt auf Kreta	IRAKLION
Stadt auf Madagaskar	TAMATAVE
Stadt auf Mallorca	POLLENSA
Stadt auf Sardinien	IGLESIAS
Stadt auf Sardinien	ORISTANO
Stadt auf Sizilien	TAORMINA
Stadt auf Sri Lanka	MORATUWA
Stadt bei Barcelona	BADALONA
Stadt bei Düsseldorf	RATINGEN
Stadt bei Paris an der Seine	NANTERRE
Stadt bei Stuttgart	FELLBACH
Stadtbürger	STAEDTER
Stadtburg von Granada	ALHAMBRA
Stadtburg von Malaga	ALCAZABA
Stadt der Karl-May-Spiele	SEGEBERG
Stadt der Wagner-Festspiele	BAYREUTH
Stadt im Bayerischen Wald	GRAFENAU
Stadt im Bergischen Land	METTMANN
Stadt im Bergischen Land	SOLINGEN
Stadt im Breisgau	BREISACH
Stadt im Breisgau	FREIBURG
Stadt im Erzgebirge	FREIBERG
Stadt im Erzgebirge	OELSNITZ
Stadt im Harzvorland	EISLEBEN
Stadt im Kraichgau	BRUCHSAL
Stadt im Kraichgau	WIESLOCH
Stadt im Markgräfler Land	LOERRACH
Stadt im Münsterland	COESFELD
Stadt im nördl. Ruhrgebiet	GLADBECK
Stadt im Ruhrgebiet	DORTMUND
Stadt im Ruhrgebiet	DUISBURG
Stadt im Ruhrgebiet	MUELHEIM
Stadt im Sauerland	ARNSBERG
Stadt im Sauerland	ISERLOHN
Stadt im Sauerland	MESCHEDE
Stadt im Staat New York	SYRACUSE
Stadt im Sudan	FASCHODA
Stadt im Südschwarzwald	SCHOENAU
Stadt im Taunus	BADSODEN
Stadt im Thüringer Wald	LEHESTEN
Stadt im Vogtland	AUERBACH
Stadt in Bophuthatswana	MABOPANE
Stadt in Bophuthatswana	MAFEKING
Stadt in Burgund	BESANCON
Stadt in Connecticut (USA)	NEWHAVEN
Stadt in der Fränkischen Alb	PARSBERG

8

Stadt in der Jülicher Börde	ERKELENZ
Stadt in der Oberpfalz	NEUMARKT
Stadt in der Ostslowakei	PRESCHAU
Stadt in der Steiermark	EISENERZ
Stadt in der Westschweiz	FRIBOURG
Stadt in El Salvador	SANTAANA
Stadt in Georgia (USA)	SAVANNAH
Stadt in Georgien	KUTAISSI
Stadt in Haiti	GONAIVES
Stadt in Illinois (USA)	FREEPORT
Stadt in Illinois (USA)	STERLING
Stadt in Israel	RAMATGAN
Stadt in Kalifornien	BERKELEY
Stadt in Kasachstan	PAWLODAR
Stadt in Makedonien	MONASTIR
Stadt in Mali	BOUGOUNI
Stadt in Mali am Niger	TIMBUKTU
Stadt in Massachusetts (USA)	LAWRENCE
Stadt in Mecklenburg	GUESTROW
Stadt in Mecklenburg	SCHWERIN
Stadt in Mittelengland	BRADFORD
Stadt in Mosambik	INHAMBAM
Stadt in Mosambik	LICHINGA
Stadt in Namibia	UPINGTON
Stadt in Nevada	LASVEGAS
Stadt in New Jersey (USA)	PATERSON
Stadt in Nicaragua	TIPITAPA
Stadt in Niedersachsen	BENTHEIM
Stadt in Niedersachsen	BURGDORF
Stadt in Niederschlesien	STRIEGAU
Stadt in Oberfranken	KULMBACH
Stadt in Oberschlesien	GLEIWITZ
Stadt in Ostfriesland	WITTMUND
Stadt in Ostpommern	STARGARD
Stadt in Paraguay	SANPEDRO
Stadt in Pennsylvanien (USA)	SCRANTON
Stadt in Sachsen	AUERBACH
Stadt in Siebenbürgen	BISTRITA
Stadt in Simbabwe	BULAWAYO
Stadt in Simbabwe	MUFULIRA
Stadt in Somalia	HARGEISA
Stadt in Somalia	KISIMAYU
Stadt in SO-Wales	PEMBROKE
Stadt in Südbaden	FREIBURG
Stadt in Südtondern	NIEBUELL
Stadt in Swasiland	HAVELOCK
Stadt in Syrien	KAMISHLI
Stadt in Taiwan	TAICHUNG
Stadt in Tansania	SANSIBAR
Stadt in Texas	AMARILLO
Stadt in Thailand	KHONAKEN
Stadt in Thüringen	ARNSTADT
Stadt in Togo	ATAKPAME
Stadt in Wisconsin (USA)	APPLETON
Stadt in Yorkshire	BEVERLEY
Stadt in Zaire	MBANDAKA
Stadtstreicher, Streuner	VAGABUND
Stadtteil von Düsseldorf	REISHOLZ
Stadtteil von Hamburg	LOKSTEDT
Stadtteil von München	SENDLING
Stadtteil von New York	BROOKLYN
Stadtviertel	QUARTIER
Stadt westl. von Stuttgart	LEONBERG
Stäbchenbakterie	BAZILLUS
ständig	KONSTANT
Stärkemehl	MANDIOKA

Stammbaum (Tierzucht)	PEDIGREE
stammeln	STOTTERN
stark	INTENSIV
stark	KRAEFTIG
Starkbier	BOCKBIER
starker Kaffee	ESPRESSO
starker Unterschied	KONTRAST
starrsinnig	OBSTINAT
Start	AUFBRUCH
starten	ABFAHREN
starten	ANFANGEN
starten	BEGINNEN
Starter beim Auto	ANLASSER
Startschleuder für Flugzeuge	KATAPULT
Statist	FIGURANT
Statist	KOMPARSE
statistische Darstellung	DIAGRAMM
stattlich	STATIOES
Staubfaden	FILAMENT
Staub-unge	SILIKOSE
Stauung, Stillstand	STOCKUNG
Steckling	SETZLING
teif	HOELZERN
teif ein-edickter aft	GALLERTE
eigen	KLETTERN
tein-rten-lanze	HAUSWURZ
ein-eteorit	CHONDRIT
einobst	PFIRSICH
ein-st, ucht	APRIKOSE

Steinschleudermaschine	BOMBARDE
steinzeitliche Wohnstelle	PFAHLBAU
Stellung	POSITION
Stellvertreter	ADJUTANT
Stelzvogel	LOEFFLER
Steppentier	ANTILOPE
sterbend	MORIBUND
steril	KEIMFREI
Sternbild	BERENIKE
Sternbild	EIDECHSE
Sternbild	ERIDANUS
Sternbild	FUHRMANN
Sternbild	HERKULES
Sternbild	SCHLANGE
Sternbild	TRIANGEL
Sternbild	WALFISCH
Sternforscher	ASTRONOM
Sternhaufen im Stier	PLEJADEN
Stern im Bootes	ARKTURUS
Stethoskop	HOERROHR
Stetigkeit	KONSTANZ
stets, stetig	KONSTANT
Steuerungskreisel	GYROSKOP
Stichtag	TERMINUS
Stickstoff	NITROGEN
Stierkämpfer	CAPEADOR
Stift	LEHRLING
stiften	DOTIEREN
stiften, zuwenden	SCHENKEN
Stifter des Islam	MOHAMMED

Stifterfigur im Naumburger Dom	DIETRICH
Stifterfigur im Naumburger Dom	EKKEHARD
Stiftskirche	MUENSTER
Stiftung	DOTATION
Stilepoche im 19. Jh.	ROMANTIK
stillstehend	STATISCH
Stilrichtung im Jazz	COOLJAZZ
stimmen, sich entscheiden	VOTIEREN
Stimmgabel	DIAPASON
Stimmkünstler	VOKALIST
Stimmlage	TONHOEHE
Stimmtonlage	REGISTER
Stimmwechsel	MUTATION
Stimmzettelbehälter	WAHLURNE
Stinkmarder	HERMELIN
Stock	KNUEPPEL
stockend sprechen	STOTTERN
Stockwerk	GESCHOSS
Stöpsel	PFROPFEN
störrisch, widerspenstig	RENITENT
storchähnlicher Vogel	FLAMINGO
Stoß	AUFPRALL
Stoßtrupp	KOMMANDO
stoßweise Ballführung	DRIBBELN
Strabismus	SCHIELEN

Straf-erlaß	AMNESTIE
Strafstoß beim Fußball	ELFMETER
Strahl-triebwerk	PULSOJET
Strahl-triebwerk	TURBOJET
Strand-pflanze	MEERKOHL
Straße	FAHRBAHN
Straßen-bahn	TRAMBAHN
Straßen-decke	PFLASTER
Straßen-knoten	KREUZUNG
Stratege	FELDHERR
Strauch, Strauch-werk	GEBUESCH
strau-cheln, purzeln	STOLPERN
Strauch-frucht	HIMBEERE
Streben	AMBITION
Strecken-vorgabe	HANDIKAP
Streck-muskel	EXTENSOR
Streich-garnstoff	BUCKSKIN
streifig	LAMELLAR
Streik	AUSSTAND
Streit	KABBELEI
Streit	KONFLIKT
streitbar	MILITANT
Streitig-keit, Un-stimmig-keit	REIBEREI
Streit-schrift	DIATRIBE
Streit-schrift	PAMPHLET
streng-gläubig	ORTHODOX
streng prüfend	KRITISCH
Strick-beutel	RIDIKUEL
Strick-jacke	PULLOVER
Strick-leiter	FALLREEP
Strom-schnelle	KATARAKT
Strom-speicher	BATTERIE
Strudel-wurm	PLANARIE
Studien-halbjahr	SEMESTER
Stümper	PFUSCHER
stümpern	PFUSCHEN
stür-misch, schwung-voll	VEHEMENT
Stütze	MITHILFE
stufen-weise	GRADUELL
stummer Bühnen-darsteller	KOMPARSE
stumpfe Stoßver-letzung	PRELLUNG
Stundung	AUFSCHUB
stur, ver-bissen	VERBOHRT
Sturm-vogel	ALBATROS
Sturm-vogel	KAPTAUBE
Stuttgar-ter Hof-prediger	OSIANDER
Stuttgar-ter Tier-park	WILHELMA
stutzen	KUPIEREN
sudanes. Provinz	KORDOFAN
sudanes. Stadt am Nil	OMDURMAN
Sudan-neger-volk	ASCHANTI
Sudan-Sprache in Zaire	MANGBETU
Sudan-Volk	DSCHERNA
südafrik. Fluß zum Ngami-Salzsee	OKAWANGO
südafrik. Natur-schutz-gebiet	KALAHARI
südafrik. Schwar-zen-Enklave	HOMELAND
süd-afrikan. Bucht	TAFELBAI
süd-afrikan. Home-land	KANGWANE
süd-afrikan. Home-land	TRANSKEI
süd-afrikan. Parla-mentssitz	KAPSTADT
süd-afrikan. Politiker	VERWOERD
südafri-kan. Re-gierungs-sitz	PRETORIA
süd-afrikan. See	NGAMISEE
süd-afrikan. Staat	BOTSWANA
süd-afrikan. Trocken-gebiet	KALAHARI
süd-amerikan. Busch-neger	MORRONEN
süd-amerikan. Farm	ESTANZIA
süd-amerikan. Farm	HAZIENDA
süd-amerikan. Fluß	PARAGUAY
süd-amerikan. Fluß, Strom	AMAZONAS

südamerikan. Hauptstadt	ASUNCION
südamerikan. Hauptstadt	BRASILIA
südamerikan. Nagetier	VISCACHA
südamerikan. Schildkröte	MATAMATA
südamerikan. Schlange	ANAKONDA
südamerikan. Staat	BOLIVIEN
südamerikan. Staat	PARAGUAY
Südamerikaner	GUAYANER
Südamerikaner	PERUANER
südanatolische Landschaft	PISIDIEN
südasiat. Inselstaat	SRILANKA
südasiat. Staat	PAKISTAN
südaustral. Gebirgszug	MUSGRAVE
südbad. Kurort am Sulzbach	SULZBURG
südbrasilian. Stadt	CURITIBA
südchilen. Stadt	VALDIVIA
süddtsch. österr.: Kartoffel	ERDAPFEL
südengl. Hafenstadt, Seebad	HASTINGS
südengl. Halbinsel	PORTLAND
südengl. Seebad	FALMOUTH
Süd-Europäer	ALBANIER
Südeuropäer	MALTESER
südfranz. Departement	VAUCLUSE
südfranz. Landschaft	PROVENCE
südfranz. Stadt an der Rhone	TARASCON
südfranz. Stadt im Depart. Aude	NARBONNE
Südfrucht	MARACUJA
südholländ. Hafenstadt	SCHIEDAM
südital. Adriahafen	BRINDISI
südital. Fluß zum Mittelmeer	VOLTURNO
südital. Landschaft	LUKANIEN
südital. Stadt	BENEVENT
südkanad. Stadt	MANITOBA
südkubanische Stadt	SANTIAGO
südländischer Nadelbaum	ZYPRESSE
südlicher Buddhismus	HINAYANA
südnorwegische Stadt	EIDSVOLL
südostafghan. Stadt	KANDAHAR
südostanatolische Stadt	MALATAYA
südostasiat. Hauptstadt	SINGAPUR
südostasiat. Königreich	THAILAND
südostasiat. Schleichkatze	MANGUSTE
südostasiat. Staat	MALAYSIA
südostasiat. Volk	SIAMESEN
südostaustral. Bundesstaat	VICTORIA
südostchines. Hafenstadt	FUTSCHOU
südosteurop. Gebirgszug	KARPATEN
südostfranz. Landschaft	DAUPHINE
südostschott. Grafschaft	ROXBURGH
südostschweiz. Alpenpaß	OFENPASS
südschottische Stadt	HAMILTON
südschwed. Hafenstadt	HALMSTAD
südschweiz. Alpenpaß	SPLUEGEN
Südsee-Atollgruppe	ENIWETOK
südsizilian. Stadt	VITTORIA
Südspitze Afrikas	NADELKAP

Südwein, Süßwein	PORTWEIN
südwest-afrikan. Land-schaft	NAMALAND
südwest-engl. Graf-schaft	CORNWALL
südwest-engl. Graf-schaft	SOMERSET
südwest-engl. Hafen-stadt	PLYMOUTH
südwest-engl. Land-schaft	DARTMOOR
südwest-europ. Staat	PORTUGAL
südwest-finnische Halbinsel	PORKKALA
südwest-franz. Departe-ment	DORDOGNE
südwest-franz. Land-schaft	GASCOGNE
südwest-franz. Land-schaft	PERIGORD
südwest-irische Insel	VALENTIA
südwest-schott. Graf-schaft	DUMFRIES
Süß-speise	FLAMMERI
Sultans-name	MOHAMMED
sumeri-scher Gott	NINGERSU
Sumpf-flämmchen	IRRLICHT
Suppen-gemüse	JULIENNE
Supple-ment	NACHTRAG
Symbol-figur Frank-reichs	MARIANNE
Symbol-figur Nord-amerikas	UNCLESAM
Symbol für Frieden	OELZWEIG
Symmetrie	EBENMASS
synthe-tische Droge	METHADON
syrische Bibel-über-setzung	PESCHITA
syrische Hafen-stadt	LATTAQIE
syrische Haupt-stadt	DAMASKUS
syrischer Sonnen-gott	ELAGABAL
syrische Stadt am Golan	KUNEITRA
systema-tisch ab-suchen	ABGRASEN
systema-tisches Vorgehen	METHODIK
Szene	AUFTRITT
tadelnd	KRITISCH
Tadler	KRITIKER
Täter-begünsti-gung	HEHLEREI
Tätigkeit	FUNKTION
Täufer, Vorläufer Jesu	JOHANNES
Tage-löhner	HAEUSLER
Tages-bericht	BULLETIN
Tages-chronik	TAGEBUCH
Tagfalter	BLAULING
Tagfalter	EISVOGEL
Tagung	KONGRESS
Takt-messer	METRONOM
Talent	BEGABUNG
Talmud-Schrift	HAGGADAH
Tambour	TROMMLER
Tanz auf Hawaii	HULAHULA
Tanzmei-stergeige	POCHETTE
Tanz-schuh	ESKARPIN
Tapeten-leim	KLEISTER
tastbar	PALPABEL
Tastbrett, Schreib-maschi-nenteil	TASTATUR
Tat	HANDLUNG
tatkräfti-ge Hilfe	BEISTAND
tatsäch-lich	EFFEKTIV
tatsäch-lich	FAKTISCH
tatsäch-lich, leib-haftig	WIRKLICH
Tauben-art	TUEMMLER
Taufpate	GEVATTER
Tausend-stel	PROMILLE
Tauwerk des Schiffes	TAKELAGE
Techtel-mechtel	LIEBELEI
Teesorte	EARLGREY
Teilchen	PARTIKEL
Teilchen-beschleu-niger	BEVATRON
Teil der Kamera	OBJEKTIV
Teil der Uhr	GANGWERK
Teil der Volks-kunde	FOLKLORE
Teil des Armes	UNTERARM
Teil des Auges	NETZHAUT

Teil des Bodensees	UNTERSEE
Teil des britischen Parlaments	OBERHAUS
Teil des Bruches	DIVIDEND
Teil des Fahrrades	FREILAUF
Teil des französ. Zentralmassivs	CEVENNEN
Teil des Motors	VERGASER
Teil des Motors	ZYLINDER
Teil des Oberkörpers	SCHULTER
Teil des Schilddrüsenhormons	THYROXID
Teil des Stillen Ozeans	BANDASEE
Teil des südl. Eismeers	ROSSMEER
Teil e. bayer. Luftkurorts	GARMISCH
Teilgebiet der Physik	MECHANIK
Teilstaat von Tansania	SANSIBAR
Teilung	DIVISION
Teilung	SPALTUNG
teilweise	PARTIELL
Teilwert	QUOTIENT
elefon. ufbare Prostituerte	CALLGIRL
ele-ramm	DEPESCHE
ele-achs ater	ODYSSEUS
mpel-st der den	CHANUKKA

Tempel mit zwei Säulenreihen	DIPTEROS
temperamentvoll	IMPULSIV
Tempus	ZEITFORM
Tendenz	RICHTUNG
Tennis-Wandertrophäe	DAVISCUP
Termingeld	FESTGELD
Terpentinbaum	PISTAZIE
Test, wissenschaftl. Versuch	PRUEFUNG
Testamentsverfasser	TESTATOR
Testamentzusatz	KODIZILL
testen	ERPROBEN
Teufel	DIABOLUS
Teufel der Faustsage	MEPHISTO
Teufelsauge	BLUTAUGE
Teufelsaustreiber	EXORZIST
Textilbetrieb	WIRKEREI
Textilmaschine	WEBSTUHL
thailänd. König	BHUMIBOL
Theatergerät	REQUISIT
Theaterplatz	PARTERRE
Theaterstraße in New York	BROADWAY
Theaterzettel	PROGRAMM
Themenstellung	THEMATIK
Thronfolger	ERBPRINZ

thüring. Domstadt an der Saale	NAUMBURG
thüring. Kurort an der Ilm	BADBERKA
thüring. Saale-Zufluß	SCHWARZA
thüring. Stadt an der Orla	NEUSTADT
thüring. Stadt an der Saale	SAALFELD
Tick, Verschrobenheit	SCHRULLE
Tiden	GEZEITEN
Tiefengestein	PLUTONIT
Tiefpunkt	TALSOHLE
tief ruhen	SCHLAFEN
Tierart, Weichtier	SCHNECKE
Tierbändiger	DOMPTEUR
Tierbändiger	DRESSEUR
Tiergarten	WILDPARK
Tierkeule	SCHLEGEL
Tierkiefer	SCHNABEL
Tierkreis	EKLIPTIK
Tierkreis	ZODIAKUS
Tierkreiszeichen	JUNGFRAU
Tierkreiszeichen	SCHUETZE
Tierkreiszeichen	SKORPION
Tierkunde	ZOOLOGIE
Tierlehrer	DOMPTEUR
Tierlehrer	DRESSEUR
tilgen	LOESCHEN
Tintenfisch	NAUTILUS
Tintentrockner	LOESCHER
Tiroler Stadt am Inn	KUFSTEIN

Tisch-standuhr	STUTZUHR
Tisch-tennis	PINGPONG
Titelfigur bei Britten	LUKRETIA
Titelfigur bei Colette	CLAUDINE
Titelfigur bei Defoe	ROBINSON
Titelfigur bei du Maurier	MARYANNE
Titelfigur bei Fall	AUGUSTIN
Titelfigur bei Freytag	INGRABAN
Titelfigur bei Hebbel	GENOVEVA
Titelfigur bei Hebbel	MARIAMNE
Titel-figur bei Millöcker	JONATHAN
Titelfigur bei Puccini	ANGELICA
Titelfigur bei Shake-speare	ANTONIUS
Titelfigur bei Shake-speare	CORIOLAN
Titelfigur bei Shake-speare	CRESSIDA
Titelfigur bei Suppé	GALATHEE
Titelfigur bei Swift	GULLIVER
Titelfigur bei Thieß	ISABELLE
Tochter v. Alki-noos	NAUSIKAA
Tochter v. Helena	HERMIONE
Tochter v. Jokaste	ANTIGONE
Tochter v. Menelaos	HERMIONE
Tochter v. Ödipus	ANTIGONE
tod-geweiht	MORIBUND
Töchter des Nereus	NEREIDEN
tölpelhaft	LINKISCH
törichter Mensch	NAIVLING
Tötungs-sucht	AMOKLAUF
tolerieren	ERTRAGEN
Tollheit	WAHNWITZ
Tonauf-nahme-gerät	MIKROFON
Tonein-spielung bei Live-auftritt	PLAYBACK
Tonfall	BETONUNG
Tonstück in freier Form	FANTASIE
Topinam-bur	ERDBIRNE
Tor	EINFAHRT
Torheit	DUMMHEIT
Torheit	KINDEREI
Torheit	NARRETEI
toskan. Stadt am Ombrone	GROSSETO
tot	ENTSEELT
Toten-Erinne-rungsmal	KENOTAPH
Totenkult der Na-turvölker	MANISMUS
Toten-reich d. nordisch. Sage	NIFLHEIM
Touristen-betreuer	ANIMATOR
Trabant	SATELLIT
Tracht	TRAGLAST
träg, träge	INDOLENT
Trägheit	FAULHEIT
Trägheit	INDOLENZ
Träumer	PHANTAST
tragbar	PORTABEL
tragbares Fernseh-gerät	PORTABLE
tragbare Zimmer-orgel	PORTATIV
Trag-behälter	KANISTER
Trag-schrauber	AUTOGIRO
Trainings-boxen	SPARRING
Trank-opfer	LIBATION
Tratsch	GEMUNKEL
Tratsch	GERUECHT
Trauben-ernte	WEINLESE
Trauben-zucker	DEXTROSE
Trauer-spiel-dichter	TRAGIKER
Trauer-spiel-dichter	TRAGOEDE
traulich	HEIMELIG
traurig	BETRUEBT
Trauung	HOCHZEIT
treffend	FRAPPANT
treiben	DRAENGEN
Treibjagd mit Hunden	HETZJAGD
Treibstoff aus Teer	SOLAROEL
Treidel-weg	LEINPFAD
trennen	SCHEIDEN
Treppe b. Schiff u. Flugzeug	LAUFSTEG
Trieb	APPETENZ
triebhaft, spontan	IMPULSIV
Trieb-kräfte	AGENZIEN
Triebwerk	MASCHINE
Triel (Vogel)	DICKFUSS
Trink-bares	GETRAENK

8

Trinkgefäß	WEINGLAS
Trinkgelage	SAUFEREI
trojanische Burg	PERGAMOS
Trommelfeuer	KANONADE
Trommelstock	SCHLEGEL
Trompetenblume	BIGNONIE
trop. Blütengewächs	ORCHIDEE
trop. Echse	BASILISK
trop. Großpflanzung	PLANTAGE
trop. Harz	SANDARAK
trop. Infektionskrankheit	KALAAZAR
trop. Küstenwald	MANGROVE
trop. Nußart	KOLANUSS
trop. Wirbelsturm	HURRIKAN
Tropenkrankheit	BERIBERI
Trost	ZUSPRUCH
Trottoir	GEHSTEIG
Trübwerden	TRUEBUNG
Trugbild	ILLUSION
Trugschluß	SOPHISMA
Trumans Sozialprogramm	FAIRDEAL
Truppeneinheit	REGIMENT
Truppenstandort	GARNISON
Truppenteil	KOMPANIE
Truppenverband	DIVISION
Truppenversorgung	LOGISTIK
tschech.-amerikan. Regisseur	POLANSKI
tschech. kommun. Staatsmann	GOTTWALD
tschech. Name von Gablonz	JABLONEC
tschech. Pädagoge	COMENIUS
tschech. Sängerin, Schauspielerin	HEGEROVA
tschech. Stadt	KARLSBAD
tschechoslowak. Landesteil	SLOWAKEI
Tuch zum Verhüllen	SCHLEIER
Tüchtigkeit	LEISTUNG
Türenteil	SCHWELLE
türkische Meerenge	BOSPORUS
türkischer Fluß zum Mittelmeer	MENDERES
türkischer Politiker (Min.-Präs.)	MENDERES
türkischer Sultan	SULEIMAN
türkische Stadt an der Struma	STRUMICA
türkische Tabakspfeife	TSCHIBUK
türkische Wasserpfeife	NARGILEH
Türvorhang	PORTIERE
tugendhaft	ZUECHTIG
Tulpenbaum	MAGNOLIE
tunes. Insel	DSCHERBA
tunes. Insel	KERKENNA
tunes. Stadt	HAMMAMET
Tungstein	SCHEELIT
Tungusenstamm	MANDSCHU
Tupfen	SPRENKEL
turktatar. Nomadenvolk	KIRGISEN
Turktatare	TURKMENE
Turkvolk am Kaspischen Meer	KASACHEN
Turmalin	RUBELLIT
Turngerät	RUNDLAUF
Turnübung	KLETTERN
Turnübung	KLIMMZUG
Typ, Typus	GEPRAEGE
Tyrann	DIKTATOR
Tyrannei	DESPOTIE
Tyrann von Athen	HIPPARCH
U-Boot-Sehrohr	PERISKOP
übel, miserabel	SCHLECHT
übel beleumundet	VERRUFEN
übelnehmen	VERARGEN
überanstrengen	STRESSEN
Überbein	GANGLION
Überbleibsel	RESIDUUM
überdeckend	DOMINANT
Übereinkommen	KONTRAKT
Übereinkunft	EINIGUNG
Übereinstimmung	HARMONIE
überempfindlich	SENSITIV

8

Überempfindlichkeitsreaktion	ALLERGIE
übererregt	HEKTISCH
Überfall	INVASION
überflüssig, entbehrlich	UNNOETIG
Überfluß	SCHWEMME
überfrorene Nässe	GLATTEIS
Überführung	TRANSFER
übergenau	PINGELIG
übergroß	KOLOSSAL
überheblich	ARROGANT
Überheblichkeit	ARROGANZ
überirdisch, übernatürlich	MYSTISCH
überlassen	ABTRETEN
überlegen	ERWAEGEN
überlegt	BESONNEN
überliefert	TRADIERT
übermäßig	EXZESSIV
übernachten	LOGIEREN
überragend	DOMINANT
überraschend	FRAPPANT
überreden	BEKEHREN
übersättigt	BLASIERT
überschlagende Wellen	STURZSEE
überseeisch	EXOTISCH
Übertragung, Überweisung	TRANSFER

übertrieben	OUTRIERT
Überwachung	AUFSICHT
überwältigend	GRANDIOS
überwinden	BESIEGEN
Überwurfkragen	PELERINE
Überzahl	MEHRHEIT
Überziehstrickbluse	PULLOVER
übles Geschäft	SCHACHER
üblich, regelrecht	REGULAER
Uferschnecke	LITORINA
Uferschutz	BOLLWERK
Uferstraße an der Riviera	CORNICHE
Uhrengeräusch	TICKTACK
Uhrenteil	ZUGFEDER
Uhrkettenanhängsel	BERLOCKE
Uhr zum Zeitnehmen	STOPPUHR
ukrain. Landschaft	PODOLIEN
ukrain. Schwarzmeerhafen	SCHDANOW
ukrain. Schwarzmeerhafen	TAGANROG
ukrain. Stadt am San	PRZEMYSL
ukrain. Stadt am Sereth	TARNOPOL
ukrain. Stadt im Donezbecken	GORLOWKA

ukrain. Volksstamm	RUTHENEN
Ulanenmütze	TSCHAPKA
Ulk	ALLOTRIA
Umgangsformen	BENEHMEN
Umgangsformen	MANIEREN
umgangssprachl.: Partytrubel	HIGHLIFE
umgekehrt	KONTRAER
umgestalten	UMBILDEN
Umlauf, Umdrehung	ROTATION
umlaufen, sich drehen	ROTIEREN
umliegende Landschaft	UMGEGEND
Umsatz, Absatz	UMSCHLAG
umschmeicheln	HOFIEREN
Umsicht, Gründlichkeit	SORGFALT
umsichtig	BESONNEN
umständlicher Vorgang	PROZEDUR
umstritten, ungeklärt	STRITTIG
umtopfen, verpflanzen	PIKIEREN
Umtriebe	KOMPLOTT
unangenehm	MISSLICH
unbedacht	IMPULSIV
unbedeutende Kleinigkeit	LAPPALIE
unbedingt	DURCHAUS
unbefangen	KINDLICH

8

unbeherrschte Wut	JAEHZORN
Unbelehrbarkeit, Starrsinn	STURHEIT
unbeständig	INSTABIL
unbeständig	LAUNISCH
unbezahlte Tätigkeit	EHRENAMT
undeutlich sprechen	NUSCHELN
unecht	APOKRYPH
unempfindlich	INDOLENT
Unempfindlichkeit	INDOLENZ
Unendlichkeit	EWIGKEIT
unerfüllbar, unwirklich	UTOPISCH
Unermüdlichkeit	AUSDAUER
Unfall	UNGLUECK
unfein	ORDINAER
unfrei	GEBUNDEN
unfreier Bürger	UNTERTAN
unfruchtbar	INFERTIL
Unfug	ALLOTRIA
ıngar. ıbstrak- er Maler	VASARELY
ıngar.- ranz. Komponist	HARSANYI
ngar. Stadt	DEBRECEN
ngar. Stadt am apos	KAPOSVAR
ngebe- ner Zu- chauer	ZAUNGAST
ngebun- nheit	FREIHEIT
ge- ig	INKULANT

Ungeheuer, Untier	MONSTRUM
Ungeheuer d. griech. Sage	CHIMAERA
ungeheuerlich	KOLOSSAL
ungehobelter Mensch	PLEBEJER
ungeklärt	FRAGLICH
ungeladenes Atomteilchen	NEUTRINO
ungemein	UEBERAUS
Ungenannter	ANONYMUS
ungerade, asynchron	UNGLEICH
Ungestüm, Heftigkeit	VEHEMENZ
ungiftig	ATOXISCH
ungleichartig	DISPARAT
Universitätslehrauftrag	DOZENTUR
Universitätslehrstuhl	LEKTORAT
unkompliziert	PRIMITIV
Unkosten	AUSGABEN
Unkosten	AUSLAGEN
Unkraut	KORNRADE
Unkrautvertilgungsmittel	HERBIZID
unliebsame Unterbrechung	STOERUNG
unmittelbar	IMMEDIAT
unmodern, out	VERALTET
Unmut, Unbehagen	VERDRUSS
UNO-Generalsekretär	WALDHEIM

unschicklich	INDEZENT
Unschicklichkeit	INDEZENZ
unsichtbares Licht	ULTRAROT
Unsinn	KINDEREI
Unsinn	LARIFARI
unsittlich, verkommen	VERDERBT
Unstern	DESASTER
untadelig	MAKELLOS
unterägypt. Stadt	DAMANHUR
unterbringen	LOGIEREN
unter der Haut (mediz.)	SUBKUTAN
unterdrücken	KNECHTEN
unterfränk. Stadt am Main	HASSFURT
Untergebene	PERSONAL
untergeordnet	INFERIOR
Untergrundkämpfer	GUERILLA
Unterhaltsgeld	ALIMENTE
Unterhaltung	KURZWEIL
Unterkunft	QUARTIER
Unterkunft	RASTHAUS
Unteroffizier	KORPORAL
Unteroffizier	SERGEANT
Unterrichtslehre	DIDAKTIK
Unterrichtsteilnehmer	SCHUELER
untersagt, unerlaubt	VERBOTEN

Unterschicht	SUBSTRAT
Unterschrift	SIGNATUR
unterseeisch	SUBMARIN
untersetzt	PYKNISCH
Unterstützung	BEIHILFE
Untersuchungsergebnis	DIAGNOSE
Unterwürfigkeit	DEVOTION
Unterzeichner	SIGNATAR
unumschränkt. Machthaber	DIKTATOR
ununterbrochen	STAENDIG
unveränderlich	KONSTANT
unvereinbar	DISPARAT
unverheiratete Gräfin	KOMTESSE
Unvermögen	IMPOTENZ
unverschämt	INSOLENT
Unverschämtheit	INSOLENZ
Unverstand	DUMMHEIT
unverzüglich	SOGLEICH
unvoreingenommen	OBJEKTIV
unwahre Geschichte	MAERCHEN
unwahrhaftig	VERLOGEN
Unwetter	GEWITTER
unwissend	IGNORANT
Unwissender	IGNORANT
Unwissenheit	IGNORANZ
Urbild, Urfassung	PROTOTYP
Urbild, Vorlage	ORIGINAL
Ureinwohner Amerikas	INDIANER
Ureinwohner d. Kanaren	GUANCHEN
Ureinwohner Griechenlands	PELASGER
Ureinwohner Italiens	ITALIKER
Urfassung	ORIGINAL
Urform	ARCHETYP
Urkunde	DOKUMENT
Urkundenverzeichnisse	REGESTEN
ursprünglich	ORIGINAL
Ursprung	HERKUNFT
Urteilsanfechtung	BERUFUNG
Urteilsüberprüfung	REVISION
Urtext	ORIGINAL
urtümlich, urzuständlich	PRIMITIV
uruguay. Stadt am Rio Negro	MERCEDES
uruguay. Stadtguerilla	TUPAMARO
Urwelttier	MASTODON
usbek. Beckenlandschaft	FERGHANA
US-Kernforschungszentrum	OAKRIDGE
Vanille-Ersatz	VANILLIN
Variante, Variation	SPIELART
Varietékünstler	ZAUBERER
Varietékunst	ARTISTIK
Vater der Türkei	ATATUERK
vaterländisch	NATIONAL
Vater v. Äneas	ANCHISES
Vater v. Aida	AMONASRO
Vater v. Fatima	MOHAMMED
Vater v. Ikaros, Ikarus	DAEDALUS
Velveton	DUVETINE
venezian. Baumeister	LONGHENA
venezian. Komponist	GABRIELI
venezian. Maler	CRIVELLI
venezian. Opernkomponist	CIMAROSA
venezian. Renaissancemaler	VERONESE
venezolanische Hafenstadt	CARUPANO
verabscheut	VERHASST
veränderlich, wandelbar	VARIABEL
veränderliche Größe	VARIABLE
verändern	MUTIEREN
Veränderung	MUTATION
veraltet f. Amtsarzt	PHYSIKUS
veraltet f. Bote, Apostel	SENDLING
veraltet f. breite Straße	ROLLBAHN

veraltet f. Flieger	AERONAUT
veraltet f. Flugzeug	AEROPLAN
veraltet f. Frühstück	DEJEUNER
veraltet f. Führung, Benehmen	KONDUITE
veraltet f. Gewürzware	SPEZEREI
veraltet f. Kampfplatz	WALSTATT
veraltet f. Ofenschirm	PARAVENT
veraltet f. Reifeprüfling	MATURAND
Veranlagung	BESCHEID
Veranlagung	NATURELL
veranlassen	ANORDNEN
Verbandmaterial	SCHARPIE
Verbindung	KOPPLUNG
Verbindung	KUPPLUNG
Verbindung, Verknüpfung	SYNTHESE
/erblödung	DEMENTIA
'erblüf- 'end	FRAPPANT
'erblüfft	ERSTAUNT
'erblüfft	VERDUTZT
'er- 'recher- neipe	SPELUNKE
'erbren- ungs- raft- aschine	GASMOTOR
'erbren- ungs- ärme- nheit	HEIZWERT
'erbür- ng	GARANTIE

Verbum	ZEITWORT
Verdachtsmomente	INDIZIEN
Verdauungsflüssigkeit	SPEICHEL
verdauungsfördernd	PEPTISCH
Verdienst	LEISTUNG
Verdoppelung	DUBLETTE
Vereinslokal	KLUBHAUS
vereinzelt	ISOLIERT
Verengung der Blutgefäße	STENOSIS
Verfall	DEKADENZ
verfallen	DEKADENT
Verfasser des Struwwelpeter	HOFFMANN
Verfasser heiterer Geschichten	HUMORIST
Verfasser von Spottschriften	PARODIST
verfeinern	VEREDELN
verfeinert	VEREDELT
Verfluchung	ANATHEMA
Verfügung, Bescheid	RESKRIPT
verführen	BETOEREN
Verführer	CASANOVA
vergangen	VORUEBER
Vergnügen	GEFALLEN
Vergnügen	PLAESIER
vergnüglich	AMUESANT
Verhältnisgröße	MASSSTAB
Verhärtung, Verkalkung	SKLEROSE

verheerendes Hochwasser	SINTFLUT
Verheiratete	EHELEUTE
verhüttbares Gestein	EISENERZ
Verkaufserfolg	SCHLAGER
Verkehrsweg	AUTOBAHN
Verkehrswegeschnittpunkt	KREUZUNG
Verklebung (mediz.)	SYNECHIE
verknoten	KNUEPFEN
verkünden	AUSRUFEN
verkünden, verkündigen	PREDIGEN
Verkünder	AUSRUFER
Verlängerung der Zahlungsfrist	STUNDUNG
Verlagsabteilung	LEKTORAT
Verlagsangestellte	LEKTORIN
Verlagsangestellter	LAYOUTER
Verlagsbuchhändler	VERLEGER
verlangen	BEGEHREN
Verlangen	BEGIERDE
verlangen	HEISCHEN
verlangsamen	DROSSELN
Verlangsamung	STOCKUNG
Verletzung einer Bestimmung	VERSTOSS
verliebt	AMOUROES
verloren	ABHANDEN
Verlust	EINBUSSE

Vermächtnis	NACHLASS
Vermählung	HOCHZEIT
vermerken	NOTIEREN
vermessenes Grundstück	PARZELLE
Vermessungsingenieur	GEOMETER
Vermieter	HAUSWIRT
Vermögen	EIGENTUM
Vermögen	FINANZEN
verneinen	NEGIEREN
verneinende Geste	ABWINKEN
Verneinung	NEGATION
vernünftig	RATIONAL
Vernunft	KLUGHEIT
Vernunftschluß	LOGISMUS
vernunftwidrig	ALOGISCH
Verpflegung, Kost	PROVIANT
Verrechnung im Zahlungsverkehr	CLEARING
verrenken	LUXIEREN
Verrenkung	LUXATION
Verrücktheit	NARRETEI
verrufenes Lokal	SPELUNKE
Vers, Versteil	DIJAMBUS
Verschiedenes	ALLERLEI
Verschiedenes	DIVERSES
verschließbares Kästchen	KASSETTE
verschlossen	GESPERRT
verschlüsseln	KODIEREN
verschmelzen	LEGIEREN
Verschmelzung	SYNTHESE
verschroben	SPLEENIG
Verschwelung	PYROLYSE
Verschwörung	KOMPLOTT
Versfuß	SPONDEUS
Versfuß, -maß	ANAPAEST
Versöhnlichkeit, Duldsamkeit	TOLERANZ
versorgen	BETREUEN
Verständnis	EINSICHT
verstandesmäßig	RATIONAL
verstehen	EINSEHEN
verstehen	KAPIEREN
Verstoß, Zuwiderhandlung	VERGEHEN
versunkenes Inselreich	ATLANTIS
Verteidiger	DEFENSOR
Verteidiger einer Lehrmeinung	APOLOGET
Verteidigungsministerium der USA	PENTAGON
Verteidigungsschrift	APOLOGIE
Vertrag	ABKOMMEN
Vertrag	KONTRAKT
Vertragsänderung	REVISION
Vertretung	AUSHILFE
Vertretung im Ausland	KONSULAT
vervielfältigen	KOPIEREN
Verwachsung (mediz.)	SYMPHYSE
Verwalter eines Warendepots	LAGERIST
Verwandtschaft	PARENTEL
verweigern	VERSAGEN
verwelkt	VERDORRT
Verwerter von Tierleichen	ABDECKER
verwirren	ABLENKEN
verwundert	ERSTAUNT
verwundet	VERLETZT
verwundet	VERSEHRT
verzaubern	BECIRCEN
verzerrtes Gesicht	GRIMASSE
verzichten	ENTSAGEN
verzierte Borte	BORDUERE
Verzierung	GARNITUR
Verzierung	ORNAMENT
verzweifelt	DESPERAT
verzweifelt	TROSTLOS
Verzweigung	GABELUNG
Veterinär	TIERARZT
Viehbadeplatz	SCHWEMME
Viehfutter	SCHLEMPE
vielarmiger Armleuchter	FLAMBEAU
Vielesser	GOURMAND
vielfältig	MULTIPEL

Vielflächner	POLYEDER
vielseitig bewandert	VERSIERT
Vielseitigkeitsprüfung im Reitsport	MILITARY
Vielzeller	METAZOEN
Viereck	RECHTECK
Viereck	TETRAGON
Verergruppe	QUARTETT
Viergespann	QUADRIGA
Viergewinn im Lotto	QUATERNE
viersitzige Luxuskutsche	LANDAUER
Viertelkreis	QUADRANT
Viola	BRATSCHE
violette Quarz-Abart	AMETHYST
Virusforscher	VIROLOGE
Vitaminmangel-Krankheit	BERIBERI
Vitaminmangelkrankheit	PELLAGRA
Vitaminmangel-Krankheit	RACHITIS
Vogelfänger in der »Zauberflöte«	PAPAGENO
Vogelfanggerät	LEIMRUTE
Vogelfanggerät	SCHLINGE
Vokalwerk	CHORWERK
Volk in Angola	KIMBUNDU
Volk in Daghestan	LESGHIER
Volksaufwiegler	DEMAGOGE
volksmäßig	ETHNISCH
Volkstanz	LAENDLER
volkstüml. f. dumm	DAEMLICH
volkstüml. f. Fußballtor	GEHAEUSE
volkstüml. f. Gefängnis	KITTCHEN
volkstüml. f. Katze	DACHHASE
volkstüml. f. Monteuranzug	BLAUMANN
volkstüml. f. Ziehharmonika	QUETSCHE
volkstümlich	POPULAER
Volksverhetzer	DEMAGOGE
Volksvertretung	KREISTAG
Volk von Bangladesch	BENGALEN
voll	GEFUELLT
Vollblütigkeit, Überfülle (mediz.)	PLETHORA
vollbringen, ausführen	TAETIGEN
vollendet	ERLEDIGT
volljährig	MAJORENN
Vollmacht	BEFUGNIS
Vollschiff	FREGATTE
vollständig	KOMPLETT
vollständige Lähmung	PARALYSE
Vollstrecker	EXEKUTOR
von Moses herrührend	MOSAISCH
Voralpensee	BODENSEE
Vorbild	BEISPIEL
Vorderasiat	ARMENIER
Vorderasiat	LIBANESE
vorderasiatisch. antikes Kulturvolk	HETHITER
vorderer Mast	FOCKMAST
Vordruck	FORMULAR
voreingenommen	BEFANGEN
Vorführungsfolge	PROGRAMM
Vorgabe	HANDIKAP
Vorgeschichte einer Krankheit	ANAMNESE
vorgeschichtl. Erzeugnis	ARTEFAKT
vorgeschichtl. Fundort	AURIGNAC
vorgeschichtl. Fundort	MOORDORF
vorgeschichtl. Kulturdenkmal	MEGALITH
vorgeschichtl. Werkzeug	STEINAXT
Vorhaben, Tagesordnung	PROGRAMM
vorhanden	ANWESEND
vorhanden	EXISTENT
Vorhandensein	BESTEHEN
Vorhandensein	EXISTENZ
Vorherrschaft	DOMINANZ
vorherrschend	DOMINANT
Vorhersage, Voraussage	PROGNOSE
Vorkämpfer	CHAMPION
vorladen	ZITIEREN

8

Vorladung vor Gericht	ZITATION
Vorläufer des Fahrrads	DRAISINE
vorlaut	NASEWEIS
Vorleseraum an der Universität	HOERSAAL
vormerken	NOTIEREN
Vorname von de Sica	VITTORIO
Vorname von Kant	IMMANUEL
Vorname von Loyola	IGNATIUS
vornehmer Weltmann	SEIGNEUR
vornehme Welt	HIGHLIFE
Vornehmheit	NOBLESSE
Vorort von Los Angeles	PASADENA
Vorort von Zürich	ZOLLIKON
Vorprüfung für Medizinstudenten	PHYSIKUM
Vorratsgebäude, -raum	SPEICHER
Vorrecht, Sonderrecht	PRIVILEG
vorschriftsmäßig	REGULAER
Vorschub	BEIHILFE
Vorschuß	HANDGELD
Vorsehung	GESCHICK
vorsichtig	BEHUTSAM
vorsichtig zu Werk gehen	LAVIEREN
Vorstadt von Paris	GENTILLY
Vorsteherdrüse	PROSTATA
vorstrecken	AUSLEGEN
vortäuschen	HEUCHELN
Vortäuschung	GAUKELEI
Vortäuschung	ILLUSION
vorteilhaft	OPPORTUN
vortragen	AUFSAGEN
vortragen	DOZIEREN
vorübergehend	MOMENTAN
vorurteilslos	OBJEKTIV
Vorwand	NOTLUEGE
vorzüglich	HERRLICH
Vulkan auf Hawaii	MAUNAKEA
Vulkan auf Hawaii	MAUNALOA
Vulkan auf Martinique	MONTPELE
Vulkanausbruch	ERUPTION
Vulkaninsel in d. Sundastraße	KRAKATAU
waagerechte Koordinate	ABSZISSE
wacholderähnl. Nadelbaum	SADEBAUM
wachsam	VIGILANT
Wachsamkeit	VIGILANZ
wachsartige Substanz	PARAFFIN
Wachstum	KRESZENZ
Wächter	AUFSEHER
Wächter, Aufseher	WACHMANN
wählen	OPTIEREN
Währung in Bhutan	NGULTRUM
Währung in Brasilien	CRUZEIRO
Währung in Kenia	SHILLING
Währung in Tansania	SHILLING
Währung in Uganda	SHILLING
Wärme abgebend	EXOTHERM
Wärmespender	HEIZOFEN
Wäschekombination	GARNITUR
Wäschestoff	BARCHENT
Wäschestoff	KRETONNE
Wäschestück	HANDTUCH
Wäschestück	LEIBCHEN
Wäschestück	LEINTUCH
wäßrig	FLUESSIG
wäßriges Kolloid	HYDROSOL
Waffengattung, Truppengattung	PIONIERE
Wagen	FAHRZEUG
Wagenkolonne	SCHLANGE
Wagenlenker	KUTSCHER
Wagnis	MUTPROBE
Wahlfeldzug	KAMPAGNE
wahlfrei	BELIEBIG
Wahnvorstellung	FIXEIDEE
Wahnwitz	ABERWITZ
wahr, wahrhaftig	WIRKLICH
wahren	ERHALTEN
wahrscheinlich	PROBABEL

8

Waldhorn	JAGDHORN
Waldhuhn	AUERHUHN
Waldhuhn	BIRKHUHN
Waldlich-tung	SCHNEISE
Wald ohne Unterholz	HOCHWALD
Waldrebe	CLEMATIS
Waldrebe	KLEMATIS
walisi-sche Graf-schaft	ANGLESEY
walisi-sche Graf-schaft	PEMBROKE
walisi-sche Stadt	CARDIGAN
Walküre	GERLINDE
Walküre	HELMWIGE
Walküre	ORTLINDE
Walküre	SIEGRUNE
Wall-fahrtsort a. Nieder-rhein	KEVELAER
Walze	ZYLINDER
Wandalen-könig	HUNERICH
wandernd	AMBULANT
Wander-volk	ZIGEUNER
Wand-schirm	PARAVENT
Wappen-kunde	HERALDIK
Varen-bsatz	VERTRIEB
/aren-aus	KAUFHAUS
'aren-orrat	INVENTAR
armer ittel-eerwind	SCIROCCO
artburg-adt	EISENACH
arum, eshalb	WESWEGEN
rzen-tig	PAPILLAR

warzen-artige Geschwulst	PAPILLOM
Wasser-fall i. d. franz. Pyrenäen	GAVARNIE
Wasser-farben-malerei	AQUARELL
Wasser-feder	HOTTONIA
Wasser-flugzeug	FLUGBOOT
wasser-haltig	WAESSRIG
Wasser-lauf-Ende	MUENDUNG
Wasser-schwanz-lurch	AALMOLCH
Wasser-strahl	FONTAENE
Wasser-sucht	ANASARKA
Wasser-tierart	HOHLTIER
Wasser-vogel	KORMORAN
Wasser-wehr, Talsperre	STAUDAMM
Wechsel	UMTAUSCH
Wechsel	WILDPFAD
Wechsel-aussteller	TRASSANT
Wechsel-begriff	KORRELAT
wechsel-haft, schwan-kend	VARIABEL
Wechsel-kurs-verhältnis	PARITAET
Wechsel-strom-erzeuger	INDUKTOR
wegjagen	SCHASSEN
Wegwarte, Kaffee-zusatz	ZICHORIE
weh-mütig	ELEGISCH
weibl. Kinder	TOECHTER
weiblich	FRAULICH

Weichsel-Zufluß	KAMIENNA
Weichtier	MOLLUSKE
Weich-tierklasse	MUSCHELN
Weiden-laub-sänger	ZILPZALP
weid-männ.: Saug-warzen	GESAEUGE
Weihe (zool.)	GLEITAAR
Wein-Bezeich-nung	KRAETZER
Wein-Bezeich-nung	ROSEWEIN
Wein-Bezeich-nung	SUEDWEIN
Weinlager	KELLEREI
Weinort, -stadt in Rhein-land-Pfalz	NEUSTADT
Weinort, -stadt in Rhein-land-Pfalz	UNGSTEIN
Weinort an der Mosel	PIESPORT
Weinort an der Mosel	WINTRICH
Weinort an der Ruwer	SOMMERAU
Weinort an der Ruwer	WALDRACH
Wein-Prädikat	KABINETT
Wein-sorte, Trauben-sorte	CABERNET
Wein-sorte, Trauben-sorte	RIESLING
Wein-sorte, Trauben-sorte	SILVANER

Wein- sorte, Trauben- sorte	TRAMINER
Weinstadt im Rhein- gau	ELTVILLE
weis- machen	EINREDEN
Weißdorn	HAGEDORN
weiße Harems- sklavin	ODALISKE
weißer Schoß- hund	MALTESER
weißes Blutkör- perchen	LEUKOZYT
weißes Pferd	SCHIMMEL
weißruss. Stadt am Dnjepr	MOGILJOW
weiterer Verlauf	FORTGANG
weiterhin	KUENFTIG
weit- maschige Unter- wäsche	NETZHEMD
weitver- breitete Epidemie	PANDEMIE
weit weg	ENTFERNT
Welthilfs- sprache	VOLAPUEK
weltlich	SAEKULAR
Weltmeer	ATLANTIK
Welt- raum- labor	SPACELAB
Weltreich	IMPERIUM
Welt- sprache	ENGLISCH
wenden	UMKEHREN
Werbe- redner	AGITATOR
Werk des Ptole- mäus	ALMAGEST
werken	ARBEITEN
Werkstoff	MATERIAL
Werktag	DIENSTAG
Werktag	MITTWOCH
Werk- zeug- maschine	DREHBANK
Wert- messer	MASSSTAB
Wert- papier, -papiere	EFFEKTEN
Wert- papier- ausgabe	EMISSION
Wesens- art	NATURELL
wesent- liches Merkmal	ATTRIBUT
west- afrikan. Insel	PRINCIPE
west- afrikan. Insel- gruppe	BISSAGOS
west- afrikan. Sudan- neger	MANDINGO
westafri- kan. Volk	MANDINGE
westbelg. Land- schaft	FLANDERN
Westen	OKZIDENT
westengl. Graf- schaft	CHESHIRE
westengl. Graf- schaft	STAFFORD
westengl. Stadt	STAFFORD
West- europäer	FRANZOSE
west- franz. Departe- ment	CHARENTE
west- franz. Departe- ment	MORBIHAN
west- franz. Fluß	CHARENTE
west- franz. Halbinsel	QUIBERON
west- franz. Stadt	POITIERS
west- german. Haupt- stamm	IRMIONEN
west- german. Stamm	SEMNONEN
Westgo- tenkönig	RODERICH
west- indische Insel	BARBADOS
west- indische Insel- gruppe	ANTILLEN
west- indischer Insel- staat	DOMINICA
west- indischer See- räuber	BUKANIER
west- italien. Land- schaft	MAREMMEN
West- jordanien	WESTBANK
west- lichste Spitze Afrikas	KAPVERDE
west- schweiz. Uhren- stadt	GRENCHEN
west- sibirische Stadt	KEMEROWO
West- slawe	TSCHECHE
west- urugua- yische Stadt	PAYSANDU
Wetter- distel	EBERWURZ
Wetter- säule	WINDHOSE
Wett- kampfver- anstalter	PROMOTER
Wett- kampfvor- bereitung	TRAINING
widerlich	EKELHAFT
wider- rechtlich	VERBOTEN

Widersacher	OPPONENT
widerspenstig	OBSTINAT
Widerspenstigkeit	RENITENZ
widersprechend	DISPARAT
widersprechend	KONTRAER
Widerstandsmesser	OHMMETER
Widerstreit	KONFLIKT
Widerwärtigkeit	UNGEMACH
Widerwille	AVERSION
widrig	KONTRAER
Wiederauftritt	COMEBACK
Wiederbelebung	ANABIOSE
wiederum	NOCHMALS
Wiegenlied	BERCEUSE
Wiener Bauwerk	BALLHAUS
Wiener Bauwerk	RINGTURM
Wiener Chirurg	BILLROTH
Wiener Heurigentreffpunkt	GRINZING
Wiener Heurigentreffpunkt	NUSSDORF
Wiener Stadtbezirk	DOEBLING
Wiener Stadtbezirk	HIETZING
Wiener Stadtbezirk	WAEHRING
Wiesel	HERMELIN
Wikinger	NORMANNE
Wikingerstadt bei Schleswig	HAITHABU
Wilddieb	WILDERER

wilde Zichorie	WEGWARTE
Wildgeflügel	AUERHAHN
Wildgeflügel	FLUGWILD
Wildgeflügel, Federwild	WILDENTE
Wildgeflügel, Federwild	WILDGANS
Wildgeschmack	HAUTGOUT
Wildleder	SAEMISCH
willfährig	GEFUEGIG
willfährig	GEHORSAM
Willkürherrschaft	DESPOTIE
wimmeln	KRIBBELN
Wimpertierchen	ZILIATEN
Windgeräusch	RAUSCHEN
Windlade der Orgel	KANZELLE
Windmonat	NOVEMBER
Windrichtung	NORDWEST
Windschirm	PARAVENT
Winkelfunktion	KOSEKANS
Winkelgerade	SCHENKEL
Winkelmaß	SCHMIEGE
Winkelspitze	SCHEITEL
Wintergrün	SINGRUEN
winterlich	HIBERNAL
Wintermonat	DEZEMBER
Wintersportart	SKISPORT
Wintersportgerät	EISSTOCK
Wippe	SCHAUKEL
Wirbel (mediz.)	VERTEBRA

Wirbelsäulenverkrümmung	SKOLIOSE
Wirbelsturm	SANDHOSE
Wirbelsturmfolge	WINDHOSE
Wirbeltier	AMPHIBIE
wirklich	EFFEKTIV
wirklicher Sachverhalt	TATSACHE
wirksam	EFFEKTIV
Wirksamkeit	FUNKTION
Wirkteppich	AUBUSSON
Wirkung	LEISTUNG
wirkungsvoll	IMPOSANT
wirtsch. Unabhängigkeit	AUTARKIE
Wirtschaft	GASTHAUS
Wirtschaftsform	HANDWERK
Wirtschaftsverbund	SYNDIKAT
Wismutglanz	BISMUTIN
Wissenschaftler	FORSCHER
witziges Geschichtchen	ANEKDOTE
Wochentag	DIENSTAG
Wochentag	MITTWOCH
wörtlich anführen	ZITIEREN
wohlgemerkt	NOTABENE
Wohlklang	EUPHONIE
Wohlklang	HARMONIE
wohlriechender Strauch	LAVENDEL

8

wohnen	LOGIEREN
Wohnsitz d. Freyja	FOLKWANG
Wohnsitz d. Staatsoberhaupts	RESIDENZ
Wohnungsgeld	MIETZINS
Wolfsspinne	TARANTEL
Wolga-Zufluß	KOSTROMA
Wollblume	WUNDKLEE
Wollstoff	KAMMGARN
Wortführer	SPRECHER
Wortteil	VORSILBE
Wotans Schlachtroß	SLEIPNIR
Wuchs, Kreszenz	WACHSTUM
wuchtig	KOLOSSAL
Würdenträger d. kathol. Kirche	DIGNITAR
würdevoll	GEMESSEN
Würfel	HEXAEDER
württ. Stadt am Main	WERTHEIM
württ. Stadt nahe d. Bodensee	TETTNANG
Würztunke	MARINADE
Wüste im südl. Kasachstan	MUJUNKUM
Wüste östl. d. Aralsees	KYSILKUM
Wüstling	LIBERTIN
Wundrose	ERYSIPEL
Wundverband	PFLASTER
Wurfholz	BUMERANG
Wurfmaschine	BALLISTE
Wurfmaschine	KATAPULT
Wurmfortsatz am Dickdarm	APPENDIX
wurmtötend	VERMIZID
Wutanfall	JAEHZORN
Xanthippes Mann	SOKRATES
Yonne-Zufluß	ARMANCON
Zähigkeit	AUSDAUER
Zähler	DIVIDEND
zahlen	BERAPPEN
zahlungsunfähig	BANKROTT
zahlungsunfähig	ILLIQUID
Zahlungsunfähigkeit	BANKROTT
Zahlwort	NUMERALE
Zahnbestandteil	ZAHNMARK
Zahnersatz	PROTHESE
Zahnmarkentzündung	PULPITIS
Zahnwal	DOEGLING
Zapfen, Pfropfen	STOEPSEL
Zarenname	NIKOLAUS
zart besaitet	SENSIBEL
Zauberer der Artusrunde	KLINGSOR
Zeche	BERGWERK
Zedrat, Sukkade	ZITRONAT
Zehnflächner	DEKAEDER
Zehnfußkrebs	DEKAPODE
Zehnpfennigstück	GROSCHEN
Zeichnung des Holzes	MASERUNG
Zeilengußsetzmaschine	LINOTYPE
Zeit eines Meridians	ORTSZEIT
zeitgleich	SYNCHRON
Zeitkontrollgerät	STECHUHR
zeitlich	TEMPORAL
zeitlich begrenzte Aktion	KAMPAGNE
Zeit nach dem Tod	EWIGKEIT
Zeitraum von zwei Jahren	BIENNIUM
Zeitungsbezieher	ABONNENT
Zelthaus	PAVILLON
Zementmosaik	TERRAZZO
zentralasiat. Gebirge	NANSCHAN
zentralindische Landschaft	GONDWANA
Zeremoniell	ETIKETTE
zerknittern	KNUELLEN
zermahlenes Gestein	SCHOTTER
zernagend	KORROSIV
zerrissen	SCHIZOID
Zersetzung	FAEULNIS
zerstörend	KORROSIV
zerstoßen	PILIEREN
Zeugungsschwäche	IMPOTENZ
Zichorienart	CHICOREE
Ziegenleder	CHEVREAU
Ziel	ENDPUNKT
Zielbahnhof	TERMINAL
zielen	VISIEREN

8

zielgerichteter Trieb	BEGIERDE
Zierbaum	MAGNOLIE
Zierbildchen, Randverzierung	VIGNETTE
Zierfisch	GOLDORFE
Zierfischbehälter	AQUARIUM
Zierpflanze	GLOXINIE
Zierstrauch	GARDENIE
Zier- u. Salatpflanze	PORTULAK
Zierwerk aus Metallfäden	FILIGRAN
Zigarrensorte	VIRGINIA
Zimmereinrichtung	MOBILIAR
Zimtbaum	ZINNAMOM
Zinnfolie, Walzzinn	STANNIOL
Zirbeldrüse	EPIPHYSE
Zischlaut	SIBILANT
zobelähnl. Gewebe	ZIBELINE
Zollstock	MASSSTAB
Zoo	TIERPARK
Zubehör	REQUISIT
Zuchtstammbuch	HERDBUCH
Zuckerbäcker	KONDITOR
Zuckerbrot	MARZIPAN
zügellos	DISSOLUT
Zufluchtsort	REFUGIUM
Zufluß der Freiberger Mulde	ZSCHOPAU
zufügen	ADDIEREN
Zugang	EINTRITT
zugeben	GESTEHEN
zugegen	ANWESEND
zugleich, zeitgleich	SIMULTAN
zugrunde gehen	UMKOMMEN
Zugvogel, Singvogel	SCHWALBE
Zuhörer, Zuschauer	PUBLIKUM
Zuhörer-, Zuschauerbühne	TRIBUENE
zuläss. Mindergewicht b. Münzen	REMEDIUM
zulässige Abweichung	TOLERANZ
Zumutung	ANSINNEN
Zunahme, Zuwachs	ZUGEWINN
Zunahme an Jahren	ALTERUNG
Zuname	NACHNAME
zur Benutzung mieten	CHARTERN
zur selben Familie gehörend	VERWANDT
zurückgeblieben	INFANTIL
zurücklegen	AUFHEBEN
zurücktreten	ABDANKEN
zurücktretend, überdeckt	REZESSIV
zur Welt bringen	GEBAEREN
Zusammenbruch	DESASTER
Zusammengefegtes	KEHRICHT
Zusammenkunft	KONGRESS
Zusammenleben	SYMBIOSE
zusammenlegbares Boot	FALTBOOT
Zusammenschau	SYNTHESE
Zusammenspiel der Muskeln	SYNERGIE
Zusammentreffen von Flözen	SCHARUNG
zusammenzählen	ADDIEREN
Zusammenzählung	ADDITION
Zusatz	ADDENDUM
Zusatz	NACHTRAG
Zuschnitt	PASSFORM
Zuschuß	BEIHILFE
Zusicherung	GARANTIE
Zuständigkeit	BEFUGNIS
Zustand	BEFINDEN
Zustand, Gegebenheit	SACHLAGE
zu Tage bringen	FOERDERN
Zuversicht	HOFFNUNG
zuversichtlicher Mensch	OPTIMIST
zuvorkommend	HOEFLICH
Zuzahlung	ZUSCHUSS
Zwangsherrschaft	DIKTATUR
Zwangslage	NOTSTAND
Zwangsmaßnahme	SANKTION
Zwangsmaßnahme	SPERRUNG

Zwangsvorstellung	FIXEIDEE
zweckmäßig	OPPORTUN
zweckmäßig	TAUGLICH
zweckmäßig, einleuchtend	SINNVOLL
zweiästige Kurve	HYPERBEL
Zweiflügler	DIPTEREN
Zweihänder	FLAMBERG
zweijährliche Veranstaltung	BIENNALE
zweimal gebackenes Weißbrot	ZWIEBACK
zweirädriges Kraftfahrzeug	MOTORRAD
Zweitausfertigung	DUPLIKAT
zweitgrößte philipp. Insel	MINDANAO
Zwergkiefer	KNIEHOLZ
Zwergwuchs	NANISMUS
Zwielicht, Halbdunkel	SCHUMMER
Zwiespalt, Zwietracht	KONFLIKT
Zwischenaktmusik	ENTREAKT
Zwischengeschoß	MEZZANIN
Zwischenspiel	ENTREAKT
zwittrig	ANDROGYN
Zwölffingerdarm	DUODENUM
Zyklop in Homers Odyssee	POLYPHEM

»Vater« des Kirchenliedes	AMBROSIUS
abändern	VARIIEREN
Abänderung, Abwandlung	VARIATION
Abänderung, Neugestaltung	UMFORMUNG
Abart, Nebenform	VARIETAET
Abbau	DEMONTAGE
Abbild, Abbildung	KONTERFEI
ABC-Staat	BRASILIEN
Abdachung	BOESCHUNG
Abdankung	DEMISSION
Abdichtung	ISOLATION
Abendessen	NACHTMAHL
Abendmahl	KOMMUNION
Abenteurer	DESPERADO
Abenteurer	HASARDEUR
Abfall, Abfallprodukt	MAKULATUR
abfallender Flußrand	BOESCHUNG
Abfallprodukt	SAEGEMEHL
Abfall vom Glauben	APOSTASIE
abfertigen	ERLEDIGEN
Abfindung	ABGELTUNG
Abflugpiste	STARTBAHN
Abfluß des Vänersees	GOETAAELF
abführen	PURGIEREN
abführen, festsetzen	SISTIEREN
Abführmittel	LAXATIVUM

abgedroschen	STEREOTYP
Abgeordnetenhaus	PARLAMENT
Abgesandter	MISSIONAR
Abgestumpftheit	LETHARGIE
Abhang	BOESCHUNG
Abhilfe	BESSERUNG
Abkommen	ABMACHUNG
Ablagerung	BODENSATZ
Ablaß	INDULGENZ
ablehnen, dagegen sein	VERWERFEN
Ablehnung des Klerikalismus	LAIZISMUS
Ableitung	DEDUKTION
Ablösung	ABFINDUNG
Abmagerungsmaßnahme	FASTENKUR
Abmagerungsmethode	HUNGERKUR
Abmessung	DIMENSION
Abmessung	DOSIERUNG
Abnahme	MINDERUNG
abnehmend	DEGRESSIV
Abraumsalz	POLYKALIT
Abriß	LEITFADEN
Absatz, Abschnitt	PARAGRAPH
Absatzpolitik	MARKETING
Absauger	EXHAUSTOR
Abschattung, Strichelung	SCHRAFFUR
abschirmen	ISOLIEREN
abschließend	DEFINITIV

Abschluß-Krankheitsbericht	KATAMNESE
Abschnitt eines Gesetzes	PARAGRAPH
abschüssiger Gewässerrand	STEILUFER
Abschweifung	ABSTECHER
abseits	ABGELEGEN
Absender	ADRESSANT
Absicht	INTENTION
Absolvent	PRUEFLING
absondern	ISOLIEREN
Absonderung	ISOLATION
Absonderung	SEKRETION
Abspaltung, Trennung	SEZESSION
Absprache	ABMACHUNG
Abstammung	HERKOMMEN
Abstammungslehre	ONTOGENIE
Abstammungsnachweis	STAMMBAUM
Abstammungsnachweis (Tiere)	ZUCHTBUCH
Abstand	INTERVALL
Abstandszahlung	ABFINDUNG
Abstecher	EXKURSION
Abstimmung	BALLOTAGE
abstoßend	HAESSLICH
Abstufung	GRADATION
Absud	ABKOCHUNG
Abtropfstein	STALAKTIT
abwandeln	VARIIEREN
abwechseln	VARIIEREN

Abwechslung	ALTERNANZ
Abwechslung, Veränderung	VARIATION
Abwehr	DEFENSIVE
abweisen	ABWIMMELN
abweisen	NEINSAGEN
Abwertung	MINDERUNG
abwesend	UNTERWEGS
abziehen	ABRUECKEN
Achselstück	EPAULETTE
achtbarer Mensch	EHRENMANN
achten, ehren	WUERDIGEN
achtgeben	AUFPASSEN
achtsaitiges Musikinstrument	OKTACHORD
Ackerbau-Lehre	AGRONOMIE
Ackerschachtelhalm	ZINNKRAUT
Ackerunkraut	GAUCHHEIL
Adaption	ANPASSUNG
Adresse	ANSCHRIFT
Adular	FISCHAUGE
Adular	MONDSTEIN
Adular	WOLFSAUGE
ägypt. Bäuerin	FELLACHIN
ägypt. Felsentempel	ABUSIMBEL
ägypt. Herrscher	SESOSTRIS
ägypt. Herrscherin	KLEOPATRA
ägypt. Herrscherin	NOFRETETE
ägypt. Stadt	ELALAMEIN
ägypt. Wasserstraße	SUESKANAL
älterer Name der Bayern	BAJUWAREN
ältester Teil von New York	MANHATTAN
ängstlich	FURCHTSAM
Äquivalent	AUSGLEICH
Äquivalent	GEGENWERT
Ära	ZEITALTER
ärgern	ERZUERNEN
Ärztegremium	KONSILIUM
Äste der Luftröhre	BRONCHIEN
äthiop. Volksstamm	KUSCHITEN
Äthylalkohol, Spiritus	WEINGEIST
ätzend	KAUSTISCH
Ätzkunst	RADIERUNG
Äußeres	EXTERIEUR
afghan. Stadt	JALALABAD
afrikan. Affe	MEERKATZE
afrikan. Fluß	BLAUERNIL
afrikan. Gebirge	ANTIATLAS
afrikan. Giftschlange	PUFFOTTER
afrikan. Hauptstadt	DSCHIBUTI
afrikan. Hauptstadt	PORTONOVO
afrikan. Hauptstadt	RABATSALE
afrikan. Inselstaat	MAURITIUS
afrikan. Obstbaum	TAMARINDE
afrikan. Schreitvogel	SEKRETAER
afrikan. See	ALBERTSEE
afrikan. See	EDWARDSEE
afrikan. See	MANOKASEE
afrikan. Sprache	KISUAHELI
afrikan. Taggreifvogel	SEKRETAER
Agavenfaser	SISALHANF
Aggressor	ANGREIFER
Ahnenforscher	GENEALOGE
Ahnentafel	STAMMBAUM
ahnungslos	UNWISSEND
akadem. Position	LEHRSTUHL
Akelei	ELFENFUSS
Akt	MASSNAHME
Aktienreingewinn	DIVIDENDE
Aktualität	ZEITNAEHE
aktuell	DRINGLICH
akustisch	KLANGLICH
Akzent	NACHDRUCK
akzeptabel	ANNEHMBAR
Albert Schweitzers Urwalddorf	LAMBARENE
algebraische Kurve	KONCHOIDE
Algenklasse	GRUENALGE
Alkaloid der Herbstzeitlosen	COLCHICIN
alkoholisches Heißgetränk	GLUEHWEIN
alkoholisiert	BETRUNKEN
Alkoholtest	BLUTPROBE
All, Kosmos	UNIVERSUM
Allegorie	GLEICHNIS

allein, einsam	VERLASSEN
Allein- herr- schaft	MONARCHIE
allergi- sche Er- krankung	HEUFIEBER
Allerlei, Kunter- bunt	POTPOURRI
Allerlei, Potpourri	QUODLIBET
Allgäu- stadt an der Iller	SONTHOFEN
Allianz	KOALITION
Alltag, Werktag	WOCHENTAG
Alltags- gemälde	GENREBILD
Allüren	AUFTRETEN
allumfas- send, allgemein	UNIVERSAL
Alm	BERGWEIDE
Alm	BERGWIESE
Alm- rausch	ALPENROSE
Alp, Alpe	BERGWEIDE
Alpen- außen- zone	KALKALPEN
Alpen- bewohner	SCHWEIZER
Alpen- blume, -pflanze	ALPENMOHN
Alpen- Edelraute	ALMRAUSCH
lpen- ipfel in üdtirol	LANGKOFEL
lpen- rchidee	BRAUNELLE
lpen- flanze	ALPENHELM
pensee	GENFERSEE
piner ühner- gel	STEINHUHN
tägypt. errscher	MYKERINOS
ägypt. önig	THUTMOSIS

altägypt. Pharao	AMENHOTEP
altägypt. Pharao	AMENOPHIS
Altar- sakrament	ABENDMAHL
altchines. Philosoph	KONFUZIUS
altdtsch. Vorname (männl.)	LAMPRECHT
altdtsch. Vorname (männl.)	PHILIBERT
altdtsch. Vorname (weibl.)	ADALBERTA
altdtsch. Vorname (weibl.)	ADELGUNDE
altdtsch. Vorname (weibl.)	ALBERTINE
altdtsch. Vorname (weibl.)	KUNIGUNDE
alte Bez. des Marmara- meeres	PROPONTIS
alte engl. Gold- münze	ROSENOBEL
alte Kopfbe- deckung	DREISPITZ
alte Kopfbe- deckung	ZWEISPITZ
alter Dam- hirsch	SCHAUFLER
alter franz. Adelstitel	CHEVALIER
alter Jung- geselle	HAGESTOLZ
alter Name der Pyrenäen- Halbinsel	HISPANIEN
alter Name des April	OSTERMOND
alter Name des August	ERNTEMOND

alter Name des Juni	BRACHMOND
alter Name des Mai	WEIDEMOND
alter Name des Mai	WONNEMOND
alter Name des November	NEBELMOND
alter Name des September	SCHEIDING
alter Name Indo- nesiens	INSULINDE
alter Name von Trabzon	TRAPEZUNT
alternativ	WAHLWEISE
alternie- rend	WECHSELND
Altern (medizin.)	SENESZENZ
alte Römer- straße	VIAEMILIA
Alters- heilkunde	GERIATRIE
Altersver- sorgung	LEIBRENTE
alter Tanz	ALLEMANDE
alter- tümlich	ARCHAISCH
alter- tümliches Huftier	ERDFERKEL
altes, minder- wertiges Buch	SCHMOEKER
alte Schlag- waffe	STREITAXT
altes indian. Kulturvolk	HUAXTEKEN
altes Kulturvolk in Klein- asien	KIMMERIER
alte Stoß- waffe	PARTISANE

9

alte Uhrenart	SONNENUHR
alte Uhrenart	WASSERUHR
altfranz. Grafschaft	CHAMPAGNE
altfranz. Spielmann	MENESTREL
altgerm. Drachentöter	SIEGFRIED
altgerm. Stamm	ALEMANNEN
altgerm. Vers	LANGZEILE
altgriech. Dichter	AESCHYLOS
altgriech. Dichter (5. Jh. v. Chr.)	SIMONIDES
altgriech. Erfinder	KTESIBIOS
altgriech. Göttin d. Schönheit	APHRODITE
altgriech. Held	IDOMENEUS
altgriech. Landschaft	MESSENIEN
altgriech. Liebesgöttin	APHRODITE
altgriech. Meeresungeheuer	CHARYBDIS
altgriech. Muse der Tragödie	MELPOMENE
altgriech. nationales Fest	OLYMPIADE
altgriech. Rachegöttin	TISIPHONE
altgriech. Redner	ISOKRATES
altgriech. Ringerschule	PALAESTRA
altgriech. Saiteninstrument	MONOCHORD
altgriech. Stadtburg	AKROPOLIS
altgriech. Tragödiendichter	AISCHYLOS
altgriech. Tragödiendichter	EURIPIDES
altgriech. Tragödiendichter	SOPHOKLES
altgriech. Wasserorgel	HYDRAULOS
altind. Göttin, Frau v. Brahma	SARASWATI
Altjahresabend	SILVESTER
altmexikan. Volk	TEPANEKEN
altmexikan. Volk	TOTONAKEN
altmodisch, out, passé	UEBERHOLT
altorientalischer Volksstamm	NABATAEER
Altpapier	MAKULATUR
altpersische Religion	PARSISMUS
altröm. Autor, Satiriker	PETRONIUS
altröm. Bauwerk	AQUAEDUKT
altröm. Fechter	GLADIATOR
altröm. Herbstgott	VERTUMNUS
altröm. Kaiser	ANTONINUS
altröm. Kaiser	CARACALLA
altröm. Kaiser	MARKAUREL
altröm. Münze	ARGENTEUS
altröm. Schaukämpfer	GLADIATOR
altröm. Schauspieler	HISTRIONE
altröm. Soldat	LEGIONAER
altröm. Statthalter	PROKONSUL
altröm. Volksteil	PATRIZIER
altsemit. Volk in Vorderasien	CHALDAEER
altspan. Münze	CUARTILLO
altspan. Tanz	SARABANDE
alttürk. Regierungsbezirk	SANDSCHAK
Amateur	LIEBHABER
Amazonas-Zufluß	RIOBRANCO
Amazonas-Zufluß	TOCANTINS
Amazonas-Zufluß	TROMBETAS
Ambition	BESTREBEN
ambitioniert	EHRGEIZIG
amerikan. Astronaut	ARMSTRONG
amerikan. Astronaut	CARPENTER
amerikan. Astronaut	MATTINGLY
amerikan. Automarke	CHEVROLET
amerikan. Automarke	OLDSMOBIL
amerikan. Autor (Nobelpreis)	HEMINGWAY
amerikan. Autor (Nobelpreis)	STEINBECK
amerikan. Bandleader (m. Vorn.)	ARTIESHAW
amerikan. Biologe (Nobelpreis)	LEDERBERG

amerikan. Dirigent	BERNSTEIN
amerikan. Dirigent	STOKOWSKI
amerikan. Filmregisseur	NEGULESCO
amerikan. Filmschauspieler	BARRYMORE
amerikan. Filmschauspieler	FAIRBANKS
amerikan. Filmschauspieler	LANCASTER
amerikan. Filmschauspielerin	HAVILLAND
amerikan. Filmschauspielerin	MANSFIELD
amerikan. Indianer	WINNEBAGO
amerikan. Jazz-Bassist	PASTORIUS
amerikan. Jazz-Bassist	PETTIFORD
amerikan. Jazzgitarrist	CHRISTIAN
amerikan. Jazzkomponist, -pianist	HENDERSON
amerikan. Jazzmusiker, Posaune	TEAGARDEN
amerikan. Jazzpianist	ELLINGTON
amerikan. Jazzsänger	JEFFERSON
amerikan. Jazztrompeter	GILLESPIE
amerikan. Jazztrompeter, -sänger	ARMSTRONG
amerikan. Kleinbär	WASCHBAER
amerikan. Komponist	BERNSTEIN
amerikan. Komponist	CARPENTER
amerikan. Krokodil	ALLIGATOR
amerikan. Marderart	STINKTIER
amerikan. Ministertitel	SECRETARY
amerikan. Musical-Komponist	BACHARACH
amerikan. Musikgattung	SPIRITUAL
amerikan. Nationalökonom	GALBRAITH
amerikan. Ökonom (Nobelpreis)	SAMUELSON
amerikan. Ozeanflieger	LINDBERGH
amerikan. Pechkiefer	PITCHPINE
amerikan. Philosoph	SANTAYANA
amerikan. Philosoph	WHITEHEAD
amerikan. Physiker (Nobelpreis)	MICHELSON
amerikan. Physiker (Nobelpreis)	SCHWINGER
amerikan. Politiker (Nobelpreis)	KISSINGER
amerikan. Politskandal	WATERGATE
amerikan. Pop-Festival	WOODSTOCK
amerikan. Popmusik-Solist	GARFUNKEL
amerikan. Präsident	CLEVELAND
amerikan. Präsident	JEFFERSON
amerikan. Präsident (Nobelpreis)	ROOSEVELT
amerikan. Regisseur	PECKINPAH
amerikan. Regisseur	ZINNEMANN
amerikan. Sängerin, Schauspielerin	STREISAND
amerikan. Sänger u. Schauspieler	BELAFONTE
amerikan. Schlagzeuger (m. Vorn.)	GENEKRUPA
amerikan. Schriftsteller	BROMFIELD
amerikan. Schriftsteller	DOSPASSOS
amerikan. Schriftsteller	HAWTHORNE
amerikan. Schriftsteller	MARKTWAIN
amerikan. Schriftstellerin	MCCULLERS
amerikan. Schwarzenführer	ABERNATHY
amerikan. Stadt am Tennessee	KNOXVILLE
amerikan. Stummfilmstar	VALENTINO
amerikan. Südstaaten	DIXIELAND
amerikan. Tanz	JITTERBUG
amerikan. Tanz	ROCKNROLL
amerikan. Verkaufsladen	DRUGSTORE
Aminosäure	GLYKOKOLL
Ammernart	ZIPPAMMER
Amnestie	GNADENAKT

Amphitheater in Rom	KOLOSSEUM
amtlich	OFFIZIELL
amtlicher Erlaß	ANORDNUNG
Amtsbruder	CONFRATER
amtsbrüderlich	KOLLEGIAL
Amtseinweisung	IMMISSION
Amtsgenossenschaft	KOLLEGIUM
Amtsniederlegung	DEMISSION
Amtszeichen	INSIGNIEN
Anämie	BLUTARMUT
Anbetung	ADORATION
anbieten	KREDENZEN
anbrennen	VERSENGEN
anbringen	MONTIEREN
Andachtsbuch	GEBETBUCH
andauernd	PERMANENT
Andengipfel	ACONCAGUA
Andersdenkender	DISSIDENT
andersgläubig	HETERODOX
andeuten	MARKIEREN
Andrang	GEDRAENGE
Aneinanderhaften	ADHAESION
anerkannt	NOTORISCH
anerkennen, beurteilen	WUERDIGEN
Anfänger	DEBUETANT
Anfänger	YOUNGSTER
Anfang der kathol. Messe	INTROITUS
Anfang einer Skala	NULLPUNKT

anfeuern	ANTREIBEN
anfeuern	ERMUNTERN
anfordern, beanspruchen	VERLANGEN
Anforderung, Anspruch	VERLANGEN
Anfressung	KORROSION
Anführer	OBERHAUPT
Anfuhr	LIEFERUNG
Angabe, Angeberei	PROTZEREI
Angabe beim Tennis	AUFSCHLAG
Angeber	RENOMMIST
Angeber, Großmaul	PRAHLHANS
Angeberei	PRAHLEREI
Angeberei, Hochnäsigkeit	SNOBISMUS
angeblich eierlegendes Tier	OSTERHASE
Angebot, Preisforderung	VORSCHLAG
Angeh. e. christl. Sekte	ADVENTIST
Angeh. e. christl. Sekte	METHODIST
Angeh. e. dtsch. Volksstammes	SCHLESIER
Angeh. e. german. Volksstammes	HERMINONE
angemessen	GEZIEMEND
angenehm	BEHAGLICH
Angeschwemmtes	STRANDGUT
angezeigt	INDIZIERT
Angleichung	ANPASSUNG

Anglerantwort	PETRIDANK
Anglergruß	PETRIHEIL
anglo-amerikan. Schriftsteller	ISHERWOOD
angreifend	AGGRESSIV
Angreifer	AGGRESSOR
Angriff	OFFENSIVE
angriffslustig	AGGRESSIV
Anhänger der Allgottlehre	PANTHEIST
Anhänger der Geisterlehre	SPIRITIST
Anhänger der Lehre Epikurs	EPIKUREER
Anhänger des Marxismus	KOMMUNIST
Anhänger des Sozialismus	SOZIALIST
Anhänger e. kommunist. Lehre	STALINIST
Anhänger e. kommunist. Lehre	TROTZKIST
Anhänger e. relig. Anschauung	GNOSTIKER
Anhänger e. schweiz. Reformators	CALVINIST
Anhänger einer polit. Anschauung	KOMMUNIST
Anhänger einer polit. Anschauung	LIBERALER
anhäufen	SPEICHERN
anhaftend	INHAERENT
animieren	ERMUNTERN

an keiner Stelle	NIRGENDWO
Ankleideraum	GARDEROBE
ankündigen	AVISIEREN
Ankunft von Schiffen	EINLAUFEN
anleiten	EINWEISEN
Anleitung	ANWEISUNG
Anlernling, Praktikant	VOLONTAER
anmelden	AVISIEREN
Anmerkung	KOMMENTAR
Annahme	HYPOTHESE
Annahme, Aufnahme	REZEPTION
annehmbar, triftig	PLAUSIBEL
annehmen	MUTMASSEN
Anode, Kathode	ELEKTRODE
anonym, namenlos	UNGENANNT
Anorak	WINDJACKE
Anprall	AUFSCHLAG
anraten	EMPFEHLEN
Anrede eines Bischofs	EXZELLENZ
Anrede eines Kaisers	MAJESTAET
Anrede f. unverheir. Frau	FRAEULEIN
Anrede im diplomatisch. Verkehr	EXZELLENZ
anregen	ANIMIEREN
Anreger	INITIATOR
Anregung, Reizmittel	STIMULANZ
Ansässiger	EINWOHNER
Ansager	MODERATOR
anschaulich, bildhaft deutlich	PLASTISCH
Anschließung	KOPPELUNG
ansehnlich	STATTLICH
anspornen	ERMUNTERN
ansprechend	GEFAELLIG
Anspruch	FORDERUNG
anspruchslos	GENUEGSAM
Anstaltsschülerinnen	ELEVINNEN
Ansteckung	INFEKTION
Ansteckung (mediz.)	KONTAGION
Anstifter	INITIATOR
anstreichen	AUFTRAGEN
anstreichen	LACKIEREN
Anstreichmaterial	LACKFARBE
Anstrengung	BEMUEHUNG
Anteilnahme	INTERESSE
Antidot	GEGENGIFT
antike Hafenstadt in Argolis	EPIDAUROS
antike Hirtenpfeife	PANFLOETE
antike Landsch. in Kleinasien	BITHYNIEN
antike Pferderennbahn	HIPPODROM
antiker Name d. Elateasgebirges	KITHAIRON
antiker Name Deutschlands	GERMANIEN
antiker Versfuß, Versmaß	TROCHAEUS
antikes Bauwerk in Rom	COLOSSEUM
antikes Bauwerk in Rom	KOLOSSEUM
antikes Dokument auf Tierhäuten	PERGAMENT
antikes Schreibmaterial	PERGAMENT
antikes Schutzbild	PALLADIUM
antikes Theaterstück	IPHIGENIE
antikes Volk in Italien	TYRRHENER
antikes Volk in Vorderasien	CHURRITER
Antipathie	ABNEIGUNG
Antlitz	ANGESICHT
Antriebsschraube	PROPELLER
antworten	ENTGEGNEN
Anwaltsrede	PLAEDOYER
Anweisung	ANORDNUNG
Anweisung	BELEHRUNG
Anweisung	DIREKTIVE
Anwesen	BESITZTUM
anwesend, gegenwärtig	VORHANDEN
Anwesenheit	GEGENWART
anwidern	ABSTOSSEN
Anzahlung	DRAUFGELD
Anzahlung, Vorauszahlung	VORSCHUSS
anzapfen	ANSTECHEN

Anzeiger an Maschinen	INDIKATOR
anzetteln	ANSTIFTEN
anziehend	ATTRAKTIV
anzünden	ENTFACHEN
Anzugform	EINREIHER
apfelsinenähnliche Südfrucht	MANDARINE
Apfelsorte	DELICIOUS
Apfelsorte	TAEUBLING
Apostel der Slawen	METHODIUS
Apostel Jesu	MATTHAEUS
Apostel Jesu	THADDAEUS
Apostel Jesu, Märtyrer, Heiliger	PHILIPPUS
Apothekerkunst	PHARMAZIE
Appeal	ANZIEHUNG
Appetit, Begehren	VERLANGEN
appetitlich	EINLADEND
appetitlich	KOESTLICH
apropos	UEBRIGENS
Aquarienfisch	GOLDFISCH
arab. Dynastie	FATIMIDEN
arab. Staat	JORDANIEN
Arbeitsgemeinschaft	KOLLEKTIV
Arbeitsweise, Methode	VERFAHREN
Arena	KAMPFBAHN
argentin. Berg	ACONCAGUA
argentin. Fluß	RIOSALADO
argentin. Landschaft	GRANCHACO
argentin. Schriftsteller	SARMIENTO
argentin. See	VIEDMASEE
arglistig, hinterhältig	TUECKISCH
Arkade	RUNDBOGEN
Arkadenreihe	BOGENGANG
Arkadenreihe	KREUZGANG
arm	BESITZLOS
armenische Industriestadt	LENINAKAN
Armflosser	SEETEUFEL
Armleuchter	GIRANDOLE
armselig	MISERABEL
Aroma	GESCHMACK
Aronstabgewächs	ANTHURIUM
Arrangement	ANORDNUNG
arrogant	ANMASSEND
Arroganz	ANMASSUNG
Artemisia	EDELRAUTE
Arterienentzündung	ARTERITIS
Arterienerweiterung	ANEURYSMA
artverschieden	HETEROGEN
Arzneiform	ZAEPFCHEN
Arzneipflanze	BORRETSCH
Arzneipflanze	ENGELWURZ
Arzneipflanze	HAUHECHEL
Arzt	MEDIZINER
Arzt für innere Krankheiten	INTERNIST
Arzt für Strahlentherapie	RADIOLOGE
Asbestart	SERPENTIN
Aschenkraut	CINERARIA
asiat. Fluß	MADHUMATI
asiat. Gebirge	TIENSCHAN
asiat. Hauptstadt	ISLAMABAD
asiat. Hauptstadt	ULANBATOR
asiat. Hauptstadt	VIENTIANE
asiat. Republik	ABCHASIEN
Asiat. Republik	BURJATIEN
Asiat. Republik	UDMURTIEN
asiat. Schwalbenart	SALANGANE
asiat. Staat	MALEDIVEN
asiat. Stadt d. Antike	ANTIOCHIA
asiat. Teil der Türkei	ANATOLIEN
asiat. Volk	TURKMENEN
asiat. Volk, Volksgruppe	ADSCHAREN
asiat. Volksgruppe	KAUKASIER
Aspirant	ANWAERTER
Assessor	ANWAERTER
Assessor	BEISITZER
Assistenz	MITARBEIT
assyr. Sagenkönigin	SEMIRAMIS
Astronautik, Kosmonautik	RAUMFAHRT

astronom. Gebilde	RINGNEBEL
astronom. Maßeinheit	LICHTJAHR
athenischer Feldherr	ARISTIDES
athenischer Feldherr	MILTIADES
athenischer Staatsmann	ARISTIDES
athletisch	MUSKULOES
Atomenergie	KERNKRAFT
Atomlehre	NUKLEONIK
Atride	AGAMEMNON
attackieren	ANGREIFEN
Attest	GUTACHTEN
Attraktion	ANZIEHUNG
Attraktion	ZUGSTUECK
Attraktion des Wiener Praters	RIESENRAD
attraktiv	ANZIEHEND
aufarbeiten	ERLEDIGEN
aufarbeiten	NACHHOLEN
auf Bewegung beruhend	KINETISCH
aufblasbarer Kaugummi	BUBBLEGUM
aufbrechen	FORTGEHEN
aufbruchbereit	STARTKLAR
auf die Sterne bezüglich	SIDERISCH
aufdringlich	PENETRANT
aufeinander einwirken	REAGIEREN
auferlegen	DIKTIEREN
aufführen	ERRICHTEN

aufführen	ERWAEHNEN
Aufführungsvorschrift	SZENARIUM
Aufgabe des Geistlichen	SEELSORGE
Aufgabe des Pädagogen	ERZIEHUNG
Aufgangspunkt e. Gestirns	ASZENDENT
aufgebracht	ENRAGIERT
aufgeregt	EXALTIERT
aufgespalten	VERZWEIGT
aufhetzen	AGITIEREN
Aufhören der Menstruation	MENOPAUSE
Aufklärung	BELEHRUNG
Auflaufen eines Schiffes	STRANDUNG
Auflehnung	REBELLION
Aufmerksamkeit	INTERESSE
aufmuntern	ERHEITERN
Aufputschmittel	BENZEDRIN
aufrechnen, ausgleichen	SALDIEREN
aufregendes Erlebnis	ABENTEUER
Aufregung	AGITATION
Aufregung, Wirbel	TURBULENZ
Aufrührer, Aufsässiger	INSURGENT
Aufruhr	EMPOERUNG
Aufruhr, Aufstand	REBELLION
aufsagen, darbieten	VORTRAGEN

Aufsatzsammlung	MISZELLEN
Aufschneider	PRAHLHANS
Aufschneiderei	FLUNKEREI
Aufschneiderei	GEFLUNKER
Aufschub	VERTAGUNG
aufsehenerregendes Ereignis	SENSATION
Aufsicht	BEWACHUNG
Aufsicht	KONTROLLE
Aufsichtsbeamter	INSPEKTOR
aufspüren	ENTDECKEN
aufs Spiel setzen	RISKIEREN
Aufständischer	INSURGENT
Aufsteigung	ASZENSION
aufstellen	ERRICHTEN
aufstellen	MONTIEREN
Aufstellung	FORMATION
Aufstieg zur Bergspitze	GIPFELWEG
auftischen	SERVIEREN
Auftraggeber	BESTELLER
Auftropfstein	STALAGMIT
auf Umwegen	MITTELBAR
Aufwärter, Hausmeister	KALFAKTOR
Aufwartung	BEDIENUNG
Aufwiegelung	AGITATION
Aufzug	FAHRSTUHL
augenblicklicher Zustand	SITUATION

9

Augenhornhautentzündung	KERATITIS
Augenzeugenbericht	REPORTAGE
Augsburger Humanist	PEUTINGER
ausarbeiten	ENTWERFEN
ausarbeiten	VERFASSEN
Ausbesserung, Instandsetzung	REPARATUR
ausborgen	VERLEIHEN
Ausbreitung	EXPANSION
ausdauernde Pferderasse	HAFLINGER
Ausdehnung	DIMENSION
Ausdehnung	EXPANSION
Ausdehnung	EXTENSION
ausdrucksvoll	EXPRESSIV
ausdrücklich	EXPLIZITE
Auseinanderlaufen	DIVERGENZ
auseinanderlaufend	DIVERGENT
Ausflug	ABSTECHER
Ausflug, Landpartie	WANDERUNG
ausforschen, vorfühlen	SONDIEREN
ausführende Gewalt	EXEKUTIVE
ausführlich, erschöpfend	UMFASSEND
Ausführung	EXEKUTION
Ausfuhrhändler	EXPORTEUR
Ausgangsstelle	NULLPUNKT
ausgedehnt	GERAEUMIG
Ausgedinge	ALTENTEIL
ausgestanzte Vorlage	SCHABLONE
ausgestoßen	GEAECHTET
ausgezehrt	ASKETISCH
ausgezeichnet	EXZELLENT
ausgezeichnet	PICOBELLO
ausgiebig	REICHLICH
Ausgleichsmittel	KORREKTIV
Aushändigung	UEBERGABE
Aushilfe	ASSISTENZ
Aushilfe	VERTRETER
Ausklang	NACHSPIEL
auskundschaften	BALDOWERN
Auslassungszeichen	APOSTROPH
auslaugen	ERODIEREN
Auslese, Zuchtwahl	SELEKTION
auslösen	ENTFACHEN
Ausmaß	DIMENSION
Ausnahme	EXZEPTION
ausreichend	GENUEGEND
Ausrüstung	ARMIERUNG
Ausrüstung	RUESTZEUG
ausruhen	PAUSIEREN
Aussage	BEKUNDUNG
Aussagebeurkundung	PROTOKOLL
Aussageweise	KATEGORIE
Ausscheidung	EXKREMENT
ausschweifendes Fest	BACCHANAL
Außenansicht	EXTERIEUR
Außenstände	DEBITOREN
außerdem	OBENDREIN
außergewöhnliches Ereignis	PHAENOMEN
außergewöhnliches Ereignis	SENSATION
Aussichten	AUSPIZIEN
Ausstattung	AUSSTEUER
Ausstattungsfilm	REVUEFILM
Ausstellungsart	FACHMESSE
Ausstrahlung	EMANATION
austral. Beuteltier	KAENGURUH
austral. Hafen am Spencergolf	PORTPIRIE
austral. Hafenstadt	ESPERANCE
austral. Hafenstadt	GERALDTON
austral. Insel, Bundesstaat	TASMANIEN
austral. Schachtelhalmbaum	KASUARINE
austral. See	AUSTINSEE
austral. Stadt	NORMANTON
austral. Stadt in Tasmanien	LAUNCETON

auswärtiger Bühnenauftritt	GASTSPIEL
Ausweitung	EXPANSION
ausziehbare Liege	KLAPPBETT
authentisch, garantiert	VERBUERGT
Autobahn-Einrichtung	STANDSPUR
Autogramm	NAMENSZUG
automat. Steuerungsanlage	AUTOPILOT
Automobiltyp	LASTWAGEN
Automobiltyp	LIMOUSINE
Autor, Urheber	VERFASSER
Autor, Verfasser	SCHREIBER
Autorin von »Gösta Bering«	LAGERLOEF
Autorin von »Rebecca«	DUMAURIER
Autorisation, Ermächtigung	VOLLMACHT
Autorität	OBRIGKEIT
Autor von »Amphiryon«	GIRAUDOUX
Autor von »Andromache«	EURIPIDES
Autor von »Antigone«	SOPHOKLES
Autor von »Barbara Blomberg«	ZUCKMAYER
Autor von »Cid«	CORNEILLE
Autor von »Decamerone«	BOCCACCIO
Autor von »Der alte Mann u. d. Meer«	HEMINGWAY
Autor von »Der arme Heinrich«	HAUPTMANN
Autor von »Der Biberpelz«	HAUPTMANN
Autor von »Der große Regen«	BROMFIELD
Autor von »Der Heiratsantrag«	TSCHECHOW
Autor von »Des Teufels General«	ZUCKMAYER
Autor von »Die drei Schwestern«	TSCHECHOW
Autor von »Die Ehre«	SUDERMANN
Autor von »Die Hose«	STERNHEIM
Autor von »Die Irre von Chaillot«	GIRAUDOUX
Autor von »Die Möwe«	TSCHECHOW
Autor von »Die Ratten«	HAUPTMANN
Autor von »Die Schatzinsel«	STEVENSON
Autor von »Die Troerinnen«	EURIPIDES
Autor von »Die Weber«	HAUPTMANN
Autor von »Don Quichotte«	CERVANTES
Autor von »Dr. Schiwago«	PASTERNAK
Autor von »Elektra«	GIRAUDOUX
Autor von »Elektra«	HAUPTMANN
Autor von »Elektra«	SOPHOKLES
Autor von »Florian Geyer«	HAUPTMANN
Autor von »Fuhrmann Henschel«	HAUPTMANN
Autor von »Hauptm. von Köpenick«	ZUCKMAYER
Autor von »Heimat«	SUDERMANN
Autor von »Iphigenie in Aulis«	EURIPIDES
Autor von »Katharina Knie«	ZUCKMAYER
Autor von »König Ödipus«	SOPHOKLES
Autor von »Medea«	EURIPIDES
Autor von »Rose Bernd«	HAUPTMANN
Autor von »Schelm von Bergen«	ZUCKMAYER
Autor von »Schinderhannes«	ZUCKMAYER
Autor von »Wem die Stunde schlägt«	HEMINGWAY
Axiom	GRUNDSATZ
Azoreninsel	SAOMIGUEL
Aztekenkönig	MONTEZUMA
Baby	KLEINKIND
Baby, Neugeborenes	SAEUGLING
babylon. Gesetzgeber	HAMMURABI
babylon. König	HAMMURABI
Backwerk	HOERNCHEN
Badeort auf Usedom	ZINNOWITZ

badischer Pfarrer, Schriftsteller	HANSJAKOB
badischer Stadt an der Enz	PFORZHEIM
badische Stadt an der Brigach	VILLINGEN
badische Stadt an der Kinzig	OFFENBURG
badisches Weinbaugebiet	KRAICHGAU
Badminton	FEDERBALL
Bärenart	BRAUNBAER
bäuerlich	LAENDLICH
Bagatelle	KLEINKRAM
Bahama-Insel	ELEUTHERA
Bahn für Pferderennen	HIPPODROM
Bahnhofseinrichtung	BAHNSTEIG
bajuwarisch	BAYERISCH
Bakterie	SPALTPILZ
Bakteriengift	ENDOTOXIN
balancieren	AUSWIEGEN
Balearen-Insel	DRAGONERA
Balkanstaat	BULGARIEN
Balkanstaat	RUMAENIEN
Balkanstaat	SLOWENIEN
Ballade von Goethe	ERLKOENIG
Ballerina	TAENZERIN
Ballett	SCHAUTANZ
Ballettmitglied	TAENZERIN
Balletttänzer	BALLERINO
Balletttänzerin	BALLERINA
Ballett von Bayer	PUPPENFEE
Ballett von de Falla	DREISPITZ
Ballett von Honegger	SEMIRAMIS
Ballspiel	FAUSTBALL
Ballspiel	FEDERBALL
Ballspiel	PRELLBALL
Balustrade	BRUESTUNG
Balustrade	GELAENDER
banal	LAEPPISCH
Banalität, Gemeinplatz	PLATTHEIT
Bandwurmbefall	TAENIASIS
Bange	BESORGNIS
bange	FURCHTSAM
Bankgelder	DEPOSITEN
Banner, Feldzeichen	STANDARTE
Bannmeile	SPERRZONE
Bar	AUSSCHANK
Bargeld	KONTANTEN
Barmann	BARKEEPER
barmherzig	MITLEIDIG
barmherziger Helfer	SAMARITER
Barockverzierung	KARTUSCHE
Bart, Barttracht	SCHNAUZER
Bartenhorn	FISCHBEIN
Bartpflegehilfsmittel	BARTBINDE
Barttracht	SPITZBART
Barttracht	STUTZBART
Basis	FUNDAMENT
Basis	GRUNDLAGE
Basis, Kardinalzahl	GRUNDZAHL
Basler Mathematikerfamilie	BERNOULLI
Baßtuba	BOMBARDON
Bastard	MISCHLING
Bauch	UNTERLEIB
Bauhandwerker	ROHRLEGER
Baumart	BUCHSBAUM
Baumeister	ARCHITEKT
Baumwollgewebe	MADAPOLAM
Baumwollgewebe	SCHIRTING
Baumwollgewebe	TRIKOLINE
Bauwerk in Hamburg	ELBTUNNEL
bayer. Alpensee	KOCHELSEE
bayer. Alpensee	WOERTHSEE
bayer. Königsschloß	LINDERHOF
bayer. Kurort	SCHWANGAU
bayer. Kurort im Rottal	GRIESBACH
bayer. Regierungsbezirk	OBERPFALZ
bayer. Schloß bei Ettal	LINDERHOF
bayer. Schriftsteller	GANGHOFER
bayer. Stadt am Fichtelgebirge	WUNSIEDEL

bayer. Stadt am unteren Main	OBERNBURG
bayer. Stadt an der Donau	DILLINGEN
bayer. Stadt an der Pegnitz	NUERNBERG
bayer. Stadt an Vils und Donau	VILSHOFEN
bayer. Stadt bei Augsburg	FRIEDBERG
bayer. Stadt nahe der Iller	MEMMINGEN
bayer. Stadt östl. v. München	EBERSBERG
beabsichtigen	ANSTREBEN
Beamtenentgelt	BESOLDUNG
Beamtentitel	KOMMISSAR
Beamter	INSPEKTOR
Beanstandung	EINSPRUCH
Bearbeiter v. Musikstücken	ARRANGEUR
Beaufsichtigung	KONTROLLE
eben, chwin- en	VIBRIEREN
eben, chwin- ung	VIBRATION
ecken, enke eogr.)	TIEFEBENE
edacht, chtsam	UMSICHTIG
edarf	NACHFRAGE
- uerns- rt	MISERABEL
edeckt, nstig	VERHANGEN
bedeutend, bedeutsam	PROMINENT
bedeutungslos, belanglos	UNWICHTIG
Bedingung	KONDITION
Bedingung	VORBEHALT
bedingungslos	UNBEDINGT
bedürftig	MITTELLOS
beeinflussen	EINWIRKEN
Beeinflussung, Lenkung	STEUERUNG
beerdigen	BEISETZEN
beerdigen	BESTATTEN
Beerensorte	BLAUBEERE
Beerensorte	BROMBEERE
Beethoven-Sinfonie	PASTORALE
Befehl	ANORDNUNG
Befehl	ANWEISUNG
befehlend	IMPERATIV
Befehlsform	IMPERATIV
Befehlshaber	ANFUEHRER
Befestigungsmittel	KLEBEBAND
Beförderung	TRANSPORT
Beförderung, Versand	SPEDITION
Beförderungsmittel	LASTWAGEN
Befragung	INTERVIEW
befreien	ENTBINDEN
Befreiung von Leid	ERLOESUNG
befriedigen	ERFUELLEN
befürworten	EMPFEHLEN
Befugnis	KOMPETENZ
befugt	KOMPETENT
begabt	VERANLAGT
Begebenheit	GESCHEHEN
begehren	ERSTREBEN
begehren, erhoffen	WUENSCHEN
begehren, fordern	VERLANGEN
begeistert	ENTZUECKT
beginnen	EINSETZEN
beginnen	EROEFFNEN
beglaubigen, beurkunden	TESTIEREN
beglaubigt	OFFIZIELL
Beglaubigungsschreiben	VOLLMACHT
Begleichung	BEZAHLUNG
Begleiter	GEFAEHRTE
Begleiter Don Giovannis	LEPORELLO
begraben	BEERDIGEN
begraben	BEISETZEN
begraben	BESTATTEN
Begräbnisstätte im Altertum	NEKROPOLE
begreifen	VERSTEHEN
begrenzt	LIMITIERT
Begriffsgattung	KATEGORIE
Begriffslehre	IDEOLOGIE
Begriffszeichen	IDEOGRAMM
Begründ. d. mod. Olymp. Spiele	COUBERTIN
Begründ. d. Volkshochschulen	GRUNDTVIG
Begründ. d. Wiener Unterh.-Musik	SCHRAMMEL
begründen	FUNDIEREN

begünstigen, bevorzugen	VORZIEHEN
Begütertheit	WOHLSTAND
begütigen	BERUHIGEN
Begutachtung	EXPERTISE
behandelnder Arzt	THERAPEUT
Beharrungsvermögen	TRAEGHEIT
Behausung für exotische Tiere	EXOTARIUM
Behendigkeit	AGILITAET
beherbergen	AUFNEHMEN
beherzt	WAGEMUTIG
Beherztheit	KUEHNHEIT
behilflich	GEFAELLIG
behindern	AUFHALTEN
behördliche Zuständigkeit	KOMPETENZ
behüten, wahren	SCHUETZEN
beidäugig	BINOKULAR
beiderseitig	BILATERAL
Beifall	HULDIGUNG
Beifallsbekundung	KLATSCHEN
Beifuß	ARTEMISIA
Beifuß	EBERRAUTE
beiläufig	ENPASSANT
Beileid	KONDOLENZ
Beileid, Mitgefühl	TEILNAHME
beim Kartenspiel zuschauen	KIEBITZEN
Beiname d. Judas	ISCHARIOT
Beiname Dantes	ALIGHIERI

Beinteil	KNIEKEHLE
Beirat der Theaterleitung	DRAMATURG
Beischlaf	BEGATTUNG
beisetzen	BEERDIGEN
beisetzen	BESTATTEN
Beispiel, Gleichnis	PARADIGMA
beißend	KAUSTISCH
beißender Spott	SARKASMUS
Beistand	ASSISTENT
Beistand	ASSISTENZ
Beiwagen	ANHAENGER
Beizjagd	FALKNEREI
bejahen, beipflichten	ZUSTIMMEN
bekanntmachen	EROEFFNEN
bekanntmachen	KUNDGEBEN
bekanntmachen	MITTEILEN
Bekleidung	GARDEROBE
Bekleidungsstück	HEMDBLUSE
belästigen	SEKKIEREN
Belang	BEDEUTUNG
Belanglosigkeit	BAGATELLE
Belchen, Wasserhuhn	BLESSHUHN
beleben	ANIMIEREN
beleben	ERMUNTERN
belebendes kühles Getränk	EISKAFFEE
Belebungsmittel	STIMULANZ
beleibt	KORPULENT
beleidigend	KRAENKEND
beleidigt	GEKRAENKT
Beleidigung	INVEKTIVE

Beleidigung	KRAENKUNG
Beleuchtung von Sportanlagen	FLUTLICHT
belg. Hafenstadt	ANTWERPEN
belg. Jazzgitarrist	REINHARDT
belg. Nobelpreisträger	BEERNAERT
belg. Provinz	ANTWERPEN
belg. Schriftsteller	RODENBACH
belg. Stadt	ROESELARE
belg. Stadt im Hennegau	CHARLEROI
belg. Stadt in Brabant	VILVOORDE
belg. symbolistischer Dichter	VERHAEREN
beliebig	ADLIBITUM
bemerkenswert	BEDEUTEND
bemerkenswert	BEDEUTSAM
Bemerkung	AUSSPRUCH
bemittelt	BEGUETERT
benachrichtigen	AVISIEREN
benachrichtigen	MITTEILEN
Benehmen	AUFTRETEN
Benehmen, Art des Handelns	VERHALTEN
Beneluxstaat	LUXEMBURG
benötigen	BEDUERFEN
Benommenheit	SOMNOLENZ
benutzen	VERWENDEN

9

beobachten	ZUSCHAUEN
Beobachter, Theaterbesucher	ZUSCHAUER
bequeme Fußbekleidung	HAUSSCHUH
bequeme Sitzgelegenheit	LEHNSTUHL
beratende Versammlung	CONSILIUM
Berater der Bühnenregie	DRAMATURG
Beratung	KONFERENZ
Beratung	KONSILIUM
Berberitze	SAUERDORN
berechnen	ERMITTELN
Bereich	ABTEILUNG
bereit	GERUESTET
Berg auf Mallorca	PUIGMAYOR
Berg bei Innsbruck	HAFELEKAR
Berg bei Oberstdorf	HOCHVOGEL
Berg bei Oberstdorf	NEBELHORN
Berg bei Rio de Janeiro	ZUCKERHUT
Berggeist d. Riesengebirges	RUEBEZAHL
Berg im Allgäu	HOHERIFEN
Berg im Allgäu	NEBELHORN
Berg im Apennin	FALTERONA
Berg im Erzgebirge	AUERSBERG
Berg im Hunsrück	ERBESKOPF
Berg im Odenwald	MELIBOKUS
Berg im Salzkammergut	SCHAFBERG
Berg im Taunus	ALTKOENIG
Berg im Wettersteingebirge	ALPSPITZE
Berg im Wettersteingebirge	ZUGSPITZE
Berg im Wiener Wald	SCHOEPFEL
Berg in den Alleghenies	BLACKDOME
Berg in den Walliser Alpen	WEISSHORN
Berg in der Auvergne	PUYDEDOME
Berg in der Rhön	KREUZBERG
Berg in der Rhön	MILSEBURG
Bergkette	HOEHENZUG
Bergkette in den Abruzzen	GRANSASSO
Bergkiefer	LEGFOEHRE
bergmänn. Funktion	ORTHAEUER
bergmänn. Gruß	GLUECKAUF
bergmänn. Verfahren	SOHLENBAU
Bergmannshammer	SCHLAEGEL
Bergmehl	KIESELGUR
Bergrük-ken bei Neapel	POSILLIPO
Bergsteiger	KLETTERER
Bergwild, Gebirgstier	STEINBOCK
berichten	ERZAEHLEN
berichten	MITTEILEN
Berichterstattung	REPORTAGE
berichtigen	ABAENDERN
berichtigen	KLARIEREN
Berichtigung	KORREKTUR
Berieselungsgerät	SPRINKLER
Berliner Bauwerk	REICHSTAG
Berliner Flughafen	TEMPELHOF
Berliner Klavierbauer	BECHSTEIN
Berliner Stadtteil, Verwaltungsbez.	KREUZBERG
Berliner Stadtteil, Verwaltungsbez.	NEUKOELLN
Berliner Stadtteil, Verwaltungsbez.	TEMPELHOF
Berner Alpenpaß	SCHEIDEGG
berüchtigt	NOTORISCH
berühmter Diamant	EXCELSIOR
Berühmtheit	PROMINENZ
berühren	TANGIEREN
Beruf bei Funk und Verlag	REDAKTEUR
Beruf im Gesundheitswesen	APOTHEKER
Beruf im Presse-, Verlagswesen	KORREKTOR
Beruf in der Industrie	LACKIERER
Beruf in der Industrie	ZURICHTER
Berufskraftfahrer	CHAUFFEUR

Berufs-spieler	HASARDEUR
Berufung	ERNENNUNG
Beruhi-gungs-mittel	SEDATIVUM
Beryll-Abart	AQUAMARIN
beschä-digen	LAEDIEREN
beschä-digen	VERSEHREN
beschä-men	BLAMIEREN
Beschaf-fenheit, Eigen-schaft	QUALITAET
Beschau	MUSTERUNG
beschau-lich	IDYLLISCH
Bescheid	NACHRICHT
beschei-nigen	TESTIEREN
be-schenken	BESCHEREN
be-schimpfen	SCHMAEHEN
beschlag-nahmen	ENTEIGNEN
beschrän-ken	BEGRENZEN
be-schränkt	LIMITIERT
beschrei-ben	SCHILDERN
beschul-digen	VORWERFEN
Beschul-digender	ANKLAEGER
Be-schwerde	EINSPRUCH
Be-schwerde-führer	REKLAMANT
be-schwerlich	MUEHEVOLL
besetzt	OKKUPIERT
besiegen	BEZWINGEN
Besiegter	VERLIERER
Besitz	HABSCHAFT
besitz-anzeigend	POSSESSIV
Besitz-ergrei-fung	ANEIGNUNG
besolden	ENTLOHNEN
beson-derer Festteil-nehmer	EHRENGAST
Besonder-heit	EIGENHEIT
be-sprechen	EROERTERN
Bespre-chung	KONFERENZ
Bestand-teil des Blutes	LYMPHOZYT
bestatten	BEERDIGEN
bestatten	BEISETZEN
bestech-lich	KAEUFLICH
Bestie, Monstrum	UNGEHEUER
bestimmt	DEFINIERT
bestimmt	ENERGISCH
Bestim-mung	ANORDNUNG
Bestim-mung, Geschick	SCHICKSAL
Bestreben	BEMUEHUNG
bestrei-ten	ABLEUGNEN
bestricken	BEZAUBERN
Be-stückung	ARMIERUNG
bestürzt	BETROFFEN
Betäu-bungsmit-tel (Mz.)	NARKOTIKA
Beteili-gung, Interesse	TEILNAHME
Beteue-rung	GELOEBNIS
Betite-lung	TITULATUR
betören	BERUECKEN
betont, zuge-spitzt	POINTIERT
Betonung	NACHDRUCK
beträcht-lich	BEDEUTEND
Betreuung	FUERSORGE
betroffen	BESTUERZT
betrügen, irreführen	TAEUSCHEN
betrüge-risch	UNREDLICH
Betrug	SCHIEBUNG
Betrug, Täu-schung	SCHWINDEL
betrun-ken	BERAUSCHT
Bettbe-kleidung	NACHTHEMD
Bettel-mönch	MENDIKANT
Bett-himmel	BALDACHIN
Beugungs-fall	AKKUSATIV
Beugungs-fall	GERUNDIUM
Beugungs-fall	NOMINATIV
Beurtei-lung	BEWERTUNG
Beurtei-lung	PRAEDIKAT
Beute	DIEBESGUT
Beutel-hand-tasche	POMPADOUR
bewegli-ches Fest	PFINGSTEN
Beweg-lichkeit	AGILITAET
Bewe-gungs-lehre	KINEMATIK
Bewe-gungs-losigkeit	STARRHEIT
Bewe-gungs-übungen	GYMNASTIK
Bewerber	ANWAERTER
Bewerber	POSTULANT
bewilligen	GEWAEHREN
Bewilli-gung	BILLIGUNG
Bewilli-gung	ERLAUBNIS

Bewohner der Lombardei	LOMBARDEN
Bewohner eines Erdteils	AFRIKANER
Bewohner eines Erdteils	EUROPAEER
Bewohner Kaschmirs	KASCHMIRI
Bewohner Monacos	MONEGASSE
bewundernswert	ADMIRABEL
Bewußtsein	SENSORIUM
bezaubern	BERUECKEN
bezeichnen	MARKIEREN
bezeichnen, unterzeichnen	SIGNIEREN
Bezeichnung	INSCHRIFT
Bezeichnung f. Opportunist	WENDEHALS
Bibliothek	BUECHEREI
biblische Gestalt	MARDOCHAI
biblische Gestalt	ZACHARIAS
biblische Gestalt	ZORUBABEL
biblischer König	ABIMELECH
biblischer König	SERUBABEL
biblischer Ort	BETHANIEN
biblischer Prophet	MALACHIAS
biblischer Prophet	SOPHONIAS
biblische Stadt am Tiberiassee	KAPERNAUM
biblische Stätte	BETHABARA
biblisches Volk	AMMONITER
biblisches Volk	PHILISTER
biblisches Volk	SAMARITER
bieder	EHRENWERT
biegsam	BEWEGLICH
biegsam	ELASTISCH
Biersorte	RAUCHBIER
Biersorte	STARKBIER
Bigamie	DOPPELEHE
Bilanz	ABSCHLUSS
Bilch	HASELMAUS
Bild aus einem Film	STANDFOTO
bildende Kunst	BILDNEREI
bildender Künstler	BILDHAUER
bildender Künstler	GRAPHIKER
bildhafte Erzählung	GLEICHNIS
bildhafte Redewendung	VERGLEICH
Bildhauer	PLASTIKER
Bildhauer	SKULPTEUR
Bildhauer	STEINMETZ
Bildhauerwerkzeug	SCHLAEGEL
Bildkapsel	MEDAILLON
Bildnis	KONTERFEI
bildsam, formbar, knetbar	PLASTISCH
Bildspeicherröhre	IKONOSKOP
Bild unbelebter Dinge	STILLEBEN
Bildung	FORMATION
Bildwerfer	PROJEKTOR
Bildzeichen	IDEOGRAMM
Billard-Ausdruck	KOPFSTOSS
Billett	FAHRKARTE
billig	PREISWERT
binden	SCHNUEREN
Bindung	BEZIEHUNG
binnen	INNERHALB
Binnengewässer in Rußland	LADOGASEE
Binnenmeer des Indischen Ozeans	ROTESMEER
biolog. Statistik	BIOMETRIE
Birkhuhn	SPIELHUHN
Birnensorte	GUTELUISE
bischöflich	EPISKOPAL
Bischof	EPISKOPUS
Bischofsamt	EPISKOPAT
Bischofsstab	KRUMMSTAB
bittere Zitrusfrucht	POMERANZE
Bitterlikör	ANGOSTURA
Blähsucht	FLATULENZ
Blasenkäfer	OELKAEFER
Blasenspiegel	ZYSTOSKOP
Blasensucht	PEMPHIGUS
Blasinstrument	HARMONIKA
Blasmusiker	POSAUNIST
Blasmusiker	TROMPETER
Blatthornkäfer	MAIKAEFER
Blaubeere	BICKBEERE
blaugrüner Schmuckstein	AQUAMARIN
Blechblasinstrument	SOUSAPHON
bleibend	DAUERHAFT
Bleichmittel	CHLORKALK
blindwütig	FANATISCH

blitzend	FULMINANT
blöd	IDIOTISCH
bloß	LEDIGLICH
bloß-stellen	BLAMIEREN
blühen	FLORIEREN
Blüten-stand	KAETZCHEN
Blüten-stand	KOERBCHEN
Blüten-stand	SCHRAUBEL
Blüten-stand	TRUGDOLDE
Blüten-teil	KRONBLATT
bluffen, mogeln	TAEUSCHEN
Blutarmut	OLIGAEMIE
Blutge-rinnsel-bildung	THROMBOSE
Blut-geschwür	KARBUNKEL
Blut-geschwür	KARFUNKEL
Blut-krankheit	LEUKAEMIE
Blutleere	ISCHAEMIE
Blut-spucken	HAEMOPTOE
Blutunter-druck	HYPOTONIE
Blut-wasser	BLUTSERUM
Blut-zeuge	MAERTYRER
Blutzir-kulation	KREISLAUF
Boden-kunde	PEDOLOGIE
Boden-nutzung	GARTENBAU
Boden-see-Fähr-hafen	MEERSBURG
Boden-see-Insel	REICHENAU
Boden-see-Zufluß	SCHMUTTER
Boden-übung	FLUGROLLE
Boden-übung	KOPFSTAND
Böe	WINDSTOSS
böhm. Moldau-Zufluß	LUSCHNITZ
böhm. Stadt an der Moldau	ROSENBERG
Börsen-anzeige	KURSTAFEL
Börsen-zulassung	KOTIERUNG
böser Blick (ital.)	MALOCCHIO
böswillig täuschen	BETRUEGEN
Bogen	KRUEMMUNG
Bohr-muschel	PFAHLWURM
Boletus (Pilz)	KAPUZINER
bolivian. Währung	BOLIVIANO
Bomben-aufprall	EINSCHLAG
bomben-sicherer Raum	KASEMATTE
Bon	GUTSCHEIN
Bonus	DIVIDENDE
Boot, Bootsart	SEGELBOOT
Bootsart	RUDERBOOT
Bordeaux-wein	SAUTERNES
Bor-retsch-gewächs	STEINSAME
boshaft	MALIZIOES
bosnische Stadt	BANJALUKA
Bote, Über-bringer	ZUSTELLER
Bot-schaft	AMBASSADE
Botschaft	NACHRICHT
Botschaft	NEUIGKEIT
Boutique	KRAMLADEN
Box, Ein-stellraum	VERSCHLAG
Box-Ausdruck	DOUBLETTE
Box-schlag	SCHWINGER
Boy	LAUFJUNGE
Brach-vogel	BRACHHUHN
Bracke	SPUERHUND
Brätling	SUESSLING
Bräuti-gam	VERLOBTER
Branche	ABTEILUNG
branden-burg. Land-schaft	UCKERMARK
branden-burg. Stadt bei Potsdam	NEURUPPIN
brand-marken	VERPOENEN
Brand-markung	SCHANDMAL
Brand-stiftungs-trieb	PYROMANIE
Brand-wache	FEUERWEHR
Brannt-weinsorte	APFELKORN
Brannt-weinsorte	WACHOLDER
Brannt-weinsorte	WEINBRAND
brasilian. Berg	ITACOLUMI
brasilian. Hafen-stadt	FORTALEZA
brasilian. Hafen-stadt	JOINVILLE
brasilian. Hafen-stadt	RIOGRANDE
brasilian. Indianer-stamm	BOTOKUDEN
brasilian. Stadt	GUARABIRA
brasilian. Stadt	PETROLINA
Braten-stück	KARBONADE

9

Bratenstück	RUMPSTEAK
Bratenstück	SCHNITZEL
Bratgeflügel	HAEHNCHEN
Brauch, Brauchtum	TRADITION
brauchbar	NUETZLICH
Brauereianlage	MAELZEREI
brauner Finkenvogel	HAENFLING
Braunschweigs früherer Name	BRUNSWICH
Brechstange	GEISSFUSS
bremsen	AUFHALTEN
Bremsvorrichtung	HEMMSCHUH
Brennstoff, -material	LEICHTOEL
Bresche	DURCHLASS
Brettspiel	DAMESPIEL
Brettspiel	FUCHSJAGD
Brettspiel	TOKADILLE
Brief, Schriftstück	SCHREIBEN
Brille	AUGENGLAS
brisant	SPRENGEND
britische Atlantikinsel	ASCENSION
britische Hafenstadt, Seebad	BLACKPOOL
britische Nationalflagge	UNIONJACK
britischer Astronom	EDDINGTON
britischer Besitz in Spanien	GIBRALTAR
britischer Feldmarschall (Afrika)	KITCHENER

britischer Stützpunkt am Mittelmeer	GIBRALTAR
Broschüre	DRUCKHEFT
Brotaufstrich	MARGARINE
Brotaufstrich	MARMELADE
Brotsorte	MISCHBROT
Brotsorte	WEISSBROT
Bruderschaft span.	HERMANDAD
Bruder von Menelaos	AGAMEMNON
Brüstung	GELAENDER
Brunnentempel	NYMPHAEUM
Brustfellentzündung	PLEURITIS
Brustknochen	BRUSTBEIN
Brustkreuz, Brustschild	PEKTORALE
Brutkasten	INKUBATOR
Buch, Buchart	KUNSTBUCH
Buchbindergerät	LEIMWALZE
Buch d. Alten Testaments	HOHESLIED
Buch d. Alten Testaments	LEVITIKUS
Buch d. Neuen Testaments	MATTHAEUS
Buchdruckerberuf	KORREKTOR
Buchdruckverfahren	HOCHDRUCK
Buchdruckverfahren	TIEFDRUCK
Buchenart	BLUTBUCHE

Buch mit festem Einband	HARDCOVER
Buchstabenrätsel	LOGOGRIPH
Bucht d. südafrikan. Kapprovinz	MOSSELBAI
Buch von Ovid	ARSAMANDI
buddhist. Heiligtum auf Java	BOROBUDUR
Budike, Butike	KRAMLADEN
Bücherwurm	LESERATTE
Bühnenleiter	INTENDANT
Bühnenleitung	INTENDANZ
Bühnenstück v. Aristophanes	DERFRIEDE
Bühnenstück v. Aristophanes	DIERITTER
Bühnenstück v. Aristophanes	DIEVOEGEL
Bühnenstück v. Aristophanes	DIEWOLKEN
Bühnenstück v. Hauptmann	DIERATTEN
Bühnenstück v. Hebbel	DEMETRIUS
Bühnenstück v. Schnitzler	DERREIGEN
Bühnenstück v. Shaw	PYGMALION
Bühnenstück v. Strindberg	TOTENTANZ
Bühnenstück v. Sudermann	DIEHEIMAT
Bündnis	KOALITION

9

Bürgeradel	PATRIZIAT
Bürgermeister angloamerik.	LORDMAYOR
Bürgerschaftsvertretung	MAGISTRAT
Büßer	POENITENT
Büttner	BOETTCHER
Bug	VORSCHIFF
bulgar. Herrscher	ALEXANDER
bulgar. Politiker	SCHIWKOFF
bulgar. Stadt	PAZARDZIK
Bummel, Spaziergang	PROMENADE
bunt	KOLORIERT
bunt, vielfarbig	POLYCHROM
Burenführer	PRETORIUS
Burg am Rhein	GUTENFELS
Burg am Rhein	MARKSBURG
Burg am Rhein	RHEINFELS
Burg an der Nahe	EBERNBURG
Burgunderkönigin	BRUNHILDE
Burgunderwein	MEURSAULT
Burgvogt	KASTELLAN
Burg von Athen	AKROPOLIS
Burg von Bautzen	ORTENBURG
Burg von Landshut	TRAUSNITZ
Busch	DSCHUNGEL
Busch, Dickicht	UNTERHOLZ
Buße	POENITENZ
Bußübung	KASTEIUNG
byzantin. Kaiser	JUSTINIAN
byzantin. Prinzessin	THEOPHANU
byzantin. Sekte	BOGOMILEN
calvinistische Bewegung	PURITANER
Camping	ZELTLAGER
Campinggefährt	WOHNWAGEN
Caravan	WOHNMOBIL
cerise	KIRSCHROT
Champignon	BRACHPILZ
Chaos, Wirrwarr	UNORDNUNG
Charakterart	WESENSZUG
charakteristisch	PRAEGNANT
Chef	OBERHAUPT
chem. Anzeiger	INDIKATOR
chem. Element, Edelmetall	BERYLLIUM
chem. Element, Edelmetall	PALLADIUM
chem. Element, Erdmetall	YTTERBIUM
chem. Element, Leichtmetall	MAGNESIUM
chem. Element, Metall	GERMANIUM
chem. Element, Metall	RUTHENIUM
chem. Element, Metall	STRONTIUM
chem. Element, Metall	ZIRKONIUM
chem. Element, Schwermetall	MOLYBDAEN
chem. Element, seltene Erde	PRASEODYM
chem. Element, Transuran	NEPTUNIUM
chem. Element, Transuran	PLUTONIUM
chem. Vorgang	OXYDATION
Cheruskerfürstin	THUSNELDA
Chiffre	MONOGRAMM
chilen. Fluß	ACONCAGUA
chilen. Provinz	ACONCAGUA
chilen. Stadt	CAUQUENES
chilen. Vulkan	ELCALBUCO
Chiletanne	ARAUKARIE
Chinchilla	HASENMAUS
chines. Dichter, Schriftsteller	LINYUTANG
chines. Politiker	SUNYATSEN
chines. Provinz	GUANGZHOU
chines. Religionsstifter	KONFUZIUS
chines. Stadt	CHANGCHUN
chines. Stadt am Hwangho	LANTSCHOU
chines. Stadt i. d. Mandschurei	TSITSIKAR
chines. Stadt in Sichuan	TSCHENGTU
chines. Umgangssprache	PUTUNGHUA
chirurgischer Eingriff	OPERATION
Chorea	VEITSTANZ
Chorfrau	KANONISSE
Chorherr	KANONIKER
christl. Einsiedler	ANACHORET

9

christl. Fest	PFINGSTEN
christl. Glaubensgemeinschaft	BAPTISTEN
Chrysantheme	GOLDBLUME
Chrysantheme	MARGERITE
Chrysanthemenart	PYRETHRUM
Cocktail	MANHATTAN
Comicfigur	MICKYMAUS
Conferencier	MODERATOR
Countrymusikgruppe	TRUCKSTOP
creme, cremefarben	BLASSGELB
Dachpappe	TEERPAPPE
Dachterrassenwohnung	PENTHOUSE
dämmen	ABDICHTEN
Dämmerung, Halbdunkel	ZWIELICHT
Dämmung	ISOLATION
dän. Autor (Nobelpreis)	GJELLERUP
dän. Geograph, Polarforscher	RASMUSSEN
dän. Herrschername	CHRISTIAN
än. istoriker	JORGENSEN
än. rischer enor	ROSVAENGE
än.-orweg. eeres-ge	SKAGERRAK
n. oerhaus	LANDSTING
n. Ost-einsel	LANGELAND
dän. Parlament	FOLKETING
dän. Philosoph	HOEFFDING
dän. Physiker (Nobelpreis)	MOTTELSON
dän. Staatsmann	STRUENSEE
dän. Stadt	SILKEBORG
dän. Stadt auf Fünen	SVENDBORG
Damenbekleidungsstück	HOSENROCK
Damen-Wäschestück	UNTERROCK
Dampfmaschinenteil	KREUZKOPF
Darmschmarotzer	MADENWURM
darreichen	KREDENZEN
Darsteller	INTERPRET
Daten-Eingabe (EDV)	ERFASSUNG
Datum, Frist	ZEITPUNKT
dauernd	CHRONISCH
Dauphin	KRONPRINZ
Davidstern	HEXAGRAMM
Deckenvertiefungen	KASSETTEN
Deckname	PSEUDONYM
deckungsgleich	KONGRUENT
Defekt	GEBRECHEN
defekt, entzwei	SCHADHAFT
Degeneration	ENTARTUNG
dehnbar	ELASTISCH
dehnbares Material	KAUTSCHUK
dehnen	AUSWEITEN
Dek-kungsgleichheit	KONGRUENZ
Deklamation mit Musikbegleitung	MELODRAMA
deklarieren	ERKLAEREN
deklinieren	ABWANDELN
dekorieren, ausschmükken	VERZIEREN
Delegation	ABORDNUNG
delegieren	ENTSENDEN
delikat	KOESTLICH
Demontage, Teilung	ZERLEGUNG
den Ball aufschlagen (Tennis)	SERVIEREN
den Gaumen betreffend	PALATINAL
Denkart	GESINNUNG
Denker, Weiser	PHILOSOPH
Denkschrift	WEISSBUCH
Denksport	RATESPIEL
Denksportaufgabe	QUIZFRAGE
Denkvermögen	INTELLEKT
den Magen betreffend	GASTRISCH
Denunziant, Abtrünniger	VERRAETER
Departement in Kolumbien	MAGDALENA
Departement in Kolumbien	SANTANDER
deponieren	EINLAGERN

Depression, Melancholie	SCHWERMUT
Derwisch-Orden	BEKTASCHI
derzeitiger Zustand	STATUSQUO
desgleichen	EBENFALLS
Desinfektion	ENTWESUNG
Desinfektionsmittel	CHLORKALK
des Landes verweisen	VERBANNEN
Dessert	NACHTISCH
determinieren	BESTIMMEN
Detonation	EXPLOSION
Deuter	INTERPRET
Deutung	AUSLEGUNG
Devalvation	ABWERTUNG
Dezennium	JAHRZEHNT
Diadoche	ANTIGONOS
Diadoche	ANTIPATOR
Diät, Heilnahrung	SCHONKOST
Diagnose	ERKENNUNG
Diamantenstadt in Südafrika	KIMBERLEY
Diatomeenerde	KIESELGUR
Dichter	MUSENSOHN
dichterisch: Himmel	FIRMAMENT
Dichterling	POETASTER
Dickblattgewächs	ECHEVERIA
Dickdarmende	BLINDDARM
Dickicht	BUSCHWERK
Dickicht	GESTRUEPP
Dickicht	UNTERHOLZ
Dieb, Gauner	SPITZBUBE
die Bauchhöhle betreffend	ABDOMINAL
Diebesfalle	FUSSANGEL
die Bewegung betreffend	MOTORISCH
Dieb geistigen Eigentums	PLAGIATOR
die Gestalt wandelnd	METAMORPH
Diele	VORZIMMER
Diener des Don Juan	LEPORELLO
Dienstbezüge	BESOLDUNG
Dienstentlassung	KASSATION
Dienstflagge, Hoheitszeichen	STANDARTE
Dienstgrad	RANGSTUFE
Dienststelle	AMTSSTUBE
Dienstvorschrift	ANWEISUNG
Dienstvorschrift	DIREKTIVE
Dienstvorschrift	REGLEMENT
Digitalis	FINGERHUT
Diktiergerät	DIKTAPHON
Dilettant	LIEBHABER
dilettantisch	LAIENHAFT
Diner	FESTESSEN
Dinkelkorn	GRUENKERN
Dinosaurier	IGUANODON
Dioritgestein	PORPHYRIT
diplomat. Brauchtum	PROTOKOLL
diplomat. Vertreter e. Staates	GESANDTER
diplomat. Vertretung	BOTSCHAFT
direkte Entfernung	LUFTLINIE
Direktive	ANORDNUNG
Direktive	ANWEISUNG
Dirigentenstab	TAKTSTOCK
Disharmonie	MISSKLANG
Diskont	VORZINSEN
Diskont	ZINSABZUG
Diskussionsleiter	MODERATOR
Diskussionstagung	SYMPOSION
Disposition	KONDITION
Disput, Wortwechsel	REDEDUELL
Dissonanz	MISSKLANG
Distrikt von Brunei	TEMBURONG
Diwan	LIEGESOFA
Dnjepr-Zufluß	KRONSKAJA
Dohle	DURCHLASS
dokumentiert	BEWEISBAR
Doldengewächs	MANNSTREU
Dollar-Banknote	GREENBACK
Dolmetscher	INTERPRET
Dolomitengipfel	MARMOLATA
Dolomiten-Paß	SELLAJOCH
Domherr	KANONIKER
Domherr	KAPITULAR

9

Donars Hammer	MJOELLNIR
Don-Zufluß	WORONESCH
Doppel	ABSCHRIFT
Doppel	DOUBLETTE
Doppellaut	DIPHTHONG
Doppelrumpfboot	KATAMARAN
Doppeltreffer beim Boxen	DOUBLETTE
Doppelvers	DISTICHON
Dossier	AKTENHEFT
Dozentur	LEHRSTUHL
dozieren	VORTRAGEN
Drahtnachricht, Depesche	TELEGRAMM
Drahtzieher	ANSTIFTER
dramatisch	AUFREGEND
dramatischer Sprechgesang	REZITATIV
Drama von Goethe	IPHIGENIE
Drama von Hauptmann	BIBERPELZ
Drama von Hauptmann	ROSEBERND
Drang	BESTREBEN
Draufgabe	ANZAHLUNG
Drau-Zufluß	POESSNITZ
drawidische Sprache	MALAYALAM
Dreh	HANDGRIFF
Dreher	DRECHSLER
Drehgelenk	SCHARNIER
Drehorgelspieler	LEIERMANN
Drehschwung	PIROUETTE

Drehung in der Hohen Schule	PIROUETTE
Dreiblatt	TRIFOLIUM
Dreiecksegel	SPINNAKER
Dreieinigkeit, Dreifaltigkeit	TRINITAET
dreifarbige Flagge	TRIKOLORE
dreijährliche Veranstaltung	TRIENNALE
Dreikäsehoch	HOSENMATZ
Dreikampf	TRIATHLON
Dreiphasenstrom	DREHSTROM
dreisaitiges Zupfinstrument	BALALAIKA
dreiseitige Pyramide	TETRAEDER
Dresdener Knabenchor	KREUZCHOR
dressieren	ABRICHTEN
dritte Potenz	KUBIKZAHL
Dritter Orden	TERZIAREN
drittes Buch Mose	LEVITIKUS
drosseln	MAESSIGEN
Druckmesser	MANOMETER
drucktechn. Verfahren	AETZDRUCK
Druckverfahren	BUCHDRUCK
Druckverfahren	ROTAPRINT
Druckverfahren	SIEBDRUCK
drücken, pressen	QUETSCHEN

dt.-amer. Physiker (Nobelpreis)	DELBRUECK
dtsch. abstrakt. Maler	ACKERMANN
dtsch. Adelstitel	KURFUERST
dtsch. Adelstitel	PFALZGRAF
dtsch. Afrikaforscher	FROBENIUS
dtsch. Afrikaforscher	NACHTIGAL
dtsch.-amerikan. Raketentechniker	STEINHOFF
dtsch. Arzt, Bakteriologe	UHLENHUTH
dtsch. Arzt (Homöopathie)	HAHNEMANN
dtsch. Autor	BORCHARDT
dtsch. Autor, Karikaturist	GERNHARDT
dtsch. Autorennstrecke	NORISRING
dtsch. Autor (Nobelpreis)	HAUPTMANN
dtsch. Autor (Nobelpreis)	OSSIETZKY
dtsch. Ballerino	HALLHUBER
dtsch. Bariton	SCHLUSNUS
dtsch. Barockbaumeister	SCHLUETER
dtsch. Barockbildhauer	SCHLUETER
dtsch.-belg. Hochfläche	HOHESVENN

dtsch. Botaniker	SCHLEIDEN
dtsch. Boxer	SCHMELING
dtsch. Bundeskanzler	KIESINGER
dtsch. Bundespräsident	HEINEMANN
dtsch. Cellist	HOELSCHER
dtsch. Chemiker	FRESENIUS
dtsch. Chemiker (Nobelpreis)	BUTENANDT
dtsch. Dichter, Schriftsteller	BOETTCHER
dtsch. Dichter, Schriftsteller	KLOPSTOCK
dtsch. Dichterin, Schriftstellerin	REVENTLOW
dtsch. Dichter u. Maler	SCHROEDER
dtsch. Dirigent	ABENDROTH
dtsch. Dirigent	KEILBERTH
dtsch. Dirigent	KLEMPERER
dtsch. Dirigent	MARSZALEK
dtsch. Dirigent	MATZERATH
dtsch. Dirigent	SCHERCHEN
dtsch. Dirigent	SCHURICHT
dtsch. Dominikaner, Mystiker	ECKEHARDT
dtsch. Dramatiker	ZUCKMAYER
dtsch. evangel. Theologe	THIELICKE
dtsch. Existentialphilosoph	HEIDEGGER
dtsch. expressionist. Autor	STERNHEIM
dtsch. expressionist. Bildhauer	LEHMBRUCK
dtsch. expressionist. Maler	PECHSTEIN
dtsch. f. Moslem	MUSELMANN
dtsch. Flieger, Flugpionier	HUENEFELD
dtsch. Fluggesellschaft	LUFTHANSA
dtsch. Fußballspieler	GRABOWSKI
dtsch. Fußballspieler	JUSKOWIAK
dtsch. Fußballspieler	KOHLMEYER
dtsch. Fußballspieler	TILKOWSKI
dtsch. Gelehrter, Schriftsteller	GOTTSCHED
dtsch. Generalfeldmarschall	MACKENSEN
dtsch. Generalfeldmarschall	RUNDSTEDT
dtsch. Generalfeldmarschall	WITZLEBEN
dtsch. Geograph, Geopolit.	HAUSHOFER
dtsch. Geschichtsschreiber	LAMPRECHT
dtsch. Gewicht	DEZIGRAMM
dtsch. Historiker	DELBRUECK
dtsch. Höhenzug	HAINLEITE
dtsch. idealistischer Philosoph	SCHELLING
dtsch. Indologe	GLASENAPP
dtsch. Jazzkomponist, -musiker	DOLDINGER
dtsch. Jazzmusiker, -komponist	DOLDINGER
dtsch. Jazz-Orchesterleiter	EDELHAGEN
dtsch. Jazzpianist, Bandlead.	JANKOWSKI
dtsch. Jugendbund	QUICKBORN
dtsch. Junker	OSTELBIER
dtsch. Kabarettistin	KARLSTADT
dtsch. Kabarettistin	SCHLUETER
dtsch. Käsesorte	ALLGAEUER
dtsch. Kaisername, Königsname	FERDINAND
dtsch. Kaisername, Königsname	FRIEDRICH
dtsch. Kardinal	FAULHABER
dtsch. kathol. Schriftsteller	SCHNEIDER
dtsch. klassizistischer Bildhauer	DANNECKER

9

dtsch. klassizistischer Bildhauer	RIETSCHEL
dtsch. Koloratursopran	HALLSTEIN
dtsch. kommunist. Politikerin	LUXEMBURG
dtsch. Komponist	BEETHOVEN
dtsch. Komponist	BRAUNFELS
dtsch. Komponist	BUXTEHUDE
dtsch. Komponist	HINDEMITH
dtsch. Komponist	SCHROEDER
dtsch. Komponist, Bandleader	KAEMPFERT
dtsch. Komponist und Dichter	CORNELIUS
dtsch. kubist. Maler, Grafiker	FEININGER
dtsch. Kurienkardinal	RATZINGER
dtsch. Landeshauptstadt	STUTTGART
dtsch. Landeshauptstadt	WIESBADEN
dtsch. Landschaft	WESTFALEN
dtsch. Leichtathletin	ROSENDAHL
dtsch. Maler	FEDDERSEN
dtsch. Maler, Bauhaus)	SCHLEMMER
dtsch. Maler, Grafiker	ALTDORFER
dtsch. Maler, Grafiker	BURGKMAIR
dtsch. Maler, Grafiker	FEUERBACH
dtsch. Maler, Grafiker	KUEGELGEN
dtsch. Maler, Landschafter	ELSHEIMER
dtsch. Maler der Romantik	CORNELIUS
dtsch. Maler der Romantik	FRIEDRICH
dtsch. Malerfamilie	TISCHBEIN
dtsch. Maler in Worpswede	MODERSOHN
dtsch. Maler u. Dichter	KUEGELGEN
dtsch. Maß	DEZILITER
dtsch. Maß	DEZIMETER
dtsch. materialist. Philosoph	FEUERBACH
dtsch. Mathematiker	MINKOWSKI
dtsch. Minnesänger	FRAUENLOB
dtsch. Minnesänger (13. Jh.)	NEIDHARDT
dtsch. Modeschöpfer	LAGERFELD
dtsch. Mystikerin	MECHTHILD
dtsch. Mystikerin, Heilige	HILDEGARD
dtsch. Name des Lago Maggiore	LANGENSEE
dtsch. Nationalökonom	SCHMOLLER
dtsch. Nordseebucht	JADEBUSEN
dtsch. Nordseeinsel	HELGOLAND
dtsch.-österr. Komponist	HAUSEGGER
dtsch. Operettenkomponist	OFFENBACH
dtsch. Opernkomponist	MARSCHNER
dtsch. Opernkomponist	MEYERBEER
dtsch. Organist u. Komponist	PACHELBEL
dtsch. Ostseehafen	FLENSBURG
dtsch. Ostseeinsel	HIDDENSEE
dtsch. Philosoph	AVENARIUS
dtsch. Philosoph	NIETZSCHE
dtsch. Philosoph	VAIHINGER
dtsch. Philosoph d. Aufklärung	THOMASIUS
dtsch. Physiker, Erfinder	STEINHEIL
dtsch. Physiker, Mediziner	HELMHOLTZ
dtsch. Physiker (Spektralanalyse)	KIRCHHOFF
dtsch. Physiker (Thermodynamik)	BOLTZMANN
dtsch. Pianist	GIESEKING

9

dtsch. Pionier d. Leibeserziehung	GUTSMUTHS
dtsch. Politiker, Konzernchef	HUGENBERG
dtsch. Politiker (CDU)	FILBINGER
dtsch. Politiker (CDU)	KIESINGER
dtsch. Politiker (CDU)	SCHROEDER
dtsch. Politikerin (CDU)	SUESSMUTH
dtsch. Politikerin (Die Grünen)	DITHFURTH
dtsch. Politiker (KPD)	THAELMANN
dtsch. Politiker (20. Juli)	GOERDELER
dtsch. Psychiater	KRAEPELIN
dtsch. Reichskanzler	HOHENLOHE
dtsch. Reichskanzler	MICHAELIS
dtsch. Schauspieler	ACKERMANN
dtsch. Schauspieler	FROEHLICH
dtsch. Schauspieler	FUETTERER
dtsch. Schauspieler	HOLTZMANN
dtsch. Schauspieler	MEYERINCK
dtsch. Schauspieler	MOSBACHER
dtsch. Schauspieler	PFITZMANN
dtsch. Schauspieler	PRUECKNER
dtsch. Schauspieler	QUADFLIEG
dtsch. Schauspielerin	ANDERGAST
dtsch. Schauspielerin	BLEIBTREU
dtsch. Schauspielerin	HIELSCHER
dtsch. Schauspielerin	LANDGREBE
dtsch. Schauspielerin	SCHOLLWER
dtsch. Schauspielerin	SCHYGULLA
dtsch. Schriftsteller	ENGELMANN
dtsch. Schriftsteller	HOLTHUSEN
dtsch. Schriftsteller	IMMERMANN
dtsch. Schriftsteller	KEMPOWSKI
dtsch. Schriftsteller	KIPPHARDT
dtsch. Schriftsteller	RUEHMKORF
dtsch. Schriftsteller	STEGUWEIT
dtsch. Schriftstellerin	BRUECKNER
dtsch. Schriftstellerin	KASCHNITZ
dtsch. Schriftstellerin, Malerin	SCHAUMANN
dtsch. Showmaster	ROSENTHAL
dtsch. Sozialreformer	DAMASCHKE
dtsch. Staatsphilosoph	PUFENDORF
dtsch. Stadt	NUERNBERG
dtsch. Stadt a. d. Eider	RENDSBURG
dtsch. Südpolarforscher	DRYGALSKI
dtsch. Tierparkgründer	HAGENBECK
dtsch. Verlagsgründer	BROCKHAUS
dtsch. Violinvirtuose	ZACHARIAS
dtsch. Wunderdoktor	EISENBART
dtsch. Zentrumspolitiker	ERZBERGER
Duckmäuser	HASENFUSS
Duckmäuserei	MUCKERTUM
Duell	ZWEIKAMPF
Duellzeuge	SEKUNDANT
Dünkel, Geckenhaftigkeit	SNOBISMUS
dünn, spärlich	SCHUETTER
Dünndarmentzündung	ENTERITIS
dünne ital. Nudeln	SPAGHETTI
dürftig, karg	SPAERLICH
duftendes Harzgemisch	WEIHRAUCH
duftende Zimmerpflanze	HELIOTROP
Duldsamkeit	NACHSICHT

Dult	JAHRMARKT
Dult	KIRCHWEIH
dumm daherreden	QUATSCHEN
dummer August	HANSWURST
Dummkopf	BLOEDLING
dumm schwätzen	SALBADERN
dunkelhäutiger Mensch	SCHWARZER
durchdringbar	PERMEABEL
durchdringend	PENETRANT
Durcheinander	CHARIVARI
Durcheinander	GETUEMMEL
durch ein Sieb drücken	PASSIEREN
Durchfall	DIARRHOEE
Durchfall, Ruhr	DYSENTRIE
durchgehend	PERMANENT
durchgreifend	DRASTISCH
durchkreuzen	VEREITELN
durchlässig	PERMEABEL
durchqueren	PASSIEREN
durchscheinender Gips	ALABASTER
Dynastie in Frankreich	BOURBONEN
Ebenbild	KONTERFEI
ebenbürtig	KONGENIAL
Ebene	FLACHLAND
Ebene östl. von Wien	MARCHFELD
ebenfalls	AUSSERDEM
Ebenmaß, Gleichmaß	SYMMETRIE
Eberwurz	SAUDISTEL
ebnen, glätten	PLANIEREN
Echo, Nachklang	WIDERHALL
Echse	SCHLEICHE
echt	ORIGINELL
ecuadorian. Berg	PICHINCHA
ecuadorian. Hafenstadt	GUAYAQUIL
ecuadorian. Inselgruppe	GALAPAGOS
Edelmetall	RUTHENIUM
Edelstein, Schmuckstein	GOLDTOPAS
Edelstein, Schmuckstein	MOOSACHAT
EDV-Unterprogramm	PROCEDURE
Egoismus	EIGENNUTZ
ehedem	EINSTMALS
Ehegemeinschaft	KONNUBIUM
ehem. Bundestrainer des DFB	HERBERGER
ehem. dtsch. Kolonie	OSTAFRIKA
ehem. Großgrundbesitz	RITTERGUT
ehem. Königreich in Spanien	ARAGONIEN
ehem. Königreich in Spanien	KASTILIEN
ehem. polnischer Adel	SCHLACHTA
Ehescheu	MISOGAMIE
Eheversprechen	VERLOBUNG
ehrbar	HONORABEL
ehrenhaft	HONORABEL
Ehrenmann	GENTLEMAN
Ehrenpreis (botan.)	MANNSTREU
Ehrentag	JUBILAEUM
ehrgeizig	AMBITIOES
Eichelentzündung	BALANITIS
eichen	JUSTIEREN
Eidgenosse	SCHWEIZER
eidliche Versicherung	AFFIDAVIT
Eierpflanzenfrucht	AUBERGINE
Eifer	EMSIGKEIT
Eiferer	FANATIKER
Eifersucht	MISSGUNST
eifrig	ARBEITSAM
Eigenart	CHARAKTER
Eigenbezeichn. d. span. Basken	EUSKALDUN
eigenhändige Unterschrift	AUTOGRAMM
eigenhändige Unterschrift	NAMENSZUG
eigens	BESONDERS
Eigentreffer (Fußball)	SELBSTTOR
eigentümlich	ORIGINELL
Eigentumsdelikt	DIEBSTAHL

Eileiter-entzündung	ADNEXITIS
Eil-nachricht, Fern-schreiben	TELEGRAMM
ein-äschern	KREMIEREN
Ein-äscherung	KREMATION
ein Amt verrichten	FUNGIEREN
einbe-griffen	IMPLIZITE
Einbil-dung	PHANTASIE
Eindring-lichkeit	NACHDRUCK
eine der Cook-Inseln	RARATONGA
eine der Musen	MELPOMENE
Einehe	MONOGAMIE
eine Hoch-schule besuchen	STUDIEREN
einer der Artusritter	LOHENGRIN
einer der Beatles	MCCARTNEY
einer der Heiligen Drei Könige	BALTHASAR
einer der Sieben griech. Weisen	KLEOBULOS
einer der Sieben griech. Weisen	PERIANDER
Einerlei	MONOTONIE
Einfalls-reichtum	PHANTASIE
Einfalt	NAIVITAET
Einfami-lienhaus	EIGENHEIM
einfarbig	MONOCHROM
einfassen	EINRAHMEN
Einflieger	TESTPILOT
einfluß-reiche Beziehung	KONNEXION

Einför-migkeit	MONOTONIE
Ein-führung	ANLEITUNG
Ein-führung	LEITFADEN
Einfuhr-händler	IMPORTEUR
Ein-gangs-halle	VESTIBUEL
einge-bildet	IMAGINAER
Ein-gebung	INTUITION
eingeleg-te kleine Gurke	CORNICHON
Einge-pflanztes	IMPLANTAT
Ein-geweide	KALDAUNEN
Einge-weihter	MITWISSER
Eingriff	MASSNAHME
einheim. Gift-pflanze	FINGERHUT
einheim. Giftpilz	FAELBLING
einheim. Orchidee	SUMPFWURZ
einheim. Orchidee	ZWEIBLATT
ein-heimisch	ANSAESSIG
ein-heimsen	KASSIEREN
Einkehr	BESINNUNG
Einlege-arbeit in Holz	INTARSIEN
Einleitung	PRAEAMBEL
einleuch-tend, einsehbar	PLAUSIBEL
Ein-mütigkeit	EINTRACHT
Einöde	WUESTENEI
einpassen	JUSTIEREN
Einrede	EINSPRUCH
einritzen	GRAVIEREN
Einschie-nenhoch-bahn	ALWEGBAHN

einschlä-fernd	ERMUEDEND
ein-schließ-lich	IMPLIZITE
ein-schließ-lich	INKLUSIVE
Ein-schlie-ßung	OKKLUSION
Ein-schrän-kung	VORBEHALT
Einsiede-lei	EREMITAGE
Ein-spritzung	INJEKTION
einstellen	JUSTIEREN
Eintau-chen	IMMERSION
Eintei-lungs-begriff	KATEGORIE
Eintö-nigkeit	MONOTONIE
Eintopf-gericht	IRISHSTEW
Einüber, Einpauker	REPETITOR
Einver-ständnis	BILLIGUNG
ein Wachs-modell formen	BOSSIEREN
Ein-wanderer	IMMIGRANT
einwand-frei	FEHLERLOS
einwand-frei	UNTADELIG
Einwilli-gung	BILLIGUNG
Einzeller	PROTOZOON
einzeln, vereinzelt	SINGULAER
einzeln stehend. Glocken-turm	CAMPANILE
einziehen	KASSIEREN
einzig-artig	ORIGINELL
Eisen-bahner	RANGIERER

Eisenbahnfahrzeug	POSTWAGEN
Eisenbahnsignalanlage	STELLWERK
Eisenbahnspezialwagen	TIEFLADER
Eisen-Sauerstoff-Verbindung	EISENOXID
Eisfuchs	BLAUFUCHS
Eisheiliger	SERVATIUS
Eishockey-Kraftspiel	POWERPLAY
Eiskunstlauf-Sprung	REHSPRUNG
Eismeer	POLARMEER
Eisprung	OVULATION
Eissportart	EISHOCKEY
Eisstrom	GLETSCHER
Eiweißkörper (Mz.)	GLOBULINE
ekelhaft	DEGOUTANT
eklig, abscheulich	WIDERLICH
Elbe-Zufluß	LOECKNITZ
Elchbulle	SCHAUFLER
Elch- u. Damwildgehörn	SCHAUFELN
Eldorado	TRAUMLAND
Eleganz	GESCHMACK
lektr. nschluß	STECKDOSE
lektr. lusik-strument	POLYCHORD
ektr. chutz-nrich-ng	ISOLATION
ektr. rsor-ngs-biet	STROMNETZ
Elektras Vater	AGAMEMNON
Elektrizitätslieferant	KRAFTWERK
elektromagnet. Erregung	INDUKTION
elektromagnet. Frequenzbereich	KURZWELLE
elektromagnet. Wellenbereich	LANGWELLE
Elektronenschleuder	COSMOTRON
Elektronenschleuder	ZYKLOTRON
elektrotechn. Verbindung	SCHALTUNG
Ellenbogenknochen	SESAMBEIN
elsäss. expressionist. Dichter	SCHICKELE
Emblem	ABZEICHEN
Embryoschicht	KEIMBLATT
Emesis	ERBRECHEN
Emotion	AUFREGUNG
Empfängerin von Ruhegeld	RENTNERIN
Empfang	REZEPTION
Empfang im Hotel	REZEPTION
Empfehlung, Rat	VORSCHLAG
Empörung, Erhebung	REBELLION
empor	AUFWAERTS
emporgekommen	ARRIVIERT
Ende	ABSCHLUSS
endgültig	DEFINITIV
enervieren	ENTNERVEN
engherzig	KLEINLICH
engl. abstrakt. Maler, Zeichner	NICHOLSON
engl. Chemiker	CAVENDISH
engl. Chemiker	PRIESTLEY
engl. Chemiker (Nobelpreis)	CORNFORTH
engl. Felsriff im Ärmelkanal	EDDYSTONE
engl. Filmregisseur (Krimis)	HITCHCOCK
engl. Frauenrechtlerin	PANKHURST
engl. Frauen-Vorname	CATHARINE
engl. Freikirchler	DISSENTER
engl. Gewichtseinheit	TROYOUNCE
engl. Gewichtseinheit	TROYPOUND
engl. Goldmünze	SOVEREIGN
engl. Grafschaft	BERKSHIRE
engl. Grafschaft	YORKSHIRE
engl. Hafen an d. Merseymündung	LIVERPOOL
engl. Herrscherdynastie	LANCASTER
engl. Historiker	TREVELYAN
engl. Königin	ELISABETH
engl. Königin	ELIZABETH
engl. Komponist	DUNSTABLE

9

engl. Männer-Vorname	BRODERICK
engl. Männer-Vorname	FREDERICK
engl. Maler, Zeichner	CONSTABLE
engl. Maler (Jugendstil)	BEARDSLEY
engl. Nervenarzt (Paralyse)	PARKINSON
engl. Nobelpreisträger (Literatur)	CHURCHILL
engl. Orientalist	RAWLINSON
engl. Physiker (Nobelpreis)	JOSEPHSON
engl. Politiker, Staatsmann	CHURCHILL
engl. Politiker, Staatsmann	GLADSTONE
engl. Politiker, Staatsmann	MACDONALD
engl. Politiker, Staatsmann	MACMILLAN
engl. Politiker (Nobelpreis)	HENDERSON
engl. Popgruppe	YARDBIRDS
engl. Popmusik-Solist (m. Vorn.)	ELTONJOHN
engl. Räuberhauptmann	ROBINHOOD
engl. realist. Schriftsteller	THACKERAY
engl. Rechtsanwalt	BARRISTER
engl. Rockmusik-Gruppe	PINKFLOYD
engl. romant. Dichter	COLERIDGE
engl. Sagenheld	ROBINHOOD
engl. Schriftsteller	LLEWELLYN
engl. Schriftsteller	MASEFIELD
engl. Schriftsteller	SWINBURNE
engl. Schriftstellerin	DUMAURIER
engl. Schriftstellerin	MANSFIELD
engl. Seebad	LOWESTOFT
engl. sozialkritisch. Autor	PRIESTLEY
engl. Spielleute im Mittelalter	MINSTRELS
engl. Stadt	BLACKPOOL
engl. Stadt	STOCKPORT
engl. Stadt am Avon	STRATFORD
engl. Stadt am Medway	TONBRIDGE
engl. Stadt an Avon und Bourne	SALISBURY
engl. Stadt in Cheshire	NORTHWICH
engl. Stadt in Lancashire	FLEETWOOD
engl. Stadt in Lancashire	LANCASTER
engl. Stadt in Lancashire	MIDDLETON
engl. Stadt in Lancashire	PRESTWICH
engl. Stadt in Lancashire	RADCLIFFE
engl. Stadt in Surrey	FARNWORTH
engl. Stadt in Yorkshire	DONCASTER
engl. Stadt in Yorkshire	SHEFFIELD
engl. Stadt in Yorkshire	THORNHILL
engl. Stadt in Yorkshire	WAKEFIELD
engl. Stadt m. Pferderennbahn	NEWMARKET
engl. Universitätsstadt	CAMBRIDGE
engl.: Aussage	STATEMENT
engl.: Blitz	LIGHTNING
engl.: Flitterwochen	HONEYMOON
engl.: Frühstück	BREAKFAST
engl.: Glanzlicht	HIGHLIGHT
engl.: Glück	HAPPINESS
engl.: Politik der Härte	AUSTERITY
engl.: Schmetterling	BUTTERFLY
engl.: senden	BROADCAST

9

engl.: Verhalten	BEHAVIOUR
engl.: Weihnachten	CHRISTMAS
engl.: wunderbar	WONDERFUL
englandfreundlich	ANGLOPHIL
Enkel	NACHKOMME
Enkelstochter	URENKELIN
Entdecker Chinas	MARCOPOLO
Entdecker v. Troja	DOERPFELD
Entenart	BRANDENTE
Entenart	KRICKENTE
Entenart	PFEIFENTE
Entfernungsmesser	TELEMETER
Entführer	KIDNAPPER
entgegengesetzt	DIAMETRAL
entgegnen	ANTWORTEN
Entgelt	BEZAHLUNG
enthaltsam	ABSTINENT
enthaltsam	ASKETISCH
Enthaltsamkeit	ABSTINENZ
entheben	ENTBINDEN
entheben	ENTLASSEN
entkleiden	AUSZIEHEN
entlassen	KUENDIGEN
entlohnen	VERGUETEN
Entlüfter	EXHAUSTOR
entpfänden	AUSLOESEN
Entrüstung	EMPOERUNG
Entschädigung	AUSGLEICH
Entschädigung	REKOMPENS
Entschuldigung, Verzeihung	VERGEBUNG
Entspannung	LOCKERUNG
entstellen	VERZERREN
Entwässerungsgerät	ROHRPFLUG
entweihen, entehren	SCHAENDEN
Entwendung	DIEBSTAHL
Entwicklung	EVOLUTION
Entwicklung, Laufbahn	WERDEGANG
Entwicklungsdauer	REIFEZEIT
Entwicklungsjahre	PUBERTAET
Entzücken, höchstes Glück	SELIGKEIT
entzückend	SCHARMANT
entzündlicher Gewebszerfall	GESCHWUER
Epilepsie	FALLSUCHT
erbärmlich	KLAEGLICH
erbärmlich	MISERABEL
Erbauer	ARCHITEKT
Erbbild	GENOTYPUS
Erbbild	IDIOTYPUS
Erbe	NACHKOMME
erblich	ANGEBOREN
Erdalkalimetall	BERYLLIUM
Erdalkalimetall	STRONTIUM
Erdapfel	KARTOFFEL
Erdball	WELTKUGEL
erdichten	FINGIEREN
Erdmetall	PRASEODYM
Erdmetall	ZIRKONIUM
Erdneuzeit	NEOZOIKUM
Erdöl-Destillationsprodukt	PETROLEUM
Erdrauch	FELDRAUTE
Erdteil	ANTARKTIS
Erdteil	KONTINENT
Ereignis	GESCHEHEN
erfahrungsgemäß	EMPIRISCH
Erfahrungsmensch	EMPIRIKER
erfinden	ENTDECKEN
Erfinder d. Augenspiegels	HELMHOLTZ
Erfinder d. Buchdrucks	GUTENBERG
Erfinder d. Kreiselkompasses	ANSCHUETZ
Erfinder d. Lochkartenmaschine	HOLLERITH
Erfinder d. Spinnmaschine	ARKWRIGHT
erfinderisch	INGENIOES
Erfindung	INVENTION
Erfindungsgabe	PHANTASIE
Erfolgsschlager	EVERGREEN
erforderlich	NOTWENDIG
erforschen, untersuchen	STUDIEREN
Erfrischungsgetränk	LONGDRINK
Ergebnis der Subtraktion	DIFFERENZ
ergiebig, ertragreich	PRODUKTIV

9

Ergreifung	FESTNAHME
Erhabenheit	MAJESTAET
Erhöhung	ELEVATION
Erinnye, Rachegöttin	TISIPHONE
Erkältung	SCHNUPFEN
Erkennungszeichen	MUTTERMAL
Erklärer	INTERPRET
Erkunder	ENTDECKER
Erkundigung	NACHFRAGE
Erläuterung	KOMMENTAR
Erlaß	ANORDNUNG
erlauben	GESTATTEN
erlauben	GEWAEHREN
Erlaubnis, Bestallung	ZULASSUNG
Erledigung	BESORGUNG
Erleuchtung	INTUITION
Erlogenes	SCHWINDEL
Ermittlung, Nachforschung	RECHERCHE
Ermordung im Affekt	TOTSCHLAG
ermuntern	ANIMIEREN
erpicht, begierig	VERSESSEN
Erpressung	NOETIGUNG
erregbar	IRRITABEL
erregendes Ereignis	SENSATION
Erregung	AFFEKTION
Ersatzmann	RESERVIST
Ersatzmann, Stellvertreter	SUBSTITUT
Erschaffer	SCHOEPFER
Erscheinung	PHAENOMEN
Erscheinungsbild	EXTERIEUR
Erscheinungsform	PHAENOMEN
Erscheinungsvermerk	IMPRESSUM
erschöpft	AUSGEPUMT
Erschöpfung (medizin.)	EXHAUSTIO
Erster, Oberster	PRIMARIUS
erster Allein-Atlantik-Flieger	LINDBERGH
erster Fastensonntag	INVOKAVIT
erster franz. König	HUGOCAPET
erster Mensch auf dem Mond	ARMSTRONG
erster schriftl. Entwurf	BROUILLON
Erstgebärende	PRIMIPARA
Ertrag	EINKOMMEN
Erwünschtes	DESIDERAT
Erzähler	NOVELLIST
Erzamtträger	KURFUERST
Erzbischof	PATRIARCH
Erzeuger	FABRIKANT
Erzeuger, Hersteller	PRODUZENT
Erzieher, Lehrer	PAEDAGOGE
Erzmärtyrer, Heiliger	SEBASTIAN
Erzmärtyrer, Heiliger	STEPHANUS
Erzvater	PATRIARCH
erzwingen	ERTROTZEN
erzwingen	FORCIEREN
erzwungen	GEWALTSAM
eßbarer Blätterpilz	TAEUBLING
eßbarer Hutpilz	KREMPLING
eßbare Tiereingeweide	INNEREIEN
Esse, Kamin	RAUCHFANG
essen, konsumieren	VERZEHREN
Eßgerät in Ostasien	STAEBCHEN
Eßlokal, Gastwirtschaft	WIRTSHAUS
estnisch-russisch. See	PEIPUSSEE
Etage, Geschoß	STOCKWERK
Etappe	ABSCHNITT
Etikett	AUFKLEBER
etwa, annähernd	UNGEFAEHR
etwas breit (musikal.)	LARGHETTO
Eule, Eulenvogel	KAEUZCHEN
Eulenvogel	STEINKAUZ
europäische Hauptstadt	REYKJAVIK
europäische Hauptstadt	SANMARINO
europäischer Staat	BULGARIEN
europäischer Zwergstaat	SANMARINO
europäisches Großherzogtum	LUXEMBURG

Evangelist	MATTHAEUS
ewig, unaufhörlich	UNENDLICH
Exkremente, Kot	FAEKALIEN
Exkursion	LEHRFAHRT
expedieren	VERSENDEN
Experte	GUTACHTER
Expertise	GUTACHTEN
explodieren	HOCHGEHEN
Explosion	SPRENGUNG
extrem	AEUSSERST
Fabrikat	ERZEUGNIS
fabulieren	ERDICHTEN
Facharzt f. Organveränderungen	PATHOLOGE
Fachmann	KORYPHAEE
Fähigkeit, Gabe	VERMOEGEN
Fährtengeruch	WITTERUNG
Fahnenflucht	DESERTION
Fahnenflüchtiger	DESERTEUR
Fahnenträger der Landsknechte	FAEHNRICH
Fahrgast	BEIFAHRER
Fahrgast	MITFAHRER
Fahrgast	PASSAGIER
fahrig, unaufmerksam	ZERSTREUT
Fahrradteil	KETTENRAD
Fahrradteil	LUFTPUMPE
Fahr- u. Flugtrainingsanlage	SIMULATOR
Fahrzeug, Verkehrsmittel	LASTWAGEN
Fahrzeug f. flüssige Fracht	TANKWAGEN
Fahrzeug f. Kinder	KINDERRAD
Fahrzeugversicherung	VOLLKASKO
Falke	BAUMFALKE
Falke, Falkenvogel	ABENDFALK
Falkenart	TURMFALKE
Falkenhof	FALKNEREI
Fallsucht	EPILEPSIE
falsche Maßnahme	FEHLGRIFF
falschspielen	BETRUEGEN
Familienangehörige	SCHWESTER
Familienname Napoleons	BONAPARTE
Familienstand	VERWITWET
Farbenlehre	CHROMATIK
farbig	KOLORIERT
Farbiger, Neger	SCHWARZER
Farbmaterial	LEIMFARBE
Farbmaterial	OELKREIDE
Farbmaterial, -stoff	DECKWEISS
Farbmaterial, -stoff	LACKFARBE
Farbton	LAUBGRUEN
Farbton	ROSTBRAUN
Farbton	TIZIANROT
Farbzeichengerät	BUNTSTIFT
Farnart	ADLERFARN
Farnart	VENUSHAAR
Farnart, -gewächs	MONDRAUTE
Fasanengehege	FASANERIE
Fasching	FASTNACHT
Fasermaterial	BAUMWOLLE
Faserlieferant	BAUMWOLLE
Fassade	AEUSSERES
faszinieren	BEZAUBERN
faul, schlecht geworden	VERDORBEN
Faulbaum	KREUZDORN
Faulbaum	RHAMNAZEE
Faulheit, Säumigkeit	TRAEGHEIT
faulig, morsch	VERROTTET
Favorit	GELIEBTER
Favoritin	MAETRESSE
Fechthieb	TEMPOHIEB
Fechtwaffe, Rakett	SCHLAEGER
Federballspiel	BADMINTON
federnd	ELASTISCH
Federsprungbrett	TRAMPOLIN
Federvieh	GEFLUEGEL
Federweiß	TALKPUDER
Fegefeuer	VORHOELLE
fehlerhaft	INKORREKT
Fehlschlag	SCHEITERN
Feier der Baufertigstellung	RICHTFEST
feierliche Würde	GRAVITAET
Feigenbaum, Zierpflanze	GUMMIBAUM
Feigling	ANGSTHASE
Feigling	HASENFUSS
Feigling	HASENHERZ

9

feil	KAEUFLICH
feilschen, handeln	SCHACHERN
feindliche Eindringlinge	INVASOREN
feine Glasur-Haarrisse	CRAQUELEE
feinfaserig. Silikatmineral	CHRYSOTIL
feinkeramisches Erzeugnis	PORZELLAN
Feinmechaniker	UHRMACHER
Feinmeßgerät	OPTIMETER
feinschmekkend	KOESTLICH
Feinschmekker	GENIESSER
feinste Tonware	PORZELLAN
feist	FLEISCHIG
Feldfrucht	KARTOFFEL
Feldfrucht	KOHLRUEBE
Feldfrucht	KRAUSKOHL
Feldspat	MIKROKLIN
Feldspat	ORTHOKLAS
Feldwache	VORPOSTEN
Fellranzen, Marschgepäck	TORNISTER
Fenchelholz, Panamaholz	SASSAFRAS
ferner, fernerhin	AUSSERDEM
ferner, fernerhin	EBENFALLS
Ferngespräch	TELEFONAT
Fernsehfilmverleih	VIDEOTHEK
fernsehtechn. Gerät	FILMGEBER
Fersenbein	KALKANEUS
fertig, komplett	VOLLENDET
fertigstellen, abwickeln	VOLLENDEN
Festbankett	EHRENMAHL
feste Größe	KONSTANTE
feste Meinung	GESINNUNG
Festessen	GALADINER
Festival	FESTSPIEL
Festland	KONTINENT
Festlandgewässer	BINNENSEE
Festlandsvorsprung	HALBINSEL
festlegen	BESTIMMEN
feststehend, unveränderlich	STEREOTYP
Festungsanlage	KASEMATTE
Festwert	KONSTANTE
fetten, einfetten	SCHMIEREN
fetter Weichkäse	CAMEMBERT
fettig, unsauber	SCHMIERIG
Fettkraut	DICKBLATT
fettleibig	KORPULENT
Fettleibigkeit	KORPULENZ
feuchter Umschlag	KOMPRESSE
Feuchtigkeitsmesser	HYGROSKOP
Feueranzünder	FEUERZEUG
feuerfester Ton	SCHAMOTTE
feuern	ANZUENDEN
feuern	SCHIESSEN
Feuerwehrfahrzeuge	LOESCHZUG
fidel, heiter	VERGNUEGT
Fidibus	ANZUENDER
Fidschi-Insel	VANUALEVU
Fiebermittel	CINCHONIN
Fiebermücke	ANOPHELES
Figur aus »Annie Get Your Gun«	DOLLYTATE
Figur aus »Carmen«	ESCAMILLO
Figur aus »Carmen«	FRASQUITA
Figur aus »Der Rosenkavalier«	VALZACCHI
Figur aus »Der Waffenschmied«	STADINGER
Figur aus »Der Zigeunerbaron«	MIRABELLA
Figur aus »Die Fledermaus«	ROSALINDE
Figur aus »Don Giovanni«	DONNAANNA
Figur aus »Egmont«	FERDINAND
Figur aus »Egmont«	KLAERCHEN
Figur aus »Egmont«	MARGARETE
Figur aus »Entführ. aus dem Serail«	BLONDCHEN
Figur aus »Entführ. aus dem Serail«	KONSTANZE
Figur aus »Faust«	MARGARETE
Figur aus »Fidelio«	FLORESTAN
Figur aus »Figaros Hochzeit«	BARBARINA

9

Figur aus »Figaros Hochzeit«	DONCURZIO
Figur aus »Im Weißen Rößl«	KLAERCHEN
Figur aus »Iphigenie in Aulis«	AGAMEMNON
Figur aus »Kabale und Liebe«	FERDINAND
Figur aus »Kaufmann von Venedig«	BALTHASAR
Figur aus »La Boheme«	SCHAUNARD
Figur aus »Lohengrin«	GOTTFRIED
Figur aus »Lohengrin«	TELRAMUND
Figur aus »Lustige Weiber v. Windsor«	SPAERLICH
Figur aus »Madame Butterfly«	CHOCHOSAN
Figur aus »Madame Butterfly«	LINKERTON
Figur aus »Maria Stuart«	LEICESTER
Figur aus »Minna v. Barnhelm«	BRUCHSALL
Figur aus »Minna v. Barnhelm«	FRANZISKA
Figur aus »My Fair Lady«	DOOLITTLE
Figur aus »My Fair Lady«	PICKERING
Figur aus »Nathan d. Weise«	PATRIARCH
Figur aus »Nibelungenlied«	BRUNHILDE
Figur aus »Nibelungenlied«	KRIEMHILD
Figur aus »Othello«	DESDEMONA
Figur aus »Postillon von Lonjumeau«	MADELEINE
Figur aus »Rigoletto«	MADDALENA
Figur aus »Ring des Nibelungen«	SIEGFRIED
Figur aus »Ring des Nibelungen«	SIEGLINDE
Figur aus »Ring des Nibelungen«	WALTRAUTE
Figur aus »Romeo u. Julia«	BALTHASAR
Figur aus »Salome«	JOCHANAAN
Figur aus »Salome«	NARRABOTH
Figur aus »Tosca«	SCIARRONE
Figur aus »Tristan und Isolde«	BRANGAENE
Figur aus »Undine«	BERTHALDA
Figur aus e. deutschen Märchen	GEISSLEIN
Figur aus e. deutschen Märchen	PECHMARIE
Figur aus Wagners »Meistersinger«	HANSSACHS
Figur aus Wagners »Meistersinger«	MAGDALENE
Filetschnitte	BEEFSTEAK
Filmbearbeitung	FIXIERUNG
Filmbearbeitung	KOPIERUNG
Filmfestival in Berlin	BERLINALE
Film ohne Ton	STUMMFILM
filmtechnischer Begriff	STANDFOTO
Filmvorführer	OPERATEUR
Filmzentrum Amerikas	HOLLYWOOD
Finanzmann	FINANZIER
Fingerhut (botan.)	DIGITALIS
Fingerteil	NAGELBETT
Finkenvogel	GOLDAMMER
Finkenvogel	GRUENLING
Finkenvogel	ROHRAMMER
Finkenvogel	ZAUNAMMER
Finnfisch	BUCKELWAL
finnisch-ugrisches Volk	MORDWINEN
finnisch-ugrisches Volk	SYRJAENEN
Finte	AUSFLUCHT
Firma	GESCHAEFT
Firmeninhaber	FABRIKANT
Firmenvertreter	REISENDER
Firnisgewebe	WACHSTUCH
Fisch, Fischart	AALMUTTER
Fisch, Fischart	AALQUAPPE
Fischfanggerät	FLUGANGEL
Fischöl	LEBERTRAN
fiskalisch	AERARISCH
fixe Idee	MONOMANIE
fixieren	ANSTARREN

9

fixieren	FESTLEGEN
Fläche m. elliptisch. Schnitt	ELLIPSOID
flämischer Dichter	RODENBACH
flämischer Schriftsteller	STREUVELS
flämischer Schriftsteller	VERMEYLEN
Flaschenkürbis	KALEBASSE
Flattergras	WALDHIRSE
fleddern	AUSRAUBEN
fleddern	PLUENDERN
Fledermaus	BLATTNASE
Fledermaus	KLAPPNASE
fleischfressende Pflanze	FETTKRAUT
fleischfressende Pflanze	KARNIVORE
fleischfressende Pflanze	NEPENTHES
fleischfressende Pflanze	SONNENTAU
Fleischfresser	KARNIVORE
Fleischfresser (biol.)	CARNIVORA
Fleischragout	FRIKASSEE
Fleischware	BLUTWURST
Fleischware	PRESSKOPF
fleißig	ARBEITSAM
fleißiges Lieschen	BALSAMINE
fliegendes Personal	NAVIGATOR
Fliegertruppe	LUFTWAFFE
Fließgewässer	FLUSSLAUF
flink	GESCHWIND
Flockenblume	CENTAUREA
florentin. Bildhauer	DONATELLO
flott, schneidig	SCHMISSIG
flott, schwungvoll	SCHNEIDIG
fluchen, schelten	SCHIMPFEN
Flüchtigkeitsfehler, Versehen	SCHNITZER
Flügel	SEITENBAU
Flügelhorn	BOMBARDON
Flügelhorn	TENORHORN
Flüstern	GETUSCHEL
Flüstern	GEZISCHEL
Fluggast	PASSAGIER
Flughafen von Chicago	SKYHARBOR
Flughafen von Denver	STAPLETON
Flughafen von Istanbul	YESILKOEY
Flughafen von New York	LAGUARDIA
Flughafen von Paris	LEBOURGET
Flughafen von Rom	FIUMICINO
Flughafen von San Diego	LINDBERGH
Flughafen von Sydney	KINGSFORD
Flughafen von Tel Aviv	BENGURION
flugtechn. Navigationshilfe	FUNKFEUER
Flugwesen	LUFTFAHRT
Flugwild	FEDERWILD
Flugzeugart	LIGHTNING
Flugzeugentführer	LUFTPIRAT
Flugzeug-Konstrukteur	HAVILLAND
Flugzeugtyp	CARAVELLE
Flugzeugtyp	EINDECKER
Fluorit	FLUSSSPAT
Fluß auf Sumatra	INDRAGIRI
Fluß in der Steiermark	FEISTRITZ
Fluß in Graubünden	LANDQUART
Fluß zum Frischen Haff	FRISCHING
föderatives Bundesorgan	BUNDESRAT
Förde	MEERBUSEN
fördern	LANCIEREN
Förderung	GEWINNUNG
Förmlichkeit	PROTOKOLL
Fohlen	JUNGPFERD
folgen, kuschen	GEHORCHEN
folgernd	KONKLUSIV
folgewidrig, sinnwidrig	UNLOGISCH
Folter, Marter	PEINIGUNG
foppen, betrügen	DUEPIEREN
Fopperei	HAENSELEI
Fopperei	STICHELEI
Forderung, Wunsch	VERLANGEN
Form des Buddhismus	LAMAISMUS
formell	FOERMLICH
formen	GESTALTEN

Formenlehre	GRAMMATIK
Former	GESTALTER
Former	MODELLEUR
Formgebung, Fasson	ZUSCHNITT
formlos	INFORMELL
forsch, keck	SCHNEIDIG
Forstbestand, -sektor	NADELWALD
Fortbewegung im Wasser	SCHWIMMEN
Fortdauer	PERMANENZ
fortdauernd	ANHALTEND
fortlaufend	DISKURSIV
fortschaffen	ENTFERNEN
Fortsetzung	ANSCHLUSS
Fort vor Verdun	DOUAUMOND
fortwährend	ANDAUERND
fossiles Harz	BERNSTEIN
Foto	LICHTBILD
Frachtentladung bei Schiffen	LOESCHUNG
fränk.-kelt. Missionar	KORBINIAN
fränk. Stadt an der Gollach	UFFENHEIM
fränk. Stadt an der Pegnitz	HERSBRUCK
Fräulein auf italienisch	SIGNORINA
Frankenkönig	CHARIBERT
Frankfurter Sehenswürdigkeit	KAISERDOM

franz. abstrakter Maler	MANESSIER
franz. Allee	BOULEVARD
franz. alter Tanz	FRANCAISE
franz. Anthropologe	BERTILLON
franz. Astronom (Neptun)	LEVERRIER
franz. Atlantik-Landschaft	SAINTONGE
franz. Bad am Ärmelkanal	DEAUVILLE
franz. Ballerina	JEANMAIRE
franz. Ballonfahrer	BLANCHARD
franz. Bildhauer	BOURDELLE
franz. Chansonsänger, Schausp.	CHEVALIER
franz. Chemiker	LAVOISIER
franz. Chemiker, Physiker	GAYLUSSAC
franz. Chemiker (Nobelpreis)	GRIGNARD
franz. Dichter der Romantik	LAMARTINE
franz. Dichter u. Diplomat	GIRAUDOUX
franz. Dichter u. Philosoph	MONTAIGNE
franz.-dtsch. Baumeister	CUVILLIES
franz. Flagge	TRIKOLORE

franz. Fluggesellschaft	AIRFRANCE
franz. Flugpionier	BLANCHARD
franz. Frauenname	ALBERTINE
franz. Frauenname	ANGELIQUE
franz. Frauenname	CATHERINE
franz. Frauenname	FRANCOISE
franz. Frauenname	JEANNETTE
franz. Frauenname	MADELEINE
franz. Frauenname	VALENTINE
franz. General in Amerika	LAFAYETTE
franz. Gruppentanz	QUADRILLE
franz. Hafenstadt	ABBEVILLE
franz. Industriestadt	LECREUSOT
franz. Inselgruppe im Pazifik	MARQUESAS
franz.-ital. Alpenpaß	MONTCENIS
franz. Jazzgeiger	GRAPPELLY
franz. Kaiserhaus	BONAPARTE
franz. Kardinal, Staatsmann	RICHELIEU
franz. klass. Dramatiker	CORNEILLE

franz. Königsmörder	RAVAILLAC
franz. Komponist	PHILIPPOT
franz. kubist. Maler	METZINGER
franz. Landschaft	BOURGOGNE
franz. Landschaft	CHAMPAGNE
franz. Likör	COINTREAU
franz. Literat, Moralist	LABRUYERE
franz. Männername	GUILLAUME
franz. Maler der Romantik	DELACROIX
franz. Maler der Romantik	GERICAULT
franz. materialist. Philosoph	LAMETTRIE
franz. Mathematiker u. Philosoph	CONDORCET
franz. Mittelmeerhafen	MARSEILLE
franz. Modeschöpfer	COURREGES
franz. Name v. Neuenburg	NEUCHATEL
franz. Name von Brüssel	BRUXELLES
franz. Pferderennbahn	VINCENNES
franz. Philosoph, Mathematiker	DESCARTES
franz. Philosoph der Aufklärung	HELVETIUS
franz. Physiker (Nobelpreis)	BECQUEREL
franz. Physiker (Nobelpreis)	GUILLAUME
franz. Politiker (Nobelpreis)	BOURGEOIS
franz. Protestant	HUGENOTTE
franz. Pyrenäenpaß	PUYMORENS
franz. Revolutionär	SAINTJUST
franz. Revolutionspartei	JAKOBINER
franz. Riviera	COTEDAZUR
franz. Rokokomaler	FRAGONARD
franz. Schauspieler	FERNANDEL
franz. Schauspielerin	BERNHARDT
franz. Schriftstellerin	YOURCENAR
franz.-schweiz. See	GENFERSEE
franz. Stadt an der Charente	ROCHEFORT
franz. Stadt an der Meurthe	LUNEVILLE
franz. Stadt an der Oise	COMPIEGNE
franz. Stadt bei Calais	SAINTOMER
franz. Stadt bei Paris	MONTREUIL
franz. Wein	BURGUNDER
franz.: Bürger	BOURGEOIS
franz.: Burgund	BOURGOGNE
franz.: Flasche	BOUTEILLE
franz.: fünfzig	CINQUANTE
franz.: Prinzessin	PRINCESSE
franz.: Ritter	CHEVALIER
franz.: Schneider	COUTURIER
franz.: Trauer	TRISTESSE
franz.: um jeden Preis	ATOUTPRIX
franz.: Versammlung	ASSEMBLEE
Franziskaner	KAPUZINER
Franziskaner-Konventualen	MINORITEN
Frauenfigur aus Nibelungenlied	SIEGLINDE
Frauenflachs	LEINKRAUT
Frauenhaar (botan.)	HASENBROT
Frauenmantel (botan.)	TAUMANTEL
Frauenname	ANASTASIA
Frauenname	ANNABELLA
Frauenname	ANNELIESE
Frauenname	ANNEMARIA
Frauenname	ANNEMARIE

9

Frauenname	CHARLOTTE
Frauenname	CHRISTINA
Frauenname	CHRISTINE
Frauenname	CONSTANZE
Frauenname	ELISABETH
Frauenname	FELICITAS
Frauenname	FRANZISKA
Frauenname	HENRIETTE
Frauenname	HILDEGARD
Frauenname	KATHARINA
Frauenname	KLAERCHEN
Frauenname	KLOTHILDE
Frauenname	KONSTANZE
Frauenname	LISELOTTE
Frauenname	ROSAMUNDE
Frau v. Amenophis IV.	NOFRETETE
Frau v. Etzel	KRIEMHILD
Frau v. Gunther	BRUNHILDE
Frau v. Hephaistos	APHRODITE
Frau v. Hermann dem Cherusker	THUSNELDA
Frau v. Kaiser Claudius	MESSALINA
Frau v. Napoleon I.	JOSEPHINE
Frau v. Othello	DESDEMONA
Frau v. Perseus	ANDROMEDA
Frau v. Siegfried	KRIEMHILD

Frau v. Sokrates	XANTHIPPE
Freidenker	DISSIDENT
Freidenker	FREIGEIST
freier Platz	ESPLANADE
Freifräulein	BARONESSE
freigebig, großzügig	SPENDABEL
Freiin	BARONESSE
freiliegend	EXPONIERT
Freimachung von Sendungen	FRANKATUR
freistehender Glockenturm	KAMPANILE
Freitreppe	VORTREPPE
Freiübungen	GYMNASTIK
Freiwilligentruppe	FREIKORPS
Freiwilliger	VOLONTAER
freiwilliger Sanitäter	SAMARITER
fremdgesetzlich	HETERONOM
Frequenzmaßeinheit	KILOHERTZ
Frequenzumsetzer	KONVERTER
Freude	ERGOETZEN
freundlicher Hinweis	RATSCHLAG
friedlich	GUTMUETIG
friedlich	IDYLLISCH
Frikandeau	KALBSNUSS
Frischhalteanlage	KUEHLFACH
Frisiermittel	HAARSPRAY
frohgemut	FROEHLICH

fromm, gläubig	RELIGIOES
Froschlurch	ERDKROETE
Froschlurch	TAUFROSCH
fruchtbar, schöpferisch	PRODUKTIV
Frucht der Heckenrose	HAGEBUTTE
Frucht der Rebe	WEINBEERE
Fruchtgetränk	APFELSAFT
Fruchtgetränk	ORANGEADE
Fruchtzucker	LAEVULOSE
frühchristl. Taufbewerber	KATECHUME
Frühdruck	INKUNABEL
frühe Judenchristen	EBIONITEN
frühere argentin. Münze	ARGENTINO
frühere Bez. f. Burkina Faso	OBERVOLTA
frühere Fürsorgeeinrichtung	ARMENHAUS
früherer Hausvorbau	CHOERLEIN
früherer Titel	GEHEIMRAT
früheres dtsch. Parlament	REICHSTAG
früheres leichtes Geschütz	FALKONETT
frühere Staatsform	HERZOGTUM
früher: Kunstfreund	DILETTANT

frühge-schichtl. Zeit-abschnitt	EISENZEIT
frühge-schichtl. Zeit-abschnitt	STEINZEIT
Frühlicht	MORGENROT
Frühlings-blume	HYAZINTHE
Fuchs-schwanz	STANDARTE
Fügung, Los	SCHICKSAL
Führer der Grie-chen vor Troja	AGAMEMNON
Führer der Kwa-Zulu	BUTHULEZI
Führer im 1. Kreuz-zug	GOTTFRIED
Füllen	JUNGPFERD
Fünf-stromland	PANDSCHAB
fünfter Ton einer Tonart	DOMINANTE
für nichtig erklären	KASSIEREN
Fürsorge	BETREUUNG
Fürsorge, Gemein-wohl	WOHLFAHRT
Fürsorge, Unterstüt-zung	ZUWENDUNG
Für-sprache	FUERBITTE
Fürst	IMPERATOR
Fürsten-Geliebte	MAITRESSE
fürstl. Anrede	MAJESTAET
Fuhr-unter-nehmen	SPEDITION
Fuhrwerk	LASTWAGEN
Fundament	GRUNDLAGE
furchtba-res Ver-brechen	GREUELTAT
Furnier-platte	SPERRHOLZ
Fußball-Strafent-scheid	FREISTOSS
Fußball: Anzeige f. Platz-verweis	ROTEKARTE
Fußbe-kleidung	FUESSLING
Fußbe-kleidung	HALBSCHUH
Fußbe-kleidung	HOLZSCHUH
Fußbe-kleidung	LACKSCHUH
Fußfehl-form	PLATTFUSS
Fuß-gänger-brücke	UEBERGANG
Fuß-gestell	PIEDESTAL
Fuß-knöchel (mediz.)	MALLEOLUS
Fußmiß-bildung	KLUMPFUSS
Fußmiß-bildung	KNICKFUSS
Fußmiß-bildung	SPITZFUSS
Fußnote	ANMERKUNG
Fuß-pflege	PEDIKUERE
Futter-behälter	FRESSNAPF
Futter-mittel	FISCHMEHL
Futter-mittel	OELKUCHEN
Futter-pflanze	KOHLRUEBE
Futter-stoff	GLORIETTE
Gabe	ANGEBINDE
Gabel-mücke	ANOPHELES
Gängel-band	LAUFLEINE
Gänse-blümchen	GRASBLUME
Gänse-distel	HASENKOHL
gänzlich	INSGESAMT
Gambe	KNIEGEIGE
Ganglion	UEBERBEIN
Ganz-leder-band	FRANZBAND
Garde	LEIBWACHE
Garten-blume, -pflanze	MASTKRAUT
Garten-blume, -pflanze	MONDVIOLE
Garten-blume, Zwiebel-pflanze	HYAZINTHE
Garten-pflanze	RHABARBER
Garten-produkt	KOPFSALAT
Gas-behälter	GASOMETER
Gasbrand	WUNDBRAND
Gas-erzeu-gungs-ofen	GENERATOR
Gast-hörer an Hoch-schulen	HOSPITANT
Gastmahl	FESTESSEN
Gast-mahl, Gelage	KONVIVIUM
Gast-stätten-ange-stellte	KELLNERIN
Gastwirt	GASTRONOM
Gattung	KATEGORIE
Gaukelei	BLENDWERK
Gaukler-blume	BRAUNWURZ
Gaumen-mandeln	TONSILLEN
Gaumen-segelver-längerung	ZAEPFCHEN
Gauner	BETRUEGER
Gauner-sprache	ROTWELSCH

gebackene Kartoffelbällchen	KROKETTEN
Gebälkträgerin	KANEPHORE
Gebälkträgerin	KARYATIDE
gebären	ENTBINDEN
Gebäude abtragen	SCHLEIFEN
Gebäude aus Balken	BLOCKHAUS
Gebäudeform	KUPPELBAU
Gebäude für Leibesübungen	TURNHALLE
Gebäude für Wintersport	EISPALAST
Gebäudekomplex	WOHNBLOCK
Gebäudeteil	APARTMENT
Gebeinurne für Reliquien	RELIQUIAR
gebieten	HERRSCHEN
Gebieter	HERRSCHER
Gebieterin	MEISTERIN
Gebiet um den Südpol	ANTARKTIS
Gebirge	BERGKETTE
Gebirge	BERGSTOCK
Gebirge	HOEHENZUG
Gebirge der Nordtiroler Kalkalpen	KARWENDEL
Gebirge der Rätischen Alpen	SILVRETTA
Gebirge im Kuenlun	ALTYNTAGH
Gebirge zw. Spanien u. Frankr.	PYRENAEEN
Gebirgsbaum	ALPENERLE
Gebirgsbaum	KRUMMHOLZ
Gebirgsbildung	OROGENESE
Gebirgshaus	ALMHUETTE
Gebirgsmassiv d. Walliser Alpen	MONTEROSA
Gebirgspflanze	ALPENKLEE
Gebirgspflanze	BRAUNELLE
Gebirgspflanze	SUESSKLEE
Gebirgstier	ALPENHASE
Gebläsevorrichtung	BLASEBALG
Gebläsevorrichtung	EXHAUSTOR
Gebot	ANORDNUNG
Gebot, Vorschrift	REGLEMENT
gebrat. Fleischklößchen	BRISOLETT
Gebrauch	ANWENDUNG
Gebrauch	BENUTZUNG
gebrauchen	BENUETZEN
Gebrechen	KRANKHEIT
Gebrechen, Unvermögen	SCHWAECHE
Geburtshilfe	OBSTETRIK
Geburtsort Bruckners	ANSFELDEN
Geburtsort Dürers	NUERNBERG
Geburtsort Herders	MOHRUNGEN
Geburtsort Jesu	BETHLEHEM
Gedächtnisfeier	JUBILAEUM
Gedankenblitz	EINGEBUNG
Gedankengut	GESINNUNG
gedankenlos	UNBEDACHT
gedankenreich	GEISTVOLL
gedeihen	FLORIEREN
Gedenkmein (botan.)	MANNSTREU
Gedenkstätte	SIEGESTOR
Gedenktag	JUBILAEUM
Gedicht im freien Rhythmus	RHAPSODIE
Geduld	GLEICHMUT
gefährlich	BOESARTIG
Gefährte	BEGLEITER
Gefährt für Gelähmte	ROLLSTUHL
Gefährt für Kleinkinder	BABYWAGEN
Gefährtin	KAMERADIN
Gefährtin	PARTNERIN
gefällig	HILFREICH
Gefahr	BEDROHUNG
Gefallsucht	EITELKEIT
Gefangener	ARRESTANT
Gefangener	HAEFTLING
gefangennehmen, verhaften	SISTIEREN
Gefechtsaufstellung	FORMATION
gefeit, widerstandsfähig	RESISTENT
Geflügel	FEDERVIEH
Geflügel	HAUSTAUBE
Geflügelprodukt	HUEHNEREI
geflügeltes Wort	AUSSPRUCH
geflügeltes Wort	REDENSART

9

Gefolgsmann	ANHAENGER
Gefolgsmann	BEGLEITER
geformt	GESTALTET
Gefrorenes	FRUCHTEIS
Gefrorenes	SPEISEEIS
gefrorenes Tropfwasser	EISZAPFEN
Gefühl	EMPFINDEN
Gefühl	SPUERSINN
Gefühl, Empfindung	SENTIMENT
gefühlsbetont	EXPRESSIV
gefühlsmäßig	EMOTIONAL
gefühlsmäßige Erkenntnis	INTUITION
gegebenenfalls	EVENTUELL
Gegenbehauptung	ANTITHESE
Gegengift	ANTITOXIN
gegen Motten schützen	EINMOTTEN
Gegenpapst im 8. Jh.	PHILIPPUS
Gegensätzlichkeit	ANTINOMIE
Gegenseite	KEHRSEITE
Gegenseite, Gegenspieler	WIDERPART
Gegenteil	UMKEHRUNG
gegenteilig	UMGEKEHRT
Gegenteil von Angebot	NACHFRAGE
Gegenteil von Antipathie	SYMPATHIE
Gegenteil von Aufstieg	UNTERGANG
Gegenteil von Deflation	INFLATION
Gegenteil von einzeln	ALLGEMEIN
Gegenteil von erlauben	VERBIETEN
Gegenteil von geschlossen	GEOEFFNET
Gegenteil von Gesundheit	KRANKHEIT
Gegenteil von Inflation	DEFLATION
Gegenteil von verbieten	GESTATTEN
Gegenteil von Verbot	ERLAUBNIS
Gegenüberstellung	VERGLEICH
Gegenwart	JETZTZEIT
Gehäuse	BEHAELTER
geheimes Zusammenspiel	KOLLUSION
geheime Vorliebe	SCHWAECHE
Geheimlehre	MYSTERIEN
Geheimnis	MYSTERIUM
Gehilfe	ASSISTENT
Gehilfe des Paulus	TIMOTHEUS
Gehilfe eines Bischofs	KOADJUTOR
Gehilfe eines Offiziers	ORDONNANZ
Gehirnschlag	APOPLEXIE
Gehölz, Hain	WAELDCHEN
Gehrock, Mantel	UEBERROCK
Geier, Geierart	BARTGEIER
Geigenteil	SCHALLOCH
Geistesblitz	EINGEBUNG
Geistesblitz	INTUITION
geistesverwandt	KONGENIAL
geistig, übersinnlich	SPIRITUAL
geistig abwesend	ZERSTREUT
geistig gleichwertig	KONGENIAL
geistig-seelische Prägung	CHARAKTER
geistl. Amt	PATRIARCH
geistl. Amtsbruder	KONFRATER
geistl. Chorwerk	ORATORIUM
geistl. Frauenorden	URSULINEN
geistl. Geheimlehre	MYSTERIUM
geistl. Negerlied	SPIRITUAL
Geiz	KNAUSEREI
geizig	KNAUSERIG
gekränkt	BELEIDIGT
Gekröse	KALDAUNEN
geländegängiges Fahrzeug	LANDROVER
Geländer	BRUESTUNG
Geländesenke	NIEDERUNG
geläufig	HABITUELL
gelbblühend. Zierstrauch	GOLDREGEN
gelbblühende Narzisse	JONQUILLE
gelbe Pflaume	MIRABELLE

gelber Schmuckstein	TIGERAUGE
gelbe Rübe	MOHRRUEBE
gelbgrüner Schmuckstein	GROSSULAR
Gelbsucht	HEPATITIS
Geldbehälter	GELDKATZE
Geldbezug im Alter	LEIBRENTE
Geldentwertung	INFLATION
Geldgeber	FINANZIER
Geldinstitut	NOTENBANK
Geldinstitut, Kreditanstalt	SPARKASSE
geldlich, finanziell	PEKUNIAER
Geldnehmer	SCHULDNER
Geld und Gut	VERMOEGEN
Geleit	BEDECKUNG
Gelenk	DREHPUNKT
Gelenkentzündung	ARTHRITIS
Gelenkhautentzündung	SYNOVITIS
Geliebte	FAVORITIN
Geliebte	KONKUBINE
Geliebte	KURTISANE
Geliebte	MAETRESSE
Geliebte d. franz. Königs Ludwig XV.	POMPADOUR
Geliebter	LIEBHABER
Geliebte Adonis	APHRODITE
Geliebte Antonius	CLEOPATRA
Geliebte Antonius	KLEOPATRA
Geliebte v. Cäsar	CLEOPATRA
Geliebte v. Cäsar	KLEOPATRA
Geliebte v. Ludwig XIV.	MAINTENON
Geliebte v. Ludwig XIV.	MONTESPAN
Geltung	BEDEUTUNG
Gelübde	GELOEBNIS
Gemälde auf Holz	TAFELBILD
Gemeindebehörde	MAGISTRAT
Gemeindegrund	GEMARKUNG
Gemeindekassenleiter	KAEMMERER
Gemeinschaft	KOLLEKTIV
gemeinschaftlich	KOLLEKTIV
Gemüse	GRUENKOHL
gemütlich plaudern	PLAUSCHEN
Gemütsruhe	GLEICHMUT
genaue Wiederholung	IMITATION
Genauigkeit	EXAKTHEIT
genehmigen	GEWAEHREN
Genehmigung	ERLAUBNIS
Genesung	GESUNDUNG
genetische Übertragung	VERERBUNG
genießen	GOUTIEREN
Genießer, Schwelger	SCHLEMMER
Genußmensch	EPIKUREER
Genußmensch	LUESTLING
geologische Formation	ALGONKIUM
geologische Formation	NEOZOIKUM
geologische Formation	OBERDEVON
geologische Formation	OLIGOZAEN
geologische Formation	PALEOZAEN
geologische Periode	ARCHAIKUM
geometrische Gerade	ASYMPTOTE
Georgier	GRUSINIER
gepflegt	SOIGNIERT
Gepflogenheit	HERKOMMEN
Geplänkel	GETAENDEL
Gepräge, Charakter	WESENSART
Gerät zum Zeichnen	REISSZEUG
geräucherter Hering	BUECKLING
geräucherte Wurstsorte	METTWURST
geräuschvoll	LAUTSTARK
Gerbmittel	KALIALAUN
gereinigter Zucker	RAFFINADE
gerichtl. Strafentscheidung	GELDBUSSE
geringer Edelhirsch	SCHNEIDER
Geringfügigkeit	BAGATELLE
geringschätzig	ABFAELLIG
geringste Höhe	TIEFSTAND
gerippter Stoff	GABARDINE

9

german. Frauengestalt	SIEGLINDE
german. Götterdämmerung	RAGNAROEK
german. Helden	EINHERIER
german. Sagengestalt	KRIEMHILD
german. Sagengestalt	LUEDEGAST
german. Seefahrervolk	NORMANNEN
german. Stamm	BRUKTERER
german. Stamm	SUGAMBRER
german. Teilvolk	WESTGOTEN
german. Völkergruppe	BAJUWAREN
german. Volk	CHERUSKER
german. Weltesche	YGGDRASIL
Gerstenkorn (medizin.)	HORDOLEUM
Gerüst	GESTAENGE
gesättigt	SATURIERT
gesamt	ALLGEMEIN
gesamt	GAENZLICH
Gesamtabfindung	PAUSCHALE
Gesamtheit der Bischöfe	EPISKOPAT
Gesamtheit der Einkünfte	EINKOMMEN
Gesamtheit der Lehrerschaft	KOLLEGIUM
Gesamtheit des Schrifttums	LITERATUR
Gesamtheit von Anlagen	WESENSART
Gesamtvergütung	PAUSCHALE
Gesandtschaft	ABORDNUNG
gesangartige Melodie	KANTILENE
Gesangskünstlerin	SAENGERIN
Gesangsstimme, -stimmlage	BASSBUFFO
Gesangsverzierung	KOLORATUR
Geschäftemacher	SPEKULANT
Geschäftsbuch	HAUPTBUCH
Geschäftsführer	PROKURIST
Geschäftsinhaber	PRINZIPAL
Geschäftsleitung	DIREKTION
Geschäftsordnung	REGLEMENT
Geschäftspartner	KOMPAGNON
Geschäftsreisender	VERTRETER
Geschehen	HAPPENING
geschehen	PASSIEREN
Geschenk	ANGEBINDE
Geschenk f. Dienstleistung	TRINKGELD
geschichtlicher Abschnitt	FRUEHZEIT
geschlechtliche Anziehung	SEXAPPEAL
Geschlechtsbezeichnung	MAENNLICH
Geschlechtshormon	OESTROGEN
Geschlechtsreifung	PUBERTAET
geschlossen	VERSPERRT
geschlossener Kraftwagen	LIMOUSINE
Geschmeide, Kostbarkeiten	PREZIOSEN
Geschöpf	LEBEWESEN
Geschoß	PROJEKTIL
Geschoßhülse	KARTUSCHE
Geschoßtreibladung	KARTUSCHE
Geschwaderführer	KOMMODORE
Geschwulst	WUCHERUNG
gesellige Veranstaltung	BALLABEND
Gesellschaft, Genossenschaft	SOZIETAET
Gesellschafter	KOMPAGNON
Gesellschafter, Kommandantist	TEILHABER
Gesellschafter e. Aktiengesellsch.	AKTIONAER
Gesellschaftsanzug	FULLDRESS
Gesellschaftsspiel	BLINDEKUH
Gesellschaftstanz	CHACHACHA
Gesellschaftstanz	PASODOBLE
Gesellschaftstanz	QUICKSTEP
Gesellschaftstanz	ROCKNROLL
Gesellschaftswissenschaftler	SOZIOLOGE

9

Gesetzeswiderspruch	ANTINOMIE
gesetzgebende Körperschaft	PARLAMENT
Gesetzwidrigkeit	PARANOMIE
Gesichtsknochen	NASENBEIN
Gesichtsknochen	STIRNBEIN
Gesinnung	IDEOLOGIE
Gesinnung, Denkweise	SINNESART
gestaltetes Ereignis	HAPPENING
Gestaltung	FORMATION
gestatten	GEWAEHREN
gestattet	BEWILLIGT
gestattet	GENEHMIGT
Gesteinskundler	LITHOLOGE
Gesteinsverwitterung	KORROSION
Gestirnskonstellation	STERNBILD
Gestrüpp	BUSCHWERK
Gestrüpp, Gehölz	UNTERHOLZ
Gestüt	RENNSTALL
Gesuch	BEWERBUNG
esundheitsstörung	KRANKHEIT
etöse, rach	SPEKTAKEL
etragene lelodie	KANTILENE
etraenes onstück	KANTABILE
etreide	ZEREALIEN
etreideankheit	BRAUNROST
treideankheit	FLUGBRAND

Getreidekrankheit	MAISBRAND
Getreideschädling	MEHLMOTTE
Getreideunkraut	KORNBLUME
getrennt, abgesondert	SEPARIERT
Getrennthaltung	ISOLATION
getreue Nachbildung	FAKSIMILE
Getriebe, Antriebsmaschine	TRIEBWERK
Getriebeteil	ZAHNKRANZ
getrocknete Früchte	DOERROBST
getrocknete Weinbeere	SULTANINE
Gewächshaus	ORANGERIE
gewagte Unternehmung	ABENTEUER
Gewalt	OBRIGKEIT
gewaltsame Inbesitznahme	EROBERUNG
Gewalttäter, -verbrecher	TERRORIST
gewandt	GESCHICKT
Gewandtheit	AGILITAET
Gewandtheit	FIXIGKEIT
Gewebe, Zeug	TEXTILIEN
Gewebeart	HALBSEIDE
Gewebeart	WASCHSAMT
Gewebeausrüster	APPRETEUR
Gewebe mit Karomuster	GLENCHECK

Gewebeneubildung	WUCHERUNG
Gewebshormon	SEROTONIN
Gewerbezweig	INDUSTRIE
Gewichtsabnahme	REDUKTION
Gewichtseinheit	KILOGRAMM
Gewichtsverlust	MINDERUNG
Gewinn, Profit	VERDIENST
Gewinnanteil	DIVIDENDE
Gewinnsucht	PLEONEXIE
gewinnsüchtig	HABGIERIG
Gewinnung	ERZIELUNG
gewissenhaft	MINUZIOES
gewissermaßen	GLEICHSAM
Gewöhnung	ANPASSUNG
Gewogenheit, Zuneigung	SYMPATHIE
Gewohnheit, Sitte	TRADITION
gewohnheitsmäßig	HABITUELL
Gewohnheitsrecht	OBSERVANZ
Gewürz, Gewürzpflanze	KNOBLAUCH
Gewürz, Gewürzpflanze	KORIANDER
gezielt anbringen	PLACIEREN
Gicht	ARTHRITIS
Gichtrübe	ZAUNRUEBE
Gift der Brechnuß	STRYCHNIN
Gift der Herbstzeitlosen	KOLCHIZIN

9

Gifte gegen Pilzbefall	FUNGIZIDE
Giftpflanze	BRECHNUSS
Giftpflanze	FEIGBOHNE
Giftpflanze	TOLLBEERE
Giftschlange	SANDVIPER
Gipfel der Grajischen Alpen	MONTCENIS
Gipfel des Monte Rosa	BREITHORN
Gips-, Stuckarbeit	STUKKATUR
Gipsart	ALABASTER
Gitter	DRAHTNETZ
glänzen	SCHILLERN
glänzend	FULMINANT
glänzende Kohle	ANTHRAZIT
glanzlos machen	MATTIEREN
Glassorte	QUARZGLAS
glattschaliger Pfirsich	NEKTARINE
Glaubensheld	MAERTYRER
gleichaltrige Geschwister	MEHRLINGE
gleichaltrige Geschwister	ZWILLINGE
gleichbedeutend	IDENTISCH
gleiche Ansicht	EINIGKEIT
Gleichgewichtsstörung	SCHWINDEL
gleichgültig	APATHISCH
gleichlaufende Linie	PARALLELE
Gleichnis	ALLEGORIE
gleichsam, gewissermaßen	SOZUSAGEN
gleichsinnig geneigt	ISOKLINAL
Gleisbedienungsanlage	STELLWERK
gleißend	FLIMMERND
gleißend	GLAENZEND
gleißend	LEUCHTEND
gleißend, blendend	STRAHLEND
Gleissperranlage	PRELLBOCK
Gletschergeröll	GESCHIEBE
glibbrig	GLITSCHIG
Gliederfüßer	KREBSTIER
Gliederfüßer, Krebstier	ROLLASSEL
Gliedermeßstab	ZOLLSTOCK
Gliederung	FORMATION
Gliedsatz	NEBENSATZ
Glimmentladung an Spitzen	ELMSFEUER
Glitzerblättchen zum Aufnähen	PAILLETTE
Glockenblume	CAMPANULA
Glockenblume	KAMPANULA
Glosse	KOMMENTAR
Glucke, Gluckhenne	BRUTHENNE
Glücksbringer	KLEEBLATT
Glücksritter, -spieler	HASARDEUR
Glückwünschender	GRATULANT
Gnadenmittel	SAKRAMENT
Gönner, Beschützer	PROTEKTOR
Gössel	GAENSCHEN
Goethes Sekretär	ECKERMANN
Götterbaum	AILANTHUS
göttliches Walten, Schicksal	VORSEHUNG
Götzendienst	IDOLATRIE
goldbetreßt	GALONIERT
Gold der Ostsee	BERNSTEIN
Goldflieder	FORSYTHIE
Goldmacher	ALCHIMIST
Golf	MEERBUSEN
Gospel, Gospelsong	SPIRITUAL
Gosse	RINNSTEIN
gottesdienstliche Handlung	ABENDMAHL
gottesdienstliche Handlung	KOMMUNION
Gottesfrieden	TREUGADEI
gottesfürchtig	RELIGIOES
Gottesgelehrtheit	THEOLOGIE
Gottesleugnung	ATHEISMUS
graben	SCHAUFELN
Grabmal	GRABKREUZ
Grabwespe	SANDWESPE
Grad	ABSTUFUNG
Gräberfeld des Altertums	NEKROPOLE
Gralsritter	GURNEMANZ

9

Gralsritter	LOHENGRIN
grammatikal. Geschlecht	SAECHLICH
Granat-Abart	DEMANTOID
Granat-Abart	GROSSULAR
graph. Betrieb	DRUCKEREI
graph. Erzeugnis	DRUCKWERK
Graphitmine in Holz	BLEISTIFT
Grasart	BOCKSGRAS
Grasart	SCHWINGEL
Grat	KAMMLINIE
gratis	KOSTENLOS
Grauen	ENTSETZEN
Grauen, Entsetzen	SCHRECKEN
Graufuchs	GRISFUCHS
Grau-in-Grau-Malerei	GRISAILLE
Graukehlchen	BRAUNELLE
gravitätisch gehen	SCHREITEN
greifbar	MATERIELL
Greifvogel	ABENDFALK
Greifvogel	BARTGEIER
Greifvogel	KORNWEIHE
grell	GLEISSEND
Gremium	AUSSCHUSS
Grenzgebirge in Westeuropa	PYRENAEEN
griech. Astronom	ARISTARCH
griech. Baumeister (3.Jh. v.Chr.)	SOSTRATOS
griech. Bildhauer	ALKAMENES
griech. Chansonsängerin	MOUSKOURI
griech. Chorführer	KORYPHAEE
griech. Göttin d. Gedächtnisses	MNEMOSYNE
griech. Göttin d. Liebe	APHRODITE
griech. Gott d. Heilkunde	ASKLEPIOS
griech. Gott d. Traumes	PHANTASOS
griech. Held, Freund d. Achill	PATROKLOS
griech. Hochzeitsgott	HYMENAIOS
griech. Inselgruppe	DODEKANES
griech. Königsname	ALEXANDER
griech. Philologe	ARISTARCH
griech. Philosoph	EUHEMEROS
griech. Philosoph (Milet)	LEUKIPPOS
griech. Reiseschriftsteller	PAUSANIAS
griech. Sagenkönig	AGAMEMNON
griech. Seher	TEIRESIAS
griech. Tempelsklave	HIERODULE
griech. Trinkgelage, Gastmahl	SYMPOSION
Griff	HALTERUNG
Grippe	INFLUENZA
Grips	KOEPFCHEN
grober Schrot	REHPOSTEN
größte chines. Hafenstadt	SCHANGHAI
größte franz. Hafenstadt	MARSEILLE
größte Insel der Erde	GROENLAND
größter Gletscher der Erde (Alaska)	MALASPINA
größter Nordseehafen	ROTTERDAM
größte Stadt von Ohio (USA)	CLEVELAND
großartig, prachtvoll	PRAECHTIG
Großbehälter	CONTAINER
Großbuchstaben	VERSALIEN
große Begräbnisstätte	MAUSOLEUM
große Schaumünze	MEDAILLON
großes Schiff entfrachten	LEICHTERN
Großflosser	MAKROPODE
Großgewerbe	INDUSTRIE
großkalibrige Schußwaffe	GESCHUETZ
Großkaufhaus	WARENHAUS
Großmacht, Imperium	WELTREICH
Großmaul	BRAMARBAS
Großwildpark in Tansania	SERENGETI
großzügig	FREIGEBIG

grübeln, nachdenken	SINNIEREN
Grünalge	CHLORELLA
Grünanlage f. Ballspiel	GOLFPLATZ
gründen	FUNDIEREN
gründliche Haarentfernung	EPILATION
Gründling (Fisch)	KRESSLING
Grünerde	GLAUKONIT
Grünschnabel	GREENHORN
Grundgewebe (biol.)	PARENCHYM
Grundlage	FUNDAMENT
grundlegend	ELEMENTAR
Grundmauer	FUNDAMENT
Grundschulfach	SCHREIBEN
Gruppe, Klasse	KATEGORIE
Gruß, Grußformel	GUTENACHT
guatemaltek. Hauptstadt	GUATEMALA
gültig	ABGEMACHT
gültig	ANERKANNT
Güte, Wert	QUALITAET
Güterdepot	LAGERRAUM
Güterversender	SPEDITEUR
Gummibaumprodukt	KAUTSCHUK
Gummibereifung	PNEUMATIK
Gummilack	SCHELLACK
Gunst, Geneigtheit	ZUNEIGUNG
Gurkenkraut	BORRETSCH
Gut	BESITZTUM
Gut	BESITZUNG
Gutachten	KONSILIUM
gute Bekannte	VERTRAUTE
gut essen	SCHMAUSEN
gutsagen, gutsprechen	EINSTEHEN
Gymnasialklasse	OBERPRIMA
Haargefäß	KAPILLARE
Haarpflegemethode	KALTWELLE
Haarröhrchen	KAPILLARE
Haarschnitt	PAGENKOPF
Haarspalterei	KASUISTIK
Habe, Eigentum	VERMOEGEN
Hackfrucht	KARTOFFEL
Hackfrucht	KOHLRUEBE
Hadernkrankheit	MILZBRAND
Häftling	ARRESTANT
Hämatit	BLUTSTEIN
härtbarer Kunststoff	DUROPLAST
häufend	KUMULATIV
Hafenboot, -schiff	SCHLEPPER
Hafenstadt am Kasp. Meer	ASTRACHAN
Hafenstadt am Michigansee	MILWAUKEE
Hafenstadt auf Schikoku	TAKAMATSU
Hafenstadt auf Zypern	FAMAGUSTA
Hafenstadt im Rhone-Delta	MARTIGUES
Hafenstadt in der Normandie	CHERBOURG
Hafenstadt in Kolumbien	CARTAGENA
Hafenstadt in Maryland (USA)	BALTIMORE
Hafenstadt in Massachusetts	FALLRIVER
Hafenstadt in Pommern	STRALSUND
Hafenstadt in Schlesw.-Holstein	FLENSBURG
Hafenstadt in Spanien	CARTAGENA
Hafenstadt in Texas (USA)	GALVESTON
Haff, Lagune	STRANDSEE
Hafner	KERAMIKER
Haft	GEWAHRSAM
Haftanstalt	ZUCHTHAUS
haften	EINSTEHEN
Hagebuche	HAINBUCHE
Hagedorn	WEISSDORN
Hagelkorn (medizin.)	CHALAZION
Hahnenfußgewächs	HAARKRAUT
Hai-Art	HAMMERHAI
Hai-Art	KATZENHAI
Hainbuche	HAGEBUCHE
Halbaffe	OHRENMAKI
halbamtlich	OFFIZIOES

9

Halbblut	MISCHLING
Halbinsel auf Rügen	MOENCHGUT
Halbinsel der Hudson-Mündung	MANHATTAN
Halbschlaf	SCHLUMMER
Halbwelt	DEMIMONDE
Halbweltdame	KURTISANE
Halbwüchsige	BACKFISCH
Halfter	HALTERUNG
Hallig vor Schleswig	LANGENESS
Hallimasch	HONIGPILZ
halsstarrig	INSISTENT
Halsstarrigkeit	EIGENSINN
haltbar	DAUERHAFT
Haltung	ATTITUEDE
Hamamelisgewächs	AMBRABAUM
Hamburger Witzfigur	KLEINERNA
Hamitenstamm, -volk	BISCHARIN
Handarbeiterin	STICKERIN
Handbuch	LEITFADEN
handeln	FEILSCHEN
Handelsmarke, Warenzeichen	TRADEMARK
Handelsvertreter	REISENDER
Handgeld	DRAUFGABE
Handgemenge, Rauferei	PRUEGELEI
handhaben	HANTIEREN
Handhabung	ANWENDUNG
Handharmonika	AKKORDEON
handlich, zweckmäßig	PRAKTISCH
Handliniendeuter	CHIROMANT
Handlung	MASSNAHME
Handpflege	MANIKUERE
Handpflegerin	MANIKUERE
Handschrift e. Berühmtheit	AUTOGRAPH
Handstempel	PETSCHAFT
Handwerker	LACKIERER
handwerklicher Arbeitsplatz	WERKSTATT
Hang	BOESCHUNG
Hannibals Bruder	HASDRUBAL
Harmonie	EINIGKEIT
Harmonie	KONSONANZ
Harmonie	WOHLKLANG
Harmonika	BANDONEON
Harmonika	GLASHARFE
Hartholz	EISENHOLZ
Hartholz	KASUARINE
hartnäckig	VERBISSEN
hartschalige Frucht	KOKOSNUSS
Harz	GUMMIGUTT
Harz, Fixiermittel	SCHELLACK
Harzkurort	BRAUNLAGE
Haschisch	MARIHUANA
Hasenampfer	SAUERKLEE
Hasenart	KANINCHEN
Hauptort der Ortenau	OFFENBURG
Hauptperson einer Feier	JUBILARIN
Hauptpreis	GRANDPRIX
Hauptstadt	METROPOLE
Hauptstadt der Färöer	THORSHAVN
Hauptstadt der Mongol. VR	ULANBATOR
Hauptstadt der Niederlande	AMSTERDAM
Hauptstadt der Slowakei	PRESSBURG
Hauptstadt des Kanton Neuenburg	NEUCHATEL
Hauptstadt Kataloniens	BARCELONA
Hauptstadt von Baden-Württ.	STUTTGART
Hauptstadt von Benin	PORTONOVO
Hauptstadt von Bessarabien	KISCHINEW
Hauptstadt von Bithynien	NIKOMEDIA
Hauptstadt von Burundi	BUJUMBURA
Hauptstadt von Falster	NYKOEPING
Hauptstadt von Gran Canaria	LASPALMAS
Hauptstadt von Gudscherat	AHMEDABAD
Hauptstadt von Hessen	WIESBADEN

Hauptstadt von Holland	AMSTERDAM
Hauptstadt von Idaho (USA)	BOISECITY
Hauptstadt von Iowa (USA)	DESMOINES
Hauptstadt von Israel	JERUSALEM
Hauptstadt von Kwandebele	SIYABUSWA
Hauptstadt von Laos	VIENTIANE
Hauptstadt von Malta	LAVALETTA
Hauptstadt von Maryland (USA)	ANNAPOLIS
Hauptstadt von Mauritius	PORTLOUIS
Hauptstadt von Menorca	PORTMAHON
Hauptstadt von Minnesota (USA)	SAINTPAUL
Hauptstadt von Nordbaden	KARLSRUHE
Hauptstadt von Sachsen-Anhalt	MAGDEBURG
Hauptstadt von Saint Vincent	KINGSTOWN
Hauptstadt von Schottland	EDINBURGH
Hauptstadt von Slowenien	LJUBLJANA
Hauptstadt von Tadschikistan	DUSCHANBE
Hauptstadt von Tennessee	NASHVILLE
Hauptstadt von Tirol	INNSBRUCK
Hauptstadt von Tonga	NUKUALOFA
Hauptstadt von Usbekistan	TASCHKENT
Hauptstern im Stier	ALDEBARAN
Hauptstimme der Orgel	PRINZIPAL
Hauptturm der Burg	BERGFRIED
Hauptzeuge	KRONZEUGE
Haushaltsabfall	HAUSMUELL
Haushofmeister	MARSCHALL
Hausmeisterin in Frankreich	CONCIERGE
Hausschuh	PANTOFFEL
Hausschuh	SCHLAPPEN
Hausschuhe	BABUSCHEN
Hautfleck	MUTTERMAL
Hautflügler	GALLWESPE
Hautkrankheit	AUSSCHLAG
Hautkrankheit	DERMATOSE
Haut-Oberschicht	EPIDERMIS
Hautpflegemittel	COLDCREAM
Hawaii-Insel	KAHOOLAWE
Heber z. Flüssigkeitsentnahme	SAUGHEBER
Hebevorrichtung	HASPELRAD
hebr.: verrückt	MESCHUGGE
Hebriden-Insel	BENBECULA
Hebriden-Insel	NORTHUIST
Hebriden-Insel	SOUTHUIST
Heckenpflanze	FELDAHORN
Heckenrose	HUNDSROSE
Heerführer	MARSCHALL
Heerschau	AUFMARSCH
heftig, stürmisch	UNGESTUEM
Heftigkeit	UNGESTUEM
Hegezeit	SCHONZEIT
Hehlerware	DIEBESGUT
Heidekraut	BAUMHEIDE
Heidekrautgewächs	MOOSBEERE
Heidelbeere	BICKBEERE
Heidelbeere	BLAUBEERE
Heidenbekehrer	MISSIONAR
Heilbad am Wesergebirge	BADEILSEN
Heilbad an der Lahn	FACHINGEN
Heilbad bei Lübeck	SCHWARTAU
Heilgehilfin	PFLEGERIN
Heilige d. Kirche	APOLLONIA
Heilige d. Kirche	ELISABETH
Heilige d. Kirche	KATHARINA
Heilige d. Kirche	KUNIGUNDE

Heiliger, Apostel der Wenden	VICELINUS
Heiliger, Nothelfer	PANTALEON
Heiliger, Ordens-gründer	DOMINIKUS
Heiliger d. Kirche	CRISPINUS
Heiliger d. Kirche	MAURITIUS
Heiliger d. Kirche	SEVERINUS
Heiliger d. Kirche	WILLIBALD
heiliges Jahr	JUBELJAHR
Heil-kundiger	MEDIZINER
Heilmittel	PHARMAKON
Heilmit-telher-stellung	PHARMAZIE
Heil-mittel-kundiger	APOTHEKER
Heil-pflanze	ABERRAUTE
Heil-pflanze	BAERLAUCH
Heil-pflanze	BORRETSCH
Heil-pflanze	BRECHNUSS
Heil-pflanze	KNOBLAUCH
Heil-pflanze	KREUZDORN
Heil-pflanze	LEINKRAUT
Heil-pflanze	MANNSTREU
Heil-pflanze	STEINWURZ
eilung	GESUNDUNG
eimat er eatles	LIVERPOOL
eimat-aat	VATERLAND
eimat-rtriebe-r	UMSIEDLER
imelig	IDYLLISCH

heimlich	INSGEHEIM
heimlich, ver-borgen	VERSTECKT
heimlich, versteckt	VERBORGEN
heimlich beob-achten	KIEBITZEN
Heimreise	RUECKKEHR
Heimweh	NOSTALGIE
heim-zahlen	VERGELTEN
Heirats-gut	AUSSTEUER
Heiß-hunger	KOHLDAMPF
Heiß-hunger (mediz.)	LYKOREXIE
Heißsporn	FANATIKER
heiter	FROEHLICH
heiteres Bühnen-stück	LUSTSPIEL
heiteres Musik-stück	HUMORESKE
Heiter-keits-ausdruck	LACHSALVE
heizbares Gewächs-haus	TREIBHAUS
Helden-lied	RHAPSODIE
Helden-tum	HEROISMUS
Held im Nibe-lungen-lied	SIEGFRIED
helfen	BEISTEHEN
Helfer, Beistand	SEKUNDANT
hellbeige Farbe	ELFENBEIN
hell-häutig	LEUKODERM
hemmen	ABBLOCKEN
hemmend	REPRESSIV
Hem-mung	HINDERUNG
Henkel	HANDGRIFF

Herab-setzung, Minderung	REDUKTION
Heran-wachsen-der	JUENGLING
heraus-finden	ERMITTELN
heraus-fordernd	PROVOKANT
Herbst-blume	GOLDRAUTE
Herbst-monat	SEPTEMBER
Herings-art	BREITLING
Her-kommen, Überliefe-rung	TRADITION
Her-leitung	INDUKTION
Herois-mus	HELDENTUM
herrisch	ANMASSEND
herrlich	GLANZVOLL
herrlich, glanzvoll	PRAECHTIG
Herrlich-keit	MAJESTAET
Herr-schaft	REGIERUNG
Herr-schafts-symbole	INSIGNIEN
Herr-scher	OBERHAUPT
Herr-scher, Landes-herr	SOUVERAEN
Her-stellung	ERZEUGUNG
Her-stellung	FERTIGUNG
hervor-ragend	EXZELLENT
hervor-ragend, maß-gebend	PROMINENT
hervor-ragende Persön-lichkeit	PROMINENZ
Herz-kammer	VENTRIKEL

herzlich	LIEBEVOLL
Herzlichkeit	INNIGKEIT
Herzstärkungsmittel	KARDIAKUM
hess. Kurort	ALLENDORF
hess. Kurort	WILDUNGEN
hess. Kurort am Rhein	WIESBADEN
hess. Stadt am Main	OFFENBACH
hess. Stadt am Rhein	GERNSHEIM
hess. Stadt am unteren Main	MUEHLHEIM
hess. Stadt am Vogelsberg	BUEDINGEN
hess. Stadt an d. Fulda	MELSUNGEN
hess. Stadt an der Fulda	ROTENBURG
hess. Stadt im Taunus	OBERURSEL
hess. Stadt in der Wetterau	FRIEDBERG
Heuchler	FROEMMLER
Hexenring	ELFENRING
Hijacker	LUFTPIRAT
Hilfe	ASSISTENZ
Hilfe, Unterstützung	RUECKHALT
hilfsbereit	KOLLEGIAL
Hilfsboot	SCHALUPPE
Hilfsgelder, Unterstützung	SUBSIDIEN
Hilfskraft	ASSISTENT
Hilfspolizistin	POLITESSE

Himalajagipfel	ANNAPURNA
Himalajagipfel	NANDADEVI
Himmelsgewölbe	FIRMAMENT
Himmelslicht bei elektr. Entladung	NORDLICHT
Himmelsrichtung	SUEDOSTEN
hindern	ABBLOCKEN
Hindin, Hinde	HIRSCHKUH
hingabevoll	DEZIDIERT
Hinrichtung	EXEKUTION
hintergehen	BETRUEGEN
hinterhältig	ARGLISTIG
hinterhältig	INTRIGANT
hinterlegte Sachen	DEPOSITEN
Hinterrheintal	DOMLESCHG
hinterster Mast	BESANMAST
hinterster Vollschiffmast	KREUZMAST
Hirnanhangdrüse	HYPOPHYSE
Hirngespinst	PHANTASIE
Hirngespinst	PHANTASMA
Hirngespinst, Trugbild	SCHIMAERE
hirnverbrannt	VERRUECKT
Hirsch, Hirschart	ROTHIRSCH
Hirsch, Hirschart	WASSERREH
Hirtenflöte	PANFLOETE
Hirtenlied	KUHREIGEN

Hirtenlied	PASTORALE
Hirtenlieddichter	BUKOLIKER
Hitzemesser	PYROMETER
Hitzkopf	DESPERADO
Hitzkopf	FANATIKER
Hochachtung	EHRFURCHT
Hochbetrieb, Hauptverkehr	STOSSZEIT
Hochgebirge in Asien	KARAKORUM
Hochgebirgsblume	EDELWEISS
Hochland in Südrußland	KAUKASIEN
hochmütig, hochnäsig	ANMASSEND
Hochmut, Hochnäsigkeit	ANMASSUNG
Hochschüler	STUDIOSUS
Hochschule	ALMAMATER
Hochschullehrer	PROFESSOR
Hochseefisch	HORNHECHT
Hochseefisch	KNURRHAHN
Hochseesegelschiff	KARAVELLE
Hochstapler	BETRUEGER
Hochtal in Tirol	STUBAITAL
hochwertige Kohle	ANTHRAZIT
Hochwild-Art	STEINWILD
Hockey-Ausdruck	BODYCHECK
höchst	AEUSSERST
höchster Alpengipfel	MONTBLANC

höchster Berg der Dolomiten	MARMOLATA
höchster Berg in Amerika	ACONCAGUA
höchster Berg in Europa	MONTBLANC
höchster deutscher Berg	ZUGSPITZE
höchster franz. Pyrenäen-berg	VIGNEMALE
höchster jüdischer Feiertag	JOMKIPPUR
Höchst-frequenz-erzeuger	MAGNETRON
höchst lobens-wert	RUEHMLICH
höfische Liebes-lyrik	MINNESANG
Höflings-gruppe	KAMARILLA
Höhen-linien	ISOHYPSEN
Höhen-messer	AEROMETER
Höhenzug bei Bamberg	HASSBERGE
Höhenzug bei den Schwyzer Alpen	MORGARTEN
Höhen-zug in Thüringen	HAINLEITE
höhere Etage	OBERSTOCK
höherer Schüler	PENNAELER
höherer Schüler	QUARTANER
höherer Schüler	QUINTANER
höherer Schüler	TERTIANER
höhere Schule	GYMNASIUM
Höhlen-bewohner	TROGLODYT
Hölle, To-tenreich	UNTERWELT
Höllen-fürst	BEELZEBUB
Hofamt, -beamter	MARSCHALL
Hofamt, -beamter	TRUCHSESS
Hoffnung	ERWARTUNG
hofieren	SCHOENTUN
Hoheit	GRANDEZZA
Hohen-staufen-Anhänger	GIBELLINE
hoher Offizier	MARSCHALL
hohes Fußball-zuspiel	STEILPASS
Hohl-spiegel	REFLEKTOR
Holzart	STAMMHOLZ
Holzart, -gewächs	BUCHSBAUM
Holzart, -gewächs	KORKEICHE
Holzbild-hauer	SCHNITZER
Holz-bläser	FAGOTTIST
Holzblas-instrument	KRUMMHORN
Holzblas-instrument	PANFLOETE
Holz-krankheit	ASTFAEULE
Holz-krankheit	ROTFAEULE
Holz-Raummaß	FESTMETER
Holz-schneide-gerät	HOHLEISEN
Holz-schnitt-künstler	XYLOGRAPH
homeri-sche Versform	HEXAMETER
Honigdrü-sen der Blüten	NEKTARIEN
Honigklee	STEINKLEE
Honig-kuchen	LEBKUCHEN
Hopfen-anbau-gebiet in Bayern	HALLERTAU
Hormon d. Zirbel-drüse	MELATONIN
Horror	ENTSETZEN
Horror, Schauder	SCHRECKEN
Hort	TAGESHEIM
horten, lagern	SPEICHERN
Hose	BEINKLEID
Hose aus blauem Denim	BLUEJEANS
Hostien-träger	MONSTRANZ
Hüft-halter	KORSELETT
Hügel über dem alten Troja	HISSARLIK
Hühner-auge	LEICHDORN
Hühner-rasse	FRANKOLIN
Hühner-rasse	ITALIENER
Hühner-rasse	ORPINGTON
Hühner-rasse	WYANDOTTE
Hühner-vogel	GOLDFASAN
Hürde	HINDERNIS
hüten, bewahren	SCHUETZEN
Hütte	HAEUSCHEN
Humbug	BLOEDSINN
Hunde-rasse	BULLDOGGE
Hunde-rasse	DOBERMANN
Hunde-rasse	FUCHSHUND
Hunde-rasse	SCHNAUZER
Hunde-rasse	TIGERHUND
Hunde-rasse	WINDSPIEL

9

Hunderasse	WOLFSHUND
Hundskopfaffe	GRUENAFFE
Hundskopfaffe	MEERKATZE
Hungerkur	FASTENKUR
Hungerleider	SCHLUCKER
Hussit	UTRAQUIST
hybrid	VERMESSEN
Hymne, Hymnus	WEIHELIED
Hypophysenhormon	PROLAKTON
Ideenlehre	IDEOLOGIE
idyllisch	ARKADISCH
Ikterus	GELBSUCHT
Illustration	ABBILDUNG
Iltis	FRETTCHEN
im Freien übernachten	KAMPIEREN
Imitator	NACHAHMER
imitieren	NACHAHMEN
immer	JEDERZEIT
Immergrün	HUNDSGIFT
immergrünes Gewächs	BUCHSBAUM
immergrüne Strauch-, Baumart	TAMARISKE
im Mittelpunkt befindlich	ZENTRISCH
Impertinenz	FRECHHEIT
Inbegriff	INNERSTES
inbegriffen	INKLUSIVE
Inbesitznahme	ANEIGNUNG
in Brand stecken	ANZUENDEN
Indianersprache	AZTEKISCH
indische Dattel	TAMARINDE
indische Hafenstadt	MANGALORE
indische Inselgruppe	ANDAMANEN
indische Inselgruppe	NIKOBAREN
indische Kaste	BRAHMINEN
indische Priesterkaste	BRAHMANEN
indischer Großmogul	AURANGZEB
indischer Wallfahrtsort	ALLAHABAD
indisches Liebeslehrbuch	KAMASUTRA
indische Sprache	MALAYALAM
indische Stadt	BANGALORE
indische Stadt	DSCHAIPUR
indische Stadt in Maharaschtra	SCHOLAPUR
Indiz	ANZEICHEN
indones. Insel	HALMAHERA
indones. Stadt auf Borneo	PONTIANAK
indones. Stadt auf Sumatra	PALEMBANG
Indulgenz	NACHSICHT
Industriestadt an d. Lippe	LIPPSTADT
Industriestadt bei Düsseldorf	BURSCHEID
in Falten legen	DRAPIEREN
Infanterist	GRENADIER
Infanterist	MUSKETIER
Infektionskrankheit	SCHARLACH
infizieren	ANSTECKEN
Information	BELEHRUNG
Information	NACHRICHT
in Gang setzen	ANKURBELN
Ingenieurschule	TECHNIKUM
in Gesamtheit (jurist.)	INCORPORE
Ingwerbier	GINGERALE
inhaftieren	VERHAFTEN
inkognito	UNERKANNT
innehalten	PAUSIEREN
Innenausstattung	INTERIEUR
Innenohr	LABYRINTH
Innenraum	INTERIEUR
inneres Miterleben	SYMPATHIE
innere Verbundenheit	SYMPATHIE
innerlich verbunden	ENGAGIERT
innewohnend	INHAERENT
inniges Verlangen	SEHNSUCHT
Insektenfresser	SPITZMAUS
Insel an der Magalhaesstraße	FEUERLAND
Insel bei New York	NANTUCKET
Inselbewohner	INSULANER
Insel des Tuamotu-Archipels	MANGAREVA
Inseleuropäer	ISLAENDER

Inselgruppe der Sporaden	DODEKANES
Insel vor Kanada	ANTICOSTI
Insel vor Pommern	HIDDENSEE
Insel vor Sizilien	LAMPEDUSA
insgesamt	GAENZLICH
Insignien	ABZEICHEN
ins Schlepptau nehmen	BUGSIEREN
Instrumentenflug	BLINDFLUG
Interesselosigkeit	LETHARGIE
Interferenzfotografie	HOLOGRAMM
IOK-Präsident	SAMARANCH
iranischer Geistlicher	AYATOLLAH
iranischer Politiker, Min.-präsid.	MOSSADEGH
iranische Stadt	BACHTERAN
iranische Stadt	BAKHTARAN
irische Bucht	DINGLEBAY
irische Fluggesellschaft	AERLINGUS
irischer Schriftsteller	GOLDSMITH
rischer Schriftsteller	OFLAHERTY
rische Stadt in Munster	TIPPERARY
re-machen	VERWIRREN
rgarten	LABYRINTH
r-läubig	HETERODOX
Isar-Zufluß	MUEHLBACH
Isar-Zufluß	STEINBACH
isländische Hauptstadt	REYKJAVIK
islam. Fürstentitel	PADISCHAH
islam. Sekte	ALMOHADEN
Isoliermittel, -stoff	GLASWOLLE
Isoliermittel, -stoff	KUNSTHARZ
israel. Politiker	BENGURION
israel. Stadt	BEERSHEBA
israelitischer Stamm	NAPHTHALI
ital. abstrakt. Maler	CASSINARI
ital. abstrakt. Maler	SANTOMASO
ital. Adelsfamilie	MALATESTA
ital. ägatische Insel	FAVIGNANA
ital. Automarke	ALFAROMEO
ital. Barockbaumeister	BORROMINI
ital. Begründer d. Futurismus	MARINETTI
ital. Berg	MONTECAVI
ital. Bergmassiv	GRANSASSO
ital. Bildhauer, Baumeister	SANSOVINO
ital. Dichter, Schriftsteller	BOCCACCIO
ital. Dichter, Schriftsteller	DANNUNZIO
ital. Dichter (Nobelpreis)	QUASIMODO
ital. Dichter (16. Jh.)	SANNAZARO
ital. Diktator	MUSSOLINI
ital. Dirigent	TOSCANINI
ital. Filmregisseur	ANTONIONI
ital. Filmschauspielerin	CARDINALE
ital. Frauenname	MADDALENA
ital. Frauenname	VALENTINA
ital. Freischarführer	GARIBALDI
ital. Gastwirtschaft	TRATTORIA
ital. Geiger, Kompon. (18. Jh.)	PERGOLESI
ital. Halbinsel	KALABRIEN
ital. Insel	SARDINIEN
ital. Insel im Sizil. Meer	LAMPEDUSA
ital. Inselregion	SARDINIEN
ital. Kaffeehaus	CAFETERIA
ital. Komponist	MALIPIERO
ital. Komponist (17. Jh.)	STRADELLA
ital. Lyriker	UNGARETTI
ital. Männername	BENEDETTO

9

ital. Männername	FRANCESCO
ital. Männername	GUGLIELMO
ital. Maler	CORREGGIO
ital. Maler	SEGANTINI
ital. Maler (Städtebilder)	CANALETTO
ital. Modeschöpfer	SCHUBERTH
ital. Münze	CENTESIMO
ital. Name von Südtirol	ALTOADIGE
ital. Nationalbewegung	IRREDENTA
ital. Opernkomponist	CHERUBINI
ital. Opernkomponist	DONIZETTI
ital. Opernkomponist	PAISIELLO
ital. Opernkomponist	SCARLATTI
ital. Opernsänger	PAVAROTTI
ital. Politiker	ANDREOTTI
ital. Politiker	TOGLIATTI
ital. Renaissance-Maler	PISANELLO
ital.-russisch. Barockarchitekt	RASTRELLI
ital. Sänger, Schauspieler	CELENTANO
ital. Schriftsteller	GUARESCHI
ital. Seebad am Ligurisch. Meer	VIAREGGIO
ital. Seefahrer	VERRAZANO
ital. Stadt an der Adria	COMACCHIO
ital. Stadt auf Sizilien	VILLAROSA
ital. Stadt in Bergamo	TREVIGLIO
ital. Stadt in Latium	FROSINONE
ital. Tenor	DELMONACO
ital. Vulkaninsel vor Sizilien	STROMBOLI
ital. Weinsorte	BARDOLINO
ital.: Flasche	BOTTIGLIA
ital.: fünfzig	CINQUANTA
ital.: gleitend	GLISSANDO
ital.: Vorspeise	ANTIPASTO
ital.: Woche	SETTIMANA
Jachtvorsegel	SPINNAKER
Jäger	GRUENROCK
jäh, unvermittelt	RUCKARTIG
jämmerlich	KLAEGLICH
jämmerlich	MISERABEL
Jagdabschluß	NACHSUCHE
Jagdhund	DACHSHUND
jagen, fahnden	VERFOLGEN
Jahresdrittel	TRIMESTER
Jahreszeit	FRUEHLING
Jahrgeld	ANNUITAET
Jahrmarkt	VOLKSFEST
Jahrmarktsvergnügen	KARUSSELL
Jahrmarktsvergnügen	RIESENRAD
Jahrzehnt	DEZENNIUM
Janker	HAUSJACKE
japan. Filmregisseur	MIZOGUCHI
japan. Hafenstadt auf Hondo	HAMAMATSU
japan. Inselgruppe	TSUSCHIMA
japan. Kaiser	MUTSUHITO
japan. Kaiser	YOSHIHITO
japan. Komponist	AKUTAGAWA
japan. Komponist	IKENOUCHI
japan. Landschaftsmaler	HIROSHIGE
japan. Maler (12. Jh.)	MITSUNAGA
japan. Stadt auf Hondo	MATSUMOTO
japan. Stadt auf Hondo	SCHIZUOKA
japan. Stadt auf Kiuschu	WAKAMATSU
japan. Stadt auf Schikoku	MATSUJAMA
Jazzphrasierung	STATEMENT
Jazzstil	DIXIELAND
jenseits	HIMMLISCH
Jesuit, Gegenreformator	BELLARMIN
Jetztzeit	GEGENWART
Journalist	KOLUMNIST
Jubelfeier	JUBILAEUM
Judentum	JUDAISMUS

jüdischer Volksführer	BARKOCHBA
jüdisches Versöhnungsfest	JOMKIPPUR
jüdisch-nationale Bewegung	ZIONISMUS
Jüngerin Jesu	MAGDALENA
Jünger Jesu	NATHANAEL
jüngst	KUERZLICH
Jurist	ANKLAEGER
juristisch	RECHTLICH
juristisches Handbuch	PANDEKTEN
juristische Verhandlung	VERFAHREN
Kabel	DRAHTSEIL
Kabinett	REGIERUNG
Käferart	AASKAEFER
Kälte empfinden	FROESTELN
Kärntner Stadt an der Glan	SANKTVEIT
Käseart, -sorte	KOCHKAESE
Käseart, -sorte	KORBKAESE
Käseart, -sorte	LIMBURGER
Käseart, -sorte	ROQUEFORT
Kaffee-Art	KAPUZINER
Kaisertitel im alten Rom	IMPERATOR
Kalifeld-spat	MONDSTEIN
Kalifeld-spat	ORTHOLKAS
Kalifen-dynastie in Bagdad	ABBASIDEN
Kalifen-geschlecht	OMAIJADEN

Kaliumkarbonat	POTTASCHE
Kalktuff	TRAVERTIN
kalkulieren	BERECHNEN
Kaltwasserheilverfahren	KNEIPPKUR
kambodschan. Hauptstadt	PHNOMPENH
Kameramann	OPERATEUR
Kamin im Gebirge	FELSSPALT
Kammer des engl. Parlaments	UNTERHAUS
Kammerherr	KAEMMERER
Kammweg des Thüring. Waldes	RENNSTEIG
Kampfhandlung v. Flugzeugen	LUFTKAMPF
Kampfspiel, Turnier	WETTKAMPF
kanad. Bucht	BAFFINBAI
kanad. Bucht	HUDSONBAI
kanad. Bucht	UNGAVABAI
kanad. Fluß	ATHABASKA
kanad. Fluß zum Eismeer	MACKENZIE
kanad. Fluß zur Fundybai	SAINTJOHN
kanad. Stadt an der Fundybai	SAINTJOHN
kanad. Stadt an der Hudsonbai	CHURCHILL
Kanalisationsanlage	SENKGRUBE

Kanarische Insel	LANZAROTE
Kanarische Insel	TENERIFFA
Kandidat, Bewerber	POSTULANT
Kaninchenfell	BIBERETTE
Kannenstaude	NEPENTHES
Kanone	GESCHUETZ
Kanoniker, Kanonikus	KAPITULAR
Kapelle (musikal.)	ORCHESTER
kapieren	BEGREIFEN
Kapitän	KOMMODORE
Kapitelherr	KAPITULAR
Kaplan	EXPOSITUS
kaputt, vernichtet	ZERSTOERT
Kapuzineraffe	BREITNASE
Kapuzinerpilz	ROEHRLING
Karakulschafspelz	PERSIANER
Karikatur	SPOTTBILD
Karneval	FASTNACHT
karolingischer Stallmeister	MARSCHALL
Karotte	MOHRRUEBE
Karpfenart, -fisch	KARAUSCHE
Karpfenfisch	GRUNDLING
Karren	HANDWAGEN
Kartei	KARTOTHEK
Kartenspiel	MAUSCHELN
Kartenspiel	QUODLIBET
Kartenspiel	SCHAFKOPF
Kartenspielausdruck	GRANDHAND

karthagische Gottheit	BAALHAMAN
karthagischer Heerführer	HASDRUBAL
Karton, Verpackungsmittel	SCHACHTEL
kartoniertes Buch	PAPERBACK
Kasseler Kunstausstellung	DOCUMENTA
Kassenführer	KASSIERER
Kassette	KAESTCHEN
Kassiterit, Zinnoxid	ZINNSTEIN
Kastor u. Pollux	DIOSKUREN
katalon. Mittelmeerhafen	TARRAGONA
Katapult	SCHLEUDER
Kataster	GRUNDBUCH
Katastrophe, schweres Unglück	TRAGOEDIE
kathol. Altartuch	KORPORALE
kathol. Bettelorden	KAPUZINER
kathol. Familienfest	NAMENSTAG
kathol. Hauptgottesdienst	MESSOPFER
kathol. kirchl. Würde	DIGNITAET
kathol. Schulorden	PIARISTEN
kathol. Sündenbekenntnis	CONFITEOR
Kattunart	SCHIRTING
Katzenart	SIAMKATZE
Katzenfrett	KAKAMIZLI
Katzenmusik	CHARIVARI
Katzenmusik	KLIMPEREI
kaufmänn. Stellung, Beruf	KONTORIST
kaufmännisch	MERKANTIL
kaukasischer Volksstamm	INGUSCHEN
Kautschuklieferant	GUMMIBAUM
Keeper	TORHUETER
Kehlkopfteil	STIMMBAND
Keile	ABREIBUNG
keimfrei	ASEPTISCH
keltischer Stamm in d. Westalpen	HELVETIER
keltische Volksgruppe	TIGURINER
Kenner, Könner	ROUTINIER
Kenntnis	ERFAHRUNG
Kennzeichen	KRITERIUM
kennzeichnen	MARKIEREN
keramisches Erzeugnis	IRDENWARE
Kerl	MANNSBILD
Kernenergie	ATOMKRAFT
Kernwerk einer Festung	ZITADELLE
keß, ungezwungen	UNGENIERT
Kesseltreiben, Jagdart	TREIBJAGD
Keuchhusten	PERTUSSIS
Kfz-Abstellmöglichkeit	PARKPLATZ
Kiefernzapfen	KIENAPFEL
Kinderarzt	PAEDIATER
Kinderkrankheit	SCHARLACH
Kinderspielzeug	BAUKASTEN
Kinder von Okeanos	OKEANIDEN
Kindesräuber	KIDNAPPER
Kirchenältester	PRESBYTER
Kirchenanbau	SAKRISTEI
Kirchenvater	AMBROSIUS
Kirchenvater	CYPRIANUS
kirchl. Pfründe	PRAEBENDE
Kirchturm in Italien	CAMPANILE
Kirmes	KIRCHWEIH
kläglich	MISERABEL
Klagelied	JEREMIADE
Klamauk, Lärm	SPEKTAKEL
Klammeraffe	BREITNASE
Klampfe, Gitarre	ZUPFGEIGE
klanglich	AKUSTISCH
Klangregler	TONBLENDE
klapperndes Geräusch	SCHEPPERN
Klappstuhl zur Jagd	JAGDSTUHL
Klasse d. Wirbeltiere	AMPHIBIEN
Klause	EREMITAGE
Klavierspielerin	PIANISTIN
Klebematerial, Klebstoff	KUNSTHARZ

kleben	KLEISTERN
Kleidausschnitt	DEKOLLETE
Kleiderablage	GARDEROBE
Kleidung	GARDEROBE
Kleinasien	ANATOLIEN
Kleinbär	NASENBAER
kleine Apfelsine	MANDARINE
kleine Delle im Gesicht	GRUEBCHEN
kleine Federmotte	GEISTCHEN
kleine Fliegenart	TAUFLIEGE
kleine Hunderasse	CHIHUAHUA
kleine Laute	MANDOLINE
kleine Liebesgötter	AMORETTEN
kleine Märchenfigur	DAEUMLING
kleiner Damenhut	KAPOTTHUT
kleiner Planet	PLANETOID
kleines Eßlokal	GRILLROOM
kleines Fernrohr	OPERNGLAS
kleines Rinnsal	BAECHLEIN
kleines Standbild	STATUETTE
leine Zigarre	ZIGARILLO
leine Zwiebel	SCHALOTTE
leinigkeit	BAGATELLE
einlich	ENGHERZIG
ein-chmet-rling	BLAEULING
Kleinschmetterling	MEHLMOTTE
Kleinschmetterling	PELZMOTTE
Kletterer-Ausrüstung	EISPICKEL
Klimagürtel	SUBTROPEN
Klingstein	PHONOLITH
Klopffestigkeitsmaß für Kraftstoff	OKTANZAHL
Klopfkäfer	TOTENWURM
Klopfkäfer	TROTZKOPF
Kloster	ZOENOBIUM
Klosterhofumrandung	KREUZGANG
Klostervorsteherin	AEBTISSIN
Klytämnestras Mann	AGAMEMNON
knapp	LAKONISCH
Knechtung	KNEBELUNG
kneten	MASSIEREN
Knetmasse	PLASTILIN
knickrig	KNAUSERIG
Knickrigkeit	KNAUSEREI
Knoblauchpilz	MOUSSERON
Knochenfisch	LIPPFISCH
Knöterichgewächs	RHABARBER
Knollennase	RHINOPHYM
knospen, hervorwachsen	SPRIESSEN
Koati	NASENBAER
Königin von Ägypten	CLEOPATRA
Königreich	MONARCHIE
Königreich in Nahost	JORDANIEN
Königskerze	VERBASCUM
Königskerze	WOLLBLUME
König v. Lydien, Mann v. Rhodope	KANDAULES
König von Makedonien	DEMETRIOS
König von Mykene	AGAMEMNON
körnig	GRANULOES
Körperbautyp	LEPTOSOME
körperlich	MATERIELL
körperlicher Mangel	GEBRECHEN
körperliche Verfassung	KONDITION
Körper m. elliptisch. Querschnitt	ELLIPSOID
Körperteil	BRUSTKORB
köstlich	DELIZIOES
Kognakglas	SCHWENKER
Kohlart	BLAUKRAUT
Kohlart	GRUENKOHL
Kohlart	ROSENKOHL
Kohlart	WEISSKOHL
Kohlenblende	ANTHRAZIT
Kohleprodukt	LEUCHTGAS
Kolleg	VORLESUNG
kolumbian. Fluß	MAGDALENA
kolumbian. Stadt	MANIZALES
kombinieren	VERBINDEN

9

komfortabel	BEHAGLICH
Komma	BEISTRICH
Kommabakterien	VIBRIONEN
Kommandeur	ANFUEHRER
kommandieren	ANFUEHREN
Kommentar	ANMERKUNG
Kommentar	AUSLEGUNG
Kommentar	BEMERKUNG
Kommunion	ABENDMAHL
Komödie	LUSTSPIEL
Komp. d. »Geschöpfe d. Prometheus«	BEETHOVEN
Komp. d. »West Side Story«	BERNSTEIN
Komp. d. Balletts »Herodiade«	HINDEMITH
Komp. d. Musicals »Hair«	MACDERMOT
Komp. d. Oper »Cardillac«	HINDEMITH
Komp. d. Oper »Die Afrikanerin«	MEYERBEER
Komp. d. Oper »Die Hugenotten«	MEYERBEER
Komp. d. Oper »Die weiße Dame«	BOIELDIEU
Komp. d. Oper »Don Pasquale«	DONIZETTI
Komp. d. Oper »Fidelio«	BEETHOVEN
Komp. d. Oper »Liebestrank«	DONIZETTI
Komp. d. Oper »Mathis d. Maler«	HINDEMITH
Komp. d. Operette »Die Banditen«	OFFENBACH
Komp. d. Operette »Opernball«	HEUBERGER
Komp. d. Operette »Pariser Leben«	OFFENBACH
Komp. d. Operette »Schöne Helena«	OFFENBACH
Komp. v. »Der Barbier von Bagdad«	CORNELIUS
Komp. v. »Hoffmanns Erzähl.«	OFFENBACH
Komp. v. »Lucia di Lammermoor«	DONIZETTI
Kompliment	ARTIGKEIT
Komplize	MITTAETER
Kompromiß	AUSGLEICH
Kompromiß	VERGLEICH
Kondition	BEDINGUNG
Kondor, Geierart	KAMMGEIER
Konfirmand	KATECHUME
konfiszieren	EINZIEHEN
Konfitüre	MARMELADE
Konflikt, Zerrissenheit	ZWIESPALT
Konjunktion (grammat.)	BINDEWORT
Konjunkturrückgang	REZESSION
Konsequenz	FOLGERUNG
Konservierungsverfahren	RAEUCHERN
Konsorte	BEGLEITER
Konsorte	MITTAETER
Konsum	VERBRAUCH
kontern	REAGIEREN
Kontertanz	QUADRILLE
Kontrast	GEGENSATZ
Kontur	RANDLINIE
konventionell	FOERMLICH
Konversation	GESPRAECH
Konzession, Genehmigung	ZULASSUNG
Kopfschmuck	STIRNREIF
Kopfschutz f. Zweiradfahrer	STURZHELM
Kopie	ABSCHRIFT
Korbblütler	ARTEMISIA
Korbblütler	BOCKSBART
korean. Kampfsport	TAEKWONDO
Kornett	FAEHNRICH
Korpulenz	FETTSUCHT
Korridor	DURCHGANG
kosmetisches Mittel	FETTCREME
kostbares Mineral	EDELSTEIN
kosten, proben	VERSUCHEN
kosten, prüfen	PROBIEREN
Kostümfest	MASKERADE
Krabbenart	SEESPINNE
Kräutersoße, Würztunke	REMOULADE
Kraftbrühe	KONSOMMEE

Kraftfahrer	CHAUFFEUR
Kraftfahrzeug, -wagen	AUTOMOBIL
Kraftfahrzeug, -wagen	LASTWAGEN
Kraftfeldstärkemaß	POTENTIAL
Kraftlosigkeit	SCHWAECHE
Kraftstoff	DIESELOEL
krampfartig	KONVULSIV
krampfartig	SPASMISCH
Krankenfahrzeug	ROLLSTUHL
Krankenkost	SCHONKOST
Krankenpflegerin	SCHWESTER
Krankenschwester	PFLEGERIN
Krankheitsbefall	AFFEKTION
Krankheitsbeschreibung	KASUISTIK
Krankheitssymptom	ERBRECHEN
Kreatur	GESCHOEPF
Kreatur	LEBEWESEN
krebserregender Stoff im Teer	BENZPYREN
Krebstier	KRUSTAZEE
Kreuzblüter, -blütler	KRUZIFERE
Kreuzblütler	ACKERSENF
riech- er- ehälter	TERRARIUM
riech- er- dnung	EIDECHSEN
iech- er- dnung	KROKODILE
Kriechtierordnung	SCHLANGEN
Kriegskunst, Kampfesweise	STRATEGIE
Kriemhilds Gatte	SIEGFRIED
kroat. Hafenstadt	DUBROVNIK
kroat. Landschaft	SLAWONIEN
kroatischer Bildhauer	MESTROVIC
kroatisches Küstengebiet	DALMATIEN
kroatische Stadt	KARLSTADT
Kronprinz	THRONERBE
Krummholzart	LEGFOEHRE
Kuder	WILDKATZE
Küchengewürz	KNOBLAUCH
Küchengewürz, -kraut	BASILIKUM
Küchengewürz, -kraut	KORIANDER
Küchenhilfe	SPUELERIN
Küfer	BOETTCHER
Künder, Prophet	WEISSAGER
künstl. Süßstoff	SACCHARIN
Künstlergruppe der Romantik	NAZARENER
Künstlerkolonie bei Bremen	WORPSWEDE
Künstlerviertel von München	SCHWABING
Kürbisflasche	KALEBASSE
Küstenfahrzeug	SCHALUPPE
Küstenvorsprung	LANDZUNGE
Küster	GLOECKNER
Küster, Mesner	SAKRISTAN
Kult, Anbetung	VEREHRUNG
Kultur	ZUECHTUNG
Kulturpflanze	KARTOFFEL
Kulturpflanze d. Tropen	APFELSINE
Kulturpflanze d. Tropen	BAUMWOLLE
Kulturpflanze d. Tropen	KAKAOBAUM
Kulturpflanze d. Tropen	KAUTSCHUK
Kundgebung	AUFMARSCH
Kunststoff	KUNSTHARZ
Kunststoff	PLEXIGLAS
Kunststoff	POLYAKRYL
Kunststoff	POLYESTER
Kupfer-, Messingoxid	GRUENSPAN
Kupfer-Nickel-Zink-Legierung	NEUSILBER
Kupferstichverfahren	AQUATINTA
Kuppel	KUGELDACH
Kurfürstentum	ELEKTORAT
Kurort am Harz	BADSACHSA
Kurort am Riesengebirge	WARMBRUNN
Kurort am Zürichsee	WADENSWIL

9

Kurort an der Fränkisch. Saale	KISSINGEN
Kurort an der Hardt	DUERKHEIM
Kurort an Salza u. Werra	SALZUFLEN
Kurort bei Wetzlar	BRAUNFELS
Kurort im Allgäu	HINDELANG
Kurort im Berner Oberland	MEIRINGEN
Kurort im Erzgebirge	ALTENBERG
Kurort im Harz	ALEXISBAD
Kurort im Kanton Uri	ANDERMATT
Kurort im Murgtal	GERNSBACH
Kurort im Nordschwarzwald	HERRENALB
Kurort im oberen Isartal	LENGGRIES
Kurort im Schwarzwald	DUERRHEIM
Kurort in den Berner Alpen	ADELBODEN
Kurort in der Steiermark	BADAUSSEE
Kurort in der Wetterau	BADVILBEL
Kurort in Kärnten	MILLSTATT
Kurort in Niederösterreich	REICHENAU
Kurort in Rheinland-Pfalz	AHRWEILER
Kurort in Schleswig-Holstein	BRAMSTEDT
Kursabweichung	DEVIATION
Kursfeststellung (Börse)	NOTIERUNG
Kursnotierung (Börse)	QUOTATION
Kurve	KRUEMMUNG
kurzes, leichtes Musikstück	BAGATELLE
kurzes, ruhiges Musikstück	ANDANTINO
kurzgebratene Rinderscheibe	BEEFSTEAK
kurzläufiges Gewehr	KARABINER
Kurzschriftschreiber	STENOGRAF
kurz und treffend	LAKONISCH
Kurzware	NAEHNADEL
Kurzware	NAEHSEIDE
Kuschelspielzeug	STOFFTIER
Kutteln	KALDAUNEN
laben	ERQUICKEN
Labyrinthfisch	MAKROPODE
Lade	SCHUBFACH
Laden	GESCHAEFT
Ladenbuchhandel	SORTIMENT
Ladungsausgleich	ENTLADUNG
ladylike	DAMENHAFT
Längenmaß	KILOMETER
lärmen	KRAKEELEN
läutern, reinigen	PURGIEREN
Lage, Gegebenheit	SITUATION
Lager, Lagerstatt	LIEGESOFA
Lager f. Camper	ZELTPLATZ
lagern	KAMPIEREN
Lagerstelle	RASTPLATZ
Laie	DILETTANT
Lammpelzart	ASTRACHAN
Landeplatz für Flugzeuge	FLUGHAFEN
Landeplatz für Flugzeuge	FLUGPLATZ
Landschaft a. d. Unterelbe	ALTESLAND
Landschaft i. d. Niederlausitz	SPREEWALD
Landschaft um Bordeaux	BORDELAIS
Landschaft zw. Dresden u. Meißen	LOESSNITZ
Landser	MUSCHKOTE
Landsknecht mit Muskete	MUSKETIER
Landspitze	HALBINSEL
Landwirtschaft	OEKONOMIE
landwirtschaftl. Betrieb	BAUERNHOF
Landwirtschaftsmaschine	HEUWENDER
Landwirtschaftszweig	FUTTERBAU
Landwirtschaftszweig	VIEHZUCHT
Landzunge	HALBINSEL
lange Hose (franz.)	PANTALONS
Langmut	NACHSICHT

Langobardenkönig	LIUTPRAND
langsame Bewegungsart	TROEDELEI
Langstreckenwettbewerb	RADRENNEN
langweilig	EINTOENIG
langwierig	CHRONISCH
Lanzettfisch	AMPHIOXUS
Lappalie	BAGATELLE
latein.: ausführlich	INEXTENSO
latein.: Feldherr	IMPERATOR
latein.: Klugheit	PRUDENTIA
latein.: Liebeskunst	ARSAMANDI
latein.: Neuling	HOMONOVUS
Latex	MILCHSAFT
latinische Mutterstadt	ALBALONGA
Latsche	LEGFOEHRE
Laubbaum	APFELBAUM
Laubbaumfrucht	BUCHECKER
Laubwerk in der Kunst	FEUILLAGE
Lauchpflanze	KNOBLAUCH
Laufdisziplin	DAUERLAUF
Laut	GERAEUSCH
Lautzeichen	BUCHSTABE
Lebemann	BONVIVANT
Lebensbedürfnisse	UNTERHALT
Lebensverneinender Mensch	PESSIMIST
Leberentzündung	HEPATITIS
Leberfleck	MUTTERMAL
Leberkraut	HASELWURZ
Lebewesen	GESCHOEPF
Lebkuchenstadt	NUERNBERG
lecker	KOESTLICH
Leckermaul	GENIESSER
Lederart	LACKLEDER
Lederart	WILDLEDER
Lederhersteller	LOHGERBER
Lederschuh	LACKSCHUH
Lederwarenstadt am Main	OFFENBACH
Legende	INSCHRIFT
Leguan	MEERECHSE
Lehramt, Lehrstuhl	PROFESSUR
Lehrauftrag	PROFESSUR
Lehre v. d. Arzneimittelherstellung	PHARMAZIE
Lehre v. d. Chemie d. Organismen	BIOCHEMIE
Lehre vom Blutserum	SEROLOGIE
Lehre vom Göttlichen	THEOLOGIE
Lehre vom Hund	KYNOLOGIE
Lehre vom Schönen	AESTHETIK
Lehre vom Sein	ONTOLOGIE
Lehre vom Verhalten der Gase	PNEUMATIK
Lehre von den Duftstoffen	OSMOLOGIE
Lehre von den Holzarten	XYLOLOGIE
Lehre von den Krankheiten	NOSOLOGIE
Lehre von den Mundarten	IDIOMATIK
Lehre von den Viren	VIROLOGIE
Lehre von der Energie	ENERGETIK
Lehre von der Erde	GEOPHYSIK
Lehre von der Wasserkraft	HYDRAULIK
Lehrfahrt	EXKURSION
Lehrherr	AUSBILDER
Lehrling	ANFAENGER
Leibchen	KORSELETT
Leibeigenschaft	SKLAVEREI
Leibeserziehung	GYMNASTIK
leiblich, körperlich	SOMATISCH
Leibwache	BEDECKUNG
Leichenöffnung	OBDUKTION
Leichenschau	NEKROPSIE
leichtathletische Disziplin, Übung	SPEERWURF
leichtathletische Disziplin, Übung	ZEHNKAMPF
leichte Konversation	PLAUDEREI
leichter Kutschwagen	JAGDWAGEN

leichter offener Pferdewagen	BRITSCHKA
leichtes Mieder	KORSELETT
Leichtmetall	ALUMINIUM
Leichtmetall	BERYLLIUM
Leichtmetall-Legierung	MAGNALIUM
leidenschaftl. Leser	LESERATTE
leidenschaftlich	FANATISCH
Leierkasten	DREHORGEL
leihen	AUSBORGEN
leihen	ENTLEHNEN
Leim	KLEBSTOFF
Leinengewebe	WEISSZEUG
Leipziger Klavierfabrikant	BLUETHNER
leise sprechen	FLUESTERN
leistungsfähig	EFFIZIENT
Leistungsfähigkeit	KONDITION
Leistungsfähigkeit	POTENTIAL
leiten	VORSTEHEN
Leiter, Direktor	VORSTEHER
Leiter einer Geschäftsabtlg.	DISPONENT
Leiter eines Senders, Theaters	INTENDANT
Leiter (elektrotechn.)	KONDUKTOR
Leitfaden	ANWEISUNG
Leitfaden, Ratgeber	VADEMEKUM
Leitung	DIREKTION
Lektüre	LESESTOFF
Lemur, Lemuride	DUENNLEIB
Lenker, Kraftfahrer	SCHOFFOER
Lenkvorrichtung	STEUERRAD
Lenz	FRUEHLING
lernen	STUDIEREN
Lesestörung	PARALEXIE
lettische Stadt	DUENABURG
letzte Aufforderung	ULTIMATUM
letzter Aztekenherrscher	MONTEZUMA
letzter Inka-Herrscher	ATAHUALPA
letzter Tag des Jahres	SILVESTER
Letzter Wille	TESTAMENT
letztwillige Verfügung	TESTAMENT
Leuchtöl	PETROLEUM
Leuchtturm	FEUERTURM
Leugner der Dreifaltigkeit	UNITARIER
libanes. Christen	MARONITEN
libysche Provinz, Landesteil	CYRENAIKA
Lichtbildsammlung	PHOTOTHEK
Lichtsatz	PHOTOSATZ
lichtscheu	PHOTOPHOB
lichtstarker Feldstecher	NACHTGLAS
Liddrüsenentzündung	HAGELKORN
Liebelei	GETAENDEL
Liebelei, Flirt	TAENDELEI
Liebeswahnsinniger	EROTOMANE
Liebhaber	DILETTANT
Liebhaber	GELIEBTER
Liedform	KUNSTLIED
Liedform	VOLKSLIED
Liegenschaft	IMMOBILIE
Lift	FAHRSTUHL
Liga	KOALITION
Lignose, Holzbestandteil	ZELLULOSE
Liguster	RAINWEIDE
Liliengewächs	BAERLAUCH
Liliengewächs	BLAUSTERN
Liliengewächs	HYAZINTHE
Liliengewächs	WEISSWURZ
Linderungsmittel	PALLIATIV
Linienzeichnung	GUILLOCHE
Linie ohne Text	LEERZEILE
links auf Schiffen	BACKBORDS
Linsenfernrohr	REFRAKTOR
Liparische Insel	STROMBOLI
Lippenblütler	FLOHKRAUT
Lippenentzündung	CHEILITIS
Lippenschrunden	CHEILOSIS
List	SCHACHZUG
litauisch. Fürstengeschlecht	RADZIWILL
litauische Stadt	TAUROGGEN

9

liturg. Gerät	MONSTRANZ
liturg. Jubelruf	HALLELUJA
liturg. Lobgesang	DOXOLOGIE
liturg. Textilien	PARAMENTE
Lizenz	FREIBRIEF
lobpreisen	BENEDEIEN
Lockenwickler	PAPILLOTE
lockere Unterhaltung	PLAUDEREI
Löcherkoralle	MADREPONE
logischer Schluß	FOLGERUNG
Londoner Prachtstraße	WHITEHALL
Londoner Rathaus	GUILDHALL
Londoner Stadtbezirk	BATTERSEA
Londoner Stadtbezirk	BAYSWATER
Londoner Stadtbezirk	BELGRAVIA
Londoner Stadtbezirk	GREENWICH
Londoner Stadtbezirk	HAMPSTEAD
Londoner Stadtbezirk	SOUTHWARK
ondoner tadtezirk	STREATHAM
ondoner tadtezirk	TOTTENHAM
ondoner adtezirk	WIMBLEDON
s-ennung, altung	SEZESSION
sung	BIBELWORT

lotrecht, aufrecht	SENKRECHT
lotsen	BUGSIEREN
Lotterie, Ziehung	VERLOSUNG
Lübecker Komponist	BUXTEHUDE
Lücke	DURCHLASS
Lümmel, Lausbub	SCHLINGEL
Luft-, Schiffsschraube	PROPELLER
Luftdichtemesser	AEROMETER
Luftdruckmesser	BAROMETER
Luftdruckschreiber	BAROGRAPH
Luftforschung	AEROLOGIE
Luftikus	HANSDAMPF
Luftkurort am Harz	ILSENBURG
Luftsäulengewicht	LUFTDRUCK
Luftschloß	TRAUMBILD
Luftverkehrszentrum	FLUGHAFEN
Luftverunreinigung	IMMISSION
Luftwirbel	TURBULENZ
Lump	LIEDERJAN
Lungenblutung	BLUTSTURZ
Lungenentzündung	PNEUMONIE
Lust, Sehnsucht	VERLANGEN
lustig	HUMORVOLL
lustige Erzählung	HUMORESKE
lustige Figur	HANSWURST
Lustschloß Napoleons	MALMAISON

luxemburgische Stadt	DUDELANGE
Machenschaft	WINKELZUG
Machthaber	HERRSCHER
Mäher	SCHNITTER
Männerhaß	MISANDRIE
Männername	ALEXANDER
Männername	ARCHIBALD
Männername	CHRISTIAN
Männername	CHRISTOPH
Männername	ENGELBERT
Männername	ENGELHARD
Männername	FERDINAND
Männername	FRIEDBERT
Männername	FRIEDHELM
Männername	FRIEDRICH
Männername	GOTTFRIED
Männername	KARLHEINZ
Männername	KORNELIUS
Männername	LEBERECHT
männl. Schaf	SCHAFBOCK
Märchenfigur	FRAUHOLLE
Märchenfigur	GOLDMARIE
märchenhaft	FABELHAFT
märchenhaft	SAGENHAFT
Märtyrer	BLUTZEUGE
Märtyrer	MAURITIUS
Märtyrerin	APOLLONIA
Mäßigkeit	TEMPERENZ

Mätresse Ludwigs XIV.	FONTANGES
Mäzen	FOERDERER
Magazin	LAGERRAUM
Magenschleimhautentzündung	GASTRITIS
Magenschließmuskel	PFOERTNER
Magenteil b. Wiederkäuern	NETZMAGEN
Magnetkies	PYRRHOTIN
Mahnung, Mahnzeichen	MENETEKEL
Maikäferlarve	ENGERLING
Main-Quellfluß	ROTERMAIN
Maki-Affe	FUCHSAFFE
Makrelenart	BLAUFISCH
Makrelenart	THUNFISCH
malaiisch. Bundesstaat	TRENGGANU
Malariamücke	ANOPHELES
Malerfarbe	CHROMGELB
malerisch	PITTORESK
Malerkreis der Romantik	NAZARENER
Malgestell	STAFFELEI
maliziös	BOESARTIG
Malvenart	STOCKROSE
Mandelbitterstoff	AMYGDALIN
Manglerin	PRESSERIN
Manier, Manieren	LEBENSART
Manieren	AUFTRETEN
Mannigfaltigkeit	VARIETAET
Mann ohne Schatten	SCHLEMIHL
Mannschaft	FORMATION
Mannschaftsdienstgrad	GEFREITER
Mann v. Elsa von Brabant	LOHENGRIN
Mann v. Nofretete	AMENHOTEP
Mann v. Nofretete	AMENOPHIS
Mann von Lebensart	GENTLEMAN
Mantelpavian	HAMADRYAS
Manteltiere	TUNICATEN
Marderart	FRETTCHEN
Marihuana	HASCHISCH
Marinedienstgrad	BOOTSMAAT
Marineoffiziersanwärter	SEEKADETT
Marmelade	FRUCHTMUS
marokkan. Freiheitskämpfer	ABDELKRIM
marokkan. Hauptstadt	RABATSALE
Marotte	EIGENHEIT
Marter	MARTYRIUM
Marter, Mißhandlung	QUAELEREI
Maschinerie	APPARATUR
Maskareneninsel	MAURITIUS
Maskareneninsel	RODRIGUEZ
Maskenball	MASKERADE
Massenopfer	HEKATOMBE
Masseteilchen	KORPUSKEL
maßgebend	KOMPETENT
Maßgleichheit	ISOMETRIE
Massiv im Salzkammergut	DACHSTEIN
maßlos	UNBAENDIG
Maßregel	DIREKTIVE
maßregeln	BESTRAFEN
Maßstab	KRITERIUM
Mast	GROSSMAST
Mast	GROSSTOPP
Mast	VORSTENGE
Mastdarmspiegel	REKTOSKOP
Mastdarmvorfall	PROKTITIS
Mastdarmvorfall	REKTOZELE
Material, Arbeitsmittel	WERKSTOFF
mathematische Aufgabe	GLEICHUNG
mathematische Hilfsgröße	PARAMETER
Matrize	DRUCKFORM
Mauer	STEINWAND
Mauerpfeffer	FETTHENNE
Mauerpfeffer	TRIPMADAM
Mauerziegel	BACKSTEIN
maulen, böse sein	SCHMOLLEN
Maulschelle	BACKFEIGE
Maxime	GRUNDSATZ
mechan. Kopie	BLAUPAUSE
mechanisch	TECHNISCH
mecklenburgisch. Badeort	UECKERITZ

mecklenburgisch. Ostseebad	DIERHAGEN
Medienberuf	REDAKTEUR
Medikament	PHARMAKON
Medizin	HEILKUNDE
medizin. Tastuntersuchung	PALPATION
medizin. Untersuchung	BLUTPROBE
medizin.: Streckung	EXTENSION
Meerente	EIDERENTE
Meerespflanze	BRAUNALGE
Mehlbeere	EBERESCHE
Mehlfabrikation	MUELLEREI
Mehlschwitze	EINBRENNE
Mehrehe, Vielehe	POLYGAMIE
Mehrfachgeschwister	VIERLINGE
mehrfarbig	KOLORIERT
Mehrheit, Hauptmasse	UEBERZAHL
Mehrlinge	DRILLINGE
mehrsprachig, vielsprachig	POLYGLOTT
leinungsorschung	BEFRAGUNG
leinungserschieenheit	DIFFERENZ
lei-ungsverchiedeneit	DIVERGENZ
eisenart	BARTMEISE
eisenart	BLAUMEISE
eisenart	KOHLMEISE
eister-nger-adt	NUERNBERG

melierter Stoff	COVERCOAT
Melisma	KOLORATUR
Melker	SCHWEIZER
Memme	ANGSTHASE
Menschenaffe	ORANGUTAN
Menschenartige	HOMINIDEN
Menschenfresser	KANNIBALE
Menschenräuber	KIDNAPPER
Merkmal	ANZEICHEN
Merkmal	KRITERIUM
merkwürdig	SONDERBAR
Messestadt der Spielwaren	NUERNBERG
Meßgerät	MESSLATTE
Metallarbeiter	SCHLOSSER
Metallarbeitsbetrieb	GIESSEREI
Metallfraß	KORROSION
Metallmischung	LEGIERUNG
Metall treiben	PUNZIEREN
meteorol. Einbruchslinie	KALTFRONT
Methan	GRUBENGAS
Methylalkohol	HOLZGEIST
Metzger	FLEISCHER
mexikan. Fluß	RIOGRANDE
mexikan. Kurort	PARICUTIN
mexikan. Staat	MICHOACAN
mexikan. Staat	NUEVOLEON
mexikan. Staat	ZACATECAS
mexikan. Stadt	MAGDALENA

mexikan. Stadt in Nuevo Leon	MONTERREY
mexikan. Vulkan	PARICUTIN
mexikan. Zierpflanze	SAMTBLUME
Miesmacher	GRIESGRAM
Miesmacher	PESSIMIST
Mietdroschke	TAXAMETER
Mikrofonhalter	TONGALGEN
Milchabsonderung	LAKTATION
Milchgetränk, -sorte	DICKMILCH
Milchling (Pilz)	BRAETLING
Milchsorte	VOLLMILCH
Milchzucker	GALAKTOSE
mildern	MAESSIGEN
Milderung	LINDERUNG
mildes Antiseptikum	BORSAEURE
mildtätig	KARITATIV
militär. Dienstgrad	FELDWEBEL
militär. Dienstgrad	KOMMODORE
militär. Einheit	BATAILLON
militär. Kopfschutz	STAHLHELM
militär. Meldegänger	ORDONNANZ
militär. Tauglichkeitsprüfung	MUSTERUNG
militär. Treueid	FAHNENEID

Militär-akademie in den USA	WESTPOINT
Militär-arzt	STABSARZT
milliard-stel Meter	NANOMETER
minder-jährig	UNMUENDIG
minder-wertige Ware	AUSSCHUSS
Mineral	ANDALUSIT
Mineral	CHALZEDON
Mineral	COELESTIN
Mineral	STEPHANIT
Mineral, Kalisalz	KARNALLIT
Mineralöl	PETROLEUM
Mineralöl, -produkt	LEICHTOEL
Mineralöl, Treibstoff	SCHWEROEL
Misch-, Mix-getränk	KALTEENTE
mischen, mixen	VERMENGEN
Misch-farbe	GELBGRUEN
Misch-masch, Mischung	CHARIVARI
Miß-bildung	DYSPLASIE
Miß-gefühl, Verdruß	UNBEHAGEN
miß-gestaltet	MONSTROES
Mississip-pi-Zufluß	WISCONSIN
Mißklang, Mißton	DISSONANZ
mißraten	SCHEITERN
Miß-stimmung	UNBEHAGEN
miß-tönend	DISSONANT
miß-trauisch	SKEPTISCH
Mitange-klagte	KONSORTEN
Mit-arbeiter	ASSISTENT
mitein-ander	GEMEINSAM
Mitesser	KOMEDONEN
Mitgift	AUSSTEUER
Mithilfe	ASSISTENZ
Mit-inhaber	KOMPAGNON
Mit-inhaber, Kompagnon	TEILHABER
Mit-Insasse	BEIFAHRER
Mitlaut	KONSONANT
mit leerem Magen	NUECHTERN
mit-reißend	FULMINANT
mitteilen	BERICHTEN
Mitteilung	BOTSCHAFT
Mitteilung	NACHRICHT
mittel-alterl. Musikant	SPIELMANN
mittel-alterlich	MEDIAEVAL
mittelaltl. geistl. Drama	MYSTERIUM
mittel-amerikan. Staat	COSTARICA
mittel-amerikan. Staat	GUATEMALA
mittel-amerikan. Staat	NICARAGUA
Mittel-amerika-ner	MEXIKANER
Mittel d. Maniküre	NAGELLACK
mittel-deutsche Land-schaft	HAVELLAND
mittel-engl. Graf-schaft	LEICESTER
mittel-engl. Stadt	ROTHERHAM
mittel-engl. Stadt am Soar	LEICESTER
Mittel-europäer	DEUTSCHER
Mittel-europäer	SCHWEIZER
mittel-franz. Stadt am Cher	MONTLUCON
Mittelge-birge zw. Rhein u. Mosel	HUNSRUECK
Mittel gegen Körper-geruch	DEODORANT
Mittel-meer-baum	KORKEICHE
mittel-schott. Gebirgs-land	GRAMPIANS
mittel-schwed. Landkreis	VAERMLAND
mittel-span. Provinz	SALAMANCA
mittlerer Beamter	SEKRETAER
mobil	BEWEGLICH
Mode	GESCHMACK
Modell	BAUMUSTER
Modell	MANNEQUIN
Modellier-masse	PLASTILIN
moderne Kunst-richtung	DADAISMUS
moderner Fracht-behälter	CONTAINER
moderner Kunst-stil	TACHISMUS
moderner Trainings-weg im Freien	TRIMMPFAD
moderne Satz-technik	LICHTSATZ

modernes Massenmedium	FERNSEHEN
Modeschöpfer	COUTURIER
Modistin	MIDINETTE
Möbelfach	SCHUBLADE
möglicherweise	EVENTUELL
Mönchsorden	THEATINER
Möwenart	LACHMOEWE
mogeln	BETRUEGEN
mohammedanisch	ISLAMISCH
Mohngewächs	HERZBLUME
Mole	HAFENDAMM
Molekülzusammenhalt	KOHAESION
Molluske	WEICHTIER
Molukkeninsel	HALMAHERA
Momentaufnahme	BLITZFOTO
Monat d. franz. Revolut.-kalenders	FRUCTIDOR
Monat d. franz. Revolut.-kalenders	FRUKTIDOR
Monat d. franz. Revolut.-kalenders	THERMIDOR
monatlich	MENSTRUAL
Monatsname	SEPTEMBER
mondsüchtig, schlafwandelnd	SOMNAMBUL
Mondsüchtiger	LUNATIKER
Mongolenfürst	TIMURLENG
Mongolenstamm	DSUNGAREN
Mongolenvolk am Baikalsee	BURJAETEN
monumentaler Grabbau	MAUSOLEUM
morbid	KRANKHAFT
Morgenländer	ORIENTALE
motorloser Flug	SEGELFLUG
Motorrad-Geländeprüfung	MOTOCROSS
Motorsportboot	OUTBORDER
Mottenkraut	HONIGKLEE
Mühe	PLACKEREI
mündl. Doktorprüfung	RIGOROSUM
Mündungsarm des Hudson	EASTRIVER
Münze in Italien	CENTESIMO
Müßiggänger	BUMMELANT
Müßiggänger	FAULENZER
multiplizieren	VERMEHREN
Mummenschanz	MASKERADE
Mumps	PAROTITIS
Mundartenwörterbuch	IDIOTIKON
munden	SCHMECKEN
Mundteil	OBERLIPPE
Mundtuch	SERVIETTE
Mungo, Manguste	ICHNEUMON
Murrkopf	SAUERTOPF
Musensohn	KUENSTLER
Museum in Leningrad	EREMITAGE
Musical v. Styne	FUNNYGIRL
musikal. Einfall	IMPROMPTU
musikal. Verzierung	KOLORATUR
musikal.: anschwellend	CRESCENDO
musikal.: betont	SFORZANDO
musikal.: empfindsam	SENSIBILE
musikal.: erlöschend	SMORZANDO
musikal.: fließend	SCORRENDO
musikal.: gedehnt	SOSTENUTO
musikal.: gesangsartig	CANTABILE
musikal.: gezupft	PIZZICATO
musikal.: klagend	LAMENTOSO
musikal.: Ständchen	KASSATION
Musik-Ensemble	ORCHESTER
Musiker	STREICHER
Musiktheater	OPERNHAUS
Muskelerkrankung	MYOPATHIE
Muskelleistungsmesser	ERGOGRAPH
Muße	NICHTSTUN
Muster	PARADIGMA
Muster, herkömmliche Form	SCHABLONE
mustergültig	KANONISCH
mustergültig	KLASSISCH
Muster in Metall schneiden	GRAVIEREN
Mut	KUEHNHEIT
Mutmaßung, Annahme	VERMUTUNG

Mutter der Musen	MNEMOSYNE
Mutterkornalkaloid	ERGOTANIN
Mutter v. Caligula	AGRIPPINA
Mutter v. Eros	APHRODITE
Mutter v. Johannes d. Täufer	ELISABETH
Mutter v. Kaiser Friedrich II.	KONSTANZE
Mutter v. Nero	AGRIPPINA
Mutter v. Siegfried	SIEGLINDE
Mysterium	GEHEIMNIS
mythischer Drache	LEVIATHAN
nachahmen	IMITIEREN
Nachahmung, Nachbildung	ABKLATSCH
Nachahmung, Nachbildung	IMITATION
Nachbarstadt von Frankfurt	OFFENBACH
nach der Entbindung (mediz.)	POSTNATAL
nachdrücklich, zwingend	STRINGENT
nacheinander	SUKZESSIV
Nachfolger Alexanders d. Großen	DIADOCHEN
Nachfolger eines Herrschers	KRONPRINZ
nach Gutdünken	ARBITRAER
nachlässig	SCHLUDRIG
nachlässig, unordentlich	SCHLAMPIG
Nachlaß	ERBSCHAFT
Nachsicht	INDULGENZ
Nachsicht	KONNIVENZ
nachsichtig	KONNIVENT
Nachtgespenst	NACHTMAHR
Nachtgreifvogel	TOTENEULE
Nachtschattengewächs	KARTOFFEL
Nadelbaum, Nadelholz	BLAUTANNE
Nadelbaumharz	TERPENTIN
Näherin	STEPPERIN
Nähmaterial	NAEHSEIDE
Nähzubehör	KURZWAREN
Nagelpflege	MANIKUERE
Nahrung	NATURALIE
Nahrungsverarbeitung	VERDAUUNG
Namensverheimlichung	INKOGNITO
Namenszeichen, Namenszug	MONOGRAMM
Name von fünf Päpsten	COELESTIN
Name von fünf Päpsten	ZOELESTIN
Name von vier Päpsten	SILVESTER
Name von zwei Päpsten	PASCHALIS
namhaft	ANGESEHEN
Napf, Küchengefäß	SCHUESSEL
Napfkuchen	GUGELHUPF
Narretei	KAPRIOLEN
Narzissenlilie	AMARYLLIS
Nasenbluten	EPISTAXIS
Nasenkatarrh	SCHNUPFEN
Nasenspiegel	RHINOSKOP
naseweis	VORWITZIG
nasführen	DUEPIEREN
Nassauer, Schmarotzer	SCHNORRER
Nationalheld Italiens	GARIBALDI
Natriumglimmer	PARAGONIT
natürl. Kochsalz	STEINSALZ
Naturgummi	KAUTSCHUK
Naturkatastrophe	ERDRUTSCH
Naturschutzgebiet in Tansania	SERENGETI
Nautiker	NAVIGATOR
neapolitanischer Bettler	LAZZARONE
Nebenhöhlenentzündung	SINUSITIS
Nebennierenhormon	ADRENALIN
Nebennierenrindenhormon	CORTICOID
Nebennierenrindenhormon	KORTIKOID
nebensächlich	LAEPPISCH
Nebenstraße	SEITENWEG
negieren, abstreiten	VERNEINEN

9

Neid	MISSGUNST
Nelkengewächs	PECHNELKE
Nennform	INFINITIV
neppen	BETRUEGEN
Nervenarzt	NEUROLOGE
Nervenkitzel	SENSATION
Nervenkranker	NEUROPATH
Nervenschmerz	NEURALGIE
nervös	AUFGEREGT
Nesselsucht	URTIKARIA
Nesseltierklasse	HYDROZOEN
Nesthäkchen	SPAETLING
Netzätzung	AUTOTYPIE
Netzhautentzündung	RETINITIS
Neubildung (mediz.)	NEOPLASMA
neuer Name von Kanton	GUANGDONG
neuer Name von Stalingrad	WOLGOGRAD
Neuheit (franz.)	NOUVEAUTE
Neuling	ANFAENGER
Neuling	DEBUETANT
Neuling	GREENHORN
Neuschöpfung	ERFINDUNG
neutral	PARTEILOS
neutral	SAECHLICH
Nibelungengestalt	KRIEMHILD
Nibelungenvolk	BURGUNDER
Nichtfachmann	DILETTANT

nicht gern gesehen	UNBELIEBT
nichts als	LEDIGLICH
Nichtstuer	FAULENZER
nicht verschwiegen	INDISKRET
niederbayer. Stadt am Regen	KOETZTING
niederbayer. Stadt an d. Donau	STRAUBING
niederbayer. Stadt an der Isar	PLATTLING
niederes Lebewesen	EINZELLER
Niedergeschlagenheit	TRUEBSINN
Niederholz, Strauchwerk	UNTERHOLZ
niederl. Physiologe (Nobelpr.)	EINTHOVEN
niederl. Stadt an Hunse und Aa	GRONINGEN
niederl. Stadt im Rheindelta	DORDRECHT
niederl. Stadt in Nordbrabant	EINDHOVEN
niederl. Stadt in Westfriesland	HARLINGEN
niederl. Verhaltensforscher	TINBERGEN
niederländ. Autorennstrecke	ZANDVOORT
niederländ. Hafenstadt	DENHELDER

niederländ. Hafenstadt	ROTTERDAM
niederländ. Insel	WALCHEREN
niederländ. Maler	HONTHORST
niederländ. Maler	REMBRANDT
niederländ. Maler (16. Jh.)	STEENWIJK
niederländ. Maler (17. Jh.)	WOUWERMAN
niederländ. Mediziner	BOERHAAVE
niederländ. Ökonom (Nobelpr.)	TINBERGEN
niederländ. Provinz	FLEVOLAND
niederländ. Provinz	FRIESLAND
niederländ. Stadt	APELDOORN
niederösterr. Stadt an d. Donau	POECHLARN
niederösterr. Stadt an d. Donau	STOCKERAU
niedersächs. Kurort	NIENHAGEN
niedersächs. Landschaft	AMMERLAND
niedersächs. Landschaft	OLDENBURG
niedersächs. Stadt am Elmwald	HELMSTEDT

9

nieder-sächs. Stadt an d. Hunte	OLDENBURG
nieder-sächs. Stadt an d. Werra	NORDENHAM
Nieder-schlag	KONDENSAT
nieder-schles. Kurort	SALZBRUNN
Nieder-schrift, Tagungs-bericht	PROTOKOLL
Nieren-entzün-dung	NEPHRITIS
nigeriani-sche Stadt	OGBOMOSKO
nimmer-müde, beharrlich	UNENTWEGT
Nimmer-satt	VIELFRASS
Nitro-zellulose-kunststoff	ZELLULOID
Nörgler, Meckerer	QUERULANT
nötig	NOTWENDIG
Nötiger	ERPRESSER
Nötigung	ANDROHUNG
Nomen	HAUPTWORT
Nominie-rung	ERNENNUNG
nord-afrikan. islam. Dynastie	ALMOHADEN
nord-amerikan. Bucht	BAFFINBAI
nord-amerikan. Großer See	OBERERSEE
nord-amerikan. Indianer-stamm	MOHIKANER
nord-amerikan. Nadel-baum	DOUGLASIE
norddtsch. Heidestadt	LUENEBURG
norddtsch. Kurort	STEINHUDE
norddtsch. Land-schaft	FRIESLAND
norddtsch. Land-schaft	SCHLESWIG
norddtsch. Stadt a. d. Este	BUXTEHUDE
nordengl. Hafen-stadt	TYNEMOUTH
nordengl. Nordsee-hafen	NEWCASTLE
nordeuro-päische Haupt-stadt	STOCKHOLM
nordeuro-päischer Staat	DAENEMARK
nordeuro-päisches König-reich	DAENEMARK
nord-franz. Land-schaft	ROUSILLON
nord-franz. Stadt bei Lille	TOURCOING
nordfrie-sische Hallig	SUEDEROOG
nordfrie-sische Hallig b. Pellworm	NORDEROOG
nord-friesische Insel	LANGENESS
nordind.-tibetan. Gebirge	KARAKORUM
nordindi-sche Stadt	MORADABAD
nord-irische Grafschaft	FERMANAGH
nordische Walküre	BRUNHILDE
nord-italien. Land-schaft	LOMBARDEI
nord-kaukas. Stadt am Kuban	KRASNODAR
nordko-reanisch. Staats-präsid.	KIMILSUNG
nord-mexikan. Staat	CHIHUAHUA
nord-mexikan. Stadt	CHIHUAHUA
nordost-afrikan. Staat	DSCHIBUTI
nordost-chines. Halbinsel	SCHANTUNG
nordost-chines. Provinz	SCHANTUNG
nordost-chines. Stadt	SCHENJANG
nordost-niederl. Provinz	GRONINGEN
nordost-schott. Graf-schaft	CAITHNESS
nordost-sibir. Volk	JUKAGIREN
nord-schott. Graf-schaft	INVERNESS
nord-schott. Insel-gruppe	SHETLANDS
nord-schwed. Bergbau-stadt	DANNEMORA
nord-schwed. Hafen-stadt	HAPARANDA
nord-schwed. Landkreis	JAEMTLAND
nordspan. Hafen-stadt	SANTANDER

nordspan. Provinz	GUIPOZCOA
nordspan. Provinz	SANTANDER
nordspan. Provinz	TARRAGONA
nordspan. Stadt	SARAGOSSA
nordtürk. Hafenstadt	ZONGULDAK
nordwestchines. Stadt	URUMTSCHI
nordwestengl. Hafen, Seebad	BLACKPOOL
nordwestengl. Stadt	BLACKBURN
Nordwesteuropäer	ISLAENDER
nordwestfranz. Landschaft	NORMANDIE
nordwestindische Hafenstadt	BHAUNAGAR
nordwestindischer Staat	RADJASTAN
nordwestrussisch. See	PEIPUSSEE
nordwestschott. Stadt	INVERNESS
Norm, Normenmaß	RICHTWERT
norweg. Autor (Nobelpreis)	BJOERNSON
norweg. Forschungsreisender	HEYERDAHL
norweg. Gletscher	JOTUNHEIM
norweg. Hafenstadt	DRONTHEIM
norweg. Hafenstadt	STAVANGER
norweg. Hafenstadt	TRONDHEIM
norweg. Parlamentskammer	ODELSTING
norweg. Stadt	KONGSBERG
Nostalgie, Verlangen	SEHNSUCHT
Notgroschen	ERSPARNIS
Nothelferin	KATHARINA
Nothelferin	MARGARETA
notieren	VERMERKEN
Notiz	ANMERKUNG
Notiz	BEMERKUNG
notleidend	MITTELLOS
Notrad im Auto	ERSATZRAD
Novellenbuch v. Boccaccio	DEKAMERON
NS-Völkermord	HOLOCAUST
nüchtern, phantasiearm	PROSAISCH
Nürnberger Bildhauer	VEITSTOSS
Nürnberger Erzgießer	LABENWOLF
Nürnberger Meistersinger	HANSSACHS
Nürnberger Spezialität	LEBKUCHEN
nützlicher Bodenbewohner	REGENWURM
nur	LEDIGLICH
Nußart, -sorte	HASELNUSS
Nutzboden	ACKERLAND
Obacht	AUGENMERK
oberbayer. Kurort	TEGERNSEE
oberbayer. Kurort a. Würmsee	STARNBERG
oberbayer. See	KOCHELSEE
oberbayer. See	TEGERNSEE
oberbayer. Stadt am Inn	MUEHLDORF
oberbayer. Stadt am Inn	ROSENHEIM
oberbayer. Stadt am Lech	LANDSBERG
oberflächlich	FLUECHTIG
obergäriges Bier	WEISSBIER
Oberhaut	EPIDERMIS
oberital. Stadt an der Mera	CHIAVENNA
Oberkiefer d. Gliedertiere	MANDIBELN
oberschles. Stadt	ROSENBERG
oberschles. Stadt	TARNOWITZ
oberschles. Stadt am Stober	KREUZBURG
Oberschule	GYMNASIUM
oberste Hindu-Kaste	BRAHMANEN
oberster Teufel	BEELZEBUB
Obhut	FUERSORGE
Obhut	GEWAHRSAM
Obstbaukunde	POMOLOGIE

9

Oden-waldstadt am Neckar	EBERSBACH
öffentl. Verkehrs-einrich-tung	EISENBAHN
öffent-lich	STAATLICH
öffent-liche Fürsorge	WOHLFAHRT
Ölfrucht, Raps	RUEBSAMEN
österr. Alpen-massiv	DACHSTEIN
österr. Alpenpaß	ACHENPASS
österr. Alpenpaß	POETSCHEN
österr. Alpenpaß	SEMMERING
österr. Architekt	BUCHSBAUM
österr. Architekt	HASENAUER
österr. Bildhauer	HOFLEHNER
österr. Bundes-kanzler	VRANITZKY
österr. Chemiker (Nobel-preis)	ZSIGMONDY
österr. Dichter, Schrift-steller	ALTENBERG
österr. Dichter, Schrift-steller	BILLINGER
österr. expres-sionist. Dichter	WEINHEBER
österr. expres-sionist. Maler	KOKOSCHKA
österr. Film-regisseur	MARISCHKA
österr. Filmschau-spieler	HOERBIGER
österr. Kabarettist	SCHNEYDER
österr. Kaiserin	ELISABETH
österr. Komponist	HEUBERGER
österr. Kurort im Ötztal	OBERGURGL
österr. Kurort im Pinzgau	ZELLAMSEE
österr. Landes-haupt-stadt	INNSBRUCK
österr. Luftkurort	SEMMERING
österr. Maler d. Romantik	DAFFINGER
österr. Physiker und Chemiker	LOSCHMIDT
österr. Renaiss.-Gold-schmied	JAMNITZER
österr. Schau-spieler	BRANDAUER
österr. Schau-spieler, Sänger	ALEXANDER
österr. Schau-spielerin	HOERBIGER
österr. Schau-spielerin	SCHNEIDER
österr. Schrift-stellerin	AICHINGER
österr. See im Pinzgau	ZELLERSEE
österr. Stadt an der Enns	SCHLADMIG
österr. Stadt an der Mur	JUDENBURG
österr. Stadt an der Ybbs	AMSTETTEN
österr. Stadt in Vorarl-berg	FELDKIRCH
österr. Tänzer	KREUZBERG
österr. Theater-regisseur	REINHARDT
österr. vorge-schichtl. Fundort	HALLSTATT
österr. Währungs-einheit	SCHILLING
österr. Wallfahrts-ort	MARIAZELL
österr.: Boot, Kahn	SCHINAKEL
österr.: Tüte, Papier-beutel	STANITZEL
österr.: Tüte, Papier-beutel	STRANITZE
Öster-reicher	KAERNTNER
östl. Pariser Vorort	VINCENNES
offenbar, offen-kundig	NOTORISCH
Offen-barung Christi	EPIPHANIE
Offiziers-anwärter	FAEHNRICH
Offiziers-dienst-grad	HAUPTMANN
Ohio-Zufluß	TENNESSEE
ohne Bezahlung	KOSTENLOS
ohne Vorbehalt	UNBEDINGT
Ohren-spiege-lung	OTOSKOPIE
Ohrenteil	BOGENGANG
Okkupa-tion	BESETZUNG
Okzident	ABENDLAND

olivinreiches Tiefengestein	PERIDOTIT
olymp. Mehrkampf	ZEHNKAMPF
operativer Eingriff	RESEKTION
Operettensängerin	SOUBRETTE
Operette von Burkhard	FEUERWERK
Operette von Heuberger	OPERNBALL
Operette von Millöcker	GASPARONE
Operette von Nedbal	POLENBLUT
Operette von Suppé	BOCCACCIO
Opern-, Operettenfach	BASSBUFFO
Opern-, Operettenfach	KONTRAALT
Oper von Britten	BILLYBUDD
Oper von Dvořák	JAKOBINER
Oper von Händel	RODELINDE
Oper von Hindemith	CARDILLAC
Oper von Kienzl	KUHREIGEN
Oper von Menotti	DASMEDIUM
Oper von Menotti	DERKONSUL
Oper von Puccini	DERMANTEL
Oper von Strauss	CAPRICCIO
Oper von Strauss	FEUERSNOT
Oper von Tschaikowsky	PIQUEDAME
Oper von Verdi	DONCARLOS
Oper von Verdi	RIGOLETTO
Oper von Wagner	LOHENGRIN
Oper von Wagner	RHEINGOLD
Oper von Wagner	SIEGFRIED
Oper von Weber	EURYANTHE
Opfertod	MARTYRIUM
optisches Gerät, Instrument	MIKROSKOP
Orange	APFELSINE
Orchidee	ZAHNLIPPE
Order	ANORDNUNG
ordern	BESTELLEN
ordnen, sichten	SORTIEREN
ordnen, verschieben	RANGIEREN
Ordnungsgruppe	KATEGORIE
organ. Klebstoff	FISCHLEIM
organisiertes Reisen	TOURISMUS
orgelartiges Instrument	HARMONIUM
oriental. Bauern	FELLACHEN
Original	URFASSUNG
originalgetreuer Nachdruck	FAKSIMILE
Ort in Graubünden	LANDQUART
Ort in Südwestafrika	BETHANIEN
ostafrikan. Gebirge	RUWENZORI
ostasiat. Staat	NORDKOREA
ostasiat. Staat	SUEDKOREA
ostasiat. Volksgruppe	FILIPINOS
ostaustral. Hafenstadt	NEWCASTLE
ostböhm. Stadt	LANDSKRON
ostböhm. Stadt an der Elbe	PARDUBITZ
ostdtsch. f. Saboteur	DIVERSANT
Osterluzeigewächs	HASELWURZ
ostfries. Landschaft	JEWERLAND
ostfries. Nordseebad	NORDERNEY
ostfries. Nordseeinsel	NORDERNEY
ostfries. Seebad (Seefunk)	NORDDEICH
ostgerman. Stamm	BASTARNER
ostgerman. Stamm	BURGUNDER
Ostgotenkönig	ERMANRICH
ostpreuß. Pferderasse	TRAKEHNER
ostpreuß. Schriftsteller	SUDERMANN
ostpreuß. Stadt	GUMBINNEN
ostpreuß. Stadt	HEILSBERG
ostpreuß. Stadt	MOHRUNGEN
ostsibirischer Strom	INDIGIRKA
ostukrainische Stadt	SLAWJANSK
Paarhufer mit Schaufelgeweih	DAMHIRSCH

9

Pachtverhältnis	FRANCHISE
Packmaterial	EMBALLAGE
Packmaterial	HOLZWOLLE
Päonie	GICHTROSE
päpstl. Entscheid	DEKRETALE
päpstl. Gesandtschaft	NUNTIATUR
päpstl. Kontrollgesandtschaft	DELEGATUR
päpstl. Verfügung	ENZYKLIKA
pakistan. Fluß	SATLEDSCH
pakistan. Hafenstadt	KARATSCHI
pakistan. Hauptstadt	ISLAMABAD
pakistan. Stadt	HYDERABAD
Palast in Paris	TROCADERO
Palmenart	LIVISTONA
Palmenart	ROHRPALME
Palmenart	SAGOPALME
Palmenart	WEINPALME
Palmenfrucht	KOKOSNUSS
Pamphlet	FLUGBLATT
Panorama	RUNDBLICK
Panorama	RUNDSICHT
Pantoffelkino	FERNSEHEN
Panzerechse	ALLIGATOR
Papier pressen	GAUTSCHEN
Pappverpackung	KARTONAGE
Papst im 3. Jh.	PONTIANUS
Papst im 4./5. Jh.	SYMMACHUS
Papst im 6. Jh.	SILVERIUS
Papst im 7. Jh.	SEVERINUS
Papst im 8. Jh.	ZACHARIAS
Papstname	ADEODATUS
Papstname	ALEXANDER
Papstname	ANACLETUS
Papstname	CORNELIUS
Papstname	EVARISTUS
Papstname	MARCELLUS
Paraguay-Zufluß	PILCOMAYO
Parasitenart	SAPROPHYT
Pariser Flughafen	LEBOURGET
Pariser Kathedrale	NOTREDAME
Pariser Kirchenbau	MADELEINE
Pariser Präfekt Napoleons III.	HAUSSMANN
Pariser Residenzschloß	TUILERIEN
Parlament	BUNDESTAG
Parteienbündnis	KOALITION
passabel	ANNEHMBAR
Passage	DURCHGANG
Passage	UEBERGANG
Passen beim Kartenspiel	AUSSETZEN
Passiv	LEIDEFORM
Paß zw. Graubünden u. Tessin	LUKMANIER
Pate	TAUFZEUGE
Patenkind	TAEUFLING
Patriarch von Konstantinopel	NESTORIUS
Patron, Schirmherr	PROTEKTOR
Paulusbrief	KORINTHER
Paulusbrief	PHILIPPER
Paulusbrief	TIMOTHEUS
Pavianart	DSCHELADA
pazif. Insel	NEUGUINEA
pazif. Inselgruppe	KAROLINEN
pazif. Inselstaat	SALOMONEN
pazif. Inselstaat	WESTSAMOA
Pechvogel	SCHLEMIHL
Pedal	FUSSHEBEL
Pein	MARTYRIUM
peinlich genau	AKRIBISCH
Peloponnes Landschaft	MESSENIEN
Pelzart	PERSIANER
Pelzwerk	RAUCHWARE
Pendüle	PENDELUHR
Pension	LEIBRENTE
Periode	ABSCHNITT
Perm-Kalkstein	ZECHSTEIN
Perron	BAHNSTEIG
Perron	PLATTFORM
persönlich	SUBJEKTIV
Personalausweis	KENNKARTE
Personalausweis	REISEPASS
Personenaufzug	FAHRSTUHL
peruan. Berg	HUASCARAN

peruan. Provinz	SANMARTIN
Pest, Seuche	PESTILENZ
Pfälzer Stadt am Mittelrhein	OBERWESEL
Pfälzer Stadt an d. Lauter	WOLFSTEIN
Pfälzer Weinstadt am Rhein	SANKTGOAR
Pfahlgruppe f. Schiffe im Hafen	DUCKDALBE
Pfeilhecht	BARRAKUDA
Pfeilwurzmehl	ARROWROOT
Pferd Don Quichottes	ROSINANTE
Pferdegeschirrteil	BAUCHGURT
Pferderasse	OSTFRIESE
Pferderasse	PINZGAUER
Pferderennbahn	HIPPODROM
Pflanzenfaser	BAUMWOLLE
Pflanzenfresser	HERBIVORE
Pflanzenkundler	BOTANIKER
Pflanzenmilch	GUMMIHARZ
Pflanzenmilchprodukt	KAUTSCHUK
Pflanzensammlung	HERBARIUM
Pflanzenschädling	BLATTLAUS
pflanzl. Fett	MARGARINE
pflanzlich	VEGETABIL
Pflaster	KOPFSTEIN
Pflaumenart	DAMASZENE
Pflaumenart	MIRABELLE
Pflaumenart	RENEKLODE
Pflaumenpilz	MOUSSERON
Pflaumenschnaps	SLIBOWITZ
Pflege	BETREUUNG
Pflege	FUERSORGE
Pflichtgebot	IMPERATIV
Pflugteil	PFLUGBAUM
Pförtner in Frankreich	CONCIERGE
Pforte	DURCHGANG
phantasiearm	NUECHTERN
Phantasiegebilde	SCHIMAERE
phantastisch	WUNDERBAR
Pharisäer, Anhänger Jesu	NIKODEMUS
philippin. Hafenstadt	ZAMBOANGA
philippin. Inselgruppe	BABUYANEN
philosophisch. Richtung	SOPHISTIK
philosophische Arbeitsmethode	DIALEKTIK
philosophische Lehre	DUALISMUS
Photographie	LICHTBILD
Physik des Lebendigen	BIOPHYSIK
Pigment	FARBSTOFF
pikant	PRICKELND
Pilgerschaft	WALLFAHRT
Pilgerziel in Nahost	JERUSALEM
Pilzart	BAUCHPILZ
Pilzart	BOCKSBART
Pilzart	BRANDPILZ
Pilzart	FOEHRLING
Pilzart	KREISLING
Pilzart	LEBERPILZ
Pilzart	REISSLING
Pilzart	WULSTLING
Pilzkunde	MYKOLOGIE
Pirol	GOLDAMSEL
Piste auf Flughäfen	LANDEBAHN
plätschern	PLANSCHEN
Planetenaspekt	QUADRATUR
Planetenumlaufzeit	STERNJAHR
planmäßiges Vorgehen	STRATEGIE
Plantage	PFLANZUNG
Planungsziel	INTENTION
Planzeichnung	GRUNDRISS
Platinmetall	PALLADIUM
plötzlicher Angriff	UEBERFALL
Plunder	GERUEMPEL
Plunder	KLEINKRAM
Pöbel	GELICHTER
Pointe	KERNPUNKT
Polarfuchs	BLAUFUCHS
Polarinsel	GROENLAND
Polarlicht	NORDLICHT
Polarstern	NORDSTERN
Polartier	BLAUFUCHS
Polierschiefer	KIESELGUR
polit. Abweichler	DISSIDENT
polit. Geheimbund in Italien	KARBONARI
polit. Heißsporn	DESPERADO

9

polit. Hetze	AGITATION
polit. Radikaler	EXTREMIST
polit. Schrift-steller	PUBLIZIST
polit. Vorherr-schaft	HEGEMONIE
poln.-frz. Kompon. (Zwölf-ton)	LEIBOWITZ
poln. Komponist	MONIUSZKO
poln. Marschall, Staats-mann	PILSUDSKI
poln. Name von Bromberg	BYDGOSZCZ
poln. Na-tionalheld	KOSCIUZKO
poln. NS-Konzen-trations-lager	AUSCHWITZ
poln. Pianistin	LANDOWSKA
poln. romant. Dichter	KRASINSKI
poln. Stadt an der Biala	BIALYSTOK
poln. Stadt an der Pilica	TOMASCHOW
poln. Stadt in Ober-schlesien	KATTOWITZ
poln. Stadt in Ober-schlesien	SOSNOWIEC
poln. Tanz	KRAKOWIAK
poln. Tanz	POLONAESE
polynes. Insel-gruppe	MARQUESAS
pommer-sche Stadt an der Leba	LAUENBURG
ponti-nische Insel	PALMAROLA
Pop-musik-Gruppe	BEACHBOYS
Pop-musik-Gruppe	EKSEPTION
Pop-musik-Gruppe	HUMBLEPIE
Pop-musik-Gruppe	ROXYMUSIC
Pop-musik-Solist	FELICIANO
Pop-musik-Solist	GALLAGHER
Pop-musik-Solist	JOECOCKER
Pop-musik-Veran-staltung	LIGHTSHOW
Portier	PFOERTNER
Portion, Ration	ZUTEILUNG
Porträt	KONTERFEI
portugies. Ent-decker, Seefahrer	MAGALHAES
Positio-nen wechseln	ROCHIEREN
Possen	FIRLEFANZ
Possen-reißer	HANSWURST
Posten-raum	WACHLOKAL
Postgut, Post-sache, -sendung	NACHNAHME
Postgut, Post-sache, -sendung	PAECKCHEN
Postgut, Post-sache, -sendung	POSTKARTE
Postgut, Post-sache, -sendung	WERTBRIEF
Postgut, Post-sache, -sendung	WERTPAKET
Postgut-sendung	KREUZBAND
Post-kutscher	POSTILLON
Postulat	FORDERUNG
Postwert-zeichen	FREIMARKE
Potentat	HERRSCHER
Pracht-straße	BOULEVARD
Prämie	BELOHNUNG
Präsenz	GEGENWART
Präzi-sions-Pendel-uhr	REGULATOR
Prager Burg	HRADSCHIN
Prahlerei	ANGEBEREI
Prahlhans	BRAMARBAS
Prahlhans	GROSSMAUL
Predigt-lehre	HOMILETIK
Preis-erhöhung	AUFSCHLAG
preuß. General	GNEISENAU
preuß. General-feld-marschall	SCHLIEFEN
Prinzen-titel in Öster-reich	ERZHERZOG
Prinzes-sin von Monaco	STEPHANIE
Prinzip	GRUNDSATZ
private Erzie-hungs-anstalt	PENSIONAT
Privatkas-se eines Fürsten	SCHATULLE
Produkt	ERZEUGNIS
Produkt d. Köhlers	HOLZKOHLE
Produk-tion	ERZEUGUNG

9

Produktionsgemeinschaft	KOLLEKTIV
Projektionsgerät	PROJEKTOR
Prolog, Geleitwort	VORSPRUCH
Propaganda	AGITATION
Propaganda, Werbung (engl.)	PUBLICITY
Propellerturbine	TURBOPROP
Prophetin	KUENDERIN
prophezeien	WEISSAGEN
Protest	EINSPRUCH
protest. Erwekkungsbewegung	PIETISMUS
Protestant	KALVINIST
provenzalische Sprache	LANGUEDOC
Provinz im alten Preußen	SCHLESIEN
prüfen, bewerten	ZENSIEREN
Prüfling	EXAMINAND
Prüfstein	KRITERIUM
Prügelstrafe	BASTONADE
Prunksarg, Steinsarg	SARKOPHAG
Prunkschiff der Dogen	BUZENTAUR
prunkvoll	LUXURIOES
Psalmengesang	PSALMODIE
Pulsschlag	PULSATION
Punktlicht	SPOTLIGHT
Purgatorium	FEGEFEUER
purgieren	ABFUEHREN
Pute	TRUTHENNE
Putsch, Revolte	REBELLION
Putzmacherin	MIDINETTE
Putzsucht	EITELKEIT
Pyrenäenberg	MONTPERDU
Pyrenäenpaß	TOURMALET
Pyrit	EISENKIES
Quackelbeere, Küchengewürz	WACHOLDER
Qual	MARTYRIUM
Quarz-Abart	CHALZEDON
Quarz-Abart, Schmuckstein	HELIOTROP
Quarzgestein	HORNSTEIN
Quarzporphyr	PECHSTEIN
Quatsch	BLOEDSINN
Quatsch, Nonsens	WIDERSINN
Quellfluß des Parana	RIOGRANDE
Quengler, Streithammel	QUERULANT
Querbalken	ARCHITRAV
Querlinie	DIAGONALE
Quetschung	KONTUSION
Quintessenz	INBEGRIFF
Quintessenz	KERNPUNKT
Radiation	STRAHLUNG
radikal	FANATISCH
radioaktives Element	NEPTUNIUM
radioaktives Element	PLUTONIUM
Radwettbewerb	KRITERIUM
Ränkeschmied	INTRIGANT
Rätoromanisch	ROMANTSCH
rätoromanisch. Sprache	LADINISCH
Rätselart	KREUZWORT
Rätselart	PALINDROM
räuberisches Insekt	GRABWESPE
Räucherwerk	WEIHRAUCH
Raffel	REIBEISEN
raffen	DRAPIEREN
raffen	SCHUERZEN
Rahm, Sahne	MILCHFETT
Rahmen	UMRANDUNG
Raketenantrieb	TREIBSATZ
Rallenart	SUMPFHUHN
Ramie	CHINAGRAS
Rangbezeichnung	PRAEDIKAT
Ranzen d. Handwerksburschen	FELLEISEN
Rappel	WUTANFALL
Rapunzel	FELDSALAT
rasch	GESCHWIND
Rassentrennung in Südafrika	APARTHEID
Rassenwahn	RASSISMUS
rasten	PAUSIEREN
Rat	KONZILIUM
Rate	ABZAHLUNG
Ratgeber	LEITFADEN
Ration	DOSIERUNG
rationieren	EINTEILEN
Raucherutensil	FEUERZEUG
Raufbold, Gewalttäter	SCHLAEGER

9

Rauhfuß-huhn	HASELHUHN
Raum-fahrer	ASTRONAUT
Raum-fahrer	KOSMONAUT
Raum-fahrt-Flug-körper	RAUMSONDE
Raum-lehre	GEOMETRIE
raunen	FLUESTERN
Rausch-gift	HASCHISCH
Rausch-gift	MARIHUANA
rauten-förmig	RHOMBISCH
Reaktor-Brems-substanz	MODERATOR
Rebell	INSURGENT
Rebellion	EMPOERUNG
Reben-sorte	HUXELREBE
Reben-sorte	SCHEUREBE
rechtlich	JURIDISCH
Rechts-berater	KONSULENT
Rechts-mittel	EINSPRUCH
Recht-sprechung	JUDIKATUR
Rechts-sachver-ständiger	JUSTITIAR
rechts-widrig	ILLEGITIM
Rede	ANSPRACHE
Rede vor Gericht	PLAEDOYER
regelmä-ßige Ein-nahme	EINKOMMEN
regel-recht	KANONISCH
Regie-rungs-gremium	STAATSRAT
Regie-rungssitz von Anguilla	THEVALLEY
Regi-ments-abteilung	BATAILLON
Regler	REGULATOR
Reichs-ritter, Freund Huttens	SICKINGEN
Reifrock	KRINOLINE
Reiher-schnabel	ABUMARKUB
reimloser Jambus	BLANKVERS
Reim-schmied	POETASTER
reinerbig	HOMOZYGOT
Reisen-der	PASSAGIER
Reise-wesen, Fremden-verkehr	TOURISMUS
Reise-wesen, Fremden-verkehr	TOURISTIK
Reißbrett	MESSTISCH
Reiter-abteilung	SCHWADRON
Reiter-aufzug	KAVALKADE
Reiter-fahne, Truppen-fahne	STANDARTE
Reitfigur d. Hohen Schule	BALLOTADE
reizbar	IRRITABEL
Reizker	GRUENLING
Reizker	MILCHLING
Relation	BEZIEHUNG
religiöse Gemein-schaft	WALDENSER
Religions-unterricht	KATECHESE
Reli-quien-schrein	RELIQUIAR
Rem-brandts Lebens-gefährtin	HENDRIKJE
Renke	SCHNAEPEL
Renken-art	GANGFISCH
Renken-art	HEUERLING
Renn-schlitten	BOBSLEIGH
Renn-schlitten	VIERERBOB
Resigna-tion	ENTSAGUNG
Resolution	BESCHLUSS
Resonanz	WIDERHALL
Respekt	EHRFURCHT
Respekt, Ehrfurcht	VEREHRUNG
retten	SALVIEREN
Rettung	BEFREIUNG
Rettung	ERLOESUNG
Revers-kragen-mantel	REDINGOTE
Rhamna-zeen-gattung	KREUZDORN
Rhein zwischen Basel u. Mainz	OBERRHEIN
richtig sein	ZUTREFFEN
Richtlinie, Richt-schnur	ANWEISUNG
Richtlinie, Richt-schnur	GRUNDSATZ
Richtlinie, Richt-schnur	LEITFADEN
Richtlinie, Richt-schnur	MASSREGEL
Rich-tungs-anzeiger	WEGWEISER
Ried, Schilf	ROEHRICHT
Rindertu-berkulose	PERLSUCHT
Rinde unseres Planeten	ERDKRUSTE
Rinds-lenden-stück	RUMPSTEAK

Ringelblume	CALENDULA
Ringelkrebs	FLOHKREBS
Ringelspiel	KARUSSELL
Ringeltaube	WILDTAUBE
Ringelwurm	REGENWURM
Ringflügelflugzeug	COLEOPTER
Rippenstück	ENTRECOTE
Rippenstück	KARBONADE
Ritual, feierliche Handlung	ZEREMONIE
Robbenart	PELZROBBE
Robbenart	SEEMOENCH
Rochen	MEERADLER
Rockmusikgruppe	STATUSQUO
Rockmusik-Solist	BILLHALEY
Rockmusik-Stil	HEAVYROCK
Rock- u. Popmusik-Gruppe	GRANDFUNK
Rodel	SCHLITTEN
Röhrennudeln	MAKKARONI
Röhrenpilz	HEXENPILZ
Röhrenwal	FINNFISCH
römische Filmstadt	CINECITTA
römische Göttin der Eintracht	CONCORDIA
römische Göttin der Zwietracht	DISCORDIA
römischer Gelehrter	CASSIODOR
römischer Hügel	JANICULUS
römischer Kaiser	GALLIENUS
römischer Kaiser	JUSTINIAN
römischer Kaiser	MARKAUREL
römischer Kaiser	MAXENTIUS
römischer Kaiser	MAXIMINUS
römischer Kaiser	VESPASIAN
römischer Kaiser	VITELLIUS
römisches Fürstengeschlecht	BARBERINI
Röstbrot	TOASTBROT
Rohbenzol	LEICHTOEL
Rollfeld auf Flugplätzen	LANDEBAHN
Rollschwanzaffe	KAPUZINER
Romanschriftsteller	ROMANCIER
Roman v. Cronin	ZITADELLE
Roman v. Frisch	HOMOFABER
Roman v. Kerouac	UNTERWEGS
Roman v. Mark Twain	TOMSAWYER
Rosenart	ESSIGROSE
Rosenart	WACHSROSE
Rosinenart	SULTANINE
Roßhaarstoff	KRINOLINE
Rostbraten	ROASTBEEF
Rotbläßchen	TEICHHUHN
roter Edelstein, Schmuckstein	KARFUNKEL
roter Farbstoff	KARTHAMIN
roter Farbton	ZIEGELROT
roter Gallenfarbstoff	BILIRUBIN
rotes Ebenholz	GRENADILL
Rotte	ABTEILUNG
Rübenart	KOHLRUEBE
Rübenart	MOHRRUEBE
rückläufig, rückwirkend	REGRESSIV
Rücklage	ERSPARNIS
Rückschlag zum Ahnentypus	ATAVISMUS
Rückseite	KEHRSEITE
Rücksendung	REMISSION
Rückstrahler	REFLEKTOR
Rückstrahlung	REFLEXION
Rücktritt	ABDANKUNG
Rücktritt	DEMISSION
Rüffel	ERMAHNUNG
Rührmichnichtan	BALSAMINE
Rüstung	ARMIERUNG
Ruhe, Stille	SCHWEIGEN
rumän. Berg	PIETROSUL
rumän. Königin	ELISABETH
rumän. Politiker	ANTONESCU
rumän. Politiker, Staatsmann	CEAUSESCU
rumän. Schwarzmeerhafen	CONSTANTA
rumän. Schwarzmeerhafen	KONSTANZA
rumän. Stadt	KRONSTADT
rumän. Stadt	PETROSENI

9

rumän.: Temeschwar	TIMISOARA
Rundbild	MEDAILLON
Runde	UMDREHUNG
rundfunktechn. Bauelement	MODULATOR
russisch. abstrakter Maler	POLIAKOFF
russisch. Anarchist	KROPOTKIN
russisch. Architekt	KRAPOTKIN
russisch. Autor (Nobelpreis)	PASTERNAK
russisch. Ballerina	KARSAWINA
russisch. Ballettimpresario	DIAGHILEW
russisch. Dichter	KOROLENKO
russisch. Dichter, Dramatiker	TSCHECHOW
russisch. Dichter (Lyrik, Epen)	NEKRASSOW
russisch. Feldmaß	DESJATINE
russisch. Fluß zur Barentssee	PETSCHORA
russisch. Großfürst	DEMETRIUS
russisch. Komponist	BALAKIREW
russisch. konstruktivist. Maler	LISSITZKY
russisch. Kriegshafen	KRONSTADT
russisch. Liedermacher	WYSIOTZKI
russisch. Maler, Grafiker	KANDINSKY

russisch. Musikinstrument	BALALAIKA
russisch. Neurologe	BECHTEREW
russisch. Physiker (Nobelpreis)	PROCHOROW
russisch. Politiker, Sozialdemokrat	PLECHANOW
russisch. Primoballerino	NIJINSKIJ
russisch. realist. Dramatiker	TURGENJEW
russisch. romant. Dichter	LERMONTOW
russisch. Zar	ALEXANDER
russisch-amerikan. Maler, Graphiker	JAWLENSKI
russische. Stadt	BERDJANSK
russische Pastete	KULEBIAKA
russische Stadt am Don	WORONESCH
russische Stadt am Donez	BJELGOROD
russische Stadt am Kaukasus	STAWROPOL
russische Stadt an d. Wolga	JAROSLAWL
russische Stadt an d. Wolga	ULJANOWSK
russische Stadt an der Newa	LENINGRAD
russische Stadt an der Wolga	WOLGOGRAD
russische Zarin	ELISABETH
russische Zarin	KATHARINA
rustikal	LAENDLICH

Rutsche	GLEITBAHN
saarländ. Stadt an der Blies	OTTWEILER
saarländ. Stadt an der Prim	DILLINGEN
saarländ. Stadt an der Saar	SAARLOUIS
Sachbearbeiter	DEZERNENT
sachlich	NUECHTERN
Sachverständigen-Gutachten	EXPERTISE
Sackpfeife	DUDELSACK
sächs. Goldmünze	AUGUSTDOR
sächs. Herzogsgeschlecht	BILLUNGER
sächs. Stadt am Lober	DELITZSCH
sächs. Stadt an d. Sprotte	SCHMOELLN
sächs. Stadt an der Bode	STASSFURT
sächs. Stadt an der Saale	MERSEBURG
sächs. Stadt an der Zschopau	MITTWEIDA
sächs. Stadt im Erzgebirge	STOLLBERG
Sängerin heiterer Rollen	SOUBRETTE
Säuberung	REINIGUNG
Säugetierordnung	HALBAFFEN
Säugetierordnung	NAGETIERE
Säugetierordnung	PAARHUFER
Säugetierordnung	RAUBTIERE

Säule in Mädchengestalt	KARYATIDE
Säulengang	KOLONNADE
Säulenhalle	GLORIETTE
Säulenhalle	KOLONNADE
Säuregrad e. Flüssigkeit	ACIDITAET
Safflor (Farbstoff)	KARTHAMIN
saftvoll, fleischig	SUKKULENT
sagenh. äthiop. Königstochter	ANDROMEDA
sagenh. Erfinder des Biers	GAMBRINUS
sagenhaft	LEGENDAER
Sahara-Befreiungsbewegung	POLISARIO
Sahnebonbon	KARAMELLE
Saiteninstrument	BALALAIKA
Saiteninstrument	MANDOLINE
Salatpflanze	KOPFSALAT
Salatschüssel	SALATIERE
Salzsee in Palästina	TOTESMEER
Sammelbecken, Speicher	RESERVOIR
Sammelinse	BRENNGLAS
Sammelinsensystem	KONDENSOR
Sammelwerk, Wissensschatz	THESAURUS
Sammlung	BESINNUNG
Sammlung getrocknet. Pflanzen	HERBARIUM
Sammlung von Gedichten	ANALEKTEN
Samstag	SONNABEND
Sandart	QUARZSAND
Sandelholzöl	SANTALOEL
Sandpflanze	GRASNELKE
Sandstein	GRAUWACKE
Sandsturm	KARABURAN
satanisch, diabolisch	TEUFLISCH
Satellit	BEGLEITER
Sattler	POLSTERER
Sattler	TAESCHNER
Saturn-Mond	ENCELADUS
Satyr	WALDGEIST
Satzaussage	PRAEDIKAT
Satzzeichen	BEISTRICH
Sauerklee	HASENKLEE
Sauerklee	HASENKOHL
Sauerstoffmangelsymptom	BLAUSUCHT
Sauertopf	GRIESGRAM
Saufeder	FANGEISEN
Saugwurm	LEBEREGEL
Schablonierverfahren	SIEBDRUCK
schachern	FEILSCHEN
Schachtelhalm	EQUISETUM
Schachweltmeister	ANDERSSEN
schadenfroh	HOEHNISCH
Schädelknochen	NASENBEIN
Schädelknochen	STIRNBEIN
Schädling	WUEHLMAUS
Schäferspiel	PASTORALE
schärfen, drillen	SCHLEIFEN
Schaf, Schafart	OSTFRIESE
Schalenfrucht	HASELNUSS
Schalenfrucht	KOKOSNUSS
Schall	GERAEUSCH
Schallplattenarchiv	DISKOTHEK
schalltechnisch	AKUSTISCH
Schallumwandler	MIKROPHON
Schar	ABTEILUNG
Scharfsinn	KOEPFCHEN
scharfsinnig	INGENIOES
Schatz-, Schmuckkästchen	SCHATULLE
schaumiges Lavagestein	BIMSSTEIN
Schau mit Lichteffekten	LIGHTSHOW
Schaumstoff	MOLTOPREN
Schausp. v. Hofmannsthal	JEDERMANN
Schauspielfach, Rollenfach	LIEBHABER
Schauspielfach, Rollenfach	SALONDAME
Schauspiel m. Musikbegleitung	MELODRAMA
Schauspiel mit einer Person	MONODRAMA

Schauspiel mit Gesang	SINGSPIEL
Schauspiel von Schiller	DONCARLOS
scheinbar	IMAGINAER
Scheinheiligkeit	HEUCHELEI
Scheinwissen, Spitzfindigkeit	SOPHISTIK
Schelle	KUHGLOCKE
Schenke	AUSSCHANK
scherzen	SCHAEKERN
Scheuerbürste	SCHRUBBER
scheuern	SCHRUBBEN
Scheusal, Schreckgestalt	UNGEHEUER
schiefläufige Linie	LOXODROME
schiefwinklig	LOXOGONAL
Schiffbruch	UNTERGANG
Schiff der Pilgerväter	MAYFLOWER
Schifferklavier	AKKORDEON
Schifferklavier	BANDONEON
Schifferklavier	HARMONIKA
Schiffsführer	RUDERGAST
Schiffs-Geschützraum	KASEMATTE
Schiffsmannschaft	BESATZUNG
Schiffsverband	GELEITZUG
Schiffswinde	GANGSPILL
Schiffszoll entrichten	KLARIEREN
Schildbürger der Antike	ABDERITEN
schildförmiges Ornament	KARTUSCHE
Schildkröten-Inseln	GALAPAGOS
Schilf	TEICHROHR
schillern	IRISIEREN
schillernder Schmuckstein	CHANGEANT
schillerndes Gewebe	CHANGEANT
Schimpfwort	INVEKTIVE
schintoistischer Priester	KANNUSCHI
Schlachter	FLEISCHER
Schlachtschiffformation	KIELLINIE
schlaff	ENTSPANNT
Schlafmohnwirkstoff	PAPAVERIN
Schlafwandeln	MONDSUCHT
Schlaganfall	APOPLEXIE
schlagen, klopfen	PULSIEREN
Schlagerfestival	HITPARADE
Schlaginstrument	VIBRAPHON
schlankes Mannequin	GELBSTERN
Schlauberger	PFIFFIKUS
Schleichhandel, Zollvergehen	SCHMUGGEL
Schleichkatze	ICHNEUMON
schleierartiges Gewebe	GEORGETTE
Schleifmittel	SCHMIRGEL
Schlemmerei	PRASSEREI
Schlemmerei, Prasserei	VOELLEREI
schlendern	FLANIEREN
schles. Berggeist	RUEBEZAHL
schles. Dichter (Nobelpr.)	HAUPTMANN
schles. Oder-Zufluß	WEISTRITZ
schles. Stadt am Bober	LANDESHUT
Schließmuskel	SPHINKTER
Schlingbeschwerden	DYSPHAGIE
Schloß bei Potsdam	SANSSOUCI
Schloß bei Salzburg	HELLBRUNN
Schloß bei Weimar	BELVEDERE
Schloß in Salzburg	KLESSHEIM
Schloß in Wien	BELVEDERE
Schloßverwalter	KASTELLAN
Schluckauf	SINGULTUS
Schlüsselbein	CLAVICULA
Schlußergebnis	ENDEFFEKT
Schlußfolgerung	DEDUKTION
Schlußwirkung	ENDEFFEKT
Schmähung	INVEKTIVE
Schmeichelei	FLATTERIE
Schmerfluß	SEBORRHOE
Schmerzlosigkeit	ANALGESIE
Schmetterlingsart	ACKEREULE

Schmet-terlings-art	AHORNEULE
Schmet-terlings-art	FORSTEULE
Schmet-terlings-art	GAMMAEULE
Schmet-terlings-art	GRUENLING
Schmet-terlings-art	KLEINBAER
Schmet-terlings-art	MONDFLECK
Schmet-terlings-art	PFEILEULE
Schmet-terlings-art	REIFMOTTE
Schmet-terlings-art	ROSENEULE
Schmet-terlings-art	TAGFALTER
Schmet-terlings-art	TOTENKOPF
Schmet-terlings-art	VIERPUNKT
Schmet-terlings-art	WEISSLING
Schmet-terlings-blütler	GEISSKLEE
Schmet-terlings-blütler	HAUHECHEL
Schmet-terlings-blütler	VOGELKLEE
schmieren	BESTECHEN
Schmö-ker	SCHARTEKE
Schmuck, Ge-schmeide	PRETIOSEN
Schmuck, Schmuck-stück	HALSKETTE
Schmuck, Schmuck-stück	MEDAILLON
Schmuck beim Richtfest	RICHTBAUM
Schmuck-stein	AVENTURIN
Schmuck-stein	CHALZEDON
Schmuck-stein	EDELSTEIN
Schmuck-stein	FEUEROPAL
Schmuck-stein	FLUSSSPAT
Schmuck-stück	ANHAENGER
schmük-kend	DEKORATIV
schmük-kendes Beiwort	EPITHETON
Schneid	KUEHNHEIT
Schneide-maschine	BANDSAEGE
Schnek-kenart	RIESENOHR
schnell, umge-hend	SCHLEUNIG
schnelle Kreis-wendung	PIROUETTE
schneller Tanz	QUICKSTEP
Schnep-fenvogel	BEKASSINE
Schnitzel-jagd	FUCHSJAGD
Schnitzer	MISSGRIFF
Schnür-senkel	SCHUHBAND
Schnupf-tabak-dose	TABATIERE
Schnur	BINDFADEN
schockie-rende Kunst-erfahrung	HAPPENING
Schön-geist	BELESPRIT
Schönlilie	AMARYLLIS
schöpfe-risch	FRUCHTBAR
Schöps	DUENNBIER
Scholle, Plattfisch	STEINBUTT
Schollen-Art	GLATTBUTT
schott. Autor, Schrift-steller	STEVENSON
schott. Bucht	SCAPAFLOW
schott. For-schungs-reisender	MACKENZIE
schott. Hafen-stadt	DUMBARTON
schott. Hoch-lande	HIGHLANDS
schott. Stadt	DUMBARTON
schott. Stadt am Firth of Forth	KIRKCALDY
schott. Tanz	ECOSSAISE
schott. Tanz	EKOSSAISE
Schräg-linie	DIAGONALE
Schräg-mast am Bug	BUGSPRIET
schreck-lich	FURCHTBAR
Schreiber	KONTORIST
Schreib-material	BLEISTIFT
Schreib-schrank	SEKRETAER
Schreib-tafel der Antike	DIPTYCHON
schreien	KREISCHEN
Schreit-tanz	POLONAESE
Schriftart	HELVETICA
Schriftart	ITALIENNE
Schriftart	MEDIAEVAL
Schrift-führer	SEKRETAER
Schrift-leiter	REDAKTEUR

9

Schrift- leitung	REDAKTION
Schrift- tum	LITERATUR
Schrift- zeichen	BUCHSTABE
Schrippe	BROETCHEN
Schritt- zähler	HODOMETER
Schritt- zähler	PEDOMETER
Schritt- zähler	PODOMETER
Schrott	ALTMETALL
Schuld- ner	DEBITOREN
Schulfach	SACHKUNDE
Schul- material, -mittel	OKTAVHEFT
Schul- ranzen	TORNISTER
Schulter- stück	EPAULETTE
Schuppen- flechte	PSORIASIS
Schute	KIEPENHUT
Schutz- beglei- tung	BEWACHUNG
Schutz- farbe	TARNFARBE
Schutz- herr	PROTEKTOR
Schutz- herr- schaft	PATRONAGE
Schutz- hülle	ABDECKUNG
Schutz- maß- nahme	SICHERUNG
Schutz- patron d. Ärzte	PANTALEON
Schutz- patron d. Arbeiter	TARSICIUS
Schutz- patron d. Gepäck- träger	AQUILINUS
Schutz- patron d. Kriegs- invaliden	SEBASTIAN
Schutz- patron d. Pferde	MAURITIUS
Schutz- patron d. Pferde	STEPHANUS
Schutz- patron d. Philo- sophen	THEOTIMUS
Schutz- patron d. Steuer- beamten	MATTHAEUS
Schutz- patron d. Zoll- beamten	MATTHAEUS
Schutz- patronin d. Bettler	ELISABETH
Schutz- patronin d. Mädchen	KATHARINA
Schutz- patronin d. Mädchen	MARGARETA
Schutz- patronin d. Philo- sophen	KATHARINA
Schutz- patronin d. Waisen	ELISABETH
Schutz- patronin d. Wissen- schaftler	KATHARINA
Schutz- vorrich- tung	SICHERUNG
Schwach- sichtig- keit	AMBLYOPIE
schwach- sinnig	IDIOTISCH
schwäb. Maler u. Bildhauer	MULTSCHER
schwam- mig	SPONGIOES
Schwan- gerschafts- vergiftung	EKLAMPSIE
Schwank	LUSTSPIEL
schwan- ken	SCHWINGEN
Schwarz- seher	DEFAETIST
Schwarz- seher	PESSIMIST
Schwarz- waldsee (Hornis- grinde)	MUMMELSEE
Schwarz- waldstadt an der Brigach	VILLINGEN
Schwarz- waldstadt an der Elz	WALDKIRCH
schwatzen	PARLIEREN
schwed. Astronom	ANGSTROEM
schwed. Autorin (Nobel- preis)	LAGERLOEF
schwed. Autor (Nobel- preis)	MARTINSON
schwed. Bildhauer	FOGELBERG
schwed. Chemiker	BERZELIUS
schwed. Hafen in Söder- manland	NYKOEPING
schwed. Hafen- stadt	SUNDSVALL
schwed. Haupt- stadt	STOCKHOLM
schwed. Königin	CHRISTINE
schwed. Königs- name	CHRISTIAN
schwed. Komponist	ATTERBERG
schwed. Landkreis	SKARABORG
schwed. Lyriker	LUNDKVIST
schwed. Nobel- preis- träger	ARNOLDSON
schwed. Physiker (Nobel- preis)	ARRHENIUS

schwed. Schloß am Mälarsee	GRIPSHOLM
schwed. Schriftsteller	BENGTSSON
schwed. See	SILJANSEE
schwed. Stadt	VAESTERAS
Schwefelbleierz	BLEIGLANZ
Schweiß absondern	SCHWITZEN
Schweiz	HELVETIEN
schweiz. Bandleader	OSTERWALD
schweiz. Bodenseehafen	RORSCHACH
schweiz. Dichter (Nobelpreis)	SPITTELER
schweiz. Käsesorte	GREYERZER
schweiz. Kanton	APPENZELL
schweiz. Kanton	SOLOTHURN
schweiz. Kantonshauptstadt	APPENZELL
schweiz. Kantonshauptstadt	NEUENBURG
schweiz. Kantonshauptstadt	SOLOTHURN
schweiz. Kurort am Titlis	ENGELBERG
schweiz. Malerin	KAUFFMANN
schweiz. See	BIELERSEE
schweiz. See	SARNERSEE
schweiz. Sopranistin	DELLACASA
schweiz. Stadt an der Aare	SOLOTHURN
schweiz. Theologe	BALTHASAR
schweiz. Wintersportort	ANDERMATT
schweiz.: Fahrrad	VELOZIPED
schwelgen	GENIESSEN
schwelgen	SCHLEMMEN
schwer, mühsam	SCHWIERIG
schwere Mißhandlung	FOLTERUNG
schwerer Wasserstoff	DEUTERIUM
Schwerfälligkeit	PLUMPHEIT
Schwermut	TRUEBSINN
schwerwiegend	GEWICHTIG
Schwester d. Burgund. Könige	KRIEMHILD
Schwester v. Elektra	IPHIGENIE
Schwester v. Orest	IPHIGENIE
Schwimmaufbereitung	FLOTATION
Schwimmstil	BUTTERFLY
Schwimmvogel	BRAUTENTE
Schwimmvogel	EIDERENTE
Schwimmvogel	KRICKENTE
Schwimmvogel	LACHMOEWE
Schwindler	BETRUEGER
Schwingungsweite	AMPLITUDE
schwungvoll	SCHMISSIG
sechsfüßiger Vers	HEXAMETER
Sedimentgestein	KALKSTEIN
Sedimentgestein	SANDSTEIN
Seebad bei Los Angeles	LONGBEACH
Seebeben-Folge	FLUTWELLE
See bei Leningrad	LADOGASEE
See im Berner Oberland	THUNERSEE
See im schweiz. Mittelland	MURTENSEE
See in Brandenburg	UECKERSEE
See in der Steiermark	GRUNDLSEE
See in Kärnten	FAAKERSEE
See in Kalifornien	SALTONSEE
See in Makedonien	PRESPASEE
See in Slowenien	BLEDERSEE
Seelenglaube	ANIMISMUS
seelisch	PSYCHISCH
seelisch bedingt	PSYCHOGEN
seelische Läuterung	KATHARSIS
Seemannsmakler	HEUERBAAS
Seenforscher	LIMNOLOGE
Seeräuberei	PIRATERIE
Seerose	TEICHROSE
See westl. v. Stockholm	MAELARSEE

9

Segel	MARSSEGEL
Segel	STAGSEGEL
Segel des Vordermastes	FOCKSEGEL
Segelflugstarthilfe	SEILWINDE
Segelstange	BUGSPRIET
Seherin in Troja	KASSANDRA
seherisch, traumhaft	VISIONAER
Sehnsucht	NOSTALGIE
Sehunfähigkeit	BLINDHEIT
Seidenfrottee	BOURRETTE
Seidengewebe	LEVANTINE
Sektenanhänger	SEKTIERER
Sektor	ABSCHNITT
selbständig, unumschränkt	SOUVERAEN
Selbständigkeit	AUTONOMIE
Selbstbefruchtung	AUTOGAMIE
Selbstbeherrschung	DISZIPLIN
Selbstverstümmelung	AUTOTOMIE
Selbstverwaltung	AUTONOMIE
Seleukidenkönig	ANTIOCHOS
seligpreisen	BENEDEIEN
seltene Erde	YTTERBIUM
seltsam, eigenartig	SONDERBAR
Semmel	BROETCHEN
Sendbote	MISSIONAR
Senge	ABREIBUNG
Seniorenunterkunft	ALTENHEIM
Senke zw. Schwarz- u. Odenwald	KRAICHGAU
Senkrechte	VERTIKALE
Sentenz	AUSSPRUCH
separat, separiert	GESONDERT
serb. Landesteil	WOJWODINA
serbisch. Herrschergeschlecht	OBRENOVIC
serbische Beckenlandschaft	AMSELFELD
Serigraphie	SIEBDRUCK
Serum	IMPFSTOFF
Seschelleninselgruppe	AMIRANTEN
Sessel	LEHNSTUHL
Setzer, Buchdrucker	TYPOGRAPH
Setzling, Absenker	STECKLING
Setzmaschine	INTERTYPE
Setzmaschine	TYPOGRAPH
Sexualhormon	OESTROGEN
sexuell Abartiger	MASOCHIST
sibirisch. Mongolenstamm	SAMOJEDEN
sich ereignen	PASSIEREN
Sicherungsbeschlagnahme	PFAENDUNG
sich lohnen	AUSZAHLEN
sich lohnen	RENTIEREN
sich schriftlich äußern	SCHREIBEN
sichtbarer Himmel	FIRMAMENT
sich verbünden	KOALIEREN
Siderit	EISENSPAT
Siebenflächner	HEPTAEDER
Siebenschläfer	BILCHMAUS
Siechtum	KRANKHEIT
Siedegefäß	SUDPFANNE
Siedlung	ORTSCHAFT
Siegel	PETSCHAFT
sieghaft, ruhmvoll	TRIUMPHAL
Signaleinrichtung	WARNLICHT
Signalgerät	WARNLAMPE
Silberpapier	ZINNFOLIE
Silikat	OLIGOKLAS
Silikat	SKAPOLITH
Silikatmineral	GRUENERDE
Sinfonie von Schubert	TRAGISCHE
Singvogel	KOHLMEISE
Sinken, Niedergang	UNTERGANG
Sinnbild	ALLEGORIE
Sinnestäuschung	PHANTASMA
Sinneswahrnehmung	GESCHMACK
Sinngehalt	BEDEUTUNG
Sippschaft	MISCHPOKE
sittlich	MORALISCH
Sitzung	KONFERENZ
sizilian. Stadt	AGRIGENTO
Skandal	AERGERNIS

skandinavische Hauptstadt	STOCKHOLM
Skelett-teil	BRUSTKORB
Skilaufhilfe	STEIGFELL
Skilauftechnik	TIEFGEHEN
Skilauftraining	SOMMERSKI
skizzieren	ENTWERFEN
skizzieren	UMREISSEN
Sklavenführer im alten Rom	SPARTAKUS
Skolopender	BANDASSEL
slawisch. Volk	POMERANEN
slawisch. Volksstamm im MA	OBOTRITEN
slowak. Stadt an der Donau	PRESSBURG
slowen. Stadt am Laibach	LJUBLJANA
Sockel, Postament	PIEDESTAL
Söldner	LEGIONAER
Sohn v. Achill	EUPHORION
Sohn v. Helena	EUPHORION
Sohn v. Hildebrand	HADUBRAND
Sohn v. Parsifal, Parzival	LOHENGRIN
Solbad an der Jagst	JAGSTFELD
Sommersprossen	EPHELIDEN
sondern, einordnen	SORTIEREN
Sonderrecht	VORBEHALT
Sonnenfernrohr	HELIOSKOP
Sonnentierchen	HELIOZOON
Sorgfalt	EXAKTHEIT
sorgsam	PFLEGLICH
sortieren	EINORDNEN
sowjet. Flugzeugkonstrukteur	ILJUSCHIN
sowjet. Komponist	PROKOFJEW
sowjet. Kosmonaut	BEREGOWOI
sowjet. Kosmonaut	FEOKISTOW
sowjet. Kosmonaut	NIKOLAJEW
sowjet. Kosmonaut	SCHATALOW
sowjet. Lyrikerin	ACHMATOWA
sowjet. Politiker	BRESCHNEW
sowjet. Raumfahrtzentrum	KOSMODROM
sowjet. Reisebüro	INTOURIST
sowjet. Schachweltmeister	BOTWINNIK
sowjet. Schachweltmeister	PETROSJAN
sowjet. Schriftsteller	EHRENBURG
sowjet. Staatspräsident	BRESCHNEW
sowjet. Zeitung	ISWESTIJA
sozialistischer Zionist	BENGURION
Sozius	KOMPAGNON
Sozius, Geschäftspartner	TEILHABER
später Imbiß	ABENDBROT
Spaltensteller	TABULATOR
span. Bevölkerungsteil	ARAGONIER
span. Bevölkerungsteil	KASTILIER
span. Bevölkerungsteil	KATALANEN
span. Dessertwein	TARRAGONA
span. Dichter	CERVANTES
span. Dichter (Nobelpreis)	ECHEGARAY
span. Dichter u. Diplomat	MADARIAGA
span. Dramatiker	BENAVENTE
span. Frauenname	ESMERALDA
span. Frauenname	FELICIDAD
span. Hafenstadt	ALGECIRAS
span. Hafenstadt	BARCELONA
span. Herrschername	FERDINAND
span. Infant	DONCARLOS
span. Kanarenprovinz	LASPALMAS
span. Kap bei Cadiz	TRAFALGAR
span. Landschaft	ARAGONIEN
span. Männername	CRISTOBAL
span. Männername	FRANCISCO

9

span. Maler (17. Jh.)	VELAZQUEZ
span. Nobelpreisträger	BENAVENTE
span. Provinz	BARCELONA
span. Saiteninstrument	BANDURRIA
span. Stadt	ALCANTARA
span. Stadt	PLASENCIA
span. Stadt am Tormes	SALAMANCA
span. Tanz	ESMERALDA
span. Wallfahrtsort	GUADALUPE
span.: Edelmann, Ritter	CABALLERO
Spange	SCHLIESSE
Spannung	ERWARTUNG
Spargel	ASPARAGUS
sparsam, haushälterisch	RATIONELL
spartanischer Feldherr	PAUSANIAS
spartanischer König	AGESILAUS
spaßig	SCHNURRIG
Spaßmacher	HANSWURST
Spaziermarsch	WANDERUNG
SPD/SED-Politiker	GROTEWOHL
Spechtvogel	WENDEHALS
Speicher	DACHBODEN
Speicher	LAGERHAUS
Speisefett	KOKOSFETT
Speisefett	MARGARINE
Speisefisch, Seefisch	ROTBARSCH
speisen	SOUPIEREN
Speisepilz	GRAUKAPPE
Speisepilz	GRUENLING
Speiseraum	ESSZIMMER
Speiseröhrling	STEINPILZ
Spelunke	KASCHEMME
Sperling	ROHRSPATZ
Sperre	BARRIKADE
Sperre	HINDERNIS
Sperrfrist	WARTEZEIT
Spezialfrachtschiff	OELTANKER
speziell	BESONDERS
Spiegelfernrohr	REFLEKTOR
Spiegelung, Widerschein	REFLEXION
spielentscheidender Ball	MATCHBALL
spielerisches Gebaren	TAENDELEI
Spielfeldteil	STRAFRAUM
Spielleiter	REGISSEUR
Spießer	PHILISTER
Spießgeselle	MITTAETER
Spinnmaschine	SELFAKTOR
Spitzenkönner	KORYPHAEE
Spitzenmacher	KLOEPPLER
Spitzfindigkeit	KASUISTIK
Spötter	LAESTERER
spöttisch	HOEHNISCH
spöttisch	SATIRISCH
Sponsor	FOERDERER
Sportanlage	KEGELBAHN
Sportanlage	RENNPLATZ
Sportanlage	SPIELFELD
Sportart, -disziplin	KANUSPORT
Sportart, -disziplin	LUFTSPORT
Sportart, -disziplin	RADFAHREN
Sportart, -disziplin	RINGKAMPF
Sportart, -disziplin	SCHIESSEN
Sportart, -disziplin	TAUZIEHEN
Sportschlitten	BOBSLEIGH
Sportveranstaltung	WETTKAMPF
Spottbild	KARIKATUR
Sprache der Buren	AFRIKAANS
Sprachforscher	PHILOLOGE
Sprachlehre	GRAMMATIK
sprachwissenschaftl. Teilgebiet	LAUTLEHRE
Sprecher von Dichtung	REZITATOR
Sprechgesang	REZITATIV
Spreizschritt, -sprung	GRAETSCHE
Springer einer Zirkustruppe	KASKADEUR
Springkraut	BALSAMINE
Springkraut	IMPATIENS
spritziges Musikstück	CAPRICCIO
Sproß	NACHKOMME
Sproßpflanze	KORMOPHYT

Sprungübung d. Hohen Schule	COURBETTE
Spülgefäß (medizin.)	IRRIGATOR
Spulwürmer	ASKARIDEN
Staat der USA	LOUISIANA
Staat der USA	MINNESOTA
Staat der USA	NEWJERSEY
Staat der USA	NEWMEXICO
Staat der USA	TENNESSEE
Staat der USA	WISCONSIN
Staat in Südostasien	KAMPUCHEA
Staat in Südosteuropa	BULGARIEN
staatl. Beauftragter	KOMMISSAR
Staatsform	MONARCHIE
Staatsführung	REGIERUNG
staatsmännisch	POLITISCH
Staatsmann	POLITIKER
Staatszugehörigkeit	INDIGENAT
stachel. Fisch	IGELFISCH
Stachelflosser	BANDFISCH
Stachelflosser	KNURRHAHN
Stachelflosser	STICHLING
Stachelhäuter	HAARSTERN
Stadt am Bodensee (2 Schlösser)	MEERSBURG
Stadt am Ganges	ALLAHABAD

Stadt am Ganges	BHAGALPUR
Stadt am Main	FRANKFURT
Stadt am Mittelrhein	BACHARACH
Stadt am Mittelrhein	BADHONNEF
Stadt am Neckar	BESIGHEIM
Stadt am Neckar	ESSLINGEN
Stadt am Neckar	HEILBRONN
Stadt am Neckar	OBERNDORF
Stadt am Nordschwarzwald	ETTLINGEN
Stadt am Pfälzer Wald	PIRMASENS
Stadt am Rhein	ANDERNACH
Stadt am Rothaargebirge	BERLEBURG
Stadt am Siebengebirge	BADHONNEF
Stadt am Spreewald	LUEBBENAU
Stadt am Teutoburger Wald	BIELEFELD
Stadt am Teutoburger Wald	BRACKWEDE
Stadt am Teutoburger Wald	LENGERICH
Stadt am Teutoburger Wald	SALZUFLEN
Stadt am Thüringer Wald	SONNEBERG
Stadt am Wiehengebirge (NRW)	LUEBBECKE
Stadt an der Charente	ANGOULEME

Stadt an der Ems	EMSDETTEN
Stadt an der Ennepe	ENNEPETAL
Stadt an der Fils	EISLINGEN
Stadt an der Ilmenau	LUENEBURG
Stadt an der Jagst	ELLWANGEN
Stadt an der Mosel	BEILSTEIN
Stadt an der Mulde	EILENBURG
Stadt an der Nahe	KREUZNACH
Stadt an der Ruhr	HATTINGEN
Stadt an der Ruhr (NRW)	MUEHLHEIM
Stadt an der Saale	BADKOESEN
Stadt an der Schlei	SCHLESWIG
Stadt an der Somme	ABBEVILLE
Stadt an der Stepenitz	PERLEBERG
Stadt an der unteren Elbe	LAUENBURG
Stadt an der Warthe	LANDSBERG
Stadt an der Weinstraße	DUERKHEIM
Stadt an der Weinstraße	EDENKOBEN
Stadt an der Wolgamündung	ASTRACHAN
Stadt an der Wupper	WUPPERTAL
Stadt an Elbe und Mittellandkanal	MAGDEBURG

9

Stadt an Günz und Donau	GUENZBURG
Stadt auf den Kanarischen Inseln	LASPALMAS
Stadt auf Java	SURAKARTA
Stadt auf Kreta	RETHYMNON
Stadt auf Teneriffa	SANTACRUZ
Stadt bei der Burg Hohenzollern	HECHINGEN
Stadt bei Neapel	BENEVENTO
Stadtburg v. Athen	AKROPOLIS
Stadt d. Zentralafrikan. Republik	BERBERATI
Stadt im Aachener Becken	WUERSELEN
Stadt im Banat	WERSCHETZ
Stadt im Bergischen Land	REMSCHEID
Stadt im Emsland	PAPENBURG
Stadt im Harz	BRAUNLAGE
Stadt im Hunsrück	KIRCHBERG
Stadt im Hunsrück	STROMBERG
Stadt im östl. Harzvorland	HETTSTEDT
Stadt im Saarland	DUDWEILER
Stadt im Sauerland	ATTENDORN
Stadt im Staat New York	ROCHESTER
Stadt im Westerwald	MONTABAUR
Stadt in Alaska	ANCHORAGE
Stadt in Alaska	FAIRBANKS
Stadt in Aserbeidschan	KIROWABAD
Stadt in Bayern	GRIESBACH
Stadt in Bayern	WEGSCHEID
Stadt in Brandenburg	JUETERBOG
Stadt in Brandenburg	PERLEBERG
Stadt in Burkina Faso	KOUDOUGOU
Stadt in Connecticut (USA)	WATERBURY
Stadt in den USA	JAMESTOWN
Stadt in der Lausitz	SPREMBERG
Stadt in der Lüneburger Heide	LUENEBURG
Stadt in der Lüneburger Heide	ROTENBURG
Stadt in der nördl. Eifel	SCHLEIDEN
Stadt in der Normandie	GRANVILLE
Stadt in der Oberlausitz	EBERSBACH
Stadt in Florida (USA)	PALMBEACH
Stadt in Florida (USA)	PENSACOLA
Stadt in Ghana	CAPECOAST
Stadt in Guatemala	ESCUINTLA
Stadt in Hessen	DARMSTADT
Stadt in Hessen	VIERNHEIM
Stadt in Hessen	WOLFHAGEN
Stadt in Hohenlohe	OEHRINGEN
Stadt in Holstein	OLDENBURG
Stadt in Indiana (USA)	FORTWAYNE
Stadt in Indiana (USA)	SOUTHBEND
Stadt in Iowa (USA)	DAVENPORT
Stadt in Irland	KINGSTOWN
Stadt in Kalabrien	CATANZARO
Stadt in Kasachstan	KARAGANDA
Stadt in Kaukasien	KRASNODAR
Stadt in Kentucky (USA)	LEXINGTON
Stadt in Litauen	HEYDEKRUG
Stadt in Magdeburg	SALZWEDEL
Stadt in Malaysia	KOTABHARU
Stadt in Massachusetts (USA)	CAMBRIDGE
Stadt in Massachusetts (USA)	WORCESTER
Stadt in Mecklenburg	GADEBUSCH
Stadt in Mecklenburg	STERNBERG
Stadt in Mexiko	SANMIGUEL
Stadt in Mittelfranken	SCHWABACH
Stadt in Mittelfranken	SOLNHOFEN
Stadt in Mosambik	QUELIMANE

9

Stadt in Namibia	KARASBURG
Stadt in Namibia	LUEDERITZ
Stadt in Namibia	OKAHANDJA
Stadt in Nepal	BRITNAGAR
Stadt in New Jersey	LAKEHURST
Stadt in New Jersey (USA)	PRINCETON
Stadt in New Mexico	LOSALAMOS
Stadt in Nicaragua	MATAGALPA
Stadt in Nord-holland	HILVERSUM
Stadt in Nord-karolina (USA)	CHARLOTTE
Stadt in Nordost-böhmen	TRAUTENAU
Stadt in Nord-rhein-Westfalen	DINSLAKEN
Stadt in Ostbran-denburg	SCHWIEBUS
Stadt in Ost-preußen	ANGERBURG
Stadt in Pennsyl-vanien (USA)	LANCASTER
Stadt in Rhein-hessen	INGELHEIM
Stadt in Rhein-hessen	OPPENHEIM
Stadt in Rhein-land-Pfalz	ANDERNACH
Stadt in Rhein-land-Pfalz	PIRMASENS
Stadt in Schlesien	GRUENBERG
Stadt in Schles-wig-Holstein	LAUENBURG
Stadt in Schles-wig-Holstein	PINNEBERG
Stadt in Schles-wig-Holstein	RATZEBURG
Stadt in Taiwan	KHAOSIUNG
Stadt in Texas (USA)	FORTWORTH
Stadt in Thailand	CHIANGMAI
Stadt in Thürin-gen	EISENBERG
Stadt in Transvaal	GERMISTON
Stadt in Tunesien	KASSERINE
Stadt in Usbeki-stan	SAMARKAND
Stadt in Venda	MAKWERELA
Stadt in West-anatolien	ESKISEHIR
Stadt in Wiscon-sin (USA)	MILWAUKEE
Stadt in Zaire	KISANGANI
Stadtrat	MAGISTRAT
Stadtteil von Berlin	GRUNEWALD
Stadtteil von Berlin	KOEPENICK
Stadtteil von Hamburg	BORGFELDE
Stadtteil von Ham-burg	EPPENDORF
Stadtteil von Köln	DUENNWALD
Stadtteil von Köln	EHRENFELD
Stadtteil von Köln	STAMMHEIM
Stadtteil von Köln	WORRINGEN
Stadtteil von München	NEUHAUSEN
Stadtteil von Stutt-gart	DEGERLOCH
Stadtteil von Stuttgart	FEUERBACH
Stadtteil von Stutt-gart	STAMMHEIM
Stadtteil von Wup-pertal	ELBERFELD
Stadtver-waltung	MAGISTRAT
städtisch	MUNIZIPAL
ständig	PERMANENT
ständiger Besucher	STAMMGAST
Ständig-keit	PERMANENZ
stärken-des Getränk	NAEHRBIER
Stallgerät	MISTGABEL
Stand-wirbel	PIROUETTE
stapeln	SCHICHTEN
Starre	STEIFHEIT
starten	ABFLIEGEN
statthaft, gestattet	ZULAESSIG
Statue	STANDBILD
Stau-damm	TALSPERRE
Stegreif	EXTEMPORE
Stegreif-stück	IMPROMPTU
steifer Unterrock	PETTICOAT
Steige-rung	GRADATION
Stein-adler	GOLDADLER
Steinauf-lösung (mediz.)	LITHOLYSE
Stein-brech	SAXIFRAGA
Stein-brech-gewächs	HERZBLATT

9

Steinbrechgewächs	HORTENSIE
Steindrossel	BLAUMERLE
Steindrossel	BLAUVOGEL
Steinkleeart	WEISSKLEE
Steinleiden (mediz.)	LITHIASIS
Steinobst	ZWETSCHGE
Steinverarbeiter	STEINMETZ
Steinzeitgerät	FAUSTKEIL
Stellungnahme	KOMMENTAR
Steppengras	FEDERGRAS
Sterbeort Hauptmanns	HIDDENSEE
Sterbeort von Kronpr. Rudolph	MAYERLING
Sternbild	ANDROMEDA
Sternbild	CENTAURUS
Sternbild	LUFTPUMPE
Sternbild	TAFELBERG
Sterndeuter	ASTROLOGE
Sternenhimmel	FIRMAMENT
Stern im Orion	BELLATRIX
Stern im Südlichen Fisch	FOMALHAUT
Sternschnuppenstrom	PERSEIDEN
Steuerband	BANDEROLE
Steuerbehörde	FINANZAMT
Steuermann	NAVIGATOR
stichhaltig	STRINGENT
Stielbrille	LORGNETTE
Stiftsherr	KAPITULAR
Stiftung	FUNDATION
Stimmbandentzündung	CHORDITIS
Stimmenbild	SONOGRAMM
Stinkmorchel	TEUFELSEI
Stoffdach	BALDACHIN
stofflich	MATERIELL
strafbar	KRIMINELL
strafbare Tötung	TOTSCHLAG
Straferlaß	INDULGENZ
Straftatwiederholung	RUECKFALL
Strahlung	RADIATION
strapazierfähige Hose	BLUEJEANS
Straßenmarkierung	LEITLINIE
Straßensperre	BARRIKADE
Stratosphärenmeteorologie	AEROLOGIE
Straußenfeder auf Hüten	PLEUREUSE
streben, hinneigen	TENDIEREN
Strecke (weidmänn.)	JAGDBEUTE
Streichholz	ZUENDHOLZ
Streifzug	EXKURSION
Streitgespräch	REDEDUELL
Streitkunst	DIALEKTIK
strenge Regelbefolgung	OBSERVANZ
Strichbild, Grafik	ZEICHNUNG
Striche ziehen	LINIIEREN
Strichpunkt	SEMIKOLON
Strickbeutel	POMPADOUR
Strömung im Atlantik	GOLFSTROM
Stromabnehmer	KOLLEKTOR
Stromerzeuger	GENERATOR
Stromerzeugungsanlage	KRAFTWERK
Strudel, Wirbel	MAHLSTROM
studentischer Mensurplatz	PAUKBODEN
studentischer Trinkgruß	SCHMOLLIS
Studienfahrt	EXKURSION
Stümper	DILETTANT
stürmisch, ungestüm	TURBULENT
stürmisch in der Musik	IMPETUOSO
Stützung bei Knochenbrüchen	SCHIENUNG
stufenweise Erhöhung	GRADATION
stumm	SPRACHLOS
stummes Gebärdenspiel	PANTOMIME
Stummfilmgag	SLAPSTICK
Sturmleuchte	WINDLICHT
Sturmvogelart	TROLLUMME
Sturzbett der Talsperre	TOSBECKEN
Substantiv	HAUPTWORT
sudanesische Hafenstadt	PORTSUDAN

sudanesische Stadt am Nil	WADIHALFA
südafrikan. Berg	WATERBERG
südafrikan. Berg bei Kapstadt	TAFELBERG
südafrikan. Homeland	GAZANKULU
südafrikan. Königreich	SWASILAND
südafrikan. Landesteil, Provinz	TRANSVAAL
südafrikan. Sprache	AFRIKAANS
südamerikan. elektr. Fisch	ZITTERAAL
südamerikan. Fluß	PILCOMAYO
südamerikan. Indianerstamm	ARAUKANER
südamerikan. Natter	MUSSURANA
südamerikan. Staat	BRASILIEN
südamerikan. Staat	KOLUMBIEN
südamerikan. Staat	VENEZUELA
südamerikan. Tanz	BOSSANOVA
Südamerikaner	URUGUAYER
südarabische Landschaft	HADRAMAUT
südargentin. Provinz	SANTACRUZ
Südasiat	PAKISTANI
südaustral. Hafenstadt	MELBOURNE
südchilen. Insel	SANTAINES
süddtsch. Pferderennplatz	IFFEZHEIM
süddtsch. Rheinhafen	KARLSRUHE
südengl. Grafschaft	WILTSHIRE
südengl. Stadt am Medway	MAIDSTONE
Südeuropäer	ITALIENER
südfinnisches Seensystem	SAIMAASEE
südfranz. Kettentanz	FARANDOLE
südfranz. Landschaft	LANGUEDOC
südfranz. Stadt an der Tet	PERPIGNAN
südfranz. Stadt an Tarn u. Tescou	MONTAUBAN
Südfrucht	APFELSINE
Südfrucht	KARAMBOLE
Südfrucht	TANGERINE
südital. Landschaft	KALABRIEN
südländ. Zierbaum	JUDASBAUM
südnorweg. Bucht	NORDFJORD
südnorweg. Bucht	OSLOFJORD
südnorweg. Hafenstadt	HAUGESUND
südostafrikan. See	MALAWISEE
südostafrikan. See	NJASSASEE
südostasiat. Inselrepublik	MALEDIVEN
südostengl. Grafschaft	HAMPSHIRE
südostengl. Hafen, Seebad	ROCHESTER
südostfranz. Gebirge	MEERALPEN
südostirische Stadt	WATERFORD
südosttürk. Stadt	GAZIANTEP
Südpolargebiet	ANTARKTIS
südschwed. Hafenstadt	GOETEBORG
südschwed. Laen	MALMOEHUS
südschwed. Landschaft	GOETALAND
südschwed. Ostseebad	FALSTERBO
südschwed. See	VAENERSEE
südschwed. Stadt	UDDEVALLA
südschweiz. Paß	LUKMANIER
südsibir. See	BAIKALSEE
Südslawe	JUGOSLAWE
Südtiroler Bergmassiv	DOLOMITEN
Südwein	SUESSWEIN

Südwein, Süßwein	MALVASIER
südwest-ital. Landschaft	KAMPANIEN
Süßigkeit	NASCHWERK
Sulfat	COELESTIN
sulfidisches Eisenerz	EISENKIES
Sulfuridmineral	ARSENKIES
sumerische Gottheit	SCHAMASCH
Sumpfschnepfe	BEKASSINE
Sumpfstaude	WEIDERICH
Sumpfwald	DSCHUNGEL
Suppeneinlage	GRUENKERN
Swebenstamm	ALEMANNEN
Symbol für Frieden	PALMZWEIG
Symbol für Gift	TOTENKOPF
Symbol für Streitobjekt	ZANKAPFEL
synthet. Werkstoff	KUNSTHARZ
syrische Christen	JAKOBITEN
syrische Christen	MARONITEN
Szenenfolge	SZENARIUM
Tabakware, Glimmstengel	ZIGARETTE
tätig sein	FUNGIEREN
Täufling	PATENKIND
täuschen	BETRUEGEN
täuschen, prellen	DUEPIEREN
Täuschung	BLENDWERK
tafeln, prassen	SCHLEMMEN
Tag der Arbeit	ERSTERMAI
Tageszeit	VORMITTAG
Tagung	KONFERENZ
Taillenunterrock	PETTICOAT
taktlos	INDISKRET
Talg, Kerzenmaterial	UNSCHLITT
Tal in Vorarlberg	WALSERTAL
Tanz-Ensemble	FORMATION
Tanzkunst	CHOREUTIK
Tanzlokal	DISKOTHEK
Tarpan	WILDPFERD
Taschenbuch	VADEMEKUM
Taschenmacher, Sattler	TAESCHNER
Tastatur	KLAVIATUR
Tasteninstrument	HARMONIUM
tatkräftig	DYNAMISCH
tatkräftig	ENERGISCH
tatkräftig	ZUPACKEND
Tattersall	REITHALLE
Taubenart	HOHLTAUBE
Taubenart	KRONTAUBE
Taubenart	LACHTAUBE
Taue verknüpfen	SPLEISSEN
Taumel	SCHWINDEL
taumeln, wackeln	SCHWANKEN
tausend Billionen	BILLIARDE
tausend Millionen	MILLIARDE
Techniker	INGENIEUR
technisches Verfahren	SCHMIEDEN
teeren	KALFATERN
Teerkohlenwasserstoff	ANTHRAZEN
Teigware	BANDNUDEL
Teigware	MAKKARONI
Teilchenbeschleuniger	KOSMOTRON
Teil der Karpaten	HOHETATRA
Teil der Mathematik	GEOMETRIE
Teil der spanisch. Pyrenäen	MALADETTA
Teil der südlichen Kalkalpen	DOLOMITEN
Teil der Talsperre	STAUSTUFE
Teil der Wirbelsäule	KREUZBEIN
Teil des Auges	BINDEHAUT
Teil des Blütenstandes	DECKBLATT
Teil des Gesichts	OBERLIPPE
Teil des Guinea-Golfs	BIAFRABAI
Teil des Prangers	HALSEISEN
Teil des Rhein. Schiefergebirges	HOHEEIFEL
Teil des Schlagzeugs	SNAREDRUM
Teil des Schuhs	LAUFSOHLE
Teil des Webstuhls	WEBERKAMM
Teilhaber	KOMPAGNON
teilnahmslos	APATHISCH
Teilnahmslosigkeit	LETHARGIE
Teilstrecke	ABSCHNITT
Teint	HAUTFARBE
Television	FERNSEHEN

Tempel auf der Athener Akropolis	PARTHENON
Tempelform	PROSTYLOS
Temperaturmesser	PYROMETER
Tennisspiel der Basken	CHIESTERA
Tennistechnik	RUECKHAND
Terrasse	PLATTFORM
teuflisch, diabolisch	SATANISCH
Textilarbeiter	LEINWEBER
Textilbetrieb	SPINNEREI
Textvergleich	KOLLATION
Theaterleiter	INTENDANT
Theaterplatz	SPERRSITZ
Theaterrolle	SPIELTEXT
theban. Feldherr, Befreier Thebens	PELOPIDAS
Thema	LEITMOTIV
thematische Tonfolge	LEITMOTIV
Themenabwandlung	VARIATION
theolog. akadem. Würde	LIZENTIAT
Theorie des Sozialismus	MARXISMUS
Thronfolger	KRONPRINZ
Thronhimmel	BALDACHIN
Thronräuber	USURPATOR
thüring. Kurort an der Elster	KOESTRITZ
thüring. Kurort an der Werra	SALZUNGEN
thüring. Stadt an der Unstrut	SOEMMERDA
thüring. Stadt an der Werra	MEININGEN
thüring. Stadt im Orlatal	POESSNECK
thüring. Stadt (Skatmuseum)	ALTENBURG
tibetan. Oberhaupt	DALAILAMA
tibetan. Religion	LAMAISMUS
tief bewegt	ERGRIFFEN
Tiefdruckverfahren	RADIERUNG
tiefes Rundtal	TALKESSEL
Tiefland	NIEDERUNG
Tierart	SCHALTIER
Tierbändigerin	DOMPTEUSE
Tierfanggerät	FANGEISEN
Tierkreiszeichen	STEINBOCK
Tierkreiszeichen	ZWILLINGE
Tierkult	ZOOLATRIE
Tierlehrer	ABRICHTER
Tierschau	MENAGERIE
Tierwaffe	STOSSZAHN
tilgen	STREICHEN
Tilgung	LOESCHUNG
Tiroler Maler	DEFREGGER
Tiroler Tallandschaft	PUSTERTAL
Tischler	SCHREINER
Tischlerwerktisch	HOBELBANK
Titel der Frau eines Dogen	DOGARESSA
Titelfigur bei Cronin	LUCYMOORE
Titelfigur bei Debussy	MELISANDE
Titelfigur bei Gounod	MARGARETE
Titelfigur bei Kleist	KAETHCHEN
Titelfigur bei Mozart	BASTIENNE
Titelfigur bei Puccini	BUTTERFLY
Titelfigur bei Shakespeare	CLEOPATRA
Titelfigur bei Shakespeare	CYMBELINE
Titelfigur bei Shaw	ANDROKLUS
Titelfigur bei Shaw	CLEOPATRA
Titelfigur bei Suppé	FATINITZA
Tochtergeschwulst	METASTASE
Tochter v. Agamemnon	IPHIGENIE
Tochter v. Atlas	HESPERIDE
Tochter v. Dione	APHRODITE
Tochter v. Klytämnestra	IPHIGENIE
Tochter v. Ute	KRIEMHILD
Tochter v. Zeus	APHRODITE
todähnlicher Zustand	SCHEINTOD
Töpfer	KERAMIKER
töricht	NAERRISCH
Törtchen	TORTELETT

9

töten, ermorden	UMBRINGEN
tollkühn	WAGHALSIG
Tonabstand	INTERVALL
Tonarchiv	PHONOTHEK
Tonbewegung in Halbschritten	CHROMATIK
Tonga-Insel	TONGATAPU
Tonkünstler	KOMPONIST
Tonschöpfung	VERTONUNG
Tonsetzer	KOMPONIST
Tonstück aus verschied. Melodien	POTPOURRI
Torheit	FIRLEFANZ
total	GAENZLICH
Totenbeschwörer	NEKROMANT
Tour, Rotation	UMDREHUNG
Tour, Tournee	RUNDFAHRT
Tour, Tournee	RUNDREISE
Tourist	REISENDER
Trabant	BEGLEITER
Träger der Erbanlagen	CHROMOSOM
Tragbalken	ARCHITRAV
Tragbett	TRAGBAHRE
Traghimmel	BALDACHIN
Tragkonstruktion d. Daches	DACHSTUHL
Tragschienenkran	LAUFKATZE
Tragwerk	GESPAERRE
Trainer	AUSBILDER
Traktor, Trecker	SCHLEPPER
Transit	DURCHFUHR
transpirieren	SCHWITZEN
Transportbehälter	CONTAINER
Transportunternehmer	SPEDITEUR
Transuran	AMERICIUM
Transuran	BERKELIUM
Trassat	BEZOGENER
Trauerbesatz	PLEUREUSE
Trauerspiel	TRAGOEDIE
Treffen	BEGEGNUNG
treffend, bedeutungsvoll	PRAEGNANT
Treibhaus	KALDARIUM
Treibmittel beim Backen	SAUERTEIG
Treibstoff	DIESELOEL
trennen	LOSLOESEN
Trennung	LOSSAGUNG
Trennung	SCHEIDUNG
Tripper	GONORRHOE
Triumphbauwerk	SIEGESTOR
Trommel	HOHLWALZE
Trophäe	JAGDBEUTE
tropisch. Laubbaum	AILANTHUS
tropisch. Laubbaum	MANGOBAUM
Trotz	EIGENSINN
Trübsal, Trübsinn	TRISTESSE
trügerisch	SCHEINBAR
Truppen zusammenziehen	MASSIEREN
tschech. Bier	BUDWEISER
tschech. Chemiker (Nobelpreis)	HEYROVSKY
tschech. Stadt an der Oppa	HULTSCHIN
tückisch	ARGLISTIG
tüpfeln	SPRENKELN
türk. Dardanellenhafen	GALLIPOLI
türk. Mittelmeerinsel	KARPATHOS
Türschließer, Türsteher	PFOERTNER
Türvorleger	FUSSMATTE
Turktatare	BASCHKIRE
Turktatare	KARAGASSE
Turktatare	KARALPAKE
Turngerät	SEITPFERD
Turnierreitbahn	HIPPODROM
Turnübung	KNIEWELLE
Turnübung	KOPFSTAND
Turnübung	KREUZHANG
Turnübung	LAUFKIPPE
Turnübung	UMSCHWUNG
Tyrann, Gewaltherrscher	ZWINGHERR
Tyrann von Syrakus	DIONYSIOS
übel	MISERABEL
übelnehmen	ANKREIDEN
überdachte Badeanlage	HALLENBAD
überdies	AUSSERDEM
Übereinkommen	AGREEMENT
übereinstimmend	EINMUETIG
übereinstimmend	IDENTISCH
übereinstimmend	KONGRUENT
Übereinstimmung	EINIGKEIT

Übereinstimmung	EINTRACHT
Übereinstimmung	HOMOLOGIE
Übereinstimmung	KONGRUENZ
Überfluß, Überladung	REDUNDANZ
Übergetretener	KONVERTIT
überheblich	ANMASSEND
überholen	PASSIEREN
überirdisch, -sinnlich	HIMMLISCH
überirdisch, übernatürlich	GOETTLICH
Überläufer	DESERTEUR
Überlassung	ABTRETUNG
überlegen	SOUVERAEN
Überlegung, Versenkung	REFLEXION
Überleitung	INDUKTION
überliefern	TRADIEREN
überlisten	DUEPIEREN
übernatürl. Wahrnehmung	HELLSEHEN
Überprüfung	KONTROLLE
Überreste von Heiligen	RELIQUIEN
überschlägig berechnen	SCHAETZEN
überspannt, übersteigert	EXALTIERT
Überträgerin der Malaria	ANOPHELES
übertreiben	OUTRIEREN
übertrieben loben	LOBHUDELN
Überwachung	KONTROLLE
überzuckern	KANDIEREN
Übungsgerät	SIMULATOR
üppig	LUXURIOES
üppig, überladen	REDUNDANT
üppig leben	SCHLEMMEN
ukrain. Hafen an der Bugmündung	NIKOLAJEW
ukrain. Schwarzmeerhafen	NIKOLAJEW
ukrain. Stadt am Ingulenz	KRIWOIROG
ukrain. Stadt am Teterew	SCHITOMIR
ukrain. Stadt im Donezbecken	MAKEJEWKA
Ulébaum (Kautschuklieferant)	CASTILLOA
Ultraschallbild	SONOGRAMM
Umdrehung, Umkehrung	REVERSION
umfassend	ALLGEMEIN
umfassend	KOLLEKTIV
Umfrage, Untersuchung	RECHERCHE
umgekehrt	VICEVERSA
Umgestaltung	AENDERUNG
umherbummeln	FLANIEREN
Umkehrung	INVERSION
Umkleideraum	GARDEROBE
umlaufen	KURSIEREN
Umsatzanteil, Vergütung	PROVISION
Umschließung	OKKLUSION
Umschwung	PERIPETIE
umsichtig	UEBERLEGT
umsonst	VERGEBENS
Umstürzler	ANARCHIST
Umstürzler, Hochverräter	PUTSCHIST
umstürzlerisch	SUBVERSIV
Umwandler	KONVERTER
Umwandlung	AENDERUNG
Umweltlehre	OEKOLOGIE
Umweltschutz-Begriff	ABWAESSER
Umweltschutzorganisation	ROBINWOOD
umzingeln	ZERNIEREN
Unabhängigkeit	AUTONOMIE
Unannehmlichkeit	SCHEREREI
unauffällig	UNBEMERKT
unaufhörlich	PAUSENLOS
Unbefangenheit	NAIVITAET
unbegrenzt	UNENDLICH
unbeirrbar	UNBEUGSAM
Unbeständigkeit	WANKELMUT

9

unbestimmt, undurchsichtig	NEBELHAFT
unbewiesene Voraussetzung	HYPOTHESE
unehelich	ILLEGITIM
Unehrlichkeit	SCHWINDEL
uneigennützig	SELBSTLOS
unentgeltlich	KOSTENLOS
unerbittlich	GNADENLOS
unerheblich	BELANGLOS
unerkannt	INKOGNITO
unerläßlich	NOTWENDIG
unerschütterlich	STANDHAFT
unfachgemäß	LAIENHAFT
unförmig	MONSTROES
ungar. Adelsgeschlecht	BATTHYANY
ungar. Adelsgeschlecht	ESTERHAZY
ungar. Dichter	KISFALUDY
ungar. Grenzstadt	OEDENBURG
ungar. Kardinal	MINDZENTY
ungar. König, Königsname	LADISLAUS
ungar. Stadt	KECSKEMET
ungar. Stadt an der Donau	ESZTERGOM
ungeduldig, gereizt	KRIBBELIG
ungefalzter Druckbogen	PLANBOGEN
ungeheuerlich	MONSTROES
ungenau	INAKKURAT
ungenau	UNPRAEZIS
ungeschickter Mensch	TOLPATSCH
ungesetzlich	ILLEGITIM
ungewaschen, unsauber	SCHMUTZIG
ungezwungen	ENTRENOUS
ungleich	DIFFERENT
ungleich	INHOMOGEN
ungleichartig	HETEROGEN
ungleichzeitig	ASYNCHRON
Unglück	VERDERBEN
unheilbar	INKURABEL
Unheilverkünderin Trojas	KASSANDRA
unhöflich	ABWEISEND
Universität	ALMAMATER
Universität in New Jersey	PRINCETON
Universitätslehrstuhl	PROFESSUR
Universitätsstadt am Neckar	TUEBINGEN
unkriegerisch	FRIEDLICH
Unkundiger	DILETTANT
unlebendig	UNBESEELT
UNO-Generalsekretär	DECUELLAR
Unparteiischer	NEUTRALER
unrechtmäßig	ILLEGITIM
unredlich, verschlagen	UNEHRLICH
unrichtig	INKORREKT
unsachlich, parteiisch	SUBJEKTIV
unsauberes Geschäft	KUHHANDEL
unselbständig	ABHAENGIG
unsichtbar	INVISIBEL
Unsterblichkeit	ATHANASIE
Unstimmigkeit	DIFFERENZ
Unstimmigkeit	DISSONANZ
unterägypt. See	MARIUTSEE
Unterbau	FUNDAMENT
unterbringen	VERSTAUEN
unterdrücken, unterjochen	VERSKLAVEN
unterdrückend	REPRESSIV
untere Hautschicht	LEDERHAUT
untere Raumbegrenzung	FUSSBODEN
unterfränk. Stadt am Main	GEMUENDEN
unterfränk. Stadt am Main	KARLSTADT
unterfränk. Stadt am Main	KITZINGEN
unterfränk. Stadt am Main	WUERZBURG
untergehen	VERSINKEN
untergeordnet, unselbständig	SUBALTERN
Untergrund	FUNDAMENT

Unterhaltung	GESPRAECH
unterirdische Begräbnisstätte	KATAKOMBE
Unterkieferknochen	MANDIBULA
Unterlage	FUNDAMENT
Unterlage	GRUNDLAGE
Unternehmer	FABRIKANT
Unterredung	INTERVIEW
Unterrichtung	BELEHRUNG
untersagen	VERBIETEN
Unterscheidungsmerkmal	KRITERIUM
Unterschenkelknochen	WADENBEIN
Unterschied	DIFFERENZ
Unterschied	DIVERGENZ
Unterschrift	AUTOGRAMM
untersetzt	GEDRUNGEN
Unterstellung	HYPOTHESE
unterster Ort	TIEFPUNKT
untersuchen, erkunden	SONDIEREN
unter Umständen	EVENTUELL
Unterwäsche	UNTERHEMD
Unterwäsche	UNTERHOSE
unterwürfig	SKLAVISCH
ununterbrochen	PERMANENT
unveränderliche Größe	KONSTANTE
Unveränderlichkeit	INVARIANZ

unverkennbar	EINDEUTIG
Unverschämtheit	FRECHHEIT
unverständlich sprechen	MAUSCHELN
unwahrscheinlich	LEGENDAER
unwichtig	BELANGLOS
unwillkürlich, unbewußt	VEGETATIV
Unwohlsein	UEBELKEIT
unzüchtig	SITTENLOS
unzweideutig	EINDEUTIG
Ur	AUEROCHSE
Urgestalt	GRUNDFORM
Urheber	INITIATOR
Urheberrecht	COPYRIGHT
Urheberschutz	COPYRIGHT
ursprünglich	ORIGINAER
Urteilsaufhebung	KASSATION
Urtierchen	EINZELLER
Urtierchen	PROTOZOEN
urtümlich	ORIGINAER
Urwald	DSCHUNGEL
urwüchsig	ORIGINELL
Vakuum	LUFTLEERE
Vanadiumerz	VANADINIT
Variante, Variation	SPIELFORM
Vasall	LEHNSMANN
vater- od. mutterloses Kind	HALBWAISE
Vater v. Iphigenie	AGAMEMNON
Vater v. Orest, Orestes	AGAMEMNON

Vendetta	BLUTRACHE
Venenentzündung	PHLEBITIS
venezian. Forschungsreisender	MARCOPOLO
venezianisch. Gondellied	BARKAROLE
venezianisch. Maler	CARPACCIO
venezianisch. Maler	GIORGIONE
venezolanische Hafenstadt	MARACAIBO
verabschieden	ENTLASSEN
veränderlich	WANDELBAR
verändern	ABWANDELN
verärgert, gekränkt	VERSTIMMT
veralt. Bez. f. Haifische	SELACHIER
veraltet	UEBERLEBT
veraltete Bez. für erfreuen	ERGOETZEN
veraltete Bez. für Fahrrad	VELOZIPED
veraltete Bez. für Lehrherr	PRINZIPAL
veraltete Bez. für Militär	WEHRSTAND
veraltete Bez. für Musikant	SPIELMANN
veraltete Bez. für Regenschirm	PARAPLUIE
veraltet f. Konkurs	FALLIMENT
veraltet f. Nichtmetall	METALLOID

veraltet für Anordnung	ORDONNANZ
veraltet für Bienenzucht	ZEIDLEREI
veraltet für Dienstbote	DOMESTIKE
veraltet für Höflichkeit	POLITESSE
veraltet für Rentner	PRIVATIER
veraltet für schätzen	GOUTIEREN
veraltet für Schauspiel	SPEKTAKEL
veraltet für Seefahrer	NAVIGATOR
Verband	KOMPRESSE
verbergen	MASKIEREN
Verbesserung	KORREKTUR
Verbeugung	BUECKLING
Verbeugung	KRATZFUSS
verbieten	VERWEHREN
Verbindung	ANSCHLUSS
Verbindung	KOPPELUNG
Verbindungslin. v. Orten gl. Wärme	ISOTHERME
Verbot	INTERDIKT
verboten, unerlaubt	UNTERSAGT
verboten, untersagt	UNERLAUBT
verbotenes Gebiet	SPERRZONE
Verbraucher	KONSUMENT
Verbrecher aus Ruhmsucht	HEROSTRAT
verbrecherisch	KRIMINELL
Verbrecherkneipe	KASCHEMME
Verbrechermilieu	UNTERWELT
verbreiteter Niederschlag	LANDREGEN
Verbrennungskraftmaschine	OTTOMOTOR
verbuchen	KONTIEREN
verbünden	ALLIIEREN
Verbündete	ALLIIERTE
Verbundfahrausweis	NETZKARTE
Verdauung	DIGESTION
Verdauungsflüssigkeit	MAGENSAFT
Verdauungsstörung	DYSPEPSIE
verdecken	MASKIEREN
verderben, zerstören	RUINIEREN
Verdichtetes	KONDENSAT
verdoppeln	DUBLIEREN
Verdunkelungsversuch (jurist.)	KOLLUSION
Verdunstungsniederschlag	KONDENSAT
veredeln (Botanik)	OKULIEREN
verehren	BEWUNDERN
verehren, gernhaben	SCHAETZEN
verehrungswürdig	VENERABEL
Vereinbarung	ABSPRACHE
Vereinsamung	ISOLATION
vereinzeln	ISOLIEREN
vereinzeltes Gehöft	EINOEDHOF
Vererbungsforscher	GENETIKER
Verfahren zur Flächenberechnung	QUADRATUR
Verfall, Zusammenbruch	UNTERGANG
Verfasser von Spottschriften	SATIRIKER
Verfehlung	MISSGRIFF
Verfehlung, Vergehen	FEHLTRITT
verfrachten, versenden	SPEDIEREN
Verfrachter	SPEDITEUR
verfügbares Geld	BARSCHAFT
Verfügung	ANORDNUNG
Verfügungsgewalt	GEWAHRSAM
verführen	VERLEITEN
verführerisch	BETOEREND
Vergangenheitsform	IMPERFEKT
vergeben	VERZEIHEN
Vergeltung	RETORSION
verglastes Steingut	STEINZEUG
vergleichbarer Fall	PARALLELE
Vergöttlichung	APOTHEOSE

Vergrößerungsgerät	MIKROSKOP
Vergütung, Einkommensart	VERDIENST
Verhaftung	FESTNAHME
Verhaltensforschung	ETHOLOGIE
Verhaltensregel	ANWEISUNG
Verhaltensregel	DIREKTIVE
Verhandlungsbericht	PROTOKOLL
Verherrlichung	APOTHEOSE
verjagen	SCHEUCHEN
Verkaufsförderung (engl.)	PROMOTION
Verkaufsleiter	SUBSTITUT
Verkaufsraum, -stelle	GESCHAEFT
Verkehrshindernis	BAUSTELLE
Verkehrsmittel	EISENBAHN
Verkehrsmittel	LASTWAGEN
Verkehrsteilnehmer	RADFAHRER
Verkehrsweg	BAHNLINIE
Verklärung	APOTHEOSE
verkleiden	MASKIEREN
Verkleidung	MASKERADE
Verkleinerungswort	DIMINUTIV
verkünden, verkündigen	MITTEILEN
Verladebühne	LADERAMPE
Verlagsmitarbeiter	KORREKTOR
verlassene Gegend	WUESTENEI
Verleihung der Doktorwürde	PROMOTION
Verleihung von Pfründen	KOLLATION
verleiten	ANSTIFTEN
verletzen	LAEDIEREN
verletzt	BLESSIERT
Verlierer im Kartenspiel	SCHNEIDER
Vermächtnis	ERBSCHAFT
Vermarktung	MARKETING
Vermessungsgerät	THEODOLIT
Vermessungskunde	GEODAESIE
Verminderung, Verringerung	REDUKTION
Verminderung d. Geldumlaufs	DEFLATION
Vermischung	DIFFUSION
Vermittlungsgebühr	PROVISION
Vermögensdelikt	DIEBSTAHL
vermuten	MUTMASSEN
Vermutung	HYPOTHESE
Vermutung	KONJEKTUR
verneinen	NEINSAGEN
Vernichtung einer Urkunde	KASSATION
Vernunftwidrigkeit	PARALOGIE
Verordnung, Vorschrift	REGULATIV
Verpackung	EMBALLAGE
Verpackungsfolie	CELLOPHAN
Verpackungsmittel	BEHAELTER
Verräter im alten Griechenland	EPHIALTES
Verrat, Untreue	WORTBRUCH
verrückt	NAERRISCH
verrufenes Lokal	KASCHEMME
Versammlung	KONSILIUM
Versandangestellter	EXPEDIENT
Versandhandel	MAILORDER
verschieden	DIFFERENT
verschieden	DIVERGENT
verschieden	HETEROGEN
Verschiedenheit	DIVERGENZ
Verschiedenheit	VARIETAET
verschieden sein	VARIIEREN
Verschleiß	ABNUTZUNG
Verschlußstreifen	BANDEROLE
Verschmelzung	LEGIERUNG
Verschrobenheit	EXZENTRIK
verschwenderisch	LUXURIOES
Versender	EXPEDIENT
Versfuß	VIERHEBER
Versorgung	BETREUUNG

verständig, zweckmäßig	RATIONELL
verstärken	FORCIEREN
Verstand	DENKKRAFT
Verstand	INTELLEKT
verstehen	BEGREIFEN
versteiftes Blech	WELLBLECH
versteinertes Harz	BERNSTEIN
Versteinerung	PETREFAKT
Versteinerungen	FOSSILIEN
Verstellung	HEUCHELEI
verstimmt	BELEIDIGT
verstimmt	GEKRAENKT
Verstopfung der Blutgefäße	THROMBOSE
versuchen	PROBIEREN
Verteidigung	DEFENSIVE
Verteidigungsrede	PLAEDOYER
vertikal	SENKRECHT
Vertikale	LOTRECHTE
vertilgen	AUSMERZEN
vertilgen	AUSROTTEN
Vertragseinleitung	PRAEAMBEL
Vertrag zwischen Kirche u. Staat	KONKORDAT
vertrauliches Dossier	GEHEIMAKT
Vertrauter	KONFIDENT
vertreten	AUSHELFEN
Vertreter des Rektors	KONREKTOR
Vertreter des Rektors	PROREKTOR
Vertretungsbefugnis	VOLLMACHT
verursachen	AUSLOESEN
vervielfältigen	MALNEHMEN
Vervielfältigung	FOTOKOPIE
vervollständigen	ERGAENZEN
Verwahrung	EINSPRUCH
Verwandte	SCHWESTER
Verweis	ERMAHNUNG
verwendungsfähig	BRAUCHBAR
verwirrt	IRRITIERT
Verwirrung	KONFUSION
Verwunderung	BEFREMDEN
Verwunderung	ERSTAUNEN
verzagt	ENTMUTIGT
verzehren, ausrotten	VERTILGEN
Verzicht	ENTSAGUNG
verzieren	GARNIEREN
Verzweifelter	DESPERADO
Vetternwirtschaft	PATRONAGE
Video-Empfangsgerät	FERNSEHER
Videokamera	CAMCORDER
viel	ZAHLREICH
vieleckig	POLYGONAL
Vielfresser	POLYPHAGE
vielgestaltig	POLYMORPH
vielleicht	EVENTUELL
viel und schell sprechen	PARLIEREN
Vielweiberei	POLYGAMIE
Vielweiberei	POLYGYNIE
Viereck	TRAPEZOID
Vierflächner	TETRAEDER
Vierfüßer	TETRAPODE
vierte Potenz	BIQUADRAT
vietnam. Stadt im Mekongdelta	LONGXUYEN
Viola da gamba	KNIEGEIGE
Violoncello	BASSGEIGE
Viruskrankheit	INFLUENZA
Vögel als Nutzvieh	GEFLUEGEL
Völkerkundler	ETHNOLOGE
völlig, vollkommen	VOLLENDET
völlig gleich	IDENTISCH
völlig mittellos	BETTELARM
Vogelart	ADLEREULE
Vogelart	ALPENFINK
Vogelart	BLESSGANS
Vogelart	GRAUAMMER
Vogelart	GRAUMEISE
Vogelart	RINGAMSEL
Vogelart	WALDAMMER
Vogelbeerbaum	EBERESCHE
Volksentscheid	PLEBISZIT
Volksfest	JAHRMARKT
Volksfest	KIRCHWEIH
volkstüml. f. bestechen	SCHMIEREN
volkstüml. f. Fahrrad	DRAHTESEL
volkstüml. f. Fehlschuß	FAHRKARTE

volkstüml. f. Hunger	KOHLDAMPF
volkstüml. f. Matrose	BLAUJACKE
volkstüml. f. Reifenpanne	PLATTFUSS
volkstüml. f. Zigarette	SARGNAGEL
volkstüml. f. Zigarette	STAEBCHEN
Volksverhetzung	DEMAGOGIE
Volksvertretung	BUNDESTAG
Volksvertretung	PARLAMENT
vollziehende Gewalt	EXEKUTIVE
von Amts wegen	EXOFFICIO
von Gottes Gnaden	DEIGRATIA
vorantreiben	FORCIEREN
Voraussetzung, Vorbedingung	PRAEMISSE
Vorbedeutung	ANZEICHEN
Vorbedeutung	AUSPIZIEN
Vorbehalt	BEDINGUNG
Vorbehalt	KONDITION
Vorbemerkung bei Gesetzen	PRAEAMBEL
Vorbild	LEITSTERN
vorbildlich	KLASSISCH
vorbildlicher Dichter, Künstler	KLASSIKER
Vorderasiat	JORDANIER
vorderasiat. Hauptstadt	JERUSALEM
vorderasiat. Hochland	KURDISTAN
vorderasiat. Staat	JORDANIEN
Vordruck	FORMBLATT
Vorflur, Treppenhalle	VESTIBUEL
Vorform der Fuge	RICERCARE
Vorführdame	MANNEQUIN
vorführen	DARBIETEN
Vorgehen, Vorkehrung	MASSNAHME
vorgeschichtl. franz. Fundort	CROMAGNON
vorgeschichtl. Grabform	FLACHGRAB
vorgeschichtl. Grabform	STEINGRAB
vorgeschichtl. Grabform	URNENGRAB
vorgeschichtl. Werkzeug	FAUSTKEIL
vorgeschobene Person	STROHMANN
Vorhaben	INTENTION
Vorhaut	PRAEPUTUM
Vormerkbuch	NOTIZBUCH
Vormilch (mediz.)	KOLOSTRUM
Vorname von Dali	SALVADORE
vornehme Bürger	PATRIZIER
Vorort v. Dresden	BLASEWITZ
Vorrat, Reserve	RUECKLAGE
Vorratsgebäude	LAGERHAUS
Vorratsraum auf Schiffen	HELLEGATT
Vorsager, Einsager	SOUFFLEUR
Vorschrift	ANWEISUNG
Vorsehung, Vorausschau	PROVIDENZ
Vorsehung, Vorherbestimmung	SCHICKSAL
Vorstartphase	COUNTDOWN
Vorstellungskraft	PHANTASIE
Vorstufe des Drehbuchs	TREATMENT
vortäuschen	FINGIEREN
vortäuschen	MARKIEREN
Vortäuschung	HEUCHELEI
vorteilhaft	NUETZLICH
vortragen	BERICHTEN
Vortragender, Vortragskünstler	REZITATOR
Vortrag vor Gericht	PLAEDOYER
vortrefflich	EXZELLENT
vorübergehen	PASSIEREN
vorübergehend, zeitweilig	TEMPORAER
Vorurteil, Vorentscheidung	PRAEJUDIZ
Vorwand	AUSFLUCHT
vorweg	ZUNAECHST
vorzüglich	EXZELLENT
vulkan. Gestein	BIMSSTEIN
vulkan. Schwefelquelle	SOLFATARE
Vulkangewässer	KRATERSEE

VW-Stadt in Niedersachsen	WOLFSBURG
Wacholderschnaps	MACHANDEL
Wachsfarbenmaltechnik	ENKAUSTIK
Wächte	UEBERHANG
Wächter	AUFPASSER
wählen	ABSTIMMEN
Währung in Oman	RIALOMANI
Währung in Swasiland	LILANGENI
Währung in Uruguay	NUEVOPESO
Wärme aufnehmend	ENDOTHERM
Wärmeeinheit	KILOJOULE
Wärmespender	HEIZSONNE
Wäschestoff	CHARMEUSE
Wäschestück	BADELAKEN
Wagemut	KUEHNHEIT
wagen	RISKIEREN
waghalsiger Unternehmer	SPEKULANT
Wahlwiederholung	NEUWAHLEN
Wahnsinn (mediz.)	PHRENESIE
wahnwitzig, verwegen	TOLLKUEHN
wahr	UNGELOGEN
Wahrsager	HANDLESER
Wahrsager	HELLSEHER
Wahrzeichen im Bauernkrieg	BUNDSCHUH
Wahrzeichen von Rio de Janeiro	ZUCKERHUT
Walart	BARTENWAL
Waldschädling	HOLZWESPE
walisische Grafschaft	CARNARVON
walisische Grafschaft	GLAMORGAN
walisische Grafschaft	MERIONETH
walisische Stadt	CARNARVON
Walküre	GRIMGERDE
Walküre	WALTRAUTE
Wallensteins Beiname	FRIEDLAND
Wandalenkönig	GEISERICH
Wandalenkönig	GENSERICH
Wandalenkönig	GUNDERICH
Wanderhändler	HAUSIERER
Wanderung	MIGRATION
Wandmalerei	SGRAFFITO
Warenauswahl, Kollektion	SORTIMENT
Warenzubringer	LIEFERANT
Warenzusammenstellung	SORTIMENT
warme Fußbekleidung	PELZSCHUH
warme Pazifikströmung	KUROSCHIO
warmer Mittelmeerwind	SCHIROKKO
warmes Bekleidungsstück	PELZJACKE
Warn-, Warnungszeichen	MENETEKEL
Warngerät der Seefahrt	NEBELHORN
wasserabstoßend	HYDROPHOB
wasseranziehend	HYDROPHIL
Wasserbehälter	RESERVOIR
Wasserbehandlung	KNEIPPKUR
Wasserbewegung	STROEMUNG
Wasserbruch (medizin.)	HYDROZELE
WasserEhrenpreis	BACHBUNGE
Wasserfahrzeug	MOTORBOOT
Wasserfläche, -lauf	GEWAESSER
Wasserfloh	KLADOZERE
Wasserleitung d. Römer	AQUAEDUKT
Wasserpflanze	HORNBLATT
Wassersport	KANUSPORT
Wassersport	SCHWIMMEN
Wassersportart	WASSERSKI
Wassersportler	SCHWIMMER
Wassersportrequisit	SURFBRETT
Wasserstoff-Isotop	DEUTERIUM
Wasservogel	EIDERENTE
Wasservogel	KRICKENTE
Weberkante, Gewebekante	SALLEISTE

9

Wechsel	ABLOESUNG	Wein-Bezeichnung	WEISSWEIN	Weißblütigkeit	LEUKAEMIE
Wechselannehmer	AKZEPTANT	weinerlich	LARMOYANT	Weißdornspinner	GOLDAFTER
wechseln, verändern	VARIIEREN	Weinort, -stadt am Rhein	BACHARACH	weiße Malerfarbe	BLEIWEISS
Wechselnehmer	REMITTENT	Weinort, -stadt am Rhein	OPPENHEIM	weißes Gold	PORZELLAN
Wechselüberschreiber	INDOSSANT	Weinort an der Mosel	ZELTINGEN	weiße Wucherblume	MARGERITE
wegbringen	ENTFERNEN	Weinort an der Saar	WILTINGEN	Weisung	ANORDNUNG
Weggenosse	GEFAEHRTE	Weinort in Rheinhessen	NIERSTEIN	Weisung	DIREKTIVE
Wegmesser	HODOMETER	Weinort in Rheinland-Pfalz	KALLSTADT	weiterhin	AUSSERDEM
Wehmut	NOSTALGIE	Weinort in Rheinland-Pfalz	MAIKAMMER	Weitsichtigkeit	HYPEROPIE
Wehrgehänge	BANDELIER	Weinprädikat	SPAETLESE	welk	VERBLUEHT
Wehrturm	BERGFRIED	Weinsäuresalz	WEINSTEIN	welken	VERDORREN
weibl. Bedienung	KELLNERIN	Weinsorte	LAGREINER	Weltall, Weltraum	UNIVERSUM
weibl. Harlekin	KOLOMBINE	Weinsorte	MOSELWEIN	Weltanschauung	IDEOLOGIE
weibl. Teenager	BACKFISCH	Weinsorte	NEUBURGER	Welthilfssprache	ESPERANTO
Weichkäse	LIMBURGER	Weinsorte	RHEINWEIN	Weltraumfahrer	ASTRONAUT
Weichkäse	ROQUEFORT	Weinsorte, Traubensorte	BURGUNDER	Weltraumfahrer	KOSMONAUT
Weichtiere	MOLLUSKEN	Weinsorte, Traubensorte	HUXELREBE	Weltsportveranstaltung	OLYMPIADE
weidm. Hilfsmittel	LOCKVOGEL	Weinsorte, Traubensorte	RULAENDER	Weltuntergang d. nord. Sage	RAGNAROEK
weidm.: Standort erlauschen	VERHOEREN	Weinsorte, Traubensorte	VELTLINER	Wende	UMSCHWUNG
Weigerung	ABLEHNUNG	Weisheitsfreund	PHILOSOPH	Wendepunkt	PERIPETIE
Weihgeschenk	VOTIVGABE	Weissagung	PROPHETIE	wendig	BEWEGLICH
Weihnachtsgebäck	LEBKUCHEN			wendisches Wirtshaus	KRETSCHAM
Weihwasser-Wedel	ASPERGILL			Wenfall	AKKUSATIV
Wein-, Sektflaschen-Kühler	EISKUEBEL			Werfall	NOMINATIV
Weinbaukunde	OENOLOGIE			Werktag, Wochentag	SONNABEND
Wein-Bezeichnung	TAFELWEIN			Werkzeug	KANTHAKEN
				Werkzeug	LAUBSAEGE

9

Wertbestimmung	VALVATION
Wertlehre	AXIOLOGIE
Wertloses	GERUEMPEL
wertloses Buch	SCHARTEKE
Wertpapierbesitzer	AKTIONAER
Wertschätzung	TAXIERUNG
Werturteil	BEWERTUNG
Werturteil	GUTACHTEN
Wesensart	CHARAKTER
Wesensfülle	INBEGRIFF
wesensgleich	IDENTISCH
wesensmäßig	ESSENTIAL
westafrikan. Inselrepublik	KAPVERDEN
westaustral. Goldgräberstadt	MARBLEBAR
westböhmisch. Kurort	MARIENBAD
westdtsch. Landschaft	RHEINLAND
westengl. Grafschaft	WORCESTER
westengl. Hafenstadt, Seebad	LIVERPOOL
westengl. Hafenstadt, Seebad	SOUTHPORT
westengl. Stadt	WORCESTER
westeurop. Juden	SEPHARDIM
westeurop. Staat	LUXEMBURG
westfäl. Bischofsstadt	PADERBORN
westfäl. Landschaft	SAUERLAND
westfäl. Stadt an d. Pader	PADERBORN
westfäl. Stadt an der Ems	WARENDORF
westfranz. Departement	FINISTERE
westfranz. Hafen, Seebad	SAINTMALO
Westgotenkönig	AMALARICH
Westgotenkönig	GUNTHIMAR
Westgotenkönig	WITTERICH
westirische Bucht	GALWAYBAY
westkanad. Hafenstadt	VANCOUVER
westkanad. Insel	VANCOUVER
westschweiz. Kanton	NEUENBURG
westslawisch. Volksstamm	KASCHUBEN
Westteil der Halbinsel Darß	FISCHLAND
Westteil des Frankenreiches	NEUSTRIEN
Wetterempfindlichkeit	BIOTROPIE
Wetterlage	WITTERUNG
Wettkampfstätte	KAMPFBAHN
wichtig	BEDEUTSAM
Widder	SCHAFBOCK
widerrechtlich	ILLEGITIM
Widerrede	EINSPRUCH
widersinnig	UNLOGISCH
Widersinnigkeit	PARADOXON
Widerspruch v. Gesetzen	ANTINOMIE
Widerstand	GEGENWEHR
Widerstandsfähigkeit	RESISTENZ
Widerstandsthermometer	BOLOMETER
Widerstreit	KOLLISION
Wiederanfang	NEUBEGINN
Wiedereintritt e. Krankheit	RUECKFALL
wiederherstellbar	REPARABEL
Wiederherstellung	REPARATUR
wiederkehrend (botan.)	REMONTANT
Wiederverwend. von Rohstoffen	RECYCLING
Wiegendruck	INKUNABEL
Wiener expressionist. Maler	KOKOSCHKA
Wiener Flughafen	SCHWECHAT
Wiener Stadtbezirk	OTTAKRING
Wiener Stadtbezirk	SCHWECHAT
Wiener Stadtbezirk	SIMMERING

Wikinger, Wikingerstamm	NORMANNEN
Wildente	STOCKENTE
Wildgeflügel	FEDERWILD
Wildziege	STEINBOCK
windgestaute Flut	STURMFLUT
Windhundrasse	GREYHOUND
Wind in d. Sahara	HARMATTAN
Windschliff	KORRASION
Winkelfunktion	KOTANGENS
Winkelmeßgerät	THEODOLIT
Wintersport	EISLAUFEN
Wintersportanlage	RODELBAHN
Wintersportart	BOBFAHREN
Wintersportart	EISSEGELN
Wintersportart	SKILAUFEN
Wintersportgerät	SCHLITTEN
Vintersportgerät	SPRUNGSKI
Vinzer	WEINBAUER
Virbel mediz.)	SPONDYLUS
Virbeläule	RUECKGRAT
Virbeltier	VERTEBRAT
'irklicheit	REALITAET
'irklicheitsdarellung	REALISTIK
irklicheitsform	INDIKATIV
rklichitssinn	REALISMUS
rksam	EFFIZIENT
Wirksamkeit	EFFIZIENZ
wirksam sein	FUNGIEREN
Wirkungsfähigkeit	POTENTIAL
Wirkware	CHARMEUSE
Wirkware	TRIKOTAGE
wirr	CHAOTISCH
Wirrsal	LABYRINTH
Wirt	GASTGEBER
Wirtschaft	OEKONOMIE
Wirtschafter	VERWALTER
wirtschaftl. Gesundung	SANIERUNG
Wirtschaftsaufschwung	EXPANSION
Wirtschaftslehre	OEKONOMIK
Wirtschaftswissenschaft	OEKONOMIE
Wißbegier	NEUGIERDE
Wißbegierde	INTERESSE
wißbegierig	NEUGIERIG
wissenschaftl. Einzelgebiet	DISZIPLIN
Wissenschaftler	GELEHRTER
Wissenschaftler	PROFESSOR
Wissenschaftsgruppe	FAKULTAET
Wissenschaft v. d. Arbeit	ERGONOMIE
Wörterbuch, -verzeichnis	VOKABULAR
wohlhabend	BEGUETERT
wohlhabend	BEMITTELT
Wohlklang	KONSONANZ
wohlklingend	MELODISCH
wohllautend	MELODIOES
Wohltäter	SAMARITER
Wohnbau	MIETSHAUS
Wohngeld ohne Nebenkosten	KALTMIETE
Wohnsitz, Wohnung	BEHAUSUNG
Wohnung	APARTMENT
Wolframerz	WOLFRAMIT
Wolfsmilchgewächs	EUPHORBIE
Wollstoff	KAMELHAAR
Wonne	SELIGKEIT
Wortbrüchiger, Treubrecher	VERRAETER
wortkarg	EINSILBIG
wortkarg	LAKONISCH
Wortschwall	REDEFLUSS
Wortspiel	CALEMBOUR
Wortteil	NACHSILBE
Wort weiblichen Geschlechts	FEMININUM
Würde	GRANDEZZA
württ. Badeort, Kurort	LAUCHHEIM
württ. Höhenzug	SCHURWALD
württ. Kurort am Stromberg	MAULBRONN
württ. Stadt an der Enz	VAIHINGEN
württ. Stadt im Albvorland	METZINGEN
Würzkraut	BASILIKUM

9

Würz-kraut	BORRETSCH
Wüsten-Gift-schlange	HORNVIPER
Wüsten-läufer (zool.)	RENNVOGEL
wüstes Gelage	BACCHANAL
wütend	ENRAGIERT
wütender Krieger	BERSERKER
Wund-arznei-kunde	CHIRURGIE
Wunder-blume	MIRABILIS
wunder-lich, ver-schroben	SCHRULLIG
Wundklee	ANTHYLLIS
Wund-liegen	DEKUBITUS
Wunsch-bild, Wunsch-traum	PHANTASIE
Wurflehre	BALLISTIK
Wurf-maschine, -waffe	SCHLEUDER
Wurmart	PLATTWURM
Wurst-sorte	BOCKWURST
Wurst-sorte	BRATWURST
Wurst-sorte	JAGDWURST
Wurst-sorte	KOCHWURST
Wurzel-füßer	RHIZOPODE
Wust, Verwir-rung	UNORDNUNG
Yucca	PALMLILIE
Zähler f. Brenn-stoff	GASMESSER
zähmen	BAENDIGEN
Zähne zeigen	FLETSCHEN
zärtlich	LIEBEVOLL
zahlen-mäßig	NUMERISCH
zahlen-mäßige Unter-suchung	STATISTIK
Zahlungs-mittel	MUENZGELD
zahlungs-unfähig	INSOLVENT
Zahlungs-unfähig-keit	INSOLVENZ
Zahlungs-unfähig-keit	NONVALENZ
zahlungs-unfähig werden	FALLIEREN
Zahnbein des Elefanten	ELFENBEIN
Zahn-durch-bruch	DENTITION
Zahn-ersatz	STIFTZAHN
Zahnhals-ablage-rung	ZAHNSTEIN
Zahn-schnäbler	EIDERGANS
zanksüch-tiges Weib	XANTHIPPE
Zaren-name	ALEXANDER
Zauber-hasel	HAMAMELIS
zaudern, zögern	SCHWANKEN
Zehnfuß-krebs d. Südsee	KOKOSDIEB
zehn Gramm	DEKAGRAMM
zehnteilig	DEKADISCH
Zeichen-gerät	FARBSTIFT
Zeichner	GRAPHIKER
Zeich-nungsbe-vollmäch-tigter	PROKURIST
Zeit-abstand	INTERVALL
Zeit des Jagd-verbots	SCHONZEIT
zeitlich bestimmt	BEFRISTET
Zeitungs-schreiber	KOLUMNIST
Zeitwort-form	INDIKATIV
Zeitwort-form	INFINITIV
Zellen-lehre	ZYTOLOGIE
Zellen-schmelz	CLOISONNE
Zellkern-schleife	CHROMOSOM
Zellstoff	ZELLULOSE
Zellulose	ZELLSTOFF
zelten	KAMPIEREN
Zensur, Bewertung	PRAEDIKAT
zentral-afrikan. See	TSCHADSEE
Zentral-afrikaner	KONGOLESE
zentral-asiat. Wüsten-gebiet	DSUNGAREI
zentral geregelte Uhr	NORMALUHR
zentral-mexikan. Staat	QUERETARO
zentral-mexikan. Stadt	QUERATARO
zentral-span. Hochland	KASTILIEN
Zentri-fuge	SCHLEUDER
Zentri-fuge, Trenn-schleuder	SEPARATOR
Zerlegung	DEMONTAGE
Zerrbild	KARIKATUR
zerstört	DEMOLIERT
zer-störter Kraft-wagen	AUTOWRACK

zerstreut	ERRATISCH
zerstreut	ZERFAHREN
Zerstreuung	DIFFUSION
zertrennen	SCHNEIDEN
Zettelkasten	KARTOTHEK
Ziegel	FORMSTEIN
Ziehharmonika	AKKORDEON
Ziehharmonika	BANDONEON
Ziehung	AUSLOSUNG
zielend	TRANSITIV
Ziererei, Zimperlichkeit	PRUEDERIE
Zierfisch	BAERBLING
Zierfisch	GOLDFISCH
Ziergesang	KOLORATUR
Zierschlingpflanze	LAPAGERIA
Zierspargel	ASPARAGUS
Zierstrauch	FEUERDORN
Zierstrauch	HORTENSIE
Zigarrensorte	FEHLFARBE
Zigarrenteil	DECKBLATT
Zimmertanne	ARAUKARIE
zimperlich	ETEPETETE
Zion	JERUSALEM
Zirkelkasten	REISSZEUG
ziselieren	PUNZIEREN
Zitatensammlung	ANALEKTEN
zitherartiges Saiteninstrument	HACKBRETT
Zitronenkraut	ARTEMISIA
Zitronenkraut	EBERRAUTE
Zitrusfrucht	APFELSINE
Zitrusfrucht	MANDARINE
Zittergras	HASENBROT
Zittern	TATTERICH
Zodiak	TIERKREIS
Zögling	PFLEGLING
Zollausschluß-zone am Wasser	FREIHAFEN
Zollstock	METERSTAB
Zubereitung, Arznei	PRAEPARAT
Zucht, Ordnung	DISZIPLIN
Zuckerwerk, Näscherei	SUESSWARE
züchtigen	BESTRAFEN
Züchtigungsmittel	ROHRSTOCK
zündend	FULMINANT
Zuerteilung	ZUWEISUNG
zufriedengestellt	SATURIERT
zu früh	VORZEITIG
Zugang	AKZESSION
Zugbegleiter	SCHAFFNER
zugkräftig	ATTRAKTIV
Zugmaschine	DIESELLOK
Zugmaschine	SCHLEPPER
zulässig	STATTHAFT
Zulassung	ADMISSION
Zungenentzündung	GLOSSITIS
Zupfinstrument	MANDOLINE
zur belebten Natur gehörig	ORGANISCH
zurechtweisen	ABKANZELN
zur Luftröhre gehörend	BRONCHIAL
Zurückführung	REDUKTION
zurückgehend	REGRESSIV
Zurückhaltung (mediz.)	RETENTION
zurückschlagen	VERGELTEN
zusammenbauen	MONTIEREN
zusammengebrochen	VERFALLEN
zusammenhängend	KOHAERENT
Zusammenhängendes	KONTINUUM
Zusammenklang	KONSONANZ
zusammenklingend	KONSONANT
Zusammenkunft	BEGEGNUNG
Zusammenkunft	KONFERENZ
Zusammenschluß	KOALITION
Zusammenstoß	KOLLISION
Zusammenstoß (franz.)	RENCONTRE
zusammenzählen	SUMMIEREN
Zusatzgetriebe beim Auto	OVERDRIVE
zuständig	KOMPETENT
Zuständigkeit	KOMPETENZ
Zustand	KONDITION
Zustand, Sachlage	SITUATION
Zusteller	LIEFERANT
Zustimmung	BILLIGUNG
Zuversicht	LEBENSMUT
Zuversicht	VERTRAUEN
Zuwendung	SCHENKUNG

9

Zwang	ANDROHUNG
Zwang	NOETIGUNG
zwangsläufig	NOTWENDIG
Zwangsverwalter	SEQUESTER
Zwangsvollstreckung	PFAENDUNG
Zwangsvorstellung	OBSESSION
Zwanzigflächner	IKOSAEDER
Zweifler	SKEPTIKER
Zweig der Hussiten	TABORITEN
Zweig der Theologie	PATRISTIK
zweigeschlechtlich	BISEXUELL
Zweiheit	DUALITAET
Zweiheitslehre	DUALISMUS
zweiseitig	BILATERAL
zweiteiliges Gemälde	DIPTYCHON
zweitgrößte Insel der Erde	NEUGUINEA
zweitoberstes Segel	BRAMSEGEL
zweitrangig	SEKUNDAER
Zweizeiler	DISTICHON
Zwerchfellnerv	PHRENIKUS
Zwerghund	CHIHUAHUA
Zwergkiefer	LEGFOEHRE
Zwiespältigkeit	DUALISMUS
Zwiespalt, Zwietracht	UNFRIEDEN
Zwillingssöhne des Zeus	DIOSKUREN
zwingend	IMPERATIV
Zwinglis Nachfolger	BULLINGER
Zwischengericht	ENTREMETS
Zwischenmauer	TRENNWAND
Zwischenraum	INTERVALL
Zwischenspiel in der Fuge	ANDAMENTO
Zyklus	KREISLAUF

Aachener Europapreis	KARLSPREIS
Abart	ABWEICHUNG
Abdachung	DOSSIERUNG
Abdichtung	ISOLIERUNG
Abendmusik	STAENDCHEN
Abfallgefäß	MUELLEIMER
abfassen	REDIGIEREN
abfertigen	EXPEDIEREN
Abfolge der Vorfahren	AHNENREIHE
Abführmittel	BITTERSALZ
Abführmittel	PURGATIVUM
abgefeimt, durchtrieben	RAFFINIERT
abgeholztes Waldstück	KAHLSCHLAG
abgeleitet	KONSEKUTIV
abgelten	BEGLEICHEN
abgeschlossen	VERRIEGELT
Abgeschmacktheit	PLATITUEDE
abgespannt	ERSCHLAFFT
abgestumpft	GEFUEHLLOS
Abglanz, Widerschein	SPIEGELUNG
abhaltend, vorbeugend	PROHIBITIV
Abirrung	ABERRATION
Abirrung	PERVERSION
Abkömmling	DESZENDENT
Abkömmlinge	NACHFAHREN
Abkommen	KONVENTION
ablehnen, abschlagen	VERWEIGERN
Abmagerung	ENTFETTUNG
Abnahme	DEGRESSION
Abneigung	ANTIPATHIE
Abonnement	DAUERBEZUG
Abonnement	DAUERMIETE
Abonnement	STAMMRECHT
abordnen	DELEGIEREN
Abordnung	DELEGATION
Abordnung	DEPUTATION
Abordnung	VERTRETUNG
abreiben	FROTTIEREN
abrichten	DRESSIEREN
Abscheu, Ekel	WIDERWILLE
abschließen	VERSPERREN
Abschweifung	DIGRESSION
Absicht	KONZEPTION
Absicht, Überlegung	VORBEDACHT
Absonderung	ISOLIERUNG
Absperrvorrichtung	VERSCHLUSS
Abstammung	DESZENDENZ
Abstammung	PROVENIENZ
Abstammungslehre	ONTOGENESE
Abstand	ENTFERNUNG
Absteigequartier, Logis	UNTERKUNFT
Abstieg	NIEDERGANG
Abstimmungsbeschluß	RESOLUTION
Abstinenz	ENTHALTUNG
abstufen	NUANCIEREN
absurd	SINNWIDRIG
Abtei im Schwarzwald	SANKTPETER
Abteilung	DEPARTMENT
abtrennen	AMPUTIEREN
Abtrennung e. Körperteils	AMPUTATION
abtrünnig	HAERETISCH
abtrünnig	KETZERISCH
Abtrünniger	HAERETIKER
Abwässer-Anlage	RIESELFELD
abwandeln	MODULIEREN
Abwandlung	ABWEICHUNG
Abwandlung	MODULATION
abwechselnd	ALTERNATIV
Abwehr beim Fechten	PARADEHIEB
Abweichung	ABERRATION
abzuziehende Zahl	SUBTRAHEND
Acht, Ächtung	VERDAMMNIS
achten	ANERKENNEN
achter Sonntag vor Ostern	SEXAGESIMA
achtsam, wachsam	VORSICHTIG
Ackerbau	AGRIKULTUR
Ackergerät	MOTORPFLUG
Ackerkrume	MUTTERERDE
Ackerrand	FELDGRENZE
Ackerunkraut	KNOETERICH
Ackerunkraut	KREUZKRAUT
addieren	AUFRECHNEN

10

Adlerart	FISCHADLER
Adlerart	STEINADLER
Adliger	ARISTOKRAT
Adressat	EMPFAENGER
adrett	ORDENTLICH
Ächtung	AUSSCHLUSS
ägypt. Dynastie	PTOLEMAEER
ägypt. Hafenstadt	ALEXANDRIA
Ähnlichkeit	AFFINITAET
älterer Schiffstyp	RADDAMPFER
Änderung (latein.)	ALTERATION
ärgerlich	UNANGENEHM
Ärmelende	MANSCHETTE
ärztl. Sprechstunde	ORDINATION
äthiop. Hauptstadt	ADDISABEBA
äthiop. Vulkan	RASDASCHAN
äußerlich	EXOTERISCH
äußerste Schicht d. Atmosphäre	EXOSPHAERE
affig	AFFEKTIERT
afghan. Gebirge	HINDUKUSCH
afghan. Staatsvolk	PASCHTUNEN
afrikan. Dickhäuter	FLUSSPFERD
afrikan. Hauptstadt	ADDISABEBA
afrikan. Hauptstadt	LIBREVILLE
afrikan. Hauptstadt	MOGADISCHU
afrikan. Inselbewohner	MADAGASSEN
afrikan. Inselstaat	MADAGASKAR
afrikan. Menschenaffe	SCHIMPANSE
afrikan. Schreitvogel	NIMMERSATT
afrikan. Volk	AETHIOPIER
Agentur, Niederlassung	VERTRETUNG
Aggregatzustand	GASFOERMIG
agieren	DARSTELLEN
Agitation	AUFREIZUNG
Ahnenforschung	GENEALOGIE
Ahnfrau	STAMMUTTER
Ahnherr	STAMMVATER
Ahnung	MUTMASSUNG
Ahnung	VORGEFUEHL
Akademie in Halle	LEOPOLDINA
Akrobat	SEILTÄNZER
Akteur	DARSTELLER
Aktie, Börsenpapier	WERTPAPIER
Aktinie	SEEANEMONE
Aktion, Aktivität	TAETIGKEIT
Aktionsradius	REICHWEITE
Akustik	SCHALLEHRE
Alarm	WARNSIGNAL
alban. Nationalheld	SKANDERBEG
alban. Nationaltracht	FUSTANELLA
alberner Mensch	HAMPELMANN
Album	GEDENKBUCH
Album	SAMMELBUCH
alert	AUFGEWECKT
alger. Araberfürst	ABDELKADER
Alkaloid, Narkotikum	SKOPOLAMIN
Alkaloid d. Kakaobohne	THEOBROMIN
alkoholisches Getränk	BRANNTWEIN
Alkoholismus	TRUNKSUCHT
alle, jedermann	SAEMTLICHE
Allgäuer Tourismuszentrum	OBERSTDORF
allgemein	ALLERSEITS
Allmacht	OMNIPOTENZ
allmählich	SUKZESSIVE
allseitig, allgemein	UNIVERSELL
Alltag	ARBEITSTAG
Alltagsrhythmus	TRETMUEHLE
allumfassend, weltumspannend	UNIVERSELL
Almosen	LIEBESGABE
Almosen im Orient	BAKSCHISCH
Alpenglöckchen	SOLDANELLE
alpenländisches Fabeltier	TATZELWURM
Alpenpaß in Südtirol	PENSERJOCH
Alpenpaß zum Hinterrheintal	BERNARDINO
Alpenpflanze	ALPENLILIE
Alpenpflanze	GEMSKRESSE
Alpenpflanze	SILBERWURZ
Alpenpflanze	STEINNELKE
Alpensee in den Kocheler Bergen	WALCHENSEE
Alpentier	MURMELTIER

Alpenvogel	ALPENDOHLE
Alraunenpflanze	MANDRAGORA
altdtsch. Vorname (männl.)	HELMBRECHT
alte Bez. für September	HERBSTMOND
alte Klavierform	KLAVICHORD
alte litauisch-poln. Dynastie	JAGELLONEN
Altenteil	AUSGEDINGE
alter Gesellschaftstanz	CONTRETANZ
alter Mann	METHUSALEM
alter Monatsname	SCHNEEMOND
alter Name der Dardanellen	HELLESPONT
alter Name der Vogesen	WASGENWALD
alter Name des April	WANDELMOND
alter Name des Dezember	CHRISTMOND
alter Name des Dezember	WINTERMOND
alter Name des Januar	SCHNEEMOND
alter Name Oslos	KRISTIANIA
alter Name Portugals	LUSITANIEN
alter Name von Ghana	GOLDKUESTE
alter Name von Haiti	HISPANIOLA
alter Name von Kampuchea	KAMBODSCHA
Altersschwäche	SENILITAET
Alterssichtigkeit	PRESBYOPIE
altertüml. Säugetier	BEUTELBAER
altertümlich	ANTIQUIERT
altes astron. Instrument	HELIOMETER
altes Heiligtum in England	STONEHENGE
alte Spießwaffe	HELLEBARDE
altfranz. Papiergeld	ASSIGNATEN
altgriech. Bildhauer (4. Jh. v. Chr.)	PRAXITELES
altgriech. Dichter	APOLLONIOS
altgriech. Erfinder	ARCHIMEDES
altgriech. Geschichtsschreiber	THUKYDIDES
altgriech. Helden	ARGONAUTEN
altgriech. Mathematiker	APOLLONIOS
altgriech. Mathematiker	ARCHIMEDES
altgriech. Muse der Musik	POLYHYMNIA
altgriech. Musenquelle	HIPPOKRENE
altgriech. Philosoph, Mathem.	PYTHAGORAS
altgriech. Philosoph (Eleat)	XENOPHANES
altgriech. Philosophen	KYRENAIKER
altgriech. Ring- u. Faustkampf	PANKRATION
altgriech. Saiteninstrument	AEOLSHARFE
altgriech. Töchter der Nacht	HESPERIDEN
altiranischer Lichtgott	AHURAMASDA
altkretisches Ungeheuer	MINOTAURUS
altorientalischer Volksstamm	BABYLONIER
altorientalischer Volksstamm	PHOENIZIER
altpersische Dynastie	SASSANIDEN
altpersische Hauptstadt	PERSEPOLIS
altpersischer König	ARTAXERXES
altröm. Amtsadel	NOBILITAET
altröm. Göttin d. Unterwelt	PROSERPINA
altröm. Kaiser	KONSTANTIN
altröm. König	TARQUINIUS
altröm. Landgut	LATIFUNDIE
am angegebenen Ort (lat.)	LOCOCITATO
Amateur	AUTODIDAKT
Amateurfilm	SCHMALFILM
Amateurtheater	LAIENSPIEL

10

amerikan. abstrakt. Maler	MOTHERWELL
amerikan. Astronaut	CUNNINGHAM
amerikan. Bandleader (m. Vorn.)	GLENMILLER
amerikan. Black-Power-Führer	CARMICHAEL
amerikan. Columbia-Zufluß	SNAKERIVER
amerikan. Finanzmann	VANDERBILT
amerikan. Finanzpolitiker	MORGENTHAU
amerikan. General, Präsident	EISENHOWER
amerikan. Hauptstadt	WASHINGTON
amerikan. Indianer	SCHOSCHONE
amerikan. Industr., Kunstmäzen	GUGGENHEIM
amerikan. Insel vor New York	LONGISLAND
amerikan. Jazzkomponist, -musiker	CARMICHAEL
amerikan. Jazzkornettist, Bandlead.	KINGOLIVER
amerikan. Jazzmusiker (m. Vorn.)	RAYCHARLES
amerikan. Jazzpianist	COUNTBASIE
amerikan. Jazzpianist	FATSWALLER
amerikan. Jazzsängerin	FITZGERALD
amerikan. Jazzsängerin	WASHINGTON
amerikan. Jazztrompeter (m. Vorn.)	HARRYJAMES
amerikan. Jazztrompeter (m. Vorn.)	HERBALPERT
amerikan. Kabarett	VAUDEVILLE
amerikan. Korbballspiel	BASKETBALL
amerikan. Physiker (Nobelpreis)	HOFSTADTER
amerikan. Popmusik-Solist	CHUCKBERRY
amerikan. Raumfähre	CHALLENGER
amerikan. Rockmusiker	FATSDOMINO
amerikan. Rocksängerin (m. Vorn.)	TINATURNER
amerikan. romant. Schriftsteller	LONGFELLOW
amerikan. Schauspieler	HASSELHOFF
amerikan. Schriftsteller	FITZGERALD
amerikan. Seebad in Florida	MIAMIBEACH
amerikan. Tanz	CHARLESTON
amerikan. Wintersportort	LAKEPLACID
am Nistort bleibender Vogel	STANDVOGEL
amorph	GESTALTLOS
Amt des Papstes	PONTIFIKAT
amtliche Anordnung	BESTIMMUNG
amtliche Anordnung	VERFUEGUNG
amtliche Anordnung	VERORDNUNG
amtliche Bescheinigung	ZERTIFIKAT
amtliche Mitteilung	KOMMUNIQUE
amtliche Verlautbarung	COMMUNIQUE
Amtsdauer eines Papstes	PONTIFIKAT
Amtseinführung	INVESTITUR
Amtseinsetzung	BESTALLUNG
Amtsniederlegung	RUECKTRITT
amüsant	KURZWEILIG
Amüsement, Belustigung	VERGNUEGEN
Anästhesie	BETAEUBUNG
Analyse	AUFLOESUNG
Anatolien	KLEINASIEN
Anbeginn	ENTSTEHUNG
anbieten	OFFERIEREN
anbringen	BEFESTIGEN
Andacht, Meditation	VERSENKUNG
Andachtsübungen	EXERZITIEN
Andenken	ERINNERUNG
Andeutung	ANSPIELUNG
Andeutung	FINGERZEIG
Andrang	DRAENGELEI
Anemone	KUHSCHELLE
anerkennen	HONORIEREN
Anerkennung, Ehrung	WUERDIGUNG

Anfälligkeit (mediz.)	LABILITAET
Anfangskapital	GRUNDSTOCK
Anfechtung	VERSUCHUNG
Anfechtung, Verführung	VERLOCKUNG
anfertigen	HERSTELLEN
anfertigen	ZUBEREITEN
Anfertigung, Herstellung	PRODUKTION
anfeuern	AUFMUNTERN
anfeuern	ENTZUENDEN
Anführer	KOMMANDEUR
Anführer eines Kreuzzugs	LOEWENHERZ
angeboren	HEREDITAER
angeboren	KONGENITAL
Angebot	ANERBIETEN
Angeh. d. Adels	ARISTOKRAT
Angeh. e. christl. Gemeinschaft	HERRNHUTER
Angeh. e. dtsch. Volksstammes	THUERINGER
Angeh. e. german. Volksstammes	HERMUNDURE
Angeh. e. german. Volksstammes	MARKOMANNE
Angeh. e. indischen Kaste	KSCHATRIYA
Angeh. e. japan. Religion	SCHINTOIST
angeheitert	BESCHWIPST
angelsächs. Schulart	HIGHSCHOOL
angemessen	ZUTREFFEND
angesehen	GESCHAETZT
angesehen, namhaft	RENOMMIERT
Angina pectoris	HERZASTHMA
Angriff	AGGRESSION
Angstgefühl	BEKLEMMUNG
Anh. e. dtsch. Reformators	LUTHERANER
Anh. e. griech. Philosophen	PLATONIKER
Anh. e. persischen Religion	MANICHAEER
Anh. e. religiös. Anschauung	MONOTHEIST
Anhänger	MITLAEUFER
Anhänger	NACHFOLGER
Anhänger der Vielgötterei	POLYTHEIST
Anhänger des Königtums	MONARCHIST
Anhänger eines Religionsstifters	GLAEUBIGER
Anhänger eines Religionsstifters	VERKUENDER
anhäufen	KUMULIEREN
Anhäufung	AGGLOMERAT
Anhäufung	KUMULATION
anhaltend	PERSISTENT
Anhang des Kreuzbeins	STEISSBEIN
anheimelnd	GEMUETLICH
anheuern	EINSTELLEN
ankommen	EINTREFFEN
Ankunft	EINTREFFEN
ankurbeln	AKTIVIEREN
ankurbeln	INITIIEREN
anmerken	GLOSSIEREN
Annäherung	KONVERGENZ
annehmbar	AKZEPTABEL
annehmbar	DISKUTABEL
anödend	LANGWEILIG
anomal	ABWEICHEND
Anpassung	ADAPTATION
Anpassung	GEWOEHNUNG
Anrede i. Bereich d. kathol. Kirche	EHRWUERDEN
anregend	ANIMIEREND
Ansage	CONFERENCE
ansagen	MODERIEREN
Anschauung	AUFFASSUNG
Anschluß, Assoziation	VERBINDUNG
Anschriftenverzeichnis	ADRESSBUCH
Ansehen, guter Ruf	REPUTATION
Ansicht	ANSCHAUUNG
Ansicht	AUFFASSUNG
Ansicht, Anschauung	STANDPUNKT
anspruchslos	BESCHEIDEN
anständig, geziemend	SCHICKLICH
anstecken	INFIZIEREN
ansteckend	INFEKTIOES
ansteckend	KONTAGIOES
anstiften, verleiten	VERFUEHREN
Anstifter	HINTERMANN
Anstifter	VERFUEHRER
anstimmen	INTONIEREN

anstößig, unerhört	SKANDALOES
Anteil	KONTINGENT
Anteilnahme	MITGEFUEHL
Antialkoholiker-Orden	GUTTEMPLER
Antibiotikum	ACHROMYZIN
Antibiotikum	AUREOMYCIN
Antibiotikum	PENICILLIN
antike Landsch. in Kleinasien	PAMPHYLIEN
antike Landschaft in Syrien	PHOENIZIEN
antiker Fünfkampf	PENTATHLON
antiker Name d. Olonos-Berges	ERYMANTHOS
antiker olympischer Allkampf	PANKRATION
antiker Vierruderer	QUADRIREME
antikes Bauwerk in Rom	ENGELSBURG
antikes Bauwerk in Trier	PORTANIGRA
antikes Kriegsschiff	QUADRIREME
antike Sprache	GRIECHISCH
antikes Reich in Mesopotamien	BABYLONIEN
antike Stadt in Unteritalien	POSEIDONIA
antikes Theaterstück	AMPHITRYON
antike Todesstrafe	KREUZIGUNG
antike unterägypt. Stadt	HELIOPOLIS
Antilleninsel	MARTINIQUE
Antilleninsel	MONTSERRAT
Antilleninsel	SANTALUCIA
Antilleninsel der USA	PUERTORICO
Antillenstaat	SAINTLUCIA
Antilope	WASSERBOCK
Antilope	WILDEBEEST
Antrieb	TRIEBFEDER
Antwort	ENTGEGNUNG
Antwort	ERWIDERUNG
Anwartschaft	KANDIDATUR
Anweisung, Direktive	VORSCHRIFT
anziehend	MAGNETISCH
Anziehungskraft	ATTRAKTION
Anzüglichkeit	PIKANTERIE
anzünden	ENTFLAMMEN
Anzugform	ZWEIREIHER
apart	EIGENARTIG
Apatit	PHOSPHORIT
Apfelsorte	STREIFLING
Apollos Liebling	HYAKINTHOS
Apostel der Angelsachsen	AUGUSTINUS
Apostel der Friesen	WILLIBRORD
Apostel Deutschlands	BONIFATIUS
Apotheker	PHARMAZEUT
Approbation	BESTALLUNG
Apside, Erdnähe	PERIGAEUM
Apside, Sternnähe	PERIASTRON
arab. Name von Casablanca	DARELBEIDA
arab. Saiteninstrument	KEMANTSCHE
arab. Weltreisender	IBNBATTUTA
arab.: so Allah will!	INSCHALLAH
Arbeitsablaufregler	DISPATCHER
Arbeitsanleitung	EINWEISUNG
Arbeitsniederlegung	WARNSTREIK
Arbeitsschluß	FEIERABEND
archäologische Freilegung	AUSGRABUNG
Architekt	BAUMEISTER
ARD-Fernsehnachrichten	TAGESSCHAU
Arena, Stadion	SPORTPLATZ
argentin. romant. Schriftsteller	ECHEVERRIA
argentin. Stadt am Paraná	CORRIENTES
arglos, anschmiegsam	ZUTRAULICH
Argwohn	MISSTRAUEN
Argwohn	MUTMASSUNG
Arkadenreihe	LAUBENGANG
arktisches Raubtier	POLARFUCHS
arm	BEDUERFTIG

10

armenischer Patriarch	KATHOLIKOS
Armenpfleger	FUERSORGER
Armgelenk	ELLENBOGEN
armieren	AUSRUESTEN
Armleuchter	KANDELABER
arrogant	HOCHMUETIG
arteigen	SPEZIFISCH
Arterie, Pulsader	SCHLAGADER
Arteriosklerose	VERKALKUNG
artig	MANIERLICH
Artigkeit	KOMPLIMENT
Artigkeit	NETTIGKEIT
Artikel	ABHANDLUNG
Art und Weise	MODALITAET
Arznei	HEILMITTEL
Arznei	MEDIKAMENT
Arzneikundiger	PHARMAZEUT
Arzneipflanze	AUGENTROST
Arzneipflanze	BERBERITZE
Arzneipflanze	BIBERNELLE
Arzneipflanze	BITTERKLEE
Arzneipflanze	BITTERWURZ
Arzneipflanze	BRENNESSEL
Arzneipflanze	EHRENPREIS
Arzneipflanze	GUNDELREBE
Arzneipflanze	HUFLATTICH
Arzneipflanze	LOEWENZAHN
Arzt im negativen Sinn	SCHARLATAN
asiat. Halbinsel	KLEINASIEN
asiat. Hauptstadt	PJOENGJANG
asiat. Inselgruppe	INDONESIEN
asiat. Republik	ADSCHARIEN
asiat. Republik	CHAKASSIEN
asiat. Republik	KASACHSTAN
asiat. Republik	MORDWINIEN
asiat. Republik	USBEKISTAN
asiat. Volk	BACHTIAREN
asiat. Volk im Südural	BASCHKIREN
Aspekt, Gesichtspunkt	STANDPUNKT
Assistent	HILFSKRAFT
Aster, Graslilie	STERNBLUME
Astronaut, Kosmonaut	RAUMFAHRER
Astronautengefährt	RAUMKAPSEL
Astronautenkapsel	RAUMSCHIFF
astronom. Beobachtungsstation	STERNWARTE
astronom. Lichterscheinung	NEBENSONNE
Astronomie	STERNKUNDE
astronomisches Instrument	ASTROGRAPH
astronomisches Instrument	HELIOGRAPH
astronomisches Instrument	TRIQUETRUM
Atemmesser	SPIROMETER
athenischer Adel	EUPATRIDEN
athenischer Bildhauer	PRAXITELES
athenischer Philosoph	ANAXAGORAS
athenischer Staatsmann	ALKIBIADES
Atmosphäre	LUFTHUELLE
Atmungsgerät	RESPIRATOR
Attribut	BEIFUEGUNG
Aubergine	EIERFRUCHT
aufbrausend	CHOLERISCH
aufbrausend	JAEHZORNIG
auf die Mitte einstellen	ZENTRIEREN
auffrischen, erneuern	RENOVIEREN
aufführen	AUFZAEHLEN
Aufgußtierchen	INFUSORIEN
Aufheller in Waschmitteln	BLANKOPHOR
aufhören	INNEHALTEN
Aufklärung	AUFHELLUNG
Aufnahmefähigkeit	KAPAZITAET
aufregend	DRAMATISCH
Aufregung	ALTERATION
Aufriß	KONZEPTION
aufrücken	AVANCIEREN
aufrührerisch	REBELLISCH
aufsagen, vortragen	REZITIEREN
Aufsaugung	ABSORPTION

10

Auf-saugung	RESORPTION
aufschaukeln	ESKALIEREN
Aufschaukelung	ESKALATION
aufschiebend	PROROGATIV
aufschlußreich	INSTRUKTIV
Aufschneider	GERNEGROSS
Aufschub	AUSSETZUNG
Aufsichtsbehörde	KURATORIUM
Auftakt	EROEFFNUNG
Auftakt	OUVERTUERE
Aufteilung	GLIEDERUNG
Auftragsbewerber	SUBMITTENT
aufweichen	MAZERIEREN
Aufzeichnung in Kurzschrift	STENOGRAMM
Augenzeuge	BEOBACHTER
Auripigment	RAUSCHGELB
ausatmen	EXHALIEREN
Ausatmung	EXHALATION
ausbauen	ENTWICKELN
ausbessern	REPARIEREN
Ausbrütung	INKUBATION
ausdauernd	BEHARRLICH
ausdauernd	BESTAENDIG
Ausdruck	EXPRESSION
ausdrucksvoll	PATHETISCH
Auseinanderklaffen	DISKREPANZ
auseinanderklaffend	DISKREPANT
Ausführungsart	MODALITAET
ausgeglichen	HARMONISCH
ausgeprägt, scharf umrissen	PROFILIERT
ausgespielt	SCHACHMATT
ausgezeichnet	PRAEMIIERT
Ausgleich	KOMPROMISS
ausgleichen	WETTMACHEN
Aushändigung, Lieferung	ZUSTELLUNG
Aushilfe	VERTRETUNG
Auskratzung (mediz.)	KUERETTAGE
auskundschaften	SPIONIEREN
Auslöschung	EXTINKTION
Auslösevorrichtung an Waffen	ABZUGHEBEL
ausmalen	KOLORIEREN
Ausnahme	SONDERFALL
ausreichend, genügend	SUFFIZIENT
ausrotten, zerstören	VERNICHTEN
Aussage	AEUSSERUNG
Aussage	MITTEILUNG
Ausschlagwald	NIEDERWALD
Ausschmükkung	DEKORATION
Ausschmükkung	VERZIERUNG
ausschneiden	DEKUPIEREN
Ausschreibung von Arbeiten	SUBMISSION
Ausschuß	KOMMISSION
Außenaufgang	FREITREPPE
aussenden	EMITTIEREN
Außenseiter, Eigenbrötler	SONDERLING
aussetzen	EXPONIEREN
Ausspiegelung (mediz.)	ENDOSKOPIE
Aussprache	DISKUSSION
ausstatten	EQUIPIEREN
Ausstattung	DEKORATION
Ausstellung	EXPOSITION
austauschbar	PERMUTABEL
austral. Berg	MOUNTBRUCE
austral. Berg	MOUNTCOOKE
austral. Gebirge	BLAUEBERGE
austral. Hafenstadt	TOWNSVILLE
austral. Insel	KINGSINSEL
austral. Myrtenbaum	EUKALYPTUS
austral. Sopranistin	SUTHERLAND
austral. Stadt	BIRDSVILLE
austral. Stadt	WOLLONGONG
austral. Stadt in Neusüdwales	BROKENHILL
Auswahltest	STICHPROBE
auswandern	EMIGRIEREN
Auswanderung	EMIGRATION
Ausweitung	DILATATION

aus-wendig lernen	MEMORIEREN
Aus-wirkung	KONSEQUENZ
Aus-zehrung (mediz.)	KONSUMTION
aus-zeichnen	DEKORIEREN
Auszeich-nung	DEKORATION
Auszeich-nung	EHRENPREIS
Auszeich-nung	EHRENTITEL
Autobahn-begren-zung	LEITPLANKE
automa-tisch	MECHANISCH
Automobil	KRAFTWAGEN
Autorenn-strecke	MONTECARLO
Autor von »Der Sohn der Magd«	STRINDBERG
Autor von »Der Vater«	STRINDBERG
Autor von »Der Zau-berberg«	THOMASMANN
Autor von »Die Budden-brooks«	THOMASMANN
Autor von »Die dunkle Blume«	GALSWORTHY
Autor von »Felix Krull«	THOMASMANN
Autor von »Fräulein Julie«	STRINDBERG
Autor von »Hype-rion«	HOELDERLIN
Autor von »Jenseits«	GALSWORTHY
Autor von »Liebelei«	SCHNITZLER
Autor von »Toten-tanz«	STRINDBERG
Auto-stopper	HITCHHIKER
Autoteil	BREMSPEDAL
Autoteil	MOTORBLOCK
avancie-ren	AUFRUECKEN
avancie-ren	VORRUECKEN
Azoren-insel	SANTAMARIA
Azteken-könig	CUAUTHEMOC
Azteken-könig	CUITLAHUAC
azur	HIMMELBLAU
babylon. Epos	GILGAMESCH
Bach-stelze	WIPPSTEERT
Backen-bart	KOTELETTEN
Backen-knochen	WANGENBEIN
Badeort, Kurort	BODENFELDE
Badeort, Kurort in Vor-pommern	AHRENSHOOP
Badeort in Meck-lenburg	KOELPINSEE
badische Stadt am Bodensee	RADOLFZELL
Bärenart	ALASKABAER
Bärenart	KRAGENBAER
Bärenart	LIPPENBAER
Bärenart	WICKELBAER
Bärlapp	LYKOPODIUM
Bagatelle	NEBENSACHE
bahn-techn. Anlage	SIGNALMAST
Bakterien-gift	BAKTERIZID
balancie-ren	JONGLIEREN
Baldachin	BETTHIMMEL
Baldachin	SCHIRMDACH
Baldachin	TRAGHIMMEL
Balearen-Insel	FORMENTERA
Balkan-bewohner	MAKEDONIER
Balkan-Gebirge	FRUSKAGORA
Balkan-Land-schaft	MAKEDONIEN
Balkan-Land-schaft	MAZEDONIEN
Balkan-Republik	MAKEDONIEN
Balkon-pflanze	BUNTNESSEL
Balkon-pflanze	GEISSBLATT
Balkon-pflanze	PELARGONIE
Ballett von Fortner	WEISSEROSE
Ballett von Henze	ROSASILBER
Ballett von Joh. Strauß	BLAUEDONAU
Ballett von Prokofieff	CINDERELLA
Ballett von Stra-winsky	FEUERVOGEL
Ballett von Stra-winsky	PETROUCHKA
Ballett von Stra-winsky	PETRUSCHKA
Ballett von Stra-winsky	PULCINELLA
Ballspiel	FELDHOCKEY
Ballspiel	RINGTENNIS
Ballspiel	ROLLHOCKEY
Ballspiel	VOLLEYBALL
Ballspiel für Schwim-mer	WASSERBALL
bange	AENGSTLICH
Bankiers-dynastie	ROTHSCHILD
Banknote	GELDSCHEIN
Bank-noten	PAPIERGELD

Bann	AUSSCHLUSS
Bannmeile	SCHUTZZONE
Bannwald	SCHUTZWALD
Bar	NACHTLOKAL
Bariton-oboe	HECKELPHON
Barkarole	GONDELLIED
Barometer	WETTERGLAS
Barsch	SCHRAETZER
Bart-tracht	KNEBELBART
Bart-tracht	KOTELETTEN
Baryt	SCHWERSPAT
Basis	GRUNDLINIE
Baßgeige	KONTRABASS
Baßtuba	KONTRABASS
Bau	TIERHOEHLE
Bauchfell	PERITONEUM
Bauch-höhlen-muskel	ZWERCHFELL
Bauch-höhlen-sonde	LAPAROSKOP
Bauhand-werker	DACHDECKER
Bauhand-werker	ELEKTRIKER
Bauhand-werker	OFENSETZER
Bauhand-werker	TAPEZIERER
baulicher Feuer-schutz	BRANDMAUER
Bau-material	STAHLBETON
Baumwoll-samt	MANCHESTER
Baustoff, Bau-material	EISENBETON
Bau-tischler	ZIMMERMANN
bayer. Alpensee	KOENIGSSEE
bayer. Badeort, Kurort	ADELHOLZEN
bayer. Humorist	WEISSFERDL
bayer. Kurort im Trauntal	RUHPOLDING
bayer. Regie-rungs-bezirk	OBERBAYERN
bayer. See	FORGGENSEE
bayer. Stadt am Fichtel-gebirge	MUENCHBERG
bayer. Stadt am Main	OCHSENFURT
bayer. Stadt an der Alt-mühl	RIEDENBURG
bayer. Stadt an der Iller	IMMENSTADT
bayer. Stadt an der Mindel	MINDELHEIM
bayer. Stadt an der Salzach	BURGHAUSEN
bayer. Stadt an der Tauber	ROTHENBURG
bayer. Stadt im Steiger-wald	SCHEINFELD
bayer. Wurst-sorte	WEISSWURST
Beamten-anwärter	REFERENDAR
Beamten-wechsel	REVIREMENT
Bean-standung	BESCHWERDE
bebauter Boden	KULTURLAND
Becken	BODENSENKE
bedeu-tend, be-deutsam	GROSSARTIG
bedeu-tender Astronom	KOPERNIKUS
bedürftig	NOTLEIDEND
beein-drucken	IMPONIEREN
beein-flussen	UEBERREDEN
Beein-flussung, Einbil-dung	SUGGESTION
Beerdi-gung	BEGRAEBNIS
Beerdi-gung	BEISETZUNG
Beerdi-gung	BESTATTUNG
Befähi-gung	FERTIGKEIT
Befehls-gewalt	HERRSCHAFT
Befehls-haber	KOMMANDANT
Befehls-haber	KOMMANDEUR
Befesti-gungs-mittel	HEFTZWECKE
Befesti-gungs-mittel	KLEBEFOLIE
Beförde-rung	AVANCEMENT
befriedigt	ABGEFUNDEN
befriste-ter Auf-schub	MORATORIUM
befugt	BERECHTIGT
befugt	LIZENZIERT
begabt, fähig	TALENTIERT
begei-stern	HINREISSEN
begei-stern	MITREISSEN
begei-sterter Anhänger	ENTHUSIAST
begei-sterter Anhänger	SCHWAERMER
Begeiste-rung	ENTZUECKEN
Beginn	EROEFFNUNG
Beglaubi-gung	VIDIMATION
Beglaubi-gungs-schreiben	AKKREDITIV
beglei-chen	ENTRICHTEN

Begleiter Iasons	ARGONAUTEN
Begräbnis	BEERDIGUNG
Begräbnis	BEISETZUNG
Begräbnis	BESTATTUNG
begrenzen	LIMITIEREN
Begrenzung	LIMITATION
begrifflich bestimmen	DEFINIEREN
Begriffsbestimmung	DEFINITION
Begriffsbestimmung	ERKLAERUNG
begründen	MOTIVIEREN
Begünstigung, Förderung	PROTEKTION
Begünstigung von Verwandten	NEPOTISMUS
begütert, bemittelt	VERMOEGEND
begütert, reich	WOHLHABEND
begutachten	BEURTEILEN
behaglich	GEMUETLICH
behandeln	TRAKTIEREN
beharrlich	AUSDAUERND
beharrlich	KONSEQUENT
Behelf	NOTLOESUNG
Beherbergungsbetrieb	HOTELGARNI
beherrschen	DOMINIEREN
beherzt	COURAGIERT
behexen, faszinieren	VERZAUBERN
Behörde für Stellenvermittlung	ARBEITSAMT
behördlich zugelassen	APPROBIERT
behüten	BESCHIRMEN

Beichte	BEKENNTNIS
Beifall, Einverständnis	ZUSTIMMUNG
Beifallsruf	BRAVISSIMO
Beifügung	APPOSITION
beige	SANDFARBEN
Beileid	MITGEFUEHL
beinahe	ANNAEHERND
Beiname d. Aphrodite	ANADYOMENE
Beiname Kaiser Friedrichs I.	BARBAROSSA
Beiname Richards I.	LOEWENHERZ
Beinteil	KNIEGELENK
Beinteil	SCHIENBEIN
beipflichten	RECHTGEBEN
Beisatz	APPOSITION
Beisetzung	BEERDIGUNG
Beisetzung	BEGRAEBNIS
Beisetzung	BESTATTUNG
Beispielsfall	PRAEZEDENS
Beistand, Unterstützung	SUBVENTION
Beitrag	KONTINGENT
bekanntmachen	VERKUENDEN
bekannt machen	VORSTELLEN
Bekanntmachung	KOMMUNIQUE
Bekanntmachung	MITTEILUNG
Bekenntnis	KONFESSION
beklagenswert	LAMENTABEL
Bekleidungsstück	BADEMANTEL
beköstigen	VERPFLEGEN

belästigen	BEHELLIGEN
belanglos	IRRELEVANT
Belanglosigkeit	IRRELEVANZ
belastend	GRAVIEREND
belegen	NACHWEISEN
belegt, vorgemerkt	RESERVIERT
belegte Stimme	HEISERKEIT
Beleidigung, üble Nachrede	SCHMAEHUNG
beleuchten	ANSTRAHLEN
Beleuchtungskörper	GLUEHBIRNE
Beleuchtungskörper	GLUEHLAMPE
Beleuchtungskörper	NEONROEHRE
Beleuchtungskörper	WACHSKERZE
belg. Nobelpreisträger (Frieden)	LAFONTAINE
belg. Stadt in Ostflandern	POPERINGHE
belichten	EXPONIEREN
beliebt	GESCHAETZT
belustigend	ERHEITERND
Belustigung	AMUESEMENT
bemittelt, vermögend	WOHLHABEND
Benachrichtigung	MITTEILUNG
Benediktinerabtei in der Eifel	MARIALAACH
Benediktion	EINSEGNUNG
benennen	BEZEICHNEN
benennen	NOMINIEREN

benommen, taumelig	SCHWINDLIG
Benutzung	HANDHABUNG
Benzin	KRAFTSTOFF
Benzin, Kraftstoff	TREIBSTOFF
beobachten, bemerken	WAHRNEHMEN
bepflanzte Dachterrasse	DACHGARTEN
bequeme Sitzgelegenheit	KLUBSESSEL
bequeme Sitzgelegenheit	LEHNSESSEL
bequeme Sitzgelegenheit	OHRENSTUHL
bequemes Kleidungsstück	SCHLAFROCK
Berater	KONSULTANT
berauschend	NARKOTISCH
bereinigen	SCHLICHTEN
bereiten	ANFERTIGEN
Beresina-Zufluß	SWISLOTSCH
Berg am Harz	REGENSTEIN
Bergbahn	GONDELLIFT
Berg bei Berchtesgaden	HOCHKALTER
Berg bei Berchtesgaden	HOHERGOELL
Berg bei Salzburg	UNTERSBERG
Berg bei Zermatt	MATTERHORN
Berg der Berner Alpen	DAMMASTOCK
Berg der Glarner Alpen	GLAERNISCH
Berg im Allgäu	HOHESLICHT
Berg im Berner Oberland	WETTERHORN
Berg im Fichtelgebirge	OCHSENKOPF
Berg im Glatzer Bergland	HEUSCHEUER
Berg im Ostpamir	MUSTAGHATA
Berg im Riesengebirge	STURMHAUBE
Berg im Siebengebirge	PETERSBERG
Berg im Spessart	GEIERSBERG
Berg im Teutoburger Wald	GROTENBURG
Berg im Thüringer Wald	KICKELHAHN
Berg in den Berner Alpen	SUSTENHORN
Berg in den Ötztaler Alpen	WILDSPITZE
Bergkristall	RAUCHQUARZ
bergmänn. Abbauverfahren	PFEILERBAU
bergmänn. Beruf, Funktion	LEHRHAEUER
bergmänn. Beruf, Funktion	ORTSHAEUER
bergmänn. Funktion	GANGHAEUER
bergmänn. Verfahren	SCHUERFUNG
Bergrücken im Taunus	NIEDERWALD
Bergsteigen im Hochgebirge	ALPINISMUS
Bergsteigergruppe	SEILSCHAFT
Berg-und-Tal-Bahn	ACHTERBAHN
Bericht	ERZAEHLUNG
berichten, vortragen	REFERIEREN
Berichterstatterin	REPORTERIN
berichtigen	AUSBESSERN
Berliner Bauwerk	STAATSOPER
Berliner Maler u. Zeichner	LIEBERMANN
Berliner See	MUEGGELSEE
Berliner See	TEGELERSEE
Berliner Stadtteil	KARLSHORST
Berliner Stadtteil, Verwaltungsbez.	TIERGARTEN
Berliner Stadtteil, Verwaltungsbez.	WEISSENSEE
Berliner Stadtteil, Verwaltungsbez.	ZEHLENDORF
bersten	DETONIEREN
berühmt	RENOMMIERT
berühmter Diamant	GROSSMOGUL
berühren	TOUCHIEREN
Beruf, Gewerbe	PROFESSION
Beruf bei Bühne, Fernseh., Film	AUSSTATTER
Beruf bei Bühne, Fernseh., Funk	QUIZMASTER
Beruf bei Fernsehen, Film	KAMERAMANN

Beruf im Medienwesen	JOURNALIST
Beruf in der Industrie	MECHANIKER
Beruf in der Industrie	SCHWEISSER
Berufung	EINSETZUNG
Besatzartikel	POSAMENTEN
Besatzung	MANNSCHAFT
Beschädigung	LAEDIERUNG
Beschäftigung	BROTERWERB
beschaulich	BESINNLICH
Bescheid	MITTEILUNG
bescheinigen, bestätigen	QUITTIEREN
Beschimpfung	SCHMAEHUNG
Beschlagnahme	EINZIEHUNG
beschleunigte Filmwiedergabe	ZEITRAFFER
beschleunigtes Postgut	EILSENDUNG
Beschluß	RESOLUTION
Beschluß, Erlaß	VERFUEGUNG
ɔeschränken	LIMITIEREN
ɔeschränken	REDUZIEREN
3eschränkung	LIMITATION
ɔeschreibend	DESKRIPTIV
eschriftung	AUFSCHRIFT
eschützer	SCHIRMHERR
eschützer, rotektor	SCHUTZHERR
esenmster	BRAHMBUSCH
besetzen	OKKUPIEREN
Besetzung	OKKUPATION
Besichtigung	INSPEKTION
Besichtigung, Durchsuchung	VISITATION
Besitzergreifung	OKKUPATION
beständig	AUSDAUERND
Beständigkeit, Fortdauer	STETIGKEIT
Bestandteil	KOMPONENTE
Bestandteil d. Erdatmosphäre	SAUERSTOFF
Bestandteil d. Erdatmosphäre	STICKSTOFF
Bestechung	KORRUPTION
Bestechungsgeld im Orient	BAKSCHISCH
Besteckteil	TEELOEFFEL
bestehen	EXISTIEREN
Bestellung	KOMMISSION
bestimmt	GARANTIERT
bestimmt	KONSEQUENT
bestimmte Menge	QUANTITAET
bestrafen	MASSREGELN
bestrafen	ZUECHTIGEN
Betäubungsmittel	NARKOTIKUM
betiteln	TITULIEREN
betören	ENTZUECKEN
betören, becircen	VERFUEHREN
betörend	BEZAUBERND
betonen, unterstreichen	POINTIEREN
betont	OSTENTATIV
beträchtlich	ANSEHNLICH
Betreuer	FUERSORGER
Betreuung, Daseinssicherung	VERSORGUNG
Betriebsamkeit	AKTIVITAET
Betriebsführung	MANAGEMENT
Betrüger	DEFRAUDANT
betrügerische Nachahmung	FAELSCHUNG
Betrug, Irreführung	TAEUSCHUNG
Betrug im Seerecht	BARATTERIE
Bett	NACHTLAGER
beugen	FLEKTIEREN
Beule	SCHWELLUNG
Be- und Entlüfter	VENTILATOR
Beurteilung	EINSTUFUNG
Beurteilung	JUDIKATION
Bevölkerung	POPULATION
Bewässerung	IRRIGATION
bewandert	BESCHLAGEN
Beweggrund	MOTIVATION
Beweglichkeit	MOBILITAET
Beweglichkeit	MOTILITAET
Bewerber	REFLEKTANT
Bewerbung	KANDIDATUR
Bewilligung	GEWAEHRUNG
Bewilligung	KONZESSION
Bewohner eines Erdteils	AMERIKANER

10

Bewohner eines Erdteils	AUSTRALIER
Bewohner Sri Lankas	SINGHALESE
bezaubern	BESTRICKEN
bezaubern	ENTZUECKEN
bezaubernd	BERUECKEND
Bezieher einer Pension	PENSIONAER
beziehungsweise	RESPEKTIVE
beziffern	NUMERIEREN
Bezirk	LANDESTEIL
Bibelteil	EVANGELIUM
Bibelübersetzer	HIERONYMUS
Bibernelle	PIMPINELLE
biblische Herrscherfamilie	MAKKABAEER
biblischer See	GENEZARETH
biblische Stätte	BETDSCHALA
biblisches Volk	AMALEKITER
biblisches Volk	ISRAELITEN
biblisches Volk	KANAANITER
biblisches Volk	PHOENIZIER
Bienenhaus	IMMENSTOCK
Bienenmotte	WACHSMOTTE
Bienensaug	TAUBNESSEL
Biersorte	WEIZENBIER
bigott	FROEMMELND
Bigotterie	FROEMMELEI
Bilanz	ABRECHNUNG
Bilch	SCHLAFMAUS
Bildaufnahmegerät	FILMKAMERA
bildender Künstler	AUSSTATTER
bildender Künstler	KUNSTMALER
Bilderstürmer	IKONOKLAST
bildlich	FIGUERLICH
bildlich, sinnbildlich	SYMBOLISCH
Bildspeicher	BILDPLATTE
Bildspeicher	MAGNETBAND
Bildteppich, Wandteppich	TAPISSERIE
Bildwerfer	EPIDIASKOP
Billett	FAHRSCHEIN
billigen	GUTHEISSEN
Biographie	LEBENSBILD
Biotrop-Lebensgemeinschaft	BIOZOENESE
Birnensorte	BERGAMOTTE
bischöflich	PONTIFIKAL
Bischofsstab	HIRTENSTAB
Bistumsverleihung	INVESTITUR
Bittsteller	SUPPLIKANT
Bjelorusse	WEISSRUSSE
Blätterpilz	CHAMPIGNON
Blätterpilz	RITTERLING
Blasenkäfer	KANTHARIDE
blasiert	HOCHNAESIG
Blasinstrument	VENTILHORN
blaßgrüner Schmuckstein	CHRYSOLITH
Blatthornkäfer	MISTKAEFER
Blattlausfliege	FLORFLIEGE
blauer Turmalin	INDIGOLITH
Blendwerk	HOKUSPOKUS
Blessur	VERWUNDUNG
Blitzart	KUGELBLITZ
Blütenlese	ANTHOLOGIE
Blütenteil	HUELLBLATT
Blütenteil	KELCHBLATT
Blütenteil	STAUBBLATT
Blütenteil	STAUBFADEN
Blumenbinderin	FLEURISTIN
Blutabzug	SCHROEPFEN
Blutandrang	KONGESTION
Blutbestandteil	BLUTZUCKER
Blutdorn	BERBERITZE
Blutflüssigkeit	BLUTPLASMA
Bluthochdruck	HYPERTONIE
Bluthusten	HAEMOPTYSE
Blutmerkmal	BLUTGRUPPE
Blutplättchen	THROMBOZYT
Blutschwamm	HAEMANGIOM
Blutstein	EISENGLANZ
Blutstillung	HAEMOSTASE
Bodenbearbeitungsgerät	KULTIVATOR
Bodenprodukte	NATURALIEN
Bodensatz	ABLAGERUNG
Bodenschatz	STEINKOHLE
bodenständig, unverbildet	URWUECHSIG

10

böhm. Instrumentenbauer	SILBERMANN
Börsenbericht	KURSZETTEL
Börsenpapier	STAMMAKTIE
Börsenspekulant	BOERSIANER
bösartig	PERNIZIOES
Böttcher	FASSBINDER
Bogenform	SPITZBOGEN
Bogenhanf	SANSEVERIE
bolivian. Stadt am Potosi	COCHABAMBA
Boom	AUFSCHWUNG
Boom	KONJUNKTUR
Borretschgewächs	HUNDSZUNGE
Bote	AUSTRAEGER
Botschaft	KUNDGEBUNG
Bovist	STAEUBLING
Boxcalf	KALBSLEDER
Boxhieb unter d. Gürtellinie	TIEFSCHLAG
Boxschlag	LEBERHAKEN
Boy, Page	HAUSDIENER
Boyscout	PFADFINDER
Brachiopode	ARMFUESSER
bräunl. Wiesenschmetterling	OCHSENAUGE
Branche	FACHGEBIET
Brandkatastrophe	GROSSFEUER
brandmarken	ANPRANGERN
Brandschutzwand	FEUERMAUER
Branntweinsorte	DOPPELKORN
brasilian. Hafenstadt	CARAVELLAS
brasilian. Komponist	VILLALOBOS
brasilian. Politiker	KUBITSCHEK
brasilian. Stadt	PETROPOLIS
brasilian. Stadt in Minas Gerais	JUIZDEFORA
Bratgefäß	SCHMORTOPF
Brauch, Brauchtum	KONVENTION
brauchen	BENOETIGEN
Brauchtum	GEWOHNHEIT
Brauereianlage	GAERKELLER
Braunalge	BLASENTANG
Brautschaft	HEIRATSGUT
brav	MANIERLICH
breitkrempiger Hut	KALABRESER
Brennpunkt-Abstand	BRENNWEITE
Brennstoff, -material	STEINKOHLE
brenzlig	BEDENKLICH
Brettspiel	BACKGAMMON
Brettspiel	FANGDENHUT
Brettspiel	TRICKTRACK
Briefmarkenkunde	PHILATELIE
Bries	KALBSMILCH
Brikett	PRESSKOHLE
Brimborium	UMSCHWEIFE
brisant	EXPLOSIBEL
Brite	ENGLAENDER
britisch. Feldmarschall	MONTGOMERY
britisch. Feldmarschall	WELLINGTON
britisch. Forschungsschiff	CHALLENGER
britisch. Hafenstadt, Seebad	EASTBOURNE
britisch. Politiker	PALMERSTON
Brötchen	RUNDSTUECK
Brotaufstrich	KONFITUERE
Brotbelag	AUFSCHNITT
Brotsorte	ROGGENBROT
Brotsorte	WEIZENBROT
Bruder von Castor	POLYDEUKES
Brücke bei San Franzisko	GOLDENGATE
Brüdergemeine	HERRNHUTER
Brüstung	BALUSTRADE
Buch d. Neuen Testaments	APOKALYPSE
Buchdruckverfahren	FLACHDRUCK
Buchdruckverfahren	MANULDRUCK
Bucheinleitung	GELEITWORT
Buchführungsbegriff	AUFWENDUNG
Buchführungstätigkeit	VERBUCHUNG
Buchteil	KAPTALBAND
Bucht in Alaska	BRISTOLBAY
Buddhas indischer Name	SIDDHARTHA
Bücherei	BIBLIOTHEK
Büchernarr	BIBLIOMANE
Büchersammlung	BIBLIOTHEK
Büchse	JAGDGEWEHR
Büchsenfleisch	CORNEDBEEF

Bückling, Verneigung	VERBEUGUNG
Büglerin	PLAETTERIN
Bühneneinrichtung	DREHBUEHNE
Bühnenstück	SCHAUSPIEL
Bühnenstück v. Aristophanes	LYSISTRATA
Bühnenstück v. Bahr	DASKONZERT
Bühnenstück v. Büchner	DANTONSTOD
Bühnenstück v. Calderon	DAMEKOBOLD
Bühnenstück v. Euripides	ANDROMACHE
Bühnenstück v. Gogol	DERREVISOR
Bühnenstück v. Goldoni	DERLUEGNER
Bühnenstück v. Grillparzer	DIEAHNFRAU
Bühnenstück v. Halbe	MUTTERERDE
Bühnenstück v. Ibsen	GESPENSTER
Bühnenstück v. Kleist	AMPHITRYON
Bühnenstück v. Molière	AMPHITRYON
Bühnenstück v. Molière	DERGEIZIGE
Bühnenstück v. Sartre	DIEFLIEGEN
Bühnenstück v. Schiller	DIERAEUBER
Bühnenstück v. Shakespeare	KOENIGLEAR
Bühnenstück v. Strindberg	TRAUMSPIEL
Bühnenstück v. Tschechow	ONKELWANJA
Bühnenwart	INSPIZIENT
Bürger von Monaco	MONEGASSEN
Bürgschaft, Gewährleistung	SICHERHEIT
Bürgschaftsbrief	AKKREDITIV
Büro	AMTSZIMMER
Büttner	FASSBINDER
Bugspill	ANKERWINDE
Bukowina	BUCHENLAND
Bund, Beziehung	VERBINDUNG
Bunker	SCHUTZRAUM
Bunker, Schutzraum	UNTERSTAND
bunt	FARBENFROH
bunt	MEHRFARBIG
bunt	VIELFARBIG
bunt bemalen	KOLORIEREN
Burg	RITTERSITZ
Burg am Main	MILTENBERG
Burg am Rhein	TREUENFELS
Burg am Rhein bei Bingen	RHEINSTEIN
Burg im Hegau	HOHENTWIEL
Burg in Bayern	BURGHAUSEN
Burg in Westpreußen	MARIENBURG
Burgunderwein	CHALONNAIS
Burgunderwein	RICHEBOURG
Burg von Würzburg	MARIENBERG
Burschenschaft	VERBINDUNG
Bussard	HONIGFALKE
Butterblume	HAHNENFUSS
Butterblume	LOEWENZAHN
Butzkopf, Delphinart	SCHWERTWAL
byzantinischer Kaiser	KONSTANTIN
byzantinischer Kaiser	NIKEPHOROS
byzantinischer Kaiser	THEODOSIUS
Cafeteria	KAFFEEHAUS
Calluna	HEIDEKRAUT
campen, kampieren	BIWAKIEREN
CDU-Politiker	BIEDENKOPF
Chalzedon-Abart	CHRYSOPRAS
chamois	GEMSFARBEN
Champignon	HERRENPILZ
Chaos, Durcheinander	TOHUWABOHU
charakterlos	SCHURKISCH
Charite	EUPHROSYNE
Chef der Rolling Stones	MICKJAGGER
chem. Element, Erdmetall	DYSPROSIUM
chem. Element, Erdmetall	GADOLINIUM
chem. Element, Gas	SAUERSTOFF
chem. Element, Gas	STICKSTOFF

chem. Element, Metall	TECHNETIUM
chem. Element, seltene Erde	PROMETHIUM
chem. Element, Transuran	LAWRENCIUM
chem. Lösung f. Fotografen	ENTWICKLER
chem. Verbindung m. Metall	METALLOXID
chem. Weckmittel	AMPHETAMIN
Chemiefaser	KUNSTSEIDE
Chiffre	GEHEIMWORT
chilen. Hafenstadt	VALPARAISO
chilen. Insel	SALAYGOMEZ
chilen. Pazifikinsel	OSTERINSEL
chilen. Seebad	VINADELMAR
chilen. Stadt	CONCEPCION
chilen. Wasserfälle	PILMAIQUEN
chines. Berg in Sichuan	MINYAGONKA
chines. Dynastie	NANPEICHAO
chines. Heilverfahren	AKUPUNKTUR
chines. Insel	TSCHUSCHAN
chines. Provinz in Osttibet	TSCHINGHAI
chines. Staatsmann	TSCHUENLAI
chines. Stadt	QUIHUANDAO
chines. Stadt in Sichuan	TSCHUNKING
Chlorophyll	BLATTGRUEN
Chlorwasserstofflösung	SALZSAEURE
cholerisch	JAEHZORNIG
Christbaum	TANNENBAUM
Christbaumschmuck	ENGELSHAAR
christl. Frohbotschaft	EVANGELIUM
christl. Konfession	KATHOLIKEN
christl. Konfession	LUTHERANER
christl. Konfession, Sekte	MENNONITEN
christl. Sekte, Methodisten	WESLEYANER
christl. Sekte in Afrika	DONATISTEN
City	INNENSTADT
City, Ortszentrum	STADTMITTE
Clique, Klüngel	SIPPSCHAFT
Clown	KOMOEDIANT
Codewort	GEHEIMWORT
Colorado-Zufluß	GREENRIVER
Comic-Figur	DONALDDUCK
Computer-Datenträger	FESTPLATTE
Computerteil	STEUERWERK
Courage, Kühnheit	TAPFERKEIT
Cowboy	RINDERHIRT
Croupier	BANKHALTER
Cyanwasserstoff	BLAUSAEURE
Dachform	SATTELDACH
Dachkandel	REGENRINNE
Dämmerung	HALBDUNKEL
Dämmerungsfalter	SCHWAERMER
dän. Hafen am Großen Belt	KALUNDBORG
dän. Hafen am Kleinen Belt	FREDERICIA
dän. Hafenstadt am Sund	HELSINGOER
dän. Hafenstadt auf Alsen	SONDERBURG
dän. Hafenstadt auf Fünen	MIDDELFART
dän. Hauptstadt	KOPENHAGEN
dän. Königin	MARGARETHE
damals	SEINERZEIT
Damen-Wäschestück	SCHLUEPFER
Damen-Wäschestück	UNTERKLEID
Dampfmaschinenteil	SCHWUNGRAD
Danziger Spezialgetränk	GOLDWASSER
Daphne, duftende Blume	SEIDELBAST
Darlegung	EXPOSITION
Darminfektion	PARATYPHUS
Darstellung	WIEDERGABE
dasein	EXISTIEREN

daseins-bejahend	LEBENSFROH
das noch nicht Geborene	NASCITURUS
Dasselfliege	BIESFLIEGE
Datum	ZEITANGABE
Dauer, Frist	ZEITSPANNE
Dauerbezug	ABONNEMENT
dauerhaft	BESTAENDIG
Dauerredner	FILIBUSTER
Dauerschreibgerät	TINTENKULI
Dauer-Verkaufserfolg	LONGSELLER
Dauerwurst	LANDJAEGER
Daune	FLAUMFEDER
definitiv	ENDGUELTIG
Degeneration	NIEDERGANG
Dehnungszeichen	ZIRKUMFLEX
Deklaration	ERKLAERUNG
Deklaration	WERTANGABE
Dekor, Ornament	VERZIERUNG
dekorieren, verzieren	SCHMUECKEN
delikat	AUSERLESEN
Delikt, Frevel	VERBRECHEN
Delphinart	BRAUNFISCH
Demarkation	ABGRENZUNG
Demarkation	BEGRENZUNG
Demaskierung	ENTLARVUNG
demnächst	NAECHSTENS
Demokratie	VOLKSSTAAT
demolieren	VERWUESTEN
demolieren, vernichten	ZERSTOEREN
Demonstration	KUNDGEBUNG
denken	MEDITIEREN
Denkschrift	MEMORANDUM
Denkspruch	APHORISMUS
Denkvermerk	MEMORANDUM
Depesche	FUNKSPRUCH
derb	BURSCHIKOS
Derby-Auszeichnung	BLAUESBAND
der Erde angehörig	CHTHONISCH
des Lesens u. Schreibens Unkundiger	ANALPHABET
Dessert	NACHSPEISE
Detail	EINZELHEIT
Detail	EINZELTEIL
Determination	BESTIMMUNG
Deutung	ERKLAERUNG
dezimieren, einschränken	VERRINGERN
Diadoche	LYSIMACHOS
Diadoche	PTOLEMAEUS
Diaskop	BILDWERFER
dichterisch: Schmuck	GESCHMEIDE
Dichtigkeit	KONSISTENZ
dickflüssig	KONSISTENT
dickflüssige Tunke	MAYONNAISE
Dieb	LANGFINGER
Diebstahl	ENTWENDUNG
die fünf Bücher Mose	PENTATEUCH
die Mannen Siegfrieds	NIBELUNGEN
Dienstkleidung	AMTSTRACHT
Dienstsiegel (österr.)	STAMPIGLIE
die Sinne betreffend	SENSORISCH
Dietrich von Bern	THEODERICH
Differenz	RESTBETRAG
Diktator in Uruguay	STROESSNER
diktatorisch	TOTALITAER
Dilemma	ZWANGSLAGE
Dimension	AUSDEHNUNG
Dimension	AUSMESSUNG
Ding	GEGENSTAND
Dingwort, Hauptwort	SUBSTANTIV
Diphthong	DOPPELLAUT
diplomatisch	BERECHNEND
diplomatische Unantastbarkeit	IMMUNITAET
Dirigent	CHORLEITER
Diskant	OBERSTIMME
Disko-Entertainer	DISCJOCKEY
diskriminieren	VERLEUMDEN
Diskussion	AUSSPRACHE
Disposition	GLIEDERUNG
Disposition, Kondition	VERFASSUNG
Disput	WORTSTREIT
Disput, Wortwechsel	REDESTREIT
Dissident	ABWEICHLER
Distanz	ENTFERNUNG
Distrikt	LANDSTRICH

dokumentieren	BEURKUNDEN
dokumentiert	BEGLAUBIGT
dokumentiert	BEURKUNDET
dokumentiert, diplomatisch	URKUNDLICH
Doldengewächs	BAERENKLAU
Doldengewächs	WALDKERBEL
Dolle	RUDERGABEL
Dolle	RUDERLAGER
Dolomitenberg	DREIZINNEN
Dom	KATHEDRALE
dominierende Staat	GROSSMACHT
Dopingmittel	ANABOLIKUM
doppeldeutig	AMBIVALENT
Doppelinsel bei Australien	NEUSEELAND
Doppelsinn	AMPHIBOLIE
doppelsinnig	ZWEIDEUTIG
Doppelstadt am Hochrhein	LAUFENBURG
doppeltkohlensaures Salz	BIKARBONAT
doppelwertig	AMBIVALENT
Doppelwertigkeit	AMBIVALENZ
Dorade	GOLDBRASSE
Dornbaum, -strauch	STECHPALME
Dossier	AKTENSTOSS
Double, Dublee	VERGOLDUNG
Drachenungeheuer	TATZELWURM
drängen, eilig sein	PRESSIEREN
Drahtnachrichtenübermittlung	TELEGRAFIE
Drahtzieher	HINTERMANN
Drall	DREHIMPULS
Drama von Sophokles	OEDIPUSREX
Drang zur Aktivität	TATENDURST
Drehflügelflugzeug	HELIKOPTER
Dreiecksseite	HYPOTENUSE
Dreierherrschaft	TRIUMVIRAT
Dreifaltigkeitsfest	TRINITATIS
Dreikönigsfest	EPIPHANIAS
Dreisatz	REGELDETRI
dreiteiliger Altaraufsatz	TRIPTYCHON
dreiviertellanger Mantel	DUFFLECOAT
Dresdner Bauwerk	SEMPEROPER
Dresdner Beiname	ELBFLORENZ
Dressur	ABRICHTUNG
drillen	EXERZIEREN
dringende Sendung	EXPRESSGUT
Droge	RAUSCHGIFT
Drosselart	AMSELMERLE
Druckerlaubnis, -freigabe	IMPRIMATUR
druckfertig machen	REDIGIEREN
drucktechn. Begriff	EINRUECKEN
Druckvorlage	MANUSKRIPT
Drud, Drude	PLAGEGEIST
Drudenfuß	PENTAGRAMM
dtsch. abstrahierender Maler	CAMPENDONK
dtsch. abstrakt. Maler, Graphiker	GRIESHABER
dtsch. Admiral	FRIEDEBURG
dtsch. Afrikaforscher	EMINPASCHA
dtsch. Afrika-Reisender	SCHILLINGS
dtsch. Architekt	FAHRENKAMP
dtsch. Arzt, Pathologe	LANGERHANS
dtsch. Arzt, Psychiater	KRETSCHMER
dtsch. Arzt, Sexualpathologe	HIRSCHFELD
dtsch. Arzt im Mittelalter	PARACELSUS
dtsch. Asienforscher	RICHTHOFEN
dtsch. Astronom	KOPERNIKUS
dtsch. Atomforscher	HEISENBERG
dtsch. Australienforscher	LEICHHARDT
dtsch. Baumeister	ZIMMERMANN
dtsch. Bildhauer	BLUMENTHAL
dtsch. Bildhauer	HILDEBRAND
dtsch. Botaniker	HOFMEISTER

10

dtsch. Bundesland	THUERINGEN
dtsch. Chemiker	SCHOENBEIN
dtsch. Chemiker (Kernspaltung)	STRASSMANN
dtsch. Chemiker (Nobelpreis)	STAUDINGER
dtsch. Chirurg	SAUERBRUCH
dtsch. Dada-Künstler	SCHWITTERS
dtsch. Dichter	HOELDERLIN
dtsch. Dichter, Dramaturg	HOLLAENDER
dtsch. Dichter, Lyriker	RINGELNATZ
dtsch. Dichter, Schriftsteller	BRACHVOGEL
dtsch. Dichter, Schriftsteller	DAUTHENDEY
dtsch. Dirigent	SAWALLISCH
dtsch. Erfinder d. Steindrucks	SENEFELDER
dtsch. Erfinder e. Thermometers	FAHRENHEIT
dtsch. Erfinder (Röhren)	MANNESMANN
dtsch. evangel. Theologe	NIEMOELLER
dtsch. evangel. Theologe, Autor	GOLLWITZER
dtsch. Feldherr, Heerführer	FALKENHAYN
dtsch. Filmkomponist	EISBRENNER
dtsch. Filmregisseur	FASSBINDER
dtsch. Flieger im 1. Weltkrieg	RICHTHOFEN
dtsch. frühbarock. Kompon.	PRAETORIUS
dtsch. Fürstengeschlecht	HABSBURGER
dtsch. Fußballspieler	HERKENRATH
dtsch. Fußballspieler	LITTBARSKI
dtsch. Fußballspieler	RUMMENIGGE
dtsch. Fußballspieler	SCHUMACHER
dtsch. Fußballspieler, -trainer	WEISWEILER
dtsch. Generalfeldmarschall	HINDENBURG
dtsch. Generalfeldmarschall	KESSELRING
dtsch. Generalquartiermeister	LUDENDORFF
dtsch. Geschichtsschreiber	TREITSCHKE
dtsch. Gewicht	HEKTOGRAMM
dtsch. Heldentenor	WINDGASSEN
dtsch. impresionist. Dichter	LILIENCRON
dtsch. impresionist. Maler	LIEBERMANN
dtsch. Kabarettist	DEGENHARDT
dtsch. Kabarettist	HAVENSTEIN
dtsch. Kabarettist	RINGELNATZ
dtsch. Kaisername, Königsname	MAXIMILIAN
dtsch. Kartenspiel	DOPPELKOPF
dtsch. Komponist	ZIMMERMANN
dtsch. Komponist, Pianist	HOLLAENDER
dtsch. Landsknechtsführer	FRUNDSBERG
dtsch. Lexikograph	KUERSCHNER
dtsch. Maler	GRUENEWALD
dtsch. Maler, Dürer-Schüler	ALDEGREVER
dtsch. Maler, Grafiker	BAUMEISTER
dtsch. Maler, Grafiker	HEGENBARTH
dtsch. Maler, Grafiker	KALCKREUTH
dtsch. Philosoph	BAUMGARTEN
dtsch. Philosoph	KEYSERLING
dtsch. Philosoph, Neukantianer	WINDELBAND
dtsch. Philosoph, Soziologe	HORKHEIMER
dtsch. Physiker	FRAUNHOFER

dtsch. Physiker	KOHLRAUSCH
dtsch. Physiker	SOMMERFELD
dtsch. Physiker (Nobelpreis)	HEISENBERG
dtsch. Physiker (Nobelpreis)	MOESSBAUER
dtsch. Politiker (Nobelpreis)	STRESEMANN
dtsch. Politiker (SPD)	SCHUMACHER
dtsch. Politologe	ESCHENBURG
dtsch. Politologe	SONTHEIMER
dtsch. Popsängerin (m. Vorn.)	JOYFLEMING
dtsch. Psychologe	EBBINGHAUS
dtsch. radikaler Sozialist	LIEBKNECHT
dtsch. Reichskanzler	FEHRENBACH
dtsch. Reichskanzler	SCHLEICHER
dtsch. Reichskanzler	STRESEMANN
tsch. Reichspräsident	HINDENBURG
tsch. Rennfahrer	CARACCIOLA
tsch. ennhrer	ROSENMEYER
tsch. ocknger	LINDENBERG
sch. mant. omponist	SCHILLINGS
sch. hauieler	BASSERMANN

dtsch. Schauspieler	PALLENBERG
dtsch. Schauspieler	SCHOENHALS
dtsch. Schauspieler	STANKOWSKI
dtsch. Schauspieler	VESPERMANN
dtsch. Schauspieler	WOHLBRUECK
dtsch. Schauspieler, Regisseur	GRUENDGENS
dtsch. Schauspielerin	HESTERBERG
dtsch. Schauspielerin	KUBITSCHEK
dtsch. Schauspielerin	TSCHECHOWA
dtsch. Schriftsteller	EGGEBRECHT
dtsch. Schriftsteller	WEISENBORN
dtsch. sozialdemokrat. Politiker	OLLENHAUER
dtsch. sozialkritisch. Dichter	KOLBENHOFF
dtsch. Soziologe	DAHRENDORF
dtsch. Soziologe	FLECHTHEIM
dtsch. spätgotischer Maler	SCHONGAUER
dtsch. Tänzer u. Choreograph	KREUTZBERG
dtsch. Tenor	WUNDERLICH
dtsch. Theologe	BONHOEFFER

dtsch. TV-Entertainer	GOTTSCHALK
dtsch. Universitätsstadt	GOETTINGEN
dtsch. Weinbaugebiet	RHEINPFALZ
Duckmäusertum	KRIECHEREI
Dudelsack	SACKPFEIFE
Düngemittel	HORNSPAENE
Dünkel	EINBILDUNG
Dünkel	SUEFFISANZ
dünkelhaft	SUEFFISANT
Duett	ZWIEGESANG
Duft, Aroma	WOHLGERUCH
duftendes Holz	SANDELHOLZ
duftreich	AROMATISCH
dulden, ertragen	TOLERIEREN
Dummheit	UNVERSTAND
dunkelblau	MARINEBLAU
dunkler Schmuckstein	HYPERSTHEN
durchdacht	METHODISCH
Durcheinander	KUNTERBUNT
Durcheinander	MISCHMASCH
Durcheinander, Konfusion	VERWIRRUNG
durchgeistigt	AETHERISCH
durchkreuzen	VERHINDERN
Durchscheinbild	DIAPOSITIV
Durchschnitt	MITTELMASS
Durchschnitt	MITTELWERT

Durchtriebenheit, Schläue	RAFFINESSE
Dutt	HAARKNOTEN
Dwina-Zufluß	WYTSCHEGDA
Dynastie	GESCHLECHT
Dynastie in Frankreich	KAPETINGER
Ebenmaß	GLEICHMASS
Ebenmaß, Gleichmaß	PROPORTION
Eberwurz	GOLDDISTEL
Echse mit Farbwechselfähigkeit	CHAMAELEON
echt, unverfälscht	NATUERLICH
Edelstein, Schmuckstein	RAUCHQUARZ
Edition	HERAUSGABE
EDV-Großrechner	MAINEFRAME
EDV-Unterprogramm	SUBROUTINE
Egoismus	EIGENLIEBE
ehem. bayer. Benediktinerabtei	WESSOBRUNN
ehem. dtsch. Kolonie in China	KIAUTSCHOU
ehem. dtsch. Währung	REICHSMARK
ehem. dtsch. Währung	RENTENMARK
ehem. Hofamt, -beamter	MUNDSCHENK
ehem. ind. Fürstenstaat	HAIDERABAD
Ehrabschneider	VERLEUMDER
ehren	HONORIEREN
Ehrenzeichen	DEKORATION
ehrlich	ANSTAENDIG
ehrlich	AUFRICHTIG
Eidechsenart	MAUERGECKO
Eierschwamm (Pilz)	DOTTERPILZ
Eierstockentzündung	OOPHORITIS
Eiferer, Phantast	SCHWAERMER
Eigenbezeichn. d. Schweizers	EIDGENOSSE
Eigenheim in Wohnanlage	REIHENHAUS
eigens	NAMENTLICH
eigenwillig	KAPRIZIOES
Eignung	FAEHIGKEIT
Ein-, Vorsagerin	SOUFFLEUSE
einäschern	VERBRENNEN
ein Amt aufgeben	QUITTIEREN
einatmen	INHALIEREN
Einatmung	INHALATION
einbasische organ. Säure	FETTSAEURE
Einberufung	GESTELLUNG
eindringlich	EMPHATISCH
eindringlich	INSTAENDIG
eindringlich	NACHHALTIG
Eindruck	IMPRESSION
Eindruck machen	IMPONIEREN
eine Äußerung zurücknehmen	WIDERRUFEN
eine Anzeige aufgeben	INSERIEREN
eine der schönen Künste	DICHTKUNST
eine Menge	ZAHLREICHE
einengend	RESTRIKTIV
Einengung	BEGRENZUNG
einer der Beatles (m. Vorn.)	RINGOSTARR
einer der Großen Seen	ONTARIOSEE
einer der Titanen	PROMETHEUS
einfache Pfeilschußwaffe	FLITZBOGEN
Einfallsreichtum	FINDIGKEIT
Einführung	INITIATION
Eingabe	MEMORANDUM
eingelegte Gemüsefrucht	ESSIGGURKE
eingelegter Weißkohl	SAUERKRAUT
Eingemachtes	KONFITUERE
Eingeweihter	ESOTERIKER
Eingeweihter	VERTRAUTER
einhäusig (botan.)	MONZOEISCH
einheim. Getreidesorte	BUCHWEIZEN
einheim. Giftpflanze	SCHIERLING
einheim. Giftpflanze	STECHAPFEL
einheim. Giftpilz	SATANSPILZ
einheim. Giftpilz	SPEITEUFEL

einheim. Giftschlange	KREUZOTTER
Einladung	INVITATION
Einlegearbeit	MARKETERIE
einleiten	INITIIEREN
Einmütigkeit	KONKORDANZ
einnehmen	OKKUPIEREN
Einpflanzenwirtschaft	MONOKULTUR
einrädriges Fahrzeug	SCHUBKARRE
Einreihung	KLASSEMENT
einreißen	DEMOLIEREN
einrichten	MOEBLIEREN
Einsamkeit	ALLEINSEIN
Einschaltung	PARENTHESE
Einschließung	ZERNIERUNG
einschränken	LIMITIEREN
einschränken	REDUZIEREN
einschränkend	RESTRIKTIV
einseitig	PARTEIISCH
einseitig	UNILATERAL
einseitig festgelegt	DOKTRINAER
Einsiedlerorden	KARTAEUSER
einspritzen	INJIZIEREN
Einsteigdieb	EINBRECHER
einstellen	ENGAGIEREN
Einstimmung	INTONATION
einstweilig	VORLAEUFIG
einstweilige Amtsenthebung	SUSPENSION
Eintagsfliege	EPHEMERIDE
eintönig	LANGWEILIG
Eintracht	KONKORDANZ
Eintreffen	ERSCHEINEN
einüben	EXERZIEREN
einüben, ausbilden	TRAINIEREN
Einweihung	INITIATION
Einwohnerverzeichnis	ADRESSBUCH
Einzäunung	UMFRIEDUNG
Einzelgänger, Kauz	SONDERLING
einzellige Pflanze	PROTOPHYTE
Einzelmensch	INDIVIDUUM
einzeln	PARTIKULAR
Einzelposten	TEILBETRAG
Einzelwesen	INDIVIDUUM
einziehen	EINRUECKEN
einziger Nachfolger	ALLEINERBE
Eisenbahner	LOKFUEHRER
Eisenbahner	ZUGFUEHRER
Eisenbahnfahrzeug	ELEKTROLOK
Eisenbahnfahrzeug	RANGIERLOK
eisenbahntechn. Signaleinrichtung	LAEUTEWERK
Eisenbahnzugmaschine	LOKOMOTIVE
Eisentfernungsanlage	ENTFROSTER
eisern, zäh	UNBEIRRBAR
Eisfuchs	WEISSFUCHS
Eisheiliger	BONIFATIUS
Eiskunstlauf-Figur	AMERIKANER
Eiskunstlauf-Figur	GEGENWENDE
Eiskunstlauf-Sprung	RITTBERGER
Eisschützenmannschaft	MOARSCHAFT
eitel	GECKENHAFT
Eitelkeit	KOKETTERIE
Eiweißstoff im Blut	FIBRINOGEN
Ekel	UEBERDRUSS
ekelhaft	ABSTOSSEND
Elbe-Zufluß	WEISSERITZ
Elefantengras	PENNISETUM
elektr. Maßeinheit	VOLTAMPERE
elektr. Musikinstrument	TRAUTONIUM
elektr. Schaltanordnung	OSZILLATOR
elektr. Schutzeinrichtung	ISOLIERUNG
elektr. Strom	MISCHSTROM
elektr. Wels-Art	ZITTERWELS
elektronischer Signalspeicher	MAGNETBAND
Element	GRUNDSTOFF
Elementarteilchen	ANTIPROTON
Elementarteilchen	LICHTQUANT
Elevin	SCHUELERIN
Elfeck	HENDEKAGON
Elfmeter beim Fußball	STRAFSTOSS

10

elsäss. Arzt, Theologe, Philosoph	SCHWEITZER
elsäss. Arzt (Nobelpreis)	SCHWEITZER
elsäss. Stadt an der Lauter	LAUTERBURG
Elternvater	GROSSVATER
emigrieren	AUSWANDERN
Empfängerin von Post	ADRESSATIN
Empfänger von Ruhegeld	PENSIONAER
Empfängnis	KONZEPTION
empfangen	REZIPIEREN
Empfindung	IMPRESSION
Emphysem	BLAEHLUNGE
Empörer	AUFRUEHRER
empört	ENTRUESTET
Endlos-Förderanlage	FLIESSBAND
engagieren	EINSTELLEN
Engel	GOTTESBOTE
engl.-amerikan. Polizeibeamter	KONSTABLER
engl. Architekt	WATERHOUSE
engl. Automarke	ROLLSROYCE
engl. Autor (»Pater Brown«)	CHESTERTON
engl. Autor (Nobelpreis)	GALSWORTHY
engl. Badeort am Lea	LEAMINGTON
engl. Chemiker (Nobelpreis)	RICHARDSON
engl. Erzbischofssitz	CANTERBURY
engl. für Torwart	GOALKEEPER
engl. Grafschaft	DERBYSHIRE
engl. Hafenstadt, Seebad	BIRKENHEAD
engl. Hafenstadt am Severn	GLOUCESTER
engl. Herzogsgeschlecht	BUCKINGHAM
engl. Hochkirche	HIGHCHURCH
engl. Kanalhafen, Seebad	EASTBOURNE
engl. Maler, Graphiker	SUTHERLAND
engl. Physiker (Nobelpreis)	RUTHERFORD
engl. Physiker (Telegrafie)	WHEATSTONE
engl. Schauspielerin	RUTHERFORD
engl. Schriftsteller (18. Jh.)	RICHARDSON
engl. Seebad am Kanal	FOLKESTONE
engl. Stadt	BEDLINGTON
engl. Stadt am Clyde	MOTHERWELL
engl. Stadt am Mersey	WARRINGTON
engl. Stadt am Severn	SHREWSBURY
engl. Stadt an der Ouse	HUNTINGDON
engl. Stadt in Cumberland	WHITEHAVEN
engl. Stadt in Essex	COLCHESTER
engl. Stadt in Hampshire	WINCHESTER
engl. Stadt in Lancashire	MANCHESTER
engl. Stadt (Kathedrale)	CANTERBURY
engl. Stadt u. Kurort	CHELTENHAM
engl. Südpolarforscher	SHACKLETON
engl.: erstklassig	FIRSTCLASS
engl.: Hintergrund	BACKGROUND
England	BRITANNIEN
Enkel	KINDESKIND
Entbindungsraum	KREISSSAAL
Entdecker Trojas	SCHLIEMANN
Entenart	KNAECKENTE
Entenart	KOLBENENTE
Entenart	KRAGENENTE
Entenart	SPIESSENTE
entfernen	BESEITIGEN
Entfernung der Keimdrüsen	KASTRATION
Entführung	KIDNAPPING
entgegen	GEGENUEBER
entgegenarbeiten	SABOTIEREN

entgegenkommend	FREUNDLICH
entgegenkommend	KONZILIANT
Entgegnung	ERWIDERUNG
Entgelt, Entschädigung	VERGUETUNG
enthusiasmieren	BEGEISTERN
Entkleidungsnummer	STRIPTEASE
Entlassung	KUENDIGUNG
Entmannung	KASTRATION
entnerven	ENERVIEREN
Entpflichtung	ENTBINDUNG
entrückter Prophet	EKSTATIKER
entrüstet	INDIGNIERT
Entschädigung	REPARATION
Entscheidung, Vorschrift	VERFUEGUNG
Entschließung	RESOLUTION
entschlüsseln	DEKODIEREN
entsetzlich	GRAUENHAFT
entsprechend	ANGEMESSEN
Entstehung	SCHOEPFUNG
entwässern	DRAINIEREN
Entweihung	SCHAENDUNG
Entwicklungsbeginn	ENTFALTUNG
Entwurf	KONZEPTION
entzückend	ZAUBERHAFT
Epos des Mittelalters	GUDRUNLIED
Epos von Spitteler	PROMETHEUS
Erben	NACHFOLGER
erblich	HEREDITAER
Erblichkeit	HEREDITAET
Erdbebenanzeiger	SEISMOSKOP
Erdbebenherd	EPIZENTRUM
Erdbebenkundler	SEISMOLOGE
Erdbirne, Roßkartoffel	TOPINAMBUR
Erdkunde	GEOGRAPHIE
Erdmetall	PROMETHIUM
Erdmittelalter	MESOZOIKUM
Erdteil	AUSTRALIEN
erdweite Politik	GEOPOLITIK
Eremit	EINSIEDLER
erfahren, geübt	ROUTINIERT
Erfahrungsbeweis	EXPERIMENT
Erfahrungslehre, -wissenschaft	EMPIRISMUS
Erfinder d. Flaschenzuges	ARCHIMEDES
Erfinder d. Gleitflugzeuges	LILIENTHAL
Erfinder d. Lokomotive	STEPHENSON
Erfinder d. Lokomotive	TREVITHICK
Erfinder der mechan. Webstuhls	CARTWRIGHT
erfolglos	VERGEBLICH
Erforscher des Mittelalters	MEDIAEVIST
erfreulicher Anblick	AUGENWEIDE
Erfrierungserscheinung	FROSTBEULE
Erfrischung	ABKUEHLUNG
Erfrischungsgetränk	BEERENSAFT
Erfrischungsgetränk	FRUCHTSAFT
Ergänzung	KOMPLEMENT
Ergänzung	SUPPLEMENT
ergeben, mutlos	RESIGNIERT
Ergebenheit	LOYALITAET
Ergötzen	AMUESEMENT
Erhöhung, Eskalation	STEIGERUNG
Erholungsstätte	LUFTKURORT
Erika	HEIDEKRAUT
Erikagewächs	SUMPFHEIDE
Erinnerung	RUECKBLICK
erklären	ERLAEUTERN
Erkundigung, Untersuchung	SONDIERUNG
Erkundungsflugzeug	PFADFINDER
erläutern	GLOSSIEREN
Erlaß	BESTIMMUNG
erlauben	BEWILLIGEN
erlauben	GENEHMIGEN
Erlaubnis	KONZESSION
Erlaubnis	PERMISSION
erlaubt	ZUGELASSEN
Erlebnishungriger	ABENTEURER
Erledigung	ABWICKLUNG
Erledigung	BEENDIGUNG
erlesen	AUSGESUCHT

Erlösungslehre	THEOSOPHIE
Ermahnung	ADMONITION
ermattet	ERSCHOEPFT
ernennen	NOMINIEREN
Ernennung	NOMINATION
ernste Oper	OPERASERIA
Erntegerät	MAEHBINDER
Eröffnung	OUVERTUERE
erörtern	BESPRECHEN
Erörterung	DISKUSSION
Erprobung	EXPERIMENT
erquicken	ERFRISCHEN
Erregung	IRRITATION
errichten	AUFSTELLEN
errichten	ETABLIEREN
Ersatzrad	RESERVERAD
Erscheinungsfest	EPIPHANIAS
erschwerend	GRAVIEREND
erste Frau von Mohammed	CHADIDSCHA
erste Mastverlängerung	MARSSTENGE
erster Präsident der USA	WASHINGTON
erster Sonntag nach Pfingsten	TRINITATIS
erste Sängerin an der Oper	PRIMADONNA
eruieren	ERGRUENDEN
Eruptivgestein	HORNBLENDE
erwägen, bedenken	UEBERLEGEN
erwägenswert	DISKUTABEL
Erweichung (mediz.)	MAZERATION
erwerben	ANSCHAFFEN

erzählende Dichtung	GESCHICHTE
Erzbischof	METROPOLIT
erzeugen	HERSTELLEN
Erzeuger	HERSTELLER
Erzeugung, Fertigung	PRODUKTION
Erziehungslehre	PAEDAGOGIK
erzürnt, verstimmt	VERAERGERT
eßbarer Blätterpilz	HALLIMASCH
Essener Großbau	GRUGAHALLE
Essenkehrer	KAMINFEGER
Eßlokal, Gasthaus	RESTAURANT
Eßlokal, Gasthaus	WIRTSCHAFT
estnisches Volksepos	KALEWIPOEG
Etikett	SCHILDCHEN
etliches	MANCHERLEI
etruskische Tänzer	HISTRIONEN
Euphorbie	WOLFSMILCH
europ. Fernsehorganisation	EUROVISION
europ. Hauptstadt	KOPENHAGEN
Europa-Stadt	STRASSBURG
evangel. Schwester	DIAKONISSE
Evangelienbuch	EVANGELIAR
eventuell	VIELLEICHT
Exhumierung	AUSGRABUNG
Exil	VERBANNUNG
exotisch	FREMDARTIG

expedieren	ABFERTIGEN
Expedition	VERSENDUNG
Experte	SACHKENNER
Experte, Fachmann	SPEZIALIST
explodieren	DETONIEREN
Explosion	DETONATION
Exposé	PLANSKIZZE
exquisit	AUSGESUCHT
extern	AUSSERHALB
extern	AUSWAERTIG
extra	AUSSERHALB
Extrakt	KONZENTRAT
extravagant	AUFFALLEND
extravagant, verschroben	VERSTIEGEN
Fabrikant	HERSTELLER
fabrizieren	HERSTELLEN
Facharzt	HOMOEOPATH
Facharzt f. d. Bewegungsorgane	ORTHOPAEDE
Facharzt f. Geisteskrankh.	PSYCHIATER
Fachgespräch	KOLLOQUIUM
Fachgröße	KAPAZITAET
fad, fade	LANGWEILIG
Fährhafen in England	FOLKESTONE
Fälschung	FALSIFIKAT
Fälschung	NACHAHMUNG
fälteln	PLISSIEREN
färben	KOLORIEREN
Fahndung	SUCHAKTION
Fahndungshilfe	STECKBRIEF

Fahnenflucht	DERSERTION
fahrbare Dampfmaschine	LOKOMOBILE
fahrbare Dampfmaschine	LOKOMOTIVE
fahrbarer Operationsraum	KLINOMOBIL
fahrende Geistliche im Mittelalter	GOLLIARDEN
fahrende Sänger	SPIELLEUTE
Fahrgastbetreuerin	STEWARDESS
Fahrgeschwindigkeitsmesser	TACHOMETER
fahrig, unkonzentriert	SCHUSSELIG
Fahrtenschreiber	TACHOGRAPH
Fahrtrichtungsanzeiger	BLINKLICHT
Fahrzeugoberbau	KAROSSERIE
fair	ANSTAENDIG
Falke	ROETELFALK
Falke	WUERGFALKE
Fallbeil	GUILLOTINE
Falle	HINTERHALT
falsch	FEHLERHAFT
falscher Schein, Gaukelei	TAEUSCHUNG
falschspielen	SCHWINDELN
Familienangehöriger	VERWANDTER
Familienforschung	GENEALOGIE
Familienstammbaum	AHNENTAFEL
fanatischer Nationalist	CHAUVINIST
Fangvorrichtung	KLAPPFALLE
Farbe	GOLDBRONZE
Farbe, Farbton	KOBALTBLAU
Farbenhalbring am Himmel	REGENBOGEN
Farnart	MAUERRAUTE
Farngewächs	FRAUENHAAR
Fassade	SCHAUSEITE
Fassade, Vorderfront	STIRNSEITE
Fassung	KONTENANCE
Fassungslosigkeit	VERWIRRUNG
Fassungsvermögen	KAPAZITAET
Fassungsvermögen	RAUMINHALT
faszinierend	BEZAUBERND
Faulbaum	HIRSCHDORN
Favorit	GUENSTLING
FDP-Politiker	LAMBSDORFF
Fechthieb	TEMPOSTOSS
fehlgeleitete Post	IRRLAEUFER
Fehlschlag	MISSERFOLG
feierliche Anrede	APOSTROPHE
feierlicher Umgang, Umzug	PROZESSION
feige	MEMMENHAFT
feilbieten	OFFERIEREN
Feinbäckerei	KONDITOREI
Feinbäckerei	PATISSERIE
Feind des Messias	ANTICHRIST
feines Benehmen	COURTOISIE
Feingebäck	MOHRENKOPF
Feingebäck	SANDKUCHEN
Feingebäck	WINDBEUTEL
Feinheit, Genauigkeit	PRAEZISION
Feinheit, Gerissenheit	RAFFINESSE
Feinmeßgerät	MIKROMETER
Feinmeßgerät	SCHUBLEHRE
Feldherr Alexanders d. Großen	LYSIMACHOS
Feldherr Nebukadnezars	HOLOFERNES
Felsen im Harz	ROSSTRAPPE
Felseninsel vor Marseille	CHATEAUDIF
Ferienziel	URLAUBSORT
Ferngesprächanschluß	VERBINDUNG
Fernsehen	TELEVISION
Fernsehnachrichtensendung	ABENDSCHAU
Fernsehunterricht	TELEKOLLEG
Fernwirkung	TELEKINESE
Fernwirkung	TELEPATHIE
Fertiger	HERSTELLER
Fertigkleidung	KONFEKTION
Fest der Geburt Jesu	CHRISTFEST
fest glaubend	UEBERZEUGT
Festkleidung	ABENDANZUG
Festkleidung	ABENDKLEID
festlegen	DEFINIEREN

Fest-nahme, Freiheits-entzug	VERHAFTUNG
fest-nehmen	ARRETIEREN
fest-setzen	STATUIEREN
fest-sitzend. Meeres-krebs	MEEREICHEL
fest-stellen	ARRETIEREN
Festungs-anlage	RINGGRABEN
Fett-leibiger (Kose-wort)	DICKERCHEN
Fettlei-bigkeit	ADIPOSITAS
Feuchtig-keits-schreiber	HYGROGRAPH
Feuers-brunst	GROSSBRAND
Feuer-wehr-gebäude	BRANDWACHE
Feuer-wehrhilfs-gerät	SPRUNGTUCH
Feuer-werks-körper	KNALLERBSE
Fieber-klee	BITTERKLEE
Figur aus »Annie Get Your Gun«	PAWNEEBILL
Figur aus »Barbier von Sevilla«	MARZELLINE
Figur aus »Der Bettel-student«	BRONISLAWA
Figur aus »Der Revisor«	CHLESTAKOW
Figur aus »Der Vogel-händler«	STANISLAUS
Figur aus »Der Waffen-schmied«	IRMENTRAUT
Figur aus »Die Zauber-flöte«	MONOSTATOS
Figur aus »Don Giovanni«	DONOTTAVIO
Figur aus »Fidelio«	DONPIZARRO
Figur aus »Fidelio«	MARZELLINE
Figur aus »Figaros Hochzeit«	MARCELLINA
Figur aus »Gärtne-rin aus Liebe«	DONANCHISE
Figur aus »Götz von Berli-chingen«	MAXIMILIAN
Figur aus »Götz von Berli-chingen«	WEISLINGEN
Figur aus »Nathan der Weise«	TEMPELHERR
Figur aus »Ring des Nibelun-gen«	BRUENHILDE
Figur aus »Tief-land«	SEBASTIANO
Figur aus »Undine«	KUEHLEBORN
Figur aus »Wilhelm Tell«	ATTINGHAUS
Figur aus »Wilhelm Tell«	BAUMGARTEN
Figur aus »Zar und Zimmer-mann«	WITWEBROWN
Figur aus Mozarts »Entfüh-rung«	BASSASELIM
Figur aus Wagners »Meister-singern«	BECKMESSER
Film-gattung	KULTURFILM
Finanzen	GELDMITTEL
finanziel-le Förde-rung	SPONSORING
Findel-heim	WAISENHAUS
Finger-kraut	GAENSEFUSS
Finger-kraut	GAENSERICH
Finger-kraut	POTENTILLA
Finger-kraut, Blutwurz	TORMENTILL
Finger-satz	APPLIKATUR
Finger-schmuck	SIEGELRING
finnisch. Komponist	JAERNEFELT
finnisch. Politiker (Staats-präsid.)	MANNERHEIM
firm, be-wandert	SATTELFEST
First-türmchen	DACHREITER
Fisch, Fischart	ADLERFISCH
Fisch, Fischart	MUCHLKAPPE
Fisch, Fischart	SPRENZLING
Fisch-fang-gerät	GRUNDANGEL
Fisch-fang-gerät	SPINNANGEL
Fisch-fang-gerät	SPINNGERTE
Fisch-konserve	BRATHERING
Fisch-konserve	OELSARDINE
Fisch-schuppen-krankheit	ICHTHYOSIS
fixieren	FESTHALTEN
fixiert	FESTGELEGT

Flachdruckverfahren	LICHTDRUCK
Flachdruckverfahren	STEINDRUCK
flacher Witz	PLATITUEDE
Flächenmesser	PLANIMETER
flämischer Schriftsteller	CONSCIENCE
flämischer Schriftsteller	TIMMERMANS
Flammenwelt der nord. Mythologie	MUSPELHEIM
Flanke beim Fußball	HEREINGABE
Flattertier	FLEDERMAUS
Flaute, Stockung	STAGNATION
Fleischpastetchen	RISSOLETTE
Fleischvergiftung	BOTULISMUS
Fleischware	LEBERWURST
Fleischware	MORTADELLA
flicken	AUSBESSERN
Fliegenart	BOHRFLIEGE
Fliegenart	DUNGFLIEGE
Fliegenart	GOLDFLIEGE
fliegendes Personal	BORDFUNKER
Fliese	WANDPLATTE
fließendes Gewässer	WASSERLAUF
Flint	FEUERSTEIN
Flinte	JAGDGEWEHR
flirten, hofieren	POUSSIEREN
flötenartiges Instrument	ROHRPFEIFE
Flöz	KOHLENADER
florentin. Maler	BOTTICELLI
florentin. Reformator	SAVONAROLA
Fluch, Verwünschung	VERDAMMNIS
Flüssigkeitsmaß	HEKTOLITER
Flüssigkeitsmaß	MILLILITER
Flugblatt, Flugschrift	HANDZETTEL
Fluggastbetreuerin	STEWARDESS
Flughafen	LANDEPLATZ
Flughafen von Athen	HELLINIKON
Flughafen von Atlanta	HARTSFIELD
Flughafen von Oslo	GARDERMOEN
Flugschrift	BROSCHUERE
flugtechnisches Manöver	NOTLANDUNG
Flugzeugart	HOCHDECKER
Flugzeugart	TIEFDECKER
Flugzeugführung	NAVIGATION
Flugzeugverband	LUFTFLOTTE
Fluß durch Madrid	MANZANARES
Fluß in Georgia (USA)	FLINTRIVER
Fluß in Kleinasien	SKAMANDROS
Fluß in NO-Kanada	BLACKRIVER
Fluß in Südwestirland	BLACKWATER
Fluß in Virginia (USA)	JAMESRIVER
Fokus	BRENNPUNKT
Folge, Folgerung	AUSWIRKUNG
folgerichtig	KONSEQUENT
Folgerichtigkeit	KONSEQUENZ
folgern, kombinieren	SCHLIESSEN
folgernd	KONSEKUTIV
Folgerung	KONSEQUENZ
Forellenart	SEEFORELLE
Formgebung	GESTALTUNG
formlos	NONCHALANT
Formung	GESTALTUNG
forsch	BURSCHIKOS
forschen	ERGRUENDEN
Forschungsreise	EXPEDITION
Forschungsstätte	PRUEFSTAND
Forstbeamter	WALDHUETER
Forstbediensteter	WILDHUETER
Forstbestand, -sektor	NIEDERWALD
fortlaufend	KURSORISCH
Fortpflanzung	VERMEHRUNG
fortschaffen	BESEITIGEN
fortschreitend, zunehmend	PROGRESSIV
fortschrittlich	PROGRESSIV
fränk. Fürstengeschlecht	KAROLINGER

fränk. Königsgeschlecht	MEROWINGER
fränk. Oberhofbeamter	SENESCHALL
Fragment, Torso	STUECKWERK
Frankenkönig	CHILDEBERT
Frankenkönig	CHILDERICH
Frankfurter Sehenswürdigkeit	GOETHEHAUS
frankieren	FREIMACHEN
frankreichfreundlich	FRANKOPHIL
franz. Antilleninsel	GUADELOUPE
franz. Atlantikhafen	LAROCHELLE
franz. Dichter, Schriftsteller	BAUDELAIRE
franz. f. Jugendstil	ARTNOUVEAU
franz. Fabeldichter	LAFONTAINE
franz. Frauenname	ANTOINETTE
franz. Frauenname	FLORENTINE
franz. Frauenname	MARGUERITE
franz. Frauenname	PHILIPPINE
franz. Fürstengeschlecht	KAPETINGER
franz. Komponist	SAINTSAENS
franz. Landschaft	BEAUJOLAIS
franz. Name von Straßburg	STRASBOURG
franz. Nationalheldin	JEANNEDARC
franz. Physiker, Mathematiker	MAUPERTUIS
franz. Politiker, Staatsmann	CLEMENCEAU
franz. Politiker, Staatsmann	TALLEYRAND
franz. Politiker, Staatspräsid.	MITTERRAND
franz. Protestanten	HUGENOTTEN
franz. realist. Schriftsteller	MAUPASSANT
franz. Revolutionär	DESMOULINS
franz. Revolutionslied	CARMAGNOLE
franz. Romancier	JOUHANDEAU
franz. Rotweinsorte	BEAUJOLAIS
franz. Schaumwein	CHAMPAGNER
franz. Schauspieler	DESPARDIEU
franz. Schriftsteller	PEYREFITTE
franz. Sekte	ALBIGENSER
franz. Stadt	ARGENTEUIL
franz. Stadt an der unt. Rhone	MONTELIMAR
franz. Stadt an Ill und Rhein	STRASSBURG
franz. Stadt bei Paris	SAINTDENIS
franz. Stadt bei Paris	VERSAILLES
franz. Übersee-territorium	MARTINIQUE
franz. Walzerkomponist	WALDTEUFEL
franz. weibl. Adelstitel	VICOMTESSE
franz.: Abenteurer	AVENTURIER
franz.: Brüderlichkeit	FRATERNITE
franz.: Eindruck	IMPRESSION
franz.: Fräulein	DEMOISELLE
franz.: Widerstand	RESISTANCE
Franzosengras	GLATTHAFER
Franzosenkraut	KNOPFKRAUT
Frauenmantel (botan.)	ALCHEMILLA
Frauenname	CHRISTIANE
Frauenname	EHRENTRAUT
Frauenname	FRIEDERIKE
Frauenname	LEOPOLDINE
Frauenname	LIESELOTTE
Frauenname	MARGARETHE
Frauenname	WILHELMINE
Frau v. Hades	PERSEPHONE
Frau v. Hektor	ANDROMACHE
Frau v. Poseidon	AMPHITRITE
frei, disponibel	VERFUEGBAR
frei, ledig	UNGEBUNDEN

Freibeuter	FILIBUSTER
Freiheitsentzug, -strafe	GEFAENGNIS
Freikörperkultur	NATURISMUS
freimachen	FRANKIEREN
Freisprechung	ABSOLUTION
Freitag vor Ostern	KARFREITAG
Fremder	AUSLAENDER
Freßzellen	PHAGOZYTEN
Freude, Ergötzen	VERGNUEGEN
freundliche Gesinnung	WOHLWOLLEN
freundlicher Hinweis	EMPFEHLUNG
Frevel	LAESTERUNG
Frevler, Straftäter	VERBRECHER
Friedensliebe	PAZIFISMUS
friedliches Nebeneinander	KOEXISTENZ
Frischhaltegerät	KUEHLTRUHE
Frisiermethode	DAUERWELLE
Frist	BEDENKZEIT
fröhlicher Mensch	SPASSVOGEL
fröhliche Stimmung	HEITERKEIT
Frömmelei	BIGOTTERIE
frohlocken	JUBILIEREN
Froschlurch	GRASFROSCH
Froschlurch	LAUBFROSCH
Froschlurchlarve	KAULQUAPPE
Fruchtbrei	KONFITUERE
Frucht der Rebe	WEINTRAUBE
Fruchtgetränk	KIRSCHSAFT
Fruchtlehre	KARPOLOGIE
frühchristl. Schriftsteller	HIPPOLYTUS
frühere Bez. der türk. Regierung	HOHEPFORTE
frühere Bez. für Klavier	FORTEPIANO
frühere Lichtquelle	BOGENLAMPE
früherer Name v. Äthiopien	ABESSINIEN
früherer Name v. Edirne	ADRIANOPEL
früherer Name v. Lesotho	BASUTOLAND
früherer Name v. Malawi	NJASSALAND
früherer Seeoffiziershut	DREIMASTER
früheres Ehegeschenk	MORGENGABE
frühgeschichtl. Zeitabschnitt	BRONZEZEIT
Fuchs, Fuchsart	KREUZFUCHS
Fuchsbau in der Tierfabel	MALEPARTUS
Fuchsschwanzgewächs	HAHNENKAMM
Fügung	BESTIMMUNG
führen	DIRIGIEREN
Fülle	UEBERFLUSS
fünffüßiger Vers der Antike	PENTAMETER
Fünftönigkeit	PENTATONIK
fünfzackiger Stern	DRUDENFUSS
fünfzackiger Stern	PENTAGRAMM
Fürsorgeanstalt	PFLEGEHEIM
Fürsorge-Einrichtung	ALTERSHEIM
Fürstin	PRINZESSIN
Fund	ENTDECKUNG
Fundament	GRUNDMAUER
funkengebender Stein	FEUERSTEIN
Funkstille	SENDEPAUSE
furchterregend	FORMIDABEL
Fußballverwarnung	GELBEKARTE
Fußgicht	ZIPPERLEIN
Fußknochen	SPRUNGBEIN
Fußtruppe	INFANTERIE
Futterpflanze	ESPARSETTE
Gabelkarren	HUBSTAPLER
Gabenbehälter der Kirche	OPFERSTOCK
Gänsedistel	MILCHKRAUT
galant, chevaleresk	RITTERLICH
Galileis Entdeckung	FALLGESETZ
Gallertmasse	WASSERGLAS
Galosche	GUMMISCHUH
Galosche	UEBERSCHUH
Gangster, Krimineller	VERBRECHER
ganzheitlich	TOTALITAER

10

Garde-robe	BEKLEIDUNG
Garten am Ölberg	GETHSEMANE
Garten-blume, -pflanze	ADLERKRAUT
Garten-blume, -pflanze	FEDERNELKE
Garten-blume, -pflanze	LOEWENMAUL
Garten-gefäß	GIESSKANNE
Garten-gerät	BAUMSCHERE
Garten-pflanze, Kreuz-blütler	STEINKRAUT
Gast-haus, -stätte	KAFFEEHAUS
Gast-stätten-gewerbe	HOTELLERIE
Gattung	GESCHLECHT
Gau	LANDSCHAFT
Gau	LANDSTRICH
Gaudi, Gaudium	AMUESEMENT
Gaukler-blume	AFFENBLUME
Gauner, Betrüger	SCHWINDLER
gazellen-ähnliches Tier	SPRINGBOCK
geädert	MARMORIERT
ge-backene Kartoffel-Klöße	CROQUETTEN
Gebäck, Gebäck-sorte	GRAHAMBROT
Gebäck, Gebäck-sorte	NAPFKUCHEN
Gebäck, Gebäck-sorte	SALZSTANGE
Gebär-denspiel	PANTOMIMIK
Gebets-schnur mit Kugeln	ROSENKRANZ
Gebiet	LANDESTEIL
Gebiet	LANDSTRICH
Gebieter	MACHTHABER
gebildet	KULTIVIERT
Gebirge	BERGMASSIV
Gebirge der Südl. Kalkalpen	KARAWANKEN
Gebirge in Nord-amerika	APPALACHEN
Gebirgs-bahn	HAENGELIFT
Gebirgs-baum	BERGKIEFER
Gebirgs-blume, -pflanze	ALPENLILIE
Gebirgs-blume, -pflanze	EHRENPREIS
Gebirgs-blume, -pflanze	GOLDPIPPAU
Gebirgs-blume, -pflanze	TROLLBLUME
Gebirgs-pflanze	BLASENFARN
Gebirgs-vogel	ALPENDOHLE
Gebirgs-vogel	SCHNEEFINK
Gebirgs-vogel	SCHNEEHUHN
Gebirgs-vogel	STEINADLER
Gebißteil	BACKENZAHN
Gebläse-vorrich-tung	ENTLUEFTER
Gebor-genheit, Gewißheit	SICHERHEIT
gebrate-ner Fleisch-kloß	FRIKADELLE
Ge-brauch, Benutzung	VERWENDUNG
Ge-brauchs-gegen-stände	UTENSILIEN
gebremst	GEDROSSELT
gebunde-nes Heft	BROSCHUERE
Geburt	ENTBINDUNG
Geburten-häufigkeit	NATIVITAET
Geburts-ort	VATERSTADT
Ge-dächtnis-stütze	AKTENNOTIZ
Gedärm	EINGEWEIDE
gedanken-los	MECHANISCH
Ge-danken-splitter	APHORISMUS
Gedan-kenüber-tragung	TELEPATHIE
Gedeih, Gedeihen	FORTKOMMEN
gedeih-liche Periode	BLUETEZEIT
Geden-ken	ERINNERUNG
Gedinge	AKKORDLOHN
Gedinge	STUECKLOHN
gedörrter Dorsch	STOCKFISCH
gedrückte Stimmung	DEPRESSION
gefährlich	BEDROHLICH
Gefährte des Odysseus	EURYLOCHOS
Gefälsch-tes	FALSIFIKAT
Gefall-sucht	KOKETTERIE
gefangen-nehmen	FESTSETZEN
Gefasel	GESCHWAETZ
Gefecht	GEPLAENKEL
gefeierte Künstlerin	PRIMADONNA
Gefieder	FEDERKLEID
Geflecht	GITTERWERK

geflochtene Sitzgelegenheit	KORBSESSEL
Geflügelkrankheit	KUEKENRUHR
Gefolge	BEGLEITUNG
Gefriergerät	EISSCHRANK
Gefüge	GLIEDERUNG
Gefüge	ORGANISMUS
Gefüge	SCHICHTUNG
gefühllos, gefühlskalt	GEMUETSARM
gefühllos, gefühlskalt	HARTHERZIG
gefühlsbetont	PATHETISCH
gefühlsmäßiges Bewußtwerden	EMPFINDUNG
Gefühlsschwärmer	ROMANTIKER
gefüllte Teigware	MAULTASCHE
gefürchtete Maifröste	EISHEILIGE
Gegenaktion, -bewegung	AUFLEHNUNG
Gegenbewegung	RUECKSTOSS
Gegend	LANDSCHAFT
gegensätzlich	ADVERSATIV
Gegensätzlichkeit	POLARITAET
Gegensatz	ANTITHESIS
Gegensatz, Gegenspiel	OPPOSITION
Gegensatz von Homöopathie	ALLOPATHIE
Gegenschein (astron.)	OPPOSITION
Gegenseite	KONKURRENZ
Gegenspieler	ANTAGONIST
Gegenspieler	KONKURRENT
Gegenteil von erlauben	UNTERSAGEN
Gegenteil von Sieg	NIEDERLAGE
Gegenteil von Sympathie	ANTIPATHIE
Gegenteil von vertikal	HORIZONTAL
Gegenwehr, Abwehr	WIDERSTAND
Gegenwirbel	ANTIZYKLON
Gegner	ANTAGONIST
Gegner	KONKURRENT
Gegner	KONTRAHENT
geheftetes Buch	BROSCHUERE
Geheimbund in den USA	KUKLUXKLAN
Geheime Offenbarung	APOKALYPSE
geheimnisvoll	MYSTERIOES
Gehirnhautentzündung	MENINGITIS
Gehörprüfgerät	AUDIOMETER
Geigenteil	BASSBALKEN
Geigenteil	GRIFFBRETT
Geigenteil	OBERSATTEL
Geigenteil	STIMMSTOCK
Geigenteil, -zubehör	KINNHALTER
Geißbart	MAEDESUESS
Geißbart	ZIEGENBART
Geißblattgewächs	HUNDSBEERE
Geißelbruder	FLAGELLANT
Geistererscheinung	WASSERMANN
Geisteswissenschaft	HUMANISTIK
geistig, geistlich	SPIRITUELL
geistig, unsinnlich	PLATONISCH
geistig beschränkt	EINFAELTIG
geistl. Amt, Würdenträger	ERZBISCHOF
geistl. Amtsbereich	KIRCHSPIEL
geistl. Orden	LAZARISTEN
geistl. Orden	PALLOTINER
geistl. Orden (Paulaner)	BARNABITEN
geistl. Ritter	TEMPELHERR
geistl. Ritterorden	JOHANNITER
geistl. Übung	MEDITATION
geistreicher Einfall	APHORISMUS
gekrümmte Wegführung	SERPENTINE
gekünstelt	AFFEKTIERT
gekünstelt	MANIERIERT
Geländeform	HUEGELLAND
Geländer	BALUSTRADE
Gelassenheit	KONTENANCE
gelbblühende Zierpflanze	NACHTKERZE
gelbe Narzisse	OSTERBLUME

10

gelber Enzian	BITTERWURZ
Gelbling	KLEEFALTER
Geldbeihilfe, Staatszuschuß	SUBVENTION
Geldgeber	GLAEUBIGER
geldlich	FINANZIELL
gelegen	WILLKOMMEN
gelegentlich	EPISODISCH
Geleit	BEGLEITUNG
Geliebter einer Ehefrau	HAUSFREUND
Geliebter v. Lady Hamilton	LORDNELSON
Geliebte v. Aristoteles	HERPHYLLIS
Geliebte von Karl VII. v. Frankr.	AGNESSOREL
Gelobtes Land	PALAESTINA
gelten lassen	ANERKENNEN
gemächlich gehen	SCHLENDERN
Gemäldesammlung	PINAKOTHEK
gemäß	ANGEMESSEN
Gemarkungsrand	FLURGRENZE
Gemeindehelferin	DIAKONISSE
Gemeindezentrum	MARKTPLATZ
Gemeinheit	SCHURKEREI
Gemeinplatz	PLATITUEDE
Gemeinschaft	KONSORTIUM
Gemeinschaftssinn	KORPSGEIST
gemischt	KUNTERBUNT

Gemütsruhe, Gleichmut	STOIZISMUS
genau, rechtzeitig	PUENKTLICH
Gendarm	LANDJAEGER
Genehmigung	KONZESSION
Genese, Genesis	ENTSTEHUNG
Genese, Genesis	SCHOEPFUNG
Genießer	LECKERMAUL
Genossenschaft	KONSORTIUM
genossenschaftlich	KOOPERATIV
genügsam	BESCHEIDEN
Genus	GESCHLECHT
geologische Formation	GOTLANDIUM
geologische Formation	MESOZOIKUM
geologische Formation	UNTERDEVON
geometr. Umgrenzung	PERIPHERIE
geordnetes Ganzes	ORGANISMUS
Gepäckabteil im Auto	KOFFERRAUM
Gepäckträger	DIENSTMANN
gepflegt	ORDENTLICH
Gepflogenheit	GEWOHNHEIT
gepökeltes Rindfleisch in Büchsen	CORNEDBEEF
Gerät zur plast. Betrachtung	STEREOSKOP
geräucherte Fleischware	KATENRAUCH

geräucherte Fleischware	PLOCKWURST
Geraniazee	PELARGONIE
Gerbmittel	EICHENLOHE
gerechte Beurteilung	WUERDIGUNG
Gerede	GESCHWAETZ
gereinigt, verfeinert	RAFFINIERT
gerichtl. Strafentscheidung	EHRVERLUST
gerichtl. Strafentscheidung	GELDSTRAFE
gerichtl. Verbot	INHIBITION
gerichtlich	FORENSISCH
Geringfügigkeit	NEBENSACHE
gerissen, gewieft	RAFFINIERT
Gerissenheit	CLEVERNESS
german. Reich d. Feuerriesen	MUSPELHEIM
german. Sagengestalt	FLOSSHILDE
german. Stammesverband	INGWAEONEN
german. Ungeheuer	FENRISWOLF
german. Zwergengeschlecht	NIBELUNGEN
Germer	CHRISTWURZ
Gerüchtemacher	KOLPORTEUR
Gerümpel	KRIMSKRAMS
Gesamtheit, Ganzheit	TOTALITAET

Gesamtheit der Erdbevölkerung	MENSCHHEIT
Gesamtheit der Flugzeuge	LUFTFLOTTE
Gesamtheit der Verzierungen	ORNAMENTIK
Gesang	VOKALMUSIK
Geschäftsauftrag	KOMMISSION
Geschäftsführerin	DIREKTRICE
Geschäftslage	KONJUNKTUR
Geschäftspartner	MITINHABER
Geschichte	ERZAEHLUNG
geschichtlich	HISTORISCH
geschichtlicher Abschnitt	KUPFERZEIT
Geschichtsforscher	HISTORIKER
Geschick, Geschicklichkeit	FERTIGKEIT
Geschirrteil	HALSRIEMEN
Geschirrteil	UNTERTASSE
Geschlechterfolge	GENERATION
Geschlechterkunde	GENEALOGIE
Geschlechtsorgane	GENITALIEN
Geschmeide	BIJOUTERIE
Geschmeide	KLEINODIEN
geschmeidig	SCHMIEGSAM
Geschoß	SCHROTKORN
Geschütztruppe	ARTILLERIE
Geschwindigk.-Begrenzung	TEMPOLIMIT
Geschwür, Geschwulst	SCHWELLUNG
geselliger Kreis	KRAENZCHEN
geselliger Kreis	STAMMTISCH
geselliger Kreis, Tischgesellschaft	TAFELRUNDE
Gesellschafter	MITINHABER
Gesellschaftsschicht	BUERGERTUM
Gesellschaftsspiel	BRETTSPIEL
Gesellschaftstanz	CHARLESTON
Gesellschaftstanz	KASATSCHOK
Gesellschaftstanz	KREUZPOLKA
Gesellschaftswissenschaft	SOZIOLOGIE
Gesetz	RECHTSNORM
Gesetz	RECHTSSATZ
gesetzgebend	LEGISLATIV
Gesetzgebung	LEGISLATUR
Gesetzlichkeit	LEGALITAET
Gesichtshaare	AUGENBRAUE
Gesichtsnerv	TRIGEMINUS
gesittet	KULTIVIERT
gesittet	MANIERLICH
Gespensterfurcht	ABERGLAUBE
Gespensttier	KOBOLDMAKI
Gespräch	AUSSPRACHE
Geständnis	BEKENNTNIS
gestattet	KONZEDIERT
Geste	KOPFNICKEN
Gesteinsart	WINDKANTER
Gesteinskunde	LITHOLOGIE
Gesteinskundler	MINERALOGE
gestimmt, aufgelegt	DISPONIERT
Gestirnsumlauf	REVOLUTION
Gestrenge Herren	EISHEILIGE
gesundheitlich	HYGIENISCH
geteilter Chor	DOPPELCHOR
Getränk	KNICKEBEIN
Getreidekrankheit	MUTTERKORN
Getreidekrankheit	STEINBRAND
Getreidekrankheit	STINKBRAND
Getreideschädling	KORNKAEFER
Getrennthaltung, Trennung	SEPARATION
Getriebe	RAEDERWERK
getrockneter Kabeljau	KLIPPFISCH
getrockneter Kabeljau	STOCKFISCH
gewähren lassen, nachsehen	TOLERIEREN
gewährleisten, garantieren	VERBUERGEN
gewagtes Unternehmen	EXPERIMENT
gewaltig	GIGANTISCH
gewaltig	MONUMENTAL

10

gewaltsam, willkürlich	TYRANNISCH
Gewand	BEKLEIDUNG
Gewand d. Landsknechte	PLUDERHOSE
Gewand d. Soldaten	WAFFENROCK
gewandt, gerissen	ROUTINIERT
Gewandtheit	CLEVERNESS
Gewebeart	BEIDERWAND
Gewebeart	CREPESATIN
Gewebeart	KREPPSATIN
Gewebeart	RIPPENSAMT
Gewebelehre	HISTOLOGIE
Geweihteil	EISSPROSSE
Gewerbetreibender	HANDWERKER
Gewichtseinheit	MILLIGRAMM
Gewichtsklasse im Sport	HALBSCHWER
gewinnbringend	PROFITABEL
Gewinnsucht	PROFITGIER
Gewinnung von Bodenschätzen	FOERDERUNG
gewissenhaft	GRUENDLICH
gewissenhaft	ORDENTLICH
gewissenhaft	SKRUPULOES
gewissenlos, hemmungslos	SKRUPELLOS
Gewogenheit, Gunst	WOHLWOLLEN
geziert	AFFEKTIERT
geziert	MANIERIERT

geziertes Benehmen	STUTZERTUM
Giebelverzierung	AKROTERIUM
giftige Substanz	SCHADSTOFF
Giftpflanze	FEUERBLUME
Giftpflanze	GIFTSUMACH
Giftpflanze	KELLERHALS
Giftpflanze	SPERRKRAUT
Giftpflanze	SPINNBLUME
Giftpflanze	TOLLGERSTE
Giftpflanze	TROLLBLUME
Giftschlange	ASPISVIPER
Giftschlange	TRUGNATTER
Ginsterkatze	ZIBETKATZE
Gipfel	HOEHEPUNKT
Gipfel der Walliser Alpen	MATTERHORN
Gipser, Stuckarbeiter	STUKKATEUR
glänzen	BRILLIEREN
Glaube, Glaubensbekenntnis	KONFESSION
Glaubensgemeinschaft	KONFESSION
Glaubensverteidigung	APOLOGETIK
Glaubenswechsel	KONVERSION
Gleichflügler	HOMOPTEREN
Gleichheit	IDENTITAET
Gleichklang	HOMOPHONIE
gleichzeitig. Vorhandensein	KOEXISTENZ

Gliederfüßer	ANTHROPODE
Gliederfüßer, Gliedertier	MAUERASSEL
gliedern	GRUPPIEREN
Gliederpuppe	MARIONETTE
Gliedstaat einer Föderation	BUNDESLAND
Glimmer	KATZENGOLD
Glimmer-Abart	LEPIDOLITH
Glückseligkeit	EUDAEMONIE
Gnome, Sentenz	SINNSPRUCH
Gönnerschaft	PROTEKTION
Götterlehre	MYTHOLOGIE
Gondel an Luftfahrzeug	BALLONKORB
Gotteserscheinung	THEOPHANIE
Gotteslästerung	BLASPHEMIE
Gouvernante	ERZIEHERIN
Grababdeckung	GRABPLATTE
Gradeinheit beim Thermometer	FAHRENHEIT
Gradierhaus	RIESELWERK
Graduierung	EINTEILUNG
Gram	BETRUEBNIS
Grapefruit	PAMPELMUSE
graph. Beruf	RETUSCHEUR
graph. Produkt	KUNSTBLATT
graph. Produkt	STAHLSTICH
Grasart	RISPENGRAS
Grasart	ZITTERGRAS
Graslilie	KREUZKRAUT

Graubär	GRISLYBAER
grauer Quarz	RAUCHTOPAS
grausam	BARBARISCH
grausam	SADISTISCH
Greifvogel	GABELWEIHE
Greifvogel	RABENGEIER
Greifvogel	ROETELFALK
Grenzbarriere	SCHLAGBAUM
Grenze	MARKIERUNG
Grenze	TRENNLINIE
griech. Ägäisinsel	SAMOTHRAKE
griech. Astronom, Geograph	PTOLEMAEUS
griech. Baumeister (Milet)	HIPPODAMOS
griech. Feuergott	HEPHAISTOS
griech. Göttin der Unterwelt	PERSEPHONE
griech. Göttin des Frohsinns	EUPHROSINE
griech. Göttin des Meeres	AMPHITRITE
griech. Halbinsel	CHALKIDIKE
griech. Halbinsel	HAGIONOROS
griech. Halbinsel	PELOPONNES
griech. Historiker	DIOCASSIUS
griech. Königsname	KONSTANTIN
griech. Landschaft	MAKEDONIEN
griech. Mathematiker	DIOPHANTOS
griech. Nationaltracht	FUSTANELLA
griech. Philosoph, Stoiker	CHRYSIPPOS
griech. Philosoph aus Elea	PARMENIDES
griech. Philosoph des Hedonismus	ARISTIPPES
griech. Philosoph (Vorsokratiker)	EMPEDOKLES
griech. Philosoph (4./3. Jh. v. Chr.)	THEOPHRAST
griech. Politiker	MITSOTAKIS
griech. Politiker	PAPANDREOU
griech. Politiker, Staatspräsid.	KARAMANLIS
griech. sophistischer Philosoph	PROTAGORAS
griech. Tempelform	MONOPTEROS
griech. Tempelvorhalle	PROPYLAEEN
grobes Gewebe	BEIDERWAND
Größenverhältnis	PROPORTION
Größenwahnsinniger	MEGALOMANE
größter Fluß Kleinasiens	KISILIRMAK
größter See Mecklenburgs	MUERITZSEE
größte Stadt Kaliforniens	LOSANGELES
größte Stadt von Louisiana	NEWORLEANS
großartig	MONUMENTAL
große Einkaufsstätte	SUPERMARKT
große Hunderasse	LEONBERGER
großer Eulenschmetterling	ORDENSBAND
Großer Hund (astron.)	CANISMAJOR
großer Nahrungsmangel	HUNGERSNOT
Großer Panda	BAMBUSBAER
Großgrundbesitz	LATIFUNDIE
Großvater Noahs	METHUSALEM
großzügig	WEITHERZIG
grotesk, bizarr	WUNDERLICH
Grubber	KULTIVATOR
Grünauge (Fliege)	HALMFLIEGE
gründen	ETABLIEREN
Gründer des kommunist. China	MAOTSETUNG
grüner Gallenfarbstoff	BILIVERDIN
grüner Schmuckstein	CHRYSOPRAS
Gruft	GRABKAMMER
Grundbesitz	IMMOBILIEN
Grundgesetz, Satzung	VERFASSUNG
Grundlage	UNTERGRUND
Grundsatz, Vorschrift	RICHTLINIE
Grußform	HANDSCHLAG
Grußform	KOPFNICKEN
Grußwort	WILLKOMMEN

Guadalquivir-Zufluß	GUADALIMAR
Gürtel, Gurt	LEIBRIEMEN
gütemäßig	QUALITATIV
Güterdepot	LAGERHALLE
Gunst, Schutz	PROTEKTION
Gurtförderer	FLIESSBAND
Gutachten	WERTURTEIL
guter Bekannter	VERTRAUTER
Gutschrift	ANRECHNUNG
Gymnasialklasse	OBERTERTIA
Gymnasialklasse	UNTERPRIMA
Gymnosperme	NACKTSAMER
Gynäkologe	FRAUENARZT
Haarbogen im Gesicht	AUGENBRAUE
Haare wellen	ONDULIEREN
Haarpflegemittel	FOENLOTION
Haarspalterei	RABULISTIK
Haartracht	MOZARTZOPF
Haartracht	PONYFRISUR
Habenbuchung	GUTSCHRIFT
Hackfleischklößchen	FRIKADELLE
Hackfrucht, Kohlrübe	STECKRUEBE
Hadrian-Mausoleum in Rom	ENGELSBURG
Häftling	GEFANGENER
Häftling, Gefangener	STRAEFLING
Hälftelung	HALBIERUNG
Hämatit	EISENGLANZ
Hämatom	BLUTERGUSS
Hände pflegen	MANIKUEREN
Hafen auf Fehmarn	PUTTGARDEN
Hafenboot, -schiff	FRACHTKAHN
Hafen in Südkarolina (USA)	CHARLESTON
Hafenstadt auf Jamaica	MONTEGOBAY
Hafenstadt im Senegal	SAINTLOUIS
Hafenstadt in Bangladesch	CHITTAGONG
Hafenstadt in Chile	SANANTONIO
Hafenstadt in Costa Rica	PUNTARENAS
Hafenstadt in Kalifornien	LOSANGELES
Hafenstadt in Namibia	SWAKOPMUND
Haftanstalt	GEFAENGNIS
Haftbarmachung	RUECKGRIFF
haften	FESTSITZEN
Haftzeher	MAUERGECKO
hager	AUSGEZEHRT
Hahnenfußgewächs	ADLERBLUME
Hahnenfußgewächs	TROLLBLUME
Hai-Art	HERINGSHAI
Hainbuche	WEISSBUCHE
Hakenwurm	GRUBENKOPF
Halbaffe auf Madagaskar	FINGERTIER
Halbdunkel	DAEMMERUNG
Halbinsel in Schleswig	EIDERSTEDT
Halbleiterbauelement	TRANSISTOR
Halbseitenlähmung	HEMIPLEXIE
Halbton	SEMITONIUM
Halbzeuggießen	STRANGGUSS
Halfter	PFERDEZAUM
halftern	AUFZAEUMEN
Halsteil	HALSWIRBEL
Halsteil	LUFTROEHRE
Halt, Stagnation	STILLSTAND
haltbar	KONSISTENT
Haltbarkeit, Festigkeit	SOLIDITAET
Haltung	KONTENANCE
Hamburger Stadtteil	UHLENHORST
Hamburger Stadtteil	WINTERHUDE
Handarbeit	MANUFAKTUR
Handbuch	KOMPENDIUM
Handflatterer, Handflügler	FLEDERMAUS
Handgepäck	AKTENMAPPE
Handgepäck	HANDKOFFER
Handgepäck	HANDTASCHE
Handhabung	HANTIERUNG
Handpflegegerät	NAGELZANGE

10

Handpflegemittel	NAGELFEILE
Handschrift	MANUSKRIPT
Handschriftendeuter	GRAPHOLOGE
Handteil	RINGFINGER
Handwerker	KUERSCHNER
Handwerker	MECHANIKER
Handwerksgerät	STEMMEISEN
Handwerkszeug	KNEIFZANGE
Harlekin (ital.)	ARLECCHINO
Harmonika	KONZERTINA
Harnleiterentzündung	URETHRITIS
harntreibendes Mittel	DIURETIKUM
Hartbraunstein	PSILOMELAN
harte Rockmusik	HEAVYMETAL
hartnäckig	BEHARRLICH
hartnäckig	PERSISTENT
Hartnäckigkeit	PERSISTENZ
Hartwurst	LANDJAEGER
Hasenmaus	CHINCHILLA
Haubentaucher	STEISSFUSS
Haupthafen von Langeland	RUDKOEBING
Hauptkirche	KATHEDRALE
Hauptmasse	MAJORITAET
Hauptort auf Aruba	ORANJESTAD
Hauptort von Curaçao	WILLEMSTAD
Hauptstadt der Oberpfalz	REGENSBURG
Hauptstadt der USA	WASHINGTON
Hauptstadt des Burgenlandes	EISENSTADT
Hauptstadt des Kantons Tessin	BELLINZONA
Hauptstadt des Kantons Thurgau	FRAUENFELD
Hauptstadt des Punjab	CHANDIGARH
Hauptstadt v. Pennsylvania (USA)	HARRISBURG
Hauptstadt von Alabama (USA)	MONTGOMERY
Hauptstadt von Arkansas (USA)	LITTLEROCK
Hauptstadt von Barbados	BRIDGETOWN
Hauptstadt von Gabun	LIBREVILLE
Hauptstadt von Guyana	GEORGETOWN
Hauptstadt von Kärnten	KLAGENFURT
Hauptstadt von Kalifornien	SACRAMENTO
Hauptstadt von Kuwait	KUWAITCITY
Hauptstadt von Louisiana (USA)	BATONROUGE
Hauptstadt von Mauretanien	NUAKSCHOTT
Hauptstadt von Neuseeland	WELLINGTON
Hauptstadt von Nevada (USA)	CARSONCITY
Hauptstadt von Panama	PANAMACITY
Hauptstadt von Réunion	SAINTDENIS
Hauptstadt von Rhode Island	PROVIDENCE
Hauptstadt von Somalia	MOGADISCHU
Hauptstadt von Surinam	PARAMARIBO
Hauptstadt von Turkmenistan	ASCHCHABAD
Hauptstadt von Uruguay	MONTEVIDEO
Hauptstadt von Venda	THOKAYONDO
Hauptstadt von Vermont (USA)	MONTPELIER
Hauptstadt von West Virginia	CHARLESTON
Hauptverkehrsweg	MAGISTRALE
Haushaltung	WIRTSCHAFT
Hausierer	KOLPORTEUR
Hausierhandel	KOLPORTAGE
Hausmeier der Merowinger	MAJORDOMUS
Hautentzündung	DERMATITIS

Haut-farbstoff-mangel	ALBINISMUS
Haut-flügler	BLATTWESPE
Hautmal	LEBERFLECK
Hefepilz	SPROSSPILZ
heftig, ungestüm	STUERMISCH
heftiger Regenguß	STURZREGEN
Heft-zwecke	REISSNAGEL
Heide-korn	BUCHWEIZEN
Heide-kraut	BESENKRAUT
Heiden-tum	PAGANISMUS
heil	UNVERLETZT
heil, un-verletzt	UNVERSEHRT
Heil-anzeige	INDIKATION
Heilbad im Harz	LAUTERBERG
Heilbad im Weser-bergland	BADPYRMONT
Heilbad in den Hohen Tauern	BADGASTEIN
Heilbeh. durch Nadel-stiche	AKUPUNKTUR
Heilbeh. durch Punkt-massage	AKUPRESSUR
heilfroh	GLUECKLICH
Heil-gehilfe, Kranken-pfleger	SANITAETER
Heiliger d. Kirche	AUGUSTINUS
Heiliger d. Kirche	LAURENTIUS
heiliger Käfer d. alten Ägypter	SKARABAEUS
Heiliges Land	PALAESTINA
Heilige von Lourdes	BERNADETTE
Heil-methode	BEHANDLUNG
Heil-methode	EINREIBUNG
Heilmittel	MEDIKAMENT
Heilmittel-einatmung	INHALATION
Heil-pflanze	AUGENTROST
Heil-pflanze	BAERENWURZ
Heil-pflanze	BRUCHKRAUT
Heil-pflanze	HANFNESSEL
Heil-pflanze	KREUZKRAUT
Heil-pflanze	KUHSCHELLE
Heil-pflanze	LOEWENZAHN
Heil-pflanze	NELKENWURZ
Heil-pflanze	ODERMENNIG
Heil-pflanze	PETERSILIE
Heil-praktiker	HOMOEOPATH
Heils-botschaft	EVANGELIUM
Heilstätte, Gene-sungs-heim	SANATORIUM
Heimatort	GEBURTSORT
heimlich über-wachen	BESCHATTEN
Heimreise	RUECKFAHRT
Heim-tücke	HINTERLIST
Heimzah-lung, Ge-nugtuung	VERGELTUNG
Heirats-gut	MORGENGABE
Heirats-symbol	BRAUTKRANZ
heißer Breium-schlag	KATAPLASMA
Heißluft-Fluggerät	FREIBALLON
Heiß-sporn	BRAUSEKOPF
heiter	BESCHWINGT
heitere Oper	OPERABUFFA
Heiter-keit	LUSTIGKEIT
Heiter-keits-ausdruck	GELAECHTER
Heiz-material	BRAUNKOHLE
Heiz-material	STEINKOHLE
Heizungs-anlage	OELHEIZUNG
Heliodor	GOLDBERYLL
Helio-graphie	LICHTDRUCK
helle Stern-schnuppe	FEUERKUGEL
hellster Stern am Himmel	ABENDSTERN
hemmen, verhin-dern	INHIBIEREN
hemmen-de Gegen-kraft	WIDERSTAND
herab-würdigen	BELEIDIGEN
herab-würdigen	DEMUETIGEN
heraus-fordernd	OSTENTATIV
Heraus-ziehen	EXTRAKTION
Herbst-blüher	HEIDEKRAUT
Herbst-blume	HERBSTROSE
Herd	KOCHPLATTE
Herd	KOCHSTELLE
Herden-mensch	MITLAEUFER
Herings-art	STROEMLING
Hering (Zelt)	ZELTPFLOCK
Herkunft	ABSTAMMUNG
Herkunft	DESZENDENZ

heroisch	HELDENHAFT
herrlich	PRACHTVOLL
herrlich, prachtvoll	WUNDERVOLL
Herrschaft	OBERHOHEIT
Herrschaft der Minderheit	OLIGARCHIE
herrschaftl. Dienerin	KAMMERZOFE
Herrscher	LANDESHERR
Herrscher	MACHTHABER
Herrscherhaus	GESCHLECHT
Herrscher von Korinth	PERIANDROS
herstellen	ANFERTIGEN
Herumtreiber	NICHTSTUER
hervorheben	EXPONIEREN
Herz-Facharzt	KARDIOLOGE
Herzkranzgefäße	KORONARIEN
hess. Automobilstadt	GROSSGERAU
hess. Kurort im Taunus	SCHWALBACH
hess. Mundartdichter	NIEBERGALL
hess. Stadt am Taunus	BADNAUHEIM
hess. Stadt am Vogelsberg	LAUTERBACH
hess. Stadt an der Bergstraße	HEPPENHEIM
hess. Stadt an der Dill	DILLENBURG
hess. Stadt an der Kinzig	GELNHAUSEN
hess. Stadt an der Lahn	BIEDENKOPF
hess. Stadt im Odenwald	PFUNGSTADT
hess. Weinstadt am Rhein	RUEDESHEIM
hethit. Herrscher	HATTUSILIS
Hetzpresse	JOURNAILLE
Heuchelei	BIGOTTERIE
Heuchelei	LOBHUDELEI
Heuchelei	SIMULATION
Heuchler	PHARISAEER
Heuschnupfen	POLLINOSIS
Heuschrecke	FELDGRILLE
Hifthorn, Bügelhorn	SIGNALHORN
hilfreich, karitativ	WOHLTAETIG
Hilfsarbeiter	HANDLANGER
Hilfsmittel	RESSOURCEN
Hilfsmittel	UTENSILIEN
Hilfsprediger	PRAEDIKANT
Himbeerseuche	FRAMBOESIE
Himmelskunde	ASTRONOMIE
Himmelsrichtung	SUEDWESTEN
Himmelsstürmer	PROMETHEUS
himmlisch	AMBROSISCH
hindern	BLOCKIEREN
Hindernis-Reitwettbewerb	JAGDRENNEN
hinterhältig	MEUCHLINGS
hinterhältig	RAENKEVOLL
hinterlegen	DEPONIEREN
Hinterlegung	DEPOSITION
Hinterlist	HEIMTUECKE
Hintertreffen	RUECKSTAND
hintertreiben	SABOTIEREN
Hintertreppenliteratur	KOLPORTAGE
Hinweis	FINGERZEIG
Hippopotamus	FLUSSPFERD
Hirschart	AXISHIRSCH
Hirschart	SIKAHIRSCH
Hirschfänger	JAGDMESSER
Hirschzunge (botan.)	ZUNGENFARN
Hirtenlied	PASTORELLE
histor. Landschaft in SW-Frankr.	AQUITANIEN
Historie	GESCHICHTE
Historik	GESCHICHTE
Hit	BESTSELLER
Hitzkopf	BRAUSEKOPF
Hitzkopf	HEISSSPORN
Hochbehälter für Wasser	WASSERTURM
Hochehrwürden	MONSIGNORE
Hochgebirgsnagetier	MURMELTIER
hochgespannte Elektrizität	STARKSTROM
hochgestimmt	EUPHORISCH
hochheilig, unantastbar	SAKROSANKT
hochherzig	EDELMUETIG
hochmütig, hochnäsig	HOFFAERTIG

Hochschulabsolvent	AKADEMIKER
Hochschulmitglied	AKADEMIKER
Hochschulsaal	AUDITORIUM
Hochzeiter	BRAEUTIGAM
höchste deutsche Fußballklasse	BUNDESLIGA
höchstens	ALLENFALLS
höchster Berg der Ostalpen	PIZBERNINA
höchster Berg im Fichtelgebirge	SCHNEEBERG
höchster Berg Kanadas	MOUNTLOGAN
höchster Berg Schwedens	KEBNEKAISE
höchster preuß. Orden	ADLERORDEN
höchste Steigerungsform	SUPERLATIV
Höchststufe	SUPERLATIV
Höflichkeit	COURTOISIE
Höflichkeit	GALANTERIE
Höflichkeit	KOMPLIMENT
Höflichkeitsbezeugung	VERBEUGUNG
Höflichkeitsbezeugung	VERNEIGUNG
Höhenmesser	HYPSOMETER
Höhensonne	QUARZLAMPE
Höhenzug im Sauerland	HAARSTRANG
Höhenzug im Spessart	HAHNENKAMM
Höhepunkt	PAROXYSMUS
höherer Schüler	GYMNASIAST
höherer Schüler	SEKUNDANER
höhere Schule	OBERSCHULE
höhere Schule	REALSCHULE
Höhle des Reineke Fuchs	MALEPARTUS
höhnisch	SPOETTISCH
Hörerschaft	AUDITORIUM
Hörrohr des Arztes	STETHOSKOP
Hörsaal in der Universität	AUDITORIUM
Hofamt, -beamter	KAMMERHERR
Hoffnung	LICHTBLICK
Hoffnung, festes Vertrauen	ZUVERSICHT
hohe Orgelstimme	FLAGEOLETT
hohes Blasinstrument	QUERPFEIFE
hohe Schnabelflöte	FLAGEOLETT
hohes Streben	IDEALISMUS
Hohlmaß, Raummaß	KUBIKMETER
Hohlorganausstülpung	DIVERTIKEL
Hohltier	BLUMENTIER
Hohltier	NESSELTIER
Holdrio	LEICHTFUSS
Holperigkeit	UNEBENHEIT
Holzblasinstrument	KLARINETTE
Holzblasinstrument	QUERFLOETE
Holzblasinstrument	ROHRFLOETE
Holzkrankheit	KERNFAEULE
Holzschädling	BOHRKAEFER
Holztransport auf Gewässern	FLOESSEREI
Holzwurm	BOCKKAEFER
Holzwurm	BOHRKAEFER
honett	ANSTAENDIG
Honigersatz	KUNSTHONIG
Honigpilz	HALLIMASCH
Honorar bezahlen	HONORIEREN
horizontal	WAAGERECHT
Hormon	CALCITONIN
Hormonpräparat	ANABOLIKUM
Hornhaut der Seeschildkröte	SCHILDPATT
Hose aus dunklem Denim	BLACKJEANS
Hotelangestellter	HAUSDIENER
Hotelgewerbe	HOTELLERIE
Hubschrauber	HELIKOPTER
Hühnerrasse	ANDALUSIER
Hühnerrasse	BRAHMAHUHN
Hühnervogel	SCHOPFHUHN
Hülle	VERPACKUNG
Hülle, Hülse	UMHUELLUNG
Hülsenfrüchtler	LEGUMINOSE
Hüter von Kleinkindern	BABYSITTER
human, humanitär	MENSCHLICH
Hunderasse	BOLOGNESER

10

Hunderasse	HIRSCHHUND
Hunderasse	HIRTENHUND
Hunderasse	ROTTWEILER
Hunderasse	SENNERHUND
Hunderasse	WOLFSSPITZ
hundertstel Gramm	ZENTIGRAMM
hundertstel Liter	ZENTILITER
Hundsgiftgewächs	IMMERGRUEN
Hundskopfaffe	RHESUSAFFE
Hundsrose	HECKENROSE
Huttyp	SCHLAPPHUT
Hymne, Hymnus	FESTGESANG
Iason u. seine Gefährten	ARGONAUTEN
Ichsucht	EIGENLIEBE
Idealkonkurrenz (jurist.)	TATEINHEIT
ideelles Sein	IDEALITAET
illuminiert	BELEUCHTET
Illusion, Ideal	WUNSCHBILD
illustriertes Buch	BILDERBUCH
Imitation	NACHAHMUNG
Immenstock	BIENENHAUS
Immenstock	BIENENKORB
Immortelle	STROHBLUME
immun	GESCHUETZT
impertinent	DUMMDREIST
improvisiertes Jazzspiel	JAMSESSION
in Anfällen auftretend	PAROXYSMAL
Inangriffnahme	INITIATIVE
in Angriff nehmen	INITIIEREN
Inbegriff	GESAMTBILD
indische Heilsbewegung	TANTRISMUS
indische Inselgruppe	LAKKADIVEN
indische Kriegerkaste	KSCHATRIYA
indische Religion	BUDDHISMUS
indische Religion	HINDUISMUS
indischer Unionsstaat	GUDSCHERAT
indische Schrift	DEVANAGIRI
indische Schrift, Sprache	PANDSCHABI
indische Stadt	COIMBATORE
indische Stadt	DARJEELING
indische Stadt im Dekhan	HAIDERABAD
indische Stadt in Bihar	JAMSHEDPUR
indisches Territorium	LAKKADIVEN
indische Volksgruppe	PANDSCHABI
indones. Inselgruppe	SULAINSELN
indones. Name von Borneo	KALIMANTAN
indones. Stadt	YOGYAKARTA
indones. Volksgruppe	MAKASSAREN
Industriestadt am Niederrhein	LEVERKUSEN
Industriestadt im Ruhrgebiet	OBERHAUSEN
Industriestadt in NRW	KOHLSCHEID
Infamie	GEMEINHEIT
Infektionskrankheit	DIPHTHERIE
Infektionskrankheit	WINDPOCKEN
Information	MITTEILUNG
inhaftieren	ARRETIEREN
inhaftieren	FESTNEHMEN
Inhaltsangabe	EXPOSITION
Inhaltsangabe	GLIEDERUNG
Initiative	AUSLOESUNG
in Kürze	DEMNAECHST
innere Anteilnahme	ENGAGEMENT
Innereien	EINGEWEIDE
innerer Kopfteil	MUNDHOEHLE
Inschriftenkunde	EPIGRAPHIK
Insektenbekämpfungsmittel	INSEKTIZID
Insektenforscher	ENTOMOLOGE
Insel-Europäer	ENGLAENDER
Inselgruppe bei Taiwan	PESCADORES
Inselgruppe im Ind. Ozean	MASKARENEN
Inselgruppe im Ind. Ozean	SESCHELLEN
Insel im Indischen Ozean	MADAGASKAR

10

Insel im Lago Maggiore	ISOLABELLA
Insichgehen	MEDITATION
instand setzen	AUSBESSERN
instand setzen	RENOVIEREN
instand setzen	REPARIEREN
Instinkt	NATURTRIEB
internat. Hilfsorganisation	ROTESKREUZ
Intervall	TONABSTAND
intervenieren	EINGREIFEN
Intimus, guter Bekannter	VERTRAUTER
in Würztunke einlegen	MARINIEREN
irischer Apostel der Deutschen	KOLUMBANUS
irische Stadt bei Cork	QUEENSTOWN
irreal, imaginär	UNWIRKLICH
irremachen	IRRITIEREN
isländ. Moos	LUNGENMOOS
isländ. Schriftsteller	GUNNARSSON
islamische Sekte	WAHHABITEN
ital. Abenteurer	CAGLIOSTRO
ital. abstrakt. Maler	CAPOGROSSI
ital. Barockmaler	CARAVAGGIO
ital. Beifallsruf	BRAVISSIMO
ital. Bildhauer (15. Jh.)	VERROCCHIO
ital. Brühwurst	MORTADELLA
ital. Dichter (Nobelpreis)	PIRANDELLO
ital. Filmregisseur	BERTOLUCCI
ital. Geigenbauer	STRADIVARI
ital. Heiliger	FRANZISKUS
ital. Inselbewohner	SIZILIANER
ital. Kardinal, Gegenreformator	BORROMAEUS
ital. Komponist	BOCCHERINI
ital. Komponist (16. Jh.)	PALESTRINA
ital. Komponist (16./17. Jh.)	MONTEVERDI
ital. Künstler d. Frührenaiss.	MICHELOZZO
ital. Landschaft	BASILICATA
ital. Landschaft in Piemont	MONFERRATO
ital. Männername	ALESSANDRO
ital. Männername	BARTOLOMEO
ital. Männername	CRISTOFORO
ital. Männername	GIOACCHINO
ital. Maler, Bildhauer	MODIGLIANI
ital. Maler (16./17. Jh.)	SIGNORELLI
ital. manieristisch. Maler	PARMIGIANO
ital. Name v. Brixen	BRESSANONE
ital. Nordwind	TRAMONTANA
ital. Opernlibrettist	METASTASIO
ital. Ordensgründer	FRANZISKUS
ital. Pädagogin, Ärztin	MONTESSORI
ital. Physiker (Barometer)	TORRICELLI
ital. Politiker	BERLINGUER
ital. Renaissancearchitekt	SANMICHELI
ital. Renaissancemaler	POLLIAUOLO
ital.-schweiz. See	LUGANERSEE
ital.-span. Springtanz	SALTARELLO
ital. Staatstheoretiker	CAMPANELLA
ital. Stadt bei San Remo	BORDIGHERA
ital. Teigwaren	CANNELLONI
ital. Teigwaren	TORTELLINI
ital. Weichkäse	GORGONZOLA
ital.: Autobahn	AUTOSTRADA
ital.: Friedhof	CAMPOSANTO

ital.: kleines Lied	CANZONETTA
ital.: Paß, Reisepaß	PASSAPORTO
ital.: Ritterlichkeit	CAVALLERIA
Jägerhochsitz	WILDKANZEL
Jägermesser	WEIDMESSER
jäh, überraschend	PLOETZLICH
jähzornig	CHOLERISCH
jähzorniger Mensch	CHOLERIKER
jämmerlich	LAMENTABEL
Jagd, Fahndung	VERFOLGUNG
Jagdart	WASSERJAGD
Jagdberechtigung	JAGDSCHEIN
Jagdgebietszaun	WILDGATTER
Jagd mit Frettchen	FRETTIEREN
Jagdschloß bei Dresden	MORITZBURG
Jagdvergehen	WILDFREVEL
Jahrmarktsvergnügen	ACHTERBAHN
Jahrtausend	MILLENNIUM
Jak	GRUNZOCHSE
japan. Bambusflöte	SHAKUHACHI
japan. Stadt auf Hondo	HIROSCHIMA
japan. Stadt auf Hondo	TOJOHASCHI
japan. Stadt auf Kiuschu	KAGOSCHIMA
japan. Stadt auf Schikoku	TOKUSCHIMA
jauchzen	FROHLOCKEN
Jazzinstrument	SCHLAGZEUG
Jazz-Intonationsform	DIRTYNOTES
Jazzkapellmeister	BANDLEADER
Jazzkomponist, -musiker	MONTGOMERY
Jeans	NIETENHOSE
jenseits der Alpen	TRANSALPIN
Jesus	GOTTESSOHN
Jochalgen	KONJUGATEN
Johannisnacht	MITTSOMMER
Judenkirsche	BELLADONNA
Judenkirsche	GEISSBLATT
jüdisch. Gesetzbuch	PENTATEUCH
jüdisch. Heiligtum	BUNDESLADE
jüdisch. Priestergeschlecht	HASMONAEER
jüdisch. Priestergeschlecht	MAKKABAEER
jüdisch. Religionsphilosoph	MAIMONIDES
Jugendalter	ADOLESZENZ
Jugendherbergengründer	SCHIRRMANN
jugoslaw. Teilstaat	MONTENEGRO
junges weibl. Rotwild	SCHMALTIER
junges Wildschwein	FRISCHLING
jungfräulich, makellos	UNBERUEHRT
Jungfrau von Orleans	JEANNEDARC
Jungholz	SPLINTHOLZ
Kachel	WANDFLIESE
Käferart	BUNTKAEFER
Käferart	EICHENBOCK
Käferart	JUNIKAEFER
Käferart	PAPPELBOCK
Käferart	RAUBKAEFER
Käferart	ZIMMERBOCK
Kältefolge (medizin.)	ERKAELTUNG
Kälteschädigung	ERFRIERUNG
Kärntner Alpensee	WEISSENSEE
Käseart, -sorte	EMMENTALER
Kaffee-Art	CAPPUCCINO
Kakaoprodukt	SCHOKOLADE
Kaktee	IGELKAKTUS
Kalbsnuß	FRIKANDEAU
Kalkulation	BERECHNUNG
Kalme	WINDSTILLE
Kamerazubehör	BLITZLICHT
Kammmacherwerkzeug	SCHABEISEN
Kampfbahn beim Sport	ASCHENBAHN
Kampfbahn beim Sport	SPORTPLATZ
Kampfbahn beim Sport	TARTANBAHN
Kampfstätte beim Sport	SPORTHALLE

Kampf um den Vorrang	WETTBEWERB
Kampf um den Vorrang	WETTSTREIT
kanad. Bucht	FOXEBECKEN
kanad. Fluß	PEACERIVER
kanad. Insel	BAFFINLAND
kanad. Stadt auf Neufundland	SAINTJOHNS
Kanarienvogel-Art, -Rasse	HOLLAENDER
Kaninchenart, -rasse	HOLLAENDER
Kaninchenkrankheit	MYXOMATOSE
Kaninchenrasse	CHINCHILLA
Kanoniker, Kanonikus	STIFTSHERR
Kap in Nordwestspanien	FINISTERRE
Kapitän	KOMMANDANT
Kapitalanlage	INVESTMENT
Kapitelherr	STIFTSHERR
Kapuzineraffe	BRUELLAFFE
Kapuzinerpilz	BIRKENPILZ
Kapverdische Insel	SAOVICENTE
Karibik-Inselgruppe	GRENADINEN
Karies	ZAHNFAEULE
Karnevalsveranstaltung	MASKENBALL
Karpfenfisch	BITTERLING
Karpfenfisch	GRUENDLING
Kartäuserkloster in Frankreich	CHARTREUSE
Kartenspiel	KARNOEFFEL
Kartenspiel	KLABERJASS
Kartenspiel	PREFERENCE
Kartenspielausdruck	MITTELHAND
Kartoffelkrankheit	NASSFAEULE
Karwochentag	KARFREITAG
Karwochentag	KARSAMSTAG
Karzer	ARRESTRAUM
Kaskade	WASSERFALL
Kasserolle	SCHMORTOPF
katalonische Küste	COSTABRAVA
katalonischer Gebirgsstock	MONTSERRAT
kathol. Altardiener	MINISTRANT
kathol. Bettelorden	AUGUSTINER
kathol. Bettelorden	KARMELITER
kathol. Bruderschaft	SODALITAET
kathol. Friedensbewegung	PAXCHRISTI
kathol. Kirchenlehrer	ATHANASIUS
kathol. Kirchenlehrer, -vater	HIERONYMUS
kathol. Kongregation	SALESIANER
kathol. Mönchsorden	TRAPPISTEN
kathol. Orden	AUGUSTINER
Katzenart	ABESSINIER
Katzenart	KARTAEUSER
Kauflustiger	REFLEKTANT
kaufmännische Stellung, Tätigkeit	BUCHHALTER
kaufmännische Tätigkeit	VERKAEUFER
Kehldeckel	EPIGLOTTIS
Kehlkopfentzündung	LARYNGITIS
Kehlkopfteil	STIMMRITZE
Kehre, Kehrschleife	SERPENTINE
Keilschriftträger	STEINTAFEL
Kellergeschoß	SOUTERRAIN
Kelter	OBSTPRESSE
Kennzeichnung	MARKIERUNG
Kerbe	EINSCHNITT
Kernforschung	ATOMPHYSIK
Kernreaktor	ATOMMEILER
Kettenpanzer	PANZERHEMD
Ketzer	HAERETIKER
Keule	SCHLAGHOLZ
Keulenpilz	HAHNENKAMM
Keulenpilz	ZIEGENBART
Kidnapper	ENTFUEHRER
Kidnapping	KINDESRAUB

Kieferanomalie	PROGNATHIE
Kielwasser	WASSERSPUR
Kinderfahrzeug	HOLLAENDER
Kinderfahrzeug	TRETROLLER
Kinderheilkunde	PAEDIATRIE
Kinderkrankheit	DIPHTHERIE
Kinderkrankheit	WINDPOCKEN
Kindesraub	KIDNAPPING
Kindsbett	PUERPERIUM
Kindsbett	WOCHENBETT
Kirche, Kirchenbau	GOTTESHAUS
Kirchensonntag	SEXAGESIMA
Kirchenvater	AUGUSTINUS
kirchl. Bittgang	PROZESSION
Kirschlikör	MARASCHINO
Kirunga-Vulkan	KARISSIMBI
kläglich	LAMENTABEL
klangvoll	HARMONISCH
Klappernuß	PIMPERNUSS
Klarheit	LAUTERKEIT
klassizistische Stilepoche	DIRECTOIRE
Klausner	EINSIEDLER
Klaviersonate von Beethoven	PATHETIQUE
Kleiber	BLAUSPECHT
Kleinaufnahme	MIKROKOPIE
kleine Apfelsine	KLEMENTINE
kleine Festmusik	STAENDCHEN
kleine Käferart	MEHLKAEFER
Kleiner Hund (astron.)	CANISMINOR
kleiner Rettich	RADIESCHEN
kleiner Süßwasserfisch	WEISSFISCH
kleiner Süßwasserkrebs	WASSERFLOH
kleines Gastzimmer	TRINKSTUBE
kleine Spende, Beitrag	SCHERFLEIN
kleine Ziergegenstände	NIPPSACHEN
Kleingebäck	PLAETZCHEN
kleinlich	PEDANTISCH
Kleintierwelt	MIKROFAUNA
Kleinwildjagd	NIEDERJAGD
Klemme	KALAMITAET
Klettererausrüstung	STEIGEISEN
Kletterseil	REEPSCHNUR
Klimax	HOEHEPUNKT
Klingel	GLOECKCHEN
Klischee	DRUCKSTOCK
Kloben	SCHEITHOLZ
Klopfkäfer	BOHRKAEFER
kluge Berechnung	DIPLOMATIE
Klugheit, Schläue	SCHARFSINN
Knall	DETONATION
knappe Zusammenfassung	UEBERSICHT
Knocheneinbruch	INFRAKTION
Knochenfisch	SEEDRACHEN
Knochenkunde, -lehre	OSTEOLOGIE
Köder	LOCKMITTEL
Königstreue	ROYALISMUS
König von Ägypten	PSAMMETICH
König von Sparta	ARCHIDAMOS
König von Theben	AMPHITRYON
Körperbautyp	ATHLETIKER
Körpermal	LEBERFLECK
körperschaftlich	KORPORATIV
Kohlart	BLUMENKOHL
Kohlart	WEISSKRAUT
koitieren, veredeln	KOPULIEREN
Kolmarer Maler	SCHONGAUER
Kombination, Vereinigung	VERBINDUNG
Komiker	KOMOEDIANT
kommandieren	BEFEHLIGEN
Komp. d. Balletts »Feuervogel«	STRAWINSKY
Komp. d. Balletts »Kartenspiel«	STRAWINSKY
Komp. d. Balletts »Petruschka«	STRAWINSKY
Komp. d. Balletts »Pulcinella«	STRAWINSKY
Komp. d. Oper »Boris Godunow«	MUSSORGSKI
Komp. d. Oper »Krönung der Poppäa«	MONTEVERDI
Komp. d. Oper »Ödipus Rex«	STRAWINSKY

10

Komp. d. Oper »Orpheus«	MONTEVERDI
Komp. d. Operette »Bettelstudent«	MILLOECKER
Komp. d. Operette »Der arme Jonathan«	MILLOECKER
Komp. d. Operette »Gasparone«	MILLOECKER
Komp. d. Operette »Gräfin Dubarry«	MILLOECKER
Komp. d. Operette »Gräfin Dubarry«	MILLOECKER
Komp. v. »The Rake's Progress«	STRAWINSKY
Kompagnon	MITINHABER
komplex	VERWICKELT
Komponist	TONDICHTER
Kondensmilch	DOSENMILCH
Konditorei	CONFISERIE
Konditorei	KAFFEEHAUS
Konfession	BEKENNTNIS
Konfirmation	EINSEGNUNG
Konkurrenz	WETTBEWERB
Konkurrenz, Wettstreit	RIVALITAET
konkurrieren	WETTEIFERN
konstant	BESTAENDIG
Konstitution, Zustand	VERFASSUNG
Kontakt	BERUEHRUNG
Kontakt, Kommunikation	VERBINDUNG
Kontaktaugenglas	HAFTSCHALE
Kontaktlinse	HAFTSCHALE
Kontinent	AUSTRALIEN
Kontrolle	INSPEKTION
Konturenlosigkeit	UNSCHAERFE
Kontusion	QUETSCHUNG
Konzentrationslager b. Weimar	BUCHENWALD
konzentrieren	VERDICHTEN
Konzertunternehmer	IMPRESARIO
konzessionsbereit	NACHGIEBIG
Kopfkohl	WEISSKRAUT
Kopie	ABLICHTUNG
Korbballspiel	BASKETBALL
Korbblütler	HUFLATTICH
Korbblütler, Heilpflanze	SCHAFGARBE
Kordart	MANCHESTER
Kordon	ABSPERRUNG
kornblumenblau	ULTRAMARIN
Kornelkirsche	HARTRIEGEL
Kornrade	AGROSTEMMA
korrekt	FEHLERFREI
korrekt	ORDENTLICH
Korrekturbogen	DRUCKFAHNE
korrigieren, nachprüfen	REVIDIEREN
Korsar, Freibeuter	SEERAEUBER
Kosmetik	HAUTPFLEGE
Kosmetiktasche	NECESSAIRE
Kost	ERNAEHRUNG
kostbares Metall	EDELMETALL
Kostbarkeiten	KLEINODIEN
Kräfteverfall	AUSZEHRUNG
kränkend	VERLETZEND
Kräuterlikör	CHARTREUSE
Kraftfahrzeug	KRAFTWAGEN
Kraftfahrzeug, -wagen	KOMBIWAGEN
Kraftfahrzeug für Spezialtransporte	KUEHLWAGEN
Kraftfahrzeug mit Klappverdeck	KABRIOLETT
Kraftstoffstation	TANKSTELLE
Kraftwagenwinde	WAGENHEBER
Krampfaderbruch	VARIKOZELE
Krampfanfall	KONVULSION
Krampfanfall	PAROXYSMUS
krampfhaftes Aufstoßen	SCHLUCKAUF
Krampfschluchzen	WEINKRAMPF
Krankenhaus	POLIKLINIK
krankhaft Stehlender	KLEPTOMANE
Krankheitslehre	PATHOLOGIE
Kratzwunde	SCHUERFUNG
krebserregend	KANZEROGEN
Krebstier	FLUSSKREBS
Krebstier	MAUERASSEL
Kreditbrief	AKKREDITIV
kreieren	ERSCHAFFEN
Kreisumfang	PERIPHERIE
Kreuzkraut	GREISKRAUT

Kriegsflugzeug	AUFKLAERER
Kriegsschiff, Kriegsflugzeug	ZERSTOERER
Kriegsvolk	SOLDATESKA
kriminelles Vergehen	VERBRECHEN
kristallisierter Gips	MARIENGLAS
Kritik der Kritik	METAKRITIK
kritisch	BEDROHLICH
Kronfeldherr	KONNETABEL
Krustentiere	KRUSTAZEEN
kuban. Schachweltmeister	CAPABLANCA
kuban. Schriftsteller	CARPENTIER
kuban. Stadt	GUANTANAMO
Küchengefäß	ROEMERTOPF
Küchengewürz	MUSKATNUSS
Küchengewürz, -kraut	PETERSILIE
Küchengewürz, -kraut	PIMPERNELL
Küfer, Böttcher	SCHAEFFLER
Kühlhaltegerät	EISSCHRANK
kümmerlich dahinleben	VEGETIEREN
künstlerischer Beruf	KUNSTMALER
Künstlerviertel von Paris	MONTMARTRE
künstlicher Mensch	HOMUNKULUS
künstlicher Süßstoff	NUTRASWEET
künstliches Tafelwasser	SODAWASSER
Kürbisgewächs	KOLOQUINTE
Küstengewässer	WATTENMEER
kugelförmig	SPHAERISCH
Kuhantilope	HARTEBEEST
Kuhblume	HAHNENFUSS
Kuhblume	LOEWENZAHN
Kuhhandel	KOMPROMISS
Kultlied für Dionysos	DITHYRAMBE
kultureller Teil der Zeitung	FEUILLETON
Kulturepoche	HUMANISMUS
Kulturpflanze der Tropen	KOKOSPALME
Kulturpflanze der Tropen	TEESTRAUCH
Kulturpflanze der Tropen	ZUCKERROHR
Kunigundenkraut	WASSERDOST
Kunstflugfigur	MESSERFLUG
Kunstsammlung	KOLLEKTION
Kunststoff	POLYSTYROL
Kupfergrün	CHRYSOKOLL
Kupferschwefelerz	KUPFERKIES
Kupferstichverfahren	SCHABKUNST
Kur	BEHANDLUNG
Kuranstalt	SANATORIUM
Kurort am Hochrhein	SAECKINGEN
Kurort am Neckar	BADWIMPFEN
Kurort am Rhein	HOENNINGEN
Kurort am Riesengebirge	PETERSDORF
Kurort am Schwarzwald	BADENBADEN
Kurort am Taunus	BADHOMBURG
Kurort am Tegernsee	BADWIESSEE
Kurort an der Rhön	BRUECKENAU
Kurort an der Weser	OEYNHAUSEN
Kurort bei Minden	SALZKOTTEN
Kurort im Allgäu	NESSELWANG
Kurort im Berner Oberland	INTERLAKEN
Kurort im Berner Oberland	KANDERSTEG
Kurort im Elsaß	LAUTENBACH
Kurort im Glatzer Bergland	BADREINERZ
Kurort im Kanton Schwyz	EINSIEDELN
Kurort im Oberharz	HAHNENKLEE
Kurort im Rothaargebirge	WINTERBERG
Kurort im Salzkammergut	BADGOISERN
Kurort im Schwarzwald	GLOTTERBAD

10

Kurort im Schwarzwald	LIEBENZELL
Kurort im Schwarzwald	SCHLUCHSEE
Kurort in den Hohen Tauern	HOFGASTEIN
Kurort in der Eifel	GEROLSTEIN
Kurort in Hessen	SALZHAUSEN
Kurort in Monaco	MONTECARLO
Kurort in Rheinland-Pfalz	BERGZABERN
Kurpfuscher, Quacksalber	SCHARLATAN
Kursbestimmung	NAVIGATION
Kurvenmesser	KARTOMETER
Kurvenmesser	KURVIMETER
kurze Darstellung	UEBERBLICK
kurze Inhaltsangabe	UEBERSICHT
kurzer heftiger Niederschlag	PLATZREGEN
Kurzgeschichte (engl.)	SHORTSTORY
Kurzhalsreiher	ROHRDOMMEL
kurz zusammengefaßt	SUMMARISCH
labil, wechselhaft	SCHWANKEND
Laborgehilfin	LABORANTIN
Labung	ERQUICKUNG
Ländler	TIROLIENNE
Längenmaß	MILLIMETER
Längenmaß	ZENTIMETER
längliche Blumenschale	JARDINIERE
längste norweg. Bucht	SOGNEFJORD
längster Fluß der Türkei	KIZILIRMAK
lässig	NONCHALANT
lästig, peinlich	UNANGENEHM
Läusebefall	PEDIKULOSE
lagern	DEPONIEREN
Lampengestell	KANDELABER
Landesverweis	VERBANNUNG
Landkartenzeichner	KARTOGRAPH
Landschaft an Taunus u. Wetterau	OBERHESSEN
Landschaft bei Meran	VINTSCHGAU
Landsknechtswaffe	HELLEBARDE
landumschlossener Ozean	BINNENMEER
langbeinige Käferart	LAUFKAEFER
Langstreckenwettbewerb	AUTORENNEN
langweilen	ENNUYIEREN
Lapislazuli	LASURSTEIN
Lappalie	BANALITAET
Lappalie	NEBENSACHE
Latsche	BERGKIEFER
Laubbaum	FEIGENBAUM
Laube	GARTENHAUS
Laubmoos	FRAUENHAAR
Laufbahn in Sportanlagen	ASCHENBAHN
Laufkäfer	SANDKAEFER
Laufwettbewerb	WETTRENNEN
Laune	ANWANDLUNG
launenhaft	KAPRIZIOES
lautgemäß	PHONETISCH
Lautstärkemesser	PHONOMETER
Lebendigkeit, Lebenskraft	VITALITAET
Lebensbejahung	OPTIMISMUS
Lebensbeschreibung	BIOGRAPHIE
Lebenskunst, -stil (latein.)	ARSVIVENDI
lebensnotwendig	ESSENTIELL
Lebensraum der Erde	BIOSPHAERE
leer	INHALTSLOS
legal	GESETZLICH
Lehrbuch	KOMPENDIUM
Lehre	AUSBILDUNG
Lehrer an einer höheren Schule	STUDIENRAT
Lehrerin	ERZIEHERIN
Lehrerin, Erzieherin	PAEDAGOGIN
Lehre v. d. Gründen allen Seins	METAPHYSIK
Lehre v. d. kirchl. Unterweisung	KATECHETIK
Lehre v. d. Krankheitsursachen	AETIOLOGIE
Lehre vom Kosmos	KOSMOLOGIE

10

Lehre vom Wasser	HYDROLOGIE
Lehre von den Knochen	OSTEOLOGIE
Lehre von den Krankheiten	PATHOLOGIE
Lehre von den Nerven	NEUROLOGIE
Lehre von den Zwecken	TELEOLOGIE
Lehre von der Gottesmutter	MARIOLOGIE
lehrhaft	DIDAKTISCH
lehrreich	INSTRUKTIV
Leibeigenschaft	HOERIGKEIT
Leibwache des Papstes	NOBELGARDE
Leibwächter im Orient	MAMELUCKEN
Leichenfeierlichkeiten	FUNERALIEN
leichtathletische Disziplin, Übung	DISKUSWURF
leichtathletische Disziplin, Übung	HOCHSPRUNG
leichtathletische Disziplin, Übung	WEITSPRUNG
leichtathletischer Mehrkampf	FUENFKAMPF
leichter, hoher Sieg	KANTERSIEG
leichter Rolladen	JALOUSETTE
leichter Schwachsinn	DEBILITAET
leichtlebig	LIEDERLICH

leichtsinnig	UNBESONNEN
Leidenschaft	FANATISMUS
leidenschaftlich	PATHETISCH
leidenschaftliche Rede	PHILIPPIKA
Leinpfad	TREIDELWEG
Leipziger Konzerthaus	GEWANDHAUS
leistungsfähiger	UEBERLEGEN
Leistungsfähigkeit	KAPAZITAET
leiten	DIRIGIEREN
Leiter einer Band	BANDLEADER
Leitfaden	KOMPENDIUM
lenken	DIRIGIEREN
Lenker, Schiffsführer	STEUERMANN
letzte Neuheit	DERNIERCRI
letzter Kartenspieler	HINTERHAND
letzter Langobardenkönig	DESIDERIUS
Levante	MORGENLAND
Lichtbild	FOTOGRAFIE
Lichtbildabzug	PHOTOKOPIE
Lichtbildner	PHOTOGRAPH
Lichteinfall	BELICHTUNG
lichtelektr. Zelle	PHOTOZELLE
Lichtmast	KANDELABER
Lichtmessung	FOTOMETRIE
Lichtpause	PHOTOKOPIE
Lichtpausverfahren	ZYANOTYPIE

Lichtsetzmaschine	FOTOSETTER
Lichtsignal f. Luft- u. Seefahrt	BLINKFEUER
Lichtstärkemesser	PHOTOMETER
Lichtstreuung	DISPERSION
liebenswürdig	FREUNDLICH
Liebeswahn	EROTOMANIE
Liebhaberin	VEREHRERIN
Liederjan	NICHTSNUTZ
Liegenschaften	IMMOBILIEN
Likör	EIERLIKOER
lilablühender Kreuzblütler	NACHTVIOLE
Liliengewächs	AGAPANTHUS
Liliengewächs	ASPIDISTRA
Liliengewächs	FEUERLILIE
Liliengewächs	MAEUSEDORN
Limitation	BEGRENZUNG
linkes Parteienbündnis	VOLKSFRONT
Linse m. variabler Brennweite	GUMMILINSE
Linsenkombination	ANASTIGMAT
Lippenblütler	GOLDNESSEL
Lippenblütler	GUNDERMANN
Lippengaumenlaut	LABIOVELAR
Literatur	SCHRIFTTUM
Lithographie	STEINDRUCK

liturg. Hand-wasch-gefäß	AQUAMANILE
Lizenz	KONZESSION
Lkw-Fahrbahn auf der Autobahn	KRIECHSPUR
Lob	KOMPLIMENT
lochen	AUSSTANZEN
Lochsäge	STICHSAEGE
Lösung einer Verbind-lichkeit	DEGAGEMENT
Lösung eines Vertrags	KUENDIGUNG
Logen-bruder	FREIMAURER
logisch folgern	DEDUZIEREN
Lohn, Bezahlung	VERGUETUNG
Lohn-abzugsart	LOHNSTEUER
Londoner Haupt-straße	PICCADILLY
Londoner Stadt-bezirk	KENSINGTON
Londoner Stadt-bezirk	PADDINGTON
Londoner Stadt-bezirk	TEDDINGTON
Londoner Stadt-bezirk	TWICKENHAM
Losspre-chung	ABSOLUTION
Lüftgerät	VENTILATOR
Lüge	UNWAHRHEIT
Lügner, Scharla-tan	SCHWINDLER
Lümmel	FRECHDACHS
luftdicht	HERMETISCH
Luft-fahrzeug	LUFTSCHIFF
Luft-feuchtig-keits-messer	HYGROMETER
Luftikus	LEICHTFUSS
Luft-kissen-fahrzeug	HOVERCRAFT
Luft-röhren-katarrh	BRONCHITIS
Luftsport-Gerät	FALLSCHIRM
Luftver-schlucken	AEROPHAGIE
lustige Figur	HAMPELMANN
lustige Figur	KOMOEDIANT
Lustlehre des Aristipp	HEDONISMUS
Luthera-ner	PROTESTANT
Luther-Stadt	WITTENBERG
Luxation, Gelenk-aus-drehung	VERRENKUNG
luxem-burgische Stadt	ECHTERNACH
Luxus-Eisen-bahn-fahrzeug	SALONWAGEN
Macht	HERRSCHAFT
Mähne	HAARSCHOPF
Mähne	LOCKENKOPF
mäkeln	BEKRITTELN
Mänade	BACCHANTIN
Männer-heilkunde	ANDROLOGIE
Männer-name	FRIEDEMANN
Männer-treu (botan.)	OMPHALODES
männl. Gans	GAENSERICH
männl. Haupt-wort	MASKULINUM
männl. Taube	TAEUBERICH
männl. Ziege	ZIEGENBOCK
Märtyrer	LAURENTIUS
Märtyrer	VALENTINUS
Märtyrer, Eis-heiliger	PANKRATIUS
mäßig lebhaftes Musik-stück	ALLEGRETTO
mäßig warm	TEMPERIERT
Mätresse Ludwigs XIV.	LAVALLIERE
Magen-grube	EPIGASTRUM
Magen-säure-rückfluß	SODBRENNEN
Magen-spiegel	GASTROSKOP
magi-sches Zeichen	DRUDENFUSS
magi-sches Zeichen	PENTAGRAMM
Magnesit	BITTERSPAT
Magne-siumoxid	BITTERERDE
Magnesi-umsilikat	MEERSCHAUM
magne-tische Wirk-sphäre	MAGNETFELD
Magnet-schwebe-bahn	TRANSRAPID
Magno-lienart	TULPENBAUM
Mais	WELSCHKORN
makellos	FEHLERFREI
makellos	VOLLKOMMEN
Makler, Mittels-mann	VERMITTLER
Maler-farbe	CHROMGRUEN
Maler-material	ACRYLFARBE
Mandari-nenart	KLEMENTINE
Mangan-granat, Schmuck-stein	SPESSARTIN

Manganoxid	BRAUNSTEIN
Mangel	ENTBEHRUNG
Manifest	KUNDGEBUNG
Maniküraerät	NAGELFEILE
Manko	FEHLBETRAG
Mannbarkeit	VIRILITAET
Mannequin für Bildaufnahmen	FOTOMODELL
Mannstollheit	ANDROMANIE
Mann v. Alkmene	AMPHITRYON
Mansardenraum	DACHKAMMER
Manteltier	SEESCHEIDE
Manufaktur	HANDARBEIT
Marderart	FISCHOTTER
Maria	MUTTERJESU
Marias Lobgesang	MAGNIFIKAT
Markierung der Feldmark	GRENZSTEIN
Markise	SONNENDACH
Marmelade	FRUCHTMARK
Marmelade	KONFITUERE
Marmorberg bei Athen	PENTELIKON
marokkan. Hafenstadt	CASABLANCA
marokkan. Stadt am Hohen Atlas	MARRAKESCH
marrokkan. Berberstamm	RIFKABYLEN
maschinenmäßig	MASCHINELL
maschinenmäßig	MECHANISCH
Maschinenmeister	MASCHINIST
Masse, Menge	QUANTITAET
Massenaufmarsch	KUNDGEBUNG
maßgebend, kompetent	ZUSTAENDIG
maßgebende Persönlichkeit	AUTORITAET
maßlos	EXORBITANT
Maß- und Gewichtskunde	METROLOGIE
Mastbaum	HOLLAENDER
Match	KONKURRENZ
Mater dolorosa	VESPERBILD
mathem. Raumachse	KOORDINATE
mathem. Wellenform	SINUSKURVE
matt	ERSCHOEPFT
Mauer	ZIEGELWAND
Maulbeergewächs	FEIGENBAUM
Maulschelle	BACKPFEIFE
mazedonische Dynastie	SELEUKIDEN
mechanisch	MASCHINELL
meckern	BEKRITTELN
mecklenburg. Ostseebad	AHRENSHOOP
mecklenburg. See	KOELPINSEE
Medikament	HEILMITTEL
medizin. Jodlösung	JODTINKTUR
Meeresbewegung	WELLENGANG
Meeresvogel	EISTAUCHER
Meeresvogel	SEETAUCHER
Meer zw. Europa und Afrika	MITTELMEER
Megaphon	SPRACHROHR
Mehrdeutigkeit	AMPHIBOLIE
mehrfach, mehrmals	WIEDERHOLT
Mehrheit	MAJORITAET
Meinung	AUFFASSUNG
Meinung	STANDPUNKT
Meinungsaustausch	DISKUSSION
Meinungsforschung	DEMOSKOPIE
Meisenart	GRUENMEISE
Meisenart	LASURMEISE
Meisenart	SUMPFMEISE
meisterhaft	BRAVOUROES
Meisterschaft	CHAMPIONAT
Melodienausschmükkung	PARAPHRASE
menschenähnlich	ANTHROPOID
Menschenalter	GENERATION
Menschenfeind	MISANTHROP
menschenfreundlich	HUMANITAER
Menschenräuber	ENTFUEHRER
Menschenrasse	AUSTRALIDE
Menschenraub	KIDNAPPING
Menschlichkeit	HUMANITAET
merken	EINPRAEGEN
merkwürdig	EIGENARTIG
meßbar	MENSURABEL
Meßdiener	MINISTRANT

Metall-ätzer	CHEMIGRAPH
Metall-arbeits-betrieb	KLEMPNEREI
Metzger	SCHLACHTER
mexikan. Haupt-stadt	MEXICOCITY
mexikan. Insel	MARIAMADRE
Miesmu-schelart	MEERDATTEL
Miet-wagen-lenker	TAXIFAHRER
Milch-getränk, -sorte	SAUERMILCH
Milch-sorte	MAGERMILCH
militär. Dienst-stellung	KOMMANDANT
militär. Dienst-stellung	KOMMANDEUR
militär. Einheit	ARMEEKORPS
militär. Einheit	GESCHWADER
militär. grüßen	SALUTIEREN
militär. Kapelle	MUSIKKORPS
militär. üben	EXERZIEREN
Militär in der BRD	BUNDESWEHR
Militär-polizei	FELDJAEGER
Millionen-stadt am Mississippi	NEWORLEANS
Mime	DARSTELLER
Mime	KOMOEDIANT
Minder-heit	MINORITAET
mindern, herabsetzen	REDUZIEREN
mindern, verklei-nern	VERRINGERN
minder-wertig	MANGELHAFT
Mineral	HORNBLENDE
Mineral	MILCHQUARZ
Mineral, Galmei	SMITHSONIT
Mineral-brunnen	HEILQUELLE
minera-lisches Schnitz-material	MEERSCHAUM
Mineral-öl	SCHMIEROEL
Ministrant	MESSDIENER
Minorität	MINDERHEIT
Minorität	MINDERZAHL
minus	ABZUEGLICH
Minus	FEHLBETRAG
Mi-schung, Gemenge	VERMENGUNG
Mißerfolg	FEHLSCHLAG
Mißerfolg	NIEDERLAGE
Misse-täter	BOESEWICHT
Misse-täter	DELINQUENT
Miß-geschick	FATALITAET
miß-gestaltet	DEFORMIERT
miß-handeln	KUJONIEREN
Mißhel-ligkeit	DISKREPANZ
Mississip-pi-Zufluß	WHITERIVER
Mißklang	KAKOPHONIE
Miß-klang, Mißton	DISKORDANZ
mißraten	MISSLINGEN
Mißver-hältnis	DISKREPANZ
mißver-ständlich	ZWEIDEUTIG
Mißwirt-schaft	KORRUPTION
Mistkäfer	ROSSKAEFER
Mistkäfer, Pillen-dreher	SKARABAEUS
Mitbegr. d. Anthropo-logie	BLUMENBACH
Mit-bewerber	KONKURRENT
Mitgift	HEIRATSGUT
mit hoher Drehzahl	HOCHTOURIG
Mit-kämpfer	KOMBATTANT
Mit-macher	TEILNEHMER
mitreißen	BEGEISTERN
mittel-alterl. Philo-sophie	SCHOLASTIK
mittel-amerikan. Bucht	FONSECABAI
mittel-amerikan. Haupt-stadt	MEXICOCITY
mittel-amerikan. Haupt-stadt	PANAMACITY
mittel-amerikan. See	MANAGUASEE
mittel-amerikan. Staat	ELSALVADOR
mittel-deutsche Land-schaft	THUERINGEN
mittel-engl. Stadt	BIRMINGHAM
mittel-engl. Stadt	NOTTINGHAM
mittel-fränk. Berg-rücken	HESSELBERG
Mittel gegen Körper-geruch	DESODORANS
mittelku-banische Stadt	SANTACLARA
mittellos	BEDUERFTIG
mittel-loser Mensch	HABENICHTS
mittel-meerisch	MEDITERRAN

Mittelmeerschiff	BRIGANTINE
mittelschwed. Fluß	LJUSNEAELV
mobilisieren	AKTIVIEREN
moderne ital. Kunstrichtung	FUTURISMUS
moderner Gesellschaftstanz	LABOSTELLA
moderner Name v. Tschunking	CHONGQUING
modest	BESCHEIDEN
modisches Zubehör	ACCESSOIRE
möblieren	EINRICHTEN
möglich	POTENTIELL
möglicherweise	VIELLEICHT
Möglichkeitsform	KONJUNKTIV
Mönch	ORDENSMANN
Mönchsorden	AUGUSTINER
Mönchsorden	BASILIANER
Mohrrübe	GELBERUEBE
Molchfisch	LURCHFISCH
Mole	HAFENMAUER
Molukken-Wildschwein	HIRSCHEBER
Moment	AUGENBLICK
Monarch	LANDESHERR
Mondsüchtigkeit	LUNATISMUS
mongol. Gebirge	TARBAGATAI
mongol. Stadt	SUCHEBATOR
Mongolenfürst in Indien	GROSSMOGUL
Monitor	BILDSCHIRM
Montage	ANBRINGUNG
Montblanc-Gletscher	MERDEGLACE
Moorente	SCHELLENTE
Mop	STAUBBESEN
Morgenländer	LEVANTINER
Morgenstern	PHOSPHOROS
morphiumliefernde Pflanze	SCHLAFMOHN
Moskauer Paradeplatz	ROTERPLATZ
Moskaus Bewohner	MOSKOWITER
Motiv	BEWEGGRUND
Mottenmittel	NAPHTHALIN
Motto	DENKSPRUCH
Motto, Maxime	WAHLSPRUCH
Mücke	HAARMUECKE
Mücken-Art	PILZMUECKE
müde	SCHLAEFRIG
Mühe	SCHINDEREI
Münchner Humorist	WEISSFERDL
Münchner Touristenziel	ALTERPETER
Münchner Touristenziel	ASAMKIRCHE
Münchner Verkehrszentrum	KARLSPLATZ
mündliche diplomat. Mitteilung	VERBALNOTE
Mündungsarm der Donau	SANKTGEORG
Münster	KATHEDRALE
Münsterstadt im Elsaß	STRASSBURG
Münze	GELDSTUECK
Münze	METALLGELD
Münzkunde	NUMISMATIK
Müßiggänger	NICHTSTUER
Müßiggänger	SCHLARAFFE
Mufflon	MUFFELWILD
Mummenschanz	MASKENBALL
Mundentzündung	STOMATITIS
Mundteil	UNTERLIPPE
Mundvorrat, Reiseproviant	WEGZEHRUNG
Murrkopf	MIESEPETER
muschelförmig	KONCHIFORM
Muschelschalen	KONCHYLIEN
Muse des ernsten Gesangs	POLYHYMNIA
Musical v. Loewe	MYFAIRLADY
Musical v. Porter	KISSMEKATE
musikal. Eröffnungsstück	OUVERTUERE
musikal. Verzierung	NACHSCHLAG
musikal. Vorspiel	OUVERTUERE
musikal. Vorspiel	PRAELUDIUM
musikal.: ausdrucksvoll	ESPRESSIVO
musikal.: bebend	TREMOLANDO
musikal.: ergriffen, bewegt	AFFETTUOSO
musikal.: halbleise	MEZZOPIANO
musikal.: heiter	SCHERZANDO
musikal.: ruhig	TRANQUILLO

musikal.: schneller werdend	STRINGENDO
musikal.: sehr laut	FORTISSIMO
musikal.: sehr leise	PIANISSIMO
musikal.: zögernd	RITARDANDO
Musik-Ensemble	SINFONIKER
Musiker	BRATSCHIST
Musikinstrument	SCHLAGBASS
Musikwerke, Noten	MUSIKALIEN
Musikzeichen	ALTERATION
Muskelgefüge	MUSKULATUR
Muskelkrampf	KATALEPSIE
Muskelschwäche	MYASTHENIE
muskulös	ATHLETISCH
Mustersammlung	KOLLEKTION
Mut, Beherztheit	TAPFERKEIT
mutig	BRAVOUROES
mutig	COURAGIERT
mutmaßlich	VERMUTLICH
mutmaßlich, wahrscheinlich	PRAESUMTIV
Mutterkornvergiftung	ERGOTISMUS
Mutter v. Andromeda	CASSIOPEIA
Mutter v. Andromeda	KASSIOPEIA
Mutter v. Triton	AMPHITRITE
Mutwille	LEICHTSINN
Mythos, Mythus	HELDENSAGE
nachäffen	KARIKIEREN
nachäffen	PARODIEREN
nachahmen	PLAGIIEREN
Nachbildung	WIEDERGABE
nach dem Tod (latein.)	POSTMORTAL
Nachdenken	MEDITATION
Nachdruck	NEUAUFLAGE
nachdrücklich	EMPHATISCH
Nachforschung	ERMITTLUNG
Nachfrage	BEDUERFNIS
Nachgebühr	STRAFPORTO
Nachimpressionist	POINTILLIST
Nachkomme	DESZENDENT
Nachkommen des Herakles	HERAKLIDEN
Nachkommenschaft	DESZENDENZ
Nachkommenschaft	PROGENITUR
Nachrede	LAESTERUNG
Nachricht	MITTEILUNG
Nachschrift	POSTSKRIPT
nachsichtig	LANGMUETIG
nachsinnen	MEDITIEREN
Nachspiel	POSTLUDIUM
Nachtschattengewächs	STECHAPFEL
Nachtschattengewächse	SOLANAZEEN
Nacktkultur	NATURISMUS
nächtlich lebender Halbaffe	KOBOLDMAKI
Nähhilfsmittel	STECKNADEL
Nagelbettgeschwür	PANARITIUM
Nahrungsmittel	NAEHRSTOFF
Nahrungsmittel	NATURALIEN
Nahrungsmittelaufnahme	ERNAEHRUNG
naiv	EINFAELTIG
naiv	UNERFAHREN
naiv, keusch	UNSCHULDIG
naiv, kindlich	UNBEFANGEN
Name des Brockens (Harz)	BLOCKSBERG
Name von neun Päpsten	BONIFATIUS
Narkosemittel	CHLOROFORM
Nasenheilkunde	RHINOLOGIE
nationalchines. Staatspartei	KUOMINTANG
Nationalheld der Schweiz	WINKELRIED
Nationalpark in Florida	EVERGLADES
nationalrussisch. Komponist	MUSSORGSKI
nationalserbische Freischärler	TSCHETNIKS
Natriumverbindung	AETZNATRON
Natronkalkfeldspat	PLAGIOKLAS
Naturerzeugnisse	NATURALIEN
Naturheilkunde	PHYSIATRIE

naturwissenschaftl. Zweig	MATHEMATIK
Navigationshilfe	SEEZEICHEN
neapolitanischer Volkstanz	TARANTELLA
Nebenbuhler	KONKURRENT
Nebenform	ABWANDLUNG
Nebengebäude	DEPENDANCE
Nebennierenrindenhormon	ALDOSTERON
nebensächlich	EPISODISCH
Negation	VERNEINUNG
Negligé	MORGENROCK
Neid, Mißgunst	EIFERSUCHT
Neozoikum	ERDNEUZEIT
nepales. Himalajagipfel	DHAULAGIRI
Nereide	AMPHITRITE
Nervenarzt	PSYCHIATER
Nervenheilkunde	NEUROLOGIE
Nerz	SUMPFOTTER
Nesselgewächs	BRENNESSEL
Nettigkeit	KOMPLIMENT
Nettoerlös	REINGEWINN
netzförmig	RETIKULAER
Neuerer, Verbesserer	REFORMATOR
Neupriester	PRIMIZIANT
neuseeländ. Inselgruppe	COOKINSELN
neuseeländ. Stadt	PALMERSTON
New-Orleans-Jazzstil	CREOLEJAZZ
New Yorker Börsenviertel	WALLSTREET
Nibelungengestalt	HILDEBRAND
nicht beachten	IGNORIEREN
nicht beachten	UEBERSEHEN
Nichtbefolgung	UNGEHORSAM
nicht behelligen	VERSCHONEN
nicht ertragreich	UNRENTABEL
nicht mehr verheiratet	GESCHIEDEN
nicht neutral	PARTEIISCH
nichtssagend	LANGWEILIG
nicht zu operieren	INOPERABEL
nicht zusagen	MISSFALLEN
niederbayer. Stadt an d. Donau	DEGGENDORF
niederbayer. Stadt an d. Isar	DINGOLFING
niederbayer. Stadt an der Vils	VILSBIBURG
niederdtsch. Reformator	BUGENHAGEN
niederdtsch. Satiriker	LAUREMBERG
niedergeschlagen	DEPRIMIERT
Niedergeschlagenheit	DEPRESSION
Niederkunft	ENTBINDUNG
niederländ. Dirigent	MENGELBERG
niederländ. Grenzprovinz	OVERIJSSEL
niederländ. Meteorologe	BUYSBALLOT
niederländ. Provinz	GELDERLAND
niederländ. Stadt	MIDDELBURG
niederländ. Stadt an d. Schelde	VLISSINGEN
niederländ. Stadt an der Maas	MAASTRICHT
niederländ. Stadt in Friesland	LEEUWARDEN
niederländ. Stadt in Limburg	MAASTRICHT
niederösterr. Stadt	HOLLABRUNN
niedersächs. Stadt a. d. Hase	OSNABRUECK
niedersächs. Stadt a. d. Innerste	HILDESHEIM
niedersächs. Stadt a. d. Leine	GOETTINGEN
niedersächs. Stadt a. d. Medem	OTTERNDORF
niedersächs. Stadt im Eichsfeld	DUDERSTADT
Niederschrift	MANUSKRIPT
Niedertracht	GEMEINHEIT
niemals	NIMMERMEHR

10

Nieren-drüse	NEBENNIERE
Nilpferd	FLUSSPFERD
Nil-Quellfluß	WEISSERNIL
nördlichste Stadt Europas	HAMMERFEST
Nötigung	ERPRESSUNG
Nord-afrikaner	MAROKKANER
nord-amerikan. Halbinsel	CUMBERLAND
nord-amerikan. Indianer	KOMANTSCHE
nord-austral. Hafen-stadt	PORTDARWIN
nord-badischer Badeort	RIPPOLDSAU
nordbelg. Land-schaft	KEMPENLAND
nord-böhm. Stadt an der Elbe	LEITMERITZ
norddtsch. See	EUTINERSEE
nordengl. Hafen, Seebad	SUNDERLAND
nordengl. Stadt	DARLINGTON
nordeuro-päische Haupt-stadt	KOPENHAGEN
nord-franz. Bucht	SEINEBUCHT
nord-franz. Sprache im MA	LANGUEDOIL
nord-franz. Stadt an d. Bourre	HAZEBROUCK
nordfrie-sische Insel	NORDSTRAND
nord-griech. Land-schaft	THESSALIEN
nordhess. Kurort	HOFGEISMAR
nordital. Alpensee	LAGODICOMO
nordital. Stadt am Po	MONCALIERI
nord-kaliforn. Fluß	SACRAMENTO
nord-korean. Haupt-stadt	PJOENGJANG
Nordlicht	POLARLICHT
nord-norweg. Hafen-stadt	HAMMERFEST
nordost-austral. Staat	QUEENSLAND
nordost-schott. Bucht	MORAYFIRTH
nordost-schott. Graf-schaft	KINCARDINE
nordost-span. Land-schaft	KATALONIEN
nordost-span. Stadt	HOSPITALET
nordruss. Bucht	DWINABUCHT
nordruss. Bucht	MESENBUCHT
nordruss. See bei Murmansk	IMANDRASEE
nord-schott. Graf-schaft	SUTHERLAND
Nord-schott-land	KALEDONIEN
nord-schwed. Fluß	INDALSAELV
nord-schwed. Landkreis	KOPPARBERG
nord-schwed. Landkreis	NORRBOTTEN
Nordsee-möwe	STURMMOEWE
nordspan. Hafen-stadt	PONTEVEDRA
nordspan. Land-schaft	BASKENLAND
nordspan. Land-schaft	KANTABRIEN
nordspan. Provinz	PONTEVEDRA
Nordteil v. Groß-britannien	SCHOTTLAND
nordwest-engl. Graf-schaft	CUMBERLAND
nordwest-irisch. Bucht	DONEGALBAY
nordwest-mexikan. Stadt	HERMOSILLO
normen	TYPISIEREN
Not, Notlage	KALAMITAET
Nothelfer	EUSTACHIUS
Not-situation	ZWANGSLAGE
Novellen-buch der Margarete v. Navarra	HEPTAMERON
Nu	AUGENBLICK
nubischer Volks-stamm	SCHANGALLA
Nudelart	CANNELLONI
Nudismus	NATURISMUS
Nürnberg. Meister-singer	BECKMESSER
Nürnberg. Sehens-würdig-keit	KAISERBURG
nütz-liches Insekt	HONIGBIENE
Nuklear-physik	KERNPHYSIK
nur für Einge-weihte	ESOTERISCH

Nußart, -sorte	CASHEWNUSS
Nutria	BIBERRATTE
Nutria	SUMPFBIBER
Obdach, Quartier	UNTERKUNFT
oberbayer. Alpensee	KOENIGSSEE
oberbayer. Kurort	BADAIBLING
oberbayer. Kurort	RUHPOLDING
oberbayer. Kurort	SCHLIERSEE
oberbayer. Kurort an der Isar	MITTENWALD
oberbayer. See bei Murnau	STAFFELSEE
oberbayer. Stadt am Inn	NEUOETTING
oberbayer. Stadt an d. Donau	INGOLSTADT
oberbayer. Stadt an der Traun	TRAUNSTEIN
oberbayer. Wallfahrtsort	ALTOETTING
oberfränk. Stadt an der Aisch	HOECHSTADT
Oberhaupt	HAEUPTLING
oberirdische Wurzel	LUFTWURZEL
Oberleitungsomnibus	TROLLEYBUS
oberösterr. Stadt am Inn	SCHAERDING
oberpfälz. Stadt an der Naab	SCHWANDORF
Oberschicht	SCHICKERIA
oberschles. Stadt	HINDENBURG
Objekt	GEGENSTAND
Obrigkeit	AUTORITAET
Observatorium	STERNWARTE
observieren	BEOBACHTEN
Obstbaum	KIRSCHBAUM
Odeon	MUSIKHALLE
öde	LANGWEILIG
öffentl. Darlegung	EXHIBITION
Öffnung im Ohr	GEHOERGANG
Ölpflanze	KOKOSPALME
Ölpflanze	MANDELBAUM
Örtlichkeit	LOKALITAET
österr. Alpengebirgsstock	HOHETAUERN
österr. Alpenpaß	KATSCHBERG
österr. Autor, Dramatiker	SCHNITZLER
österr. Barockbaumeister	PRANDTAUER
österr. Botaniker	HABERLANDT
österr. Bundesland	BURGENLAND
österr. Bundesland	STEIERMARK
österr. Bundesland	VORARLBERG
österr. Dramatiker	SCHOENHERR
österr. Kompon. (Zwölfton)	SCHOENBERG
österr. Komponist	MILLOECKER
österr. Kurort	BADGASTEIN
österr. Kurort am Arlberg	SANKTANTON
österr. Kurort in Tirol	SOLBADHALL
österr. Landeshauptstadt	KLAGENFURT
österr. Nationalökonom	SCHUMPETER
österr. Schauspieler	QUALTINGER
österr. Schauspieler	SCHOENHERR
österr. Schriftsteller	GUETERSLOH
österr. Schriftsteller	SEALSFIELD
österr. Schriftsteller	WASSERMANN
österr. Staatsmann	METTERNICH
österr. Stadt an der Mürz	KAPFENBERG
österr.: Hüftstück v. Rind	TAFELSPITZ
österr.: Süßspeise	MEHLSPEISE
österr.: Tomate	PARADEISER
Österreicher	SALZBURGER
östlicher Teil des Frankenreiches	AUSTRASIEN
östliche Südseeinseln	POLYNESIEN
offenes Nullspiel (Skat)	NULLOUVERT
ohne Erwerb	ARBEITSLOS

ohne Scheu	UNBEFANGEN
ohne Umschweife	UNUMWUNDEN
ohnmächtig	BEWUSSTLOS
Ohren des Wildes	SCHUESSELN
Olivin-Abart	CHRYSOLITH
Omelette	EIERKUCHEN
Omen	VORZEICHEN
Opa	GROSSVATER
Operateur (Kino)	VORFUEHRER
operative Abtrennung	AMPUTATION
Operette von Lehár	FRIEDERIKE
Operette von Lehár	ZAREWITSCH
Operette von Lincke	LYSISTRATA
Operette von Offenbach	DIEKREOLIN
Operette von Straus	DREIWALZER
Operette von Strauß	FLEDERMAUS
Operette von Strauß	WIENERBLUT
Opern-, Operetteneinleitung	OUVERTUERE
Opernsänger	TENORBUFFO
Oper von Auber	FRADIAVOLO
Oper von Borodin	FUERSTIGOR
Oper von Egk	DERREVISOR
Oper von Einem	DANTONSTOD
Oper von Leoncavallo	DERBAJAZZO
Oper von Meyerbeer	HUGENOTTEN
Oper von Orff	BERNAUERIN
Oper von Pfitzner	PALESTRINA
Oper von Reznicek	DONNADIANA
Oper von Strauss	INTERMEZZO
Oper von Strawinsky	OEDIPUSREX
Oper von Verdi	LATRAVIATA
Oper von Verdi	MASKENBALL
Oper von Verdi	TROUBADOUR
Oper von Wolf	CORREGIDOR
opfern	DARBRINGEN
Opposition	WIDERSTAND
Optimismus	ZUVERSICHT
optisches Gerät	STROBOSKOP
orangeblühende Gartenblume	MONTBRETIE
Oratorium von Haydn	SCHOEPFUNG
Orbit	UMLAUFBAHN
Orchidee	VENUSSCHUH
ordentliche Professur	ORDINARIAT
ordentlicher Professor	ORDINARIUS
ordnen	REGULIEREN
Orient	MORGENLAND
Orientale	LEVANTINER
Ornament	RANKENWERK
Ort am Vierwaldstätter See	KUESSNACHT
ortfest, standörtlich	STATIONAER
ortsansässig	BEHEIMATET
ostafrikan. Inselrepublik	SESCHELLEN
ostafrikan. Inselstaat	SEYCHELLEN
ostbrasilian. Hafenstadt	PERNAMBUCO
ostchines. Hafenstadt	HANGTSCHOU
ostengl. Halbinsel	HOLDERNESS
ostfranz. Landschaft	LOTHRINGEN
ostfriesische Insel	SPIEKEROOG
ostfriesische Insel	WANGEROOGE
Ostgotenkönig	THEODERICH
Ostgotenkönig	THORISMUND
ostkanad. Feldspat	LABRADORIT
ostkanad. See	ONTARIOSEE
ostmährische Stadt	GOTTWALDOW
ostpreuß. Honiglikör	BAERENFANG
ostpreuß. Stadt	BRAUNSBERG
ostpreuß. Stadt	FRAUENBURG
ostpreuß. Stadt	INSTERBURG
ostpreuß. Stadt	NEIDENBURG
ostpreuß. Stadt	PILLKALLEN
ostpreuß. Stadt	RASTENBURG

ostpreuß. Stadt in Masuren	ORTELSBURG
oström. Kaiser	KONSTANTIN
Ostseebad	TIMMENDORF
Ostseebad bei Lübeck	SCHARBEUTZ
Ostslawe	WEISSRUSSE
Oszillation	SCHWINGUNG
Oxygen	SAUERSTOFF
Pädiater	KINDERARZT
päpstl. Finanzverwalter	CAMERLENGO
pakistan. Stadt	BAHAWALPUR
pakistan. Stadt im Pandschab	RAWALPINDI
pakistan. Volk	BELUTSCHEN
Palmenart	BRENNPALME
Palmenart	KOKOSPALME
Palmetto	ZWERGPALME
Pampelmuse	GRAPEFRUIT
Panda	KATZENBAER
Pantoffelblume	TIGERBLUME
Panzerhemd	BRIGANTINE
Panzerreiter	KUERASSIER
Papageienkrankheit	PSITTAKOSE
Papier prägen	GAUFRIEREN
Pappelart	GRAUPAPPEL
Pappelrose	STOCKMALVE
Papst im 2./3. Jh.	ZEPHYSINUS
Papst im 5. Jh.	SIMPLICIUS
Papst im 7. Jh.	SABINIANUS
Papstname	ANASTASIUS
Papstname	CONSTANTIN
Papstname	ELEUTHERUS
Papstname	HIPPOLYTUS
Papstname	KONSTANTIN
Paradies	GARTENEDEN
Paradiesfische	MAKROPODEN
Parasolpilz	SCHIRMLING
Parfümherstellungsverfahren	ENFLEURAGE
Pariser Kathedrale	SACRECOEUR
Pariser Wahrzeichen	EIFFELTURM
Parkuhr	PARKOMETER
parodieren	VERSPOTTEN
Parole d. Franz. Revolution	FRATERNITE
Parole d. Franz. Revolution	GLEICHHEIT
parteiisch	UNSACHLICH
Passage	DURCHFAHRT
Passage	UEBERFAHRT
Paßgänger	LIPIZZANER
Passionsblumenfrucht	GRENADILLE
Paß zwischen Sterzing u. Bozen	PENSERJOCH
Patentverschluß	DRUCKKNOPF
Paternoster	VATERUNSER
Pavillon	GARTENHAUS
pazifische Inselgruppe	MELANESIEN
pazifische Inselgruppe	POLYNESIEN
pazifischer Inselstaat	NEUSEELAND
Pedalteil	TRETKURBEL
Pelzverarbeiter	KUERSCHNER
Pentagramm	DRUDENFUSS
Perforation	DURCHBRUCH
Pergola	WANDELGANG
Perikard	HERZBEUTEL
perlen	MOUSSIEREN
Perserkönig	ARTAXERXES
persönliches Fest	GEBURTSTAG
Personenstandsbehörde	STANDESAMT
Pfannkuchen	EIERKUCHEN
Pfarrer, Geistlicher	SEELSORGER
Pfarrsprengel	KIRCHSPIEL
Pfeifenmaterial	MEERSCHAUM
Pfeifenstrauch	OSTERLUZEI
Pfeifenstrauch	SCHNEEBALL
Pfeil b. Stierkampf	BANDERILLA
Pfeilgiftpflanze	MANZANILLO
Pfeilkraut, Aquarienpflanze	SAGITTARIA
Pferch, Absperrung	UMZAEUNUNG
Pferdedressur	HOHESCHULE
Pferdekunde	HIPPOLOGIE
Pferderasse	HOLSTEINER

Pferde-rasse	LIPIZZANER
Pferde-rennbahn bei Paris	LONGCHAMPS
Pferde-rennen, Pferde-sportart	TRABRENNEN
Pferd von Alexander d. Gr.	BUKEPHALOS
Pflanzen-farbstoff	BLATTGRUEN
Pflanzen-fresser	PHYTOPHAGE
Pflanzen-geogra-phie	GEOBOTANIK
Pflanzen-kostesser	VEGETARIER
Pflanzen-kunde	PHYTOLOGIE
Pflanzen-laus	SCHILDLAUS
Pflanzen-wuchs	VEGETATION
Pflanzen-zucht-anlage	GAERTNEREI
Pflanzen-züchterin	GAERTNERIN
pflicht-gemäß	GEBUEHREND
Pflugteil	PFLUGSCHAR
Phantasie	EINBILDUNG
phanta-sieren	FABULIEREN
Phantast	ROMANTIKER
philippin. Bastfaser	MANILAHANF
philos.: absolute Vernei-nung	NIHILISMUS
philoso-phische Richtung	HUMANISMUS
philoso-phische Richtung	IDEALISMUS
philoso-phische Richtung	METAPHYSIK
philoso-phische Richtung	STOIZISMUS
Phrase, Slogan	SCHLAGWORT
phrasen-haft	RHETORISCH
Picke, Pickel	KREUZHACKE
Pickel	SPITZHACKE
pietisti-sche Bewegung	QUIETISMUS
Pigment-hormon	INTERMEDIN
Pigment-mangel	ALBINISMUS
pikant	ANZUEGLICH
Pilger	WALLFAHRER
pilgern	WALLFAHREN
Pilgerziel in Spanien	MONTSERRAT
Pilzart	BECHERLING
Pilzart	BITTERLING
Pilzart	BUCHENPILZ
Pilzart	EICHELPILZ
Pilzart	EIERBOVIST
Pilzart	FALTENPILZ
Pilzart	HERBSTLING
Pilzart	KEULENPILZ
Pilzart	RITSCHLING
Pimpinel-le	BIBERNELLE
Pipette	STECHHEBER
Pirat, Fli-bustier	SEERAEUBER
Pistole	PARABELLUM
Plaid	REISEDECKE
Plane	PERSENNING
Planeten-aspekt	HALBSEXTIL
Planeten-aspekt	OPPOSITION
plan-mäßig	METHODISCH
plan-mäßige Dar-stellung	SYSTEMATIK
plan-mäßige Gliede-rung	EINTEILUNG
plan-mäßiges Vorgehen	SYSTEMATIK
Planwirt-schaft	DIRIGISMUS
Plastik	KUNSTSTOFF
Platitüde	BANALITAET
Platten-Enter-tainer	DISCJOCKEY
Platten-spieler	GRAMMOPHON
platten-verkleid. Feuer-stätte	KACHELOFEN
plissiert. Beklei-dungs-stück	FALTENROCK
plötzl. chem. Zersetzung	DETONATION
plötzl. Herztod	HERZSCHLAG
Plunder	KRIMSKRAMS
pöbel-haft	PLEBEJISCH
Poesie	DICHTKUNST
polare Himmels-erschei-nung	POLARLICHT
Politik-wissen-schaftler	POLITOLOGE
politische Beein-flussung	LOBBYISMUS
politische Werbung	PROPAGANDA
Polizei-beamter	SCHUTZMANN
poln. Autor	GOMBROWICZ
poln. Autor (19. Jh.)	MICKIEWICZ
poln. Badeort, Kurort	HOHENSALZA
poln. Film-regisseur	KIESLOWSKI
poln. König	STANISLAUS

poln. Komponist PENDERECKI
poln. Komponist, Pianist PADEREWSKI
poln. Landsch. an der Weichsel POMESANIEN
poln. Maler u. Dichter WYSPIANSKI
poln. Nationalheiliger STANISLAUS
poln. Pianist RUBINSTEIN
Pomeranzenart BERGAMOTTE
Popmusik-Gruppe DEEPPURPLE
Popmusik-Gruppe EASTOFEDEN
Popmusik-Gruppe SMALLFACES
Popmusik-Gruppe THEOSMONDS
Popmusik-Solist CURTISKING
Popmusik-Solist JAMESBROWN
Popmusik-Solist JOHNLENNON
Popmusik-Solist JOHNNYCASH
Popmusik-Solistin CAROLEKING
Popmusik-Solistin MAGGIEBELL
Popmusik-Solistin MARSHAHUNT
Popmusik-Solist (Rockmusik-Solist) BOBBYDARIN
Popmusik-Solist (Rockmusik-Solist) DAVIDBOWIE
Popmusik-Stil MERSEYBEAT
Porling, Speisepilz SEMMELPILZ
Portemonnaie GELDBEUTEL
Portemonnaie GELDBOERSE
portugies. Atlantikhafen am Rio Lega MATOSINHOS
portugies. Atlantikinsel PORTOSANTO
Position ANSTELLUNG
Possenreißer KOMOEDIANT
Posten ANSTELLUNG
Posten (weidmänn.) BLEISCHROT
Postversandart DRUCKSACHE
Postwertzeichen BRIEFMARKE
Potentat MACHTHABER
Po-Zufluß DORABALTEA
prachtvoll GROSSARTIG
präsentieren DARSTELLEN
Prager Stadtteil JOSEFSTADT
Preiselbeere KRONSBEERE
preisgeben, entsagen VERZICHTEN
preisgekrönt PRAEMIIERT
Preislied Marias MAGNIFIKAT
Presseerzeugnis PERIODIKUM
Presseschriftsteller JOURNALIST
preuß. General CLAUSEWITZ
preuß. Generalfeldmarschall MANTEUFFEL
preuß. Reformer HARDENBERG
preuß. Staatsmann HARDENBERG
Priesterherrschaft THEOKRATIE
Priesterweihe ORDINATION
Privaterzieher HAUSLEHRER
proben, üben TRAINIEREN
Produktionsform MANUFAKTUR
Prognose VORHERSAGE
Promenade SPAZIERWEG
Prophet, Herold VERKUENDER
Prophezeiung VORAUSSAGE
Prophezeiung WEISSAGUNG
Protest AUFLEHNUNG
Protestant LUTHERANER
protestantisch CALVINISCH
protestantisch REFORMIERT
provenzalischer Minnesänger TROUBADOUR
Provitamin ERGOSTERIN
prüde, überempfindlich ZIMPERLICH
Prüfer EXAMINATOR
Prüfer INSPIZIENT
Prüfung INSPEKTION
Prunkdecke b. Reiterturnier SCHABRACKE
Psyche INNENLEBEN
Puls HERZSCHLAG
Pulsregelmäßigkeit EURHYTHMIE

quälen, schikanieren	TRAKTIEREN
Quarantäne	ISOLIERUNG
Quark	WEISSKAESE
Quarz-Abart	KATZENAUGE
Quarzart	ROSENQUARZ
Quellfluß des Dalälv	OESTERAELV
Querulant	MIESMACHER
Quintessenz	HAUPTSACHE
Rabenvogel	SAATKRAEHE
Rache, Quittung	VERGELTUNG
Rachenblütler	LOEWENMAUL
Rachenbräune	DIPHTHERIE
Radius	HALBMESSER
Radiusvektor	LEITSTRAHL
Ränkeschmied	SCHIKANEUR
Rätoromanisch	RUMAUNTSCH
rätoromanisch. Sprache	FRIAULISCH
Rätselart	KOENIGSZUG
rätselhaft	MYSTERIOES
räuberischer Singvogel	NEUNTOETER
räumen	EVAKUIEREN
Rahmen	EINFASSUNG
Rallenvogel	WASSERHUHN
Rallye	STERNFAHRT
Ramme	FALLHAMMER
Ramsch	KRIMSKRAMS
Randbemerkung	MARGINALIE
Randgebiet	PERIPHERIE
Rang	DIENSTGRAD
Rangelei	GEPLAENKEL
Rangordnung	HIERARCHIE
Ranunkel	HAHNENFUSS
Rarität	SELTENHEIT
Rasenballspiel	SCHLAGBALL
rasend	FRENETISCH
Rat	EMPFEHLUNG
Rate	TEILBETRAG
Ratgeber	KOMPENDIUM
Raubtier	BAUMMARDER
Rauhblattgewächs	NATTERKOPF
Raumfahrteinrichtung	STARTRAMPE
Raumschiff	MONDFAEHRE
Raumschiff d. Amerikaner	FRIENDSHIP
Raumsonde der Amerikaner	DISCOVERER
Rauschgift	NARKOTIKUM
rauschhaft verzückt	DIONYSISCH
Rebell	AUFRUEHRER
Rechnen mit Zahlen	ARITHMETIK
Rechnungsführer	BUCHHALTER
Rechnungsprüfer	KALKULATOR
rechte Schiffsseite	STEUERBORD
rechtlich, rechtmäßig	GESETZLICH
rechtlich, rechtswissenschaftlich	JURISTISCH
Rechtsextremist	CHAUVINIST
Rechtsgültigkeit	LEGALITAET
Rechtsnachfolge	SUKZESSION
Rechtsverdrehung	RABULISTIK
Rechtsvergünstigung	BENEFIZIUM
rechtswidrige Aneignung	USURPATION
rechtwinklig	ORTHOGONAL
redekünstlerisch	RHETORISCH
Redner	RHETORIKER
rednerisch	ORATORISCH
reduzieren	VERMINDERN
reduziert	GEMAESSIGT
Reform	ERNEUERUNG
Reform	NEUORDNUNG
rege	BETRIEBSAM
Regel, Direktive	RICHTLINIE
regelmäßig, taktmäßig	RHYTHMISCH
regelmäßiges Lehren, Schulung	UNTERRICHT
regeln	DIRIGIEREN
regeln, einstellen	REGULIEREN
Regieassistentin beim Film	SCRIPTGIRL
Regierungsgegenpartei	OPPOSITION
Regierungssitz	HAUPTSTADT
Regierungsvertreter	GOUVERNEUR
Region	LANDSCHAFT
Reh im zweiten Jahr	SPIESSBOCK

reiben	FROTTIEREN
reich, wohlhabend	VERMOEGEND
reichlich geben	SPENDIEREN
Reife	MATURITAET
Reifeprüfling	ABITURIENT
rein gefühlsmäßig	INSTINKTIV
Reinheit	SAUBERKEIT
Reinigung	LAEUTERUNG
Reinigungsanlage	RAFFINERIE
Reiseproviant	MUNDVORRAT
Reisetäschchen	NECESSAIRE
Reiterei	KAVALLERIE
Reitergeneral im 30jähr. Krieg	PAPPENHEIM
Reitersoldat	KUERASSIER
Reitertruppe	KAVALLERIE
Reithalle	TATTERSALL
Reitpferdeverleih	TATTERSALL
reizbarer Mensch	CHOLERIKER
reizen	IRRITIEREN
Reizker	HIRSCHLING
reizlos	LANGWEILIG
Reklame, Werbung	PROPAGANDA
Reklamemittel, Werbeträger	HANDZETTEL
religiöse Übung	MEDITATION
religiös unabhängig Denkender	FREIDENKER
Religionsbekenntnis	KONFESSION
Reminiszenz	ERINNERUNG
Remonstranten	ARMINIANER
Renovierung	ERNEUERUNG
Rente	ALTERSGELD
Reptil	KRIECHTIER
Requiem	TOTENMESSE
Reserve	ERSATZHEER
Resolution	ENTSCHLUSS
Restitution	ERSTATTUNG
Resultat	AUSWIRKUNG
Rettungsgerät in der Luftfahrt	FALLSCHIRM
Revers, Gegenseite	RUECKSEITE
Revolution	UMWAELZUNG
richterliche Anweisung	VERFUEGUNG
richtig, wahr	ZUTREFFEND
Riegel	VERSCHLUSS
Riesenbaum	MAMMUTBAUM
Riesenechse d. Vorzeit	DIPLODOKUS
riesengroß	GIGANTISCH
riesengroß	HUENENHAFT
riesenhaft	ZYKLOPISCH
riesenstark	HERKULISCH
Ringelwurm	PFERDEEGEL
rituelles Schlachten	SCHAECHTEN
Rivale	KONKURRENT
Rivalität	KONKURRENZ
Rivalität	WETTSTREIT
Robbenart	OHRENROBBE
Robbenart, Meeressäuger	SEELEOPARD
Rochenart	DORNROCHEN
Rochenart	ENGELFISCH
Rochenart	SAEGEFISCH
Rockmusik-Gruppe	JETHROTULL
römisch. Kaiser	AEMILIANUS
römisch. Kaiser	DIOKLETIAN
römisch. Provinzstatthalter	PROKURATOR
Rohrsänger	GRASMUECKE
Rohseide	EKRUESEIDE
Rollfeld auf Flugplätzen	BETONPISTE
Rollfeld auf Flugplätzen	LANDEPISTE
Rollfeld auf Flugplätzen	STARTPISTE
Roman v. Cervantes	DONQUIJOTE
Roman v. Dahn	KAMPFUMROM
Roman v. Fontane	EFFIBRIEST
Roman v. Ina Seidel	WUNSCHKIND
Roman v. Thomas Mann	ZAUBERBERG
Rosenart	REMONTANTE
Rosengewächs	NELKENWURZ
Rostbirne	ROUSELETTE
roter Burgunderwein	CHAMBERTIN
Roter Milan	GABELWEIHE
Rotschwanzvogel	NACHTIGALL

Rückbildung	REGRESSION
rückgängig machen	STORNIEREN
Rückkunft	WIEDERKEHR
Rückseitendruck	WIDERDRUCK
Rücksichtnahme	DISKRETION
Rückstrahler am Fahrrad	KATZENAUGE
Rückwirkung	KONSEQUENZ
Rückzahlung	ERSTATTUNG
rüde	UNHOEFLICH
Rüsselkäfer	KORNKAEFER
Rüsselrobbe	SEEELEFANT
Rüstung	BEWAFFNUNG
Ruheständler	PENSIONAER
Ruinenstadt im Iran	PERSEPOLIS
rumän. Landschaft	DOBRUDSCHA
rumän. Stadt	TURGUMURES
Rundtempel	MONOPTEROS
russisch. Biologe (Pflanzenzucht)	MITSCHURIN
russisch. Feldherr Peters d. Gr.	MENSCHIKOW
russisch. Forscher, Chemiker	MENDELEJEW
russisch. Forscher und Autor	LOMONOSSOW
russisch. Komponist	STRAWINSKY
russisch. konstruktivist. Maler	RODSCHENKO
russisch. Kronprinz	ZAREWITSCH
russisch. kubist. Künstler	ARCHIPENKO
russisch. naturalist. Dramatiker	OSTROWSKIJ
russisch. Opernsänger	SCHALJAPIN
russisch. suprematist. Maler	MALEWITSCH
russisch-amerikan. Choreograph	BALANCHINE
russische Kohlsuppe	BORSCHTSCH
russische Pastete	VISNISCHKI
russische Pastete	WATRUSCHKI
russische Sekte	RASKOLNIKI
russische Stadt am Nordkaukasus	PJATIGORSK
russische Stadt im Ural	SWERDLOWSK
Rute	ANGELSTOCK
saarländ. SPD-Politiker	LAFONTAINE
Sache	GEGENSTAND
sächs.-böhm. Mittelgebirge	ERZGEBIRGE
sächs. Stadt an der Elbe	WITTENBERG
sächs. Stadt an der Mulde	BITTERFELD
sächs. Stadt im Erzgebirge	MARIENBERG
sächs. Stadt im Erzgebirge	SCHNEEBERG
sättigen, befriedigen	SATURIEREN
Sättigung	SATURATION
säubern	ABBUERSTEN
Säulengangtempel	PERIPTEROS
Säulenrille	KANNELUERE
Sagenkunde	MYTHOLOGIE
Saison	JAHRESZEIT
Sakramentshäuschen	TABERNAKEL
Sakrileg	ENTWEIHUNG
Salatpflanze	ACKERSALAT
Salomonssiegel	SPRINGWURZ
salpetersaures Blei	BLEINITRAT
salzsäurehaltig	MURIATISCH
Sammelpunkt	BRENNPUNKT
Sammlg. v. Dichtg. versch. Autoren	ANTHOLOGIE
Sammlung	KOLLEKTION
Sammlung religiöser Lieder	GESANGBUCH
Sandbank in der Nordsee	DOGGERBANK
Sanddorn	BERBERITZE
Sandläufer, Schnepfenvogel	SANDERLING
sanitär	HYGIENISCH
Satellitenvermessung	TELEMETRIE

Satzteil in Klammern	PARENTHESE
Satzzeichen	ABFUEHRUNG
Satzzeichen	ANFUEHRUNG
Sauerdorn	BERBERITZE
Saum	EINFASSUNG
Sauna	SCHWITZBAD
Schabkunstmanier	MEZZOTINTO
Schadenersatz	REPARATION
Schadstoffeinwirkung	VERGIFTUNG
Schädelknochen	OBERKIEFER
Schädelknochenspalt	FONTANELLE
Schälpilz	SCHMERLING
schäumen	MOUSSIEREN
Schafblattern, Varizellen	WINDPOCKEN
schalkhaft	SCHELMISCH
Schallaufzeichnung	PHONOGRAMM
Scham	KEUSCHHEIT
scharf	GEPFEFFERT
scharfsinnig	GEISTREICH
Scharlach	SCARLATINA
Scharmützel	PLAENKELEI
Scharnier	DREHGELENK
Scharnier	GELENKBAND
Schattenriß, Scherenschnitt	SILHOUETTE
Schau	DARBIETUNG
Schaumstreifen hinter e. Schiff	KIELWASSER
Schauspieldichter	DRAMATIKER
Schauspieler	DARSTELLER
Schauspieler	KOMOEDIANT
Schaustellung	EXPOSITION
Scheinheiligkeit	BIGOTTERIE
Scheinheiligkeit	FROEMMELEI
Schelle	GLOECKCHEN
Schicklichkeit	KONVENIENZ
Schicksal	BESTIMMUNG
Schicksalsdeutung	DIVINATION
Schicksalsglaube	FATALISMUS
Schielen	STRABISMUS
Schienenfahrzeug mit Eigenantrieb	TRIEBWAGEN
Schiff des Kolumbus	SANTAMARIA
Schiffahrtskunde	NAVIGATION
Schiffsauszeichnung	BLAUESBAND
Schiffsbesatzung	MANNSCHAFT
Schiffsführung	NAVIGATION
Schiffsgeschützsalve	BREITSEITE
Schiffsleinwand	PERSENNING
Schiffsroute	FAHRWASSER
Schiffstaufe	STAPELLAUF
Schiffsweiser	LEUCHTTURM
Schiffswinde	ANKERSPILL
schiitische Sekte	ISMAILITEN
schikanieren	KUJONIEREN
Schildblume	ASPIDISTRA
Schilddrüse	THYREOIDEA
Schildknorpel des Kehlkopfes	ADAMSAPFEL
Schildlausfarbstoff	COCHINELLE
schilfähnliche Pflanze	IGELKOLBEN
Schläfrigkeit	MUEDIGKEIT
Schläue	SCHLAUHEIT
schlaff	ABGESPANNT
Schlafmittel-Art	HYPNOTIKUM
Schlafwandler	SOMNAMBULE
Schlafzimmermöbel	NACHTTISCH
Schlaginstrument	SCHLAGZEUG
Schlaginstrument	WASCHBRETT
Schlaginstrumentengruppe	PERKUSSION
Schlangenart	BAUMNATTER
Schlangenlinie, Windung	SERPENTINE
schlank	ASTHENISCH
Schlappe	MISSERFOLG
Schlappe	NIEDERLAGE
schlechter Ruf	MISSKREDIT
schlechthin	KATEXOCHEN
Schleichkatze	ROLLMARDER
schlemmerisch	LUKULLISCH
schles. Barockdichter	LOHENSTEIN
schles. Kurort	KARLSBRUNN

10

schles. Kurort an der Zinder	SCHOEMBERG
schles. Naturheilkundiger	PRIESSNITZ
schlesw.-holst. Stadt an der Elbe	GEESTHACHT
Schleuder	ZENTRIFUGE
Schließgerät	SCHLUESSEL
Schloß bei Paris	VERSAILLES
Schloß im Salzburger Land	MITTERSILL
Schloß in Paris	LUXEMBOURG
schlüssig	KONKLUDENT
Schlußfolgerung	KONKLUSION
Schlußleuchte	RUECKLICHT
Schmeichelei	KOMPLIMENT
Schmeichler, Liebediener	SCHOENTUER
Schmetterlingsart	AMPFEREULE
Schmetterlingsart	EDELFALTER
Schmetterlingsart	ERBSENEULE
Schmetterlingsart	HOLZBOHRER
Schmetterlingsart	KAPSELEULE
Schmetterlingsart	PURPURBAER
Schmetterlingsart	ROTSCHWANZ
Schmetterlingsart	SCHILFEULE
Schmetterlingsart	WIDDERCHEN
Schmetterlingsart	WURZELEULE
Schmetterlingsblütler	FEUERBOHNE
Schmetterlingsblütler	GEISSRAUTE
Schmetterlingspuppe	CHRYSALIDE
Schmirgelpapier	SANDPAPIER
schmoren	SCHMURGELN
Schmortopf	KASSEROLLE
Schmuck beim Richtfest	RICHTKRONE
Schmucklilie	AGAPANTHUS
Schmuckmaterial	EDELMETALL
Schmuckstein	ALLOCHROIT
Schmuckstein	KATZENAUGE
Schmuckstein	LABRADORIT
Schmuckstein	MILCHQUARZ
Schmuckstein	WASSEROPAL
Schmuckwarengeschäft	BIJOUTERIE
schmükken	DEKORIEREN
schmükkend	ORNAMENTAL
Schneerose	CHRISTROSE
Schneidemaschine	KREISSAEGE
Schneidemaschine	MOTORSAEGE
Schnekkenlinie	SCHNOERKEL
schnelles Automobil	SPORTWAGEN
Schnepfenvogel	BRACHVOGEL
Schönheitsmittel	KOSMETIKUM
Schöpfung	ENTSTEHUNG
Scholle	PLATTFISCH
schonend, nachsichtig	GLIMPFLICH
schott. Architekt	MACKINTOSH
schott. Dichter	MACPHERSON
schott. Golf	FIRTHOFTAY
schott. Grafschaft	ELGINSHIRE
schott. Grafschaft	MIDLOTHIAN
Schraubenschlüssel	ENGLAENDER
Schraubstock	FEILKLOBEN
Schrecklähmung	KATAPLEXIE
Schreibkünstler	KALLIGRAPH
Schreibmaterial	NOTIZBLOCK
Schreibweise von Mosambik	MOCAMBIQUE
Schreitvogel	ROHRDOMMEL
Schriftart	EGYPTIENNE
Schrotgewehr	JAGDFLINTE
Schrumpfung	RETRAKTION
schüchtern	AENGSTLICH
Schüler v. Anaximander	ANAXIMENES
Schüttgut	BULKLADUNG
Schuhteil	BRANDSOHLE
Schuld, Verstoß	VERFEHLUNG
Schuldverschreibung	OBLIGATION

10

Schuldverschreibung	PFANDBRIEF
Schulfach	MATHEMATIK
Schulfach	NATURKUNDE
Schulung	AUSBILDUNG
Schutzblech an Autos	KOTFLUEGEL
Schutzhaus im Gebirge	BERGHUETTE
Schutzhülle	BESPANNUNG
Schutzhülle	PERSENNING
Schutzpatron d. Armen	LAURENTIUS
Schutzpatron d. Bibliotheken	LAURENTIUS
Schutzpatron d. Jäger	EUSTACHIUS
Schutzpatron d. Köche	LAURENTIUS
Schutzpatron d. Waisen	HIERONYMUS
Schutzwand	BRANDMAUER
Schwabenstamm	HERMINONEN
schwach leuchtend	SCHIMMERND
schwachsinnig	VERBLOEDET
schwäb. Fürstengeschlecht	ZAEHRINGER
schwäb. Stadt an der Wertach	KAUFBEUREN
Schwächeanfall, -zustand	UNWOHLSEIN
schwächer werdend (Musik)	DIMINUENDO
Schwärmer	ENTHUSIAST
Schwärmer	ROMANTIKER
Schwätzer, Marktschreier	SCHARLATAN
Schwanzlurch	SALAMANDER
Schwanzlurch	TEICHMOLCH
Schwarzbraunstein	HAUSMANNIT
schwarze Johannisbeere	GICHTBEERE
schwarze Nieswurz	CHRISTROSE
Schwarzseher	MIESMACHER
Schwarzwaldstadt an der Schiltach	SCHRAMBERG
Schwarzwald-Talschlucht	HOELLENTAL
schweben	FLOTTIEREN
schwed. Architekt	BACKSTROEM
schwed. Arzt (Nobelpreis)	GULLSTRAND
schwed. Autor (Nobelpreis)	HEIDENSTAM
schwed. Baumeister	ADELCRANTZ
schwed. Dichter	STRINDBERG
schwed. Dichter (Nobelpreis)	LAGERKVIST
schwed. Fährhafen	TRELLEBORG
schwed. Hafenstadt	NYNAESHAMN
schwed. Hafenstadt	OSKARSHAMN
schwed. Industriestadt	ESKILSTUNA
schwed. Königsgeschlecht	BERNADOTTE
schwed. Laen	GAEVLEBORG
schwed. Name von Tampere	TAMMERFORS
schwed. Nobelpreisträger	BERGSTROEM
schwed. See	VAETTERSEE
schwed. Stadt am Öresund	LANDSKRONA
schwed. Stadt in Östergötland	LINKOEPING
schwed. Theologe (Nobelpreis)	SOEDERBLOM
schwed. Theosoph	SWEDENBORG
Schwefelnickel	NICKELKIES
Schwefelstickstoffverbindung	SULFONAMID
Schweinswal	BRAUNFISCH
Schweißabsonderung	DIAPHORESE
schweiz. Alpensee	SCHWARZSEE
schweiz. Bodenseehafen	ROMANSHORN
schweiz. Botaniker	DECANDOLLE
schweiz. Chemiker (Nobelpreis)	REICHSTEIN
schweiz. Jura-Paß	HAUENSTEIN
schweiz. Komponist, Dirigent	LIEBERMANN
schweiz. Kulturhistoriker	BURCKHARDT
schweiz. Kurort im Oberengadin	PONTRESINA

schweiz. Maler, Bildhauer	GIACOMETTI
schweiz. Migros-Gründer	DUTTWEILER
schweiz. Pädagoge	PESTALOZZI
schweiz. See	ZUERICHSEE
schweiz. Stadt an d. Eulach	WINTERTHUR
schweiz. Stadt an der Thur	FRAUENFELD
schweiz. Stadt im Thurgau	WEINFELDEN
schweiz. Wallfahrtsort	EINSIEDELN
Schweizerpfeife	QUERPFEIFE
schwelgerisch	LUKULLISCH
Schwellung	GESCHWULST
schwere Straftat, Untat	VERBRECHEN
schwerwiegend	GRAVIEREND
schwimmen	FLOTTIEREN
Schwimmkäfer	DREHKAEFER
Schwimmvogel	BLAESSHUHN
Schwimmvogel	REIHERENTE
Schwimmvogel	RINGELGANS
Schwimmvogel	STURMVOGEL
schwindlig	BLUEMERANT
Schwingungsänderung	MODULATION
Screen beim Computer	BILDSCHIRM
Sediment	ABLAGERUNG
Seebad auf Sylt	WESTERLAND

See im Kanton Zürich	GREIFENSEE
See im Mangfallgebirge	SCHLIERSEE
See im Südschwarzwald	SCHLUCHSEE
See in Amerika	ABILIBISEE
See in den Berner Alpen	GRIMSELSEE
See in der Eifel	LAACHERSEE
See in der Südschweiz	LUGANERSEE
See in Nicaragua	MANAGUASEE
See in Ostholstein	PLOENERSEE
Seejungfrau	WASSERNIXE
Seelenarzt	PSYCHIATER
Seelenkundiger	PSYCHOLOGE
seelisch Abnormer	PSYCHOPATH
seelisch Kranker	NEUROTIKER
Seemannshut	SUEDWESTER
Seenkunde	LIMNOLOGIE
See nördl. von Rom	BOLSENASEE
Seeräuber	FREIBEUTER
Seeräuber in Westindien	FILIBUSTER
Seescheide	FEUERWALZE
Seetierart	MANTELTIER
Seezeichen	LEUCHTBOJE
Segel	GROSSSEGEL

Segelflugzeugstarthilfe	MOTORWINDE
Segelschiffstyp	ZWEIMASTER
Segelschifftyp	DREIMASTER
Segmentwurm	RINGELWURM
Sehnenentzündung	TENDINITIS
Sehnenverkürzung	KONTRAKTUR
sehr hohe Flut	SPRINGFLUT
sehr reicher Mann	MILLIONAER
sehr streng	DRAKONISCH
Seidengewebe	ZINDELTAFT
Seilbahn, Bergbahn	SESSELLIFT
Seiten beziffern	PAGINIEREN
seitlich	KOLLATERAL
seitwärts schwanken	SCHLINGERN
Sekt, Champagner	SCHAUMWEIN
Sekte	FREIKIRCHE
Sektion, Sektor	AUSSCHNITT
Sektion, Sektor	TEILGEBIET
Selbstbedienungskaufhaus	SUPERMARKT
Selbstbezogenheit	EGOZENTRIK
selbstgerechter Mensch	PHARISAEER
Selbstlernender	AUTODIDAKT
Selbstlosigkeit	ALTRUISMUS
Selbstsucht	EIGENLIEBE
Selbstvergötterung	IDIOLATRIE

Selbstverliebtheit	NARZISSMUS
selektieren	AUSWAEHLEN
selig	GLUECKLICH
seltene Blitzform	KUGELBLITZ
seltene Erde	GADOLINIUM
seltsam	EIGENARTIG
semit. Sprache	ARAMAEISCH
Semiten	ISRAELITEN
Semiten	PHOENIZIER
Senioren-Pflegeanstalt	ALTERSHEIM
Senke, Delle	VERTIEFUNG
Senkung (geol.)	DEPRESSION
Senkwaage	ARAEOMETER
Sentenz	DENKSPRUCH
Sentenz	MERKSPRUCH
Sepie	BLACKFISCH
Sequoje	MAMMUTBAUM
Serienherstellung	KONFEKTION
Seschelleninsel	SILHOUETTE
sibir. Stadt am unteren Amur	KOMSOMOLSK
sibir. Stadt an Amur u. Ussuri	CHABAROWSK
sich abmühen	LABORIEREN
sich ausschließend	DISJUNKTIV
sich behutsam fortbewegen	SCHLEICHEN
Sicherheit	GEWISSHEIT
sich widersetzen	OPPONIEREN
siebenfüßiger Vers	HEPTAMETER
Siebenschläfer	SCHLAFMAUS
siebenstufig (musik.)	DIATONISCH
Siegerin	GEWINNERIN
Silberfischchen	ZUCKERGAST
Silikatmineral	LASURSTEIN
Sinfonie v. Schumann	RHEINISCHE
Sinfonie v. Tschaikowsky	PATHETIQUE
Singtextsammlung	LIEDERBUCH
Singvogel	BACHSTELZE
Singvogel	FELDLERCHE
Singvogel	GRASMUECKE
Singvogel	HAUSROETEL
Singvogel	NACHTIGALL
Singvogel	SCHNAEPPER
Singvogel, Drosselart	SCHMAETZER
Singvogel, Zugvogel	ROTSCHWANZ
sinnen	NACHDENKEN
sinnende Betrachtung	MEDITATION
Sinneswahrnehmung	EMPFINDUNG
Sinneswahrnehmung	IMPRESSION
sinnieren	MEDITIEREN
Sinnspruch	APHORISMUS
Sirius	HUNDSSTERN
Sittenverderbnis	KORRUPTION
Sittlichkeit	MORALITAET
Skabiose	KNOPFKRAUT
Skilauftechnik	BREMSPFLUG
Skilauftechnik	GLEITPFLUG
Skilauftechnik	PFLUGBOGEN
Skisport, Skiwettbewerb	SKIFLIEGEN
Skisportseilbahn	SESSELLIFT
Skiwettbewerb	SPRUNGLAUF
Skizubehör	FANGRIEMEN
Skulpturenmuseum	GLYPTOTHEK
Slawenapostel	KONSTANTIN
slowak. Name von Preßburg	BRATISLAVA
slowak. Stadt an d. Donau	BRATISLAVA
Söhne des Zeus	TANTALIDEN
Sohn v. Drusus	GERMANICUS
Sommer-, Riemenschuh	SANDALETTE
Sommersonnenwende	MITTSOMMER
Sonderausgabe	EXTRABLATT
Sonnenblume	HELIANTHUS
Sonneneinstrahlung	INSOLATION
Sonnenenergieumwandler	SOLARZELLE
Sonnenstich	HITZSCHLAG
Sonnenwende	SOLSTITIUM
sorgfältig	GRUENDLICH
Sorghum	NEGERHIRSE
Souveränität im Luftraum	LUFTHOHEIT

sowjet. Autor (Nobelpreis)	SCHOLOCHOW
sowjet. Filmregisseur	EISENSTEIN
sowjet. futuristischer Dichter	MAJAKOWSKI
sowjet. Komponist	KABALEWSKI
sowjet. Kosmonaut	JELISSEJEW
sowjet. Kosmonaut	POPOWITSCH
sowjet. Politiker	WYSCHINSKI
sowjet. Schachweltmeister	KORTSCHNOI
soziale Oberschicht	HAUTEVOLEE
Sozius	MITINHABER
Späher	BEOBACHTER
Spähtrupp	PATROUILLE
späte Mahlzeit	ABENDESSEN
spätröm. Dichter	PRUDENTIUS
Spaltwerkzeug	BRECHEISEN
Spaltwerkzeug	STEMMEISEN
span. Autor (Nobelpreis)	ALEIXANDRE
span. Dichter, Dramatiker	LOPEDEVEGA
span. Dichter (15. Jh.)	SANTILLANA
span. Gebirgszug	KORDILLERE
span. Jarama-Zufluß	MANZANARES
span. König	JUANCARLOS
span. Küste	COSTAVERDE
span. Stadt am Pisuerga	VALLADOLID
span. Stadt in Neukastilien	CIUDADREAL
span. Tanz	SEGUIDILLA
Spannungsmeßgerät	VOLTAMETER
sparen	HAUSHALTEN
spaßhaft: dünner Kaffee	MUCKEFFUCK
Spechtart	GRAUSPECHT
Speicher f. Ernteprodukte	KORNKAMMER
Speisefisch	GOLDBARSCH
Speiselokal	RESTAURANT
Speisepilz	BIRKENPILZ
Speisepilz	BUTTERPILZ
Speisepilz	CHAMPIGNON
Speisepilz	KAISERLING
Speisepilz	RITTERLING
Speiseröhre	OESOPHAGUS
Speiseröhrenbrennen	SODBRENNEN
Sperlingsvogel	BACHSTELZE
sperren	BLOCKIEREN
sperren, abschließen	VERRIEGELN
Sperrschranke	SCHLAGBAUM
Spezial-Eisenbahnfahrzeug	KUEHLWAGEN
Spezialobjektiv	WEITWINKEL
Spezialschiff für Wintereinsatz	EISBRECHER
Spielwart	INSPIZIENT
Spielzeug	HAMPELMANN
Spielzeug	LUFTBALLON
Spießer	KLEINGEIST
Spinnenart	JAGDSPINNE
Spinnentiere	ARACHNIDEN
Spitzbube	FRECHDACHS
Spitze	HOEHEPUNKT
spitze Bemerkung	SEITENHIEB
Spitzenunternehmensleiter	TOPMANAGER
Spitzfindigkeit	RABULISTIK
Sponsoring	FOERDERUNG
Sporenpflanze	KRYPTOGAME
Sportart, -disziplin	KANUSLALOM
Sportart, -disziplin	MOTORSPORT
Sportart, -disziplin	RADWANDERN
Sportboot	PADDELBOOT
sportliche Ärmelweste	LUMBERJACK
Sportmantel	TRENCHCOAT
Sportveranstaltung	KONKURRENZ
Sprache der alten Römer	LATEINISCH
Sprachheilkunde	LOGOPAEDIE
sprachlos	SCHWEIGEND
Sprachwissenschaft	LINGUISTIK

Sprachwissenschaft	PHILOLOGIE
sprachwissenschaftl. Teilgebiet	PHONOLOGIE
Sprechmaschine	PHONOGRAPH
Sprengel	AMTSBEZIRK
Sprenggeschoß	SCHRAPNELL
Sprengschlag	DETONATION
Sprossen der Rotangpalme	PEDDIGROHR
Spruchgedicht	ZWEIZEILER
Sprungkluft	VERWERFUNG
Spürsinn	FINDIGKEIT
Spulwurmbefall	ASKARIASIS
Staat der USA	NORDDAKOTA
Staat der USA	WASHINGTON
Staat in Nordost-Afrika	AETHIOPIEN
staatliche Wirtschaftslenkung	DIRIGISMUS
Staatskunst	DIPLOMATIE
Staatsverbrechen	HOCHVERRAT
Stachelflosser	GOLDBRASSE
Stachelflosser	KAULBARSCH
Stachelflosser	MEERAESCHE
Stadt am Hohen Venn	ESCHWEILER
Stadt am Main und Odenwald	MILTENBERG
Stadt am Oder-Havel-Kanal	EBERSWALDE
Stadt am Züricher See	RAPPERSWIL
Stadt an Boize und Elbe	BOIZENBURG
Stadt an der Altmühl	EICHSTAETT
Stadt an der Brenz	HEIDENHEIM
Stadt an der Enz	BIETIGHEIM
Stadt an der Erft	EUSKIRCHEN
Stadt an der Fränkischen Saale	HAMMELBURG
Stadt an der Jagst	CRAILSHEIM
Stadt an der Lepnica	KRAGUJEVAC
Stadt an der Nahe	BIRKENFELD
Stadt an der Nogat	MARIENBURG
Stadt an der Schwäb. Alb	GEISLINGEN
Stadt an der Themsemündung	GILLINGHAM
Stadt an der Weichselmündung	MARIENBURG
Stadt an der Weißen Elster	SCHKEUDITZ
Stadt an der Weser	HOLZMINDEN
Stadt an Diemel und Weser	KARLSHAFEN
Stadt an Donau, Regen u. Naab	REGENSBURG
Stadt an Kansas und Missouri	KANSASCITY
Stadt an Neckar u. Bergstraße	HEIDELBERG
Stadt an Ruhr und Emscher	OBERHAUSEN
Stadt an Samara und Wolga	KUIBYSCHEW
Stadt an Sulm und Neckar	NECKARSULM
Stadt auf der Rauhen Alb	BLAUBEUREN
Stadt auf der Schwäb. Alb	MUENSINGEN
Stadt auf Formosa (Taiwan)	TAITSCHUNG
Stadt bei Mannheim	HOCKENHEIM
Stadtbezirk v. Wien	DONAUSTADT
Stadt im Bergischen Land	GEVELSBERG
Stadt im Erzgebirge	GLASHUETTE
Stadt im Münsterland (NRW)	GUETERSLOH
Stadt im Neckarkreis	BOEBLINGEN
Stadt im nördl. Harzvorland	SALZGITTER
Stadt im Riesengebirge	HIRSCHBERG
Stadt im Schwarzwald	FURTWANGEN
Stadt im südl. Schwarzwald	SCHOPFHEIM
Stadt im Westerwald	WESTERBURG

Stadt in Alabama (USA)	BIRMINGHAM
Stadt in Algerien	ELBOULAIDA
Stadt in Algerien	MOSTAGENEM
Stadt in Baden-Württemberg	BADENBADEN
Stadt in Brandenburg	FEHRBELLIN
Stadt in Brandenburg	FRIEDEBERG
Stadt in Brandenburg	STRAUSBERG
Stadt in Connecticut (USA)	BRIDGEPORT
Stadt in Delaware (USA)	WILMINGTON
Stadt in der Altmark	GARDELEGEN
Stadt in der Oberlausitz	ROTHENBURG
Stadt in der Oberpfalz	BEILNGRIES
Stadt in der Oberpfalz	ESCHENBACH
Stadt in Gabun	PORTGENTIL
Stadt in Hessen	BADHOMBURG
Stadt in Indiana (USA)	EVANSVILLE
Stadt in Kampuchea	BATTAMBANG
Stadt in Kasachstan	TSCHIMKENT
Stadt in Kentucky (USA)	LOUISVILLE
Stadt in Louisiana (USA)	SHREVEPORT
Stadt in Mali am Niger	TOMBOUCTOU
Stadt in Massachusetts (USA)	NEWBEDFORD
Stadt in Massachusetts (USA)	SOMERVILLE
Stadt in Mauretanien	NOUADHIBOU
Stadt in Missouri (USA)	SAINTLOUIS
Stadt in New Jersey (USA)	JERSEYCITY
Stadt in Niedersachsen	ASCHENDORF
Stadt in Niedersachsen	BUECKEBURG
Stadt in Niedersachsen	DANNENBERG
Stadt in Niederschlesien	WALDENBURG
Stadt in Oberschwaben	WEINGARTEN
Stadt in Ohio (USA)	CINCINNATI
Stadt in Ohio (USA)	YOUNGSTOWN
Stadt in Ostpreußen	ALLENSTEIN
Stadt in Pakistan	FAISALABAD
Stadt in Paraguay	CONCEPCION
Stadt in Pennsylvanien (USA)	PITTSBURGH
Stadt in Pommern	NEUSTETTIN
Stadt in Rheinland-Pfalz	BIRKENFELD
Stadt in San Marino	SERRAVALLE
Stadt in Schaumburg-Lippe	STADTHAGEN
Stadt in Schlesien	GOTTESBERG
Stadt in Schleswig-Holstein	AHRENSBURG
Stadt in Sri Lanka	TRINKOMALI
Stadt in Südkarolina (USA)	GREENVILLE
Stadt in Südmähren	NIKOLSBURG
Stadt in Texas (USA)	SANANTONIO
Stadt in Thüringen	ZEULENRODA
Stadt in Togo	TSCHAOUDJO
Stadt in Unterfranken	BRUECKENAU
Stadt in Vorpommern	GREIFSWALD
Stadt in Westpreußen	MARIENBURG
Stadt in Zaire	LUBUMBASHI
Stadtteil von Düsseldorf	GERRESHEIM
Stadtteil von Düsseldorf	OBERKASSEL
Stadtteil von Essen	ALTENESSEN
Stadtteil von Essen	KATERNBERG
Stadtteil von Frankfurt	ROEDELHEIM
Stadtteil von Hamburg	BLANKENESE
Stadtteil von Hamburg	EIDELSTEDT

Stadtteil von Hamburg	ROTHERBAUM
Stadtteil von Hamburg	SANKTPAULI
Stadtteil von Hamburg	STELLINGEN
Stadtteil von Hannover	LEINHAUSEN
Stadtteil von Köln	BRAUNSFELD
Stadtteil von Köln	BUTZWEILER
Stadtteil von München	HARLACHING
Stadtteil von München	NEUPERLACH
Stadtteil von Stuttgart	MOEHRINGEN
Stake	BOOTSHAKEN
Stammesgeschichte (biolog.)	PHYLOGENIE
Stammmiete	ABONNEMENT
Standbild	BILDSAEULE
Standpunkt	ANSCHAUUNG
stark beschädigt	RAMPONIERT
starker Heiterkeitsausbruch	LACHKRAMPF
stark vermindern	DEZIMIEREN
starr, unbeweglich	REGUNGSLOS
Starrkrampf	KATALEPSIE
starten	AUFBRECHEN
Statthalter	GOUVERNEUR
Statthalter eines Königs	VIZEKOENIG
Staudenart	KNOETERICH
Stauung, Stillstand	STAGNATION
Steatit	SPECKSTEIN
Stehler	LANGFINGER
Stehsegler	WINDSURFER
Steigband für Personen	ROLLTREPPE
Steigerungsstufe	KOMPARATIV
Steighilfe	STEIGEISEN
Steinbildung (mediz.)	KONGREMENT
Steindrucker	LITHOGRAPH
Steinkauzart	TOTENVOGEL
Steinzeichner	LITHOGRAPH
Stelldichein, Verabredung	RENDEZVOUS
Stellvertreter	ERSATZMANN
Stelzvogel	ROHRDOMMEL
Steppennagetier	SPRINGMAUS
Sterbehilfe	EUTHANASIE
Sterbewahrscheinlichkeit	LETALITAET
Stern	POLARSTERN
Sternbild	CASSIOPEIA
Sternbild	CHAMAELEON
Sternbild	KASSIOPEIA
Sterndeutung	ASTROLOGIE
Sterngruppe	JAKOBSSTAB
Sternhimmeldarstellung	STERNKARTE
Stern im Orion	BETEIGEUZE
Stern im Stier	ALPHATAURI
Sternkunde	ASTRONOMIE
Steuer	LENKSTANGE
steuern	DIRIGIEREN
Steuerungswissenschaft	KYBERNETIK
stichhaltig	SCHLUESSIG
Stieglitz	DISTELFINK
Stil der Hochgotik	FLAMBOYANT
Stilepoche	JUGENDSTIL
still, wortkarg	SCHWEIGSAM
stimmungsvoll	ROMANTISCH
Stirnrand des Tennisfeldes	GRUNDLINIE
Störenfried	PLAGEGEIST
Stoffsammlung	REPERTOIRE
stolpern	STRAUCHELN
Storchenschnabel (Zeichengerät)	PANTOGRAPH
Straflosigkeit	IMPUNITAET
Strafpredigt	STANDPAUKE
Strahlenbrechung	REFRAKTION
Strahlenkunde	RADIOLOGIE
Straßen-Motorfahrzeug	KRAFTWAGEN
Straußenvogel	HELMKASUAR
Streife, Streifgang	PATROUILLE
Streit, Tätlichkeit	RAUFHANDEL
streitig	KONTROVERS
Strenggläubigkeit	ORTHODOXIE
Strickjacke	LUMBERJACK
Strohblume	IMMORTELLE

Stromwender	KOMMUTATOR
Studienbeihilfe	STIPENDIUM
Studierter	AKADEMIKER
Stundung	MORATORIUM
Suchbildrätsel	VEXIERBILD
sudanes. Fluß	WEISSERNIL
sudanes. Stadt	WADIMEDANI
südafrikan. Hafenstadt	EASTLONDON
südafrikan. Menschenrasse	KHOISANIDE
südafrikan. Republik	KWANDEBELE
südafrikan. Schlagersänger	CARPENDALE
südafrikan. Staat	SUEDAFRIKA
südamerikan. Edelholz	PALISANDER
südamerikan. hasenartiges Tier	PAMPASHASE
südamerikan. Hauptstadt	MONTEVIDEO
südamerikan. Hauptstadt	PARAMARIBO
südamerikan. Nagetier	CHINCHILLA
südamerikan. Nagetier	PAMPASHASE
Südamerikaner	BOLIVIANER
Südamerikaner	PARAGUAYER
südböhmische Stadt	NEUHAEUSEL
südchilen. Territorium	MAGALLANES
südchines. Stadt in Kiangsi	NANTSCHANG
süddtsch. Künstlerfamilie	FEICHTMAYR
süddtsch. Stadt an der Schussen	RAVENSBURG
südengl. Kanalhafen, Seebad	PORTSMOUTH
südengl. Stadt	CHICHESTER
Südfranzose	PROVENZALE
Südfrucht	CLEMENTINE
Südfrucht	PAMPELMUSE
südindische Stadt	TRIVANDRUM
südirische Bucht	DUNDALKBAY
südkuban. Hafenstadt	CIENFUEGOS
südländischer Obstbaum	MANDELBAUM
südmähr. Stadt an der Thaya	LUNDENBURG
südostafrikan. Staat	MADAGASKAR
südostafrikan. Volk	MADAGASSEN
Südostasiat	INDONESIER
Südostasiat	VIETNAMESE
südostasiat. Inselstaat	INDONESIEN
südostasiat. Staat	KAMBODSCHA
südosteurop. Sprache	GRIECHISCH
südostschwed. Bucht	KALMARSUND
südosttürkische Hafenstadt	ISKENDERUN
südschwed. Hafenstadt	KARLSKRONA
Südseeinsulaner	MELANESIER
Südseeinsulaner	POLYNESIER
südspan. Landschaft	ANDALUSIEN
Südteil v. Südamerika	PATAGONIEN
Südtiroler Bergmassiv	PRESANELLA
Südwein, Süßwein	MANZANILLA
südwestafrikan. Hafenstadt	SWAKOPMUND
südwestaustral. Stadt	KALGOORLIE
südwestchines. Provinz	KUEITSCHOU
südwestengl. Grafschaft	DEVONSHIRE
Südwesteuropäer	PORTUGIESE
südwestfranz. Hafenstadt	DOUARNENEZ
südwestkuban. Stadt	MANZANILLO
Sündenvergebung	ABSOLUTION
Süßigkeit	NAESCHEREI
Süßigkeit	ZUCKERWARE
Sulfurid-Mineral	KOBALTKIES

sumerischer Held	GILGAMESCH
Symbol der Romantik	BLAUEBLUME
Symbol für Judentum	DAVIDSTERN
Symbol für Tod	SENSENMANN
Sympathie	MITGEFUEHL
synthetisches Garn	KUNSTFASER
Szene	SCHAUPLATZ
Szenerie	DEKORATION
Tätigkeit	AKTIVITAET
Tagblindheit	NYKTALOPIE
Tageszeit	NACHMITTAG
Tagraubvogel	GREIFVOGEL
Talar	AMTSTRACHT
Tanzveranstaltung	MASKENBALL
tapfer	BRAVOUROES
tapfer	COURAGIERT
Tarnfärbung, Tarnung	CAMOUFLAGE
Taschenbuch engl.	POCKETBOOK
Taschenspieler	ESKAMOTEUR
Tatarenstamm in Sibirien	KARAGASSEN
Tatendrang, Tatkraft	INITIATIVE
Taubenart	BRIEFTAUBE
Taubenart	KROPFTAUBE
Taubnessel	BIENENSAUG
Taucher	FROSCHMANN
Taufliege	DROSOPHILA
Taugenichts	NICHTSNUTZ
Taugenichts, Liederjan	TUNICHTGUT
Tausendfüßer	KUGELASSEL
Tausendschön	KREUZBLUME
Team	MANNSCHAFT
technisches Verfahren	METALLGUSS
technisches Verfahren	SCHWEISSEN
Techtelmechtel	LIEBSCHAFT
Teesorte	DARJEELING
Teesorte	FIRSTFLUSH
Teigtreibmittel	BACKPULVER
Teigware	FADENNUDEL
Teil der Campingausrüstung	SCHLAFSACK
Teil der Erdatmosphäre	EXOSPHAERE
Teil der Uhr	SCHLAGWERK
Teil der Wohnung	BADEZIMMER
Teil der Wohnung	WOHNZIMMER
Teil des Armes	HANDGELENK
Teil des Atlantiks	IRISCHESEE
Teil des Eßbestecks	OBSTMESSER
Teil des Fahrrades	LENKSTANGE
Teil des Fernsehgeräts	BILDROEHRE
Teil des Fernsehgeräts	BILDSCHIRM
Teil des Halses	ADAMSAPFEL
Teil des Hessisch. Berglands	VOGELSBERG
Teil des Kopfes	HINTERKOPF
Teil des Ohres	OHRMUSCHEL
Teil des Rhein. Schiefergebirges	WESTERWALD
Teil des Stillen Ozeans	CELEBESSEE
Teil des Südschwarzwalds	HOTZENWALD
teilen	DIVIDIEREN
Teilhaber	MITINHABER
Teilkraft	KOMPONENTE
Teilnahmslosigkeit	STUMPFSINN
Teil von Großbritannien	NORDIRLAND
Teil von Siebenbürgen	BURZENLAND
Teil von Tansania	TANGANJIKA
Telegramm	FUNKSPRUCH
Tempobezeichn. in der Musik	LARGAMENTE
Teufel	ANTICHRIST
Teufelsaustreibung	EXORZISMUS
Teufelsbart	KUHSCHELLE
Teufelsbeere	BELLADONNA
teuflisch	DAEMONISCH
teuflisch	DIABOLISCH
Textbuchverfasser	LIBRETTIST
Textilgrundstoff	KUNSTFASER
Textilreinigungsverfahren	KLEIDERBAD
Theateragent	IMPRESARIO

10

Theater-dichtung, Drama	SCHAUSPIEL
Theater-spielplan	REPERTOIRE
Theater-übung	STELLPROBE
Theater-unter-nehmer	IMPRESARIO
Therapie-anzeige	INDIKATION
Thron-folge, Amts-nachfolge	SUKZESSION
thüring. Burg an der Saale	RUDELSBURG
thüring. Stadt am Südharz	NORDHAUSEN
thüring. Stadt an der Saale	RUDOLSTADT
thüring. Stadt im Franken-wald	LOBENSTEIN
Thuja	LEBENSBAUM
Thymus-drüse d. Kalbs	KALBSMILCH
Tiara	PAPSTKRONE
Tiefdruck (meteorol.)	DEPRESSION
tiefes Nach-sinnen	MEDITATION
tiefgrüner Schmuck-stein	ALEXANDRIT
tief-schwarze Kohle	STEINKOHLE
Tiefsee-tauch-kugel	BATHYSCAPH
tiefste Gering-schät-zung	VERACHTUNG
Tiegel	KASSEROLLE
Tierart	SAEUGETIER
Tierart, Tier-gattung	KRIECHTIER
Tierarzt	VETERINAER
Tierfang-ein-richtung, -gerät	MAUSEFALLE
Tierfang-vor-richtung	TRITTEISEN
Tier-garten-anlage	FREIGEHEGE
tierisch	ANIMALISCH
Tierkrank-heit	RINDERPEST
Tierkreis-zeichen	WASSERMANN
Tigerhund	DALMATINER
Tiroler Alpenpaß	ZIRLERBERG
Tiroler Kurort an der Ache	KITZBUEHEL
Titelblatt des Buches	FRONTISPIZ
Titel der kathol. Prälaten	MONSIGNORE
Titelfigur bei Shaw	FRAUWARREN
Titelfigur bei Shaw	KOENIGKARL
Titelfigur bei Wilde	DORIANGRAY
tobend	FRENETISCH
Tochter v. Nereus	AMPHITRITE
Todes-schuß	FANGSCHUSS
Töpfer	OFENSETZER
Tolle	HAARSCHOPF
Toll-kirsche	BELLADONNA
Tonart-übergang	MODULATION
Tonfall	AUSSPRACHE
Ton-Nuance	KLANGFARBE
Ton-speicher	MAGNETBAND
Ton-wieder-gabe-technik	MONOPHONIE
Torheit	ALBERNHEIT
Torsion	VERDREHUNG
Toten-stadt	NEKROPOLIS
Trachea	LUFTROEHRE
transpor-tieren	BEFOERDERN
Tratsch	GESCHWAETZ
Trauben-eiche	STEINEICHE
trauen	VERMAEHLEN
Trauer	BETRUEBNIS
Treffer	GLUECKSLOS
Treibstoff	KRAFTSTOFF
trennen, absondern	SEPARIEREN
Trennung	ISOLIERUNG
Trennung	LOSLOESUNG
Tresen	LADENTISCH
Treue	LOYALITAET
Trick	KUNSTGRIFF
trieb-mäßig	INSTINKTIV
Trieb-werksteil	SCHUBDUESE
Trinkgeld im Orient	BAKSCHISCH
Tripper-Erreger	GONOKOKKUS
Trödel	KRIMSKRAMS
Trompe-tengeige	TRUMSCHEIT
Tropen-baum	KOKOSPALME
Tropen-zonen-begren-zung	WENDEKREIS
tropisch-afrikan. Storchen-vogel	NIMMERSATT
tro-pische Echse	CHAMAELEON
tro-pische Farnart	SCHILDFARN
tropische Fischart (Nackt-zähner)	KUGELFISCH
tropische Infektions-krankheit	GELBFIEBER

Trucker	FERNFAHRER
trübsinnig	DEPRIMIERT
Trug, Vorspiegelung	TAEUSCHUNG
Trugschluß	DENKFEHLER
Truppe, Truppenteil	ARMEEKORPS
tschech. Komponist	WEINBERGER
tscherkessische Volksgruppe	KABARDINER
tuberkulöse Kinderkrankheit	SKROFULOSE
Tuchhalle	GEWANDHAUS
Tücke	HINTERLIST
Tümmler	BRAUNFISCH
Tüpfelfarn	ENGELSUESS
Tüpfelfarn	POLYPODIUM
türk. Gebirge	ANTITAURUS
türk. Riemenpeitsche	KARBATSCHE
Tumor	GESCHWULST
tun, erledigen	VERRICHTEN
Turkvolk	BASCHKIREN
Turnier	KONKURRENZ
Turnübung	AUFSCHWUNG
Turnübung	BAUCHWELLE
Turnübung	BODENROLLE
tyrannisch	DESPOTISCH
Tyrann von Samos	POLYKRATES
Übeltäter	BOESEWICHT
Überbleibsel	RUECKSTAND
Überblick	UEBERSICHT
überdachte Liegestatt	HIMMELBETT
Übereifer	FANATISMUS
Übereinkommen	KOMPROMISS
Übereinkommen	KONVENTION
übereinstimmend	KONKORDANT
Übereinstimmung	IDENTITAET
Übereinstimmung	KONKORDANZ
überempfindlich	ALLERGISCH
übergeben	DARREICHEN
Übergewicht, Vorherrschaft	PRAEVALENZ
überheblich	HOCHMUETIG
überheblich	HOCHNAESIG
überhoher Gewässerstand	HOCHWASSER
überkleben	KASCHIEREN
überklug	OBERSCHLAU
überlebt	ALTMODISCH
überlegen	NACHDENKEN
überlegt	METHODISCH
übermäßig	EXORBITANT
überprüfen	REVIDIEREN
Überprüfung	INSPEKTION
überraschen	FRAPPIEREN
überraschend	UNERWARTET
überschlägige Berechnung	SCHAETZUNG
Überschlag	PURZELBAUM
überschriebene Handschrift	PALIMPSEST
Überschwemmung	HOCHWASSER
übersehen	IGNORIEREN
übersorgfältig	PEDANTISCH
überspannt, übersteigert	HYSTERISCH
überspannt, übersteigert	VERSTIEGEN
übertriebene Sorgfalt	PEDANTERIE
übertriebene Strenge	RIGORISMUS
Übertritt zu anderer Kirche	KONVERSION
überwiegen	DOMINIEREN
üppig	LUKULLISCH
Uhr	ZEITMESSER
Uhrenart	TASCHENUHR
Uhrenart, -typ	ARMBANDUHR
Uhrenart, -typ	DIGITALUHR
ukrain. Bildhauer	ARCHIPENKO
ukrain. Hafenstadt auf der Krim	SEWASTOPOL
ukrain. Stadt am Ingul	KIROWOGRAD
ukrain. Stadt auf der Krim	SIMFEROPOL
Ultimo	MONATSENDE
Umbesetzung	REVIREMENT
um den Vorrang kämpfen	WETTEIFERN
Umdeutung	KONVERSION
Umdrehungszahl	TOURENZAHL

Umfang	AUSDEHNUNG
Umfang	PERIPHERIE
umfangreich	VOLUMINOES
umfrieden	EINZAEUNEN
umgänglich	KONZILIANT
Umgänglichkeit	KONZILIANZ
umgehend, unverzüglich	STANTEPEDE
umherbummeln	SCHLENDERN
umkehrbar	REVERSIBEL
Umkehrung	KONVERSION
Umkehrung	PERVERSION
Umkehrung	SPIEGELUNG
Umschreibung	METAPHRASE
Umschreibung	PARAPHRASE
Umschweife	BRIMBORIUM
umstellbar	PERMUTABEL
Umsturz	SUBVERSION
Umsturz, Umbruch	REVOLUTION
umwandeln, anders machen	VERAENDERN
Umwandlung	KONVERSION
Umweltschutzorganisation	GREENPEACE
unangebracht	DEPLAZIERT
unangebracht	INOPPORTUN
unangemessen	INADAEQUAT
Unaufrichtigkeit	FALSCHHEIT
unbefangen	NATUERLICH
unbegrenzt	GRENZENLOS
unbeliebt	MISSLIEBIG
unbeschlag. weibl. Wild	SCHMALTIER
unbescholten	ANSTAENDIG
unbeständig	INKONSTANT
unbestimmt, undurchsichtig	UNDEUTLICH
unbeugbar	INFLEXIBEL
unbewegliches Vermögen	IMMOBILIEN
unbewohnter Teil der Erde	ANOEKUMENE
unbotmäßig	AUFSAESSIG
undeutlich machen	VERWISCHEN
unduldsam	INTOLERANT
Unduldsamkeit	INTOLERANZ
unecht	KUENSTLICH
Unehrlichkeit	FALSCHHEIT
Uneinigkeit	DISKORDANZ
Uneinigkeit, Zerwürfnis	ZWIETRACHT
unempfänglich, widerspenstig	REFRAKTAER
Unempfindlichkeit	IMMUNITAET
unendlich	GRENZENLOS
unerheblich	IRRELEVANT
unerklärlich	MYSTERIOES
unerlaubter Ringergriff	MANSCHETTE
unermüdlich	AUSDAUERND
unersättlich	NIMMERSATT
Unerschütterlichkeit	STOIZISMUS
unfehlbar	INFALLIBEL
ungar. abstrakt. Maler	MOHOLYNAGY
ungar. Mediziner	SEMMELWEIS
ungar. Mittelgebirge	BAKONYWALD
ungar. See	PLATTENSEE
ungefähr	ANNAEHERND
ungefährdet	GESCHUETZT
ungehobelt	FLEGELHAFT
ungehobelt	PLEBEJISCH
ungelegen	INOPPORTUN
ungelernter Arbeiter	HANDLANGER
Ungemach	WIDRIGKEIT
ungesetzmäßig	IRREGULAER
Ungeziefer	SCHAEDLING
ungezwungen	NATUERLICH
ungezwungen	NONCHALANT
unglasierte Tonware	TERRAKOTTA
Ungleichmäßigkeit	ASYMMETRIE
Ungnade	MISSFALLEN
ungünstig	NACHTEILIG
unhandlicher Abfall	SPERRMUELL
Unhold der griech. Sage	PROKRUSTES
Uniformschmuck	AERMELBAND

Uniformschmuck	FANGSCHNUR
Universalgelehrter	POLYHISTOR
Universität	HOCHSCHULE
unkörperlich	ASOMATISCH
unmenschlich	BARBARISCH
unmittelbar	GERADEWEGS
Unmittelbarkeit	DIREKTHEIT
unnachgiebig	KONSEQUENT
unnatürlich	MANIERIERT
Unordnung, Chaos	VERWIRRUNG
unpäßlich	KRAENKELND
unparteiisch, vorurteilslos	UNBEFANGEN
unpassend, unangebracht	UNGEHOERIG
unregelmäßig	IRREGULAER
unregelmäßige Bewegungen	ARRHYTHMIE
unruhig	SCHUSSELIG
unsachlich	PARTEIISCH
Unschuld	KEUSCHHEIT
unsicher machen	IRRITIEREN
Unsinn	ALBERNHEIT
Unstimmigkeit	DISKREPANZ
unterdrücken	KUJONIEREN
Unterdrückung	REPRESSION
unterentwickelte Länder	DRITTEWELT
Unterernährung	DYSTROPHIE

Untergebene	UNTERTANEN
Unterhaltung	DISKUSSION
Unterhöschen	SCHLUEPFER
unterital. Fluß	GARIGLIANO
unterital. Stadt	CAMPOBASSO
unterjochen	KUJONIEREN
untermalen	GRUNDIEREN
Unternehmensleitung	MANAGEMENT
Unternehmungsgeist	INITIATIVE
Untersatteldecke	SCHABRACKE
unterscheidend	DISTINKTIV
Unterschenkelknochen	SCHIENBEIN
unterstützend	SUBSIDIAER
Unterwasserluftzufuhr	SCHNORCHEL
Unterweisung, Anleitung	UNTERRICHT
Unterwelt	TOTENREICH
Unterwürfigkeit	SUBMISSION
untunlich	INOPPORTUN
unveränderlich	INVARIABEL
Unverletzlichkeit	IMMUNITAET
unvermittelt, unversehens	PLOETZLICH
unversehens	BLINDLINGS
Unverträglichkeit (medizin.)	INTOLERANZ
unvollständig	INKOMPLETT

unwichtiger Bühnenpart	NEBENROLLE
unwillig	INDIGNIERT
unwillkürlich	INSTINKTIV
unwillkürlich	MECHANISCH
unwissend	AHNUNGSLOS
unwohl	BLUEMERANT
unzufriedener Mensch	MIESEPETER
unzugänglich	HERMETISCH
Uranpecherz	PECHBLENDE
Urinbestandteil	HARNSAEURE
Urkundenlehre	DIPLOMATIK
Urkundsbehörde	STANDESAMT
Ursprung	ABSTAMMUNG
Ursprung	ENTSTEHUNG
Ursprung, Herkunft	PROVENIENZ
Urteil auf Straffreiheit	FREISPRUCH
vage, unklar	UNBESTIMMT
Valenz	WERTIGKEIT
Variante, Variation	ABWANDLUNG
Variante, Variation	ABWEICHUNG
Variation	UMWANDLUNG
Varize	KRAMPFADER
Vater der Landsknechte	FRUNDSBERG
Venenerweiterung	KRAMPFADER
venezian. Gondelführer	GONDOLIERE
venezian. Maler (16. Jh.)	TINTORETTO

10

Verabschiedung	ENTLASSUNG
veraltet	ALTMODISCH
veraltet	ANTIQUIERT
veraltet für Hausangestellter	DIENSTBOTE
veraltet für Klavier	PIANOFORTE
veraltet für Lebensmittel	VIKTUALIEN
veraltet für Liebesbrief	BILLETDOUX
veraltet für Luftfahrt	AERONAUTIK
veraltet für Mobiliar	MEUBLEMENT
veraltet für verschieden	MANNIGFACH
Veranlagung	FAEHIGKEIT
veranlassen	INITIIEREN
Veranlassung	MOTIVATION
Verband v. Schiffen, Flugzeugen	GESCHWADER
verbannen	AUSSTOSSEN
Verbannung	AUSWEISUNG
Verbena	EISENKRAUT
verbergen	KASCHIEREN
verbergen	VERSTECKEN
Verbeugung	VERNEIGUNG
Verbildlichung	METAPHORIK
verbindlich	KONZILIANT
Verbindlichkeit	ENGAGEMENT
Verbindlichkeit	KONZILIANZ
Verbindlichkeit	OBLIGATION
Verbindung, Vermählung	KOPULATION
Verbrauch	ABNUETZUNG
verbraucht	ERSCHOEPFT
Verbrecher	DELINQUENT
Verbrennungsfolge	BRANDBLASE
Verbrennungskraftmaschine	GASTURBINE
verbürgt	GARANTIERT
Verdacht	MISSTRAUEN
Verdacht	MUTMASSUNG
Verdampfungstemperatur	SIEDEPUNKT
verdecken	KASCHIEREN
Verdichter	KOMPRESSOR
Verdichtetes	KONZENTRAT
verdrießlich	AERGERLICH
verdutzt, überrascht	VERBLUEFFT
Veredelung	KOPULATION
vereinbar	KOMPATIBEL
Vereinbarung	KONVENTION
Verfahren	BEHANDLUNG
verfallen	KOLLABIERT
verfeinert	KULTIVIERT
Verflechtung	VERKETTUNG
verfügbar	DISPONIBEL
Verfügung	BESTIMMUNG
verführerisch	VERLOCKEND
Vergasermotorteil	ZUENDKERZE
Vergebung	VERZEIHUNG
Vergeltung	BESTRAFUNG
Vergleich	KOMPROMISS
vergleichbar	KOMPARABEL
vergleichende Völkerkunde	ETHNOLOGIE
Vergnügen	AMUESEMENT
Vergnügungsviertel in Hamburg	REEPERBAHN
Vergnügungsviertel in Hamburg	SANKTPAULI
Vergnügungsviertel in Paris	MONTMARTRE
Vergreisung	SENILITAET
Vergrößerung	AUSDEHNUNG
Vergütung	ENTLOHNUNG
Verhältnis	LIEBSCHAFT
Verhältnisgleichung	PROPORTION
Verhängnis	FATALITAET
verhaften	ARRETIEREN
verhaften	FESTNEHMEN
Verhaftung	ERGREIFUNG
Verhaftung	SISTIERUNG
Verhaftungsanordnung	HAFTBEFEHL
Verhandlungsgeschick	DIPLOMATIE
verhindernd	PROHIBITIV
Verhinderung	VERHUETUNG
Verhör, Einvernahme	VERNEHMUNG
verhütend	PRAEVENTIV

10

Verhütung, Vorbeugung	PROPHYLAXE
Verkaufsgebäude	MARKTHALLE
Verkaufsschlager	BESTSELLER
Verkehrsmittel	KRAFTWAGEN
Verkehrsteilnehmer	AUTOFAHRER
Verkehrsteilnehmer	KRADFAHRER
Verkleidung	MASKIERUNG
verkleinern	DEZIMIEREN
verkleinern, vermindern	REDUZIEREN
verlängertes Jahr	SCHALTJAHR
Verlängerung der Zahlungsfrist	MORATORIUM
Verlagsangestellter	CHEFLEKTOR
Verlangen	BEDUERFNIS
verlangsamen, aufhalten	VERZOEGERN
verlangsamt	VERZOEGERT
Verlassenheit	EINSAMKEIT
Verlegenheit	KALAMITAET
Verleitung zu einer Straftat	ANSTIFTUNG
verletzen	BLESSIEREN
Verletzung	LAEDIERUNG
Verletzung durch Säuren	VERAETZUNG
Verletzungsfolge	WUNDFIEBER
Verletzungskruste	WUNDSCHORF
verlieren	EINBUESSEN
Verlobter	BRAEUTIGAM
Verlust des Sehvermögens	ERBLINDUNG
Vermittler	KOMMISSAER
Vermittler v. Rennwetten	BUCHMACHER
Vermögen	GELDMITTEL
Vermutung	MUTMASSUNG
vernünftig	EINSICHTIG
vernunftwidrig	IRRATIONAL
Veronica (botan.)	EHRENPREIS
Verordnung	BESTIMMUNG
Verpackungsmittel	PACKPAPIER
Verpflegung	ERNAEHRUNG
verpflichten	ENGAGIEREN
Verpflichtung	ENGAGEMENT
Verpflichtungsschein	OBLIGATION
Verpuffung	DETONATION
Verräter	DENUNZIANT
Verrenkung	KONTORSION
verringern	DEZIMIEREN
verringern	SCHMAELERN
verringern, zurückführen	REDUZIEREN
Verruf	MISSKREDIT
Versand	EXPEDITION
Versandabteilung	EXPEDITION
verschiedenstimmig	HETEROPHON
Verschlagenheit	HINTERLIST
verschleiern	VERDUNKELN
Verschwendung	VERGEUDUNG
Verschwiegenheit	DISKRETION
versenden	EXPEDIEREN
Versenkung	MEDITATION
Versicherung	ASSEKURANZ
versöhnlich	KONZILIANT
Versonnenheit	TRAEUMEREI
verspotten	PARODIEREN
verspotten	VERHOEHNEN
Verspottung	PERSIFLAGE
versprechen	VERHEISSEN
Verstärkung, Zunahme, Zuwachs	STEIGERUNG
Verstauchung	DISTORSION
Versteifung (mediz.)	RIGIDITAET
versteinerter Kopffüßer	AMMONSHORN
verstellbare Blende	IRISBLENDE
verstorben	VERBLICHEN
verstreut, vereinzelt	SPORADISCH
Versuch	EXPERIMENT
Versuchung	ANFECHTUNG
vertauschbar	KOMMUTATIV
vertauschbar	PERMUTABEL
Vertebrat	WIRBELTIER
Vertiefung	VERSENKUNG

10

Vertikale	SENKRECHTE
verträglich	KOMPATIBEL
Vertrag	KONVENTION
Vertragspartner	KONTRAHENT
Vertraulichkeit	INTIMITAET
verulken	PARODIEREN
verunzieren	ENTSTELLEN
Vervollständigung	ERGAENZUNG
Vervollständigung	KOMPLEMENT
Vervollständigung	SUPPLEMENT
Verwachsung (mediz.)	KONKRETION
verwässern, strecken	VERDUENNEN
Verwandtschaft	AFFINITAET
Verwandtschaft	SIPPSCHAFT
Verweisung von der Universität	RELEGATION
verwirklichen	AUSFUEHREN
verwirren	IRRITIEREN
verwirrt	DERANGIERT
Verwundung, Beschädigung	VERLETZUNG
verzerrt darstellen	KARIKIEREN
verzieren	DEKORIEREN
Verzierung	DEKORATION
Verzierungskunst	ORNAMENTIK
verzögert	PROTAHIERT
Vetternwirtschaft	NEPOTISMUS
Vibration	SCHWINGUNG

vielfarbig	KUNTERBUNT
Vielfraß	NIMMERSATT
Vielmännerei	POLYANDRIE
Vielstimmigkeit	POLYPHONIE
Viereck	QUADRANGEL
Vierfüßer	QUADRUPEDE
Viermaster	VOLLSCHIFF
vierseitig	TETRAGONAL
vier zusammenhängende Werke	TETRALOGIE
Vinzentiner	LAZARISTEN
Vipernart	ASPISVIPER
Visierteil	FADENKREUZ
Vitamin B	RIBOFLAVIN
Völkerkunde	ETHNOLOGIE
völlige Dunkelheit	FINSTERNIS
völlige Gleichheit	IDENTITAET
Vogelart	ALPENAMSEL
Vogelart	ALPENMEISE
Vogelart	BAUMPIEPER
Vogelart	BUNTSPECHT
Vogelart	FALKENEULE
Vogelart	WEBERVOGEL
Vogelart	ZOPFSAEGER
Vogelfuß (botan.)	SERRADELLA
Vogelkraut	KNOETERICH
Vokal	SELBSTLAUT
Volksabstimmung	REFERENDUM
Volksherrschaft	DEMOKRATIE
volkstüml. f. Motorrad	FEUERSTUHL
volkstüml. f. Schnaps	ZIELWASSER
volkstüml. f. Vergeltung	DENKZETTEL

volkstüml. Musikinstrument	WASCHBRETT
Vollendung	PERFEKTION
Vollkommenheit	PERFEKTION
Vollschiff, Segelschiffart	VIERMASTER
vollstrecken	AUSFUEHREN
vorbeimarschieren	DEFILIEREN
vorbeimarschieren	PARADIEREN
Vorbühne	PROSZENIUM
vorderasiat. antikes Kulturvolk	PHOENIZIER
vorderasiat. Landschaft	PALAESTINA
Vordergiebel	FRONTISPIZ
vorderindische SO-Küste	KOROMANDEL
Vorfahren	ALTVORDERN
Vorführung	DARBIETUNG
Vorführung mit Bildwerfer	PROJEKTION
vorgeschichtl. Fundort	NEANDERTAL
vorgeschichtl. Fundort	WILLENDORF
vorgeschichtl. Grabform	HOCKERGRAB
vorgeschichtl. Grabform	HUEGELGRAB
vorgeschichtl. Großsteingrab	HUENENGRAB
Vorgesetzter	DIENSTHERR
Vorhemd	CHEMISETTE

vorherrschen	DOMINIEREN
vorherrschend, überlegen	PRAEVALENT
Vorhut	AVANTGARDE
Vorläufer der Zither	SCHEITHOLZ
Vorläufer des Klaviers	CLAVICHORD
vorläufig	PRAELIMIAR
Vormund	FUERSORGER
vornehm	PATRIZISCH
vornehme Gesellschaft	HAUTEVOLEE
Vorort v. Antwerpen	BORGERHOUT
Vorort v. Potsdam	BABELSBERG
Vorrang, Erstrecht	PRIORITAET
Vorrang, Vorzug	PRAEFERENZ
Vorrat einstudierter Stücke	REPERTOIRE
vorrücken	AVANCIEREN
Vorschlußrunde	HALBFINALE
Vorschlußrunde	SEMIFINALE
Vorschrift	BESTIMMUNG
vorschriftenkonform	LINIENTREU
Vorsehung	BESTIMMUNG
Vorsitz, Vorstand	PRAESIDIUM
Vorsitzender, Vorstand	PRAESIDENT
Vorspiegelung, Vortäuschung	SIMULATION
Vorspiel	EINLEITUNG
vorstellbar	IMAGINABEL
vortäuschen	WEISMACHEN
vortäuschen, vorgeben	SIMULIEREN
vorteilhaft	PROFITABEL
Vortrag, Aufführung	WIEDERGABE
vortragen	PLAEDIEREN
Vortragender	DEKLAMATOR
Vortragsbezeichn. in der Musik	SOSPIRANDO
Vortragsbezeichn. in der Musik	TUMULTUOSO
Vortrag von Dichtung	REZITATION
vorübergehend	EPISODISCH
vorübergehend, zwischenzeitlich	ZEITWEILIG
Vorwort	EINLEITUNG
vorzüglich	GROSSARTIG
vorzugsweise	KATEXOCHEN
Vulkan in Kalifornien	LASSENPEAK
Vulkankegel im Hegau	HOHENTWIEL
Waagenart	FEDERWAAGE
waagerecht	HORIZONTAL
Wacholder	RECKHOLDER
Wachrundgang	PATROUILLE
wachsam	AUFMERKSAM
wachsam	HELLHOERIG
wachsame Augen	ARGUSAUGEN
Wachsfigurenschau	PANOPTIKUM
Wachstum	FORTKOMMEN
Wachstumsanomalie	ZWERGWUCHS
wackeln	SCHLOTTERN
Währung in Saudi-Arabien	SAUDIRIYAL
Wärme-, Temperaturregler	THERMOSTAT
Wärmebehandlung	DIATHERMIE
Wärmebeutel, -kissen	THERMOPHOR
Wärmegrad, -zustand	TEMPERATUR
Wärmespender	HEIZKISSEN
Wärmeströmung	KONVEKTION
Wagenaufbau	KAROSSERIE
Wagenteil	KUTSCHBOCK
Wagenteil	LEITERBAUM
Wahl	ABSTIMMUNG
wahlfrei	FAKULTATIV
wahlweise	ALTERNATIV
wahlweise	FAKULTATIV
Wahn	EINBILDUNG
wahrhaft	AUFRICHTIG
Wahrnehmung	PERZEPTION
Wahrsagekunst	DIVINATION
Wahrzeichen v. Lübeck	HOLSTENTOR
Wahrzeichen v. München	ALTERPETER
Waldschädling	SCHILDLAUS
Waldstaude	IMMERGRUEN
walisische Grafschaft	FLINTSHIRE
Walküre	ROSSWEISSE
Wallfahrtsort	PILGERZIEL
Wallung (mediz.)	KONGESTION

wankelmütig	LAUNENHAFT
wankelmütig	SCHWANKEND
Ware	HANDELSGUT
Warenauswahl	KOLLEKTION
Warenschaugebäude	MESSEHALLE
Warmbad	THERMALBAD
warmes Bekleidungsstück	PELZMANTEL
Warnanlage v. Bahnübergängen	BLINKAMPEL
Warnlicht	BLINKLICHT
Warzenkaktus	MAMILLARIA
Waschraum	BADEZIMMER
Wasserfall in Chile	PILMAIQUEN
Wasserhuhn	BLAESSHUHN
Wasserkäfer	DREHKAEFER
Wasserkultur	HYDROPONIK
Wasserlinse	ENTENFLOTT
Wassermeßgerät	HYDROMETER
Wasserpflanze	FROSCHBISS
Wasserpflanze	LAICHKRAUT
Wasserpflanze	WASSERNUSS
Wasserpflanze	WASSERROSE
Wasserreservoir	STAUBECKEN
Wassersport	SURFRIDING
Wassersportanlage	SCHWIMMBAD
Watteninsel in der Elbe	SCHARHOERN
Watt zw. Elbe- u. Wesermündung	KNECHTSAND
Webervogel	PRACHTFINK
Webstuhl-Teil	KETTENBAUM
Wechsel einlösen	HONORIEREN
Wechselempfänger	INDOSSATOR
wechselseitig bedingt	KORRELATIV
Wechseltanz	KONTRETANZ
wechselweise	ALTERNATIV
Wegelagerer	RAUBRITTER
wegräumen	BESEITIGEN
Wegzehrung	MUNDVORRAT
weibl. Gesangsgruppe	FRAUENCHOR
weibl. Geschwister	SCHWESTERN
weidmännisch f. verscheuchen	VERGRAEMEN
Weihnachtsbaum	CHRISTBAUM
Weihnachtsbaumschmuck	GLASKUGELN
Weinort, -stadt in Rheinland-Pfalz	DEIDESHEIM
Weinort am Rhein	NACKENHEIM
Weinort an der Ruwer	EITELSBACH
Weinort in Rheinland-Pfalz	WACHENHEIM
Weinsorte, Traubensorte	TROLLINGER
weißes Blutkörperchen	LYMPHOZYTE
Weißfluß	FLUORALBUS
Weißfluß	LEUKORRHOE
weiterbestehen	FORTDAUERN
Weiterung	KONSEQUENZ
Wellenbewegung	UNDULATION
Wellen der Haare	ONDULATION
Wels-Art	KATZENWELS
Wels-Art	PANZERWELS
Weltbestleistung	WELTREKORD
Weltbürger	KOSMOPOLIT
Weltentstehungslehre	KOSMOGONIE
Weltfriedensbewegung	PAZIFISMUS
Weltreligion	BUDDHISMUS
wendischer Gastwirt	KRETSCHMER
weniger	ABZUEGLICH
Werbemittel	FLUGZETTEL
Werktag	DONNERSTAG
Werk von Kafka	DERPROZESS
Werkzeug	INSTRUMENT
Werkzeugmaschine	KREISSAEGE
Wertberichtigung	DELKREDERE
Wertloses	KRIMSKRAMS
Wesen	GEMUETSART
Wesenseinheit	IDENTITAET
wesentlich	ESSENTIELL
westaustral. Bucht	SHARKBUCHT

west-austral. Hafenstadt	FREEMANTLE
west-böhmisch. Mittelgebirge	KAISERWALD
west-brasilian. Grenzstaat	MATOGROSSO
westengl. Grafschaft	LANCASHIRE
West-europäer	HOLLAENDER
westeuropäischer Staat	FRANKREICH
west-franz. Departement	DEUXSEVRES
west-german. Stammesbund	ISTWAEONEN
West-germane	LANGOBARDE
westind. Insel	BLANQUILLA
westind. Insel	GUADELOUPE
westind. Insel	PUERTORICO
westind. Obstbaum	MAMMEIBAUM
westind. Seeräuber	FLIBUSTIER
westl. Vorort von Paris	SAINTCLOUD
westmongol. Volk	KALMUECKEN
westpazifische Inselwelt	MELANESIEN
Wett-bewerb, Wettkampf	KONKURRENZ
Wett-bewerbsgegner	KONKURRENT
wichtig	WESENTLICH
wichtigstes Kupfererz	KUPFERKIES

Wider-natürlichkeit	PERVERSION
wider-rechtliche Besitzergreifung	USURPATION
wider-rufen	REVOZIEREN
Wider-sacher	ANTAGONIST
wider-setzlich	UNGEHORSAM
wider-spenstig	STOERRISCH
wider-sprechen	OPPONIEREN
Wider-spruch	OPPOSITION
Wider-stand	AUFLEHNUNG
Wider-stand	OPPOSITION
Widerstand gegen Formveränderung	FESTIGKEIT
Wider-standsfähigkeit	IMMUNITAET
Wider-wille	ANTIPATHIE
widmen	DEDIZIEREN
Widmung	DEDIKATION
Wieder-gut-machung	GENUGTUUNG
wieder-herstellen	REPARIEREN
Wieder-herstellung	REPARATION
wieder-holen	REPETIEREN
wieder-kehrend	PERIODISCH
Wieder-täufer	ANABAPTIST
Wiener Hausberg	KAHLENBERG
Wiener Hügelland	WIENERWALD
Wiener Operettenkomponist	MILLOECKER

Wiener Sehenswürdigkeit	STAATSOPER
Wiener Stadtbezirk	ALSERGRUND
Wiener Stadtbezirk	JOSEFSTADT
Wiesen-pflanze	LIESCHGRAS
Wildart	NIEDERWILD
wilde Ehe	KONKUBINAT
wilder Kümmel	PIMPERNELL
wilder Rosmarin	SUMPFPORST
Wildpark	TIERGEHEGE
willen-loses Geschöpf	MARIONETTE
Willens-übertragung	SUGGESTION
willfährig	NACHGEBEND
Windbe-stäubung	ANEMOGAMIE
Wind-büchse	LUFTGEWEHR
Windei	BLASENMOLE
Wind-harfe	AEOLSHARFE
Wind-kunde	ANEMOLOGIE
Wind-messer	ANEMOMETER
Wind-pocken	VARIZELLEN
Wink	EMPFEHLUNG
Winkel-messer	GONIOMETER
Winter-grün	IMMERGRUEN
Winter-knospe	HIBERNAKEL
winterl. Hochtourismus	SKIWANDERN
Winter-sonnenwende	MITTWINTER
Winter-sportanlage	EISSTADION

10

Winter-sport-anlage	SKISCHANZE
Winter-sportart	SKIJOERING
winziger Singvogel	ZAUNKOENIG
wirbel-loses Tier	EVERTEBRAT
Wirbel-sturm-erschei-nung	WASSERHOSE
Wirbeltier	KRIECHTIER
Wirkleit-wert	KONDUKTANZ
wirklich	WAHRHAFTIG
Wirk-teppich	BASSELISSE
Wirkungs-grad	NUTZEFFEKT
Wirkungs-kreis	REICHWEITE
wirkungs-voll	EFFEKTVOLL
Wirrwarr	MISCHMASCH
Wirrwarr	TOHUWABOHU
wirt-schaftli-ches Tief	DEPRESSION
Wirt-schafts-lage	KONJUNKTUR
Wirt-schafts-verbund	KONSORTIUM
Wissen-schaft	MATHEMATIK
wissen-schaftl. Abriß	KOMPENDIUM
wissen-schaftl. Gespräch	KOLLOQUIUM
wissen-schaftl. Lehr-anstalt	HOCHSCHULE
wissen-schaftl. Versuch	EXPERIMENT
Wissen-schaft v. d. Elek-tronen	ELEKTRONIK
Wissens-durst, Lerneifer	WISSBEGIER
Wochen-tag	DONNERSTAG
Wörter-buch, -verzeich-nis	DIKTIONAER
Wohl-befinden	GESUNDHEIT
Wohlbe-leibtheit	EMBONPOINT
wohl-klingend	EUPHONISCH
wohl-riechend	AROMATISCH
wohltätig	HUMANITAER
wohl-überlegt	DURCHDACHT
wohl-unter-richtet	INFORMIERT
Wohnung betagter Menschen	ALTERSHEIM
Wort-forschung	ETYMOLOGIE
wuchern-de Wasser-pflanze	WASSERPEST
Wucht	HEFTIGKEIT
würdigen	HONORIEREN
Würger (Vogel)	DORNDREHER
Würger (Vogel)	NEUNTOETER
württ. Land-schaft	JAGSTKREIS
württ. Stadt am Kocher	KUENZELSAU
württ. Stadt am mittleren Neckar	NUERTINGEN
württ. Stadt am Neckar	ROTTENBURG
württ. Stadt an d. Donau	TUTTLINGEN
württ. Stadt an der Achalm	REUTLINGEN
württ. Stadt an der Donau	RIEDLINGEN
württ. Stadt an der Enz	MUEHLACKER
württ. Stadt an der Fils	GOEPPINGEN
württ. Stadt an der Rems	SCHORNDORF
württ. Stadt an der Rems	WAIBLINGEN
württ. Stadt an Fils und Neckar	PLOCHINGEN
Würz-kraut	BIBERNELLE
Würz-kraut	PETERSILIE
wüten	GRASSIEREN
Wundklee	SOMMERKLEE
Wundklee	TANNENKLEE
Wund-kraut	EHRENPREIS
Wund-kraut	KREUZKRAUT
wurm-stichig	ZERFRESSEN
Wurst-sorte	BRUEHWURST
Wurst-sorte	DAUERWURST
Wurst-sorte	KNACKWURST
Wurst-sorte	LEBERWURST
Wurst-sorte	PRESSWURST
Wurzel-schwamm	HALLIMASCH
wurzel-ziehen	RADIZIEREN
zäh	AUSDAUERND
zahlen	BEGLEICHEN
Zahlen-lehre	ARITHMETIK
Zahlungs-aufschub	MORATORIUM

Zahnbestandteil	WURZELHAUT
Zahnfachentzündung	ALVEOLITIS
Zahnfleischentzündung	GINGIVITIS
Zangenform	KOMBIZANGE
Zarge	EINFASSUNG
zart gebaut	ASTHENISCH
Zauberformel	HOKUSPOKUS
Zauberformel	SIMSALABIM
Zauberwort	HOKUSPOKUS
Zeichen der Bekräftigung	HANDSCHLAG
Zeichengerät	REISSFEDER
Zeichenunterlage	REISSBRETT
Zeitkontrollgerät	STEMPELUHR
zeitlich bestimmt	PUENKTLICH
zeitlich bestimmt	TERMINIERT
Zeitschrift	PERIODIKUM
Zeitungszuschrift	LESERBRIEF
zeitweilige Aufhebung	SUSPENSION
Zelter	DAMENPFERD
Zeltsicherung	STURMLEINE
zentralasiat. Fluß	SERAFSCHAN
zentralmexikan. Stadt	GUANAJUATO
Zeppelin	LUFTSCHIFF
Zerfall	AUFLOESUNG
Zerkleinerungsmaschine	HOLLAENDER
Zerknirschung	KONTRITION
zerknittern	KNAUTSCHEN
zerreißen	LAZERIEREN
Zerreißung	LAZERATION
zersetzend	DESTRUKTIV
zerstören	DEMOLIEREN
zerstörend	DESTRUKTIV
zerstört	VERNICHTET
Zerstörung	DEMOLITION
zerstörungswütig	WANDALISCH
zerzaust	DERANGIERT
Zeugnis, Bescheinigung	ZERTIFIKAT
Zeugnisnote	MANGELHAFT
Zickzackweg, Kurvenweg	SERPENTINE
Ziehharmonika	KONZERTINA
zielen	ANVISIEREN
zielstrebig	KONSEQUENT
Zierpflanze m. orangen Blüten	MONTBRETIE
Zigarrenteil	BAUCHBINDE
Zinkerz	ZINKBLENDE
Zinkkarbonat	ZINKBLUETE
Zinnerz	KASSITERIT
Zitrusfrucht	BERGAMOTTE
Zitrusfrucht	PAMPELMUSE
Zittergras	FRAUENHAAR
Zitzenschweinchen	SPANFERKEL
Zoo, Wildpark	TIERGARTEN
Zoom an der Kamera	GUMMILINSE
Zuchtanlage f. Gehölz	BAUMSCHULE
Zuckerbäckerei	KONDITOREI
Zuckerkranker	DIABETIKER
züchtig	TUGENDHAFT
zügellose Bande	ROTTEKORAH
zueignen	DEDIZIEREN
Zueignung	DEDIKATION
zu errechnender Wert	UNBEKANNTE
Zufälligkeit	KONTINGENZ
zugeknöpft, zurückhaltend	RESERVIERT
Zugeständnis	KOMPROMISS
Zugeständnis	KONZESSION
zugestehen	GENEHMIGEN
zugkräft. Angebot, Geschehen	ATTRAKTION
Zugmaschine	LOKOMOTIVE
zu jeder Stunde	STUENDLICH
Zulassung	KONZESSION
zum Dienst einziehen	EINBERUFEN
zumindest	WENIGSTENS
Zunahme, Zuwachs	AUSWEITUNG
Zunahme, Zuwachs	VERMEHRUNG
Zungenknochen	ZUNGENBEIN
zurechtweisen	MASSREGELN
zur Hälfte	FIFTYFIFTY

Zurschaustellung	EXHIBITION
Zurückhaltung	MAESSIGUNG
zurückschlagen	HEIMZAHLEN
zusammenfallend	KOINZIDENT
Zusammenfügung	ASSEMBLAGE
zusammengelesen	EKLEKTISCH
Zusammengesetztes	KOMPOSITUM
Zusammenhalt, Zusammenhang	VERBINDUNG
zusammenlaufend	KONVERGENT
zusammenpassend	KOMPATIBEL
zusammenstoßen	AUFPRALLEN
Zusammentreffen	KOINZIDENZ
zusammenwirkend	KONZERTANT
zusammenwirkend	KOOPERATIV
Zusammenzählung	SUMMIERUNG
zusammenziehbar	KONTRAKTIL
Zusammenziehung	RETRAKTION
Zusatz	ERGAENZUNG
Zusatzantrag	AMENDEMENT
Zuschauer	BEOBACHTER
Zutat, Bestandteil	INGREDIENZ
Zuteilung	KONTINGENT
Zuträger	DENUNZIANT
Zuträger	KOLPORTEUR
Zuträglichkeit	KONVENIENZ
Zuversicht	OPTIMISMUS
Zuwachs	AKKRESZENZ
Zuwiderhandlung	VERFEHLUNG
Zuzug	ANSIEDLUNG
Zwang, Nötigung	KOMPULSION
Zwangsschlaf	BETAEUBUNG
Zweideutigkeit	AMPHIBOLIE
Zweierliege	DOPPELBETT
zweifellos	UNSTREITIG
Zweiflügler	GALLMUECKE
Zweig der Hussiten	KALIXTINER
Zweig der Petrographie	PETROLOGIE
Zweigstelle	NIEDERLAGE
Zweigstelle	VERTRETUNG
Zweimaster	BRIGANTINE
zweirädriger Einspänner	KABRIOLETT
Zweiteilung	DICHOTOMIE
Zweiteilung	HALBIERUNG
zweiter Bericht	KORREFERAT
Zwerchfell	DIAPHRAGMA
Zwergwuchs	AKROMIKRIE
Zwielaut	DOPPELLAUT
Zwielicht	DAEMMERUNG
Zwielicht	HALBDUNKEL
Zwiespalt	DISKREPANZ
Zwiespalt, Zwietracht	ENTZWEIUNG
Zwietracht	DISKORDANZ
Zwischenaktmusik	INTERMEZZO
Zwischenbemerkung	PARENTHESE
Zwischenfall	INTERMEZZO
Zwischenlösung	KOMPROMISS
Zwischenspiel	INTERMEZZO
Zwölffingerdarmentzünd.	DUODENITIS
Zwölfflächner	DODEKAEDER
zwölfteilig	DUODEZIMAL

abbauen	DEMONTIEREN
abbilden	KONTERFEIEN
abbrühen	BLANCHIEREN
Abele	WEISSPAPPEL
Abenteuer	ROBINSONADE
abfassen	KONZIPIEREN
Abfindung	NACHZAHLUNG
Abführmittel	GLAUBERSALZ
Abgeordneter	DELEGIERTER
Abgeordneter	DEPUTIERTER
Abgesandter	DELEGIERTER
abgesondert	PARTIKULAER
abgestumpft	LETHARGISCH
abgeteilt zumessen	RATIONIEREN
Abglanz, Reflex	WIDERSCHEIN
Abgrenzung	DEMARKATION
Abhandl. üb. einen Einzelgegenstand	MONOGRAPHIE
Abhandlung	DENKSCHRIFT
Abkapselung, Absonderung	QUARANTAENE
Abkömmling	SPROESSLING
Abkürzung	ABBREVIATUR
Ablage, Aktensammlung	REGISTRATUR
Ableger	SPROESSLING
ablehnen	AUSSCHLAGEN
ableisten	ABSOLVIEREN
Abmachung, Vereinbarung	VERABREDUNG
Abneigung	ANIMOSITAET
Abnormität	MISSBILDUNG
abnutzen	VERBRAUCHEN
Abnutzung	VERSCHLEISS
Abrechnung	LIQUIDATION
abrunden	ARRONDIEREN
abrutschende Schneedecke	SCHNEEBRETT
absichtlich	WILLENTLICH
absichtsvoll	INTENTIONAL
absonderlich	EXZENTRISCH
absonderlich, schrullig	VERSCHROBEN
absondern	INTERNIEREN
absondern	SEKRETIEREN
absondern, entfernen	SEZERNIEREN
Absonderungsorgan d. Leber	GALLENBLASE
Abstammungslehre	DARWINISMUS
absurd, unlogisch	WIDERSINNIG
Abteilung	DETACHEMENT
Abteilung des Landgerichts	ZIVILKAMMER
Abwässerreinigungsanlage	KLAERANLAGE
Abwandlung	MODULIERUNG
abwechseln	ALTERNIEREN
abwechselnd	UMSCHICHTIG
abwehren	VERTEIDIGEN
Abwehrstoff im Körper	ANTIKOERPER
abweichen	DIFFERIEREN
Abweichung	ABNORMITAET
Abwertung	DEVALVATION
abwickeln	LIQUIDIEREN
Abwicklung	LIQUIDATION
abzeichnen	PARAPHIEREN
Abziehen	SUBTRAKTION
Acht	AUSSTOSSUNG
Ackerkrume	MUTTERBODEN
Ackerunkraut	KLATSCHMOHN
Adel, Noblesse	VORNEHMHEIT
Ader	BLUTGEFAESS
Adjunkt, Adlatus	AMTSGEHILFE
Adlerart	KAISERADLER
Adlerart	SCHREIADLER
Ächtung, Vertreibung	VERSTOSSUNG
ädern	MARMORIEREN
ägypt. Schriftzeichen	HIEROGLYPHE
ägypt. See im Nildelta	MENSALEHSEE
ältester Sohn, Erstgeborener	STAMMHALTER
ältestes Wirbeltier	PANZERFISCH
Ämterherrschaft	BUEROKRATIE
Ärger, Unmut	VERSTIMMUNG
ärgern	VERDRIESSEN
ärztl. Betäubung	ANAESTHESIE
Ästhet	KUNSTFREUND
Ästhet	SCHOENGEIST
äußeres Bild	ERSCHEINUNG
affektiert	AUFGEBLASEN
affektiert	GEKUENSTELT
Affront	BELEIDIGUNG
afrikan. Berg	KOMPASSBERG

afrikan. Hauptstadt	BRAZZAVILLE
afrikan. Hauptstadt	DARESSALAAM
afrikan. Hauptstadt	OUAGADOUGOU
afrikan. Islamische Republik	MAURETANIEN
afrikan. Stadt am Sambesi	LIVINGSTONE
afrikan. Webervogel	WITWENVOGEL
Afterklauen	OBERRUECKEN
Agent, Aufwiegler	PROVOKATEUR
Agentur, Nebenstelle	ZWEIGSTELLE
Aktion, Vorgehen	UNTERNEHMEN
Aktionärsausschluß	KADUZIERUNG
aktiv, energisch	TATKRAEFTIG
Aktivität	WIRKSAMKEIT
aktuell	ZEITGEMAESS
aktuelle Lage	GEGEBENHEIT
Alarmgerät	FEUERMELDER
Album	SAMMELMAPPE
alger. Staatsmann	BOUMEDIENNE
alger. Stadt	CONSTANTINE
alger. Stadt	TAMANRASSET
alkoholische Getränke	SPIRITUOSEN
Alkoholverbot	PROHIBITION
Allee	BAUMSTRASSE
Allee in Wien	RINGSTRASSE
Alleinunterhalter	ENTERTAINER
Allgottlehre	PANTHEISMUS
Allianz, Föderation	VEREINIGUNG
Alligatorenart	HECHTKAIMAN
allmähliches Verdampfen	VERDUNSTUNG
alpenartiges Bergland	HOCHGEBIRGE
Alpenbewohner	APPENZELLER
Alpengebirgsstock	BERNERALPEN
Alpenrepublik	OESTERREICH
alpine Gartenanlage	STEINGARTEN
Alpinist	BERGSTEIGER
altägypt. Herrscher	TUTENCHAMUN
Altarraum	SANKTUARIUM
Altarsakrament	EUCHARISTIE
Altarverkleidung	ANTEPENDIUM
altbekannter Schlager	GASSENHAUER
Altbuchhandlung	ANTIQUARIAT
alte dän. Goldmünze	FREDERIKDOR
alte Feuerwaffe	HINTERLADER
alte Feuerwaffe	VORDERLADER
alte Goldmünze	DOPPELKRONE
alte Goldmünze	KRISTIANDOR
alte Klavierform	KLAVIZIMBEL
Altenteil	LEIBGEDINGE
alter Name d. Insel Bioko	FERNANDOPOO
alter Name des Sangosees	VICTORIASEE
alter Name des Sangosees	VIKTORIASEE
alter Name von Oslo	CHRISTIANIA
Altertumsforscher	ARCHAEOLOGE
altes astronom. Instrument	ASTROLABIUM
altes Kunstwerk	ANTIQUITAET
altes Musikinstrument	KLAVIZIMBEL
altfranz. Epos	ROLANDSLIED
altgriech. Mathematiker	HIPPOKRATES
altgriech. Muse des Tanzes	TERPSICHORE
altgriech. Philosoph	ARISTOTELES
althergebracht	UEBERKOMMEN
altind. Dichtung	MAHABHARATA
altind. Dichtung	SUKASAPTATI
Altklarinette	BASSETTHORN
altnord. Bestattungsform	SCHIFFSGRAB
altröm. Diktator	CINCINNATUS
altröm. Grabstätte	KOLUMBARIUM
Altsibirier	TSCHUKTSCHE
Altwaren	ALTMATERIAL
Amandine	SILBERFASAN

Amaryllisgewächs	OSTERGLOCKE
Ambiente	LEBENSKREIS
Ambulanz	UNFALLWAGEN
amerikan. Astronaut	SCHWEICKART
amerikan. Autorennstrecke	SILVERSTONE
amerikan. Fluß bei New York	HUDSONRIVER
amerikan. Gesellschaftstanz	SQUAREDANCE
amerikan. Gewässer	DELAWAREBAI
amerikan. (Großer) See	MICHIGANSEE
amerikan. Großindustrieller	ROCKEFELLER
amerikan. Halbinsel	KALIFORNIEN
amerikan. Hauptstadt	TEGUCIGALPA
amerikan. Jagddolch	BOWIEMESSER
amerikan. Jazzpianist	DAVEBRUBECK
amerikan. Jazztrompeter	BEIDERBECKE
amerikan. Kleinbär	KATZENFRETT
amerikan. Komponist	HAMMERSTEIN
amerikan. Liedermacher	SPRINGSTEEN
amerikan. Musical-Librettist	HAMMERSTEIN
amerikan. Nagetier	PRAERIEHUND
amerikan. Negerkneipe	BARRELHOUSE
amerikan. Nobelpreisträger	BLOEMBERGEN
amerikan.-österr. Mediziner (Nobelpr.)	LANDSTEINER
amerikan. Pazifik-Inselgruppe	BONININSELN
amerikan. Physiker (Atombombe)	OPPENHEIMER
amerikan. Physiker (Nobelpreis)	CHAMBERLAIN
amerikan. Popmusiker (m. Vorn.)	JIMIHENDRIX
amerikan. Schienenechse	SALOMPENTER
amerikan. Schleichkatze	KATZENFRETT
Amme	NAEHRMUTTER
Ammernart	KAPPENAMMER
Amnestie	BEGNADIGUNG
amortisieren	ABSCHREIBEN
amtlich bescheinigen	BEGLAUBIGEN
amtliches Arzneibuch	PHARMAKOPOE
Amtsenthebung	DESTITUTION
Amtsverlängerung	PROROGATION
Anämie-Symptom	BLEICHSUCHT
Andachtsobjekt	DEVOTIONALE
Anden	KORDILLEREN
anerkannt	AUTORISIERT
anerkennen	BEGLAUBIGEN
Anfechtung	APPELLATION
anfertigen	AUFBEREITEN
anfertigen, erzeugen	PRODUZIEREN
Anfertigung	HERSTELLUNG
anfeuchten	BETRAEUFELN
Anfrage	ERKUNDIGUNG
Anfuhr	ANLIEFERUNG
Anfuhr	ANTRANSPORT
Angeber, Großmaul	WICHTIGTUER
angeborene Fähigkeit	VERANLAGUNG
Angeh. e. dtsch. Fürstenhauses	LUDOLFINGER
Angeh. einer Waffengattung	ARTILLERIST
angemessen	GEBUEHRLICH
angeschlagen	BESCHAEDIGT
angeschlagen	MITGENOMMEN
angesehen, ansehnlich	RESPEKTABEL
angreifen	ATTACKIEREN
angreifen	LOSSCHLAGEN
Anh. e. philosoph. Weltanschauung	MATERIALIST
Anh. e. schweiz. Reformators	ZWINGLIANER
Anhang	NACHSCHRIFT
Ankündigung	BEKANNTGABE
anlegen	INVESTIEREN
anleiten	INSTRUIEREN
Anleitung	INSTRUKTION
anlernen	UNTERWEISEN
anmelden	DEKLARIEREN
Anmerkungen	MARGINALIEN
anmutig	LIEBREIZEND
Annahme, Vermutung	PRAESUMTION
Annalen	JAHRBUECHER

annehmbar sein	KONVENIEREN
annehmen	AKZEPTIEREN
anomal	REGELWIDRIG
anordnen	ARRANGIEREN
Anordnung	ARRANGEMENT
Anordnung	DISPOSITION
anpassen	ADJUSTIEREN
Anpasser	OPPORTUNIST
anprangern	BRANDMARKEN
Anrede f. Geistliche	HOCHWUERDEN
Anrede f. Universitätsrektor	MAGNIFIZENZ
anregen	INSPIRIEREN
Anregung	ERMUNTERUNG
ansaugen	ADSORBIEREN
Anschaffung	AKQUISITION
anschaulich	ILLUSTRATIV
Anschauung	BETRACHTUNG
Anschauung	EINSTELLUNG
Anschauungsart	MENTALITAET
anscheinend	MUTMASSLICH
anschwärzen	DENUNZIEREN
Anschwellung (medizin.)	INTUMESZENZ
Ansehen	BELIEBTHEIT
Ansehen, Auszeichnung	DISTINKTION
anspornen	STIMULIEREN
ansprechend, anziehend	SYMPATHISCH
anspruchsvoll	WAEHLERISCH
Anständigkeit	KORREKTHEIT
Anständigkeit	REDLICHKEIT
anstiften	INSTIGIEREN
anstiften	VERANLASSEN
Ansucher	BITTSTELLER
antiker Kampfwagen	VIERGESPANN
antiker Schlachtenort	THERMOPYLEN
antike Stadt am Vesuv	HERCULANEUM
Anvertrauung	UEBRTRAGUNG
Anweisung	INSTRUKTION
anwenden	APPLIZIEREN
Anwendung	APPLIKATION
anwidern	DEGOUTIEREN
Anzeigen- u. Kundenwerber	AKQUISITEUR
Anziehungskraft	MAGNETISMUS
apathisch	UNBETEILIGT
Apfelsorte	GOLDRENETTE
Apfelsorte	GUELDERLING
Apfelsorte	JAMESGRIEVE
Apfelsorte	LANDSBERGER
Apokalypse	OFFENBARUNG
Apparat	MECHANISMUS
Apparatur	MASCHINERIE
arab. Emirat	RASALKHAIMA
arab. Emirat	UMMALQAIWAN
Arbeitnehmerin	ANGESTELLTE
Arbeitsgefährte	MITARBEITER
Archipel	INSELGRUPPE
Argenit	SILBERGLANZ
argentin. Ausfuhrhafen	BAHIABLANCA
argentin. Bucht, Golf	BAHIABLANCA
argentin. Bucht, Golf	BLANCABUCHT
argentin. Hafen u. Seebad	MARDELPLATA
argentin. Hauptstadt	BUENOSAIRES
argentin. Indianerstamm	TEHUELTSCHE
Argument	BEGRUENDUNG
Argument	BEWEISGRUND
Argwohn weckend	VERDAECHTIG
Arktis	POLARGEBIET
arm, bedürftig	UNBEMITTELT
Armee, Heer	STREITMACHT
armenischer kathol. Orden	MECHARISTEN
Armfüßer	BRACHIOPODE
Arnika	WOHLVERLEIH
arrogant	DUENKELHAFT
Arsenal	WAFFENLAGER
Arzneipflanze	BOHNENKRAUT
Arzneipflanze	HERZGESPANN
Arzneipflanze	KNABENKRAUT
Arzt im negativen Sinn	KURPFUSCHER
Arzt im negativen Sinn	QUACKSALBER
asiat. Hauptstadt	KUALALUMPUR
asiat. Republik	BASCHKIRIEN
asiat. Republik	KIRGISISTAN
asiat. Staat	AFGHANISTAN
asiat. Staat	BANGLADESCH
asiat. Vogelart	STEPPENHUHN
Aspekt	BLICKWINKEL

Assistent	MITARBEITER
assistieren	BEISPRINGEN
assoziieren, kombinieren	VERKNUEPFEN
assyr. König	SALMANASSAR
assyr. König	SENNACHERIB
Astrologe	STERNDEUTER
Astrologe des Mittelalters	NOSTRADAMUS
astronomische Koordinate	BREITENGRAD
astronomische Koordinate	LAENGENGRAD
astronomisches Instrument	KORONOGRAPH
astronomisches Instrument	PLANETARIUM
astronomisches Instrument	SPEKTROSKOP
athenisch. Bildhauer	ATHENODOROS
athenisch. Staatsmann	KLEISTHENES
athenisch. Tempel	ERECHTHEION
atmen	RESPIRIEREN
Atmung	RESPIRATION
Atomkraft	KERNENERGIE
Atommeiler	KERNREAKTOR
Atommeiler, Kernreaktor	URANBRENNER
attraktiv	ZUGKRAEFTIG
Attrappe	NACHBILDUNG
Attribut	KENNZEICHEN
aufbauend	KONSTRUKTIV
aufbegehren	REBELLIEREN
aufbegehren	REVOLTIEREN
aufbringen	APPLIZIEREN
aufdecken	DEKUVRIEREN
aufeinander abgestimmt	KONZERTIERT
auf etwas bestehen	KAPRIZIEREN
auf frischer Tat	INFLAGRANTI
Aufführung, Darbietung	VORSTELLUNG
aufgeblasen	EINGEBILDET
aufgedunsen	GESCHWOLLEN
aufgeregt	ECHAUFFIERT
aufheben	ANNULLIEREN
aufklären	INFORMIEREN
auflösen	ANALYSIEREN
auflösen	LIQUIDIEREN
Auflösung	LIQUIDATION
Aufmachung	AUSSTATTUNG
auf Maß bringen	KALIBRIEREN
Aufnäharbeit	APPLIKATION
Aufnahmegerät	MAGNETOPHON
Aufnahmestudio	FILMATELIER
Aufregung	NERVOSITAET
Aufreizung, Herausforderung	PROVOKATION
aufsagen	DEKLAMIEREN
aufsaugen	ABSORBIEREN
aufsaugen, einsaugen	RESORBIEREN
aufschiebend	DILATORISCH
Aufschneider	HOCHSTAPLER
Aufschub, Vertagung	PROROGATION
Aufsichtsbeamter	KONTROLLEUR
aufspüren	AUFSTOEBERN
Aufstellung, Liste	VERZEICHNIS
aufteilen	DISPONIEREN
Aufwärtsentwicklung	FORTSCHRITT
aufzwingen	OKTROYIEREN
Augenbindehaut	KONJUNKTIVE
augenblicklicher Zustand	GEGEBENHEIT
Augenblicksbedeutung	AKTUALITAET
Augenlidentzündung	GERSTENKORN
Augenscheinnahme	LOKALTERMIN
Augenzittern	NYSTAGISMUS
Ausatmung	EXSPIRATION
ausbreiten	EXPANDIEREN
ausdehnen	EXPANDIEREN
aus der Ferne (franz.)	PARDISTANCE
auseinanderlaufen	DIVERGIEREN
auseinandernehmen	DEMONTIEREN
Auseinandersetzung	KONTROVERSE
Auseinandersetzung	WIDERSTREIT
ausführen	EXPORTIEREN
ausführlich	DETAILLIERT
ausgefallen	EXTRAVAGANT

11

ausgegrabene Stadt am Vesuv	HERCULANEUM
ausgelassen	UEBERMUETIG
ausgestorbene Echsenart	DINOSAURIER
Ausgleichsvorrichtung	KOMPENSATOR
Ausguck	KRAEHENNEST
Ausheben von Rekruten	REKRUTIEREN
Aushilfe	ERSATZKRAFT
Auskunft	INFORMATION
Auskunft erteilen	INFORMIEREN
Auslegekunst	HERMENEUTIK
auslegen	EXPLIZIEREN
auslesen, auswählen	SELEKTIEREN
Auslösevorrichtung an Waffen	ABZUGBUEGEL
Ausreißer	FLUECHTLING
ausrotten	LIQUIDIEREN
Ausrottung, Zerstörung	VERNICHTUNG
Ausruf	EXKLAMATION
Ausschließlichkeit	DISJUNKTION
Ausschweifung	LIBERTINAGE
Außenbegrenzung eines Körpers	OBERFLAECHE
außergewöhnlich	PHAENOMENAL
außerhalb des Mittelpunkts	EXZENTRISCH
Aussiedlung	EVAKUIERUNG
aussondern	ELIMINIEREN
Aussprache	EROERTERUNG
Ausstrahlung	IRRADIATION
Ausstrahlung (physik.)	FLUORESZENZ
austral. Berg	MOUNTMAGNET
austral. Bucht	JERVISBUCHT
austral. Stadt	BARROWCREEK
austral. Territorium	KOKOSINSELN
auswiegen	BALANCIEREN
auswurfförderndes Mittel	EXPEKTORANS
autark, autonom	UNABHAENGIG
Autobahn-Einrichtung	RASTSTAETTE
Autor e. medizin. Enzyklopädie	PSCHYREMBEL
Autor von »Der Idiot«	DOSTOJEWSKI
Autor von »Der Sturm«	SHAKESPEARE
Autor von »Die Ahnfrau«	GRILLPARZER
Autor von »Die Bluthochzeit«	GARCIALORCA
Autor von »Die Jüdin von Toledo«	GRILLPARZER
Autor von »Hamlet«	SHAKESPEARE
Autor von »Julius Caesar«	SHAKESPEARE
Autor von »König Lear«	SHAKESPEARE
Autor von »Libussa«	GRILLPARZER
Autor von »Macbeth«	SHAKESPEARE
Autor von »Maß für Maß«	SHAKESPEARE
Autor von »Medea«	GRILLPARZER
Autor von »Othello«	SHAKESPEARE
Autor von »Romeo und Julia«	SHAKESPEARE
Autor von »Sappho«	GRILLPARZER
Autor von »Schuld und Sühne«	DOSTOJEWSKI
Autor von »Viel Lärm um nichts«	SHAKESPEARE
Autor von »Was ihr wollt«	SHAKESPEARE
Autor von »Weh dem der lügt«	GRILLPARZER
Autoteil	STOSSSTANGE
Autoteil, -zubehör	AUSPUFFROHR
Autoteil, -zubehör	AUSPUFFTOPF
Autoteil, -zubehör	KARDANWELLE
Autoteil, -zubehör	NOCKENWELLE
Avers, Stirnseite	VORDERSEITE
avisieren	ANKUENDIGEN
Azteken-Gottheit	TLAZOLTEOTL
Bachstelzenart	SCHAFSTELZE
Backenstreich	MAULSCHELLE
Backstein	MAUERZIEGEL
Backstein, Klinker	ZIEGELSTEIN
Badeort am Bodensee	LANGENARGEN
Badeort am Jadebusen	RUESTRINGEN

badischer Baumeister	WEINBRENNER
badisches Weinbaugebiet	KAISERSTUHL
Bäderkunde	BALNEOLOGIE
Bärenart	BRILLENBAER
Bärenart	SCHWARZBAER
Bahnbrecher, Avantgardist	VORKAEMPFER
Bahnbrecher, Pionier	WEGBEREITER
Bahnstation	HALTESTELLE
Bakteriengruppe	SALMONELLEN
Baldachin	ALTARHIMMEL
Baldachin	THRONHIMMEL
Baldrian	KATZENKRAUT
Balkan--andschaft	HERZEGOWINA
Balkanstaat	JUGOSLAWIEN
Balkonpflanze	GLOCKENREBE
Balkonpflanze	KAISERWINDE
Balkonpflanze	MAENNERTREU
Ballerino	SOLOTAENZER
Ballett	BUEHNENTANZ
Ballett-Gestalter	CHOREOGRAPH
Ballettmitglied	BALLETTEUSE
Ballett-Tanzfigur	ENJAMBEMENT
Ballett von Rich. Strauss	SCHLAGOBERS
Ballett von Strawinsky	KARTENSPIEL
Ballett von Tschaikowsky	NUSSKNACKER
Ballett von Tschaikowsky	SCHWANENSEE
Ballspiel	VOELKERBALL
banal	ALLTAEGLICH
Bann	AUSSTOSSUNG
Banner	FELDZEICHEN
Bannmeile	SPERRBEZIRK
Bannmeile	SPERRGEBIET
Bannware	KONTERBANDE
Bantuvolk	BETSCHUANEN
Bantuvolk	SOTHOTSWANA
Baracke	BEHELFSHEIM
Barschart	FLUSSBARSCH
barsch behandeln	BRUESKIEREN
Bart, Barttracht	SCHNURRBART
Barttracht	SCHNAUZBART
Barttracht	ZWIRBELBART
Basis	SAEULENFUSS
Basis	STUETZPUNKT
Batterie	AKKUMULATOR
Batterie	STROMQUELLE
Bauchfellentzündung	PERITONITIS
Bauchhöhlenöffnung	LAPARATOMIE
bauchige Flasche	BOCKSBEUTEL
Bau für Himmelsdarstellungen	PLANETARIUM
Bauhandwerker	KAMINSETZER
Baukunst	ARCHITEKTUR
baumartiges Liliengewächs	DRACHENBAUM
Baumeidechse	FLUGDRACHEN
Bauwerk in Frankfurt a. M.	PAULSKIRCHE
bayer. Berg am Walchensee	HERZOGSTAND
bayer. Herrschergeschlecht	WITTELSBACH
bayer. Kneippkurort	WOERISHOFEN
bayer. Kurort im Allgäu	OBERSTAUFEN
bayer. Kurort zw. Lech u. Ammer	PEISSENBERG
bayer. Porzellanmanufaktur	NYMPHENBURG
bayer. Regierungsbezirk	OBERFRANKEN
bayer. Stadt an Donau u. Wörnitz	DONAUWOERTH
bayer. Stadt im Ries	NOERDLINGEN
beabsichtigen	INTENDIEREN
Beachtung von Äußerlichkeiten	FORMALISMUS
beanstanden	KRITISIEREN
beanstanden, bemängeln	REKLAMIEREN
Beanstandung	REKLAMATION
bearbeiten	KULTIVIEREN
beaufsichtigen	INSPIZIEREN
Beauftragter	FUNKTIONAER
Becherwerk	PATERNOSTER
Bedauern	ANTEILNAHME
Bedingungsform	KONDITIONAL
bedrohlich	GEFAEHRLICH

11

beeinflußbar	SUGGESTIBEL
beeinflussen, einflüstern	SUGGERIEREN
befangen, scheu	SCHUECHTERN
Befestigungsmittel	HEFTKLAMMER
Befrager	INTERVIEWER
befristen	TERMINIEREN
Befruchtung	EMPFAENGNIS
befugen	LIZENZIEREN
befugt	AUTORISIERT
befugt	ERMAECHTIGT
begeistert	HINGERISSEN
begleiten	ESKORTIEREN
beglückwünschen	GRATULIEREN
Begnadigung, Amnestie	STRAFERLASS
begrenzt	BESCHRAENKT
Begriffsschrift	IDEOGRAPHIE
Begründung	MOTIVIERUNG
behaglich	KOMFORTABEL
beharrlich	HARTNAECKIG
beharrsam	KONSERVATIV
behauptend	KATEGORISCH
Behelf, Zwischenzustand	PROVISORIUM
behelfsmäßig	NOTDUERFTIG
Behendigkeit	GEWANDTHEIT
Beifuß	MUTTERKRAUT
Beileid	ANTEILNAHME
Beileid äußern	KONDOLIEREN
Beinteil	KNIESCHEIBE
Bein- u. Unterleibsbekleidung	STRUMPFHOSE

beiordnen	ASSOZIIEREN
beispielhaft, mustergültig	VORBILDLICH
beispringen	ASSISTIEREN
beistehen	ASSISTIEREN
Bejahung	AFFIRMATION
Bekenntnis	GESTAENDNIS
Beklemmung	ALPDRUECKEN
bekömmlich	ZUTRAEGLICH
belästigen	MOLESTIEREN
Belang	WICHTIGKEIT
beleben, anregen	STIMULIEREN
belehren	INSTRUIEREN
Belehrung	INSTRUKTION
beleidigen	INSULTIEREN
belg. Autor (Nobelpreis)	MAETERLINCK
belg. Provinz	OSTFLANDERN
Belladonna, Teufelskirsche	TOLLKIRSCHE
belohnen	PRAEMIIEREN
bemängeln	BEANSTANDEN
bemängeln	KRITISIEREN
bemalen	ANSTREICHEN
bemerken	FESTSTELLEN
bemerkenswert	INTERESSANT
Bemühung	ANSTRENGUNG
benachrichtigen	INFORMIEREN
Beneluxstaat	NIEDERLANDE
Benennung	NOMINIERUNG
beobachten	OBSERVIEREN
Beobachtung	OBSERVATION

bequem	KOMFORTABEL
bequemes Sitzmöbel	OHRENSESSEL
beratend	KONSULTATIV
berechnen	KALKULIEREN
berechnen	KOMBINIEREN
Berechnung	KALKULATION
Berechnung	KOMBINATION
berechtigt	AUTORISIERT
berechtigt	LEGITIMIERT
beredt	WORTGEWANDT
Bergbahn	KABINENBAHN
Berg bei Königswinter	DRACHENFELS
Berg bei Pasadena (Observatorium)	MOUNTWILSON
Berg der Radstädter Tauern	HOCHGOLLING
Berg der Rhön	WASSERKUPPE
Berg der Stubaier Alpen	ZUCKERHUETL
Berge d. schweiz. Säntisgruppe	CHURFIRSTEN
Berg im Allgäu	RISSERKOGEL
Berg im Berner Oberland	SCHRECKHORN
Berg im chilen. Feuerland	MOUNTDARWIN
Berg im Erzgebirge	FICHTELBERG
Berg im Erzgebirge	RAMMELSBERG
Berg im Mangfallgebirge	WENDELSTEIN
Berg im nördl. Thüringen	KYFFHAEUSER

Berg im Odenwald	KOENIGSTUHL
Berg im Rothaargebirge	KAHLERASTEN
Berg in d. Ötztaler Alpen	KREUZSPITZE
Berg in Schlesien	LANDESKRONE
Bergleuteversicherung	KNAPPSCHAFT
bergmänn. Anlage	SCHACHTKAUE
bergmänn. Beruf, Funktion	OBERSTEIGER
bergmänn. Funktion	FAHRSTEIGER
bergmänn. Leuchte	GRUBENLAMPE
bergmänn. Titel	OBERBERGRAT
Bergmannsleuchte	WETTERLAMPE
Bergmassiv der Berner Alpen	BLUEMLISALP
Bergstock in der Pfalz	DONNERSBERG
Bergwanderer	HOCHTOURIST
Berichterstattung	INFORMATION
berichtigen	KLARSTELLEN
berichtigen	KORRIGIEREN
Berliner Flughafen	SCHOENEFELD
Berliner Havel-Insel	PFAUENINSEL
Berliner Stadtteil, Verwaltungsbez.	LICHTENBERG
Berliner Stadtteil, Verwaltungsbez.	SCHOENEBERG
Berliner Stadtteil, Verwaltungsbez.	WILMERSDORF
bersten	EXPLODIEREN
bersten, platzen	ZERSPRINGEN
Berühmtheit	ZELEBRITAET
Beruf bei Bühne, Film, TV, Funk	KABARETTIST
Beruf bei Bühnen	GARDEROBIER
Beruf im Baufach	BAUTISCHLER
Beruf im Verkehrswesen	EISENBAHNER
Berufung	APPELLATION
Beschaffenheit	EIGENSCHAFT
bescheinigen	ATTESTIEREN
bescheinigen	BESTAETIGEN
Beschlagnahme	AUFBRINGUNG
Beschlagnahme	REQUISITION
beschlagnahmen	REQUIRIEREN
Beschönigung	EUPHEMISMUS
Beschreibung	DARSTELLUNG
Beschreibung	DESKRIPTION
Beschreibung, Darstellung	SCHILDERUNG
Beschriftung	INSKRIPTION
beschützen, schützen	PROTEGIEREN
beschuldigen	BEZICHTIGEN
Beschuldigter	ANGEKLAGTER
beschwerlich	ANSTRENGEND
beschwerlich	STRAPAZIOES
besinnlich	BESCHAULICH
besinnungslos	OHNMAECHTIG
Besitzer	EIGENTUEMER
besitzlose Masse	PROLETARIAT
besitzloser Mensch	PROLETARIER
besonderer Bienenfuttersaft	GELEEROYALE
besonders gut	VORZUEGLICH
besprechen	DISKUTIEREN
Besprechung	EROERTERUNG
besser machen	MELIORIEREN
Beständigkeit, Festigkeit	STABILITAET
Bestätigung	AFFIRMATION
Bestallung	APPROBATION
Bestandteil der Erdatmosphäre	WASSERDAMPF
Bestandteil der Erdatmosphäre	WASSERSTOFF
bestehen	ABSOLVIEREN
Bestellung	ANFORDERUNG
bestens	ERSTKLASSIG
Bestimmung	DESTINATION
Bestrahlungsgerät	HOEHENSONNE
bestürzt	FASSUNGSLOS
Betäubung	ANAESTHESIE
Betäubungsmittel	CHLORAETHYL
betörend	ENTZUECKEND
betonen	HERVORHEBEN

11

betont	AKZENTUIERT
betont, ausgeprägt	PRONONCIERT
Betrachtungsweise	BLICKWINKEL
Betrachtungsweise	PERSPEKTIVE
beträchtlich	UMFANGREICH
Betrag	KOSTENPUNKT
Betrieb, Geschäft	UNTERNEHMEN
betriebsam	GESCHAEFTIG
Betriebsgemeinschaft	BELEGSCHAFT
betrügen	HINTERGEHEN
Betrug	MACHINATION
Bettelmönchsorden	MENDIKANTEN
beugen	DEKLINIEREN
beugen	KONJUGIEREN
Beugung	DEKLINATION
Beugung	KONJUGATION
Beugung (physik.)	DIFFRAKTION
beurteilen	KRITISIEREN
Beuteltier	OPOSSUMMAUS
Bevölkerungslehre	DEMOGRAPHIE
bevollmächtigt	AUTORISIERT
bewahrend	KONSERVATIV
beweiskräftig	APODIKTISCH
Bewerber	INTERESSENT
Bewerber, Anwärter	PRAETENDENT
bewilligen	KONZEDIEREN
Bewilligung	GENEHMIGUNG
bewußt	ABSICHTLICH
bewußtlos	OHNMAECHTIG
Bezahlung	BEGLEICHUNG
bezaubern	FASZINIEREN
bezaubernd	ENTZUECKEND
Bezauberung	FASZINATION
bezeichnen	DESIGNIEREN
bezeichnend, wichtig	SIGNIFIKANT
Bezeichnung	DESIGNATION
Bezeichnung für Süditalien	MEZZOGIORNO
Bezeichnung für Theater	SCHAUBUEHNE
Beziehung	VERHAELTNIS
bezwingen	UEBERWINDEN
Bezwinger	UEBERWINDER
Bibelübersetzung	SEPTUAGINTA
Bickbeere	HEIDELBEERE
biegsam	GESCHMEIDIG
Biersorte	GERSTENBIER
Biersorte	MAERZENBIER
Bignoniengewächs	KUERBISBAUM
bilden	KULTIVIEREN
bildende Kunst	BILDHAUEREI
Bilderverehrung	IKONOLATRIE
Bildgeschichten	COMICSTRIPS
bildhaft	ANSCHAULICH
Bildnismaler	PORTRAETIST
Billard-Ausdruck	KARAMBOLAGE
Billigung	APPROBATION
Bindehautentzündung	BLENNORRHOE
binden	BROSCHIEREN
bindend, höflich	VERBINDLICH
Bindewort	KONJUNKTION
Birnensorte	BUTTERBIRNE
Bisamziege	MOSCHUSTIER
bischöfl. Rundschreiben	HIRTENBRIEF
bitter	SCHMERZLICH
Bittermandelöl	BENZALDEHYD
Blähsucht	METEORISMUS
blasenreiches Eruptivgestein	MANDELSTEIN
blasiert	EINGEBILDET
Blasinstrument	FLUEGELHORN
Blasmusiker	HOLZBLAESER
Blattgrün	CHLOROPHYLL
Blaubeere	HEIDELBEERE
Bleierz	PYROMORPHIT
Blickwinkel	PERSPEKTIVE
Blizzard	SCHNEESTURM
Blockade	ABRIEGELUNG
Bloßstellung	BESCHAEMUNG
Blütenart	STAUBBLUETE
Blütenbefruchtung	BESTAEUBUNG
Blütenteil	BLUMENKRONE
Blütenteil	FRUCHTBLATT
Blütenteil	STAUBBEUTEL
Blut-, Gallenfett	CHOLESTERIN
Bluterkrankheit	HAEMOPHILIE
Blutkrankheit	LEUKOZYTOSE
Blutkreislauf	ZIRKULATION
Blutströpfchen (botan.)	TEUFELSAUGE
Blutübertragung	TRANSFUSION

11

Blutvergiftung	SEPTIKAEMIE
Bockkäfer	MOSCHUSBOCK
Bodenübung	UEBERSCHLAG
Bodenverbesserung	MELIORATION
Börsenpapier	NAMENSAKTIE
Börsenpapiere	AKTIENPAKET
börslich. Schiedswesen	ARBITRATION
Bösartigkeit (mediz.)	MALIGNITAET
böswillige Äußerung	BELEIDIGUNG
böswillige Zerstörung	DEMOLIERUNG
böswillige Zerstörung	VERWUESTUNG
Bohrmuschel	SCHIFFSWURM
Bollwerk	BEFESTIGUNG
bombastisch	HOCHTRABEND
bombastisch, überladen	SCHWUELSTIG
borgen	KREDITIEREN
Borkenkäfer	BUCHDRUCKER
Borretschgewächs	OCHSENZUNGE
Borstenwurm	ROEHRENWURM
Bote	LAUFBURSCHE
Botschafter	ABGESANDTER
Bovist	BLUTSCHWAMM
Bowlen-Zutat	WALDMEISTER
Boxkampfrichter	RINGRICHTER
Boykott	AUSSPERRUNG
Branche	BERUFSZWEIG
brandenburg. Stadt am Fläming	LUCKENWALDE
brandenburg. Stadt an der Elbe	WITTENBERGE
brandenburg. Stadt an der Havel	ORANIENBURG
Branntweinsorte	MAGENBITTER
brasilian. Indianersprache	BOTOKUDISCH
Braten, Geflügel zerlegen	TRANCHIEREN
brauchbar, zweckmäßig	PRAKTIKABEL
Brauereianlage	LAGERKELLER
braunrote Farbe	BORDEAUXROT
Braut	ZUKUENFTIGE
Brautschmuck	MYRTENKRANZ
brav	WOHLERZOGEN
Breisgau-Stadt an der Elz	EMMENDINGEN
breitkrempiger Strohhut	FLORENTINER
Breitwandprojektionsverfahren	CINEMASCOPE
Breitwandprojektionsverfahren	VISTAVISION
Brennstoff, -material	FLUESSIGGAS
Brett	SCHNITTHOLZ
Briefmarkensammler	PHILATELIST
Brillenschlange	SCHILDOTTER
Brillenschlangenart	HUTSCHLANGE
britische Arbeiterpartei	LABOURPARTY
britische Bucht am Irisch. Meer	SOLWAYFIRTH
britische Inselgruppe	KANALINSELN
britische Insel im Südatlantik	SANKTHELENA
britischer Politiker, Staatsmann	LLOYDGEORGE
britischer Pressezar	BEAVERBROOK
Bronchienspiegel	BRONCHOSKOP
broschiertes Buch	TASCHENBUCH
Broschüre	FLUGSCHRIFT
Brotsorte	GEWUERZBROT
Brotsorte	KOMMISSBROT
Brotsorte	KUEMMELBROT
Brotsorte	SCHWARZBROT
Brummeisen	MAULTROMMEL
Brusthöhlenspiegel	THORAKOSKOP
Buchbebilderer	ILLUSTRATOR
Buchbindergerät	PRESSBALKEN
Buch d. Neuen Testaments	OFFENBARUNG
Buchdruckerkunst	TYPOGRAPHIE
Buchdruckverfahren	TIEGELDRUCK
Buchhändler	SORTIMENTER
Buchseiten-Numerierung	PAGINIERUNG

Buchteil	KAPITALBAND
Bücherliebhaber	BIBLIOPHILE
Bügelmaschine	HEISSMANGEL
Bühnenbeleuchtung	RAMPENLICHT
bühnenfachlicher Begriff	CHORSAENGER
Bühnenstück v. Aristophanes	DIEFROESCHE
Bühnenstück v. Ibsen	DIEWILDENTE
Bühnenstück v. Ibsen	HEDDAGABLER
Bühnenstück v. Kleist	PENTHESILEA
Bühnenstück v. Nestroy	DERTALISMAN
Bühnenstück v. Schiller	MARIASTUART
Bühnenstück v. Schiller	WILHELMTELL
Bühnenstück v. Shakespeare	WASIHRWOLLT
Bühnenstück v. Thoma	DIEMEDAILLE
bürgen	GARANTIEREN
Bürgerschaftsvertretung	GEMEINDERAT
Bürgertum	BOURGEOISIE
Bürokrat	AKTENMENSCH
bulgar. Stadt in Rumelien	STARAZAGORA
Bummelei	SCHLENDRIAN
bummeln, spazierengehen	PROMENIEREN
Buntspecht	KLEINSPECHT
Burg am Rhein	STOLZENFELS
Burg im Taunus	KOENIGSTEIN
Burgunderwein	CLOSVOUGEOT
Burg von Korinth	AKROKORINTH
Burg von Rom	CAMPIDOGLIO
burschikos, lässig	UNGEZWUNGEN
Buschklepper, Wegelagerer	STRAUCHDIEB
byzantinischer Kaiser	CONSTANTIUS
Calendula	RINGELBLUME
Chance	GELEGENHEIT
Chance	GLUECKSFALL
Chansonsängerin	CHANSONETTE
Charakteristikum	KENNZEICHEN
charakteristisch	BEZEICHNEND
Chassis	FAHRGESTELL
Chauffeur	KRAFTFAHRER
Chaussee	LANDSTRASSE
chem. Begriff	MUTTERLAUGE
chem. Element, flüssiges Metall	QUECKSILBER
chem. Element, Gas	WASSERSTOFF
chem. Element, Nichtmetall	KOHLENSTOFF
chem. Element, Transuran	CALIFORNIUM
chem. Element, Transuran	EINSTEINIUM
chem. Element, Transuran	MENDELEVIUM
chem. Farbstoff	ANTRACHINON
chem. Probierröhrchen	REAGENZGLAS
chem. Prozeß	SUBLIMATION
chilen. Hafenstadt	ANTOFAGASTA
chilen. Provinz	ANTOFAGASTA
chilen. Stadt	PUERTOMONTT
chines. Bauwerk	GROSSEMAUER
chines. Philosoph (4./3. Jh. v. Chr.)	TSCHUANGTSE
cholerisch	AUFBRAUSEND
Christfest	WEIHNACHTEN
christl. Erwekkungsbewegung	METHODISTEN
christl. Fest	HIMMELFAHRT
christl. Glaubensbekenntnis	APOSTOLIKUM
christl. Konfession	CALVINISTEN
christl. Konfession, Sekte	METHODISTEN
christl. Sekte	ADVENTISTEN
Chrysantheme	WINTERASTER
Chrysantheme	WUCHERBLUME
Clou	GLANZNUMMER
Clown, Hanswurst	SPASSMACHER
Cocktail	MIXGETRAENK
Comicfigur	MICKEYMOUSE
Computerelement	KOMPILIERER
Coup	HANDSTREICH
Dachform	SCHLEPPDACH
Dachform	SCHNUERDACH

Dachform	ZWIEBELDACH
dän. Astronom	HERTZSPRUNG
dän. Bildhauer	THORVALDSEN
dän. Bucht	AARHUSBUCHT
dän. Bucht	ALSENFOERDE
dän. Bucht	JAMMERBUCHT
dän. Meerenge	GROSSERBELT
dän. Meerenge	KLEINERBELT
dän. Philosoph, Mystiker, Psychol.	KIERKEGAARD
dän. Stadt	VORDINGBORG
dän. Stadt in Jütland	SKANDERBORG
dän. Stadt in Süd-jütland	HADERSLEBEN
Dampf-, Koch-wasser-schaden	VERBRUEHUNG
Dampf-maschi-nenteil	DAMPFKESSEL
Dampf-maschi-nenteil	KONDENSATOR
Dampf-maschi-nenteil	KURBELWELLE
Darbie-tung, Demon-stration	VORFUEHRUNG
Darmbe-wegung	PERISTALTIK
Darm-trägheit	VERSTOPFUNG
darstellen	KONTERFEIEN
Dauer-haftigkeit, Stand-festigkeit	STABILITAET
Debatte, Disput	WORTGEFECHT
Debilität	SCHWACHSINN

defekt	BESCHAEDIGT
Dekora-tion	AUSSTATTUNG
dekorie-ren	AUSZEICHNEN
Delegier-ter	ABGESANDTER
den Höhepunkt erreichen	KULMINIEREN
Denkart	MENTALITAET
denkens-wert	MERKWUERDIG
Denk-vermögen	INTELLIGENZ
Denk-weise	EINSTELLUNG
Denk-weise	MENTALITAET
Denkwis-senschaft	PHILOSOPHIE
der Planet Venus	MORGENSTERN
desillu-sioniert	ENTTAEUSCHT
Desinfek-tions-mittel	FORMALDEHYD
Detail	BESTANDTEIL
detonie-ren	EXPLODIEREN
deutlich	ANSCHAULICH
deutlich	ARTIKULIERT
Deutsch-kunde	GERMANISTIK
Diät	KRANKENKOST
Dialog	WECHSELREDE
Diameter	DURCHMESSER
dicklich	VOLLSCHLANK
Diebstahl-sicherung im Auto	LENKSCHLOSS
die Koch-kunst be-treffend	KULINARISCH
Dienst-anweisung	INSTRUKTION
Differenz, Verschie-denheit	UNTERSCHIED
Diktionär	WOERTERBUCH
Dilettant	KUNSTFREUND

Dill	GURKENKRAUT
Dino-saurier	STEGOSAURUS
Diplomat	BOTSCHAFTER
diplomat. Denk-schrift	AIDEMEMOIRE
Diplo-matie	STAATSKUNST
direkt	UNMITTELBAR
Direkt-über-tragung	LIVESENDUNG
diskrimi-nieren	HERABSETZEN
Diskus	WURFSCHEIBE
Diskus-sion	EROERTERUNG
Disput	WORTWECHSEL
dissertie-ren	PROMOVIEREN
Distel-gewächs	ARTISCHOCKE
Disziplin	SELBSTZUCHT
dito	DESGLEICHEN
dito	GLEICHFALLS
Diversion	ABWECHSLUNG
Dörr-früchte	TROCKENOBST
Dolden-blütler	UMBELLIFERE
Dolle	RIEMENGABEL
Dol-metsch, Dolmet-scher	UEBERSETZER
dominie-ren	BEHERRSCHEN
Donau-durch-bruch	EISERNESTOR
Doppel-fernrohr	FELDSTECHER
Doppel-heit	DUPLIZITAET
Dorade	GOLDMAKRELE
Dorsch, Kabeljau	SCHELLFISCH
Dort-munder Sehens-würdigkeit	HOHENSYBURG

Dortmunder Sehenswürdigkeit	ROMBERGPARK
Dotterpilz	EIERSCHWAMM
Dozentur	LEHRAUFTRAG
drängen	INSISTIEREN
Drama	BUEHNENWERK
Drama von Schiller	WALLENSTEIN
Drehkolbenmotor	WANKELMOTOR
Drehorgel	LEIERKASTEN
dreist	UNVERFROREN
Drosselart	EICHDROSSEL
Drosselart	SINGDROSSEL
Drosselart	STEINROETEL
Druck-Maßeinheit	ATMOSPHAERE
Druckplattenfertigung	STEREOTYPIE
Druckseitenformat	SATZSPIEGEL
dtsch. abstrakter Maler	MEISTERMANN
dtsch. Alpengebirgsstock	WETTERSTEIN
dtsch. Altistin	FASSBAENDER
dtsch. Arzt, Hygieniker	PETTENKOFER
dtsch. Arzt, Mediziner	WEIZSAECKER
dtsch. Arzt u. Physiker	LEIDENFROST
dtsch. Barockbaumeister	POEPPELMANN
dtsch. Barocksatiriker	MOSCHEROSCH
dtsch. Bundesland	BRANDENBURG
dtsch. Bundespräsident	WEIZSAECKER
dtsch. Dichter, Schriftsteller	BERGENGRUEN
dtsch. Dichter, Schriftsteller	KOLBENHEYER
dtsch. Dichter der Romantik	EICHENDORFF
dtsch. Dichter (Groteske, Lyrik)	MORGENSTERN
dtsch. Dirigent	MUENCHINGER
dtsch. Entertainer	FRANKENFELD
dtsch. express. Dramatiker	HASENCLEVER
dtsch. Fürstenhaus	LUDOLFINGER
dtsch. Fußballspieler	AUGENTHALER
dtsch. Fußballspieler, -trainer	BECKENBAUER
dtsch. Geigenvirtuose	KULENKAMPFF
dtsch. Historiker	GIESEBRECHT
dtsch. Humanist	PIRCKHEIMER
dtsch. Jazzsängerin	BRANDENBURG
dtsch. Kabarettist	HILDEBRANDT
dtsch. Kabarettistin	HEIDENREICH
dtsch. Komponist	HUMPERDINCK
dtsch. Komponist	MENDELSSOHN
dtsch. Komponist	STOCKHAUSEN
dtsch. Kurort an der Oder	FREIENWALDE
dtsch. Landeshauptstadt	DUESSELDORF
dtsch. Maler, Grafiker	CHODOWIECKI
dtsch. Maler, Grafiker	OBERLAENDER
dtsch. Mathematiker	TSCHIRNHAUS
dtsch. Meeresstraße	FEHMARNBELT
dtsch. Meeresstraße	FEHMARNSUND
dtsch. Name von Thionville	DIEDENHOFEN
dtsch. Nordseehafen	BREMERHAVEN
dtsch. Ostseebucht	KIELERBUCHT
dtsch. Ostseebucht	WISMARBUCHT
dtsch. Ostseehafen, Seebad	TRAVEMUENDE
dtsch. Physiker (Nobelpreis)	DEISENHOFER
dtsch. Physiker u. Autor	LICHTENBERG
dtsch. Physiker u. Philosoph	WEIZSAECKER
dtsch. Porzellanstadt	FRANKENTHAL
dtsch. Raketengeschütz	NEBELWERFER

dtsch. Reformator, Humanist	MELANCHTHON
dtsch. Regisseurin	RIEFENSTAHL
dtsch. Reichskanzler	MAXVONBADEN
dtsch. Reichskanzler	SCHEIDEMANN
dtsch. Reimvers	KNITTELVERS
dtsch. Sänger, Schauspieler	GROENEMEYER
dtsch. satirisch. Schriftsteller	LICHTENBERG
dtsch. Schausp., Entertainer	KULENKAMPFF
dtsch. Schauspieler	FUCHSBERGER
dtsch. Schauspieler	SCHOENBOECK
dtsch. Schauspieler	SCHWARZKOPF
dtsch. Schauspieler	WESTERMEIER
dtsch. Schauspieler, Regisseur	FLEISCHMANN
dtsch. Schauspieler, Regisseur	LIEBENEINER
dtsch. Schauspielerin	HILDEBRANDT
dtsch. Schauspielerin	KUECKELMANN
dtsch. Schauspielerin	SAEGEBRECHT
dtsch. Schauspielerin	WEISSGERBER
dtsch. Schriftsteller	BACKMEISTER
dtsch. Schriftsteller	GERSTAECKER
dtsch. Schriftsteller	WELLERSHOFF
dtsch. Schriftstellerin	LANGGAESSER
dtsch. Schriftstellerin	NOESTLINGER
dtsch. Theaterregisseur	FALCKENBERG
dtsch. weibl. Adelstitel	KURFUERSTIN
dtsch. weibl. Adelstitel	LANDGRAEFIN
dtsch. weibl. Adelstitel	MARKGRAEFIN
dtsch. Weinbaugebiet	MAINFRANKEN
dtsch. Weinbaugebiet	RHEINHESSEN
Duckmäuser	LEISETRETER
Dünengras, Sandgras	STRANDHAFER
Düngemittel	KNOCHENMEHL
dünkelhaft	EINGEBILDET
dünkelhaft, eingebildet	SNOBISTISCH
dürftig	KUEMMERLICH
Düsseldorfer Belustigung	RADSCHLAGEN
duldsam	NACHSICHTIG
dummdreist	IMPERTINENT
dummes Gerede	QUATSCHEREI
Dunkelheit, Unbekanntheit	OBSKURITAET
dunkle Stelle auf der Sonne	SONNENFLECK
durchaus	SCHLECHTHIN
durchbohren	PERFORIEREN
Durchbohrung	PERFORATION
Durchbruch (mediz.)	PERFORATION
durchdringen	PENETRIEREN
durchlochen	PERFORIEREN
durchscheinend	TRANSPARENT
durchsichtig	TRANSPARENT
Durchsichtigkeit	TRANSPARENZ
Dynastie in England	PLANTAGENET
ebenfalls	DESGLEICHEN
Eberesche	SPERBERBAUM
Eberesche	TEUFELSBAUM
Eberwurz, Ölpflanze	SONNENBLUME
echt	AUTHENTISCH
ecuadorian. Berg	CHIMBORASSO
Edelfisch	BACHFORELLE
Edelfisch	BLAUFELCHEN
Edelpelz	PLATINFUCHS
Editor	HERAUSGEBER
Egoismus, Eigenliebe	SELBSTSUCHT
ehem. dtsch. Münze	KAISERTALER
ehem. europäisch-asiat. Staat	SOWJETUNION
ehem. franz. Goldmünze	NAPOLEONDOR

ehem. preuß. Provinz	BRANDENBURG
ehem. preuß. Provinz	OSTPREUSSEN
ehem. Staaten-bündnis	VOELKERBUND
Ehe-schlie-ßung	VERMAEHLUNG
Ehrab-schnei-dung	VERLEUMDUNG
ehrbar	RESPEKTABEL
Ehre	ANERKENNUNG
ehren	AUSZEICHNEN
eichen	ADJUSTIEREN
Eidechse	DORNSCHWANZ
Eidechse	KRAGENECHSE
Eifer, Emsigkeit	RUEHRIGKEIT
Eigenart, Befähi-gung	VERANLAGUNG
eigen-sinnig	DICKKOEPFIG
eigen-sinnig	HALSSTARRIG
Eileiter-entzün-dung	SALPINGITIS
Ein-äscherung	VERBRENNUNG
Einäsche-rungs-Anlage	KREMATORIUM
Ein-atmung	INSPIRATION
Ein-bildung	IMAGINATION
Einbil-dung, Idee	VORSTELLUNG
Eindäm-men e. Fluß-bettes	REGULIERUNG
ein-dampfen	EVAPORIEREN
Eindring-lichkeit	INTENSITAET
ein-drucks-voll	IMPONIEREND
einebnen	APPLANIEREN
einebnen	NIVELLIEREN
eine der Kardinal-tugenden	MAESSIGKEIT
einfach, genüg-sam	SPARTANISCH
einfacher Eisenofen	KANONENOFEN
ein-flüstern	INSINUIEREN
ein-flüstern, einsagen	SOUFFLIEREN
einführen	IMPORTIEREN
Eingabe	BITTSCHRIFT
Eingabe	DENKSCHRIFT
eingängig	SINNFAELLIG
ein Ge-biet be-treffend	TERRITORIAL
einge-bildet	ILLUSORISCH
einge-bildeter Kranker	HYPOCHONDER
Eingebung	ERLEUCHTUNG
Eingebung	INSPIRATION
einge-legte Gemüse-frucht	PERLZWIEBEL
Einglie-derung	INTEGRATION
einheim. Gift-pflanze	BILSENKRAUT
einheim. Giftpilz	FLIEGENPILZ
einheim. Giftpilz	GIFTREIZKER
einheim. Giftpilz	PANTHERPILZ
einheim. Orchidee	FRAUENSCHUH
einheim. Orchidee	KNABENKRAUT
ein-heimisch	EINGESESSEN
Einheimi-scher	ANSAESSIGER
Einkoch-gerät	WECKAPPARAT
einladend	APPETITLICH
Einlagen-verfalls-erklärung	KADUZIERUNG
einmalig	EINZIGARTIG
einordnen	SUBSUMIEREN
ein-räumen	KONZEDIEREN
einreihen, einordnen	RUBRIZIEREN
Einrich-tung	AUSSTATTUNG
Einrich-tung	INSTITUTION
einsames Insel-leben	ROBINSONADE
ein-schließ-lich	INBEGRIFFEN
Ein-schnü-rung	KONTRAKTION
Ein-schrän-kung	REDUZIERUNG
Ein-schrän-kung, Vorbehalt	RESTRIKTION
einsichtig	INTELLIGENT
einsichtig	VERSTAENDIG
Eintauch-marke d. Schiffes	WASSERLINIE
einteilen, zuteilen	RATIONIEREN
Einver-leibung	BESITZNAHME
Einver-ständnis	GENEHMIGUNG
Einwand, Gegen-rede	WIDERSPRUCH
ein-wandern	IMMIGRIEREN
Einwan-derung	IMMIGRATION
Einzel-darstel-lung	MONOGRAPHIE
Eisen-bahn-fahrzeug	GUETERWAGEN
Eisen-bahn-fahrzeug	SCHLAFWAGEN
Eisheilige	KALTESOPHIE

11

Eiskunstlauf-Figur	GEGENDREIER
Eiskunstlauf-Sprung	AXELPAULSEN
Eiszeit	PLEISTOZAEN
eiszeitliches Riesenfaultier	MEGATHERIUM
eitel	STUTZERHAFT
ekelhaft	ABSCHEULICH
ekelhaft, abscheulich	SCHEUSSLICH
Ekstase	VERZUECKUNG
Elbe-Zufluß	WEISSWASSER
Elefantenhaut (mediz.)	PACHYDERMIE
elektr. Fischart	ZITTERFISCH
elektr. Heizungsgerät	ELEKTROOFEN
elektr. Meßgerät	ELEKTROSKOP
elektr. Speichergerät	KONDENSATOR
elektr. Strom	GLEICHSTROM
elektr. Stromspeicher	AKKUMULATOR
Elektrizitätsträger	ELEKTROPHOR
Elektrizitätszähler	STROMMESSER
elektrochem. Spaltung	ELEKTROLYSE
elektron. Schwingungstrenner	DEMODULATOR
elektronisches Musikinstrument	SYNTHESIZER
Elementarteilchen	ANTINEUTRON
Elevin	ANFAENGERIN
elsäss. Stadt an d. Lauter	WEISSENBURG
elsäss. Stadt an der Ill	MUEHLHAUSEN
elsäss. Wein	EDELZWICKER
Elternmutter	GROSSMUTTER
Emblem	WAHRZEICHEN
Emigrant	AUSWANDERER
Empfängnis	BEFRUCHTUNG
Empfang	BEGRUESSUNG
empfangen	KONZIPIEREN
empfindlich, empfindsam	MIMOSENHAFT
empfindlich, reizbar	SUSZEPTIBEL
empfindsam	GEFUEHLVOLL
empfindsam, gefühlvoll	SENTIMENTAL
Empfindsamkeit	FEINGEFUEHL
Empörung	ENTRUESTUNG
Ende von Ausführungen	SCHLUSSWORT
Energiequelle	WASSERKRAFT
Engelkraut, Heilpflanze	SONNENKRAUT
enger Vertrauter	BUSENFREUND
engl. Chemiker (Nobelpreis)	HINSHELWOOD
engl. christl. Sekte	IRVINGIANER
engl. Gewichtseinheit	PENNYWEIGHT
engl. Grafschaft	OXFORDSHIRE
engl. Grafschaft	WESTMORLAND
engl. Heerführer	MARLBOROUGH
engl. Kanalhafen	SOUTHAMPTON
engl. Krankenpflegerin	NIGHTINGALE
engl. Männer-Vorname	CHRISTOPHER
engl. Möbelstil	CHIPPENDALE
engl. Pfadfindergründer	BADENPOWELL
engl. Physiologe (Nobelpreis)	SHERRINGTON
engl. Politiker (Nobelpreis)	CHAMBERLAIN
engl. Rockgruppe	LEDZEPPELIN
engl. Stadt in Hampshire	FARNBOROUGH
engl. weibl. Adelstitel	VISCOUNTESS
engl.: Geschäftsmann	BUSINESSMAN
engl.: interessant	INTERESTING
engl.: Salon	DRAWINGROOM
Engpaß in Griechenland	THERMOPYLEN
engstirnig	BESCHRAENKT
entartet	DEGENERIERT
Entbehrung	FRUSTRATION
Entbindung	NIEDERKUNFT
Entenart	HOECKERENTE
Entenart	LOEFFELENTE

Ent-faltungs-prozeß	ENTWICKLUNG	Erd-anziehung	GRAVITATION	erhöhen, steigern	POTENZIEREN
entfernen	ELIMINIEREN	Erd-anziehung	SCHWERKRAFT	Erinne-rung	GEDAECHTNIS
entfernen	FORTBRINGEN	Erd-beben-anzeiger	SEISMOMETER	Erinne-rung, Rückblick	REMINISZENZ
entfernen	WEGSCHAFFEN	Erd-beben-herd	HYPOZENTRUM	Erkennt-nis-vermögen	INTELLIGENZ
enthalten	INVOLVIEREN	Erd-beben-kunde	SEISMOLOGIE	erklären	DEKLARIEREN
enthüllen	DEKUVRIEREN	Erd-beben-schreiber	SEISMOGRAPH	erklären	EXPLIZIEREN
entlarven	DEKUVRIEREN	Erdhalb-kugel	HEMISPHAERE	Erklärung	DEKLARATION
entlarven	DEMASKIEREN	Erdkern	BARYSPHAERE	Erklärung	EXPLIKATION
entmuti-gen	DEPRIMIEREN	Erd-neuzeit	KAENOZOIKUM	Erkran-kungs-häufigkeit	MORBIDITAET
entrüstet	AUFGEBRACHT	Erdteil	NORDAMERIKA	Erkundung	EXPLORATION
Ent-rüstung	INDIGNATION	Erdteil	SUEDAMERIKA	Erläute-rung	EXPLIKATION
entsagen, verzich-ten	RESIGNIEREN	Erd-tiefen-erschei-nung	VULKANISMUS	erlauben	KONZEDIEREN
Entsa-gung, Verzicht	RESIGNATION	Ereignis	BEGEBENHEIT	Erlaubnis	GENEHMIGUNG
ent-schlossen	ZIELSTREBIG	Eremi-tage	EINSIEDELEI	Erlaubnis für einen Heilberuf	APPROBATION
entspre-chen, passen	KONVENIEREN	ererbtes Wesen	VERANLAGUNG	erleuch-ten	INSPIRIEREN
ent-täuschen	FRUSTRIEREN	Erfinder d. Luft-ballons	MONTGOLFIER	Erleuch-tung	INSPIRATION
Ent-täuschung	DESILLUSION	Erfolg haben	REUESSIEREN	ermitteln	INQUIRIEREN
Ent-täuschung	FRUSTRATION	erfolgs-orientiert	ZIELSTREBIG	ermitteln, prüfen	UNTERSUCHEN
ent-weihen	PROFANIEREN	Erforsch. d. Über-sinnli-chen	OKKULTISMUS	Ermitt-lung	INQUISITION
entwerfen	KONZIPIEREN	erfor-schen, durch-leuchten	UNTERSUCHEN	ernennen	DESIGNIEREN
Entwick-lungs-deforma-tion	MISSBILDUNG	Erfor-schung	EXPLORATION	Ernennung	NOMINIERUNG
ent-wischen	ECHAPPIEREN	erfreuen	DELEKTIEREN	Erneuerer d. Fran-ziskaner-ordens	BONAVENTURA
ent-zückend	BESTRICKEND	ergiebig	ERTRAGREICH	erneuern, umge-stalten	REFORMIEREN
entzünd-bar	INFLAMMABEL	ergötzen	DELEKTIEREN	Erneue-rung	VERJUENGUNG
Ent-zweiung	ZERWUERFNIS	erhaltend	KONSERVATIV	Erneue-rung, Neuge-staltung	RENOVIERUNG
Epistaxis	NASENBLUTEN	erhitzt	ECHAUFFIERT	Erneue-rung, Wieder-geburt	RENAISSANCE
Epos des Mittel-alters	ROLANDSLIED			erniedri-gen	DEGRADIEREN
erbärm-lich	JAEMMERLICH				
Erbgut	PATRIMONIUM				

11

Ernüchterung	DESILLUSION
erörtern	DEBATTIEREN
erörtern	DISKUTIEREN
Erörterung	BESPRECHUNG
Erotik	LIEBESKUNST
Erscheinungsform	PHAENOTYPUS
erschüttert	AUFGEWUEHLT
erschüttert	FASSUNGSLOS
Erspartes	NOTGROSCHEN
Erstarrung	VERSTEIFUNG
Erstauftretende	DEBUETANTIN
erstaunlich	PHAENOMENAL
erste Mahlzeit	FRUEHSTUECK
erster Sitz der UNO	LAKESUCCESS
erstmals auftreten	DEBUETIEREN
Erwerb	AKQUISITION
Erwerb	ANSCHAFFUNG
erwerbbar	ERHAELTLICH
erwerben	AKQUIRIEREN
Erzieherin	GOUVERNANTE
erzürnt	AUFGEBRACHT
Erzväter	PATRIARCHEN
erzwingen	DURCHSETZEN
Eßkultur	GASTRONOMIE
Etappe	TEILSTRECKE
Ethik	SITTENLEHRE
Etikett	PREISSCHILD
Etikette, Förmlichkeit	ZEREMONIELL
etikettieren	BESCHRIFTEN
Eulenart	SPERBEREULE
europ. Gemein. f. Kohle u. Stahl	MONTANUNION
Europäer	SANMARINESE
europäische Meerenge	AERMELKANAL
europäischer Staat	DEUTSCHLAND
europäischer Staat	OESTERREICH
europäisches Gebirge	BOEHMERWALD
evident	OFFENKUNDIG
Evolution	ENTWICKLUNG
exklusiv, exklusive	AUSGENOMMEN
Exkommunikation	KIRCHENBANN
expedieren	VERSCHICKEN
Explosivgeschoß	KARTAETSCHE
expreß, sofort	SCHLEUNIGST
Extérieur	ERSCHEINUNG
extern	AEUSSERLICH
extra, außerdem	ZUSAETZLICH
Extrakt, Inbegriff	QUINTESSENZ
extravagant	AUSGEFALLEN
extravagant, verschroben	UEBERSPANNT
fabrizieren, herstellen	PRODUZIEREN
Fährhafen in Schweden	TRAELLEBORG
Fährte	WILDWECHSEL
Fäulnispflanzen	SAPROPHYTEN
Fahne	FELDZEICHEN
Fahnenflucht begehen	DESERTIEREN
Fahrdraht (Bahn, Bus)	OBERLEITUNG
fahren	CHAUFFIEREN
fahren	KUTSCHIEREN
Fahrradteil	SCHUTZBLECH
Fahrzeug für Kinder	SEIFENKISTE
Falkenart	WANDERFALKE
falsch	IRRTUEMLICH
falsche Folgerung	TRUGSCHLUSS
falscher Glanz, Schein	FLITTERKRAM
fanatisch	BLINDWUETIG
fanatischer Patriot	NATIONALIST
Farbe, Farbton	LACHSFARBEN
Farbton	ENGLISCHROT
Farbton	GRAUSCHWARZ
Farnart	HIRSCHZUNGE
Farnart	KOENIGSFARN
Farnart	STRAUSSFARN
Fassade, Schauseite	VORDERFRONT
faßbar	PERZEPTIBEL
Fastnachtsmontag	ROSENMONTAG
Faszination	BEZAUBERUNG
Federweißer	TRAUBENMOST
Fegefeuer	PURGATORIUM
Fehde	FEINDSCHAFT
Fehlbetrag	UNTERBILANZ
Fehlstellung (mediz.)	DISLOKATION
Fehltritt	AUSRUTSCHER
feierlich begehen	ZELEBRIEREN
Feiertag	HIMMELFAHRT
feige	HASENHERZIG
Feind, Gegenspieler	WIDERSACHER
feindliche Gesinnung	ANIMOSITAET

feindliches Schicksal	VERHAENGNIS
feiner Niederschlag	SPRUEHREGEN
feinfühlend, feinfühlig	MIMOSENHAFT
Feingebäck	BIENENSTICH
Feingebäck	FLORENTINER
Feingefühl	DELIKATESSE
Feingemüse	ARTISCHOCKE
Feinheit, Schläue	RAFFINEMENT
Feinkost	DELIKATESSE
Feldherr	HEERFUEHRER
Feldherr des Gr. Kurfürsten	DERFFLINGER
Feldherr im 30jähr. Krieg	WALLENSTEIN
Feldhüter	FLURSCHUETZ
Fels im Vierwaldstätter See	MYTHENSTEIN
fern	DISTANZIERT
Fernglas	KRIMSTECHER
Fernrohrteil	SAMMELLINSE
Fernsehfilmaufnahmegerät	VIDEOKAMERA
fertig, aktionsklar	STARTBEREIT
Fessel	HANDSCHELLE
fesseln	FASZINIEREN
fesselnd	INTERESSANT
fest, starr	UNBEWEGLICH
feste Druckplatte	STEREOTYPIE
festnehmen	INHAFTIEREN
Feststelleinrichtung	ARRETIERUNG
Fest zur Sommersonnenwende	JOHANNISTAG
Fettpflanzen	SUKKULENTEN
Feuerbestattungsanstalt	KREMATORIUM
Feuer unter Tage	GRUBENBRAND
Feuerwerkerei	PYROTECHNIK
Feuerwerkskörper	KNALLFROSCH
Figur aus »Annie Get Your Gun«	BUFFALOBILL
Figur aus »Annie Get Your Gun«	FRANKBUTLER
Figur aus »Annie Get Your Gun«	SITTINGBULL
Figur aus »Arabella«	GRAFWALDNER
Figur aus »Dantons Tod«	ROBESPIERRE
Figur aus »Der Opernball«	BEAUBUISSON
Figur aus »Der Rosenkavalier«	MARSCHALLIN
Figur aus »Der Vogelhändler«	KURFUERSTIN
Figur aus »Die Csárdásfürstin«	EDWINRONALD
Figur aus »Don Giovanni«	DONNAELVIRA
Figur aus »Fidelio«	DONFERNANDO
Figur aus »Graf v. Luxemburg«	FUERSTBASIL
Figur aus »Martha«	LADYHARRIET
Figur aus »Rigoletto«	SPARAFUCILE
Figur aus »Tosca«	CAVARADOSSI
Figur aus »Tristan und Isolde«	KOENIGMARKE
Figur aus »Wallenstein«	PICCOLOMINI
Figur aus »Wilhelm Tell«	STAUFFACHER
Filmbearbeitung	ENTWICKLUNG
Filmbearbeitung	FEINSCHNITT
filmtechnischer Rückgriff	RUECKBLENDE
Filterorgane im Körper	LYMPHKNOTEN
Fingerspitzengefühl	DELIKATESSE
Fingerteil	FINGERKUPPE
Fingerteil	FINGERNAGEL
Finkenvogel	HAKENGIMPEL
Finkenvogel	KERNBEISSER
finnisch. Dichter (Nobelpreis)	SILVANPAEAE
finnische Inselgruppe	ALANDINSELN
Finte	SCHEINSTOSS
Firma	UNTERNEHMEN
Firmeninhaber	UNTERNEHMER
Fisch, Fischart	ZAUBERFISCH
Fischart (Buntbarsche)	MAULBRUETER

Fischfanggerät	FLIEGENRUTE
Fischfanggerät	SCHLEPPNETZ
Fischkonserve	GABELBISSEN
fixieren	FESTSTELLEN
Fixiermittel	KOLOPHONIUM
fixiert	FESTGESETZT
fixiert	FESTSTEHEND
Fjord	MEERESBUCHT
Flachdruckverfahren	OFFSETDRUCK
flaches Brotgebäck	KNAECKEBROT
Flächenmeßkunst	PLANIMETRIE
Fledermaus	ABENDSEGLER
Fleischaufschneiden	TRANCHIEREN
fleischlich	KOERPERLICH
Fleischsorte	RINDFLEISCH
Fleischware	GRUETZWURST
Fleischwerdung Christi	INKARNATION
fleißiges Lieschen	SPRINGKRAUT
Fliegenart	KAESEFLIEGE
Fliegenart	STECHFLIEGE
Fliegenart	STEINFLIEGE
florentin. Maler	GHIRLANDAIO
florentin. Politiker	MACHIAVELLI
Floskel, Phrase	REDEWENDUNG
flott	SCHWUNGVOLL
Flügel	SEITENTRAKT
Flughafen von Hannover	LANGENHAGEN
Flugzeugflügel	TRAGFLAECHE
Flugzeugleitwerk	SEITENRUDER
Flugzeugteil	HOEHENRUDER
Fluß durch St. Louis	MISSISSIPPI
Fluß durch Turin	DORARIPARIA
Fluß in Pennsylvanien	SUSQUEHANNA
Fluß zum Golf von Mexiko	MISSISSIPPI
Förde	MEERESBUCHT
fördern, begünstigen	PROTEGIEREN
förmlich, feierlich, steif	ZEREMONIELL
Förmlichkeit	FORMALITAET
Folge, Folgerung	FORTSETZUNG
foppen	UEBERLISTEN
fordern	POSTULIEREN
Forleule	FICHTENEULE
Forleule	FOEHRENEULE
Forleule	KIEFERNEULE
formen	MODELLIEREN
Formenlehre	MORPHOLOGIE
Formlosigkeit	NONCHALANCE
Formsache	FORMALITAET
Formstück	FASSONEISEN
Formwechsel	ANAMORPHOSE
Forstbeamter	HEGEMEISTER
Fortgang	ENTWICKLUNG
Fortschreiten, Steigerung	PROGRESSION
fortschreitend	PROGREDIENT
Fortschritt	ENTWICKLUNG
Foyer	WANDELHALLE
Frachtbrief, -papier	ORDERPAPIER
fränk. Grafengeschlecht	BABENBERGER
fränk. Königsgeschlecht	ARNULFINGER
fraglich, ungewiß	ZWEIFELHAFT
Fraglichkeit, Schwierigkeit	PROBLEMATIK
Fragment	BRUCHSTUECK
fragwürdig	ZWEIFELHAFT
Fragwürdigkeit	PROBLEMATIK
Frankenfürst	KARLMARTELL
Frankenweinflasche	BOCKSBEUTEL
franz. Ägyptologe	CHAMPOLLION
franz. Alpen-Departement	HAUTESALPES
franz. Astrologe und Arzt	NOSTRADAMUS
franz. Atlantikinsel	NOIRMOUTIER
franz. Atlantikinsel	SAINTMICHEL
franz. Dichter	APOLLINAIRE
franz. Dichter, Philosoph	MONTESQUIEU

franz. Dichter, Schriftsteller	LAUTREAMONT
franz. Dichter, Schriftsteller	MONTHERLANT
franz. Flugpionier	MONTGOLFIER
franz. Forschungsreisender	LACONDAMINE
franz.-ital. Alpenpaß	MONTGENEVRE
franz. Name f. Karl d. Großen	CHARLEMAGNE
franz. Opernkomponist	CHARPENTIER
franz. Orden	EHRENLEGION
franz. Philosoph (Okkasionalismus)	MALEBRANCHE
franz. Physiker-Ehepaar (Nobelpr.)	JOLIOTCURIE
franz. Revolutionär	ROBESPIERRE
franz. Revolutionspartei	GIRONDISTEN
franz. Riviera-Seebad	SAINTTROPEZ
franz. Schauspieler	TRINTIGNANT
franz. Stadt am Indre	CHATEAUROUX
franz. Stadt an der Aude	CARCASSONNE
franz. Stadt an der Marne	SAINTDIZIER
franz. Stadt an der Saar	SAARGEMUEND
franz. Stadt bei Belfort	MONTBELIARD
franz. Verwaltungsbezirk	DEPARTEMENT
franz.: achtzig	QUATREVINGT
franz.: Botschafter	AMBASSADEUR
franz.: Eisenbahn	CHEMINDEFER
franz.: siebzig	SOIXANTEDIX
franz.: Zuneigung	ATTACHEMENT
Franziskaner	SPIRITUALEN
Frauenarzt	GYNAEKOLOGE
Frauenmantel	SILBERKRAUT
Frauenrechtlerin	SUFFRAGETTE
Frauenstimmlage	MEZZOSOPRAN
Frau v. Napoleon I.	MARIELOUISE
Frau v. Pelops	HIPPODAMEIA
Frechheit	IMPERTINENZ
Freier	BRAUTWERBER
freigebig	GROSSZUEGIG
freihängende Liegestatt	HAENGEMATTE
freimachen	ENTBLOESSEN
Freimaurer	LOGENBRUDER
Freimaurer-Bund	ILLUMINATEN
Freischärler	FRANKTIREUR
freiwillig	UNGEZWUNGEN
Freizeitbeschäftigung	LIEBHABEREI
Fremdgesetzlichkeit	HETERONOMIE
freundlich	LIEBENSWERT
freundlich gesonnen	WOHLWOLLEND
Friedhof	GOTTESACKER
friedlich	REIBUNGSLOS
Frischhaltebehälter	KUEHLTASCHE
Frischluftzufuhr im Bergbau	BEWETTERUNG
Frisiergerät	HAARBUERSTE
Frisiermittel	BRILLANTINE
Froschlurch	TEICHFROSCH
Fruchtbarkeit	FERTILITAET
Fruchtgetränk	TRAUBENSAFT
Frühdruck	WIEGENDRUCK
frühere Bez. f. Bürgermeister	SCHULTHEISS
frühere Klavier-Art	KIELFLUEGEL
frühere Nährwert-Einheit	KILOKALORIE
früherer abhängiger Bauer	HINTERSASSE
früherer Adelstitel	BURGGRAEFIN
früherer Gewehrtyp	HINTERLADER
früherer Reichsteil	FUERSTENTUM
früheres Frisiergerät	BRENNSCHERE
frühere Strafanstalt	ARBEITSHAUS
früheres Verkehrsmittel	POSTKUTSCHE
frühere Wärmeeinheit	KILOKALORIE

11

Frühlingsblume	OSTERGLOCKE
frustriert	ENTTAEUSCHT
Fuchs	SILBERFUCHS
Fügsamkeit	ERGEBENHEIT
Fügung in das Schicksal	RESIGNATION
Führer der Jungtürken	ENVERPASCHA
fünfter Sonntag vor Ostern	REMINISZERE
für nichtig erklären	ANNULLIEREN
Fürsorge	SOZIALHILFE
Fürstentitel	GROSSHERZOG
Fürstin in Österreich	ERZHERZOGIN
Fürst in Rußland	GROSSFUERST
fürstl. Anrede	DURCHLAUCHT
fürstl. Vertreter d. Monarchen	PRINZREGENT
Fußballmannsch. eines Landes	NATIONALELF
Fußballspieler	LINKSAUSSEN
Fußbekleidung	KNIESTRUMPF
Fußsoldat	INFANTERIST
Fußstütze	FERSENKAPPE
Fußstütze	FERSENLEDER
Fußstütze des Reiters	STEIGBUEGEL
Gabelung	BIFURKATION
Gabelung	VERZWEIGUNG
Gänsegarbe	FINGERKRAUT
gänzlich	AUSNAHMSLOS
Gallengangentzündung	CHOLANGITIS
Gardinenstoff	MARQUISETTE
Gartenbau	HORTIKULTUR
Gartenblume, Korbblütler	RINGELBLUME
Gartenblume, -pflanze	KOSMOSBLUME
Gartenblume, -pflanze	RITTERSPORN
Gartenpflanze	GOLDMELISSE
Gartenzierpflanze	KAISERKRONE
Gashülle der Erde	ATMOSPHAERE
Gaststätte m. Tischen im Freien	GARTENLOKAL
Gaststättengewerbe	GASTRONOMIE
Gatte e. regierenden Fürstin	PRINZGEMAHL
Gaudi, Gaudium	BELUSTIGUNG
Gaukelei	POSSENSPIEL
Gaukler	ILLUSIONIST
Gauner	GALGENVOGEL
Gaunerei	BETRUEGEREI
Gebäudeteil	APPARTEMENT
Gebiet, Staatsgebiet	TERRITORIUM
Gebieterin	HERRSCHERIN
Gebirge auf Sardinien	GENNARGENTU
Gebirge der Dolomiten	ROSENGARTEN
Gebirge der oberrhein. Tiefebene	KAISERSTUHL
Gebirge zwischen Bayern u. Böhmen	BOEHMERWALD
Gebirgsbahn	ZAHNRADBAHN
Gebirgsbahn, Seilbahn	SCHWEBEBAHN
Gebirgsblume, -pflanze	MEISTERWURZ
Gebirgspflanze	ALMENRAUSCH
Gebirgsübergang	PASSSTRASSE
gebogen, gewölbt	GESCHWUNGEN
Gebüsch	STRAUCHWERK
Geburt	NIEDERKUNFT
Geburtsort	HEIMATSTADT
gedankenlos	AUTOMATISCH
Gedankenverbindung	ASSOZIATION
Gedenken	GEDAECHTNIS
Gedichtart	AKROSTICHON
gedrängt	KOMPRIMIERT
Gefährt für Kleinkinder	KINDERWAGEN
Gefährtin	BEGLEITERIN
gefällig	ANSPRECHEND
Gefängnis	HAFTANSTALT
Gefängnisraum	ARRESTZELLE
gefärbt, parteiisch	TENDENZIOES
Gefäß	PFEIFKESSEL
Gefahr für Alpinisten	STEINSCHLAG
gefeierter Sieger, Gewinner	TRIUMPHATOR
Geflügelkrankheit	HUEHNERPEST
gegensätzlich	ANTINOMISCH

Gegen-spiel, Konflikt	WIDERSTREIT
Gegenteil von Idealist	MATERIALIST
Gegenteil von Mittag	MITTERNACHT
Gegenteil von offen	GESCHLOSSEN
Gegenteil von praktisch	THEORETISCH
Gegenteil von Schnellig-keit	LANGSAMKEIT
Gegenteil von Verbot	GENEHMIGUNG
Gegen-wartsbe-zogenheit	AKTUALITAET
Gegen-wartsbe-zogenheit	MODERNITAET
Gegen-wert	AEQUIVALENT
Geheim-lehre	OKKULTISMUS
geheim-nisvoll	RAETSELHAFT
gehemmt	GEHANDIKAPT
Gehölz-kunde	DENDROLOGIE
Gehör-knöchel-chen	STEIGBUEGEL
Gehör-prüfung	AUDIOMETRIE
Geier, Geierart	KUTTENGEIER
Geigen-harz	KOLOPHONIUM
Geigen-teil	KINNSTUETZE
Geiß-blatt-gewächs	ACHENSTAUDE
Geißel-tierchen	FLAGELLATEN
Geister-glaube	DAEMONISMUS
Geister-lehre, Geister-glaube	SPIRITISMUS
Geistes-art	MENTALITAET
Geistes-größe	GENIALITAET
geistes-krank	SCHIZOPHREN
Geistes-schwäche	STUPIDITAET
geistige Aufnahme-fähigkeit	INTELLIGENZ
geistl. Buch, Schrift	KATECHISMUS
geistl. Ehrentitel	ARCHIDIAKON
geistl. Komposi-tion	MISSABREVIS
geistreich	INTELLIGENT
Gekröse	MESENTERIUM
gelähmt	PARALYSIERT
Gelände-beschrei-bung	TOPOGRAPHIE
Gelatine	KNOCHENLEIM
Gelbling	PFIFFERLING
Gelbling (Pilz)	SCHWEINSOHR
Gelb-reizker	PFIFFERLING
Geld-behälter, -depot	SPARBUECHSE
Geld-behälter, -depot	SPARSCHWEIN
Geld be-schaffen	FINANZIEREN
Geldherr-schaft	PLUTOKRATIE
Geld-institut	POSTGIROAMT
Gelegen-heits-arbeiter	TAGELOEHNER
Geliebter v. Tosca	CAVARADOSSI
Gelöbnis, Zusiche-rung	VERSPRECHEN
gelöstes Kohlen-dioxid	KOHLENSÄURE
gemein-sam	MITEINANDER
gemein-sam, überein-stimmend	SOLIDARISCH
Gemein-schafts-erziehung	KOEDUKATION
Gemenge, Gemisch	KOMBINATION
Gemenge, Gemisch	KONGLOMERAT
Gemüt	SEELENLEBEN
Gemüts-, Wesens-art	TEMPERAMENT
Genauig-keit	AKKURATESSE
Genauig-keit	KORREKTHEIT
genehmi-gen	KONZEDIEREN
General Wallen-steins	PICCOLOMINI
Genese, Genesis	ERSCHAFFUNG
genießen	KONSUMIEREN
genue-sischer Seeheld	ANDREADORIA
genug	AUSREICHEND
geogra-phische Koordinate	BREITENGRAD
geogra-phische Koordinate	LAENGENGRAD
geologi-sche Formation	ERDALTERTUM
geologi-sche Formation	MITTELDEVON
geologi-sche Formation	MUSCHELKALK
geologi-sche Formation	OBEREKREIDE
geologi-sche Formation	PLEISTOZAEN
geologi-sche Formation	UNTERKARBON
Gepard	JAGDLEOPARD

geradezu, offen	UNVERHOHLEN
Gerad-flügler	HEUSCHRECKE
Gerad-flügler	ORTHOPTEREN
geräu-cherter Fisch	RAEUCHERAAL
Ge-räusch	PLAETSCHERN
Gerb-mittel	EICHENRINDE
Gerb-mittel	WEIDENRINDE
geregel-tes Format	NORMGROESSE
Gericht erster Instanz	AMTSGERICHT
Gerichts-abteilung	STRAFKAMMER
Gerichts-verhand-lung am Tatort	LOKALTERMIN
geringe Ge-schwin-digkeit	SCHRITTEMPO
gering-fügig	UNERHEBLICH
gering-fügig, wertlos	UNBEDEUTEND
Gering-fügigkeit	KLEINIGKEIT
Gerinnung	KOAGULATION
gerippter Stoff	STRETCHCORD
german. Irmionen-stamm	MARKOMANNEN
Gerne-groß	MOECHTEGERN
Gerücht	HOERENSAGEN
gesamt	VOLLZAEHLIG
Gesamt-heit der Berg-arbeiter	KNAPPSCHAFT
Gesamt-heit der Statisten	STATISTERIE
geschäft-liches Manöver	TRANSAKTION
Ge-schäfts-bedin-gungen	KONDITIONEN
Ge-schäfts-reisende	VERTRETERIN
Geschehen	BEGEBENHEIT
Geschenk	MITBRINGSEL
geschichtl. Abschnitt	MITTELALTER
Geschick, Geschick-lichkeit	GEWANDTHEIT
Ge-schlecht-lichkeit	SEXUALITAET
Ge-schlechts-hormon	ANDROSTERON
ge-schmack-voll	AESTHETISCH
gesellig	UMGAENGLICH
geselliger Sänger-kreis	LIEDERKRANZ
geselliger Sänger-kreis	LIEDERTAFEL
Gesell-schafter, Enter-tainer	UNTERHALTER
Gesell-schafts-form	KOMMUNISMUS
Gesell-schafts-lehre	SOZIALKUNDE
Gesell-schafts-schicht	MITTELSTAND
Gesell-schafts-schicht	PROLETARIAT
Gesell-schafts-spiel	KARTENSPIEL
Gesell-schafts-spiel	SACKHUEPFEN
Gesell-schafts-tanz	LAMBETHWALK
gesetz-gebende Gewalt	LEGISLATIVE
Gesichts-ausdruck	MIENENSPIEL
Gesichts-knochen	UNTERKIEFER
Gesin-nung	MENTALITAET
gesin-nungs-loser Egoist	OPPORTUNIST
gesittet	ZIVILISIERT
Gespenst	SPUKGESTALT
Gespräch, Verhand-lung	UNTERREDUNG
Gespreizt-heit	MANIERISMUS
Gestalter, Planer	ORGANISATOR
Gestalt-lehre	MORPHOLOGIE
gestatten	KONZEDIEREN
Gestein, Gesteins-art	MUSCHELKALK
Gesteins-gemenge	KONGLOMERAT
Gesteins-kunde	MINERALOGIE
Gestirns-vermes-sung	ASTROMETRIE
Gestüt	PFERDEZUCHT
Gesuch	BITTSCHRIFT
Getränk	BUTTERMILCH
Getreide-art	FINGERHIRSE
Getreide-krankheit	BEULENBRAND
Getreide-krankheit	SCHWARZROST
Getreide-unkraut	TAUMELLOLCH
Getriebe	MASCHINERIE
Getriebe	MECHANISMUS
Gewächs-teil	FRUCHTSTAND
Gewähr, Gewähr-leistung	BUERGSCHAFT
gewähren	KONZEDIEREN

Gewährleistungszwang	HAFTPFLICHT
gewagt, gefahrvoll	RISIKOREICH
gewagtes Geschäft	SPEKULATION
gewaltig, gigantisch	RIESENGROSS
gewaltsam aneignen	ANNEKTIEREN
Gewalttätigkeit	BRUTALITAET
Gewalttat, -verbrechen	PLUENDERUNG
Gewand d. Landsknechte	SCHLITZWAMS
Gewebeart	NAPOLITAINE
Gewebe mit Knoten	NOPPENSTOFF
Gewehr	SCHUSSWAFFE
Gewinner bei einer Olympiade	OLYMPIONIKE
Gewohnheitstrinker	ALKOHOLIKER
Gewürz, Heilpflanze	MEERRETTICH
Gewürzgebäck	SPEKULATIUS
Gichtrose	PFINGSTROSE
giftig	MIASMATISCH
giftige Heilpflanze	BILSENKRAUT
giftige Spinne	KREUZSPINNE
Giftpflanze	STACHELNUSS
Giftpflanze	TEUFELSWURZ
Giftpflanze	WANZENKRAUT
Giftschlange	GRUBENOTTER
Gilde	FACHVERBAND
Glassteinchenguckkasten	KALEIDOSKOP
glatt, rutschig	SCHLUEPFRIG
glauben machen, täuschen	VORSPIEGELN
gleichartig, gleichmäßig	EINHEITLICH
gleichberechtigt	EMANZIPIERT
gleicher Wert	AEQUIVALENT
gleichgeschlechtlich	HOMOSEXUELL
gleichgestimmt, wesensverwandt	SYMPATHISCH
Gleichgewichtskünstler	EQUILIBRIST
gleichgültig	INDIFFERENT
gleichgültig	LETHARGISCH
Gleichgültigkeit	INDIFFERENZ
gleichmachen	EGALISIEREN
gleichmachen	NIVELLIEREN
gleichmessend	ISOMETRISCH
gleichwertig	AEQUIVALENT
gleichwertig	EBENBUERTIG
Gleichwertigkeit	AEQUIVALENZ
Gleisanlage	BAHNKOERPER
Gleisanlage	DREHSCHEIBE
Gleitflug	SCHWEBEFLUG
Gleitschutz an Autoreifen	SCHNEEKETTE
Gleitschutz an Reifen	LEITERKETTE
Gliederfüßer	RINGELKREBS
Gliederfüßer, Gliedertier	KRUSTENTIER
Gliedertiere	ARTIKULATEN
Gliederung	DISPOSITION
Gliederung	GRUPPIERUNG
Gliedmaße	EXTREMITAET
Glücksbringer	MASKOTTCHEN
Glücksritter	OPPORTUNIST
Glücksspielstätte	SPIELKASINO
Glückwunsch	GRATULATION
Gnu	KUHANTILOPE
Gobelin	WANDTEPPICH
Goldamsel	VOGELBUELOW
Goldwurzel, Liliengewächs	TUERKENBUND
Golf	MEERESBUCHT
Gorbatschow-Parole	PERESTROIKA
Grabensenke in Kalifornien	DEATHVALLEY
Gram	TRAURIGKEIT
Grammatik	SPRACHLEHRE
graph. Beruf	BUCHDRUCKER
graph. Beruf	GALVANISEUR
graph. Produkt	KUPFERSTICH
Grasart	BORSTENGRAS
Grasart	STRAUSSGRAS
Grashüpfer, Graspferd	HEUSCHRECKE

Grasschneidegerät	RASENMAEHER
Grat	BERGRUECKEN
grauenerregend	ENTSETZLICH
Gravitation	SCHWERKRAFT
greifbar darstellen	VERKOERPERN
Grenzziehung	DEMARKATION
griech. Arzt	HIPPOKRATES
griech. Dichter, Gelehrter	KALLIMACHOS
griech. Geschichtsschreiber	THEOPONYSOS
griech. Insel im Ionisch. Meer	KEPHALLENIA
griech. Komponist u. Dirigent	MITROPOULOS
griech. Philosoph	ANAXIMANDER
griech. Philosoph	POSEIDONIOS
griech. Redner	DEMOSTHENES
griech. Schriftsteller	KAZANTZAKIS
Grimm	ERBITTERUNG
grönländ. Bucht	MELVILLEBAI
Größenwahn	MEGALOMANIE
größter engl. Dramatiker	SHAKESPEARE
großer nordamerikan. Strom	MISSISSIPPI
großes Schwert	ZWEIHAENDER
Großjährigkeit	MUENDIGKEIT
großkerniges Obst	STEINFRUCHT
großmäulig	PRAHLERISCH
Großstadtbahn	SCHNELLBAHN
Grubenfeldgrenze	MARKSCHEIDE
gründlich, gewissenhaft	SORGFAELTIG
Grundbesitz	LAENDEREIEN
grundlegend	FUNDAMENTAL
grundlos, unbegründet	UNMOTIVIERT
grundsätzlich	FUNDAMENTAL
grundsätzlich	PRINZIPIELL
Grundsatz	RICHTSCHNUR
Grundschule	VOLKSSCHULE
Grundschulfach	HEIMATKUNDE
Gruß	BEGRUESSUNG
günstige Gelegenheit	GLUECKSFALL
gütig	HILFSBEREIT
gummiartiger Pflanzensaft	GUTTAPERCHA
Gutachten	BEURTEILUNG
Gutsverwalter	RENTMEISTER
Gymnasialklasse	OBERSEKUNDA
Gymnasialklasse	UNTERTERTIA
gymnast. Sportgerät	MEDIZINBALL
Haartracht	WASSERWELLE
Haarwurzelentzündung	BARTFLECHTE
Habgier	GEWINNSUCHT
Hackfrucht	WASSERRUEBE
Hackfrucht, Futterrübe	RUNKELRUEBE
Häfen von Tokio und Jokohama	KEILHINPORT
hämisch, gehässig	SCHADENFROH
Händler bei der Feldtruppe	MARKETENDER
hängende Großstadtbahn	SCHWEBEBAHN
Hafenanlage mit Schleuse	TROCKENDOCK
Hafenarbeiter	SCHAUERMANN
Hafen auf Usedom	PEENEMUENDE
Hafenstadt in Virginia (USA)	NEWPORTNEWS
haften	GARANTIEREN
Haftkiefer (Fisch)	KOFFERFISCH
Haftschale	KONTAKTGLAS
Haftung	BUERGSCHAFT
Hagestolz	JUNGGESELLE
Hahnenfußgewächs	DOTTERBLUME
Hahnenfußgewächs	FROSCHKRAUT
Hahnenfußgewächs	NARRENKAPPE
Hahnenfußgewächs	RITTERSPORN
Hai-Art	MENSCHENHAI
Halbedelstein	LAPISLAZULI
Halbkugel	HEMISPHAERE
Halbstiefel	STIEFELETTE
Halsschmuck	PERLENKETTE
halsstarrig	EIGENSINNIG

Hamburger Sehenswürdigkeit	SPRINKENHOF
Hamburger Stadtteil	ELMSBUETTEL
Handballstrafwurf	SIEBENMETER
handeln, tun	UNTERNEHMEN
Handelsveranstaltung	MUSTERMESSE
Handgepäck	AKTENTASCHE
Handhabe	ANSATZPUNKT
Handlesen, Handlesekunst	CHIROMANTIE
Handpflegegerät	NAGELSCHERE
Handschriftendeutung	GRAPHOLOGIE
Handteil	ZEIGEFINGER
Handwerkertitel	OBERMEISTER
handwerklicher Maler	ANSTREICHER
Harmonie	GLEICHKLANG
Hartebeest	KUHANTILOPE
Hartnäckigkeit	OBSTINATION
Harzprodukt	KOLOPHONIUM
Hase im Märchen	MUEMMELMANN
Hasenherz	DUCKMAEUSER
Haß	FEINDSCHAFT
Haufenschichtwolke	ALTOKUMULUS
Hauptfigur	PROTAGONIST
Hauptmahlzeit	MITTAGESSEN
Hauptort von Jersey	SAINTHELIER
Hauptort von Tobago	SCARBOROUGH
Hauptsache, Kernpunkt	QUINTESSENZ
Hauptst. v. Papua-Neuguinea	PORTMORESBY
Hauptstadt der Falklandinseln	PORTSTANLEY
Hauptstadt in Ozeanien	PORTMORESBY
Hauptstadt von Burkina Faso	OUAGADOUGOU
Hauptstadt von El Salvador	SANSALVADOR
Hauptstadt von Florida (USA)	TALLAHASSEE
Hauptstadt von Honduras	TEGUCIGALPA
Hauptstadt von Illinois (USA)	SPRINGFIELD
Hauptstadt von Kongo	BRAZZAVILLE
Hauptstadt von Magallanes	PUNTAARENAS
Hauptstadt von Malaysia	KUALALUMPUR
Hauptstadt von Nordrh.-Westfalen	DUESSELDORF
Hauptstadt von Siebenbürgen	KLAUSENBURG
Hauptstadt von Tansania	DARESSALAAM
Hauptstadt von Trinidad u. Tobago	PORTOFSPAIN
Hauptteil d. kathol. Messe	OFFERTORIUM
Hauptvolk auf Sri Lanka	SINGHALESEN
Hauptwurzelstrang	WURZELSTOCK
Hausaufgang	TREPPENHAUS
haushälterisch	OEKONOMISCH
Haushaltsbehälter	ABFALLEIMER
Haustier	GOLDHAMSTER
Hauswurz	SEMPERVIVUM
Hautarzt	DERMATOLOGE
Hautschaden durch Sonne	SONNENBRAND
Hebevorrichtung	FLASCHENZUG
Heide	NICHTCHRIST
Heidekraut	SCHNEEHEIDE
Heidelb. Sehenswürdigkeit	BRUECKENTOR
Heil, Gedeihen	WOHLERGEHEN
Heilbad bei Halle	LEUCHSTAEDT
Heilbäderkunde	BALNEOLOGIE
Heilgetränk	KRAEUTERTEE
heilige Nacht	CHRISTNACHT
Heiliger d. Kirche	APOLLINARIS
Heiliger d. Kirche	CORBINIANUS
heilkundlich	MEDIZINISCH
Heilmittel	KAMILLENTEE
Heilmittel	ZUGPFLASTER

11

Heilmittel bei Knochenbrüchen	GIPSVERBAND
Heilpflanze	GNADENKRAUT
Heilpflanze	KRAUSEMINZE
Heilpflanze	MEISTERWURZ
Heilpflanze	SEIFENKRAUT
Heilpraktiker	MAGNETISEUR
Heimat	GEBURTSLAND
Heimatvertriebener	FLUECHTLING
Heimlichtuer	LEISETRETER
Heiratsparadies in Schottland	GRETNAGREEN
Heiratssymbol	MYRTENKRANZ
Heizungsanlage	LUFTHEIZUNG
helfen	ASSISTIEREN
helfen, beistehen	SEKUNDIEREN
Helldunkelmalerei	CLAIROBSCUR
Hellespont	DARDANELLEN
Hemdhose	KOMBINATION
Hemdteil	MANSCHETTEN
hemmen	OKKLUDIEREN
herabwürdigen	DEGRADIEREN
herabwürdigen	ERNIEDRIGEN
herausfinden	ENTRAETSELN
Herausforderer	PROVOKATEUR
herausfordern, aufreizen	PROVOZIEREN
Herausgabe	PUBLIKATION
herausziehen	EXTRAHIEREN
Herb-Alpert-Sound	TIJUANABRASS
herbeibringen	APPORTIEREN
Herkuleskraut	BAERENLAUCH
Herrenmantel	UEBERZIEHER
Herrschaft der Reichen	PLUTOKRATIE
Herrschaftsgebiet	TERRITORIUM
Herrschersymbol	REICHSAPFEL
herstellen	FABRIZIEREN
Hersteller von Feilen	FEILENHAUER
Herstellung	FABRIKATION
hervorgehen	RESULTIEREN
hervorragend	DOMINIEREND
hervorstechend	UEBERRAGEND
herzanregendes Mittel	STROPHANTIN
Herzjagen	TACHYKARDIE
Herzklopfen	PALPITATION
Herzmuskelentzündung	MYOKARDITIS
hess. Industriestadt	LAMPERTHEIM
hess. Kurort bei Fulda	SALZSCHLIRF
hess. Stadt an der Eder	FRANKENBERG
hess. Stadt an der Fulda	BADHERSFELD
hess. Stadt bei Frankfurt	NEUISENBURG
hess. Stadt im Odenwald	MICHELSTADT
hess. Stadt im Taunus	KOENIGSTEIN
hetzerisch	DEMAGOGISCH
Heuschrecke	GRASHUEPFER
heutiger Menschentyp	HOMOSAPIENS
Hexenbesen	DONNERBUSCH
Hexenbesen	TEUFELSBART
Himalajagipfel	GAURISANKAR
Himalajagipfel	NANGAPARBAT
Himmel, Firmament	STERNENZELT
Himmelshalbkugel	HEMISPHAERE
Himmelshelligkeit	ASTRALLICHT
Himmelsmessung	URANOMETRIE
Hindernis-Wettbewerb	HUERDENLAUF
Hingabe, Hingebung	AUFOPFERUNG
hinhaltendes Vorgehen	MAUERTAKTIK
hinlänglich	AUSREICHEND
hinterwäldlerisch	PROVINZIELL
hinterziehen	VERUNTREUEN
Hirngespinst	LUFTSCHLOSS
Hitzeschädigung	VERBRENNUNG
Hitzschlag	SONNENSTICH
Hobby	LIEBHABEREI
Hochdruckgebiet	ANTIZYKLONE
hochempfindlich	FEINFUEHLIG

11

hochfrequente el.-magn. Wellen	MIKROWELLEN
Hochgebirge in Amerika	KORDILLEREN
hochgradiger Schwachsinn	KRETINISMUS
hochherzig	GROSSMUETIG
Hochland zw. Fichtelgeb. u. Thüring.	FRANKENWALD
hochmütig, hochnäsig	AUFGEBLASEN
Hochofenwerk	EISENHUETTE
Hochofenwerk	STAHLHUETTE
Hochtal im Berner Oberland	GRINDELWALD
Hochtal in Graubünden	LENZERHEIDE
Hochtourist	BERGSTEIGER
hochtrabend	BOMBASTISCH
hochtrabend	SCHWUELSTIG
Hochverräter	STAATSFEIND
Hochzeit, Trauung	VERMAEHLUNG
Höchstbegabung	GENIALITAET
höchster Berg im Riesengebirge	SCHNEEKOPPE
höchster Pyrenäengipfel	PICODEANETO
Höchststand	KULMINATION
höchst ungern	WIDERWILLIG
höfisches Brauchtum	ZEREMONIELL
Höhenmessung	HYPSOMETRIE
Höhenzug im Sauerland	EBBEGEBIRGE
Höhenzug im Weserbergland	BUECKEBERGE
Höhenzug in Baden-Württ.	SCHWARZWALD
Höhenzug in der Eifel	SCHNEEEIFEL
Höhenzug in Franken	STEIGERWALD
Höhepunkt	GLANZSTUECK
Höhepunkt	KNALLEFFEKT
Höhepunkt	KULMINATION
Höhle auf Capri	BLAUEGROTTE
höhnisch, spöttisch	SARKASTISCH
Hörnchen (Nagetier)	DORNSCHWANZ
hohe Fluggeschwindigkeit	UEBERSCHALL
Hoheitsgebiet eines Staates	TERRITORIUM
Hohenzollernstadt an d. Donau	SIGMARINGEN
hoher Gewässerrand	STEILKUESTE
Holland	NIEDERLANDE
Holzblasinstrument	BLOCKFLOETE
Holzkrankheit	HOLZSCHWAMM
Holzkrankheit	STOCKFAEULE
Holzkrankheit	WEISSFAEULE
Holzplastik	SCHNITZEREI
Holzschädling	BUCHDRUCKER
Holzschneidekunst	XYLOGRAPHIE
Holzwurm	KLOPFKAEFER
Honigkuchen	PFEFFERNUSS
Honigsauger	NEKTARVOGEL
Hordoleum	GERSTENKORN
Horizontale	WAAGERECHTE
Hornblende	STRAHLSTEIN
Hospital	KRANKENHAUS
Hotelangestellter	KUECHENCHEF
Hotelgewerbe	GASTRONOMIE
Hühnerhund	STOEBERHUND
Hühnerhund	VORSTEHHUND
Hühnerrasse	BLAUSPERBER
Hühnervogel	BANKIVAHUHN
hüten	BESCHUETZEN
Hüter	BESCHUETZER
Hüttenkunde	METALLURGIE
huldvoll, gewogen	WOHLWOLLEND
Hunderasse	BULLMASTIFF
Hunderasse	BULLTERRIER
Hunderasse	IRISHSETTER
Hunderasse	KINGCHARLES
Hunderasse	SKYETERRIER
Hundertjahrfeier	ZENTENARIUM
Hundertsatz	PROZENTSATZ
Hundskopfaffe	HUSARENAFFE
Hunt	GRUBENWAGEN
Hurrikan	WIRBELSTURM

Husarenstück	HANDSTREICH
Hutpilz	STACHELPILZ
hygien. Isoliermaßnahme	QUARANTAENE
Idee	LEITGEDANKE
ideenarm	EINFALLSLOS
idyllisch	BESCHAULICH
Illumination	BELEUCHTUNG
Illustration	BEBILDERUNG
Illustration	DARSTELLUNG
Iltis, Hermelin	STINKMARDER
imitiert	NACHGEMACHT
Imkerei	BIENENZUCHT
im kleinen	ENMINIATURE
Immenstock	BIENENSTAND
Immobilie	GRUNDBESITZ
Immobilie	GRUNDSTUECK
Immortelle	IMMERSCHOEN
Immortelle	PAPIERBLUME
Imperium	KAISERREICH
impertinent	ZUDRINGLICH
Importabgabe	EINFUHRZOLL
Imprägniermittel	KARBOLINEUM
Indianerschutzgebiet	RESERVATION
Indianersprache	ARAUKANISCH
Indianerstamm	SCHOSCHONEN
Indianerstamm	TSCHIBTSCHA
indische Kriegerkaste	RADSCHPUTEN
indischer Großfürst	MAHARADSCHA
indischer Politiker, Staatsmann	PANDITNEHRU
indisches Grabmal in Agra	TADSCHMAHAL
indisches Heldenepos	MAHABHARATA
indische Stadt im Punjab	DSCHALANDAR
individuell	PERSOENLICH
Individuum	EINZELWESEN
indones. Hafenstadt	BENJARMASIN
indones. Inselgruppe	SUNDAINSELN
indones. Stadt	UJUNGPADANG
in eine Vene	INTRAVENOES
infam, verwerflich	SCHAENDLICH
Infektion der Luftwege	KEUCHHUSTEN
Infektionskrankheit	TUBERKULOSE
Information	AUFKLAERUNG
Informationswesen	PUBLIZISTIK
Inhaber	EIGENTUEMER
Initiation	EINFUEHRUNG
innere Beziehung	VERHAELTNIS
Innung	KORPORATION
Inschrift	INSKRIPTION
in Schutz nehmen	VERTEIDIGEN
Insektenbekämpfungsmittel	KONTAKTGIFT
Insektenbekämpfungsmittel	MOTTENKUGEL
Insektenfresser	AMEISENBAER
Insektenfresser	INSEKTIVORE
Insektenkunde	ENTOMOLOGIE
Insel bei New York	ELLISISLAND
Inselwelt im Pazifik	MIKRONESIEN
Insignien	AMTSZEICHEN
ins Werk setzen	INSZENIEREN
Interesse	ANTEILNAHME
Interessen-Wahrnehmer	TREUHAENDER
Intervall	ZEITABSTAND
intim, insgeheim	VERTRAULICH
Intrigant	DRAHTZIEHER
Intrige, Komplott	RAENKESPIEL
Inzest	BLUTSCHANDE
irisches Parlament	DAILEIREANN
isländ. Dichter	GUDMUNDSSON
islam. Dynastie in Spanien	ALMORAVIDEN
Isolator	NICHTLEITER
israel. Stadt	PETACHTIKWA
ital. Condottiere	GATTEMALATA
ital. Fluß zum Mittelmeer	TAGLIAMENTO
ital. Hafenstadt in Apulien	MANFREDONIA
ital. Heiliger, Ordensgründer	FILIPPONERI
ital. Insel bei Korsika	MONTECRISTO
ital. Insel vor Sizilien	PANTELLERIA

ital. Jägertruppe	BERSAGLIERI
ital. Komponist	WOLFFERRARI
ital. Komponist, Organist	FRESCOBALDI
ital. Maler (Dominikaner)	FRAANGELICO
ital. Polizist	CARABINIERE
ital. Radwettbewerb	GIRODITALIA
ital. Renaissancepolitiker	MACHIAVELLI
ital. Renaissanceschriftsteller	CASTIGLIONE
ital. Schauspieler	MASTROIANNI
ital. Söldnerführer	CONDOTTIERE
ital. Söldnerführer	KONDOTTIERE
ital. Sportwagenrennen	MILLEMIGLIA
ital. Stadt an der Riviera	VENTIMIGLIA
ital. Tanz	PASSACAGLIA
ital. verist. Komponist	LEONCAVALLO
ital. weibl. Adelstitel	PRINCIPESSA
jähzornig	AUFBRAUSEND
jämmerlich	ERBAERMLICH
Jagdart	FALKENBEIZE
Jagdhund	HUEHNERHUND
Jagdzeug	FEDERLAPPEN
Jahrmarktlied	BAENKELSANG
Jahrmarktsvergnügen	AUTOSCOOTER
Jahrmarktsvergnügen	GEISTERBAHN
Jahrmarktsvergnügen	SCHIESSBUDE
jammern	LAMENTIEREN
japan. Hafenstadt auf Kiuschu	KITAKIUSCHU
Jazz-Schlagzeuger	BROCKSIEPER
Jazzstil	TRADITIONAL
Jazztrompeter	BUTTERFIELD
jonglieren	BALANCIEREN
Journal	HANDELSBUCH
juckender Ausschlag	NESSELSUCHT
jüdischer Philosoph	MENDELSSOHN
Jugendirresein	HEBEPHRENIE
Jungfräulichkeit	VIRGINITAET
Jungsteinzeit	NEOLITHIKUM
Jurisprudenz	RECHTSKUNDE
Jurist	AMTSRICHTER
jurist. Maßnahme	STRAFANTRAG
Juwel	KOSTBARKEIT
Juwelier	GOLDSCHMIED
Kabarettsänger	CHANSONNIER
Käferart	BLATTKAEFER
Käferart	BRACHKAEFER
Käferart	DIEBSKAEFER
Käferart	GLANZKAEFER
Käferart	SPECKKAEFER
Käferart	VIELFRESSER
Käferfamilie	KANTHARIDEN
Käfer (zool.)	COLEOPTEREN
käuflich	BESTECHLICH
Kaiserkrone (botan.)	FRITILLARIA
Kaktee	BLATTKAKTUS
Kaktee	KUGELKAKTUS
Kalkschiefer	PLATTENKALK
Kalla	DRACHENWURZ
kaltes Leuchten	LUMINESZENZ
kaltstellen	AUSSCHALTEN
Kamel, Dromedar	TRAMPELTIER
Kamin, Herd	FEUERSTELLE
Kamin, Schlot	SCHORNSTEIN
Kampfgefährte	MITSTREITER
Kampfmittel der Arbeitgeber	AUSSPERRUNG
Kampfwagen der Antike	STREITWAGEN
kanad. Bucht	BOOTHIAGOLF
kanad. Fluß	OTTAWARIVER
kanad. See	WINNIPEGSEE
Kanal zwischen Spree u. Havel	TELTOWKANAL
Kanarische Insel	GRANCANARIA
Kaninchenkrankheit	OHRENRAEUDE
Kanzlei, Geschäftsstelle	SEKRETARIAT
Kapholländer	AFRIKAANDER
Kapitän (Sport)	EQUIPENCHEF
Kapitalanlage	INVESTITION
Kapital anlegen	INVESTIEREN

Kapitel	HAUPTSTUECK
karibische Hauptstadt	PORTOFSPAIN
Karnevals-Veranstaltung	KOSTUEMBALL
Karnevals-Veranstaltung	KOSTUEMFEST
Karpfenart	MOOSKARPFEN
Kartenspiel	ROUGEETNOIR
Kartoffelkrankheit	BRAUNFAEULE
Kartoffelkrankheit	KRAUTFAEULE
Kartoffelpuffer	REIBEKUCHEN
Kassenführerin	KASSIERERIN
Kastell	BEFESTIGUNG
kathol. Gedenktag	ALLERSEELEN
kathol. Orden	ANNUNZIATEN
Katzenart	ANGORAKATZE
Katzenart	COLOURPOINT
Katzenart	PERSERKATZE
Katzensilber	KALIGLIMMER
Kavallerie-Offizier	RITTMEISTER
Kegelsportanlage	BOWLINGBAHN
Kehlkopfspiegel	LARYNGOSKOP
Keiler, Schwarzkittel	WILDSCHWEIN
Keimblätter	KOTYLEDONEN
Kellnerin	SERVIERERIN
Kennzeichnung	SIGNALEMENT
keramisches Erzeugnis	TOEPFERWARE
Kerbtier, Krebstier	WASSERASSEL
Kernkraft	ATOMENERGIE
kernlose Apfelsine	NAVELORANGE
Kernschleifen	CHROMOSOMEN
Kerzenmaterial	BIENENWACHS
Ketzergericht	INQUISITION
Kidnapping	ENTFUEHRUNG
Kiefernschwärmer	TANNENPFEIL
Kindergarten	SPIELSCHULE
Kinderkrankheit	KEUCHHUSTEN
Kino	FILMTHEATER
Kirchenerneuerung	REFORMATION
Kirchhof	GOTTESACKER
kirchl. Amtsbereich	PATRIARCHAT
kirchl. Feiertag	HIMMELFAHRT
kirchl. Gedenktag	ALLERSEELEN
kirchl. Sängergruppe	KIRCHENCHOR
kirchl. Weihe	BENEDIKTION
kläglich	ERBAERMLICH
kläglich	JAEMMERLICH
klagen	LAMENTIEREN
klar aussprechen	FORMULIEREN
klarer Branntwein	STEINHAEGER
Klatsch	HOERENSAGEN
Klause	EINSIEDELEI
Kleiber	SPECHTMEISE
kleine Baßgeige	VIOLONCELLO
kleiner Wiesenfarn	NATTERZUNGE
kleines Eßlokal	IMBISSSTUBE
kleines Krebstier	KELLERASSEL
kleine Sternschnuppe	MIKROMETEOR
kleines Theater	KAMMERSPIEL
kleine Verfehlung	ENTGLEISUNG
Kleinigkeit	KINDERSPIEL
Kleinigkeiten	QUISQUILIEN
Kleinigkeitskrämer	HAARSPALTER
Kleinstaat zw. Großmächten	PUFFERSTAAT
Klemme	ZWICKMUEHLE
Kletterer-Ausrüstung	KOMBIHAMMER
Klettervogel	BAUMLAEUFER
Klimakundler	KLIMATOLOGE
Klinik	KRANKENHAUS
Klinker	MAUERZIEGEL
Kloster in der Schweiz	SANKTGALLEN
Klosterinsasse ohne Weihe	LAIENBRUDER
Klosterkirche	MONASTERIUM
Klosterschlafsaal	DORMITORIUM
Klosterspeisesaal	REFEKTORIUM
Knappe des Don Quichotte	SANCHOPANSA
Knauserei	SPARSAMKEIT
knechten, besiegen	UNTERWERFEN
Kniegeige	VIOLONCELLO

Knochenhautentzündung	PERIOSTITIS
Knochenkohle	BEINSCHWARZ
Knochenleiden	OSTEOPATHIE
Knochenschwund	OSTEOPOROSE
Kobaltblau	KOENIGSBLAU
Kobaltin	KOBALTGLANZ
Kochkunst	GASTRONOMIE
Kölner Volksschauspieler	MILLOWITSCH
Königin der Amazonen	PENTHESILEA
Königin von Ägypten	HATSCHEPSUT
Königin von Schottland	MARIASTUART
König von Pontus	MITHRIDATES
Können	BEFAEHIGUNG
Körperinnenraum	BRUSTHOEHLE
Körperschaft	KORPORATION
Köstlichkeit	DELIKATESSE
Kolik	MAGENKRAMPF
Kollege	AMTSGENOSSE
Kollege	MITARBEITER
kolumbian. Stadt	BUCARAMANGA
Komiker, Witzbold	SPASSMACHER
Komp. d. Oper »Der Bajazzo«	LEONCAVALLO
Komp. d. Oper »Königskinder«	HUMPERDINCK
Komp. v. »Hänsel und Gretel«	HUMPERDINCK
Kompaß-Mißweisung	DEKLINATION
Konferenz	BESPRECHUNG
Konföderation	STAATENBUND
konkaver Spiegel	HOHLSPIEGEL
konkret	ANSCHAULICH
konkret	KOERPERLICH
Konkurrent	MITBEWERBER
Konkurrent	NEBENBUHLER
konstant	FESTSTEHEND
Konstitution	GRUNDGESETZ
Konsument	VERBRAUCHER
konsumieren	VERBRAUCHEN
kontrollieren	INSPIZIEREN
kontrollieren	UEBERWACHEN
Kontur	UMRISSLINIE
Konvent, Zusammenkunft	VERSAMMLUNG
Kopfbahnhof	SACKBAHNHOF
Kopffüßer	CEPHALOPODE
Kopffüßer	SCHIFFSBOOT
Kopffüßer, Weichtier	TINTENFISCH
Kopfschmerzen	KEPHALALGIE
Kopfsprung	HECHTSPRUNG
Kopie	NACHBILDUNG
Korbblütler	KUGELDISTEL
Kordon	POSTENKETTE
Korkenzieherbakterie	SPIROCHAETE
korrigieren	BERICHTIGEN
Korsett	SCHNUERLEIB
Kosename	SCHAETZCHEN
kosmetisches Mittel	LIPPENSTIFT
Kost, Proviant	VERPFLEGUNG
kosten	DEGUSTIEREN
Kostenentwurf	VORANSCHLAG
Kostenrechnung freier Berufe	LIQUIDATION
Kostenvoranschlag	KALKULATION
Krach	KONTROVERSE
Kränklichkeit	MORBOSITAET
Kränkung	BELEIDIGUNG
Kräuterlikör	KRAMBAMBULI
Kräutersoße	VINAIGRETTE
Kraft	INTENSITAET
Kraftmesser	DYNAMOMETER
Krampfschmerz im Oberbauch	GALLENKOLIK
Krankenpfleger	HEILGEHILFE
krankhafter Diebstahlzwang	KLEPTOMANIE
Krankheitsbeschreibung	NOSOGRAPHIE
Krankheitsentwicklung	PATHOGENESE
Krankheitsprozeß	ENTZUENDUNG
Krankheitssymptom	OHRENSAUSEN
Krebstier	KRUSTENTIER
Kreisbahn	RUNDSTRECKE
Kreiselbewegung der Erdachse	PRAEZESSION

kreislaufanregendes Mittel	ANALEPTIKUM
Kreuzblütler	SCHAUMKRAUT
Kreuzkraut	JAKOBSKRAUT
Kriecher	DUCKMAEUSER
Kriecherei	SERVILISMUS
kriegerisch	MARTIALISCH
Kriegsflugzeug	STARFIGHTER
Kriegsschiff früherer Art	KANONENBOOT
kritisch	NEURALGISCH
Krokodil	PANZERECHSE
Kronprinz, Dauphin	THRONFOLGER
Krustazee	KRUSTENTIER
Kryptogamen	BLUETENLOSE
künstl. Textilgrundstoff	CHEMIEFASER
künstlerisches Bild	OELGEMAELDE
künstlich, gekünstelt	ARTIFIZIELL
künstlich dargestellt	SYNTHETISCH
Kuhantilope	HAARTEBEEST
Kuhschellenart	TEUFELSBART
Kultrequisit	RAUCHPFANNE
Kulturepoche	MITTELALTER
Kulturepoche	RENAISSANCE
Kulturepoche d. 19. Jh.	BIEDERMEIER
Kulturstufe der Altsteinzeit	MAGDALENIEN
Kunde	INTERESSENT
Kunstflugfigur	RUECKENFLUG
Kunstreiten	VOLTIGIEREN
Kunststil des 16. Jh.	MANIERISMUS
kunstvoller Vortrag	DEKLAMATION
kupieren	BESCHNEIDEN
Kurort am Deister	BADNENNDORF
Kurort am Harz	BADHARZBURG
Kurort am Harz	BALLENSTEDT
Kurort am Lipper Bergland	BADMEINBERG
Kurort am Teutoburger Wald	LIPPSPRINGE
Kurort an der Ahr	BADNEUENAHR
Kurort an der Ahr	BLANKENHEIM
Kurort an der Gande	GANDERSHEIM
Kurort an der Saale	DUERRENBERG
Kurort an der Schwarz. Elster	LIEBENWERDA
Kurort an der Trave	BADOLDESLOE
Kurort bei Weimar	BLANKENHAIN
Kurort im Berner Oberland	GRINDELWALD
Kurort im Elbsandsteingebirge	BADSCHANDAU
Kurort im Harz	ELBINGERODE
Kurort im Isergebirge	SCHWARZBACH
Kurort im Nordharz	BLANKENBURG
Kurort im südl. Schwarzwald	BADENWEILER
Kurort im Taunus	SCHLANGENBAD
Kurort im Teutoburger Wald	ROTHENFELDE
Kurort in d. Chiemgauer Alpen	REITIMWINKL
Kurort in den Berner Alpen	LAUTERBRUNN
Kurort in der Eifel	SCHOENECKEN
Kurort in Oberschlesien	GRAEFENBERG
Kurort in Thüringen	SCHWARZBURG
kurzer Besuch	STIPPVISITE
Kurzschrift	STENOGRAFIE
Kurzware	HAEKELNADEL
Kurzware	STRICKNADEL
Kurzware	STRICKWOLLE
Kutsche	PFERDEWAGEN
Labkrautgewächs	WALDMEISTER
Laborgefäß	REAGENZGLAS
Labung	ERFRISCHUNG
Lachsforelle	SILBERLACHS
Länderei	GRUNDBESITZ
Längenmaß	MILLIMIKRON
Längenmessung	LONGIMETRIE
längstes Gebirge der Erde	KORDILLEREN
lärmen	RANDALIEREN
lässig	UNGEZWUNGEN

Lässigkeit	NONCHALANCE
Läufer	JUNGSCHWEIN
läutern, verfeinern	SUBLIMIEREN
Laktationshormon	LUTEOTROPIN
Laktose	MILCHZUCKER
Lampenfieber	NERVOSITAET
Landesplanung	RAUMORDNUNG
Landschaft a.d. unt. Donau	BESSARABIEN
Landschaft um Danzig	POMMERELLEN
Landschaft um Paris	ILEDEFRANCE
landwirtsch. Erntegerät	BINDEMAEHER
langhaarige Ziegenrasse	ANGORAZIEGE
Langmut	DULDSAMKEIT
Languste	PANZERKREBS
Languste	RITTERKREBS
Lappalie	KLEINIGKEIT
laserabspielbare Platte	COMPACTDISK
Laser-Aufnahmeverfahren	HOLOGRAPHIE
Lastenheber	FLASCHENZUG
Lastwagen, Lastschiff	TRANSPORTER
Lasurstein	LAPISLAZULI
latein.: Mäßigkeit	TEMPERENTIA
Laubbaum	HAENGEBIRKE
Laufkäfer	GOLDSCHMIED
Laufleine	GAENGELBAND
Lauterkeit	INTEGRITAET
laute Zustimmung	AKKLAMATION
lax	NACHLAESSIG
Lazaristen	VINZENTINER
Lebenskunst	SAVOIRVIVRE
Lebensverneinung	PESSIMISMUS
lebhafter Mensch	SANGUINIKER
Lebhaftigkeit, Schwung	TEMPERAMENT
lecker	APPETITLICH
lecker, delikat	SCHMACKHAFT
Leckerbissen	DELIKATESSE
Lederarbeiter	SCHUHMACHER
leger, salopp	UNGEZWUNGEN
Lehnsherrschaft	FEUDALSTAAT
Lehnswesen	FEUDALISMUS
Lehrer Alexanders d. Großen	ARISTOTELES
Lehre v. d. Handschriftendeutung	GRAPHOLOGIE
Lehre v. d. Lebenserscheinungen	PHYSIOLOGIE
Lehre v. d. seel. Störungen	PSYCHIATRIE
Lehre v. d. Zeitrechnung	CHRONOLOGIE
Lehre v. Übersinnlichen	OKKULTISMUS
Lehre vom Herzen (medizin.)	KARDIOLOGIE
Lehre vom menschl. Körper	SOMATOLOGIE
Lehre von den Giften	TOXIKOLOGIE
Lehre von der Erzverarbeitung	METALLURGIE
leiblich	KOERPERLICH
Leichenausgrabung	EXHUMIERUNG
Leichenschändung	NEKROPHILIE
Leichenverbrennungsanlage	KREMATORIUM
leichtathletische Disziplin, Übung	STAFFELLAUF
leichter Mißmut	VERSTIMMUNG
leichter Niederschlag	NIESELREGEN
leichtsinnig	FAHRLAESSIG
leidenschaftlich	PASSIONIERT
leidenschaftliche Erregung	EXALTATION
leidenschaftlicher Leser	BUECHERWURM
Leiter e. Hochgebirgstour	BERGFUEHRER
Leiter e. Sportmannschaft	EQUIPENCHEF
Leiter eines Bautrupps	VORARBEITER
Leitwerkteil	HOEHENRUDER
Lektion	SCHULSTUNDE
lenken	CHAUFFIEREN
Lerchenart	HEIDELERCHE
Lerchenart	OHRENLERCHE

Lese-schwäche	LEGASTHENIE
Lettern-größe	SCHRIFTGRAD
lettische Bucht	RIGAERBUCHT
letzter Aufschub	GALGENFRIST
letzter Claudier in Rom	BRITANNICUS
letztes Mittel	ULTIMARATIO
Leuchter-form	ARMLEUCHTER
Librettist	TEXTDICHTER
Librettist Mozarts	SCHIKANEDER
libysche Bucht	GROSSESYRTE
Lichtbild-gerät	FOTOAPPARAT
licht-empfindl. Substanz	CHLORSILBER
Licht-messung	PHOTOMETRIE
Licht-scheu	PHOTOPHOBIE
Licht-spielhaus	FILMTHEATER
Lidrand-entzün-dung	BLEPHARITIS
lieb-äugeln	KOKETTIEREN
Liebe-diener	SCHMEICHLER
Liebes-leben	SEXUALITAET
liebkosen	KARESSIEREN
Liguster	TINTENBEERE
Lilien-gewächs	KAISERKRONE
Lilien-gewächs	MEERZWIEBEL
Lilien-gewächs	TUERKENBUND
linkisch	UNGESCHICKT
linkisch, unge-schickt	TOELPELHAFT
Lippen-blütler	BOHNENKRAUT
Lippen-blütler	WASSERMINZE
Lippen-zahnlaut	LABIODENTAL
Lisene	WANDPFEILER
Liste	AUFSTELLUNG
listig	VERSCHMITZT
Lob	ANERKENNUNG
Lob, Lob-gedicht, -rede	PANEGYRIKUS
Lob-redner	PANEGYRIKER
lochen	DURCHBOHREN
Lochung	PERFORATION
löschen	AUSRADIEREN
Lösung eines Falles	AUFKLAERUNG
Löwen-zahn	BUTTERBLUME
logische Verknüp-fung	IMPLIKATION
Londoner Brücke	TOWERBRIDGE
Londoner Flughafen	CITYAIRPORT
Londoner Stadt-bezirk	HAMMERSMITH
Londoner Stadt-bezirk	WESTMINSTER
Londoner Stadt-bezirk	WHITECHAPEL
los-sprechen	ABSOLVIEREN
Lüftung	VENTILATION
Luftfahrt-medizin	AEROMEDIZIN
Luft-gewehr	WINDBUECHSE
Lufthülle	ATMOSPHAERE
Luftkurort im Riesen-gebirge	KRUMMHUEBEL
Luftröh-renver-zweigun-gen	BRONCHIOLEN
Luftspie-gelung	FATAMORGANA
Lurch-fisch	LUNGENFISCH
luxem-burgische Stadt	ETTELBRUECK
Lyrik-sammlung	GEDICHTBAND
machbar, ausführ-bar	PRAKTIKABEL
Machen-schaft	MACHINATION
Machen-schaft	RAENKESPIEL
Mädchen-name	GEBURTSNAME
mäkeln, meckern	RAESONIEREN
mäkle-risch, heikel	WAEHLERISCH
Mängel-anzeige	REKLAMATION
Männer-name	HANSJOACHIM
Männer-stimme, -stimm-lage	BASSBARITON
männl. Sexual-hormon	ANDROSTERON
märki-scher See	BUCKOWERSEE
mäßigen	TEMPERIEREN
magi-scher Schutz	MASKOTTCHEN
Magmen-gestein	GANGGESTEIN
Magnet-feld-intensität	FELDSTAERKE
Main-Quellfluß	WEISSERMAIN
Makel	SCHANDFLECK
Makel-losigkeit	INTEGRITAET
Malaria	SUMPFFIEBER
Maler-material	WASSERFARBE
Malven-gewächs	KAESEPAPPEL
Malven-gewächs	ROSENPAPPEL

Mandat	STRAFBEFEHL
Mandelentzündung	TONSILLITIS
Mangelkrankheit	HUNGEROEDEM
Maniküregerät	NAGELSCHERE
Manko	FEHLGEWICHT
Mannequin	PHOTOMODELL
mannigfach	VIELFAELTIG
Mannstollheit	NYMPHOMANIE
Manometer	DRUCKMESSER
Manuskript	HANDSCHRIFT
Marderart	STEINMARDER
Margarethenblume	WUCHERBLUME
Marienkäfer	SIEBENPUNKT
Marinedienstgrad	OBERMATROSE
Marinedienstgrad	VIZEADMIRAL
Marionettentheater	PUPPENSPIEL
Marone	ESSKASTANIE
Marschboden	SCHWEMMLAND
Maschinerie	MECHANISMUS
Maskenball	KOSTUEMFEST
Maskierung, Mummenschanz	VERKLEIDUNG
maßgebend	AUTORITATIV
Massiv in den Berner Alpen	WILDSTRUBEL
Mast	GROSSSTENGE
mathematisch. Teilgebiet	MENGENLEHRE
mathematische Größe	LOGARITHMUS
Matratzeneinlage	SPRUNGFEDER
Maurermeßinstrument	WASSERWAAGE
Maurerwerkzeug	RICHTSCHEIT
Maxime	LEBENSREGEL
Maxime, Maßstab	RICHTSCHNUR
Mechanik, Mechanismus	MASCHINERIE
mechanisch	AUTOMATISCH
mechanisches Musikinstrument	ORCHESTRION
Meckerer	KRITIKASTER
mecklenb. Stadt am Zierker See	NEUSTRELITZ
medizin. Begriff	NIERENKOLIK
medizin. Fachgebiet	ORTHOPAEDIE
medizin. Untersuchung	BLUTSENKUNG
Meeresmuschel	BOHRMUSCHEL
Meerespflanze	MEERLATTICH
Meeresschlange	SEESCHLANGE
Meeresspinne	ASSELSPINNE
Mehrheit	PLURALITAET
Meisenart	BEUTELMEISE
Meisenart	HAUBENMEISE
Meisenart	NONNENMEISE
Meisenart	TANNENMEISE
meistern	BEWAELTIGEN
melodisch	WOHLLAUTEND
mengenmäßig	QUANTITATIV
Menschenfreund	PHILANTHROP
Menschenkenntnis	PSYCHOLOGIE
Menschenraub	ENTFUEHRUNG
Menschwerdung	INKARNATION
Menü	SPEISEFOLGE
Merkmal	KENNZEICHEN
Merkwürdigkeit	KURIOSITAET
Meßbuch	SAKRAMENTAR
Meßgerät	SCHIEBLEHRE
Meßopfer	SAKRIFIZIUM
Metallarbeitsbetrieb	SCHLOSSEREI
Metallstift	REISSZWECKE
meteorolog. Observatorium	WETTERWARTE
Meteorologie	WETTERKUNDE
Metzger, Fleischer	SCHLAECHTER
mexikan. Gebirge	SIERRAMADRE
mexikan. Halbinsel	KALIFORNIEN
mexikan. Stadt	GUADALAJARA
mexikan. Stadt am Rio Grande	NUEVOLOREDO
Miesmacher	TRAUERKLOSS
Miesmacherei	DEFAETISMUS
Milchkaffee	CAFEMELANGE
Milchprodukt	MILCHPULVER
Milchprodukt	SCHLAGSAHNE
militär. Führung	GENERALSTAB
militär. Hindernis	DRAHTVERHAU

militär. Training, Übung	NACHTMARSCH
Millennium	JAHRTAUSEND
Mimose	SINNPFLANZE
Minarett	MOSCHEETURM
mindern	HERABSETZEN
Mineralverbindung	KONGLOMERAT
Minzengewächs	KRAUSEMINZE
mischerbig	HETEROZYGOT
Mischmasch, Mischung	KOMBINATION
Mischmasch, Mischung	KONGLOMERAT
miserabel	JAEMMERLICH
Mißbildung	DEFORMATION
Missetäter	UEBELTAETER
Mißgeschick, Unglück	SCHLAMASSEL
Mißheirat	MESALLIANCE
Mißklang, Mißton	DISHARMONIE
mißlingen	SCHIEFGEHEN
Missouri-Zufluß	KANSASRIVER
Missouri-Zufluß	YELLOWSTONE
Mitarbeit	KOOPERATION
Mitbegründer des Dadaismus	HUELSENBECK
Mitbewohner	UNTERMIETER
Mitgefühl	ANTEILNAHME
Mitgift	BRAUTSCHATZ
Mitgutachter	KORREFERENT
Mitjäger	WEIDGENOSSE
Mitlebender	ZEITGENOSSE
mitreißend	BEGEISTERND
mittelamerikan. Hauptstadt	SANSALVADOR
mittelamerikan. Wasserstraße	PANAMAKANAL
mitteldeutsche Landschaft	BRANDENBURG
mittelengl. Grafschaft	NORTHAMPTON
mittelengl. Stadt	NORTHAMPTON
Mittel gegen Bakterien	BAKTERIZIDE
Mittelwort	PARTIZIPIUM
mitwirken	KOOPERIEREN
Mitwirkung	KOOPERATION
Mobiliar	AUSSTATTUNG
Mobiliar	EINRICHTUNG
moderner Luftsport	DRACHENFLUG
moderner Wärmeverbund	FERNHEIZUNG
Modistin	HUTMACHERIN
Möglichkeit	GELEGENHEIT
Mönchsorden	DOMINIKANER
Möwenvogel	SEESCHWALBE
Montage	ZUSAMMENBAU
Moorheidelbeere	RAUSCHBEERE
motorisiertes Zweirad	MOTORROLLER
Motorteil	KURBELWELLE
müde	ABGEKAEMPFT
Mühsal	ANSTRENGUNG
mühsam, anstrengend	STRAPAZIOES
Münchner Volksfest	OKTOBERFEST
mündig	VOLLJAEHRIG
Muff	HANDWAERMER
Mummenschanz	KOSTUEMFEST
Mumps	ZIEGENPETER
murren	AUFBEGEHREN
Muschel	PERLMUSCHEL
Museum in Amsterdam	RIJKSMUSEUM
Museum in Frankfurt/M.	SENCKENBERG
Museumsbeamter	KONSERVATOR
Museumskirche in Istanbul	HAGIASOPHIA
Musical von Rodgers	THEKINGANDI
musikal.: leiser werdend	DECRESCENDO
musikal.: scherzhaft	CAPRICCIOSO
musikal.: sehr lebhaft	VIVACISSIME
musikal.: sehr schnell	PRESTISSIMO
musikal.: stärker werdend	RINFORZANDO
Musik-Ensemble	BLASKAPELLE
Musikinstrument	ALTSAXOPHON
Musikinstrument	BASSGITARRE
Musikinstrument	METALLOPHON
Musikwerk	KOMPOSITION
Musseron	SCHWINDLING
mustergültig	MEISTERLICH
Musterzeichner	DESSINATEUR
Mut	BEHERZTHEIT

mutlos, niedergeschlagen	VERZWEIFELT
Mutterherrschaft	MATRIARCHAT
Muttermal	LINSENFLECK
Mutterrecht	MATRIARCHAT
Mutterschaft	MATERNITAET
Mythos, Mythus	GOETTERSAGE
nachdrücklich	KATEGORISCH
Nachforschung	ERKUNDIGUNG
nachklassizistische Epoche	BIEDERMEIER
Nachlässigkeit, Säumigkeit	SCHLENDRIAN
nachmittägl. Veranstaltung	FUENFUHRTEE
Nachricht	INFORMATION
Nachsicht	DULDSAMKEIT
Nachtblindheit	HEMERALOPIE
Nachteil	SCHAEDIGUNG
Nachtschattengewächs	BITTERSUESS
Nachtschattengewächs	EIERPFLANZE
nackt, bloß	UNBEKLEIDET
Nacktsamer	GYMNOSPERME
Nagel	METALLSTIFT
Nahkampf	HANDGEMENGE
Narkose	ANAESTHESIE
Naschwerk	SUESSIGKEIT
naseweis	NEUNMALKLUG
Natron	NATRIUMOXID
Natterart	VIPERNATTER

nautischer Wegweiser	FEUERSCHIFF
Navigationsverfahren	FUNKPEILUNG
Nebenschilddrüsenhormon	PARATHORMON
Neid	SCHEELSUCHT
neiden	MISSGOENNEN
neigen	INKLINIEREN
Neigung	INKLINATION
Nektarvogel	HONIGSAUGER
Nelkengewächs	SEIFENKRAUT
Nervenschwäche	NERVOSITAET
nervöse Herzbeschwerden	HERZNEUROSE
nervöse Sprachstörung	LOGONEUROSE
Netz	MASCHENWERK
Neuerung	FORTSCHRITT
neues Mißgeschick	RUECKSCHLAG
Neugier weckend	INTERESSANT
Neurasthenie	NERVOSITAET
Neuron	NERVENZELLE
neuseeländ. Antarktis	ROSSDEPENCY
neuseeländ. Stadt	NEWPLYMOUTH
neutral	UNBETEILIGT
Nichtachtung, -befolgung	VERSAEUMNIS
nichtamtlich	INOFFIZIELL
nicht ausreichend	UNGENUEGEND
nicht deckungsgleich	INKONGRUENT

nicht fertig	UNVOLLENDET
nicht fortschrittlich	REAKTIONAER
nichtssagend	UNBEDEUTEND
Nichtstun	MUESSIGGANG
Nickelarsenkies	NICKELGLANZ
niederbayer. Stadt	MALLERSDORF
niederbayer. Stadt an der Rott	EGGENFELDEN
niederdeutscher Autor	STAVENHAGEN
niederländ. Forscher	LEEUWENHOEK
niederländ. Maler	HOOGSTRATEN
niederländ. Provinz	NORDBRABANT
niederländ. Provinz	NORDHOLLAND
niederländ. Provinz	SUEDHOLLAND
niederländ. Provinz	ZUIDHOLLAND
niederländ. Stadt	VLAARDINGEN
niedersächs. Stadt a. d. Delme	DELMENHORST
niedersächs. Stadt a. d. Soeste	CLOPPENBURG
Nierenstein-Krampfschmerz	NIERENKOLIK
Nil-Insel	ELEPHANTINE
Nil-Zufluß	BARELGHAZAL
Nixe	WASSERGEIST
Nörgler	KRITIKASTER

Nonne KLOSTERFRAU

nord-afrikan. Bucht KLEINESYRTE

nord-amerikan. Gewässer BEAUFORTSEE

nord-amerikan. Indianer-stamm KOMANTSCHEN

nord-böhm. Heilbad FRANZENSBAD

nord-böhm. Stadt JUNGBUNZLAU

nord-böhm. Stadt REICHENBERG

nord-deutsche Land-schaft BUTJADINGEN

nord-deutsche Land-schaft MECKLENBURG

nord-deutsche Stadt an der Elbe GLUECKSTADT

nord-franz. Hafen-stadt DUENKIRCHEN

nord-franz. Stadt an der Lys ARMENTIERES

nordind. Stadt in Bihar MUZAFFARPUR

nord-irische Graf-schaft LONDONDERRY

nord-irische Stadt LONDONDERRY

nord-italien. Stadt ALESSANDRIA

nord-kanad. Insel-gruppe PARRYINSELN

nord-norweg. Bucht LYNGANFJORD

nord-norweg. Insel-gruppe SPITZBERGEN

nordost-afrikan. Rasse AETHIOPIDEN

nordost-asiat. Halbinsel KAMTSCHATKA

nordost-chines. Tiefland MANDSCHUREI

nordruss. Hafen-stadt ARCHANGELSK

nordsibir. Bucht TAIMYRBUCHT

nordwest-afrikan. Staat MAURETANIEN

Nordwest-afrikaner MAURETANIER

nordwest-franz. Departe-ment COTESDUNORD

nordwest-indisch. Staat RADSCHASTAN

Norm, Direktive RICHTSCHNUR

Normung TYPISIERUNG

norweg. Autor GULBRANSSEN

norweg. Zeichner und Kari-katurist GULBRANSSON

Not, Notlage BEDRAENGNIS

Notbe-helf, Not-lösung PROVISORIUM

Nürnberg. Maler, Kupfer-stecher HIRSCHVOGEL

Nuklear-technik KERNTECHNIK

Nutzen ziehen PROFITIEREN

Nut-zungs-recht NIESSBRAUCH

Obelisk SPITZSAEULE

ober-bayer. Kurort BADKOHLGRUB

ober-bayer. Kurort REICHENHALL

ober-bayer. See SPITZINGSEE

ober-bayer. See WAGINGERSEE

ober-flächlich AEUSSERLICH

ober-fränk. Stadt am Main LICHTENFELS

Ödem, Aszites WASSERSUCHT

Öffent-lichkeit PUBLIZITAET

österr., schweiz. Parla-ment NATIONALRAT

österr. Alpenpaß TIMMELSJOCH

österr. Alpensee WOLFGANGSEE

österr. Architekt HOLZMEISTER

österr. Autor, Dichter ANZENGRUBER

österr. Barock-bau-meister HILDEBRANDT

österr. Barock-bau-meister MOOSBRUGGER

österr. Barock-maler MAULPERTSCH

österr. Bundes-kanzler SCHUSCHNIGG

österr. Dichter, Dramatiker GRILLPARZER

österr. Dramatiker HOCHWAELDER

österr. Komponist DITTERSDORF

österr. Kurort am Wolf-gangsee SANKTGILGEN

11

österr. Kurort d. Hohen Tauern DORFGASTEIN
österr. Maler d. Biedermeier WALDMUELLER
österr. Naschwerk MOZARTKUGEL
österr. Pianist BADURASKODA
österr. Regisseur FELSENSTEIN
österr. Schriftsteller SCHREYVOGEL
österr. Schriftstellerin FUSSENEGGER
österr. See in Kärnten WOERTHERSEE
österr. Stadt in d. Steiermark KNITTELFELD
österr.: Schlagsahne SCHLAGOBERS
offenes Automobil TOURENWAGEN
Ohio-Zufluß WABASHRIVER
ohne Widerstand HEMMUNGSLOS
Ohrfeige MAULSCHELLE
Oma GROSSMUTTER
Omelett, Omelette PFANNKUCHEN
Operette von Offenbach DIEBANDITEN
Operette von Raymond MASKEINBLAU
Operette von Straus WALZERTRAUM
Operette von Zeller OBERSTEIGER
Opern-, Operettenfach HELDENTENOR
Oper von Britten PETERGRIMES
Oper von Donizetti DONPASQUALE
Oper von Egk ZAUBERGEIGE
Oper von Lortzing WILDSCHUETZ
Oper von Marschner HANSHEILING
Oper von Meyerbeer AFRIKANERIN
Oper von Mozart DONGIOVANNI
Oper von Rossini WILHELMTELL
Oper von Tschaikowsky EUGENONEGIN
Oper von Verdi LUISAMILLER
Oper von Wagner DIEWALKUERE
Oper von Wagner TANNHAEUSER
Oper von Weber FREISCHUETZ
Opposition GEGENPARTEI
Ordensschwester KLOSTERFRAU
organische Säure ESSIGSAEURE
Ort bei Eberswalde NIEDERFINOW
Ortolan GARTENAMMER
ortsansässig EINGESESSEN
ortsansässig EINHEIMISCH
Ortskunde TOPOGRAPHIE
ostasiat. Inselstaat PHILIPPINEN
ostasiat. Liliengewächs SCHILDBLUME
ostasiat. Tungusen MANDSCHUREN
Ostasien FERNEROSTEN
ostbrasilian. Binnenstaat MINASGERAES
osteuropäische Juden ASCHKENASIM
ostkanad. Insel NEUFUNDLAND
ostpreuß. Stadt BARTENSTEIN
ostpreuß. Stadt FISCHHAUSEN
Ostseebad auf Usedom HERINGSDORF
Ostseebad in Mecklenburg BOLTENHAGEN
ostsibirischer Hafen WLADIWOSTOK
ostspan. Fluß GUADALAVIAR
ostungar. Stadt NYIREGYHAZA
Päonie PFINGSTROSE
Paladin GEFOLGSMANN
Palast in Venedig DOGENPALAST
Palmenart DATTELPALME
Palmenart SCHIRMPALME
Palmenart ZUCKERPALME
Pamphlet FLUGSCHRIFT
Pannenauto UNFALLWAGEN
Pantoffelblume FRAUENSCHUH
Pantoffelheld DUCKMAEUSER
Panzerabwehrwaffe PANZERFAUST
Papageienart GRAUPAPAGEI
Papaye MELONENBAUM
Papierart JAPANPAPIER
Papst im 2. Jh. TELESPHORUS
Papstname MARCELLINUS
Parasit, Schädling SCHMAROTZER
Park GRUENANLAGE

11

Parlamentarier	DEPUTIERTER
Parole	LOSUNGSWORT
Partei d. Franz. Revolution	MONTAGNARDS
Parterre	ERDGESCHOSS
pazifische Inselgruppe	PHILIPPINEN
pazifischer Inselstaat	PALAUINSELN
pazifischer Inselstaat	TONGAINSELN
pazifisches Inselgebiet	MIKRONESIEN
Pendant	GEGENSTUECK
Pendel	PERPENDIKEL
Pension	ALTERSRENTE
Pension	FREMDENHEIM
Pensionär	KOSTGAENGER
Periost	KNOCHENHAUT
persisch. Religionsstifter	ZARATHUSTRA
persönlich	INDIVIDUELL
Persönlichkeitsbild	PSYCHOGRAMM
Personenbeschreibung	SIGNALEMENT
Pfahlmuschel	MIESMUSCHEL
Pfarrer	GEISTLICHER
Pfeifenmaterial	BRUYEREHOLZ
Pferch	EINZAEUNUNG
Pferde-, Schafkrankheit	STARRKRAMPF
Pferdebürste	KARDAETSCHE
Pferdefuhrwerk	EINSPAENNER
Pferderasse	OLDENBURGER
Pferderennen auf ebener Bahn	FLACHRENNEN
Pfifferling	EIERSCHWAMM
Pflanzenmilch	GUTTAPERCHA
Pflanzensproß	SCHOESSLING
pflanzlich	VEGETARISCH
pflanzlicher Wirkstoff	PHYTOHORMON
Pflasterer	STEINSETZER
Pflaumenart	REINECLAUDE
Pflugteil	STELLBUEGEL
Pflugteil	VORSCHAELER
Phantasie	VORSTELLUNG
phantastisch	UNGLAUBLICH
philippin. Insel	CATANDUANES
Pilotenübungsgerät	LINKTRAINER
Pilzart	BLUTREIZKER
Pilzart	KUGELBOVIST
Pilzart	RIETSCHLING
Pilzart	ROEHRENPILZ
Pilzart	SCHLEIMPILZ
Pilzart	WOLLSCHWAMM
Pingpong	TISCHTENNIS
Pionier	BAHNBRECHER
Piste	RENNSTRECKE
Plättgerät	BUEGELEISEN
Plättunterlage	AERMELBRETT
Plättunterlage	BUEGELBRETT
Plage	ANSTRENGUNG
Plane	SCHUTZDECKE
planen	KONZIPIEREN
Planet	WANDELSTERN
Planetenaspekt	KONJUNKTION
planmäßiges Zusammenspiel	KOMBINATION
Plato-Schüler	ARISTOTELES
Platzangst	AGORAPHOBIE
plötzl. Einfall	ERLEUCHTUNG
plötzl. Gier	HEISSHUNGER
plötzl. Kreuzschmerzen	HEXENSCHUSS
plötzl. starker Regenguß	WOLKENBRUCH
plötzlich	UNVERSEHENS
Pochring	TUERKLOPFER
Pöbelherrschaft (griech.)	OCHLOKRATIE
poetisch	DICHTERISCH
Pokal	SIEGESPREIS
polit. Beschwichtigung	APPEASEMENT
polit. Bündnis	FOEDERATION
polit. Gewalttäter	ATTENTAETER
polit. Jurisdiktion	STAATSRECHT
polit. Richtung	SOZIALISMUS
polit. Union	STAATENBUND
polit. Vielfalt	PLURALISMUS
Politikwissenschaft	POLITOLOGIE
Polizeibeamter	KRIMINALIST
Polizeibeamter	KRIMINALRAT
Polizeifessel	HANDSCHELLE
Polizeipatrouille	FUNKSTREIFE

poln. Autor (Nobelpreis)	SIENKIEWICZ
poln. freie Gewerkschaft	SOLIDARNOSC
poln. Tanz	VARSOVIENNE
polnisch. König	PONIATOWSKI
Polstermaterial	SCHAUMGUMMI
Polsterungsstütze	SPIRALFEDER
pommerscher Badeort	STOLPMUENDE
pommersches Seebad	SWINEMUENDE
pommersche Stadt an der Rega	SCHIVELBEIN
Popmusik-Solist	GEORGIEFAME
Popmusik-Solist	NEILDIAMOND
Popmusik-Solist	ROYBUCHANAN
Popmusik-Solistin	JUDYCOLLINS
Popmusik-Solistin	MARYHOPKINS
Popmusik-Solist (Rockmusik-Solist)	BOBBYGENTRY
Popmusik-Solist (Rockmusik-Solist)	ERICCLAPTON
populäres Schauspiel	VOLKSSTUECK
Porling	SCHAFSEUTER
poröser Kunststoff	SCHAUMSTOFF
Porst	MOTTENKRAUT
Portier	HAUSMEISTER
portugies. Küstenprovinz	ESTREMADURA
portugies. Seefahrer	ALBUQUERQUE
portugies. Seefahrer, Entdecker	VASCODAGAMA
Porzellanmanufaktur bei Stuttgart	LUDWIGSBURG
Possenreißer	SPASSMACHER
Postgut, Postsache, -sendung	WERTSENDUNG
Postskript	NACHSCHRIFT
Postwertzeichen	SONDERMARKE
Potentat	LANDESVATER
Po-Zufluß	DORARIPARIA
prämiieren	AUSZEICHNEN
präparieren	VORBEREITEN
Präsent	MITBRINGSEL
Präsentation	DARSTELLUNG
Präsenz	ANWESENHEIT
Präzisionsuhr	CHRONOMETER
prahlen	RENOMMIEREN
Pralinenpackung	BONBONNIERE
Pranger	SCHANDPFAHL
Predigerorden	DOMINIKANER
Presseerzeugnis	ZEITSCHRIFT
Preßkohle	EIERBRIKETT
preuß. General, Reformer	SCHARNHORST
preuß. Infanteriehelm	PICKELHAUBE
prickelnd	MOUSSIEREND
Priesterherrschaft	HIEROKRATIE
Priesterkönig im Alten Testament	MELCHISEDEK
prima	ERSTKLASSIG
Produktion	FABRIKATION
Proklamation	BEKANNTGABE
Promenade, Bummel	SPAZIERGANG
Propagandachef	WERBELEITER
prophezeien, prognostizieren	VORHERSAGEN
Protegé	SCHUETZLING
Protest	WIDERSPRUCH
protestantisch	EVANGELISCH
Prothese	ERSATZGLIED
Protokollaufnahme	BEURKUNDUNG
Protz	WICHTIGTUER
prüfen	EXAMINIEREN
Prüfer	KONTROLLEUR
Prügelei, Handgreiflichkeit	SCHLAEGEREI
Psychologie	SEELENKUNDE
Publikum	LESERSCHAFT
pünktlich	RECHTZEITIG
Pullover	STRICKJACKE
Puma	SILBERLOEWE
Punktfarn	POLYSTICHUM
pur, gediegen	UNVERMISCHT
Putschist	UMSTUERZLER
Putzbrett des Maurers	KARTAETSCHE
Putzmacherin	HUTMACHERIN
Putzmacherin	SCHNEIDERIN
Pyjama	SCHLAFANZUG
Pyrenäenpaß	PEYRESOURDE

Quacksalber	KURPFUSCHER
Quadriga	VIERGESPANN
Qualität	EIGENSCHAFT
Rabenvogel	NEBELKRAEHE
Rabulist	HAARSPALTER
Rachenentzündung	PHARYNGITIS
Radiator	HEIZKOERPER
radioaktiver Atomkern	RADIONUKLID
Radnetzspinne	KREUZSPINNE
Radwettbewerb	KUNSTFAHREN
Räderwerk	MECHANISMUS
Ränkeschmied	QUERTREIBER
Rätselart	KRYPTOGRAMM
Rätselart	VERSRAETSEL
rätselhaft	ENIGMATISCH
Ragtime-Modetanz	BLACKBOTTOM
Rallenart	WASSERRALLE
Ranzen	SCHULTASCHE
rastlos	NIMMERMUEDE
raten, empfehlen	VORSCHLAGEN
Raubspinne	WOLFSSPINNE
Rauhblattgewächs	LUNGENKRAUT
Raumdarstellung in einer Ebene	PERSPEKTIVE
Raumfahrt	ASTRONAUTIK
Raumfahrtantrieb	STARTRAKETE
Raumfahrtunternehmen	MONDLANDUNG
Raumnot	PLATZMANGEL
Raumschiff d. Amerikaner	LIBERTYBELL
Raumsicht	PERSPEKTIVE
Rausch	TRUNKENHEIT
Raygras	WEISENLOLCH
Reaktionsauslöser	KATALYSATOR
real, faktisch	TATSÄCHLICH
Rebensorte	PORTUGIESER
Rechnung	KALKULATION
Rechnungsart	SUBTRAKTION
Rechnungsführung	BUCHHALTUNG
Rechnung stellen	FAKTURIEREN
rechtsbegründend	KONSTITUTIV
Rechtsbeistand	VERTEIDIGER
Rechtsunwirksamkeit	NICHTIGKEIT
Redefluß	WORTSCHWALL
Redlichkeit	EHRLICHKEIT
Reflektor	HOHLSPIEGEL
Regelwidrigkeit	ABNORMITAET
Regenmesser	PLUVIOMETER
Regenpfeifervogel	UFERLAEUFER
Regierungsbehörde	MINISTERIUM
Regisseur	SPIELLEITER
Register	AUFSTELLUNG
Reiherart	FISCHREIHER
Reihe v. mathematischen Größen	PROGRESSION
Reimschmied	DICHTERLING
Reingewinn, Bonus	UEBERSCHUSS
Reinigungsgerät	STAUBSAUGER
Reißlinie	PERFORATION
Reitersoldat	KAVALLERIST
Rektor, Direktor	SCHULLEITER
religiöse Erneuerung	REFORMATION
religionslos	IRRELIGIOES
Renkenart	BLAUFELCHEN
Reproduktion	NACHBILDUNG
Requiem	SEELENMESSE
Requisitenverwalter	REQUISITEUR
Respekt	ANERKENNUNG
Ressort, Dezernat	SACHBEREICH
Revier	FORSTBEZIRK
Rhein-Quellfluß	HINTERRHEIN
richten, sich umsehen	ORIENTIEREN
richtigstellen	BERICHTIGEN
richtigstellen	DEMENTIEREN
Richtstätte	HOCHGERICHT
riefen	KANNELIEREN
riesenhaft	TITANENHAFT
Riesenreptil	DINOSAURIER
Riesenspinne	VOGELSPINNE
Riesenwuchs	AKROMEGALIE
Ringelwurm	ROEHRENWURM
Ringergriff	NACKENHEBEL
riskant	GEFAEHRLICH
Rist	FUSSRUECKEN
Rist	HANDRUECKEN

ritterlich	CHEVALERESK
Rivale	NEBENBUHLER
Robbenart	BAERENROBBE
Robbenart	KLAPPMUETZE
Rochenart	ADLERROCHEN
Rochenart	GLATTROCHEN
Rochenart	MEERDRACHEN
Rockmusik-Stil	COUNTRYROCK
Röhrling (Pilz)	MARONENPILZ
römischer Dichter (1. Jh. v. Chr.)	OVIDIUSNASO
römischer Kaiser	CONSTANTIUS
römischer Kaiser	VALENTINIAN
röntgendiagnost. Verfahren	TOMOGRAPHIE
Roheit	BRUTALITAET
rollendes Zugrestaurant	SPEISEWAGEN
Roman v. Buck	DIEGUTEERDE
Roman v. Dickens	OLIVERTWIST
Roman v. Stevenson	SCHATZINSEL
Roman v. Traven	TOTENSCHIFF
Rosenart	KLETTERROSE
roter Blutfarbstoff	HAEMOGLOBIN
roter Farbstoff	KOSCHENILLE
roter Farbton	ENGLISCHROT
Ruderfüßer, Schwimmvogel	TROPIKVOGEL
Rübenart	RUNKELRUEBE
Rückbuchung	STORNIERUNG
Rückerstattung	RESTITUTION
Rückerstattung	RETRIBUTION
rückschrittlich	REAKTIONAER
Rückstand beim Buttern	BUTTERMILCH
Rührmichnichtan	SPRINGKRAUT
rührselig	SENTIMENTAL
Rüsselkäfer	BLATTROLLER
Rufmord, üble Nachrede	VERLEUMDUNG
Ruin	ZERRUETTUNG
rumän. Dirigent	CELIBIDACHE
Runkelrübenart	ZUCKERRUEBE
russisch. Dichter, Dramatiker	GONTSCHAROW
russisch. Komponist	RACHMANINOW
russisch. Name von Königsberg	KALININGRAD
russisch. Physiker (Nobelpreis)	TSCHERENKOW
russisch. Politiker, Marschall	WOROSCHILOW
russisch. Politiker, Staatsmann	TSCHERNENKO
russisch. Schriftsteller	DOSTOJEWSKI
russische, Stadt	NOWORADOMSK
russisch: Umgestaltung	PERESTROIKA
saarländ. Stadt an der Blies	NEUNKIRCHEN
saarländ. Stadt an der Blies	SANKTWENDEL
saarländ. Stadt an der Saar	VOELKLINGEN
sachbezogen, sachkundig	PRAGMATISCH
sachlich, praktisch	PRAGMATISCH
sächs. Badeort, Kurort	AUGUSTUSBAD
sächs. Braunkohlenstadt	LAUCHHAMMER
sächs. Harzkurort	WERNIGERODE
sächs. Stadt am Harz	QUEDLINBURG
sächs. Stadt an d. Elbe	KOENIGSTEIN
sächs. Stadt an der Zschopau	FRANKENBERG
sächs. Stadt in der Oberlausitz	WEISSWASSER
Säkulum	JAHRHUNDERT
Sänfte, Tragsessel	PORTECHAISE
Sängergruppe, -vereinigung	LIEDERTAFEL
Sängergruppe, -vereinigung	MAENNERCHOR
Sängerin	SOPRANISTIN
Sänger von Chansons	CHANSONNIER
Säuberung	REINEMACHEN
Säugetierordnung	BEUTELTIERE
Säugetierordnung	UNPAARHUFER

Säuglingsekzem	MILCHSCHORF
Safe	GELDSCHRANK
Salomoneninsel	GUADALCANAL
Salto, Kapriole	UEBERSCHLAG
Salzgewinnungsanlage	GRADIERWERK
Samenerguß	EJAKULATION
Sammlung von Studentenliedern	KOMMERSBUCH
Saponit	SEIFENSTEIN
Satzzeichen	BINDESTRICH
Satzzeichen	DOPPELPUNKT
Sauerklee	GLUECKSKLEE
Sauerklee	HASENAMPFER
Saurierart	PANZERLURCH
Schadstofffilter beim Auto	KATALYSATOR
Schädelknochen	TRAENENBEIN
Schädelknochen	UNTERKIEFER
Schädellehre	KRANIOLOGIE
schätzen	AESTIMIEREN
Schaf, Schafart	KURZSCHWANZ
schaffen, hervorbringen	PRODUZIEREN
Schalldruckmaß	LAUTSTAERKE
Schallmembran im Ohr	TROMMELFELL
Schamane	MEDIZINMANN
schamhaft	SCHUECHTERN
Scharlatan	KURPFUSCHER
Schatz	KOSTBARKEIT
Schau	AUSSTELLUNG
Schauspielkunde	DRAMATURGIE
Scheinsieg	PYRRHUSSIEG
Scheitelkreis	HOEHENKREIS
Schellfisch	HECHTDORSCH
schematischer Rechenvorgang	ALGORITHMUS
Scherbengericht	OSTRAZISMUS
Schicht der Erdatmosphäre	MESOSPHAERE
Schicht der Gebildeten	INTELLIGENZ
schicksalhafter Augenblick	STERNSTUNDE
Schicksalsdeutung	WAHRSAGEREI
Schiefhals	TORTICOLLIS
Schiffsausbesserungsstätte	SCHWIMMDOCK
Schiffsausguck	KRAEHENNEST
Schiffstyp	DAMPFSCHIFF
Schiffstyp	FAEHRSCHIFF
Schiffstyp	MOTORSCHIFF
Schiffstyp	SEGELSCHIFF
Schiffsuhr	CHRONOMETER
Schildlaus	KOSCHENILLE
schimpfen	RAESONIEREN
Schirm-, Schutzherrschaft	PROTEKTORAT
Schläue	PFIFFIGKEIT
Schlafnetz	HAENGEMATTE
Schlaginstrument	KESSELPAUKE
schlampig	NACHLAESSIG
Schlangenart	HASELNATTER
Schlangenart	KETTENVIPER
Schlehe	SCHWARZDORN
Schleicher	LEISETRETER
Schleichlurch	BLINDWUEHLE
Schleimpilze	MYXOMYZETEN
schlesw.-holstein. Ostseebad	KELLENHUSEN
schlicht, anspruchslos	SPARTANISCH
Schlichtheit	EINFACHHEIT
Schließmuskel (mediz.)	KONSTRIKTOR
Schloß an der Loire	CHENONCEAUX
Schloß bei Heilbronn	JAGSTHAUSEN
Schloß bei Paris	RAMBOUILLET
Schloß in München	NYMPHENBURG
Schloß in Potsdam	CECILIENHOF
Schlüpfrigkeit	FRIVOLITAET
Schlüpfrigkeit	LASZIVITAET
Schlummersucht	NARKOLEPSIE
schlußfolgern	KOMBINIEREN
Schlußfolgerung	KOMBINATION
Schlußresultat	ENDERGEBNIS
Schmach	DEMUETIGUNG
schmackhaft	APPETITLICH
schmählich	SCHAENDLICH

Schmähung	BELEIDIGUNG
Schmerle	BARTGRUNDEL
schmerzstillendes Mittel	ANALGETIKUM
Schmerzunempfindlichkeit	ANAESTHESIE
Schmetterlingsart	ABENDFALTER
Schmetterlingsart	ALPENAPOLLO
Schmetterlingsart	BAERSPINNER
Schmetterlingsart	BRAUNERBAER
Schmetterlingsart	BUTTERVOGEL
Schmetterlingsart	ECKFLUEGLER
Schmetterlingsart	EICHENBLATT
Schmetterlingsart	EULENFALTER
Schmetterlingsart	FEUERFALTER
Schmetterlingsart	HOPFENMOTTE
Schmetterlingsart	KOMMAFALTER
Schmetterlingsart	MOENCHSEULE
Schmetterlingsart	NACHTFALTER
Schmetterlingsart	NIERENFLECK
Schmetterlingsart	QUECKENEULE
Schmetterlingsart	SACKTRAEGER
Schmetterlingsart	SCHACHBRETT
Schmetterlingsart	ZAHNSPINNER
Schmetterlingsblütler	KICHERERBSE
Schmuckstein	LAPISLAZULI
Schmuckstein	SONNENSTEIN
schmükken	VERSCHOENEN
Schmuggelware	KONTERBANDE
Schnake, Moskito	STECHMUECKE
Schnekkenart	WEGSCHNECKE
schnelles Kriegsschiff	SCHNELLBOOT
schnelles Kriegsschiff	TORPEDOBOOT
Schnepfenvogel	ROTSCHENKEL
Schnepfenvogel	SANDLAEUFER
Schnitzer	ENTGLEISUNG
Schnupftuch	TASCHENTUCH
schöntun	KOKETTIEREN
schöntun	LIEBAEUGELN
schöntun	SCHMEICHELN
Schöpfung	ERSCHAFFUNG
schott. Grafschaft	EASTLOTHIAN
schott. Grafschaft	WESTLOTHIAN
schott. Missionar, Afrikaforscher	LIVINGSTONE
Schräglage eines Schiffes	SCHLAGSEITE
schräglaufend	TRANSVERSAL
Schrebergarten	KLEINGARTEN
Schrebergartenhäuschen	GARTENLAUBE
Schreibmaschinenkopie	DURCHSCHLAG
Schreibmaterial	BRIEFPAPIER
Schreibmaterial	FEDERHALTER
Schreitvogel	FISCHREIHER
Schriftart	SCHWABACHER
Schriftgrad	NONPAREILLE
schriftstellerisch	LITERARISCH
Schrittmacher	BAHNBRECHER
Schrumpfung	KONTRAKTION
schütter	LUECKENHAFT
Schularbeit	HAUSAUFGABE
Schulart	GRUNDSCHULE
Schuldanerkenntnis	GESTAENDNIS
Schulfach	HEIMATKUNDE
Schulmaterial	LOESCHBLATT
Schulmaterial	RADIERGUMMI
Schulmaterial	SCHREIBHEFT
Schute	SCHLEPPKAHN
Schutzgebiet	PROTEKTORAT
Schutzgeist	SCHUTZENGEL
Schutzimpfung	VAKZINATION
Schwächling, Pantoffelheld	WASCHLAPPEN
Schwangerschaft	GRAVIDITAET
schwanger werden	KONZIPIEREN
schwanken	FLUKTUIEREN
Schwankpunkt (Schiff)	METAZENTRUM

Schwankung	FLUKTUATION
Schwarzseherei	PESSIMISMUS
Schwarzwild	WILDSCHWEIN
schwed. Feldherr, Reichskanzler	OXENSTIERNA
schwed. Name von Helsinki	HELSINGFORS
schwed. Stadt an d. Motala	NORRKOEPING
Schwefelkupfer	KUPFERGLANZ
schwefelsaures Natron	GLAUBERSALZ
Schwein	BORSTENVIEH
schweiz. Berg	ALETSCHHORN
schweiz. Dichter, Schriftsteller	DUERRENMATT
schweiz. Freiheits-, Nationalheld	WILHELMTELL
schweiz. Gebirge	BERNERALPEN
schweiz. Halbkanton	INNERRHODEN
schweiz. Käseart	SCHABZIEGER
schweiz. Kanton	GRAUBUENDEN
schweiz. Kanton	SANKTGALLEN
schweiz. Kanton	UNTERWALDEN
schweiz. Kantonshauptstadt	SANKTGALLEN
schweiz. Komponist	AESCHBACHER
schweiz. Kurort im Oberengadin	SANKTMORITZ
schweiz. Maler u. Architekt	LECORBUSIER
schweiz. Mediziner	ABDERHALDEN
schweiz. See	BRIENZERSEE
schweiz. Söldner	REISLAEUFER
schweiz. Wintersportort	SANKTMORITZ
schwere körperliche Anomalie	MONGOLISMUS
Schwerkraft	GRAVITATION
schwermütig	TRUEBSINNIG
Schwermut	MELANCHOLIE
Schwerpunkt	BARYZENTRUM
schwerverkäufliche Ware	LADENHUETER
schwierig	KOMPLIZIERT
schwimmendes Seezeichen	FEUERSCHIFF
Schwimmvogel	HORNTAUCHER
Schwindler	HOCHSTAPLER
Schwindsucht	TUBERKULOSE
Schwingung	OSZILLATION
Schwirrvogel	LAUBSAENGER
schwülstig	BOMBASTISCH
Schwulst	GALIMATHIAS
Schwurtext	EIDESFORMEL
See bei Potsdam	RUPPINERSEE
Seefisch	PETERSFISCH
See in Brandenburg	SOLDINERSEE
See in Kasachstan	BALKASCHSEE
See in Mecklenburg	DASSOWERSEE
See in Mecklenburg	KRAKOWERSEE
See in Mecklenburg	TOLLENSESEE
See in Pommern	JAMUNDERSEE
Seelenheilkunde	PSYCHIATRIE
Seelenkunde	PSYCHOLOGIE
Seelsorger	GEISTLICHER
Seeschaden	SCHIFFBRUCH
See zwischen Peru und Bolivien	TITICACASEE
Segel	SCHRATSEGEL
Segel	SPRIETSEGEL
Segnung	BENEDIKTION
seherisch, weissagend	PROPHETISCH
Seidelbast	STEINROESEL
Seilbahn	KABINENBAHN
Sekretion	ABSONDERUNG
selbständig, eigengesetzlich	UNABHAENGIG
selbständiger Kaufmann	UNTERNEHMER
selbstbezogen	EGOTISTISCH
Selbsteinschläferung	AUTOHYPNOSE
selbsttätig	AUTOMATISCH
selbsttätiger Ablauf	MECHANISMUS
Seligpreisung	BENEDIKTION
seltene Erden	LANTHANIDEN
seltsam	MERKWUERDIG
Semikolon	STRICHPUNKT

Sende-unter-brechung	SCHALTPAUSE
Senklot	PERPENDIKEL
sensibel	EMPFINDLICH
separat	ABGESONDERT
Separee	NEBENZIMMER
Serum-krankheit	ANAPHYLAXIE
Sexual-hormon	PROGESTERON
Sexual-hormon	TESTOSTERON
sexuelle Abartig-keit	MASOCHISMUS
Shuttle	RAUMGLEITER
sibirische Stadt am Jenissei	KRASNOJARSK
sibirische Stadt am Ob	NOWOSIBIRSK
sich be-schweren	REKLAMIEREN
sicheres Bank-gewölbe	STAHLKAMMER
Sicher-heitsglas	VERBUNDGLAS
sich fort-bewegen	MARSCHIEREN
sich gelehrt gebende Frau	BLAUSTRUMPF
sich weg-begeben	ABSENTIEREN
Sieb-druck	SERIGRAPHIE
Siechtum	MORBOSITAET
Signalein-richtung	MARTINSHORN
Signalein-richtung, -gerät	LEUCHTFEUER
Singvogel	ROHRSAENGER
Singvogel	ROTKEHLCHEN
sinnbild-lich	ALLEGORISCH
Sinnesart	MENTALITAET
Sinneser-kenntnis	WAHRNEHMUNG
Sinnes-täuschung	FATAMORGANA
sinnloses Ge-schwätz	GALIMATHIAS
sitten-streng	PURITANISCH
Sitz des US-Präsi-denten	WEISSESHAUS
Sitzungs-raum im Kloster	KAPITELSAAL
Ski	SCHNEESCHUH
Skifahrer-aufzug	SCHLEPPLIFT
Skilauf-technik	FLACHWEDELN
Skilauf-technik	KURZSCHWUNG
Skilauf-technik	SCHNEEPFLUG
Skiwett-bewerb	KOMBINATION
Sklave	LEIBEIGENER
Sohn, Nach-komme	SPROESSLING
Solar-energie	SONNENKRAFT
Sonder-schule	HILFSSCHULE
Sonnen-eruption	PROTUBERANZ
Sonnen-geflecht (anatom.)	SOLARPLEXUS
Sonntag vor Ostern	PALMSONNTAG
sorgfältig überlegen	VENTILIEREN
Sorgfalt	AKKURATESSE
Sorgfalt	GENAUIGKEIT
Sorghum	KAFFERNKORN
Sorghum	MOHRENHIRSE
Soße	HOLLANDAISE
sowjet. Ideologie	STALINISMUS
sowjet. Kern-physiker	KURTSCHATOW
sowjet. Kosmonaut	DOBROWOLSKI
sowjet. Kosmo-nautin	TERESCHKOWA
sowjet. Marschall, Politiker	ROKOSSOWSKI
sowjet. Politiker (Nobel-preis)	GORBATSCHOW
sowjet. Staats-chef	GORBATSCHOW
Sozial-partner	ARBEITGEBER
spärlich	KUEMMERLICH
spät-byzantini-sche Dynastie	PALAEOLOGEN
Spalt-werkzeug	BRECHSTANGE
span. Dichter, Dramatiker	GARCIALORCA
span. Hand-klapper	KASTAGNETTE
span. Küste	COSTABLANCA
span. Küste	COSTADELSOL
span. Küste	COSTADORADA
span. National-gericht	OLLAPODRIDA
span. Provinz	GUADALAJARA
span. Stadt am Henares	GUADALAJARA
Spargeld	NOTGROSCHEN
sparsam	OEKONOMISCH
spaßig, drollig	POSSIERLICH
spazieren-gehen	LUSTWANDELN
Spechtart	GRUENSPECHT
Speichel-lecker	LIEBEDIENER
Speise-muschel	HERZMUSCHEL
Speise-muschel	MIESMUSCHEL
Speise-pilz	AUSTERNPILZ
Speise-pilz	PFIFFERLING

11

Sperlingsvogel	LAUBSAENGER
Sperrvorrichtung an Maschinen	ARRETIERUNG
Sperrzeit	QUARANTAENE
Spezial-Frachtschiff	KUEHLSCHIFF
Spiegelbild der Materie	ANTIMATERIE
Spielfeldbegrenzung	SEITENLINIE
Spielleiterin	REGISSEURIN
Spielwiese	TUMMELPLATZ
Spinnenart	LASSOSPINNE
Spinnenart	WEBERKNECHT
Spion, heiml. Beobachter	SCHNUEFFLER
Spital	KRANKENHAUS
Spitzbart	HENRIQUATRE
spitzfindig	KASUISTISCH
spitzfindig	SOPHISTISCH
spleenig, wunderlich	VERSCHROBEN
Sportart, -disziplin	BODENTURNEN
Sportart, -disziplin	KORSOFAHREN
Sportart, -disziplin	ZWOELFKAMPF
Sportgerät	SCHWEBEBAUM
Sportgerät	SPRUNGBRETT
Sporttrophäe	SIEGERKRANZ
Sprachkundiger	DOLMETSCHER
sprachwissenschaftl. Teilgebiet	SYNTAGMATIK
Sprecher	KOMMENTATOR
Sprecher	WORTFUEHRER
Sprenggeschoß	KARTAETSCHE
Spruchbuch des Alten Testaments	JESUSSIRACH
Staat der USA	CONNECTICUT
Staat der USA	KALIFORNIEN
Staat der USA	MISSISSIPPI
Staat der USA	NORTHDAKOTA
Staat der USA	RHODEISLAND
Staat der USA	SOUTHDAKOTA
Staatenbund	FOEDERATION
Staat im Mittleren Osten	AFGHANISTAN
Staat in Mitteleuropa	DEUTSCHLAND
Staat in Südostasien	KAMPUTSCHEA
Staat in Südosteuropa	JUGOSLAWIEN
Staatsform	KAISERREICH
Staatsform	KOENIGREICH
Staatsform	SOZIALSTAAT
Staatsform, -system	BUNDESSTAAT
Staatsverfassung der BRD	GRUNDGESETZ
stabile Schichtwolke	ALTOSTRATUS
Stachelflosser	MEERDRACHEN
Stachelkeule	MORGENSTERN
Stachelmakrele	LOTSENFISCH
Stachelpilz	STOPPELPILZ
Stacheltier	PANZERKREBS
Stadt a. d. Schwarzen Elster	HOYERSWERDA
Stadt am Bodensee	UEBERLINGEN
Stadt am Eichsfeld	BLEICHERODE
Stadt am Harz	HALBERSTADT
Stadt am Mississippi	MINNEAPOLIS
Stadt am Rhein-Rhone-Kanal	MONTBELIARD
Stadt am Teutoburger Wald	IBBENBUEREN
Stadt am Thüringer Wald	LIEBENSTEIN
Stadt an d. Wesermündung	BREMERHAVEN
Stadt an der Blies	BLIESKASTEL
Stadt an der Elbe	SCHOENEBECK
Stadt an der Havel	BRANDENBURG
Stadt an der Saale	WEISSENFELS
Stadt an der unteren Wupper	LEICHLINGEN
Stadt an der Weser	BODENWERDER
Stadt auf Sardinien	LAMADDALENA
Stadt auf Trinidad	SANFERNANDO
Stadt auf Usedom	SWINEMUENDE
Stadt bei Berlin	ORANIENBURG
Stadtbezirk von Wien	LANDSTRASSE
Stadt der Karl-May-Festspiele	BADSEGEBERG

Stadt im Allgäu	ILLERTISSEN
Stadt im Bergischen Land	GUMMERSBACH
Stadt im Iran	CHORRAMSHAR
Stadt im Kusnezker Kohlebecken	NOWOKUSNEZK
Stadt im Oberelsaß	MUEHLHAUSEN
Stadt im Sauerland	PLETTENBERG
Stadt im Schwarzwald	BAIERSBRONN
Stadt im Teutoburger Wald	TECKLENBURG
Stadt im Vogtland	FALKENSTEIN
Stadt in Ammerland	WESTERSTEDE
Stadt in Andorra	LESESCALDES
Stadt in Brandenburg	FREIENWALDE
Stadt in Brandenburg	GROSSBEEREN
Stadt in d. Uckermark	ANGERMUENDE
Stadt in der Oberpfalz	GERMERSHEIM
Stadt in der Vorderpfalz	FRANKENTHAL
Stadt in Kampuchea	KAMPONGSONG
Stadt in Kongo	POINTENOIRE
Stadt in Laos	SAVANNAKHET
Stadt in Malaysia	JAHOREBHARU
Stadt in Michigan (USA)	GRANDRAPIDS
Stadt in Minnesota (USA)	MINNEAPOLIS
Stadt in Mittelfranken	WEISSENBURG
Stadt in Namibia	OTJUWARONGO
Stadt in Neuseeland	NEWPLYMOUTH
Stadt in Niedersachsen	GANDERSHEIM
Stadt in Niederschlesien	SCHWEIDNITZ
Stadt in Nigeria	PORTHARCOUR
Stadt in Norderdithmarschen	WESSELBUREN
Stadt in Ostpommern	RUEGENWALDE
Stadt in Ostpreußen	KOENIGSBERG
Stadt in Paraguay	ENCARNACION
Stadt in Pommern	GREIFENBERG
Stadt in Sachsen	GROSSENHAIN
Stadt in Schlesien	REICHENBACH
Stadt in Schleswig-Holstein	NEUMUENSTER
Stadt in Schleswig-Holstein	NORDERSTEDT
Stadt in Tennessee (USA)	CHATTANOOGA
Stadt in Thailand	TSCHIANGMAI
Stadt in Venezuela	SANFERNANDO
Stadtschloß v. Wien	SCHOENBRUNN
Stadtteil von Hamburg	EIMSBUETTEL
Stadtteil von München	BOGENHAUSEN
Stadtteil von München	NYMPHENBURG
Stadtteil von München	OBERMENZING
Stadtteil von München	STEINHAUSEN
Stärke	INTENSITAET
Stammesentwicklung	PHYLOGENESE
Standarte	FELDZEICHEN
standrechtlich erschießen	FUESILIEREN
stark abfallend	ABSCHUESSIG
stark - beschädigen	RAMPONIEREN
Statisten	KOMPARSERIE
Statthalter	LANDPFLEGER
Staudenart	SILBERBLATT
Steckenpferd	LIEBHABEREI
Stehltrieb	KLEPTOMANIE
Stehsegeln	WINDSURFING
steil	ABSCHUESSIG
Steindrossel	BLAUDROSSEL
steinreicher Mann	MILLIARDAER
Stenografie	KURZSCHRIFT
Sterblichkeit	MORTALITAET
Sternbild	GRABSTICHEL
Sternbild	GROSSERBAER
Sternbild	GROSSERHUND
Sternbild	KLEINERBAER
Sternbild	KLEINERHUND
Sternsystem	SPIRALNEBEL
Steuerbescheid	VERANLAGUNG

11

Stick-husten	KEUCHHUSTEN
Stickstoff	NITROGENIUM
still-stehend	STAGNIEREND
Stimmen-führung (musikal.)	KONTRAPUNKT
Stock-werkver-bindung	TREPPENHAUS
störrisch	DICKKOEPFIG
störrisch	STARRSINNIG
stofflos	IMMATERIELL
Stoppuhr	CHRONOGRAPH
Stoßzeit	HOCHBETRIEB
Straferlaß	BEGNADIGUNG
Straferlaß gewähren	AMNESTIEREN
Straf-losigkeit	INDEMNITAET
Strahlen-tierchen	RADIOLARIEN
Strah-lungsbild (mediz.)	SZINTIGRAMM
Straße	VERKEHRSWEG
Straßen-bahn	ELEKTRISCHE
Straßen-räuber, Bandit	WEGELAGERER
Straßen-verkehr	ZIRKULATION
Strauch-dieb, Busch-klepper	WEGELAGERER
Streifen-farn	TUEPFELFARN
Streit	KONTROVERSE
streitbar	KRIEGERISCH
streitbar	MARTIALISCH
Streit-gespräch	DISPUTATION
Streit mit Worten	WORTGEFECHT
strenge Verneh-mung	KREUZVERHÖR
Striegel	KARDAETSCHE
strittig erörtern	DISPUTIEREN
Strohhut	FLORENTINER
Strom-Meßgerät	AMPEREMETER
Studen-tenver-bindung	KORPORATION
Studien-kamerad	KOMMILITONE
Stuhl-gang	DEFAEKATION
Stumpf-sinn	VERBLOEDUNG
stur	HALSSTARRIG
stur	HARTNAECKIG
subtro-pischer Flauten-gürtel	ROSSBREITEN
Sueben-stamm	HERMUNDUREN
süd-afrikan. Lindenart	ZIMMERLINDE
südafri-kan. Stadt	GRAHAMSTOWN
süd-afrikan. Stadt in Transvaal	KRUGERSDORP
süd-amerikan. Gebirge	KORDILLEREN
süd-amerikan. Haupt-stadt	BUENOSAIRES
süd-amerikan. Haupt-stadt	PORTOFSPAIN
süd-amerikan. Indianer-sprache	PATAGONISCH
süd-amerikan. Raub-katze	SILBERLOEWE
süd-amerikan. Staat	ARGENTINIEN
Süd-amerika-ner	ARGENTINIER
Süd-amerika-ner	BRASILIANER
Süd-amerika-ner	KOLUMBIANER
Süd-amerika-ner	VENEZOLANER
südasiat. Strom	BRAHMAPUTRA
südasiat. Vogel	SONNENVOGEL
süd-austral. Hafen-stadt	PORTAUGUSTA
südbad. Stadt am Hoch-rhein	RHEINFELDEN
süd-brasilian. Hafen-stadt	PORTOALEGRE
süd-chilen. Stadt	PUNTAARENAS
süddtsch. Berg-rücken	HEUCHELBERG
südengl. Hafen-stadt, Seebad	BOURNEMOUTH
südengl. Hafen-stadt, Seebad	SOUTHAMPTON
südfranz. Stadt	MONTPELLIER
süd-kanad. See	MANITOBASEE
südländ. Gift-spinne	MALMIGNATTE
süd-mexikan. Stadt	TEHUANTEPEC
süd-norweg. Stadt	LILLEHAMMER
Südost-asiat	THAILAENDER
südost-asiat. Volk	VIETNAMESEN
südpolar	ANTARKTISCH
süd-schott. Graf-schaft	CLACKMANNAN

süd-schwed. See	HJAELMARSEE
süd-schwed. Stadt	JOENKOEPING
süd-schweiz. Alpenpaß	MONTECENERI
Südsee-insulaner	MIKRONESIER
Südwein, Süßwein	MUSKATELLER
südwest-afrikan. Bucht	WALFISCHBAI
süd-westdtsch. Gebirge	SCHWARZWALD
südwest-span. Stadt	SANFERNANDO
süße Weinsorte	DESSERTWEIN
Süß- u. Salz-wasser-gemisch	BRACKWASSER
sumeri-scher Gott	ERESCHKIGAL
Summe	ENDERGEBNIS
Swing-Jazzstil	JUNGLESTYLE
Symbol für Zärtlich-keit	TURTELTAUBE
syrische Christen	NESTORIANER
syrisches Gebirge	ANTILIBANON
Szenerie	BUEHNENBILD
Tabak-sorte	FEINSCHNITT
Tabak-sorte	GROBSCHNITT
tadellos	EINWANDFREI
tadeln	KRITISIEREN
Tänzerin	BALLETTEUSE
täuschen	HINTERGEHEN
täuschen	IRREFUEHREN
Tage-bücher	EPHEMERIDEN
Tagesver-zeichnis	KALENDARIUM
Tagfalter	AUGENFALTER
Tagfalter	GOLDENEACHT
Tagfalter	SEGELFALTER
taktlos	BELEIDIGEND
taktlos	INSTINKTLOS
Tal der Appala-chen	GREATVALLEY
Talisman	MASKOTTCHEN
Tank	PANZERWAGEN
Tanz-regisseur	CHOREOGRAPH
Tanzton-stück	PASSACAGLIA
Tanz-veran-staltung	FUENFUHRTEE
Tapferkeit	BEHERZTHEIT
Taschen-spieler	ILLUSIONIST
Taschen-tuch	SCHNUPFTUCH
Taschen-uhr mit Schlag-werk	REPETIERUHR
tatsachen-gemäß	PRAGMATISCH
Tauben-art	FELSENTAUBE
Tauben-art	RINGELTAUBE
Tauben-art	TURTELTAUBE
Tausend-füßer	SKOLOPENDER
Tausend-füßler	SCHNURASSEL
tech-nischer Antrieb	RIEMENTRIEB
tech-nisches Fach-gebiet	BRUECKENBAU
techni-sches Fach-gebiet	MESSTECHNIK
Techtel-mechtel	VERHAELTNIS
Teenager	JUGENDLICHE
Teer-produkt	KARBOLINEUM
Teilchen-beschleu-niger	SYNCHROTRON
Teil der Appala-chen	ALLEGHENIES
Teil der Erdatmo-sphäre	IONOSPHAERE
Teil der Nordtiro-ler Alpen	WETTERSTEIN
Teil der Uhr	ZIFFERBLATT
Teil der West-sudeten	ISERGEBIRGE
Teil des Eßge-schirrs	SUPPENTASSE
Teil des Jazzor-chesters	RHYTHMGROUP
Teil des Mittel-meeres	KLEINESYRTE
Teil des Nördl. Eismeers	WEISSESMEER
Teil des Rückgrats	BRUSTWIRBEL
Teil des Weser-berglands	EGGEGEBIRGE
Teil e. dtsch. Bundes-landes	MECKLENBURG
Teilgebiet der Astrono-mie	ASTROPHYSIK
Teil großer Kameras	MATTSCHEIBE
Teil-nahme	BETEILIGUNG
teil-nahmslos	LETHARGISCH
Teil-nahms-losigkeit	PASSIVITAET
Teil-nehmer	PARTIZIPANT
Tempel-form	ANTENTEMPEL
Tempera-ment	SANGUINIKER

Temperaturmesser	THERMOMETER
Tempobezeichnung in d. Musik	ACCELERANDO
Tetanuserkrankung	STARRKRAMPF
teuer	KOSTSPIELIG
Teufelsfisch	MEERDRACHEN
Theaterdekoration	BUEHNENBILD
theban. Feldherr	EPAMINONDAS
Thermik	WAERMELEHRE
thüring. Stadt an d. Salza	LANGENSALZA
thüring. Stadt an der Unstrut	MUEHLHAUSEN
thüring. Stadt im Frankenwald	PROBSTZELLA
tibetan. Hirschart	MOSCHUSTIER
Tierbehausung	HUNDEHUETTE
tierisch	BESTIALISCH
Tierseuche	RAUSCHBRAND
Tierstamm	WIRBELTIERE
tilgen	ANNULLIEREN
tilgen	ELIMINIEREN
Tilgung	ELIMINATION
Tintenfisch	KOPFFUESSER
Tischwürzgefäß	SALZSTREUER
Titelfigur bei Ibsen	HEDDAGABLER
Tötung	LIQUIDATION
Tötung	SCHLACHTUNG
tolerabel	ERTRAEGLICH
Toleranz	DULDSAMKEIT
Tonbandgerät	MAGNETOPHON
Tondichtung	KOMPOSITION
tonkünstlerisch	MUSIKALISCH
Tonschöpfung	KOMPOSITION
Tornado	WIRBELSTURM
Tornister	SCHULRANZEN
Totenbeschwörung	NEKROMANTIE
Touristenbetreuer	REISELEITER
Trabant	GEFOLGSMANN
Trabant unseres Planeten	ERDSATELLIT
Trachtenkleidung	DIRNDLKLEID
tragbarer Rundfunkapparat	KOFFERRADIO
Tragödie	TRAUERSPIEL
Trainer	SPORTLEHRER
Transportfahrzeug	LEITERWAGEN
tratschsüchtiges Weib	KLATSCHBASE
Traumgebilde, -gesicht	LUFTSCHLOSS
Trecker, Motorschlepper	ZUGMASCHINE
Treibstoff	PARAFFINOEL
Tresen	SCHANKTISCH
Tretanlasser beim Motorrad	KICKSTARTER
trickreich	VERSCHLAGEN
Triumph	SIEGESFEIER
Tropenkrankheit	BILHARZIOSE
tropische Baumart	GOETTERBAUM
trotzig	EIGENSINNIG
Trubel	HOCHBETRIEB
Trübsal, Trübsinn	MELANCHOLIE
trügen	IRREFUEHREN
trügerisch	ILLUSORISCH
Trugbild	FATAMORGANA
Trunkenbold	ALKOHOLIKER
tschech. Tennisspielerin	NAVRATILOVA
Tümmler, Delphin-Art	MEERSCHWEIN
türk. Binnenmeer	MARMARAMEER
türk. Meerenge	DARDANELLEN
türk. Volksstamm	SELDSCHUKEN
Tunichtgut, Liederjan	TAUGENICHTS
Turmschwalbe	MAUERSEGLER
Turngerät	KLETTERSEIL
Turnübung	DOPPELSALTO
Turnübung	LAENGSHOCKE
Turnübung	RIESENWELLE
TV-Antennenhochbau	FERNSEHTURM
TV-Sendung	FERNSEHFILM
Typhus	FLECKFIEBER
Tyrann von Athen	PISISTRATUS
Übeltäter	MISSETAETER
überanstrengen	UEBERNEHMEN
überbacken	GRATINIEREN
Übereinkommen	ARRANGEMENT
Übereinkunft, Geschäft	TRANSAKTION
übereinstimmen	HARMONIEREN
überempfindlich	MIMOSENHAFT
Überempfindlichkeit	ANAPHYLAXIE
übergenau	SPITZFINDIG

über-heblich	DUENKELHAFT
überklug	NEUNMALKLUG
über-laufen	DESERTIEREN
über-mütiger Streich	SCHABERNACK
Überra-schungs-tat	HANDSTREICH
Über-schrift	SCHLAGZEILE
über-setzen	DOLMETSCHEN
Über-setzer	DOLMETSCHER
über-spannt	EXZENTRISCH
über-spannt, über-steigert	EXTRAVAGANT
Über-tragung	TRANSLATION
üble Nachrede	BELEIDIGUNG
üblich	GEWOEHNLICH
üblich	LANDLAEUFIG
ukrain. Adels-geschlecht	ROSUMOWSKIJ
ukrain. Stadt	BERDITSCHEW
ukrain. Stadt	TSCHERNIGOW
ukrain. Stadt am Dnjepr	SAPOROSCHJE
Ultra-schall-diagnostik	SONOGRAPHIE
Umfang	EXTENSITAET
umge-hend	POSTWENDEND
umge-kehrt	GEGENTEILIG
Umge-staltung	REFORMATION
umher-bummeln	PROMENIEREN
umkehren	INVERTIEREN
Umlauf, Blutkreis-lauf	ZIRKULATION
umlaufen	ZIRKULIEREN
umlaufen-der Aufzug	PATERNOSTER
umreißen	KONTURIEREN
Umsicht	UEBERLEGUNG
um-wandeln	KORRIGIEREN
Umwelt	LEBENSKREIS
umwelt-bezogen	OEKOLOGISCH
Umwelt-schutz-maßnahme	LAERMSCHUTZ
Umwelt-schutz-Maß-nahme	MUELLABFUHR
Umwelt-schutz-maß-nahme	NATURSCHUTZ
unab-hängig	EMANZIPIERT
unauf-fällig	UNSCHEINBAR
unausge-bildet, verküm-mert	RUDIMENTAER
unbedacht	GEDANKENLOS
unbedingt	KATEGORISCH
unbelebt	ANORGANISCH
Unbe-rührtheit	VIRGINITAET
Unbe-scholten-heit	INTEGRITAET
unbe-schränkt	HEMMUNGSLOS
unbe-stimmtes Fürwort	INDEFINITUM
unbe-streitbar	AXIOMATISCH
undurch-lässig	IMPERMEABEL
unecht	GEKUENSTELT
Uneinig-keit	DISHARMONIE
unent-schieden (Sport)	PUNKTGLEICH
unerfreu-liche Lage	ZWICKMUEHLE
unerhört	HANEBUECHEN
unerläß-lich	UNABDINGBAR
Unermeß-lichkeit	IMMENSITAET
Uner-schrok-kenheit	BEHERZTHEIT
uner-schütter-lich	ATARAKTISCH
unersetz-lich	IRREPARABEL
unerträg-lich	INTOLERABEL
ungar. Weinsorte	PLATTENSEER
unge-nannter Autor	GHOSTWRITER
unge-wöhnlich	MERKWUERDIG
Unge-zwungen-heit	LAESSIGKEIT
Unge-zwungen-heit	NONCHALANCE
ungleich	VERSCHIEDEN
Ungleich-heit	DISPARITAET
Unglück, Schick-sals-schlag	VERHAENGNIS
Unheil, Unglück	KATASTROPHE
Union, Verbin-dung	VEREINIGUNG
unklar, unsicher	ZWEIFELHAFT
unkör-perlich	IMMATERIELL
Unlust	MISSBEHAGEN
un-mensch-lich	BESTIALISCH
Unnach-giebigkeit	OBSTINATION
Unordent-lichkeit	SCHLAMPEREI
unorigi-nell	EINFALLSLOS
unstill-bares Erbrechen	HYPEREMESIS

Unstimmigkeit	KONTROVERSE
unstofflich	IMMATERIELL
Untätigkeit	PASSIVITAET
Unterdrükkung	VERSKLAVUNG
Unterentwicklung	HYPOTROPHIE
Unterhaltung, Ablenkung	ZERSTREUUNG
Unterlassung	VERSAEUMNIS
Unternehmer	ARBEITGEBER
unterrichten	INFORMIEREN
unterrichten	ORIENTIEREN
Unterrichtung	INFORMATION
Unterscheidung	DISTINKTION
unterstellen	INSINUIEREN
Unterstellung, Voraussetzung	SUPPOSITION
unterstreichen	HERVORHEBEN
untersuchen	ANALYSIEREN
untersuchen	INQUIRIEREN
Untersuchung	INQUISITION
untertänig	EHRERBIETIG
unterweisen	INSTRUIEREN
Unterweisung	INSTRUKTION
Unterwürfigkeit	SERVILITAET
Unvereinbarkeit	WIDERSPRUCH
unverschämt	IMPERTINENT
Unverschämtheit	IMPERTINENZ
Unversehrtheit	INTEGRITAET
unwiderleglich	APODIKTISCH
unwiederherstellbar	IRREPARABEL
unwillkürlich	AUTOMATISCH
unwillkürlich (mediz.)	SYMPATHISCH
unwirklich	ILLUSORISCH
Unwirklichkeit	IRREALITAET
unzüchtig	UNMORALISCH
unzusammenhängend	INKOHAERENT
unzuständig	INKOMPETENT
Unzuständigkeit	INKOMPETENZ
uralte Schriftform	KEILSCHRIFT
Uranbrenner	KERNREAKTOR
urbar machen	KULTIVIEREN
Ureinwohner	AUTOCHTHONE
Urkanton der Schweiz	UNTERWALDEN
Urnenhalle	KOLUMBARIUM
Ursächlichkeit	KAUSALITAET
Urwelttier	DINOSAURIER
Urzeugung	PLASMOGONIE
US-Kriegshafen auf Hawaii	PEARLHARBOR
Utopie	LUFTSCHLOSS
Utopie	WUNSCHTRAUM
Vaterherrschaft	PATRIARCHAT
vaterländisch	PATRIOTISCH
Vaterrecht	PATRIARCHAT
Vaterunser (latein.)	PATERNOSTER
venezianischer Hauptkanal	CANALGRANDE
venezianisches Touristenziel	MARKUSPLATZ
Verabreichung	APPLIKATION
veränderlich	METABOLISCH
veraltet f. abbilden	KONTERFEIEN
veraltet f. Heeresverwaltung	INTENDANTUR
veraltet f. verflucht	VERMALEDEIT
Veranlagung	DISPOSITION
veranschlagen	ABSCHAETZEN
veranschlagen	KALKULIEREN
veranstalten	ARRANGIEREN
Veranstalter	ORGANISATOR
verargen, ankreiden	UEBELNEHMEN
Verbannungsort Napoleons	SANKTHELENA
verbessern	KORRIGIEREN
verbessern	KULTIVIEREN
verbessern	MELIORIEREN
verbinden	KOMBINIEREN
Verbindung	ASSOZIATION
Verbindung	KOMBINATION
Verbindungsbogen	SCHWIBBOGEN
verbissen	HARTNAECKIG
Verbot	UNTERSAGUNG
verbotenes Gebiet	SPERRBEZIRK

11

verbrauchen	KONSUMIEREN
Verbrecher	KRIMINELLER
Verbrennungskraftmaschine	BENZINMOTOR
Verbrennungskraftmaschine	DIESELMOTOR
verbürgt	AUTHENTISCH
verdächtig	FRAGWUERDIG
verdampfen	EVAPORIEREN
Verdampfung	EVAPORATION
Verdauungsstörung	INDIGESTION
Verdauungsstörung	VERSTOPFUNG
Verdichter	KONDENSATOR
Verdichtung	KOMPRESSION
verdoppeln	DUPLIZIEREN
Verdoppelung	DUPLIKATION
verdrießlich	BAERBEISSIG
verdunsten	EVAPORIEREN
Veredelung, Verfeinerung	RAFFINATION
verehelicht	VERHEIRATET
Verehrung	BEWUNDERUNG
vereinigen	KOMBINIEREN
Vereinigung	FOEDERATION
Vereinigung	INTEGRATION
Vereinigung	KOMBINATION
Verfasser eines Wörterbuches	LEXIKOGRAPH
verfeinern	KULTIVIEREN
verflüssigen	LIQUIDIEREN
Verflüssigung	LIQUIDATION
verformen	DEFORMIEREN
Verformung	DEFORMATION
verfügen	DEKRETIEREN
verfügen	DISPONIEREN
Verfügung	DISPOSITION
verführerische Frau	FEMMEFATALE
Vergangenheitsform	PRAETERITUM
Vergeltung	GEGENSCHLAG
Vergeltungsmaßnahme	REPRESSALIE
Vergesellschaftung	ASSOZIATION
Vergleich	KOMPARATION
vergnügliche Veranstaltung	LUSTBARKEIT
Vergnügungsstätte	RUMMELPLATZ
vergotten	DEIFIZIEREN
Vergottung	DEIFIKATION
Vergrößerung	ERWEITERUNG
Vergünstigung	BEVORZUGUNG
Verhängnis	KATASTROPHE
verhaften	INHAFTIEREN
Verhaftung	ARRETIERUNG
verhalten	DISTANZIERT
verhandeln	KONFERIEREN
verheerendes Unglück	KATASTROPHE
Verhinderung	PROHIBITION
Verkehrsgefährdung	AQUAPLANING
Verkehrsteilnehmer	FUSSGAENGER
Verkehrsteilnehmer	KRAFTFAHRER
Verkehrsweg	LANDSTRASSE
verknüpfen	ASSOZIIEREN
verknüpfen	KOMBINIEREN
Verknüpfung	ASSOZIATION
Verknüpfung	KOMBINATION
Verkörperung	INKARNATION
Verlagsabteilung	HERSTELLUNG
verlangsamen	RETARDIEREN
verlangsamter Puls	BRADYKARDIE
verleumden	DIFFAMIEREN
Verlust eines Schiffes	SCHIFFBRUCH
vermindern	DIMINUIEREN
Verminderung	DIMINUITION
Verminderung	REDUZIERUNG
Vermittler	MITTELSMANN
vermuten	SPEKULIEREN
Vermutung	SPEKULATION
Vernehmung	EINVERNAHME
Vernehmungsverfahren	KREUZVERHÖR
Vernichtung	ZERSTOERUNG
veröffentlichen	PUBLIZIEREN
Veröffentlichung	PUBLIKATION
verordnen	DEKRETIEREN

Verpflichtung zum Schadenersatz	HAFTPFLICHT
verringern	VERKLEINERN
verrückter Gedanke	SCHNAPSIDEE
verschiedengestaltig	HETEROMORPH
verschieden sein	DIFFERIEREN
verschleppen	DEPORTIEREN
Verschleppung	DEPORTATION
verschließen	OKKLUDIEREN
verschlüsseln	CHIFFRIEREN
verschroben	EXZENTRISCH
Versorgung mit Nerven	INNERVATION
Verspottung	VERHOEHNUNG
Versprechen	VERHEISSUNG
verständig	INTELLIGENT
Verstärker	KONDENSATOR
Verstärkung	GRADUIERUNG
Versteigerer	AUKTIONATOR
verstiegen	EXTRAVAGANT
Verstiegenheit	EXTRAVAGANZ
Verstopfung	OBSTIPATION
Verstopfung	OBSTRUKTION
Vertauschung	PERMUTATION
vertonen	KOMPONIEREN
Vertreter des Angeklagten	VERTEIDIGER

Vertreter eines Staates	BOTSCHAFTER
verunglimpfen	DIFFAMIEREN
verunstalten	DEFORMIEREN
Verunstaltung	DEFORMATION
vervielfachende Zahl	KOEFFIZIENT
Vervollständigung	INTEGRATION
Verwahrung	DEPONIERUNG
Verwaltungsbehörde	LANDRATSAMT
Verwaltungsbehörde	MINISTERIUM
Verwaltungszentrum	GEMEINDEAMT
verwickelt	KOMPLIZIERT
verwirklichen	REALISIEREN
verwirren	DERANGIEREN
verwunderlich	ERSTAUNLICH
verzehren	KONSUMIEREN
Verzeichnis	AUFSTELLUNG
verzerrt	FRATZENHAFT
Verzicht	BESCHEIDUNG
Verzögerung	RETARDATION
Verzögerungstaktik	OBSTRUKTION
verzweigt	DENDRITISCH
viehisch	BESTIALISCH
Vielfarbigkeit	POLYCHROMIE
vielwertig	MULTIVALENT
viereckig	QUADRATISCH
Vierfachimpfstoff	TETRAVAKZIN
vietnames. Staatspräsident	HOTSCHIMINH

Vision	ERSCHEINUNG
Vitamin B_2	LAKTOFLAVIN
Vitaminmangel-Krankheit	AVITAMINOSE
völlig zerstören	ATOMISIEREN
Vogelart	ALPENKRAEHE
Vogelart	ALPENLERCHE
Vogelart	ALPENSEGLER
Vogelart	BASSTOELPEL
Vogelart	BIENENFALKE
Vogelart	BRACHPIEPER
Vogelart	GOLDDROSSEL
Vogelart	GRASLAEUFER
Vogelart	KUPFERFASAN
Vogelart	PRAERIEHUHN
Vogelart	WASSERAMSEL
Vogelkundler	ORNITHOLOGE
volkstüml. f. Auto	NUCKELPINNE
volkstüml. f. Fernsehgerät	MATTSCHEIBE
volkstüml. f. Geld	PIMPERLINGE
volkstüml. f. Ischias	HEXENSCHUSS
volkstüml. f. Schiedsrichter	PFEIFENMANN
volkstüml. f. Schnaps	FEUERWASSER
volkstüml. f. Verlegenheit	SCHWULITAET
Volksvertretung (Schweiz, Österr.)	NATIONALRAT
Volljährigkeit	MUENDIGKEIT
vollkommen	MEISTERHAFT
vollkommene Schöpfung	MEISTERWERK
Vollschiff	FUENFMASTER
vollstrecken	EXEKUTIEREN

von Bord gehen	AUSSCHIFFEN
voraus-schauend	PROPHETISCH
Vorbehalt	RESERVATION
Vorbe-merkun-gen (griech.)	PROLEGOMENA
Vorbeu-gung	PRAEVENTION
Vorder-asiat	SAUDIARABER
Vorder-seiten-druck	SCHOENDRUCK
vorder-ster Angreifer	STURMSPITZE
Vorhafen von Riga	DUENAMUENDE
vorherr-schen, über-treffen	UEBERWIEGEN
vorher-sagen	PROPHEZEIEN
Vorhoch-zeitsfest	POLTERABEND
Vorkämp-fer, Weg-bereiter	PROTAGONIST
vorläufig	EINSTWEILIG
vor-läufige Ernennung	DESIGNATION
vorlaut, unver-schämt	SCHNODDERIG
vornehm	FASHIONABLE
vornehme Gesell-schaft	HIGHSOCIETY
Vorrats-gefäß	EINMACHGLAS
vorsichtig prüfen	VENTILIEREN
Vorspeise	HORSDOEUVRE
Vorstadt von Jena	LICHTENHAIN
Vorstand	DIREKTORIUM
Vorsteh-hund	WACHTELHUND
Vorstel-lungskraft	IMAGINATION
vortragen	DEKLAMIEREN
vorüber-gehend	EINSTWEILIG
Vorwort	EINFUEHRUNG
Vor-zimmer-dame	SEKRETAERIN
vulgär	GEWOEHNLICH
Vulkan auf Teneriffa	PICODETEIDE
Vulkan in Japan	FUDSCHIJAMA
Vulkan in Kamerun	KAMERUNBERG
Vulkan in West-afrika	KAMERUNBERG
Waage, Waagen-art	BALKENWAAGE
Waage-rechte	HORIZONTALE
Wachol-der, Wa-cholder-getränk	KRANEWITTER
Wa-cholder-schnaps	STEINHAEGER
Wachs-bildnerei	ZEROPLASTIK
Wachs-gravie-rung	ZEROGRAPHIE
Wachs-schabe	BIENENMOTTE
Wachs-tum	ENTWICKLUNG
Wächter	BESCHUETZER
Wärme-austau-scher	REKUPERATOR
Wärme-messer	KALORIMETER
Wärme-messer	THERMOGRAPH
Wagen-bauer	STELLMACHER
Wahl	STIMMABGABE
Wahl durch Zuruf	AKKLAMATION
Wahl zwi-schen 2 Möglich-keiten	ALTERNATIVE
wahr-nehmbar	PERZEPTIBEL
Wahr-sager	KARTENLEGER
Wahrzei-chen von Augsburg	PERLACHTURM
Wahrzei-chen von Venedig	DOGENPALAST
Waldge-biet bei Hamburg	SACHSENWALD
walisi-sche Bucht	CARDIGANBAY
walisi-sche Graf-schaft	RADNORSHIRE
Wander-niere	NEPHROPTOSE
wankel-mütig	FLATTERHAFT
Wappen-tier	DOPPELADLER
Waren-aus-preisung	DEKLARATION
Waren-schau	MUSTERMESSE
Waren-zeichen	FABRIKMARKE
Waren-zeichen	SCHUTZMARKE
warm-blütig	HOMOEOTHERM
Warngerät	ALARMSIRENE
Warnlicht	LEUCHTFEUER
warzen-förmige Rinden-poren	LENTIZELLEN
Wasser-fall in den USA	YELLOWSTONE
Wasser-glätte im Kfz-Verkehr	AQUAPLANING
Wasser-liesch	BLUMENBINSE
Wasser-pflanze	TANNENWEDEL
Wasser-pflanzen	HYDROPHYTEN

Wasserscheu	HYDROPHOBIE
Wasserstoff	HYDROGENIUM
Wasserverdrängung e. Schiffes	DEPLACEMENT
Wasservogel	LOEFFELENTE
Wechsel	FLUKTUATION
Wechselbeziehung	INTERAKTION
Wechselbeziehung	KORRELATION
wechseln	ALTERNIEREN
Wechselrede	ZWIESPRACHE
Wechselübertragung	INDOSSAMENT
Wechselwarme (zoolog.)	KALTBLUETER
Wegbereiter, Pionier	VORKAEMPFER
Wegführung	TRASSIERUNG
wegschieben	VERDRAENGEN
wehklagen	LAMENTIEREN
wehleidiger Mensch	HYPOCHONDER
wehmütig	NOSTALGISCH
weibl. Büroberuf	SEKRETAERIN
weibl. Hilfskraft	ASSISTENTIN
Weichkäse	BUTTERKAESE
Weichtierklasse	KOPFFUESSER
Weichtierlehre	MALAKOLOGIE
Weidenart	TRAUERWEIDE
Weihen-Art	BIENENFALKE
Weihnachtsabend	HEILIGABEND
Weihnachtsgebäck	PFEFFERNUSS
Weihnachtsgebäck	SPEKULATIUS
Wein-Bezeichnung	WEISSHERBST
Weinort, -stadt in Rheinland-Pfalz	KOENIGSBACH
Weinort an der Mosel	TRITTENHEIM
Weinsorte	DRACHENBLUT
Weinsorte	FRANKENWEIN
Weinsorte, Traubensorte	MUSKATELLER
Weinwirtschaft	WINZERSTUBE
Weisheitsliebe	PHILOSOPHIE
weiße Seerose	WASSERLILIE
Weißrussen	BJELORUSSEN
Weiterentwicklung	FORTSCHRITT
weites Kleidungsstück	GLOCKENROCK
welk	VERTROCKNET
Wellenreiten	WINDSURFING
Wellenüberlagerung	INTERFERENZ
Wels-Art	KATZENFISCH
Welthilfssprache	INTERLINGUA
Welt im großen	MAKROKOSMOS
Welt im kleinen	MIKROKOSMOS
Weltlichkeit	PROFANITAET
Weltraumfahrt	ASTRONAUTIK
Weltreligion	CHRISTENTUM
weltumspannend	OEKUMENISCH
werben, verbreiten	PROPAGIEREN
Werbeträger, Spruchband	TRANSPARENT
Werbung	ADVERTISING
Werdegang	ENTWICKLUNG
Wertschätzung	HOCHACHTUNG
Werturteil	BEURTEILUNG
Wesenskern	QUINTESSENZ
wesensnah	SYMPATHISCH
westafrikan. Staat	BURKINAFASO
westafrikan. Staat	SIERRALEONE
westaustral. Fluß	GASCOYRIVER
westeurop. Königreich	NIEDERLANDE
Westeuropäer	LUXEMBURGER
Westfuß des Odenwaldes	BERGSTRASSE
westgerman. Volk	LANGOBARDEN
westindische Insel	SAINTMARTIN
westsibirische Stadt	PROKOPJEWSK
westspan. Provinz	ESTREMADURA
Wettannahme b. Pferderennsport	TOTALISATOR
Wetterkundler	METEOROLOGE
Wettermantel	LODENMANTEL
Wetterumhang	REGENMANTEL

Wider-legung	KONFUTATION
wider-rufen	DEMENTIEREN
Wider-stand	OBSTRUKTION
Wider-wärtigkeit	SCHLAMASSEL
Wider-wille	ANIMOSITAET
Wieder-anstek-kung	REINFEKTION
wieder-beleben	REANIMIEREN
Wieder-belebung	REANIMATION
Wieder-hersteller	RESTAURATOR
Wieder-herstel-lung	RENOVIERUNG
Wieder-herstel-lung	RESTITUTION
Wielands-kraut	WIESENRAUTE
Wiener Bauwerk	BURGTHEATER
Wiener Schloß	SCHOENBRUNN
Wiener Stadt-bezirk	BRIGITTENAU
Wiener Stadt-bezirk	FLORIDSDORF
Wiener Wahr-zeichen	STEPHANSDOM
wild, aus-gelassen	ORGIASTISCH
Wild-schwein	SCHWARZWILD
Will-fährigkeit	FUEGSAMKEIT
Windge-schwin-digkeit	WINDSTAERKE
Winkel-lehre	GONIOMETRIE
Winkel-zug	MACHINATION
winter-licher Hoch-tourist	SKIWANDERER
winter-licher Nieder-schlag	SCHNEEREGEN
Winter-schlaf	HIBERNATION
Winter-sport-anlage	FLUGSCHANZE
Winter-sportart	SKILANGLAUF
Winter-sportart	SKISPRINGEN
Winter-sport-gerät	LANGLAUFSKI
Wirbel-entzün-dung	SPONDYLITIS
Wirbel-säulen-inneres	RUECKENMARK
wirklich-keits-bezogen	REALISTISCH
Wirkraum d. Anzie-hungs-kraft	SCHWEREFELD
wirksam	FUNKTIONELL
wirkungs-voll	IMPONIEREND
wirt-schaftlich	OEKONOMISCH
wissens-wert	INTERESSANT
wohl-schmek-kend	APPETITLICH
Wohl-wollen	GENEIGTHEIT
Wohl-wollen	GEWOGENHEIT
Wohnung	APPARTEMENT
Wolfs-milch-gewächs	BINGELKRAUT
Wollgarn-art	STREICHGARN
Wortfolge	SATZGEFUEGE
Wort-wechsel	KONTROVERSE
Wortzu-sammen-setzung	KOMPOSITION
Wucher-blume	GAENSEBLUME
Wühl-mausart	WASSERRATTE
würdigen	AESTIMIEREN
württ. Bauern-bund	ARMERKONRAD
württ. Stadt am Neckar	LUDWIGSBURG
württ. Stadt an der Tauber	MERGENTHEIM
würzen	ABSCHMECKEN
Würzkraut	BOHNENKRAUT
Würzkraut	GURKENKRAUT
Würzkraut	KRAUSEMINZE
Wunder-doktor	KURPFUSCHER
Wunder-glaube	MYSTIZISMUS
Wunsch-bild, Wunsch-traum	LUFTSCHLOSS
Wurst-sorte	ZUNGENWURST
Wurzel-gemüse	MEERRETTICH
Xylo-graphie	HOLZSCHNITT
Zacken-barsch	SAEGEBARSCH
Zacken-barsch	WRACKBARSCH
zäh	HARTNAECKIG
Zahlungs-fähigkeit	LIQUIDITAET
Zahnauf-satz aus Porzellan	JACKETKRONE
Zahn-fleisch-schwund	PARODONTOSE
Zahnheil-kunde	ODONTIATRIE
Zahn-kunde	ODONTOLOGIE
Zahn-lücker (zool.)	AMEISENBAER
Zander	HECHTBARSCH
Zauber-formel	ABRAKADABRA

Zauberkünstler	ILLUSIONIST
Zaun	EINFRIEDUNG
Zaungrasmücke	MUELLERCHEN
Zebu	BUCKELOCHSE
Zeichnerin	GRAPHIKERIN
Zeilenzwischenraum (Buchdr.)	DURCHSCHUSS
Zeisigart	ERLENZEISIG
Zeiteinheit, Zeitmaß	JAHRTAUSEND
Zeitkunde	CHRONOLOGIE
Zeitmesser	CHRONOMETER
Zeitnähe	MODERNITAET
Zeitraum von 100 Jahren	JAHRHUNDERT
Zeitraum von 1000 Jahren	JAHRTAUSEND
Zeitwortbeugung	KONJUGATION
Zellsubstanz	PROTOPLASMA
Zentrum	MITTELPUNKT
Zentrum	SCHWERPUNKT
zergliedern	ANALYSIEREN
zerlegen	ANALYSIEREN
zerlegen	DEMONTIEREN
zerplatzen	EXPLODIEREN
Zerrbild	ENTSTELLUNG
Zersetzung chemisch. Stoffe	ELEKTROLYSE
Zerstörung	DESTRUKTION
Zerstörungswut	WANDALISMUS
Zerstreuung	BELUSTIGUNG
Zeugnisnote	AUSREICHEND
Zeugnisnote	UNGENUEGEND
Ziegenbart (botan.)	BAERENTATZE
Ziehung	AUSSPIELUNG
zielgerichtet	INTENTIONAL
Zierfisch	PFAUENFISCH
Zierpflanze	FINGERBLATT
Zimmereinrichtung	MOEBLIERUNG
zimperlich	EMPFINDLICH
Zirkuskünstler	KUNSTREITER
zittern	TREMULIEREN
zivil	BUERGERLICH
Zollerklärung	DEKLARATION
Zoroaster	ZARATHUSTRA
Zuckersorte	PUDERZUCKER
zudringlich	IMPERTINENT
züchten	KULTIVIEREN
züchtig	UNVERDORBEN
zügellos	ORGIASTISCH
Zügellosigkeit	LIBERTINAGE
Zündholz	STREICHHOLZ
zuerst	ANFAENGLICH
zufällig	ALEATORISCH
zugestehen	KONZEDIEREN
zugkräftiges Angebot	GLANZSTUECK
zugkräftiges Geschehen	GLANZNUMMER
Zukunftswissenschaft	FUTUROLOGIE
zum Druck freigeben	IMPRIMIEREN
Zunahme, Zuwachs	PROGRESSION
zurechtfinden	ORIENTIEREN
zurückgeblieben	RUDIMENTAER
zurückhaltend	DISTANZIERT
zurücklegen	AUFBEWAHREN
zurücklegen	RESERVIEREN
zurücksenden	REMITTIEREN
Zurückweichen	RUECKZIEHER
Zusammenarbeit	KOOPERATION
Zusammenballung	KONGLOMERAT
Zusammendrückung	KOMPRESSION
zusammenfallen	KOLLABIEREN
Zusammengehörigkeitsgefühl	SOLDARITAET
Zusammengewürfeltes	KONGLOMERAT
zusammenhängen	KOHAERIEREN
zusammenhanglos	UNVERBUNDEN
Zusammenschluß	FOEDERATION
Zusammenschluß	INTEGRATION
Zusammenschluß	VEREINIGUNG
Zusammensetzung	KOMPOSITION
zusammenstellen	KOMBINIEREN
Zusammenstellung	KOMBINATION
Zusammenstoß	KARAMBOLAGE
zusammenstoßen	KOLLIDIEREN

zusammentragen	KOMPILIEREN
Zusammenwirken	KOOPERATION
zusammenwirken	KOOPERIEREN
zusammenziehendes Mittel	ADSTRINGENS
Zusammenziehung	KONTRAKTION
zusichern	GARANTIEREN
zustimmen	EINWILLIGEN
Zwangslage	BEDRAENGNIS
Zwangslage	ZWICKMUEHLE
Zwangsmaßnahme	DRUCKMITTEL
Zwangsumsiedlung	DEPORTATION
zwangsverschicken	DEPORTIEREN
Zwangsvollstreckung	EINTREIBUNG
zweckgerecht	FUNKTIONELL
Zweideutigkeit	AMBIGUITAET
Zweig der Hussiten	UTRAQUISTEN
Zweig der Karmeliter	OBSERVANTEN
Zweigstelle	AUSSENBUERO
zweiter Fastensonntag	REMINISCERE
Zwerghund	REHPINSCHER
Zwergwüchsiger	LILIPUTANER
Zwietracht	FEINDSCHAFT
zwischen den Zeilen	INTERLINEAR
Zwischenherrschaft	INTERREGNUM
Zwischenregierung	INTERREGNUM
Zwischenspiel	INTERLUDIUM
Zwischenträger	MITTELSMANN
Zwischenwirbelscheibe	BANDSCHEIBE

Aachener Sehenswürdigkeit	KARLSSCHREIN
Aaskäfer	TOTENGRAEBER
Abbild, Vervielfältigung	REPRODUKTION
Abbildung	ILLUSTRATION
Abdruck, Nachdruck	REPRODUKTION
Abfallplatz	MUELLDEPONIE
Abfallseide	FLORETTSEIDE
Abgespanntheit	ERSCHOEPFUNG
abgezehrt	AUSGEMERGELT
abhängig Beschäftigter	ARBEITNEHMER
Abhilfe	VERBESSERUNG
Abitur	REIFEZEUGNIS
Abkürzung	ABBREVIATION
ablehnen	MISSBILLIGEN
ablenken	UMDIRIGIEREN
Abmachung, Übereinkunft	VEREINBARUNG
Abneigung	WIDERSTREBEN
Abruzzen-Berg	MONTECASSINO
abschlachten	MASSAKRIEREN
abschreiben	AMORTISIEREN
Abschreibung	AMORTISATION
absichtlich	DEMONSTRATIV
absichtlich	VORSAETZLICH
Absolution	LOSSPRECHUNG
Absonderung	AUSSCHEIDUNG
Absonderung	INTERNIERUNG
Absprache, Verabredung	VEREINBARUNG
Abstellraum	RUMPELKAMMER
abstimmen	KOORDINIEREN
Abstimmung	KOORDINATION
Abstimmungsverfahren	HAMMELSPRUNG
Abtei im Schwarzwald	SANKTBLASIEN
Abtretung	UEBERLASSUNG
abtrünnig	WORTBRUECHIG
Abtrünniger	SCHISMATIKER
abwandeln	MODIFIZIEREN
Abwandlung	MODIFIKATION
abwechselnd	ALTERNIEREND
Abwehr, Defensive	VERTEIDIGUNG
abweisen	VERSCHMAEHEN
abweisend, schweigsam	VERSCHLOSSEN
abzahlen	AMORTISIEREN
Abzeichen	ANSTECKNADEL
abziehen	SUBTRAHIEREN
achtbar, ansehnlich	REPUTIERLICH
achten	RESPEKTIEREN
achtlos	LEICHTFERTIG
achtlos	UNVORSICHTIG
achtlos, abgelenkt	UNAUFMERKSAM
Ackergerät	SCHEIBENEGGE
Adel	ARISTOKRATIE
Adverb	UMSTANDSWORT
Advokat	RECHTSANWALT
ägypt. Bilderschrift	HIEROGLYPHEN
ältestes dtsch. Ostseebad	HEILIGENDAMM
ändern	KONVERTIEREN
äquivalent	GLEICHWERTIG
ärztl. Abhören	AUSKULTATION
ärztl. Behandlungsraum	AMBULATORIUM
ärztl. Beratung	KONSULTATION
äthiop. See	STEPHANIESEE
Ätzmittel	HOELLENSTEIN
Ätznatron	NATRIUMLAUGE
affektiert	UNNATUERLICH
Affront	BESCHIMPFUNG
afrikan. Schleichkatze	GINSTERKATZE
afrikan. See	BANGWEOLOSEE
afrikan. Stechfliege	TSETSEFLIEGE
Agentengruppe	SPIONAGERING
Agitation	AUFWIEGELUNG
Ahnungslosigkeit	UNWISSENHEIT
Aids-Symptom	KAPOSISARKOM
Akteur, Mime	SCHAUSPIELER
Aktie	ANTEILSCHEIN
Aktion	UNTERNEHMUNG
aktivieren	MOBILISIEREN
Aktrice	DARSTELLERIN
Akustik	KLANGWIRKUNG
akustisch	KLANGMAESSIG
Aland	GOLDNERFLING
alger. Stadt	SIDIBELABBES
Allee in Düsseldorf	KOENIGSALLEE
Alleinherrschaft	ABSOLUTISMUS

allergische Erkrankung	HEUSCHNUPFEN
allergische Erkrankung	NESSELFIEBER
Allerheiligstes	SANKTISSIMUM
Allerweltskerl	TAUSENDSASSA
Alpenglöckchen	TRODDELBLUME
Alpenpaß im Etschtal	BERNERKLAUSE
Alpenrose	RHODODENDRON
Alpenvolk mit eigener Sprache	RAETOROMANEN
altdtsch. Rechtsbuch	LAIENSPIEGEL
alte dtsch. Silbermünze	WEISSPFENNIG
alte Feuerwaffe	HAKENBUECHSE
alternativ	WECHSELWEISE
Altersforschung	GERONTOLOGIE
Altertumsforschung	ARCHAEOLOGIE
altes Geschütz	FELDSCHLANGE
altes Landwirtschaftsgerät	DRESCHFLEGEL
altgriech. Lustspieldichter	ARISTOPHANES
althergebracht	TRADITIONELL
altind. Dichtung	UPANISCHADEN
altind. Lehrgedicht	BHAGAWADGITA
Alt-Oboe	ENGLISCHHORN
altpersische Dynastie	ACHAEMENIDEN
altröm. Bauwerk	AMPHITHEATER
altröm. Leibwache	PRAETORIANER
altröm. Stadtzentrum	FORUMROMANUM
altsibirisches Volk	TSCHUKTSCHEN
Amarant	FUCHSSCHWANZ
Ambulanz	KRANKENWAGEN
amerikan. Autorennstrecke	INDIANAPOLIS
amerikan. Filmkomiker (Brüder)	MARXBROTHERS
amerikan. Fluß	RIODELAPLATA
amerikan. Hauptstadt	SANTODOMINGO
amerikan. Jazzklarinettist	PEEWEERUSSEL
amerikan. Jazzmusiker, Klarinette	TESCHEMACHER
amerikan. Jazzpianist (m. Vorn.)	ERROLLGARNER
amerikan. Pop-Künstler	LICHTENSTEIN
amerikan. Raumfahrtbasis	KAPCANAVERAL
amerikan. Rockgruppe	NEWMODELARMY
amerikan. Rockgruppe	VANILLAFUDGE
amerikan. Stadt am Delaware	PHILADELPHIA
amerikan. Tanz	BOOGIEWOOGIE
Ammoniaklösung	SALMIAKGEIST
Amortisation	ABSCHREIBUNG
Amouren	LIEBSCHAFTEN
Amphibienfahrzeug	SCHWIMMWAGEN
amtliche Bekanntmachung	PROKLAMATION
amtliche Bescheinigung	BEGLAUBIGUNG
Amtseinweisung	INSTALLATION
Amtsstube	DIENSTZIMMER
amüsant	UNTERHALTEND
amüsant	VERGNUEGLICH
amüsant, kurzweilig	UNTERHALTSAM
Amulett	ZAUBERSCHUTZ
analog	ENTSPRECHEND
Analogie	AEHNLICHKEIT
Analogie	ENTSPRECHUNG
Analyse	UNTERSUCHUNG
andauernd	FORTWAEHREND
Anemone	WINDROESCHEN
Anemonenart	TEUFELSBEERE
anerkennen	LEGITIMIEREN
Anführer im Bauernkrieg	BERLICHINGEN
Angeber	AUFSCHNEIDER
Angehör. einer Weltreligion	MOHAMMEDANER
angemessen	ENTSPRECHEND
angenähert	APPROXIMATIV
angereichert	KONZENTRIERT
angesehene Ortseinwohner	HONORATIOREN
angewandte Kunst	KUNSTGEWERBE
angleichen	ASSIMILIEREN
Angleichung	ASSIMILATION

Anhänger des Islam	MOHAMMEDANER
anhäufen	AKKUMULIEREN
Anhäufung	AKKUMULATION
ankurbeln	MOBILISIEREN
Anlage für Pferdesport	TRABRENNBAHN
anleiten, belehren	UNTERRICHTEN
anmaßend	PRAETENTIOES
anmerken	KOMMENTIEREN
annähernd	APPROXIMATIV
annehmen, voraussetzen	PRAESUMIEREN
annektieren	EINVERLEIBEN
anomal	MISSGEBILDET
Anregung	AUFMUNTERUNG
Ansager	CONFERENCIER
Ansammlung	AKKUMULATION
Anschluß	INSTALLATION
Anspruch	ANWARTSCHAFT
anspruchsvoll	UNBESCHEIDEN
anständig, ordentlich	REPUTIERLICH
Antennenart	RICHTANTENNE
Anti-Alkoholiker	ABSTINENZLER
Anti-Alkoholiker	BLAUKREUZLER
Anti-Alkoholiker	TEMPERENZLER
Antibiotikum	STREPTOMYCIN
antike Kurzschrift	TACHYGRAPHIE
antike Landsch. in Kleinasien	PAPHLAGONIEN
Antillenstaat	SAINTVINCENT
Antilopen-Art	ELENANTILOPE
Antrittsansprache	JUNGFERNREDE
anwenden, ins Werk setzen	PRAKTIZIEREN
anwesend	GEGENWAERTIG
Apfelsorte	GOLDPARMAENE
Apfelsorte	WACHSRENETTE
Apparatur	GERAETSCHAFT
Appartement	KLEINWOHNUNG
Appell	AUFFORDERUNG
Appendix	WURMFORTSATZ
arab. Staat	SAUDIARABIEN
Arbeitnehmer	ANGESTELLTER
Arbeitnehmervereinigung	GEWERKSCHAFT
Architekt	BAUKUENSTLER
argentin. Bucht	SANJORGEGOLF
argentin. See	ARGENTINOSEE
argentin. Stadt	PUERTOMADRYN
Argument	BEWEISMITTEL
Arkebuse	HAKENBUECHSE
arktisch. Horntier	MOSCHUSOCHSE
Arve, Gebirgsbaum	ZIRBELKIEFER
Arzneimittelherstellung	PHARMAZEUTIK
Arzneimittelkundiger	PHARMAKOLOGE
Arzneipflanze	FRAUENMANTEL
asiat. Baumart	MAULBEERBAUM
asiat. Halbinsel	VORDERINDIEN
asiat. Republik	TURKMENISTAN
asiat. Teilrepublik	NORDOSSETIEN
Assoziation, Kombination	VERKNUEPFUNG
assyr. König	ASSURBANIPAL
Astrologie	STERNDEUTUNG
Astronomie	HIMMELSKUNDE
astronomische Koordinate	STUNDENKREIS
athenische Göttin d. Weisheit	PALLASATHENE
athenischer Staatsmann	PEISISTRATOS
athenischer Staatsmann	THEMISTOKLES
Athlet	WETTKAEMPFER
Atomkernspaltung	KERNREAKTION
Atomwissenschaftler	KERNPHYSIKER
Atomzertrümmerung	KERNSPALTUNG
Attentat	MORDANSCHLAG
Attest	BEGLAUBIGUNG
Auditorium	HOERERSCHAFT
Aufbau	KONSTRUKTION
aufbauschen	UEBERTREIBEN
aufblasbares Boot	SCHLAUCHBOOT
Auffassung	DAFUERHALTEN
aufführen	VERANSTALTEN
Aufführung (Theater, Film)	INSZENIERUNG

Aufgabe, Rechtspflicht	OBLIEGENHEIT
Aufgabe des Kampfes	KAPITULATION
aufgebauscht	UEBERTRIEBEN
aufgeben	KAPITULIEREN
aufgedunsen	VERSCHWOLLEN
aufgeschlossen	EMPFAENGLICH
aufgeweckt	INTERESSIERT
Aufgleitwolke	NIMBOSTRATUS
Aufhebung eines Urteils	ANNULLIERUNG
aufklären, benachrichtigen	UNTERRICHTEN
Aufputschmittel im Sport	DOPINGMITTEL
Aufregung	LAMPENFIEBER
Aufruf, Verkündigung	PROKLAMATION
Aufruhr	INSURREKTION
aufschieben, entheben	SUSPENDIEREN
Aufschneider	MUENCHHAUSEN
Aufschneiderei	JAEGERLATEIN
Aufschneiderei	SEEMANNSGARN
Aufschub, Stundung	PROLONGATION
aufsehenerregend	SENSATIONELL
aufsehenerregend	SPEKTAKULAER
Aufseher in Anlagen	PARKWAECHTER
Aufsicht, Kontrolle	UEBERWACHUNG

aufspüren	AUFSCHEUCHEN
Aufstand	INSURREKTION
Auftragsrücknahme	ABBESTELLUNG
Auftragsrücknahme	ANNULLIERUNG
aufzeichnen	NOTIFIZIEREN
aufzeichnen, eintragen	REGISTRIEREN
Aufzeichnung von Musik, Sprache	BANDAUFNAHME
augenblicklich	GEGENWAERTIG
ausbessern	KUNSTSTOPFEN
ausbessern, wiederherstellen	RESTAURIEREN
ausbeuten	EXPLOITIEREN
ausbürgern	EXPATRIIEREN
ausdauernd (botan.)	PERENNIEREND
aus der Art schlagen	DEGENERIEREN
Auseinandersetzung	STREITIGKEIT
Ausflüchte	FISIMATENTEN
ausführlich	ERSCHOEPFEND
ausgekocht	DURCHTRIEBEN
ausgestorbene Echsenart	PTEROSAURIER
ausgezeichnet	HERVORRAGEND
ausgezeichnet, exzellent	VORTREFFLICH
Ausgleich	KOMPENSATION
ausgleichen	KOMPENSIEREN

Ausgleichsgetriebe	DIFFERENTIAL
Aushebung	KONSKRIPTION
auskundschaften	AUSBALDOWERN
auslösende Ursache	VERANLASSUNG
Ausnahmebewilligung	DISPENSATION
ausnahmsweise	EXZEPTIONELL
Ausrufwort	INTERJEKTION
ausschweifend	BACCHANTISCH
Aussprache	ARTIKULATION
austral. Berg	MOUNTSEAVIEW
austral. Berg	MOUNTWILLIAM
austral. Murray-Zufluß	MURRUMBIDGEE
austral. Sperlingvogel	LEIERSCHWANZ
austral. Wüste	GIBSONWUESTE
Ausweis	LEGITIMATION
ausweisen	LEGITIMIEREN
Auszehrung	SCHWINDSUCHT
autark, autonom	SELBSTAENDIG
Autobahn-Einrichtung	NOTRUFSAEULE
Autobahn-Piste	UEBERHOLSPUR
Autogramm	UNTERSCHRIFT
automatisch, mechanisch	SELBSTTAETIG
autonom	SELBSTAENDIG

autorisieren	ERMAECHTIGEN
Autor von »Der Idiot«	DOSTOJEWSKIJ
Autor von »Der Turm«	HOFMANNSTHAL
Autor von »Der Untertan«	HEINRICHMANN
Autor von »Die Frösche«	ARISTOPHANES
Autor von »Die Vögel«	ARISTOPHANES
Autor von »Die Wolken«	ARISTOPHANES
Autor von »Jedermann«	HOFMANNSTHAL
Autor von »Lysistrata«	ARISTOPHANES
Autor von »Professor Unrat«	HEINRICHMANN
Autor von »Schuld und Sühne«	DOSTOJEWSKIJ
Autoteil, -zubehör	KUEHLERHAUBE
Azteken-Gottheit	QUETZALCOATL
Azteken-Gottheit	TEZCATLIPOCA
Baby	NEUGEBORENES
babylon. König	NEBUKADNEZAR
Bahnbrecher	AVANTGARDIST
Balkanstaat	GRIECHENLAND
Ballen	FRACHTSTUECK
Ballett von Rimsky-Korsakow	SCHEHERAZADE
Ballett von Tschaikowsky	DORNROESCHEN
Ballett von Weber	GEISTDERROSE
Ballspiel	FELDHANDBALL
banal	ABGEDROSCHEN
banal	NICHTSSAGEND
barsch	UNFREUNDLICH
Bartschergerät	RASIERMESSER
Bassin	WASSERBECKEN
Bauchhöhlenspiegelung	LAPAROSKOPIE
Baude	SCHUTZHUETTE
Bauhandwerker	FLIESENLEGER
Bauhandwerker	INSTALLATEUR
Baumaschine	BETONMISCHER
Baumaschine zum Einebnen	PLANIERRAUPE
Baumwollfarbe	TUERKISCHROT
Bauwerk in Paris	TRIUMPHBOGEN
Bauwerk in Venedig	MARKUSKIRCHE
bayer. Berg bei Mittenwald	SOIERNSPITZE
bayer. Kurort am Tegernsee	ROTTACHEGERN
bayer. Kurort an der Ammer	OBERAMMERGAU
bayer. Regierungsbezirk	NIEDERBAYERN
bayer. Regierungsbezirk	UNTERFRANKEN
bayer. Sport	FINGERHAKELN
bayer. Stadt am Fichtelgebirge	MARKTREDWITZ
bebildern	ILLUSTRIEREN
bebilderte Zeitschrift	ILLUSTRIERTE
Bebilderung	ILLUSTRATION
Bedecktsamige	ANGIOSPERMEN
Bedenken, Gefährdung	UNSICHERHEIT
bedeutungslos	NICHTSSAGEND
bedingt, angenommen	HYPOTHETISCH
Bedingtheit, Bezüglichkeit	RELATIVITAET
beeinflussen	MANIPULIEREN
Beeinflussung	MANIPULATION
Beerensorte	STACHELBEERE
befähigt, geeignet	QUALIFIZIERT
befehligen	KOMMANDIEREN
Befehlshaberamt	KOMMANDANTUR
befragen	KONSULTIEREN
Befragung	KONSULTATION
Befreiung	EMANZIPATION
Befriedigung, Genugtuung	SATISFAKTION
Befugnis	AUTORISATION
Befugnis	BERECHTIGUNG
Befugnis	LEGITIMATION
Befund	FESTSTELLUNG
Begehren	LEIDENSCHAFT
Begehrlichkeit	KONKUPISZENZ
Begeisterung	ENTHUSIASMUS
beglaubigen	LEGITIMIEREN
Beglaubigung	LEGITIMATION
begrenzen	BESCHRAENKEN
begünstigen	FAVORISIEREN

behandeln	PRAKTIZIEREN
beharrlich, stur	UNNACHGIEBIG
behelfsmäßig, vorläufig	PROVISORISCH
beherbergen	UNTERBRINGEN
beherzt	ENTSCHLOSSEN
Behörde	DIENSTSTELLE
behördliche Maßnahme	AMTSHANDLUNG
Beichtvater	POENITENTIAR
Beifall klatschen	APPLAUDIEREN
Beiname Ludwigs XIV.	SONNENKOENIG
Beinschwarz	KNOCHENKOHLE
Beinteil	OBERSCHENKEL
Beischlaf	KOHABITATION
beispielhaft	EXEMPLARISCH
Beitreibung	KONTRIBUTION
bekanntmachen	PROKLAMIEREN
belanglos	UNWESENTLICH
belegt	DOKUMENTIERT
beleihen	LOMBARDIEREN
Beleuchtungskörper	KRONLEUCHTER
Beleuchtungskörper	KUGELLEUCHTE
belg. Provinz	WESTFLANDERN
Beliebtheit	POPULARITAET
Bemächtigung	KONFISKATION
bemerken	KONSTATIEREN
bemerken, wahrnehmen	REGISTRIEREN
Beobachtungsstation	KONTROLLTURM
bequeme Sitzgelegenheit	POLSTERSTUHL
beraten	KONSULTIEREN
beratender Arzt	KONSILIARIUS
Beratung	KONSULTATION
berechnen	EINSCHAETZEN
berechtigen	AUTORISIEREN
Berechtigung	LEGITIMATION
beredt	ZUNGENFERTIG
Bereifung für Notfälle	ERSATZREIFEN
Berg auf Island	BARDHARBUNGA
Berg auf Rügen	KOENIGSSTUHL
Berg bei Berchtesgaden	OBERSALZBERG
Berg bei Wien	LEOPOLDSBERG
Berg im Allgäu	EINOEDRIEGEL
Berg im Allgäu	MAEDELEGABEL
Berg im amerikan. Kaskadengeb.	MOUNTRAINIER
Berg in der Lüneburger Heide	WILSEDERBERG
Berg in Massachusetts (USA)	MOUNTHARVARD
Berg in Niederbayern	PREDIGTSTUHL
bergmännischer Beruf	AUSSCHLAEGER
Bergzug in Thüringen	HOERSELBERGE
Berichtigung	KLARSTELLUNG
Berichtigung, Korrektur	VERBESSERUNG
Berliner Stadtteil, Verwaltungsbez.	BLANKENFELDE
Berliner Stadtteil, Verwaltungsbez.	LICHTERFELDE
Beruf im Baufach	BAUSCHLOSSER
Beruf im Baufach	INSTALLATEUR
Beruf im Baufach	PLATTENLEGER
Beruf im Verlagswesen	BUCHHAENDLER
Beruf in Forsch., Unterr., Wiss.	MATHEMATIKER
Berufssportler	PROFESSIONAL
Berufsverband	GEWERKSCHAFT
Beruhigungsmittel	TRANQUILIZER
Besamung	INSEMINATION
beschaffen	ORGANISIEREN
Beschaffenheit	KONSTITUTION
Beschau	BESICHTIGUNG
bescheiden	ANSPRUCHSLOS
Bescheinigung	BESTAETIGUNG
Beschlagnahme	KONFISKATION
beschlagnahmen	KONFISZIEREN
Beschleunigung	AKZELERATION
Beschluß	ENTSCHEIDUNG
Beschneidung	ZIRKUMZISION
beschreibende Völkerkunde	ETHNOGRAPHIE
Beschreibung von Heiligenleben	HAGIOGRAPHIE
beschuldigt	INKRIMINIERT

Beschuldigung	BEZICHTIGUNG
Beseitigung	AUSSCHEIDUNG
Beseitigung	ELIMINIERUNG
Besessenheit	LEIDENSCHAFT
besiedeln	KOLONISIEREN
besinnlich	KONTEMPLATIV
besinnlich	NACHDENKLICH
besonderes Diplom	EHRENURKUNDE
Besonderheit	SPEZIALITAET
Bestärkung	BESTAETIGUNG
Bestätigung	KONFIRMATION
bestallen	INSTALLIEREN
Bestandteil der Erdatmosphäre	KOHLENDIOXID
Bestandteil der Erdatmosphäre	KOHLENSAEURE
bestechen	KORRUMPIEREN
bestialisch	UNMENSCHLICH
bestimmend	DETERMINATIV
bestürzt	KONSTERNIERT
Besuchskarte	VISITENKARTE
Beteuerung	VERSICHERUNG
betonen	AKZENTUIEREN
betrachtend	KONTEMPLATIV
betroffen	KONSTERNIERT
Bettwärmer	WAERMFLASCHE
beurkundet	DOKUMENTIERT
beurteilen	EINSCHAETZEN
Beuteltiere (zool.)	MARSUPIALIER
bevollmächtigen	AUTORISIEREN
Bevollmächtigung	AUTORISATION
bevorrechtigt	PRIVILEGIERT
bevorzugen	BEGUENSTIGEN
bevorzugen	FAVORISIEREN
bewahren	KONSERVIEREN
Bewahrheitung	VERIFIKATION
Beweggrund, Bewirkung	VERANLASSUNG
Beweglichkeit	GELENKIGKEIT
bewehrter Draht	STACHELDRAHT
Bewerbung	ANWARTSCHAFT
bezaubernd	FASZINIEREND
Bienenkrankheit	NOSEMASEUCHE
Biesfliege	DASSELFLIEGE
bigott	HEUCHLERISCH
bigott, frömmelnd	SCHEINHEILIG
Bildberichter	FOTOREPORTER
Bildkunde	IKONOGRAPHIE
bildlich	METAPHORISCH
billigen	BEIPFLICHTEN
bisweilen	GELEGENTLICH
Bitte um Strafmilderung	GNADENGESUCH
Blätterpilz	SCHWEFELKOPF
blamieren	BLOSSSTELLEN
Blasinstrument	WALDHORNTUBA
Blatthornkäfer	HIRSCHKAEFER
Blatthornkäfer	PILLENDREHER
Blatt vor dem Titelblatt	SCHMUTZTITEL
Blauracke	MANDELKRAEHE
Bleichflüssigkeit	EAUDEJAVELLE
bloßstellen	DESAVOUIEREN
Blütenart	ZUNGENBLUETE
Blütenstand	DOLDENTRAUBE
Blütenteil	BLUETENBLATT
Blütenteil	BLUETENBODEN
Blütenteil	FRUCHTKNOTEN
Blütenteil	STAUBGEFAESS
Blutbildung	HAEMATOPOESE
Bluterbrechen	HAEMATEMESIS
Blutkörperchenmerkmal	RHESUSFAKTOR
Blutsturz	HAEMATORRHOE
Blutung	HAEMORRHAGIE
Bodennutzung	KULTIVIERUNG
Bodenübung	SPREIZSPRUNG
Bodenübung	STRECKSPRUNG
böhm. Dynastie	PRZEMYSLIDEN
Börsenpapier	INHABERAKTIE
Börsenpapier	VORZUGSAKTIE
Börsenvertrag	FIXGESCHAEFT
Bohnenkraut	PFEFFERKRAUT
bolivian. Stadt	PUERTOSUAREZ
Bombenabwurf	BOMBARDEMENT
Bon	KASSENZETTEL
Bonus	GEWINNANTEIL
Bordeauxwein	SAINTEMILION
Bordeauxwein	SAINTESTEPHE
Bosheit	NIEDERTRACHT
Bote	UEBERBRINGER
Bourbonenflagge	LILIENBANNER

Brachvogel	KRONSCHNEPFE
Bräutigam	ZUKUENFTIGER
brandenburg. Stadt a. d. Dosse	WUSTERHAUSEN
Brandkatastrophe	FEUERSBRUNST
Branntweinbrennerei	DESTILLATION
Branntweinsorte	HIMBEERGEIST
Branntweinsorte	KIRSCHWASSER
brasilian. Flugpionier	SANTOSDUMONT
Brauchbarkeit	TAUGLICHKEIT
brauner Bolus	TERRADISIENA
Brillenschlange	SPEISCHLANGE
britisch. Oberhaus	HOUSEOFLORDS
britisch. Staatenbund	COMMONWEALTH
Brosche	ANSTECKNADEL
Bruderschaft	KONGREGATION
Brücke in Prag	KARLSBRUECKE
brüsk, jäh	UNVERMITTELT
Brunnen	WASSERSTELLE
brutal	GEWALTTAETIG
brutal, herzlos	UNMENSCHLICH
Buchstabe	KAPITAELCHEN
Bucht in Texas (USA)	GALVESTONBAI
Bücherei-Angestellter	BIBLIOTHEKAR
Bücherliebhaberei	BIBLIOPHILIE
Bühnendekoration	RUNDHORIZONT

bühnenfachlicher Ausdruck	KULISSENHAUS
Bühnenkünstler	SCHAUSPIELER
bühnenmäßig, gespreizt	THEATRALISCH
Bühnenstück v. Claudel	MITTAGSWENDE
Bühnenstück v. Eliot	DERMORDIMDOM
Bühnenstück v. Fry	VENUSIMLICHT
Bühnenstück v. Garcia Lorca	BLUTHOCHZEIT
Bühnenstück v. Hauptmann	DERBIBERPELZ
Bühnenstück v. Hauptmann	FLORIANGEYER
Bühnenstück v. Shakespeare	JULIUSCAESAR
Bühnenstück v. Shakespeare	MASSFUERMASS
Bühnenstück v. Shaw	MAJORBARBARA
Bühnenstück v. Strindberg	NACHDAMASKUS
Bühnenstück v. Thoma	DIELOKALBAHN
bürgerlicher Rechtsstreit	ZIVILPROZESS
Büro	SCHREIBSTUBE
Bürogerät	HEFTMASCHINE
Büromöbelstück	SCHREIBTISCH
Bug	VORDERSCHIFF
Bugschmuck	GALIONSFIGUR

bulgar. Stadt an der Maritza	DIMITROWGRAD
Bulletin	TAGESBERICHT
Burg auf der Schwäb. Alb	HOHENZOLLERN
Burg bei Göppingen	HOHENSTAUFEN
Burg in Österreich	KREUZENSTEIN
Burgunderwein	VOSNEROMANEE
Campanula	GLOCKENBLUME
Camping-Gegenstand	KOCHGESCHIRR
Camping-Gegenstand	LUFTMATRATZE
Carillon	GLOCKENSPIEL
CDU-Politiker	GERSTENMAIER
Chance	MOEGLICHKEIT
charakterisieren	KENNZEICHNEN
Charisma	AUSSTRAHLUNG
Chassis	WAGENGESTELL
Chef, Boß	VORGESETZTER
Chef einer Zweigstelle	FILIALLEITER
chem. Element, Metall	PROTACTINIUM
chem. Teilgebiet	THERMOCHEMIE
chem. Verfahren	DESTILLATION
chem. Werkstatt	LABORATORIUM
chines. Provinz	HEILONGJIANG
chines. Stadt in Sinkiang	TSCHANGTSCHA
chines. Strom	JANGTSEKIANG
Chorraum	PRESBYTERIUM

christl. Konfession	PROTESTANTEN
christl. Totenfest	TOTENSONNTAG
Chrysantheme	FRAUENBALSAM
Clinch beim Boxen	UMKLAMMERUNG
Clown	DUMMERAUGUST
Comic-Figur	DAGOBERTDUCK
costaric. Nobelpreisträger	ARIASSANCHEZ
Curling	EISSCHIESSEN
dän. Bucht	AALBORGBUCHT
dän. Dichter	CHRISTIANSEN
Dampfmaschinenteil	KOLBENSTANGE
Dampfmaschinenteil	PLEUELSTANGE
Darrsucht	SKLERODERMIE
daseinsbejahend	OPTIMISTISCH
dauerhaft machen	KONSERVIEREN
Dauerkarte	PASSEPARTOUT
Dauer-Verkaufserfolg	STEADYSELLER
Dauerwurst	SCHLACKWURST
dazwischen befindlich	INTERMEDIAER
Defilee, Parade	VORBEIMARSCH
Dekoration	AUSZEICHNUNG
Delikatesse	LECKERBISSEN
demnächst	BEVORSTEHEND
Denksportaufgabe	WABENRAETSEL
deportieren	VERSCHLEPPEN
Depot	AUFBEWAHRUNG
Depot	SAMMELSTELLE
Depot für Ernteprodukte	GETREIDESILO
Derby	PFERDERENNEN
der Länge nach	LONGITUDINAL
Derwisch	BETTELMOENCH
Deserteur	UEBERLAEUFER
Desinfektionsmittel	KARBOLSAEURE
Dessous	UNTERWAESCHE
deutlich ausdrücken	ARTIKULIEREN
Devise	WAPPENSPRUCH
devot	UNTERWUERFIG
Diagnose	FESTSTELLUNG
dickfellig	PHLEGMATISCH
Dienerschaft	HAUSPERSONAL
dilettantisch	STUEMPERHAFT
dinghaft	SUBSTANTIELL
Dinosaurier	BRONTOSAURUS
diskret, heimlich	UNAUFFAELLIG
diskret, schweigsam	VERSCHWIEGEN
Disziplin	BEHERRSCHUNG
Dividende	GEWINNANTEIL
Doktorarbeit	DISSERTATION
Dokument	BEWEISSTUECK
dokumentiert	NACHWEISLICH
dominant	BEHERRSCHEND
dominieren, überwiegen	VORHERRSCHEN
Doppel, Abschrift	ZWEITSCHRIFT
Dorf	MARKTFLECKEN
Dornfrucht	STACHELBEERE
Dorngrundel	STEINBEISSER
Dossier	AKTENBUENDEL
Drahtgeflecht	MASCHENDRAHT
Drehflügelflugzeug	HUBSCHRAUBER
dreist, anmaßend	UNVERSCHAEMT
dritter Sonntag vor Ostern	ROSENSONNTAG
Druckverletzung	QUETSCHWUNDE
Drummer, Trommler	SCHLAGZEUGER
dtsch. Afrikaforscher	SCHWEINFURTH
dtsch. Autor, Lyriker	SCHENKENDORF
dtsch. Autorennstrecke	NUERBURGRING
dtsch. Badeort, Kurort	HEILIGENDAMM
dtsch. Barockdichter	HARSDOERFFER
dtsch. Bildhauer	SCHWANTHALER
dtsch. Chemiker	MITSCHERLICH
dtsch. Chemiker (Nobelpreis)	WILLSTAETTER
dtsch. Dichter, Schriftsteller	ENZENSBERGER
dtsch. Dichter (Balladen)	MUENCHHAUSEN
dtsch. Dirigent	FURTWAENGLER
dtsch. Erfinder (Linotype)	MERGENTHALER
dtsch. Filmkomiker	HALLERVORDEN
dtsch. Fürstenhaus	HOHENSTAUFEN
dtsch. Fürstenhaus	HOHENZOLLERN

12

dtsch. Jazz-posaunist	MANGELSDORFF
dtsch. Journalist, Dichter	GLASSBRENNER
dtsch. Kabarettist	ZIMMERSCHIED
dtsch. klassizistisch. Architekt	ERDMANNSDORF
dtsch. Komponist	RIETHMUELLER
dtsch. Landeshauptstadt	SAARBRUECKEN
dtsch. Landschaft	WUERTTEMBERG
dtsch. Nordseelandschaft	DITHMARSCHEN
dtsch. Philosoph	SCHOPENHAUER
dtsch. Porzellanmanufaktur	FUERSTENBERG
dtsch. Psychologen-Ehepaar	MITSCHERLICH
dtsch. Regisseur	ACHTERNBUSCH
dtsch. Regisseur	SCHLOENDORFF
dtsch. Schauspieler	BIEDERSTAEDT
dtsch. Schauspieler	MUELLERSTAHL
dtsch. Schauspieler	SCHAFHEITLIN
dtsch. Schauspielerin	FINKENZELLER
dtsch. Schlagersänger	TONYMARSHALL
dtsch. Schriftsteller	FEUCHTWANGER
dtsch. Schriftsteller	HILDESHEIMER
dtsch. Schriftsteller	WONDRATSCHEK
dtsch. Schriftstellerin	LANGEWIESCHE
dtsch.-schwed. Chemiker	EULERCHELPIN
dtsch. Stadt an der Oker	BRAUNSCHWEIG
dtsch. Theologe, Sozialphilosoph	NELLBREUNING
dtsch. Währung	DEUTSCHEMARK
dtsch. weibl. Adelstitel	PFALZGRAEFIN
dtsch. Weinbaugebiet	WUERTTEMBERG
duckmäuserisch	KRIECHERISCH
Düngemittel	KALISALPETER
Düngemittel	KALKSALPETER
Düngemittel	KLAERSCHLAMM
Düngemittel	KNOCHENASCHE
dünkelhaft, anmaßend	UEBERHEBLICH
Düsseld. Promenadenstraße	KOENIGSALLEE
Düsseld. Sehenswürdigkeit	SANKTANDREAS
Duldsamkeit	LIBERALITAET
Dummy	SCHAUPACKUNG
durchdringend	PENETRIEREND
Durchlaucht	SERENISSIMUS
durchpausen	NACHZEICHNEN
Dynastie	FUERSTENHAUS
ebenbürtig	GLEICHWERTIG
Eberesche	ELSEBEERBAUM
Eberwurz	SILBERDISTEL
Eberwurz	WETTERDISTEL
Echtheitserklärung	LEGITIMATION
Edelfalter	KAISERMANTEL
Edelfalter	TRAUERMANTEL
egalisieren	GLEICHMACHEN
ehem. dän. Goldmünze	CHRISTIANDOR
ehem. dtsch. Königreich	WUERTTEMBERG
ehem. franz. Strafinsel	TEUFELSINSEL
ehem. Hauptstadt der Azteken	TENOCHTITLAN
ehem. Präsid. von Sri Lanka	BANDARANAIKE
ehem. preuß. Provinz	HOHENZOLLERN
ehem. preuß. Provinz	RHEINPROVINZ
ehem. preuß. Provinz	WESTPREUSSEN
Ehrenbezeigung im Seewesen	FLAGGENGRUSS
ehrenhalber	HONORISCAUSA
Ehrung	AUSZEICHNUNG
Eibischart	WETTERROESEL
Eifer, Fleiß	STREBSAMKEIT
eigensinnig	STARRKOEPFIG
eigensinnig	WIDERBORSTIG
Eigentümlichkeit	SPEZIALITAET

einbalsamieren	MUMIFIZIEREN
Einbau	INSTALLATION
einberufen	MOBILISIEREN
einen Sieg bejubeln	TRIUMPHIEREN
einen Vertrag genehmigen	RATIFIZIEREN
einfach	ANSPRUCHSLOS
Einfachheit	SIMPLIZITAET
Einflußnahme	MANIPULATION
Einförmigkeit	UNIFORMITAET
Einführung	INTRODUKTION
Eingriff	INTERVENTION
einheim. Orchidee	KOHLROESCHEN
einige	VERSCHIEDENE
Einlegearbeit	INKRUSTATION
Einlegearbeit in Metall	TAUSCHIERUNG
Einleitung	INTRODUKTION
einleuchtend	AUGENFAELLIG
einleuchtend, beweiskräftig	UEBERZEUGEND
einmachen	KONSERVIEREN
Einmischung	INTERVENTION
einordnen, verzeichnen	REGISTRIEREN
Einpauker	KORREPETITOR
einpflanzen	IMPLANTIEREN
Einpflanzung	IMPLANTATION
einrichten	INSTALLIEREN
Einrichtung	INSTALLATION
einsam	MENSCHENLEER
Einschlafhilfe	SCHLAFMITTEL
einschließlich	EINBEGRIFFEN
Einschmelzung	ASSIMILATION
Einschränkung	MODIFIKATION
Einschreiben an der Uni	INSKRIBIEREN
Einsegnung	KONFIRMATION
Einsegnung	KONSEKRATION
einsehbar	INTELLIGIBEL
einsetzen	INSTITUIEREN
einsickern	INFILTRIEREN
Einsickerung	INFILTRATION
Einspruch erheben	PROTESTIEREN
einstweilig, notdürftig	PROVISORISCH
eintön. Großwohnbau	MIETSKASERNE
Einüber	KORREPETITOR
Einvernehmen	VERSTAENDNIS
einwilligen	KONSENTIEREN
Einwohnerschaft	BEVOELKERUNG
Einzelgänger	AUSSENSEITER
Einzelhandelsfrauenberuf	VERKAEUFERIN
einziehen	KONFISZIEREN
Einziehung	KONFISKATION
Eiskraut, Eispflanze	MITTAGSBLUME
Eiskunstlauf-Figur	DOPPELDREIER
Eiskunstlauf-Figur	TODESSPIRALE
Eiskunstlauf-Sprung	SPREIZSPRUNG
Eiskunstlauf-Sprung	STRECKSPRUNG
Eiskunstlauf-Sprungfolge	DREIERSPRUNG
Eissportart	EISKUNSTLAUF
eitel	PUTZSUECHTIG
ekelhaft, abscheulich	WIDERWAERTIG
Elbinsel bei Hamburg	FINKENWERDER
elektr. Feldausrichtung	POLARISATION
elektr. Kontakt	STROMSCHLUSS
elektr. Meßgerät	ELEKTROMETER
elektr. Meßgerät	GALVANOMETER
elektr. Musikinstrument	HAMMONDORGEL
elektr. Rochenart	ZITTERROCHEN
elektr. Strom	WECHSELSTROM
Elektrische	STRASSENBAHN
elektroakust. Orgel	HAMMONDORGEL
Elektrohandwerker	INSTALLATEUR
elektronischer Signalspeicher	MAGNETPLATTE
elektrostatisch. Meßgerät	ELEKTROMETER
elsäss. Stadt an der Ill	SCHLETTSTADT
Embryo	LEIBESFRUCHT
Emigration	AUSWANDERUNG
eminent	HERVORRAGEND

Empfindungsvermögen	SENSUALITAET
Endkampf im Sport	ENTSCHEIDUNG
Endkampf im Sport	SCHLUSSRUNDE
endlich	SCHLIESSLICH
engagieren, einstellen	VERPFLICHTEN
enge Berührung	TUCHFUEHLUNG
Engel von Sibirien	BRAENDSTROEM
enge Verbindung	ZUSAMMENHALT
enge Verbundenheit	FREUNDSCHAFT
engl. Bildnismaler	GAINSBOROUGH
engl. Frühgotik	EARLYENGLISH
engl. Grafschaft	BEDFORDSHIRE
engl. Grafschaft	WARWICKSHIRE
engl. Hafen am Tyne, Seebad	SOUTHSHIELDS
engl. Name des Oberen Sees	LAKESUPERIOR
engl. Popmusikgruppe	FLEETWOODMAC
engl. Popsänger	CLIFFRICHARD
engl. Stadt am Trent	GAINSBOROUGH
engl.: Großbritannien	GREATBRITAIN
engl.: Sozialhelfer	STREETWORKER
entarten	DEGENERIEREN
Entartung	DEGENERATION
Entdecker v. asiat. Gebieten	PRSCHEWALSKI
Entdecker pazifischer Gebiete	BOUGAINVILLE
Enteignung	KONFISKATION
entfernen	DISTANZIEREN
Entfremdung	ABALIENATION
Entführung	MENSCHENRAUB
Enthusiasmus	BEGEISTERUNG
Entkeimung	DESINFEKTION
entlarven	UEBERFUEHREN
Entlarvung	DEMASKIERUNG
entpflichten	DISPENSIEREN
Entschädigung	KOMPENSATION
Entschädigung	REMUNERATION
Entschluß	ENTSCHEIDUNG
Entseuchung	DESINFEKTION
Entsorgungsanlage	GROSSDEPONIE
entstellen	VERUNSTALTEN
Entwässerungsanlage	ABFLUSSKANAL
Entwässerungsanlage	KANALISATION
Entweihung	PROFANIERUNG
entwertend	INFLATIONAER
Entwicklung, Entwicklungszeit	REIFEPROZESS
Entzücken	ENTHUSIASMUS
entzündlich	PHLOGISTISCH
Entzündung	INFLAMMATION
Entzündung von Gelenken, Muskeln	RHEUMATISMUS
Epos von Goethe	REINEKEFUCHS
Erbauer	KONSTRUKTEUR
Erbauer von Sanssouci	KNOBELSDORFF
Erbe, Erbschaft	VERMAECHTNIS
Erdaltertum	PALAEOZOIKUM
Erdfarbe	KOELNERBRAUN
erdichten	PHANTASIEREN
erdichten	VORTAEUSCHEN
Erdrauchgewächs	LERCHENSPORN
Erdrinde	LITHOSPHAERE
ereifern	ECHAUFFIEREN
erfinden	KONSTRUIEREN
Erfinder d. Kinematographen	SKLADANOWSKI
Erfinder d. Nähmaschine	MADERSPERGER
Erfinder einer Kurzschrift	GABELSBERGER
Erforschung, Ermittlung	UNTERSUCHUNG
erhöhtes Erdgeschoß	HOCHPARTERRE
Erholung	REGENERATION
Erinnye	RACHEGOETTIN
Erkenntnis	APPERZEPTION
erklären, verkünden	PROKLAMIEREN
Erklärung	ERLAEUTERUNG
erkunden	AUSBALDOWERN
erläutern	KOMMENTIEREN
erledigen	DURCHFUEHREN
erleuchten	ILLUMINIEREN
ermächtigen	AUTORISIEREN

Ermächtigung	AUTORISATION
Ernährung	ALIMENTATION
erneuern	REGENERIEREN
Erneuerung	REFORMIERUNG
Erneuerung, Instandsetzung	RESTAURATION
Erntegerät	MAEHDRESCHER
Erntegerät	MAEHMASCHINE
Eroberer	KONQUISTADOR
erregend, anregend	STIMULIEREND
Erregung	STIMULIERUNG
errichten	KONSTRUIEREN
erschweren	KOMPLIZIEREN
Erschwerung	KOMPLIKATION
Ersetzung, Stellvertretung	SUBSTITUTION
erstaunlich	VERBLUEFFEND
Erste-Hilfe-Maßnahme	BLUTSTILLUNG
erste öffentl. Darstellung	URAUFFÜHRUNG
Erstgeburtsrecht	PRIMOGENITUR
erwerbstätig	BESCHAEFTIGT
Erwerbsunfähigkeit	INVALIDITAET
Erzieherehepaar	PFLEGEELTERN
erzieherisch	PAEDAGOGISCH
Erzschelm	EULENSPIEGEL
erzwungen	UNFREIWILLIG
Eskapade	SEITENSPRUNG
Espe	ZITTERPAPPEL
eßbarer Blätterpilz	TRICHTERLING
Eßraum	SPEISEZIMMER
estnische Stadt	WEISSENSTEIN
Ethnologie	VOELKERKUNDE
Etikette	HOEFLICHKEIT
Eule, Eulenvogel	SCHLEIEREULE
europäisch. Zwergstaat	VATIKANSTADT
exemplarisch	BEISPIELHAFT
Exkurs	ABSCHWEIFUNG
Exodus	AUSWANDERUNG
expreß	BESCHLEUNIGT
exquisit, hervorragend	VORTREFFLICH
exzellent	HERVORRAGEND
fabulieren	PHANTASIEREN
Fachsprache	TERMINOLOGIE
fad, fade	GESCHMACKLOS
Fadenwurm	ESSIGAELCHEN
Fahrradteil	KETTENSCHUTZ
Fahrstuhl	LASTENAUFZUG
Faktor	DRUCKMEISTER
Falke, Falkenvogel	LERCHENFALKE
Falsett	FISTELSTIMME
Farbe, Farbton	KUPFERBRONZE
Farbton	SCHARLACHROT
Farbton	VEILCHENBLAU
fassungslos	KONSTERNIERT
Faszination	VERZAUBERUNG
Federkraft, Spannkraft	ELASTIZITAET
Fehlleitung	IRREFUEHRUNG
Fehlschluß	PARALOGISMUS
feierl. akadem. Einsetzung	INAUGURATION
feinfühlend, empfindlich	ZARTBESAITET
Feingebäck	APFELSTRUDEL
Feingebäck	MARMORKUCHEN
Feldsalat	SONNENWIRBEL
Feldsalat	VALERIANELLA
Felsen im Teutoburger Wald	EXTERNSTEINE
Fenek	WUESTENFUCHS
Fernaufnahmenlinsensystem	TELEOBJEKTIV
Fernsprechkabine	TELEFONZELLE
fesselnd	FASZINIEREND
Festbeleuchtung	ILLUMINATION
Fest der Eucharistie	FRONLEICHNAM
feste Zuversicht, Gewißheit	UEBERZEUGUNG
festlegend	DETERMINATIV
festlich beleuchten	ILLUMINIEREN
Festnahme	INHAFTIERUNG
feststellen	KONSTATIEREN
Fetthenne	MAUERPFEFFER
Feuerwehrfahrzeug	GERAETEWAGEN
Figur aus »Dreigroschenoper«	MACKIEMESSER
Figur aus »Fra Diavolo«	LORDKOOKBURN

12

Figur aus »Graf von Luxemburg«	GRAEFINSTASA
Figur aus »Porgy and Bess«	SPORTINGLIFE
Figur aus e. dtsch. Märchen	ASCHENPUTTEL
Figur aus e. dtsch. Märchen	DORNROESCHEN
Figur aus e. dtsch. Märchen	FROSCHKOENIG
Filiale	ZWEIGBETRIEB
Filmgattung	KRIMINALFILM
Finale	SCHLUSSSZENE
Fingerabdruck	DAKTYLOGRAMM
Fingerteil	FINGERSPITZE
Fisch, Fischart	NASHORNFISCH
fischähnliche Tierart	LANZETTFISCH
Fischart	KNOCHENFISCH
Fischart	MATJESHERING
Fischfanggerät	SCHLEPPANGEL
Fischkunde	ICHTHYOLOGIE
Flachdruckverfahren	LITHOGRAPHIE
flache Kopfbedeckung	BASKENMUETZE
flache Kopfbedeckung	TELLERMUETZE
Flächenmaß	QUADRATMETER
Flausen	FISIMATENTEN
Fledermäuse	FLATTERTIERE
Fledermaus	HUFEISENNASE
fleischfressende Pflanze	FLIEGENFALLE
fleischlose Ernährung	VEGETARISMUS
fleischlose Nahrung	PFLANZENKOST
Fleischware	DOERRFLEISCH
Fleischware	LEBERPASTETE
Fleischware	RUEGENWALDER
Fleiß	TUECHTIGKEIT
Flickarbeit	AUSBESSERUNG
Fliegenart	BLUMENFLIEGE
Fliegenart	KIRSCHFLIEGE
Fliegenart	RAUPENFLIEGE
Fliegenart	RINDERBREMSE
Fliegenart	SCHWEBFLIEGE
Fliegenart	STUBENFLIEGE
florentin. Architekt und Maler	MICHELANGELO
florentin. Bauwerk, Kunstgalerie	PALAZZOPITTI
Flottenwesen	KRIEGSMARINE
Flughafen von Hamburg	FUHLSBUETTEL
Flughafen von Stuttgart	ECHTERDINGEN
Flugzeugstarthilfe	MOTORSCHLEPP
Fluß durch Sevilla	GUADALQUIVIR
Flußmuschel-Art	MALERMUSCHEL
Flußpferd	HIPPOPOTAMUS
Foen	HAARTROCKNER
fördern	BEGUENSTIGEN
Förmlichkeit	SACHLICHKEIT
Folge der roten Karte im Sport	PLATZVERWEIS
folgewidrig	INKONSEQUENT
Folgewidrigkeit	INKONSEQUENZ
Folter	MISSHANDLUNG
forcieren	VORANTREIBEN
fordern	BEANSPRUCHEN
Formbarkeit	PLASTIZITAET
Formwechsel	METAMORPHOSE
Forschung	WISSENSCHAFT
Forschungsanstalt, -stätte	LABORATORIUM
Forstbeamter	FORSTMEISTER
Forstbediensteter	FORSTGEHILFE
Forstbediensteter	JAGDAUFSEHER
Forstbediensteter	OBERFOERSTER
Forstschädling	BORKENKAEFER
Fortdauer	KONTINUITAET
Fracht	TRANSPORTGUT
Frachtbrief, -papier	KONNOSSEMENT
fränk. Stadt an der Altmühl	GUNZENHAUSEN
fränk. Stadt an der Sulzach	FEUCHTWANGEN
fränk. Stadt an der Wörnitz	DINKELSBUEHL
Fragefürwort	INTERROGATIV
fragend	INTERROGATIV
Fraktur	DRUCKSCHRIFT
Fraktur	KNOCHENBRUCH

Frankfurter Sehenswürdigkeit	PALMENGARTEN
franz. Anrede	MADEMOISELLE
franz. Autor (Nobelpreis)	MARTINDUGARD
franz. Dichter, Flieger	SAINTEXUPERY
franz. Dichter, Schriftsteller	BEAUMARCHAIS
franz. Hafenstadt an der Loire	SAINTNAZAIRE
franz. Mittelmeerinsel	PORQUEROLLES
franz. Modeschöpfer	SAINTLAURENT
franz. Nationalhymne	MARSEILLAISE
franz. Orgelgeschütz	MITRAILLEUSE
franz. Radwettbewerb	TOURDEFRANCE
franz. Rivieraseebad	VILLEFRANCHE
franz. Rotweinsorte	SAINTEMILION
franz. Schriftsteller	ROBBEGRILLET
franz. Stadt an der Seine	SAINTGERMAIN
franz. Stadt an der Somme	SAINTQUENTIN
franz. Varietekünstlerin	MISTINGUETTE
franz.: Ausweis	LEGITIMATION
franz.: höhere Gewalt	FORCEMAJEURE
franz.: Kartoffel	POMMEDETERRE
Franziskaner	KONVENTUALEN
Frauenheilkunde	GYNAEKOLOGIE
Freilichtbühne	NATURTHEATER
Freipaß	PASSEPARTOUT
Freisinn	LIBERALISMUS
friedensliebend	PAZIFISTISCH
friedfertig	VERTRAEGLICH
frigid	GEFUEHLSKALT
Frischhaltegerät	GEFRIERTRUHE
Frischhaltegerät	KUEHLSCHRANK
fritierte Kartoffelstäbchen	POMMESFRITES
frivol	LEICHTFERTIG
Frömmigkeit	GOTTESFURCHT
fromme Vereinigung	BRUDERSCHAFT
Fron	ZWANGSARBEIT
Froschlurch	WASSERFROSCH
früh. niedrigster akadem. Grad	BAKKALAUREUS
frühere Hauptst. v. Westpreußen	MARIENWERDER
früherer Flugzeug-Typ	DOPPELDECKER
Fruktose	FRUCHTZUCKER
Fürsorger	SOZIALHELFER
Fußballstürmer	RECHTSAUSSEN
Fußbekleidung	SCHNUERSCHUH
Fußstütze	EINLEGESOHLE
Fußteil, Beinteil	SPRUNGGELENK
Gänseblümchen	MASSLIEBCHEN
Gänsedistel	MILCHLATTICH
Gänsedistel	SCHWEINEKOHL
gänzlich, komplett	VOLLSTAENDIG
gärender Most	FEDERWEISSER
Gärung	FERMENTATION
Galaxis	MILCHSTRASSE
Galgenhumor	SELBSTIRONIE
Galgenvogel	MANDELKRAEHE
Galileis Entdeckung	PENDELGESETZ
Gallwespe	SCHLUPFWESPE
Garderobe	ANKLEIDERAUM
Gardinenpredigt	STRAFPREDIGT
Gasentladungslampe	LEUCHTROEHRE
Gastwirt	RESTAURATEUR
Gastwirtschaft	RESTAURATION
Gaul	ARBEITSPFERD
Gaumenspalte	HASENSCHARTE
Gaunerwort für auskundschaften	AUSBALDOWERN
gebieten	KOMMANDIEREN
gebilligt, gestattet	SANKTIONIERT
Gebirge im Westen der USA	SIERRANEVADA
Gebirge in der CSFR	NIEDERETATRA
Geburtsort Bismarcks	SCHOENHAUSEN
Gedächtniskunst	MNEMOTECHNIK
Gedächtnisstütze	AUFZEICHNUNG
Gedächtnisstütze	ESELSBRUECKE

gedeihen, voran-kommen	PROSPERIEREN
Gedinge	AKKORDARBEIT
gefährl. Gruben-gas-gemisch	SCHLAGWETTER
gefährl. Luft-sprung	SALTOMORTALE
gefällig	DIENSTFERTIG
Gefahr für Bergleute	STOLLENBRUCH
Gefallen	LIEBESDIENST
Gefecht, Geplänkel	SCHARMUETZEL
Gefrier-gerät	KUEHLSCHRANK
Gefühls-taumel	UEBERSCHWANG
Gegen-aktion	KONTERSCHLAG
Gegen-sätze aufbauen	POLARISIEREN
gegen-sätzlich	ANTITHETISCH
Gegen-satz, Ge-genspiel	ANTAGONISMUS
Gegen-stück	ENTSPRECHUNG
Gegenteil von Freiheit	KNECHTSCHAFT
Gegenteil von Glück	MISSGESCHICK
Gegenteil von Traum	WIRKLICHKEIT
Gegner	GEGENSPIELER
Geheim-bündelei	KONSPIRATION
geheim-nisvoll, wahr-sagerisch	SIBYLLINISCH
Gehirnba-sisdrüse	ZIRBELDRUESE
Gehirn-entzün-dung	ENZEPHALITIS
Gehsteig	BUERGERSTEIG
Geier, Geierart	KOENIGSGEIER
Geier, Geierart	LAEMMERGEIER
Geier, Geierart	MOENCHSGEIER
Geigen-teil, -zubehör	SAITENHALTER
Geißelung	FLAGELLATION
geistl. Behörde	KONSISTORIUM
geistl. Drama im MA	MIRAKELSPIEL
geistl. Orden	FRANZISKANER
geistl. Vereini-gung	KONGREGATION
gekün-stelt, gespreizt	UNNATUERLICH
Gelände-fahrrad	MOUNTAINBIKE
gelb-grüner Edelstein	CHRYSOBERYLL
Geld-börse	PORTEMONNAIE
Geldrück-lage	SPARGUTHABEN
Gelegen-heit	MOEGLICHKEIT
Gelenk-band-zerrung	VERSTAUCHUNG
Geliebte v. Lord Nelson	LADYHAMILTON
Gemälde-samm-lung	KUNSTGALERIE
gemäß	ENTSPRECHEND
Gemeinde	MARKTFLECKEN
Gemeinde-kirchenrat	PRESBYTERIUM
Gemein-heit	NIEDERTRACHT
Gemein-schaft	GESELLSCHAFT
Gemein-schafts-sinn	SOLIDARITAET
Gemüts-ruhe	GELASSENHEIT
genehmi-gen	AUTORISIEREN
Genehmi-gung eines Vertrages	RATIFIKATION
geneigte Fläche	SCHIEFEEBENE
Genesung	KONVALESZENZ
Genug-tuung	BEFRIEDIGUNG
geolo-gische Formation	JUNGTERTIAER
geologi-sche Formation	PALAEOZOIKUM
geologi-sche Formation	PRAEKAMBRIUM
geologi-sche Formation	UNTEREKREIDE
geologi-sche Schicht	ROTLIEGENDES
Geplauder	KONVERSATION
gepol-sterte Liegestatt	CHAISELONGUE
Gerät zum Zeichnen	KURVENLINEAL
Gerät zum Zeichnen	NULLENZIRKEL
geräu-cherte Fleisch-ware	RAUCHFLEISCH
Geräu-chertes	SELCHFLEISCH
gericht-liche Entschei-dung	SCHULDSPRUCH
gerichtli-che Maß-nahme	VERURTEILUNG
Gerichts-barkeit	JURISDIKTION
Gerichts-verfahren	STRAFPROZESS
Gerichts-verfahren, Prozeß	RECHTSSTREIT
gering-schätzig	VERAECHTLICH

gerissen	DURCHTRIEBEN
Gernegroß	BESSERWISSER
Gerte	REITPEITSCHE
Gerüchte verbreiten	KOLPORTIEREN
gesamtamerikan. Fernstraße	PANAMERIKANA
Gesamth. der Empfindungsorgane	NERVENSYSTEM
Gesamtheit der Abwässeranlagen	KANALISATION
Gesamtheit der Anhänger	GEFOLGSCHAFT
Gesamtheit der Generäle	GENERALITAET
Gesamtheit der Straßen	VERKEHRSNETZ
Gesandtschaftsmitglied	LEGATIONSRAT
Geschäftsbereich e. Ministers	PORTEFEUILLE
Geschichtensammlung	MAERCHENBUCH
geschickt	FINGERFERTIG
Geschirrteil	SUPPENTELLER
geschmacklos	ABGESCHMACKT
Geschmeidigkeit	ELASTIZITAET
Geschützteil	SCHUTZSCHILD
Geschwätz	WISCHIWASCHI
Geschworener	LAIENRICHTER
Geschwürbildung	EXULZERATION
geselliger Kreis	GESELLSCHAFT
Gesellschafter	KOMMANDITIST
Gesellschaftstanz	RHEINLAENDER
Gesetzbuch	CODENAPOLEON
Gesetzessammlung	KODIFIKATION
gesetzlich	RECHTMAESSIG
Gesichtszüge	PHYSIOGNOMIE
Gesinde	DIENERSCHAFT
Gesinnung	GRUNDHALTUNG
Gespräch	KONVERSATION
Gespräch, Konversation	UNTERHALTUNG
Gestalt aus »1001 Nacht«	SCHEHERAZADE
gestalten	KONSTRUIEREN
gestalten, ordnen	ORGANISIEREN
Geste	HANDBEWEGUNG
Geste des Bedauerns	ACHSELZUCKEN
Gesteinskunde	PETROGRAPHIE
Gestirnsverzeichnis	STERNKATALOG
Getreideprodukt	HAFERFLOCKEN
Geübtheit	VERSIERTHEIT
Gewässerbeschreibung	HYDROGRAPHIE
Gewand d. Naturvölker	LENDENSCHURZ
gewandt, hochgemut	SELBSTSICHER
Gewebeart	CREPEDECHINE
gewinnbringend	EINTRAEGLICH
Gewißheit	BESTIMMTHEIT
Gewittererscheinung	REGENSCHAUER
Gewittergeräusch	DONNERSCHLAG
Gewitterwolke	KUMULONIMBUS
Gewölbeart	NETZGEWOELBE
Gewürz	LORBEERBLATT
Gewürz, Gewürzpflanze	LIEBSTOECKEL
Giftpflanze	KOENIGSKERZE
Giftschlange	BUSCHMEISTER
Gipfel der Seetaler Alpen	ZIRBITZKOGEL
Gipfel des Monte Rosa	DUFOURSPITZE
Gischt	WELLENSCHAUM
Glanznummer, -punkt	PARADESTUECK
gleichberechtigt	PARITAETISCH
Gleichberechtigung	EMANZIPATION
gleichbleibend	UNVERAENDERT
gleichgültig, apathisch	TEILNAHMSLOS
Gleichgültigkeit	DESINTERESSE
Gleichheit	HOMOGENITAET
Gleichmäßigkeit	UNIFORMITAET
Gleichstellung	EMANZIPATION
Gleisanlage	RANGIERGLEIS
Gleitschutz an Reifen	REIFENKRALLE
gliedern	SEGMENTIEREN
Gliederreißen	RHEUMATISMUS
Gliederung	UNTERTEILUNG

Glüh- würm- chen	LEUCHTKAEFER
Glut	LEIDENSCHAFT
gnaden- los	UNBARMHERZIG
Gold- blume	CHRYSANTHEME
Gralsburg	MONSALVATSCH
graph. Betrieb	BUCHBINDEREI
graph. Produkt	LINOLSCHNITT
Grasart	FUCHSSCHWANZ
Grasart	KANARIENGRAS
Grasart	MAEUSEGERSTE
Grasart	STRANDGERSTE
Graslilie	SPINNENKRAUT
Grat	SCHNITTLINIE
Gratifika- tion	SONDERZULAGE
Grausam- keit	BESTIALITAET
Grau- spieß- glanzerz	ANTIMONGLANZ
Greif- vogel	ADLERBUSSARD
Greif- vogel	KOENIGSGEIER
Greif- zirkel	TASTERZIRKEL
Griffteil d. Saiten- instru- mente	WIRBELKASTEN
größter europ. Greif- vogel	LAEMMERGEIER
größter ost- brasilian. Fluß	SAOFRANCISCO
größter Strom Asiens	JANGTSEKIANG
größte Stadt Brasiliens	RIODEJANEIRO
Groß- brand	FEUERSBRUNST
großes Schwert	BIDENHAENDER
Groß- maul	AUFSCHNEIDER
gründen	INSTITUIEREN
grundlos	UNBEGRUENDET
Grund- stück	LIEGENSCHAFT
Grund- zahl	KARDINALZAHL
Gruppe	GEMEINSCHAFT
Gürtel- rose	HERPESZOSTER
gute Ge- sundheit	WOHLBEFINDEN
gutes Wetter	SONNENSCHEIN
gutheißen	BEFUERWORTEN
Gymna- sialklasse	UNTERSEKUNDA
Haardt	PFAELZERWALD
Hänfling	BIRKENZEISIG
Hafen- bucht von Istanbul	GOLDENESHORN
Hafen- stadt am Dnjepr	ALEXANDROWSK
Hafen- stadt in Florida (USA)	JACKSONVILLE
Hafen- stadt in Pennsyl- vanien	PHILADELPHIA
Haft für Heran- wachsende	JUGENDARREST
Halsteil, Ösophag	SPEISEROEHRE
haltbar machen	KONSERVIEREN
hand- haben	MANIPULIEREN
Hand- habung	MANIPULATION
Hand- säge	FUCHSSCHWANZ
Handteil	MITTELFINGER
Handtuch	FROTTIERTUCH
Harmonie	EINVERNEHMEN
Hase im Märchen	MEISTERLAMPE
Haudegen	DRAUFGAENGER
Hauptfluß Kolum- biens	RIOMAGDALENA
Hauptort Spitz- bergens	LONGYEARBYEN
Haupt- schlüssel	PASSEPARTOUT
Haupt- stadt der Azoren	PONTADELGADA
Haupt- stadt der Dominik. Republik	SANTODOMINGO
Haupt- stadt der Elfen- beinküste	YAMOUSSOUKRO
Haupt- stadt des Depart. Loire	SAINTETIENNE
Haupt- stadt des Saarlands	SAARBRUECKEN
Haupt- stadt von Grenada	SAINTGEORGES
Haupt- stadt von Indiana (USA)	INDIANAPOLIS
Haupt- stadt von Mada- gaskar	ANTANANARIVO
Haupt- stadt von Martini- que	FORTDEFRANCE
Haupt- stadt von Nieder- österreich	SANKTPOELTEN
Haupt- stadt von Oklahoma (USA)	OKLAHOMACITY
Haupt- stadt von Principe	SANTOANTONIO
Haupt- stadt von Tahiti	PORTAUPRINCE
Haupt- stadt von Utah (USA)	SALTLAKECITY
haus- halten	WIRTSCHAFTEN

Hauspersonal	DIENERSCHAFT
Hautatmung	PERSPIRATION
Hautflügler	HYMENOPTEREN
Havel-See	SCHWIELOWSEE
Hebefahrzeug	GABELSTAPLER
Hebevorrichtung	LASTENAUFZUG
Heftigkeit	LEIDENSCHAFT
Heidekraut	GLOCKENHEIDE
Heidelbeere	SCHWARZBEERE
Heideschaf	HEIDSCHNUCKE
heilige Handlung	KONFIRMATION
heiligsprechen	KANONISIEREN
Heiligsprechung	KANONISATION
Heilmethode v. Hahnemann	HOMOEOPATHIE
Heilmittel	ANTIBIOTIKUM
Heilpflanze	BAERENTRAUBE
Heilpflanze	BESENGINSTER
Heilpflanze	MARIENDISTEL
Heilpflanze	SCHOELLKRAUT
Heil- u. Gewürzpflanze	PFEFFERMINZE
heimlicher Groll	RESSENTIMENT
Heimtücke	NIEDERTRACHT
heimtückisch	HINTERLISTIG
Heißluftdusche	HAARTROCKNER
Heißluftdusche	TROCKENHAUBE
Heißsporn	DRAUFGAENGER
Heizungsanlage	BODENHEIZUNG
Helikopter	HUBSCHRAUBER
Hellas	GRIECHENLAND
hellenistischer Gelehrter	ERATOSTHENES
heller Quarz	BERGKRISTALL
Hellsehen	CLAIRVOYANCE
Hemmvorrichtung am Rad	FELGENBREMSE
herabsetzen	DEKLASSIEREN
Herabsetzung	DEGRADIERUNG
herabwürdigen	DEKLASSIEREN
herabwürdigend	EHRENRUEHRIG
Heranwachsender	JUGENDLICHER
herausfordernd	PROVOZIEREND
herausgehoben	DISTINGUIERT
Herberge im Orient	KARAWANSEREI
herbstliches Jagdfest	HUBERTUSJAGD
herkömmlich	TRADITIONELL
Hernie	LEISTENBRUCH
herrenloses Gebiet	NIEMANDSLAND
herrisch	GEBIETERISCH
herrschaftlicher Diener	KAMMERDIENER
Herrschaftsgebiet	MACHTBEREICH
Herzbeutelentzündung	PERIKARDITIS
hess. Kurort am Kellerwald	BADWILDUNGEN
hess. Stadt am Main	RUESSELSHEIM
hess. Stadt an d. Werra	WITZENHAUSEN
hess. Stadt an der Kinzig	SCHLUECHTERN
hethitischer Herrscher	SUPPILULIUMA
Hetzjagd	PARFORCEJAGD
heuchlerisch	PHARISAEISCH
Hilfe	HANDREICHUNG
Himalajagipfel	MOUNTEVEREST
Himmelsbeschreibung	URANOGRAPHIE
himmlisch	PARADIESISCH
Hindernis-Reitwettbewerb	JAGDSPRINGEN
Hindernis-Wettbewerb	GELAENDELAUF
Hinderniswettbewerb f. Reiter	SPRINGREITEN
Hingabe, Hingebung	LEIDENSCHAFT
hinmetzeln	MASSAKRIEREN
hinterbringen	KOLPORTIEREN
hinterhältig	HEUCHLERISCH
hinterhältig, verschlagen	UNAUFRICHTIG
Hinterindien	SUEDOSTASIEN
Hinterschiff	ACHTERSCHIFF
Hinterziehung	DEFRAUDATION
Hinterziehung	VERUNTREUUNG
Hirsch, Hirschart	DAVIDSHIRSCH
Hitzkopf	DRAUFGAENGER

Hobby, Liebhaberei	STECKENPFERD
Hochachtung	EHRERBIETUNG
hochmütig, hochnäsig	UEBERHEBLICH
Hochmut, Hochnäsigkeit	BLASIERTHEIT
Hochschulabschluß	STAATSEXAMEN
Hochschule	UNIVERSITAET
Hochschullehrer	PRIVATDOZENT
hochstehendes Säugetier	MENSCHENAFFE
Hochtourist	BERGWANDERER
höchster Berg der Erde	MOUNTEVEREST
höchster Berg des Odenwalds	KATZENBUCKEL
höchster Vulkan in Mexiko	CITLALTEPETL
höflich, liebenswürdig	ZUVORKOMMEND
Höhenzug im Sauerland	LENNEGEBIRGE
Höhenzug im Weserbergland	WESERGEBIRGE
höhere Etage	OBERGESCHOSS
höherer Schüler	OBERPRIMANER
höherer Schüler	OBERSCHUELER
höherer Schüler	REALSCHUELER
Höhlenkunde	SPELAEOLOGIE
Höllenstein	SILBERNITRAT

höllisch, teuflisch	INFERNALISCH
Hörschlauch des Arztes	PHONENDOSKOP
hohes Ansehen	BERUEHMTHEIT
hohes Fußballzuspiel	STEILVORLAGE
Hohlwurz	LERCHENSPORN
holländ. Seebad	SCHEVENINGEN
Holzäther	METHYLAETHER
Holzart, -gewächs	MAULBEERBAUM
Holzkrankheit	SPLINTFAEULE
Holzschädling	BORKENKAEFER
Hornblatt	WASSERZINKEN
Hort	KINDERGARTEN
Hühnerrasse	PLYMOUTHROCK
Hühnerrasse	RHODELAENDER
Hummer	KAISERGRANAT
Hundekrankheit	LEPTOSPIROSE
Hunderasse	GORDONSETTER
Hunderasse	IRISHTERRIER
Hunderasse	LABRADORHUND
Hunderasse	SCHAEFERHUND
Hundskopfaffe	MANTELPAVIAN
Hundskopfaffe	SPHINXPAVIAN
Ibis	SICHELREIHER
ideenarm	PHANTASIELOS
Igelkaktus	ECHINOCACTUS
illegal, illegitim	GESETZWIDRIG
illegal, illegitim	UNGESETZLICH
im engsten Kreis	PRIVATISSIME

immatrikulieren	EINSCHREIBEN
Immigration	EINWANDERUNG
Immobilie	LIEGENSCHAFT
impertinent, dummdreist	UNVERSCHAEMT
Impertinenz	DREISTIGKEIT
impfen	IMMUNISIEREN
in Abrede stellen	DESAVOUIEREN
in Bewegung setzen	MOBILISIEREN
Inbrunst	LEIDENSCHAFT
in Dienst nehmen	VERPFLICHTEN
indische Politikerin	INDIRAGANDHI
indische Religion	BRAHMANISMUS
indische Religion	DSCHAINISMUS
indischer Unionsstaat	MAHARASCHTRA
indisches Unionsterritorium	HIMALPRADESH
Indiz	ANHALTSPUNKT
Industriestadt bei Mannheim	LUDWIGSHAFEN
Industriestadt in Rheinland-Pfalz	LUDWIGSHAFEN
in Ehren halten	RESPEKTIEREN
in Essig eingelegte Gemüse	MIXEDPICKLES
Infloreszenz	BLUETENSTAND
Inhaftierung	EINKERKERUNG
Inhaltsverzeichnis	SACHREGISTER
Injektion	EINSPRITZUNG
Inkarnat	FLEISCHFARBE

innerer Widerspruch	INKONSEQUENZ
inner-span. Gebirge	SIERRAMORENA
Insektenbekämpfungsmittel	MOTTENPULVER
Insektenordnung	NETZFLUEGLER
Insektenordnung	ZWEIFLUEGLER
Inselgruppe in der Karibik	CAYMANINSELN
Insel vor Guyana	TEUFELSINSEL
Insignien	EHRENZEICHEN
Instrumentenlandung	BLINDLANDUNG
Interessengemeinschaft	ZWECKVERBAND
Internat	SCHUELERHEIM
Intervall	ZWISCHENRAUM
Intrige	MACHENSCHAFT
irakisch. Zentralgebiet	MESOPOTAMIEN
irdisch	TERRESTRISCH
irremachen	VERUNSICHERN
irrereden	PHANTASIEREN
irriges Gerichtsurteil	JUSTIZIRRTUM
israel. Stadt am Mittelmeer	TELAVIVJAFFA
ital. Astronom	SCHIAPARELLI
ital. Baumeister	BRUNELLESCHI
ital. Benediktinerabtei	MONTECASSINO
ital. Bergmassiv	GRANPARADISO
ital. Einigungsbewegung	RISORGIMENTO
ital.-franz. Gebirge	SAVOYERALPEN
ital. Kompon. (Zwölfton)	DALLAPICCOLA
ital. Maler, Bildhauer, Archit.	MICHELANGELO
ital. Maler (15./16. Jh.)	PINTURICCHIO
ital. Name des Matterhorns	MONTECERVINO
ital. Schaumwein	ASTISPUMANTE
ital. Schauspielerin	LOLLOBRIGIDA
ital.-schweiz. See	LAGOMAGGIORE
ital. Seebad am Ligur. Meer	FINALELIGURE
Jagdflugzeug	ABFANGJAEGER
Jagdfrevel	WILDDIEBEREI
Jagdgewehr	DOPPELFLINTE
Jagdhund	PARFORCEHUND
Jagdpferderennen	STEEPLECHASE
japan. Nationalreligion	SCHINTOISMUS
japan. Stadt auf Hondo	SCHIMONOSEKI
jenseitig	TRANSZENDENT
Jesuitengemeinschaft	BOLLANDISTEN
Jesuitenorden (latein.)	SOCIETASJESU
Jodbad in Oberbayern	BADHEILBRUNN
Journalist	LEITARTIKLER
Jubel	BEGEISTERUNG
jüdische religiöse Bewegung	CHASSIDISMUS
Jurist	STRAFRICHTER
Justiz	RECHTSPFLEGE
Käferart	BAUMRUESSLER
Käferart	ERBSENKAEFER
Käferart	GRUNDLAEUFER
Käferart	KEULENKAEFER
Käferart	KLAUENKAEFER
Käferart	KOLBENKAEFER
Käferart	KREUZLAEUFER
Käferart	KURZRUESSLER
Käseart, -sorte	SCHNITTKAESE
Kaisertitel im Iran	SCHAHINSCHAH
Kaktee	FACKELDISTEL
Kaktee	GREISENHAUPT
Kaktee	WARZENKAKTUS
kaltstellen	BOYKOTTIEREN
Kamera	PHOTOAPPARAT
Kameradschaft	GEMEINSCHAFT
Kanal zw. Rednitz und Altmühl	LUDWIGSKANAL
Kanal zwischen Ems und Hunte	KUESTENKANAL
Kanarienvogel-Art	HARZERROLLER
Kanarienvogel-Art	PFEFFERVOGEL
Kanzel	PREDIGTSTUHL
Kapitalausstattung	FINANZIERUNG
Kapuziner	FRANZISKANER
Kapuzinerkresse	KLETTERKRAUT
Karbonade	RIPPENSTUECK
Kardinalsvers. mit dem Papst	KONSISTORIUM
Karies	KNOCHENFRASS

Karikaturenzeichner	KARIKATURIST
Kartenwissenschaft	KARTOGRAPHIE
Kate	BAUERNHUETTE
kathol. Feiertag	FRONLEICHNAM
kathol. Frauenorden	KLARISSINNEN
kathol. Gnadenmittel	LOSSPRECHUNG
kathol. Orden	BENEDIKTINER
kathol. Reformorden	KLUNIAZENSER
kaukasischer Volksstamm	TSCHERKESSEN
Kehlkopfspiegel	PHARYNGOSKOP
Kehlkopfteil	SCHILDDRUESE
keimtötend	ANTISEPTISCH
keimtötendes Mittel	ANTISEPTIKUM
Kelter	FRUCHTPRESSE
Kernforscher	ATOMPHYSIKER
Kerzenart	STEARINKERZE
Kesseltreiben	HETZKAMPAGNE
Kiefernschwärmer	FICHTENMOTTE
Kielflügel	CLAVICEMBALO
Kirchenrecht	JUSCANONICUM
Kirchensonntag	SEPTUAGESIMA
Kirchenvater	CHRYSOSTOMUS
Kirchenvorstand	PRESBYTERIUM
kirchliche Fastenzeit	QUADRAGESIMA
kirchliche Feier, Handlung	KONFIRMATION
kirchlicher Wechselgesang	RESPONSORIUM
Kirschlikör	CHERRYBRANDY
klagen	PROZESSIEREN
Klamauk	AFFENTHEATER
Klarheit	DEUTLICHKEIT
Klaviersonate von Beethoven	APPASSIONATA
Kleiderverwahrerin	GARDEROBIERE
kleine Gemeinde	MARKTFLECKEN
kleiner Fotoapparat	POCKETKAMERA
Kleinkrebs	BLATTFUESSER
Kleinschmetterling	APFELWICKLER
Kleinverkauf	DETAILHANDEL
Klempner	BLECHSCHMIED
Klempner	INSTALLATEUR
Klepper, schlechtes Pferd	SCHINDMAEHRE
Klettergerät aus Seilen	STRICKLEITER
Klettervogel	MAUERLAEUFER
Klimakunde	KLIMATOLOGIE
Klingel- u. Rasselinstrument	SCHELLENBAUM
Klops	FLEISCHKLOSS
Kloster am Rand der Abruzzen	MONTECASSINO
Knast, Gefängnis	STRAFANSTALT
Kniegeige	VIOLADAGAMBA
Knochenentkalkung	OSTEOMALAZIE
Knochenfisch	SCHWERTFISCH
Knockout	NIEDERSCHLAG
Kochsalz	CHLORNATRIUM
Kölnisch Wasser	EAUDECOLOGNE
königstreu	ROYALISTISCH
Körper-, Raumlehre	STEREOMETRIE
körperlich-seelische Verfassung	KONSTITUTION
Körperschaft	GESELLSCHAFT
Körperverletzung	MISSHANDLUNG
Köstlichkeit	LECKERBISSEN
Kohlensäure	KOHLENDIOXID
Kollektiv	GEMEINSCHAFT
kolumbian. Hafenstadt	BARRANQUILLA
kolumbian. Hafenstadt	BUENAVENTURA
komisch	HUMORISTISCH
Kommandant, Kommandeur	BEFEHLSHABER
Komp. d. Balletts »Dornröschen«	TSCHAIKOWSKY
Komp. d. Balletts »Nußknacker«	TSCHAIKOWSKY
Komp. d. Balletts »Schwanensee«	TSCHAIKOWSKY
Komp. d. Oper »Die Zauberinsel«	SUTERMEISTER
Komp. d. Oper »Eugen Onegin«	TSCHAIKOWSKY

Komp. d. Oper »Pique Dame«	TSCHAIKOWSKY
Komp. d. Oper »Titus Feuerfuchs«	SUTERMEISTER
Kondom	PRAESERVATIV
Kondor	KOENIGSGEIER
Kongregation	BRUDERSCHAFT
konkurrieren	RIVALISIEREN
Konkurs	FALLISSEMENT
Konservengefäß	BLECHBUECHSE
Kontrolle	NACHPRUEFUNG
konventionell	HERKOEMMLICH
Kopffüßer	MOSCHUSKRAKE
Kopie	DURCHSCHRIFT
Kopie, Wiedergabe	REPRODUKTION
Korallentier	STERNKORALLE
Korbblütler	FLOCKENBLUME
Korrektur	BERICHTIGUNG
Korsak, Fuchsart	STEPPENFUCHS
Kotelett	RIPPENSTUECK
Krabbenart	TASCHENKREBS
Kräuterlikör	BENEDIKTINER
Kraftfahrer	AUTOMOBILIST
Kraftübertragung	TRANSMISSION
krankhaft	PATHOLOGISCH
Krapp	FAERBERROETE
Krawattenart	SELBSTBINDER
Krebstier	STRANDKRABBE
Krebstier-Unterklasse	RUDERFUESSER
Kreuzotter	KUPFERNATTER
Kriechtier	HELMBASILISK
Kriegsentschädigung	REPARATIONEN
Kriegsflugzeug	JAGDFLUGZEUG
Kriegsschiff früherer Art	LINIENSCHIFF
Kritikfähigkeit	URTEILSKRAFT
Küchengewürz	GEWUERZNELKE
Küchengewürz	MUSKATBLUETE
Küchengewürz, -kraut	LIEBSTOECKEL
künstl. Befruchtung	INSEMINATION
künstlerischer Beruf	OPERNSAENGER
Künstlerviertel von Paris	MONTPARNASSE
Kultus	GOTTESDIENST
Kunst des Scherenschnitts	PSALIGRAPHIE
Kunstfertigkeit, Meisterschaft	VIRTUOSITAET
Kunstgriff	MANIPULATION
Kunststil des 20. Jh.	SURREALISMUS
Kunststoff	POLYAETHYLEN
Kupfervitriol	KUPFERSULFAT
Kurort am Wörthersee	POERTSCHNACH
Kurort an der Nahe	BADKREUZNACH
Kurort im Hochschwarzwald	HINTERZARTEN
Kurort im Mangfallgebirge	BAYRISCHZELL
Kurort im Südschwarzwald	SANKTBLASIEN
Kurort in Thüringen	BADSALZUNGEN
Kurpfuscher	WUNDERDOKTOR
Kurzweil, Unterhaltung	ZEITVERTREIB
Kurzweil, Vergnügen	UNTERHALTUNG
Labyrinthfisch	GROSSFLOSSER
lachsartiger Fisch	WEISSFELCHEN
Ladung	AUFFORDERUNG
lähmen	PARALYSIEREN
Längenkreis von Greenwich	NULLMERIDIAN
lästig	AUFDRINGLICH
Läufer	LEICHTATHLET
Laienrichter	GESCHWORENER
Landstreicher	TIPPELBRUDER
Langobardenkrone	EISERNEKRONE
Langstreckenwettbewerb	MARATHONLAUF
laotischer Hafen am Mekong	LUANGPRABANG
Lastenheber	GABELSTAPLER
latein.: Barmherzigkeit	MISERICORDIA
Laubbaum	ROSSKASTANIE
Lauchart	SCHNITTLAUCH
laufende Rechnung	KONTOKORRENT
Lebensstil (latein.)	MODUSVIVENDI

lehren, unter-weisen	UNTERRICHTEN
Lehre v. d. Hautkrankheiten	DERMATOLOGIE
Lehre vom Blut	HAEMATOLOGIE
Lehre vom Endschicksal	ESCHATOLOGIE
Lehre vom Verbrechen	KRIMINOLOGIE
Lehre vom Wetter	METEOROLOGIE
Lehre von den räuml. Größen	STEREOMETRIE
Leibschmerzen	BAUCHGRIMMEN
Leichtathlet	MEHRKAEMPFER
leichtathlet. Disziplin	DISKUSWERFEN
leichtathlet. Disziplin	HAMMERWERFEN
leichtathlet. Disziplin	KUGELSTOSSEN
leichtes Musikstück	DIVERTIMENTO
Leichtmetall	DURALUMINIUM
leicht zu zerschlagen	ZERBRECHLICH
Leinkraut	FRAUENFLACHS
Leistungsschwäche	INSUFFIZIENZ
Leiter e. Spielmannszuges	TAMBOURMAJOR
Leiter eines Bautrupps	MAURERPOLIER
Leitidee	GRUNDGEDANKE
Leitungsanlage	INSTALLATION

Lerchenart	MOHRENLERCHE
Lerchenvogel	HAUBENLERCHE
letzte Probe vor der Premiere	GENERALPROBE
Lichtbild	PHOTOGRAPHIE
Lichtbilderherstellung	PHOTOGRAPHIE
Lichtbildgerät	PHOTOAPPARAT
Lichtbildnerin	PHOTOGRAPHIN
Lichtquelle am Fahrzeug	SCHEINWERFER
Liebesglut	LEIDENSCHAFT
Liebhaber des Bühnentanzes	BALLETTOMANE
lindern	ABSCHWAECHEN
liturgisches Gerät	RAEUCHERFASS
lockerer Schnee	PULVERSCHNEE
Londoner Polizeigebäude	SCOTLANDYARD
Lügenbaron	MUENCHHAUSEN
Lüster	KRONLEUCHTER
Luftfahrzeug mit Bodenverbindung	FESSELBALLON
Luftgas, Treibstoff	GENERATORGAS
Luftröhrenschnitt	TRACHEOTOMIE
lustige Figur	DUMMERAUGUST
Lymphgefäßentzündung	LYMPHANGITIS
Machenschaft	MANIPULATION
machtlos	UNVERMOEGEND
Madenwurmbefall	ENTEROBIASIS

Madonna	GOTTESMUTTER
mächtig	WIRKUNGSVOLL
Märchenfigur	ASCHENPUTTEL
Märchenfigur	HANSIMGLUECK
Märchenfigur	ROTKAEPPCHEN
märchenhaft	PHANTASTISCH
Magenspiegelung	GASTROSKOPIE
Maggikraut	LIEBSTOECKEL
Malaria	TROPENFIEBER
Malheur	MISSGESCHICK
Malkreide	PASTELLSTIFT
Mandant	AUFTRAGGEBER
Manganspat	RHODOCHROSIT
Manie	BESESSENHEIT
Mannequin	VORFUEHRDAME
Mannschaftskapitän	SPIELFUEHRER
Mannstreu	STRANDDISTEL
Mappe, Brieftasche	PORTEFEUILLE
Marasmus	ENTKRAEFTUNG
Marinedienststellung	DECKOFFIZIER
Marineleitung	ADMIRALITAET
Marone	EDELKASTANIE
Maskenball	MUMMENSCHANZ
Maskerade	MUMMENSCHANZ
materiell, stofflich	SUBSTANTIELL
Mauersegler	TURMSCHWALBE
Maurendynastie in Granada	ABENCERRAGEN
maximale Geschwindigkeit	HOECHSTTEMPO

mecklenburg. See	MALCHINERSEE
medizin. Frauenberuf	ARZTHELFERIN
Medizinalpflanzen	HEILKRAEUTER
Meeresteil	SUEDATLANTIK
Meerestier	RUESSELROBBE
Meeresvogel	FREGATTVOGEL
mehrseitig	MULTILATERAL
Meinung	DAFUERHALTEN
Meisenart	SCHWANZMEISE
Meldung erstatten	RAPPORTIEREN
Memoiren	ERINNERUNGEN
Mendikant	BETTELMOENCH
Mensch der Vorzeit	NEANDERTALER
Menschenaffen	ANTHROPOIDEN
Menschenfresser d. Odyssee	LAESTRYGONEN
menschliche Erblehre	HUMANGENETIK
Meridian	MITTAGSLINIE
Metabolismus	STOFFWECHSEL
Metallurgie	HUETTENKUNDE
Metallverbundart	SCHWEISSNAHT
meteorolog. Erscheinung	NIEDERSCHLAG
Meteorstrom im Januar	QUADRANTIDEN
Methodenlehre	METHODOLOGIE
Metier	ERWERBSZWEIG
mexikan. Berg	ITZACCIHUATL
mexikan. Bucht	MONTERREYBAI
Miesmacher	SCHWARZSEHER
Milchkraut	FRAUENMANTEL
Milchprodukt, -sorte	KONDENSMILCH
Milchpulver	TROCKENMILCH
mildern	ABSCHWAECHEN
militär. Dienstgrad	WACHTMEISTER
militär. Führung	OBERKOMMANDO
militär. Gesinnung	MILITARISMUS
militär. Musikinstrument	SCHELLENBAUM
militär. Stellung	KOMPANIECHEF
militär. Unterwerfungsvertrag	KAPITULATION
Militärflughafen	FLIEGERHORST
Millionenstadt in Kalifornien	SANFRANCISCO
Minoriten	FRANZISKANER
Mischgetränk	SCHORLEMORLE
Mischmasch, Durcheinander	SAMMELSURIUM
Mißbildung	DIFFORMITAET
mißglückter Anflug	BRUCHLANDUNG
mißraten	DANEBENGEHEN
mißtönend	KAKOPHONISCH
Mistkäfer	PILLENDREHER
mit gleichem Mittelpunkt	KONZENTRISCH
Mitglied des Parlaments	ABGEORDNETER
mittelalterl. Heldenepos	WALTHARILIED
mittelalterl. Musikant	MINNESAENGER
mittelamerikan. Gewässer	NICARAGUASEE
mittelamerikan. Hauptstadt	PORTAUPRINCE
mittelengl. Stadt am Nene	PETERBOROUGH
mittelkanad. Provinz	SASKATCHEWAN
mittelkanad. Stadt	SASKATCHEWAN
mittellos	UNVERMOEGEND
mittelspan. Gebirge	SIERRADEGATA
Mittelwert	DURCHSCHNITT
mittlere Steinzeit	MESOLITHIKUM
Moderator	CONFERENCIER
Moderkäfer	KURZFLUEGLER
moderner Heilmittel	ANTIBIOTIKUM
moderner Kunststil	SURREALISMUS
Modistin, Näherin	PUTZMACHERIN
Möbelstück	SCHREIBTISCH
Mönchsorden	BENEDIKTINER
Mönchsorden	FRANZISKANER
Mönchsorden	KLUNIAZENSER
Mönchsorden	KONVENTUALEN
Mörser	GRANATWERFER
Möwenart	HERINGSMOEWE
Mohngewächs, Heilpflanze	SCHOELLKRAUT
Molch	SCHWANZLURCH

Monatsblutung	MENSTRUATION
mongol. Gebirgszug	TANNUGEBIRGE
Mongolenreich (13.-15. Jh.)	GOLDENEHORDE
Monstera	FENSTERBLATT
Monstera	PHILODENDRON
Montage	INSTALLATION
Moorbad im Erzgebirge	BADGOTTLEUBA
Moral, Ethos	SITTLICHKEIT
Morelle	SAUERKIRSCHE
morgenländisch	ORIENTALISCH
Morgenstern	STACHELKEULE
Mostgewicht	OECHSLEGRADE
motorloses Luftfahrzeug	LASTENSEGLER
mühselig	BESCHWERLICH
Münchner Festplatz	OKTOBERWIESE
Münchner Hauptkirche	FRAUENKIRCHE
Münchner Jugendstilarchitekt	RIEMERSCHMID
Münchner Künstlergruppe	BLAUERREITER
Münchner Touristenziel	HOFBRAEUHAUS
mündig	GROSSJAEHRIG
Münster	STIFTSKIRCHE
Muschel	FLUSSMUSCHEL
Muschelart	TEICHMUSCHEL
Musical v. Rodgers	SOUTHPACIFIC
musikal. Vorspiel	INTRODUKTION
musikal. Zwischenspiel	DIVERTIMENTO
musikal.: stürmisch	APPASSIONATO
Musiker	BLECHBLAESER
Musiker	KLARINETTIST
Musiker	TONKUENSTLER
Musikinstrument	BASSTROMPETE
Musikinstrument	GLOCKENSPIEL
Musikkneipe	TINGELTANGEL
Muskelreißen	RHEUMATISMUS
Muslim	MOHAMMEDANER
mustergültig	EXEMPLARISCH
Mutlosigkeit	VERZWEIFLUNG
mysteriös, undurchsichtig	SCHLEIERHAFT
nachbessern	RETOUCHIEREN
nachbessern	RETUSCHIEREN
nachdenken, erwägen	REFLEKTIEREN
Nachdruck	HERVORHEBUNG
nachdrücklich	EINDRINGLICH
Nachkömmling	NESTHAEKCHEN
nachmittags (latein.)	POSTMERIDIEM
Nachtfalter	KUPFERGLUCKE
Nachtfalter	WEIDENBOHRER
Nachtigallenart	BLAUKEHLCHEN
Nachträge, Ergänzungen	PARALIPOMENA
Nachtschwalbenart	ZIEGENMELKER
Nackenstarre	OPISTHOTONUS
Nadelfisch, Büschelkiemer	SEEPFERDCHEN
nächtigen	UEBERNACHTEN
Nährstoff	KOHLENHYDRAT
Nässe	FEUCHTIGKEIT
Nagetier	BAUMSTACHLER
Nagetier	ERDHOERNCHEN
Nahrung	LEBENSMITTEL
Namenszeichen, Namenszug	UNTERSCHRIFT
Name von zwei Päpsten	JOHANNESPAUL
Nargileh	WASSERPFEIFE
Natternart	EIERSCHLANGE
Naturglaube	NATURALISMUS
Naturwissenschaftler	MATHEMATIKER
Nausea	SEEKRANKHEIT
Nebenbuhlerin	KONKURRENTIN
Nebennierenmarkhormon	NORADRENALIN
neidisch	MISSGUENSTIG
Nervenschwäche	NEURASTHENIE
Nervosität vor einem Auftritt	LAMPENFIEBER
Neubildung von Körpergewebe	REGENERATION
Neugier	WISSENSDURST
neunter Sonntag vor Ostern	SEPTUAGESIMA
neuseeländ. Hafenstadt	INVERCARGILL
neuseeländ. Stadt	CHRISTCHURCH
neutral	UNPARTEIISCH

Nichteinmischung	NEUTRALISMUS
Nichteinmischung	NEUTRALITAET
nicht-öffentl. Krankenhaus	PRIVATKLINIK
nicht umkehrbar	IRREVERSIBEL
niederbayer. Stadt an der Rott	PFARRKIRCHEN
niedere Lebewesen	BAERTIERCHEN
Niedergang	DEGENERATION
Niedergeschlagenheit	VERZWEIFLUNG
niederl. Provinz südl. der Maas	NOORDBRABANT
niederl. westfriesische Insel	TERSCHELLING
niederländ. Provinz	NOORDHOLLAND
niederösterr. Stadt	SANKTPOELTEN
niedersächs. Stadt a. d. Oste	BREMERVOERDE
Niederschrift	AUFZEICHNUNG
Nixe	MEERJUNGFRAU
nötig	ERFORDERLICH
Nomaden	WANDERHIRTEN
nordamerikan. Indianerstamm	TSCHEROKESEN
nordbadische Stadt (Spargel)	SCHWETZINGEN
nordchines. Hafenstadt	TSCHINGKIANG
norddtsch. Fährhafen	GROSSENBRODE
norddtsch. Landschaft	OSTFRIESLAND
nordengl. Stadt	HUDDERSFIELD
Nordeuropa	SKANDINAVIEN
Nordeuropäer	SKANDINAVIER
nordeuropäische Halbinsel	SKANDINAVIEN
nordfranz. Stadt	VALENCIENNES
nordgriech. Hafenstadt	THESSALONIKE
nordostchines. Fluß	HEILUNGKIANG
nordostchines. Provinz	HEILUNGKIANG
nordostsibir. Halbinsel	TSCHUKTSCHEN
nordruss. Doppelinsel	NOWAJASEMLJA
nordruss. Küstenlandschaft	INGERMANLAND
nordschott. Fjord	FIRTHOFLORNE
nordschott. Inselgruppe	ORKNEYINSELN
nordschweiz. Kanton	SCHAFFHAUSEN
nordspan. Hafenstadt	SANSEBASTIAN
nordwestfranz. Departement	MAINEETLOIRE
normann. Seefahrer	LEIFERIKSSON
norweg. Atlantikhafen	KRISTIANSUND
norweg. Gletscher	JOSTEDALSBRE
norweg. Hafen am Skagerrak	KRISTIANSAND
norweg. Schriftsteller	CHRISTIANSEN
notgedrungen (lat.)	NOLENSVOLENS
Notiz	AUFZEICHNUNG
Nürnberg. Maler (15. Jh.)	PLEYDENWURFF
Nürnberg. Sehenswürdigkeit	FRAUENKIRCHE
Nürnberg. Sehenswürdigkeit	LORENZKIRCHE
Obdach, Zuflucht	UNTERSCHLUPF
oberbayer. Passionsspielort	OBERAMMERGAU
oberbayer. Stadt an der Ilm	PFAFFENHOFEN
oberer Teil der Bühne	SCHNUERBODEN
oberfränk. Stadt an d. Lauter	STAFFELSTEIN
oberösterr. Landschaft	MUEHLVIERTEL
oberstes Stockwerk	DACHGESCHOSS
öffentlicher Ankläger	STAATSANWALT
Ölkäfer	BLASENKAEFER
örtlich festlegen	LOKALISIEREN
österr. Alpenbewohner	VORARLBERGER

österr. Geigenvirtuose	SCHNEIDERHAN
österr. Kurort in Tirol	ZALLAMZILLER
österr. Minnesänger	KUERENBERGER
österr. Philosoph	WITTGENSTEIN
Offizier	GENERALMAJOR
Offiziersanwärter	FAHNENJUNKER
ohne Entgegenkommen	UNNACHGIEBIG
Ohrenteil	OHRLAEPPCHEN
Ohrenteil	PAUKENHOEHLE
Oleander	ROSENLORBEER
olympische Disziplin	HAMMERWERFEN
operat. Magenentfernung	GASTREKTOMIE
Operette von Heuberger	DEROPERNBALL
Operette von Lehár	LUSTIGEWITWE
Operette von Lincke	BERLINERLUFT
Operette von Offenbach	PARISERLEBEN
Operette von Stolz	VENUSINSEIDE
Opernhaus in London	COVENTGARDEN
Opernhaus in New York	METROPOLITAN
Oper von Fortner	BLUTHOCHZEIT
Oper von Gershwin	PORGYANDBESS
Oper von Händel	JULIUSCAESAR
Oper von Henze	KOENIGHIRSCH
Oper von Hindemith	NEUESVOMTAGE
Oper von Kienzl	EVANGELIMANN
Oper von Mozart	COSIFANTUTTE
Oper von Mozart	ZAUBERFLOETE
Oper von Mussorgski	BORISGODUNOW
Oper von Puccini	MANONLESCAUT
Oper von Sutermeister	RASKOLNIKOFF
Oper von Wagner	DASRHEINGOLD
Oper von Weber	PETERSCHMOLL
Oper von Wolf-Ferrari	VIERGROBIANE
Opuntie	FEIGENKAKTUS
Oratorium von Haydn	JAHRESZEITEN
Orchidee	KORALLENWURZ
Orden	AUSZEICHNUNG
Orden	EHRENZEICHEN
orten	LOKALISIEREN
Ortsbestimmung	LOKALISATION
ostafrikan. Fluß	WEBISCHEBELI
ostböhm. Stadt an der Elbe	KOENIGGRAETZ
ostengl. Grafschaft	LINCOLNSHIRE
ostpreuß. Bucht	FRISCHESHAFF
ostpreuß. Masuren-See	LOEWENTINSEE
ostpreuß. Stadt	BISCHOFSBURG
ostpreuß. Stadt	HEILIGENBEIL
ostpreuß. Stadt	JOHANNISBURG
Ostseebad in Schlesw.-Holstein	ECKERNFOERDE
Paläolithikum	ALTSTEINZEIT
Palmenart	FAECHERPALME
Palmenart	KOENIGSPALME
Palmenart	PHOENIXPALME
Papstkirche in Rom	PETERSKIRCHE
Parasol	SONNENSCHIRM
Pariser Gotteshaus	INVALIDENDOM
parlamentar. Abstimmung	HAMMELSPRUNG
Parlamentarier	ABGEORDNETER
Parteilosigkeit	NEUTRALITAET
Passion	LEIDENSCHAFT
Pavianart	MANTELPAVIAN
Pazifik	GROSSEROZEAN
Pazifik	STILLEROZEAN
pazifische Inselgruppe	NEUEHEBRIDEN
Pech	MISSGESCHICK
Pelzart	BREITSCHWANZ
persönl. Mut zum Aufbegehren	ZIVILCOURAGE
Personenvereinigung	GESELLSCHAFT
peruan. Stadt (höchste d. Erde)	CERRODEPASCO
Pfälzer Stadt a. d. Schwarzach	WALDMUENCHEN
Pfälzer Stadt am Westrich	ZWEIBRUECKEN
Pfefferküste	MALABARKÜSTE
Pferderasse	HANNOVERANER
Pferderasse	SHETLANDPONY
Pferderennen	GALOPPRENNEN

Pflanzenfamilie	KORBBLUETLER
Pflanzenkost	VEGETABILIEN
Pflanzennährstoff	DUENGEMITTEL
Pflegerin	FUERSORGERIN
Pflicht, Verpflichtung	SCHULDIGKEIT
philosophische Richtung	NOMINALISMUS
philosophische Richtung	PRAGMATISMUS
philosophische Richtung	RELATIVISMUS
Phlox	FLAMMENBLUME
Phosphatmineral	GRUENBLEIERZ
Photograph	LICHTBILDNER
photograph. Labor	DUNKELKAMMER
photograph. Verfahren	PHOTOMONTAGE
Pier	ANLEGESTELLE
piesacken, malträtieren	SCHIKANIEREN
Pilzart	BLAETTERPILZ
Pilzart	FELDEGERLING
Pilzart	FEUERSCHWAMM
Pilzart	HEIDESCHWAMM
Pilzart	LAUCHSCHWAMM
Pilzart	MILCHSCHWAMM
Pilzart	SCHEIBENPILZ
Pilzart	SCHLAUCHPILZ
planen	PROJEKTIEREN
planmäßig, folgerichtig	SYSTEMATISCH
planmäßige Gestaltung	ORGANISATION
Plattheit	TRIVIALITAET
Plauderei	KONVERSATION
polit. Anpassung	KONFORMISMUS
polit. Herrschaft	STAATSGEWALT
Polizeibeamter	WACHTMEISTER
Polizeidienststelle	KOMMISSARIAT
Polizeieinsatzfahrzeug	WASSERWERFER
polizeiliche Aktion	DURCHSUCHUNG
Pollen	BLUETENSTAUB
Pollinosis	HEUSCHNUPFEN
Popmusik-Gruppe	BLACKSABBATH
Popmusik-Gruppe	GRATEFULDEAD
Popmusik-Solist	SPENCERDAVIS
Popmusik-Solistin	ROBERTAFLACK
Popmusik-Solist (Rockmusik-Solist)	DAVIDCASSIDY
Popmusik-Solist (Rockmusik-Solist)	KEITHEMERSON
postalische Kennziffer	POSTLEITZAHL
Postbote	BRIEFTRAEGER
Postgut, Postsache, -sendung	WARENSENDUNG
Präparation	VORBEREITUNG
präsent	GEGENWAERTIG
prahlen	AUFSCHNEIDEN
Prahlhans	AUFSCHNEIDER
Preis der Beförderung	FRACHTKOSTEN
Preisgabe v. Staatsgeheimnissen	LANDESVERRAT
Preissenkung	VERBILLIGUNG
Preisstützung	VALORISATION
Presseerzeugnis	ILLUSTRIERTE
Pressephotograph	BILDREPORTER
Presseschriftstellerei	JOURNALISMUS
preußischer Orden	POURLEMERITE
Privaterzieherin	HAUSLEHRERIN
Prognose	PROPHEZEIUNG
Propeller	LUFTSCHRAUBE
Protest	VERWEIGERUNG
Provision	GEWINNANTEIL
Publikum	HOERERSCHAFT
Pyrit	SCHWEFELKIES
Qualitätsmarke	GUETEZEICHEN
Quartier	STADTVIERTEL
Quellfluß des Tarim	JARKENDDARJA
Querfeldeinrennen	CROSSCOUNTRY
Querlinie	TRANSVERSALE
quitt	AUSGEGLICHEN
Quittung	BESTAETIGUNG
Quittung	KASSENZETTEL
Rabenvogel	EICHELHAEHER
Rabenvogel	TANNENHAEHER
Rache	KONTERSCHLAG
Rachenblütler, Heilpflanze	KOENIGSKERZE
Radikalentfernung (medizin.)	EXSTIRPATION
Radwettbewerb	STEHERRENNEN

Ränkespiel	MACHENSCHAFT
Rangverlust	DEGRADIERUNG
rastlos, ausdauernd	UNERMUEDLICH
Raubtier	KOENIGSTIGER
Raucherutensil	ASCHENBECHER
Raumbildtechnik	STEREOSKOPIE
Raumfähre	SPACESHUTTLE
Raum für Wertsachen	SCHATZKAMMER
Raumton	STEREOPHONIE
Rautenschlange	BUSCHMEISTER
Realität, Gegebenheit	WIRKLICHKEIT
Rechnungsführerin	BUCHHALTERIN
Rechtschreibung	ORTHOGRAPHIE
Rechtsprechung	JURISDIKTION
rechtswidrig	UNGESETZLICH
Rechtswissenschaft	JURISPRUDENZ
redlich	UNBESCHOLTEN
Redner	VORTRAGENDER
Reduktion, Abnahme	VERMINDERUNG
Reform, Umformung	UMGESTALTUNG
Regelmäßigkeit	REGULARITAET
Regen	NIEDERSCHLAG
Regenpfeifervogel	WALDSCHNEPFE
Regie	SPIELLEITUNG
Regierung	GOUVERNEMENT
reiner Quarz	BERGKRISTALL
reinigen, läutern	PURIFIZIEREN
Reinigung	PURIFIKATION
Reinkarnation	WIEDERGEBURT
reitsportlicher Hindernislauf	GELAENDERITT
Reizker	MILCHSCHWAMM
Reklamedruck	WERBESCHRIFT
Rendezvous, Verabredung	STELLDICHEIN
Reptil mit Knochenpanzer	SCHILDKROETE
Reserve	ERSATZTRUPPE
resolut	ENTSCHLOSSEN
Respekt	EHRERBIETUNG
Riemenantrieb	TRANSMISSION
Riesenechse der Vorzeit	BRONTOSAURUS
Riesenrochen	TEUFELSFISCH
Riffkoralle	STEINKORALLE
rigoros, erbarmungslos	UNERBITTLICH
Ringergriff	DOPPELNELSON
Ritterfalter	APOLLOFALTER
Ritter mit der eisernen Hand	BERLICHINGEN
Ritterrüstung	KETTENPANZER
Ritual, Ritus	KULTHANDLUNG
Rivale	GEGENSPIELER
Rivalin	KONKURRENTIN
rivalisieren	KONKURRIEREN
Rochenart	SCHAUFELNASE
römisch. Kaiser	HELIOGABALUS
Röntgen-Gefäßdarstellung	ANGIOGRAPHIE
Roheit	BESTIALITAET
Roman v. Cervantes	DONQUICHOTTE
Roman v. Cooper	LEDERSTRUMPF
Roman v. Dumas	KAMELIENDAME
Roman v. Flaubert	MADAMEBOVARY
Roman v. Freytag	SOLLUNDHABEN
Roman v. Grass	BLECHTROMMEL
Roman v. Scholochow	DERSTILLEDON
Roman v. Thomas Mann	BUDDENBROOKS
Roman v. Tolstoi	ANNAKARENINA
Roman v. Tolstoi	AUFERSTEHUNG
rote Blutkörperchen	ERYTHROZYTEN
Ruderfüßer	FREGATTVOGEL
rückerstatten	RESTITUIEREN
Rückgrat	WIRBELSAEULE
rückschauend	RETROSPEKTIV
rücksichtslos, schonunglos	UNERBITTLICH
Rüsselkäfer	BLATTWICKLER
rumän. Gebirge	BIHARGEBIRGE
rumän. Politiker, Staatschef	GHEORGHJUDEJ
rumän. Stadt	GROSSWARDEIN
rumän. Stadt	HERMANNSTADT

Rumpf-Bein-Übergang	LEISTENBEUGE
Rundkuppel	ZWIEBELHAUBE
Rundtanz	RHEINLAENDER
russ. Stadt in Karelien	PETROSADOWSK
russisch. Autor (Nobelpreis)	SOLSCHENIZYN
russisch. Biologe (Nobelpreis)	METSCHNIKOFF
russisch. Komponist	TSCHAIKOWSKY
russisch. Lyriker	JEWTUSCHENKO
russisch. Schriftsteller	DOSTOJEWSKIJ
russisch. Schwarzmeerhafen	NOWOROSSIJSK
russisch. Stadt am Uralfluß	MAGNITOGORSK
russische abstrakte Malerin	GONTSCHAROWA
russische Eismeerinsel	WRANGELINSEL
rustikale Brotsorte	HOLZOFENBROT
Saalbau für Konzerte	PHILHARMONIE
Saale-Zufluß	WEISSEELSTER
sächs. Stadt an der Pleiße	CRIMMITSCHAU
Säugetierordnung	FLEDERMAEUSE
Säugetierordnung	RUESSELTIERE
Säugling	NEUGEBORENES
Salomonen-Insel	BOUGAINVILLE
Salomonen-Insel	SANCRISTOBAL
salpetersaures Kupfer	KUPFERNITRAT
Satzzeichen	FRAGEZEICHEN
schadenfroh	MISSGUENSTIG
Schädelknochen	SCHEITELBEIN
Schädelmessung	KRANIOMETRIE
Schäfchenwolke	ZIRROKUMULUS
Schafart	BREITSCHWANZ
Schalksnarr	EULENSPIEGEL
Schallaufnahmegerät	TONBANDGERÄT
Schandmal	BRANDMARKUNG
Scharbockskraut	LOEFFELKRAUT
Schauplatz	OERTLICHKEIT
Schauspielerin	DARSTELLERIN
scheinheilig	HEUCHLERISCH
Scheinwerferlampe	JUPITERLAMPE
Schelmenstück	LAUSBUEBEREI
Scherenschnitt	SCHATTENBILD
scherzh.: Militärstiefel	KNOBELBECHER
Schiedsrichter	KAMPFRICHTER
Schieferart	EISENGLIMMER
Schienenbahn im Stadtverkehr	STRASSENBAHN
Schiffstyp	PANZERSCHIFF
schinden, unterdrücken	SCHIKANIEREN
schlaff	SPANNUNGSLOS
Schlangenart	KETTENNATTER
Schlangenart	RINGELNATTER
schlecht	MINDERWERTIG
Schleichkatze	PALMENROLLER
Schleierwolke	ZIRROSTRATUS
schles. Kurort	SCHREIBERHAU
Schloß an der Saale	LEUCHTENBERG
Schloß bei Darmstadt	KRANICHSTEIN
Schloß bei München	SCHLEISSHEIM
Schloß bei Rudolstadt	HEIDECKSBURG
Schloß bei Salzburg	LEOPOLDSKRON
Schloß im Odenwald	KRANICHSTEIN
Schloß in Hannover	HERRENHAUSEN
Schloß in Württemberg	LICHTENSTEIN
Schmetterlinge	LEPIDOPTEREN
Schmetterlingsart	ERLENSPANNER
Schmetterlingsart	FICHTENMOTTE
Schmetterlingsart	FROSTSPANNER
Schmetterlingsart	GABELSCHWANZ
Schmetterlingsart	GLASFLUEGLER
Schmetterlingsart	KAMELSPINNER
Schmetterlingsart	KUPFERGLUCKE

Schmetterlingsart	MOHRENFALTER
Schmetterlingsart	PAPPELGLUCKE
Schmetterlingsart	QUITTENVOGEL
Schmetterlingsart	RESEDAFALTER
Schmetterlingsart	SCHWAERZLING
Schmetterlingsart	STAHLSPINNER
Schmetterlingsart	TRAEGSPINNER
Schmetterlingsart	WURZELBOHRER
Schmetterlingsblütler	BESENGINSTER
Schmuckstein	AZURMALACHIT
Schmuckstein	BERGKRISTALL
Schneiderkunst	HAUTECOUTURE
Schneckenart	BAUMSCHNECKE
Schnellkraft	ELASTIZITAET
Schnepfen-, Watvogel	STEINWAELZER
Schnepfenvogel	KAMPFLAEUFER
Schnepfenvogel	REGENPFEIFER
schöngeistige Literatur	BELLETRISTIK
Schönschreibekunst	KALLIGRAPHIE
schöntun	SCHARWENZELN
Schöpfertum	KREATIVITAET
schonungslos, mitleidlos	UNBARMHERZIG
schott. Fjord bei Edinburgh	FIRTHOFFORTH
schott. Fjord bei Glasgow	FIRTHOFCLYDE
Schriftgrad	DOPPELMITTEL
Schrittmacher	AVANTGARDIST
Schrotbrot	VOLLKORNBROT
Schulart	BERUFSSCHULE
Schulart	MITTELSCHULE
Schuldentilgung	AMORTISATION
Schulmaterial	SCHREIBFEDER
Schulterstück	ACHSELKLAPPE
Schutt	BRUCHGESTEIN
Schutzfärbung	TARNANSTRICH
Schutzmarke	WARENZEICHEN
schwäb. Fürstengeschlecht	FUERSTENBERG
schwäb. Fürstengeschlecht	HOHENSTAUFEN
schwäb. Fürstengeschlecht	HOHENZOLLERN
schwärmerisch, unwirklich	PHANTASTISCH
Schwarzbrotsorte	PUMPERNICKEL
Schwarzwaldberg	HERZOGENHORN
Schwarzwaldberg	HORNISGRINDE
Schwarzwaldberg	SCHAUINSLAND
schwed. Nobelpreisträger	EULERCHELPIN
schwed. Ostseehafen	KRISTIANSTAD
schwed. Stadt am Vänersee	KRISTINEHAMN
schwed. Stadt bei Stockholm	SOEDERTAELJE
schwefelsaures Eisen	EISENVITRIOL
schweiz. Gebirge	GLARNERALPEN
schweiz. Gebirgsrücken	BUERGENSTOCK
schweiz. Kantonshauptstadt	SCHAFFHAUSEN
schweiz. Komponist	SUTERMEISTER
schweiz. See	BALDEGGERSEE
schweiz. Stadt am Rhein	DIESSENHOFEN
schweiz. Stadt am Rhein	SCHAFFHAUSEN
Schwerathlet	GEWICHTHEBER
schwerathlet. Sportart	GEWICHTHEBEN
Schwermut	HYPOCHONDRIE
Schwierigkeit	KOMPLIKATION
Schwimmbecken	SWIMMINGPOOL
Schwimmkäfer	TAUMELKAEFER
Schwimmvogel	GAENSESAEGER
Schwimmvogel	STURMTAUCHER
Schwingungsperiode	WELLENLAENGE
Schwingungsschreiber	OSZILLOGRAPH
Seebad in New Jersey	ATLANTICCITY
See bei Potsdam	WERBELLINSEE
See bei Rom	BRACCIANOSEE
See in Kärnten	OSSIACHERSEE

See in Kasachstan BALCHASCHSEE
See in Neubrandenburg TEMPLINERSEE
See in Zaire BANGWEOLOSEE
Seestreitkräfte, Seemacht KRIEGSMARINE
Segelflugstart MOTORSCHLEPP
Seidenraupenbaum MAULBEERBAUM
seifenfreie Waschmittel DETERGENTIEN
Seiltänzer AEQUILIBRIST
Selbermachen DOITYOURSELF
selbstbezogen EGOZENTRISCH
selbstbezogen NARZISSTISCH
Selbstbezogener EGOZENTRIKER
Selbstbildnis AUTOPORTRAET
Selbstbildnis AUTOPORTRAIT
selbstgerecht PHARISAEISCH
selbstherrlich AUTOKRATISCH
selbstlos ALTRUISTISCH
Sendung UEBERTRAGUNG
Sennenhund BERNHARDINER
Service KUNDENDIENST
sich selbständig machen EMANZIPIEREN
sich verschwören KONSPIRIEREN
Siebenpunkt MARIENKAEFER
Sieger, Gewinner PREISTRAEGER
Siegerpreis, Siegesprämie LORBEERKRANZ
Siegesdenkmal TRIUMPHBOGEN
Silbernitrat HOELLENSTEIN
Siliziumdioxid KIESELSAEURE
Sinfonie v. Schubert UNVOLLENDETE
Sinnbild der Medizin AESKULAPSTAB
sinnieren NACHGRUEBELN
Sitten predigen MORALISIEREN
sittlich verderben KORRUMPIEREN
Sitze in der Kirche CHORGESTUEHL
sizilian. Provinzhauptstadt CALTANISETTA
Skiwettbewerb ABFAHRTSLAUF
Skiwettbewerb RIESENSLALOM
Sklaverei KNECHTSCHAFT
Sklilauftechnik STEMMSCHWUNG
Solbad bei Lübeck BADSCHWARTAU
Solbad im Schwarzwald BADDUERRHEIM
Somnambule NACHTWANDLER
Sonderfachgebiet SPEZIALITAET
Sonnenkraft SOLARENERGIE
Sonnenkulmination MITTAGSHOEHE
sorgfältig GEWISSENHAFT
Sorgfalt BEHUTSAMKEIT
sorglos UNBEKUEMMERT
sowjet. Politiker KAGANOWITSCH
Späher KUNDSCHAFTER
span. Fluß zum Golf von Cadiz GUADALQUIVIR
span. Handklappern KASTAGNETTEN
span. Küste COSTADELALUZ
Spechtart ELSTERSPECHT
Spediteur TRANSPORTEUR
Speicher, Magazin VORRATSLAGER
Speisemuschel PFAHLMUSCHEL
Speisepilz HABICHTSPILZ
Speisepilz ROTHAEUBCHEN
Sperlingart HAUSSPERLING
Spezialeisen SPIEGELEISEN
Spezialität BESONDERHEIT
Spielgerät KNOBELBECHER
Spielzeug STECKENPFERD
Spinett CLAVICEMBALO
Spinnenart WALZENSPINNE
Spinnenart WASSERSPINNE
spiralförmiger Aufgang WENDELTREPPE
spitzfindig RABULISTISCH
Sportanlage SCHIESSSTAND
Sportart, -disziplin SEGELFLIEGEN
Sportmannsch. eines Staates NATIONALTEAM
Sporttrophäe GOLDMEDAILLE
Sprachstamm INDOGERMANEN
Spürhund SCHWEISSHUND
Staat der USA NEWHAMPSHIRE

12

Staat der USA	NORDCAROLINA
Staat der USA	NORDKAROLINA
Staat der USA	PENNSYLVANIA
Staat der USA	WESTVIRGINIA
Staatsform	STAENDESTAAT
Staatsverbrechen	LANDESVERRAT
Staatsverfassung	KONSTITUTION
Stabreim	ALLITERATION
Stachelpilz	HABICHTSPILZ
Stadt am Erzgebirge	LICHTENSTEIN
Stadt am Haardtrand	BADDUERKHEIM
Stadt am Thüringer Wald	SCHMALKALDEN
Stadt an der Ems	WIEDENBRUECK
Stadt an der Erft (NRW)	GREVENBROICH
Stadt an der Fränk. Saale	BADKISSINGEN
Stadt an der Hase	BERSENBRUECK
Stadt an der Nahe	BINGERBRUECK
Stadt an der Oder	FUERSTENBERG
Stadt an der Weser (Porzellan)	FUERSTENBERG
Stadt an der Wupper	HUECKESWAGEN
Stadt an Elbe und Tanger	TANGERMUENDE
Stadt an Gonna und Harz	SANGERHAUSEN
Stadt auf Mauritius	QUATREBORNES
Stadt bei Bonn	BADGODESBERG
Stadt im Ebbegebirge	MEINERZHAGEN
Stadt im Harzvorland	ASCHERSLEBEN
Stadt im Lipper Bergland	BADSALZUFLEN
Stadt im Nordschwarzwald	FREUDENSTADT
Stadt im Oranje-Freistaat	BLOEMFONTEIN
Stadt im Ruhrgebiet	WATTENSCHEID
Stadt im Saarland	SANKTINGBERT
Stadt im Sauerland	LUEDENSCHEID
Stadt im Schwarzwald	SANKTGEORGEN
Stadt in Baden-Württemberg	SINDELFINGEN
Stadt in der Niederlausitz	FINSTERWALDE
Stadt in Frankreich	AIGUESMORTES
Stadt in Honduras	PUERTOCORTES
Stadt in Honduras	SANPEDROSULA
Stadt in Kalifornien (USA)	SANTABARBARA
Stadt in Luxemburg	DIFFERDINGEN
Stadt in Malaysia	PETALINGJAYA
Stadt in Mittelfranken	HILPOLTSTEIN
Stadt in Namibia	GROOTFONTEIN
Stadt in Niedersachsen	BRAUNSCHWEIG
Stadt in Niederschlesien	LANGENBIELAU
Stadt in Niederschlesien	SCHMIEDEBERG
Stadt in Nordbrabant	BERGENOPZOOM
Stadt in Ostpreußen	MARIENWERDER
Stadt in Rheinland-Pfalz	ALTENKIRCHEN
Stadt in Rheinland-Pfalz	ROCKENHAUSEN
Stadt in Sachsen	ASCHERSLEBEN
Stadt in Sachsen	HALDENSLEBEN
Stadt in Schlesien	FRANKENSTEIN
Stadt in Südafrika	BLOEMFONTEIN
Stadt in Venezuela	SANCRISTOBAL
Stadt nördl. v. Stuttgart	KORNWESTHEIM
Stadtteil von Düsseldorf	KAISERSWERTH
Stadtteil von Hamburg	HARVESTEHUDE
Stadtteil von München	UNTERHACHING
Stadtteil von München	UNTERMENZING
Stadtteil von Stuttgart	BADCANNSTATT
Stadtteil von Stuttgart	ZUFFENHAUSEN
Stärke	KOHLENHYDRAT
starke Lichtquelle	SCHEINWERFER

12

starker Beschuß	BOMBARDEMENT
steifer Kragen	VATERMOERDER
Steindruck	LITHOGRAPHIE
Steingartenpflanze	GAENSEKRESSE
Steinobstgewächs	PFIRSICHBAUM
Steinobstgewächs	PFLAUMENBAUM
Steinzeichnung	LITHOGRAPHIE
Steinzeitabschnitt	ALTSTEINZEIT
Steinzertrümmerung (med.)	LITHOTRIPSIE
Stempel	DIENSTSIEGEL
Stempel (botan.)	FRUCHTKNOTEN
sterilisieren	KONSERVIEREN
Sternbild	KLEINERLOEWE
Sternbild	SCHWERTFISCH
Stetigkeit	KONTINUITAET
steuern	MANIPULIEREN
steuern	MANOEVRIEREN
Stichlingart	SEESTICHLING
Stierkämpfer mit Pfeil	BANDERILLERO
Stilepoche	KLASSIZISMUS
Stilform des Jazz	BOOGIEWOOGIE
still	GERAEUSCHLOS
Stimmschwäche	PHONASTHENIE
Stoa	SAEULENHALLE
Stofftrennungsverfahren	DESTILLATION
Stoffwechsel	METABOLISMUS
Stoßzeit	HAUPTVERKEHR
Strafdurchführung	STRAFVOLLZUG
Strahlenpilzkrankheit	AKTINOMYKOSE
Strauchdieb	BUSCHKLEPPER
Streich	LAUSBUEBEREI
streitfroh	KAEMPFERISCH
Strenge	RIGOROSITAET
streng reglementierter Staat	POLIZEISTAAT
streng vertraulich	PRIVATISSIME
Striche ziehen	SCHRAFFIEREN
Strömungslehre	HYDRODYNAMIK
Stromleitung	KOAXIALKABEL
Studentenviertel in Paris	MONTPARNASSE
Stuhlverstopfung	KONSTIPATION
stunden, verlängern	PROLONGIEREN
Stundung	PROLONGATION
Sturmvogelart	TROTTELLUMME
südafrikan. Gebirge	DRAKENSBERGE
südafrikan. Mischvolk	HOTTENTOTTEN
südafrikan. Stadt	JOHANNESBURG
südafrikan. Stamm	BUSCHMAENNER
südamerikan. Wildschwein	NABELSCHWEIN
Südamerikaner	ECUADORIANER
süddtsch. Landschaft	HOHENZOLLERN
Südfrucht	JOHANNISBROT
südkaliforn. Landschaft	MOHAVEWUESTE
südkanad. Fluß	SASKATCHEWAN
südnorweg. Hafenstadt	FREDERIKSTAD
Südostasien	HINTERINDIEN
südostaustral. Bundesstaat	NEUSUEDWALES
südosteurop. Staat	GRIECHENLAND
südostital. Gebirge	MONTEGARGANO
südschwed. Hafenstadt	HAELSINGBORG
südspan. Gebirge	SIERRANEVADA
südwestafrikan. Wildbeuter	BUSCHMAENNER
südwestfranz. Departement	HAUTEGARONNE
südwestfranz. Departement	LOTETGARONNE
Sündenbock	PRUEGELKNABE
Suite	ZIMMERFLUCHT
Symbol für Unfreiheit	STACHELDRAHT
Tabaksorte	PFEIFENTABAK
Tabakware	SCHNUPFTABAK
Tablett	SERVIERBRETT
Täuschung	IRREFUEHRUNG
Tagfalter	APOLLOFALTER
Tagfalter	DISTELFALTER
Tagundnachtgleiche	AEQUINOKTIUM

Taille	GUERTELLINIE
Taktlosigkeit	INDISKRETION
Tal in den Berner Alpen	LOETSCHENTAL
Taubenart	TUERKENTAUBE
Tauchboot	UNTERSEEBOOT
Taufbecken	BAPTISTERIUM
Taufkapelle	BAPTISTERIUM
Taumel	BEGEISTERUNG
Tausendschön	MASSLIEBCHEN
technische Meisterschaft	VIRTUOSITAET
technisches Fachgebiet	FEINMECHANIK
technisches Fachgebiet	MASCHINENBAU
Teenager	JUGENDLICHER
teeren	ASPHALTIEREN
Teigart	BLAETTERTEIG
Teil der Karpaten	WESTBESKIDEN
Teil der Sudeten	ADLERGEBIRGE
Teil der Sudeten	EULENGEBIRGE
Teil der Wohnung	SCHLAFZIMMER
Teil des Atlantiks	SARGASSOMEER
Teil des Gebisses	SCHNEIDEZAHN
Teil des Hessisch. Berglands	HABICHTSWALD
Teil des Peipussees	PLESKAUERSEE
Teil des Stillen Ozeans	KORALLENMEER
Teilgebiet d. Mathematik	KOMBINATORIK
Teilhaber	KOMMANDITIST
Teilmeer	NORDATLANTIK
Teilnahmslosigkeit	DESINTERESSE
Teil von Rundfunkgeräten	LAUTSPRECHER
Telefon	FERNSPRECHER
telefonische Direktverbindung	HEISSERDRAHT
telegrafieren	DEPESCHIEREN
Temperament	PHLEGMATIKER
Tempobeschleunigung	AKZELERATION
Teufelsei, Eichelschwamm	STINKMORCHEL
Textilschädling	KLEIDERMOTTE
Textilstadt im Erzgebirge	LICHTENSTADT
Theaterkünstler	SCHAUSPIELER
tiefes Blasinstrument	KONTRAFAGOTT
Tierart	SCHLAUCHTIER
Tierbehausung	TAUBENSCHLAG
Tierkrankheit	SCHWEINEPEST
Tierstamm, Artikulaten	GLIEDERTIERE
Tigerart	KOENIGSTIGER
Tigerschlange	NETZSCHLANGE
tilgen	AMORTISIEREN
Tilgung	AMORTISATION
Titel	UEBERSCHRIFT
Titelfigur bei Galsworthy	IRENEFORSYTE
Titelfigur bei Shakespeare	KOENIGJOHANN
Tochter v. Theoderich	AMALASWINTHA
todesähnlicher Zustand	LEBLOSIGKEIT
Tollkirsche	TEUFELSBEERE
Tonbandgerät	TAPERECORDER
Tonspeicher	SCHALLPLATTE
Torero	STIERKÄMPFER
Torlauf im Skisport	RIESENSLALOM
totalitär	AUTOKRATISCH
totalitär	DIKTATORISCH
Totenrichter der griech. Sage	RHADAMANTHYS
Trabant	LEIBWAECHTER
tradiert	UEBERLIEFERT
träge, schwerfällig	PHLEGMATISCH
tragbares Leuchtgerät	TASCHENLAMPE
Trakt	GEBAEUDETEIL
transparent	DURCHSICHTIG
Transport	BEFOERDERUNG
Traumgebilde, -gesicht	HIRNGESPINST
trauriger Mißmut	VERBITTERUNG
Treck	WAGENKOLONNE
Treibhaus	GEWAECHSHAUS
Treibstoff	LEICHTBENZIN
treuhänderisch	FIDUZIARISCH
Trinitrophenol	PIKRINSAEURE
Trinkgefäß	SCHOPPENGLAS
tropisch. Singvogel	HONIGFRESSER

tropische Fischart	PAPAGEIFISCH
tropische Infektionskrankheit	DENGUEFIEBER
trübsinnig	SCHWERMUETIG
Trunksucht	ALKOHOLISMUS
Truppenteil	HEERESGRUPPE
Trust	FIRMENGRUPPE
Trust	GROSSKONZERN
Tsuga	HEMLOCKTANNE
Tuberkulose	SCHWINDSUCHT
tückisch	HINTERLISTIG
türkische Kerntruppe	JANITSCHAREN
Turkvolk	PETSCHENEGEN
Turkvolk am Aralsee	KARAKALPAKEN
Turkvolk an der Wolga	TSCHUWASCHEN
Turngerät	SCHAUKELRECK
Turngerät	SPROSSENWAND
Turngerät	STUFENBARREN
Turnübung	HUEFTSCHWUNG
Turnübung	SCHWUNGKIPPE
Turnübung	WINKELSTUETZ
tyrannisch	DIKTATORISCH
Tyrann von Athen	PEISISTRATOS
überanstrengen	STRAPAZIEREN
Übereinstimmung	KONFORMITAET
Übereinstimmung	SOLIDARITAET
Überführung vor Gericht	SCHULDBEWEIS
Überholung	AUSBESSERUNG
Überkrustung	INKRUSTATION
übernatürlich, -sinnlich	METAPHYSISCH
übernatürlich, -sinnlich	TRANSZENDENT
überspannt	PHANTASTISCH
überspannter Nationalismus	CHAUVINISMUS
überstimmen	MAJORISIEREN
Überträger der Schlafkrankh.	TSETSEFLIEGE
üble Nachrede	DENUNZIATION
üble Nachrede	DIFFAMIERUNG
Übungsflugzeug	SCHULGLEITER
Übungsgerät für Boxer	PUNCHINGBALL
ukrain. romant. Dichter	SCHEWSCHENKO
ukrain. Stadt am Dnjepr	KREMENTSCHUG
umfassend	ERSCHOEPFEND
Umgestaltung	METAMORPHOSE
Umsicht	BESONNENHEIT
umsichtig	DIPLOMATISCH
umwandeln	KONVERTIEREN
umweltbedingt	PERISTATISCH
unabhängig, ungebunden	SELBSTAENDIG
Unabhängigkeitsbestrebung	SEPARATISMUS
unannehmbar	INAKZEPTABEL
unannehmbar	INDISKUTABEL
unbare Zahlungsweise	UEBERWEISUNG
unbedacht	LEICHTSINNIG
unbedeutend	GERINGFUEGIG
unbedeutend	NICHTSSAGEND
unbedingt	PEREMTORISCH
Unbehagen	MISSSTIMMUNG
unbeschränkt	SCHRANKENLOS
unbeschränkte Herrschaft	ABSOLUTISMUS
unbeschränkte Vollmacht	CARTEBLANCHE
unbeständig	INKONSISTENT
Unbeteiligtsein	DESINTERESSE
Unbeweglichkeit	IMMOBILITAET
undeutlich	VERSCHWOMMEN
unehrlich	UNAUFRICHTIG
unentschlossen	WANKELMUETIG
unerläßlich	INTEGRIEREND
unfreundlich gesonnen	UEBELWOLLEND
ungar. Stadt	FUENFKIRCHEN
ungebildet	UNKULTIVIERT
Ungenügen	INSUFFIZIENZ
ungesetzlich	GESETZWIDRIG
ungesetzlich	RECHTSWIDRIG
Ungeziefervernichter	KAMMERJAEGER
ungleichmäßig	ASYMMETRISCH
unhaltbar	INKONSISTENT
Uniformschmuck	ACHSELKLAPPE

Uniformschmuck	ACHSELSTUECK
Uniformschmuck	ORDENSSPANGE
Unkenntnis	UNWISSENHEIT
Unkosten	AUFWENDUNGEN
unlogisch	INKONSEQUENT
Unmenschlichkeit	BESTIALITAET
Unmenschlichkeit	INHUMANITAET
unmeßbar	IMMENSURABEL
unnachsichtig	SCHONUNGSLOS
unoriginell	PHANTASIELOS
unpäßlich	INDISPONIERT
Unparteilichkeit	NEUTRALITAET
Unredlichkeit	ILLOYALITAET
Unsicherheit	UNGEWISSHEIT
unstet, wankelmütig	UNBESTAENDIG
Unterbrechung	INTERRUPTION
unterfränk. Stadt am Main	SCHWEINFURTH
unterfränk. Stadt an d. Saale	KOENIGSHOFEN
Unterhändler	PARLAMENTAER
Unterhaltsbeitrag, -geld	ALIMENTATION
Unterhaltung	KONVERSATION
Unterhaltungsindustrie	SHOWBUSINESS
Unterhaltungsliteratur	BELLETRISTIK
Unterrichtung	ORIENTIERUNG
Untersagung	INTERDIKTION
unterschlagen	HINTERZIEHEN
Unterschlagung	DEFRAUDATION
Unterschlagung	VERUNTREUUNG
unterste Schicht d. Atmosphäre	TROPOSPHAERE
unterteilen	PORTIONIEREN
unterwandern	INFILTRIEREN
Unterwanderung	INFILTRATION
unterweltlich	ACHERONTISCH
Unterwerfung	KAPITULATION
Unterwerfung	UNTERJOCHUNG
Unübertreffbares	NONPLUSULTRA
unumstößliche Meinung	UEBERZEUGUNG
unvergleichbar	INKOMPARABEL
Unvermögen	UNFAEHIGKEIT
Unverschämtheit	DREISTIGKEIT
Unversöhnlichkeit	INTRANSIGENZ
unverständliche Sprache	KAUDERWELSCH
unverträglich	INKOMPATIBEL
unwägbar	IMPONDERABEL
unzulänglich	INSUFFIZIENT
Urahn	URGROSSVATER
Ureinwohner	EINGEBORENER
urkundlich	DIPLOMATISCH
Urteil	ENTSCHEIDUNG
Urtikaria	NESSELFIEBER
urtüml. Säugetierordnung	KLOAKENTIERE
Urwelttier	PTEROSAURIER
Vagabund	HERUMTREIBER
Vaterlandsliebe	PATRIOTISMUS
venezolanischer See	MARACAIBOSEE
venezolanische Stadt	BARQUISIMETO
verändern	MODIFIZIEREN
Veränderung	MODIFIKATION
veraltet f. Dienstalter	ANCIENNITAET
veraltet f. Finanzwissenschaft	KAMERALISTIK
veranschaulichen	ILLUSTRIEREN
veranschaulichend	DEMONSTRATIV
veranschlagen	VORBERECHNEN
veranstalten	ORGANISIEREN
verantwortungsbewußt	GEWISSENHAFT
Verbandmaterial	HEFTPFLASTER
Verbilligung	ERMAESSIGUNG
Verbindung, Verflechtung	ZUSAMMENHANG
Verbindung aufnehmen	KONTAKTIEREN
verblüfft	KONSTERNIERT
Verbreitung, Veröffentlichung	PROMULGATION
Verdammung	KONDEMNATION

12

verdampfen	VAPORISIEREN
verderben	KORRUMPIEREN
verdichten	KOMPRIMIEREN
verdichten	KONDENSIEREN
Verdichtung	KONDENSATION
Verfassung	KONSTITUTION
verfassunggeb. Versamml.	KONSTITUANTE
Verfehlung, Zuwiderhandlung	UEBERTRETUNG
Verfeinerung	SUBLIMIERUNG
verflüssigen	KONDENSIEREN
Verflüssigung	KONDENSATION
Vergeltung	KONTERSCHLAG
Vergeltungstrieb	RESSENTIMENT
vergeuden	VERSCHWENDEN
Vergiftung	INTOXIKATION
verglaster Wohnraum	WINTERGARTEN
vergnüglich	PLAESIERLICH
Vergütung	BONIFIKATION
verhältnismäßig	PROPORTIONAL
Verhältniswort	PRAEPOSITION
verhängnisvoll	KATASTROPHAL
Verhaftung	INHAFTIERUNG
Verkaufsleiter (engl.)	SALESMANAGER
verklären	IDEALISIEREN
Verknöcherung	OSSIFIKATION
verkünden, verkündigen	BEKANNTGEBEN
verläßlich, gewissenhaft	ZUVERLAESSIG
Verlangsamung	VERZOEGERUNG
Verletzung	ABSCHUERFUNG
verleugnen	DESAVOUIEREN
Verleumdung	DIFFAMIERUNG
vermenschlichen	HUMANISIEREN
Vermesser im Bergbau	MARKSCHEIDER
Vermittler	PARLAMENTAER
Vermoderung	HUMIFIKATION
verpflanztes Organ	TRANSPLANTAT
Verpflichtung	KAPITULATION
verrechnen	KOMPENSIEREN
Vers	GEDICHTZEILE
Vers, Versfuß, -maß	ALEXANDRINER
Versager	BLINDGAENGER
Versand	VERSCHICKUNG
Verschiedenstimmigkeit	HETEROPHONIE
verschlagen	HINTERLISTIG
Verschlimmerung	KOMPLIKATION
Verschwörung	KONSPIRATION
Verselbständigung	EMANZIPATION
verspotten	PERSIFLIEREN
verständlich	EINLEUCHTEND
verständlich	INTELLIGIBEL
Verteilung	DISTRIBUTION
Vertragsbestätigung	RATIFIKATION
Vertrauensbruch	INDISKRETION
Vertreter der Anklage	STAATSANWALT
Vertreter des Volkes	ABGEORDNETER
Vertreter vor Gericht	RECHTSANWALT
Verunglimpfung	DIFFAMIERUNG
veruntreuen	DEFRAUDIEREN
veruntreuen	HINTERZIEHEN
vervielfältigen	FOTOKOPIEREN
Vervielfältigung	HEKTOGRAPHIE
Verwahrung	HINTERLEGUNG
Verwaltungsbezirk	GOUVERNEMENT
Verwandlung	METAMORPHOSE
Verwicklung	KOMPLIKATION
verwirklichen	DURCHFUEHREN
Verwirklichung	REALISIERUNG
Verzagtheit	MUTLOSIGKEIT
verzögern	PROTRAHIEREN
verzweifelt	HOFFNUNGSLOS
Vielgötterei	POLYTHEISMUS
Vierkanalübertragung	QUADROPHONIE
viskos	DICKFLUESSIG
Visum	SICHTVERMERK
Vogelart	FELDSPERLING
Vogelart	FELSENPIEPER
Vogelart	GELBSPOETTER

Vogelart	HAUSSCHWALBE	vorgeschichtl. Abschnitt	ALTSTEINZEIT	Wärmekraftmaschine	DAMPFTURBINE
Vogelart	HAUSSPERLING	vorgeschichtl. Menschentyp	NEANDERTALER	Wärmestauung	HYPERTHERMIE
Vogelart	KRAGENTRAPPE	vorgeschichtl. Menschentyp	PEKINGMENSCH	Waffengattung, Truppengattung	PANZERTRUPPE
Vogelart	RAUHFUSSHUHN	Vorhautentfernung	BESCHNEIDUNG	Wahn	HIRNGESPINST
Vogelart	RAUHFUSSKAUZ	Vorherrschaft	PRAEDOMINANZ	Wahrheitserweis	VERIFIKATION
Vogelart	STERNTAUCHER	Vorherrschaft	UEBERGEWICHT	Wahrzeichen v. Rügen	KREIDEFELSEN
Vogelart	WASSERPIEPER	vorherrschend	PRAEDOMINANT	Wahrzeichen v. Venedig	MARKUSKIRCHE
Vogelkunde	ORNITHOLOGIE	Vorhersage, Weissagung	PROPHEZEIUNG	Walart	GROENLANDWAL
Volksgruppe	ANGELSACHSEN	Vorkämpfer	AVANTGARDIST	Waldbeere	PREISELBEERE
volkstümlich f. Angler	PETRIJUENGER	vornehm	DISTINGUIERT	Waldschädling	RINDENKAEFER
volkstümlich f. Durcheinander	KUDDELMUDDEL	Vorort von Den Haag	SCHEVENINGEN	Waldschädling	WEIDENBOHRER
volkstümlich f. Zigarette	GLIMMSTENGEL	Vorratsraum	SPEISEKAMMER	walisische Grafschaft	DENBIGHSHIRE
Volkstümlichkeit	POPULARITAET	Vorrecht	PRAEROGATIVE	Walküre	SCHWERTLEITE
vollendete Tatsache	FAITACCOMPLI	vortrefflich	HERVORRAGEND	Wallfahrt	PILGERSCHAFT
voll entwickelt	AUSGEWACHSEN	Vorurteil	BEFANGENHEIT	Wandel, Variation	VERAENDERUNG
Vollmacht	AUTORISATION	Vorwegnahme	ANTIZIPATION	Warenbegleitpapier	LIEFERSCHEIN
vorantreiben	MOBILISIEREN	vorwegnehmen	ANTIZIPIEREN	Warenbörsentransaktion	LOKOGESCHÄFT
Vorausbestellung von Büchern	SUBSKRIPTION	Vorzeichen	PROGNOSTIKUM	Warenübergabe	KONSIGNATION
voraussagend	PROGNOSTISCH	vorziehen	PRAEFERIEREN	Warmluftballon	MONTGOLFIERE
Vorbedeutung	PROGNOSTIKON	vorzüglich	HERVORRAGEND	Waschlappen, Pantoffelheld	SCHWAECHLING
vorbereiten	PRAEPARIEREN	Vulkan in Mexiko	POPOCATEPETL	Wasserbaukunde	HYDROTECHNIK
Vorbereitung	PRAEPARATION	Waagenart	DEZIMALWAAGE	wasserdicht	IMPRAEGNIERT
vorbildlich	BEISPIELHAFT	Wachstumsbeschleunigung	AKZELERATION	wasserdichte Fußbekleidung	GUMMISTIEFEL
vorbildlich	EXEMPLARISCH	Wachstumshormon	SOMATOTROPIN		
vorderasiatischer Staat	SAUDIARABIEN				
Vorgeschichte	PRAEHISTORIE				

12

Wasserfee, -frau	MEERJUNGFRAU
Wassergeräusch	GEPLAETSCHER
Wasserhülle der Erde	HYDROSPHAERE
Wassersport	TURMSPRINGEN
Wassersport	WELLENREITEN
Watvogel	KAMPFLAEUFER
Watvogel	WASSERTRETER
Wechseljahre	KLIMAKTERIUM
wechselnd	ALTERNIEREND
Wechselrahmen	PASSEPARTOUT
wechselwarm	POIKILOTHERM
Wegbereiter	AVANTGARDIST
Wegelagerer	BUSCHKLEPPER
weibl. Medienberuf	JOURNALISTIN
Weichkäse	HUETTENKAESE
Weichkäse	SCHMELZKAESE
Weichkäse	STREICHKAESE
Weihe	KONSEKRATION
weihen	KONSEKRIEREN
Weinbergschädling	REBENSTECHER
Wein-Bezeichnung	SCHILLERWEIN
Weinort am Rhein	JOHANNISBERG
Weinort in Rheinland-Pfalz	BADDUERKHEIM
Weinort in Rheinland-Pfalz	GIMMELDINGEN
Weinsorte	RUEDESHEIMER
weißer Bordeauxwein	CHATEAUYQUEM
weitblickend	VORAUSSEHEND
weiterbestehend	FORTWAEHREND
Wellblechbaracke	NISSENHUETTE
Weltbeschreibung	KOSMOGRAPHIE
Weltenbummler	GLOBETROTTER
Werbeträger	MASSENMEDIEN
Werken	HANDARBEITEN
Werkstückhalter	SCHRAUBSTOCK
Werkzeugmaschine	DRECHSELBANK
Werkzeugmaschine f. Löcher	BOHRMASCHINE
Werturteil	BEGUTACHTUNG
wesentlich	SUBSTANTIELL
westafrikan. Staat	GUINEABISSAU
westaustral. Fluß	FITZROYRIVER
westengl. Grafschaft	HERFORDSHIRE
westeurop. Sprache	FRANZOESISCH
westfälische Landschaft	MUENSTERLAND
westfinnische Landschaft	OESTERBOTTEN
westruss. Republik	BELORUSSLAND
westungar. Stadt an der Güns	STEINAMANGER
wetteifern	KONKURRIEREN
wetteifern	RIVALISIEREN
Wetterkunde	METEOROLOGIE
widerrechtlich	GESETZWIDRIG
widerrechtlich	RECHTSWIDRIG
widersprechen	PROTESTIEREN
widersprüchlich	INKONSEQUENT
Widerstreit	ANTAGONISMUS
wieder aktiv machen	REAKTIVIEREN
Wiederaufbau, -herstellung	REGENERATION
wieder einbürgern	REPATRIIEREN
Wiederherst. d. guten Rufes	EHRENRETTUNG
Wiederherstellung	RESTAURATION
wiederum	ANDERERSEITS
Wiener Hausberg	LEOPOLDSBERG
Wiener Stadtbezirk	LEOPOLDSTADT
Wiener Tänzerin	FANNYELSSLER
Wikinger, fand Amerika	LEIFERIKSSON
Wildgeflügel	WALDSCHNEPFE
Wildragout	HASENPFEFFER
Willfährigkeit	GEFUEGIGKEIT
Winteraster	CHRYSANTHEME
Wintersportanlage	KUNSTEISBAHN
Wintersportgerät	CURLINGSTEIN
Wintersportplatz bei Oslo	HOLMENKOLLEN
winziges Krebstier	MUSCHELKREBS

wirklich	TATSAECHLICH
Wirklichkeitsstandpunkt	POSITIVISMUS
Wirklichkeitstreue	NATURALISMUS
Wirtschaftsform	KAPITALISMUS
wißbegierig	INTERESSIERT
wissenschaftl. Abhandlung	DISSERTATION
wissenschaftl. Arbeitsraum	LABORATORIUM
wissenschaftl. Einführung	PROPAEDEUTIK
Wörterbuch, -verzeichnis	VOKABULARIUM
Wohlstand	PROSPERITAET
wonnig	PARADIESISCH
Wucherblume	CHRYSANTHEME
Wühlschlange	WURMSCHLANGE
württ. Stadt am Neckar	SCHWENNINGEN
Würzkraut	PFEFFERKRAUT
Würzpflanze	GEWUERZKRAUT
Würzpflanze	SCHNITTLAUCH
wunderbar	MAERCHENHAFT
Wurmfortsatzentzündung	APPENDICITIS
Wurstart	STREICHWURST
Wurstsorte	FLEISCHWURST
Wurstsorte	ZWIEBELWURST
Yellowstone-Zufluß	BIGHORNRIVER
zänkischer Mensch	STREITHAMMEL
zahm	DOMESTIZIERT
Zahnbettschwund	PARODONTITIS
Zeichengerät	WINKELMESSER
zeitgenössisch	KONTEMPORAER
Zeitungsschreiber	LEITARTIKLER
Zeitungswesen	JOURNALISTIK
Zeitvertreib	RAETSELRATEN
Zeitvertreib, Zerstreuung	UNTERHALTUNG
Zellwucherung	HYPERTROPHIE
Zeltgelände	CAMPINGPLATZ
Zentralheizungsanlage	DAMPFHEIZUNG
Zerkleinerungsmaschine	SCHROTMUEHLE
Zeugnis	BEGLAUBIGUNG
Zeugnisnote	BEFRIEDIGEND
Ziegenbart (Pilz)	KORALLENPILZ
zieren	VERSCHOENERN
Zierstaude	LERCHENSPORN
Zisterzienser	GRAUEMOENCHE
zollamtl. Bestätigung	SICHTVERMERK
zu, abgesperrt	VERSCHLOSSEN
Zuckersorte	INVERTZUCKER
zündender Gedanke	GEISTESBLITZ
Zündholzschachtelnsammler	PHILLUMENIST
zufällig	AKZIDENTIELL
Zugang	NEUERWERBUNG
zugespitzt	APHORISTISCH
Zuname	FAMILIENNAME
Zuneigung	FREUNDSCHAFT
Zuordnung	KOORDINATION
Zurechtweisung	MASSREGELUNG
zurücksenden	RETOURNIEREN
zusammendrücken	KOMPRIMIEREN
zusammenfallen	KOINZIDIEREN
zusammenlaufen	KONVERGIEREN
zusammenpreßbar	KOMPRESSIBEL
Zusammenschluß	GEMEINSCHAFT
Zusammensetzung	KONSTRUKTION
zusammenziehen	KONTRAHIEREN
Zusammenziehung	KONSTRIKTION
Zustand	KONSTITUTION
Zustimmung	EINWILLIGUNG
zuversichtlich	OPTIMISTISCH
Zwangsabgabe	KONTRIBUTION
zweckbestimmter Verbund	ORGANISATION
zweifellos	UNBESTRITTEN
Zweihänder-Schwert	BIDENHAENDER
zweijähriges Wildschwein	UEBERLAEUFER
Zweistromland	MESOPOTAMIEN
zwischen den Sternen	INTERSTELLAR

Zwischeneiszeit	INTERGLAZIAL
zwischenstaatliches Recht	VOELKERRECHT
Zwitter	HERMAPHRODIT
Zwölftontechnik	DODEKAPHONIE

Aachener Sehenswürdigkeit	ELISENBRUNNEN
abbilden, darstellen	PORTRAETIEREN
Abenteurer	GLUECKSRITTER
Abfallaufbereitung	KOMPOSTIERUNG
abgrenzen	DETERMINIEREN
Abitur	REIFEPRUEFUNG
Abkommen, Abmachung	UEBEREINKUNFT
Ablehnung	MISSBILLIGUNG
Abmagerungsmaßnahme	REDUKTIONSKUR
abnorme Schädelgröße	MAKROKEPHALIE
abnutzen	VERSCHLEISSEN
Abwasser	SCHMUTZWASSER
ältester Schußwaffentyp	DONNERBUECHSE
Ämterverbund in einer Person	PERSONALUNION
ätzen	KAUTERISIEREN
afrikan. Berg	DSCHEBELMARRA
afrikan. Höhlenschwein	WARZENSCHWEIN
afrikan. See	TANGANJIKASEE
afrikan. Staat	ZENTRALAFRIKA
akadem. Examensnote	MAGNACUMLAUDE
akadem. Examensnote	SUMMACUMLAUDE
Akkordeon	HANDHARMONIKA
Akkordeon	ZIEHHARMONIKA
Aktensammlung	DOKUMENTATION
aktuell	GEGENWARTSNAH
Alleinerbe	UNIVERSALERBE
alles in allem (latein.)	SUMMASUMMARUM
Alligatorenart	BRILLENKAIMAN
Alpenbewohner	OESTERREICHER
Alpengebirgsstock	KAISERGEBIRGE
Alpenpflanze	ALPENVEILCHEN
alpines Urinsekt	GLETSCHERFLOH
alpine Truppe	GEBIRGSJAEGER
alte Leistungseinheit	PFERDESTAERKE
alte preuß. Goldmünze	FRIEDRICHSDOR
Altertümer	ANTIQUITAETEN
Altertumswissenschaftler	PALAEONTOLOGE
altmodisch	ALTFRAENKISCH
altröm. König	NUMAPOMPILIUS
altröm. Zehntland	AGRIDECUMATES
Altwarenhändler	LUMPENSAMMLER
amerikan. Flagge	STERNENBANNER
amerikan. Fluß	ARKANSASRIVER
amerikan. Fluß	SAVANNAHRIVER
amerikan. Popgruppe	MAMASANDPAPAS
amtl. Strafenverzeichnis	STRAFREGISTER
Amulett	SCHUTZZEICHEN
Analyse	AUFGLIEDERUNG
anbieten, überreichen	PRAESENTIEREN
Andacht	VERSUNKENHEIT

13

Aneignung	INBESITZNAHME
Anfänger	GRUENSCHNABEL
anfänglich	URSPRUENGLICH
Angeklagter	BESCHULDIGTER
angleichen	HARMONISIEREN
Anhänger einer Kunstrichtung	EXPRESSIONIST
Anhänger einer Kunstrichtung	IMPRESSIONIST
anhäufen	AGGLOMERIEREN
Anhäufung	AGGLOMERATION
Anklage	ANSCHULDIGUNG
ankündigen	SIGNALISIEREN
Annäherung	APPROXIMATION
Annahme, Vermutung	UNTERSTELLUNG
Annexion	EINVERLEIBUNG
annullieren	ZURUECKZIEHEN
Anopheles	MALARIAMUECKE
Anpassung	OPPORTUNISMUS
Ansammlung	KONZENTRATION
anschauliche Vorführung	DEMONSTRATION
anschaulich machen	DEMONSTRIEREN
Anschlagsäule	LITFASSSAEULE
ansehnlich	BETRAECHTLICH
Ansiedlung	NIEDERLASSUNG
anständig, bieder	RECHTSCHAFFEN
Antennenart	RICHTSTRAHLER
antik	ALTERTUEMLICH
antikes Bauwerk in Trier	ROEMERBRUECKE
antike Stadt in Kleinasien	HALIKARNASSOS
Antikrebsmittel	ZYSTOSTATIKUM
Anwalt	RECHTSBERATER
apathisch	GLEICHGUELTIG
Apfelsorte	GRAVENSTEINER
Apostel Jesu	BARTHOLOMAEUS
Arbeitsgefährtin	MITARBEITERIN
Arbeitspapier des Seemanns	SEEFAHRTSBUCH
argentin. Stadt	PUERTODESEADO
Argonautenbeute	GOLDENESVLIES
arid	AUSGETROCKNET
Arkansas-Zufluß	CANADIANRIVER
Armee, Truppen	STREITKRAEFTE
Arminianer	REMONSTRANTEN
Aronstabgewächs	SCHLANGENWURZ
Art des Jagdreitens	SCHNITZELJAGD
Arzneimittelgrundstoff	SALIZYLSAEURE
Arzneimittelkunde	PHARMAKOLOGIE
Arzneipflanze	BRUNNENKRESSE
Arzneizäpfchen	SUPPOSITORIUM
asiat. Gebirge	TRANSHIMALAJA
asiat. Republik	ASERBEIDSCHAN
asiat. Republik	NACHITSCHEWAN
asiat. Republik	TADSCHIKISTAN

asiat. Republik	TSCHUWASCHIEN
Aspekt	GESICHTSPUNKT
assistieren, beistehen	UNTERSTUETZEN
assyr. König	TIGLATPILESER
Asthma	KURZATMIGKEIT
Astronautik	WELTRAUMFAHRT
Astronom	STERNKUNDIGER
Atempause, Rast	UNTERBRECHUNG
Atoll	KORALLENINSEL
Atomreaktor	KERNKRAFTWERK
Atrophie	MUSKELSCHWUND
Attest	BESCHEINIGUNG
Auflage, Schuldigkeit	VERPFLICHTUNG
Aufmerksamkeit	KONZENTRATION
auftragshalber	KOMMISSARISCH
Aufzeichnung	NIEDERSCHRIFT
Augenarzt	OPHTHALMOLOGE
Augenspiegel	OPHTHALMOSKOP
Auktion	VERSTEIGERUNG
Ausbesserungsstätte	REPARATURWERK
Ausdehnungspolitik	IMPERIALISMUS
aus dem Stegreif handeln	EXTEMPORIEREN
Auseinandersetzung	KONFRONTATION
ausgestorbene Vogelart	ARCHAEOPTERYX
Ausgewogenheit	GLEICHGEWICHT
ausgezeichnet	PREISGEKROENT
Aushebegerät	LOEFFELBAGGER
Ausrufer	MARKTSCHREIER
Ausschließlichkeit	EXKLUSIVITAET
außergewöhnlich	EXTRAORDINAER
Ausspruchssammlung	ZITATENSCHATZ
austral. Außenbesitzung	NORFOLKINSELN
austral. Berg	MOUNTAUGUSTUS
austral. Berg	MOUNTLINDESAY
austral. Fluß in Queensland	FLINDERSRIVER
austral. Inselgruppe	KEELINGINSELN
austral. Inselgruppe	PRINCEOFWALES
Auswurf	EXPEKTORATION
autark	EIGENSTAENDIG
Automobil	KRAFTFAHRZEUG
autonom	EIGENSTAENDIG
Autorisation	ERMAECHTIGUNG
Autoteil	STOSSDAEMPFER
Autozubehör	ABSCHLEPPSEIL
Bad im Nordschwarzwald	BADLIEBENZELL
bahnbrechend	REVOLUTIONAER
Bahnbrecher	SCHRITTMACHER
Bakterienart	STREPTOKOKKUS
Balance	GLEICHGEWICHT
Ballerina	SOLOTAENZERIN
Ballett-Aufzeichnung	CHOREOGRAPHIE
Ballett-Einstudierung	CHOREOGRAPHIE

Ballettgruppe	CORPSDEBALLET
Ballett von Tschaikowsky	ROMEOUNDJULIA
Bandassel	STEINKRIECHER
Baronesse	FREIFRAEULEIN
Bartschergerät	RASIERAPPARAT
Bassetthorn	ALTKLARINETTE
Bassin	SCHWIMMBECKEN
Bauchpilz	GITTERSCHWAMM
Bauchredner	VENTRILOQUIST
Baumaschine	LOEFFELBAGGER
baumbewohnendes Nagetier	EICHHOERNCHEN
baumbewohnendes Nagetier	EICHKAETZCHEN
Baumhörnchen	FLUGHOERNCHEN
Bauwerk in Paris	ARCDETRIOMPHE
Bauwerk in Venedig	RIALTOBRUECKE
bayer. Fürstenhaus	WITTELSBACHER
bayer. Herzogshaus	LUITPOLDINGER
bayer. Kurort im Chiemgau	MARQUARTSTEIN
bayer. Regierungsbezirk	MITTELFRANKEN
bayer. Stadt an der Waldnaab	TIRSCHENREUTH
bayer. Stadt im Grabfeld	MELLRICHSTADT
bayer. Volkstanz	SCHUHPLATTLER
Beatgruppe im Jazz	RHYTHMSECTION
Bebilderung	ILLUSTRIERUNG
Bedingung, Postulat	VORAUSSETZUNG
Beerensorte	JOHANNISBEERE
befestigen, standfest machen	STABILISIEREN
Befestigungswerk	FORTIFIKATION
Beförderungsmittel	KRAFTFAHRZEUG
Befruchtung	FERTILISATION
Befruchtung	IMPRAEGNATION
Befugnis	AUTORISIERUNG
Befugnis	ERMAECHTIGUNG
Beginn	AUSGANGSPUNKT
begrenzen	EINSCHRAENKEN
begründen	ARGUMENTIEREN
behäbig	SCHWERFAELLIG
Behelfsasyl	NOTUNTERKUNFT
beherrscht	DISZIPLINIERT
Beinsubstanz	KNOCHENGEWEBE
Beinteil	UNTERSCHENKEL
beispielhaft	MUSTERGUELTIG
Bekanntgabe	VERKUENDIGUNG
Bekassine	SUMPFSCHNEPFE
bekunden	DOKUMENTIEREN
belästigen	INKOMMODIEREN
Belehrung	UNTERRICHTUNG
Benachrichtigung	AVERTISSEMENT
benutzbar	EINSATZFAEHIG
bequeme Sitzgelegenheit	SCHAUKELSTUHL

13

berech- nen, ab- schätzen	VERANSCHLAGEN
Bereit- schaft zur Aktivität	EINSATZFREUDE
Bergbahn	DRAHTSEILBAHN
Berg bei Innsbruck	PATSCHERKOFEL
Berg bei Kassel	HOHERMEISSNER
Berg bei Zell am See	KITZSTEINHORN
Berg der Hohen Tauern	GROSSGLOCKNER
Berge zw. Fichtel- u. Erzgeb.	ELSTERGEBIRGE
Berg im Böhmer- wald	PLOECKENSTEIN
Berg im kanad. Felsen- gebirge	MOUNTCOLUMBIA
Berg im Wiener- wald	HERMANNSKOGEL
Berg in den Luganer Alpen	MONTEGENEROSO
Bergland in Vor- arlberg	BREGENZERWALD
berg- männ. Beruf, Funktion	REVIERSTEIGER
Berg mit der Gralsburg	MONTSALWATSCH
Bergzug beidseits der Weser	WESERBERGLAND
Bericht- erstatter	KORRESPONDENT
Berliner See	SCHLACHTENSEE
Berliner Stadtteil	REINICKENDORF
Berührung	FUEHLUNGNAHME
Beruf bei Bühne, Fernseh., Film	MASKENBILDNER
Berufs- fach- schule	HANDELSSCHULE
Berufs- fußballer	LIZENZSPIELER
berufs- mäßig	PROFESSIONELL
Beruhi- gungs- mittel	NEUROLEPTIKUM
Beruhi- gungs- mittel	NEUROPLEGIKUM
beschei- den	BEDUERFNISLOS
Beschei- denheit	GENUEGSAMKEIT
Beschei- nigung d. Mittel- losigkeit	ARMUTSZEUGNIS
Beschlag- nahme	SEQUESTRATION
beschlag- nahmen	SICHERSTELLEN
beschöni- gend	EUPHEMISTISCH
beschul- digen	INKRIMINIEREN
Beson- derheit	EXKLUSIVITAET
Beson- derheit	SINGULARITAET
Bestär- kung	BEKRAEFTIGUNG
bestim- men	DETERMINIEREN
Bestim- mung	DETERMINATION
Bestür- zung	KONSTERNATION
betäuben	NARKOTISIEREN
Beteili- gung	PARTIZIPATION
Beteili- gung	PARTNERSCHAFT
Betonung	AKZENTUIERUNG
Betrieb	ETABLISSEMENT
beurkun- den	DOKUMENTIEREN
Beurkun- dung	DOKUMENTATION
Beurtei- lung	EINSCHAETZUNG

bevor-rechten	PRIVILEGIEREN
Beweg-lichkeit	FLEXIBILITAET
beweisen	DEMONSTRIEREN
Beweis-führung	ARGUMENTATION
Beweis-führung	DEMONSTRATION
Beweis-stück einer Straftat	CORPUSDELICTI
Bewußt-seins-spaltung	SCHIZOPHRENIE
bezeich-nend	SYMPTOMATISCH
Bild-berichter	PHOTOREPORTER
bildender Künstler	KUPFERSTECHER
Bildhauer	HOLZSCHNITZER
Bildhauer-werk-zeug	MODELLIERSTAB
Bildungs-stätte	KUNSTAKADEMIE
bindend	OBLIGATORISCH
Bläuling (Schmet-terling)	DUKATENFALTER
Blamage	BLOSSSTELLUNG
Blatthorn-käfer	NASHORNKAEFER
Bleibe	NACHTQUARTIER
Blüten-form	ROEHRENBLUETE
blüten-loses Gewächs	SPORENPFLANZE
Bluff, Vortäu-schung	VORSPIEGELUNG
Blut-bewegung	BLUTKREISLAUF
Blutstein	ROTEISENSTEIN
börsen-technischer Begriff	MAJORISIERUNG
bös-williges Feuer-legen	BRANDSTIFTUNG
Botanik	PFLANZENKUNDE
Boule-vard	PRACHTSTRASSE
Box-Ausdruck	LINKSAUSLEGER
branden-burg. Stadt a. d. Spree	FUERSTENWALDE
brasilian. Berg	PICODANEBLINA
brasilian. Hafen-stadt	FLORIANOPOLIS
brasilian. Stadt	BELOHORIZONTE
Brauch, Brauch-tum	GEPFLOGENHEIT
Braut-schmuck	JUNGFERNKRANZ
brav, ehrbar	RECHTSCHAFFEN
Brief-partner	KORRESPONDENT
brit. Aus-wärtiges Amt	FOREIGNOFFICE
brit. Luftwaffe	ROYALAIRFORCE
Bron-chiener-weiterung	BRONCHIEKTASE
Brücke	UEBERFUEHRUNG
Buch d. Penta-teuchs	DEUTERONOMIUM
Buch-drucker-beruf	METALLSTECHER
Buch-drucker-beruf	OFFSETDRUCKER
Buch-seiten-Über-schrift	KOLUMNENTITEL
Bücher-verzeich-nis	BIBLIOGRAPHIE
Bühnen-stück v. Büchner	LEONCEUNDLENA
Bühnen-stück v. Euripides	DIETROERINNEN
Bühnen-stück v. Frisch	GRAFOEDERLAND

Bühnenstück v. Gide	KOENIGOEDIPUS
Bühnenstück v. Goethe	TORQUATOTASSO
Bühnenstück v. Goldoni	DASKAFFEEHAUS
Bühnenstück v. Hauptmann	MICHAELKRAMER
Bühnenstück v. Hauptmann	SCHLUCKUNDJAU
Bühnenstück v. Hebbel	AGNESBERNAUER
Bühnenstück v. Ibsen	DERVOLKSFEIND
Bühnenstück v. Lessing	EMILIAGALOTTI
Bühnenstück v. Molière	DERMISANTHROP
Bühnenstück v. Scribe	EINGLASWASSER
Bühnenstück v. Shakespeare	ROMEOUNDJULIA
Bühnenstück v. Shakespeare	TIMONVONATHEN
Bühnenstück v. Sophokles	KOENIGOEDIPUS
Bühnenstück v. Sudermann	JOHANNISFEUER
Bühnenstück v. Williams	GLASMENAGERIE
Bühnenstück v. Zuckmayer	KATHARINAKNIE
Büroangestellte	STENOTYPISTIN
Büro-Hilfsmittel	DIKTIERGERAET
Bug	SCHIFFSSPITZE

Bulletin, Bekanntmachung	VERLAUTBARUNG
Burg an der Salzach	HOHENSALZBURG
Burg in Österreich	HOCHOSTERWITZ
Burg von Meißen	ALBRECHTSBURG
Burg von Salzburg	HOHENSALZBURG
Burschenschaft	STUDENTENBUND
Campingliegemöglichkeit	GUMMIMATRATZE
Charakteristik	KENNZEICHNUNG
charakteristisch	EIGENTUEMLICH
charakteristisch	KENNZEICHNEND
chem. Indikator	LACKMUSPAPIER
Chiffre	GEHEIMZEICHEN
chines. Stadt i. d. Mandschurei	TSCHANGTSCHUN
Cholera-Erreger	KOMMABAZILLUS
christl. Fest	BUSSUNDBETTAG
Chronik	JAHRESBERICHT
Cocktail	MISCHGETRAENK
dämmendes Material	ISOLIERMITTEL
dän. Hafenstadt am Kattegatt	FREDERIKSHAVN
Damen-Wäschestück	STRUMPFHALTER
Dampfmaschinenteil	DROSSELKLAPPE
Darbietung	PRAESENTATION
dauernd, fortwährend	UNAUFHOERLICH

dazwischentreten	INTERVENIEREN
Deklaration	INHALTSANGABE
dekorieren	AUSSCHMUECKEN
Demonstration	PROTESTMARSCH
Deportation	VERSCHLEPPUNG
deshalb	INFOLGEDESSEN
Desillusionierung	ENTTAEUSCHUNG
deutlich	VERSTAENDLICH
Dialog, Wechselrede	ZWIEGESPRAECH
differenzieren	UNTERSCHEIDEN
Diktat	NIEDERSCHRIFT
Dilettant	NICHTFACHMANN
Ding	ANGELEGENHEIT
Dinosaurier	TYRANNOSAURUS
Diplomatik	URKUNDENLEHRE
diplomatische Vertretung	GESANDTSCHAFT
Dirigent	KAPELLMEISTER
Disharmonie	UNSTIMMIGKEIT
Doggenart	DAENISCHDOGGE
Doggenart	DEUTSCHEDOGGE
Double	DOPPELSPIELER
Double	ERSATZSPIELER
Drama von Hauptmann	ARMERHEINRICH
Drangsal	MUEHSELIGKEIT
Dreiecksberechnung	TRIGONOMETRIE
Dreiecksegel	LATEINERSEGEL
Dreieckslehre	TRIGONOMETRIE
Dresseur, Dompteur	TIERBAENDIGER
Drosselart	MISTELDROSSEL
Druckentlastung	DEKOMPRESSION
Druckplatte ohne Halbtöne	STRICHAETZUNG
dtsch. Barockbaumeister	DIENTZENHOFER
dtsch. Bundesland	NIEDERSACHSEN
dtsch. Bundesland	SACHSENANHALT
dtsch. Flugzeugbauer	MESSERSCHMITT
dtsch. Fußballspieler	SCHWARZENBECK
dtsch. Gebirge bei Bonn	SIEBENGEBIRGE
dtsch. Lyriker u. Prosaist	NIEBELSCHUETZ
dtsch. Mathematiker, Astronom	REGIOMONTANUS
dtsch. Meerbusen	DEUTSCHEBUCHT
dtsch. Naturforscherfamilie	SCHLAGINTWEIT
dtsch. Nordseehafen	WILHELMSHAVEN
dtsch.-poln. Bucht	STETTINERHAFF
dtsch. Romanschriftstellerin	COURTHSMAHLER
dtsch. Sagenfigur	RATTENFAENGER
dtsch. Schauspielerin	WEITERSHAUSEN
Duckmäuser	DRUECKEBERGER

13

durch- kreuzen	HINTERTREIBEN
durch- schnitt- lich	MITTELMAESSIG
durch- tränken	IMPRAEGNIEREN
Dynastie	HERRSCHERHAUS
Eber- esche	VOGELBEERBAUM
Eber- eschen- frucht	KRAMMETSBEERE
echt, natürlich	UNVERFAELSCHT
Edelfalter	LANDKAERTCHEN
Edelfalter	TAGPFAUENAUGE
EDV- Beruf	PROGRAMMIERER
EDV- Rechen- befehl	UNTERPROGRAMM
EDV- Zentrale	RECHENZENTRUM
ehelos, ledig	UNVERHEIRATET
ehem. abessini- scher Kaiser	HAILESELASSIE
ehem. preuß. Provinz	OBERSCHLESIEN
Ehever- sprechen	HEIRATSANTRAG
Ehren- gabe	GRATIFIKATION
ehrenhaft	RECHTSCHAFFEN
Ehrentitel	KOMMERZIENRAT
ehrlos	NICHTSWUERDIG
Eigen- brötler	EINZELGAENGER
eigen- sinnig	WIDERSPENSTIG
Eignung, Befähi- gung	QUALIFIKATION
Eile, Hast	SCHNELLIGKEIT
eindring- lich	AUSDRUECKLICH
einer der Beatles (m. Vorn.)	PAULMCCARTNEY

einfache Loch- kamera	CAMERAOBSCURA
eingreifen	INTERVENIEREN
Eingriff	EINFLUSSNAHME
einheim. Gift- pflanze	NACHTSCHATTEN
einheim. Gift- pflanze	WASSERLOBELIE
einheim. Giftpilz	BIRKENREIZKER
einheim. Giftpilz	SPEITAEUBLING
einheit- lich	GLEICHMAESSIG
Einkrei- sungs- jagd	KESSELTREIBEN
ein- machen, haltbar machen	STERILISIEREN
Einrich- tung	ETABLISSEMENT
Einsam- keit	VERLASSENHEIT
ein- schläfern	NARKOTISIEREN
einsetzen	KONSTITUIEREN
Eintopf- gericht	PICHELSTEINER
Einver- leibung	INBESITZNAHME
Einver- leibung	INKORPORATION
Einwand	GEGENARGUMENT
Einzelauf- zählung	SPEZIFIKATION
Einzel- gänger	EIGENBROETLER
Einzel- gänger	INDIVIDUALIST
einzeln auf- führen	SPEZIFIZIEREN
Eiskunst- lauf-Figur	HOCKPIROUETTE
Eiskunst- lauf-Figur	SITZPIROUETTE
Eislauf- gerät	SCHLITTSCHUHE
elegant	GESCHMACKVOLL

elektro-chem. Verfahren	GALVANISIEREN
elektro-nischer Signal-speicher	MAGNETTROMMEL
Empfind-samkeit, Fein-fühligkeit	SENSIBILITAET
Empfin-dungs-vermögen	SENSIBILITAET
engherzig	PHILISTERHAFT
engl. Handels-gewicht	HUNDREDWEIGHT
engl. Rock-gruppe	ROLLINGSTONES
engl. Rock-gruppe	TENYEARSAFTER
engl. Thron-folger-titel	PRINCEOFWALES
eng-stirniger Mensch	SPIESSBUERGER
entbehr-lich, unnötig	UEBERFLUESSIG
Enteig-nung	EXPROPRIATION
ent-keimen	DESINFIZIEREN
ent-keimen	STERILISIEREN
Entkei-mung, Haltbar-machung	STERILISATION
entmutigt	DEMORALISIERT
entschlüs-seln	DECHIFFRIEREN
entschul-digen	RECHTFERTIGEN
ent-seuchen	DESINFIZIEREN
entziffern	DECHIFFRIEREN
Episode	NEBENHANDLUNG
Epoche	ZEITABSCHNITT
Erfolg im Sport	MEISTERSCHAFT
Erforder-nis	NOTWENDIGKEIT
erfor-schen	RECHERCHIEREN
Erfor-scher Grön-lands	NORDENSKJOELD
ergänzend	KOMPLEMENTAER
erhaben	MAJESTAETISCH
Erho-lungs-stätte	SOMMERFRISCHE
erkennen	APPERZIPIEREN
erklären	VERDEUTLICHEN
Erledi-gung	DURCHFUEHRUNG
erlesen	GESCHMACKVOLL
Erlöser	JESUSCHRISTUS
ermitteln, erkunden	RECHERCHIEREN
Ermitt-lung	NACHFORSCHUNG
erneuern	MODERNISIEREN
Ernüchte-rung	ENTTAEUSCHUNG
Erzählzeit	VERGANGENHEIT
Erzieher-ehepaar	ADOPTIVELTERN
eßbarer Blätter-pilz	TOTENTROMPETE
eßbarer Pilz	KAPUZINERPILZ
etablierte Gesell-schaft	ESTABLISHMENT
Etat-Vor-anschlag	HAUSHALTSPLAN
Etikette	UMGANGSFORMEN
euro-päisches Fürsten-tum	LIECHTENSTEIN
Evange-lium	FROHBOTSCHAFT
Exanthem	HAUTAUSSCHLAG
exempla-risch	MUSTERGUELTIG
Explosiv-stoff	SCHIESSPULVER
exquisit	AUSGEZEICHNET
Extrablatt	SONDERAUSGABE

exzellent	AUSGEZEICHNET
Fachhochschule	KUNSTAKADEMIE
Fähigkeitsnachweis	QUALIFIKATION
Fahrerlaubnis	FUEHRERSCHEIN
Falke, Falkenvogel	FELDEGGSFALKE
Falkenvogel	RUETTELJAEGER
Fall	ANGELEGENHEIT
Fallreep	SCHIFFSTREPPE
falsche zeitliche Einordnung	ANACHRONISMUS
Farbenblindheit	ACHROMATOPSIE
feierl. Hochamt	MISSASOLEMNIS
feierl. Hochamt	PONTIFIKALAMT
Fernsehaufzeichnungsgerät	VIDEORECORDER
Fertiggericht	TIEFKUEHLKOST
Fest der Bauern	ERNTEDANKFEST
festigen	KONSOLIDIEREN
festigen, sichern	STABILISIEREN
festlegen	DETERMINIEREN
feuchtigkeitsanziehend	HYGROSKOPISCH
Feuerwerker	PYROTECHNIKER
Feuerwerker	SPRENGMEISTER
Feuerwerkskörper	KANONENSCHLAG
fiebersenkendes Mittel	ANTIPYRETIKUM
Figur aus »Die Fledermaus«	PRINZORLOFSKY
Figur aus »The King and I«	CHULALONGKORN
Filmschriftsteller	DREHBUCHAUTOR
filmtechnischer Beruf	FILMARCHITEKT
Filmzentrum in Bayern	GEISELGASTEIG
findig	EINFALLSREICH
Fingerabdruck-Verfahren	DAKTYLOSKOPIE
Finkenart	KANARIENVOGEL
Finkenvogel	KREUZSCHNABEL
finnisch-ugrisches Volk	TSCHEREMISSEN
Finte	SCHEINANGRIFF
Firmenleitungsspitze	TOPMANAGEMENT
Fisch	MODERLIESCHEN
Flaggoffizier	KONTERADMIRAL
Flegelei	UNGEZOGENHEIT
fleischfressende Pflanze	KANNENPFLANZE
Fleischware	LACHSSCHINKEN
Fleischware	RAEUCHERSPECK
Fliege	RETTICHFLIEGE
Fliege, Fliegenart	SCHWINGFLIEGE
Fliegenart	SPARGELFLIEGE
fliegender Fisch	STACHELBARSCH
Floristin	KRANZBINDERIN
Flugzeugart	TRAGSCHRAUBER
Flugzeugkanzel	PILOTENKABINE
Flugzeugtyp	CONSTELLATION
Fluß in Nevada (USA)	HUMBOLDTRIVER
Flußregulierung	KANALISIERUNG

13

Fluß zum Bodensee	BREGENZERACHE
Förder-anlage	TRANSPORTBAND
förmlich	KONVENTIONELL
folgen-schwer, verhäng-nisvoll	SCHICKSALHAFT
Fontäne	SPRINGBRUNNEN
formieren	KONSTITUIEREN
formlos, unge-zwungen	UNZEREMONIELL
For-schungs-anstalt, -stätte	VERSUCHSLABOR
fort-dauernd	IMMERWAEHREND
Foto-reporter	BILDBERICHTER
Fracht-brief	BEGLEITPAPIER
Frage	INTERROGATION
fraglich, schwierig	PROBLEMATISCH
frag-würdig	PROBLEMATISCH
franz. Atom-streit-macht	FORCEDEFRAPPE
franz. Bürger-könig	LOUISPHILIPPE
franz. Dichter, Politiker	CHATEAUBRIAND
franz. Fisch-suppe	BOUILLABAISSE
franz. klassiz. Maler	CLAUDELORRAIN
franz. Pazifik-Insel-gruppe	NEUKALEDONIEN
franz. Stadt an der Vienne	CHATELLERAULT
Frau v. Agamem-non	KLYTAEMNESTRA
Freiin	FREIFRAEULEIN
Frevel	VERSUENDIGUNG
Friktions-folge	REIBUNGSHITZE
Frisch-haltung	KONSERVIERUNG
Friseur	HAARKUENSTLER
Frisier-gerät	LOCKENWICKLER
Fröm-migkeit	RELIGIOSITAET
Frohsinn	FROEHLICHKEIT
frühe Kultur-epoche	JUNGSTEINZEIT
frühere Fußbe-kleidung	SCHNABELSCHUH
früherer Luxuszug	ORIENTEXPRESS
Frühlings-blume	MAIGLOECKCHEN
Frustra-tion	ENTTAEUSCHUNG
fünftes Buch Mose	DEUTERONOMIUM
Fürsorge-Institution	INNEREMISSION
Fürstin	GROSSHERZOGIN
furchtein-flößend	BEAENGSTIGEND
Fußball-angriffs-spieler	INNENSTUERMER
Fußball-spieler	AUSSENLAEUFER
Fußball-spieler	MITTELLAEUFER
Gänse-blüm-chen	TAUSENDSCHOEN
Gaffer	SCHAULUSTIGER
Garten-blume	KUCKUCKSBLUME
Garten-blume, -pflanze	ALPENVEILCHEN
Garten-blume, -pflanze	KOKARDENBLUME
Garten-blume, -pflanze	LATERNENBLUME
Garten-gießgerät	RASENSPRENGER

Gaskohle	RETORTENKOHLE
Gaukelei	VORTAEUSCHUNG
Gauner	BAUERNFAENGER
Gebärdenspiel	GESTIKULATION
Gebiet zwischen Husum u. Tondern	NORDFRIESLAND
Gebirge in Frankreich	ZENTRALMASSIV
gebrauchsfertig	EINSATZBEREIT
Geburtenregelung	KONTRAZEPTION
Geflügelfett	GAENSESCHMALZ
gefühllos, dickfellig	UNEMPFINDLICH
gefülltes Feingebäck	SCHILLERLOCKE
Gegebenheit	KONSTELLATION
gegensätzlich	OPPOSITIONELL
Gegenständlichkeit	OBJEKTIVITAET
gegenüberstellen	KONFRONTIEREN
Gegenüberstellung	KONFRONTATION
Gegenwart, Präsenz	VORHANDENSEIN
gegnerisch	OPPOSITIONELL
geheimer Anschlag	VERSCHWOERUNG
Geißblattgewächs	HECKENKIRSCHE
Geißblattgewächs	SCHWARZHOLDER
Geistesschwäche	IMBEZILLITAET
geistig	INTELLEKTUELL
geistig beschränkt	SCHWACHSINNIG
geistige Abwesenheit	ZERSTREUTHEIT
geistl. Amt, Würdenträger	FUERSTBISCHOF
Geländeform	MITTELGEBIRGE
Geldinstitut	KREDITANSTALT
Geldinstitut	POSTSPARKASSE
Geliebte v. Herzog Albrecht v. Bayern	AGNESBERNAUER
Gemeinschaft	KOERPERSCHAFT
Gemeinschaftssinn	KAMERADSCHAFT
gemessen	GRAVITAETISCH
genehmigen, gutheißen	SANKTIONIEREN
Generalbaß	BASSOCONTINUO
General d. ostafr. Schutztruppe	LETTOWVORBECK
Generation	MENSCHENALTER
Genesungsstätte	ERHOLUNGSHEIM
geogr. Breitenkoordinate	STUNDENWINKEL
geologische Formation	UNTERKAMBRIUM
Gerät für die Strahlenmessung	GEIGERZAEHLER
geräucherter Fisch	SCHILLERLOCKE
Gerbmittel	QUEBRACHOHOLZ
Gericht für Schwerst-Delikte	SCHWURGERICHT

13

gerichtliche Entscheidung	URTEILSSPRUCH
Geruchsbeseitigung	DESODORIERUNG
Gesamtheit	ALLGEMEINHEIT
Gesangsgruppe	VOKALENSEMBLE
Geschäftsstelle	NIEDERLASSUNG
Geschichtsschreiber	HISTORIOGRAPH
Geschwindigkeitsbegriff	STUNDENMITTEL
gesellige Veranstaltung	BEISAMMENSEIN
Gesellschafter	KOMPLEMENTAER
Gesellschaftsspiel	PFAENDERSPIEL
Gesellschaftsspiel	VERSTECKSPIEL
gesetzlich, authentisch	RECHTSGUELTIG
Gestirnskoordinate	REKTASZENSION
Getränk	SELTERSWASSER
Getreideschädling	GETREIDEMOTTE
Gewähr	VERPFLICHTUNG
Gewandtheit	BEWEGLICHKEIT
Gewebeart	KRAEUSELKREPP
Gewichtsklasse im Sport	LEICHTGEWICHT
Gewissensbiß	SCHULDGEFUEHL
Gewitterschutz	BLITZABLEITER
Gewölbeform	KREUZGEWOELBE
Gewölbeform	MULDENGEWÖLBE

giftiges Kohlengas	KOHLENMONOXID
Gipskraut	SCHLEIERKRAUT
Gitarrist der Rolling Stones	KEITHRICHARDS
Glanznummer, -punkt	BRAVOURSTUECK
Glaube	GOTTVERTRAUEN
Glaubersalz	NATRIUMSULFAT
Gleitflugzeug	SEGELFLUGZEUG
Gletscherfloh	SPRINGSCHWANZ
Gliedmaßen	EXTREMITAETEN
Globetrotter, Tramp	WELTENBUMMLER
Glockenblumengewächs	TEUFELSKRALLE
Glosse	RANDBEMERKUNG
Gluckenschmetterling	RINGELSPINNER
glücklicher Zustand	ZUFRIEDENHEIT
Glukose	TRAUBENZUCKER
Götterdämmerung	WELTUNTERGANG
Goldfischart	TELESKOPFISCH
Golgotha	KALVARIENBERG
Gottessohn	JESUSCHRISTUS
Gourmet	FEINSCHMECKER
Gralsburg	MONTSALWATSCH
graph. Beruf	KUPFERSTECHER
graph. Betrieb	BUCHDRUCKEREI
graph. Produkt	AETZRADIERUNG
graph. Produkt	HANDZEICHNUNG
graph. Produkt	METALLSCHNITT

13

gratis, kostenlos	UNENTGELTLICH
graugelb	ISABELLFARBEN
Greifvogel	FALKENBUSSARD
Greifvogel	MAEUSEBUSSARD
Grille	WEINHAEHNCHEN
großes Gepäckstück	SCHRANKKOFFER
Grossist	GROSSHAENDLER
gründen	KONSTITUIEREN
Gründer der Anstalt Bethel	BODELSCHWINGH
Gruppierung	KONSTELLATION
Gummi-Fertigung aus Kautschuk	VULKANISATION
Haarspalterei	WORTKLAUBEREI
Hackfleisch	SCHABEFLEISCH
Hämatit	ROTEISENSTEIN
Häme, Gehässigkeit	SCHADENFREUDE
Händlerin bei der Feldtruppe	MARKETENDERIN
häufig besuchen	FREQUENTIEREN
Hafenstadt in Guatemala	PUERTOBARRIOS
Hafenstadt in Venezuela	PUERTOCABELLO
Haftung	ERSATZPFLICHT
Hahnenfußgewächs	KUGELRANUNKEL
Halbdunkel	SCHUMMERLICHT
Halbwüste in den südl. USA	LLANOESTACADO
halsstarrig, eigensinnig	WIDERSPENSTIG
Haltbarmachung	KONSERVIERUNG
Hamburger Promenade	JUNGFERNSTIEG
Handelsschiff	FRACHTDAMPFER
Handpflegemittel	NAGELREINIGER
Handreichung	GEFAELLIGKEIT
Handreichung	HILFELEISTUNG
Handreichung	HILFESTELLUNG
Hangar	FLUGZEUGHALLE
Hartheu	JOHANNISKRAUT
Hartriegel	KORNELKIRSCHE
Hauptnenner	GENERALNENNER
Hauptstadt von Missouri (USA)	JEFFERSONCITY
Hauptstadt von Nordbrabant	HERZOGENBUSCH
Haushaltsgerät	WASCHMASCHINE
Haut-, Gesichtsfleck	SOMMERSPROSSE
Heerführer	FELDMARSCHALL
Heerschau	TRUPPENPARADE
Heidelberger Hofnarr, Zwerg	KLEMENSPERKEO
Heiland	JESUSCHRISTUS
Heiliger d. Kirche	CHRISTOPHORUS
Heilmethode	HEILGYMNASTIK
Heilmittel	THERAPEUTIKUM
Heilpflanze	BOCKSHORNKLEE
Heilpflanze	HABICHTSKRAUT

Heil-pflanze	SPITZWEGERICH
Heilver-sorgung	KRANKENPFLEGE
Heimat	HERKUNFTSLAND
Heimlich-keit	LEISETRETEREI
Heirats-symbol	MYRTENSTRAUSS
Hemm-vorrich-tung	TROMMELBREMSE
Herab-setzung	DEKLASSIERUNG
herkömm-lich	KONVENTIONELL
herum-strolchen	VAGABUNDIEREN
Herum-treiber	LANDSTREICHER
hervor-ragend	AUSGEZEICHNET
Herzog der Gallier	VERCINGETORIX
hinter-hältig	HEIMTUECKISCH
hinters Licht führen	MYSTIFIZIEREN
hinterzie-hen, ver-untreuen	UNTERSCHLAGEN
Hirten-brief	SENDSCHREIBEN
Hirten-täschel (botan.)	TAESCHELKRAUT
Hochhaus	WOLKENKRATZER
hoch-wertig	AUSGEZEICHNET
höchster Berg der Appala-chen	MOUNTMITCHELL
höchster Berg in Öster-reich	GROSSGLOCKNER
höchster Kurven-punkt	SCHEITELPUNKT
höchster nord-amerikan. Berg	MOUNTMCKINLEY
Höhen-kreis	SCHEITELKREIS
Höhenzug in Hessen	REINHARDSWALD
Höhenzug zwischen Werra u. Fulda	KAUFUNGERWALD
Höhe-punkt	BRAVOURSTUECK
höherer Offizier	STABSOFFIZIER
höherer Schüler	OBERTERTIANER
höherer Schüler	UNTERPRIMANER
höhere Schule	REALGYMNASIUM
hofieren, schöntun	UMSCHMEICHELN
hohe Fußbe-kleidung	SCHAFTSTIEFEL
hoher Offizier	FELDMARSCHALL
hohes Gebäude	AUSSICHTSTURM
Hohltier-klasse	KORALLENTIERE
Holländer	NIEDERLAENDER
Holzbild-hauer	BILDSCHNITZER
Holzgeist	METHYLALKOHOL
honett, ehrlich	RECHTSCHAFFEN
Honig-falke	WESPENBUSSARD
Honig-mond	FLITTERWOCHEN
Horizont	GESICHTSKREIS
Hormon	ENTEROGASTRON
Hummer	ZEHNFUSSKREBS
Hunde-rasse	AFFENPINSCHER
Hunde-rasse	BOSTONTERRIER
Hunde-rasse	BULLENBEISSER
Hunde-rasse	SCOTCHTERRIER
Hunde-rasse	ZWERGPINSCHER
Hunger-kur	REDUKTIONSKUR

Husten-mittel	EUKALYPTUSOEL	Inter-mezzo	ZWISCHENSPIEL
Hybris	VERMESSENHEIT	in Ver-bindung treten	KOMMUNIZIEREN
hypnoti-sieren	EINSCHLAEFERN	irakisch. Politiker, Staats-chef	SADDAMHUSSEIN
Identifi-zierungs-mittel	FINGERABDRUCK	iranisch. Politiker	RAFSANDSCHANI
immun	UNEMPFINDLICH	Irbis	SCHNEELEOPARD
Immuni-sierung	SCHUTZIMPFUNG	ital. Philosoph	GIORDANOBRUNO
imponie-rend	EINDRUCKSVOLL	Jagdart	GROSSWILDJAGD
Indianer-sprache	SCHOSCHONISCH	jagd-gerecht	WEIDMAENNISCH
indisch. Politiker	MAHATMAGANDHI	Jagd-gewehr	DOPPELBUECHSE
indisch. Territo-rium	PONDITSCHERRI	Jagd-hund-rasse	COCKERSPANIEL
indisch. Unions-staat	MADHYAPRADESH	Jagd-waffe	HIRSCHFAENGER
Individua-list	EINZELGAENGER	Journal	RECHNUNGSBUCH
Individua-list	NONKONFORMIST	Journalist	FEUILLETONIST
Informati-ker-Aufgabe	PROGRAMMIEREN	Journalist	KORRESPONDENT
Inge-nieur-schule	POLYTECHNIKUM	Juck-flechte	NEURODERMITIS
Inka-Knüpf-aufzeich-nung	KNOTENSCHRIFT	Jugo-slawe	MONTENEGRINER
innerlich fremd	UNSYMPATHISCH	jurist. Vergehen	RECHTSBEUGUNG
Inschrif-tenkunde des Altertums	PALAEOGRAPHIE	Juwel	SCHMUCKSTUECK
Insekt	SCHMETTERLING	Käferart	SCHNELLKAEFER
Insel-gruppe im südl. Pazifik	GILBERTINSELN	Käfer-familie (Schäd-linge)	RUESSELKAEFER
Inselstaat im südl. Pazifik	FIDSCHIINSELN	Kälteope-rations-technik	KYROCHIRURGIE
Instand-setzung	RESTAURIERUNG	Käse-sorte	RAEUCHERKAESE
Intellekt	DENKVERMOEGEN	Kakerlake	KUECHENSCHABE
interes-siert, mitleidig	TEILNAHMSVOLL	Kaktee	FLUEGELKAKTUS
		Kaktee	MELONENKAKTUS
		Kaktee	SAEULENKAKTUS
		Kaktee	SEEIGELKAKTUS
		Kaltblüter	POIKILOTHERME
		kanad. Gewässer	HUDSONSTRASSE

13

kanad. Insel	ELLESMERELAND
kanad. Insel	VIKTORIAINSEL
kanad. Inselgruppe	BELCHERINSELN
Kanarische Insel	FUERTEVENTURA
Kannenkraut, Zinnkraut	SCHACHTELHALM
Kannibale	ANTHROPOPHAGE
Kardinaltugend	GERECHTIGKEIT
Karnevals-Veranstaltung	FASCHINGSBALL
Karo	WUERFELMUSTER
Kartenspiel	EINUNDZWANZIG
kasach. Stadt am Irtysch	SEMIPALATINSK
kathol. Familienfest	ERSTKOMMUNION
kathol. Feiertag	ALLERHEILIGEN
kathol. Missionsgesellschaft	SALVATORIANER
Katzenauge	RUECKSTRAHLER
Katzenjammer	ERNUECHTERUNG
kaufmänn. Stellung, Tätigkeit	KORRESPONDENT
kaukasischer Volksstamm	TSCHETSCHENEN
Keckheit	UNGENIERTHEIT
Kelter	TRAUBENPRESSE
Kernforschung	NUKLEARPHYSIK
Kfz-Zchn.	NUMMERNSCHILD
Kidnapper	KINDESRAEUBER
Kinderbuch v. Hoffmann	STRUWWELPETER
Kindlichkeit, Unreife	INFANTILITAET
kirchl. Feiertag	ERNTEDANKFEST
Kirschenart	SUESSWEICHSEL
Klappzylinder	CHAPEAUCLAQUE
Kleingartenanlage	LAUBENKOLONIE
Kleinschmetterling	EICHENWICKLER
Klettergewächs	RANKENPFLANZE
Klipper	SCHNELLSEGLER
Kloster in der Schweiz	SANKTBERNHARD
Knochen des Brustkorbs	SCHULTERBLATT
Knochenmarkentzündung	OSTEOMYELITIS
Kochfisch	SUPPENKARPFEN
Kollision	ZUSAMMENPRALL
Kollision	ZUSAMMENSTOSS
kolumb. Autor (Nobelpreis)	GARCIAMARQUEZ
Kommando	BEFEHLSGEWALT
Kommando	BEFEHLSSTELLE
kommunistische Staatsform	RAETEREPUBLIK
Komp. d. »Zigeunerbaron«	JOHANNSTRAUSS
Komp. d. Marseillaise	ROUGETDELISLE
Komp. d. Operette »Die Fledermaus«	JOHANNSTRAUSS
Komp. d. Operette »Wiener Blut«	JOHANNSTRAUSS

Komp. v. »Eine Nacht in Venedig«	JOHANNSTRAUSS
Komplize	HELFERSHELFER
Komplize	MITSCHULDIGER
Komplott, Konspiration	VERSCHWOERUNG
Kompromiß, Konvention	UEBEREINKUNFT
Konditorei	FEINBAECKEREI
Konferenz, Begegnung	ZUSAMMENKUNFT
Konzession	ZUGESTAENDNIS
Kopfverletzung	SCHAEDELBRUCH
Korbblütler	HABICHTSKRAUT
Koronararterien	KRANZGEFAESSE
Kosmetik	KOERPERPFLEGE
Krämer	KLEINHAENDLER
krampflösendes Mittel	SPASMOLYTIKUM
Kreidefelsen auf Rügen	STUBBENKAMMER
Kreuzblümchen	TAUSENDSCHOEN
Kreuzblüter	BRUNNENKRESSE
Kreuzigungsstätte Jesu	KALVARIENBERG
kriecherisches Benehmen	BYZANTINISMUS
Kriechtierordnung	SCHILDKROETEN
Küchenmöbel	HAENGESCHRANK
kühl, sachlich	UNPERSOENLICH
Kühlschrankabteil	TIEFKUEHLFACH
kühn	UNERSCHROCKEN
Kugelbakterie	STAPHYLOKOKKE

Kultivierung	PFLANZENZUCHT
Kultrequisit	RAEUCHERKERZE
Kundgebung	DEMONSTRATION
Kunstdüngergemisch	NITROPHOSPHAT
Kupferkesselmacher	KUPFERSCHMIED
Kupferoxid	SCHWARZKUPFER
Kupfersulfat	KUPFERVITRIOL
Kur	HEILVERFAHREN
Kur-Einrichtung	ERHOLUNGSHEIM
Kurort am Thüringer Wald	FRIEDRICHRODA
Kurort bei Hildesheim	SALZDETHFURTH
Kurort im Salzkammergut	SANKTWOLFGANG
Kurort im Südharz	BADLAUTERBERG
Kurs	FAHRTRICHTUNG
kurzlebiges Insekt	EINTAGSFLIEGE
Laborgefäß	SCHMELZTIEGEL
Lästerung, Fluch	VERWUENSCHUNG
Läufer	LANGSTRECKLER
Lage	KONSTELLATION
Lagerraum	VORRATSKAMMER
Laie	NICHTFACHMANN
laienhaft	DILETTANTISCH
Lampion	PAPIERLATERNE
Landschaft in Brandenburg	NIEDERLAUSITZ
Landwirtschaftszweig	GETREIDEANBAU
Larve	GESICHTSMASKE

Laufkäfer	PUPPENRAEUBER
Lausbub	DREIKAESEHOCH
ledig	ALLEINSTEHEND
Leguminose	HUELSENFRUCHT
Lehre v.d. Entstehung d. Menschen	ANTHROPOGENIE
Lehre vom Menschen	ANTHROPOLOGIE
Lehrgang	SCHULUNGSKURS
leichtathletische Disziplin, Übung	HINDERNISLAUF
leichtathletische Disziplin, Übung	STAFETTENLAUF
leichter Schwachsinn	IMBEZILLITAET
leichtes Mädchen	LIEBEDIENERIN
Leineneinband mit Lederrücken	HALBFRANZBAND
Leiter einer Redaktion	CHEFREDAKTEUR
Leiter eines Orchesters	KAPELLMEISTER
Lerchenart	KURZZEHLERCHE
Leuchtgasbrenner	BUNSENBRENNER
Leugnung der Erkenntnisfähigkeit	AGNOSTIZISMUS
Libelle	WASSERJUNGFER
libysche Provinz, Landesteil	TRIPOLITANIEN
Lichtheilverfahren	PHOTOTHERAPIE
Lied eines Staates	NATIONALHYMNE
Likör	APRICOTBRANDY
Liliengewächs	MADONNENLILIE
Liliengewächs	MAIGLOECKCHEN
Liliengewächs	SCHATTENBLUME
Lippenblütler	BASILIENKRAUT
Literaturverzeichnis	BIBLIOGRAPHIE
Lymphknotenentzündung	LYMPHADENITIS
lyrisch	STIMMUNGSVOLL
Machterweiterungspolitik	IMPERIALISMUS
Männername	BARTHOLOMAEUS
Märchenfigur	ASCHENBROEDEL
Märchenfigur	BAERENHAEUTER
Malaria	WECHSELFIEBER
Mannschaftsdienstgrad	OBERGEFREITER
Marderart	STREIFENSKUNK
Marinedienstgrad	KONTERADMIRAL
Marinedienstgrad	OBERBOOTSMANN
Marinedienststellung	FLAGGOFFIZIER
Marke	FIRMENZEICHEN
Marke vor dem Fußballtorraum	ELFMETERPUNKT
Massenkundgebung	DEMONSTRATION
Maulschelle	BACKENSTREICH
mecklenburg. See	KUMMEROWERSEE
mecklenburg. Seebad	KUEHLUNGSBORN

13

medizin. Diagnoseverfahren	SZINTIGRAPHIE
Meerenge zwischen Amerika u. Asien	BERINGSTRASSE
Meereskunde	OZEANOGRAPHIE
Meinungsäußerung	STELLUNGNAHME
Melisse, Würzkraut	ZITRONENKRAUT
Menschenfresser	ANTHROPOPHAGE
Menschenfresserei	KANNIBALISMUS
Menschenkunde	ANTHROPOLOGIE
Menschenliebe	PHILANTHROPIE
Menschenraub	VERSCHLEPPUNG
Mesner	KIRCHENDIENER
Mesopotamien	ZWEISTROMLAND
Meßgerät f. Radioaktivität	GEIGERZAEHLER
Meteoritenstrom	SCHNUPPENFALL
mexikan. Badeort	PICODEORIZABA
mexikan. Berg	PICODEORIZABA
mexikan. Staat	SANLUISPOTOSI
Mietwagenlenker	TAXICHAUFFEUR
Mikroklin-Abart	AMAZONENSTEIN
militär. Dienstgrad	OBERFELDWEBEL
militär. Dienstgrad, Rang	UNTEROFFIZIER
militär. Führung	HAUPTQUARTIER
militär. Führung	HEERESLEITUNG
militär. Grußform	PRAESENTIEREN
militär. Kapelle	SPIELMANNSZUG
militär. Salutformation	EHRENKOMPANIE
militär. Training, Übung	GEPAECKMARSCH
Minderwertigkeit	INFERIORITAET
Ministerpräsident	REICHSKANZLER
minorenn	MINDERJAEHRIG
miserabel	BEDAUERNSWERT
mißhandeln	MALTRAETIEREN
Mississippi-Zufluß	ILLINOISRIVER
mißtönend	DISHARMONISCH
Mißverhältnis	DISPROPORTION
Mitsprache-recht	MITBESTIMMUNG
Mittäter, Komplize	SPIESSGESELLE
Mitteilung	KOMMUNIKATION
mittelengl. Grafschaft	HERTFORDSHIRE
mittelengl. Stadt	WOLVERHAMPTON
Mitteleuropäer	OESTERREICHER
Mittel gegen Pilzbefall	ANTIMYKOTIKUM
Mittelsmann, Parlamentär	UNTERHAENDLER
mittlerer Teil der Erdatmosphäre	STRATOSPHAERE
Mode	ZEITGESCHMACK
moderner Malstift	FILZSCHREIBER
Möglichkeit	EVENTUALITAET
Mönchsorden	ZISTERZIENSER

Moment-aufnahme	SCHNAPPSCHUSS
Mond-beschrei-bung	SELENOGRAPHIE
Mond-süchtig-keit	SCHLAFWANDELN
morsen, drahten	TELEGRAFIEREN
Motorrad-teil	FUSSSCHALTUNG
Motorrad-teil	TELESKOPGABEL
Mühe	SCHWIERIGKEIT
Münch-ner Gemälde-galerie	SCHACKGALERIE
Münster	KLOSTERKIRCHE
Museum	KUNSTSAMMLUNG
Musical v. Bern-stein	WESTSIDESTORY
Musik-Ensemble	BLASORCHESTER
Musik-instrument	GLASHARMONIKA
Mutter v. Elektra	KLYTAEMNESTRA
Mutter v. Iphigenie	KLYTAEMNESTRA
Mutter v. Orest	KLYTAEMNESTRA
mysteriös	GEHEIMNISVOLL
nach-ahmen, wieder-geben	REPRODUZIEREN
nach außen gewandt	EXTRAVERTIERT
Nach-druck	AKZENTUIERUNG
Nachfor-schung	INVESTIGATION
nachim-pression. Malstil	POINTILLISMUS
nach innen gewandt	INTROVERTIERT
Nachlaß-Betrüger	ERBSCHLEICHER
Nachruf	ABSCHIEDSREDE
Nachruf	ABSCHIEDSWORT
Nach-schlage-werk	ENZYKLOPAEDIE
Nacht-falter	EICHENSPINNER
Nähe	NACHBARSCHAFT
Nagetier	BAUMSCHLAEFER
Naturali-sation	EINBUERGERUNG
Natur-schutz-gebiet in Afrika	ETOSCHAPFANNE
Nazi-Juden-pogrom	KRISTALLNACHT
Neben-meer des Mittel-meers	SCHWARZESMEER
Neben-nieren-rinden-hormon	HYDROCORTISON
Neben-nieren-rinden-hormon	KORTIKOSTERID
Neben-nieren-rinden-hormon	KORTIKOSTERON
neidisch	EIFERSUECHTIG
Nessel-tiere	ZOELENTERATEN
Nest-häkchen	NACHKOEMMLING
Neuling	GRUENSCHNABEL
Neuralgie	NERVENSCHMERZ
neusee-länd. Insel-gruppe	CHATHAMINSELN
nicht freige-stellt	OBLIGATORISCH
nieder-länd. Land-schaft	WESTFRIESLAND
nieder-österr. Gebirge	LEITHAGEBIRGE
nieder-sächs. Stadt an d. Lutter	KOENIGSLUTTER

nieder-sächs. Stadt an der Oker	WOLFENBUETTEL
Nieß-brauch	NUTZUNGSRECHT
nord-amerikan. Wasser-fälle	NIAGARAFAELLE
norddtsch. Kanal	HADELNERKANAL
nord-indisch. Staat	UTTARPRADESCH
nord-kanad. Insel	MELVILLEINSEL
nordost-norweg. Bucht	VARANGERFJORD
nord-schwed. Landkreis	VAESTERBOTTEN
Nord-tiroler Gebirge	KAISERGEBIRGE
Nothelfer	CHRISTOPHORUS
Nütz-lichkeits-denken	UTILITARISMUS
Nutzungs-entgelt	LIZENZGEBUEHR
oberbayer. Kurort	BERCHTESGADEN
ober-fränk. Kurort	ALEXANDERSBAD
ober-fränk. Stadt an d. Saale	SCHWARZENBACH
Ober-haupt des La-maismus	PANTSCHENLAMA
Öffent-lichkeit	ALLGEMEINHEIT
österr. Alpen-land-schaft	SALZKAMMERGUT
österr. Ehrentitel	KOMMERZIALRAT
österr. Feld-marschall	SCHWARZENBERG
österr. Kaiserin	MARIATHERESIA
österr. Kurort	BADHOFGASTEIN
österr. Maler	HUNDERTWASSER
österr. Musiker-familie	HELLMESBERGER
österr. Psych-iater (Nobelpr.)	WAGNERJAUREGG
österr. Roman-schrift-steller	LERNETHOLENIA
österr. Staats-mann	SCHWARZENBERG
österr.-ungar. See	NEUSIEDLERSEE
Öster-reicher	BURGENLAENDER
Öster-reicher	STEIERMAERKER
offenba-ren, bekunden	MANIFESTIEREN
Offen-barung	MANIFESTATION
Offizier	GENERALOBERST
Ohio-Zufluß	KENTUCKYRIVER
ohne Vorbehalt	BEDINGUNGSLOS
ohn-mächtig	BESINNUNGSLOS
Ohrfeige	BACKENSTREICH
olymp. Disziplin, Sportart	DRESSURREITEN
olymp. Disziplin, Sportart	KUNSTSPRINGEN
operative Ent-bindung	KAISERSCHNITT
Operette von Dostal	EXTRABLAETTER
Operette von Kalman	GRAEFINMARIZA
Operette von Lehár	DERZAREWITSCH

13

Operette von Lehár	ZIGEUNERLIEBE
Operette von Millöcker	BETTELSTUDENT
Operette von Stolz	TANZINSGLUECK
Operette von Strauß	DIEFLEDERMAUS
Operette von Strauß	ZIGEUNERBARON
Operette von Ziehrer	LANDSTREICHER
Oper von Boieldieu	DIEWEISSEDAME
Oper von Britten	ALBERTHERRING
Oper von Humperdinck	KOENIGSKINDER
Oper von Lortzing	WAFFENSCHMIED
Oper von Meyerbeer	DIEHUGENOTTEN
Oper von Orff	DIEBERNAUERIN
Oper von Pfitzner	CHRISTELFLEIN
Oper von Strauss	ROSENKAVALIER
Oper von Verdi	DERTROUBADOUR
Oper von Verdi	EINMASKENBALL
Oper von Wolf	DERCORREGIDOR
Oratorium von Händel	ALEXANDERFEST
Orchesterleiter	KAPELLMEISTER
Orchidee	HUMMELSTENDEL
Orchidee	KUCKUCKSBLUME
Ordination	PRIESTERWEIHE
Orgie	AUSSCHWEIFUNG
Ortsansässiger	EINHEIMISCHER
ostaustral. Bundesstaat	NEWSOUTHWALES
ostengl. Hafenstadt	GREATYARMOUTH
osteurop. Republik	WEISSRUSSLAND
ostkanad. Fluß	EASTMAINRIVER
ostkanad. Halbinsel	NEUSCHOTTLAND
ostkanad. Provinz	NEUSCHOTTLAND
Ostseebad am Fehmarnsund	HEILIGENHAFEN
ostsibirisches Gebirge	KOLYMAGEBIRGE
Ovulationshemmer	ANTIBABYPILLE
pakistan. Provinz	BELUTSCHISTAN
Paniermehl	SEMMELBROESEL
Papageienart	NESTORPAPAGEI
Papageienart	WELLENSITTICH
Papierformat	KANZLEIFORMAT
Pariser Prachtstraße	CHAMPSELYSEES
Pariser Siegesdenkmal	ARCDETRIOMPHE
Pariser Universitätsviertel	QUARTIERLATIN
Partisan	FREISCHAERLER
Paß in den Berner Alpen	LOETSCHENBERG
pazif. Inselgruppe	SALOMONINSELN
pazif. Vogelart	PARADIESVOGEL
Pension, Verpflegung	VERKOESTIGUNG
perfektes Können	MEISTERSCHAFT

persönl. haftend. Gesell- schafter	KOMPLEMENTAER
Pfann- kuchen	PALATSCHINKEN
Pferd, Pferdeart	APFELSCHIMMEL
Pferde- Hinder- niswett- bewerb	HUERDENRENNEN
Pferde- sportart	DRESSURREITEN
Pferde- sportart	TURNIERREITEN
Pflanzen- familie	KREUZBLUETLER
pflanzlich	VEGETABILISCH
philoso- phische Richtung, Zweig	MATERIALISMUS
physikal. Kraft- lieferant	ENERGIEQUELLE
Pilzart	FALTENSCHWAMM
Pilzart	GOLDBRAETLING
Pilzart	KAISERSCHWAMM
Pilzart	KASTANIENPILZ
Pilzart	KNOBLAUCHPILZ
Pilzart	PERLENSCHWAMM
Pilzart	SCHAFEGERLING
Pilzart	TANNENREIZKER
Pilz- erkran- kung der Haut	DERMATOMYKOSE
pilzhem- mend	FUNGISTATISCH
Piment	NELKENPFEFFER
Plakat- träger	LITFASSSAEULE
Plejaden	SIEBENGESTIRN
polit. Grund- recht	MENSCHENRECHT
polit.- militär. Ent- spannung	DISENGAGEMENT
polit. Neutrali- tät	BLOCKFREIHEIT

polit. Umsturz	STAATSSTREICH
polit. Umzug	PROTESTMARSCH
poln. Schrift- steller	PRZYBYSZEWSKI
poln. Stadt an der Warthe	TSCHENSTOCHAU
Pop- musik- Solist	JOSEFELICIANO
Pop- musik- Solist	LEONHARDCOHEN
Pop- musik- Solist	RORYGALLAGHER
Pop- musik- Solistin	JULIEDRISCOLL
Popmusik- Solist (Rockmusik- Solist)	JERRYLEELEWIS
Popmusik- Solist (Rockmusik- Solist)	KRISTOFFERSON
Presse- berichter	KORRESPONDENT
Presse- fotograf	BILDBERICHTER
preuß.- dtsch. Kriegs- orden	EISERNESKREUZ
Primaten	MENSCHENAFFEN
Problem, Proble- matik	FRAGESTELLUNG
Problem, Proble- matik	SCHWIERIGKEIT
Profil	SEITENANSICHT
prote- stantisch. Feiertag	BUSSUNDBETTAG
Protest- auf- marsch	DEMONSTRATION
protestie- ren, maulen	WIDERSPRECHEN
Protokoll	NIEDERSCHRIFT

provenzalischer Wallfahrtsort	SAINTESMARIES
Prunkotter	KORALLENOTTER
pünktlich	TERMINGERECHT
Pumphose	KNICKERBOCKER
Puppenspielform	SCHATTENSPIEL
Putsch	STAATSSTREICH
Putzfrau	RAUMPFLEGERIN
quälen	MALTRAETIEREN
Qualitätserzeugnis	MARKENARTIKEL
Querpfeife	PIKKOLOFLOETE
Quittung	BESCHEINIGUNG
radioaktive Verseuchung	KONTAMINATION
Radwettbewerb	FLIEGERRENNEN
Rätselart	BILDERRAETSEL
Rätselart	ROESSELSPRUNG
Rätselart	SILBENRAETSEL
Rätselart	SYMBOLRAETSEL
Rätselart	WAPPENRAETSEL
rätselhaft	GEHEIMNISVOLL
rätselhaft	UNERKLAERLICH
räuberische Seeschnecke	NABELSCHNECKE
Rallenvogel	WACHTELKOENIG
Ramsch	SCHLEUDERWARE
Rasanz, Tempo	SCHNELLIGKEIT
Raumfahrt-Unternehmen	ERDUMKREISUNG
Raumgehalt bei Schiffen	REGISTERTONNE
Raumordnung	LANDESPLANUNG
Recht f. Arbeitnehmer	ARBEITSSCHUTZ
Rechtfertigung	JUSTIFIKATION
Redakteur	SCHRIFTLEITER
Regenbogenfarbe	SPEKTRALFARBE
Regenpfeifer, Schnepfenvogel	STRANDLAEUFER
Regenpfeifervogel	WASSERLAEUFER
Regierungschef	BUNDESKANZLER
Register	INHALTSANGABE
Reichweite	AKTIONSRADIUS
Reichweite	WIRKUNGSKREIS
Reiher	SCHUHSCHNABEL
Reiterspiel der Ritterzeit	LANZENSTECHEN
religiöse Bildungsstätte	KLOSTERSCHULE
Religionsstifter	JESUSCHRISTUS
Rest	UEBERBLEIBSEL
Reue	GEWISSENSBISS
Revision	UEBERPRUEFUNG
Richtantenne	FERRITANTENNE
richtigstellen	REKTIFIZIEREN
Richtungsveränderung	KURSKORREKTUR
Riemenfisch	HERINGSKOENIG
Riesenschlange	TIGERSCHLANGE
Rippengewölbe	STERNGEWOELBE
Rivalin	NEBENBUHLERIN
robustes Automobil	GELAENDEWAGEN
Rochenart	STACHELROCHEN
Rochenart	TEUFELSROCHEN

Röhrenschwamm (Pilz)	KAPUZINERPILZ
römisch. Bauwerk	VILLABORGHESE
römisch. Seehafen	CIVITAVECCHIA
Roman v. Anzengruber	STERNSTEINHOF
Roman v. Lagerlöf	GOESTABERLING
Roman v. Lenz	DEUTSCHSTUNDE
Rotationsdruckmaschine	SCHNELLPRESSE
roter Bordeauxwein	CHATEAULATOUR
Rotschwanz (Schmetterling)	BUCHENSPINNER
Rotwelsch	GAUNERSPRACHE
Rückschau	RETROSPEKTIVE
rügen, maßregeln	ZURECHTWEISEN
Ruin, Pleite	ZUSAMMENBRUCH
rumänische Landschaft	SIEBENBUERGEN
rundfunktechn. Schaltung	RUECKKOPPLUNG
rundfunktechn. Signal	PAUSENZEICHEN
russ. Mathematiker	LOBATSCHEWSKI
russisch. Eismeer-Bucht	CHATANGABUCHT
russisch. Komponist	KATSCHATURIAN
russisch. Schriftsteller	RADISCHTSCHEW
russisch. symbolistisch. Dichter	MERESCHKOWSKI
russische Stadt am Ural	TSCHELJABINSK
Sache	ANGELEGENHEIT
Sachlichkeit	OBJEKTIVITAET
Sackniere	HYDRONEPHROSE
sächs. Stadt im Erzgebirge	SCHWARZENBERG
Säugetierordnung	PELZFLATTERER
Säugetierordnung	SCHUPPENTIERE
Safe, Tresor	PANZERSCHRANK
Saldo	SCHLUSSBILANZ
Salpeter	NATRIUMNITRAT
Salpetersäure	SCHEIDEWASSER
Sammlung	KONZENTRATION
Sammlung von Briefen	KORRESPONDENZ
Satzzeichensetzung	INTERPUNKTION
Schädelknochen	SCHLAEFENBEIN
Schädelteil	BACKENKNOCHEN
schätzen	UEBERSCHLAGEN
Schallboden	RESONANZBODEN
Scharfeinstellung der Augen	AKKOMMODATION
Schauspiel	BUEHNENSTUECK
Schauspiel	THEATERSTUECK
Scherzgedicht	SCHUETTELREIM
Schicht d. Sonnenatmosphäre	CHROMOSPHAERE
Schicht der Erdatmosphäre	STRATOSPHAERE

13

Schichtenkunde	STRATIGRAPHIE
Schießpulver	SCHWARZPULVER
Schifferklavier	HANDHARMONIKA
Schifffahrtsweg	WASSERSTRASSE
Schiffskobold	KLABAUTERMANN
schikanieren	DRANGSALIEREN
schikanieren	MALTRAETIEREN
Schildfisch	SCHIFFSHALTER
Schlachtort bei Waterloo	BELLEALLIANCE
Schlackwurst	ZERVELATWURST
Schlangenmensch	KONTORSIONIST
Schlichtungsentscheid	SCHIEDSSPRUCH
Schloß bei Kassel	WILHELMSHOEHE
Schloß bei Paris	FONTAINEBLEAU
Schloß in Potsdam	CHARLOTTENHOF
Schmarotzerfliege	FLEISCHFLIEGE
Schmelzschupper	FLOESSELHECHT
Schmerzensmutter (Kunst)	MATERDOLOROSA
Schmetterlingsart	ALPENGELBLING
Schmetterlingsart	BAERENSPINNER
Schmetterlingsart	BAUMWEISSLING
Schmetterlingsart	FLECKENFALTER
Schmetterlingsart	FLECKLEIBBAER
Schmetterlingsart	KOHLWEISSLING
Schmetterlingsart	MOHRENSPANNER
Schmetterlingsart	PAPPELSPINNER
Schmetterlingsart	PYRAMIDENEULE
Schmetterlingsart	SEIDENSPINNER
Schmetterlingsart	SENFWEISSLING
Schmetterlingsart	TAUBENSCHWANZ
Schneckenart	ACKERSCHNECKE
Schneckenart	NACKTSCHNECKE
Schneckenart	POSTHOERNCHEN
schneckenartiges Meerestier	KAEFERSCHECKE
Schönheitspflegebetrieb	KOSMETIKSALON
schonungslos	UNNACHSICHTIG
Schrebergartenanlage	LAUBENKOLONIE
Schreiben, Skript	SCHRIFTSTUECK
Schreitvogel	KLAFFSCHNABEL
Schriftwechsel	KORRESPONDENZ
Schürzenjäger	SCHWERENOETER
Schuhband	SCHNUERSENKEL
Schulart	GEWERBESCHULE
Schuldgefühl	GEWISSENSBISS
Schuldigwerdung	VERSUENDIGUNG
Schuppenbaum	LEPIDODENDRON

Schutz- impfung	IMMUNISIERUNG
Schutz- patron d. Auto- fahrer	CHRISTOPHORUS
Schutz- patron d. Gärtner	CHRISTOPHORUS
Schutz- patron d. Reisenden	CHRISTOPHORUS
schwache Stelle	ACHILLESFERSE
Schwänge- rung	IMPRAEGNATION
schwär- merische Verehrung	VERGOETTERUNG
Schwätzer	PLAUDERTASCHE
Schwal- benart	RAUCHSCHWALBE
Schwanart	HOECKERSCHWAN
Schwanz- lurch	BRUECKENECHSE
schwarz- seherisch	PESSIMISTISCH
schwed. Politiker (Nobel- preis)	HAMMARSKJOELD
Schwefel- sublimat	SCHWEFELBLUME
Schwei- gepflicht der Geld- institute	BANKGEHEIMNIS
Schweiß	TRANSPIRATION
schweiß- treiben- des Mittel	DIAPHORETIKUM
schweiz. Alpenpaß	SANKTGOTTHARD
schweiz. West- alpenpaß	SANKTBERNHARD
schweres Kriegs- schiff	PANZERKREUZER
schwer- mütig	MELANCHOLISCH
Schwimm- stil	SCHMETTERLING
Schwimm- vogel	KAISERPINGUIN
Schwimm- vogel	STURMSCHWALBE
Schwimm- vogel	WELLENLAEUFER
Schwind- ling (Pilz)	NELKENSCHWAMM
Schwirr- vogel	NACHTSCHWALBE
schwitzen	TRANSPIRIEREN
See in Mecklen- burg	SCHWERINERSEE
seelen- kundlich	PSYCHOLOGISCH
Seelen- wande- rung	METEMPSYCHOSE
seelische Heil- methode	PSYCHOANALYSE
seelische Schwäche	PSYCHASTHENIE
Seerose	VICTORIAREGIA
Seewolf	KORALLENFISCH
Segler (Vogel)	NACHTSCHWALBE
seherisch	DIVINATORISCH
Selbstän- digkeit	ORIGINALITAET
Selbst- beobach- tung	INTROSPEKTION
selbst- bezogen	INTROVERTIERT
Selbst- gerechtig- keit	PHARISAEERTUM
Selbst- verliebt- heit	AUTOEROTISMUS
selig- sprechen	BEATIFIZIEREN
Selig- sprechung	BEATIFIKATION
Selters	MINERALWASSER
Seuchen- lehre	EPIDEMIOLOGIE
sexuelle Zügel- losigkeit	PROMISKUITAET
sich ein- schalten	INTERVENIEREN
sichern	KONSOLIDIEREN

13

Sicherung, Festigung	KONSOLIDATION
sich unterscheiden	KONTRASTIEREN
siebter Sonntag vor Ostern	QUINQUAGESIMA
Silvester/Neujahr	JAHRESWECHSEL
Singvogel	SEIDENSCHWANZ
Sinnestäuschung	HALLUZINATION
Sitz des engl. Premiers	DOWNINGSTREET
Sitzplatz im Theater	ORCHESTERLOGE
Skript, Skriptum	NIEDERSCHRIFT
slowen. Hochgebirge	JULISCHEALPEN
sofort, umgehend	UNVERZUEGLICH
Sonderling	EIGENBROETLER
Sonderling	EINZELGAENGER
Sonderzuwendung	GRATIFIKATION
Sonnenlichtbehandlung	HELIOTHERAPIE
Sonnwendfeier	JOHANNISFEUER
sowjet. Doktrin	BOLSCHEWISMUS
sowjet. Kosmonaut	FILIPTSCHENKO
sowjet. Politiker, Staatsmann	CHRUSCHTSCHOW
sowjet. satir. Autor	SOSCHTSCHENKO
sozialrevolutionäre Bewegung	SYNDIKALISMUS
Spaltungsirresein	SCHIZOPHRENIE
span. Küste	COSTALUMINOSA
span. Philosoph	ORTEGAYGASSET
Spannungsteiler	POTENTIOMETER
Spannungsumwandler	TRANSFORMATOR
spargelähnliches Gemüse	SCHWARZWURZEL
Spaßmacher	POSSENREISSER
Speisemuschel	JAKOBSMUSCHEL
Spekulant	GLUECKSRITTER
Sperlingsvogel	BLUTHAENFLING
Sperlingsvogel	SEIDENSCHWANZ
Spezialauftrag	SONDEREINSATZ
Spezialkommando	SONDERAUFTRAG
Spezialschreibkraft	PHONOTYPISTIN
Spielzeug	SCHAUKELPFERD
spießbürgerlich	PHILISTERHAFT
Spießer, Dummkopf	SCHILDBUERGER
Spießgeselle	HELFERSHELFER
spinale Kinderlähmung	POLIOMYELITIS
Spinnenart	KRABBENSPINNE
Spinnenart	LAMPIONSPINNE
Spitzfindigkeit	HAARSPALTEREI
Sportart, -disziplin	DRACHENSEGELN
Sportart, -disziplin	GERAETETURNEN
Sportart, -disziplin	KUNSTSPRINGEN
Sportart, -disziplin	SCHLEUDERBALL
Sportdress	SPIELKLEIDUNG

Sport-gerät f. Ballspiel	GOLFSCHLAEGER
Spreng-stoff	NITROGLYZERIN
Sprudel	MINERALWASSER
Staat der USA	MASSACHUSETTS
Staat der USA	NORTHCAROLINA
Staat der USA	PENNSYLVANIEN
Staat der USA	SOUTHCAROLINA
Staatsan-gehörig-keit	NATIONALITAET
Staats-form, -system	EINHEITSSTAAT
Stadt am Hoch-rhein	BADSAECKINGEN
Stadt am Ischim (Kasach-stan)	PETROPAWLOWSK
Stadt am Main	ASCHAFFENBURG
Stadt an d. Porta West-falica	BADOEYNHAUSEN
Stadt an d. Wein-straße	BADBERGZABERN
Stadt an der Nahe (Rh.-Pf.)	IDAROBERSTEIN
Stadt an der Worm (NRW)	GEILENKIRCHEN
Stadt an Möhne und Ruhr	NEHEIMHUESTEN
Stadt an Rhein u. Sieben-gebirge	KOENIGSWINTER
Stadt auf Sizilien	CASTELTERMINI
Stadt auf Sizilien	CASTELVETRANO
Stadt bei Heidel-berg	NECKARGEMUEND
Stadtburg v. Braun-schweig	DANKWARDERODE
Stadt im Allgäu	MARKTOBERDORF
Stadt im Eichsfeld	HEILIGENSTADT
Stadt im Münster-land	BURGSTEINFURT
Stadt im Oberpfäl-zer Wald	OBERVIECHTACH
Stadt im Ruhr-gebiet	CASTROPRAUXEL
Stadt im Ruhr-gebiet	GELSENKIRCHEN
Stadt im südl. Münster-land	LUEDINGHAUSEN
Stadt in Aserbei-dschan	NACHITSCHEWAN
Stadt in Burkina Faso	BOBODIOULASSO
Stadt in der Lü-neburger Heide	FALLINGBOSTEL
Stadt in der Lü-neburger Heide	VISSELHOEVEDE
Stadt in der Ober-lausitz	BISCHOFSWERDA
Stadt in Malawi	BLANTYRELIMBE
Stadt in Namibia	KEETMANNSHOOP
Stadt in Ober-franken	EBERMANNSTADT
Stadt in Pommern	SCHNEIDEMUEHL
Stadt in Unter-franken	ASCHAFFENBURG
Stadt in West-flandern	BLANKENBERGHE
Stadt südwestl. von Paris	FONTAINEBLEAU

Stadtteil v. Berlin	SCHMARGENDORF
Stadtteil v. Essen	RELLINGHAUSEN
Stadtteil v. Essen	RUETTENSCHEID
Stadtteil v. Frankfurt	SACHSENHAUSEN
Stadtteil v. Stuttgart	OBERTUERKHEIM
starke Säure	KOENIGSWASSER
starrsinnig, störrisch	WIDERSPENSTIG
Staudenart	FROSCHLOEFFEL
Stechmücke	KRIEBELMUECKE
Steckdosenspeisung	NETZANSCHLUSS
Stegreifspiel	IMPROVISATION
steigern	INTENSIVIEREN
Steinzeitabschnitt	JUNGSTEINZEIT
Steißfuß (Vogel)	LAPPENTAUCHER
Steißfuß (Wasservogel)	HAUBENTAUCHER
Stellung der Gestirne	KONSTELLATION
Stelzvogel	KLAFFSCHNABEL
Sterbeort Bismarcks	FRIEDRICHSRUH
Sternbild (Apus)	PARADIESVOGEL
Sternforscher	ASTROPHYSIKER
Sternwarte	OBSERVATORIUM
Stickstoffdüngemittel	CHILESALPETER
stille Andacht	KONTEMPLATION
Straffälligkeit	KRIMINALITAET
Strahlenbehandlung	RADIOTHERAPIE
Strom	ELEKTRIZITAET
stromdurchflossene Spule	ELEKTROMAGNET
Stromer	LANDSTREICHER
Stromgebietsgrenze	WASSERSCHEIDE
Stromgenerator im Auto	LICHTMASCHINE
Stromumwandler	GLEICHRICHTER
Stubenvogel	KANARIENVOGEL
Stubenvogel	WELLENSITTICH
Sudetenteil	RIESENGEBIRGE
südafrikan. Gebirge	WITWATERSRAND
südafrikan. Hafenstadt	PORTELIZABETH
südamerikan. Nagetier	WASSERSCHWEIN
südital. Hafenstadt	CASTELLAMMARE
südschott. Grafschaft	KIRKCUDBRIGHT
südschwed. Landkreis	SOEDERMANLAND
südschweiz. Paß	SANBERNARDINO
südsibir. Gebirge	BAIKALGEBIRGE
südwestschweiz. Gebirge	WALLISERALPEN
Sulfuridmineral	BUNTKUPFERERZ
Symbol f. Feldherrnwürde	MARSCHALLSTAB

13

Symbol für Flatterhaftigkeit	SCHMETTERLING
synthet. Farbmaterial	KUNSTHARZLACK
Täuschung	MYSTIFIKATION
Tagfalter	KOHLWEISSLING
Talgsäure	STEARINSAEURE
Tanzschrift	CHOREOGRAPHIE
Tasteninstrument	HAMMERKLAVIER
technische Lehranstalt	POLYTECHNIKUM
Teil der Salzburger Alpen	TENNENGEBIRGE
Teil des Gebisses	WEISHEITSZAHN
Teil des Mittelmeeres	IONISCHESMEER
Teil des Nördl. Eismeers	KARISCHESMEER
Teil des Weserberglands	WIEHENGEBIRGE
teilhaben	PARTIZIPIEREN
Teilnahme	PARTIZIPATION
teilnahmslos	GLEICHGUELTIG
teilnehmen	PARTIZIPIEREN
Teint	GESICHTSFARBE
Telex	FERNSCHREIBEN
telexen	FERNSCHREIBEN
Telexgerät	FERNSCHREIBER
Temperament	MELANCHOLIKER
Temperaturmesser	THERMOELEMENT
Tennisschlag	SCHMETTERBALL
Teppichart	ORIENTTEPPICH
Teufel	HOELLENFUERST
Texteinschub	INTERPOLATION
Theater spielen	SCHAUSPIELERN
thüring. Heilbad am Kyffhäuser	FRANKENHAUSEN
thüring. Stadt an der Wipper	SONDERSHAUSEN
Tiefdruckverfahren	HELIOGRAVUERE
Tiroler Gebirge	STUBAIERALPEN
Tischlerwerkzeug	SCHRAUBZWINGE
Titelfigur bei Kalman	GRAEFINMARIZA
Titelfigur bei Sophokles	KOENIGOEDIPUS
Titelfigur bei Zuckmayer	KATHARINAKNIE
tolldreiste Hochstapelei	KOEPENICKIADE
Tonerde	ALUMINIUMOXID
tragbar, beförderbar	TRANSPORTABEL
Tramp	LANDSTREICHER
Transportschiff	SCHUBLEICHTER
Trauerspiel mit Humor	TRAGIKOMOEDIE
Treffen, Versammlung	ZUSAMMENKUNFT
Treibjagd	KESSELTREIBEN
Trennschärfe	SELEKTIVITAET
Triasgestein	BUNTSANDSTEIN
Trinkgefäß für Kranke	SCHNABELTASSE
Trommler- u. Pfeifer-Kapelle	SPIELMANNSZUG
Tropenbaum	AFFENBROTBAUM

13

trüb-sinnig	MELANCHOLISCH
Trugwahr-nehmung	HALLUZINATION
tückisch	HINTERHAELTIG
Turn-gerät	KLETTERSTANGE
Turn-gerät	SCHWEBEBALKEN
TV-Matt-scheibe	FERNSEHSCHIRM
Tyrann, Gewalt-herrscher	UNTERDRUECKER
Überein-stimmung	EINHELLIGKEIT
Überein-stimmung	EINMUETIGKEIT
über-empfind-lich	HYPERSENSIBEL
Über-empfind-lichkeit	IDIOSYNKRASIE
Über-empfind-lichkeit	SENSITIVITAET
über-führen, über-tragen	TRANSFERIEREN
Über-gewicht	PRAEPONDERANZ
über-lassen	ANHEIMSTELLEN
überlebt	UNZEITGEMAESS
Überle-genheit, Über-gewicht	SUPERIORITAET
über-prüfen	KONTROLLIEREN
übersee-ische Ex-pansions-politik	KOLONIALISMUS
Über-tragung	TRANSPOSITION
übertrie-bener Pa-triotismus	NATIONALISMUS
über-wachen	KONTROLLIEREN
über-weisen	TRANSFERIEREN
üble Nachrede	ANSCHWAERZUNG
üblich	GEBRAEUCHLICH
üblich	KONVENTIONELL
Umkreis	NACHBARSCHAFT
umsetzen, über-tragen	TRANSPONIEREN
Umspan-ner	TRANSFORMATOR
umwälzend	REVOLUTIONAER
Umwelt-belästi-gung	VERKEHRSLAERM
unab-dingbar	UNERLAESSLICH
unab-hängig	EIGENSTAENDIG
unaus-führbar	IMPRAKTIKABEL
unbe-dachte Heftigkeit	IMPULSIVITAET
unbehag-lich	UNKOMFORTABEL
unberührt	JUNGFRAEULICH
unbe-stimmt	UNDEFINIERBAR
Unemp-findlich-machung	IMMUNISIERUNG
unerbitt-lich	KOMPROMISSLOS
uner-läßlich	OBLIGATORISCH
unfach-gemäß	DILETTANTISCH
Unfrucht-barkeit	INFERTILITAET
Unfrucht-bar-machung	STERILISATION
unge-lernter Arbeiter	HILFSARBEITER
ungenü-gend	UNZULAENGLICH
unge-wöhnlich	EXTRAORDINAER
Unge-ziefer	KUECHENSCHABE
UNO-General-sekretär	HAMMARSKJOELD
Unpäß-lichkeit	INDISPOSITION

Unparteiischer	LINIENRICHTER
Unrast	RUHELOSIGKEIT
Unschicklichkeit	TAKTLOSIGKEIT
Unsterblichkeit	IMMORTALITAET
unterdrücken	TERRORISIEREN
unterdrücken	TYRANNISIEREN
unterentwickelt	RUECKSTAENDIG
Unterordnung, Gehorsam	SUBORDINATION
unterscheiden	DISTINGUIEREN
Unterschlagung	HINTERZIEHUNG
untersuchen, nachforschen	RECHERCHIEREN
Unterwelt	SCHATTENREICH
untreu	VERRAETERISCH
unversöhnlich	INTRANSINGENT
Unwetteranzeichen	GEWITTERWOLKE
Urahne	URGROSSMUTTER
Ursprünglichkeit	ORIGINALITAET
Ursprung	AUSGANGSPUNKT
Urteil	RICHTERSPRUCH
Vagabund	LANDSTREICHER
venezolanische Stadt	CIUDADBOLIVAR
Verätzung	KAUTERISATION
veraltet	ALTFRAENKISCH
veraltete Bez. für Lokal	ETABLISSEMENT
veraltet für Filmapparat	KINEMATOGRAPH
verbindlich	OBLIGATORISCH
Verbindung	KOMMUNIKATION
Verbrennungskraftmaschine	VIERTAKTMOTOR
Verbrennungskraftmaschine	ZWEITAKTMOTOR
verdichten	KONZENTRIEREN
Verdichtung	KONZENTRATION
Verfasser eines Scripts	DREHBUCHAUTOR
Vergleich	KONFRONTATION
vergleich. Literaturwissenschaft	KOMPARATISTIK
vergleichbar	KOMMENSURABEL
verglühender Meteorit	STERNSCHNUPPE
Vergünstigung	ERLEICHTERUNG
Vergütung	GEGENLEISTUNG
verharmlosen	VERNIEDLICHEN
verherrlichen	GLORIFIZIEREN
Verherrlichung	GLORIFIKATION
Verkehrsmittel	KRAFTFAHRZEUG
Verkehrssystem	KOMMUNIKATION
Verkehrsweg	STAATSSTRASSE
Verklebung	AGGLUTINATION
Verkleidung	KOSTUEMIERUNG
verkünden, verkündigen	BEKANNTMACHEN
verleumden	VERUNGLIMPFEN
Vermehrung	FORTPFLANZUNG
vermitteln	INTERZEDIEREN
Vermittler	KOMMISSIONAER
vernichtend, unbedingt	PEREMPTORISCH

13

Vernünftigkeit	RATIONALITAET
Vernunftglaube	RATIONALISMUS
verpflichtend	OBLIGATORISCH
Versenkung	KONTEMPLATION
verseuchen	KONTAMINIEREN
Versprecher	LAPSUSLINGUAE
Verständigung	KOMMUNIKATION
verstärken	INTENSIVIEREN
verstandesmäßig	INTELLEKTUELL
Versteck	SCHLUPFWINKEL
verteilen	DISTRIBUIEREN
Vertreter	REPRAESENTANT
Vertriebskaufmann (engl.)	SALESPROMOTER
Veruntreuung	HINTERZIEHUNG
Vervielfacher	MULTIPLIKATOR
vervollständigen	KOMPLETTIEREN
Verwalter	ADMINISTRATOR
Verwaltungsbeamter	REGIERUNGSRAT
verwaltungsmäßig	ADMINISTRATIV
vielschichtig	DIFFERENZIERT
Vogelart	EISSTURMVOGEL
Vogelart	HABICHTSADLER
Vogelart	HAEHERKUCKUCK
Vogelart	HALSBANDDOHLE
Vogelart	MOTTHUEHNCHEN
Vogelart	SCHLAGSCHWIRL
Vogelart	SEGGENSAENGER
Vogelart	SEIDENSCHWANZ
Volksfest	SCHUETZENFEST
volkstümlich f. Feldküche	GULASCHKANONE
volkstümlich f. Fernsehen	PANTOFFELKINO
Volkstum	NATIONALITAET
volkswirtschaftl. Größe	SOZIALPRODUKT
volktümliches Blasinstrument	MUNDHARMONIKA
vollenden	FERTIGSTELLEN
vollendet	ABGESCHLOSSEN
Vollmacht	AUTORISIERUNG
Vollmacht	ERMAECHTIGUNG
Vollversammlung	PLENARSITZUNG
vorausbestellen	SUBSKRIBIEREN
vorbeugen	PRAESERVIEREN
vorbildlich	MUSTERGUELTIG
vorführen	DEMONSTRIEREN
Vorkämpfer der Rohkost	BIRCHERBENNER
vorlegen, vorzeigen	PRAESENTIEREN
vornehm	GENTLEMANLIKE
Vorschub	BEGUENSTIGUNG
Vorspiegelung	MYSTIFIKATION
vortrefflich	AUSGEZEICHNET
vorübergehend	KOMMISSARISCH
vorübergehend	TRANSITORISCH
Vorurteilslosigkeit	OBJEKTIVITAET
Vorwurf	ANSCHULDIGUNG
Vorwurf	BESCHULDIGUNG
vorzüglich	AUSGEZEICHNET
vulkanisches Gestein	TIEFENGESTEIN
Vulkanit	ERGUSSGESTEIN
Waagenart	NEIGUNGSWAAGE

Wacholderdrossel	KRAMMETSVOGEL
Wackelpudding	GOETTERSPEISE
Währung in Großbritannien	PFUNDSTERLING
Wärmebildverfahren	THERMOGRAPHIE
Wärmekraftmaschine	DAMPFMASCHINE
Wärmelehre	THERMODYNAMIK
Wahlsystem	MEHRHEITSWAHL
Wahnwitz	TOLLKUEHNHEIT
Wahrscheinlichkeit	PROBABILITAET
Wahrzeichen v. Luzern	KAPELLBRUECKE
Waldblume	MAIGLOECKCHEN
Waldgebirge an der Fulda	KNUELLGEBIRGE
Waldschädling	BIRKENSPANNER
walisische Grafschaft	CARDIGANSHIRE
walisische Grafschaft	MONMOUTHSHIRE
Wallfahrtsort in Polen	TSCHENSTOCHAU
wandelbar, wechselhaft	VERAENDERLICH
Wasserfarbe	AQUARELLFARBE
Wasserheilkunde	HYDROTHERAPIE
Wasserkäfer	SCHWIMMKAEFER
Wasserkopf (medizin.)	HYDROCEPHALUS
Wasserliesch	SCHWANENBLUME
Wassersport	KUNSTSPRINGEN
Wegwerfbehälter	EINWEGFLASCHE
Weihnachtsgebäck	CHRISTSTOLLEN
Weihnachtsgebäck	PFEFFERKUCHEN
Weingeist	AETHYLALKOHOL
Weinprädikat	BEERENAUSLESE
weise	PHILOSOPHISCH
weißer Bordeauxwein	HAUTSAUTERNES
Weißrußland	BJELORUSSLAND
weltgewandter Herr	GRANDSEIGNEUR
Weltmachtstreben	IMPERIALISMUS
weltoffen	EXTRAVERTIERT
weltumspannend	INTERNATIONAL
Werkzeugmaschine	FRAESMASCHINE
Werkzeugmaschine	HOBELMASCHINE
westengl. Grafschaft	STAFFORDSHIRE
Westeuropäer	NIEDERLAENDER
westpreuß. Weichsel-Zufluß	SCHWARZWASSER
Wetterwarte	OBSERVATORIUM
Wicht	DREIKAESEHOCH
widerrufen	ZURUECKNEHMEN
widerspenstig	KRATZBUERSTIG
Widerspruch	KONTRADIKTION
Wiedereinbürgerung	REPATRIIERUNG
Wiedergeburt	REINKARNATION

13

Wiederverkörperung	REINKARNATION
Wiesenorchidee	KUCKUCKSBLUME
Wiesenschmätzer	BRAUNKEHLCHEN
Wildrindart	WASSERBUEFFEL
Wildschwein	SCHWARZKITTEL
willenlos machen	HYPNOTISIEREN
Wintersportanlage	SPRUNGSCHANZE
Wintersportart	EISSCHNELLAUF
winziger Singvogel	GOLDHAEHNCHEN
Wirbellose	INVERTEBRATEN
wirkmächtig	EINFLUSSREICH
wirksam sein	FUNKTIONIEREN
Wirkungsbereich	AKTIONSRADIUS
Wirrwarr	DURCHEINANDER
Wohnbau	APARTMENTHAUS
Wortbruch	TREULOSIGKEIT
Wucherung	PROLIFERATION
Wühlmaus	BISAMRUESSLER
würdevoll	GRAVITAETISCH
würdevoll	MAJESTAETISCH
Wurstsorte	SCHINKENWURST
Wurzelhautentzündung	PERIODONTITIS
Wust	DURCHEINANDER
zähmen	DOMESTIZIEREN
Zahlung per Post	GELDANWEISUNG
Zahlungsmittel	SCHEIDEMUENZE
Zahlungsunfähigkeit	ILLIQUIDITAET
Zehnersystem	DEZIMALSYSTEM
Zeichensetzung	INTERPUNKTION
zeitlich bestimmt	TERMINGEMAESS
zeitlich geordnet	CHRONOLOGISCH
Zeit nach der Hochzeit	FLITTERWOCHEN
Zeitungsmitarbeiter	KORRESPONDENT
Zenit	SCHEITELPUNKT
Zerfahrenheit	ZERSTREUTHEIT
Zerfall, Kollaps	ZUSAMMENBRUCH
zermahlen, zerreiben	PULVERISIEREN
Zeugen Jehovas	BIBELFORSCHER
Zeugnis	BESCHEINIGUNG
Ziegenart	KASCHMIRZIEGE
Ziegenmelker (zool.)	NACHTSCHWALBE
Ziehharmonika	HANDHARMONIKA
Zierfisch	KORALLENFISCH
Zierfisch	TELESKOPFISCH
Zierpflanze	WUNDERPFLANZE
Zooanlage	KLETTERFELSEN
zurückliegende Zeit	VERGANGENHEIT
Zusammenarbeit mit dem Feind	KOLLABORATION
Zusammenballung	AGGLOMERATION
Zusammenballung	KONZENTRATION
Zusammengehörigkeit	VERBUNDENHEIT
zusammenstoßen	KARAMBOLIEREN

Zusammentreffen	KONSTELLATION
zusammenziehen	KONZENTRIEREN
Zusammenziehung	KONZENTRATION
Zuzug	NIEDERLASSUNG
Zwang	NOTWENDIGKEIT
zwangsläufig	OBLIGATORISCH
Zwangsverwaltung	SEQUESTRATION
Zwangsvollstreckung	BESCHLAGNAHME
Zweckdienlichkeit	NUETZLICHKEIT
Zweckmäßigkeitshandeln	OPPORTUNISMUS
zweifarbig	DICHROMATISCH
Zweig der Benediktiner	KAMALDULENSER
Zweigeschlechtlichkeit	BISEXUALITAET
Zweigstelle	NIEDERLASSUNG
Zweimaster	GAFFELSCHONER
zweiter Sonntag nach Ostern	MISERICORDIAS
Zwischenbuchhändler	KOMMISSIONAER
zwischenstaatlich	INTERNATIONAL
Zwischenträger, Vermittler	UNTERHAENDLER
Zyperngras	PAPYRUSSTAUDE

Abfindung	ENTSCHAEDIGUNG
Abführmittel	SENNESBLAETTER
Abgabenveranlagung	STEUERBESCHEID
Abgeordneter	PARLAMENTARIER
Abgeordneter, Parlamentarier	VOLKSVERTRETER
abgesondertes Zimmer	CHAMBRESEPAREE
ablehnen, abweisen	ZURUECKSTOSSEN
abrüsten	DEMOBILISIEREN
Abschiedsgruß	AUFWIEDERSEHEN
absichtslos	UNWILLKUERLICH
Absprache, Einigung	UEBEREINKOMMEN
Abstinenz	ENTHALTSAMKEIT
abwägen	AUSBALANCIEREN
Achselstück	SCHULTERKLAPPE
achtbar	RESPEKTIERLICH
achtlos	OBERFLAECHLICH
Adlerart	SCHLANGENADLER
afrikan. Berg	DSCHEBELSEBARA
afrikan. Gebirge	KAMERUNGEBIRGE
afrikan. Nagetier	STACHELSCHWEIN
afrikan. Spießbock	SAEBELANTILOPE
Agrikultur	LANDWIRTSCHAFT
Aktionär	GESELLSCHAFTER
Aktrice	SCHAUSPIELERIN
Alimente	UNTERHALTSGELD
Alkvogel	KRABBENTAUCHER
Alkvogel	PAPAGEITAUCHER
Allgemeinheit, Allseitigkeit	UNIVERSALITAET

Alpenkarsthochfläche	STEINERNESMEER
Alpentier	ALPENSPITZMAUS
alte Hirtenwaffe	STEINSCHLEUDER
alter Monatsname	FRUEHLINGSMOND
alter Name Istanbuls	KONSTANTINOPEL
altind. Dichtung	PANTSCHATANTRA
altrömisch. König	SERVIUSTULLIUS
Altsteinzeit	PALAEOLITHIKUM
amerikan. Antisklavereibewegung	ABOLITIONISMUS
amerikan. Felsengebirge	ROCKYMOUNTAINS
amerikan. Gebirge	OZARKMOUNTAINS
amerikan. Popgruppe	EVERLYBROTHERS
Amsel	SCHWARZDROSSEL
Amulett	GLUECKSBRINGER
Anführer	RAEDELSFUEHRER
Angeberei	AUFSCHNEIDEREI
Angehöriger des Parlaments	PARLAMENTARIER
Angleichung	HARMONISIERUNG
Angriffsspieler beim Fußball	AUSSENSTUERMER
anomal	UNREGELMAESSIG
anorganische Säure	SCHWEFELSAEURE
Anrede e. Universitätsdekans	SPEKTABILITAET
Anziehungskraft	ATTRAKTIVITAET

Arbeit	BESCHAEFTIGUNG
Arbeiter-kampflied	INTERNATIONALE
Arbeits-maß-einheit	KILOWATTSTUNDE
argentin. See	BUENOSAIRESSEE
argentin. Territo-rium	TIERRADELFUEGO
Argumen-tation	BEWEISFUEHRUNG
Armkraft	BRACHIALGEWALT
Armut	BEDUERFTIGKEIT
Artigkeit	MANIERLICHKEIT
Askese	ENTHALTSAMKEIT
atom-physikal. Theorie	QUANTENTHEORIE
Auf-schneide-rei	MUENCHHAUSIADE
Auftreten der Wund-male Jesu	STIGMATISATION
aufzeich-nen	PROTOKOLLIEREN
augen-fällig	OFFENSICHTLICH
Augen-heilkunde	OPHTHALMOLOGIE
Aus-besserung	INSTANDSETZUNG
Ausdauer	BEHARRLICHKEIT
Aus-drucks-fähigkeit	EXPRESSIVITAET
Auseinan-derfallen	DESINTEGRATION
ausge-storbene Echsen-art	ICHTHYOSAURIER
Aushang	SCHWARZESBRETT
auskund-schaften	REKOGNOSZIEREN
auslegen	INTERPRETIEREN
Aus-legung	INTERPRETATION
Außen-hülle des Buches	SCHUTZUMSCHLAG

austral. Bundes-staat	SUEDAUSTRALIEN
austral. Insel-gruppe	FURNEAUXINSELN
aus-wiegen	AUSBALANCIEREN
Auszeich-nung	VERDIENSTORDEN
Autor, Dichter	SCHRIFTSTELLER
Autor von »Der arme Heinrich«	HARTMANNVONAUE
Autor von »Göttli-che Ko-mödie«	DANTEALIGHIERI
Autoteil, -zubehör	ARMATURENBRETT
Autoteil, -zubehör	KUPPLUNGSPEDAL
Azubi	AUSZUBILDENDER
Back-treib-mittel	HIRSCHHORNSALZ
Ballett von Egk	JOANVONZARISSA
Ballett von Pro-kofieff	STEINERNEBLUME
Ballett von Ravel	DAPHNISETCHLOE
Ballett von Rich. Strauss	JOSEPHSLEGENDE
bayer. Alpen-gipfel	BENEDIKTENWAND
bayer. Hoch-fläche	FRAENKISCHEALB
bayer. Kneipp-kurbad	BADWOERISHOFEN
bayer. Schloß	HERRENCHIEMSEE
bayer. Schloß bei Füssen	HOHENSCHWANGAU
bayer. Stadt an der Paar	SCHROBENHAUSEN
bayer. Stadt im Lechfeld	SCHWABMUENCHEN

befangen, parteiisch	VOREINGENOMMEN
befördern	TRANSPORTIEREN
begeistert	ENTHUSIASTISCH
Begräbnisessen	LEICHENSCHMAUS
begrenzte Studienzulassung	NUMERUSCLAUSUS
Beharrsamkeit	KONSERVATISMUS
behördlich zugelassen	KONZESSIONIERT
Beiname Friedrich Wilhelms I.	SOLDATENKOENIG
Beistand, Förderung	UNTERSTUETZUNG
belanglos	NEBENSAECHLICH
Bereitwilligkeit	ENTGEGENKOMMEN
Berg bei Zell am See	SCHMITTENHOEHE
Berg der Lechtaler Alpen	PARSEIERSPITZE
Berg im Berner Oberland	FINSTERAARHORN
Bergwerksbelüftung	WETTERFUEHRUNG
Berliner Promenadenstraße	UNTERDENLINDEN
Berliner Sportanlage	OLYMPIASTADION
Berliner Stadtteil, Verwaltungsbez.	PRENZLAUERBERG
Berliner Stadtteil, Verwaltungsbz.	CHARLOTTENBURG
Beruf bei Fernsehen, Film	AUFNAHMELEITER
Beruf im Medienwesen	ANZEIGENLEITER
Beruf in der chem. Industrie	CHEMOTECHNIKER
Beruf in der Industrie	AUTOMECHANIKER
Beruf in der Industrie	FEINMECHANIKER
Beruf in der Industrie	MASCHINENBAUER
Berufsverband	GENOSSENSCHAFT
Beschlagnahme	SICHERSTELLUNG
Beschreibung des eigenen Lebens	AUTOBIOGRAPHIE
Bestseller	KASSENSCHLAGER
Bestseller	VERKAUFSERFOLG
Besuchsticket	EINTRITTSKARTE
betörend	VERFUEHRERISCH
betonen, hervorheben	UNTERSTREICHEN
bewegungsempfindlich	KINAESTHETISCH
Bibelteil	ALTESTESTAMENT
biblische Sünderin	MARIAMAGDALENA
Bindehautentzündung	KONJUNKTIVITIS
Blasinstrument	BASSKLARINETTE
Blatthornkäfer	HERKULESKAEFER
blaue Farbe	KORNBLUMENBLAU
blaue Farbe	PREUSSISCHBLAU
Blockade	EINSCHLIESSUNG
Blödling	EINFALTSPINSEL
Bodennutzung	LANDWIRTSCHAFT
Boom	HOCHKONJUNKTUR
Bordeauxwein	CHATEAUMARGAUX
Brachvogel	DOPPELSCHNEPFE

Brachvogel	KRONENSCHNEPFE
Brauch, Tradition	UEBERLIEFERUNG
Brauer	BIERHERSTELLER
Brillenschlange	URAEUSSCHLANGE
britische Atlantikinselgruppe	TRISTANDACUNHA
britisches Unterhaus	HOUSEOFCOMMONS
Brotsorte	WEIZENKEIMBROT
bruchstückhaft	FRAGMENTARISCH
Brücke in Venedig	SEUFZERBRUECKE
Brummer, Fliegenart	SCHMEISSFLIEGE
Brustenge (mediz.)	ANGINAPECTORIS
brutal, radikal	RUECKSICHTSLOS
Buchdruckverfahren	RAKELTIEFDRUCK
Bücherei-Angestellte	BIBLIOTHEKARIN
Bühnenkünstlerin	SCHAUSPIELERIN
Bühnenstück v. Eliot	DERFAMILIENTAG
Bühnenstück v. Grillparzer	WEHDEMDERLUEGT
Bühnenstück v. Hebbel	MARIAMAGDALENA
Bühnenstück v. Lessing	NATHANDERWEISE
Bühnenstück v. Molnar	SPIELIMSCHLOSS
Bühnenstück v. Schiller	KABALEUNDLIEBE
Bühnenstück v. Strindberg	FRAEULEINJULIE
Bühnenstück v. Zuckmayer	SCHINDERHANNES
bürgen	GEWAEHRLEISTEN
Bürgermeister	STADTOBERHAUPT
Bürogerät	RECHENMASCHINE
Büttel	GERICHTSDIENER
Bug (zoolog.)	SCHULTERSTUECK
Bulletin	BEKANNTMACHUNG
bunter Süßwasserfisch	LABYRINTHFISCH
Burg im Unterelsaß	HOHKOENIGSBURG
Buschmeister	RAUTENSCHLANGE
Byzanz	KONSTANTINOPEL
chem. Reaktion	NEUTRALISATION
chem. Verfahren	POLYMERISATION
chilen. Inselgruppe	DESAVENTURADAS
chines. Religion	KONFUZIANISMUS
Choreograph	BALLETTMEISTER
Christbaum	WEIHNACHTSBAUM
Chronik	GESCHICHTSWERK
Computerbestandteil	ZENTRALEINHEIT
Dantes Hauptwerk	DIVINACOMMEDIA
Dauerhaftigkeit	BESTAENDIGKEIT
Daune	ERSTLINGSFEDER
Dekan, Kirchenkreisleiter	SUPERINTENDENT
Dekoration	AUSSCHMUECKUNG
delikat	WOHLSCHMECKEND
Denkweise, Lebensansicht	WELTANSCHAUUNG

14

Detail	BEGLEITUMSTAND
Detektei	AUSKUNFTSBUERO
Detektiv-figur von A. C. Doyle	SHERLOCKHOLMES
deuten	INTERPRETIEREN
Deutung	INTERPRETATION
Dienst-mann	GEPAECKTRAEGER
Diktatur	TOTALITARISMUS
Dilettant	KUNSTLIEBHABER
Disziplin	BEHERRSCHTHEIT
Dort-munder Sehens-würdigkeit	REINOLDIKIRCHE
Dort-munder Sport-palast	WESTFALENHALLE
Druck-verfahren	ROTATIONSDRUCK
dtsch. Autorenn-strecke	HOCKENHEIMRING
dtsch. Bariton	FISCHERDIESKAU
dtsch. Barock-dichter	GRIMMELSHAUSEN
dtsch. Bauhaus-Architekt	MIESVANDERROHE
dtsch. Bundes-land	RHEINLANDPFALZ
dtsch. Dirigent	KNAPPERTSBUSCH
dtsch. expres-sionist. Autorin	LASKERSCHUELER
dtsch. Gebirge	ALLGAEUERALPEN
dtsch. Helden-dichtung	NIBELUNGENLIED
dtsch. Lyriker	HEISSENBUETTEL
dtsch. mittelalt. Helden-epos	NIBELUNGENLIED
dtsch. Mittel-gebirge	FICHTELGEBIRGE
dtsch. Ostsee-bucht	LUEBECKERBUCHT
dtsch. Schau-spielerin	FLICKENSCHILDT
dtsch. Theologe, Philosoph	SCHLEIERMACHER
Düsseld. Sehens-würdig-keit	SANKTLAMBERTUS
Dumm-kopf	EINFALTSPINSEL
durch-gehend, pausen-los	UNUNTERBROCHEN
Durchläs-sigkeit	PERMEABILITAET
durch-laufend	KONTINUIERLICH
Ebene um einen Wasser-lauf	FLUSSNIEDERUNG
eben-mäßig gebaut	PROPORTIONIERT
Ebenmaß	AUSGEWOGENHEIT
edle Gesinnung	HOCHHERZIGKEIT
EDV-In-struktion	PROGRAMMIERUNG
Ehren-rettung	REHABILITATION
Eigen-name von Feuerland	TIERRADELFUEGO
Eil-nachricht	BLITZTELEGRAMM
Eil-nachricht	BRIEFTELEGRAMM
einbür-gern	NATURALISIEREN
Einbür-gerung	NATURALISATION
eindring-lich	NACHDRUECKLICH
einer der Beatles (m. Vorn.)	GEORGEHARRISON
Einfalls-reichtum	ERFINDUNGSGABE
ein-gelegter Hering	BISMARCKHERING

einheim. Giftpflanze	HERBSTZEITLOSE
einheim. Laufkäfer	GOLDLAUFKAEFER
Einkommensbasis	EINNAHMEQUELLE
einordnen	KLASSIFIZIEREN
Einordnung	KLASSIFIKATION
Einspruch	INTERPELLATION
einstufen	KLASSIFIZIEREN
einstweilig	INTERIMISTISCH
einteilen	KLASSIFIZIEREN
Einteilung d. Boxer u. Ringer	GEWICHTSKLASSE
einträglich	GEWINNBRINGEND
Einzelraum	CHAMBRESEPAREE
einziehen	BESCHLAGNAHMEN
Eisenerz	SPATEISENSTEIN
Eiskunstlauf-Figur	KREUZPIROUETTE
Eiskunstlauf-Figur	WAAGEPIROUETTE
Eisvogel	KOENIGSFISCHER
Eklipse	MONDFINSTERNIS
Elbe-Zufluß	SCHWARZEELSTER
Elektrizitätsgewinnung	STROMERZEUGUNG
Elektronenstrahl	KATHODENSTRAHL
empfänglich	AUFGESCHLOSSEN
Empfängnisverhütung	ANTIKONZEPTION
empfehlen	REKOMMANDIEREN
Ende des Karnevals	ASCHERMITTWOCH
engl. Hafenstadt in York	MIDDLESBOROUGH
engl. Hunderasse	AIRDALETERRIER
Entfettungsmaßnahme	ABMAGERUNGSKUR
Entkeimung	STERILISIERUNG
entmutigen	DEMORALISIEREN
entschädigen	REKOMPENSIEREN
Entschuldigung	RECHTFERTIGUNG
Ergiebigkeit	PRODUKTIVITAET
Ergußgestein	EFFUSIVGESTEIN
Erikazeenart	ZWERGALPENROSE
erkennen	IDENTIFIZIEREN
Erkennungsleuchte	POSITIONSLICHT
erklären	INTERPRETIEREN
Erklärung	INTERPRETATION
erläutern	INTERPRETIEREN
Erneuerung	MODERNISIERUNG
erneuter Beginn	WIEDERAUFNAHME
erniedrigen	HERABWUERDIGEN
Ersatzmann	LUECKENBUESSER
Ersatzmann	RESERVESPIELER
Erstarrungsgestein	ERUPTIVGESTEIN
erster Geiger	KONZERTMEISTER
erster Solotänzer	PRIMOBALLERINO
erstes dtsch. Gesetzbuch	SACHSENSPIEGEL
erste Solotänzerin	PRIMABALLERINA
Erwerbstätigkeit	BESCHAEFTIGUNG
erzählende Dichtung	KURZGESCHICHTE

Eskimofahrzeug	HUNDESCHLITTEN
Ethnologe	VOELKERKUNDLER
Evangelist	WANDERPREDIGER
Evangelium	HEILSBOTSCHAFT
ewig	UNVERGAENGLICH
Exil	VERBANNUNGSORT
Existenzniveau	LEBENSSTANDARD
exklusiv, exklusive	AUSGESCHLOSSEN
exklusiv, exklusive	AUSSCHLIESSEND
exotisch	FREMDLAENDISCH
Extravaganz	VERSTIEGENHEIT
Fabel	TIERGESCHICHTE
Fairness	ANSTAENDIGKEIT
Faktor	SETZEREILEITER
Familienfest	SILBERHOCHZEIT
Fata Morgana	LUFTSPIEGELUNG
Faustgewalt	BRACHIALGEWALT
fehlender Anlaß	GRUNDLOSIGKEIT
feierlich anreden	APOSTROPHIEREN
Feingebäck	STREUSELKUCHEN
Feldstecher	DOPPELFERNROHR
Feldunkraut	HIRTENTAESCHEL
Festigung	KONSOLIDIERUNG
Festigung	STABILISIERUNG
festsetzen	GEFANGENNEHMEN
Feststellung einer Person	IDENTIFIKATION
Fiaker	PFERDEDROSCHKE
Fichtenglucke	KIEFERNSPINNER
Filmtheater	LICHTSPIELHAUS
Finkenart	ZITRONENZEISIG
Fledermaus	FLIEGENDERHUND
fleischfressende Pflanze	WASSERSCHLAUCH
Fleischware	SCHWARTENMAGEN
fliegendes Personal	BORDMECHANIKER
Flirt, Getändel	TECHTELMECHTEL
florentin. Bauwerk, Kunstgalerie	PALAZZOSTROZZI
florentin. Bauwerk, Kunstgalerie	PALAZZOVECCHIO
florentin. Dichter	DANTEALIGHIERI
florentin. Maler	FRABARTOLOMMEO
Floristin	BLUMENBINDERIN
Flotte	SCHIFFSVERBAND
Flughafen von New York	KENNEDYAIRPORT
Flugzeugart	WASSERFLUGZEUG
Fluß aus d. Lausitzer Bergland	SCHWARZEELSTER
Förderanlage	SCHUETTELRINNE
Forstbeamter	REVIERFOERSTER
fortdauernd	KONTINUIERLICH
Fortsetzung	WEITERFUEHRUNG
fotogr. Entfernungsbereich	SCHAERFENTIEFE
Frachtverkehr	WARENTRANSPORT
franz.: neunzig	QUATREVINGTDIX
franz.: Zerstreuung	DIVERTISSEMENT
Freigabe des Abflugs	STARTERLAUBNIS

14

Freiheit	UNGEBUNDENHEIT
Frequenzbereich	NIEDERFREQUENZ
freundlich	LIEBENSWUERDIG
Fruchtart	SCHLIESSFRUCHT
früherer Name von Botswana	BETSCHUANALAND
Fürsorge-Einrichtung	ERZIEHUNGSHEIM
Fürsorge-Einrichtung	GESUNDHEITSAMT
Fußballspieler	MITTELSTUERMER
Fußbekleidung	SCHNUERSTIEFEL
Futtermittel	PALMKERNKUCHEN
Gaukler, Illusionist	TASCHENSPIELER
Gebirge in Bayern	FICHTELGEBIRGE
Gebirgstier	ALPENSPITZMAUS
Gebirgszug der Alleghenies	BLACKMOUNTAINS
Gefriergerät	TIEFKUEHLTRUHE
gegensätzlich	ANTAGONISTISCH
gehobener Unteroffizier	STABSFELDWEBEL
geistig abwesend	UNKONZENTRIERT
geistl. Gremium, Würdenträger	OBERKIRCHENRAT
geistl. Kongregation	REDEMPTORISTEN
geistl. Ritterorden	SCHWERTBRUEDER
Geläuf	PFERDERENNBAHN
Geld, Scheck	ZAHLUNGSMITTEL
Geldentschäd. b. Schädigung	SCHMERZENSGELD
gelenkte Ökonomie	PLANWIRTSCHAFT
Geliebter v. Agnes Bernauer	HERZOGALBRECHT
Gemeindefinanzleiter	STADTKAEMMERER
Gemeindevorstand	BUERGERMEISTER
Genealogie	AHNENFORSCHUNG
Genesender	REKONVALESZENT
Genesung	REKONVALESZENZ
Genius	SCHOEPFERKRAFT
geologische Formation	MITTELKAMBRIUM
geräucherter Fisch	RAEUCHERHERING
geringfügig	NEBENSAECHLICH
Gesangsschule	KONSERVATORIUM
Geschicklichkeitskünstler	TASCHENSPIELER
Geschwindigkeitssteigerung	BESCHLEUNIGUNG
Gesellschaftsspiel	TRIVIALPURSUIT
gesetzgeberisch	LEGISLATORISCH
Gespenstersтory	SPUKGESCHICHTE
Gestikulation	GEBAERDENSPIEL
Gestirn	HIMMELSKOERPER
Gewähr, Gewährleistung	MAENGELHAFTUNG
Gewaltherrschaft	UNTERDRUECKUNG
Gewebeart	CREPEGEORGETTE
Gewehr	HANDFEUERWAFFE

Gewehr-hersteller	BUECHSENMACHER
Gewölbe-form	TONNENGEWOELBE
geziertes Beneh-men	AFFEKTIERTHEIT
Gipfel in den Hohen Tauern	KLEINVENEDIGER
Gleich-gewicht	AUSGEWOGENHEIT
gleich-sam	GEWISSERMASSEN
gleich-setzen	IDENTIFIZIEREN
Gleich-wertigkeit	KONGENIALITAET
Gleis, Gleis-anlage	SCHIENENSTRANG
Glieder-füßer	TAUSENDFUESSER
gliedern	DIFFERENZIEREN
Glühwürm-chen	JOHANNISKAEFER
Grammo-phon	PLATTENSPIELER
graph. Produkt	DRUCKERZEUGNIS
Greif-vogel	HUEHNERHABICHT
griech. Insel-gruppe	IONISCHEINSELN
Gries-gram, Mies-macher	SPIELVERDERBER
größere Leistungs-fähigkeit	UEBERLEGENHEIT
große Hunde-rasse	NEUFUNDLAENDER
Großmut	HOCHHERZIGKEIT
Gruben-otter	LANZENSCHLANGE
Gründling-art	FLUSSGRUNDLING
Grund-besitz	LIEGENSCHAFTEN
Gruß	EHRENBEZEIGUNG
Güte	MENSCHLICHKEIT
Gymna-siallehrer	OBERSTUDIENRAT
Gymna-stik	LEIBESUEBUNGEN
Haft	GEFANGENSCHAFT
Hahnen-fuß-gewächs	ADONISROESCHEN
Halfter	PISTOLENTASCHE
Halfter	REVOLVERTASCHE
haltbar machen	PASTEURISIEREN
Handfeu-erwaffe	REPETIERGEWEHR
Hannibals Vater	HAMILKARBARKAS
harmo-nieren	SYMPATHISIEREN
harmo-nieren	ZUSAMMENPASSEN
Hart-näckig-keit	BEHARRLICHKEIT
Hasardeur	GLUECKSSPIELER
Haupt-stadt	REGIERUNGSSITZ
Haupt-stadt von Panama	CIUDADDEPANAMA
Hausan-gestellte	DIENSTMAEDCHEN
Haushalts-leiterin	WIRTSCHAFTERIN
Hebel im Flugzeug	STEUERKNUEPPEL
Heil-gehilfe	KRANKENPFLEGER
Heil-methode f. Sucht-kranke	ENTZIEHUNGSKUR
Heil-praktiker	CHIROPRAKTIKER
Heirat	EHESCHLIESSUNG
Heizungs-anlage	ZENTRALHEIZUNG
Hellsehen	ZWEITESGESICHT
Hemm-vorrich-tung am Fahrzeug	SCHEIBENBREMSE
herab-setzen	DISKRIMINIEREN
Herbst-blume	HERBSTZEITLOSE

Herren-schmuck-stück	KRAWATTENNADEL
Herz-krampf	ANGINAPECTORIS
Hexen-fest, Blocks-berg-Fest	WALPURGISNACHT
Hexen-ring	ELFENTANZPLATZ
Hilfe, Zuschuß	UNTERSTUETZUNG
hinter-treiben	KONTERKARIEREN
Hinter-ziehung, Verun-treuung	UNTERSCHLAGUNG
Hochzeit	EHESCHLIESSUNG
Hoden-hoch-stand	KRYPTORCHISMUS
höchster Berg in Afrika	KILIMANDSCHARO
höchster engl. Orden	HOSENBANDORDEN
höherer Schüler	OBERSEKUNDANER
höherer Schüler	UNTERTERTIANER
hoher Beamter	MINISTERIALRAT
Hohlmaß, Raummaß	KUBIKDEZIMETER
hüten	BEAUFSICHTIGEN
Humanität	MENSCHLICHKEIT
Hunde-rasse	RAUHHAARDACKEL
illegal, illegitim	UNRECHTMAESSIG
Imker	BIENENZUECHTER
immun	UNEMPFAENGLICH
Immuni-sierung	SCHLUCKIMPFUNG
Initiative	INANGRIFFNAHME
Insekten-bekämp-fungs-mittel	FLIEGENFAENGER
Insel-gruppe im Süd-atlantik	FALKLANDINSELN
Insel im Chiemsee	FRAUENCHIEMSEE
Insel im Chiemsee	HERRENCHIEMSEE
Inter-punktion	ZEICHENSETZUNG
in Verruf bringen	DISKREDITIEREN
Iris (Auge)	REGENBOGENHAUT
Isolier-flasche, Warmhal-tegerät	THERMOSFLASCHE
ital. Heiliger	FRANZVONASSISI
ital. Ordens-gründer	FRANZVONASSISI
Jahr-markts-vergnügen	BERGUNDTALBAHN
Jahr-markts-vergnügen	SCHIFFSCHAUKEL
Jazzform der Schwarzen	RHYTHMANDBLUES
Johanni-ter	MALTESERRITTER
Jungfern-geburt	PARTHENOGENESE
jurist. Berater	RECHTSBEISTAND
jurist. gültig	RECHTSKRAEFTIG
jurist. Maß-nahme	BEWEISAUFNAHME
jurist. Tat-bestand	REALKONKURRENZ
Kaktee	KORALLENKAKTUS
Kalif von Bagdad	HARUNALRASCHID
Kalium-eisen-zyanid	BLUTLAUGENSALZ
Kampf-richter, Schieds-richter	UNPARTEIISCHER
Kampf-richter, Unpartei-ischer	SCHIEDSRICHTER

kanad. Fluß zum Eismeer	MACKENZIERIVER
kanad. Fluß zur Hudsonbai	CHURCHILLRIVER
Kannibalismus	ANTHROPOPHAGIE
Kanzler	REGIERUNGSCHEF
Kapitän	SCHIFFSFUEHRER
karibischer Inselstaat	TRINIDADTOBAGO
Karotis (Ader)	HALSSCHLAGADER
Karpfenart	SPIEGELKARPFEN
Kartenspiel	SCHIEBERRAMSCH
Kartenspiel	SCHNIPPSCHNAPP
Kartenspiel	SCHWARZERPETER
karthagischer Heerführer	HAMILKARBARKAS
Kartoffelkäfer	KOLORADOKAEFER
kathol. Meßbuch	MISSALEROMANUM
kaufm. Räumungsaktion	SCHLUSSVERKAUF
Kaufmann	EINZELHAENDLER
Kennzeichen, Kennzeichn.	CHARAKTERISTIK
Kernkraft	NUKLEARENERGIE
Kettengefährt	RAUPENFAHRZEUG
Kieselgur	INFUSORIENERDE
Kinooperateur	FILMVORFUEHRER
Kladde	GESCHAEFTSBUCH
Kleinform epischer Dichtung	KURZGESCHICHTE
Kleingarten	SCHREBERGARTEN
Kletterer-ausrüstung	KLETTERGUERTEL
Klosterfrau, -insassin	LAIENSCHWESTER
Knochenfischordnung	STACHELFLOSSER
Kochsalz	NATRIUMCHLORID
König von Judäa	HERODESAGRIPPA
Körperertüchtigung	LEIBESUEBUNGEN
körperlich	STEREOMETRISCH
Körperschaft	GENOSSENSCHAFT
Kollektiv	GENOSSENSCHAFT
Kommanditist	GESELLSCHAFTER
Kommode	WAESCHESCHRANK
Komp. d. Oper »Arabella«	RICHARDSTRAUSS
Komp. d. Oper »Ariadne auf Naxos«	RICHARDSTRAUSS
Komp. d. Oper »Capriccio«	RICHARDSTRAUSS
Komp. d. Oper »Elektra«	RICHARDSTRAUSS
Komp. d. Oper »Liebe d. Dame«	RICHARDSTRAUSS
Komp. d. Oper »Rosenkavalier«	RICHARDSTRAUSS
Komp. d. Oper »Salome«	RICHARDSTRAUSS
Komp. v. »Die Frau ohne Schatten«	RICHARDSTRAUSS
Komponist d. Oper »Daphne«	RICHARDSTRAUSS
Komponist d. Oper »Feuersnot«	RICHARDSTRAUSS

14

Konsulent	RECHTSBEISTAND
konzentrieren	ZUSAMMENZIEHEN
Kosmonaut, Astronaut	WELTRAUMFAHRER
Krallenaffe	PINSELAEFFCHEN
Krebstier	WOLLHANDKRABBE
Kriecher	SPEICHELLECKER
Kur	HEILBEHANDLUNG
Kurort am Oderbruch	BADFREIENWALDE
Kurort am Vogelsberg	BADSALZSCHLIRF
Kurort an der Saale	BADDUERRENBERG
Kurort an der Tauber	BADMERGENTHEIM
Kurort im Rheingau	ASSMANNSHAUSEN
Lagerist	LAGERVERWALTER
langsame Geschwindigkeit	SCHNECKENTEMPO
Lantane	WANDELROESCHEN
latein.: freie Künste	ARTESLIBERALES
Lauf-Käfer	FELDSANDKAEFER
launenhaft, wankelmütig	WETTERWENDISCH
Lehrer im Kunsttanz	BALLETTMEISTER
Lehre v. früheren Lebensformen	PALAEONTOLOGIE
Lehrling	AUSZUBILDENDER
Leibwache des Papstes	SCHWEIZERGARDE
leichtathletische Disziplin, Übung	STABHOCHSPRUNG
Leichtsinn	UNBESONNENHEIT
leitender Angestellter	BETRIEBSLEITER
Lerchenart	KALANDERLERCHE
Letter	DRUCKBUCHSTABE
letzte Ölung	KRANKENSALBUNG
Leuchtkäfer	GLUEHWUERMCHEN
libyscher König	IDRISELSENUSSI
Lichtblick	SILBERSTREIFEN
Lichterscheinung am Himmel	WETTERLEUCHTEN
Märchenfigur	SCHNEEWITTCHEN
Magnetfeld der Erde	MAGNETOSPHAERE
Magnetit	MAGNETEISENERZ
malnehmem	MULTIPLIZIEREN
Marinedienstgrad	KAPITAENZURSEE
Marinedienstgrad	STABSBOOTSMANN
Maskottchen	GLUECKSBRINGER
Massiv der Hohen Tauern	GROSSVENEDIGER
mathematisches Gerät	RECHENSCHIEBER
Memme	SCHLAPPSCHWANZ
Memoiren	AUTOBIOGRAPHIE
Menschenfresserei	ANTHROPOPHAGIE
Menschenscheu	ANTHROPOPHOBIE
Menschwerdung	ANTHROPOGENESE
Mesozoikum	ERDMITTELALTER
Meßbuch	MISSALEROMANUM

meteorolog. Raumsonde	WETTERSATELLIT
mexikan. Hauptstadt	CIUDADDEMEXICO
mexikan. Staat	AGUASCALIENTES
Milde	BARMHERZIGKEIT
militär. Abendsignal	ZAPFPENSTREICH
militär. Dienstgrad	BRIGADEGENERAL
militär. Dienstgrad	STABSGEFREITER
Ministerpräsident	REGIERUNGSCHEF
Mitarbeit	ZUSAMMENWIRKEN
Mitleid	BARMHERZIGKEIT
Mitschüler	KLASSENKAMERAD
mittelalt. geistl. Schauspiel	MYSTERIENSPIEL
mitteldtsch. Gebirgszug	THUERINGERWALD
mittelengl. Grafschaft	LEICESTERSHIRE
Mittellosigkeit	BEDUERFTIGKEIT
mittelschwed. Landkreis	VAESTERMANLAND
mittelspan. Gebirge	SIERRADEGREDOS
Mittwoch nach Fastnacht	ASCHERMITTWOCH
moderner Flugzeugtyp	DUESENFLUGZEUG
moderner Flugzeugtyp	DUESENMASCHINE
moderner Schiffstyp	LUFTKISSENBOOT
moderne Zeitnahme im Sport	ZIELFOTOGRAFIE
Möwenart	DREIZEHENMOEWE
Mondraute	WALPURGISKRAUT
Monitor	KONTROLLSCHIRM
Moralzerrüttung	DEMORALISATION
Moschee-Heiligtum in Mekka	SCHWARZERSTEIN
Moskauer Gedenkstätte	LENINMAUSOLEUM
Münchner Festplatz	THERESIENWIESE
Münchner Sportanlage	OLYMPIASTADION
Münchner Symbolfigur	MUENCHNERKINDL
musikal. Vortrag	INTERPRETATION
Musik-Ensemble	PHILHARMONIKER
Musikhochschule	KONSERVATORIUM
Nachbildung	REKONSTRUKTION
Nachrangigkeit	POSTERIORITAET
Nachtfalter	FICHTENSPINNER
Nachtfalter	SCHWAMMSPINNER
Nachtwandeln	NOKTAMBULISMUS
Nacht zum 1. Mai	WALPURGISNACHT
Nächstenliebe	BARMHERZIGKEIT
nächtlicher Parkplatz	LATERNENGARAGE
Naturerscheinung	MONDFINSTERNIS
Nebenmeer des Indischen Ozeans	PERSISCHERGOLF

14

neppen, betrügen	UEBERVORTEILEN
Netzflügler	AMEISENJUNGFER
Netzschlange	GITTERSCHLANGE
Neuordnung	REORGANISATION
Neureicher	EMPORKOEMMLING
neuseeländ. Inselgruppe	KERMADECINSELN
nicht gewissenhaft	UNZUVERLAESSIG
Nichtstuer	MUESSIGGAENGER
niederländ. Hafen	HOEKVANHOLLAND
niederländ. Komponist (16. Jh.)	ORLANDODILASSO
niederländ. Staatsmann	OLDENBARNEVELT
Niederlassungsfreiheit	FREIZUEGIGKEIT
Nonnenorden	URSULINERINNEN
nordamerikan. Bucht	CUMBERLANDSUND
nordaustral. Bundesstaat	NORDAUSTRALIEN
nordengl. Grafschaft	NORTHUMBERLAND
nordschott. Inselgruppe	SHETLANDINSELN
norweg. Bucht	TRONDHEIMFJORD
notdürftig	BEHELFSMAESSIG
Notzucht	VERGEWALTIGUNG
Nürnb. Sehenswürdigkeit	SEBALDUSKIRCHE
Nurse	KINDERMAEDCHEN
Obacht	AUFMERKSAMKEIT
oberbayer. Königsschloß	NEUSCHWANSTEIN
oberbayer. Kurort	BADREICHENHALL
oberbayer. See	STARNBERGERSEE
oberbayer. Stadt an der Isar	WOLFRATSHAUSEN
Oberbefehlshaber	GENERALISSIMUS
oberflächlich	VORDERGRUENDIG
ökonomisch, gewinnbringend	WIRTSCHAFTLICH
österr.-ital. Gebirge	KARNISCHEALPEN
österr. Kalkalpengebirge	HOELLENGEBIRGE
österr. Lyriker, Schriftsteller	FEUCHTERSLEBEN
österr. Politiker, Bundespräsid.	KIRCHSCHLAEGER
österr. Stadt am Kahlenberg	KLOSTERNEUBURG
österr. Stadt an der Fischa	WIENERNEUSTADT
Offenheit	FREIMUETIGKEIT
Offizier	BRIGADEGENERAL
Offizier	OBERSTLEUTNANT
Ohio-Zufluß	TENNESSEERIVER
opak	UNDURCHSICHTIG
Operette von Abraham	BLUMEVONHAWAII
Operette von Fall	DERFIDELEBAUER

Operette von Kalman	HERBSTMANOEVER
Operette von Lincke	DERLIEBESTRAUM
Operette von Millöcker	GRAEFINDUBARRY
Operette von Straus	EINWALZERTRAUM
Operette von Zeller	DEROBERSTEIGER
Oper von Donizetti	DERLIEBESTRANK
Oper von Egk	DIEZAUBERGEIGE
Oper von Gluck	PARISUNDHELENA
Oper von Händel	ACISUNDGALATEA
Oper von Hindemith	MATHISDERMALER
Oper von Lortzing	DERWILDSCHUETZ
Oper von Meyerbeer	DIEAFRIKANERIN
Oper von Puccini	GIANNISCHICCHI
Oper von Reznicek	RITTERBLAUBART
Oper von Smetana	VERKAUFTEBRAUT
Oper von Strauss	DERFRIEDENSTAG
Oper von Sutermeister	DIEZAUBERINSEL
Oper von Weber	DERFREISCHUETZ
Optimismus	LEBENSBEJAHUNG
optische Täuschung	PHANTASMAGORIE
ordnen	KATEGORISIEREN
ostengl. Grafschaft	CAMBRIDGESHIRE
Osterluzei	PFEIFENSTRAUCH
oström. Hauptstadt	KONSTANTINOPEL
päpstl. Anrede	EUREHEILIGKEIT
päpstl. Sommerresidenz	CASTELGANDOLFO
Papageienart	NYMPHENSITTICH
Pariser Kirchenbau	SAINTECHAPELLE
parlamentarisch anfragen	INTERPELLIEREN
parlamentarische Anfrage	INTERPELLATION
Passagierschiff für Kurzstrecken	LUFTKISSENBOOT
Patent	ERFINDERSCHUTZ
Patron	SCHUTZHEILIGER
Paulusbrief	THESSALONICHER
pazif. Inselstaat	MARSHALLINSELN
Pelzart	PERSIANERKLAUE
Penner, Vagabund	STADTSTREICHER
Pflanzenart	SCHLINGPFLANZE
Pflanzenfamilie	LIPPENBLUETLER
Phantasie	ERFINDUNGSGABE
philosophische Richtung	SUBJEKTIVISMUS
Phosphorverbindung	PHOSPHORSAEURE
Photoapparat	ROLLFILMKAMERA
Pianist	KLAVIERSPIELER
Pilzart	FELDCHAMPIGNON
Pilzart	FICHTENREIZKER
Pinguinart	BRILLENPINGUIN
Plättgerät	BUEGELMASCHINE
Posthornschnecke	TELLERSCHNECKE
prahlen	SCHWADRONIEREN

14

prakt. Anwendung d. Elektrizität	ELEKTROTECHNIK
Primat der Gemeinschaft	KOLLEKTIVISMUS
Primelpflanze	ACKERGAUCHHEIL
profitabel	GEWINNBRINGEND
Proklamation	BEKANNTMACHUNG
Prototyp	VERSUCHSMUSTER
Protozoon	WIMPERTIERCHEN
Punjab, Pandschab	FUENFSTROMLAND
Punkt	SCHLUSSZEICHEN
Qualität	BESCHAFFENHEIT
Quittung	EMPFANGSSCHEIN
Rachenspiegelung	PHARYNGOSKOPIE
Radiowellenbereich	ULTRAKURZWELLE
Rankengewächs	KLETTERPFLANZE
Raubschnecke	PURPURSCHNECKE
Raucherutensil	PFEIFENSTOPFER
Raucherutensil	ZIGARETTENETUI
Raucherutensil	ZIGARRENSPITZE
Rechnungsart	MULTIPLIKATION
Rechteck	PARALLELOGRAMM
Regal	FAECHERGESTELL
Reizbarkeit	IRRITABILITAET
Religion	KONFUZIANISMUS
Reserve, Distanz	ZURUECKHALTUNG
reserviert, unaufdringlich	ZURUECKHALTEND
respektlos	DESPEKTIERLICH
richtungweisend, vorbildlich	PROGRAMMATISCH

Riesenschlange	ABGOTTSCHLANGE
Robben	FLOSSENFUESSER
Robbenart	ELEFANTENROBBE
Rockmusik-Form	ELECTRONICROCK
römisches Bauwerk	PALAZZOVENEZIA
Röntgenuntersuchung	DURCHLEUCHTUNG
rohe Kraft	BRACHIALGEWALT
Roman v. Bromfield	DERGROSSEREGEN
Roman v. Defoe	ROBINSONCRUSOE
Roman v. Dumas	DREIMUSKETIERE
Roman v. Goethe	WILHELMMEISTER
Roman v. Gogol	DIETOTENSEELEN
Roman v. Grimmelshausen	SIMPLICISSIMUS
Roman v. Lawrence	LADYCHATTERLEY
Roman v. Pasternak	DOKTORSCHIWAGO
Roman v. Roth	RADETZKYMARSCH
rührselig	MELODRAMATISCH
russisch. Binnenmeer	KASPISCHESMEER
russisch. Cellist	ROSTROPOWITSCH
sächs. Kurort, Badeort	FRIEDRICHSHALL
Säugetierordnung	KLIPPSCHLIEFER
Säugetierordnung	ROEHRENZAEHNER
saisonal	JAHRESZEITLICH
Sakrament	KRANKENSALBUNG
Salut	EHRENBEZEIGUNG
Satzzeichen	AUSRUFEZEICHEN
Satzzeichen	GEDANKENSTRICH

Schaf, Schafart	STUMMELSCHWANZ
Schalttafel	ARMATURENBRETT
scharfe Biegung	HAARNADELKURVE
scharfes Gewürz	CAYENNEPFEFFER
Schattenbild	SCHERENSCHNITT
Schelmenstück	EULENSPIEGELEI
Scheu	AENGSTLICHKEIT
Schichtung	STRATIFIKATION
Schießbaumwolle	NITROZELLULOSE
Schiffskompaß	KREISELKOMPASS
Schiffslaterne	POSITIONSLICHT
Schlafwandel	SOMNAMBULISMUS
Schlafwandler	MONDSUECHTIGER
schlangenähnliche Echse	BLINDSCHLEICHE
Schlangenart	AESKULAPNATTER
Schlangenart	FELSENSCHLANGE
Schlangenart	KATZENSCHLANGE
Schmerle	SCHLAMMBEISSER
Schmetterlingsart	ZITRONENFALTER
Schneide	SCHNITTFLAECHE
Schneidwerkzeug	SCHNEIDBRENNER
Schneckenart	KIEMENSCHNECKE
Schöpfertum	PRODUKTIVITAET
Schreibgerät	KUGELSCHREIBER
Schreibstil	AUSDRUCKSWEISE
Schrumpfniere	NEPHROSKLEROSE
Schulfach	KUNSTERZIEHUNG
Schulterknochen	SCHLUESSELBEIN

schwankend, wankelmütig	UNENTSCHLOSSEN
schwed. Fluß	VAESTERDALAELV
schweiz. Komponist	JAQUESDALCROZE
schweiz. See	NEUENBURGERSEE
Schwertlilienwurzelstock	VEILCHENWURZEL
schwerwiegend	BEDEUTUNGSVOLL
See in Schleswig-Holstein	RATZEBURGERSEE
See in Utah (USA)	GROSSERSALZSEE
seelische Heilmethode	PSYCHOTHERAPIE
Seen in Kroatien	PLITWITZERSEEN
Segelboot, Segelschiff	FLYINGDUTCHMAN
Sektion	UNTERABTEILUNG
Selbstbeeinflussung	AUTOSUGGESTION
selbstherrlich	ABSOLUTISTISCH
selbstlos	UNEIGENNUETZIG
Septikämie	BLUTVERGIFTUNG
Setzmaschine	TELETYPESETTER
sich verbrüdern	FRATERNISIEREN
Silberpapier	ALUMINIUMFOLIE
Singvogel	STAFFELSCHWANZ
Sippe, Angehörigenkreis	VERWANDTSCHAFT
sittlich verderben	DEMORALISIEREN
Skelett	KNOCHENGERUEST
Skilauftechnik	SEITABRUTSCHEN

Skilauf-technik	TREPPENSCHRITT
Skulptur	BILDHAUERKUNST
Slang	UMGANGSSPRACHE
soeben	AUGENBLICKLICH
sofort	AUGENBLICKLICH
Sofort-bild-Foto-apparat	POLAROIDKAMERA
Solar-plexus	SONNENGEFLECHT
Sonnen-wendig-keit	HELIOTROPISMUS
Sorgfalt	GRUENDLICHKEIT
SO-Teil d. Teuto-burger Waldes	LIPPISCHERWALD
sozusagen	GEWISSERMASSEN
span. Küste	COSTADELAZAHAR
Speise-lokal	GASTWIRTSCHAFT
Speise-pilz	HERBSTTROMPETE
Sperber-art	TAUBENSTOESSER
Spirale	SCHRAUBENLINIE
Spitze	ANZUEGLICHKEIT
Sportart, -disziplin	BOGENSCHIESSEN
Sportart, -disziplin	LEICHTATHLETIK
Sportart, -disziplin	SCHWERATHLETIK
sportlich fit	DURCHTRAINIERT
Sport-trophäe	BRONZEMEDAILLE
Staaten-bund	KONFOEDERATION
Staat in Ozeanien	PAPUANEUGUINEA
staat-liche Landkarte	MESSTISCHBLATT
Staats-form	GROSSHERZOGTUM
Staats-hoheit	SOUVERAENITAET
Stabs-offizier	KAPITAENZURSEE
Stabs-offizier	OBERSTLEUTNANT
Stachel-flosser	LABYRINTHFISCH
Stachel-flosser	PETERMAENNCHEN
Stachel-häuter	SCHLANGENSTERN
Stachel-tier	STACHELSCHWEIN
Stadt am Pfälzer Wald	KAISERSLAUTERN
Stadt am Rein-Herne-Kanal	RECKLINGHAUSEN
Stadt an Breg und Brigach	DONAUESCHINGEN
Stadt an der Lippe	BADLIPPSPRINGE
Stadt an der Mosel	BERNKASTELKUES
Stadt an der Naab	BURGLENGENFELD
Stadt im Berchtes-gadener Land	BADREICHENHALL
Stadt im Bergi-schen Land	WERMELSKIRCHEN
Stadt im Ruhr-gebiet	RECKLINGHAUSEN
Stadt in Branden-burg	BADFREIENWALDE
Stadt in Branden-burg	TREUENBRIETZEN
Stadt in Guate-mala	QUETZALTENANGO
Stadt in Mecklen-burg	NEUBRANDENBURG
Stadt-ober-haupt	BUERGERMEISTER
Stadtteil v. Berlin	FRIEDRICHSHAIN
Stadtteil v. Stutt-gart	UNTERTUERKHEIM

14

Ständer am Fahrrad	GEPAECKTRAEGER
ständig, konstant	UNUNTERBROCHEN
stattlich, würdig	REPRAESENTABEL
Stauferburg in Süditalien	CASTELDELMONTE
Steigerung	INTENSIVIERUNG
Stellvertreter des Dirigenten	KONZERTMEISTER
Sternbild	SUEDLICHEKRONE
Sternbild	WASSERSCHLANGE
stetig	KONTINUIERLICH
Stetigkeit	BEHARRLICHKEIT
steuerbares Raumschiff	WELTRAUMKAPSEL
Steuerungscomputer	PROZESSRECHNER
stichhaltig	BEWEISKRAEFTIG
Strandreiter (Vogel)	STELZENLAEUFER
studentische Verbindung	BURSCHENSCHAFT
südafrikan. Homeland	BOPHUTHATSWANA
südafrikan. Sprache	HOTTENTOTTISCH
südamerikan. Zierpflanze	PANTOFFELBLUME
Süddeutscher	WUERTTEMBERGER
Südfrucht	PASSIONSFRUCHT
südostasiat. Kletterstrauch	PFEFFERSTRAUCH
südostfranz. Departement	ALPESMARITIMES
südschwed. Landkreis	OESTERGOETLAND
Südtiroler Gebirge	SARNTALERALPEN
südwestafrikan. Bucht	LUEDERITZBUCHT
südwestnorweg. Fjord	HARDANGERFJORD
süßes Nichtstun	DOLCEFARNIENTE
Symbol der Ost-West-Spaltung	EISENERVORHANG
syrische Christen	THOMASCHRISTEN
Tätigkeit	BESCHAEFTIGUNG
Tagetes	STUDENTENBLUME
Tagfalter, Edelfalter	SCHILLERFALTER
Talisman	GLUECKSBRINGER
Tausendsassa	ALLERWELTSKERL
techn. Fachgebiet	ELEKTROTECHNIK
techn. Fachgebiet	HUETTENTECHNIK
techn. Verfahren	BRENNSCHNEIDEN
Teil der Alleghenies (USA)	GREENMOUNTAINS
Teil der Appalachen	WHITEMOUNTAINS
Teil der Nordtiroler Alpen	LECHTALERALPEN
Teil der Ostalpen	RAETISCHEALPEN
Teil des Auges	REGENBOGENHAUT
Teil des Bodensees	UEBERLINGERSEE
Teil des Motors	EINSPRITZPUMPE
Teil des Sauerlands	ROTHAARGEBIRGE
Teilhaber	GESELLSCHAFTER

Tell-muschel	DREIECKMUSCHEL
Tempel-form	AMPHIPROSTYLOS
Tetrarch von Galiläa	HERODESANTIPAS
Theater	SCHAUSPIELHAUS
Theater-künstlerin	SCHAUSPIELERIN
Thron-erhebung	INTHRONISATION
thüring. Stadt an d. Werra	HILDBURGHAUSEN
tiefe Ergriffen-heit	ERSCHUETTERUNG
Tierart	GLIEDERFUESSER
Tinten-fisch-Art	PAPIERNAUTILUS
Titelfigur bei Wilde	LADYWINDERMERE
Ton-wieder-gabe-gerät	PLATTENSPIELER
totalitär, eigen-mächtig	SELBSTHERRLICH
Touristen-betreuer	FREMDENFUEHRER
Tournee	GASTSPIELREISE
Trans-portschiff	SCHUBSCHLEPPER
Trauung	EHESCHLIESSUNG
trop. Gewürz-baum	MUSKATNUSSBAUM
Trugbild	PHANTASMAGORIE
Tüchtig-keit	SCHAFFENSKRAFT
Tukan	PFEFFERFRESSER
Tunnel-bahn, Metro	UNTERGRUNDBAHN
Turnen	LEIBESUEBUNGEN
Überein-kunft	VERSTAENDIGUNG
Über-empfind-lichkeit	HYPERAESTHESIE
über-wachen	BEAUFSICHTIGEN
Umfor-mung, Umwand-lung	TRANSFORMATION
umgäng-lich	LIEBENSWUERDIG
umgestal-ten, um-wandeln	TRANSFORMIEREN
Umsatz-abgabe-system	MEHRWERTSTEUER
Umset-zung	TRANSPONIERUNG
Umtriebe	MACHENSCHAFTEN
Umwelt-forschung	ENVIRONTOLOGIE
Umwelt-schutz-Maß-nahme	PFLANZENSCHUTZ
Unab-hängig-keit	SOUVERAENITAET
unauf-hörlich	KONTINUIERLICH
unauf-merksam	UNKONZENTRIERT
Unausge-glichen-heit	DEKOMPENSATION
unbeweg-lich machen	IMMOBILISIEREN
ungar.: Stuhlwei-ßenburg	SZEKESFEHERVAR
unge-schickt	UNDIPLOMATISCH
ungesetz-lich	WIDERRECHTLICH
Ungleich-artigkeit	HETEROGENITAET
Ungleich-heit	INHOMOGENITAET
Unglücks-meldung	HIOBSBOTSCHAFT
unheil-bringen-de Gabe	DANAERGESCHENK
Uniform-schmuck	AERMELSTREIFEN
Unlust	MISSVERGNUEGEN
UNO-Behörde	SICHERHEITSRAT

14

UNO-Generalsekretär	PEREZDECUELLAR
Unsachlichkeit	PARTEILICHKEIT
Unsachlichkeit	SUBJEKTIVITAET
Unterkunft f. Jugendliche	JUGENDHERBERGE
Unternehmer	GESCHAEFTSMANN
unterscheiden	DIFFERENZIEREN
unterschiedlich behandeln	DISKRIMINIEREN
Untertreibung (engl.)	UNDERSTATEMENT
unverzüglich	AUGENBLICKLICH
unzüchtig	PORNOGRAPHISCH
Urwelttier	ICHTHYOSAURIER
Utopie	ZUKUNFTSVISION
utopische Geschichte	SCIENCEFICTION
verallgemeinern	GENERALISIEREN
veraltete Bez. für Benehmen	SCHICKLICHKEIT
veranschaulichen	KONKRETISIEREN
verdächtigen	DISKRIMINIEREN
verdeutlichen	KONKRETISIEREN
vereinfachen	SIMPLIFIZIEREN
Verfahren	HANDLUNGSWEISE
vergebliches Tun	SISYPHUSARBEIT
Vergeltungsforderung	ERSATZANSPRUCH
verhütend, vorbeugend	PROPHYLAKTISCH
Verkauf gegen Barzahlung	KASSAGESCHAEFT

Verkaufsförderung	SALESPROMOTION
Verkehrsteilnehmer	MOTORRADFAHRER
Verkündigung	BEKANNTMACHUNG
verleumden	DISKREDITIEREN
Verleumdung, üble Nachrede	VERUNGLIMPFUNG
Verminderung	EINSCHRAENKUNG
verneinende Geste	KOPFSCHUETTELN
versetzte Erkältung	STOCKSCHNUPFEN
Verstärkung	INTENSIVIERUNG
vervielfachen	MULTIPLIZIEREN
Vervielfachung	MULTIPLIKATION
Verwaltung	ADMINISTRATION
Verwaltungsbez. in Frankreich	ARRONDISSEMENT
Vielgestaltigkeit	POLYMORPHISMUS
Vielseitigkeit	UNIVERSALISMUS
Viereck	PARALLELOGRAMM
Vitamin C	ASKORBINSAEURE
Vitaminmangelkrankheit	HYPOVITAMINOSE
Vogelart	ALPENBRAUNELLE
Vogelart	FELSENSCHWALBE
Vogelart	GARTENSPOETTER
Vogelart	HAUSROTSCHWANZ
Vogelart	ZITRONENSTELZE
volkstümlich f. Telefon	QUASSELSTRIPPE
Volksvertreter	PARLAMENTARIER
voller Vorurteile	VOREINGENOMMEN
Vorbehalt	EINSCHRAENKUNG

vorder-asiat. Wüste	SYRISCHEWUESTE
vorge-schicht-lich	PRAEHISTORISCH
Vorhafen von Rot-terdam	HOEKVANHOLLAND
vorher-bestimmt	PRAEDESTINIERT
vorherr-schen	PRAEDOMINIEREN
vorläufig	INTERIMISTISCH
Vormerk-buch	TERMINKALENDER
vornehm	ARISTOKRATISCH
vornehm	HERRSCHAFTLICH
Vorspie-gelung	PHANTASMAGORIE
Vorur-teilslosig-keit	UNBEFANGENHEIT
Vorver-hand-lungen	PRAELIMINARIEN
Vulkan in Afrika	KILIMANDSCHARO
Wach-samkeit	AUFMERKSAMKEIT
Währung in Hong-kong	HONGKONGDOLLAR
Wahrhaf-tigkeit	WAHRHEITSLIEBE
Wahr-heitsliebe	AUFRICHTIGKEIT
Wahr-heitsliebe	WAHRHAFTIGKEIT
Wald-anemone	LEBERBLUEMCHEN
Wald-schädling	FICHTENWICKLER
Wald-schädling	KIEFERNSPANNER
Wald-schädling	KIEFERNSPINNER
Wald-schädling	KIEFERNWICKLER
walisische Graf-schaft	BRECKNOCKSHIRE
Wander-falke	TAUBENSTOESSER

warme Sport-kleidung	TRAININGSANZUG
Wasser-glas (chem.)	NATRIUMSILIKAT
Wasser-qualität	GEWAESSERGUETE
Wasser-sport	WASSERSPRINGEN
Wasser-sport-anlage	SCHWIMMSTADION
Watvogel	AUSTERNFISCHER
wechsel-seitige Abhän-gigkeit	INTERDEPENDENZ
Wein-berg-schädling	TRAUBENWICKLER
Wein-Bezeich-nung	PRAEDIKATSWEIN
Wein-Bezeich-nung	QUALITAETSWEIN
Weinort, -stadt am Rhein	ASSMANNSHAUSEN
Weinort, -stadt an der Mosel	TRABENTRARBACH
Weinort an der Mosel	BERNKASTELKUES
Wein-sorte, Trauben-sorte	SPAETBURGUNDER
Weißwurz	SALOMONSSIEGEL
Weltmeer	INDISCHEROZEAN
west-indische Insel-gruppe	GROSSEANTILLEN
west-indische Insel-gruppe	KLEINEANTILLEN
wieder-erkennen	IDENTIFIZIEREN
Wieder-gut-machung	ENTSCHAEDIGUNG
Wieder-gut-machung	SCHADENSERSATZ

14

wiederherstellen	REKONSTRUIEREN
Wiederherstellung	REKONSTRUKTION
Wiederherstellung d. Gesundheit	REHABILITATION
wiederholen	REKAPITULIEREN
Wiederholung	REKAPITULATION
Wiedertäufer in Münster	KNIPPERDOLLING
Wiener Sehenswürdigkeit	KAPUZINERGRUFT
Wintersportgerät	SEGELSCHLITTEN
wirbellose Meertierart	STACHELHAEUTER
Wirtschaftsform	LANDWIRTSCHAFT
Wirtschaftskrieg	HANDELSBOYKOTT
Wirtschaftsverbund	GENOSSENSCHAFT
Wühle	BLINDSCHLEICHE
württ. Kurort	NECKARSTEINACH
Wüste in Nordafrika	LIBYSCHEWUESTE
Wüste in Nordafrika	NUBISCHEWUESTE
Wurmmittel	ANTHELMINTIKUM
Wurstsorte	KNOBLAUCHWURST
Wurzelfüßer	SONNENTIERCHEN
Zeichengerät (Pantograph)	STORCHSCHNABEL
Zerkleinerungsvorrichtung	SHREDDERANLAGE
Zersetzung	DEKOMPENSATION
Ziel	BESTIMMUNGSORT
Ziererei	MANIERIERTHEIT
Zierkürbis	BISCHOFSMUETZE
Zikkurat	STUFENPYRAMIDE
Zofe	ZIMMERMAEDCHEN
Zugmaschine	MOTORSCHLEPPER
Zulassungsbeschränkung	NUMERUSCLAUSUS
zurückhaltend	UNAUFDRINGLICH
Zurückhaltung	RESERVIERTHEIT
Zusammenfassung	REKAPITULATION
zusammenziehen	KONSTRINGIEREN
zweitrangig	NEBENSAECHLICH
zwischenzeitlich	INTERIMISTISCH
zwischenzeitlich, zeitweilig	VORUEBERGEHEND

14

Abend-trunk	DAEMMERSCHOPPEN
Abgott-schlange	KOENIGSSCHLANGE
Abrü-stung	DEMOBILISIERUNG
Absatz-gestein	SEDIMENTGESTEIN
addieren	ZUSAMMENZAEHLEN
ätheri-sches Öl	BITTERMANDELOEL
affig	SELBSTGEFAELLIG
afrikan. Berg	DSCHEBELAJASCHI
Akkordeon	SCHIFFERKLAVIER
Aktualität	GEGENWARTSNAEHE
Aktualität	ZEITBEZOGENHEIT
akustisch	SCHALLTECHNISCH
Album	ERINNERUNGSBUCH
Allge-meinheit	OEFFENTLICHKEIT
Allianz, Union	ZUSAMMENSCHLUSS
Alpen-blume, -pflanze	ALPENGLOECKCHEN
Alpentier	ALPENSALAMANDER
also	DEMENTSPRECHEND
Alters-blödsinn	DEMENTIASENILIS
altväter-lich	PATRIARCHALISCH
amerikan. Gift-schlange	KLAPPERSCHLANGE
amerikan. Jazz-pianist (m. Vorn.)	JELLYROLLMORTON
Amerika-ner engli-scher Herkunft	ANGLOAMERIKANER
Amöbe	WECHSELTIERCHEN
Anarchie	GESETZLOSIGKEIT
Anfüh-rungs-zeichen	GAENSEFUESSCHEN
Angeber, Prahlhans	SCHAUMSCHLAEGER
Angehö-riger e. Waffen-gattung	PANZERGRENADIER
Angina	HALSENTZUENDUNG
anglei-chen	AKKLIMATISIEREN
anpasse-risch	OPPORTUNISTISCH
Antithese	GEGENBEHAUPTUNG
Apfel-sorte	GOLDENDELICIOUS
Apo-theose	VERGOETTLICHUNG
Apparatur	INSTRUMENTARIUM
Arbeits-maschine	PRESSLUFTBOHRER
Arnika	BERGWOHLVERLEIH
Arterien-ver-kalkung	ARTERIOSKLEROSE
Arznei-pflanze	BENEDIKTENKRAUT
Asomnie	SCHLAFLOSIGKEIT
asyn-chron	ENTGEGENLAUFEND
asyn-chron	UNGLEICHMAESSIG
Atom-kern-strahlung	RADIOAKTIVITAET
Attraktion	ANZIEHUNGSKRAFT
Aufzeich-nung von Musik, Sprache	TONBANDAUFNAHME
Augen-fehler	KURZSICHTIGKEIT
Augen-krankheit, Hyperopie	WEITSICHTIGKEIT
Aurikel, Primel	SCHLUESSELBLUME
aus-drücklich	EXPRESSISVERBIS
auspro-bieren	EXPERIMENTIEREN
außeror-dentlicher Professor	EXTRAORDINARIUS
autonom	EIGENGESETZLICH
Auto-nomie, Autarkie	UNABHAENGIGKEIT
Autonot-signal	WARNBLINKANLAGE
autori-siert	BEVOLLMAECHTIGT
Autorität	PERSOENLICHKEIT

15

Autoteil, -zubehör	SCHEIBENWISCHER
avisieren	BENACHRICHTIGEN
Azteken-Gottheit	HUITZILOPOCHTLI
Bärenart	KAMTSCHATKABAER
Ballett von Milhaud	CREATIONDUMONDE
Ballett von Strawinsky	FRUEHLINGSOPFER
Barometer	LUFTDRUCKMESSER
bayer. spätgotisch. Bildhauer	RIEMENSCHNEIDER
Bedürftigkeit	MITTELLOSIGKEIT
Begegnung	ZUSAMMENTREFFEN
Beherrschtheit	SELBSTDISZIPLIN
Benachteiligung	DISKRIMINIERUNG
Benzinbehälter	RESERVEKANISTER
Bergbahn	SEILSCHWEBEBAHN
Berliner Mischgetränk	WEISSEMITSCHUSS
Berliner Promenadenstraße	KURFUERSTENDAMM
Beruf beim Fernsehen	FERNSEHREPORTER
Beruf im Rechtswesen	KRIMINALBEAMTER
Beruhigungsmittel	PSYCHOSEDATIVUM
Bestandteil des Blutes	BLUTKOERPERCHEN
betäuben	CHLOROFORMIEREN
Betriebsamkeit	GESCHAEFTIGKEIT
Betrüger	BEUTELSCHNEIDER
Beuteltier	RATTENKAENGURUH
Bibelübersetzung	SIXTOCLEMENTINA
Bilch	SIEBENSCHLAEFER
Bildersammlung	GEMAELDEGALERIE
Bleichsucht	OLIGOCHROMAENIE
bloßstellen	KOMPROMITTIEREN
Blutübertragung	BLUTTRANSFUSION
Bodensee-Hafen	FRIEDRICHSHAFEN
Briefmarke	POSTWERTZEICHEN
Buchdruckverfahren	KUPFERTIEFDRUCK
Buchführungskontrolle	SOLLISTRECHNUNG
Bucht des Peloponnes	LAKONISCHERGOLF
Büfett	GESCHIRRSCHRANK
Bühneneinrichtung	SOUFFLEURKASTEN
Bühnenloge	PROSZENIUMSLOGE
Bühnenstück v. Anzengruber	DERGWISSENSWURM
Bühnenstück v. Anzengruber	DERMEINEIDBAUER
Bühnenstück v. Claudel	DERSEIDENESCHUH
Bühnenstück v. Fry	DERERSTGEBORENE
Bühnenstück v. Garcia Lorca	DIEBLUTHOCHZEIT
Bühnenstück v. Hofmannsthal	DERTORUNDDERTOD
Bühnenstück v. Sartre	DIEEHRBAREDIRNE
Bühnenstück v. Shaw	DIEMILLIONAERIN

Bühnenstück v. Tschechow	DERKIRSCHGARTEN
Bühnenstück v. Wilde	EINIDEALERGATTE
Bühnenstück v. Zuckmayer	BARBARABLOMBERG
Bürgschaft	GEWAEHRLEISTUNG
Bürogerät	SCHREIBMASCHINE
Bumerang	KEHRWIEDERKEULE
Bund, Verband	ZUSAMMENSCHLUSS
Burg von Koblenz	EHRENBREITSTEIN
chilen. Hauptstadt	SANTIAGODECHILE
Colt	TROMMELREVOLVER
Demokratie	VOLKSHERRSCHAFT
Denker	GEISTESARBEITER
Denksportaufgabe	BRUECKENRAETSEL
Denksportaufgabe	KREUZWORTPUZZLE
Despot	GEWALTHERRSCHER
Diabetes mellitus	ZUCKERKRANKHEIT
diametral	ENTGEGENGESETZT
Dienstvorschrift	BETRIEBSORDNUNG
Diktator	GEWALTHERRSCHER
diplomat. Vertretung im Ausland	GENERALKONSULAT
Dirigent	ORCHESTERLEITER
Dissident	ANDERSDENKENDER
Dorado	SCHLARAFFENLAND
Drehstrom	DREIPHASENSTROM
dtsch. Dichterin, Schriftstellerin	DROSTEHUELSHOFF
dtsch. expressionist. Maler	SCHMIDTROTTLUFF
dtsch. Malerin in Worpswede	MODERSOHNBECKER
dtsch. Mittelgebirge	BAYERISCHERWALD
dtsch. Pädagoge, Reformer	KERSCHENSTEINER
dtsch. Reichskanzler	BETHMANNHOLLWEG
Düsenantrieb	STRAHLTRIEBWERK
ehem. preuß. Provinz	NIEDERSCHLESIEN
Ehepartner	LEBENSGEFAEHRTE
Eigenart	INDIVIDUALITAET
Eigenheim	EINFAMILIENHAUS
Eigensinn	HALSSTARRIGKEIT
einbürgern	NATIONALISIEREN
einheim. Giftpilz	GALLENROEHRLING
einheim. Giftpilz	KARTOFFELBOVIST
einheim. Giftpilz	TIGERRITTERLING
Einkeimblättrige	MONOKOTYLEDONEN
Einzigartigkeit	INDIVIDUALITAET
Eisenerz	BRAUNEISENSTEIN
Eisenerz	RASENEISENSTEIN
Elektronenschleuder	SYNCHROBETATRON
Emotion	GEMUETSBEWEGUNG
Empörer	AUFSTAENDISCHER
engl. Grafschaft	BUCKINGHAMSHIRE
Engstirnigkeit	PROVINZIALISMUS
Epiphanias	DREIKOENIGSFEST

Erforschung d. Übersinnlichen	PARAPSYCHOLOGIE
erkennen	DIAGNOSTIZIEREN
Erniedrigung	HERABWUERDIGUNG
Erscheinungsfest	DREIKOENIGSFEST
erster engl. König	EGBERTVONWESSEX
erster Sonntag nach Ostern	QUASIMODOGENITI
Erwachsenenbildungsstätte	VOLKSHOCHSCHULE
Etappenziel	ZWISCHENSTATION
europäischer Inselstaat	GROSSBRITANNIEN
europäisches Königreich	GROSSBRITANNIEN
eventuell	MOEGLICHERWEISE
evident	AUGENSCHEINLICH
exklusiv, exklusive	AUSSCHLIESSLICH
Expedition	FORSCHUNGSREISE
Extravaganz	UEBERSPANNTHEIT
Facharzt f. Seelenheilkunde	PSYCHOTHERAPEUT
Fahrdrahtomnibus	OBERLEITUNGSBUS
Familienfest	GOLDENEHOCHZEIT
Fangheuschrecke	GOTTESANBETERIN
Farbton	ANTHRAZITFARBEN
Fernrohrart	SPIEGELTELESKOP
feststellen	DIAGNOSTIZIEREN
Fieberrindenbaum	CHINARINDENBAUM
Figur aus »Der Rosenkavalier«	FELDMARSCHALLIN
Figur aus »Lustige Weiber v. Windsor«	JUNKERSPAERLICH
Figur aus »Nibelungenlied«	DIETRICHVONBERN
Figur vor dem Hafen New Yorks	FREIHEITSSTATUE
Finanzen	STAATSEINNAHMEN
finanziell unterstützen	SUBVENTIONIEREN
Firmament	HIMMELSGEWOELBE
fixe Idee	WAHNVORSTELLUNG
florentin. Architekt und Maler	LEONARDODAVINCI
florentin. Bauwerk, Kunstgalerie	PALAZZORICCARDI
Flühvogel	HECKENBRAUNELLE
Flughafen von Rom	LEONARDODAVINCI
Flugunterbrechung	ZWISCHENLANDUNG
Forscher, Gelehrter	WISSENSCHAFTLER
Forschungsanstalt, -stätte	VERSUCHSSTATION
Frachtschiff	CONTAINERSCHIFF
Frachtverkehr	GUETERTRANSPORT
franz. Atlantikfels m. Abtei	MONTSAINTMICHEL
franz. Maler, Grafiker	TOULOUSELAUTREC
franz. Stadt im Zentralmassiv	CLERMONTFERRAND
Frauenberuf bei Bühne, Film usw.	MASKENBILDNERIN

Frauen-held	SCHUERZENJAEGER
Frauen-stimme	KOLORATURSOPRAN
frei, formlos	UNKONVENTIONELL
freies Handels-system	MARKTWIRTSCHAFT
Freistatt	OBDACHLOSENASYL
Frequenz	SCHWINGUNGSZAHL
fromm	GOTTESFUERCHTIG
Fürsorge-Ein-richtung	OBDACHLOSENASYL
Fußball-spieler	ANGRIFFSSPIELER
Gast-spiel-truppe	TOURNEEENSEMBLE
Gatte	LEBENSGEFAEHRTE
Gaukler, Taschen-spieler	ZAUBERKUENSTLER
Gebirgs-tier	ALPENSALAMANDER
Gebläse-werkzeug	SCHWEISSBRENNER
Geburten-regelung	FAMILIENPLANUNG
Ge-dächtnis-störung	VERGESSLICHKEIT
Gefäng-nis	VOLLZUGSANSTALT
Gefrier-trocknung	LYOPHILISIERUNG
Geistes-armut	BESCHRAENKTHEIT
Geistes-wissen-schaft	KUNSTGESCHICHTE
geistl. Amt bei d. Truppe	FELDGEISTLICHER
geistl. Orden	BORROMAEERINNEN
geistl. Orden	MAGDALENERINNEN
geistl. Titel, Würden-träger	KONSISTORIALRAT
gelände-gängiges Fahrzeug	RAUPENSCHLEPPER
Gelb-spötter	GARTENLAUBVOGEL
Geliebte v. Lud-wig XV.	MADAMEPOMPADOUR
Gemahlin Ludwigs XVI.	MARIEANTOINETTE
gemein	NIEDERTRAECHTIG
Gemeinde-vorsteh. in der Schweiz	STADTPRAESIDENT
Genea-logie	SIPPENFORSCHUNG
Genießer	LEBENSKUENSTLER
geräu-cherte Fleisch-ware	KNOCHENSCHINKEN
gerichtl. Straf-entschei-dung	FREIHEITSSTRAFE
german. Sagen-gestalt	DIETRICHVONBERN
german. Unge-heuer	MIDGARDSCHLANGE
gesell-schaft-licher Aufwand	REPRAESENTATION
Gesell-schafts-schicht	GROSSBUERGERTUM
gesin-nungslos	OPPORTUNISTISCH
Ge-spenst-heu-schrecke	WANDELNDESBLATT
Gestell f. Raucher-utensilien	PFEIFENSTAENDER
Gewebe-verpflan-zung	TRANSPLANTATION
Gift-schlange	BRILLENSCHLANGE
Gilde	SCHUETZENVEREIN
gleich-gültig	DESINTERESSIERT
Gleich-wertigkeit	EBENBUERTIGKEIT
Goethes Jugend-liebe	FRIEDERIKEBRION

Greifvogel	RAUHFUSSBUSSARD
griech. Bucht	PETALISCHERGOLF
Grillenart	MAULWURFSGRILLE
größtes Atoll im Pazifik	CHRISTMASISLAND
Großartigkeit	MONUMENTALITAET
großes Kriegsschiff	FLUGZEUGTRAEGER
Günstling	PROTEKTIONSKIND
Haft	FREIHEITSENTZUG
Haft	FREIHEITSSTRAFE
Hahnenfußgewächs	SCHARBOCKSKRAUT
Hamburger Sehenswürdigkeit	PLANTENUNBLOMEN
Hamburger Wahrzeichen	MICHAELISKIRCHE
harmonieren	UEBEREINSTIMMEN
Hauptfluß von Kolumbien	MAGDALENENSTROM
Heiliger Geist (latein.)	SPIRITUSSANCTUS
Heilmethode m. elektr. Strom	ELEKTROTHERAPIE
Heizungsanlage	WARMLUFTHEIZUNG
Hemmvorrichtung	LUFTDRUCKBREMSE
herabsetzen	ABQUALIFIZIEREN
Hibiskus	CHINESISCHEROSE
Himalajagipfel	KANGCHENDZOENGA
Hit	ERFOLGSSCHLAGER
Hochgefühl	GLUECKSELIGKEIT

Hochmeister des Deutsch. Ordens	HERMANNVONSALZA
höchster Berg der White Mts.	MOUNTWASHINGTON
höchster Berg in Australien	MOUNTKOSCIUSZKO
höherer Schüler	UNTERSEKUNDANER
Hohlmaß, Raummaß	KUBIKMILLIMETER
Hohlmaß, Raummaß	KUBIKZENTIMETER
Holzart, -gewächs	KRUMMHOLZKIEFER
Immortelle	KATZENPFOETCHEN
Individualität	EINZIGARTIGKEIT
Individualität	PERSOENLICHKEIT
Indiz	VERDACHTSMOMENT
infam	NIEDERTRAECHTIG
Initiative	ENTSCHLUSSKRAFT
Inka-Haustier	MEERSCHWEINCHEN
Intimität	VERTRAULICHKEIT
ital. Renaissance-Maler	LEONARDODAVINCI
ital. Weinsorte	LACRIMAECHRISTI
ital. Wintersportplatz	CORTINADAMPEZZO
Jahrmarktsvergnügen	KETTENKARUSSELL
jüd. Erntedankfest	LAUBHUETTENFEST
Jugendirresein	DEMENTIAPRAECOX
Jungfernzeugung	PARTHENOGENESIS
Jurist	FRIEDENSRICHTER
Käferart	BLATTHORNKAEFER
Käferart	LANGHALSLAEUFER
Käferart	PFLAUMENSTECHER
Käferart	STRAUCHRUESSLER

Käferart	TRICHTERWICKLER
Kaktee	KASTANIENKAKTUS
Kaktee	SCHLANGENKAKTUS
Kampfwagen	SCHUETZENPANZER
Kanal zw. Rhein, Weser u. Elbe	MITTELLANDKANAL
Kannibale	MENSCHENFRESSER
Kanzler d. Kaiserzeit	BETHMANNHOLLWEG
Kapuzinerpilz	BIRKENROEHRLING
Karnevals-Veranstaltung	ROSENMONTAGSZUG
Kartenglücksspiel	SIEBZEHNUNDVIER
Kartenspiel	SECHSUNDSECHZIG
Karwochentag	GRUENDONNERSTAG
kathol. Frauenorden	KARMELITERINNEN
kathol. Frauenorden	SALESIANERINNEN
kathol. Kirchenbann	EXKOMMUNIKATION
Kennkarte	PERSONALAUSWEIS
Kettenfahrzeug	RAUPENSCHLEPPER
Kirchenausschluß	EXKOMMUNIKATION
Kleinstaaterei	PARTIKULARISMUS
Klimaanpassung	AKKLIMATISATION
Koloradokäfer	KARTOFFELKAEFER
kombinieren	ZUSAMMENSTELLEN
Kompromiß	ZWISCHENLOESUNG
Krankengymnast	PHYSIOTHERAPEUT
Krankheitslehre v. Nervensystem	NEUROPATHOLOGIE
Kreislauf im Körper	BLUTZIRKULATION
kriminaltechn. Verfahren	SPURENSICHERUNG
Kristallbildung	KRISTALLISATION
Küchenungeziefer	SILBERFISCHCHEN
Kurfürstenname	JOHANNFRIEDRICH
Läufer	MITTELSTRECKLER
Landschneckenordnung	LUNGENSCHNECKEN
latein.: Heiliger Geist	SPIRITUSSANCTUS
lebensgefährlich	HALSBRECHERISCH
lebhaft	TEMPERAMENTVOLL
Lehrer an einer höheren Schule	STUDIENASSESSOR
Lehre von den Erscheinungen	PHAENOMENOLOGIE
leitender Angestellter	GENERALDIREKTOR
Leiter einer höheren Schule	STUDIENDIREKTOR
Lieferungsgeschäft (Börse)	TERMINGESCHAEFT
Liga, Föderation	ZUSAMMENSCHLUSS
Löcherpilz	LAERCHENSCHWAMM
Märchenfigur	RUMPELSTILZCHEN
Massenproduktion	SERIENFERTIGUNG
maßgebend	RICHTUNGWEISEND

mathem. stetige Teilung	GOLDENERSCHNITT
Meeres-krebs	EINSIEDLERKREBS
men-schen-freundlich	PHILANTHROPISCH
Meßbild-verfahren	PHOTOGRAMMETRIE
militär. Flughafen	LUFTSTUETZPUNKT
militär. Polizei-truppe	FELDGENDARMERIE
Minister-vertreter	STAATSSEKRETAER
Mirakel	HEILIGENLEGENDE
mitteilen	BENACHRICHTIGEN
mittel-engl. Graf-schaft	HUNTINGDONSHIRE
mittel-engl. Graf-schaft	NOTTINGHAMSHIRE
Mittel-europäer	LIECHTENSTEINER
mittel-schwed. Landkreis	VAESTERNORRLAND
moderne Jazz-richtung	PROGRESSIVEJAZZ
Monarch	ALLEINHERRSCHER
motor-loses Luft-fahrzeug	HEISSLUFTBALLON
mühelos	UNPROBLEMATISCH
Mulden-gewölbe-art	SPIEGELGEWOELBE
Museum in München	DEUTSCHESMUSEUM
Musical v. Berlin	ANNIEGETYOURGUN
Musiker	INSTRUMENTALIST
Myopie	KURZSICHTIGKEIT
Nagetier	MEERSCHWEINCHEN
naher Angehöri-ger	BLUTSVERWANDTER
National-ökonomie	VOLKSWIRTSCHAFT
Natur-schutz-gebiet in den USA	YELLOWSTONEPARK
Natur-theater	FREILICHTBUEHNE
Nelken-wurz	BENEDIKTENKRAUT
Nepp	UEBERVORTEILUNG
niederl. westfries. Insel	SCHIERMONNIKOOG
nieder-länd. Physiker (Nobelpr.)	KAMERLINGHONNES
nieder-österr. Weinbau-ort	GUMPOLDSKIRCHEN
nieder-sächs. Land-schaft	SCHAUMBURGLIPPE
Nieren-stein-leiden	NEPHROLITHIASIS
nord-austral. Bucht	CARPENTARIAGOLF
nord-russische Insel-gruppe	SEWERNAJASEMLJA
nordwest-ital. Gebirge	LIGURISCHEALPEN
normen, verein-heitlichen	STANDARDISIEREN
Noten-schlüssel	TENORSCHLUESSEL
not-leidend	HILFSBEDUERFTIG
Nurse	KINDERFRAEULEIN
Oberhirt, -hirte	PONTIFEXMAXIMUS
Obliga-tion	VERBINDLICHKEIT
Öffent-lichkeits-arbeit	PUBLICRELATIONS
österr. Bundes-land	OBEROESTERREICH
österr. Gebirge	EISENERZERALPEN
österr. Gebirge	SALZBURGERALPEN

15

österr. Kurort	BADSCHALLERBACH
österr. Schriftstellerin	EBNERESCHENBACH
österr. See in Kärnten	MILLSTAETTERSEE
offenbar, offenkundig	AUGENSCHEINLICH
Offizier	GENERALLEUTNANT
okkultist. Verstofflichungsphänom.	MATERIALISATION
Operette von Benatzky	IMWEISSENROESSL
Operette von Dostal	DIEVIELGELIEBTE
Operette von Fall	MADAMEPOMPADOUR
Operette von Kálmán	CSARDASFUERSTIN
Operette von Lehár	DIELUSTIGEWITWE
Operette von Millöcker	DERARMEJONATHAN
Opern-, Operettenfach	KOLORATURSOPRAN
Oper von Cimarosa	DIEHEIMLICHEEHE
Oper von Hindemith	HARMONIEDERWELT
Oper von Kienzl	DEREVANGELIMANN
Oper von Mozart	FIGAROSHOCHZEIT
Oper von Puccini	MADAMEBUTTERFLY
Oper von Sutermeister	TITUSFEUERFUCHS
Oper von Wolf-Ferrari	DIEVIERGROBIANE
optisches Instrument	SCHERENFERNROHR
Orchestration	INSTRUMENTATION
ostchines. Golf	HANGTSCHOUBUCHT

päpstl. Gerichtshof	SACRAROMANAROTA
Pappel-Art	NAPOLEONSPAPPEL
Pariser Flughafen	CHARLESDEGAULLE
Parlament	VOLKSVERTRETUNG
Parlament d. Französ. Revolut.	NATIONALKONVENT
Parole d. Franz. Revolution	BRUEDERLICHKEIT
Patentverschluß	REISSVERSCHLUSS
Pazifikbucht der USA	SANFRANCISCOBAI
Persönlichkeitsforschung	CHARAKTEROLOGIE
Pferdesportart	HINDERNISRENNEN
Photoapparat	KLEINBILDKAMERA
photograph. Lichtspender	ELEKTRONENBLITZ
physikal. Erscheinungsform	AGGREGATZUSTAND
physikal. Verfahren	SPEKTRALANALYSE
Pilot	FLUGZEUGFUEHRER
Pilzart	PERLENWULSTLING
politisch. Treffen auf höchster Ebene	GIPFELKONFERENZ
Postgut, Postsache, -sendung	POSTWURFSENDUNG
Präposition	VERHAELTNISWORT
Preistreiber	HALSABSCHNEIDER
Premiere	ERSTAUFFUEHRUNG
protestantischer Feiertag	REFORMATIONSTAG

Publikum	OEFFENTLICHKEIT
Puppenbühne	KASPERLETHEATER
Racket, Rakett	TENNISSCHLAEGER
Radioempfänger	RUNDFUNKAPPARAT
Radwettbewerb	SECHSTAGERENNEN
Rätselart	KREUZWORTMOSAIK
Rätselart	SCHWEDENRAETSEL
Rätselart	SILBENKREUZWORT
Raketentyp	FESTSTOFFRAKETE
Raucherutensil	PFEIFENREINIGER
Raumfahrtzentrale	KONTROLLZENTRUM
Reflektor	SPIEGELTELESKOP
reformierte christl. Kirchen	PROTESTANTISMUS
Regent	STAATSOBERHAUPT
Regierungschef	PREMIERMINISTER
Relais für TV-Sendungen	FERNSEHSATELLIT
Religionslosigkeit	IRRELIGIOSITAET
Remake (Bühne, Film)	NEUINSZENIERUNG
rheinhess. Weinsorte	LIEBFRAUENMILCH
Riesenschlange	KOENIGSSCHLANGE
riskant	HALSBRECHERISCH
Rockmusikinstrument	RHYTHMUSGITARRE
Roman v. Baum	MENSCHENIMHOTEL
Roman v. Dostojewski	SCHULDUNDSUEHNE
Roman v. Hagelstange	ALTHERRENSOMMER
Roman v. Hesse	GLASPERLENSPIEL

Roman v. Mark Twain	HUCKLEBERRYFINN
Roman v. Mitchell	VOMWINDEVERWEHT
Roman v. Tolstoi	KRIEGUNDFRIEDEN
Roman v. Turgenjew	VAETERUNDSOEHNE
russische Stadt an der Newa	SANKTPETERSBURG
Säugetierordnung	INSEKTENFRESSER
Satzzeichen	TRENNUNGSSTRICH
Sauerkirsche	SCHATTENMORELLE
Schatulle	SCHATZKAESTCHEN
Scheu	SCHUECHTERNHEIT
Schiffssteuerhaus	KOMMANDOBRUECKE
Schildviper	BRILLENSCHLANGE
Schlangenart	BRILLENSCHLANGE
Schlechtwetterzone	TIEFDRUCKGEBIET
Schlemmerlokal	LUXUSRESTAURANT
schles. Mystiker	ANGELUSSILESIUS
Schmerle	SCHLAMMPEITZGER
Schmetterlingsart	ABENDPFAUENAUGE
Schmetterlingsart	FLECHTENSPINNER
Schmetterlingsart	HOLUNDERSPANNER
Schmetterlingsart	MAULBEERSPINNER
Schmetterlingsart	PFLAUMENWICKLER
Schneckenart	FLUEGELSCHNECKE
Schneckenart	SCHALENSCHNECKE

Schnell-feuer-waffe	MASCHINENGEWEHR
Schnellig-keit	GESCHWINDIGKEIT
Schön-wetter-zone	HOCHDRUCKGEBIET
Schrulle, Spleen	VERSCHROBENHEIT
Schwanz-lurch	FEUERSALAMANDER
Schwefel-kopf (Pilz)	BUESCHELSCHWAMM
See im Salzkam-mergut	HALLSTAETTERSEE
Seelen-arzt	PSYCHOTHERAPEUT
seelisch-körperlich	PSYCHOSOMATISCH
Segment	KREISAUSSCHNITT
Sehwahr-neh-mungs-mangel	FARBENBLINDHEIT
Selb-ständig-keit	UNABHAENGIGKEIT
Sensibili-tät	EMPFINDLICHKEIT
Seriosität	ERNSTHAFTIGKEIT
Shake-speares Geburts-ort	STRATFORDONAVON
sizil. Berg bei Palermo	MONTEPELLEGRINO
Sklaverei	LEIBEIGENSCHAFT
Soda	NATRIUMKARBONAT
sonnen-nächster Fixstern	PROXIMACENTAURI
sowjet. Komponist	SCHOSTAKOWITSCH
sozialisti-sche Staats-form	VOLKSDEMOKRATIE
Spechtart	DREIZEHENSPECHT
Spediteur	FUHRUNTERNEHMER
Speise-fett	SCHWEINESCHMALZ
Spinnen-art	LABYRINTHSPINNE
Spinner-schmet-terling	NACHTPFAUENAUGE
sprachl. Filmbear-beitung	SYNCHRONISATION
Staat in West-afrika	ELFENBEINKUESTE
Stab	FUEHRUNGSSPITZE
Stadt am Bodensee	FRIEDRICHSHAFEN
Stadt an Lahn u. Mittel-rhein	NIEDERLAHNSTEIN
Stadt auf Mallorca	PALMADEMALLORCA
stein-reicher Mann	MULTIMILLIONAER
Sternbild	HAARDERBERENIKE
Sternbild	KREUZDESSUEDENS
Sternbild	SUEDLICHERFISCH
Sternbild	SUEDLICHESKREUZ
Stil-epoche	EXPRESSIONISMUS
Stil-epoche	IMPRESSIONISMUS
Strafrede	GARDINENPREDIGT
Studien-einschrei-bung	IMMATRIKULATION
Stürmer	ANGRIFFSSPIELER
Sturheit	HALSSTARRIGKEIT
Substanz in Obst-kernen	BITTERMANDELOEL
Sudeten-teil	ALTVATERGEBIRGE
süd-afrikan. Provinz	ORANJEFREISTAAT
süd-amerikan. Haupt-stadt	SANTIAGODECHILE
süd-amerikan. Meerenge	MAGELLANSTRASSE
süd-amerikan. Schlange	KOENIGSSCHLANGE
süddtsch. Jura	SCHWAEBISCHEALB

südost-asiat. Gebirge	SULEIMANGEBIRGE
südost-engl. Graf-schaft	GLOUCESTERSHIRE
südost-europ. Gebirge	DINARISCHEALPEN
südost-kanad. Provinz	NEUBRAUNSCHWEIG
Tat-einheit (jurist.)	IDEALKONKURRENZ
Tausend-schön	GAENSEBLUEMCHEN
Teil des Mittel-meeres	LIGURISCHESMEER
Teil des Stillen Ozeans	JAPANISCHESMEER
Teil des Weser-berglands	TEUTOBURGERWALD
teil-nahmslos	DESINTERESSIERT
Tempo	GESCHWINDIGKEIT
Terrine	SUPPENSCHUESSEL
Teuerung	PREISSTEIGERUNG
Theater-schutz-vorrich-tung	EISERNERVORHANG
Titelfigur bei Kleist	MICHAELKOHLHAAS
Treue	ANHAENGLICHKEIT
tropische Infek-tions-krankheit	SCHLAFKRANKHEIT
Tyrann	ALLEINHERRSCHER
Tyrann	GEWALTHERRSCHER
überein-stimmen	KORRESPONDIEREN
überlebt	ANACHRONISTISCH
ukrain. Stadt am Dnjepr	DNJEPROPETROWSK
umfas-send	ENZYKLOPAEDISCH
Umwelt-schutz-Maß-nahme	LUFTREINHALTUNG

unbe-greifbar	UNVERSTAENDLICH
unbe-teiligt	DESINTERESSIERT
Unbeug-barkeit	INFLEXIBILITAET
Unbot-mäßigkeit	INSUBORDINATION
Unfehl-barkeit	INFALLIBILITAET
Ungehor-sam	INSUBORDINATION
Ungele-genheit	INOPPORTUNITAET
unter-fränk. Stadt am Main	MARKTHEIDENFELD
unter-schiedl. Behand-lung	DISKRIMINIERUNG
unverein-bar	INKOMMENSURABEL
Unwäg-bares	IMPONDERABILIEN
US-Außen-mini-sterium	STATEDEPARTMENT
vater-ländisch	NATIONALISTISCH
Verbrü-derung	FRATERNISIERUNG
Verein-barkeit	KOMPATIBILITAET
verein-fachen	RATIONALISIEREN
verfas-sungs-mäßig	KONSTITUTIONELL
Vergan-genheits-form	PLUSQUAMPERFEKT
Ver-gütung	RUECKERSTATTUNG
verharm-losen	BAGATELLISIEREN
Verkaufs-chef	VERTRIEBSLEITER
Verkehrs-teilnehmer	LASTWAGENFAHRER
Ver-menschli-chung	PERSONIFIKATION
ver-mögend	KAPITALKRAEFTIG

verniedlichen	BAGATELLISIEREN
verpflanzen, überpflanzen	TRANSPLANTIEREN
Verpflanzung, Überpflanzung	TRANSPLANTATION
Verrat	VERTRAUENSBRUCH
verschieden	UNTERSCHIEDLICH
verstaatlichen	NATIONALISIEREN
verstofflichen	MATERIALISIEREN
vertreten	REPRAESENTIEREN
Vertretung im Ausland	HONORARKONSULAT
vervielfältigen	HEKTOGRAPHIEREN
vervollkommnen	PERFEKTIONIEREN
vielleicht	MOEGLICHERWEISE
Vogelart	ALPENFLUEHVOGEL
Vogelart	ALPENSCHNEEHUHN
Vogelart	FALKENRAUBMOEWE
Vogelart	LACHSEESCHWALBE
volkstümlich f. großes Auto	STRASSENKREUZER
Volkswirt	NATIONALOEKONOM
Vollkommenheitsstreben	PERFEKTIONISMUS
voraussagen	PROGNOSTIZIEREN
vorgeschichtl. Abschnitt	MITTELSTEINZEIT
Vorherbestimmung	PRAEDESTINATION
vorschriftsmäßig	ORDNUNGSGEMAESS
Waffengattung, Truppengattung	LUFTLANDETRUPPE
Wahnvorstellung	VERFOLGUNGSWAHN
Waldblume	HASENGLOECKCHEN
Waldnutzung	FORSTWIRTSCHAFT
walisische Grafschaft	CAERNARVONSHIRE
walisische Grafschaft	CARMARTHENSHIRE
walisische Grafschaft	MONTGOMERYSHIRE
Wankelmotor	DREHKOLBENMOTOR
Wasserhanf	KUNIGUNDENKRAUT
Wegelagerer	STRASSENRAEUBER
Weichling	MUTTERSOEHNCHEN
Weinort am Rhein	GAUBISCHOFSHEIM
Weinsorte	ASSMANNSHAEUSER
Weißkehlchen	STEINSCHMAETZER
Werkzeug	INSTRUMENTARIUM
Werkzeug	SCHRAUBENZIEHER
Werkzeugmaschine z. Glätten	SCHLEIFMASCHINE
westafrikan. Inselstaat	SAOTOMEPRINCIPE
westschweiz. Gebirge	FREIBURGERALPEN
wetterwendisch	OPPORTUNISTISCH
Widerruf, Dementi	RICHTIGSTELLUNG
Wiederherstell. d. guten Rufes	REHABILITIERUNG
wirtsch.-politische Region	FREIHANDELSZONE
württ. Stadt am Kocher	SCHWAEBISCHHALL
Wundkraut	CHRISTOPHSKRAUT
zart, bedacht	RUECKSICHTSVOLL

Zauberformel, -spruch	SESAMOEFFNEDICH
zeitweilig aussetzend	INTERMITTIEREND
zeitwidrig	ANACHRONISTISCH
Zeitzünderbombe	HOELLENMASCHINE
Ziehharmonika	SCHIFFERKLAVIER
Zierfisch	SCHLEIERSCHWANZ
Zierpflanze	KAPUZINERKRESSE
Zone niederen Luftdrucks	TIEFDRUCKGEBIET
zuchtlos	UNDISZIPLINIERT
Zuckergast	SILBERFISCHCHEN
Zug der Schnepfen	SCHNEPFENSTRICH
Zugmaschine	SATTELSCHLEPPER
zuteilen	KONTINGENTIEREN
zweitgrößte Stadt Rußlands	SANKTPETERSBURG
Zwingherr	GEWALTHERRSCHER

Peter Kensok
Dietrich Ley:

Altbewährte Hausmittel

228 Seiten, Format 12,5 x 19,5 cm,
gebunden
Best.-Nr. 266 841
ISBN 3-86047-366-2
Sonderausgabe nur DM 10,–

Ferdinand Siegmund:

Oma's Lexikon der Kräuter- und Heilpflanzen

510 Seiten, Format 14,0 x 21,3 cm,
gebunden, s/w-Illustrationen
Best.-Nr. 152 298
ISBN 3-927117-52-8
Sonderausgabe nur DM 19,80

Hans Höting:

Lebenssaft Urin – Die heilende Kraft

240 Seiten, Format 12,5 x 18,7 cm,
gebunden, s/w-Illustrationen
Best.-Nr. 269 902
ISBN 3-86047-367-0
Sonderausgabe nur DM 15,–

Ute York:

Bach-Blüten
– Therapie für Körper und Seele

216 Seiten, Format 17,5 x 25,0 cm,
gebunden, Farbtafeln
Best.-Nr. 180 224
ISBN 3-86047-083-3
Sonderausgabe nur DM 15,–

Carl Krackhart:

Neues illustrirtes Conditoreibuch

228 Seiten, Format 16,0 x 24,0 cm,
gebunden mit Goldprägung und Farbschnitt
mit 54 Bildtafeln
Best.-Nr. 285 270
ISBN 3-86047-278-X
Reprint von 1890 nur DM 10,–